D1690573

Dieter Kerber
HERRSCHAFTSMITTELPUNKTE IM ERZSTIFT TRIER
Hof und Residenz im späten Mittelalter

RESIDENZENFORSCHUNG

Herausgegeben von der Residenzen-Kommission
der Göttinger Akademie der Wissenschaften

Band 4

Jan Thorbecke Verlag Sigmaringen
1995

Dieter Kerber

HERRSCHAFTSMITTELPUNKTE IM ERZSTIFT TRIER

Hof und Residenz im späten Mittelalter

Jan Thorbecke Verlag Sigmaringen
1995

Die Deutsche Bibliothek – CIP-Einheitsaufnahme

Kerber, Dieter:
Herrschaftsmittelpunkte im Erzstift Trier / Dieter Kerber. – Sigmaringen: Thorbecke, 1995
   (Residenzenforschung; Bd. 4)
   ISBN 3-7995-4504-2

GEDRUCKT MIT UNTERSTÜTZUNG DER DEUTSCHEN FORSCHUNGSGEMEINSCHAFT

© 1995 by Jan Thorbecke Verlag GmbH & Co. Sigmaringen

Alle Rechte vorbehalten. Ohne schriftliche Genehmigung des Verlages ist es nicht gestattet, das Werk unter Verwendung mechanischer, elektronischer und anderer Systeme in irgendeiner Weise zu verarbeiten und zu verbreiten. Insbesondere vorbehalten sind die Rechte der Vervielfältigung – auch von Teilen des Werkes – auf photomechanischem oder ähnlichem Wege, der tontechnischen Wiedergabe, des Vortrags, der Funk- und Fernsehsendung, der Speicherung in Datenverarbeitungsanlagen, der Übersetzung und der literarischen oder anderweitigen Bearbeitung.

Dieses Buch ist aus säurefreiem Papier hergestellt und entspricht den Frankfurter Forderungen zur Verwendung alterungsbeständiger Papiere für die Buchherstellung.

Gesamtherstellung: M. Liehners Hofbuchdruckerei GmbH & Co. Verlagsanstalt, Sigmaringen
Printed in Germany · ISBN 3-7995-4504-2

Inhalt

Vorwort 9

A. Einleitung 11

B. Rahmenbedingungen und Bestimmungsfaktoren der erzbischöflichen Politik in der zweiten Hälfte des 15. Jahrhunderts 19
   1. Herkunft und Wahl des Erzbischofs Johann von Baden sowie die Übernahme des Erzstifts 19
   2. Markgraf Karl von Baden als Verweser des Erzstifts Trier 35
   3. Politische Außenbeziehungen und Kommunikationsnetze 41
   4. Wirtschaftliche und politische Konstellationen im Erzstift 63
      a) Domkapitel 63
      b) Landstände 77
      c) Finanzlage 107
   5. Handlungsspielräume kurfürstlicher Politik am Mittelrhein: Eine Zwischenbilanz 127
   6. Die Entwicklung der Herrschaftsmittelpunkte Trier/Pfalzel und Koblenz/Ehrenbreitstein 131
      a) Trier/Pfalzel 132
      b) Koblenz/Ehrenbreitstein 149

C. Das Itinerar. Reichweite, Schwerpunkte, Konzentration 177

D. Regierungs-, Verwaltungs- und Behördenorganisation 199
   1. Die geistliche Verwaltung 199
   2. Kanzlei und Archiv 207
   3. Hofämter und erzbischöfliche Räte 233
   4. Gerichtsorganisation 248
   5. Finanzverwaltung 269

E. Der erzbischöfliche Hof 277

F. Funktionsbereich und Ausstattung der Herrschaftsmittelpunkte: Eine Zusammenfassung 297

G. Anhang 301
   1. Die Itinerare der Erzbischöfe Johann II. und Jakob II. von Baden 301
   2. Räte Erzbischof Johanns II. von Baden 369

H. Quellen und Literatur 423

Abkürzungen 453

Orts- und Personenregister 455

Für Kerstin, Martina und Ursula

Vorwort

Die vorliegende Untersuchung wurde im Sommersemester 1991 vom Fachbereich III der Universität Trier als Dissertation angenommen und für den Druck nur leicht überarbeitet.
   Den Anstoß für die Beschäftigung mit der Problematik Hof und Residenz gab Herr Prof. Dr. Hans Patze, Göttingen. Mein besonderer Dank gilt Herrn Prof. Dr. Alfred Haverkamp. Er hat die Entstehung und Fertigstellung der Arbeit in allen Phasen mit großer Umsicht begleitet und mich bei auftretenden Schwierigkeiten zum Durchhalten ermutigt. Herr Prof. Dr. Franz Irsigler gab gewinnbringende Anregungen bei der Abfassung des Manuskripts. Kritischen Diskussionen mit den Teilnehmern des von Professor Haverkamp geleiteten Doktoranden-Kolloquiums verdankt die Arbeit viel. Herr Prof. Dr. Michael Matheus stellte mir die Belege der von ihm bearbeiteten Trierer Rentmeistereirechnungen zur Verfügung. Ein Promotionsstipendium der Universität Trier verschaffte mir die notwendige Freiheit während der Phase der Materialbeschaffung. Den Mitarbeitern der von mir besuchten Archive danke ich für die Beratung und Bereitstellung der Quellen. Hier möchte ich vor allem Herrn Hans Josef Schmidt, Stadtarchiv Koblenz, nennen, der zudem die Mühen des Korrekturlesens teilte. Ohne das große Entgegenkommen und freundschaftliche Verständnis von Frau Kulturdezernentin Dr. Ingrid Bátori hätte ich die Dissertation während meiner Tätigkeit für die Stadt Koblenz nicht fertigstellen können. Der Residenzen-Kommission bei der Göttinger Akademie der Wissenschaften danke ich für die Aufnahme der Arbeit in die Reihe »Residenzenforschung« sowie den Vorsitzenden, Prof. Dr. Peter Johanek und Prof. Dr. Werner Paravicini für manche mir gewährte Unterstützung. Wie groß der Anteil meiner Familie am Gelingen war, weiß jeder, der einmal promoviert hat.

Koblenz, im September 1992

A. Einleitung

Das für die vorliegende Arbeit gewählte Thema bedeutet eine Konzentration der Analyse auf zwei Schwerpunkte: Die Untersuchung territorialer Herrschaftspraxis soll im Hinblick auf ein konkretes Phänomen, die Ausbildung von Zentren oder, neutraler formuliert, Schwerpunkten erfolgen. Regional ist die Analyse auf das Gebiet des Erzstifts Trier begrenzt, zeitlich am Ende des Mittelalters angesiedelt. Während der Untersuchungsraum verhältnismäßig leicht als weltliches Herrschaftsgebiet der Erzbischöfe von Trier beschrieben werden kann[1], sind die beiden anderen Aspekte erklärungsbedürftig.

Insbesondere seit der grundlegenden Arbeit von O. Brunner über »Land und Herrschaft«[2], der den Blick für die Unterscheidung von Quellenterminologie und Wissenschaftssprache schärfte[3], hat sich die Geschichtswissenschaft immer wieder mit den Prozessen der herrschaftlichen Durchdringung des Raums beschäftigt[4]. Der Schwerpunkt lag auch für die zweite Hälfte des 15. Jahrhunderts beim deutschen Königtum, dessen Möglichkeiten im Hinblick auf die Durchsetzbarkeit königlicher Macht, deren Ausdrucksformen P. Moraw mit Blick auf das letzte Drittel des 15. Jahrhunderts als »Gestaltete Verdichtung« bezeichnet hat[5],

---

1 SCHUBERT, König und Reich, S. 307 betont: »Das Fürstentum des späten Mittelalters war im allgemeinen kein fest gefügter Rechtsbereich, der unter dem seit dem Westfälischen Frieden belegten Begriff Landeshoheit zusammenzufassen wäre, war kein Territorialstaat, sondern Bündelung von Herrschaftsrechten, teils lehensrechtlicher, teils landrechtlicher Natur [...] Einheitsbewußtsein und Wille zum ungeteilten Territorium wird weit weniger von den Fürsten selbst als von den Landständen getragen und durchgesetzt.«
2 Zu Brunner vgl. O. G. OEXLE, Sozialgeschichte – Begriffsgeschichte – Wissenschaftsgeschichte. Anmerkungen zum Werk Otto Brunners, in: VSWG 71, 1984, S. 305–341; K. SCHREINER, Führertum, Rasse, Reich. Wissenschaft von der Geschichte nach der nationalsozialistischen Machtergreifung, in: P. LUNDGREN (Hg.), Wissenschaft im Dritten Reich, Frankfurt a. M. 1985, S. 163–252, hier: 208ff.
3 Zu diesem Postulat Brunners vgl. R. KOSELLEK, Begriffsgeschichtliche Probleme der Verfassungsgeschichtsschreibung, in: Gegenstand und Begriffe der Verfassungsgeschichtsschreibung, Berlin 1983 (Der Staat. Beiheft 6), S. 13ff.
4 Frühe Ansätze sind zusammengefaßt in dem Band: Herrschaft und Staat im Mittelalter.
5 MORAW, Verfassung, S. 21: »Die ›Gestaltete Verdichtung‹, ein Ergebnis neuartiger Herausforderungen am Ende des Mittelalters, meint einerseits den Aufstieg und die Durchformung der habsburgischen Großdynastie und andererseits die Einrichtung des institutionalisierten Dualismus der Reichsstände, der im Reichstag gipfelte; Großdynastie und Stände waren nun aufeinander angewiesen«.

noch nicht abschließend bewertet werden können[6]. In diesem Zusammenhang treten die Territorien als Untersuchungsgegenstände erst in neuerer Zeit hervor[7], obwohl nur hier, in einem relativ überschaubaren Raum, die Grundlagenforschung möglich ist, die in eine vergleichende Herrschaftsgeschichte des Mittelalters münden kann.

Angeregt durch die Forschungen H. Patzes[8] rückte zunehmend die Herausarbeitung herrschaftsintensiver Räume eines Territoriums in den Mittelpunkt des Interesses. Die »Residenz« ist der Zentralbegriff einer ganzen Reihe derartiger Arbeiten zu deutschen Territorien[9]. Vorausgesetzt, dieser Terminus sei, ähnlich wie Landesherrschaft[10], kaum zu definieren, sondern nur zu beschreiben[11], erscheint es dennoch problematisch, mit diesem Begriff zu operieren[12], da in den Quellen der Zeit mit »residentia« lediglich der Ort des momentanen Aufenthalts einer Person bezeichnet wird[13] und man von einer neuzeitlichen Vorstellung von »Residenz«[14] noch weit entfernt ist. Daher wird es für die Untersuchung eines Teilbereichs der Geschichte des spätmittelalterlichen Erzstifts Trier sinnvoll, den neutraleren und für die Vielfalt der Phänomene offeneren, epochenunabhängigen Begriff des Herrschaftsmit-

---

6 Zum Themenkomplex allgemein vgl. die forschungshistorisch konzipierte Studie von F. GRAUS, Verfassungsgeschichte. Grundlegend zum spätmittelalterlichen deutschen Königtum sind SCHUBERT, König und Reich; ANGERMEIER, Reichsreform. Neuere Arbeiten finden sich zusammengefaßt in dem Band: Das spätmittelalterliche Königtum im europäischen Vergleich, hg. v. R. SCHNEIDER, Sigmaringen 1987 (Vorträge und Forschungen 32), und darin insbesondere die Beiträge von H. KOLLER, Der Ausbau der königlichen Macht im Reich des 15. Jahrhunderts, S. 425–463, und K. F. KRIEGER, Rechtliche Grundlagen und Möglichkeiten römisch-deutscher Königsherrschaft im 15. Jahrhundert, S. 465–489.
7 Grundlegend: WILLOWEIT, Rechtsgrundlagen. Die vollständige Erfassung der neueren Arbeiten zu einzelnen Territorien kann hier unterbleiben. Eine Berliner Habilitationsschrift untersucht dieses Phänomen über vier Jahrhunderte: P.-M. HAHN, Fürstliche Territorialgewalt und lokale Adelsgewalt. Die herrschaftliche Durchdringung des ländlichen Raumes zwischen Elbe und Aller (1300–1700), Berlin, New York 1989 (Veröffentlichungen der Historischen Kommission zu Berlin 72). Für unseren Untersuchungsraum wären die Arbeiten von BODSCH, Burg und Herrschaft, sowie BERNS, Burgenpolitik, zu nennen.
8 PATZE, Bildung; DERS., STREICH, Residenzen.
9 Vgl. mit Schwerpunkt im süddeutschen Raum die Beiträge in BlldtLdG 123, 1987. Weitere Literatur in: Mitteilungen der Residenzen-Kommission der Akademie der Wissenschaften zu Göttingen 1, 1991 passim.
10 Vgl. MORAW, Entfaltung, S. 77.
11 K. NEITMANN, Was ist eine Residenz? Methodische Überlegungen zur Erforschung der spätmittelalterlichen Residenzenbildung, in: Vorträge und Forschungen zur Residenzenfrage, Bd. 1, S. 11–43.
12 Vgl. das Kapitel »Residenz – Versuch einer Definition« in der Zulassungsarbeit des Verfassers: Ansätze zu einer Residenz der Trierer Erzbischöfe in Koblenz, Trier 1987, S. 5–20. Auf das Problem weist auch STREICH, Zwischen Reiseherrschaft und Residenzbildung, S. 1–3, nachdrücklich hin.
13 Für den engeren Untersuchungsbereich lassen sich hierfür einige Belege finden: Der päpstliche Legat Honofridus Bischof von Foicorio stellte im Trierer Franziskanerkonvent, *in loco cuiusdam residencie nostre*, eine Urkunde aus, STRUCK, Bd. 3, Nr. 652 (1469 X 2, Trier). Eine Streitsache wurde vor dem Stellvertreter des Koblenzer Offizials *in curia solite nostre residencie* verhandelt, STRUCK, Bd. 2, Nr. 1408 (1481 IV 30, Koblenz). Am *loco nostre residentie* sollten die Mitglieder des Limburger St. Georgenstifts eventuelle Einwände gegen die Verleihung eines Kanonikats in dieser Kirche bei Erzbischof Johann von Baden vorbringen, HHStAW Abt. 40 Nr. 1021, Bl. 3 (1495 X 30, Ehrenbreitstein), STRUCK, Bd. 1, Nr. 1324. Diese Bedeutung des Worts wird auch aus der 1500 gewählten Beschreibung des Tals Mühlheim deutlich: *sub nostre solite archiepiscopalis residentie loco seu arce Erembreitsteyn*, LHAK 1 C 17, 1611 (1500 III 7, Koblenz), GÜNTHER, Bd. 4, Nr. 406.
14 Vgl. hierzu die Beiträge in dem Tagungsbericht von ENNEN/VAN REY.

telpunkts zu wählen, worunter solche Orte zu verstehen sind, an denen sich mehrere herrschaftsrelevante Institutionen eines Territoriums konzentrierten. Damit zielt die Fragestellung mehr auf herrschaftliche Verdichtungszonen als auf bestimmte topographische Fixierungen und öffnet sich für die Analyse herrschaftlicher Zusammenhänge und Funktionen im Rahmen der historischen Raumforschung, in der auch die herkömmlichen Trennungslinien zwischen Stadt- und Landesgeschichte aufgehoben werden[15]. Das besondere Augenmerk richtet sich auf Einrichtungen der Hof- bzw. Zentralverwaltung in möglichst großer Nähe zum Herrscher, die umfassende Aussagen zum Prozeß aber auch zum Stand der Bildung von Herrschaftsmittelpunkten des hier untersuchten Territoriums zulassen. Allerdings darf die Betrachtung nicht allein auf die Institutionen beschränkt werden, vielmehr sollen mit prosopographisch-sozialgeschichtlicher Methodik[16] die Einzelpersonen in ihren vielfältigen konkreten Bindungen und individuellen Handlungen näher beleuchtet werden. Auch wenn Genauigkeit im Detail nicht immer zu leisten sein wird, insbesondere bei Personen, die in der sozialen Hierarchie weiter unter anzusiedeln sind, eröffnet diese Methode eine Offenheit der Interpretationsmöglichkeiten, die bei einer rein institutionengeschichtlichen Betrachtungsweise ausgeschlossen wäre. Es ist möglich, Erkenntnisse über den »Grad moderner Staatlichkeit«[17] zu gewinnen und, damit einhergehend, die Frage nach dem Platz zunehmender Ortsfestigkeit von Herrschaft aus einem anderen Blickwinkel – gewissermaßen »von unten« – zu beantworten. Über die Analyse der Tätigkeit exponierter Funktionsträger[18] können dezidierte Einblicke in die Erscheinungsformen und die Standorte von Herrschaftsinstrumentarien gewonnen werden.

Ausgangspunkt für die Eingrenzung des Untersuchungszeitraums war eine am Editionsstand der Quellen orientierte Betrachtung der Itinerare sämtlicher Trierer Erzbischöfe des 9. bis 15. Jahrhunderts[19]. Dabei kristallisierte sich die Regierungszeit Johanns von Baden (1456–1503) als die hinsichtlich der Überlieferungsdichte und der Konzentration von Aufenthalten aussagefähigste Zeit heraus. Der lange Pontifikat versprach darüber hinaus die Möglichkeit, durch das Aufzeigen von Langzeitperspektiven einen besonders wichtigen Zeit-

---

15 Vgl. F. ISRIGLER, Raumkonzepte in der historischen Forschung, in: Zwischen Gallia und Germania, S. 11–27.
16 Fruchtbringende Ansätze lieferte G. TELLENBACH, Zur Bedeutung der Personenforschung für die Erkenntnis des frühen Mittelalters, Freiburg 1957 (Freiburger Universitätsreden, N. F. 25). Vorbildhaft wirkten verschiedene Arbeiten P. MORAWS, die hier nicht im einzelnen benannt werden brauchen, vgl. DERS., Personenforschung und deutsches Königtum, in: ZHF 2, 1975, S. 7–18. Eine Arbeit zum frühen Mittelalter, die der prosopographischen Methode verpflichtet ist, zeigt deren Leistungsfähigkeit auch für eine verhältnismäßig quellenarme Zeit: G. ALTHOFF, Verwandte, Freunde und Getreue. Zum politischen Stellenwert der Gruppenbindungen im frühen Mittelalter, Darmstadt 1990. Verschiedene europäische Beispiele bietet der Band: Medieval Lives and the Historian. Studies in Medieval Prosopography, hg. v. N. BULST und J.-P. GENET, Kalamazoo, Michigan 1986. Wie weit die Kenntnis von einzelnen Persönlichkeiten gelangen kann, zeigt die umfangreiche Arbeit von W. PARAVICINI, Guy de Brimeu. Der burgundische Staat und seine adlige Führungsschicht unter Karl dem Kühnen, Bonn 1975 (Pariser Historische Studien 12). Weitere Literatur bei BURGARD, Familia, S. 7., Anm. 19.
17 DROEGE, Grundlagen, S. 146.
18 Vgl. die Studie von BURGARD, Familia.
19 Vgl. KERBER, Itinerare.

raum in der Herrschaftspraxis eines Territoriums am Übergang vom Mittelalter zur Neuzeit aufzuzeigen, in dessen Verlauf im allgemeinen der Beginn der Moderne angesiedelt wird[20]. Wie kompliziert derartige Periodisierungen im Hinblick auf die speziellen Verhältnisse in einem bestimmten Raum und in konkreten Zusammenhängen sind, kann – quasi als Nebenprodukt der vorliegenden Arbeit – verdeutlicht werden. Auch wenn die großen Ereignisse der Zeit im Erzstift durchaus perzipiert wurden[21], sind keine Auswirkungen auf die inneren Verhältnisse namhaft zu machen. Kontinuität und Diskontinuität im Rahmen des Territoriums hingen in sämtlichen Lebensbereichen von anderen Bestimmungsfaktoren ab.

Die in hohem Grade personalisierte mittelalterliche Herrschaft rechtfertigt die Beschränkung der Untersuchung auf den Pontifikat eines Erzbischofs, zumal in einer geistlichen Landesherrschaft dynastische Kontinuität kaum in dem Umfang wie in den weltlichen Fürstentümern möglich war. Die Wahl eines Erzbischofs konnte, zumindest potentiell, eine vollkommen geänderte Politik und andere Formen der Herrschaftspraxis bedeuten, auf deren konkrete Ausformung der jeweilige Vorgänger keinen und die Kräfte innerhalb des Territoriums nur in beschränktem Umfang Einfluß nehmen konnten. Dieser Frage wird intensiv nachzugehen sein. Der Untersuchungszeitraum der vorliegenden Arbeit wird durch die Regierungsdaten Johanns von Baden markiert. Im Bedarfsfall wird zeitlich darüber hinaus gegriffen und räumlich werden die Grenzen des Erzstifts verlassen. Daß der Name des im Mittelpunkt der Arbeit stehenden Kurfürsten dennoch nicht im Titel erscheint, soll dem Eindruck vorbeugen, hier werde unter besonderer Beachtung einer gewissen Fragestellung die Biographie des Erzbischofs geboten, die gegenüber dem eigentlichen Thema jedoch deutlich in den Hintergrund treten muß. Ebenso kann keine umfassende Geschichte des Erzstifts oder auch nur eine Darstellung der Herrschaftsausübung und Verwaltung im Detail geleistet werden. Vielmehr orientiert sich das methodische Vorgehen in den verschiedenen Themenbereichen an der Leitfrage der Arbeit: Die Identifizierung von Herrschaftsmittelpunkten in möglichst vielen Bereichen.

Die Arbeit gliedert sich grob in zwei Teile. Zunächst sollen die Rahmenbedingungen und Bestimmungsfaktoren der erzbischöflichen Politik in der zweiten Hälfte des 15. Jahrhunderts dargestellt werden, um ein Bild von den Handlungsspielräumen kurfürstlicher Politik am Mittelrhein zu gewinnen. Eingeschränkt wurden diese durch innere und äußere Kräfte, die einer ungehinderten Entfaltung und Durchsetzung der Interessen des Badeners entgegenstanden und bei dessen Amtsantritt zum Teil bereits als gegeben hingenommen werden mußten. In diesem Zusammenhang hat daher unser Hauptaugenmerk auf den Strategien zu liegen, die zur Überwindung derartiger Hindernisse angewendet wurden und auf welche Personen und Institutionen für Hilfestellungen zurückgegriffen werden konnte oder inwieweit diese selbst Einfluß nahmen. Diese Erörterungen haben stets den Raumaspekt zu berück-

---

20 Zur Periodisierung vgl. E. BOSHOFF, K. DÜWELL, H. KLOFT, Grundlagen des Studiums der Geschichte. Eine Einführung. 2. überarb. Aufl., Köln, Wien 1979, insbes., S. 111–115 und S. 211–215. MORAW, Verfassung, S. 19, sagt von der zweiten Hälfte des 15. Jahrhunderts: »...jenes zu Unrecht in den Schatten geratene halbe Jahrhundert vor der Reformation, das Anspruch darauf hat, ohne Rücksicht auf die nachfolgenden tiefgreifenden Polarisierungen als selbständiges Zeitalter beurteilt zu werden.«
21 Der Sieg über das Königreich Granada veranlaßte Johann von Baden dazu, seine Freude hierüber dem spanischen König Ferdinand und dem Kardinal des heiligen Kreuzes in Toledo mitzuteilen, LHAK 1 C 108, Bl. 106 (1492 VI 30, Koblenz), GOERZ, S. 282.

sichtigen, ob und in welchem Umfang durch verschiedene Bedingungen bereits ein Präjudiz für die Ausbildung von Herrschaftsmittelpunkten gegeben war, wodurch die Möglichkeiten zur freien Wahl eines Platzes der Herrschaftsausübung von vornherein begrenzt waren. Nur in wenigen Fällen können die Wurzeln derartiger Bedingungen bis zu ihren Ausgangspunkten zurückverfolgt werden, vielmehr ist der Stand beim Regierungsantritt Johanns von Baden festzustellen, damit der Erfolg seiner Bemühungen beurteilt und die dabei zutage tretenden Präferenzen für bestimmte Orte zur Realisierung seiner Ziele identifiziert werden können. Es ist zu unterscheiden, ob Johann nur auf äußere und innere Einwirkungsversuche reagierte oder ob er aktiv bemüht war, eine eigenständige Position zu erlangen und neue Strukturen zu schaffen, die seinen Plänen günstiger waren.

Das Erzstift Trier als »Moselterritorium« war von vornherein prädestiniert, die Hauptkommunikationsstränge entlang dieser Achse zu entwickeln und die Schwerpunkte der Herrschaft an deren Polen auszubilden. Durch den Standort der Bischofskirche in der »civitas« Trier erscheint dieser Ort als Zentrum des Territoriums der Erzbischöfe bereits vorgeprägt[22]. Spätestens seit dem 14. Jahrhundert entwickelte sich im Schwerefeld des 1018 an das Erzstift gelangten Königshofs Koblenz ein weiterer Stützpunkt der Herrschaft. Seit etwa 1377 verlagerte sich das Interesse der Erzbischöfe aus der Kathedralstadt heraus, und vermehrt wurden die Orte Pfalzel und Koblenz sowie die Burg Ehrenbreitstein zu bevorzugten Aufenthaltsorten und Herrschaftsmittelpunkten des Erzstifts[23]. Der Bischofssitz behielt seine Bedeutung als größte Stadt und zumindest ideeller Hauptort des Territoriums. Zur weiteren Eingrenzung der Orte, die als Zentren des Kurfürstentums in Frage kommen, sollen verkehrsgeographische, topographische und herrschaftlich-institutionelle Voraussetzungen betrachtet werden. Dies insbesondere im Hinblick darauf, wie Erzbischof Johann II. auf bestehende Strukturen reagierte und wie er versuchte, diese für seine Bedürfnisse nutzbar zu machen.

Eine eingehende Analyse des Itinerars von Johann von Baden unter Berücksichtigung von Reisegewohnheiten und Aufenthaltshäufungen soll dazu beitragen, die These von der Zweipoligkeit des Territoriums zu erhärten; die Einbeziehung der Itinerare von Johanns Vorgänger und Nachfolger kann einen Hinweis auf Langzeitperspektiven bieten. Die Umsetzung der Ergebnisse in die Karte vermittelt einen anschaulichen Eindruck von der Präferenz des Kurfürsten für bestimmte Räume. Um die Untersuchung jedoch nicht allein auf die Person des Landesherrn zu beschränken, sollen wichtige Institutionen der zentralen Regierungs-, Verwaltungs- und Behördenorganisation eingehend betrachtet werden. Dabei wird die Ebene der Lokalverwaltung[24] bewußt ausgeblendet, die einer eigenen Untersuchung vorbehalten bleiben soll: Ein Analyseraster, das die einzelnen Ämter als freilich nicht immer klar abgrenzbare Einheiten begreift und deren personelle Besetzung sowie den Funktionsbereich des Amtsbezirks aufzeigt, kann zu einer allgemeinen Charakterisierung des Stellenwerts der Ämter im Herrscherverständnis führen und damit herrschaftsintensive Räume und Zentralitätsfunktionen exponierter Verwaltungsbezirke aufzeigen. Ein derartiges Unternehmen

---

22 Vgl. HAVERKAMP, Die Städte Trier, Metz, Toul und Verdun.
23 Vgl. DERS., Zweyungen.
24 Vgl. MORAW, Entfaltung, S. 82, Anm. 52: »Lokalverwaltung meint in der Sprache der Verwaltungsgeschichte die regionale Verwaltung im Unterschied zur Hof- bzw. Zentralverwaltung«.

würde jedoch den Rahmen der vorliegenden Arbeit bei weitem übersteigen[25] und trüge in nicht genügendem Ausmaß zur Erreichung der eigentlichen Ziele unserer Bemühungen bei. Folglich wird die regionale Ebene der Verwaltung hier nur im Hinblick auf deren Funktionen für die Zentrale zu betrachten und an den entsprechenden Stellen einzubeziehen sein.

Der Genese der erzstiftischen Verwaltung entsprechend, ist der Blick zunächst auf die geistliche Verwaltung zu richten, die den Rahmen für die Ausbildung von Kanzlei und Archiv abgab. Obschon eine scharfe Trennung zwischen geistlicher und weltlicher Sphäre in der Realität kaum durchführbar war und eine solche Betrachtungsweise moderne Vorstellungen in die Vergangenheit projizieren würde, sollen beide Bereiche – zumindest formal – getrennt behandelt werden. Der Schwerpunkt hat auf den Innovationen in der Zeit Johanns von Baden zu liegen, da auf diese Weise am ehesten die Ziele seines Handelns erkennbar werden. Es ist zu prüfen, ob an traditionellen Vorstellungen festgehalten wurde oder ob es zu Neubildungen in der Verwaltung kam, die den Anforderungen besser gewachsen waren. Eine Zusammenstellung sämtlicher Räte des Erzbischofs im Anhang der Arbeit soll Grundlage der prosopographischen Analyse und zugleich Ausgangspunkt für die Beantwortung der Frage nach einer räumlichen Ausrichtung dieses Gremiums sein. Die Nennung geistlicher und weltlicher Personen als Räte des Kurfürsten verdeutlicht abermals die Überschneidungen beider Bereiche – ein Phänomen, das mit Ausnahme der Hofämter in allen hier untersuchten Varianten der Verwaltung zu erwarten ist. Bemühungen, dies zu ändern, sind zu beachten und auf die Möglichkeit hin zu untersuchen, daß beide Sphären ihren räumlichen Schwerpunkt an getrennten Orten ausbildeten. Die Analyse, besonders der nachgeordneten Angehörigen des erzbischöflichen Hofs, eröffnet den Blick auf eine Personengruppe, die nicht unbedingt zu den Entscheidungsträgern zu rechnen ist, die aber zur Vervollständigung des Bildes vom personellen Umfeld des Landesherrn notwendigerweise einbezogen werden muß.

Erkenntnisleitendes Interesse bei sämtlichen angesprochenen Themenkomplexen ist die Frage nach der räumlichen Verdichtung von Herrschaft. Daher ist weniger die Frage zu beantworten, wie deren verschiedene Ausdrucksformen funktionierten, sondern wo sie funktionierten und zunehmend ortsfest wurden. Hierfür ist eine möglichst große Offenheit für die Einbeziehung verschiedenster Phänomene zu gewährleisten, um nicht Gefahr zu laufen, eine teleologische Ausrichtung der Herrschaft mit dem Ziel der Bildung von Mittelpunkten zu unterstellen. Damit der Blick nicht von vornherein eingeengt wird, muß auch der gegenteiligen Möglichkeit nachgegangen werden. Gerade die prosopographische Methode bietet mit ihren für historische Zwecke modifizierten Netzwerk- oder Verflechtungsanalysen[26] die Chance, derartigen Gefahren zu entgehen und Schlüsse erst aus der Gesamtheit der Beobachtungen, die möglichst viele Ebenen und Themenbereiche abdecken sollen, zu ziehen.

Um die Grundlagen für die Verwirklichung dieses Anspruchs aufzudecken, ist über die Quellenbasis unserer Untersuchung Rechenschaft abzulegen. Die zweite Hälfte des 15. Jahrhunderts ist eine Zeit, in der die Entwicklung des Geschäftsschriftguts weit fortgeschritten

---

25 Vgl. die in eine ähnliche Richtung zielende Untersuchung von Janssen, Kurtrier.
26 Vgl. Burgard, Familia, S. 7.

war[27] und in der allgemein eine große Überlieferungsdichte zu beobachten ist. Für das Erzstift Trier sind in dieser Zeit neben der reichen urkundlichen Überlieferung Serien von Korrespondenzen, Gerichtsakten und Rechnungen, vorwiegend städtischer Provenienz, sowie vereinzelt normative Quellen zur Verwaltungspraxis erhalten. Erstmals auftretende Zeugnisse neuer Formen der Schriftlichkeit, wie ein Formelbuch der Kanzlei[28] oder gedruckte Urkunden bzw. Streitschriften[29] lassen geänderte Formen der Verwaltungspraxis vermuten, auch wenn dabei mit der Möglichkeit gerechnet werden muß, daß derartige Quellen – von Druckerzeugnissen abgesehen – in der früheren Zeit zwar vorhanden, aber nicht überliefert sind[30].

Erster Ansatzpunkt der Quellenstudien zu vorliegender Arbeit mußten die von A. Goerz 1860 bearbeiteten Regesten der Trierer Erzbischöfe sein, welche diejenigen im damaligen Staatsarchiv Koblenz vorhandenen und bis zum Zeitpunkt der Edition publizierten Quellen aufnahmen, die als vom Landesherrn selbst veranlaßte Produkte der kurtrierischen Kanzlei gelten konnten oder sonstige Auskünfte über dessen Handeln geben. Nach dem Vorbild der Regesta Imperii von J. F. Böhmer war dabei die Rekonstruktion der Itinerare als quellenkritisches Hilfsmittel[31] ein zentrales Anliegen, während Vollständigkeit hinsichtlich genannter Personen und Orte, aber auch bezüglich der in den Quellen enthaltenen Informationen kaum einmal erreicht wurde, so daß die Regesten stets anhand der Originale überprüft und ergänzt werden müssen. Da gedruckte Quellenwerke für die zweite Hälfte des 15. Jahrhunderts ohnehin rar sind – selbstverständlich wurde für deren Einbeziehung Vollständigkeit angestrebt –, mußte sich die Recherche fast ausschließlich auf nichtediertes Material stützen. Den Grundstock hierfür bildet der Provenienzbestand des Erzstifts Trier im Landeshauptarchiv Koblenz, der für den Untersuchungszeitraum vollständig ausgewertet wurde: Neben den Urkunden und der Kopialüberlieferung waren insbesondere die umfangreichen Korrespondenzen ergiebig. Die Bestände benachbarter Territorien, des erzstiftischen Adels und Klerus sowie der kurtrierischen Städte wurden komplett gesichtet und schwerpunktmäßig einbezogen. Besonderes Gewicht haben die Schriften des Sekretärs Peter Maier von Regensburg zur Geschichte des Erzstifts und der Stadt Koblenz. Für den rechtsrheinischen Teil des Erzstifts Trier wurden die Bestände der dortigen Ämter und des in diesem Gebiet und benachbart ansässigen Adels im Hessischen Hauptstaatsarchiv Wiesbaden ausgewertet. Belege anderer Archive, insbesondere im Generallandesarchiv Karlsruhe, vervollständigen den Quellenfundus unserer Untersuchung, der für die skizzierte Fragestellung eine genügend breite Basis schafft.

---

27 Vgl. PATZE, Geschäftsschriftgut; MORAW, Entfaltung, S. 92.
28 LHAK 1 C 108.
29 LHAK 1 C 2583; LHAK 1 C 18, 1086; STAT 51/1 Fasc. 29.
30 Vgl. ESCH, Überlieferungs-Chance.
31 Diesen Anspruch formulierte FICKER, Urkundenlehre, Bd. 1, S. 1, später in großer Deutlichkeit: »Wir betrachten das Itinerar der Könige und Kaiser als das feste Gerippe der Reichsgeschichte, welches gestattet, auch das ungenau überlieferte richtig zu stellen, die nach Ort und Zeit nicht genügend bestimmten Nachrichten an der ihnen zukommenden Stelle einzuordnen und zu verwerten. Wir sehen vor allem in den Itineraren [...] den Maßstab, an dem wir vorzugsweise Glaubwürdigkeit, Unverfälschtheit und Echtheit der Quellen zu prüfen haben.«

Während die allgemeine Reichsgeschichte des 15. Jahrhunderts zunehmend in den Blickpunkt der Forschung rückt[32], deren Schwergewicht eindeutig in der ersten Hälfte des Jahrhunderts liegt[33], kann für den engeren Bereich des Erzstifts Trier die Feststellung P. Moraws nur unterstrichen werden: »Zwischen der hochmittelalterlichen ›Kaiserzeit‹ und dem ›Morgenrot der Reformation‹ erstreckte sich eine Periode der Verlegenheit«[34]. Eine übergreifende Gesamtdarstellung der Regierungszeit Johanns von Baden fehlt – eine Ausnahme bildet die ausschnitthafte Betrachtung einiger Ereignisse durch J. Chr. Lager[35] –, so daß von einigen Spezialuntersuchungen abgesehen, auf die in den jeweiligen Zusammenhängen hingewiesen wird, diese Periode der kurtrierischen Geschichte weitgehend als eine »terra incognita« gelten kann. In noch größerem Ausmaß gilt dies für Johanns Nachfolger, Jakob von Baden, während der Episkopat seines Vorgängers durch die Dissertation I. Millers gut erforscht wurde[36]. Was die horizontale Vergleichsebene zu anderen Territorien für den engeren Themenbereich anbelangt, so kann im Grunde nur auf Mängel und Desiderate hingewiesen werden[37]. In Anbetracht der desolaten Forschungslage ist festzuhalten, daß die Aufarbeitung der Defizite in der Geschichte des Erzstifts Trier in der zweiten Hälfte des 15. Jahrhunderts hier nicht geschehen kann, auch ist es nicht das Ziel der Arbeit, eine umfassende Verwaltungsgeschichte des Territoriums oder Spezialuntersuchungen für die Herrschaftsmittelpunkte in diesem Zeitraum vorzulegen; vielmehr hat sich die Analyse auf in unserem Zusammenhang relevante Bereiche des gesamten Spektrums zu konzentrieren. Allerdings war es vielfach notwendig, sich einen Überblick zu verschaffen, so daß häufig allgemeine Bemerkungen zu Themenbereichen und Institutionen, die für das engere Thema von geringerer Bedeutung sind, erfolgen mußten. Auch wenn diese Ansätze das Verständnis des hier Gesagten beträchtlich erleichtern mögen, können sie eine eigenständige Darstellung nicht ersetzen. Hier kommt unserer Arbeit der Charakter einer vorläufigen Bestandsaufnahme zu, die durch weitere Forschungen erhärtet werden kann.

Was den Prozeß der Ausbildung von Herrschaftsmittelpunkten im Erzstift Trier am Ende des Mittelalters anbelangt, so erfolgte die Untersuchung auf einer möglichst breiten Basis methodischer und thematischer Vielfalt. Die verschiedenen Ausdrucksformen von Herrschaft mit eindeutig territorialem Schwergewicht, wurden mit dem Anspruch auf eine möglichst vollständige Analyse der in Frage kommenden Phänomene untersucht. Somit kann die vorliegende Arbeit einen Beitrag zur Aufhellung der Grundlagen moderner Staatlichkeit leisten und einige wesentliche Momente territorialer Herrschaft aufzeigen, die zunehmend Tendenzen zur Ortsfestigkeit in bestimmten Räumen erkennen läßt. Die Frage nach den tatsächlichen Neuerungen am Ende des Mittelalters und die Frage nach Kontinuität oder Diskontinuität am Übergang zur Neuzeit soll die gesamte Darstellung begleiten und somit dazu beitragen, die raumbestimmenden Kräfte auch über Epochengrenzen und politische Grenzen hinweg bestimmen zu können.

---

32 Vgl. die Titel im Literaturverzeichnis.
33 Für den Fortgang der Forschungen war der Editionsstand der Reichstagsakten bestimmend.
34 MORAW, Verfassung, S. 13.
35 LAGER, Johann von Baden.
36 MILLER, Jakob von Sierck.
37 Unseren Zielen am nächsten kommen verschiedene Beiträge in: Deutsche Verwaltungsgeschichte, Bd. 1, sowie die Untersuchungen von BRANDENSTEIN, Urkundenwesen; JÄGER, Fulda; LANZINNER, Fürst, Räte und Landstände; PENNING, Zentralbehörden, und die prosopographisch orientierte Arbeit von DEMANDT, Personenstaat. Die Herrschaft der Pfalzgrafschaft untersuchte COHN, Government, ausführlich.

B. Rahmenbedingungen und Bestimmungsfaktoren der erzbischöflichen Politik in der zweiten Hälfte des 15. Jahrhunderts

1. Herkunft und Wahl des Erzbischofs Johann von Baden sowie die Übernahme des Erzstifts

Der im Mittelpunkt dieser Arbeit stehende Zeitraum der Geschichte des Erzstifts Trier zwischen Mittelalter und Neuzeit[1] ist wesentlich durch den Pontifikat des von 1456 bis 1503 regierenden Erzbischofs Johann von Baden[2] geprägt. In fast 47jähriger Regierungszeit bestimmte der Markgraf die Geschicke des Erzstifts und konnte durch die Berufung seines Neffen Jakob von Baden zum Koadjutor und Nachfolger sogar für Kontinuität sorgen, die bis in das Jahr 1511 reichte[3]. Dennoch ist Johann von Baden von der bisherigen Forschung weitgehend unbeachtet geblieben. Hervorzuheben ist lediglich die punktuelle Aufarbeitung der Quellen durch den »trevirensisch orientierten«[4] Domkapitular J. Chr. Lager[5], dessen Interesse wesentlich der politischen Ereignisgeschichte und einzelnen reichspolitischen Zusammenhängen galt. Auf den auch nach der Übernahme des Episkopats engen Konnex zum Haus Baden machte K. Krimm aufmerksam[6]. Ansonsten wird die Regierungszeit dieses Kurfürsten verschiedentlich in Arbeiten mit anderen Schwerpunkten behandelt[7].

Die Vernachlässigung des Markgrafen in der Forschung[8] resultiert einerseits sicherlich aus den Schwierigkeiten, das überaus reiche und vielschichtige Quellenmaterial zu systematisieren[9] – Johann von Baden regierte das Erzstift immerhin länger als alle anderen Erzbischöfe. Andererseits dürfte dafür das Bemühen der Geschichtswissenschaft um Periodisierungen und Epochengrenzen verantwortlich sein, dem eine über derartige künstliche Barrieren hinausgreifende historische Persönlichkeit beinahe zwangsläufig der Nichtbeachtung anheim fallen mußte. Neben diesen äußeren Umständen spielte sicherlich auch die in mancher Hinsicht

---

1 Zur Charakterisierung des Zeitabschnitts vgl. die Ausführungen in der Einleitung.
2 Zur Person zuletzt: FOUQUET, Domkapitel, S. 328–329 und die dort genannte Literatur, sowie HOLLMANN, Mainzer Domkapitel, S. 329f.; R. BECKSMANN, Die mittelalterlichen Glasmalereien in Schwaben von 1350 bis 1530 ohne Ulm, Berlin 1986 (Corpus vitrearum medii aevi), S. 150–151.
3 Vgl. KRIMM, Baden und Habsburg, S. 194–197.
4 MILLER, Jakob von Sierck, S. 1.
5 LAGER, Johann von Baden. Kurze Zusammenfassung der Forschungsergebnisse bei PAULY, Geschichte, Bd. 2, S. 132–134.
6 KRIMM, Baden und Habsburg, insbes. S. 99ff.
7 Z. B. HOLBACH, Stiftsgeistlichkeit; FOUQUET, Domkapitel; GRÜNEISEN, Reichsstände; SCHMIDT, Trierer Erzbischöfe; KERBER, Stolzenfels. Auf die Nennung der Literatur zu einzelnen Zeitabschnitten, Ereignissen oder Sachverhalten wird hier verzichtet und auf das Literaturverzeichnis verwiesen.
8 Im LexMA ist Johann von Baden kein eigener Artikel gewidmet.
9 Die bei GOERZ, S. 204–325, 360–362, wiedergegebenen Regesten machen ein Drittel des gesamten Werks aus, enthalten jedoch nur einen Teil des erhaltenen Quellenmaterials, zumal nur solche Stücke ausgewählt wurden, die als Urkunden- oder Briefausgänge der Trierer Kanzlei zu charakterisieren sind.

nachgeordnete Bedeutung des Kurfürsten in der Reichspolitik eine Rolle, der in den entsprechenden Zusammenhängen vorliegender Arbeit nachgegangen werden soll.

Geboren wurde Johann von Baden im Jahre 1434[10] als dritter Sohn des Markgrafen Jakob und der Herzogin Katharina von Lothringen[11]. Gemeinsam mit seinen jüngeren Brüdern Georg und Markus erhielt er 1445 die erste Tonsur[12]. Seine geistliche Karriere verlief durchaus geradlinig und soll hier nur in knappen Zügen vorgestellt werden.

1447 beurkundete Pfalzgraf Stephan dem Straßburger Domkapitel die adelige Abstammung Johanns[13], 1448 erfolgte die Aufschwörung auf ein Domkanonikat in Mainz[14], eine Trierer Domherrenstelle für 1448 ist nicht sicher nachweisbar[15]. Spätestens im Jahr 1450 war der Markgraf im Besitz der Mainzer Dompräbende, und Papst Nikolaus V. reservierte ihm die Propstei des Stifts Mariengraden in Köln, die er jedoch nicht erlangte[16]. Seit 1451 war Johann päpstlicher Protonotar[17]. 1452 erscheint er als Inhaber eines Kanonikats im Straßburger Domkapitel[18]. Trotz der Provision für ein Kanonikat und die Domkantorei in Speyer[19] konnte er beide Pfründen nicht besetzen[20]. 1455 wurde Johann von Baden eine Domherrenstelle in Bamberg reserviert, wofür bereits ein Jahr zuvor die Annaten gezahlt worden waren[21]. Im Sommer des Jahres 1454 verzichteten die Markgrafen Johann, Georg und Markus endgültig auf Ansprüche am Regiment der Markgrafschaft Baden, wofür sie von ihrem ältesten Bruder Karl eine Leibrente von je 1000 Gulden jährlich erhielten[22]. Johann, der älteste der drei für den geistlichen Stand bestimmten Markgrafensöhne, wurde am 21. Juni 1456 zum Trierer Erzbischof gewählt. In der päpstlichen Bestätigungsbulle wird er nur als Mainzer Domherr bezeichnet.

---

10 Vgl. die differierenden Angaben bei SCHÖPFLIN, Historia Zaringo-Badensis, Bd. 2, S. 195, der den 9. Februar 1430 angibt, und TRITHEMIUS, Chronicon Hirsaugense, der zur Tagesangabe von 1430 VI 14 noch die geradezu phantastisch anmutende Zeitangabe *Hora quinta minuto 53 post medium noctis mane natus est Joannes postea Treviroum archiepiscopus* liefert, vgl. RMB III 5079, zu dem Autor vgl. ARNOLD, Johannes Trithemius. Gegenüber diesen wohl kaum zu klärenden Widersprüchen wird das Alter des Badeners bei der Wahl zum Erzbischof 1456 übereinstimmend mit 22 Jahren angegeben, wie auch spätere Angaben den Rückschluß nur auf das Jahr 1434 zulassen.
11 LAGER, Johann von Baden, S. 5–6.
12 GLAK Abt. 46, Nr. 700 (1445 XI 23, Baden), RMB III 6442.
13 RMB III 6722 (1447 II 19).
14 1448 VII 15, HOLLMANN, Mainzer Domkapitel, S. 330; HOLBACH, Stiftsgeistlichkeit, S. 406; FOUQUET, Domkapitel, S. 328. Dort sind die wesentlichen Daten zusammengestellt.
15 HOLBACH, Stiftsgeistlichkeit, S. 406.
16 RMB III 7168 (1450 X 14).
17 Vgl. RepGerm 6, 2544 (1455 III 21).
18 RMB III 7446 (1452 X 18).
19 RepGerm 6, 2544 (1454 I 15).
20 Vgl. FOUQUET, Domkapitel, S. 328, wogegen HOLBACH, Stiftsgeistlichkeit, S. 408, ihn im Jahr 1454 bereits als Kantor bezeichnet, obwohl hier eindeutig nur von der Provision die Rede ist.
21 RepGerm 6, 2544 (1454 II 21), 2821 (1455 VII 29).
22 GLAK Abt. 46, Nr. 796 (1454 VIII 10, Pforzheim), RMB IV 7687. Ausdrücklich verzichtete nur Georg von Baden in einer eigenen Urkunde auf seine Ansprüche, da ihn sein Vater in seinem Testament noch zum *weltlichen state* bestimmt und ihm einen Teil der Markgrafschaft zugesichert hatte, er sich nun aber zum geistlichen Stand berufen fühlte, GLAK Abt. 46, Nr. 704 (1454 VIII 10, Pforzheim), RMB IV 7685.

Gestützt wurden Johanns Chancen zur Erlangung hoher geistlicher Würden durch seine akademische Ausbildung[23]. Am 30. Juni 1452 wurden die Markgrafen Johann, Georg und Markus an der Universität Erfurt immatrikuliert, wo Johann von Baden am 18. Oktober des Jahres zum Rektor gewählt wurde[24]. 1454 begaben sich die Brüder zur Fortsetzung ihrer Studien nach Pavia[25] und am 26. November 1455 wurden sie an der Universität Köln immatrikuliert[26]. Entgegen der Ansicht Fouquets, Johanns akademischer Grad sei nicht zu ermitteln[27], wird er in der Urkunde, worin Papst Kalixt III. dem Mainzer Domherrn und päpstlichen Notar die Übernahme der Trierer Kirche erlaubt, ausdrücklich als Magister bezeichnet[28]. Auf seine engen Beziehungen zu humanistisch gebildeten Gelehrten hat G.-R. Tewes hingewiesen[29].

Während wir über die Jugend Johanns von Baden nur recht wenige Informationen besitzen, sind die Umstände seiner Wahl zum Trierer Erzbischof hinreichend bekannt und können als der am besten erforschte Zeitabschnitt seiner Regierungszeit gelten[30]. Zunächst soll jedoch die Situation im Erzstift vor der Übernahme durch den Markgrafen betrachtet werden. »Einschließlich der verpfändeten Ämter und Herrschaften belief sich der Stand der Schulden bei Amtsantritt Johanns von Baden auf 224 300 fl.«[31]. Es ist nicht nachvollziehbar, wie I. Miller auf diese Summe kommt, da in der von ihm angegebenen Quelle von 272 425 Gulden die Rede ist[32] und schon G. Knetsch 270 000 Gulden nannte. Folglich wird man von dem letztgenannten Schuldenstand im Mai des Jahres 1456 ausgehen müssen. In Anbetracht einer derartigen Schuldenlast kann die Ausgangslage im Jahre 1456 nur als negativ bezeichnet werden. Erschwert wurde sie noch durch die außergewöhnlich hohen Gebühren von mehr als 41 000 Gulden für seine Bestätigung, die Johann in Rom durch seinen Bruder Georg bezahlen lassen mußte[33]. Der Grund hierfür dürfte im Zusammenhang mit dem hohen päpst-

23 Zum Studium Johanns von Baden vgl., TH. MÜLLER, Die Markgrafen Johann, Georg und Markus von Baden auf den Universitäten zu Erfurt und Pavia (1452ff.), in: ZGO 41, 1891, S. 701–705.
24 J. C. H. WEISSENBORN (Bearb.), Acten der Erfurter Universität, 1881, Ndr. Nendeln 1976, Bd. 1, S. 229, 233.
25 RMR IV, 7716 (1454 IX 11). Zu deren dortigem Aufenthalt vgl. ebda., 7730 (1454 IX 22), 7796 (1454 XI 18), sowie A. SOTTILI, Tunc floruit Alamannorum natio. Doktorate deutscher Studenten in Pavia in der zweiten Hälfte des 15. Jahrhunderts, in: Humanismus im Bildungswesen des 15. und 16. Jahrhunderts, S. 25–44, S. 25ff.
26 H. KEUSSEN, Die Matrikel der Universität Köln 1 (1389–1475), 2. Aufl., Bonn 1928 (Publikationen der Gesellschaft für Rheinische Geschichtskunde 8), S. 593.
27 FOUQUET, Domkapitel, S. 328, vgl. HOLLMANN, Mainzer Domkapitel, S. 329.
28 *Dilecto filio magistro Johanni de Baden canonico maguntino, notario nostro*, LHAK 1 A 8320 (1456 X 25, Rom), GOERZ, S. 205; vgl. LAGER, Johann von Baden, S. 8.
29 TEWES, Kreidweiss, S. 64–66, mit weiteren Verweisen.
30 LAGER, Johann von Baden, S. 1 ff.; BÖHN, Pfalz-Veldenz; KRIMM, Baden und Habsburg, S. 99–101; HOLBACH, Stiftsgeistlichkeit, S. 30–31, 52–54, 169–171, 254–255; DERS., Besetzung, S. 37–40.
31 MILLER, Jakob von Sierck, S. 207.
32 BAT Abt. 95, Nr. 276, Bl. 55v.: *anno 1456 1. Maij ist derselbe* [Erzbischof Jakob von Sierck] *schuldig gewesen ahn pfandschafften, versatzden schlößerrn, ambtern unnd sonst CC^m LXXII^m IIII^c XXV fl.*
33 Vgl. die Quittungen LHAK 1 A 8333 (1456 XI 6); LHAK 1 A 8335 (1456 XI 12); LHAK 1 A 8336 (1456 XI 15); vgl. LAGER, Johann von Baden, S. 9–11; KRIMM, Baden und Habsburg, S. 100f. Die Zahlungen wurden wohl über die Bank von Petrus und Jacobus de Paziis abgewickelt, vgl. E. PITZ, Supplikensignatur und Briefexpedition an der römischen Kurie im Pontifikat Papst Calixts III., Tübingen 1972 (Bibliothek des Deutschen Historischen Instituts in Rom 42), S. 287, Anm. 253.

lichen Geldbedürfnis in der Zeit zu sehen sein[34]. Daneben spielte aber sicherlich auch die Ausnutzung der durch die zwiespältige Wahl ganz offensichtlich schwachen Position von Domkapitel und Gewähltem eine Rolle, die dem Papst eine Einflußnahme auf die Bistumsbesetzung zu ermöglichen schien[35].

Tiefere Ursachen hatte die erhebliche Verschuldung des Erzstifts beim Tode des Erzbischofs Jakob von Sierck. I. Miller hat dafür mit guten Gründen das Trierer Schisma von 1430 und die anschließenden Ereignisse der Manderscheider Fehde[36] verantwortlich gemacht[37] und den Grund für Siercks diesbezügliche Probleme in der Amtszeit seines Vorgängers nachgewiesen. Nach jahrelangen kriegerischen Auseinandersetzungen konnte sich schließlich der vom Papst eingesetzte Speyerer Bischof Raban von Helmstadt gegen den Kandidaten des Adels, Ulrich Graf von Manderscheid, durchsetzen. Dennoch sah er sich erheblichem Druck durch den Stiftsadel ausgesetzt, der durch Pfandschaften große Teile des erzstiftischen Vermögens in die Hände bekommen hatte[38]. Schließlich wurde Jakob von Sierck auch auf dem Wege der Koadjutorie zum Erzbischof ernannt und am 30. August 1439 geweiht. Nach seinen eigenen Angaben vom 16. Mai 1439 lagen die Schulden des Erzstifts zu dieser Zeit bei über 200 000 rheinischen Gulden[39]. Ein Vergleich mit der Höhe der erzstiftischen Schulden beim Amtsantritt Johanns von Baden zeigt, daß Erzbischof Jakob bei der Abtragung der Belastung letztlich kein Erfolg beschieden war. Ein zukünftiger Erzbischof konnte also mit nur geringem finanziellen Spielraum rechnen und war zudem durch weitere politische Konstellationen in seiner Handlungsfreiheit eingeschränkt. Unter diesen Voraussetzungen ist auch die Bischofswahl des Jahres 1456 zu sehen.

Jakob von Sierck starb am 28. Mai 1456[40]. Schon zu seinen Lebzeiten war es zur Einung der Trierer Landstände vom 10. Mai 1456 sowie zu heftigen Auseinandersetzungen mit

---

34 Vgl. HOLBACH, Stiftsgeistlichkeit, S. 169–171.
35 Die Diskussion über den Einfluß des Papsttums auf die Bistumsbesetzungen wurde durch die Arbeit von K. GANZER, Papsttum und Bistumsbesetzungen in der Zeit von Gregor IX. bis Bonifaz VIII. Ein Beitrag zur Geschichte der päpstlichen Reservationen, Köln, Graz 1968 (Forschungen zur kirchlichen Rechtsgeschichte und zum Kirchenrecht 9), und dessen Betonung der »plenitudo potestatis«, der den Einfluß der Domkapitel denkbar gering angesetzt sehen will, ausgelöst. Dem widersprach E. PITZ, Plenitudo potestatis und Rechtswirklichkeit, in: QFIAB 50, 1971, S. 450–461, unter Hinweis auf seine Reskripttheorie für die Zeit Kalixts III., Pitz negierte geradezu allen päpstlichen Einfluß. Zwischen diesen Positionen nimmt BROSIUS, Einfluß, eher eine Mittlerstellung ein und konzediert in einigen Fällen massive päpstliche Einflußnahme. Zu dieser Diskussion vgl. HOLBACH, Stiftsgeistlichkeit, S. 157f.
36 Ausführlich: MEUTHEN, Trierer Schisma.
37 MILLER, Jakob von Sierck, S. 54–79.
38 Vgl. die Zusammenstellung der Schulden bei MEUTHEN, Trierer Schisma, S. 254f.
39 LHAK 1 C 13, 716; LHAK 211, 2101, S. 241–243, vgl. MILLER, Jakob von Sierck, S. 61; MEUTHEN, Trierer Schisma, S. 255.
40 MILLER, Jakob von Sierck, S. 256, entscheidet sich lediglich aufgrund der Meldung Hans von Henchingens an den Hochmeister des Deutschen Ordens über den Tod Jakobs, HUBATSCH 1, 278, Nr. 1448, für den 28. Mai als Todestag, nachdem die Gesta Trevirorum sowohl den 20. als auch den 28. Mai nennen. Der 28. Mai wird – was MILLER nicht erwähnt – auch von TRITHEMIUS, S. 163 genannt. Erheblich größere Plausibilität erhält das spätere Datum durch einen Eintrag in der Rechnung des Trierer Rentmeisters: *geben des frijdages zu sent Urbans tag [V 28] Peter van Schoneck eyn brieff zu dragen zu der ritterschafft und steden, das myn here van Trier doit were,* STAT RMR 1455/6 boten. Gewißheit über den Todestag Jakobs erhält man dann in den Konzepten zur Wahlkapitulation Johanns von Baden, wo

einem Teil des Trierer Domkapitels gekommen. Dies führte dazu, daß der Dekan Egid von Kerpen[41], Scholaster Friedrich von Sötern[42], Johann Zant von Merl[43] und Heinrich von Rheineck[44] schließlich in offener Opposition gegen den Erzbischof standen. Bei Papst Nikolaus V. erwirkte Jakob von Sierck eine Bulle, die es ihm erlaubte, die genannten vier Domherren und Peter von Schwarzenberg[45] zu exkommunizieren. Wenige Tage nach Jakobs Tod wurden Kerpen, Zant und Rheineck[46], die eine Wiedereinsetzung in ihre Pfründen gegen den Widerstand des Domkapitels nicht erreicht hatten, wieder aktiv.

Am 10. Juni 1456 luden die drei renitenten Domherren gemeinsam den Dompropst Philipp von Sierck[47], Johann von Greiffenclau[48], Heinrich Greiffenclau zu Vollrads[49], Rorich von Reichenstein[50], Johann Beyer[51], Walter von Brucken[52] und Friedrich Meinfelder[53] für den 14. Juni auf die Burg Veldenz, um dort einen neuen Erzbischof zu wählen. Die Aussteller hätten kein freies Geleit nach Trier erhalten, doch sicherte Pfalzgraf Ludwig allen Kapitularen solches nach Veldenz zu[54]. Wie G. F. Böhn nachweisen konnte, wurde auf dieser Burg am 14. Juni Pfalzgraf Johann[55] von den drei Einladenden sowie Friedrich von Sötern zum Erzbischof gewählt[56]. Unterstützt wurde diese Wahl nicht nur vom dortigen Landesherrn

---

zweimal ausdrücklich der 28. Mai genannt wird, LHAK 1 C 16212, Bl. 2r, 4r. In drei undatierten Schreiben wurde der Tod Jakobs angezeigt, 1. *denn amptluden*, 2. *den graffen und hern die ampt haben, mit namen doemprobst, Firnburg, Westerburg, Sommereff und Yssenburg*, 3. *den zolschribern und kellnern mit namen zu Paltzell, zu Witlich, zu Kochem, zu Engers, zu Montabaur und zu Bopart*, und die Adressaten zum Gehorsam gegen das Domkapitel bis zur Wahl eines neuen Erzbischofs aufgefordert, vgl. die Konzepte: LHAK 1 C 16212, Bl. 1.
41 HOLBACH, Stiftsgeistlichkeit, S. 437.
42 Ebd., S. 594f.; PAULY, Karden, S. 306f.
43 HOLBACH, Stiftsgeistlichkeit, S. 538f.
44 Ebd., S. 562.
45 Ebd., S. 586.
46 Warum Friedrich von Sötern nicht auch als Einladender auftritt, ist unklar. Daß er sich nicht wie Peter von Schwarzenberg weiterer Aktivitäten enthielt, beweist seine spätere Teilnahme an der Wahl auf Burg Veldenz.
47 HOLBACH, Stiftsgeistlichkeit, S. 591f.; HEYEN, Paulin, S. 604; STRAMBERG II, 4, S. 186f. Nicht nur die von HEYEN, ebda., geforderte Untersuchung zu Philipps Pfründen erscheint wichtig, sinnvoll wäre auch eine Studie zum Leben und seiner Rolle als Erbe der Herrschaften Sierck, Montclair und Meinsberg sowie seine Einordnung in die Beziehungen des Reichs zu Burgund und Frankreich. Selbst die Bedeutung des Dompropsts für die Politik Jakobs von Sierck ist noch nicht hinreichend geklärt. Immerhin hatte dieser seinen Bruder dem Domkapitel testamentarisch als Nachfolger anempfohlen. Das reiche Quellenmaterial aus seinen Lebzeiten, aber auch aus dem Streit um sein Erbe, könnte ein anschauliches Bild vom Leben eines Stiftsgeistlichen »im Spannungsfeld von Kirche und Welt« liefern.
48 HOLBACH, Stiftsgeistlichkeit, S. 483. Neben seinen geistlichen Pfründen war Johann Greiffenclau bereits unter Jakob von Sierck Amtmann von Grimburg, LHAK 1 A 1895 (1457 I 18), Goerz, S. 205.
49 HOLBACH, Stiftsgeistlichkeit, S. 482f.
50 Ebd., S. 560.
51 Ebd., S. 423f.; STRUCK, Dietkirchen, S. 304f.; FOUQUET, Domkapitel, S. 342–344.
52 HOLBACH, Stiftsgeistlichkeit, S. 432; PAULY, Karden, S. 307.
53 HOLBACH, Stiftsgeistlichkeit, S. 536f.
54 LHAK 1 D 1172 (1456 VI 10). Warum gerade die genannten Domherren, und nicht das gesamte Kapitel, eingeladen wurden, konnte nicht geklärt werden.
55 HOLBACH, Stiftsgeistlichkeit, S. 552f.
56 BÖHN, Pfalz-Veldenz, S. 93–97.

Ludwig von Pfalz-Veldenz, sondern auch von den trierischen Landständen und Burgund[57]. Später trat als dritter Bewerber Ruprecht, ein Bruder Pfalzgraf Friedrichs auf, der auch vom Mainzer Erzbischof, also von immerhin zwei Kurfürsten, unterstützt wurde[58]. Inwieweit eine solche Kandidatur auch von Burgund gebilligt wurde, läßt sich nicht mit Sicherheit sagen[59].

Die Einladung der drei genannten Domherren vom 10. Juni machte auf das übrige Domkapitel offensichtlich keinen Eindruck, denn am 17. des Monats traten die Kapitulare zur Wahl zusammen[60]. Der erste Wahlgang vom selben Tag führte noch zu keiner Entscheidung. Jedoch einigten sich die Domherren am folgenden Tag auf eine Wahlkapitulation, die von einem neu zu wählenden Erzbischof zu beschwören war[61], und verpflichteten sich in einer zweiten Urkunde, keinen als Erzbischof anzuerkennen und zu postulieren, der nicht vom Papst bestätigt worden sei; so lange wollte das Domkapitel die Verwaltung des Erzstifts in seinen Händen halten[62]. Aus dieser Bestimmung spricht deutlich die Furcht vor ähnlichen Ereignissen wie nach der zwiespältigen Wahl von 1430. Sicherlich war den Domkapitularen auch die Bestimmung der Landständeeinung bekannt, worin ein neu gewählter Erzbischof darauf festgelegt werden sollte, sich vor der Anerkennung durch die Stände in keiner Weise dem Domkapitel verpflichtet zu haben.

Auch beim zweiten Wahlgang des Domkapitels am 19. Juni konnte keine Einigung erzielt werden. Bei dieser erneuten Wahl erfahren wir jedoch die Namen der beiden Kandidaten für den erzbischöflichen Stuhl und die Wortführer der jeweiligen Parteien. Denn es heißt im Protokoll[63], der Dompropst Philipp von Sierck habe den Markgrafen Johann von Baden verlangt, gleichfalls Johann Beyer, während Walter von Brucken den Mainzer Domherren Dieter von Isenburg[64] benannte. Nacheinander gaben daraufhin die Domherren ihre Stimmen ab, woraus sich folgende Parteiung ergab: Für Johann von Baden stimmten Philipp von Sierck, Johann Beyer von Boppard, Johann Greiffenclau von Vollrads, der Metzer Bischof Konrad Beyer von Boppard[65], Salentin von Isenburg[66], Heinrich Greiffenclau, der Dekan

---

57 Ebd., S. 97–102; HOLBACH, Stiftsgeistlichkeit, S. 53. Zur Bistumspolitik Herzog Philipps von Burgund vgl. GRÜNEISEN, Reichsstände, S. 30–31. Für diese doppelte Anbindung spricht auch eine Ausgabe des Trierer Rentmeisters vom 12. Juni 1456 für einen Boten, *eyn brieff zu fueren zu Covelentz van der landtschafft wegen als uns myn here van Bourgonien geschrieben hatte*, STAT, RMR 1455/56 boten. Ähnliches legt die Rubrik *Schenke* des zweiten Halbjahres 1455 nahe, wo neben Ausgaben für *ritterschafft und steden van dem Rijne* Weingeschenke für zahlreiche Grafen, die zum Teil der Ständeeinung vom 10. Mai angehörten, und auch für die Pfalzgrafen Friedrich und Ludwig verzeichnet sind, STAT RMR 1455/56, fo. 3r.
58 GUDENUS, S. 318–321 (1456 VII 13); LAGER, Johann von Baden, S. 7f.
59 BÖHN, Pfalz-Veldenz, S. 98–100.
60 Das Wahlprotokoll siehe LHAK 1 D 1173 und 1 C 16212, vgl. hierzu und zum folgenden LAGER, Johann von Baden, S. 2–5.
61 LHAK 1 D 1174 (1456 VI 18), vgl. KREMER, Wahlkapitulationen, S. 14–15; LAGER, Johann von Baden, S. 3.
62 LHAK 1 D 1175 (1456 VI 18); teilweise abgedruckt bei LAGER, Johann von Baden, S. 2–3.
63 LHAK 1 D 1173, fol. 5.
64 Zur Person des späteren Mainzer Erzbischofs HOLLMANN, Mainzer Domkapitel, S. 388f.
65 HOLBACH, Stiftsgeistlichkeit, S. 420f.
66 Ebd., S. 516.

Edmund von Malberg[67], Wilhelm von Haracourt[68] und Philipp von Savigny[69]. Dieter von Isenburg-Büdingen wurde von Walter von Brucken, Rorich von Reichenstein, Friedrich Meinfelder, Wiegand von Nassau-Sporkenburg[70], Dietrich von Kellenbach[71], Philipp von Isenburg-Büdingen[72] und Johann vom Stein zu Nassau[73] unterstützt.

Auch ein abermaliger Wahlgang am 20. Juni führte zu keinem Ergebnis, und erst am 21. Juni verständigte man sich auf eine Entscheidung per Kompromiß durch den Dekan Edmund von Malberg, Heinrich von Greiffenclau und Johann vom Stein. Diese einigten sich auf Johann von Baden, der daraufhin feierlich zum Hauptaltar des Doms geführt wurde[74]. Am folgenden Tag beschwor der *postulatus* die Wahlkapitulation[75]. Sowohl die Gesta Trevirorum[76] als auch Peter Maier von Regensburg in seinem Huldigungsbuch[77] berichten übereinstimmend, daß Johann von Baden daraufhin zunächst in Pfalzel und dann in Wittlich, Cochem, Ehrenbreitstein, Engers und anderswo gehuldigt worden sei[78].

Bei der kurzen Vakanz des Trierer Stuhls waren in unterschiedlicher Intensität sämtliche bestimmenden Kräfte im Westen des Reichs[79] involviert. Der schließlich siegreiche Johann von Baden konnte sich, dank der guten Beziehungen des Hauses Baden zu Habsburg[80], der Unterstützung des Kaisers gewiß sein. Gleichfalls dürfte Frankreich die Kandidatur des badischen Prinzen zumindest gebilligt haben[81]. Von der Unterstützung Pfalzgraf Johanns durch Burgund und die Trierer Landstände war bereits die Rede, ebenso von den durch Pfalzgraf Ruprecht erhobenen Ansprüchen, die durch zwei Kurfürsten als Vertreter der reichsständi-

---

67 Ebd., S. 531. Edmund von Malberg wurde 1463 IV 22 erzbischöflicher Amtmann in Welschbillig, LHAK 1 A 3724.
68 HOLBACH, Stiftsgeistlichkeit, S. 496f.
69 Ebd., S. 578.
70 Ebd., S. 546f.
71 Ebd., S. 436.
72 Ebd., S. 514; HEYEN, Paulin, S. 604f., 706. 1465 X 27 bürgte er mit anderen für eine Schuld von 2000 Gulden Johanns von Baden bei Johann von der Mark-Arenberg und dessen Sohn Eberhard, LHAK 1 A 8470, vgl. GOERZ, S. 222.
73 HOLBACH, Stiftsgeistlichkeit, S. 601. Den Obödienzeid als Trierer Archidiakon leistete Johann vom Stein am 9. September 1457 in Koblenz, LHAK 1 A 8358, und nicht am 12. September, wie HOLBACH, Stiftsgeistlichkeit, ebda., gestützt auf STAT 2276/2218 2° f. 40v, irrtümlich annimmt. 1457 III 7 gehörte er zu den Beisitzern einer Gerichtsverhandlung unter Vorsitz des Erzbischofs in dem Streit der Stadt Koblenz mit dem dortigen St.-Kastor-Stift auf der Burg Ehrenbreitstein, SCHMIDT, Nr. 2074. Seine Eidesleistung wurde später für den Archidiakon von Longuyon, Philipp von Isenburg, zum Vorbild genommen, LHAK 1 D 1220 (1464 IV 10). 1467 erhielt Johann vom Stein auf Präsentation des Grafen Johann von Nassau-Vianden die Pfarrei Nassau, HHStAW Abt. 170, U 1603 (1467 X 1/3).
74 LHAK 701, 4, Bl. 57r. *uff den hohen altare.*
75 LHAK 1 D 1179 (1456 VI 22, Trier), GOERZ, S. 204.
76 Gesta Trevirorum, Bd. 2, S. 337.
77 LHAK 701, 4, fo. 57v.
78 Vgl. unten Kapitel B 4 b.
79 Vgl. hierzu allgemein GRÜNEISEN, Reichsstände.
80 KRIMM, Baden und Habsburg.
81 GRÜNEISEN, Reichsstände, S. 31; MILLER, Jakob von Sierck, S. 257. In einem Schreiben der Stadt Köln an Johann von Baden wies diese eigens auf dessen enge Beziehungen zur Krone Frankreichs hin, Hansisches Urkundenbuch, 8. Bd., Nr. 950 (1460 VIII 1). Die Aufnahme Johanns in den Rat des Königs belegt die engen Bindungen, LHAK 1 A 8559 (1473 VI 7, Amboise), GOERZ, S. 238.

schen Opposition[82] vorangetrieben wurden[83]. Für Dieter von Isenburg sprach wohl am ehesten die traditionelle Verankerung seiner Familie im Trierer Domkapitel[84]. Der schließliche Erfolg des Badeners ist sicherlich nicht nur darauf zurückzuführen, daß ihn das Domkapitel als »eher ungefährlichen Kandidaten« und »eher Außenstehenden« ansah[85]. Hier spielten auch territorialpolitische Verflechtungen mit der seit 1444 zur Hälfte badischen Grafschaft Sponheim eine Rolle[86]. Die offenkundig guten Beziehungen des Badeners zum Kaiser und zur Kurie[87] dürften das Kapitel bzw. die Kompromissoren zudem bewegt haben, den aussichtsreicheren Kandidaten[88] zu wählen, dessen Bestätigung keine langwierigen Verhandlungen befürchten ließ. Auch hier waren die Erfahrungen des Schismas von 1430 noch in lebendiger Erinnerung.

Rückblickend bleibt festzuhalten, daß Zustimmung und Ablehnung des Markgrafen bei den Domherren aus keiner grundsätzlichen Parteiung resultierten und nicht zu einer weitreichenden Spaltung des Kapitels führten[89]. Immerhin einigten sich die Kapitulare binnen fünf Tagen per Kompromiß auf einen Kandidaten. Diesem wurden von allen an der Wahl Beteiligten keine weiteren Hindernisse in den Weg gelegt. Wie weit dabei das Vertrauen des Domkapitels in die Familie des Markgrafen ging, belegt die Übertragung der weltlichen Verwaltung des Erzstifts an den Bruder des Gewählten, Karl von Baden, unmittelbar nach der Wahl, bis zur päpstlichen Bestätigung Johanns[90].

Am 24. Juni erteilte das Domkapitel dem Bruder des Gewählten, Georg von Baden, dem lic.decr. Melchior Dischinger, Arnold von Kleve[91], Johann Ernst, Propst von S. Thiebeault in Metz, und dem Dietkirchener Archidiakon Johann Beyer eine Vollmacht, um in Rom die Bestätigung für Markgraf Johann zu erwirken[92]. Im Erzstift versicherte sich das Domkapitel wenig später noch des Beistandes Gerhards Grafen zu Sayn[93], und danach schweigen die Quellen über entsprechende Aktivitäten. Da am 22. Juli nur drei Abgesandte, nämlich

---

82 Vgl. ZIEHEN, Mittelrhein und Reich, S. 62–65; MENZEL, Friedrich der Siegreiche.
83 Vgl. allgemein die Schilderung PICCOLOMINIS, Opera omnia, S. 1042: ...*postulauerunt canonici ad eam ecclesiam Ioannem Marchionem Badensem, cuius aetatis defectum, singularis uirtus redemit, et maiorem suorum imagines suppleuerunt. Nam familia Badensis claris illustrata titulis, nullum unquam non egregie sapientem uirum produxit. Annuit uotis capituli Roman, praesul quamuis Philippus Burgundiorum princeps potentissimus, ac de Romana ecclesia optime meritus, alius ex domo Bauariae, in illa ecclesia peteret, suis circumdata dominis Pontificem.*
84 HOLBACH, Stiftsgeistlichkeit, S. 512–516.
85 KRIMM, Baden und Habsburg, S. 99f.
86 Vgl. PETRY, Kräftespiel; W. DOTZAUER, Die westlichen Gebiete der Markgrafen von Baden von 1402 bis 1803, in: LdkdlVjbll 14, 1968, S. 31–54; KRIMM, Baden und Habsburg, S. 100.
87 BROSIUS, Pius II. und Markgraf Karl I, S. 171–173.
88 HOLBACH, Stiftsgeistlichkeit, S. 170.
89 HOLBACH, Besetzung, S. 38f., stellt fest, die Wähler Johanns von Baden stammten weitgehend aus dem Westen des Erzstifts und Dieters Wähler seien »fast ausschließlich« dem östlichen Einzugsbereich des Domkapitels zuzurechnen.
90 Vgl. unten, Kapitel B 2.
91 Nicht »Olivum«, wie GOERZ, S. 204, irrtümlich liest. Später war er Vorsteher der Abtei Mettlach, LHAK 1 C 17, 662 (1466 IV 14, Trier), GOERZ, S. 223.
92 Nur das Konzept dieser Vollmacht ist erhalten, LHAK 1 C 16212, Bl. 7v-8r, GOERZ, S. 204, RMB IV 8012.
93 HHStAW Abt. 340, U 10937 (1456 VI 26).

Johann Beyer, Johann Ernst und Melchior Dischinger, von Herzog Franz Sforza von Mailand Geleitbriefe zum Papst erhielten[94], werden diese wohl die Begleitung Markgraf Georgs gebildet haben, während der genannte Arnold aus ungeklärten Ursachen nicht dazu gehörte. Der Mailänder Herzog richtete ein Empfehlungsschreiben für Johann von Baden an den Papst und die Kardinäle[95]. Seinem Orator an der Kurie, Jakob Calcaterra, legte er die Förderung der Angelegenheit des Markgrafen ans Herz[96]. Dieser berichtete dem Herzog am 24. August, daß die Sache in Rom verhandelt werde, sich aber trotz des Wohlwollens des Papstes wegen der großen Wichtigkeit möglicherweise noch länger hinziehen werde[97]. In Rom fand Johann von Baden in Enea Silvio Piccolomini einen gewichtigen Anwalt seiner Sache[98]. Dennoch zogen sich die Verhandlungen noch bis weit in den Oktober des Jahres hin.

Am 25. Oktober schließlich erlaubte Papst Kalixt III. Johann von Baden, trotz seines jugendlichen Alters die Regierung und Verwaltung der Trierer Kirche in geistlichen und weltlichen Angelegenheiten zu übernehmen. Vor der Vollendung des 27. Lebensjahres sollte er nur die Subdiakonsweihe erhalten, dann jedoch konsekriert werden[99]. Am gleichen Tag erhielt Johann die Provision für das Erzstift, worin ihn der Papst im voraus als Erzbischof bestätigte, sofern er sich nach Vollendung des 27. Lebensjahres habe weihen lassen[100]; gleichfalls übermittelte er die naturgemäß undatierte *forma juramenti* des dem Papst alsdann zu leistenden Eides[101]. Sechs weitere Bullen vom 25. Oktober beinhalten die Verkündigung der Provision und den Befehl zur Anerkennung und zum Gehorsam gegen den Erwählten an die Suffragane der Trierer Kirche[102], das Domkapitel[103], den Klerus von Stadt und Diözese Trier[104], die Vasallen[105] und Untertanen[106] sowie die Empfehlung des Gewählten an Kaiser

---

94 GLAK Abt. 46, Nr. 696 (1456 VII 22), RMB IV 8018. In dieser Abschrift des 19. Jahrhunderts aus dem Mailänder Staatsarchiv heißt der dritte Gesandte »Melchiori de Scugier«, doch wird wahrscheinlich Dischinger gemeint sein.
95 Abschr. 19. Jahrhundert, GLAK Abt. 46, Nr. 696, RMB IV 8016 (1456 VII 22).
96 Abschr. 19. Jahrhundert, GLAK Abt. 46, Nr. 696, RMB IV 8017.
97 Abschr. 19. Jahrhundert, GLAK Abt. 46, Nr. 697, RMR IV, 8031.
98 BROSIUS, Pius II. und Markgraf Karl I., S. 171–173; GLAK Abt. 65, Nr. 1144, fol. 79. Zu vatikanischen Belegen vgl. HOLBACH, Stiftsgeistlichkeit, S. 169, Anm. 104. Von Johann von Baden schrieb PICCOLOMINI, Deutschland, S. 126: »Das badische Haus vollends, aus dem Erzbischof Johannes von Trier stammt, ist dem apostolischen Stuhl niemals feindlich gesinnt gewesen und wird, darauf vertrauen wir, jetzt nicht mit Johannes damit anfangen; denn Johannes wird nicht nur durch das Vorbild seiner Väter und Brüder, sondern auch durch die Verleihung großer Benefizien aufgerufen, dem obersten Priester beizustehen, von dem er vor wenigen Jahren das Bischofsamt erhalten hat. Wenn er anders handelte, würde er für undankbar gehalten werden, und man könnte dann bestreiten, daß er aus badischem Blute stammt.«
99 LHAK 1 A 8320 (1456 X 25, Rom), GOERZ, S. 205, RMB IV 8046. HOLBACH, Stiftsgeistlichkeit, S. 169, Anm. 105, hat für die verschiedenen päpstlichen Bullen versehentlich LHAK 1 A 5320–32 anstelle LHAK 1 A 8320–32.
100 LHAK 1 A 8321.
101 LHAK 1 A 8322.
102 *Suffraganeis ecclesie trevirensis*, LHAK 1 A 8323.
103 *Capitulo ecclesie trevirensis*, LHAK 1 A 8324.
104 *Clero civitatis et diocesis trevirensis*, LHAK 1 A 8325.
105 *Universis vasallis ecclesie trevirensis*, LHAK 1 A 8326.
106 *Populo civitatis et diocesis trevirensis*, LHAK 1 A 8327.

Friedrich III[107]. Drei Tage später erlaubte Kalixt III. Johann von Baden, die Weihe durch einen beliebigen *antistes* unter Assistenz von zwei oder drei Bischöfen vollziehen zu lassen[108], und übersandte ihm am 30. Oktober durch dessen Bruder Georg das Pallium, um es sich von den Bischöfen von Metz, Verdun und Speyer nach Vollendung des 27. Lebensjahres umlegen zu lassen und es entsprechend den päpstlichen Privilegien der Trierer Kirche zu gebrauchen[109].

Nach dem 5. November[110] wird sich Georg mit seinem Gefolge wohl auf den Heimweg begeben haben, um seinem Bruder die ersehnte Bestätigung von Rom zu überbringen. Am 27. Dezember des Jahres war er in Speyer[111] und scheint um die Jahreswende im Erzstift angekommen zu sein, denn am 2. Januar 1457 stellte Johann von Baden die erste bekannte Urkunde als Erwählter und Bestätigter aus. Bezeichnenderweise ernannte er an diesem Tag den Domherrn Johann Beyer zu seinem Kaplan[112]. Dieser hatte bekanntlich zu der Gesandtschaft Georgs von Baden gehört. Daraus ist sicherlich zu schließen, daß die Gesandten sich nun wieder im Erzstift befanden, wo sie den zukünftigen Erzbischof auf der Burg Ehrenbreitstein aufsuchten, um ihm die päpstlichen Bullen zu übergeben. Da die Urkunde vom 2. Januar gleichzeitig überhaupt die erste bekannte Urkunde des Badeners als Inhaber des Trierer Stuhls ist – die Wahlkapitulation wird man in diesem Zusammenhang vernachlässigen können –, scheint Johann tatsächlich erst nach der päpstlichen Bestätigung die Regierung angetreten zu haben, wie es das Domkapitel bereits vor der Wahl festgelegt hatte. Am 24. Januar 1457 beschwor er in Pfalzel die Wahlkapitulation als Bestätigter[113]. In der Übergangszeit wird wohl das Domkapitel, unterstützt von Karl von Baden, die Verwaltung übernommen haben[114].

Die große Zahl der aus dem Jahr 1457 erhaltenen Urkunden belegt, daß der Badener bereits eine rege Regierungstätigkeit entfaltete, bevor er sich im Sommer 1458 zum Kaiser nach Wien begab. Neben den später zu besprechenden Problemen bei der Huldigung durch die Landstände war nun – immerhin mehr als ein halbes Jahr nach dem Tod seines Vorgängers – eine ganze Reihe von »Alltagsgeschäften« zu erledigen. Insbesondere forderten die Vasallen die erneute Vergabe ihrer Lehen, wie eine Vielzahl von Lehnsurkunden beweist, die in dieser Zeit ausgestellt wurden und jeweils ältere Besitztitel bestätigten[115]. Ebenso waren

---

107 LHAK 1 A 8328.
108 LHAK 1 A 8329 (1456 X 28), GOERZ, S. 205.
109 LHAK 1 A 8330, GOERZ, S. 205, RMB IV 8048. Der entsprechende Befehl an die drei Bischöfe vom gleichen Datum, LHAK 1 A 8331, und dabei die *forma dandi pallium*, LHAK 1 A 8332.
110 1456 XI 5 erhielt Georg von Baden von Papst Kalixt III. die Provision für die Propstei Mariengraden in Köln, RMB IV 8049, vgl. FOUQUET, Domkapitel, S. 327.
111 *An sant Johans dag evangelist reit margraff Jorg durch Spier und bracht daz palium von Rom, und einen jungen lewen und einen jungen affen mit yme*, RMB IV 8065.
112 LHAK 1 D 11180 (1457 I 2, Ehrenbreitstein), GOERZ, S. 205. Bereits 1456 XII 29 quittierte Johann von Bergberg *Johanns erwelter und bestatiger zu Trier etc.* über die Begleichung sämtlicher Schuldforderungen, LHAK 1 A 8338.
113 LHAK 1 D 1183, 1184.
114 Vgl. unten, Kapitel B 2.
115 Aufgrund der großen Zahl von Urkunden wird hier auf Einzelnachweise verzichtet, vgl. aber GOERZ, S. 205–207, und die Lehnsurkunden in LHAK 1 B sowie in den Kopiaren Johanns, LHAK 1 C 17,18.

ältere Schuldforderungen zu begleichen[116]. Andererseits scheinen sich jedoch verschiedene Vasallen zunächst geweigert zu haben, ihre Lehen zu empfangen[117], um eine größere Eigenständigkeit ihrer Besitzungen zu erreichen. Demgegenüber übte der Erwählte und Bestätigte gerade im Bereich der Temporalienverwaltung Zurückhaltung, was deutlich aus der Tatsache abzulesen ist, daß er bis zum Sommer 1458 nur zwei Amtmänner neu einsetzte[118].

Von den inneren Widerständen abgesehen, fehlte Johann von Baden zur formalen Anerkennung als Landesherr wesentlich noch die Bestätigung und die Verleihung der Regalien durch den Kaiser. Auch wenn bei der Wahl des Markgrafen kein unmittelbarer Einfluß Friedrichs III. faßbar ist[119], so kann er – wie erwähnt – sicherlich als dem Kaiser genehmer Kandidat angesehen werden. Folglich waren auch für die kaiserliche Bestätigung keine größeren Schwierigkeiten zu erwarten. Bereits ein Mandat Friedrichs vom 18. April 1457 zur Aufhebung der Ständeeinung[120] weist in diese Richtung. Am Ende des gleichen Jahres verlieh der Kaiser dem Kurfürsten die Regalien und Lehen des Erzstifts Trier unter der Voraussetzung, diese bis zum 24. Juni des nächsten Jahres von ihm persönlich in Empfang zu nehmen[121]. Dazu steht auch nicht im Widerspruch, daß Johann von Baden noch im Mai 1457 dem Kurverein von 1446 und damit der Kurfürstenopposition beitrat[122].

Etwa ein Jahr später hat sich der Erwählte wohl zum Kaiser nach Wien begeben. Dort wurde ihm in der Zeit vom 5. bis 7. Juni eine ganze Reihe von Privilegien verliehen und bestätigt. Da einige der hier erworbenen Rechte später gerade in bezug auf die Fragestellung der vorliegenden Arbeit größere Bedeutung erlangten, sollen sie hier etwas ausführlicher besprochen werden. Die immerhin 80 Seiten umfassende Bestätigung der sämtlich inserierten Privilegien des Erzstifts Trier vom 7. Juni ist in diesem Zusammenhang von nachgeordneter Wichtigkeit, da hier ältere Rechtstitel festgeschrieben und erneuert wurden[123]. Einige

---

116 Z. B. LHAK 1 A 8339–8341 (1457 I 23).
117 1458 VI 6 beauftragte Kaiser Friedrich III. den Mainzer Erzbischof Dietrich von Erbach, in seinem Namen dafür zu sorgen, daß die Lehnsmannen – *fursten, graven, fryen, rittere, knecht und ander* – in einer bestimmten Frist ihre Lehen von Johann von Baden empfangen, LHAK 1 A 8387.
118 1457 I 18 verpfändete Johann von Baden Thomas von Sötern für 1500 oberl. rh. fl. das Amt Grimburg, LHAK 1 A 1895, GOERZ, S. 205. Mehr als ein Jahr später beendete er das Provisorium in Montabaur, wo Erzbischof Jakob 1455 XI 1 den dortigen Kellner Johann von Scheven auch zum Amtmann ernannt hatte, HHStAW Abt. 116, Nr. 56 (Revers Johanns von Scheven), und bestallte Johann von Langenau, der ihm zuvor 3000 fl. gezahlt hatte, zum Amtmann von Montabaur, HHStAW Abt, 121, Urk. von Langenau 1458 III 20 (Stolzenfels); der hier inserierte Revers Langenaus im Original: HHStAW Abt. 116, Nr. 58 (1458 III 20).
119 HOLBACH, Stiftsgeistlichkeit, S. 30f.
120 Vgl. unten zu den Landständen.
121 LHAK 1 A 8366 (1457 XII 23).
122 LHAK 1 A 8347 (1457 V 27); HONTHEIM II, Nr. 888; GOERZ, S. 206; vgl. KRIMM, Baden und Habsburg, S. 110f.
123 LHAK 1 A 8380 (1459 VI 7, Wien). Obwohl dieses große Privileg Kaiser Friedrichs III. für die Verfassungsgeschichte und reichspolitische Stellung des Erzstifts Trier von großer Bedeutung ist, wurde es in der bisherigen Forschung nicht berücksichtigt. Weder die älteren Drucke von HONTHEIM und GÜNTHER oder Regestenwerke, wie CHMEL und GOERZ, noch die verfassungsgeschichtliche Literatur erwähnen diese Besitzbestätigung. MILLER, Jakob von Sierck, S. 134, bringt die Privilegienbestätigung für Johanns Vorgänger, LHAK 1 A 8087/8088 (1442 VIII 15), noch mit dessen »geradezu zwanghaft wirkenden Neigung, sich möglichst alles verbriefen zu lassen«, in Verbindung. Der Stellenwert der Rega-

Urkunden der beiden vorausgegangenen Tage werfen jedoch ein Licht auf die aktuellen Bedürfnisse des Kurfürsten.

In seinen Differenzen mit dem Herzog Gerhard von Jülich-Berg wegen der von Erzbischof Otto herrührenden Pfandschaften Sinzig und Remagen hatte Johann von Baden an den Kaiser appelliert, der die Sache nun dem Mainzer Erzbischof zur Entscheidung übertrug[124]. Dem gleichen Erzbischof, Dietrich von Erbach[125], übertrug Friedrich III. die Aufsicht über die Anerkennung der Lehnshoheit des Trierer Kurfürsten über dessen Vasallen[126]. Die allgemeine Übergabe der Regalien und die Bestätigung der Reichslehen erwähnt namentlich die Grafschaft Diez, worauf sich auch der Befehl an die Untertanen zum Gehorsam gegen den neuen Landesherrn bezieht[127]. Am gleichen Tag teilte der Kaiser den Ganerben der Schönburg oberhalb von Oberwesel mit, daß er die ehemalige Reichsburg[128] dem Badener verliehen habe[129]. Im Zusammenhang mit der angespannten Finanzlage ist das Versprechen des Kaisers zu sehen, Johann von Baden die nächsten dem Reich heimfallenden Lehen auf dem Gebiet des Erzstifts bis zu einer Höhe von jährlich 3000 rheinischen Gulden zu verleihen[130]. Für die innere Verfassung des Erzstifts und für die Praxis der Herrschaftsausübung sind jedoch die Mandate bezüglich der erzbischöflichen Gerichtsbarkeit bedeutsamer[131].

Mit diesen Privilegien ausgestattet und vor allem als vom Kaiser anerkannter und bestätigter Landesherr, konnte Johann von Baden die Heimreise antreten und urkundete bereits am

---

lien für das Erzstift braucht nicht näher erläutert zu werden, doch belegt die wohl von Johann von Baden nachgesuchte erneute Bestätigung der Privilegien durch Maximilian I., LHAK 1 A 8948 (1495 VII 13), daß die Erzbischöfe hierauf großen Wert legten. Ebenso erlangte sein Nachfolger, Jakob von Baden, 1505 IV 9 von Maximilian die erneute Bestätigung, LHAK 1 A 9189.

124 LHAK 1 A 8379 (1458 VI 5), GÜNTHER IV, Nr. 264. Die Gründe für den Streit liegen möglicherweise in der weiteren Verpfändung von *etzliche gulde oever Sijntzich und Remagen* durch Ulrich von Manderscheid an den Vater von Johann Waldbott von Bassenheim. Die entsprechenden Urkunden hatte dieser 1456 XI 1 dem Grafen Ruprecht von Virneburg übergeben, STAW Abt. Löwenstein-Wertheim-Freudenberg, Nachträge A/42a. Über die Entscheidung des Mainzer Erzbischofs ist nichts bekannt.

125 Vgl. RINGEL, Studien.

126 1456 VI 6 bevollmächtigte der Kaiser Erzbischof Dietrich von Mainz, dafür Sorge zu tragen, daß die Mannen des Erzstifts – *etliche fursten, graven, fryen, rittere, knecht und ander* –, die ihre Lehen gebrauchen, obwohl sie ihnen seit langer Zeit nicht verliehen wurden, solche Lehen in einer bestimmten Frist von Johann von Baden aufs Neue erhalten. Ansonsten sollten sie sich vor diesem und dem Mainzer Erzbischof verantworten, LHAK 1 A 8378.

127 LHAK 1 A 8337 (1458 VI 6), GÜNTHER IV, Nr. 265. Am 27. Juli 1441 hatte Friedrich III. Erzbischof Jakob von Sierck die Lehnshoheit über die Grafschaft Diez zugesprochen, LHAK 1 A 7969, und ihn bei der allgemeinen Bestätigung der Reichslehen, LHAK 1 A 8090 (1442 VIII 15), erneut damit belehnt, vgl. MILLER, Jakob von Sierck, S. 128, 134. Bereits 1458 machte Johann von Baden von seinen Rechten Gebrauch und belehnte Gottfried von Eppstein mit dessen Anteil der Grafschaft Diez, HHStAW Abt. 170, U 1453 (1458 III 27, Stolzenfels).

128 1312 hatte Heinrich VII. Erzbischof Balduin die Stadt Oberwesel verpfändet, Handbuch der historischen Stätten Deutschlands, Bd. 5, S. 274.

129 GÜNTHER IV, Nr. 266 (1458 VI 6); CHMEL, 3609.

130 *Die nechsten lehen, die uns und dem heiligen reich in dem begriffe des kriesems des stifftes von Trier, es sey an zollen, thornosen oder anders, zu wasser und zu lannde*, LHAK 1 A 8374 (1458 VI 5), HONTHEIM II, Nr. 843. Bereits Erzbischof Jakob hatte Friedrich III. versprochen, dessen Bruder Arnold mit dem nächsten heimfallenden Reichslehen mit Einkünften bis zu 2000 Gulden pro Jahr zu belehnen, LHAK 54, S 1166, vgl. MILLER, Jakob von Sierck, S. 128.

131 Vgl. unten die Ausführungen zur Gerichtsorganisation.

17. Juni 1458 erstmals wieder im Erzstift, auf der Burg Ehrenbreitstein[132]. Da diese Urkunde gemeinsam mit einer zweiten Verpachtung vom gleichen Tag die einzigen Belege für Johanns frühe Rückkunft sind[133], und der Erwählte die Strecke von Wien bis Ehrenbreitstein wohl kaum in nur zehn Tagen zurückgelegt haben wird, kann man seine Rückkunft erst für eine spätere Zeit ansetzen. Sicher belegt ist die Anwesenheit Johanns auf dem Ehrenbreitstein und damit im Erzstift erst wieder am 30. Juli des Jahres 1458[134].

Jedenfalls konnte Johann von Baden spätestens im August 1458 mit voller Bestätigung durch Papst und Kaiser die Regierung des Erzstifts endgültig aufnehmen, zumal zwischenzeitlich auch die Schwierigkeiten für eine Einigung mit den Landständen weitgehend überwunden worden waren. Die fehlende Bischofsweihe spielte in diesem Zusammenhang nur eine untergeordnete Rolle. Dennoch soll den Vorgängen nachgegangen werden, da in der Literatur differierende Angaben zu finden sind, und bei einer genauen Analyse der vorliegenden Quellen eine weitere Eingrenzung des Weihedatums möglich ist.

Wohl unmittelbar nachdem Johann von Baden das 27. Lebensjahr vollendet hatte[135], hob Papst Pius II. aus nicht zu klärenden Ursachen die Bestimmung seines Vorgängers auf, daß er sich zu diesem Zeitpunkt weihen lassen müsse und erlaubte ihm, die Konsekration erst nach Vollendung des 30. Lebensjahres vornehmen zu lassen[136]. Nach den Gesta Trevirorum erhielt er die Weihe im Jahr 1464 auf der Saarburg von seinen Suffraganen von Trier – gemeint ist sein Weihbischof – und Metz, also seinem Bruder Georg, und dem Bischof von Worms, Reinhard von Sickingen[137]. Bereits A. Goerz hat darauf hingewiesen, daß die Intitulatio der Urkunden Johanns von Baden ihn bis zum 1. April 1465 noch als Erwählten und Bestätigten nennen, und setzt daher die Weihe erst nach diesem Datum an[138]. Ein Eintrag in den Trierer Rentmeistereirechnungen, der in die Zeit nach Ostern 1465 zu setzen ist, vermerkt: *geschenckt myme herrn von Trier als er priester gewiegen war eyn stuck wijns*[139]; Johann hatte 1456 bekanntlich nur die Subdiakonsweihe erhalten. Da Ostern im Jahr 1465 auf den 14. April fiel, befindet man sich also schon in der Nähe des von Goerz genannten terminus post quem, wonach sich Johann von Baden am 1. April noch in Koblenz aufhielt. Dieser Termin läßt sich jedoch noch weiter eingrenzen, da Johann vor dem 11. April mit sei-

---

132 LHAK 1 A 4228, GOERZ, S. 207.
133 1458 VI 12 wird der Streit um die Entschädigung Johanns von Rode wegen dessen Gefangenschaft noch vor Kurfürst Johanns Statthaltern und Räten verhandelt, LHAK 1 A 8381.
134 Am 30. Juli 1458 leistete der Abt von St. Florin in Schönau, Adrian von Brielis, vor Johann von Baden seinen Obödienzeid, *actum et datum Erembreitstein*, LHAK 1 C 18, 137.
135 Unterstellt man die Richtigkeit des Tagesdatums der Geburt Johanns bei Trithemius, so ist der 14. Juni als Geburtstag anzunehmen.
136 LHAK 1 A 8427 (1461 VIII 7, Trebur), GOERZ, S. 213.
137 Gesta Trevirorum II, S. 340: *Anno sexagesimo quarto tribus episcopis suffraganeis, Trevirensi, Metensi et Wormatiensi, in castro Sarburch archiepiscopus consecratur*; entsprechend bei BROWER/MASEN, Bd. 2, S. 295.
138 GOERZ, S. 221. LAGER, Johann von Baden, S. 9 bestreitet diese Annahme, während sich die neuere Literatur weitgehend Goerz angeschlossen hat, vgl. z. B. PAULY, Geschichte, Bd. 2, S. 132.
139 STAT, RMR 1464/65, fo. 17r.

nen Brüdern in Metz zusammengetroffen war[140], wo man wohl über die Lütticher Angelegenheit seines Bruders Markus verhandelte. Auch ein terminus ante quem läßt sich relativ genau festlegen. In einer Urkunde, die Johann am 22. April 1465 in Pfalzel ausstellte und die Goerz nicht bekannt war, nennt er sich *von gots gnaden ertzbischoff zu Trier*[141]. In sämtlichen folgenden Urkunden wird er als Erzbischof tituliert[142]. Da ein für den geistlichen Kurfürsten so wichtiges Ereignis wie die Bischofsweihe wohl kaum an einem beliebigen Tag vorgenommen werden konnte, läßt sich mit hoher Wahrscheinlichkeit Ostern als Tag der Konsekration annehmen[143]. Wie der Irrtum der Gesta Trevirorum zustande gekommen ist, wird man wohl kaum klären können, doch sprechen die Argumente eindeutig für 1465.

In Anbetracht des hohen kirchlichen Festes und der Bedeutung des Ereignisses für die kirchlichen Würden Johanns von Baden verwundert in gewissem Ausmaß der Ort der Konsekration, die man wohl eher in Trier, dem geistlichen Zentrum des Erzbistums erwartet hätte[144] und nicht in der abgelegenen Saarburg. Da die Saarburg[145] für die Badener in keiner Weise eine vergleichbare Bedeutung hatte wie die ebenfalls abgelegene Burg Meinsberg als Konsekrationsort Erzbischof Jakobs für die Familie Sierck[146], müssen die Gründe anderweitig gesucht werden. Hierzu sei nochmals an die äußeren Umstände und die Chronologie der Ereignisse erinnert. Vor dem 11. April hielt sich Johann von Baden mit seinen Brüdern in Metz auf. Die Markgrafen Karl und Markus beabsichtigten, von dort aus die Reise nach

---

140 *Eodem die rediit dominus Bare de Metis, ubi quatuor fratres de Baden fuerant congregati*, RMB IV 9319. Zum Versuch, Markus von Baden als Gubernator des Bistums Lüttich zu installieren, vgl. GRÜNEISEN, Reichsstände, S. 38 f. KRIMM, Baden und Habsburg, S. 195, sah darin »den Charakter des Abenteuerlichen«; zu den Vorgängen allgemein RMB IV S. 201 ff.
141 HHStAW Abt. 116, Nr. 73.
142 Wenn Herzog Philipp von Burgund in einer am 4. April 1465 in Brüssel ausgestellten Urkunde, worin er das Bündnis mit dem Erzbischof von Trier erneuerte, noch von *Johannes dei gratia electo confirmato* spricht, LHAK 1 C 18, 234, so läßt sich dies ohne weiteres auf dessen Unkenntnis der aktuellen Umstände in Trier zurückführen. Daß der abschreibende Kanzleibeamte den unkorrekten Titel übernimmt, spricht für die Genauigkeit der Arbeit in der Trierer Kanzlei.
143 LAGER, Johann von Baden, S. 39, nennt irrtümlich Ostermontag als Tag des Einzugs von Markgraf Markus in Lüttich, doch traf er tatsächlich erst am 22. April dort ein, RMB IV 9322.
144 Allerdings wurde wohl nur Arnold II. von Isenburg von den Erzbischöfen des Spätmittelalters in Trier konsekriert, vgl. PAULY, Geschichte, Bd. 2, S. 97. Von den Fällen päpstlicher Konsekration von Boemund I, Balduin und Boemund II. abgesehen, PAULY, ebd., S. 104, 110, 115, überwiegen in den übrigen bekannten Fällen Orte, die persönliche Vorlieben oder äußere Umstände widerspiegeln, wie bei Kuno II. von Falkenstein in Wellmich und Otto von Ziegenhain in Worms, PAULY, ebda., S. 116, 122, sowie Jakob von Sierck auf Burg Meinsberg, vgl. unten. In Trier fand wieder die Weihe Richards von Greiffenclau statt, WEGELER, Richard von Greiffenclau, S. 6.
145 J. J. HEWER, Geschichte der Burg und der Stadt Saarburg, Trier 1862, S. 70, sagt von Johann von Baden, er habe »das Schloß nicht nur erneuert, sondern auch schöne Neubauten hinzugefügt. Auch in anderen Beziehungen hat er ein ehrenvolles Angedenken zurückgelassen; denn, was vielleicht nirgends und zu keiner Zeit mehr geschehen ist, in dem kleinen Saarburg ließ er sich, kaum 22 Jahre alt (!), die bischöfliche Weihe geben«. So unzuverlässig diese Angabe scheint, hat Johann aber wohl tatsächlich in gewissem Umfang an der Saarburg gebaut, Gesta Trevirorum II, S. 343, vgl. Die Kunstdenkmäler der Rheinprovinz, hg. v. P. CLEMEN, 15. Bd., III. Abt. Die Kunstdenkmäler des Kreises Saarburg, Düsseldorf 1939, S. 183. Es ist jedoch nicht möglich, einen Zusammenhang mit dem Datum der Konsekration herzustellen.
146 MILLER, Jakob von Sierck, S. 60.

Lüttich anzutreten, wo beide am 22. April eintrafen[147] und mit einem längeren Aufenthalt zu rechnen hatten. Am gleichen Tag urkundet Erzbischof Johann in Pfalzel. Es bietet sich demnach folgende Interpretation an: Die vier Markgrafen sind wohl gemeinsam von Metz aufgebrochen und von dort nach Norden gereist. Karl, Georg und Markus wollten wahrscheinlich der Konsekration ihres Bruders beiwohnen[148]. Daher ist es durchaus vorstellbar, daß man die günstig gelegene Saarburg wählte, um nicht den Weg bis Trier zurücklegen zu müssen. Für dieses Vorgehen, gewissermaßen en passant, spricht auch, daß für Johann die Zeit drängte. Unterstellt man nämlich die Richtigkeit der Monats- und Tagesangabe für die Geburt Johanns bei Trithemius mit dem 14. Juni, so wird klar, daß der Erwählte, der laut der erwähnten päpstlichen Bulle bis zur Vollendung des 30. Lebensjahres geweiht sein sollte, vor diesem Termin stand, und man nicht die Rückkehr der beiden Brüder aus Lüttich abwarten wollte und konnte. Somit stellt sich die Wahl der Saarburg als Ort der Bischofsweihe bei abschließender Betrachtung als durch äußere Umstände bedingt dar. Für die Herrschaftsausübung des Kurfürsten war dieser Vorgang ohnedies nur von nachgeordneter Bedeutung.

Zusammenfassend kann man feststellen, daß Johann von Baden, begünstigt durch die Unterstützung von Papst und Kaiser, zumindest nach außen recht problemlos seine Position als Kurfürst einnehmen konnte, wobei seine familiären Bindungen eine wichtige und fördernde Rolle spielten. Die verhältnismäßig schwache Position Johanns zeigte sich jedoch bereits bei den Verhandlungen über die Kosten für die päpstliche Bestätigung, für die eine ungewöhnlich hohe Summe zu entrichten war. Im Verhältnis zu Kaiser Friedrich III. kamen ihm wiederum die traditionell positiven Beziehungen von Baden und Habsburg zugute. Anders sah es jedoch innerhalb des Erzstifts aus, wo er sich erst nach zwiespältiger Wahl per Kompromiß durchsetzen konnte, und wo er vor allem gegen Widerstände seitens der Landstände zu kämpfen hatte. Doch auch hier zeigte sich die enge Kooperation mit seinen Brüdern[149], die schließlich zum Erfolg und zur vollen Anerkennung führte. Während bisher im wesentlichen die Anerkennung des Erwählten nach außen behandelt worden ist, soll im folgenden die Situation im Erzstift selbst betrachtet werden, wo für die Zeit bis zu seiner Anerkennung der Bruder des Elekten, Karl von Baden, zum weltlichen Verwalter berufen worden war.

---

147 RMB IV 9322.
148 Vgl. deren Anwesenheit beim Einzug Johanns in der Stadt Trier, LAGER, Einzug.
149 KRIMM, Baden und Habsburg, S. 101–103.

2. Markgraf Karl von Baden als Verweser des Erzstifts Trier

Die Ernennung des Markgrafen Karl von Baden zum *furweser* des Erzstifts Trier durch das Domkapitel am 22. Juni 1456[1], unmittelbar nach der Wahl Johanns von Baden zum Erzbischof, wurde in der bisherigen Forschung lediglich erwähnt[2], jedoch kaum problematisiert[3]. Es soll gefragt werden, wie sich das Regiment Markgraf Karls konkret gestaltete und inwieweit er den Auftrag des Domkapitels erfüllen konnte. Seine Motivation hierfür liegt auf der Hand: Die möglichst unmittelbare Installation seines Bruders auf dem Trierer Stuhl und die Zurückdrängung entgegengesetzter Interessen. Das Domkapitel sah in ihm vermutlich einen zuverlässigen Gewährsmann, der im Sinne des Gewählten und somit im Sinne der Wahlkapitulation und der Intentionen des Kapitels handeln würde. Andererseits ist jedoch auch an eine Einflußnahme Karls auf die Wahlentscheidung zu denken und somit auch auf die Bestimmung zum Stiftsverweser, wie seine Anwesenheit bei der Wahl Johanns in Trier nahelegt. Am 28. Mai 1456 urkundete der Markgraf noch in Baden[4], der Revers seiner Ernennungsurkunde ist in Trier ausgestellt. Folglich wird der Markgraf sich wohl unmittelbar nach Bekanntwerden von Erzbischof Jakobs Tod nach Trier begeben haben, um dort die Wahl seines Bruders voranzutreiben. Denkbar ist allerdings auch die zweite Möglichkeit, daß er vom Domkapitel zur Sicherung einer freien Wahl herbeigerufen wurde, vergleichbar etwa der Zusicherung des freien Geleits für die Domherren durch Ludwig von Pfalz-Veldenz[5]. Welcher Grund letztlich für Karls Anwesenheit ausschlaggebend war – vielleicht wurde der Markgraf als Anwalt der kaiserlichen Interessen entsandt –, wird sich wohl kaum klären lassen.

Daß sein Einfluß zumindest nicht unbedeutend war, beweist die genannte Urkunde, die den Ausgangspunkt der folgenden Erörterungen bilden soll. Die Ernennungsurkunde des Domkapitels ist in einer Ausfertigung im Bestand 1 D des Landeshauptarchivs Koblenz, also dem Provenienzbestand des Kapitels, überliefert[6]. Das große Kapitelssiegel ist an der ohnehin verhältnismäßig stark beschädigten Urkunde nicht mehr erhalten. Der am gleichen Tag von Karl von Baden ausgestellte Revers ist in zwei Ausfertigungen ebenfalls im Bestand 1 D überliefert[7], nur eine der beiden Urkunden hat ein Siegel, bei der zweiten ist zumindest der

---
[1] LHAK 1 D 1176–1178.
[2] Z. B. LAGER, Johann von Baden, S. 5; MEINZER, Karl von Baden, S. 12.
[3] KRIMM, Baden und Habsburg, S. 101, stellt ohne weitere Nachweise oder Belege im Hinblick auf die Regierung des Erzstifts fest, Karl »engagierte sich dort nach Kräften«.
[4] RMB IV 8005, 8007.
[5] Vgl. oben.
[6] LHAK 1 D 1176 (1456 VI 22), RMB IV 8011.
[7] LHAK 1 D 1177, 1178 (1456 VI 22, Trier), GÜNTHER IV, Nr. 253, RMB IV 8011.

Siegeleinschnitt vorhanden. Aus der Überlieferung der drei Urkunden ergibt sich folgende Interpretation: Von den beiden Ausfertigungen des Revers war wohl eine für das Domkapitel bestimmt, die andere für den Erwählten selbst oder auch für die Landstände. Nach der Beendigung des Regiments Markgraf Karls wurde von letzterer wohl das Siegel abgenommen und die Urkunde zur Aufbewahrung dem Domkapitel übergeben. Da im Generallandesarchiv Karlsruhe keine Ausfertigung der domkapitularischen Ernennungsurkunde erhalten ist, wurde diese offenbar nur einmal ausgefertigt und bei der Beendigung von Karls Tätigkeit in Trier dem Domkapitel zurückgegeben. Um die Rechtswirksamkeit endgültig zu beenden, wurde die Urkunde durch Abnehmen des Siegels und Einschnitte ungültig gemacht. Der Zeitpunkt der Rückgabe läßt sich verhältnismäßig genau bestimmen. Zunächst soll jedoch der Inhalt der Urkunden eingehend besprochen werden.

Das Domkapitel beauftragte Johann von Baden nach erfolgter Wahl, da er durch *mancherleye gescheften beladen* sein werde, die Verwaltung des Erzstifts in weltlichen Angelegenheiten *nachst notdurfft* dem Markgrafen Karl von Baden zu übergeben. Die Untertanen des Stifts sollten diesem die Städte und Burgen öffnen und zur Verfügung halten, jedoch nur, wenn der Gewählte auch bestätigt würde. Für die Zeit der Verwaltung durch Markgraf Karl sollte ihm und seinem Gefolge in den erzstiftischen Burgen *mit gelt, wine, frucht und andern nach zymlicher redlicher noitturfft provision getan werden von den nutzungen und gefellen der selbn slosse*. Burgen und Städte dürfe er nur zur Begleichung von solchem Schaden veräußern, den der Markgraf in Kriegen erleiden werde, die er mit Einverständnis des Domkapitels führt. Falls Johann von Baden nicht bestätigt wird oder in der Zeit stirbt, soll Karl die Burgen wieder abtreten und dem Domkapitel über seine Tätigkeit Rechenschaft ablegen.

In den beiden Ausfertigungen des Revers' von Karl von Baden, die – von Lesarten abgesehen – im Wortlaut übereinstimmen, nimmt er auf die Urkunde des Domkapitels Bezug und beschwört deren Inhalt, nachdem ihm die Kapitulare die erzstiftischen Burgen und Städte *als eym verweser bevolhen haben, die in der weltlicheit zu regieren und zu verwaren* bis zur Bestätigung seines Bruders durch den Papst. Im Unterschied zur Urkunde des Domkapitels enthält der Revers jedoch eine bedeutende Erweiterung hinsichtlich der Beendigung von Karls Regiment im Erzstift Trier. Sofern Johann von Baden nämlich nicht bestätigt wird oder zwischenzeitlich stirbt, soll sein Bruder die Burgen und Städte auf Beschluß der *capittelherren des vorgenanten stifftes oder der mereteil under ine* zurückgeben. Hier wurde also die Möglichkeit der Fortschreibung der weltlichen Verwaltung des Erzstifts durch Karl von Baden auch über den eventuellen Tod seines Bruders hinaus, vermutlich bis zur Wahl eines neuen Erzbischofs, eröffnet. Damit wäre Karl ein nicht unwesentliches Gewicht bei einer erneuten Wahl zugekommen, und mit seinen Brüdern Georg und Markus hätte er für diesen Fall auch zwei geeignete Kandidaten präsentieren können. Durch den weiteren Verlauf erübrigten sich jedoch derartige Präventiv-Überlegungen.

Zur Eingrenzung des Tätigkeitsfeldes und -zeitraums Karls von Baden als Verweser des Erzstifts sei kurz an die Chronologie der Ereignisse erinnert. Die nach der Wahl an die Kurie gesandte Botschaft zur Erwirkung der päpstlichen Bestätigung Johanns kehrte im Dezember 1456 zurück. Im Juni oder Juli 1458 konnte Johann von Baden, mit der kaiserlichen Bestätigung seiner Privilegien ausgerüstet, im Erzstift als zumindest nach außen allseits anerkannter Landesherr die Regierung ausüben. Ab wann übernahm er aber selbst die Regierung und wie lange blieb Karl von Baden tätig?

Eine direkte Herrschaftsausübung durch den ältesten der Markgrafen würde im Grunde dessen Anwesenheit im Erzstift voraussetzen. Betrachtet man daraufhin sein Itinerar der Jahre 1456 bis 1458[8], so wird schon bei oberflächlicher Betrachtung deutlich, daß Karl sich auch während dieser Zeit vorwiegend im Gebiet der Markgrafschaft aufhielt. Auffällig sind im hier interessierenden Zusammenhang drei Aufenthalte im Erzstift Trier. Von der Anwesenheit bei der Wahl Johanns abgesehen, hielt er sich jeweils zu den Jahreswechseln 1456/57[9], 1457/58[10] und 1458/59[11] im Raum Koblenz/Ehrenbreitstein auf. Aus den dort vorgenommenen Handlungen läßt sich jedoch kein eindeutiger Bezug auf seine Tätigkeit als Verweser des Erzstifts herstellen, sondern sie stehen in direktem Zusammenhang mit der Markgrafschaft Baden. Hervorzuheben ist lediglich die Schlichtung der Differenzen zwischen den drei geistlichen Kurfürsten, den Städten Köln und Frankfurt sowie Frank von Kronberg einerseits und Reinhard von Westerburg andererseits wegen dessen Überfall auf einige Kölner Kaufleute, die sich auf dem Weg zur Frankfurter Messe befanden[12]. Ein Jahr zuvor wurde der Bezug zum Erzstift immerhin mittelbar erkennbar: Am 7. Januar 1457 ließ er auf Ehrenbreitstein, wo er sich gemeinsam mit seinem Bruder Johann aufhielt, das Anliegen einer Gesandtschaft der Stadt Straßburg abweisen, da er durch die Vertretung der Interessen seines Bruders und dessen Bistums zu stark belastet sei und zudem seine Räte nicht bei ihm seien. Erst nach seiner Rückkehr nach Baden widmete sich Karl dem Anliegen der Stadt[13].

Beim Einzug Johanns von Baden in die Stadt Trier war Karl wiederum anwesend, gemeinsam mit den Brüdern Georg und Markus[14]. Auch später ist er beim Erzbischof zuweilen nachweisbar; die ohnehin enge Kooperation der Markgrafen ist bekannt[15]. Ansonsten sind jedoch keine Spuren eines direkten Einwirkens des Markgrafen Karl auf die Politik und Verwaltung des Erzstifts zu finden. Überdies ist aus der Zeit von der Wahl Johanns bis zum 29. Dezember 1456[16] kein wie auch immer gearteter Beleg für eine Regierungstätigkeit im Erzstift Trier faßbar, also bis zu der Zeit, als Georg von Baden die päpstliche Bestätigung für den Erwählten überbrachte. Lediglich die Landstände entfalteten rege Aktivitäten. Folglich wird bis zu diesem Zeitpunkt das Erzstift noch vom Domkapitel unter der Schirmherrschaft des Markgrafen Karl verwaltet worden sein. Genaue Aussagen lassen sich angesichts des denkbar geringen Quellenbestandes jedoch nicht treffen. Dies ändert sich erst mit dem Jahr 1457.

Spätestens mit der erneuten Wahlkapitulation vom 24. Januar[17] mußten die Ansprüche des Domkapitels befriedigt sein. In der Folgezeit finden sich einige Hinweise auf eine zumin-

---

8 RMB IV, S. 42–73.
9 RMB IV 8063 (1456 XII 22, Ehrenbreitstein); RMB IV 8066 (1457 I 7, Ehrenbreitstein).
10 RMB IV 8188 (1458 I 26, Koblenz), LACOMBLET IV, Nr. 315, Solmser Urkunden, Bd. 2, Nr. 1393.
11 RMB IV 8271 (1458 XII 6, Ehrenbreitstein); RMB IV 8274, 8275 (1458 XII 26, Ehrenbreitstein); RMB IV 8278 (1458 XII 29, Ehrenbreitstein).
12 LHAK 1 A 8368 (1458 I 26, Koblenz).
13 RMB IV 8066 (1457 I 22).
14 LAGER, Einzug.
15 KRIMM, Baden und Habsburg, S. 101–103.
16 An diesem Tag quittierte Johann von Bergberg über die Begleichung aller seiner Forderungen an das Erzstift, LHAK 1 A 8338.
17 LHAK 1 D 1183, 1184 (1457 I 24, Pfalzel), GOERZ, S. 205.

dest partielle Mitverwaltung des Erzstifts durch Karl von Baden. Möglicherweise begann seine Tätigkeit als Verweser auch erst jetzt. Obwohl der Markgraf nicht persönlich in die Geschicke des Landes eingriff, finden sich in den Jahren 1457 und 1458 einige Personen, die ihrer Herkunft nach eindeutig der Markgrafschaft Baden zuzuordnen sind und daher unter Johanns Vorgänger keine Rolle spielten, in der nächsten Umgebung Johanns von Baden in wichtigen Funktionen. Es sind dies Ulrich von Metzenhausen, Hans-Adam Röder von Rodeck und Hans von Enzberg. Ohne nähere Amtsbezeichnung erscheint Hans-Adam Röder von Rodeck[18] in dieser Zeit häufig als Mitsiegler insbesondere bei Lehnsreversen[19], was auf eine wichtige Stellung am kurfürstlichen Hof schließen läßt. Evident ist demgegenüber die herausgehobene Position Ulrichs von Metzenhausen, der seit Januar 1457 für ein halbes Jahr als Hofmeister begegnet[20]. Jedoch scheint man mit dem badischen Rat Hans von Enzberg einen geeigneteren Mann für diese Position gefunden zu haben, der ab dem Sommer des Jahres bis Anfang 1459 das höchste Hofamt bekleidete[21]. Danach kehrte er in den

---

18 Auf die vielfältigen Bindungen der Familie Röder an die Markgrafschaft Baden wies KRIMM, Baden und Habsburg, S. 37, hin. Hans-Adam erhielt 1454 X 10 gemeinsam mit seinem Bruder Dietrich die markgräflichen Lehen seines Vaters, RMB IV 7753, 1454 XI 18 als Vormund seiner Mutter Agnes von Blumenberg weitere Lehen, RMB IV 7793. 1456 I 7 erhielt er Lehngüter seines Bruders, RMB IV 7960; 1456 IV 22 ist er Beisitzer Markgraf Karls in einer Gerichtsverhandlung, RMB IV 7990; 1456 IV 23 erscheint er als einer der Räte Karls von Baden in dessen Differenzen mit den Eidgenossen, RMB IV 7992.
19 1457 IV 22 besiegelt Röder erstmals einen Johann von Baden ausgestellten Lehnsrevers, LHAK 1 C 18, 61, HONTHEIM II, Nr. 836. Entsprechend wird er in der Folgezeit regelmäßig tätig. Gleichfalls erscheint er auch als Mitsiegler einzelner Reverse über Amtsbestallungen, wie bei Johann von Langenau als Amtmann von Montabaur, HHStAW Abt. 116, Nr. 58 (1458 III 20), und bei Dietrich von Bubenheim als Amtmann von Limburg, Brechen und Molsberg, HHStAW Abt. 115, Nr. 196 (1458 VIII 7). Daneben wird er auch für die Besiegelung von Urfehde-Erklärungen herangezogen, so von Heinrich Kune von Fankel und Johann von Fell, die einen Juden in Senheim mißhandelt hatten, LHAK 1 C 18, 131, 132 (1458 IX 25), sowie von Tewalt und Nikolaus von Straßberg, die den erzbischöflichen Zoll in Boppard umgangen hatten, LHAK 1 C 18, 116 (1458 XI 12). 1459 III 7 nahm Röder als Beisitzer an einer Gerichtsverhandlung Johanns von Baden zwischen der Stadt Koblenz und dem Stift St. Kastor teil, StaK 623- 1412, Bl. 7, SCHMIDT, Nr. 2074. 1458 XII 29 ist Röder im Auftrag Markgraf Karls als Richter tätig, RMR IV, 8277–8279.
20 Ulrich von Metzenhausen war vorher Amtmann des pfälzisch-badischen Kondominiums Trarbach, LHAK 1 C 657, S. 11–12 (1449 VIII 3). 1454 III 27 belehnte ihn Pfalzgraf Friedrich auch namens seines jüngeren Bruders mit den pfälzischen Lehen seiner Vorfahren, RMB IV 7616. Im Januar 1457 besiegelt er den Lehnsrevers von Nikolaus Breder gen. *Buckeler* für Johann von Baden als *hovemeister*, LHAK 1 B 1218 (1457 I 31). Als solcher erscheint er auch bis zum Juni des Jahres, LHAK 1 C 18, 56 (1457 II 14); LHAK 1 C 18, 61 (1457 III 4), HONTHEIM II, Nr. 836; LHAK 1 B 1750 (1457 III 8); LHAK 1 B 1636 (1457 IV 7); LHAK 1 B 311 (1457 IV 27); LHAK 1 C 18, 63 (1457 IV 27); LHAK 1 C 17, 37 (1457 IV 28); LHAK 1 B 2109 (1457 V 22); LHAK 1 B 1200 (1457 VI 4); LHAK 1 C 18, 69 (1457 VI 16); LHAK 1 B 1234 (1457 VI 19); LHAK 1 B 128 (1457 VI 22). Daß seine Verbindungen nach Trarbach nicht gänzlich abrissen, belegt die Besiegelung der Urfehde Reinhards von Straßbach gemeinsam mit dem dortigen Amtmann, seinem Nachfolger Heinrich von Sternenfels, LHAK 1 A 8348 (1457 VI 20).
21 Auf die erheblichen Probleme bei der Abgrenzung einzelner Mitglieder der Familie Enzberg machte zuletzt FOUQUET, Domkapitel, S. 455, aufmerksam. Entsprechendes läßt sich auch für die »badische« Zeit des hier interessierenden Hans von Enzberg sagen. Schwierigkeiten bereitet bei ihm die Unterscheidung von seinem gleichnamigen Vater, den Markgraf Georg 1454 zum Oberamtmann in seinem

badischen Dienst zurück, wo er Hofmeister Markgraf Karls wurde[22]. Nachfolger Enzbergs im Erzstift Trier wurde Johann von Eltz, der dort seit dem 27. Juli 1459 als Hofmeister belegt ist[23]. Für diese Zeit wird man wohl spätestens das Ende der Tätigkeit Karls von Baden als Verweser des Erzstifts ansetzen können, da von nun an die wichtigsten Funktionsträger des Kurfürsten eindeutig dem Territorium zugeordnet werden können. Ulrich von Metzenhausen hatte sich offenbar als so fähig erwiesen, daß auf dessen Dienste auch später nicht verzichtet wurde[24].

Neben der Verweserschaft des Markgrafen ist noch ein weiteres Motiv für den Rückgriff auf badische Adlige in den ersten Jahren des Pontifikats Johanns erkennbar. Die drei genannten Personen gehörten eben nicht zum Stiftsadel und somit zu den trierischen Landständen, die dem Erwählten lange Zeit die Huldigung verweigerten. Da Johann jedoch gerade angesichts seiner geschilderten Schwierigkeiten in den ersten Jahren »zuverlässige« Leute brauchte[25], die ihn bei der Durchsetzung seiner Interessen auch gegenüber den Landständen unterstützten, boten sich hierfür auswärtige Personen an. Folglich tritt z. B. der Hofmeister Erzbischof Jakobs, Wilhelm von Eltz[26], in der hier interessierenden Zeit beim Landesherrn kaum in Erscheinung[27]. Ob der Stiftsadel möglicherweise auch eine Zusammenarbeit verweigerte, läßt sich nicht mit Sicherheit klären, es erscheint aber zumindest vorstellbar.

Jedenfalls belegen diese Beobachtungen, daß von seiten des Markgrafen Karl eine seinem Bruder sicherlich hochwillkommene Aktivität im Bereich des Erzstifts Trier entfaltet wurde, um die dort noch bestehenden Hindernisse für die Bestätigung des Erwählten zu beseitigen.

von den Brüdern Karl und Bernhard mitverwalteten Landesteil der Markgrafschaft ernannte, RMB IV 7585; 7586 (1454 I 6). Unklar ist die Zuordnung von Vater oder Sohn 1454 VIII 21, RMB IV 7697; 1454 VIII 23, RMB IV 7699 und 1457 I 7, RMB IV 8066. 1457 VIII 27 wird Hans von Enzberg d. J. erstmals als badischer Rat bezeichnet, RMB IV 8144. Um diese Zeit scheint auch sein Vater verstorben zu sein, der in der Folgezeit nicht mehr erscheint, vgl. FOUQUET, ebda., der bei der Zuordnung des Mainzer Domherren Engelhard von Enzberg ebenfalls Vater und Sohn Hans verwechselt. Denn Engelhards Vater war eben nicht der spätere Hofmeister, sondern dessen bereits mehrfach erwähnter Vater Hans von Enzberg d.Ä. Dessen gleichnamiger Sohn erscheint in Kurtrier seit 1457 IX 11 als Hofmeister, HHStAW Abt. 121 Urk. Birlenbach (1457 September 11). Ebenso: LHAK 1 B 148 (1457 X 22); LHAK 1 C 18, 106 (1458 IV 4); LHAK 1 C 17, 254 (1458 IV 6); HHStAW Abt. 115, Nr. 196 (1458 VIII 7). Als solcher nimmt er auch noch gemeinsam mit den besprochenen Röder und Metzenhausen an der Gerichtsverhandlung von 1459 III 7 teil, StaK- 623- 1412, Bl. 7, SCHMIDT, Nr. 2074.
22 RMB IV 8366 (1459 X 17) u.ö.
23 LHAK 1 B 1243 (1459 VII 27) u.ö.
24 Zu seiner späteren Karriere vgl. die Zusammenstellung der Räte, Nr. 78.
25 Zur Besetzung des Offizialpostens vgl. unten Kapitel D 1.
26 MILLER, Jakob von Sierck, S. 267.
27 1457 V 8 besiegelt er den Lehnsrevers Friedrich Rödels von Reifenberg, HHStAW Abt. 121 Urk. von Reifenberg (Rödel) 1457 Mai 8. 1457 VI 1 wurde er von Johann von Baden mit Burg Eltz belehnt, HStAD Depositum Wahn XI 10 A 7 (die Urk. ist nicht mehr vorhanden). Zweimal erscheint er in der fraglichen Zeit noch als Mitsiegler bei Lehnsreversen, LHAK 1 B 2342 (1457 XII 4); LHAK 1 B 191 (1457 XII 9). Wie andere Stiftsadlige nahm auch Wilhelm von Eltz an der mehrfach erwähnten Gerichtssitzung von 1459 teil, StaK- 623- 1412, Bl. 7, SCHMIDT, Nr. 2074. An keiner Stelle wird Wilhelm während dieser Zeit in herausgehobener Stellung genannt.

Insbesondere die personellen Verflechtungen[28] zu Beginn von Johanns Regierungszeit bieten einen deutlichen Hinweis darauf. Auch dank dieser Hilfestellung konnte Johann von Baden spätestens im Jahr 1459 als unangefochtener Landesherr gelten, der äußere und innere Widerstände erfolgreich überwunden hatte. Inwieweit die bereits erkennbar gewordenen Kräfte weiter auf die erzstiftische Politik einwirkten, soll in den folgenden Kapiteln untersucht werden.

---

28 Auf die enge Verzahnung kurtrierischer und badischer Politik wird an verschiedenen Stellen zurückzukommen sein, vgl. zunächst KRIMM, Baden und Habsburg; TEWES, Kreidweis.

3. Politische Außenbeziehungen und Kommunikationsnetze

Es kann im Rahmen dieser Arbeit nicht das Ziel der nachfolgenden Betrachtungen sein, eine in jeder Hinsicht ausreichende Charakterisierung des Stellenwerts und der reichspolitischen Rolle des Erzstifts Trier in der zweiten Hälfte des 15. Jahrhunderts zu liefern. Eine derartige Untersuchung müßte in diesem Zusammenhang einerseits an der immer noch schwierigen Zugänglichkeit der Quellen scheitern[1], andererseits ist die Analyse auf die »innere Entwicklung« zu konzentrieren. Insofern sollen uns Außenbeziehungen[2] nur dann interessieren, wenn sie unmittelbar die Rahmenbedingungen für die Herrschaftspraxis innerhalb des Territoriums abgeben. Somit kann die Darstellung der äußeren Geschichte des Reichs, des Papsttums und der relevanten Territorien[3] hier weitgehend vernachlässigt werden. Von Bedeutung sind die Themen, die zur Interaktion der verschiedenen Beteiligten führten und die sich daraus ergebenden Kommunikationsnetze, die bestimmte Räume stärker in den Vordergrund treten lassen. Hier soll also anhand der Grundlinien kurtrierischer Poltik versucht werden, herrschaftsintensive Räume herauszuarbeiten. Was waren aber diese Grundlinien der Politik des Erzstifts Trier am Ende des Mittelalters? Diese Frage wird – soweit überhaupt von einem zweckbestimmten Handeln die Rede sein kann – in den jeweiligen Zusammenhängen behandelt werden. Dafür sollen die konkreten Beziehungen des Erzstifts Trier bzw. des im Mittelpunkt dieser Arbeit stehenden Erzbischofs Johann von Baden zu den bestimmenden politischen Kräften der Zeit untersucht werden. Als solche werden hier die Kurie, das Reich, die Kurfürsten und Territorialfürsten, die im Kalkül der Trierer Kurfürsten eine wichtige Rolle spielten, beispielhaft betrachtet. Durch die gemeinsame Darstellung soll der Versuch unternommen werden, das allgemeine Beziehungsgeflecht in diesem Rahmen aufzuhellen. Zwar reichsständische[4], aber dem Rang nach deutlich nachgeordnete kleinere Territorien scheiden

---

1 Vgl. den derzeitigen Bearbeitungsstand der Reichstagsakten für diesen Zeitraum. Ältere Quellenpublikationen wie CHMEL, LICHNOWSKY, LÜNIG oder MÜLLER können hier keinen Ersatz bieten. Von der ohnehin mangelnden Erschließung der vatikanischen Quellen abgesehen, erschwert der derzeitige Bearbeitungsstand des Repertorium Germanicum ab den 60er Jahren des 15. Jahrhunderts in ganz erheblichem Maße den Zugriff. Auch die Quellen zur Geschichte der übrigen in Frage kommenden Territorien sind unzureichend aufgearbeitet, vgl. Quellen- und Literaturverzeichnis im Anhang. Die entsprechenden Quellen kurtrierischer Provenienz sind zum Teil von LAGER, Johann von Baden, verarbeitet.
2 Vgl. allgemein die Beiträge in dem Sammelband »Bündnissysteme« und »Außenpoltik« im späten Mittelalter, hg. v. P. MORAW (ZHF, Beih. 5), Berlin 1988.
3 Vgl. hierzu die umfassenden Arbeiten insbesondere von MEUTHEN, MORAW, LUTZ, RABE und SCHUBERT.
4 Vgl. z. B. die Anschläge zur Reichshilfe für König Maximilians Zug in die Niederlande, worin mehrere Grafen und Herren aufgeführt werden, die eindeutig den kurtrierischen Landständen angehörten und dort ihr Hauptbetätigungsfeld hatten, wie Isenburg, Virneburg, Winneburg, Sayn, Wied, Runkel, Westerburg, Sombreff, Manderscheid, Reifferscheid, Hunolstein, RTA MR, Bd. 3,2, Nr. 300a, 296.

hier aus der Betrachtung aus, da diese sich regelmäßig zur Wahrung ihrer eigenen Interessen an meist nahegelegene mächtigere Reichsfürsten anschlossen.

»Der Kaiser erreichte den Höhepunkt seiner Erfolge, als er 1478 Besetzungszusagen gegenüber siebzehn Bischofsstühlen des Reiches empfing. Tatsächlich schied in diesen Jahren – also einige Jahrzehnte vor der Reformation – das Papsttum als selbständige Macht aus dem innerdeutschen Kräftespiel aus, das es vierhundert Jahre hindurch mitgestaltet hatte, und hinterließ den noch auszutragenden Dualismus zwischen Herrscher und Ständen.«[5] Angesichts dieser Charakterisierung P. Moraws erscheint es zumindest seit den 70er Jahren des 15. Jahrhunderts nahezu überflüssig, die Rolle der Kurie im Rahmen der politischen Außenbeziehungen des Erzstifts Trier zu behandeln, zumal die Gesta Trevirorum über den gesamten Zeitraum der Regierung Johanns von Baden den Papst nur zweimal kurz erwähnen[6], obwohl immer wieder Berührungspunkte festzustellen sind. Das Erzstift konnte als geistliches Kurfürstentum ohnehin das Papsttum nicht ignorieren, zu vielfältig waren dessen Einwirkungsmöglichkeiten in die »täglichen« Geschäfte. Wie groß auch die Abhängigkeit des Landesherrn war, haben die Bemühungen um die päpstliche Bestätigung Johanns in aller Deutlichkeit gezeigt. In der Mitte des 15. Jahrhunderts war das Verhältnis des Erzstifts Trier zur Kurie durch die Politik der Gravamina[7] geprägt, die jedoch unter Johann von Baden im Verhältnis zur Zeit seines Vorgängers Jakob von Sierck[8] an Intensität verlor. Von großer Bedeutung waren die immer wiederkehrenden päpstlichen Subsidienforderungen. Beides steht in unmittelbarem Zusammenhang.

Eigentlich müßte die Haltung Johanns zur Kurie von vornherein klar gewesen sein, da er nur durch die päpstliche Bestätigung das Erzbistum erlangen konnte. Nur das massive Eingreifen des Papstes ließ letztlich den Widerstand der Landstände erlahmen. Tatsächlich war seine Unterstützung der Gravamina spätestens zur Zeit der Mainzer Stiftsfehde nur noch halbherzig. Wie die Forschungen von K. Krimm nach den bei weitem noch immer nicht vollständig publizierten Quellen der Reichstagsaktenbände 19 und 20 ergeben haben, war »damit auch die Zeit endgültig vorüber, in der sich Markgraf Johann an dem Geschehen um die deutschen Gravamina beteiligt hatte«[9]. D. Brosius hat den Sinneswandel Johanns von Baden auf die Gewährung einer Reihe von Vergünstigungen durch Pius II. zurückgeführt[10]. Jeden-

---

5 MORAW, Verfassung, S. 382f.
6 Anläßlich der Bestätigung Johanns wird der Papst einmal genannt, Gesta Trevirorum, Bd. 2, S. 338, gleichfalls wird die Bulle bezüglich der freien Wahl der Dekane erwähnt, ebda., S. 342f.
7 Vgl. den Artikel »Gravamina nationis germaniae«, in: LexMA, Bd. 4, Sp. 1659f.
8 MILLER, Jakob von Sierck, S. 114ff. pass.
9 KRIMM, Baden und Habsburg, S. 110.
10 BROSIUS, Pius II. und Markgraf Karl I., S. 173. Nicht alle von Brosius nach den Supplikenregistern aufgeführten Begünstigungen vom 7. August 1461 sind in der erzstiftischen Überlieferung als päpstliche Bullen erhalten. Vorhanden sind der Aufschub von Johanns Priesterweihe um drei Jahre, LHAK 1 A 8427, GOERZ, S. 213, die Inkorporation der Pfarreien St. Wendel und Brechen – nicht »Brochem« oder »Bruch«, wie Brosius meint – in die *mensa sua archiepiscopalis*, LHAK 1 A 3611, die Erlaubnis zur Erhebung eines Rheinzolls vom Klerus auf fünf Jahre, LHAK 1 A 8426, den Johann unbefristet gefordert hatte, die Genehmigung zur freien Wahl der Dekane in den Kollegiatstiften der Diözese vorbehaltlich der erzbischöflichen Bestätigung, LHAK 1 A 8428, BLATTAU II, Nr. 2. Nicht nachgewiesen werden konnte die Erlaubnis, die Klöster der Diözese zu visitieren und zu reformieren, vgl. SCHMIDT, Trierer Erzbischöfe, S. 495, der eine derartige Bulle ebenfalls nicht kennt. Gleichfalls nicht als päpstliche Ori-

falls herrschte in den folgenden Jahren zwischen dem Erzbischof und der Kurie ebenso wie zum Kaiser ein anscheinend spannungsfreies Verhältnis. Bekanntlich war Johann auch dem Kaiser für die Unterstützung bei seiner Wahl und der Übernahme des Erzstifts zu Dank verpflichtet. Während seiner Regierungszeit hat sich der Badener zu keinem Zeitpunkt in der Reichspolitik in hervorgehobener Position engagiert[11], die Reichstage besuchte er selten persönlich, häufiger ließ er sich vertreten. Gerade in diesem Bereich ist sein Handeln weitgehend vom Reagieren bestimmt, ohne dabei – wie im Falle Boppards – in lebenswichtigen Fragen die Initiative ganz aus der Hand zu geben. Entsprechend loben die Gesta Trevirorum an Johann besonders seine Friedfertigkeit: *Per omne tempus sui regiminis paci studuit summa tranquillitate, ultra quam antea compertum sit. Si enim quandoque invasores evenerant raptores aemuli; maluit illos parvo pacisci, quam subditorum damna, incendia et hujuscemodi experiri*[12]. Wenn der Gestenschreiber in diesem Zusammenhang auf die großen Kosten hinweist, so ist das Hauptbetätigungsfeld des Erzbischofs angesprochen, der während seiner gesamten Regierungszeit um die Konsolidierung der Finanzen des Erzstifts bemüht war. Diesem ehrgeizigen Ziel waren sämtliche sonstigen Vorhaben untergeordnet. Nur hier lassen sich längerfristige Planungen erkennen, und bei diesem Unternehmen laufen auch die Stränge äußerer Beziehungen und innerer Herrschaftspraxis zusammen. Daher sollen die Außenbeziehungen anhand dieses zentralen Verhandlungsgegenstands untersucht werden. Andere reichspolitische Aktivitäten gehören eher der Ereignisgeschichte an und können hier weitgehend außer acht gelassen werden.

Wie bereits einleitend ausgeführt, ist die Erschließung der vatikanischen Quellen für die zweite Hälfte des 15. Jahrhunderts ungenügend, um zu tiefgreifenden Erkenntnissen über die päpstliche Poltik hinsichtlich der rheinischen Gebiete zu gelangen. Folglich muß im Zusammenhang der politischen Außenbeziehungen auf die kurtrierischen Provenienzen zurückgegriffen und damit bewußt nur ein Ausschnitt betrachtet werden.

1452 hatte sich massiv der Widerstand des Klerus der drei rheinischen Erzbistümer gegen päpstlichen Kirchenzehnten und Erste Bitten des Kaisers formiert[13]. Koblenz erwies sich schon damals als günstig gelegener Ort für die Versammlung der drei Domkapitel. Es lag auch im Zentrum der Kollegiatstifte des Niedererzstifts, die sich am 17. Oktober des Jahres

---

ginalbulle überliefert ist die Genehmigung zur Erhebung eines Subsidiums von 15 000 Gulden vom Klerus der Diözese. Möglicherweise läßt eine erzbischöfliche Quittung von 1466 für das Kloster Himmerod auf eine solche Abgabe schließen, LHAK 1 C 18, 485 (1466 VII 6, Ehrenbreitstein).
11 1474 wurde Johann von Baden als kaiserlicher Kommissar und Richter in der Streitsache zwischen Köln und einigen Hansestädten tätig, Hansisches Urkundenbuch, 10. Bd., Nr. 257 (1474 I 3), und entfaltete in diesen Jahren eine rege Tätigkeit auf diesem Gebiet, vgl. die entsprechenden Quellen, ebd., Nr. 280 passim; Hanserecesse II, 7, Nr. 124 passim. Ansonsten schloß sich Johann – häufig zögernd – den Aktivitäten anderer Reichsstände an, wie in der Neusser Fehde, wo jedoch latente Differenzen des Erzstifts mit Burgund, wie auch die guten Beziehungen zu Frankreich und Habsburg bestimmend waren, vgl. hierzu unten.
12 Gesta Trevirorum, Bd. 2, S. 340.
13 WEIGEL, Kaiser, Kurfürst und Jurist, S. 86–90, sowie die Ausführungen von MILLER, Jakob von Sierck, S. 201f., 234f.; HOLBACH, Stiftsgeistlichkeit, S. 37, 227. Zu den Friedrich III. von Papst Nikolaus V. gewährten Ersten Bitten vgl. H. FEINE, Papst, Erste Bitten und Regierungsantritt des Kaisers seit dem Ausgang des Mittelalter, in: ZRG KA 51, 1931, S. 1–101, S. 11.

zum gleichen Zweck zusammenschlossen[14]. Hier deutet sich allgemein bereits die Tendenz der folgenden Jahre an, daß päpstliche Geldforderungen vom Erzbischof unwidersprochen blieben, während sich der Widerstand beim Klerus bzw. dem Domkapitel als den eigentlich Betroffenen konzentrierte. Die Gründe hierfür liegen auf der Hand. Einerseits konnten derartige Abgaben den Rechten des Erzbischofs kaum abträglich sein, andererseits konnte Johann von Baden, indem er sich in dieser Frage zumindest scheinbar neutral verhielt, darauf hoffen, das Wohlwollen der Kurie nicht zu verlieren. So war Johann von Baden in die Auseinandersetzungen des Jahres 1456[15], damals noch mangels päpstlicher Bestätigung, nicht verwickelt, aber das Trierer Domkapitel nahm am Frankfurter Kurfürstentag vom 30. September 1456 aktiv teil[16].

Folglich richtet sich der Blick für die Folgezeit wesentlich auf die Aktivitäten des Diözesanklerus[17]. Bereits im Zusammenhang mit dem Trierer Schisma von 1430 waren die Domkapitel der Erzstifte Mainz und Köln gemeinsam mit anderen Fürsten, Grafen, Herren und Städten in Koblenz zusammengetroffen, um über die durch die zwiespältige Wahl entstandene Lage zu beraten[18]. In unserem Untersuchungszeitraum zeigt sich der Widerstand in einem Schreiben der drei Trierer Domherren Edmund von Malberg, Johann Greiffenclau und Johann vom Stein namens des Domkapitels an den Koblenzer Offizial[19] vom 10. Mai 1457[20]. Darin teilen sie mit, daß ein vom Papst bevollmächtigter Kardinal aus Frankreich für einen Zug gegen die Türken den gemeinen Pfennig von allen geistlichen Gütern gefordert habe, was aufgrund der großen Geldnot für die Geistlichen des Erzstifts *verderfflichn schaden und beswerungen* bedeute. Daher hätten die Domkapitel von Köln, Mainz und Trier – wahrscheinlich in Koblenz – beschlossen, die Forderungen zurückzuweisen. Um ein einheitliches Vorgehen des Klerus in der gesamten Diözese zu gewährleisten, einigten sich die drei Domherren mit den beiden Koblenzer Stiften St. Kastor und St. Florin sowie mit dem Klerus von Oberwesel und Boppard *und ettliche ander* in Koblenz darauf, die *nederpaffschafft gemeynlich* für den 17. Mai nach Koblenz zu laden, um am darauffolgenden Tag über das weitere Vorgehen zu verhandeln. Hierzu solle der Offizial zwei oder drei Bevollmächtigte entsenden. Der Ausstellungsort des Schreibens, Koblenz, unterstreicht erneut die Bedeutung des Orts für derartige Verhandlungen. Das weitere Schicksal dieser päpstlichen Zehntforderung im Bereich des Erzstifts Trier ist nicht bekannt. Eine wenig später erfolgte, nur als Konzept überlieferte Anweisung des Domkapitels an die Stifte St. Florin und St. Kastor, den Zehnt unverzüglich zu erheben[21], legt die Vermutung nahe, daß die genannte Versammlung sich wohl doch zum Einlenken entschlossen hatte. Noch im Jahre 1460 waren

---

14 SCHMIDT, Nr. 2011.
15 Vgl. LAGER, Johann von Baden, S. 24f.
16 KRIMM, Baden und Habsburg, S. 101, Anm. 49.
17 Zur Besteuerung des Klerus vgl. KNETSCH, S. 15ff.
18 StaK- 623- BMR 4066, S. 8f. (1430 VII 10).
19 Der Adressat wird nur durch den Rückvermerk, *Copia litterae super clero officiali Confluentini*, deutlich.
20 Das Schreiben ist in einer etwa gleichzeitigen Abschrift überliefert, LHAK 1 C 16213, Bl. 1, vgl. LAGER, Johann von Baden, S. 24–25, Anm. 3.
21 SCHMIDT, Nr. 2067 (1457 VI 9).

die Kapitel beider Koblenzer Stifte mit der Erhebung von Geldern vom Klerus des Niedererzstifts befaßt[22].

Gerade bei der Abwehr der Türken liefen die Interessen von Papst und Kaiser in hohem Maße zusammen, hier kam es zu gemeinsamem Vorgehen. Die Situation spitzte sich zu Beginn der 1470er Jahre erheblich zu. In Anbetracht der »Türkennot«[23] sah sich Kaiser Friedrich III. 1471 erstmals seit 27 Jahren wieder veranlaßt, das Binnenreich aufzusuchen, da ein hoher »Bedarf an politisch-militärischer Entscheidung und militärisch-fiskalischer Kraftentfaltung«[24] entstanden war und zum Handeln zwang. Der Regensburger Reichstag, bei dem auch Johann von Baden persönlich anwesend war[25], beschloß eine umfangreiche Reichshilfe zur Finanzierung des Türkenzugs[26].

Während der Trierer Kurfürst die kaiserliche Politik anscheinend nachdrücklich unterstützte[27], formierte sich bei den unmittelbar Betroffenen rasch der Widerstand gegen die Zehntforderungen. Am 11. Juli 1472 trafen die Gesandten der Domkapitel von Trier, Köln und Mainz im Refektorium von St. Kastor in Koblenz zusammen[28] und einigten sich im Namen des gesamten Klerus ihrer Diözesen auf die Ablehnung der päpstlichen und kaiserlichen Zehntforderung[29]. Diese Entscheidung teilte das Trierer Domkapitel aus Koblenz am 14. Juli sämtlichen Stiftskirchen und Landkapiteln des Niedererzstifts mit und lud deren Vertreter auf den 21. Juli nach Koblenz, um ein möglichst einheitliches Vorgehen zu erreichen[30].

---

22 Ebd., Nr. 2093 (1460 VI 16, Münstermaifeld).
23 F. BAETHGEN, Schisma und Konzilszeit. Reichsreform und Habsburgs Aufstieg, 4. Aufl., München 1980 (Handbuch der deutschen Geschichte 6), S. 123.
24 MORAW, Verfassung, S. 380, 411.
25 VEIT ARNPECK, Chroniken, S. 370. Nach den Gesta Trevirorum, Bd. 2, S. 340, hielt er sich dort sieben Wochen auf. Der Erzbischof war wohl schon Mitte Mai nach Regensburg gereist. 1471 V 13 urkundet er zum letzten Mal im Erzstift, auf dem Ehrenbreitstein, LHK 1 C 18, 384, GOERZ, S. 233, und am 24. Mai treten bereits seine Statthalter handelnd in Erscheinung, LHAK 1 C 4218, S. 29, und berichten am 30. Mai, daß der Erzbischof *nit inlendigh* sei, ebda., S. 31. Am 16. Juni empfing er in Regensburg gemeinsam mit dem Erzbischof von Mainz und anderen Reichsständen den Kaiser, vgl. RMB IV 1049. 1471 VIII 25 urkundet Johann von Baden wieder im Erzstift, ebenfalls auf Ehrenbreitstein, LHAK 1 C 18, 415, GOERZ, S. 233.
26 CHMEL, Nr. 6431.
27 Wie aus einem Schreiben Friedrichs III. vom 17. Juni 1472 an Johann von Baden hervorgeht, hatte dieser sich gemeinsam mit seinem Bruder Georg nach dem Regensburger Tag persönlich zum König von Frankreich und dem Herzog von Lothringen begeben, um für die kaiserliche Sache zu werben, LHAK 1 C 16213, Bl. 37.
28 SCHMIDT, Nr. 2165; StaK- 623- BMR 1663. LAGER, Johann von Baden, S. 41, verlegt die Tagung irrtümlich in das Stift St. Florin.
29 LHAK 1 D 1259 (1472 VII 11). Die Ausfertigung der Urkunde trägt keinen Ausstellungsort und ist außer von den drei Domkapiteln besiegelt von den Abteien St. Matthias bei Trier und St. Panthaleon in Köln sowie den Kollegiatstiften St. Gereon in Köln, St. Paulin in Trier und den Mainzer Stiften St. Peter und St. Stephan.
30 LHAK 1 C 16213, Bl. 41 (1472 VII 14, Koblenz). Obwohl das Konzept als Aussteller eindeutig *Emmund decanus, Philippus de Hoensteyn archidiaconus et Theoderich de Lapide, canonici ecclesie Treverensis*, nennt, datiert LAGER, Johann von Baden, S. 42, das Konzept nicht nur falsch auf den 13. Juli, sondern erblickt zudem den Erzbischof als Aussteller. Folglich ist auch die daraus konstruierte Unterstützung der Forderungen des Kapitels durch Johann von Baden irrig. In Unkenntnis des Originalkonzepts schloß sich dieser Auffassung auch KNETSCH, S. 23, an.

Im folgenden Jahr tritt die Haltung des Erzbischofs deutlich zu Tage. Am 4. März 1474 hatte das Mainzer Domkapitel die Trierer Domherren eingeladen, um am 25. März in Koblenz *uff der gewonlich mailstait* über das Vorgehen gegen das dem Kaiser vom Papst verliehene Recht zur Vergabe von 300 Benefizien – was eindeutig dem Konkordat zuwiderlaufe – sowie die Ablehnung des Zehnten zu verhandeln. Hierzu wurde auch das Kölner Kapitel geladen.[31] Ob dieses Treffen zustande kam, ist nicht bekannt. Jedenfalls wandte sich das Domkapitel in der Angelegenheit an den Erzbischof und bat um seinen Rat. Dieser antwortete am 29. August: *Wiewoil nu solchs eyn nuwerunge ist und widder die concordata sijn mag, so wil uns doch nach gestalt der wilden leuffe, die ytzt swebent, bedunncken, aller geistlicheit dieser rinscher art gar ungelegen sijn, sich zu stellen widder willen pabsts und keysers*. Da in *gantz Germanie* 300 Personen betroffen seien und die Trierer Kirche also nicht unbedingt berührt sein müsse, riet der Erzbischof dem Domkapitel von einem weiteren Protest ab, auch wenn die genannte Vergabe gegen die Konkordate verstoße[32]. In diesen zeitlichen Zusammenhang gehört wohl auch eine Union der Domkapitel von Trier, Köln und Mainz zur Aufrechterhaltung des Konkordats zwischen Papst Nikolaus V. und Friedrich III.[33]. Wiederum hatte sich Johann von Baden also letztlich hinter die Forderungen von Papst und Kaiser gestellt, beiden war er gerade damals zu Dank verpflichtet[34].

Es ist durchaus charakteristisch für die Politik des Badeners, zur Erreichung des übergeordneten Ziels, der Konsolidierung der Finanzen, die Interessen seines Domkapitels, der Geistlichkeit und auch der weltlichen Untertanen hintanzustellen. Dafür zeigte er sich gegenüber den Forderungen von Papst und Kaiser durchaus aufgeschlossen[35], mehrfach wurde er dafür belohnt[36]. Mit dieser Politik, unterstützt von Papst und Kaiser, stieß der Trierer Kurfürst bis in die 70er Jahre des 15. Jahrhunderts auf die einheitliche Ablehnungsfront des Klerus der drei rheinischen Erzbistümer[37]. Erschüttert wurde diese Einigkeit anscheinend

---

31 LHAK 1 D 1270.
32 LHAK 1 D 1271 (1474 VIII 29, Ehrenbreitstein), GOERZ, S. 239. Der Wortlaut der Konkordate findet sich in: Neue und vollständige Sammlung der Reichs-Abschiede..., Teil 1, 1747, Ndr. Osnabrück 1967, Nr. 46a-e.
33 Vgl. die undatierte Abschrift LHAK 1 D 1281, die offenbar an ein anderes Domkapitel geschickt werden sollte und die Einladung zu einer Beratung am 20. November in Koblenz enthielt.
34 Papst Sixtus IV. bestätigte 1472 IV 12 dem Erzbischof das Recht, zur Abtragung der erzstiftischen Schulden auch vom Klerus ohne Ausnahme Zölle und Abgaben zu erheben, LHAK 1 C 18, 1271, HONTHEIM II, Nr. 862. Kaiser Friedrich III. bestätigte Johann auf dem Regensburger Reichstag den bereits Erzbischof Jakob verliehenen Weinzoll, LHAK 1 A 8531, LICHNOWSKY, Bd. 7, Nr. 1548, CHMEL, Nr. 6284 (1471 VII 15, Regensburg), und erweiterte diesen um einen Schweinezoll, LHAK 1 A 8532, LICHNOWSKY, Bd. 7, Nr. 1547, CHMEL, Nr. 6283 (1471 VII 16, Regensburg).
35 Die häufige Unterstützung besonders der kaiserlichen und auch der habsburgischen Politik zu verschiedenen Anlässen wurde schon von LAGER, Johann von Baden, an verschiedenen Stellen aufgezeigt.
36 1487 setzte Kaiser Friedrich III. den Anschlag des Erzstifts Trier auf 4000 fl. herab, CHMEL, Nr. 8070 (1487 VI 21, Nürnberg). 1488 quittierte der Kaiser über die erste Rate von 1500 fl., LHAK 1 A 8814 (1488 XI 17, Bacharach), CHMEL, Nr. 8333. Bei diesen Regesten hat Chmel offensichtlich den Inhalt beider Urkunden vertauscht.
37 1478 IX 24 ist die Rede von *der samelonge der drier stiffte* in Koblenz, LHAK 1 C 16213, Bl. 69. 1479 bevollmächtigte das Domkapitel Ludolf von Enschringen, Johann Haltfast und Richard Gramann von Nickenich, gemeinsam mit den Abgesandten der Diözesen Mainz und Köln in Rom über die Angelegenheiten der Trierer Kirche zu verhandeln, LHAK 1 D 1284–1286 (1479 III 11, Trier). Danach tritt

erst infolge der päpstlichen Erlaubnis für Johann von Baden, zur Einlösung verpfändeter trierischer Burgen und Ämter, insbesondere Schönecken und Kempenich, ein Subsidium von bis zu 15 000 Gulden von der Geistlichkeit zu verlangen, wogegen anfangs die Geistlichkeit der drei Stifte wohl noch gemeinsam opponierte[38]. Im Laufe der Auseinandersetzungen konzentrierte sich der Widerstand beim betroffenen Trierer Klerus[39]. In den folgenden Jahren läßt sich eine starke »Verdichtung« innerhalb des Diözesanklerus erkennen. Zunehmend wurde die Bedeutung der Offizialatsbezirke Trier und Koblenz als Binnengliederung des Erzstifts erkennbar, die in den Gruppierungen des Klerus leicht nachvollzogen werden kann. In größerem Umfang wurde von nun an auch versucht, die weltlichen Untertanen zu Abgaben heranzuziehen[40]. Da der Erzbischof in vielerlei Hinsicht auf die erzstiftischen Untertanen angewiesen war, konnten diese gerade bei der Bewilligung von Geldforderungen größeren Einfluß gewinnen. Insbesondere das Domkapitel konnte als Sprecher der Geistlichkeit seine Einwirkungsmöglichkeiten auf die erzbischöfliche Politik erweitern[41]. 1488 tritt diese Konstellation deutlich hervor, als Kaiser Friedrich III. in getrennten Schreiben das Trierer Domkapitel[42] und die geistlichen und weltlichen Untertanen des Erzstifts[43] ultimativ zur Zahlung der in Nürnberg beschlossenen Reichshilfe aufforderte. Im gleichen Jahr gestand der Kurfürst selbst seinem Domkapitel ein Mitspracherecht bei der Erhebung der Subsidien zu[44]. Spätestens in den 90er Jahren des 15. Jahrhunderts waren die ad-hoc-Bündnisse der drei rhei-

---

dieses Zusammenwirken nicht mehr in Erscheinung. Einem möglichen Zusammenhang zu der unterschiedlichen verfassungsrechtlichen Stellung der Domkapitel in den drei rheinischen Erzstiften kann hier nicht nachgegangen werden, vgl. jedoch die Ausführungen unten zu den Landständen.
38 LHAK 1 A 8665 (1480 XI 28, Mainz). Der Dekan des Mainzer Stifts Mariengraden forderte die Geistlichkeit der Diözesen Mainz, Trier und Köln auf, nichts gegen die Erhebung des Subsidiums zu unternehmen.
39 Wie groß die Widerstände waren, belegt die Aufforderung Papst Sixtus IV. an Graf Philipp von Virneburg, dem Erzbischof bei der Erhebung des Subsidiums mit starkem Arm behilflich zu sein, LHAK 1 A 8670 (1481 I 5, Rom). 1481 V 12 ermächtigte der Papst Johann von Baden, kraft päpstlicher Autorität mit Zwangsmitteln gegen den Klerus vorzugehen, der sich weigere, das Subsidium zu zahlen, LHAK 1 A 8678. Daraufhin bröckelte die Front der Ablehnung, und Himmerod, LHAK 1 A 8681, und Eberhardsklausen, LHAK 1 A 11769, erklärten sich am 23. Oktober des Jahres zur Zahlung ihres Anteils bereit. Dennoch war der Widerstand gerade im Offizialatsbezirk Trier erfolgreich, da Johann 1481 XI 6 auf die Erhebung *inter limites nostri officialatus superioris* verzichtete, LHAK 1 D 2678.
40 MATHEUS, Trier, S. 138ff., hat auf die Politik der Stadt Trier hingewiesen, sich angesichts kaiserlicher Geldforderungen vom Erzbischof vertreten zu lassen. Neben den dort genannten Belegen sind verschiedene Schriftstücke aus dem Aktenkonvolut LHAK 1 C 7413 heranzuziehen: 1482 VII 2 befahl Friedrich III. der Stadt die Zahlung des Anschlags vom Nürnberger Reichstag, LHAK 1 C 7413 S. 7–8. 1486 XI 9, Ehrenbreitstein, versprach der Erzbischof, sich beim Kaiser für die Befreiung der Moselstadt vom Frankfurter Anschlag einzusetzen, LHAK 1 C 7413 S. 23. Dennoch ermahnte Friedrich III. 1487 I 12 Trier zur Zahlung der eilenden Hilfe gegen die Ungarn, LHAK 1 C 7413 S. 19–22.
41 HOLBACH, Stiftsgeistlichkeit, S. 342–355, hat auf das frühe häufige Zusammengehen der sieben Trierer Kirchen, aber auch der geistlichen Institutionen des Obererzstifts und die durchaus dominierende Rolle des Domkapitels innerhalb dieser Konstellation hingewiesen.
42 LHAK 1 A 8765 (1488 III 19, Innsbruck).
43 LHAK 1 A 8766 (1488 III 19, Innsbruck): *den ersamen, edeln unnsern andechtigen und des reichs lieben getruwen, allen und yeglichen prelaten, grafen, fryen herren, rittern, knechten, schultheissen, burgermeistern, richtern, reten, burgern und gemeinden, so dem stifft Trier underworffen und zugehorig.*
44 STAT V 19 (1488 VII 29, Trier).

nischen Domkapitel zumindest für den Bereich des Erzstifts Trier von dem institutionalisierten Weg der Steuerbewilligung durch die Landstände abgelöst worden[45].

Dank der günstigen Lage am Zusammenfluß von Rhein und Mosel in naher Entfernung der drei Bischofsstädte erlangte Koblenz im Rahmen der Domkapiteltreffen eine herausgehobene Bedeutung. Aus dem gleichen Grund wurde die Stadt von Friedrich III. und Maximilian I. zumindest auf der Durchreise mitunter aufgesucht[46]. Gegenüber Trier, wo zwar die aufsehenerregende Zusammenkunft Karls des Kühnen mit Friedrich III. stattfand[47], lag Koblenz offensichtlich in erheblich stärkerem Maße im Brennpunkt der Ereignisse. Die Rheinlinie spielte im 15. Jahrhundert für die Reichspolitik, aber auch für die wirtschaftliche Entwicklung im Reich eine zentral wichtige Rolle[48]. Unter dieser Prämisse soll nun den Beziehungen des Erzstifts Trier zu anderen Territorien nachgegangen werden.

Bei den Kontakten des Trierer Erzbischofs Johann von Baden zu anderen Territorialherren fällt eine eindeutige Konzentration auf die rheinischen Kurfürsten und die benachbarten Territorien ins Auge. Die engen familiären Bindungen an die Markgrafen von Baden bilden einen Sonderfall – allerdings war durch deren Sponheimer Besitzungen auch ein nachbarschaftlicher Kontakt gegeben. Weiter entfernt liegende Mächte treten kaum direkt in Erscheinung. Nur im Kontext des seltenen reichspolitischen Engagements des Kurfürsten ergab sich vereinzelt ein direktes Aufeinandertreffen mit den nicht in unmittelbarer Nachbarschaft zum Erzstift liegenden Territorien.

Die skizzierte enge Kooperation der drei rheinischen Domkapitel legt es nahe, zunächst die Verbindungslinien zwischen den geistlichen Kurfürstentümern aufzuspüren. Es versteht sich von selbst, daß bei einer derartigen Betrachtungsweise andere Akteure, insbesondere Kurpfalz und die übrigen Kurfürsten, nicht außer acht gelassen werden dürfen.

---

45 Infolge eines erneuten Reichsanschlags im Jahr 1492 trat das Trierer Domkapitel erst nach einer erzbischöflichen Landtagsladung, LHAK 1 D 1355 (1492 XI 6, Ehrenbreitstein), GOERZ, S. 283, mit dem Mainzer Domkapitel in Kontakt, LHAK 1 D 1349 (1492 XI 26). Dessen hinhaltende Antwort ist für den damaligen Stand der Kooperationsbereitschaft bezeichnend.
46 Kaiser Friedrich III.: StaK- 623- BMR 4076 (1474 I); BACHMANN, Urkundliche Nachträge, Nr. 235 (1474 I um 19); StaK- 623- BMR 4090, S. 3 (1485 I 24). Maximilian: StaK- 623- BMR 4081, S. 3 (1477 VII 5); LHAK 1 A 8903 (1492 IX 24); LICHNOWSKY, Bd. 8, Nr. 1856 (1492 X 15); RTA MR, Bd. 3,2, Nr. 369 (1492 X 16); PSHIL, Bd. 35, S. 333 (1492 X 19); LICHNOWSKY, Bd. 8, Nr. 1860 (1492 X 23); RTA MR, Bd. 5,1,1, Nr. 58 (1495 III 13); StaK- 623- BMR 1680 (1499 IV 3). Folgende andere Fürsten haben Koblenz nachweisbar aufgesucht: Herzog Philipp von Burgund: DEMANDT, Nr. 5414 (1466 IX 22). Erzherzog Philipp von Burgund: StaK- 623- BMR 1677 (1496 V 9). Erzbischof Ruprecht von Köln: LHAK 1 C 18, 270 (1466 VIII 1); StaK- 623- BMR 1665 (1476 VIII/IX). Herzog Ludwig von Pfalz-Veldenz: LHAK 1 B 1765 (1482 V 26); Alexander von Pfalz-Veldenz: LHAK 1 B 1766/1767 (1482 V 27). Landgraf Wilhelm der Mittlere von Hessen: LHAK 1 A 9007 (1497 XI 26). Herzog Albrecht von Sachsen: HUBATSCH, Bd. 2, Nr. 3765 (1498 VIII 19). Die päpstlichen Nuntien Dr. Petrus Ferrici und Mag. Franziscus, Dekan von Toledo, DEMANDT 5173 (1462 V 20).
47 Für die Trierer Zusammenkunft noch immer grundlegend: H. HEIMPEL, Karl der Kühne und Deutschland, in: Elsaß-Lothringisches Jahrbuch 21, 1943, S. 1–54; GRÜNEISEN, Reichsstände; LAUFNER, Kulissen.
48 Koblenz war auch eine Station des Postwegs von Mecheln nach Innsbruck; dort war *Heinrich post potten* stationiert worden, vgl. F. OHMANN, Die Anfänge des Postwesens und die Taxis, Leipzig 1909, S. 119.

Deutlich in der Tradition der kurfürstlichen Politik aus der Zeit von Johanns Vorgänger steht der Beitritt des Badeners zur Einung der Kurfürsten von 1446[49]. Wie bereits gezeigt, wurde deren Programm jedoch kaum in die Realität umgesetzt.

Die Stoßrichtung gemeinsamen Handelns wurde noch im selben Jahr deutlich, als sich die drei rheinischen Erzbischöfe gegen Kuno von Westerburg und dessen Helfer verbündeten, die einige Kölner Kaufleute auf dem Weg zur Frankfurter Messe auf dem Rhein angegriffen und gefangen genommen hatten[50]. Hier war durch die massive Beeinträchtigung der Sicherheit des Rheinhandels ein vitales Interesse der Territorialherren am Rhein verletzt, was schnelles und einheitliches Vorgehen erforderte, da ansonsten auch die Glaubwürdigkeit der rheinischen Kurfürsten als Beschützer des Rheinhandels in Frage gestellt worden wäre. Damit tritt zugleich das zentrale Thema der Beziehungen zwischen den genannten Fürsten deutlich hervor.

In einem Bündnis der Erzbischöfe von Köln und Trier auf beider Lebenszeit vom Anfang des Jahres 1458 wurde dies ausdrücklich festgeschrieben, da sich beide insbesondere zum Schutz *unser strasse, straume ader lynpat beide uff Rijne ind uff Moseln* verbündeten, mögliche Streitigkeiten sollten in Koblenz oder Andernach verhandelt werden.[51] 1460 war der Kölner Erzbischof in der Begleitung Johanns bei dessen Einzug in die Stadt Trier[52]. Im gleichen Jahr schlossen die beiden erneut ein Bündnis, das noch um den Herzog Gerhard von Jülich sowie Wilhelm von Loen erweitert wurde. Koblenz ist der Ort im Erzstift, wo mögliche Differenzen verhandelt werden sollten[53]. Im Vorfeld der Mainzer Stiftsfehde[54]

---

49 Aufnahme des Erwählten in die Einung durch die Kurfürsten von Mainz, Köln, Sachsen und Brandenburg, LHAK 1 A 8347 (1457 V 27, Frankfurt), HONTHEIM II, Nr. 838 (Urkunde Johanns von Baden), GOERZ, S. 206. Gerade gegen diese vier Kurfürsten sollte sich das Bündnis Johanns mit Ludwig von Pfalz-Veldenz nicht richten, RMB IV 8214 (1458 IV 26, Mainz). Bald schon verlor das Bündnis seine Wirksamkeit. Während Dieter von Isenburg dem Bündnis noch beitrat, LHAK 1 A 8420 (1461 III 6), ist solches für seine Nachfolger nicht bekannt, ebenso trat Pfalzgraf Ruprecht noch bei, LHAK 1 C 18, 270 (1466 VIII 1), vgl. MENZEL, Regesten zur Geschichte Friedrichs. I., S. 429, Nr. 262 (1466 VIII 2, Koblenz), was sein Nachfolger als Kölner Erzbischof, Landgraf Hermann von Hessen, nicht tat. 1461 III 6 ist Pfalzgraf Friedrich dem Kurverein beigetreten, LHAK 1 C 18, 204, GOERZ, S. 212, vgl. MENZEL, S. 356, Nr. 146. 1471 trat Markgraf Albrecht von Brandenburg der Einung bei, MENZEL, S. 469, Nr. 331 (1471 XI 7, Dresden). 1502 VII 5 wurde das Kurfürstenbündnis generell erneuert, LHAK 1 A 9134.
50 LHAK 1 A 8363 (1457 XI 28, Lahnstein), GOERZ, S. 207. Gleichfalls beteiligt an diesem Bündnis war Frank von Kronberg d. A., einer der bedeutendsten adligen Finanziers der Zeit am Mittelrhein, zur Person vgl. MÜLLER-HILLEBRAND, Cronberg, S. 23–26. Weitere Vereinbarungen der Verbündeten in dieser Angelegenheit: LHAK 1 A 8364 (1457 XI 29), GOERZ, S. 207; LHAK 1 A 8365 (1457 XII 12, Seltz). Ein Vergleich zwischen den Parteien wurde von Markgraf Karl von Baden ausgehandelt, LHAK 1 A 8368 (1458 I 26, Koblenz), RMB IV 8188.
51 LHAK 1 A 8367 (1458 I 12), HONTHEIM, Bd. 2, Nr. 839; SCOTTI, Bd. 1, Nr. 25; GOERZ, S. 207.
52 LAGER, Einzug, S. 56.
53 LHAK 1 A 8410 (1460 VIII 3, Köln), GOERZ, S. 211; LHAK 2, 452. Im Falle von Zwietracht zwischen den Parteien sollten deren Räte entscheiden, sofern Johann der Kläger ist, sollten die Dinge in Bonn verhandelt werden, wenn Erzbischof Dietrich die Klage führt, in Koblenz und für den Herzog in Köln.
54 Grundlegend: K. MENZEL, Diether von Isenburg, Erzbischof von Mainz 1459–1463, Erlangen 1868; ERLER, Rechtsgutachten; D. BROSIUS, Zum Mainzer Bistumsstreit 1459–1463, in: Archiv für hessische Geschichte und Altertumskunde NF 33, 1975, S. 111–136. Die Rolle der Markgrafen von Baden unter-

bewährte sich nochmals die Kooperation von Kurköln und Kurtrier[55], die sich schließlich gemeinsam für den Grafen Adolf von Nassau einsetzten und die Absetzung des bereits als Gegenkandidat Johanns von Baden in Trier aufgetretenen Dieter von Isenburg-Büdingen vorantrieben. Allerdings war der Kölner aus mehreren Gründen nicht so weit involviert wie Kurfürst Johann[56].

Im Jahre 1464 trat unter dem Eindruck der vorangegangenen Ereignisse wiederum das Hauptanliegen der rheinischen Territorialherren hervor, als sich die Kurfürsten von Köln, Mainz, Trier und der Pfalz zum Schutz der Rheinschiffahrt auf 20 Jahre zusammenschlossen[57]. Die Zollschreiber und -aufseher der Zölle flußabwärts von Mainz sollten einmal im

sucht KRIMM, Baden und Habsburg, S. 109f., 147–156. Eine Reihe von Belegen zur Tätigkeit des Trierer Erzbischofs hat LAGER, Johann von Baden, S. 32–37, zusammengetragen. Die Auswirkungen auf die Stadt Mainz behandelt A. PH. BRÜCK, Mainz vom Verlust der Stadtfreiheit bis zum Ende des Dreißigjährigen Krieges (1462-1648) (Geschichte der Stadt Mainz 5), Düsseldorf 1972, S. 3. Viele der relevanten Urkunden finden sich bei MENZEL, in: NassAnn 12, 1873, S. 142–210; DERS., Verträge.
55 Ein latenter Streit zwischen beiden Kurfürsten wegen der Orte Zeltingen und Rachtig drohte nie zu einer ernsthaften Auseinandersetzung zu eskalieren, vgl. den entsprechenden Schriftwechsel, LHAK 1 C 258, S. 81–138 (1465 V 22 – 1467 V 4). 1471 VII 29 bestellte Friedrich III. Johann von Baden zum kaiserlichen Richter im Streit des Kölner Erzbischofs mit Graf Gerhard von Sayn, vgl. die entsprechenden Schreiben HHStAW Abt. 340 U 11544 (1471 X 10, Koblenz); HHStAW Abt. 340 U 11548 (1471 XII 17, Trier); HHStAW Abt. 340 U 11534 (1472 II 24, Ehrenbreitstein). 1472 legte der Graf ein Verzeichnis seiner Beschwerden gegen die Erzbischöfe von Köln und Mainz an, HHStAW Abt. 340 U 11576. Später entstand über die genannten Orte, Zeltingen und Rachtig, erneut ein Streit, LHAK 1 C 358, S. 145–154 (1489 VIII 1–5); LHAK 1 C 358, S. 157–160 (1500 XI 5–17). Auch die Rangstreitigkeiten bei der Wahl Maximilians zum römischen König, CHMEL, Nr. 7838 (1486 V 2); LHAK 1 A 8772/3 (1488 V 14); LACOMBLET IV, Nr. 439, führten zu keiner nachhaltigen Entzweiung.
56 Dieter von Isenburg war noch am 6. März 1461 der Einung der Kurfürsten von 1446 beigetreten, LHAK 1 A 8420, und 1461 VI 11 hatten die Kurfürsten von Köln, Trier und der Pfalz den Erwählten anstelle seines Vorgängers in die Münzvereinbarungen von 1454/55 aufgenommen, MENZEL, in: NassAnn 12, 1873, Nr. 126; am gleichen Tag erklärte Dieter selbst seinen Beitritt, LHAK 1 C 18, 205. Bereits kurz nach der Wahl des Isenburgers hatte Markgraf Karl von Baden bei Pius II. die Absetzung des Elekten betrieben, BROSIUS, Pius II. und Markgraf Karl I., S. 174. Im Sommer des Jahres 1461 war Johann von Baden in Köln bei Verhandlungen mit Adolf von Nassau wegen des ihm vom Papst angetragenen Mainzer Erzstifts beteiligt, RMB IV 8653. Nach der endgültigen päpstlichen Bestätigung Adolfs, 1461 VIII 21, CHMEL, Nr. 3893, forderte Johann als hierzu vom Papst Bevollmächtigter die Untertanen des Erzstifts Mainz zum Gehorsam gegen den Nassauer auf, LHAK 1 C 16213, Bl. 9 (1461 IX 28, Wiesbaden). Bei der feierlichen Einsetzung Adolfs im Mainzer Dom waren die Erzbischöfe von Köln und Trier anwesend, RMB IV 8688 (1461 X 2). Für seine Unterstützung versprach der Erwählte, seinem Trierer Kollegen auf Lebenszeit Beistand zu leisten, RMB IV 8689 (1461 [X 4]). Daß die Koalition zwischen Trier und Köln als möglicherweise doch nicht so stabil erachtet wurde, zeigte sich, als Dieter von Isenburg den Kölner Erzbischof als einen möglichen Schlichter in diesem Streit ernannte, RMB IV 8837 (1462 III 30). Tatsächlich ist jedoch Johanns weiteres Engagement für Adolf von Nassau unzweifelhaft, den Kölner Erzbischof behinderte möglicherweise sein Alter am aktiven Eingreifen.
57 Drei Ausfertigungen der Urkunde, LHAK 4, 225–227 (1464 X 29, Boppard), GOERZ, S. 213. Urkunde Ruprechts von Köln, LHAK 1 A 11490 (1464 X 29, Boppard). GÜNTHER IV, Nr. 302, gibt die entsprechende Ausfertigung Pfalzgraf Friedrichs wieder. In der Narratio heißt es: *Als durch die vergangen swere Kriegsleuffe vnd Vnsicherheit die Kauffute mit iren liben Kauffmanschaffte, Habe vnd Gute vnd Gewerbe den Rinstrame ettliche lang Zyte vermytten gerumet vnd andre Landstrassen gebrucht vnd gebuwet haben, dadurch der Handel off dem Rinstrame vaste gswechet gemynert, vnd vns vnd vnsern Mitkurfursten off dem Rine an vnsern vnd iren Zollen vnd andern Gefellen merklich Abegang gescheen*

Jahr in Boppard zusammenkommen, wohin auch die Räte der Fürsten entsendet werden sollten. Fünf Jahre später erteilten die genannten Kurfürsten gemeinsam den Kaufleuten von Genua, Venedig und Mailand freies Geleit auf dem Rhein[58]. 1476 beschlossen die Kurfürsten von der Pfalz, von Mainz und Trier, keine weiteren Zollbefreiungen zu gestatten[59]. Offenbar fühlten sich die Kurfürsten auch für die Sicherheit des Rheinhandels insgesamt verantwortlich, wie das Eingreifen Johanns von Baden und Pfalzgraf Friedrichs gegen einen Überfall am Oberrhein im Gebiet Herzog Sigmunds beweist, worüber abschließend in Straßburg verhandelt wurde[60].

Geradezu überdeutlich wurden die geringen Handlungsspielräume der rheinischen Erzbischöfe über ihren engeren Wirkungsbereich am Rhein hinaus angesichts der mächtigen Bedrohung durch Karl den Kühnen. Ihre mangelnde Entschlossenheit äußerte sich in der zögerlichen Mobilisierung der Kräfte. Nur das Eingreifen des Kaisers führte letztlich zum Erfolg und zur Abwehr burgundischer Expansionsbestrebungen. Von Interesse sind in unserem Zusammenhang nicht die Ereignisse um die Belagerung von Neuss[61], sondern daß sich hier ein mehr oder minder intensives Zusammengehen von Mainz und Trier beobachten läßt[62], das in erheblichem Maß an den Vorgaben der kaiserlichen Politik orientiert war. Folglich schied eine Kooperation mit dem Pfalzgrafen Friedrich, dem Bruder eines der beiden Opponenten und Kandidat Burgunds, aus[63]. Eine derartige Auseinandersetzung mußte jedoch keineswegs zu unüberbrückbaren Gegensätzen der rheinischen Kurfürsten führen, wie das wenig später abgeschlossene Bündnis zwischen Mainz, Trier und Pfalz beweist. Darin

---

ist, soliches zu uerkumen vnd zu widderbringen, vnd off das der Kauffman mit sime Gewerbe, Kauffmanschafft vnd Gute widder off den Rine bracht werde, vnd doselbs sins Libs Habe vnd Gutes dester velich vnd sicher sy, vnd wandern mogen...
58 LHAK 1 C 18, 336a (1469 VIII 19), GOERZ, S. 230.
59 MENZEL, Regesten zur Geschichte Friedrichs I., S. 498f.
60 RMB IV 10352 (1472 XII 15); RMB IV 10358 (1472 XII 27); RMB IV 10376 (1473 II 1); RMB IV 10404 (1473 III 22). An der schließlichen Schlichtung waren neben den beiden Kurfürsten der Markgraf Karl von Baden und die Städte Straßburg, Basel, Nürnberg und Ulm beteiligt.
61 Zur Neusser Fehde immer noch grundlegend: H. DIEMAR, Die Entstehung des deutschen Reichskrieges gegen Herzog Karl den Kühnen von Burgund, Marburg 1896. Vgl. an neuerer Literatur: K. BITTMANN, Ludwig XI. und Karl der Kühne. Die Memoiren des Philipp de Commynes als historische Quelle, Bd. 2, Göttingen 1970 (Veröffentlichungen des Max-Planck-Instituts für Geschichte 9/II/1), S. 118–123 passim; PARAVICINI, Karl der Kühne, insbes. S. 90f.; Neuss, Burgund und das Reich, Neuss 1975; E. WISPLINGHOFF, Geschichte der Stadt Neuss von den mittelalterlichen Anfängen bis zum Jahre 1794, Neuss 1975, S. 102–116, schildert die Ereignisse.
62 1484 XI 11 beauftragte Kaiser Friedrich III. die Erzbischöfe von Mainz und Trier sowie die Stadt Köln, die Städte Linz, Sinzig und Remagen vom Burgunder-Herzog zu befreien, CHMEL, Nr. 6933. Bei den unmittelbaren Vorbereitungen für den Entsatz der Stadt Neuss traten die beiden Kurfürsten in engen Kontakt, vgl. die Schreiben des Mainzers LHAK 1 C 359, S. 57f. (1474 XI 20, Mainz), S. 69f (1474 XI 23, Mainz), S. 61f. (1474 XI 27, Mainz), S. 77f. (1474 XII 15, Frankfurt), S. 79f. (1474 XII 28, Wiesbaden). 1475 waren beide am Bündnis des Kaisers gegen Karl von Burgund beteiligt, CHMEL, Nr. 6965, 6972.
63 Zum Verhältnis Pfalzgraf Friedrichs zum Reich und Burgund in dieser Zeit, sowie zur Verhängung der Reichsacht vgl. ROLF, Kurpfalz, S. 52, 58; K. F. KRIEGER, Der Prozeß gegen Pfalzgraf Friedrich auf dem Augsburger Reichstag 1474, in: ZHF 12, 1985, S. 257ff. Zu Friedrich allgemein zuletzt: DERS., in: LexMA, Bd. 4, Sp. 955.

verpflichteten sie sich, keine neuen Zollbefreiungen am Rhein zu gestatten[64]. In ähnlicher Weise verbanden sich die rheinischen Kurfürsten durch eine ganze Reihe von Verträgen, die im wesentlichen auf die Sicherung ihrer finanziellen Ressourcen und die Erhaltung des status quo zielten[65].

Wie empfindlich die Verbündeten auf Veränderungen reagierten[66], zeigt sehr eindrucksvoll der Kölner Zollstreit von 1489 bis 1491. Entstanden war die Auseinandersetzung um die Verleihung eines Zolls an die Stadt Köln durch den Kaiser für deren Hilfe in der Neusser Fehde gegen Burgund. Im Unterschied zu der Verleihung des Linzer Zolls an Kurköln stieß das Privileg für die Stadt jedoch auf massiven Widerstand der rheinischen Territorialfürsten. Im Februar des Jahres 1489 war der Versuch, eine Zusammenkunft der Beteiligten in Oberwesel zu erreichen, zunächst gescheitert[67]. Anfang März fand offenbar eine Unterredung in Köln statt[68], und am 11. März trafen zumindest die drei Erzbischöfe[69] in Oberwesel zusammen[70]. Das Ergebnis der Verhandlungen hinsichtlich des Kölner Zollstreits ist nicht bekannt, doch scheint sich für Köln keine günstige Entwicklung angebahnt zu haben[71]. Für den weiteren Verlauf wurde die in Oberwesel von den Erzbischöfen von Trier und Köln zwischen Erzbischof Berthold von Mainz und Landgraf Wilhelm von Hessen d. J. erzielte Einigung[72]

---

64 LHAK 1 A 8587 (1476 IX 23, Bacharach), GOERZ, S. 244; SCOTTI I, Nr. 32. Wie lebendig derartige Bündnisse waren, beweist die Dienstbestallung Gottfrieds von Eppstein-Münzenberg durch Pfalzgraf Friedrich, der gegen jedermann dienen sollte, außer gegen die Erzbischöfe von Mainz und Trier, HHStAW Abt. 331, Nr. 272 (1476 XII 11, Heidelberg). Nach dem Tode Pfalzgraf Friedrichs wurde der Vertrag mit dessen Nachfolger Philipp erneuert, doch wurde nun in Ausnahmefällen, wenn *unnser eyner yeman eyn fruntschafft thun wolt*, die Befreiung von bis zu einem Fuder Wein erlaubt, LHAK 1 A 8624 (1478 VII 27, Bacharach), GOERZ, S. 247.
65 1479 schlossen Johann von Baden und Erzbischof Hermann von Köln auf zehn Jahre ein Landfriedensbündnis, LHAK 1 A 8637 (1479 IX 27, Andernach), GOERZ, S. 249. 1481 schlossen dieselben unter Einschluß des Herzogs Wilhelm von Jülich und der Stadt Köln auf zehn Jahre eine Münzvereinbarung, LHAK 1 A 8674 (1481 III 16), GOERZ, S. 252; LHAK 1 A 8676 (1481 IV 5), GOERZ, S. 252. 1484 schlossen die drei Erzbischöfe ein Landfriedensbündnis, das jeweils in zweiseitigen Abkommen ausgefertigt wurde, LHAK 1 A 8701/8702 (1484 VII 5, Rhens), SCOTTI I, Nr. 35; das von GOERZ, S. 259, angeführte Original in Düsseldorf konnte nicht ermittelt werden, lediglich eine etwa gleichzeitige Abschrift, HStAD Kurköln II, 4672, Bl. 14r-16v. Vertragsgemäß forderte der Trierer Erzbischof einen Monat später die Stadt Koblenz auf, dieses Bündnis öffentlich *mit geluydter clocken in gemeyn versamelung unser burgere* zu verkünden, was am 18. August ausgeführt wurde, LHAK 1 A 8704 (1484 VIII 5, Ehrenbreitstein), GOERZ, S. 259. 1489 schlossen die Kurfürsten von Trier und der Pfalz auf beider Lebenszeit eine Einung, Streitigkeiten sollten demnach in Oberwesel oder Bacharach verhandelt werden, LHAK 1 A 8826 (1489 VII 23, Frankfurt); SCOTTI I, Nr. 37; RTA MR, Bd. 3,2, Nr. 301a. 1490 trafen die vier rheinischen Kurfürsten eine Vereinbarung über die Guldenmünzen, LHAK 1 A 8868 (1490 XII 5, Kaub).
66 Zur Verleihung eines Zolls in Linz an den Kölner Erzbischof hatte Kaiser Friedrich III. den Konsens der Kurfürsten einholen müssen, vgl. die Einverständniserklärung Erzbischof Johanns, LHAK 1 C 17, 1204 (1488 VIII 16, Koblenz), GOERZ, S. 270.
67 RTA MR, Bd. 3,1, Nr. 224b-c.
68 Ebd., Nr. 224d.
69 Das Fernbleiben des Pfalzgrafen Philipp berichtete die Stadt Köln an Kaiser Friedrich III., ebd., Nr. 226e.
70 Ebd., Nr. 224g-l, 224n, 226d.
71 Vgl. den Bericht Kölns über die Verhandlungen an Friedrich III., ebd., Nr. 226e.
72 Ebd., Nr. 226c.

bestimmend, die den Weg für dessen Unterstützung der kurfürstlichen Politik[73] gegen Köln ebnete. Daran konnte auch die kaiserliche Aufforderung an die Kurfürsten von Mainz, Trier und der Pfalz zur Unterlassung der Beeinträchtigung des Kölner Zolls und der Kaufleute der Stadt durch die Aufkündigung des Geleits nichts ändern[74]. Auf dem Frankfurter Reichstag von 1489 versuchte Johann von Baden vergeblich, eine gütliche Einigung herbeizuführen[75]. Am 21. Juli kündigten Pfalzgraf Philipp und Landgraf Wilhelm von Hessen[76], am 23. Juli die Kurfürsten von Mainz, Trier und der Pfalz[77] der Stadt Köln in ihren Gebieten das Geleit auf, um die Stadt zur Aufgabe des Zolls zu bewegen. Gleichzeitig schlossen Pfalz und Trier am 23. Juli die bereits erwähnte bilaterale Einung[78]. Wenige Tage später erreichte König Maximilian ein vorläufiges Stillhalteabkommen zwischen den Beteiligten[79]. Die dringend benötigte Hilfe für seine niederländischen Unternehmungen[80] engten Maximilian allerdings in seiner Handlungsfreiheit gegenüber den Verbündeten und zugunsten der Reichsstadt Köln ein.

Noch im gleichen Jahr entschlossen sich die drei Kurfürsten zu einschneidenden Maßnahmen und einigten sich am 30. November, den Rhein bei Koblenz abzusperren und dort keine Waren mehr passieren zu lassen. Zur Aufrechterhaltung des Handels sollte es den Kaufleuten jedoch erlaubt sein, ihre Waren von Koblenz aus auf der Mosel oder über Land in die Niederlande zu transportieren[81]. Von dem Verbot ausgeschlossen waren lediglich solche Güter, die Fürsten, Grafen, Herren oder Ritter *fur ir hußhaltung in iren herschafften* benötigten. Der Engerser Zoll sollte fortan in Koblenz erhoben werden. Zum Schutz der Straßen beabsichtigten die Kurfürsten, je zehn Bewaffnete unter den Befehl Johanns von Baden zu stellen. Die Sperrung des Rheinstroms sollte so lange aufrechterhalten werden, bis der Kölner Zoll aufgehoben sein würde[82]. Naturgemäß beeinträchtigte diese Maßnahme nicht nur den neuen Kölner Zoll, sondern sämtliche Rheinzollstätten nördlich von Koblenz und damit besonders die Einnahmequellen des Erzbischofs von Köln, der sich darüber offenbar heftig beschwerte. Den hierüber entbrannten Streit schlichtete Landgraf Wilhelm von Hessen im Sommer des Jahres 1490 dahingehend, daß die Sperrung des Rheins von nun an nicht mehr den gesamten Strom von Koblenz abwärts betreffen sollte, sondern nurmehr die Strecke zwischen Bonn und Zons. Als Gegenleistung wurden Erzbischof Berthold und Pfalzgraf Philipp für die nächsten acht Jahre vom Zoll Linz befreit[83]. In einem Zusatzabkommen verpflichteten sich die Beteiligten zur Stellung von je 20 Bewaffneten, um die Ver-

---

73 Zur Koordinierung der Politik der rheinischen Erzstifte wurde die Erneuerung einer *alten eynung* der Stift erwogen, ebd., Nr. 229a-b (1489 III 24/26).
74 Ebd., Nr. 226i (1489 IV 15).
75 RTA MR, Bd. 3,2, Nr. 293a (1489 VII 20).
76 Ebd., Nr. 293b.
77 LHAK 1 A 8827 (1489 VII 23, Frankfurt); RTA MR, Bd. 3,2, Nr. 293c.
78 LHAK 1 A 8826 (1489 VII 23, Frankfurt); SCOTTI I, Nr. 37; RTA MR, Bd. 3,2, Nr. 301a.
79 RTA MR, Bd. 3,2, Nr. 293e (1489 VII 28). Diese Schlichtung war bereits im Mai vorbereitet worden, RTA MR, Bd. 3,1, Nr. 246a (1489 V 29); ebd., Nr. 256d (1489 VI 23, Frankfurt).
80 Vgl. die Darstellung in RTA MR, Bd. 3,2, S. 1347–1355.
81 Insbesondere die Beschränkung des Handels der Kölner Kaufleute bedeutete eine erhebliche Beeinträchtigung des Handels allgemein, wie aus einem Schreiben der Stadt Nürnberg an ihre Gesandten beim Frankfurter Reichstag hervorgeht, ebd., Nr. 294a (1489 VII 20).
82 LHAK 1 A 8828 (1489 X 30, Mainz), GOERZ, S. 273.
83 LHAK 1 A 8862 (1490 VII 5, Kaub), GOERZ, S. 275.

einbarung durchzusetzen[84]. Dieses gemeinsame Vorgehen führte schließlich zu dem gewünschten Resultat. Denn am 31. Mai 1491 beurkundeten König Maximilian und der Bischof von Eichstätt im Auftrag des Kaisers einen durch Maximilian zwischen den Parteien – zu den ursprünglich Beteiligten wurden nun auch der Landgraf von Hessen[85] und Erzbischof Hermann von Köln gerechnet – ausgehandelten Vergleich. Danach sollte die Stadt Köln den Zoll für eine Übergangszeit von drei Jahren weiter erheben dürfen, dafür aber den genannten Fürsten eine Entschädigung von jährlich 5000 Gulden zahlen. Nach Ablauf dieser Frist durfte der Zoll nicht mehr erhoben und die Sperrung des Rheinstroms sollte ab sofort beendet werden[86].

Im gemeinsamen Vorgehen hatten die wichtigsten Territorien am Rhein sich also letztlich gegen die Ausübung des Zollregals durch den Kaiser durchgesetzt. Man kann die Tragweite dieser Auseinandersetzung nur in einem weiteren Zusammenhang verstehen. Es hatte der Anstrengungen aller Bedrohten und des Kaisers bedurft, um die Gefahr eines weiteren Ausgreifens von Karl dem Kühnen in die westlichen Reichsgebiete zu verhindern, wenngleich das Aufgeben vor Neuss und die endgültige Niederlage eben nicht nur vom Reich oder den Reichsfürsten herbeigeführt wurden. Der Herzog unterlag der gerade in dieser Zeit zunehmend vom Reich Abstand gewinnenden Eidgenossenschaft und den opponierenden Kräften in Lothringen.

Dennoch sah sich der Kaiser veranlaßt, den am meisten Betroffenen im Reich, dem Erzbischof[87] und der Stadt Köln, zum Ausgleich mit dem Recht zur Erhebung eines neuen Zolls eine lukrative Einnahmequelle zu verschaffen. Im Falle des Erzstifts Köln ließ sich dies noch mit den Interessen der übrigen Zollinhaber am Rhein vereinbaren, zumal Linz keine wirkliche Neueinrichtung war. Daß jedoch mit der Stadt Köln ein neuer Konkurrent auf den Plan trat, wurde nicht mehr hingenommen. Schließlich fanden sich sämtliche Inhaber von Rheinzollstätten an Mittel- und Niederrhein zusammen, um ihr Vorrecht zu behaupten. Die Zölle als wichtigste Einnahmequelle der Territorien am Rhein standen für das Reich nicht mehr zur Verfügung; hier hatte sich die fürstliche Macht endgültig gegen das königliche Zollregal durchgesetzt.

Zu Beginn des Jahres 1492 formulierten die rheinischen Kurfürsten diesen Anspruch, *als tutsche nation unnd sunderlich unnser churfurstenthum mit dem Rynstram begabt sind*, und errichteten zunächst auf acht Jahre das Programm für die Zukunft, indem sie sich zur Absicherung des Rheins und der Leinpfade verpflichteten und gemeinsam gegen neue Zölle oder Zollerhöhungen vorzugehen versprachen. Direkten Bezug auf das erwähnte Zollprivileg für das Erzstift Köln nahm die Versicherung aller Beteiligten, in Zukunft auch selbst keine neuen Zollprivilegien erlangen zu wollen und solche gegebenenfalls nicht anzunehmen sowie die

---

84 LHAK 1 A 8863 (1490 VII 5, Kaub), GOERZ, S. 275.
85 Noch 1489 II 5 hatte Köln den Landgrafen Wilhelm von Hessen gebeten, sich nicht an den Sperrmaßnahmen der Kurfürsten von Mainz und der Pfalz zu beteiligen, RTA MR Bd. 3,1, Nr. 224a. Seit März des gleichen Jahres unterstützte dieser jedoch die Politik der Kurfürsten, RTA MR, Bd. 3,1, Nr. 226c.
86 LHAK 1 A 8879 (1491 V 31, Nürnberg).
87 Allein Landgraf Heinrich von Hessen präsentierte der Kölner Kirche eine Rechnung über 21 8311¹/₂ fl. 2 alb, HHStAW Abt. 170 U 2250 (1493 IV 17).

Zölle nicht zu erhöhen. Gleichzeitig vereinbarten sie Maßnahmen zur Belebung des Handels auf dem Rhein und untersagten den Landtransport. Zum Verhandlungsort für die Austragung von Differenzen und zur Verurteilung von Zollvergehen wurde wiederum Boppard bestimmt.[88] Am gleichen Tag einigten sich die Kurfürsten darauf, keine weiteren Zollbefreiungen zuzulassen[89].

Neben der weitgehend durch den Gleichklang der Hauptinteressen bestimmten Politik der rheinischen Kurfürsten[90] bemühte sich Johann von Baden, durch eine ganze Reihe von Bündnissen und Verbindungen mit benachbarten Territorien, die Rahmenbedingungen für seine Unternehmungen möglichst günstig zu gestalten. Durch eine allseits auf Ausgleich gerichtete Politik versuchte der Erzbischof, sich für die Aufgaben des Territoriums die nötigen Freiräume zu schaffen. Auf diese Weise gelang es ihm, sämtliche wichtigen Konkurrenten in irgendeiner Weise einzubinden, wobei ihm seine familiären Beziehungen häufig zugute kamen.

Mit dem mächtigen und noch immer aufstrebenden Burgund[91], als bedeutendster Macht im Westen, schloß Johann von Baden 1462 und 1465 Bündnisse[92]. Das gute Verhältnis zu Herzog Philipp von Burgund wird aus einem längeren Aufenthalt des Kurfürsten am burgundischen Hof im Jahre 1462 deutlich[93]. Dies konnte den Erzbischof aber keineswegs daran hindern, später auf der kaiserlichen Seite gegen Burgund einzutreten. Da Habsburg bekanntlich das burgundische Erbe übernahm, wurden in diesem Bereich in der Folgezeit die ohnehin engen Verbindungen des Badeners wirksam.

Der französische König[94] hatte vermutlich schon die Wahl Johanns von Baden zum Trierer Erzbischof befürwortet. Auch in der Folgezeit scheint sich das Verhältnis günstig entwickelt zu haben[95]; es gipfelte darin, daß König Ludwig XI. den Kurfürsten in seinen Rat aufnahm[96].

---

88 LHAK 1 A 8889 (1492 I 2, Oberwesel); LHAK 4, 253; LACOMBLET IV, Nr. 454.
89 LHAK 1 C 17, 1407 (1492 I 2, Oberwesel), GOERZ, S. 280. Als Ausnahme wurden wiederum Fürsten, Grafen *oder ander treffliche personen*, die Waren für ihre persönliche *provision* transportieren, genannt sowie Befreiungen von bis zu fünf Zollfuder; alte Befreiungen sollten in kraft bleiben.
90 Ein weiteres, hier nicht näher auszuführendes Gebiet traditionell intensiver Kooperation war die Münzpolitik, wo es zu einer ganzen Reihe von Verträgen kam, vgl. die Zusammenstellung bei DIEPENBACH, Münzverein, S. 89–120. 1496 beauftragte Papst Alexander VI. den Trierer Erzbischof mit der Wahrnehmung der Verteidigung der Rechte des Erzbischofs Hermann von Köln auf das Hochstift Paderborn, GOERZ, S. 299 (1496 VIII 11, b. Hönningen).
91 Vgl. den Artikel »Burgund« in: LexMA, Bd. 2, Sp. 1066–1090.
92 PSHIL, Bd. 31, S. 98 (1462 V 4, Brüssel); LHAK 1 C 18, 234 (1465 V 4, Brüssel). Zu den Schirmverträgen der Herzöge von Burgund mit der Stadt Trier vgl. LAUFNER, Schirmverträge.
93 BACHMANN, Nachträge, Nr. 5 (1462 X ca.).
94 FAVIER, Frankreich.
95 1460 IV 6 ließ Karl VII. dem Trierer Elekten seinen Dank für dessen gute Dienste ausrichten, RMB IV 8424.
96 LHAK 1 A 8559 (1473 VI 7, Amboise), GOERZ, S. 238. Darauf nahm der Erzbischof zumindest 1477 Rücksicht, als er in seinem Bündnis mit Herzog Wilhelm von Jülich-Berg außer Papst, Kaiser, Kurfürsten und den Markgrafen von Baden auch den französischen König ausnahm, LHAK 1 A 8598 (1477 II 21, Ehrenbreitstein), GOERZ, S. 244.

Mit dem dritten mächtigen Konkurrenten im Westen, dem Herzogtum Lothringen[97], entstanden während der Regierungszeit des Badeners keine ernsthaften Zerwürfnisse[98], im Gegenteil: Gerade hier bestand ein sehr einvernehmliches Verhältnis, wobei sicherlich die verwandtschaftlichen Beziehungen Johanns als Sohn der lothringischen Herzogin Katharina eine wichtige Rolle spielten. Schon beim Einritt Johanns von Baden in die Stadt Trier begleiteten ihn lothringische Räte[99]. 1475 trat Herzog René von Lothringen mit dem König von Frankreich und den Kurfürsten von Mainz, Trier und Brandenburg dem kaiserlichen Bündnis gegen Burgund bei[100], und kurz darauf schlossen der Herzog und Johann von Baden auf zehn Jahre ein gegenseitiges Bündnis[101]. In den Auseinandersetzungen des Jahres 1490 zwischen Herzog René und der Stadt Metz wurde der Trierer Erzbischof als Schlichter angerufen und vermittelte in Metz einen Frieden zwischen den Parteien[102]. Während der großen Dürre des Jahres 1491 konnten die erzbischöflichen Untertanen der Grafschaft Salm ihren Getreidebedarf in den Herzogtümern Lothringen und Bar decken[103]. Im folgenden Jahr verhandelte Johann von Baden im Trierer Palast erneut über die Streitigkeiten zwischen dem Herzog und der Stadt Metz[104]. Bei der Eheschließung des Landgrafen Wilhelm des Mittleren von Hessen mit der Tochter Renés, Iolanthe, war Johann von Baden zumindest mit der zeitweiligen Aufbewahrung von deren Mitgift beauftragt[105]. Ob er auch an der Aushandlung des Ehevertrags beteiligt war, läßt sich nicht mit Sicherheit klären. Gerade die engen Verbindungen zum Herzogtum Lothringen zeigen, daß es Johann von Baden gelungen war, ein ausgesprochen gutes Verhältnis zu den westlichen Nachbarterritorien und vor allem auch

---

97 Der politischen Geschichte des Herzogtums im hier interessierenden Zeitraum widmet sich W. MOHR, Geschichte des Herzogtums Lothringen, Teil IV. Das Herzogtum zwischen Frankreich und Deutschland (14.-17. Jahrhundert), Trier 1986. Eine umfassende Gesamtdarstellung bietet: Lothringen. Geschichte eines Grenzlandes, bearb. v. einer Gruppe lothringischer Historiker unter Leitung von M. PARISSE, Deutsche Ausgabe H.-W. HERRMANN, Saarbrücken 1984 und darin der Beitrag von A. GIRARDOT, Zwischen Frankreich, Kaiserreich und Burgund (1275–1508), S. 197–237. Zu den Beziehungen Johanns von Baden zu Lothringen vgl. LAGER, Johann von Baden, S. 76ff.
98 Die Korrespondenz und die Akten verschiedener Grenzstreitigkeiten im Untersuchungszeitraum, die jedoch stets gütlich beigelegt werden konnten, finden sich insbesondere in LHAK 1 C 395 und LHAK 1 C 418 sowie LHAK 1 C 411, 419, 420, 441, 449, 457, 16219.
99 LHAK 701, 4, Bl. 58v. Zum Schirmverhältnis mit der Stadt Trier vgl. LAUFNER, Schirmverträge. 1471 XII 3 bestätigte Herzog Nikolaus den Schutzvertrag, LHAK 1 A 4260. Vgl. die Quittung Johanns von Finstingen, Marschall der Herzogtümer Lothringen und Bar, über eine Rate des ihm vom Herzog auf Lebenszeit verpfändeten Schirmgeldes, LHAK 1 A 4237 (1463 IV 8). Weitere Urkunden bezüglich des Schirmgeldes an Lothringen: LHAK 1 A 4238 (1468 XI 14, Nancy); LHAK 1 C 16213, Bl. 107 (1486 XI 2).
100 CHMEL, Nr. 6972 (1475 V 17).
101 LHAK 1 A 8575 (1475 V 31). Eine spätere Erneuerung, z. B. mit Herzog René, konnte nicht ermittelt werden, doch wurde im Beistandspakt Johanns von Baden und seines Koadjutors mit Landgraf Wilhelm von Hessen auch der Herzog ausgenommen, LHAK 1 A 9092 (1501 II 27), GOERZ, S. 315.
102 Les chroniques de la ville de Metz, hg. v. J. F. HUGUENIN, Metz 1838, S. 514–524, GOERZ, S. 361.
103 LHAK 1 C 16214, Bl. 37 (1491 VIII 17, Zell); LHAK 1 C 16214, Bl. 38 (1491 VIII 19); LHAK 1 C 397, S. 125–126 (1491 XII 15, Trier).
104 GOERZ, S. 361 (1492 VI 18, Trier).
105 LHAK 1 C 16214, Bl. 165 (1497 X 13); LHAK 1 A 9003/9004 (1497 X 29, Koblenz), GOERZ, S. 303; LHAK 1 A 9005 (1497 XI 20, Koblenz); LHAK 1 A 9007 (1497 XI 26, Koblenz).

zur französischen Krone zu entwickeln bzw. die Verbindungen seines Vorgängers auszubauen.

Das zu keinem Zeitpunkt völlig spannungsfreie Verhältnis zu Pfalz-Veldenz versuchte Johann von Baden ebenfalls durch verschiedene Bündnisse in den Griff zu bekommen. Wie bereits dargelegt, hatte Pfalzgraf Ludwig bei der Bischofswahl von 1456 vehement einen der Gegenkandidaten Johanns unterstützt und war zudem – als einziger Fürst – im Rahmen der Landstände sehr aktiv. Um einer eventuellen Bedrohung seiner Interessen vorzubeugen und sicherlich auch zur Beruhigung der Landstände, schloß der Erzbischof 1458 mit Ludwig zunächst auf zehn Jahre ein Defensivbündnis[106]. Doch kam es auch in der Folgezeit noch häufiger zu Differenzen[107]. Kurz vor Ludwigs Tod wurden dann in einem Bündnis mit der Verpflichtung zur Kriegshilfe zwischen dem Erzbischof und dem Pfalzgrafen sowie dessen Sohn Alexander auf aller Lebenszeit[108] die Weichen für die Zukunft gestellt.

Bei der Besprechung der Politik Johanns von Baden hinsichtlich der Kurfürsten war bereits die Rede von den Herzögen von Jülich-Berg, die in das zehnjährige Bündnis der Erzbischöfe von Trier und Köln von 1460 einbezogen waren[109]. 1471 erneuerte Herzog Gerhard diesen Vertrag zumindest mit Kurtrier gemeinsam mit seiner Frau Sophia auf weitere acht Jahre. Eventuelle Streitigkeiten sollten in Remagen von den Räten beider Seiten verhandelt werden[110]. 1473 einigte sich Johann von Baden mit dem Herzog und seinen Söhnen Wilhelm und Adolf auf die Beibehaltung des Landfriedens auch noch drei Jahre nach dem Tod Gerhards[111]. Im gleichen Jahr versuchte der Erzbischof – vergeblich –, die Streitigkeiten zwischen dem Jülicher Herzog und den Grafen von Manderscheid sowie Friedrich von Sombreff zu schlichten[112]. Mit dem Sohn und Nachfolger Herzog Gerhards, Wilhelm, schloß Johann von Baden 1477 ein Bündnis auf beider Lebenszeit[113]. Auch die Münzverträge von 1481 bezogen

---

106 RMB IV 8214 (1458 IV 26).
107 Vgl. den Schriftwechsel BayHStA Kasten blau 385/14 bezüglich der Fehde Ludwigs mit Pfalzgraf Friedrich und der von Johann von Baden verweigerten Hilfeleistung. Dazu war er nach dem Bündnis mit Ludwig von Pfalz-Veldenz verpflichtet, doch lief dies seiner zehnjährigen Einung mit Pfalzgraf Friedrich zuwider, die er kurz zuvor abgeschlossen hatte, LHAK 1 C 18, 201 (1459 IX 21, Münstermaifeld); RMB IV 8362.
108 LHAK 1 A 8799 (1488 VIII 6, Lichtenberg); Urkunde des Erzbischofs: SCOTTI, Bd. 1, Nr. 36 (1488 VIII 6, Koblenz); GOERZ, S. 270.
109 LHAK 1 A 8410 (1460 VIII 3, Köln), GOERZ, S. 211.
110 LHAK 1 A 8527 (1471 IV 24); GOERZ, S. 233, gibt hier die Urkunde des Erzbischofs an.
111 LHAK 1 A 8555 (1473 IV 7); GOERZ, S. 237, gibt hier die Urkunde des Erzbischofs an.
112 1473 V 30 beschwerten sich die Statthalter des Erzbischofs beim Herzog von Jülich-Berg, daß die erzbischöflichen Untertanen in Gillenfeld in der Fehde des Herzogs mit Manderscheid und Sombreff überfallen worden seien, obwohl der Ort dem Markgrafen Markus von Baden als Propst von St. Florin in Koblenz gehöre, LHAK 1 C 472, Bl. 2. In der Fehde hatte der Herzog Erzbischof Johann von Trier um Beistand gebeten, so daß Friedrich von Sombreff den Erzbischof ersuchte, den Streit vor dem Trierer Domkapitel oder den kurtrierischen Landständen zu verhandeln. Auf den 13. Juli setzte Erzbischof Johann einen Termin zur gütlichen Schlichtung in Köln an, LHAK 1 C 9598, S. 49–50, wohin er Johann Jux, Konrad Hammerstein, den Hofmeister Wilhelm von Eltz und Wilhelm von Kleeberg delegierte, LHAK 1 C 9598, S. 53 (1473 VII 8, Pfalzel). Doch scheint dieser Vermittlungsversuch nicht erfolgreich gewesen zu sein, denn noch im gleichen Jahr belagerten und eroberten die Herzöge Wilhelm und Adolf die Tomburg, ZIMMER, Landskron, Nr. 1243.
113 Urkunde des Herzogs: LHAK 1 A 8598 (1477 II 21); Urkunde des Erzbischofs erwähnt in LHAK 1 C 18, 437 (1477 II 21, Ehrenbreitstein), GOERZ, S. 244.

Jülich mit ein[114]. 1497 bewährte sich das Bündnis beider Fürsten, als der Herzog dem Badener vor Boppard seine Hilfe zukommen ließ[115]. Vermutlich angesichts der bereits erwähnten niederländischen Wirren beabsichtigten die rheinischen Erzbischöfe und die Herzöge von Lothringen und Jülich-Berg 1489, sich auf zwölf Jahre gegen Angriffe zusammenzuschließen. Die Verhandlungen über das Bündnis fanden in Koblenz statt, wo auch die Verträge ausgetauscht werden sollten[116]. Aus ungeklärten Ursachen kam das umfassende Bündnis nicht zustande[117].

Zu den weniger bedeutenden Territorialherren gehörten die verschiedenen Linien des Hauses Nassau[118], die in vielfältiger Weise mit dem Erzstift Trier verbunden waren. Nur mit Graf Johann von Nassau-Vianden-Diez-Breda kam es zu einem Bündnis, das 1458 auf vier Jahre geschlossen wurde[119]. Ansonsten erschienen die Grafen häufig in direkter Verbindung mit Johann von Baden[120]. Auffällig sind daneben einige Eheverbindungen, die die Markgrafen von Baden teilweise unter Mitwirkung Johanns mit Nassau abschlossen[121].

Eine Art »Mittelstellung« in der Bedeutung zwischen den besprochenen Fürsten und verschiedenen Grafenhäusern nahm die Grafschaft Katzenelnbogen[122] ein. So stellt sich das Verhältnis zum Erzstift Trier während des gesamten Untersuchungszeitraums auch durchaus ambivalent dar. Es ist gekennzeichnet einerseits durch eine recht intensive Einbindung des Grafen[123] und andererseits durch die selbständige, teils auch konkurrierende Politik Philipps von Katzenelnbogen. Der Katzenelnbogener war 1456 einer der Grafen in der Landstände-

---

114 LHAK 1 A 8674 (1481 III 16), GOERZ, S. 252; LHAK 1 A 8676 (1481 IV 5), GOERZ, S. 252.
115 LHAK 701, 4, Bl. 71v.
116 RTA MR, Bd. 3,1, Nr. 238a ([1489] V 3, Koblenz). Die in diesem Konzept angesetzte Zusammenkunft in Koblenz am 24. Mai fand möglicherweise tatsächlich statt, wie die am folgenden Tag vom Kölner Erzbischof und dem Herzog von Jülich-Berg ausgefertigten Bündnisurkunden mit dem lothringischen Herzog, die jedoch keinen Ausstellungsort tragen, zeigen, RTA MR Bd. 3,1, Nr. 238c-d.
117 RTA MR Bd. 3,1, Nr. 238a, Anm. 88. Nachdem der Mainzer Erzbischof wohl schon im Mai des Jahres ausgeschert war, nahm Erzbischof Hermann von Köln im Juni Abstand von dem Bündnis, RTA MR Bd. 3,1, Nr. 238f (1489 VI 20, Zons). Als letzte waren Trier und Jülich noch zum Vertragsabschluß bereit, RTA MR Bd. 3,1, Nr. 238g (1489 VI 24, Koblenz).
118 Zur Unterscheidung vgl. SAUER, Kleine Beiträge. Umfassend wird die Geschichte behandelt von SCHLIEPHAKE, MENZEL, zusammenfassend: GENSICKE, Westerwald, S. 278–290.
119 LHAK 1 A 8383 (1458 VIII 1, Ehrenbreitstein), GOERZ, S. 207.
120 Z. B. waren sämtliche Linien des Hauses Nassau beim Einritt Johanns in die Stadt Trier vertreten. Verschiedentlich werden einzelne Mitglieder der Linien als Räte genannt.
121 1468 handelte Johann von Baden eine Ehe zwischen der Tochter Markgraf Karls von Baden, Zimburga, und dem Sohn Johanns Graf zu Nassau-Vianden-Diez-Breda, Engelbert, aus, GLAK Abt. 46, Nr. 904 (1468 X 15, Ehrenbreitstein), RMB IV 9711. Die Hochzeit fand am 30. Januar 1469 in Koblenz statt, Gesta Trevirorum, Bd. 2, S. 339, RMB IV 9753. 1469 wurde für Markgraf Karls Sohn Albrecht die Ehe mit der Tochter Graf Johanns von Nassau-Saarbrücken, Johanna, beschlossen, die jedoch nicht vollzogen wurde, RMB IV 9944 (1469 VIII 31). 1490 vereinbarte Erzbischof Johann die Ehe zwischen Sybille, der Tochter Markgraf Christophs von Baden, mit Ludwig, dem Sohn Philipps Graf zu Nassau-Saarbrücken, GLAK Abt. 46, Nr. 1293 (1490 X 31, Pfalzel).
122 Zu den Grafen vgl. zusammenfassend: DEMANDT, Grafenhaus.
123 Graf Philipp wird von 1465 bis zu seinem Tode 1479 mehrfach als Rat Johanns von Baden genannt.

einung[124] und somit dem Erzstift in besonderer Weise verbunden. Zudem ist Philipp als einer der Hauptschuldner anzusehen[125]. So wurde der Kurfürst auch beim Einritt in Trier vom Grafen Philipp begleitet[126]. Im Anschluß an die Mainzer Stiftsfehde schlossen der Erzbischof und Katzenelnbogen einen »Nichtangriffspakt«, der jedoch von beiden Seiten mit vierteljährlicher Frist jederzeit gekündigt werden konnte[127]. 1465 waren wohl endgültig die von der Mainzer Stiftsfehde herrührenden Differenzen beseitigt, so daß beide auf Lebenszeit ein Defensivbündnis schlossen, Streitigkeiten sollten in Boppard oder Braubach verhandelt werden[128]. Am gleichen Tag versprach der Graf, die erwähnte Schuldsumme von 18 000 Gulden bei Lebzeiten Johanns von Baden nicht einzulösen[129]. Als Gegenleistung erlaubte der Erzbischof dem Katzenelnbogener, den Zoll von Waren, die die Zollstelle St. Goar umgangen hatten, in gleicher Höhe in Treis zu erheben[130]. Unmittelbar danach wird Philipp vom Kurfürsten erstmals als Rat bezeichnet[131]. 1468 brachte Johann von Baden die Ehe zwischen Markgraf Christoph von Baden und Ottilie von Katzenelnbogen, Tochter Graf Philipps, zustande[132] und richtete im folgenden Jahr in Koblenz die Hochzeit aus[133].

Als Haupterben der Katzenelnbogener Grafschaft konnten sich schließlich die Landgrafen von Hessen durchsetzen[134]. Noch vor dem Tod Graf Philipps von Katzenelnbogen am 28. Juli 1479[135] war Landgraf Heinrich von Hessen mit den trierischen Lehen der Grafschaft Katzenelnbogen belehnt worden[136], und am gleichen Tag, dem 5. Juli 1479, schloß Kurfürst Johann mit diesem auf beider Lebenszeit ein Bündnis, worin als Austragungsort von Streitigkeiten das gemeinsam besessene Limburg bestimmt wurde[137]. Vor Boppard gehörte der Landgraf Wilhelm 1497 zu den Helfern des Erzbischofs[138]. Ein Jahr nachdem Langraf Wil-

---

124 LHAK 1 A 8315–8317 (1456 V 10). K. E. DEMANDT, Die letzten Katzenelnbogener Grafen und der Kampf um ihr Erbe, in: NassAnn 66, 1955, S. 93–132, S. 103–104, hat aus der Anfertigung eines Konzepts der Ständeeinung in der Katzenelnbogener Kanzlei geschlossen, die Einung der Trierer Landstände sei lediglich ein »Instrument der Katzenelnbogenschen Politik gewesen« – eine Interpretation, die überzogen erscheint.
125 1457 einigte sich Erzbischof Johann mit dem Grafen über die geschuldeten 18 000 Gulden, und mußte ihm verschiedene Vergünstigungen zugestehen, LHAK 1 C 18, 76, DEMANDT 4974. Zum weiteren Verlauf der Verhandlungen über diese Schuldsumme vgl. ebda.
126 LHAK 701, 4, Bl. 58v.
127 LHAK 1 A 8442 (1463 VIII 5); DEMANDT 5261.
128 LHAK 1 C 18, 53 (1465 V 25, Boppard); DEMANDT 5341.
129 Ebd. 5342 (1465 V 25, Boppard).
130 Ebd. 5343 (1465 V 25, Boppard).
131 LHAK 1 C 18, 250 (1465 VI 4); DEMANDT 5346.
132 GLAK Abt. 46, Nr. 1213 (1468 VI 20); RMB IV 9599; DEMANDT 5497. Es heißt von Johann, daß *er by diser beredung und gemahelschafft gewesen ist und die beredt und beteidingt hat.*
133 Gesta Trevirorum, Bd. 2, S. 339; RMB IV 9753.
134 Vgl. K. E. DEMANDT, Die letzten Katzenelnbogener und der Kampf um ihr Erbe, in: NassAnn 66, 1955, S. 93–132, S. 107ff.; DERS., Grafschaft; P. MORAW, Hessen und das deutsche Königtum im späten Mittelalter, in: HessJbLdG 26, 1976, S. 43–96.
135 DEMANDT 6034.
136 Ebd. 6026 (1479 VII 5, Limburg).
137 Ebd. 6027 (1479 VII 5, Limburg). 1481 VIII 2 wurde von Graf Otto von Solms in Limburg solch ein Streit geschlichtet, HHStW Abt. 170 U 1858.
138 LHAK 701, 4, fo. 71v. Von der Belagerung her schuldete der Erzbischof dem Landgrafen 6000 rheinische Gulden, LHAK 1 A 8979 (1497 VII 4, Boppard), GOERZ, S. 301. 1497 VIII 3 quittierte Wilhelm über eine Rate, LHAK 1 A 8993.

helm der Mittlere an die Regierung gekommen war, schloß er mit Johann von Baden und dessen Koadjutor Jakob von Baden auf zehn Jahre ein Bündnis, das Beistand in allen Fehden einschloß und nicht nur im Falle des Angriffs auf eine der Vertragsparteien wirksam werden sollte. Verhandlungsort von Streitigkeiten sollte wiederum Limburg sein.[139] Die intensive Kooperation von Kurtrier und Hessen ist spätestens seit der Katzenelnbogener Erbschaft zu beobachten, durch welche die Landgrafschaft auch zu den Rheinanliegern geworden war und somit für das Erzstift zwangsläufig an Bedeutung gewinnen mußte. Freilich waren beide Seiten bereits vorher durch den gemeinsamen Besitz von Limburg, Molsberg und Brechen in ständiger Verbindung[140], die jedoch am Ende des Jahrhunderts enger wurde, wie z. B. das Zusammengehen im Kölner Zollstreit oder die enge Kooperation in der wieder auflebenden Bopparder Fehde 1501 belegen[141].

In Anbetracht der vorausgegangenen Ausführungen ist es sicherlich gerechtfertigt, von einer Bündnispolitik Johanns von Baden zu sprechen, die im wesentlichen den Zweck verfolgte, die benachbarten Territorien und potentielle wie reale Konkurrenten durch Verträge zu binden und damit von Aktionen abzuhalten, die dem übergeordneten Ziel der Konsolidierung der erzstiftischen Finanzen zuwiderliefen. Paradoxerweise kam es nur infolge innerer Spannungen oder vertraglicher bzw. reichspolitischer Verpflichtungen zu Differenzen mit auswärtigen Territorien. Gerade diese Unternehmungen bedeuteten empfindliche Rückschläge bei der Erreichung der Ziele von Johanns Politik.

Anhand der drei zunächst näher beleuchteten Handlungspartner, Papst, Kaiser und Kurfürsten, lassen sich deutlich zwei Tendenzen aufweisen, denen sich auch die Beziehungen zu anderen Territorien unterordnen. Der Erzbischof selbst engagierte sich aktiv und durch eigene Initiative weder bei der ohnehin nur peripher einwirkenden Kurie noch beim Kaiser und auch in der Politik der Kurfürsten schloß er sich meist den ihm jeweils genehmen Strömungen an. Die Politik Johanns von Baden ist nicht durch Aktion, sondern durch Reaktion geprägt. Die unbedingte Treue zur Kurie und zum Kaiser bzw. dem Hause Habsburg ist durchaus charakteristisch. Zum zweiten, und damit in direktem Zusammenhang stehend, führte nur unmittelbare territoriale Nachbarschaft zu politisch motivierter Aktion, die auch stets auf Ausgleich und Bewahrung des Bestehenden ausgerichtet war, wie die Bündnispoli-

---

139 LHAK 1 A 9092 (1501 II 27), GOERZ, S. 315. 1491 X 16 wurde ein Termin in Limburg zur Beilegung von Streitigkeiten zwischen den Parteien anberaumt, HHStAW Abt. 115, Nr. 227 (1491 X 16), GOERZ, S. 279. Weitere Verhandlungen in Limburg: HHStAW Abt. 339, Nr. 310 (1492 II 28, Koblenz); HHStAW Abt. 170 U 2133 (1492 III 14, Ehrenbreitstein); HHStAW Abt. 170 U 2173 (1492 X 6); HHStAW Abt. 115, Nr. 231; HHStAW Abt. 170 U 2222 (1494 III 12, Limburg); LHAK 1 C 18, 976 (1494 III 21, Ehrenbreitstein), GOERZ, S. 288. 1495 trafen Johann von Baden und Landgraf Wilhelm in Limburg zusammen, KNETSCH, Limburger Chronik, S. 108 (1495 I 6).
140 Verschiedene Urkunden vom 14. Juni 1459 regelten die Verhältnisse in den drei Städten für die nächsten Jahre: Graf Philipp von Katzenelnbogen sicherte den Landgrafen von Hessen nach seinem Tod sein Viertel zu, DEMANDT 5049, und teilte den drei Städten die veränderte Rechtslage mit, daß Katzenelnbogen den Solmser Anteil an sich gebracht habe, HHStAW Abt. 115, Nr. 431, fo 28v. Gleichzeitig beschworen die Landgrafen den dortigen Burgfrieden mit Kurtrier, Dietrich von Runkel und Frank von Kronberg d. A., HHStAW Abt 115, Nr. 199. 1460 II 7 brachte der Graf von Katzenelnbogen auch das Viertel Franks von Kronberg an sich, DEMANDT 5086/5087.
141 Vgl. die genaue Instruktion an den kurtrierischen Hofmeister für seine Gesandtschaft zum Landgrafen von Hessen in dieser Angelegenheit, LHAK 1 C 19222.

tik eindeutig belegen kann. Von den gelegentlichen Reisen in die Markgrafschaft Baden abgesehen, hat der Erzbischof sein Territorium nur sehr selten und nur auf äußeren Druck hin verlassen. Im Spiegel seiner politischen Außenbeziehungen stellt sich der erste Badener auf dem Trierer Stuhl als ein überaus vorsichtig taktierender, die jeweiligen großen politischen Strömungen ausnutzender Fürst mit einem Sinn für das Machbare dar, dessen Hauptbetätigungsfeld die Sorge um den Erhalt und die Konsolidierung seines Territoriums war. Für dieses Ziel entfaltete er, zumindest an zwei Stellen – Beilstein und Boppard – deutlich ablesbar, ungeahnten Elan und verstand es, alle zur Verfügung stehenden Kräfte zu mobilisieren und sich mit Erfolg durchzusetzen.

Ruft man sich die äußeren Rahmenbedingungen in das Gedächtnis, so werden auch die Rückwirkungen auf die erzbischöfliche Politik im Inneren seines Wirkungsbereichs, im Erzstift Trier, deutlich. Bereits aus dem bislang Geschilderten wird die zentrale Bedeutung der Rheinlinie für die Handlungen des Kurfürsten klar erkennbar. Alle wesentlichen politischen Verhandlungen spielten sich hier ab, die wichtigsten Partner der kurtrierischen Politik hatten ihren Schwerpunkt an diesem Fluß. Darauf nahmen auch die zwischen ihnen beratenen Themen Bezug. Die Einengung der Entfaltungsmöglichkeiten – im Westen durch Burgund und später Habsburg, im Osten durch die zunehmend mächtige Landgrafschaft Hessen, im Norden Kurköln und im Süden die Pfalzgrafschaft – tat ein Übriges, die außenpolitischen Betätigungsfelder auf die Kooperation mit den weitgehend ähnliche Interessen verfolgenden geistlichen Kurfürsten und – mit Einschränkungen – Kurpfalz zu konzentrieren. Daß in diesem Beziehungsgeflecht der Stadt Koblenz zumindest im Rahmen des Erzstifts Trier eine besondere Rolle zukam, versteht sich beinahe von selbst. Von den Trierer Gesprächen 1473 abgesehen, hatten sich die Kommunikationsnetze der politischen Akteure, die für Kurtrier von Bedeutung waren, in der zweiten Hälfte des 15. Jahrhunderts eindeutig am Rhein konzentriert. Hier war die Präsenz des Erzbischofs notwendig, um auf die größeren Ereignisse reagieren zu können, nur von dieser Operationsbasis aus war es möglich, die Stellung des Erzstifts im Rahmen des territorialen Kräftespiels zu behaupten.

4. Wirtschaftliche und politische Konstellationen im Erzstift

a) Domkapitel

Als die am besten erforschte Institution des alten Erzstifts Trier kann das Domkapitel gelten[1]. Über die personelle Zusammensetzung[2] sind wir bis in die Neuzeit dank der Forschungen von W. Kisky[3], R. Holbach[4] und Gräfin Dohna[5] bestens informiert, so daß für diesen Bereich in Hinsicht auf die Identifizierung der Domherren kaum weitere Forschungen erforderlich sind. Was die Einflußnahme des Domkapitels auf die Herrschaftsausübung im Erzstift anbelangt, so hat J. Kremer in seiner Arbeit zu den Trierer Wahlkapitulationen[6] die wesentlichen Punkte im Spiegel dieser normativen Quellen aufgezeigt. R. Holbach hat zur Einbindung der Wahlversprechen in die allgemeine Geschichte des Domkapitels beigetragen[7]. Ziel der nachfolgenden Betrachtungen kann es also nicht sein, die angeführten Arbeiten für den Untersuchungszeitraum in Teilbereichen zu ergänzen, vielmehr sollen auf der Grundlage dieser soliden Studien konkret die Einwirkungen des Domkapitels auf die erzbischöfliche Herrschaft in der Zeit Johanns von Baden untersucht werden. Dabei wird wesentlich die Frage zu beantworten sein, inwieweit der Kurfürst auf diese Weise im Inneren des Territoriums in seinen Handlungen eingeschränkt war, und in welchen Bereichen das Domkapitel in der Lage war, den Rahmen für die erzbischöfliche Politik abzustecken. Auch wenn in den Sitzungen des Kapitels nicht immer alle Domherren anwesend waren – mitunter waren andere Würden von größerer Bedeutung, und die Domherrenstelle erhielt zunehmend die Funktion einer Pfründe –, beinhaltete dies keine Umorientierung des Kapitels als Institution, dessen alleiniger Orientierungspunkt die Kathedralstadt blieb.

Was die verfassungsrechtliche Stellung des Domkapitels anbelangt, so kann für die Darstellung auf die eingangs genannte Literatur verwiesen werden. Von grundlegender Bedeutung war selbstverständlich das Wahlrecht des Kapitels[8]; mittels der Wahlkapitulationen konnte zunehmend Einfluß auf die Erzbischöfe gewonnen werden. Das durchaus extensiv

---

1 Der Entwicklung von Struktur und Verfassung widmet sich BASTGEN, Domkapitel.
2 Erste Ansätze liefern M. F. J. MÜLLER, Namenliste verschiedener Kapitulare des Domstiftes zu Trier, welche theils im Mittelalter, theils in neueren Zeiten bis 1795 gelebt haben, Trier 1831; WEGELER, Beiträge.
3 KISKY, Domkapitel, vgl. die Anzeige in TrierArch 10, 1907, S. 97, wo auf einige nicht beachtete Domherrenlisten aufmerksam gemacht wurde.
4 HOLBACH, Stiftsgeistlichkeit.
5 DOHNA, Domkapitel.
6 KREMER, Wahlkapitulationen.
7 HOLBACH, Stiftsgeistlichkeit, S. 243 ff.
8 Vgl. S. SPEYER, Die Entstehung des ausschließlichen Wahlrechts des Trierer Domkapitels seit dem Jahr 1122, Berlin 1888; BASTGEN, Domkapitel, S. 261–279.

ausgeübte Konsensrecht[9] tat ein übriges zur Ausbildung eines massiven Mitspracherechts. Daher kommt H. Bastgen zu der prägnanten Wertung[10]: »Das Domkapitel war demnach gewissermaßen Mitherr und Mitregent der trierischen Kirche und des Erzstiftes und hatte so den Grund gelegt zu seiner Stellung als ›Erbgrundherr des erzstiftischen Landesgebietes‹. Die Stellung kam besonders bei der Sedisvakanz zum Ausdruck, wo es alle Zuständigkeiten des Erzbischofs und Kurfürsten in sich einigte und dessen Rechte und Obliegenheiten ausübte«. Während das Domkapitel in kirchlichen Angelegenheiten stets dem Erzbischof unterworfen war und keine Neuerungen vornehmen durfte, war es in weltlichen »unbeschränkt und hatte die volle Zwischenregierungsgewalt«. Diese sicherlich leicht überzogene Einschätzung Bastgens konnte R. Holbach mit guten Gründen relativieren und betont in stärkerem Maße die »wechselseitige Abhängigkeit« beider Seiten[11], was den Gegebenheiten in der zweiten Hälfte des 15. Jahrhunderts eher entspricht. Gerade während der Sedisvakanz von 1456 hatte das Domkapitel – wie gezeigt – zwar die Regierungsgewalt in Händen, doch wurde sie offenbar kaum ausgeübt. Die Übertragung der weltlichen Verwaltung des Erzstifts an den Markgrafen Karl von Baden belegt die weitere, selbstgewählte Beschränkung der Handlungsfreiheit des Domkapitels während dieser Zeit. Es trat eben nicht in Konfrontation zum Landesherrn[12], sondern suchte vielmehr die Kooperation. Dennoch darf die grundsätzlich starke und in gewissen Bereichen weitgehend autonome Stellung des Domkapitels nicht unterschätzt werden. In diesem Zusammenhang sei nochmals an die mehrfache selbständige Ablehnung von päpstlichen und kaiserlichen Geldforderungen erinnert. Auch die Rolle des Domkapitels im Rahmen der Landstände zeigt hier ein differenziertes Bild. Zur Eingrenzung des Wirkungsbereichs des Trierer Domkapitels soll im folgenden die Wahlkapitulation Johanns von Baden besprochen werden.

Der Inhalt des Wahlversprechens[13] ist bekannt[14] und braucht daher an dieser Stelle nicht nochmals referiert werden. Auf die einzelnen Bestimmungen wird in späteren Kapiteln jeweils einzugehen sein. Von besonderem Interesse für das Verhältnis des Badeners zum Domkapitel ist die Tatsache, daß aus seiner Regierungszeit insgesamt sechs Ausfertigungen von Wahlkapitulationen überliefert sind, die jeweils zu verschiedenen Zeitpunkten und aus unterschiedlichen Gründen ausgestellt wurden[15].

Die erste Urkunde, vom 18. Juni 1456, ist von 15 namentlich genannten Domherren ausgestellt, die den zu wählenden Erzbischof auf die Beachtung einiger Bestimmungen festlegen

---

9 BASTGEN, Domkapitel, S. 245–261; HOLBACH, Stiftsgeistlichkeit, S. 256.
10 BASTGEN, Domkapitel, S. 260f.
11 HOLBACH, Stiftsgeistlichkeit, S. 281.
12 Die Opposition des Domkapitels war am Ende des 14. Jahrhunderts bei den Bemühungen um die Bestellung eines Koadjutors für den damals wahrscheinlich kranken Erzbischof Werner von Falkenstein deutlich zutage getreten, vgl. KERBER, Stolzenfels, S. 22, und die dort genannten Quellen und Literatur.
13 Zu den Wahlkapitulationen allgemein: H. E. FEINE, Die Besetzung der Reichsbistümer vom Westfälischen Frieden bis zur Säkularisation 1648–1803, 1905, Ndr. Amsterdam 1964 (Kirchenrechtliche Abhandlungen 97/98), S. 330–347.
14 KREMER, Wahlkapitulationen, S. 14–17, vgl. LAGER, Johann von Baden, S. 2–5.
15 LHAK 1 D 1174 (1456 VI 18); LHAK 1 D 1179 (1456 VI 22, Trier); LHAK 1 D 1183 (1457 I 24, Pfalzel); LHAK 1 D 1184 (1457 I 24, Pfalzel); LHAK 1 D 1200, 1204 (1460 V 12, Trier); LHAK 1 D 1313 (1482 VIII 16, Pfalzel); LHAK 1 D 1312 (1482 XI 24, Trier).

wollten. Der direkte Zusammenhang mit den Schwierigkeiten bei der Wahl ist unverkennbar. Verschiedene diesbezügliche Konzepte[16] belegen die stattgefundene Debatte über deren Inhalt. Nach erfolgter Wahl beschwor Johann von Baden am 22. Juni 1456 im Kapitelsaal des Doms in Trier die bereits vor seiner Wahl aufgestellte Wahlkapitulation und stellte hierüber eine entsprechende Urkunde aus. Dabei wurde die Einschränkung gemacht, daß dieselbe nach der päpstlichen Bestätigung wiederholt werden müsse. Der Verpflichtung kam der Erwählte am 24. Januar 1457 in Pfalzel nach, wo er zwei Wahlkapitulationen beurkundete[17].

Größere Schwierigkeiten hat der Forschung die erneute Ausstellung einer Kapitulationsurkunde am 12. Mai 1460 bereitet[18]. Deren Ursache wird aus der Parallelität zu einem anderen Ereignis des gleichen Tages ersichtlich: dem Einzug des Badeners in die Bischofsstadt Trier. Bei dieser Gelegenheit leisteten alle anwesenden Domherren in Gegenwart des Metzer Bischofs Georg von Baden, des Koblenzer Offizials Johann Gemminger und des kurfürstlichen Kanzlers Johann Jux von Sierck dem Erwählten einen in der bisherigen Forschung nicht beachteten Treueid[19]. Da der Einzug in Trier der letzte Schritt zur vollständigen Anerkennung Johanns im Erzstift war, wurde dieser offenbar mit der erneuten formalen Bestätigung durch das Domkapitel in Form eines Obödienzeides verbunden. Als Gegenleistung bekräftigte der Badener sein nach der Wahl gegebenes Versprechen. Die Wahlkapitulation von 1460 ist also nicht als ein Akt zu sehen, der ein neues Verhältnis zwischen dem Elekten und seinem Kapitel konstituierte, sondern sie ist als deutliches Zeichen der Anerkennung Johanns von Baden im Erzstift Trier zu werten. Möglicherweise verband das Domkapitel mit diesem erneuten Versprechen auch einen Verzicht auf die Wiederholung nach der Weihe.

In vollkommen anderem Kontext ist eine Wahlkapitulation des Jahres 1482 zu sehen. Nachdem Johann von Baden bei der Kurie die Erlaubnis zur Erhebung eines Subsidiums von bis zu 15000 Gulden von der Geistlichkeit seiner Diözese erlangt hatte[20], erwirkte er 1481 von Papst Sixtus IV. eine Bulle, worin dieser den Text zukünftiger Wahlkapitulationen der Trierer Erzbischöfe festschrieb und wesentliche, die Rechte des Erzbischofs beschneidende Rechte der Wahlkapitulation von 1456 aufhob[21]. Doch scheint sich das Domkapitel gegen diese Bestimmung des Papstes ebenso durchgesetzt zu haben wie gegen die Subsidienforderung des Erzbischofs, denn am 16. August 1482 beschwor Johann von Baden erneut seine

---

16 LHAK 1 C 16212, Bl. 18–22. Es sind insgesamt vier Konzepte, von denen drei in deutscher und eines in lateinischer Sprache abgefaßt sind.
17 KREMER, Wahlkapitulationen, S. 15, hat darauf hingewiesen, daß die zweite Ausfertigung, LHAK 1 D 1184, den vorgeschriebenen Eid der Amtleute nicht enthält.
18 Der Text der Urkunde entspricht der kürzeren Form von 1457, also ohne den Amtmannsrevers. LAGER, Johann von Baden, kennt diese Urkunde nicht. KREMER, Wahlkapitulationen, S. 15, schreibt dazu: »Ein Grund für diese letzte Verbriefung ist nicht zu ersehen«.
19 LHAK 1 C 16212, Bl. 17. Die vollständige Eidesformel lautet: *Ego N. canonicus capitularis Treviensis promitto et iuro vobis reverendissimo in Christo patri et domino, domino Johanne electo et confirmato Trevirensi, domino meo grossissimo, fidelitatem obedientiam et reverentiam debitas et devotas firmiter et inviolabiliter observandas.* Aus einem eigenhändigen Vermerk des Kanzlers zu dieser Eidesformel geht hervor, daß das Versprechen *die solemnis introitus suum in civitatem Trevirensem* erfolgte.
20 LHAK 1 A 8665 (1480 XI 28, Mainz). Die dort erwähnte Bulle Papst Sixtus' IV., worin er das Subsidium bewilligt und die anscheinend nicht im Original überliefert ist, stammt vom 3. Februar 1479.
21 LHAK 1 D 1303 (1481 I 22, Rom). LAGER, Johann von Baden, S. 92, Anm. 2, weist die Veränderungen im einzelnen nach.

Wahlkapitulation, die sämtliche vorhergehenden Bestimmungen wieder enthielt. Das Kapitel nutzte die Gelegenheit und erweiterte die Eidesformel der Amtleute. Diese war bereits zuvor von einer ganzen Reihe von Amtleuten und Kellnern beschworen worden und wurde auch in der Folgezeit stets beachtet[22]. Ähnliches spielte sich in den Jahren 1505/1506 ab, doch konnte sich auch unter Erzbischof Jakob von Baden das Domkapitel gegen die päpstliche Einflußnahme auf die Wahlkapitulation durchsetzen und damit letztlich sein Wahl- und Mitbestimmungsrecht behaupten[23].

Der Blick auf die Wahlkapitulationen Johanns von Baden hat gezeigt, daß der Erzbischof es mit einem selbstbewußten Domkapitel zu tun hatte, das auch in der Lage war, seine Interessen selbst gegenüber der Kurie durchzusetzen. Der Inhalt der von Johann beschworenen Verpflichtungen gab dem Domkapitel starke Mittel in die Hand, um auf die Herrschaft im Erzstift einwirken zu können. Daß die Domherren insgesamt zumindest de jure nicht zu den Landständen gehörten, unterstreicht die Bedeutung des Kapitels.

Da es sich bei den Wahlkapitulationen um normative Quellen handelt, deren tatsächliche Wirksamkeit erst geprüft werden muß[24], soll im folgenden nach der konkreten Einflußnahme des Domkapitels gefragt werden. Dazu seien kurz die wesentlichen Bestimmungen in Johanns Wahlkapitulation hinsichtlich der weltlichen Verwaltung genannt. Für die Politik des Badeners sind dabei die Punkte von besonderem Interesse, die ihm das Domkapitel gegenüber seinen Vorgängern zusätzlich abgerungen hatte[25]. Wiederum begegnet die Besserung der finanziellen Situation als Hauptbetätigungsfeld des späteren Erzbischofs, da sich die Erweiterungen sämtlich auf die Finanzverwaltung beziehen. In Anbetracht der desolaten wirtschaftlichen Lage des Erzstifts erscheint es nur verständlich, da diese Situation ja gerade durch das verantwortungslose Finanzgebaren der Vorgänger, besonders Ulrichs von Manderscheid und Rabans von Helmstadt, entstanden war. Insofern ist auch die Aussage J. Kremers, hierin äußere sich das »Streben des Kapitels nach immer grösserem politischen Einflusse«[26], zu relativieren.

Jedenfalls erhielt das Domkapitel nun das Konsensrecht bei Neubelehnungen auch für die erzbischöflichen Tafelgüter. Zur Kontrolle des gesamten Finanzwesens sollte das Kapitel Abschriften von solchen Urkunden erhalten, die jegliche Veräußerungen u.ä. betreffen[27]. Die Kontrolle hierüber sollte dadurch erreicht werden, daß nur ein Domherr zum *magister questium* ernannt werden konnte[28]. Für eine Schuldenaufnahme von über 3000 rheinischen Gul-

---

22 Die zusätzliche Bestimmung besagt, daß ein Amtmann oder Kellner keinen Nachfolger in das jeweilige Amt einlassen sollte, der nicht zuvor eine entsprechende Urkunde für das Domkapitel ausgestellt hatte.
23 Vgl. KREMER, Wahlkapitulationen, S. 127.
24 Da die Bestimmungen wohl auch unterlaufen wurden, sahen die Domherren bei den Amtsreversen offenbar einen Handlungsbedarf hinsichtlich der Durchführung der Eidesleistung.
25 Zum Inhalt der früheren Wahlkapitulationen vgl. zusammenfassend HOLBACH, Stiftsgeistlichkeit, S. 246–254.
26 KREMER, Wahlkapitulationen, S. 17.
27 Zu diesem Zweck wurde vermutlich das Kopiar LHAK 1 C 19 angelegt.
28 Der Aufgabenbereich dieses Beamten ist außerordentlich schwer zu fassen, da nur eine Ernennungsurkunde überliefert ist. Zudem wurde der damals bestellte Philipp von Hunolstein darüber hinaus zum Prokurator des Erzbischofs in Gerichtsangelegenheiten ernannt, und die Bestimmungen beziehen sich ausschließlich auf das letztere Amt, LHAK 1 C 18, 555 (1479 III 1, Pfalzel), GOERZ, S. 248. Während des gesamten Untersuchungszeitraums konnte kein Inhaber dieses Amtes handelnd festgestellt werden.

den benötigte der Erzbischof das Einverständnis des Domkapitels. Bei der Bezahlung der Schulden sollten zunächst die Schuldverschreibungen eingelöst werden, die mit Konsens des Domkapitels erfolgt waren. Die Regierungszeit Johanns von Baden belegt, daß sämtliche Forderungen des Domkapitels erfüllt wurden. Folglich hat sich auch bei der Untersuchung von Handlungsspielräumen erzbischöflicher Herrschaft und deren Beschränkung durch das Domkapitel der Blick wesentlich auf die wirtschaftliche Lage des Erzstifts zu richten.

Im Bereich der regelmäßigen Einnahmen des Erzstifts konnte das Domkapitel 1463 einen beträchtlichen Einflußgewinn verbuchen. Die sicherlich lukrativste Einnahmequelle im Erzstift war der Zoll Engers. Unter Johanns Vorgänger, Jakob von Sierck, wurde über diesen Zoll ein großer Teil der finanziellen Transaktionen abgewickelt. Dadurch erlangte der dortige Zollschreiber eine eigenständige Bedeutung neben dem Hofmeister und Rentmeister[29], auch wenn er formal zur unteren Verwaltungsebene gehörte. Im Jahre 1463 sah sich Johann von Baden gezwungen, die Einnahmen des Engerser Zolls an das Domkapitel zu verpfänden. In der darüber ausgestellten Urkunde[30] heißt es, die Domherren hätten dem Kurfürsten versprochen, *das sie ettlich gelt uffbrengen helffen wullent, damit man leistunge und andern sweren schaden, der teglichs uff unsem stifft geet, vurkomen und verbieten und auch sunst ettliche unsers stiffts schulden, da es am meisten noit doet, bezahlen und ablegen muege.* Daher übereignet der Erwählte seinem Domkapitel den Zoll mit sämtlichen Einnahmen sowie den Ort Engers. Den darauf angewiesenen Zahlungsverpflichtungen sollten die Domherren von nun an nachkommen und darüber hinaus dem Kurfürsten jährlich 2000 Gulden auszahlen, *uff das wir unsern staidt destabas halten muegen.* Von den restlichen Einnahmen sollten sie *vierzigtusent gulden von unsers stiffts schulden, da es am meisten noit ist, ussrichten und bezalen.* Bis zur Abtragung dieser 40000 Gulden sollte das Domkapitel auf jeden Fall im Besitz des Zolls bleiben. Bei erheblicher Verringerung der Einnahmen hätte der Vertrag jedoch seine Gültigkeit verloren. Über die Vordringlichkeit der Schuldentilgung sollte das Domkapitel mit den erzbischöflichen Räten verhandeln und über die Verwaltung des Zolls Rechnung legen[31]; der Kurfürst hatte sämtliche Unkosten zu übernehmen. Dennoch mußte er nicht vollständig auf die Einnahmen verzichten, da er den Zoll immerhin mit bis zu 8000 Gulden belasten durfte; höhere Belastungen sollten von seinen 2000 Gulden bezahlt werden. Wenige Tage später forderte Johann von Baden die Zöllner und die Gemeinde des *stettgins zu Engers* zum Gehorsam gegen das Domkapitel auf[32].

Die Übertragung des Engerser Zolls hatte im wesentlichen zwei Konsequenzen: Einerseits besaß das Domkapitel nun die lukrativste Einnahmequelle des Erzstifts, die zur Abtragung der Schuldenlast eingesetzt werden konnte und somit die Belastung der Geistlichkeit durch erzbischöfliche Geldforderungen verringern konnte, andererseits war Johann von Baden gezwungen, für die Finanzierung weiterreichender Pläne neue Wege zu beschreiten. Jedenfalls konnte das Domkapitel seine Mitsprache bei der Finanzverwaltung in großem Umfang festigen. In den folgenden Jahren der Konsolidierung der Finanzen ist es darüber

---

29 MILLER, Jakob von Sierck, S. 265–266.
30 LHAK 1 D 1219 (1463 IX 23, Koblenz), GOERZ, S. 218.
31 Die Rechnungslegung erfolgte zweijährig, vgl. die überlieferten Quittungen LHAK 1 D 1227 (1465 X 13, Ehrenbreitstein), GOERZ, S. 222; LHAK 1 D 1356 (1493, Koblenz).
32 LHAK 1 C 18, 246 (1463 IX 26, Koblenz), GOERZ, S. 217.

zu keinen größeren Auseinandersetzungen mit dem Landesherrn gekommen. Die Rolle des Domkapitels als »Mit-Regierung« wurde bei den Verhandlungen um erzbischöfliche Subsidien in der zweiten Hälfte des Pontifikats Johanns sichtbar, als dieser den Domherren bei der Verwendung des Geldes ein Mitspracherecht zusicherte und die Erhebung durch vom Kapitel bestimmte Kommissare erfolgen sollte[33]. Infolge der außergewöhnlich kostenintensiven Belagerung von Boppard kam es zu einer institutionalisierten Einigung, da der Erzbischof sich zur Abtragung der wieder angewachsenen Schuldenlast auf die Hilfe des Domkapitels angewiesen sah: Johann von Baden erklärte sich bereit, stets drei Domherren, den Domdekan und zwei seiner Kapläne, in seinem Rat zu haben, die gemeinsam mit anderen Räten die Richtlinien der Politik mitbestimmen sollten. Einkünfte aus Subsidien oder Landsteuern sollten von diesen drei Räten, vom Domkapitel und seinen Räten oder anderen Abgesandten der Landstände verwaltet werden[34].

Diese Beobachtungen sprechen für eine differenzierte Betrachtung der eingangs getroffenen Feststellung, Trier sei der alleinige Orientierungspunkt für das Domkapitel als Institution gewesen. Die skizzierte Rolle der Domkapitulare bei der Regierung des Erzstifts zeigt einen erheblich größeren Wirkungsbereich. Auch wenn das Kapitel seinen Sitz am Dom niemals aufgab, machten dessen umfangreiche Aufgaben, vor allem in der Finanzverwaltung, die Anwesenheit einiger Mitglieder an anderen Orten des Erzstifts notwendig, wo die Domherren tätig wurden. Einen deutlichen Hinweis hierauf bieten die häufigen Verhandlungen mit den Domkapiteln der beiden anderen rheinischen Erzbistümer, die – wie oben dargelegt – regelmäßig am Rhein stattfanden. Das Trierer Domkapitel konnte seine Aktivitäten, wollte es bei der Herrschaft des Erzstifts mitwirken, eben nicht auf die Kathedralstadt allein beschränken. Da die meisten Kapitulare neben ihrer Domherrenstelle vor allem in den Stiftskirchen weitere Pründen und Ämter besaßen und dort aktiv am Geschehen teilnahmen, wird auch aus dieser Sicht die breitere Orientierung des Kapitels erkennbar. Daß einzelne Domherren mitunter in der Funktion von Amtmännern erscheinen[35], verleiht dieser Feststellung weitere Plausibilität. Nie verzichtete Johann von Baden auf Mitglieder des Domkapitels in seinem Rat, was 1498 sogar institutionell festgeschrieben wurde.

Die besondere Rolle des Domkapitels als Sprecher der Geistlichkeit der Diözese zeigt dessen Anspruch auf die Zuständigkeit für den gesamten Herrschaftsbereich. Gerade auf dem sensiblen und höchst wichtigen Feld der Verwaltung erzbischöflicher Finanzen konnten die Domherren ihren Interessen auf vielfältige Weise Gehör verschaffen. Wie wenig das Domkapitel sich in seiner Tätigkeit auf die Kathedralstadt oder rein geistliche Aufgaben festlegen ließ, zeigt die 1463 erfolgte Verpfändung des Zolls zu Engers. Der Wirkungsbereich erstreckte sich eben über das gesamte Erzstift. Nur das Domkapitel als geistliche Institution behielt den alleinigen Sitz beim Dom. Auch wenn eine direkte Einflußnahme Johanns von Baden auf die Vergabe von Domherrenstellen an ihm wohlgesonnene Personen nicht nachweisbar

---

33 STAT V 19 (1499 VII 29, Trier).
34 LHAK 1 A 9017 (1498 IV 23, Trier), GOERZ, S. 304.
35 Ein hervorragendes Beispiel hierfür ist Bernhard Graf zu Solms, der darüber hinaus weitere wichtige Funktionen beim Erzbischof innehatte, vgl. Anhang 2, Nr. 109.

ist³⁶, so hat er es dennoch verstanden, ein weitgehend spannungsfreies Verhältnis zu den Kapitularen aufzubauen.

Nur einmal kam es während der Regierungszeit Johanns von Baden zu ernsthaften Differenzen mit dem Domkapitel bzw. einem Teil der Domherren, und zwar anläßlich der vom Erzbischof nachgesuchten Erlaubnis zur Ernennung seines Neffen Jakob von Baden³⁷ zum Koadjutor³⁸. Am 15. Dezember 1499 schloß Johann von Baden mit Jakob einen Vertrag wegen seiner Annahme als Koadjutor. Anwesend waren hierbei Markgraf Christoph von Baden, der Kanzler Ludolf von Enschringen, Richard Gramann von Nickenich, der Leibarzt

---

36 Ein derartiges Einwirken liegt bei seinem Neffen, Markgraf Friedrich von Baden, nahe. 1477 erfolgte die Aufschwörung für eine Domherrenstelle in Trier, FOUQUET, Domkapitel, S. 325, in deren Besitz er im gleichen Jahr nachweisbar ist, SCHMIDT, Nr. 2191a (1477 V 26). Ebenfalls 1477 erscheint er als Rektor der Trierer Universität, ebd.; MATHEUS, Verhältnis, S. 103f. 1487 erhielt Friedrich zudem die Propstei des Stifts St. Florin in Koblenz, DIEDERICH, Florin, S., 229; HHStAW Abt. 170, Nr. 1986 (1487 III 15). Nachdem König Maximilian 1495 den Marggrafen für das Bistum Utrecht präsentiert hatte, RTA MR, Bd. 5,1,2, Nr. 1020-1024 (1495 VIII 15-18), leistete er am 11. März 1496 noch den Obödienzeid als Archidiakon zu Trier, LHAK 1 D 1377 (1496 III 11, Ehrenbreitstein), bevor er im gleichen Jahr Bischof von Utrecht wurde, FOUQUET, Domkapitel, S. 326. Das Trierer Domkanonikat behielt Friedrich bei, LHAK 1 A 9040 (1499 XII 26, Trier); LHAK 1 A 9044 (1500 I 16, Ehrenbreitstein); LHAK 1 D 1414 (1501 X 23); FWA VI-5-1, No. 23 (1502 IV 4, Trier).
37 Zur Person: ADB 13, S. 548-549; DOHNA, S. 96; HEYEN, Paulin, S. 605f. Ergänzend: Vor 1485 studierte Jakob von Baden in Paris, GLAK Abt. 46, Nr. 1244 (1485, Rom), danach in Bologna und Rom, DOHNA, S. 96. 1489 X 15 hielt er sich in Rom auf, GLAK Abt. 46, Nr. 1260. Am 1. März 1490 erteilte ihm Papst Innozenz VIII. eine Anwartschaft auf je ein Benefizium in den Erzdiözesen Mainz, Trier und Salzburg, GLAK Abt. 46, Nr. 1245. 1490 XII 1 verzichtete Jakob zugunsten seines Vaters Christoph auf alle Ansprüche an der Markgrafschaft Baden und deren Besitzungen, GLAK Abt. 46, Nr. 1242. 1491 Domizellar im Domstift Trier, HEYEN, Paulin, S. 605; 1491 XII 23 Ahnenprobe daselbst, GLAK Abt. 46, Nr. 1246. 1492 ist er als *romana curia orator* Kaiser Friedrichs III. tätig, GLAK Abt. D, Nr. 970 (1492 III 16, Linz). 1496 VIII 12 Provision für die Mainzer Domherrenstelle des Utrechter Bischofs Friedrich von Baden, GLAK Abt. 46, Nr. 1248, Domherr in Augsburg, DOHNA, S. 96. Mehrfach als kaiserlicher Kammerrichter belegt, vgl. RTA MR, Bd. 6, Register, S. 773. Der Versuch zur Inbesitznahme der Propstei Ellwangen ist wohl gescheitert, GLAK Abt. 46, Nr. 1249 (1497 X 4), ebenso die Bemühungen um die Propstei von St. Florin in Koblenz, GLAK Abt. 46, Nr. 1252 (1499 V 17); GLAK Abt. 46, Nr. 1253 (1499 V 22); GLAK Abt. 46, Nr. 1250. Dort konnte sich der vom Bischof von Carpentras favorisierte Engelbert Erckel durchsetzen, vgl. DIEDERICH, Florin, S. 229, der weder die Bemühungen des Markgrafen erwähnt noch den Einsatz des südfranzösischen Bischofs berücksichtigt. Möglicherweise erhielt Jakob erst jetzt die Propstei von St. Paulin, da er, von den von HEYEN, Paulin, S. 606, genannten zwei früheren Belegen abgesehen, an keiner Stelle vorher als Propst genannt wird. Auch erscheint somit erst die Bitte seines Vaters an Papst Alexander VI., seinen Söhnen Jakob, Karl und Christoph Pfründen zu verleihen, sinnvoll, GLAK Abt. 46, Nr. 1007 (1497 I 25, Baden). 1499 Kanonikat in Trient, GLAK Abt. 46, Nr. 1251. 1493 war er als Gesandter des Trierer Erzbischofs an der Kurie, LHAK 1 C 108, Bl. 70v (1493 IX 23/24, Limburg/Montabaur), GOERZ, S. 287. 1496 wird Jakob *mit andern unsere reten* des Kurfürsten beim Pfalzgrafen beglaubigt, LHAK 1 C 16218, S. 131 (1496 V 8, Bertrich), GOERZ, S. 295. Jakob von Baden ist am 27. April 1511 in Köln verstorben, vgl. den detaillierten Bericht über seine Krankheit und seinen Tod, GLAK Abt. 46, Nr. 1236. Zwei Töchter wurden nach Jakobs Tod durch seinen Bruder Markgraf Philipp verheiratet, GLAK Abt. 46, Nr. 1258 (1520 XI 28, Baden); GLAK Abt. 46, Nr. 1259 (1521 VII 14, Baden).
38 Allgemein hierzu: LAGER, Johann von Baden, S. 99-104, vgl. den umfangreichen Aktenband LHAK 1 C 16222. Zu den Bemühungen Markgraf Christophs von Baden für seinen Sohn vgl. die verschiedenen Schreiben in GLAK Abt. 46, Nr. 1257.

des Erzbischofs, Michael Foresi, der spätere Hofmeister Burkhard von Reischach, Küchenmeister Kaspar von Miehlen genannt von Dieblich und der Luxemburger Propst und Hofmeister Jakobs von Baden, Erhard Teurlinger[39]. Am gleichen Tag teilte der Erzbischof dem Domkapitel seinen Entschluß mit[40]. In dem Schreiben heißt es, Johann von Baden beabsichtige, in Anbetracht seines Alters und seiner Krankheit zum Nutzen des Erzstifts den Markgrafen Jakob von Baden, Propst von St. Paulin bei Trier, mit Einverständnis des Domkapitels zum Koadjutor anzunehmen. Ebenfalls wolle er beim heiligen Stuhl in Rom erwirken, daß Jakob noch zu seinen Lebzeiten das Nachfolgerecht für das Erzbistum Trier erlange. Da er selbst *bloedickeit halben unsers libs und uß verhinderunge diß winterwetters* nicht persönlich erscheinen könne, bevollmächtigte der Kurfürst seinen Kanzler Ludolf von Enschringen, Heymann Frank und den Offizial Jakob von Lare, alle Kanoniker von St. Simeon in Trier, für die Verhandlungen mit dem Domkapitel und bat darum, *solche obgerurten concent und bewilligunge zu tunde, nit weygern, tertroisten; das wollen wir danckbarlich und gunstlich ghein uch sament und jeden in sunderheit beschulden und zu erkennen nummer vergessen.* Außer dem aufgedrückten Sekretsiegel des Erzbischofs trägt dieser Brief seine eigenhändige Unterschrift.

Nachdem sich zumindest der Kölner Erzbischof beim Domkapitel schriftlich für Jakob von Baden eingesetzt hatte[41], wurde vom 23. bis zum 27. Dezember in Trier über die Annahme des Koadjutors verhandelt[42]. Verschiedene Reichsstände hatten hierzu ihre Gesandten geschickt, wie König Maximilian, die Erzbischöfe von Mainz und Köln, Erzherzog Philipp von Burgund, Graf Engelbert von Nassau und Markgraf Christoph von Baden, außerdem waren Vertreter der Landstände anwesend[43]. Am 26. Dezember fand die Abstimmung statt. Ein Notariatsinstrument[44] informiert über die entscheidenden Verhandlungen: Im Kapitelsaal waren gemeinsam mit den Domherren[45] die Räte des Erzbischofs[46] erschienen. Als der Dompropst Graf Bernhard von Solms unter Hinweis auf die Unterstützung des römischen Königs und Erzherzog Philipps von Burgund die Meinung der anwesenden Kapitulare zur Koadjutorschaft des Badeners erfragte, stimmten diese mehrheitlich zu. Demgegenüber formulierte der Dekan Eberhard von Hohenfels seine Ablehnung, die auch von den Domherren Philipp von Kriechingen, Richard Greiffenclau zu Vollrads und Otto von Breitbach geteilt wurde. Für den Widerspruch wurden mehrere Gründe angeführt: Der Bischof

---

39 LHAK 1 C 16222, Bl. 19v-20v (1499 XII 15, Ehrenbreitstein), GOERZ, S. 311.
40 LHAK 1 D 1397 (1499 XII 15, Ehrenbreitstein), GOERZ, S. 311.
41 LHAK 1 C 16222, Bl. 3 (1499 XII 19, Brühl).
42 LHAK 1 C 16222, Bl. 21r-27v (1499 XII 23/27, Trier).
43 Es waren dies die Grafen von Sayn, Wied, Isenburg und Oberstein sowie Johann von Helfenstein, Paul Boos von Waldeck und Heinrich von Metzenhausen.
44 LHAK 1 A 9040 (1499 XII 26, Trier), GOERZ, S. 311, vgl. LAGER, Johann von Baden, S. 100.
45 Anwesend waren der Dompropst Graf Bernhard von Solms, der Dekan Eberhard von Hohenfels, die Archiakone Johann von Mudersbach, Damian von Helmstadt, Philipp von Savigny und Friedrich von Clerveaux sowie die Domherren Johann von Wiltz, Kustos, Philipp von Rollingen, Scholaster, Graf Arnold von Salm, Friedrich von Baden, Bischof von Utrecht, Dietrich von Rollingen, Philipp von Kriechingen, Richard Greiffenclau zu Vollrads und Otto von Breitbach.
46 Außer den bereits in der erzbischöflichen Vollmacht Erwähnten, werden jetzt noch Matthias von Schönecken, Dekan von St. Paulin, Heinrich Meisenberg, Kanoniker von St. Simeon, und Gregor Kebisch von Speyer genannt.

von Utrecht, Friedrich von Baden, sei aufgrund seiner dortigen Funktion nicht dem Domkapitel zuzurechnen, über die Nachfolge des Erzbischofs solle erst nach dessen Tod verhandelt werden, die Zeit der Verhandlung sei zu kurz gewesen. Der Kurfürst, der *apud Confluentiam, in diocesis Trevirensis, in arce residens ab ecclesia sua absens est* und – wie sie gehört hätten – regierungsunfähig sei, wäre nicht dazu gehört worden, und erst wenn der Erzbischof persönlich an den Verhandlungen teilnehme, seien sie dazu bereit, diese fortzuführen. Abschließend stellte der Dompropst die Zustimmung des größeren und besseren Teils des Domkapitels[47] und den Protest der vier Domherren fest. Am folgenden Tag baten die zustimmenden Domherren den Papst um die Bestätigung Jakobs von Baden als Koadjutor mit dem Recht der Nachfolge[48]. Nochmals zeigte sich hier die im vorausgegangenen Kapitel besprochene Konstellation der engen Verbündeten Johanns von Baden, denn als Fürsten, die sich für den Koadjutor einsetzten, wurden namentlich König Maximilian, Erzherzog Philipp, die Erzbischöfe von Mainz und Köln, die Kurfürsten von Sachsen und Brandenburg, der Landgraf von Hessen und andere *Germanie et Gallie principes* aufgeführt.

Bereits am 13. Januar 1500 bestätigte Papst Alexander VI. Jakob als Koadjutor des Trierer Erzbischofs und sandte ihm durch Johann Jung, Pfarrer in Kuppenheim, das Pallium[49]. Da die Bitte um Bestätigung Jakobs erst am 27. Dezember in Trier ausgefertigt wurde und dann erst abgesandt werden konnte, ist die Schnelligkeit erstaunlich, mit der bereits gut zwei Wochen später – immerhin im Winter – eine päpstliche Bulle und das Pallium erwirkt wurden. Sicherlich ist dies als ein Hinweis auf schon früher in Rom geführte Verhandlungen zu werten. Jedenfalls ernannte Johann von Baden am 16. Januar für die Dauer seines Lebens Markgraf Jakob zu seinem Koadjutor, der in Rom das Recht auf seine Nachfolge erwirken solle[50]. Am gleichen Tag stellte der Koadjutor hierüber einen Revers aus, der ein allgemeines Treueversprechen enthielt und vom Utrechter Bischof Friedrich von Baden sowie ihrem Vater Christoph als Bürgen mitbesiegelt war[51].

Die Badener müssen mit großer Sicherheit davon ausgegangen sein, daß Jakob die päpstliche Bestätigung erhalten würde, da die Bulle vom 13. Januar unmöglich schon drei Tage später im Erzstift eingetroffen sein kann. Dadurch erhärtet sich der Verdacht, daß im Vorfeld schon die päpstliche Zustimmung eingeholt worden war, und die Abstimmung im Domkapitel offenbar nur noch der Befriedigung der Rechte der Domherren und der Erfüllung der entsprechenden Bestimmung aus Johanns Wahlkapitulation bezüglich der Annahme eines Koadjutors diente. Möglicherweise wurde die Koadjutorschaft schon 1493 während eines Aufenthalts Jakobs von Baden an der Kurie als *orator* des Trierer Erzbischofs vorbereitet[52]. Tatsächlich spricht auch das weitere Geschehen für ein frühzeitiges Zusammengehen

---

47 Am 5. Januar 1500 erklärte der Domherr Herzog Friedrich von Bayern nachträglich sein Einverständnis, LHAK 1 C 16222, Bl. 9v.
48 LHAK 1 A 9041 (1499 XII 27, Trier), GOERZ, S. 311.
49 LHAK 1 A 9045 (1500 I 13, Rom).
50 LHAK 1 A 9042/9043 (1500 I 16, Ehrenbreitstein), GOERZ, S. 311. LAGER, Johann von Baden, S. 101, datiert die Urkunde irrtümlich auf den 13. Januar des Jahres.
51 LHAK 1 A 9044 (1500 I 16, Ehrenbreitstein).
52 Vgl. die beiden Empfehlungsschreiben des Erzbischofs an den Kardinal von Siena, LHAK 1 C 108, Bl. 70v (1493 IX 23, Limburg), GOERZ, S. 287, und an Papst Alexander VI., LHAK 1 C 108, Bl. 70v (1493 IX 24; Montabaur), GOERZ, S. 287.

von Papst und Trierer Erzbischof in dieser Angelegenheit, unterstützt vom römischen König und vier Kurfürsten. Inwieweit vorab auch schon eine Klärung der Positionen im Domkapitel erfolgte, läßt sich nicht mit Sicherheit sagen, doch erscheint dies wahrscheinlich. Dafür spricht auch die heftige Reaktion der vier widersprechenden Domherren, die sich wohl übergangen fühlten, und auf die Eile des Verfahrens hinwiesen. Inhaltlich war deren Argumentation denkbar schwach, da die Wahlkapitulation Johanns von Baden die Annahme eines Koadjutors in rechtlich einwandfreien Fällen, d. h. Altersschwäche und Krankheit[53], ausdrücklich erlaubte. Da beides vom Erzbischof als Argument angeführt und von den Vieren auch durchaus zugestanden wurde, konnte sich ihr Protest nur gegen das Verfahren im Domkapitel selbst richten, da auch ihre späteren Anschuldigungen gegen den Badener eher wie Scheingefechte wirken. Möglicherweise war das bereits erwähnte Zugeständnis des Kurfürsten von 1498 bezüglich der Aufnahme dreier Domherren in seinen Rat der Preis für die Anerkennung des ihm genehmen Koadjutors im Kapitel. Mit der expliziten Nennung des Domdekans wollte man diesen vielleicht von vornherein beruhigen. Am 16. Januar lud Johann von Baden die vier Kanoniker auf den 5. Februar 1500 nach Koblenz, um sich dort zu rechtfertigen, und ermahnte sie im gleichen Schreiben nochmals zur Anerkennung des Koadjutors[54]. Die Domherren sind zu diesem Termin nicht erschienen[55].

Trotz des Einspruchs hat Jakob von Baden seine Funktion schon bald wahrgenommen[56], wenngleich die Sache an der Kurie noch länger verhandelt wurde[57]. Die nächsten Wochen und Monate zeigten, daß die vier Domherren ihren Widerstand längst noch nicht aufgegeben hatten[58]. Am 18. März wandten sie sich zwecks Unterstützung und Schutz an den Kurfürsten Pfalzgraf Philipp und sagten ihm zu, einen seiner Söhne, Philipp[59] oder Georg[60], zum Erzbischof von Trier wählen zu wollen[61]. Daraufhin stellte ihnen der Pfalzgraf am 4. Mai einen Schutzbrief aus[62].

Wiederum tritt uns eine ähnliche Situation wie schon bei der Wahl Johanns entgegen. Der Kandidat des Hauses Baden konnte sich wesentlich auf die Unterstützung der Habsburger verlassen, darüber hinaus wurde Jakob auch von den Kurfürsten favorisiert. Demgegenüber versuchte der Pfalzgraf einen eigenen Kandidaten aus der Familie der Wittelsbacher durchzusetzen. Ähnlich wie sein Großonkel Ludwig von Pfalz-Veldenz unterstützte Philipp zu diesem Zweck eine Gruppe opponierender Domherren. Diese entfalteten, durch die Zusage des Pfalzgrafen ermutigt, in der Folgezeit rege Aktivitäten. Am 6. Juni des Jahres verfaßten

---

53 Vgl. KREMER, Wahlkapitulationen, S. 16.
54 LHAK 1 C 16222, Bl. 4r (1500 I 16, Ehrenbreitstein), GOERZ, S. 311.
55 Ebd., Bl. 17 (1500 II 4, Ehrenbreitstein), GOERZ, S. 312.
56 Vgl. LHAK 1 C 397, S. 189–190 (1500 II 21, Koblenz); HHStAW Abt. 115, Nr. 241 (1500 III 21, Limburg).
57 Einen deutlichen Hinweis auf eine derartige Verhandlung bietet ein Schreiben der Stadt Straßburg an das Kardinalskolleg, worin sie sich für Jakob von Baden einsetzte, GLAK Abt. 46, Nr. 1254 (1500 III 12, Straßburg).
58 Eine ganze Reihe diesbezüglicher Schreiben findet sich in LHAK 1 C 16222.
59 KISKY, S. 40, Nr. 13.
60 Ebd., S. 117, Nr. 12.
61 LHAK 1 D 1401 (1500 III 18).
62 LHAK 1 D 1404 (1500 V 4, Heidelberg).

Eberhard von Hohenfels, Philipp von Kriechingen, Richard Greiffenclau von Vollradts und Otto von Breitbach ein Ausschreiben an alle Stände des Erzstifts Trier und legten nochmals ihre Gründe für die Ablehnung des Koadjutors dar[63]. Dennoch waren ihre Bemühungen zumindest bei der Kurie nicht von Erfolg gekrönt, denn am 11. September 1500 ernannte Alexander VI. mit der Ausfertigung der üblichen Bullen Jakob von Baden zum Koadjutor des Trierer Erzbischofs mit dem Recht der Nachfolge und wies die Untertanen zum Gehorsam an[64]. Am 22. Dezember 1500 wurde Jakob von Baden in Trier durch das Domkapitel unter Protest der vier Domherren zum Koadjutor angenommen[65]. Am folgenden Tag schwor er dem Kapitel einen Eid über die getreue Ausübung der Koadjutorschaft[66]. Am 15. Mai 1501 überreichte der bereits erwähnte Johann Jung dem Koadjutor endlich das Pallium[67]. Die opponierenden Kanoniker formulierten ihren Protest am 31. Dezember nochmals in einem Schreiben an den Papst, worin sie schwere Anschuldigungen gegen die Herrschaft Johanns von Baden erhoben[68].

Ende Januar des folgenden Jahres trat die Koalition des Pfalzgrafen Philipp mit den Domherren in ganz anderem Zusammenhang hervor. Der erneut aufgelebte Streit der Stadt Boppard und Johanns von Eltz d. J. mit dem Trierer Erzbischof[69] veranlaßte den Pfalzgrafen, die Stadt und deren Ritterschaft in seinen Schutz zu nehmen und zu versprechen, *unns auch in dem handell Bopparts unnd der coadiutori halben von ine nit* [zu] *trennen*[70]. Vorher war Johann von Baden in der Angelegenheit vermutlich in Rom vorstellig geworden und erwirkte eine Bulle des Papstes, worin dieser am 11. Dezember 1501 den vier Domherren die Aner-

---

63 LHAK 1 D 1406 (1500 VI 6). Zwei weitere Exemplare der Schrift konnten ermittelt werden: LHAK 1 C 16222, Bl. 39r-42v an die Stadt Boppard und HHStAW Abt. 339, Nr. 311, Bl. 143–146 an Graf Reinhard von Leiningen-Westerburg. Der Inhalt des Schreibens ist bei LAGER, Johann von Baden, S. 101, größtenteils wiedergegeben.
64 Die Originalbullen und eine ganze Reihe vom Koblenzer Offizial am 7. Dezember 1500 beglaubigte Abschriften: LHAK 1 A 9058–9062, 9064–9079 (1500 IX 11, Rom), vgl. LAGER, Johann von Baden, S. 102, der die Urkunden einzeln aufführt. Die Kosten für die päpstliche Bestätigung beliefen sich auf insgesamt 20 000 fl., die Markgraf Christoph von Baden vorgestreckt hatte. Davon sollten ihm 18 000 fl. zurückgezahlt werden, 4000 fl. in vier Jahresraten von je 1000 fl. Für die verbleibenden 14 000 fl. wurde dem Markgrafen Schloß und Amt Schönberg verpfändet und, falls die Einkünfte daraus dem Kapital nicht angemessen sein sollten, weitere 100 fl. jährlich aus der Kellerei Schönecken, LHAK 1 A 9050 (1500 VI 30), HONTHEIM II, Nr. 895, GOERZ, S. 313. Tatsächlich wurden dem Markgrafen 1501 VI 21 von Johann von Baden und Jakob von Baden 100 fl. aus der Kellerei angewiesen, da die Einkünfte aus dem Amt Schönberg keine 700 fl. betrugen, LHAK 1 C 18, 1115 (1500 VI 21), GOERZ, S. 316. Die Konfirmationsgelder wurden nicht auf einmal bezahlt, wie die erhaltenen Quittungen der Kurie zeigen, LHAK 1 A 9056 (1500 IX 11, Rom) über 1357 fl. 7 d; LHAK 1 A 9057 (1500 X 1, Rom) über 4750 fl. Die bereits gezahlten Gelder sollten dem nächsten Erzbischof auf jeden Fall angerechnet werden, LHAK 1 A 9080 (1500 IX 27).
65 LHAK 1 A 9083/9084 (1500 XII 22, Trier).
66 LHAK 1 A 9085–9088 (1500 XII 23, Trier). KREMER, Wahlkapitulationen, S. 17, wies darauf hin, daß dieses Versprechen keinesfalls als Wahlkapitulation gewertet werden kann.
67 LHAK 1 A 9097/9098 (1501 V 17, Trier).
68 LHAK 1 C 16222, Bl. 46–48 (1500 XII 31), vgl. LAGER, Johann von Baden, S. 102–103.
69 Vgl. BÖHN, Handstreich; HOLTZ, Nachspiel.
70 LHAK 1 A 532 (1501 I 28, Heidelberg).

kennung des Koadjutors und die Unterwerfung unter den Erzbischof befahl[71]. Doch auch ein späteres Mandat eines päpstlichen Legaten und das verhängte Interdikt[72], das zeitweise auch die Stadt Trier betraf, hielten die Domkapitulare nicht davon ab, in ihrer oppositionellen Haltung zu verharren[73].

Zu Lebzeiten Johanns von Baden wurden die Differenzen jedenfalls nicht mehr beigelegt. Am 21. Januar 1503 gab der Erzbischof die Herrschaft formal aus seinen Händen und befahl den erzstiftischen Beamten, Jakob von Baden gehorsam zu sein[74]. Nach dem Tod des Erzbischofs lebte der Streit sofort wieder auf. A. Goerz hat auf die Unsicherheiten bei der Bestimmung des Todesdatums von Johann von Baden hingewiesen und verschiedene Konzepte angeführt, die auch nach dem 9. Februar 1503 Erzbischof Johann als Aussteller führen und erst mit dem 17. Februar mit Jakob als Aussteller beginnen[75]. Eine vertrauliche Mitteilung Salentins von Isenburg an den Koadjutor kann Unklarheiten ausräumen. Am 14. Februar 1503 teilte Isenburg Jakob von Baden mit, daß er am Sonntagmittag, dem 12. Februar, in Trier eingetroffen und bis zum Abend geblieben sei. Dort habe er gehört, daß zwar die meisten der Auffassung wären, der Erzbischof sei tot, doch gebe es auch noch einige, die dies bezweifelten. Aus dem Mund des Domdekans habe er erfahren, daß dieser um des Friedens im Erzstift willen zum Einlenken bereit sei. Der Pfalzgraf habe einen Doktor zu ihnen (vermutlich den vier Domherren) gesandt, mit dem sie eifrig verhandelten; Johann von Eltz sei auch in Trier und rege tätig.[76] Demnach ergibt sich folgende Interpretationsmöglichkeit: Anscheinend ist der Tod Johanns von Baden relativ plötzlich erfolgt, so daß von seiten des Koadjutors keine ausreichende Vorsorge für die unmittelbare Übernahme des Erzstifts getroffen worden war. Dies gilt insbesondere für die Differenzen mit den noch immer opponierenden Domherren und dem mit ihnen verbündeten Pfalzgrafen Philipp sowie den latenten Konflikt mit Johann von Eltz. Daher wurde der Tod des Kurfürsten offensichtlich zunächst nicht allgemein bekanntgemacht, auf dem Ehrenbreitstein führte der Koadjutor die Geschäfte weiter[77]. Unmittelbar nach dem Ableben des Kurfürsten auf der Burg am 9. Februar[78] begab sich Salentin von Isenburg, damals Amtmann zu Pfalzel, nach Trier, um dort die Haltung der gegnerischen Partei zu erforschen. Nachdem er erfahren hatte, daß diese sich

---

71 LHAK 1 D 1415 (1501 XII 11, Rom). Gemäß der Tragweite dieser päpstlichen Bulle wurde diese außer im handschriftlichen Original in mindestens sieben Einblattdrucken ausgefertigt.
72 LHAK 1 D 1424 (1502 VI 20).
73 Vgl. LAGER, Johann von Baden, S. 103–104. Um den vier Domherren keine neue Unterstützung im Kapitel erwachsen zu lassen, wurden neue Domherren verpflichtet, Jakob von Baden als Koadjutor anzuerkennen und sich nicht den opponierenden Domherren anzuschließen, FWA VI-5-1 No. 23 (1502 IV 4, Trier).
74 LHAK 1 A 9144 (1503 I 21, Ehrenbreitstein), GOERZ, S. 321; HONTHEIM II, Nr. 883, datiert die Urkunde auf 1493 I 21.
75 GOERZ, S. 321, dort auch die Nachweise für den 9. Februar als Todesdatum. Zudem ist auch die Ausfertigung eines Schreibens von Johann von Baden vom 9. Februar erhalten, HHStAW Abt. 339, Nr. 311, Bl. 129 (1503 II 9; Ehrenbreitstein).
76 LHAK 1 C 16214, Bl. 199 (1503 II 14). Über die Verhandlungen im Domkapitel berichtete in einem undatierten Schreiben *u. g. d. Gregorius* (Kebisch von Speyer), ebda., Bl. 200.
77 Vgl. KERBER, Stolzenfels, S. 24.
78 BROWER/MASEN, Bd. 2, S. 318, berichtet von dem Tod an diesem Tag, morgens zwischen fünf und sechs Uhr.

kompromißbereit zeigte, meldete er dies am 14. Februar an den Koadjutor. Die Form des Briefs und die dabei beachtete Geheimhaltung[79] unterstreichen die Wichtigkeit seiner Mission. Nachdem das Schreiben Isenburgs auf dem Ehrenbreitstein eingetroffen war, hat man sich dort, da keine unmittelbare Gefahr zu drohen schien, dazu entschlossen, den Tod des Landesherrn bekanntzugeben. Dies ist wohl am 17. Februar geschehen. Denn vom 16. Februar ist noch ein Konzept überliefert, das mit *Johann* beginnt[80], und vom folgenden Tag stammt ein Konzept, bei dem das ursprünglich vorhandene *Jo* gestrichen und durch *Jacob* ersetzt wurde[81]. Kurz darauf wurden Botschaften im Erzstift umhergeschickt, um den Tod des Erzbischofs Johann von Baden zu verkünden[82]. Am 22. Februar wurden in den Koblenzer Kirchen St. Kastor und Liebfrauen für den Verstorbenen Totenmessen gelesen und der Leichnam nach Trier überführt[83]. Anfang April wurde er im Trierer Dom beigesetzt[84].

Am 21. Februar bevollmächtigte Jakob von Baden Graf Philipp von Virneburg, Paul Boos von Waldeck, die Kanoniker Matthias von Schönecken von St. Paulin bei Trier, Johann von Lutzerath vom Liebfrauenstift in Pfalzel, Hermann Schmidt von St. Marien in Campis in Mainz und Balthasar von Waldkirch von St. Simeon in Trier sowie Matthias Ytzig, Pfarrer in Luxemburg, mit der Besitzergreifung der Trierer Kirche in seinem Namen. Daraufhin forderte das Domkapitel die Untertanen des Erzstifts zur Huldigung auf[85]. Am 27. Februar wurde Jakob von Baden im Domkapitel bestätigt[86] und ließ durch seine Bevollmächtigten von der Trierer Kirche Besitz ergreifen[87]. Gegen die von den gegnerischen Domherren beabsichtige Bischofswahl legte das Domkapitel Protest ein[88], und am 20. März bevollmächtigte Jakob seine Abgesandten zu Vergleichsverhandlungen mit den vier Domkapitularen in Trarbach[89]. Dort vermittelten Pfalzgraf Philipp und Markgraf Christoph von Baden am 27. März

---

79 Zum einen erstaunt die Tatsache, daß Salentin den Brief offensichtlich selbst geschrieben hat, worauf die ungeübte Schrift und die ungewöhnliche Orthographie hinweist, zum andern sandte er diesen dem Koadjutor *in sijner genagen handt.*
80 LHAK 1 C 16221 (1503 II 16, Ehrenbreitstein), erwähnt: GOERZ, S. 321.
81 LHAK 1 C 16225, S. 1 (1503 II 17, Ehrenbreitstein).
82 Am 20. Februar traf eine solche Botschaft in Montabaur ein, HHStAW Abt. 339, Nr. 311, Bl. 134–139.
83 StaK- 623- BMR 1686.
84 Der von GOERZ, S. 321, nach einem Maximiner Codex genannte Tag, der 1. März, stimmt sicher nicht, denn erst am 26. März bestellte der Koblenzer Rat für die Begräbnisfeierlichkeiten Herberge, Stak-623- BMR 1686. Am 4. April erhielt Jakob von Baden *zu dem begencknȧß unss g. h.* ein Fuder Wein geschenkt, Stak- 623- BMR 1686. Er wird also wohl um diese Zeit zurückgekehrt sein. Sein Grabmal hatte Johann von Baden schon 1478 von dem Utrechter Steinmetzen *Claisen von Myert* anfertigen lassen, LHAK 1 A 8623 (1478 VI 19). Zur Kontroverse, ob das heute sicher als Sarkophag Balduins von Luxemburg geltende Grabmal das des Johann von Baden gewesen sein könnte, vgl. GÜNTHER, Grabmale, S. 35–39. Das Grabmal Johanns befindet sich heute im Magazin des bischöflichen Dom- und Diözesanmuseums Trier, wohin es Anfang der 70er Jahre aus dem Domkreuzgang in Bruchstücken überführt wurde.
85 LHAK 1 A 9149 (1503 II 26, Trier).
86 LHAK 1 A 9150 (1503 II 27, Trier).
87 LHAK 1 A 9151/9152 (1503 II 27, Trier).
88 LHAK 1 A 9153 (1503 III 5, Trier).
89 LHAK 1 A 9155 (1503 III 20, Ehrenbreitstein).

einen Kompromiß, wonach die Domherren auf ihren Widerspruch verzichten sollten, sobald Jakob von Baden in Rom als Erzbischof bestätigt werde[90]. Damit war diese heftige Auseinandersetzung zwischen dem Kurfürsten und einem Teil des Domkapitels beendet, und der neue Landesherr konnte das Erzstift in Besitz nehmen[91].

Es war schließlich gelungen, das Wahlrecht des Domkapitels in diesem Fall zumindest partiell zu umgehen und einen dem vorherigen Erzbischof genehmen Kandidaten als Nachfolger zu installieren. Im konkreten Fall erwiesen sich wiederum die guten Beziehungen des Hauses Baden zu Habsburg als sehr förderlich. Abermals war es zu keinem tiefgreifenden Gegensatz zwischen Erzbischof und Domkapitel gekommen. Eher ist die Kooperation beider erkennbar, da es in Anbetracht der mehrfach betonten ernsten Finanzlage geraten schien, zur Bewältigung der daraus erwachsenden Aufgaben für Kontinuität zu sorgen. Dazu schien ein Mitglied des Hauses Baden, der über vorzügliche Verbindungen zum König verfügte, besonders geeignet. Die Aussicht auf Kontinuität war vielen Domherren sicherlich auch verlockender, als durch die Kandidatur eines der Söhne Pfalzgraf Philipps unter den Einfluß der mächtigen Pfalzgrafschaft zu geraten. Es ist müßig, darüber nachzudenken, ob durch den unerwartet frühen Tod Erzbischof Jakobs eine »Dynastiebildung« der Badener im Erzstift verhindert wurde. Doch belegt gerade die einstimmige Wahl Richards von Greiffenclau – also einem der vier Gegner Jakobs – zum Nachfolger das Selbstbewußtsein des Domkapitels und das Festhalten am Recht der freien Wahl des Erzbischofs. Die Vorgänge um die Ernennung Jakobs von Baden zum Koadjutor haben sehr eindrücklich gezeigt, daß es dem Erzbischof nicht möglich war, sein Domkapitel zu übergehen.

Das Domkapitel ist nach dem bisher Gesagten im hier untersuchten Zeitraum eindeutig als bestimmende Kraft neben dem Erzbischof erkennbar geworden, das sich bei vitalen Interessen des Erzstifts ein massives Mitspracherecht gesichert hatte. Im Finanzwesen waren dem Landesherrn durch die Rechte des Kapitels in vieler Hinsicht die Hände gebunden. Gerade die »klassischen« Methoden der Finanzierung, wie Subsidien von der Geistlichkeit, Ämterverpfändungen und Schuldenaufnahme, waren erheblich reglementiert worden. Ebenso einengend wirkte die Verpfändung des Zolls Engers. Gegen Ende der Regierungszeit des Badeners gelang es dem Domkapitel schließlich, das Finanzwesen insgesamt verstärkt unter seine Kontrolle zu bringen. Die exemplarisch vorgeführten Ereignisse um die Bestellung des Koadjutors Jakob von Baden zeigten die gegenseitige Abhängigkeit und vor allem die weitgehende Kooperation zwischen Erzbischof und Domkapitel. Durch den großen Einfluß der Domherren auf die erzbischöfliche Politik war der Landesherr in vielen Bereichen auf die Mitwirkung des Kapitels angewiesen.

---

90 LHAK 1 A 9157/9158 (1503 III 27, Trarbach). Eine Abschrift dieses Vergleichs ist von den drei anwesenden Domherren Otto von Breitbach, Philipp von Kriechingen und Richard Greiffenclau von Vollrads eigenhändig unterzeichnet, LHAK 1 C 16224, Bl. 1–3. LAGER, Johann von Baden, S. 104, datiert diesen Kompromiß irrtümlich auf den 10. März 1504.
91 Am 28. April 1503 huldigte zunächst die Stadt Koblenz, LHAK 701, 4, fo. 78r-80r; Stak- 623- BMR 1686. Die Stadt Oberwesel huldigte erst nach der Vorlage der Vergleichsurkunde vom 27. März, die zur Vorlage vom Ehrenbreitstein nach Oberwesel geholt wurde, LHAK 701, 4, fo. 92v.

b) Landstände

Da Territorialherrschaft nicht allein durch den Landesfürsten ausgeübt wurde, sondern sich im Zusammenwirken des Landesherrn mit gewissen privilegierten Gruppen, dem »politischen Ständetum«[1], realisierte, treten die Landstände des Erzstifts Trier in den Blickpunkt des Interesses. Deren Entstehung und Entwicklung war eine wichtige Rahmenbedingung, die zugleich einen Aspekt der Ausrichtung herrschaftlicher und administrativer Funktionen auf die Zentren des Kurfürstentums ausmachte. Der in der älteren Literatur[2] immer wieder betonte Dualismus zwischen Fürst und Ständen[3] entspricht weitgehend nicht der Realität des späten Mittelalters. Die folgenden Ausführungen sollen dazu beitragen, die Landstände als ein eher fortschrittliches Institut zu verstehen, das im Bedarfsfall ordnend in die Verhältnisse des Territoriums eingriff. Das »verwirrende Bild von der strukturellen Vielfalt der Ständeversammlungen in den deutschen Territorien des Spätmittelalters«[4] soll im folgenden zumindest für das Erzstift Trier im späten Mittelalter geordnet werden.

Die Geschichte der Landstände Kurtriers ist für die Neuzeit dank der Forschungen von G. Knetsch, R. Laufner und Graf Looz recht gut bekannt[5], eine eingehende Untersuchung der mittelalterlichen Grundlagen fehlt jedoch. Der Grund dürfte darin zu suchen sein, daß sich die Quellen für diesen Zeitraum nicht im Archiv der Landstände von Kurtrier[6] befinden, sondern verstreut in den Archiven des Erzstifts, des Domkapitels, des trierischen Klerus sowie des Adels und der Städte.

Anhand von drei Urkunden, die für die Entwicklung der kurtrierischen Landstände von entscheidender Bedeutung waren und die der Forschung seit längerem bekannt sind, soll nun etwas Licht in die »längere Pause« der Tätigkeit der Landstände[7] von 1456 bis 1502 gebracht werden. Mit Hilfe der konkreten Textanalyse können Ursachen und Wirkungen der ständischen Einung in Kurtrier aufgezeigt werden. Dieser Prozeß hat im Erzstift stets mit zwei Stoßrichtungen beziehungsweise Handlungssträngen zu rechnen, deren Zusammenwirken erst am Ende der hier interessierenden Periode zu beobachten ist: Geistlichkeit und weltliche Stände traten im 15. Jahrhundert zunächst nicht gemeinsam handelnd auf, da die Motivationen ihres Handelns im Ursprung gänzlich verschieden waren.

1 Zur Abgrenzung von Ständen allgemein und politischen Ständen vgl. JÄGER, Fulda, S. 152, Anm. 1.
2 Auf eine Charakterisierung und Darstellung der umfangreichen Literatur zur deutschen Ständeforschung kann hier verzichtet werden. Dafür sei auf folgende Zusammenstellungen verwiesen: JÄGER, Fulda, S. 152f., und U. MÜLLER, Die ständischen Vertretungen in den fränkischen Markgrafentümern in der ersten Hälfte des 16. Jahrhunderts, Neustadt an der Aisch 1984 (Schriften des Zentralinstituts für fränkische Landeskunde und allgemeine Regionalforschung an der Universität Erlangen-Nürnberg 24), S. 1–12.
3 Für Kurtrier konnte P. SCHWARZ, Die Landstände des Erzstifts unter Lothar von Metternich von 1599–1623, in: TrierArch 26/27, 1916, S. 1–65, insbes., S. 62–65, das Fehlen eines echten Dualismus nachweisen, er bezeichnet die Stände als »Steuerbewilligungsmaschine«. Zum Problem allgemein vgl. U. LANGE, Der ständestaatliche Dualismus – Bemerkungen zu einem Problem der deutschen Verfassungsgeschichte, in: BlldtLdG 117, 1981, S. 311–334.
4 HELBIG, Landstände, S. 40.
5 KNETSCH, Landstände; LAUFNER, Landstände; LOOZ-CORSWAREM, Entwurf, vgl. HELBIG, Landstände, S. 48–50.
6 LHAK 1 E. Dort befinden sich mit wenigen Ausnahmen Aktenstücke des 16. bis 18. Jahrhunderts.
7 LOOZ-CORSWAREM, Entwurf, S. 225f.

Als hervorragendes Betätigungsfeld landständischer Interessen wird im allgemeinen die Bewilligung von Geldmitteln für den Landesherrn gesehen[8]. Im Erzstift Trier kann man hierin jedenfalls das Motiv der Geistlichkeit zum gemeinsamen Handeln erblicken. Die Besteuerung des Pfarrklerus in Form der Kathedralsteuer war seit dem 13. Jahrhundert durch Subsidien für bestimmte Zwecke abgelöst worden, deren Erhebung von nun an immer wieder erfolgte[9]. Bereits unter Erzbischof Arnold von Isenburg kam es hierüber zu ernsthaften Zerwürfnissen mit einem Teil der Geistlichkeit[10]. Es wäre jedoch verfehlt, bereits in diesem Zusammenhang auch nur von einer beginnenden landständischen Organisation zu sprechen. Hier handelte es sich lediglich um ad hoc-Bündnisse, die sich gegen bestimmte Maßnahmen des Landesherrn richteten.

1433 werden wir über die Zusammensetzung der Trierer Landstände informiert. In einer Prozeßschrift vor dem Basler Konzil im Zusammenhang mit der Bestätigung Ulrichs von Manderscheid heißt es: *Ecclesia Treverensis ab antiquo ex tribus statibus constituitur, quorum unus vocatur clerus Treverensis, alius milicia Treverensis, tercius incole seu populares Treverenses*[11].

Von daher richtet sich der Blick neben der Geistlichkeit auf die Ritterschaft und Landschaft des Erzstifts. Diese treten am 10. Mai 1456 erstmals als Aussteller einer Urkunde gemeinsam handelnd in Erscheinung[12]. In der ersten kurtrierischen Landständeeinung wird der Grund für den Zusammenschluß explizit genannt. Die Aussteller, auf die noch zurückzukommen sein wird, wollen solche Wirren verhindern, wie sie vor einiger Zeit im Erzstift entstanden seien, weil sie und andere einem Erzbischof, der vom größeren Teil des Domkapitels gewählt worden war, huldigten, ohne die päpstliche Provision abzuwarten. Dieser wurde danach von seinem Amt enthoben, so daß unabsehbarer Schaden entstand. Daher schließen sie eine ewige Einung, um eine Wiederholung zu verhindern. Die Narratio bezieht sich eindeutig auf die Ereignisse nach dem Tod des Trierer Erzbischofs Otto von Ziegenhain (†1430). Dank der Forschungen E. Meuthens sind wir darüber bestens informiert.

Wirtschaftlich führten die Auseinandersetzungen zum völligen Ruin des Erzstifts. Die Ereignisse sind zwar hinlänglich bekannt[13], zogen aber bisher in diesem Umfang kaum gesehene Konsequenzen für die Verfassung und Verwaltung des Erzstifts Trier nach sich. Nach

---

8 Vgl. HRG, Bd. 2, Sp. 1578–1585.
9 LAMPRECHT, Bd. I,2, S. 1283 f.; KNETSCH, Landstände, S. 15 ff.
10 Vgl. HOLBACH, Arnold von Isenburg, S. 49 f. Eine Parallele zu den Aktionen der Trierer Kirchen gegen den Erzbischof findet sich in einer Einung der Koblenzer Stifte St. Florin und St. Kastor sowie der Liebfrauenkirche gegen die Bedrücker der Geistlichkeit, vgl. GÜNTHER, Bd. 2, Nr. 185 (1261 I 24, Koblenz).
11 Zitiert nach MEUTHEN, Schisma, S. 56 f.
12 LHAK 1 A 8315–8317. Eine von der Stadt Koblenz beglaubigte Abschrift: LHAK 1 A 8317. Nach einer Abschrift des 16. Jahrhunderts im Stadtarchiv Mayen wurde das im Original undatierte Transsumpt am 6. August 1456 ausgefertigt, LHAK 627, 109. Weitere Abschriften befinden sich in den Archiven der Grafen Sayn, HHStAW Abt. 340 U 10931, und der Grafen von Leiningen-Westerburg, HHStAW Abt. 339 Akten, Nr. 310, sowie eine Abschrift des 18. Jahrhunderts im STAK- 623- Nr. 306. Gedruckt wurde die Urkunde, wenngleich fehlerhaft, bereits von HONTHEIM, Bd. 2, Nr. 836, und SCOTTI, Bd. 1, Nr. 24. Ausführliches Regest: DEMANDT 4935, nach einem Konzept der Urkunde im Archiv der Grafen von Katzenelnbogen.
13 Vgl. die komprimierte Darstellung bei MATHEUS, Trier, S. 99 f., und die dort genannte Literatur.

dem bisherigen Kenntnisstand lassen sich zwei wesentliche Stränge ausmachen: Zum einen zeigte sich bei der erneuten Wahl Ulrichs das große Selbstvertrauen des Domkapitels, das sich gegen die päpstliche Einmischung in sein Wahlrecht heftig zur Wehr setzte und damit seine Eigenständigkeit und seinen Stellenwert im Erzstift erneut unterstrich. Nicht ohne Grund wurde nach Rabans Resignation der ursprüngliche Kandidat des Kapitels, Jakob von Sierck, problemlos auf den Trierer Stuhl gehoben. Zum anderen konnte E. Meuthen auf einen zweiten Zug aufmerksam machen – den zunehmenden Laieneinfluß in der Kirche. Wie noch zu zeigen sein wird, bildeten die Wirren der Manderscheider Fehde tatsächlich den Ausgangspunkt einer stärkeren Mitwirkung des erzstiftischen Adels an der Verwaltung des Kurstaates.

Während der Regierungszeit Erzbischof Jakobs von Sierck hören wir nur vereinzelt von Aktivitäten der Stände[14]. Sehr deutlich formierte sich jedoch die Geistlichkeit des Offizialatsbezirks Koblenz im Jahr 1452, um die Befreiung von Subsidien zu erreichen[15]. Zwei Jahre später verbanden sich in Koblenz sämtliche Stiftskirchen des Niedererzstifts gegen die von Erzbischof Jakob erlassenen neuen Statuten für das Koblenzer St.-Kastor-Stift, weil man Übergriffe auf die anderen Kirchen befürchtete[16].

Wie äußerten sich die Interessen der weltlichen Stände nun angesichts eines erneuten Wechsels auf dem Trierer Stuhl, als Jakobs Ende im Mai 1456 bereits absehbar war? Folgende Situation war entstanden: Sierck konnte im Erzstift zwar eine recht stabile Regierung aufrichten und durch seine reichspolitischen Aktivitäten zu hohem Ansehen gelangen. Bei Licht betrachtet, waren die Verhältnisse im Erzstift jedoch nicht günstig. Dem Erzbischof waren für weitreichende Aktivitäten die Hände gebunden, der Handlungsspielraum durch die starken Positionen von Stiftsadel und Domkapitel sowie durch die angespannte Finanzlage eingegrenzt.

Unter diesen Vorgaben ist der weitere Text der Einung von 1456 zu verstehen, deren Forderungen[17] sämtlich in der erneuten Einung von 1502 unter den Punkten 1–5 aufgenommen wurden. 1.) Hört sich die erste Forderung, keinen neuen Erzbischof ohne vorherige Beratung über die Rechtmäßigkeit seiner Wahl aufzunehmen, noch vergleichsweise harmlos an, werden die Ansprüche der Stände im folgenden konkreter:

2.) Sie wollen keinen Erzbischof aufnehmen, der ihnen nicht geschworen hat, alle Mannen, Getreuen und Untersassen des Erzstifts, sowohl geistliche als auch weltliche, edle wie unedle, bei Recht und Herkommen, löblichen Freiheiten und guten Gewohnheiten zu belassen und sie im Gebrauch derselben in keiner Weise zu behindern. Darüber fordern sie von dem neuen Erzbischof eine beeidete und besiegelte wahlkapitulationsähnliche Urkunde, die hier wörtlich inseriert ist. Wie aus den Huldigungen für den Nachfolger Johanns von Baden hervorgeht, mußte dieses Versprechen vor den Ständen abgelegt und in sämtlichen Städten und Ämtern des Erzstifts wiederholt werden.

---

14 Ein Streit zwischen Nikolaus, Vogt und Herr zu Hunolstein, und den Abteien Prüm und St. Maximin wurde durch die Freunde des Erzbischofs und vor Grafen, Herren, Ritterschaft, Städten und Landschaft des Erzstifts entschieden, TOEPFER, Bd. 2, Nr. 348 (1447 XII 1, Koblenz).
15 SCHMIDT, Nr. 2011, vgl. MILLER, Jakob von Sierck, S. 200–202.
16 SCHMIDT, Nr. 2034 (1454 II 22, Koblenz).
17 Im Text der Urkunde ist keine Numerierung enthalten. Diese wurde hier zur besseren Übersicht eingeführt.

3.) Falls ein Erzbischof, der in der genannten Weise die ständischen Interessen bestätigt hat, einen der ihren oder andere, die später der Einung beitreten, in ihren löblichen, althergebrachten Freiheiten, guten Gewohnheiten oder Rechten beeinträchtigt, sollen alle Mitglieder der Einung, die dies hören oder darum ersucht werden, denjenigen mit Leib und Gut bis zur Abstellung des Unrechts beistehen. Hier deuten sich erste Bestrebungen ständischer Gerichtsbarkeit an.

4.) Ebenso soll gegen Bullen oder Urkunden (päpstliche oder kaiserliche Privilegien) vorgegangen werden, die gegen die genannten Freiheiten verstoßen.

5.) Die weltlichen Stände wollen keinen Erzbischof annehmen, der sich dem Domkapitel in einer Wahlkapitulation oder irgendeiner anderen Art verpflichtet hat. Die Urkunde ist von sämtlichen Ausstellern besiegelt.

Die Ständeeinung von 1456 hat also im wesentlichen zwei Stoßrichtungen. Einerseits soll der neue Erzbischof ihre Rechte respektieren, andererseits soll er sich nicht an das Domkapitel binden. E. Meuthen hat daraus das Ziel abgeleitet, »die Wahl des neuen Erzbischofs dem Kapitel de facto zu entreißen und sie ganz von ihrer Entscheidung abhängig zu machen«[18]. Wie weit diese Bestrebungen tatsächlich gingen, wird durch die Tatsache verdeutlicht, daß die Stände mit Johann von Pfalz-Veldenz quasi einen »eigenen« Kandidaten für den Trierer Stuhl favorisierten. Auf die näheren Umstände, die schließlich zur Wahl Johanns von Baden führten, soll hier nicht noch einmal eingegangen, sondern das Schicksal der kurtrierischen Ständeeinung vom 10. Mai 1456 verfolgt werden.

Schon 1455 litt Jakob von Sierck an einer schweren Krankheit, die seine Aktivitäten lähmte[19]. Dies veranlaßte die Landstände, genauer: Ritterschaft und Städte, zum Handeln. Im Januar 1456 beratschlagten diese in Koblenz[20] vermutlich über die durch Jakobs Regierungsunfähigkeit entstandene Situation und über geeignete Maßnahmen für die absehbare Wahl eines neuen Erzbischofs. Ebenso kamen Ritterschaft und Städte nochmals Anfang März zusammen[21]. Greifbares Ergebnis dieser Verhandlungen ist die Landständeeinung vom 10. Mai.

Es wird der weitreichenden Bedeutung dieser Urkunde sicherlich nicht gerecht, sie lediglich als »ein Instrument der Katzenelnbogenschen Politik« zu betrachten[22]. Da Graf Philipp, der immerhin die Liste der Aussteller anführt, ansonsten nicht in Verbindung mit den Landständen gebracht werden kann[23], erscheint es plausibler, daß die Beteiligten bei dem Grafen Rückendeckung für ihr Handeln suchten – die Aufnahme des Grafen erhöhte fraglos die

---

18 MEUTHEN, Schisma, S. 259.
19 MILLER, Jakob von Sierck, S. 254, 256.
20 In der Rubrik *Schenke* der Trierer Rentmeistereirechnung erscheinen entsprechende Ausgaben: *des mandags na conversio Pauli* [26. Januar] *wart geschenckt der ritterschafft und den steden uff dem Rijne 9 kannen wijns*, STAT RMR 1455/6 sch, drei Tage später: *geben des donresdags na conversio Pauli* [29. Januar] *Peter Muschmann eynen brieff zu fueren zu der ritterschafft und steden zu Cobelentz 14 albus und lach drijn dage zu Cobelentz und verzeirt 16 albus*, STAT RMR 1455/6 boten.
21 STAT RMR 1455/6 schenke (1456 III 3–6).
22 Dies behauptet K. E. DEMANDT, Die letzten Katzenelnboger Grafen und der Kampf um ihr Erbe, in: NassAnn 66, 1955, S. 93–132, hier: S. 103f., Anm. 105.
23 Allerdings hielt sich der Katzenelnboger im Juni 1456 in Trier auf. Bei seiner Rückkehr begleiteten ihn Kuno von Reifenberg, einer der Boos von Waldeck, Friedrich von Pyrmont sowie der Isenburger und sein Sohn, DEMANDT, Nr. 6213.

Stoßkraft der Einung. Die Motivation des Katzenelnbogeners läßt sich vielleicht mit der Sorge um die von Erzbischof Jakob herrührende Schuld von 18 000 Gulden erklären, deren Absicherung er sich durch eine intensive Beziehung zu den trierischen Landständen und die dadurch gegebenen Einflußmöglichkeiten erhoffte. Allgemein dürfte jedoch die Rolle eines Schutzherrn der Einung höher zu bewerten sein, da es dem Grafen sicherlich nicht daran gelegen sein konnte, durch eine sehr intensive Einbindung auch als Untertan des Trierer Erzbischofs zu gelten. Ähnliches läßt sich auch bei Gerhard Graf zu Sayn beobachten, der in einem Schreiben an die in Koblenz versammelten Stände eine bemerkenswerte Unkenntnis der tatsächlichen Umstände erkennen läßt[24]. Die Adresse des Briefs, *unsern guden frunden der ritterschafft und stede frunden, die itzont zo Covelentz seint*, legt die Vermutung nahe, daß Ritterschaft und Städte die eigentlich treibenden Kräfte waren und die Grafen tatsächlich als Schutzherren der Einung hinzugezogen wurden. Geradezu überdeutlich wird dies durch den Beitritt des Pfalzgrafen Ludwig von Veldenz. Im Falle Sayns wurde die von der Einung verhältnismäßig unabhängige Stellung sehr deutlich, als das Trierer Domkapitel – gegen dessen Rechte sich der Text der Einungsurkunde grundlegend richtete – nach erfolgter Wahl ausgerechnet Graf Gerhard um seine Unterstützung bat[25]. Folglich wurde zumindest die Einbeziehung dieses Grafen als nicht sehr eng angesehen. Bezeichnenderweise erscheint der damals sehr mächtige Graf Ruprecht (VI.) von Virneburg nicht in der Einungsurkunde. Möglicherweise empfand er selbst diese Form der Einbindung noch als zu weitgehend. Bestätigt findet sich diese Beobachtung durch die Tatsache, daß einige der Grafen aus der Trierer Ständeeinung als Aussteller der Kölner Erblandesvereinigung von 1463 wiederkehren[26].

Gewißheit über die treibenden Kräfte der Landstände erhält man aus den Eintragungen in der stadttrierischen Rentmeistereirechnung, wo stets die Rede von Ritterschaft und Städten ist; regional werden diese eindeutig dem Rheinland zugeordnet[27]. Im September 1456 werden überdies die maßgeblichen Personen erkennbar, die wiederum der Ritterschaft zuzuordnen sind, nämlich die Herren von Eltz, Pyrmont-Ehrenburg und Boos von Waldeck[28]. Überblickt man die Liste der Aussteller der Urkunde vom 10. Mai 1456, so wird dieser Eindruck in doppelter Hinsicht verstärkt. Die überwiegende Mehrheit ist eindeutig der Ritterschaft zuzuordnen und stammt fast ausschließlich aus dem östlichen Teil des Erzstifts. Ebenso ist bei den Städten ein Übergewicht im Niedererzstift erkennbar. Sogar die Grafen sind ausschließlich dorthin orientiert. Somit kann für diese frühe Phase der Entwicklung der trierischen Landstände festgehalten werden, daß sie ganz wesentlich von der Ritterschaft des Niedererzstifts und den kurtrierischen Städten getragen wurde. Einiges spricht dafür, daß

---

24 HHStAW Abt. 340, 517b, Bl. 31 (1456 V 13). Mit diesem Schreiben übersandte der Graf die von ihm versiegelte Einungsurkunde. Er fragte an, wo die Urkunde zu suchen sei, die der zukünftige Erzbischof beschwören müsse. Indem er nach den weiteren Verhaltensmaßregeln für sich und die Geistlichkeit, die mit der Ständeeinung bekanntlich überhaupt nichts zu tun hatte, fragte, verriet er deutlich seine Unwissenheit um die Hintergründe und das Programm des gesamten Unternehmens.
25 HHStAW Abt. 340 U 10937 (1456 VI 26).
26 Druck: WALTER, Erzstift Köln, S. 387–395. Es sind Gerhard Graf zu Sayn und die drei Burggrafen von Rheineck.
27 STAT RMR 1455/6 schenke. Es heißt dort: *ritterschaft und steden uff dem Rijne*.
28 1456 IX 18 brachte ein stadttrierischer Bote einen Brief *zu den heren van der vereynunge* und übergab diesen in Eltz, Ehrenburg und Waldeck, STAT RMR 1455/6 boten.

Koblenz hierbei eine führende Rolle zukam[29]: Dort fanden sämtliche nachweisbaren Landtage der Jahre 1456 und 1457 statt, ebenso die Huldigung der Stände nach der bereits ausführlich behandelten Wahl des Markgrafen Johann von Baden zum Erzbischof am 21. Juni 1456.

Die Ereignisse schildert Peter Maier von Regensburg in seinem Huldigungsbuch folgendermaßen: Am 22. Juni habe der Erwählte auf Befehl des Domkapitels zunächst in Pfalzel, dann in Wittlich, Cochem, Ehrenbreitstein und Engers *gewonliche huldonge entfangen*. Weiter heißt es, daß aufgrund einer vermeintlichen Vereinigung oder eines Bundes etlicher Grafen, Herren, Ritter und Städte die übrigen Städte nur unter Vorbehalt dieser Einung huldigen wollten. Maier fährt fort: *so ist doch eyn solichs gutlichen hingelaigt und haben dem erwelten wie von alt gehuldet*[30]. Es folgt die Beschreibung der Huldigung in den Städten Koblenz und Trier. Die Gesta Trevirorum konkretisieren: *Confluentini, Bopardienses, Wesalienses, cum aliis oppidis Monthabor, Lympurch, Meyen etc. etc. praestiterunt alterutrum juramentum principi. Sicque ingens turbatio, quae grande periculum prae se ferre verebatur, facilius, quam credi potest, felici fine sopita est*[31]. Doch dies ist bereits ein Vorgriff auf den weiteren Verlauf der Ereignisse.

Wie lebendig die Einung der Landstände auch und gerade nach Johanns Wahl blieb, zeigen die nachträglichen Beitrittserklärungen der Städte Manderscheid[32] und Kyllburg[33], wohl auch Saarburg[34], verschiedener Ortschaften des Amtes Cochem[35] und des Herzogs Ludwig von Pfalz-Veldenz[36]. Die stattgefundenen Landtage und zahlreiche Eintragungen in der Rechnung des Trierer Rentmeisters[37] belegen die Aktivitäten der Stände.

Ein zeitgenössisches Protokoll gibt Auskunft über die erste nachweisbare direkte Auseinandersetzung des Erzbischof mit den Ständen[38]. Deren Vertreter wurden am 22. März 1457 zur Leistung des Huldigungseides nach Koblenz berufen, wo die Versammlung im großen Saal des Deutschordenshauses stattfand. Der Mainzer Domdekan Johann von Enzberg verlas in Gegenwart des Markgrafen Karl von Baden, des Grafen Philipp von Nassau-Saarbrücken, des Großmeisters der Deutschherren und anderer Freunde und Räte Johanns

---

29 In Koblenz befand sich offenbar schon damals das Archiv der Landstände, wie aus dem Transsumpt der Urkunde von 1456 V 10 hervorgeht. Dort heißt es, *das wir eyn brieff hynder uns lygen hayn in nutz und urbar des gantzen landes*, LHAK 1 A 8318. Noch heute befinden sich im Koblenzer Stadtarchiv die nachträglichen Beitrittserklärungen von Kyllburg und von Herzog Ludwig von Pfalz-Veldenz, Stak-623- Nr. 307/308.
30 LHAK 701,4, fo. 57r.
31 Gesta Trevirorum, Bd. 2, S. 338f.
32 LHAK 1 A 8313 (1456 VII 5).
33 Stak- 623- Nr. 307 (1456 VII 17).
34 Zweimal verhandelte die Stadt Trier mit Saarburg *von der eynonge wegen*, STAT RMR 1456/7, fo. 4v, 5r. In einer Abschrift des 18. Jahrhunderts ist die auf den 17. Juli 1456 datierte Erklärung der Stadt Trier überliefert, wonach Saarburg der Einung beitrat, G. KENTENICH, Der Eintritt der Stadt Saarburg in die kurtrierische Landständeeinung im Jahre 1456, in: TrierChron 9, 1913, S. 28f.
35 LHAK 1 A 8319 (1456 X 9).
36 Stak- 623- Nr. 308 (1456 X 29, Meisenheim).
37 Vgl. MATHEUS, Trier, S. 136, Anm. 241.
38 Die Huldigungsereignisse sind in dem Aktenband LHAK 1 C 16212, Bl. 27ff., protokolliert. Bei der Beschreibung der Vorgänge folgen wir diesem Protokoll. Auszugsweise teilt diese LAGER, Johann von Baden, S. 12ff., mit.

von Baden den Vertretern der Stände die päpstliche Bestätigungsbulle und forderte sie auf, dem Erwählten und Bestätigten zu huldigen sowie Treue und Gehorsam zu geloben. Dagegen gebe dieser die Zusicherung, ihnen ein gütiger Fürst und Vater zu sein, ihre Rechte, Freiheiten und Privilegien zu achten und zu schützen. Daraufhin erbaten sich die Vertreter des Adels eine kurze Bedenkzeit und traten ab. Als sie wieder in den Saal kamen, teilte deren Wortführer, Johann von Eltz, der Hofmeister Jakobs von Sierck, ihre Weigerung zur Huldigung mit, da sie durch die Bestimmungen der Union gebunden seien und folglich zuerst weitere Beratungen mit den Mitgliedern des Bundes zu führen hätten. Ebenso weigerten sich die Vertreter der Städte, als deren Sprecher der Koblenzer Bürgermeister Peter zum Horn auftrat, dem Erwählten den Huldigungseid zu leisten. Abschließend erklärte Johann von Baden, er sei bereit, die in der Union gestellten Forderungen zu erfüllen, sofern sie zum Besten der Kirche, des Reiches und der Untertanen seien und wenn in diesem Sinne von Papst und Kaiser entschieden würde.

Ähnliches scheinen die Stände vorausgesehen zu haben, denn sie hatten sich bereits Ende 1456 an Kalixt III. mit der Bitte gewandt, diese auch kirchenrechtlich einschneidende Union zu bestätigen. Der Papst reagierte zunächst positiv und beauftragte am 16. und 23. Dezember[39] ausgerechnet Nikolaus von Kues, den ehemaligen Hauptanwalt und Kanzler Ulrichs von Manderscheid und jetzigen Kardinal und Bischof von Brixen, mit der Prüfung und eventuellen Bestätigung der Union, deren Vertreter ihn auf ihrem Weg nach Rom aufgesucht hatten[40]. Am 7. April 1457 bestätigte Cusanus die Union und erklärte sie als unverfänglich für die Interessen des Erzbischofs[41].

Ob die Stände ebenso beim Kaiser intervenierten, ist nicht bekannt. Wahrscheinlicher ist, daß Johann von Baden, der Schwager und Günstling des Kaisers, von Friedrich III. den Erlaß vom 18. April 1457 erwirkte, in dem dieser den Bürgermeistern, Räten, Richtern, Bürgern und Gemeinden der Städte und Landschaft des Erzstifts Trier die Auflösung des Bundes binnen sechs Wochen und drei Tagen befahl[42].

Dennoch oder als Reaktion darauf erschienen die Vertreter der Stände am 26. April abermals in Koblenz und versammelten sich in dem dortigen Kastorhof, wo der Erzbischof entgegen verschiedener Anschuldigungen erklärte, er sei weder dem Domkapitel noch jemand anderem gegen Heil und Wohlfahren des Stifts und seiner Untertanen verbunden. Daraufhin erklärten sich die Vertreter des Adels und der Städte Koblenz, Boppard und Oberwesel bereit, Johann von Baden unter dem Vorbehalt der Aufrechterhaltung der Union anzuerkennen. Dieser weigerte sich jedoch noch immer, die *liga sive confederatio* anzuerkennen. Möglicherweise war es ihm bereits vorher gelungen, den Papst von der Unrechtmäßigkeit der Union zu überzeugen, denn Kalixt III. erklärte, entgegen dem Urteil des Cusanus, sie widerspreche der Freiheit und Jurisdiktion des Erzbischofs wie auch der Würde des apostolischen Stuhls. Am 7. Mai 1457 beauftragte er die Erzbischöfe von Köln und Mainz, alle den

---

39 LHAK 1 A 8337 (1456 XII 16, Rom).
40 Vgl. MEUTHEN, Schisma, S. 259f.
41 LHAK 1 A 8346 (1457 IV 7, Brixen).
42 HONTHEIM, Bd. 2, Nr. 837 (1457 IV 18, Cilly), CHMEL, Nr. 3559. Am Tag darauf beschwor Johann von Baden den Burgfrieden von Limburg, Molsberg und Brechen, FWA 3-12-4 No. 26 (1457 IV 19, Limburg), Solmser Urkunden, Bd. 2, Nr. 1375. Dies kann als ein Hinweis auf die dortige Huldigung gewertet werden.

Rechten des Trierer Erzstifts zuwiderlaufenden Eide aufzuheben und gegen diejenigen, die Johann von Baden den Treueid nicht leisten wollten, mit kirchlichen Strafen vorzugehen[43]. Davon ließen sich zumindest die Städte Oberwesel[44] und Mayen[45] beeindrucken[46], die Johann von Baden am 3. bzw. 7. August huldigten, wogegen der Erzbischof ihnen versprach, ihre Privilegien, Rechte und Gewohnheiten zu respektieren. Daß bei weitem nicht alle Untertanen zur Huldigung bereit waren, beweisen insgesamt sieben päpstliche Bullen vom 8. August 1457. Zum einen verbot der Papst Cusanus, der die Einung wohl noch verteidigte, sich in die Streitigkeiten Johanns von Baden mit seinen Vasallen einzumischen[47]. Zum anderen befahl er in getrennten Bullen, unter Kassierung des Gutachtens des Brixener Bischofs, der *liga et confederatio* zu entsagen und Johann von Baden anzuerkennen; der Befehl galt Grafen, Edlen und Vasallen, den Äbten, Pröpsten, Dekanen und Prälaten sowie den Städten Koblenz, Trier, Boppard und Münstermaifeld[48].

Das Abmahnungsschreiben an die Geistlichkeit des Erzstifts ist – von den Huldigungsereignissen in Koblenz abgesehen – der einzige Hinweis auf eine mögliche Beteiligung des Klerus an der ersten trierischen Ständeeinung. Denkbar ist jedoch ebenso, daß Johann von Baden in einem taktischen Manöver vor der Kurie die Einung des trierischen Klerus vom 17. Mai 1457[49] gegen die päpstliche Forderung eines Türkenzehnten mit der Landständeeinung in Verbindung brachte, um auf diese Weise in seiner Ablehnung der deutschen Gravamina Kalixt III. für seine Sache günstig zu stimmen und sich als treuer Anhänger des Papstes zu erweisen.

Daß mit dem päpstlichen und dem vorhergehenden kaiserlichen Verbot der Union noch lange nicht das Ende der landständischen Bewegung in Kurtrier gekommen war, beweist eine Bulle Pius II. vom 23. Dezember 1459, worin er nochmals sämtliche von seinem Vorgänger und dessen Legaten zugunsten der Union getroffenen Entscheidungen für nichtig erklärte[50]. Hier ist übrigens wiederum nur von Grafen, Edlen, Vasallen und Städten die Rede.

Für die Bewertung der weiteren Geschichte der Trierer Landstände in der Forschung ist ein Satz von G. Knetsch symptomatisch: »In der langen Regierungszeit Johanns schlief der Streit darüber ein«[51]. Ähnlich urteilt Looz-Corswarem: »Danach tritt in der Tätigkeit der Landstände offenbar eine längere Pause ein«[52]. Nachdenklich stimmt jedoch die bereits

---

43 Unmittelbar darauf führten die Erzbischöfe den päpstlichen Auftrag aus, Dietrich von Köln am 13. Juni, LHAK 1 D 1185, und Dietrich von Mainz am 25. Juni, LHAK 1 A 8349. In beiden Notariatsinstrumenten ist die päpstliche Bulle vom 7. Mai inseriert.
44 LHAK 1 C 17, 444 (1457 VIII 3, Oberwesel), GOERZ, S. 206.
45 LHAK 1 C 18, 77 (1457 VIII 7, Mayen), GOERZ, S. 206.
46 Wittlich hatte wohl schon zu Anfang des Jahres gehuldigt, LHAK 1 C 18, 57 (1457 I 31, Wittlich), GOERZ, S. 205. Ein Aufenthalt des Erzbischofs in Münstermaifeld weist möglicherweise auf die dortige Huldigung hin, STAT DK 8382 (1457 VIII 24, Münstermaifeld).
47 LHAK 1 A 8351 (1457 VIII 8, Rom).
48 LHAK 1 A 8352–8357 (1457 VIII 8, Rom).
49 LHAK 1 C 16213, Bl. 1.
50 LHAK 1 A 8403 (1459 XII 23, Mantua). Als Gegenleistung forderte der Papst von Johann von Baden die Unterstützung des Türkenzugs, wie ein zwei Tage zuvor ergangener Befehl zum Besuch des Nürnberger Reichstags zu deuten ist, LHAK 1 A 8402 (1459 XII 21, Mantua).
51 KNETSCH, Landstände, S. 37.
52 LOOZ-CORSWAREM, Entwurf, S. 225f.

genannte Tatsache, daß sämtliche Forderungen von 1456 in der erneuten Einung der Stände vom 17. Februar 1502 vollständig aufgenommen wurden. Zwar mag die körperliche Schwäche Johanns von Baden, die Annahme seines Großneffen Jakob von Baden zum Koadjutor 1499 und der bevorstehende Wechsel in der Leitung des Erzstifts der Anlaß für die Einung gewesen sein, doch verweisen die noch zu besprechenden sehr konkreten Forderungen der Stände auf eine intensive Vorbereitung und auf das Vorhandensein der Vertretung landständischer Interessen bereits vor 1502, die selbstverständlich nicht nur auf den Landtagen zum Ausdruck kamen.

Auch diese Institution läßt sich weit vor 1502 zurückverfolgen. Darauf machte erstmals M. Matheus aufmerksam, der nach einem möglichen Zusammenhang der Union der 50er Jahre und den ab den 80er Jahren nachweisbaren Landtagen fragte und zahlreiche Belege, insbesondere aus den stadttrierischen Rentmeistereirechnungen, für derartige Versammlungen der Trierer Landstände seit 1486 anführte[53]. Die Hinzuziehung weiterer Überlieferungsstränge läßt ein differenziertes Bild entstehen. Demnach ist es sicherlich nicht gerechtfertigt, von einer »längeren Pause« der landständischen Aktivitäten zu sprechen. Eine Auflistung der Landtage oder landtagsähnlichen Versammlungen zwischen 1456 und 1511, unter Aufzählung der nachgewiesenen Teilnehmer und – falls möglich – Angabe der Verhandlungsgegenstände, soll diese Feststellung belegen und Grundlage der weiteren Erörterung sein:

Landtage der Stände des Erzstifts Trier 1456–1511

1456 I 29, Koblenz[54]
Ritterschaft und Städte.

1456 V 10
Ständeeinung
Aussteller: Philipp Graf zu Katzenelnbogen-Diez, Gerhard Graf zu Sayn, Wilhelm Graf zu Wied-Isenburg, Johann, Dietrich und Peter Burggrafen zu Rheineck-Bruch, Johann von Winneburg-Beilstein, Godard von Drachenfels-Olbrück, Johann Boos von Waldeck, Erbmarschall Johann von Helfenstein, Johann von Helfenstein-Weinsberg, Johann und Kuno von Schöneck-Olbrück, Heinrich, Johann und Friedrich von Pyrmont-Ehrenburg, Johann von Eltz, Johann und Ulrich von Eltz, Wilhelm von Eltz, Johann von Helfenstein d. Ä. und d. J., Philipp von Helfenstein, Otto Waldbott von Bassenheim, Wilhelm Hombrecht von Schönburg, Johann von Winneburg, Wilhelm von Staffel, Johann und Hilger von Langenau, Dietrich Haust von Ulmen, Paul und Johann Boos von Waldeck, Nikolaus von Kellenbach, Johann Schilling von Lahnstein, Georg und Johann von der Leyen, Johann Frei von Dehrn, Eberhard von der Arken, Dietrich Breder von Hohenstein, Ludwig Zant von Merl, Friedrich Hilchin von Lorch, Johann von Airsberg, Reinhard von dem Burgtor, Wilhelm von Kleeberg, Philipp vom Stein, Dietrich von Braunsberg, Konrad Kolbe von Boppard, Johann von

53 MATHEUS, Trier, S. 136f.
54 STAT RMR 1455/6 boten.

Melwald, Johann von Liebenstein, Kuno, Philipp und Giselbrecht von Miehlen genannt von Dieblich, Johann von Reil, die Städte Trier, Koblenz, Boppard, Oberwesel, Limburg, Montabaur, Münstermaifeld, Mayen, Cochem, Bernkastel, Wittlich, Zell im Hamm.

1456 V 13, Koblenz[55]
Ritterschaft und Städte.

1456 VII 2, Koblenz[56]
Ritterschaft und Städte.

1456 VIII Ende, Koblenz[57]
Einung.

1457 III 22, Koblenz[58]
Klerus der Diözese Trier, Ritter und Vasallen, Städte und Landschaft.
Gegenstand: Huldigung.

1457 nach IV 17, Koblenz[59]
Einung.

1457 IV 28, Ehrenbreitstein[60]
Grafen, Ritterschaft, Städte.
Gegenstand: Huldigung.

1457 V 17, Koblenz[61]
Geistlichkeit des Niedererzstifts.
Gegenstand: Türkenzehnt.

1457 VI 12, Koblenz[62]
Einung.

1459 (II 6), Koblenz[63]
Einung.

---

55 HHStAW Abt. 340, 517b, Bl. 31.
56 STAT RMR 1455/6 dage leisten.
57 STAT RMR 1455/6 boten.
58 LHAK 1 C 16212, Bl. 27r.
59 STAT RMR 1456/7, fo. 15r.
60 LHAK 1 C 16212, Bl. 41v-43r.
61 LHAK 1 C 16213, Bl. 1 (1457 V 10, Koblenz).
62 STAT RMR 1456/7 dage leisten.
63 STAT RMR 1458/9, fo. 1v.

1459 VIII 2, Cochem[64]
Einung.

1459 (ca. IX 1), Koblenz[65]
Grafen, Herren, Ritterschaft, Städte und Landschaft.

1460 nach VI 13, Koblenz[66]
Ritterschaft.

1460 VIII 3, Boppard[67]
Ritterschaft und Landschaft.

1460 VIII 23, Zell[68]
Einung.

1460 vor X 2, Zell[69]
Ritterschaft und Städte.

1461 ca. XII 18, Boppard[70]
Landschaft.

1463 VII 5[71]
Ritterschaft.
Gegenstand: Gerichtsverhandlung.

1464 IV 5, Koblenz[72]
Ritterschaft.

1466 vor VI 24, Koblenz[73]
Montabaur, Oberwesel, Boppard, Koblenz, Münstermaifeld.
Gegenstand: Freigerichte in Westfalen.

---

64 STAT RMR 1458/9, fo. 5r.
65 LHAK 1 A 8398; HHStAW Abt. 340 U 11075 (1459 IX 13).
66 Stak- 623- BMR 1653, Bl. 2r.: Ladung an acht Ritter, die nach Ehrenburg, Waldeck, Gondorf, Bassenheim, Langenau und Lahneck gebracht werden sollte.
67 Stak- 623- BMR 1653, Bl. 5r.
68 Stak- 623- BMR 1653, Bl. 6r; STAT RMR 1459/60, fo. 3r., 6v.
69 Stak- 623- BMR 1653, Bl. 7r.
70 Stak- 623- BMR 1654.
71 Stak- 623- BMR 1656.
72 Stak- 623- BMR 1658.
73 Stak- 623- BMR 1660.

1468 nach II 27[74]
Edelleute, Ritterschaft und Städte.
Gegenstand: Gerichtsverhandlung zwischen Gerhard Graf zu Sayn und Kurköln.

1472 VII 14, Koblenz[75]
Geistlichkeit des Offizialatsbezirks Koblenz.
Gegenstand: Türkenzehnt.

1472 XII 8, Cochem[76]
Cochem, Zell.
Heymlichen gespreche.

1472 XII 13, Treis[77]
Versammlung etlicher Pflegen des Erzstifts.

1473 nach III 7, Koblenz[78]
Cochem, Zell, Bernkastel.

1473 VII 8, Koblenz[79]
Bernkastel, Hamm, Cochem.
Gegenstand: Landzoll.

1473 VII 19, Trier[80]
Koblenz, Pflegen im Hamm.

1473 VII 29, Koblenz[81]
Pflegen im Hamm, Cochem.

1473 VIII 2, Koblenz[82]
Pflegen im Hamm, Bernkastel, Cochem, Boppard, Oberwesel, Münstermaifeld, Montabaur, Limburg, Mayen,
Johann von Pyrmont.

---

74 LHAK 1 C 9551, S. 1–2.
75 LHAK 1 C 16213, Bl. 41 (1472 VII 14, Koblenz).
76 LHAK 1 C 16213, Bl. 45 (1472 XII 11, Ehrenbreitstein).
77 LHAK 1 C 16213, Bl. 45f. (1472 XII 11, Ehrenbreitstein).
78 Stak- 623- BMR 4075, S. 3.
79 Stak- 623- BMR 4077, S. 4.
80 Stak- 623- BMR 4077, S. 6.
81 Stak- 623- BMR 4077, S. 6.
82 Stak- 623- BMR 4077, S. 7.

1474 VIII 1/8/13, Koblenz[83]
Oberwesel, Boppard, Limburg, Montabaur, Münstermaifeld, Mayen, Wittlich, Hamm, Bernkastel, Cochem.
Gegenstand: Schützenaufgebot für die Neusser Fehde.

1481 XI 5/6, Koblenz[84]
Domkapitel, Trier, Oberwesel, Boppard, Zell, Cochem, Münstermaifeld, Wittlich, Bernkastel, Montabaur, Grafen und Ritterschaft, Johann von Pyrmont, Georg von der Leyen.
Gegenstand: Päpstliches Subsidium, Zollbefreiung der domkapitularischen Weintransporte.

1486 VII 31, Cochem[85]
Geistlichkeit der Diözese Trier, Grafen, Herren, Ritter, Städte.
Gegenstand: *ob rei publice christiane et sacri romani imperii evidentes necessitates.*

1488 I 9/10, Cochem[86]
Prälaten, Grafen, Herren, Ritterschaft, Städte und Landschaft.
Gegenstand: *mirgliche sachen.*

1488 II 27, Koblenz[87]
Prälaten, Grafen, Ritter, Städte und Landschaft. Im einzelnen nachweisbar: Domkapitel, die Äbte(?), Graf Virneburg, Graf Mörs, Graf Manderscheid, Westerburg, Rheineck, Graf Sayn, Kaspar von Miehlen gen. von Dieblich, Trier, Boppard, Oberwesel, Andernach, Münstermaifeld, Bernkastel, Wellmich, Saarburg, Treis, Montabaur, Limburg, Cochem, Zell, Mayen, Wittlich.
Gegenstand: Nürnberger Anschlag und kaiserlicher Zug.

1488 VIII 19, Koblenz[88]
Cunvercatien der Stände.

---

83 Stak- 623- BMR 4079, S. 5–7.
84 Stak- 623- BMR 4087, S. 17. Die Ladung erfolgte im Oktober des Jahres, ebd., S. 16. Die Anwesenheit von Grafen und Ritterschaft ergibt sich aus einem undatierten, wohl dem 31. Dezember 1481 zuzuordnenden Schreiben an den Erzbischof bezüglich der Weintransporte, LHAK 1 C 19389, S. 19.
85 Erzbischöfliche Ladung: LHAK 1 C 108, Bl. 59v (1486 VII 10, Koblenz); STAT RMR 1485/6, fo. 2r, 24r; LHAK 1 C 736, S. 179–180 (1486 XI 6); Ebd., S. 183f. (1487 I 27).
86 Ladungsschreiben des Erzbischofs: HHStAW Abt. 339, Nr. 310 (1487 XII 27, Trier). Stak- 623- BMR 4093, S. 1. In der Wittlicher Kellereirechnung werden folgende Beteiligte genannt, die auf ihrer Rückreise von Cochem auf Befehl des Erzbischofs Geschenke erhielten: Domherren, Damian von Helmstadt, die Äbte von St. Matthias, Mettlach, St. Mergen und St. Maximin, der Trierer Fiskal und der Rat der Stadt Trier.
87 Stak- 623- BMR 4093, S. 4f., vgl. STAT RMR 1487/8, fo. 2r (1488 II 25).
88 STAT RMR 1487/8, fo. 2r.

1492 XII 1, Zell[89]
Geistliche und weltliche Stände.
Gegenstand: Beratung über die Beschlüsse des kaiserlichen und königlichen Tages zu Koblenz.

1493 II 12[90]
Unio des Klerus im niederen Offizialat.

1493 V 4, Trier[91]
Prälaten, Grafen, Herren, Ritterschaft, Städte und Landschaft. Im einzelnen:
Die Trierer Abteien St. Maximin, St. Matthias, St. Marien und St. Martin sowie Prüm, Luxemburg, Mettlach, Tholey, Laach, die Äbte von Springiersbach, Eberhardsklausen und Himmerod; die Stifte St. Florin und St. Kastor in Koblenz, St. Simeon und St. Paulin in Trier, Liebfrauen in Pfalzel, St. Kastor in Karden, St. Martin und Severus in Münstermaifeld, St. Georg in Limburg, Liebfrauen und St. Martin in Oberwesel, Liebfrauen in Kyllburg; die Dekanate Trier, Mersch, Zell, Piesport, Perl, Ochtendung, Wadrill und Boppard.
   Graf Virneburg, Graf Dietrich von Manderscheid, Wirich vom Stein, Reinhard Graf zu Leiningen-Westerburg, Isenburg, Jakob und Philipp Burggrafen zu Rheineck, Johann, Ulrich und Kuno von Eltz, Georg von der Leyen, Hermann von Nickenich, Johann von Esch, Friedrich Zant, Philipp Haust von Ulmen, Paul Boos, Nikolaus und Johann von Kellenbach, Wilhelm Hombrecht, Johann von Helfenstein-Sporkenburg.
   Die Städte Trier, Koblenz, Boppard, Oberwesel, Limburg, Mayen, Hillesheim, Cochem, Münstermaifeld, Kobern, Hamm, Ediger, Wittlich, Bernkastel, Daun, Saarburg, Pfalzel, St. Wendel, Welschbillig, Schöneck, Grimburg.
Gegenstand: *anlygender sachen willen*.

1494 X 20, Cochem[92]
Prälaten, Geistliche, Grafen, Herren, Ritterschaft, Städte und Landschaft, im einzelnen:
Die Äbte von St. Maximin, St. Matthias, St. Marien und St. Martin in Trier, Prüm, Echternach, Luxemburg, Mettlach, Laach, Tholey, Gronau, Schönau (bei den beiden letztgenannten der Vermerk: *non sunt vocati*), Himmerod, Orval; bei den restlichen Äbten der Vermerk

---

[89] Ladung des Erzbischofs: LHAK 1 D 1355 (1492 XI 6, Ehrenbreitstein), GOERZ, S. 283, vgl. STAT RMR 1492/3, fo. 2r.
[90] STRUCK, Bd. 1, Nr. 1306, Bd. 2, Nr. 646.
[91] Ladung des Erzbischofs mit Einverständnis des Domkapitels: LHAK 1 C 108, Bl. 60v-61v (1493 IV 16, Koblenz), GOERZ, S. 286. Nach einer Eintragung in der Trierer Rentmeistereirechnung fand der Landtag tatsächlich am 4. Mai statt, STAT RMR 1492/3, fo. 4v. MATHEUS, Trier, S. 137, Anm. 246, nimmt irrtümlich an, der Landtag habe gegen den Willen des Erzbischofs stattgefunden. Die Einladung des Kurfürsten beweist jedoch das Gegenteil. Demnach sollte die Versammlung im Refektorium des Doms stattfinden, und genau das bestätigt die Rentmeistereirechnung.
[92] Ladung des Erzbischofs mit Einverständnis des Domkapitels, LHAK 1 C 108, Bl. 146r-148v (1494 X 2, Ehrenbreitstein), GOERZ, S. 291. Am 23. Oktober kehrten die Abgesandten der Stadt Trier zurück, STAT RMR 1494/5, fo. 14v.

non: Wadgassen, Sayn, Arnstein, Rommersdorf, Springiersbach, Vallendar, Eberhardsklausen, Mayen; die Priore der Kartausen bei Trier, Koblenz und Rittel; die Komture des Deutschen Ordens in Trier und Koblenz; die Nonnenklöster St. Irminen, Stuben, St. Thomas, Andernach, Marienburg, Engelport und Boppard; die Pröpste bzw. Dekane der Kollegiatstifte St. Paulin und St. Simeon in Trier, St. Florin in Koblenz, St. Martin und Severus in Münstermaifeld, St. Georg in Limburg, St. Martin in Oberwesel, Liebfrauen in Wetzlar, St. Kastor in Koblenz, Liebfrauen in Pfalzel, St. Lubentius in Dietkirchen und Liebfrauen in Oberwesel; der Vermerk *non* bei folgenden Stiften: St. Severus in Boppard, Liebfrauen in Diez, Weilburg, St. Georg in Gemünden, St. Goar in St. Goar, Idstein, Kyllburg, *Yvodico*, Prüm.

Grafen und Herren: Philipp Graf zu Virneburg, Wirich von Oberstein, Gerhard Graf zu Sayn, Dietrich und Johann Grafen zu Manderscheid, Johann Graf zu Nassau-Diez (*non*), Reinhard Graf zu Westerburg, Heinrich Graf zu Nassau-Beilstein (*non*), Jakob und Philipp Burggrafen zu Rheineck, Kuno von Winneburg, Wilhelm Graf zu Wied, Johann Rheingraf, Heinrich von Reichenstein (*non*), Gerlach von Isenburg, Friedrich von Sombreff.

Ritterschaft: Pyrmont, Johann, Ulrich und Kuno von Eltz, Otto Waldbott von Bassenheim, Hermann, Paul und Simon Boos von Waldeck, Helfenstein-Mühlenbach, Helfenstein-Sporkenburg, Nikolaus und Johann von Esch, Nikolaus von Kellenbach, Tilmann und Friedrich von Hayne, Heinrich und Adam von Sötern, Georg, Wilhelm und Philipp von der Leyen, Michael Waldecker (*non*), Friedrich vom Stein, Wilhelm Hombrecht, Gerlach Hausmann, Johann von Breitbach, Friedrich Zant, Johann von Hunolstein, Dietrich von Staffel (*non*), Philipp Hilchin, Frank von Kronberg, Hermann von Nickenich, Johann von Liebenstein, Ruprecht von Reil (*non*), Heinrich und Hugo von Wildburg (*non*), Heinrich von Metzenhausen, Dietrich und Gerlach (*non*) von Winneburg, Clerf, Karl von Monreal.

Städte und Landschaft: Trier, Koblenz, Boppard, Oberwesel, Limburg, Montabaur, Cochem, Wittlich, Mayen, Münstermaifeld, St. Wendel, Bernkastel, Saarburg, Hillesheim (*non*), Hamm, Pfalzeler Pflege, Alken, Kyllburg, Wellmich, Engers, Grimburg, Kobern, Niederlahnstein, Hammerstein, Vallendar, Leutesdorf, Hönningen, Treis, Pflegen Baldenau und Baldeneck, Daun, Schöneck, Schönberg, Reich (bei Boppard), Kempenich, Pellenz, Ediger.

Gegenstand: *unsers stiffts notsachen halber.*

1496 I 28, Cochem[93]
Gemeynen versamelung, im einzelnen nachweisbar: Domkapitel, Prälaten, Trier, Koblenz.

1497 III 31, Zell[94]
Eynen gemeynen lantdage unser undertanen, im einzelnen nachweisbar: Koblenz, Trier, Boppard.
Gegenstand: Boppard.

---

93 HHStAW Abt. 130 I, II B 5 Kur-Trier 3, Stück 2 (1497 II 28, Ehrenbreitstein); STAT RMR 1495/6, fo. 17v (1496 I 26); Stak- 623- BMR 1677 (1496 I 27).
94 LHAK 1 C 16218, S. 159f (1497 III 19, Ehrenbreitstein), GOERZ, S. 300; Stak- 623- BMR 4102, S. 7 (1497 III 29); STAT RMR 1496/7, fo. 2v (1497 III 31). Am 1. April kehrten die Abgesandten der Stadt Koblenz zurück, Stak- 623- BMR 4102, S. 9.

1498 VII 6, Merl[95]
Versamlong unser und unsers stiffts geistlichen und werntlichen, im einzelnen nachweisbar: Domkapitel, Reinhard Graf zu Leiningen-Westerburg, Koblenz.
Gegenstand: *unsers stiffts und der undertanen anligende noitsachen halben, subsidia unnd lantstuere zu erlangen.*

1498 VII 14, Koblenz[96]
Landschaft: Oberwesel, Montabaur, Limburg, Münstermaifeld, Mayen und Cochem.

1498 VII 19, Zell[97]
Gemeynen versamelung des stiffts, im einzelnen nachweisbar: Trier, Koblenz, Oberwesel, Montabaur, Limburg.

1498 VII 24, Koblenz[98]
Vereinigung der Stifte St. Kastor und St. Florin in Koblenz, St. Martin und Severus in Münstermaifeld, St. Severus in Boppard, St. Goar in St. Goar, Liebfrauen und St. Martin in Oberwesel, St. Georg in Limburg, St. Lubentius in Dietkirchen, St. Maria in Diez, St. Walburgis in Weilburg, St. Marien in Wetzlar und der Landdekane des Klerus des Trierer Niederstifts.
Gegenstand: Einigung gegen jegliche Angriffe und zur gemeinsamen Einsammlung der Subsidien.

1501 X 29, Trier[99]
Prälaten, Grafen, Ritterschaft, Städte und Stände, im einzelnen nachweisbar: Koblenz, Limburg, Oberwesel, Cochem, Ediger, Zell, Jakob von Baden.
Gegenstand: Koadjutorschaft, Landsteuer, Indigenatsrecht für den erzbischöflichen Rat, Abfindung der Schuldner des Stifts, Erlaß von Ordnungen für die geistlichen und weltlichen Gerichte, Münze, Abwehr des gemeinen Pfennigs, regelmäßige Landtage.

1501 XII 11, Koblenz[100]
Lanttage. Grafen, Herren, Ritterschaft, Städte und Landschaft.

---

95 Ladung des Erzbischofs: HHStAW Abt. 339, Nr. 310 (1498 VI 24, Ehrenbreitstein), vgl. Stak- 623- BMR 1679.
96 Stak- 623- BMR 1679.
97 STAT RMR 1497/8, fo. 9r (1498 VII 18); Stak- 623- BMR 1679 (1498 VII 19/20). Während in der Trierer Rechnung eindeutig von einer Versammlung in Zell die Rede ist, wird in der Koblenzer Rechnung einmal Hamm und einmal Merl genannt.
98 SCHMIDT, Nr. 2352.
99 Protokoll: STAW Abt. Löwenstein-Wertheim-Freudenberg Virneburger Akten C 58, Bl. 2v-3r. Bereits am 23. Oktober hatte der Utrechter Bischof Friedrich von Baden den Dompropst Bernhard Graf zu Solms und den Domherrn Damian von Helmstadt bevollmächtigt, ihn auf dem Landtag zu vertreten, LHAK 1 D 1414. Verschiedene Ausgaben des Trierer Rentmeisters wurden im Zusammenhang mit diesem Landtag nötig: STAT RMR 1501/2, fo. 3r, 15r, 15v, 21r.
100 Protokoll: STAW Abt. Löwenstein-Wertheim-Freudenberg Virneburger Akten C 58, Bl. 3v-5v, vgl. STAT RMR 1501/2, fo. 16v.

Gegenstand: Vertagung auf den 15. Februar 1502 in Zell, Ausfertigung des Ständeprivilegs, Verhandlung über die Höhe der Landsteuer und über die Münze, die Geistlichen sollen um ihre Meinung wegen der Subsidien gefragt werden, dafür sollen die Offiziale und Siegler eine *convocation* der Geistlichkeit einberufen, Besteuerung der nicht im Stift seßhaften, aber dort begüterten Geistlichen und Weltlichen, Ernennung von Personen, die die Steuer einnehmen, Zusammenstellung der Beschwerden gegen die geistliche und weltliche Gerichtsbarkeit, Forderungskatalog an den Erzbischof.

1502 II 16, Zell[101]
Des loblichen stifftes Trier stende, geistlichen und werentlichen.
Gegenstand: Besteuerung der Geistlichen, Modalitäten bei der Erhebung der Landsteuer, Münze, Verabschiedung der Texte des Ständeprivilegs und der Ständeeinung.

1502 II 17
Ständeeinung.
Aussteller: Gerhard Graf zu Sayn, Philipp Graf zu Virneburg, Reinhard Graf zu Leiningen-Westerburg, Gerlach und Salentin von Isenburg, Dietrich und Philipp Burggrafen zu Rheineck, Kuno von Winneburg, Heinrich von Pyrmont, Erbmarschall Johann von Helfenstein, Paul Boos von Waldeck, Georg von der Leyen, Nikolaus von Kellenbach, Johann Vogt von Hunolstein, Karl von Monreal, Dietrich von Braunsberg, Friedrich und Wilhelm Zant, Heinrich und Ulrich von Metzenhausen, Philipp Haust, Hermann von Nickenich, Kaspar von Dieblich, Fritz und Hans von Schmidtburg, Nikolaus von Kellenbach d. J., Ruprecht von Reil, Michael und Johann Waldecker, Colin von der Neuerburg, Philipp von Schonenburg, Wilhelm von Daun, Bernhard Robin, Heinrich vom Walde, Wilhelm vom Stein, Trier, Koblenz, Limburg, Montabaur, Münstermaifeld, Mayen, Cochem, Bernkastel, Wittlich, Zell im Hamm.

1502 nach IV 10, Koblenz[102]
Limburg, Münstermaifeld, Mayen, Cochem, Montabaur, Wittlich, Hamm, Heinrich von Metzenhausen, Rentmeister von Sierck, Domkapitel.

1502 V 9–12, Koblenz[103]
Grafen, Herren, Ritterschaft, Städte, Pflegen und Landschaft.
Gegenstand: Modalitäten für die Erhebung der Landsteuer.

---

101 Protokoll: STAW Abt. Löwenstein-Wertheim-Freudenberg Virneburger Akten C 58, Bl. 7r-14r. Am 10. Februar 1502 bestellte ein Bote für die Abgesandten der Stadt Koblenz Quartier in Zell, Stak- 623- BMR 1685.
102 Stak- 623- BMR 1685. Bei dieser Versammlung wurde auch der Beitritt von Kaisersesch zur Ständeeinung vollzogen, Stak- 623- Nr. 463 (1502 IV 13).
103 Die Landschaft erschien am 9. Mai in Koblenz, Stak- 623- BMR 1685. Protokoll der Versammlung vom 12. Mai: STAW Abt. Löwenstein-Wertheim-Freudenberg Virneburger Akten C 58, Bl. 14r-15v; HHStAW Abt. 339, Nr. 311, Bl. 120; LHAK 1 C 17, 1679.

1502 nach IX 24, Zell[104]
Landtag.

1503 I 26, Koblenz[105]
Landschaft und Pflegen: Montabaur, Limburg, Hamm, Cochem, Mayen, Münstermaifeld, Leutesdorf, Bernkastel, Engers, Hillesheim.

1503 III 28, Koblenz[106]
Landschaft.
Gegenstand: Huldigung.

1504 VI 25, Cochem[107]
Der eynung eyn dach zu halten.

1505 II 25, Koblenz[108]
Landschaft, Städte und Pflegen.

1505 X 29, Koblenz[109]
Städte, Pflegen und Landschaft, im einzelnen nachweisbar: Cochem, Hamm, Bernkastel, Boppard, Limburg.

1506 VI 17, Koblenz[110]
Landtag der Untertanen, im einzelnen nachweisbar: Domkapitel, Trier, Oberwesel, Boppard, Montabaur, Limburg, Münstermaifeld, Mayen, Wittlich, Bernkastel, Cochem, Hamm.

1506 IX 20, Koblenz[111]
Stände des Erzstifts, namentlich Reinhard Graf zu Leiningen-Westerburg.

1507 X 17–21, Cochem[112]
Landtag, namentlich Koblenz.

1507 XII 13, Cochem[113]
Versammlung, namentlich Trier.

---

104 Stak- 623- BMR 1684; STAT RMR 1501/2, fo. 2r.
105 Stak- 623- BMR 1686.
106 Stak- 623- BMR 1686.
107 STAT RMR 1503/4 boten.
108 Stak- 623- BMR 1689.
109 LHAK 1 C 738, S. 1f.; Stak- 623- BMR 1690.
110 Stak- 623- BMR 1692. Die Trierer Abgesandten verließen ihre Stadt am 14. Juni gemeinsam mit den Bevollmächtigen des Domkapitels, dem Dekan und dem Kantor, STAT RMR 1505/6, fo. 3v.
111 Ladung der Statthalter des Erzbischofs: HHStAW Abt. 339, Nr. 311, Bl. 114.
112 Stak- 623- BMR 1693.
113 STAT RMR 1507/8, fo. 2r.

1510 IX 2. Hälfte, Zell[114]
Landtag, *gemeyner convocatien*, im einzelnen nachweisbar: Koblenz und Trier.

1510 XI 7, Koblenz[115]
Städte und Landschaft: Trier, Oberwesel, Boppard, Limburg, Montabaur, Münstermaifeld, Bernkastel, Zell, Hamm, Wittlich, Cochem, Mayen, Saarburg.

1511 I 6, Koblenz[116]
Ständeversammlung von Städten, Pflegen und Landschaft.

Die Zusammenstellung zeigt, daß zumindest landtagsähnliche Versammlungen in Kurtrier über den gesamten Untersuchungszeitraum hinweg nachgewiesen werden können. Nach der starken Konzentration von Zusammenkünften in den Jahren von 1456 bis 1460, im Zusammenhang mit dem noch nicht restlos geklärten Verhältnis zwischen Landesherr und Ständen, finden die Landtage in der Folgezeit als Reaktion auf Entscheidungen der Reichsebene statt. Seit den 80er Jahren treten die Landstände wieder regelmäßig zusammen. Allein die Tatsache, daß die Stände zusammentraten, sagt jedoch noch nichts über die landständische Organisation im Erzstift Trier aus. Vielmehr sollte man sich von einer derartigen institutionellen Ebene lösen und nach Möglichkeiten der Vertretung ständischer Interessen per se fragen.

Wie groß die Spannbreite zu Beginn des 16. Jahrhunderts in Kurtrier war, verdeutlicht die Ständeeinung von 1502 und das Ständeprivileg Johanns von Baden. Von diesem Befund ausgehend, kann gezielt nach den Formen landständischer Aktivitäten während der Regierungszeit des Badeners geforscht werden. Zunächst jedoch zum Text vom 17. Februar 1502[117]:

Bei Punkt 6 verlassen die Stände die Forderungsebene von 1456 und kommen zur konkreten Ausgestaltung und Organisation der Landstände für die Zukunft, wobei es sich im wesentlichen um die ständische Gerichtsbarkeit und den Turnus der Landtage handelt. Hier kann also sicherlich nicht mehr von einem bloßen ad-hoc-Bündnis angesichts des bevorstehenden Wechsels im Erzstift gesprochen werden, zumal sich die Einwirkungsmöglichkeiten der Stände auf die Wahl des Erzbischofs als außerordentlich gering erwiesen hatten. Die Entscheidung für den Koadjutor Jakob von Baden fiel ausschließlich im Domkapitel auf besondere Fürsprache des gerade nicht-landständischen Grafen Dompropst Bernhard von Solms. Mögliche Einwirkungen im Vorfeld der Koadjutorverhandlungen lassen sich nicht nachweisen. Wie weit die Interessenvertretung der Landstände 1502 bereits gediehen war, beweist der Text der Einung:

6.) Falls irgendjemandem wegen der Einung ein Unrecht geschieht, soll er das Recht haben, dies vor die drei Stände zu bringen. Repräsentiert werden diese von je einem Grafen auf beiden Seiten des Rheins als Hauptleuten, denen sie zum Gehorsam verpflichtet sind.

---

114 Stak- 623- BMR 1699; STAT RMR 1509/10, fo. 2r.
115 Stak- 623- BMR 1699.
116 STAT Ta 57/2, vgl. STAT RMR 1510/1, fo. 4v, 16r.
117 LHAK 1 A 9112 (1502 II 17). Zwei weitere Ausfertigungen: Stak- 623- Nr. 461, 462. Druck: HONTHEIM, Bd. 2, Nr. 897; SCOTTI, Bd. 1, Nr. 40.

Falls erforderlich, sollen die Hauptleute in einungsrelevanten Fällen am Freitag nach Cantate einen Gerichtstag abhalten.

7.) Alle zwei Jahre am 25. Juni soll in Cochem *eyn gemeyniclich versamelunge deß stiffts stende, graven, herren, ritterschaft, stede und lantschafft* abgehalten werden, wo jegliche Rechtsstreitigkeiten der weltlichen Stände, also nicht nur die Fälle, die die Einung direkt betreffen, verhandelt werden sollen.

8.) Für die Zeit zwischen den Landtagen werden zwei ständige Ausschüsse gebildet, die die ständische Gerichtsbarkeit kontinuierlich vertreten. Im oberen Offizialat wird dieser gebildet von Salentin von Isenburg-Neumagen und Friedrich Zant von Merl sowie zwei Ratsmitgliedern der Stadt Trier; im Niedererzstift von Graf Gerhard von Sayn, Georg von der Leyen und zwei Abgeordneten vom Koblenzer Rat. Es sind also jeweils Grafen, Ritter und Städte vertreten, möglicherweise kann man Isenburg und Sayn auch als die Hauptleute der Einung ansprechen. Falls sich eines der Gerichte nicht einigen kann oder sich überfordert sieht, soll das jeweils andere Gericht innerhalb eines Monats nach Cochem geladen werden, um dort gemeinsam zu verhandeln und, wenn nötig, weitere Personen – gemeint sind Zeugen – hinzubitten. Auch in diesen Fällen kann ein allgemeiner Landtag einberufen werden, um über die Sache zu urteilen. Dabei dürfen sich die Mitglieder durch Gesandte vertreten lassen, die auf einem der regelmäßigen Landtage dazu ernannt und bevollmächtigt wurden. Innerhalb der Gerichte entscheidet die Mehrheit der Anwesenden.

Der entscheidende Unterschied zu 1456 liegt neben der Beteiligung des Klerus in der institutionellen Verfestigung der Landstände in Richtung auf eine landständische Verfassung. Wie weit diese ging, wird in der gesamten Tragweite jedoch erst durch eine zwei Tage später ausgestellte Urkunde des Kurfürsten faßbar[118]: Johann von Baden nimmt direkten Bezug auf den jüngsten Landtag der drei Stände des Erzstifts, auf dem die Einung vom 17. Februar beschlossen wurde[119], und nennt den Grund für die weitreichenden Zugeständnisse: Die Trierer Landstände haben ihm *eyn hylfflich staetlich schanck* zur Abtragung der erzstiftischen Schulden bewilligt. In der Urkunde wird die konkrete Ausgestaltung des Verhältnisses der Stände zum Landesherrn, repräsentiert durch Erzbischof, Koadjutor und Domkapitel, deutlich greifbar:

1. Johann von Baden will auf die Bestallungsurkunden seiner Räte Rücksicht nehmen und sie nur aus den Ständen und Landsässigen ersetzen, womit eine ganz zentrale Forderung landständischer Vertretungen, das Indigenatsrecht, durchgesetzt war;

2. alle Schuldner und Bürgen des Stifts sollen schadlos gehalten werden;

3. den Landständen wird die Aufsicht über die geistlichen und weltlichen Gerichte gewährt;

4. mit den rheinischen Kurfürsten sollen Münzvereinbarungen und -vereinheitlichungen vorangetrieben werden;

5. der Erzbischof soll sich bemühen, die Reichssteuern so weit wie möglich vom Stift abzuhalten, unvermeidbare Erhebungen mit den Ständen abzustimmen;

---

118 LHAK 1 A 9115 (1502 II 19); Druck: LOOZ-CORSWAREM, Entwurf, S. 233–236.
119 Vgl. das Protokoll der Verhandlungen vom 16. Februar, wo die Texte der beiden Urkunden verabschiedet wurden, STAW Abt. Löwenstein-Wertheim-Freudenberg Akten C 58, Bl. 8v-14r.

6. die Einmaligkeit des Schanks wird betont, um daraus keine regelmäßige Steuer ableiten zu können;

7. alle zwei Jahre soll zu Zell im Hamm(!) am 25. Juni ein Landtag stattfinden, zu dem auch der Erzbischof und das Domkapitel oder deren Gesandte kommen sollen. Die Stände sollen ohne spezielle Ladung auf eigene Kosten erscheinen. Dort soll über die Angelegenheiten des Erzstifts verhandelt werden. Darüber hinaus hat der Erzbischof das Recht, die Stände jederzeit zu einer Versammlung nach Trier, Koblenz oder einen anderen Ort an der Mosel einzuberufen. Daraus ließe sich möglicherweise ein alternierender Turnus ableiten, dergestalt, daß in einem Jahr eine Versammlung mit dem Erzbischof in Zell, im anderen Jahr eine Versammlung ohne ihn in Cochem stattfinden soll, oder man findet hier – und damit kommen wir zu einem Grundproblem der beiden Urkunden – die erzbischöfliche Sichtweise repräsentiert;

8. gegen alle Angriffe wegen der Annahme Jakobs von Baden zum Koadjutor will der Kurfürst die drei Stände schützen.

Die Urkunde ist vom Erzbischof, dem Koadjutor und dem Domkapitel besiegelt.

Folgende Betätigungsfelder der Landstände lassen sich demnach ausmachen:

1.) Die Abhaltung von Landtagen;

2.) die Ausübung ständischer Gerichtsbarkeit in Konkurrenz und Aufsicht über die erzbischöfliche Gerichtsbarkeit;

3.) Einflußnahme auf die Besetzung des kurfürstlichen Rates und damit auf die täglichen Regierungsgeschäfte;

4.) das Auftreten der Landstände als Geldgeber und Bürgen neben der einmaligen Geldbewilligung.

Insgesamt gesehen wird aus den beiden Urkunden eher ein konstruktives Miteinander von Landesherr und Ständen erkennbar als ein ausgeprägter Dualismus. Angesichts der drückenden Schuldenlast fanden sich die weltlichen Untertanen bereit, dem Erzbischof durch eine umfassende Kopfsteuer behilflich zu sein. Dafür gestand Johann von Baden ihnen politisches Mitspracherecht auf verschiedenen Ebenen zu. Diese Einträchtigkeit ist nur als Ergebnis einer länger anhaltenden Entwicklung verstehbar. Was die angesprochenen Betätigungsfelder der Landstände anbelangt, so konnten Landtage beziehungsweise landtagsähnliche Versammlungen über den gesamten hier untersuchten Zeitraum hinweg, also lange vor 1502, nachgewiesen werden. In den entsprechenden Zusammenhängen wird im einzelnen nachgewiesen, daß die Stände ebenfalls schon vor 1502 in verschiedenen Gerichten vertreten waren und fast ausschließlich den erzbischöflichen Rat besetzten. Desgleichen sind die Landstände – Adel und Städte – als Hauptgeldgeber des Kurfürsten anzusprechen. Bei Krediten von auswärtigen Finanziers treten sie als Bürgen auf. Die Analyse der gesamten Bandbreite landständischer Aktivitäten würde den Rahmen der vorliegenden Arbeit bei weitem übersteigen. Daher soll im folgenden nur nach den jeweiligen Motiven gefragt werden, welche die Landstände veranlaßten, tätig zu werden.

Aus dem Versagen der Landesherrschaft zu Beginn des 15. Jahrhunderts entstanden, formierten sich die kurtrierischen Landstände 1456 angesichts eines bevorstehenden Regierungswechsels und einer durchaus als Schwächeperiode zu verstehenden Zeit zur ersten formellen Einung der weltlichen Stände des Erzstifts Trier mit dem Ziel der Bewahrung ihrer

Rechte und der Eindämmung des Einflusses der Domherren. Die hervorragende Rolle des Domkapitels machte dieses im Erzstift Trier zum Widerpart der Landstände und nicht – wie z. B. in Kurköln – zum Hauptfürsprecher landständischer Interessen.

Neben der verfassungsmäßigen Dominanz des Domkapitels, die sich auf einer ganzen Reihe anderer Gebiete, insbesondere in der Verwaltung erzstiftischer Finanzen, wiederfindet, kann ein weiterer, gewichtiger Grund für die Sonderstellung der Domherren in Kurtrier namhaft gemacht werden. Im Trierer Domkapitel war während des gesamten 15. Jahrhunderts der Stiftsadel in erheblichem Maße unterrepräsentiert[120]. Der weitaus größte Teil der Kapitulare entstammte dem lothringisch/saarländischen und dem mainzisch/nassauischen Raum, was von vornherein dazu angetan war, latente Spannungen zu verschärfen. Ähnlich verhält es sich mit den Angehörigen der anderen geistlichen Institutionen, die vorwiegend aus der Region stammten und ihre Interessen im Domkapitel möglicherweise nicht genügend vertreten sahen. Dies würde auch erklären, warum sowohl bei den geistlichen als auch bei den weltlichen Ständen eine starke Dominanz des Niedererzstifts zu beobachten ist, da die genannte Ungleichgewichtigkeit für dieses Gebiet in noch höherem Maße zutrifft. Daher konnte das Domkapitel nicht das Forum sein, um landständische Interessen zu formulieren. Somit könnten die Lanstände als eine Plattform gewertet werden, welche die im Erzstift ansässigen Geistlichen und Adligen, aber auch die Städte nutzten, um ein Gegengewicht zum Domkapitel zu bilden, auf dessen Besetzung sie kaum einwirken konnten und das somit nicht für die Durchsetzung persönlicher und familiärer Interessen geeignet schien.

Ein gewichtiges Argument für das konstruktive Miteinander von Landesherr und Landständen bietet ein Vergleich von landständischen Tagungsorten und erzbischöflichem Itinerar. Abgesehen von den noch zu besprechenden Versammlungen der Jahre 1472/73 wird eine weitgehende Übereinstimmung sichtbar. Wenn die Landtage in Koblenz oder Trier stattfanden, kann es freilich nicht eindeutig geklärt werden, ob die Landstände den Ort ihres Zusammentreffens nach dem momentanen Aufenthalt des Erzbischofs ausrichteten oder vice versa. Es ist jedoch auffällig, daß die überwiegende Mehrzahl der Landtage oder landtagsähnlichen Versammlungen bis in die 80er Jahre fast ausschließlich an diesen beiden Orten stattfanden, wobei die Stadt an Rhein und Mosel weit hervorragt. Dies änderte sich in den letzten Jahrzehnten des 15. Jahrhunderts merklich: Nun dominieren bei Zusammenkünften der drei Stände Orte an der Mittelmosel, vor allem Cochem und Zell. Um diese Versammlungen, die in den meisten Fällen nachweisbar vom Erzbischof einberufen wurden, aufsuchen zu können, reiste Johann von Baden eigens dorthin oder verband dies mit einer Reise zwischen den beiden Zentren des Erzstifts. Somit macht sich aus diesem Blickwinkel der zunehmende Einfluß und das Zusammenwirken mit den Landständen ebenfalls bemerkbar.

Doch welcher Personenkreis vertrat diese Interessen? Wer gehörte überhaupt zu den Landständen? Was machte die Landtagsfähigkeit aus? Die überlieferten Landtagsladungen können diese Fragen beantworten. Beim Klerus ist der Anspruch erkennbar, daß alle geistlichen Institute der Diözese Trier vom Erzbischof zu den Ständen gerechnet wurden[121]. Die nähere Analyse der Einungen des Klerus und dessen Aktivitäten überhaupt läßt jedoch die

---

120 Vgl. die Karten bei HOLBACH, Stiftsgeistlichkeit, und DOHNA, Domkapitel, S. 237f.
121 Auch eine Liste der erzbischöflichen Kapläne in den Kollegiatstiften aus dem Jahre 1500 dokumentiert diesen Anspruch, LHAK 1 C 18, 1, HONTHEIM, Bd. 2, Nr. 896.

Klöster, Stifte und Landkapitel des weltlichen Territoriums in den Vordergund treten. Die Liste der Städte ist relativ konstant. Nur Boppard und Oberwesel fehlen 1502, da Boppard, urspünglich Reichspfandschaft, zuvor von Maximilian die Anerkennung seiner Reichsunmittelbarkeit erhalten hatte, die es trotz Widerrufung durch den König und erfolgreicher Gegenwehr des Kurfürsten aufrechtzuerhalten suchte und somit – vor allem von Oberwesel unterstützt – seine Teilnahme versagte, beziehungsweise für irrelevant hielt. Hierbei mag auch eine Rolle gespielt haben, daß die Landstände gerade im Falle Boppards 1497 Hilfe ablehnten und sich geschlossen hinter den Erzbischof stellten. Später waren Boppard und Oberwesel wieder regelmäßig auf den Landtagen vertreten.

Eine wichtige Sonderstellung unter den kurtrierischen Städten nahm die Bischofsstadt Trier ein[122]. Seit der zweiten Hälfte des 14. Jahrhunderts war es der Moselstadt gelungen, eine verhältnismäßig weitgehende Eigenständigkeit gegenüber dem Erzbischof zu behaupten, wobei die Rückendeckung durch die mit Luxemburg geschlossenen Schirmverträge eine große Rolle spielte. Nach der Klärung ihres Verhältnisses zum neuen Landesherrn – die noch zu behandelnde späte Huldigung Triers für Johann von Baden ist ein deutliches Zeichen für die selbstbewußte Haltung der Stadt – hielt sich Trier bis weit in die 70er Jahre des 15. Jahrhunderts von landständischen Aktivitäten offenbar fern. Sicherlich betrachtete die Moselstadt vor allem die Städte des Erzstifts als Verbündete bei der Durchsetzung eigener Interessen. Eine stärkere Einbindung in die Landstände schien aber zunächst nicht geraten, da dies zugleich eine Einschränkung ihrer Handlungsfreiheit bedeutet hätte. Erst die schwierige finanzielle Lage Triers in der zweiten Jahrhunderthälfte und der Zusammenbruch Burgunds veranlaßten die Stadt zu einer stärkeren Anlehnung an den Erzbischof und das Erzstift. 1481 war Trier erstmals seit der Huldigung im Jahre 1460 wieder auf einem Landtag vertreten und erscheint in den folgenden Jahren regelmäßig bei Versammlungen der kurtrierischen Landstände, so daß auch aus diesem Blickwinkel der Feststellung von M. Matheus zuzustimmen ist, »gegen Ende des 15. und zu Beginn des 16. Jahrhunderts hatte die Stadt in vieler Hinsicht gegenüber dem Erzbischof faktisch die Stellung einer Landstadt eingenommen«[123].

Schwieriger ist die Eingrenzung des landständischen Adels. Dabei ist stets auch nach der Motivation für die Teilnahme zu fragen und inwieweit die Landstände zur Durchsetzung individueller Interessen beitragen konnten. Denn nur als Interessenvertretung verstanden, wird der eigentliche Sinn ständischer Zusammenschlüsse deutlich. Der Adel, und hier sind auch die reichsunmittelbaren Herrschaften gemeint, sah offenbar im gemeinsamen Handeln die gegebene Möglichkeit zur Durchsetzung seiner eigenen herrschaftlichen Anliegen im Rahmen eines Territoriums. Dieser Zusammenschluß scheint sich aus der Lehnsbindung heraus entwickelt zu haben und differenzierte sich im 16. Jahrhundert dahingehend, daß der Landbesitz innerhalb des Erzstifts beziehungsweise die Landsässigkeit zum entscheidenden Kriterium für die Landstandschaft wurde. In der zweiten Hälfte des 15. Jahrhunderts ist dies jedoch nicht eindeutig zu klären. Zwar können sämtliche Aussteller der Einung von 1456 dem kurtrierischen Lehnshof zugeordnet werden, dieser ist aber weder vollständig vertreten noch kann die Landsässigkeit als gemeinsames Element klar identifiziert werden. Freilich ist die Differenzierung 1502 bereits erheblich fortgeschritten, und hier kann der Landbesitz im

---

122 Vgl. MATHEUS, Trier, insbes., S. 133–148.
123 Ebd., S. 138.

Erzstift durchaus als Gemeinsamkeit veranschlagt, wenn auch nicht konsequent nachgewiesen werden[124]. Auffällig ist bei beiden Einungen die Konzentration von Adligen des Niedererzstifts, während der westliche Teil deutlich unterrepräsentiert ist.

Insgesamt gesehen veranlaßte nur eine verhältnismäßig enge Bindung an das Erzstift die Adligen zu gemeinsamem Handeln, da hiermit auch stets gewisse Verpflichtungen verbunden waren – die Landstandschaft demonstrierte die Zugehörigkeit zum Territorium. Sehr deutlich geht dies aus den Forderungen von 1456 hervor, denn diese lassen einerseits die grundsätzliche Sorge um das Wohl des Erzstifts erkennen, andererseits geht es um die Sicherung der Rechte aller Beteiligten innerhalb des Territoriums. Die Landesherrschaft selbst wird nicht in Zweifel gezogen. Es geht vielmehr um die konkrete Ausformung des Verhältnisses zwischen Landesherr und Untertanen. Die außergewöhnlich große Macht des Domkapitels sollte zugunsten des landständischen Einflusses eingedämmt werden. Wenn in Kurtrier überhaupt ein Dualismus vorhanden war, dann der zwischen Ständen und Domkapitel, nicht aber zwischen Ständen und Landesherr. Es wäre sicherlich falsch, dem Domkapitel eigennützige Motive zu unterstellen. Die Wahlkapitulation Johanns von Baden zeigt deutlich, daß auch die Domherren das Wohl des Landes im Auge hatten. Der Schock des Schismas von 1430 und seine Folgen wirkten noch immer nach. Freilich besaß das Domkapitel weitreichende Mittel zur Realisierung seiner Ziele, und die Landstände fürchteten somit zu Recht, vom Domkapitel in den Hintergrund gedrängt zu werden. Der Gang der Ereignisse bestätigte diese Befürchtung, denn die Domkapitulare konnten ihre Position während der Regierungszeit Johanns von Baden weiter ausbauen. Nur die enge Kooperation mit den Landständen konnte dem Erzbischof noch einen gewissen Freiraum erhalten. Daß dies in letzter Konsequenz zu einem erheblichen Machtzuwachs der Ritterschaft führte, liegt in der Natur der Sache. Die vielfältigen Beschränkungen der Macht geistlicher Fürsten eröffneten auch während einer 46jährigen Regierungszeit nicht die Chance auf landesherrliche Machtentfaltung, wie sie in weltlichen Fürstentümern zumindest potentiell möglich war.

Bereits beim Regierungsantritt Johanns von Baden waren die drei bestimmenden Kräfte des Territoriums klar erkennbar geworden: Neben dem Landesherrn spielte das Domkapitel, das sich immer wieder auch zum Sprecher der gesamten Geistlichkeit der Diözese machte, die Rolle der Mitregierung, die weitreichende Kontrollbefugnisse besaß. Die Landstände traten als zusätzliches politisches Gewicht auf und versuchten, den Landesherrn dem Einfluß des Domkapitels zu entziehen. Das konkurrierende Zusammenspiel dieser Kräfte ist kennzeichnend für die Politik und Herrschaft des Erzstifts Trier in der zweiten Hälfte des 15. Jahrhunderts. Entsprechende Konstellationen begegnen uns immer wieder, wenn die Quellen der Zeit von landständischen Aktionen berichten.

Während des Jahres 1456 entfalteten insbesondere Ritterschaft und Städte rege Aktivitäten. Die Johann von Baden zu leistende Huldigung führte am 22. März 1457 alle drei Stände des Erzstifts Trier im Koblenzer Deutschordenshaus zusammen[125]. Als die weltlichen Stände in der ersten Jahreshälfte fast ausschließlich mit der Huldigung beschäftigt waren, sah sich der Klerus angesichts päpstlicher Zehntforderungen zu gemeinsamem Handeln veran-

---

124 Noch am Ende des 16. Jahrhunderts war dies nicht eindeutig geklärt, vgl. KNETSCH, Landstände, S. 51.
125 LHAK 1 C 16212, Bl. 27r.

laßt[126]. Sehr deutlich zeigen sich somit die unterschiedlichen Motivationen. Während die Anerkennung des Gewählten für die Geistlichkeit kein Thema mehr sein konnte, waren die weltlichen Stände noch immer mit der Klärung ihres Verhältnisses zum neuen Landesherrn beschäftigt. Zehntforderungen konnten wiederum Ritterschaft und Städte nicht tangieren, da sich solche traditionell an den Klerus der Diözese richteten. In der Folgezeit wurde es um den geistlichen Stand ruhiger, da man sich anscheinend mit der Zahlung des Türkenzehnten abgefunden hatte[127]. Demgegenüber blieben die weltlichen Stände auch nach päpstlichem und kaiserlichem Verbot hartnäckig bei ihrer Einung[128].

Einen Einschnitt bildet die Huldigung Triers am 12. Mai 1460 als letzte Stadt des Erzstifts auf der Huldigungsliste. Die Stadt versuchte – anscheinend von den Landständen unterstützt – ihre selbstbewußte Stellung gegenüber dem Landesherrn so lange wie möglich zu behaupten. Die anschließende Huldigung kann als Reaktion auf die Bulle Pius' II. vom 23. Dezember 1459 verstanden werden, die die Stadt zum endgültigen Einlenken bewegte. Auffällig ist eine Parallele in den Huldigungsberichten für die Zeit Jakobs von Baden, denn Peter Maier weiß von keiner Huldigung Triers zu berichten, sondern vermerkt nur, die Stadt hätte nächste Pfingsten huldigen wollen, was er und andere vom Erzbischof gehört hätten[129]. Tatsächlich hat der Kurfürst während seiner Regierungszeit Trier nicht besucht. Auch das schließliche Nachgeben der Kathedralstadt gegenüber Johann von Baden im Jahre 1460 – Trier hatte, wie die anderen Städte, nur unter dem Vorbehalt der Bewahrung ihrer althergebrachten Rechte und Freiheiten gehuldigt – ließ die weltlichen Stände nicht erlahmen. Von der traditionell engen Kooperation der drei Städte Boppard, Koblenz und Oberwesel abgesehen[130], blieben auch die anderen Teilnehmer der Ständeeinung zumindest in den Jahren 1460 und 1461 in Kontakt. Aufgrund der Quellenlage ist hierbei das städtische Element am ehesten greifbar. Die angeführten landständischen Versammlungen in dieser Zeit sind ein sprechender Beweis hierfür. Gleichzeitig war es in der Stadt Koblenz zu verschiedenen Auseinandersetzungen gekommen: Wegen der Befreiung der Koblenzer Bürger von den erz-

---

126 LHAK 1 C 16213, Bl. 1 (1457 V 10, Koblenz), vgl. LAGER, Johann von Baden, S. 25f.
127 Vgl. oben.
128 Neben den von MATHEUS, Trier, S. 136, Anm. 241, angeführten Belegen aus den städtischen Rentmeistereirechnungen sind folgende für die Zeit bis zur Huldigung der Stadt Trier heranzuziehen: LHAK 1 A 8398 (1459 IX 1); HHStAW Abt. 340 U 11075 (1459 IX 13); BayHStA Kasten blau 385/14 (1460 I 1, Ruppertseck – 1460 IV 7, Ehrenbreitstein).
129 LHAK 701,4, fo. 110r.
130 Mit Boppard schloß die Stadt Koblenz schon 1253 VII 22 ein Bündnis, Stak- 623- Nr. 2 (1253 VII 22, Boppard), MRUB, Bd. 3, Nr. 1207. 1412 IV 12/13 wurde das Bündnis der Städte Koblenz, Bonn, Andernach, Boppard und Oberwesel bekräftigt, BÄR, Urkunden, S. 118f. Diese vier Städte erscheinen auch als Mitbürger in Koblenz, ebd., S. 137. Die enge Kooperation der drei Städte Boppard, Koblenz und Oberwesel wird aus zahlreichen Einträgen in den Koblenzer Bürgermeisterrechnungen deutlich. In jedem belegten Rechnungsjahr wird von mindestens einer Unterredung der Städte berichtet. Für das gute Verhältnis zueinander ist bezeichnend, daß Koblenz und Oberwesel im Vorfeld der Bopparder Fehde einen Schlichtungsversuch unternahmen, Stak- 623- BMR 4102, 4103. Ein Versuch, auch Andernach in diese Bemühungen miteinzubeziehen, scheiterte offenbar, Stak- 623- BMR 4103, S. 2. Obwohl Koblenz und Oberwesel bis zum 14. Juni 1497 um eine Einigung bemüht waren, beugten sich beide schließlich dem Landesherrn, und zumindest die Koblenzer zogen am 22. Juni mit dem Erzbischof gegen Boppard, Stak- 623- BMR 4103, S. 5f, 11f.

bischöflichen Zöllen in Koblenz einigte man sich nach kurzen Verhandlungen[131]. Wegen einer nicht näher bestimmbaren *eynung des merten deiles des stiffts von Trier etc.* war es zum Streit zwischen der Stadt Koblenz und einigen Kanonikern und einem Vikar der dortigen St.-Kastor-Kirche gekommen[132]. In der Fehde des Pfalzgrafen gegen Ludwig von Pfalz-Veldenz trat nochmals die Verbindung Ludwigs zu den kurtrierischen Landständen, die er um Unterstützung angegangen hatte[133], zutage. In der Folgezeit fließen die Nachrichten zu landständischen Aktionen deutlich spärlicher.

Dies änderte sich jedoch im Jahr 1472. Hintergrund der Ereignisse sind die Beschlüsse des Regensburger Reichstages von 1471 bezüglich des Türkenzehnten und das dem Trierer Erzbischof dort erteilte Privileg zur Erhebung eines Landzolls. Während der Türkenzehnt zum Widerstand der Geistlichkeit führte, erregte der neue Landzoll zunächst das Mißtrauen der Untertanen, da diese offenbar über die Form der Erhebung nicht hinreichend informiert worden waren. Im Erzstift lief das Gerücht um, der Zoll solle nicht nur von jedem über Land transportierten Fuder Wein erhoben werden, sondern darüber hinaus würden die Weine schon in den Kellern versiegelt[134]. Dagegen formierten sich Cochem, Bernkastel und die Gemeinden im Hamm zum Widerstand und suchten Rückendeckung bei den Landständen, wie verschiedene Versammlungen in Cochem, Treis, Koblenz und Trier belegen[135].

Die Johann von Baden erteilte päpstliche Erlaubnis zur Erhebung eines Subsidiums von bis zu 15000 Gulden von der Geistlichkeit zur Einlösung der verpfändeten Ämter des Erzstifts führte zu einer Intensivierung der landständischen Aktivitäten, die nun auch die Geistlichkeit zumindest partiell miteinbezogen. Diese wurde bei den Koblenzer Verhandlungen Anfang November 1481 durch das Domkapitel vertreten[136]. Infolge der anstehenden außergewöhnlichen Belastung traten hier die drei Stände des Erzstifts gemeinsam handelnd in Erscheinung. Da das Subsidium nur den Klerus betraf, ist die Rolle der weltlichen Stände nicht klar ersichtlich. Möglicherweise traten sie – und hierin wäre auch eine Form landständischen Handelns zu sehen – zur Unterstützung des Landesherrn gegen die Weigerung der Geistlichkeit zur Zahlung der Abgabe an. Ob bereits an eine Beteiligung von Ritterschaft und Landschaft an der Aufbringung des Geldes gedacht war, läßt sich nicht mit Gewißheit klären. Bestimmt wurde jedoch über die Gewährung von Krediten verhandelt[137].

---

131 Die Verhandlungen fanden am 23. Juli 1460 in Koblenz statt, Stak- 623- BMR 1653, Bl. 4v. Daraufhin wurde über den Vergleich ein Kerbzettel ausgefertigt, LHAK 1 C 18, 212 (1460 VII 30, Ehrenbreitstein).
132 LHAK 1 A 1208 (1460 VIII 29), SCHMIDT 2095.
133 BayHStA Kasten blau 385/14 (1461 VI 20, Ehrenbreitstein).
134 LHAK 1 D 1262 (1472 XII 11, Ehrenbreitstein), GOERZ, S. 236.
135 Ein für den 26. März in Pfalzel angesetzter Termin mit den drei Pflegen vor dem Erzbischof oder seinen Räten mußte wegen der Spannungen im Erzstift Köln verschoben werden, LHAK 1 D 1263 (1473 III 21, Ehrenbreitstein), GOERZ, S. 237. Möglicherweise waren die Abgesandten von Cochem, Zell und Bernkastel Anfang Mai zu Verhandlungen in Koblenz, Stak- 623- BMR 4075, S. 7. Die Versammlung vom 2. August 1473 zeigt die Orientierung der Pflegen zu den Städten.
136 Zum Gegenstand der Verhandlungen vgl. unten.
137 Von Graf Philipp von Nassau-Saarbrücken lieh der Erzbischof 6000 rheinische Gulden, wofür sich unter anderen Friedrich Graf zu Wied-Isenburg verbürgte, FWA IV-12-2 No. 33 (1481 XI 18, Ehrenbreitstein), SCHULTZE, Nr. 713.

Der in vieler Hinsicht einschneidende Frankfurter Reichstag von 1486[138] veranlaßte Johann von Baden, eine allgemeine Versammlung von Geistlichkeit, Grafen, Herren, Ritterschaft und Städten einzuberufen[139], um *ob rei publice christiane et sacri romani imperii evidentes necessitates*, insbesondere über die finanziellen Anforderungen zu verhandeln[140]. Spätestens die Landtage von 1486 und 1488 bestätigen das kooperative Zusammenwirken von Landesherrn und Ständen in Kurtrier, zumindest wenn es um finanzielle Forderungen von seiten des Kaisers oder Königs ging. Da diese Abgaben nicht allein die Geistlichkeit, sondern das ganze Territorium betrafen, waren alle drei Stände einbezogen[141]. Die vermehrten Anforderungen durch das Reich hatten somit zu einem Gleichklang der Interessen geführt, der zuvor durch die unterschiedliche Ausgangslage unerreichbar schien. Die ausdrücklich für das gesamte Erzstift geltenden Anschläge erforderten notwendig gemeinsames Handeln. Beim derzeitigen Kenntnisstand läßt es sich nicht klären, inwieweit die weltlichen Untertanen seit den 80er Jahren des 15. Jahrhunderts tatsächlich zu Abgaben herangezogen wurden[142]. Die in solchen Zusammenhängen abgehaltenen Landtage brauchen nicht im einzelnen behandelt zu werden. Parallele Einungen des Klerus belegen, daß für Abgaben an den Erzbischof offenbar noch immer überwiegend die Geistlichkeit zur Verfügung stand. Dies änderte sich erst am Ende des 15. Jahrhunderts grundlegend.

In der bereits besprochenen Urkunde Johanns von Baden vom 23. April 1498 bezüglich der Aufnahme dreier Domherren in seinen Rat[143] wurde bereits eindeutig auf das Mitspracherecht der Landstände bei der Bewilligung von Subsidien und Steuern Rücksicht genommen, und im gleichen Jahr begannen die Verhandlungen über die Bewilligung einer Landsteuer. Zu diesem Zweck wurde für den 6. Juli 1498 ein Landtag nach Merl anberaumt[144], wo allem Anschein nach das Ansinnen des Erzbischofs abgelehnt wurde. Dennoch befahl Johann von Baden am 8. Juli allen Amtleuten und Kellnern der trierischen Ämter, *uffs geheymst* eine Beschreibung anzufertigen, wieviele Flecken, Dörfer, Höfe und Mühlen sich in ihren Amtsbezirken befänden, wieviele Feuerstellen diese hätten und wie groß der Besitz der Geistlichen und Adligen sei. Die Ergebnisse sollten bis zum 20. beziehungsweise 21. Juli

---

138 Vgl. WIESFLECKER, Maximilian, S. 192f.; ANGERMEIER, Reichsreform, S. 145–164.
139 Vgl. oben.
140 Vgl. MATHEUS, Trier, S. 137.
141 Gemeinsam lehnten die Landstände am 27. Februar 1488 in Koblenz die Bezahlung des Nürnberger Anschlags von 3000 Gulden ab, vgl. die Mahnung des Kaisers an das Domkapitel und an Prälaten, Grafen, Freiherren, Ritter, Knechte, Schultheißen, Bürgermeister, Richter, Räte, Bürger und Gemeinden, *so dem stifft Trier underworffen und zugehorig*, LHAK 1 A 8765, 8766 (1488 III 19, Innsbruck).
142 Die von KNETSCH, Landstände, S. 41f., angeführte Stelle aus dem Sitzungsprotokoll des Domkapitels aus dem Jahr 1486, wonach auch die Landschaft zu einer Steuer für die Einlösung von Schönecken in der Eifel herangezogen werden sollte, wird durch die zwei Jahre später erfolgte Ernennung von Kommissaren zur Erhebung der Abgabe entkräftet, da nur noch von einem Subsidium von der Geistlichkeit die Rede ist, STAT V 19 (1488 VII 29, Trier). DERS., S. 42, urteilt weiter unten schon vorsichtiger, »daß sich eine Besteuerung der Landschaft eben jetzt erst im Anschluß an die geistlichen Subsidien zu entwickeln begann, aber andererseits fanden noch am Ende des XV. Jahrhunderts gesonderte Verhandlungen mit dem Klerus, dieser wieder getrennt nach Ober- und Niederstift, statt«.
143 Vgl. oben.
144 Ladung an Reinhard Graf zu Leiningen-Westerburg, HHStAW Abt. 339, Nr. 310 (1498 VI 24, Ehrenbreitstein).

in die Kanzlei gesandt werden[145]. Der Zweck dieser Amtsbeschreibungen liegt auf der Hand: Es sollte eine Grundlage für die Besteuerung sämtlicher Untertanen des Erzstifts hergestellt werden. Da keine der statistischen Beschreibungen im Original überliefert ist und nur wenige von Peter Maier in seinem Huldigungsbuch aufgenommen wurden[146], läßt sich zum Erfolg der Maßnahme kaum etwas sagen. In den folgenden drei Jahren hören wir zumindest nichts von der Erhebung einer Landsteuer[147].

Genaueres über die folglich schon länger vorbereitete Landsteuer erfahren wir aus vier erhaltenen Reinschriften von Protokollen der Landtagsverhandlungen aus dem Anfang des 16. Jahrhunderts[148]. Da sämtliche dort verhandelten Forderungen der Landstände in die Texte der Einung beziehungsweise des Ständeprivilegs von 1502 aufgenommen wurden, und es offenbar zu keinen größeren Differenzen kam, sollen hier nur die Verhandlungen über die Landsteuer behandelt werden, die einen zunehmend breiteren Raum einnehmen. Im Protokoll des Landtags vom 29. Oktober 1501 wird die zu erwartende Steuer nur kurz erwähnt. Eine erneute Verhandlung am 11. Dezember in Koblenz brachte noch keine Einigung, so daß die Sache bis zum 14. Februar 1502 vertagt wurde. Die Modalitäten der Steuererhebung waren dort schon eingehend beraten worden. Darüber hinaus sollten Grafen, Herren, Ritterschaft, Städte und Landschaft in Erfahrung bringen, was der Anschlag für den Schank einbringen werde. Sofern die Einnahmen nicht ausreichten, seien andere Wege zu suchen, eventuell auch eine mehrmalige Erhebung ins Auge zu fassen. Der Klerus hatte dafür zu sorgen, daß ein ebenfalls gefordertes Subsidium tatsächlich von allen Geistlichen bezahlt werde. Mit der Kontrolle der Einnahme wurden die Offiziale, Siegler und Landdekane betraut. Auf einer Versammlung der geistlichen Stände sollte dies endgültig beschlossen werden. Zur Einsammlung von Subsidium und Schank wollten die Landstände Personen benennen, die gemeinsam mit den Abgeordneten des Erzbischofs über die Verwendung des Geldes befinden sollten. Das Hauptanliegen der Stände war die Einmaligkeit des Schanks, damit keine regelmäßige Steuer daraus abgeleitet werden könnte.

Die abschließenden Verhandlungen fanden am 16. Februar 1502 in Zell statt, wo Kurfürst und Landstände sich über sämtliche Punkte einigten. Wiederum werden nur die Bestimmungen über die Erhebung des Subsidiums und des Schanks herausgegriffen: Für das Subsidium sollten die Landstände je zwei Kommissare im oberen und niederen Offizialat benennen, die vom Erzbischof zu Sieglern ernannt und mit der Erhebung betraut wurden. Diesen wollte der Kurfürst auch Vollmacht geben, die Subsidien von exemten Gütern einzufordern. Zur Einsammlung der Abgabe ordnen die weltlichen Stände einige der ihren nach Trier und Koblenz ab. Über die Verwendung des Geldes soll von Bevollmächtigten des Erzbischofs

---

[145] Zwei Abschriften: LHAK 701,4, fo. 278, 358v (1498 VII 8, Zell), vgl. RICHTER, Sekretär, S. 62.
[146] Vgl. RICHTER, Sekretär, S. 63.
[147] Ein Eintrag in der Koblenzer Bürgermeisterrechnung bietet einen Hinweis auf ein entsprechendes Ansinnen des Kurfürsten: *Item uff mytwoch naich halffast, alß uns gnediger her die lantsture gesan, hain ich eyn boden geschickt zu Eltz, zu Meyen, zu Saffge, dem geben IX s*, Stak- 623- BMR 1681 (1500 IV 1).
[148] Vermutlich waren noch mehr Exemplare angefertigt worden, doch haben sie sich nur im Virneburger Archiv und im Archiv der Grafen von Leiningen-Westerburg erhalten, STAW Abt. Löwenstein-Wertheim-Freudenberg, Virneburger Akten C 58; HHStAW Abt. 339, Nr. 311, Bl. 120.

sowie des Domkapitels, der Prälaten, Grafen, Herren, Ritterschaft, Städte, Pflegen und Landschaft bestimmt werden. Bei diesem Zeller Landtag wurden sowohl das Ständeprivileg als auch die Ständeeinung verabschiedet, in beiden wird auf die Steuererhebung eingegangen.

Nach diesem grundsätzlichen Beschluß über die Zahlung des Schanks mußten noch die Zahlungsziele bestimmt werden. Zu diesem Zweck kamen die weltlichen Stände am 12. Mai 1502 nochmals in Koblenz zusammen. Dort wurde beschlossen, die Taxierung der Steuerpflicht in den kommenden acht Wochen durch die Vorsteher der Gemeinden laut der bereits verabschiedeten Ordnung vornehmen zu lassen. Dem jeweiligen Amtmann oder Kellner sollten sie schwören, dies ordnungsgemäß zu tun. Nach Abschluß der Taxierung waren die Register dem Koblenzer Rat und dem Amtmann oder sonstigen Verordneten des Landesherrn abzuliefern. Nachdem diese geprüft worden sind, habe die Erhebung durch die genannten Vorsteher zu erfolgen. Die Summen, die bis Weihnachten in den Orten eingenommen werden, sollten am Freitag nach Weihnachten morgens um acht Uhr im Koblenzer Rathaus Monreal den erzbischöflichen Räten und den Kommissaren der Grafen, Herren, Ritterschaft, Städte, Pflegen und Landschaft übergeben werden[149]. Diese befinden über die weitere Verwendung. Ebenso sei mit den Subsidien der Geistlichkeit zu verfahren. Die Taxierung und Erhebung betraf alle Güter von Untertanen des Erzstifts, auch von Beisassen und Auswärtigen, die in Hochgericht, Raub und Brand des Trierer Kurfürsten lagen.

Über den tatsächlichen Erfolg der Landsteuer von 1502 ist wenig bekannt. Unter Erzbischof Jakob von Baden zahlte die Geistlichkeit im Offizialatsbezirk Trier zwölf *subsidia consueta* und im Offizialatsbezirk Koblenz sechs *subsidia consueta* und zwei *subsidia inconsueta*[150], und die weltlichen Untertanen gaben zur Bezahlung von Zinsen und zur Auslösung von Ämtern 14 000 Goldgulden[151]. Bereits für die Zeit nach 1501 bemerkte G. Knetsch: »Für die nächsten Jahrzehnte versiegen die Quellen für die Geschichte der Trierischen Landstände wieder fast vollständig«[152]. Konsequenterweise setzt er seine Darstellung auch erst mit den 40er Jahren des 16. Jahrhunderts fort. Demnach hätte die Heranziehung auch der weltlichen Untertanen zu regulären Abgaben einen zumindest vorläufigen Erfolg gehabt. Die landständischen Aktivitäten verlagerten sich vermutlich auf andere Gebiete. Bevor nicht entsprechende Untersuchungen vorliegen, sind hierüber jedoch keine genauen Angaben möglich.

Um die Entstehung und Entwicklung der Landstände des Erzstifts Trier einordnen zu können, bietet sich ein Vergleich mit der als sehr fortschrittlich geltenden Entwicklung in Kurköln an. Die Erblandesvereinigung von 1463, deren Inhalt von G. Droege eingehend ana-

---

149 Anfang 1503 hatten die Untertanen des Amtes Montabaur noch nicht gezahlt, vgl. die Mahnung des Erzbischofs an den Amtmann Reinhard Graf zu Leiningen-Westerburg, HHStAW Abt. 339, Nr. 311, Bl. 127 (1503 I 5, Ehrenbreitstein). Da nicht alles Geld eingegangen war, verlängerte Johann von Baden den Zahlungstermin bis in die Woche nach Reminiscere, vgl. LHAK 1 C 16221 (1503 II 1, Ehrenbreitstein), GOERZ, S. 321.
150 LHAK 701,4, fo. 110v. Zur Unterscheidung der beiden Subsidienarten vgl. KNETSCH, Landstände, S. 19f.
151 LHAK 701,4, fo. 111r.
152 KNETSCH, Landstände, S. 43.

lysiert wurde[153], enthält bereits die wesentlichen Punkte bezüglich der inneren Verwaltung des Erzstifts, die in Kurtrier formal erst 1502 realisiert werden. In der sechs Jahre später erlassenen Hofordnung Erzbischof Ruprechts[154] wurden diese konkretisiert. Während im Erzstift Köln 1463 das bis zum Ende des Kurstaates geltende »Staatsgrundgesetz« in Kraft trat[155], ist die Entwicklung in Kurtrier 1456 und auch 1502 von nach wie vor mangelnder Kohärenz gekennzeichnet. Der Adel fühlte seine Interessen offenbar so wenig vertreten, daß er schließlich das Ausscheiden aus den Landständen betrieb. Die eingehende Analyse landständischer Tätigkeit während der Regierungszeit Johanns von Baden läßt die Entwicklung in Kurtrier gegenüber der im Erzstift Köln allerdings nicht als rückständig erscheinen, auch wenn dies zumindest in der Einungsurkunde 1456 noch nicht zum Ausdruck kommt. Der entscheidende Unterschied in beiden Territorien bestand in der Beteiligung des Klerus. Im Erzstift Köln vertrat das Domkapitel die gesamte Geistlichkeit und war als erster Landstand direkter Widerpart des Landesherrn mit weitreichenden Kompetenzen. Das Trierer Domkapitel gehörte den Landständen nicht an, vielmehr richteten sich die Aktivitäten der Stände gegen den großen Einfluß des Domklerus. Häufig ist ein konzentriertes Zusammenwirken der Geistlichkeit, insbesondere des Offizialatsbezirks Trier mit dem Domkapitel zu beobachten. Zu keinem Zeitpunkt bestanden ernsthafte Differenzen innerhalb des trierischen Klerus. Auch wenn hinsichtlich der Verhandlungen über Geldforderungen Einigkeit zwischen Geistlichkeit und weltlichen Ständen vorhanden war, kam es während des hier untersuchten Zeitraums nicht – wie in Kurköln – zu kooperativem, fest institutionalisiertem Zusammenwirken. Die erneute Ständeeinung von 1502 verzichtete bewußt nicht auf die gegen das Domkapitel gerichteten Artikel. Aus diesem Grunde kann die Rolle des Domkapitels in Kurtrier nicht eindeutig bezeichnet werden. Es nahm hinsichtlich der landständischen Organisation eine Zwitterstellung ein. Einerseits war es Teil der Herrschaft, andererseits als Sprecher der Geistlichkeit Repräsentant der Interessen des ersten Standes. Dessen ungeachtet können die Verhältnisse in Kurtrier als landständische Verfassung im Sinne von A. von Reden-Dohna »als ein zum Teil nur informelles, zunehmend geregeltes, in bestimmten Institutionen sich verfestigendes Zusammenwirken des Landesherrn mit den im Land gesessenen lokalen Herrschaftsträgern«[156] bezeichnet werden. Dem Klerus kam eine besondere Bedeutung zu. Im Erzstift Trier waren die Landstände von Anfang an eine eher progressive Institution, die auf Schwächen in der Landesherrschaft reagierte und ordnend zugunsten des Territoriums eingriff. Ohne Mitwirkung der Landstände wäre zumindest in der Zeit Johanns von Baden die Bewältigung der enormen Belastungen des Territoriums undenkbar gewesen. Ohne eine Institutionalisierung der Zusammenarbeit – wie in Kurköln – zu benötigen, wurden die Erfolge in der Politik des Erzbischofs stets in gemeinsamem Handeln mit Domkapitel und Ständen erzielt. Auch hier ist es gerechtfertigt, von einer »Verdichtung« im Sinne P. Moraws zu sprechen, die in vieler Hinsicht für die weitere Entwicklung des Territoriums richtungweisend wurde.

153 DROEGE, Verfassung und Wirtschaft, S. 100–108.
154 Druck: WALTER, S. 405–416; zum Inhalt: DROEGE, Verfassung und Wirtschaft, S. 116–118.
155 DROEGE, Verfassung und Wirtschaft, S. 107.
156 HRG, Bd. 2, Sp. 1578.

c) Finanzlage

Die Möglichkeiten und Grenzen der erzbischöflichen Finanzpolitik in der Zeit Johanns von Baden wurden schon mehrfach angesprochen, einzelne Bereiche werden an anderer Stelle behandelt. Daher sollen die folgenden Ausführungen anhand einiger ausgewählter Beispiele einen allgemeinen Überblick bieten, um die Wege aufzuzeigen, die der Erzbischof zur Realisierung seiner finanziellen Pläne beschritt. Eine erschöpfende Untersuchung der Finanzpolitik des Badeners wäre nur mittels einer auch statistischen Auswertung von sämtlichen überlieferten finanziellen Transaktionen hinsichtlich der geliehenen Summen, der Geldgeber und der Zahlungsmodalitäten möglich. Da eine solche Analyse auch das Ziel der vorliegenden Arbeit verfehlen müßte, wird vor allem zu berücksichtigen sein, inwieweit Finanzpolitik auf die Bildung von Herrschaftsmittelpunkten einwirkte oder auf bestehende Rücksicht nahm. Darüber hinaus zeigt gerade die Finanzlage in übergroßer Deutlichkeit die tatsächlichen Handlungsspielräume des Erzbischofs an der Wende zur Neuzeit auf. Dies wird der erste Schwerpunkt der nachfolgenden Untersuchung sein.

Dem Gestenschreiber für die Zeit Johanns von Baden erschienen einige sehr kostenintensive Unternehmungen erwähnenswert, die, insgesamt betrachtet, jedoch der Entwicklung des Territoriums günstig waren. Erwähnt werden die Einlösung der an die Grafen von Virneburg verpfändeten Burgen und Herrschaften Schönecken, Kempenich und Daun für 40000 Gulden, ein Teil der Herrschaft Limburg für 6000 Gulden,[1] die Abfindung der Hunolsteiner Erben mit etwa 10000 Gulden, der Kauf der Grafschaft Salm für 10000 Gulden und die Einlösung des Städtchens Merzig für 3000 Gulden[2]. Darüber hinaus wird von Johann von Baden berichtet, er habe fast alle Burgen und Schlösser der Trierer Kirche wiederhergestellt und einige völlig neu errichtet. Genannt werden Ehrenbreitstein, Engers, Daun in der Eifel, Bernkastel, Saarburg, Kyllburg, Schönberg u. a. Besonders hervorgehoben werden Baumaßnahmen am Palast in Trier, am Bischofshof in Koblenz, dem erzbischöflichen Hof in Frankfurt, der Burg in Kärlich, der Brunnenbau auf Ehrenbreitstein, Bauten am Schloß in Montabaur und die Wiederherstellung der Thermen in Bertrich[3]. Nicht minder kostspielig waren die Belagerungen von Beilstein und Boppard[4]. Einige Beispiele sollen zeigen, wie solch große Summen aufgebracht und die finanziellen Transaktionen abgewickelt wurden.

Woher das Geld für die umfangreiche Bautätigkeit Erzbischof Johanns stammte, läßt sich kaum einmal nachweisen[5]. Genaueres ist nur von dem trierischen Hof in Frankfurt, dem

---

1 Gesta Trevirorum, Bd. 2, S. 341.
2 Ebd., Bd. 2, S. 346.
3 Ebd., Bd. 2, S. 343f.
4 Ebd., Bd. 2, S. 344f.
5 Viele Amtsbestallungen enthalten Bestimmungen über die notwendigen Bauarbeiten an den betreffenden Amtsgebäuden bzw. Burgen. Das aufzubringende Geld wurde in der Regel mit der Pfandsumme verrechnet. In der Wittlicher Kellereirechnung von 1487 werden mehrfach Ausgaben für die Maurer verzeichnet, die in Bertrich tätig waren, LHAK 1 C 7577, S. 370ff. Zum Erwerb des Ortes durch Johann von Baden und der Bedeutung des Kurfürsten für den Ort vgl. F. BURGARD, Bad Bertrich – Ein Heilbad und seine Geschichte, in: Bad Bertrich, hg. v. Eifelverein, Trier 1988 (Die schöne Eifel), S. 30–49, hier: S. 35–37.

sogenannten Münzhof bekannt,⁶ also einem eher kleineren Objekt. Diesen hatte Erzbischof Kuno von Falkenstein 1380 von Rudolf von Sachsenhausen gekauft; er diente von nun an als Absteigequartier für die Erzbischöfe, das Domkapitel oder erzstiftische Beamte⁷. Die hier interessierenden Neubauten erfolgten in den 80er und 90er Jahren des 15. Jahrhunderts, ihre Finanzierung wurde mittels einer Hypothek sichergestellt. 1488 verlieh Johann von Baden den Münzhof an den kurmainzischen Kanzler Dr. Georg von Helle und dessen Tochter Margarethe. Im Vordergrund der Verleihung stand die Verpflichtung, die verfallenen Gebäude wiederherzustellen. Dazu wurde Helle und seiner Tochter gestattet, über bis zu 1000 Gulden zu verfügen, die sie allerdings aus eigenen Mitteln vorstrecken mußten. Dafür sollte ihnen der Hof so lange gehören, bis das Baugeld zurückgezahlt worden sei, der Erzbischof sicherte sich allerdings die Nutzungsrechte. Da es sich bei der Verleihung um die Veräußerung von Stiftsgut handelte, erklärte das Domkapitel sein Einverständnis und besiegelte die Urkunde neben Johann von Baden⁸. 1490 wurde die Summe des zu verbauenden Geldes auf 1300 Gulden erhöht⁹ und 1494 auf 1500 Gulden, nachdem Georg von Helle laut seiner Abrechnung bereits 2000 Gulden verbaut hatte¹⁰. Erst zu Beginn des 17. Jahrhunderts wurde die Hypothek wieder eingelöst¹¹. Der eher sporadischen Nutzung des Gebäudes angemessen, war in Frankfurt eine Finanzierungsmöglichkeit gefunden worden, die eine grundlegende Renovierung und nutzungsgerechte Ausstattung des Münzhofs gewährleistete und zugleich der eigentlichen Zweckbestimmung als Absteigequartier diente.

Ein Objekt von großer Bedeutung und zugleich ein hervorstechender Erfolg von Johanns Territorialpolitik war 1485 der Ankauf der Grafschaft Salm im Ösling. Die Motivation des Grafen Peter von Salm¹² zum Verkauf seines Territoriums sind ebensowenig bekannt wie längerfristige Planungen von seiten des Erzstifts, trotzdem war die Sache gut vorbereitet. Am

---

6 Vgl. F. MICHEL, Der ehemalige kurtrierische Hof in Frankfurt am Main, in: TrierZGKunst 20, 1951, S. 166–174.
7 Vgl. die Vergabe an Peter Kale von Frankfurt, LHAK 1 C 13, 742 (1442 VIII 8). 1459 erklärte Johann von Baden, *das wir unsern lieben getruwen Gerlach von Londorff zu unserm diener entpfangen und yme unsern und unsers stiffts hoff zu Franckfurt gelegen, genant der Muntzhoiff, mit der husungen und andern desselben hoiffs zugehorungen geluwen haint.* Die Verleihung sollte auf Gerlachs Lebenszeit terminiert sein, LHAK 1 C 18, 111 (1459 X 2, Ehrenbreitstein), GOERZ, S. 209. 1479 verlieh der Erzbischof den Hof an Johann von Rengsdorf und seine Frau Barbara, die sich verpflichteten, *uns, unser rete und dienere und darnach alle die ihenen, die wir daselbst wollen gehalten hain, zu herbergen und zu sleffen, so dick und vil des noit ist und darzu uff yren kosten halten funff und zwentzig guder bett mit yren pulen, kussen, lylachern und decklachen zu unserm und unser nakomen noitdurfft und behoiff,* LHAK 1 C 18, 563 (1479 IX 22), GOERZ, S. 249, MICHEL (wie Anm. 6), S. 169.
8 LHAK 1 A 8816 (1488 XII 24, Pfalzel), GOERZ, S. 271. Georg von Helle und seine Tochter sollten ständig in dem Hof wohnen oder aber jemand anderes einsetzen, der für sie sicherstellte, daß der Erzbischof oder seine Räte und Diener stets 20 wohlausgestattete Betten dort vorfanden. Zur Sicherung der Rechte des Erzstifts durfte der Hof von Georg oder seinen Erben an keinen Fürsten, Grafen oder Herrn weiterverliehen werden.
9 LHAK 1 A 8847 (1490 I 18, Koblenz), GOERZ, S. 274.
10 LHAK 1 A 8932, 8933 (1494 VI 24, Koblenz), GOERZ, S. 289. Hierzu gab auch wieder das Domkapitel sein Einverständnis.
11 MICHEL (wie Anm. 6), S. 169f.
12 Zu den Grafen von Salm vgl. FAHNE, Salm-Reifferscheid; TOEPFER, S. 415–418.

13. Oktober 1485[13] wurden in Linz unter Vermittlung Wilhelms von Bibra[14] die Modalitäten ausgehandelt, die Kaufsumme betrug 9000 rheinische Gulden Bargeld und 500 rheinische Gulden Naturalien, also nicht 10000, wie in den Gesta berichtet wird. Die Übergabe sollte bis zum 11. November stattfinden und das Inventar des Schlosses Salm bis zu einem Wert von 1000 Gulden dort verbleiben[15]. Am 31. Oktober stellten Peter Graf zu Salm-Reifferscheid und seine Frau Regina geborene Gräfin Sayn eine entsprechende Urkunde über den Verkauf von *sloß, vesten und graveschafft zu Salme im Oißlinge* für 9500 Gulden an Johann von Trier aus[16], und am 2. November quittierte der Graf über die erste Rate von 4050 Gulden[17]. Unmittelbar danach wurde Gerlach von Winneburg[18] als Amtmann in Salm eingesetzt[19]. Die nächste Rate wurde am Dreikönigstag 1486 fällig, doch bat Salm-Reifferscheid den Erzbischof schon am 28. November, ihm davon 2400 Gulden auszuzahlen, die der Sekretär des Kölner Erzbischofs, Peter von Unkel, in Bonn in Empfang nehmen sollte[20]. Anscheinend kam Johann von Baden der Bitte des Grafen jedoch nicht nach, so daß Wilhelm von Bibra am 24. Dezember 1485 erneut vermittelnd eingreifen mußte[21]. Nach zähen Verhandlungen[22] wurden dem Grafen am 21. Januar in Bonn durch den erzbischöflichen Rentmeister 3300 Gulden ausgezahlt, die verbleibenden 2150 Gulden sollten Wilhelm von Bibra nach dem Willen des Grafen beim Zusammentreffen der Erzbischöfe von Trier und

---

13 Ein zunächst auf den 4. Oktober angesetzter Termin konnte nicht stattfinden, da der Kölner Erzbischof Hermann von Hessen *unnsern ambtman, rade und lieben getruwen Wilhelm von Bibra*, der als Unterhändler auftreten sollte, nicht entbehren konnte, LHAK 1 C 16217, S. 31–32 (1485 IX 18, Aremberg).
14 Wilhelm von Bibra wurde 1482 XI 12 von Landgraf Heinrich von Hessen in die Dienste seines Bruders, des Erzbischofs Hermann von Köln, entlassen. Zur Person vgl. DEMANDT, Personenstaat, S. 54f.
15 LHAK 1 C 16217, S. 33–34 (1485 X 13, Linz).
16 Konzept: LHAK 1 A 8719; LHAK 1 C 18, 1212 (1485 X 31), GOERZ, S. 261.
17 LHAK 1 A 8720 (1485 XI 2).
18 Gerlach von Winneburg gehörte 1485 zu den Bürgen für eine Schuld Graf Philipps von Virneburg und seiner Frau bei Hermann Boos von Waldeck, STAW Abt. Löwenstein-Wertheim-Freudenberg Virneburger Urkunden V/50 (1485 IV 5), ebenso 1488 bei Ulrich von Eltz, ebd. V/52 (1488 IX 14). 1491 ernannte ihn Johann von Baden zum Amtmann von Kasselburg, LHAK 1 A 8888 (1491 XII 26, Ehrenbreitstein), GOERZ, S. 280. Die Bindung an Graf Philipp von Virneburg wird später nochmals deutlich, als Gerlach gemeinsam mit dem Grafen ein Bergwerk von Erzbischof Johann und dem Abt von Prüm pachtete, LHAK 1 C 17, 1376 (1492 XII 1, Zell), GOERZ, S. 283. Winneburg wurde den trierischen Landständen zugerechnet, LHAK 1 C 108, Bl. 148r (1494 X 2, Ehrenbreitstein).
19 1485 XI 21 erhielt der Erzbischof ein Schreiben von *uwer gnaden willig Gerlach van Wynenbg. amptman zo Salme*, LHAK 1 C 16217, S. 53–54.
20 LHAK 1 A 8723 (1485 XI 28, Brühl), Vollmacht für Peter von Unkel nebst Vorabquittung des Grafen vom gleichen Datum: LHAK 1 C 18, 953.
21 LHAK 1 C 16217, S. 43–44 (1485 XII 18, Koblenz).
22 Zweimal schrieb Wilhelm von Bibra in der Salmer Angelegenheit an den kurtrierischen Kanzler Dr. Ludolf von Enschringen und den Hofmeister Hermann Boos von Waldeck, LHAK 1 C 16217, S. 57–58 (1486 I 5), undatierte Antwort der beiden, ebd., S. 59–60; LHAK 1 C 16217, S. 61–62 (1486 I 8). Am 11. Januar bat Erzbischof Johann Wilhelm von Bibra um Verschiebung des Zahlungstermins, LHAK 1 C 16217, S. 63 (1486 I 11), GOERZ, S. 262.

Köln bei dem *kysserlichen dage* übergeben werden[23]. Unterdessen war die Inbesitznahme[24] und die Etablierung der erzbischöflichen Herrschaft in der Grafschaft Salm so weit fortgeschritten[25], daß Johann von Baden sich nicht mehr genötigt sah, die weitere Abwicklung zu forcieren und die Begleichung der ausstehenden Forderungen weiter hinauszögerte. Möglicherweise infolge der in einer Auseinandersetzung der Grafen Peter von Salm und Georg von Virneburg gepflegten intensiven Verhandlungen[26] war es Peter gelungen, den Erzbischof wenigstens zur Zahlung von weiteren 500 Gulden zu bewegen[27]. Wahrscheinlich wurden die demnach verbleibenden 1650 Gulden vom Erzbischof nicht mehr gezahlt. In der Gewißheit seiner fest etablierten Herrschaft[28] fühlte sich Johann von Baden jedenfalls nicht zur Eile gedrängt. Tatsächlich war das ausstehende Geld auch nach zehn Jahren noch nicht bezahlt[29]; das Problem wurde später auf ganz andere Weise gelöst.

Zuvor soll jedoch der Frage nachgegangen werden, wie der Badener überhaupt das Geld für den Ankauf der Grafschaft Salm aufbringen konnte[30]. Näheres darüber erfahren wir erst im Jahre 1495, als der Erzbischof den Eheleuten Reinhard von dem Burgtor und Gutte Blan-

---

23 LHAK 1 A 8726 (1486 I 21, Bonn). Über die verbleibende Summe stellte der Graf im gleichen Schreiben vorab eine eigenhändig unterschriebene Quittung aus.
24 Am 15. Januar 1486 berichtete Heinrich von Bitburg, Rentmeister zu Salm, dem Erzbischof über die Einnahme von Salm durch *uwer gnaden rede und frunde*, LHAK 1 C 16217, S. 65–66. Möglicherweise kam es wegen des Titels Rentmeister zu einem Rangstreit mit dem erzbischöflichen Amtsinhaber Bartholomäus Glockner, mit dem Heinrich korrespondierte, LHAK 1 C 16217, S. 77–78 (1486 III 14), so daß der Erzbischof ihn am 21. September zum letzten Mal als *noster ibidem reddituarius* bezeichnete, LHAK 1 C 16217, S. 109–110 (1486 IX 21, Koblenz), GOERZ, S. 263f., und danach nur noch von *unserm probst Henrich von Bedbur* die Rede ist, vgl. LHAK 1 C 16217, S. 137 (1486 XII 26), GOERZ, S. 264.
25 Am 1. März 1486 war Johann von Ingenheim genannt Wenzel auf ein Jahr regulär zum Amtmann von Schloß und Grafschaft Salm bestellt worden, LHAK 1 A 8729 (1486 III 1). Daraufhin entband Johann von Baden den wahrscheinlich nur ad hoc zur Übernahme der Grafschaft eingesetzten Gerlach von Winneburg auf dessen Wunsch von seinem Amt, LHAK 1 C 16217, S. 69 (1486 III 13), GOERZ, S. 262. Auch die in der Grafschaft Salm stattfindenden Auseinandersetzungen zwischen dem Rheingrafen und den Gascognern führten zu keiner Beeinträchtigung, vgl. die Berichte Gerlachs an den erzbischöflichen Rentmeister und den Hofmeister, LHAK 1 C 16217, S. 71–74 (1486 III 14), und Heinrichs von Bitburg an den Rentmeister, LHAK 1 C 16217, S. 77–78 (1486 III 14), sowie die Antwort des Erzbischofs an Heinrich, LHAK 1 C 16217, S. 79 (1486 III 20, Koblenz), GOERZ, S. 262.
26 Vgl. den Schriftwechsel LHAK 1 C 16217, S. 91–106.
27 LHAK 1 A 8741 (1486 VIII 27).
28 Am 11. November 1486 wurde die Amtszeit Johanns von Ingenheim bis auf weiteres verlängert, LHAK 1 A 8742, 8743 (1486 X 28), und spätestens von diesem Zeitpunkt an wurde die Grafschaft Salm als fester Bestandteil des Erzstifts betrachtet, der auch entsprechend verteidigt wurde, vgl. den Schriftwechsel zu verschiedenen Angelegenheiten in den Aktenbänden LHAK 1 C 16214, 16217, 16218, vgl. RTA MR, Bd. 5,1,2, Nr. 1108–1121. Der Erzbischof löste sogar das von den Grafen von Salm verpfändete Dorf Gumelshausen wieder ein, LHAK 1 A 8806 (1488 VIII 28). 1494 gehörte das Amt Salm zum militärischen Aufgebot des Erzstifts, LHAK 1 C 108, Bl. 76v-77r (1494 V 8, Ehrenbreitstein), GOERZ, S. 289.
29 Auf diese Weise läßt sich die Aufforderung des Grafen an den erzbischöflichen Hofmeister und Rentmeister interpretieren, das ihm zustehende Geld unverzüglich zu zahlen und ihn nicht weiter zu vertrösten, LHAK 1 C 16218, S. 87–88 (1496 I 10).
30 Da die Einlösung der Ämter und Herrschaften Schönecken, Kempenich und Schönberg mit Hilfe eines Subsidiums von der Geistlichkeit noch nicht lange zurücklag, war diese Möglichkeit der Finanzierung für Salm ausgeschlossen.

kard von Ahrweiler für 1500 Gulden eine Rente von 75 Gulden auf den Zoll Boppard anwies. Das Geld benötigte Johann von Baden zur Abfindung von Ulrich von Eltz, der ihm eine nicht genannte Summe zum Kauf der Grafschaft Salm geliehen hatte[31]. Deren Höhe läßt sich genau rekonstruieren. Am 13. November 1485 gestanden Ulrich von Eltz und seine Frau Maria von Reifenberg dem Erzbischof das Rückkaufsrecht einer Rente von 225 Gulden vom Zoll Engers zu, die sie für eine Summe von 4500 Gulden erhalten hatten[32]. Dieses Geld wurde offenbar für die Bezahlung der Grafschaft verwendet. 1491 zahlte Johann von Baden 3000 Gulden zurück, für die restlichen 1500 Gulden sollte den Eheleuten das Amt Kobern verpfändet werden[33]. Die Übertragung des Amtes erfolgte zwei Jahre später für die genannte Summe[34]. Nach weiteren zwei Jahren konnte auch diese vom Kauf der Grafschaft Salm herrührende Verbindlichkeit durch den erwähnten Rentenverkauf aus dem Bopparder Zoll beglichen werden[35]. Dort hatte der Erzbischof durch das Erbe des Siercker Turnosen nach dem Tode des Dompropsts Philipp eine neue Geldquelle erworben[36]. Da die 4500 Gulden Ulrichs von Eltz allein nicht ausreichten, um die gesamte Kaufsumme für die Grafschaft Salm zu begleichen, und bis zum 21. Januar 1486 immerhin 7350 Gulden bezahlt worden waren, ist die restliche Schuld wohl durch andere Anleihen finanziert worden, deren Herkunft allerdings nicht mehr zu rekonstruieren ist. Jedenfalls war es dem Kurfürsten gelungen, dem Erzstift mit Hilfe einer seriösen Finanzierung zumindest vorübergehend einen wichtigen Gebietszuwachs zu verschaffen. Da sämtliche dafür erforderlich werdenden Veräußerungen vom Domkapitel genehmigt wurden, handelte er offensichtlich im Interesse seines Territoriums.

Die angespannte Finanzlage infolge der Bopparder Fehde[37] zwang den Erzbischof zu einer ganzen Reihe von Veräußerungen, um die entstandenen Schulden zu begleichen oder andere Summen umzuschulden. Da die Grafschaft Salm als praktisch unbelastetes Eigentum gelten konnte, bot sich diese hierzu hervorragend an. Eine ganze Reihe von Urkunden, die am 11. September 1497 ausgefertigt wurden, bilden den Abschluß von Verhandlungen, die gleichzeitig mehrere Probleme lösten und aus denen einige der eingangs angesprochenen Erfolge Johanns von Baden resultierten.

Alles spricht dafür, daß die Aktion von langer Hand vorbereitet war. Am genannten Tag morgens um neun Uhr fand in der Koblenzer Burg die abschließende Beratung statt. Ein Notariatsinstrument informiert hierüber. Demnach erschienen vor dem kaiserlichen Kammerrichter Jakob von Baden und dem Koblenzer Offizial Johann Gutmann der Erzbischof

---

31 LHAK 1 A 8956 (1495 XI 8), GOERZ, S. 296.
32 LHAK 1 C 18, 764 (1485 XI 13).
33 LHAK 1 A 8883 (1491 X 5). In der Quittung der Eheleute ist die Rede von einer Schuldverschreibung aus dem Jahre 1486 XI 13. Da es sich dabei jedoch um die exakt gleiche Summe handelt und auch das Tagesdatum übereinstimmt, dürfte es sich um einen Schreibfehler und daher um die Urkunde von 1485 handeln.
34 LHAK 1 A 740 (1493 X 2), GOERZ, S. 287.
35 Ulrich von Eltz gab daraufhin auch das Amt Kobern ab. Nachfolger wurde sein Neffe Johann Sohn zu Eltz, HHStAW Abt. 339, Nr. 310 (1496 V 25).
36 Vgl. die Belehnung Johanns von Baden mit diesem Turnosen durch König Maximilian, LHAK 1 A 8949 (1495 VII 15, Worms), GOERZ, S. 362.
37 Vgl. unten.

Johann von Baden, Salentin von Isenburg-Neumagen sowie Elisabeth von Hunolstein. Der Kurfürst ließ durch seinen Rat Ruprecht von Reil mitteilen, daß er die genannte Elisabeth Salentin zur Ehe gebe, worüber ein Heiratsvertrag und ein *verzigksbrieff* abgeschlossen worden seien. Diese wurden von dem Notar Gregor Kebisch von Speyer verlesen und danach von den Eheleuten in die Hand des Offizials beschworen. Zeugen der Handlung waren Gerlach d. M. und Gerlach d. J. von Isenburg-Grenzau, Bartholomäus Glockner und Johann Snedse von Grenzau[38]. Es handelte sich hierbei um den endgültigen Vollzug des Heimfalls der Herrschaft Hunolstein nach dem Aussterben der Vögte im Mannesstamm[39]. In einem Vertrag Erzbischof Kunos von Falkenstein mit dem damaligen Vogt von Hunolstein, Nikolaus, war der Heimfall vereinbart worden, der Erzbischof sollte verpflichtet sein, die Töchter zu versorgen. Dies geschah nun durch den Ehevertrag vom gleichen Tag, worin Elisabeth eine Mitgift von 4000 Gulden gegeben wurde[40]. Daraufhin verzichteten Salentin von Isenburg-Neumagen und Elisabeth von Hunolstein auf alle Ansprüche auf Burg und Herrschaft Hunolstein[41].

Bei der gleichen Gelegenheit wurde die in den Gesta Trevirorum erwähnte Einlösung von Merzig vollzogen. Das für 3000 Gulden verpfändete Dorf hatte Salentin von Isenburg zunächst von Gerhard Graf zu Sayn-Montclair gekauft[42] und verkaufte es für die gleiche Summe an Johann von Baden weiter[43]. Darüber hinaus übergaben die Isenburger Gerlach d. M., Gerlach d. J. und Salentin eine Schuldverschreibung des Grafen Gerhard von Sayn über 1500 Gulden, die zur Bezahlung der Mitgift dienen sollten[44].

In der letzten hier zu besprechenden, an diesem Tag ausgefertigten Urkunde erfahren wir auch die Geldquelle, die dem Erzbischof derart umfangreiche Investitionen ermöglichte. Johann von Baden verpfändete für 8000 Gulden die Grafschaft Salm an Salentin von Isenburg-Neumagen und ernannte ihn zum dortigen Amtmann. Bei der Pfandsumme machte der Erzbischof gegenüber der aufgeführten Schuld von insgesamt 8500 Gulden sogar noch einen Gewinn von immerhin 500 Gulden. Für das Erzstift behielt der Badener sich das Öffnungs-

---

38 LHAK 1 A 8998 (1497 IX 11, Koblenz), GOERZ, S. 302. Das Notariatsinstrument ist von drei Notaren beglaubigt; es ist auf die Rückseite der zweiten Ausfertigung des Verzichts auf die Herrschaft Hunolstein geschrieben.
39 1500 VII 12 verzichtete Sophie von Hunolstein, Äbtissin von Clarenthal, zugunsten des Erzstifts Trier und ihrer Base Elisabeth von Hunolstein auf ihre Ansprüche auf das Erbe Hunolstein, TOEPFER, Bd. 3, Nr. 56.
40 LHAK 1 C 17, 1586 (1497 IX 11), TOEPFER, Bd. 3, Nr. 45. Der Vertrag wurde von dem Dompropst Bernhard Graf zu Solms, dem Domdekan Eberhard von Hohenfels, Georg Graf zu Sayn-Homburg, Gerlach d. M. und Gerlach d. J. von Isenburg-Grenzau, Heinrich von Sötern und Johann Snedse von Grenzau ausgehandelt.
41 LHAK 1 A 8997/8998 (1497 IX 11), TOEPFER, Bd. 3, Nr. 47. Die Urkunde ist von den gleichen Personen besiegelt, die den Ehevertrag ausgehandelt hatten.
42 Graf Gerhard verkaufte das aus dem Siercker Erbe stammende Dorf Merzig mitsamt dem Hof für 3000 Gulden an Salentin von Isenburg-Neumagen, LHAK 1 C 17, 1589 (1497 V 1).
43 LHAK 1 C 17, 1590 (1497 IX 11). Als Siegler erscheinen neben Salentin und seiner Frau Elisabeth die beiden Gerlach von Isenburg sowie Heinrich von Sötern und Johann Snedse von Grenzau.
44 LHAK 1 A 8999 (1497 IX 11). Es erscheinen die gleichen Siegler wie bei der Kaufurkunde über Merzig.

recht der Burg und das Rückkaufsrecht für 8000 Gulden vor[45]. Auf den ersten Blick scheint der Kurfürst hinsichtlich der Grafschaft Salm dennoch ein schlechtes Geschäft gemacht zu haben, da an der Kaufsumme von 1485 noch 1500 Gulden fehlten, die somit als Verlust zu verbuchen wären. Da das Erzstift nach Ausweis der vorhandenen Quittungen dem Grafen Salm von den 9500 Gulden aber 1650 Gulden schuldig war, ist auch diese Summe – obwohl nicht eigens erwähnt – anscheinend von Salentin bezahlt worden. Als Amtmann oblag ihm ohnehin die Finanzverwaltung der Grafschaft, folglich mußte man sich nicht eigens über die Restsumme einigen[46].

Rückblickend kann der Kauf der Grafschaft Salm als voller Erfolg und gute Investition gewertet werden. Einerseits unterlief die Verpfändung nicht die Landesherrschaft, sondern bedeutete für das Territorium lediglich den Verzicht auf die Einnahmen in vollem Umfang. Andererseits konnten mit dem so erworbenen Geld lange entfremdetes Stiftsgut wieder eingelöst und die Rechte an der Herrschaft Hunolstein erworben werden. Auch hier zeigte sich der bereits mehrfach angesprochene Wesenszug der Regierung Johanns von Baden, der auf die Konsolidierung des Territoriums bedacht war. Es erschien ihm offenbar wichtiger, den alten Besitz des Erzstifts zurückzugewinnen, als neue Erwerbungen langfristig zu sichern. Abermals wird er als geschickter Taktiker erkennbar, der, die jeweilige Situation ausnutzend, den Vorteil des Erzstifts zu wahren wußte. In dem Moment, als sich dem Badener die Gelegenheit bot, alte Außenstände wiederzugewinnen, verlor der einmalige Vorgang der Gebietserwerbung an Bedeutung. Der Ankauf der Grafschaft Salm zeigte gleich mehrere Varianten erzbischöflicher Finanzpolitik. Das ursprünglich auf Kredit gekaufte Objekt diente zehn Jahre später als Pfandobjekt für weitere Erwerbungen und zur Abtragung von Geldschulden.

Eine ganz andere Form der Finanzierung wurde für die Einlösung der verpfändeten Herrschaften Schönecken in der Eifel, Kempenich und Daun gewählt[47]. Während die Herrschaft Schönecken bereits 1402 an die Grafen von Virneburg verpfändet worden war[48], wurden Kempenich und eine Hälfte von Daun[49] zusammen mit der Herrschaft Schönberg in der

---

45 LHAK 1 A 9000 (1497 IX 11), TOEPFER, Bd. 3, Nr. 46. Der Revers Salentins ist von den gleichen Zeugen wie die beiden vorhergehenden Urkunden besiegelt.
46 1498 stand der Graf Salm-Reifferscheid bereits in Verhandlungen mit Johann von Baden, um die Grafschaft wieder einzulösen, LHAK 1 C 16218, S. 199ff. 1499 gestattete der Erzbischof den Eheleuten Salentin und Elisabeth, an dem Schloß Salm 300 Gulden zu verbauen, LHAK 1 A 9037 (1499 X 20, Ehrenbreitstein), GOERZ, S. 310.
47 *Item castra et domini Schoneck Eyffliae, Kempenich, Dune a comitibus de Vyrnenburch, qui ea jure pignorationis ad septuaginta annis possederant, pro summa quadraginta millium aureorum [...] redemit*, Gesta Trevirorum, Bd. 2, S. 341.
48 LHAK 34, 64 (1402 II 23, Stolzenfels), GOERZ, S. 127. Die Pfandsumme wurde 1404 auf 16000 Gulden festgesetzt, A. VERKOOREN, Inventaire des chartes et cartulaires de Luxembourg, Tl. 4, Brüssel 1918, Nr. 1460. Zu Schönecken vgl. M. WÜRTH-PAQUET, Renseignements sur Schoenecken, in: PSHIL 8, 1852, S. 170–179; BAERSCH, Erläuterungen und Nachträge zur Geschichte der Herren von Schönecken, in: PSHIL 10, 1854, S. 240–246.
49 1449 XII 6 verkaufte Graf Ruprecht von Virneburg seine Hälfte der Herrschaft Daun an Heinrich von Pyrmont-Ehrenburg, Urkundenbuch Dune, Nr. 728. 1461 löste Johann von Baden die Herrschaft wieder ein, LHAK 1 C 18, 443 (1461 VII 9); Urkundenbuch Dune, Nr. 777. Das von C. WACKENRODER, Die Kunstdenkmäler des Kreises Daun, Düsseldorf 1928 (Die Kunstdenkmäler der Rheinprovinz 12,3), S. 56, genannte Jahr 1484 beruht auf einer Fehlinterpretation der Urkunde von 1484 III 10, vgl. unten. Eindeutig wird die vollständige Zugehörigkeit der Herrschaft Daun zum Erzstift in dem Weistum von 1466, LHAK 1 A 1608 (1466 IV 21, b. Daun), GOERZ, S. 223.

Eifel und einer Hälfte von Hammerstein im Gefolge der Manderscheider Fehde für insgesamt 30 000 Gulden Schuld an Virneburg verpfändet[50]. Es läßt sich heute nicht mehr mit Gewißheit sagen, seit wann Johann von Baden die Einlösung dieser Pfandschaften vorbereitet hat. Die zügige Abwicklung läßt zumindest auf ein wohldurchdachtes Konzept schließen. Die Verhandlungen begannen spätestens im Jahre 1478, denn am 3. Februar 1479 erteilte Papst Sixtus IV. dem Trierer Erzbischof die Erlaubnis, zur Einlösung der bis zu einer Höhe von 70 000 Gulden verpfändeten trierischen Burgen und Ämter, insbesondere Schönecken und Kempenich, ein Subsidium bis zu 15 000 Gulden von der Geistlichkeit seiner Diözese zu erheben. Mit der Ausführung wurden die Dekane des Kölner Domkapitels, des Mainzer Stifts Maria ad gradus und St. Simeon in Trier betraut[51]. Nachdem auf diesem Wege beträchtliche Einnahmen zu erwarten waren, die Investitionen in größerem Umfang rechtfertigen konnten, verkündete Johann von Baden am 5. Dezember 1479 den Grafen Philipp und Georg von Virneburg seine Absicht, Schloß und Herrschaft Schönecken in der Eifel wieder einzulösen[52]. Am 30. Dezember verhandelten Bevollmächtigte beider Seiten über die Zahlungsmodalitäten. Demnach sollten die Summe von 14 000 Gulden und angefallene Baukosten in einer vom erzbischöflichen Werkmeister zu taxierenden Höhe am 11. Juni 1480 in Köln bezahlt werden[53]. Gleichzeitig war wohl auch über die anderen an Virneburg verpfändeten Herrschaften verhandelt worden. Jedenfalls wurde die Herrschaft Kempenich am 17. Februar 1480 von Philipp Graf zu Virneburg-Neuenahr für 5000 Gulden eingelöst[54] und zwei Tage später dem Erzbischof übergeben[55]. Im Sommer des Jahres stand zunächst wieder die Herrschaft Schönecken im Mittelpunkt des Interesses. Vom Kaiser hatte Erzbischof Johann von Trier vorsorglich die Erlaubnis zur weiteren Erhebung des dortigen Landzolls erwirkt[56]. Nachdem am 12. Juni 1480 durch Bürgermeister, Rat und Rentmeister der Stadt Köln ein erneuter Vergleich über die Zahlungsmodalitäten ausgehandelt worden war[57], konnte Georg Graf zu Virneburg-Kronenburg zwei Tage später über die Schuldsumme von 14 000 Gulden

---

50 GÜNTHER, Bd. 4, Nr. 167 (1437 VII 18, bei Andernach), GOERZ, S. 167, vgl. MEUTHEN, Schisma, S. 254f.
51 Die beiden Bullen sind als Transsumpte in einer in Abschrift überlieferten Urkunde bezüglich der Ausführung vorhanden, LHAK 1 A 8665 (1480 IX 28, Mainz), und in einer zweiten Urkunde von 1481 V 21, LHAK 215, 718. Unmittelbar als Reaktion auf die päpstliche Bulle bevollmächtigte das Trierer Domkapitel Dr. Ludolf von Enschringen, Dr. Johann Haltfast und Richard Gramann von Nickenich zu Verhandlungen bei der Kurie, vermutlich über die Abwendung des Subsidiums, LHAK 1 D 1284–1286 (1479 III 11, Trier).
52 LHAK 1 A 8645 (1479 XII 5, Ehrenbreitstein).
53 LHAK 1 A 8646; LHAK 34, 532 (1479 XII 30, Ulmen). Für Johann von Baden führten der Marschall Hermann Boos von Waldeck, Hermann vom Weiher zu Nickenich und der Sekretär Gregor Kebisch von Speyer die Verhandlungen.
54 LHAK 1 A 8649 (1480 II 17).
55 LHAK 34, 532 (1480 II 19, Koblenz), GOERZ, S. 250. Aus dieser Zeit dürfte auch das undatierte Formular für den Befehl des Erzbischofs an die Untertanen der Herrschaft Kempenich stammen, dem neuen Amtmann N. von N. Gehorsam zu leisten, LHAK 1 C 108, Bl. 161v.
56 LHAK 1 A 8658 (1480 VI 9, Wien). Der Zoll betraf sämtliche Waren, für die an den Rheinzollstätten keine Abgaben gezahlt worden waren und die über Land geführt wurden.
57 LHAK 34, 599; LHAK 1 A 8659 (1480 VI 12, Köln).

und 800 Gulden Baugeld quittieren[58]. Daraufhin scheint Johann von Baden die Herrschaft persönlich in Besitz genommen zu haben[59]. Am 29. November 1480 ernannte er Dietrich von Winneburg zum Amtmann von Schönecken[60].

Was die Finanzierung der Einlösung von Schönecken anbelangt, so wurde diese anscheinend ausschließlich durch Darlehen gesichert. Die jeweiligen Zahlungsziele weisen darauf hin, daß deren Rückzahlung mit Hilfe der Einnahmen aus dem zu erwartenden Subsidium erfolgen sollte[61]. Dessen Erhebung lief jedoch zunächst nur schleppend an, so daß der päpstliche Kommissar Konrad Propst von Bensheim am 28. November 1480 den Befehl von Sixtus IV. wiederholen mußte[62]. Am 1. Januar des folgenden Jahres forderte der Papst den Grafen Philipp von Virneburg auf, Johann von Baden bei der Erhebung des Subsidiums mit »starkem Arm« behilflich zu sein[63], doch scheint auch dies nicht gefruchtet zu haben, denn am 12. Mai erlaubte Sixtus IV. dem Trierer Erzbischof *auctoritate mea* Zwangsmittel anzuwenden[64], und am 21. Mai exkommunizierte der bereits genannte Konrad Propst von Bensheim Vizedekan und Kapitel von St. Simeon in Trier wegen der Nichtzahlung des Subsidiums[65]. Eindruck hatten diese Maßnahmen auf die Klöster Eberhardsklausen und Himmerod gemacht, die am 23. Oktober ihre Bereitschaft zur Zahlung des auf sie entfallenden Anteils erklärten[66].

---

58 LHAK 1 C 18, 583 (1480 VI 14). Die Zahlung wurde mit Hilfe des Rates der Stadt Köln abgewickelt, daher besiegelten Peter von Erkelenz, Bürgermeister, und Peter von der Glocken, Rentmeister, die Urkunde neben dem Virneburger.
59 Der Erzbischof hielt sich Ende Juni, Anfang Juli in Schönecken auf, STAT RMR 1479/80, fo. 23r.
60 LHAK 1 A 3331 (1480 XI 19), GOERZ, S. 251f. 1482 VI 5 stellte Dietrich von Winneburg dem Trierer Domkapitel seinen Revers über das Amt Schönecken aus, LHAK 1 A 3332.
61 Einige Schuldverschreibungen nennen ausdrücklich die Einlösung von Schönecken als Verwendungszweck des Geldes: Das Trierer Stift St. Simeon lieh dem Erzbischof 1000 Gulden, die bis Ostern 1481 zurückgezahlt werden sollten, dafür stellte Johann von Baden drei Bürgen, LHAK 215, 715 (1480 IV 10), GOERZ, S. 251. Der Trierer Schöffe Nikolaus von Zerf und seine Frau Adelheid von Beselich liehen dem Erzbischof 1000 gute rheinische Gulden, die Pfingsten 1482 zurückgezahlt werden sollten. Zur Sicherheit stellte Johann von Baden fünf Bürgen, LHAK 1 A 4274 (1480 IV 17), GOERZ, S. 250. 400 Gulden schuldete der Kurfürst seinem Siegler Martin von Attendorn, die dieser innerhalb der nächsten zwei Jahre aus den Einkünften des Siegels zurückerhalten sollte, LHAK 1 A 8652 (1480 IV 19, Pfalzel), GOERZ, S. 250. Bei dem Abt Johann von St. Matthias bei Trier lieh Johann von Baden 200 Gulden, wofür er ihm in den nächsten zwei Jahren je 100 Gulden auf den Landzoll Wittlich anwies, GOERZ, S. 251 (1480 VI 1, Koblenz). Aufgrund der intensiven Beteiligung der Stadt Köln an der ganzen Transaktion dürfte auch ein Kredit der Stadt über 3000 Gulden in diesem Zusammenhang zu sehen sein; dieser sollte in drei Raten zu je 1000 Gulden in den nächsten drei Jahren zurückgezahlt werden. Johann von Baden stellte auch hier fünf Bürgen, LHAK 1 A 8656 (1480 V 30), GOERZ, S. 251.
62 LHAK 1 A 8665 (1480 XI 28, Mainz).
63 LHAK 1 A 8670 (1481 I 5, Rom). Der Befehl erging nicht an den Grafen Manderscheid, wie KNETSCH, Landstände, S. 24, irrtümlich annimmt.
64 LHAK 1 A 8678 (1481 V 12, Rom).
65 LHAK 215, 718 (1481 V 21).
66 Eberhardsklausen: LHAK 1 A 11769 (1481 X 23), Himmerod: LHAK 1 A 8681 (1481 X 23).

Endgültig entschieden wurde über das Subsidium auf einem Landtag Anfang November in Koblenz[67]. Am 6. des Monats kam ein Vergleich zwischen Erzbischof und Domkapitel zustande, wonach die Geistlichkeit zur nächsten Fastnacht zwei Subsidien und im Jahr darauf an Fastnacht noch zwei Subsidien geben sollte[68]. Als Gegenleistung verzichtete Johann von Baden auf die Erhebung des ihm vom Papst bewilligten Subsidiums in Höhe von 15000 Gulden von den Geistlichen und Klöstern innerhalb des oberen Offizialats[69] und befreite die domkapitularischen Weinlieferungen vom Landzoll[70]. Offenbar konnten auf diese Weise die Gelder eingebracht werden, denn am 10. März 1484 quittierten die Grafen Georg und Wilhelm von Virneburg über sämtliche Pfandsummen. Eigens aufgeführt werden die 5000 Gulden für die Herrschaft Kempenich, die ihrem Vetter Graf Georg von Virneburg-Neuenahr gezahlt worden waren. Zusätzlich zu der besprochenen Herrschaft Schönecken ist in der vorliegenden Urkunde noch die Rede von der Herrschaft Schönberg im Ösling, die ebenfalls für 15000 Gulden verpfändet gewesen sei[71]. Über die Höhe der Ablösesumme ist nichts bekannt. Ebenso existieren keine erzbischöflichen Schuldverschreibungen, die sich auf diese Herrschaft beziehen ließen. Möglicherweise ist ein Zusammenhang zu der kurz zuvor erfolgten erneuten Verpfändung einer Hälfte der Herrschaft Daun an Philipp Graf zu Virneburg-Neuenahr für 5000 Gulden zu sehen[72]. Sicher ist, daß Schönberg von nun an als fester Bestandteil des Erzstifts Trier betrachtet wurde[73]. Das gleiche gilt für die anderen ehemaligen Virneburger Pfandschaften Schönecken und Kempenich, aber auch für das zur Hälfte verpfändete Daun[74].

Einen indirekten Hinweis auf die Pfandsumme für Schönberg und einen weiteren Beleg für die Form der Finanzpolitik des Badeners erhalten wir im Jahr 1500. Die päpstliche Bestätigung seines Großneffen Jakob als Koadjutor hatte 20000 Gulden gekostet, die Mark-

---

67 Bei dieser Versammlung waren neben dem Domkapitel als Vertreter der Landschaft Gesandte der Städte Trier, Oberwesel, Boppard, Zell, Cochem, Münstermaifeld, Wittlich, Bernkastel und Montabaur anwesend, sicherlich auch Koblenz, Stak- 623- BMR 4087, S. 17 (1481 XI 5/6), ebenso Grafen und Herren. Am 2. November fuhren die Trierer Ratsherren nach Koblenz, da der Erzbischof *umb eyn tzaill unser hern geschickt hait, myt in rait zu gebruchen*, STAT RMR 1481/2, fo. 14r. (1481 XI 2).
68 BAT Abt. 6,2, Nr. 1, S. 24 (1481 XI 6).
69 LHAK 1 D 2678 (1481 XI 6), GOERZ, S. 253.
70 LHAK 1 C 19389, S. 19 ([1481 XII 31]).
71 LHAK 1 A 8697 (1484 III 10), GÜNTHER, Bd. 4, Nr. 361.
72 GOERZ, S. 258 (1484 II 17, Trier).
73 Die Nennung eines Amtmanns ist ein eindeutiger Hinweis, LHAK 1 C 16214, Bl. 21 (1490 VIII 12, Pfalzel), GOERZ, S. 276. Später wurde Godard von Brandenburg-Clerf-Meisenburg Amtmann, LHAK 1 A 3319 (1492 VIII 1).
74 Noch 1484 weigerte sich Simon Maugenheimer *armiger*, seine Kempenicher Lehen vom Erzbischof zu empfangen, wogegen sogar Papst Sixtus IV. einschritt, da Burg und Herrschaft nach langer Verpfändung wieder zur *mensa archiepiscopalis* gehörten, LHAK 1 A 8706 (1484 XII 5, Rom). 1491 werden alle vier Herrschaften in dem Verbot des Kurfürsten zur Ausfuhr von Getreide und zum Bierbrauen als Adressaten genannt, LHAK 1 C 108, Bl. 114r (1491 X 18), ebenso in einem militärischen Aufgebot, LHAK 1 C 108, Bl. 77r (1494 V 8, Ehrenbreitstein), GOERZ, S. 289. Gleichfalls erscheinen sie in den Landständen, LHAK 1 C 108, Bl. 148v (1494 X 2, Ehrenbreitstein). 1495 bestätigte König Maximilian die Besitzungen der Trierer Kirche, darunter auch die genannten Orte, LHAK 1 A 8948 (1495 VII 13, Worms).

graf Christoph von Baden vorstreckte[75]. Für 14000 Gulden der Schuld verpfändete Erzbischof Johann dem Markgrafen Schloß und Amt Schönberg sowie – falls die Einkünfte hieraus dem Kapital nicht angemessen sein sollten – 100 Gulden jährlich aus der Kellerei Schönecken[76]. Auch der Rückkauf von Schönberg erwies sich als gute Investition, die es dem Erzbischof ermöglichte, die gerade für ihn und seine Familie wichtige Ernennung Jakobs von Baden zum Koadjutor zu finanzieren[77]. Kontinuierlich verblieben Schönecken, Kempenich und Daun beim Erzstift[78].

Um den Stellenwert dieses Erfolges richtig einordnen zu können, muß man sich noch einmal die Ausgangssituation vor Augen führen. Als der Rückerwerb der an Virneburg verpfändeten Herrschaften im Jahr 1479 in die Wege geleitet wurde, hatten sich diese seit beinahe 70 beziehungsweise über 40 Jahren vollständig in fremden Händen befunden, ohne daß die Trierer Erzbischöfe dort Einflußmöglichkeiten gehabt hätten. Umso höher ist das Verdienst Johanns von Baden einzuschätzen, der durch die Einlösung der Pfandschaften die Besitzansprüche des Erzstifts wieder durchsetzen konnte und somit der weiteren Entfremdung massiv entgegentrat. Daß damit dem gerade in der ersten Hälfte des 15. Jahrhunderts höchst einflußreichen Virneburger Grafenhaus – die Teilung in zwei Linien nach Ruprechts Tod bedeutete ohnehin eine Schwächung – gewissermaßen der Wind aus den Segeln genommen und dessen Position im Erzstift nachhaltig zurückgedrängt wurde, bedeutete sicherlich einen gleichermaßen großen Erfolg. Zumindest hatte es der Erzbischof nicht mehr mit nur einem Schuldner zu tun, bei dem sich die Mehrheit der Belastungen konzentrierte.

75 Für die Bezahlung des Palliums sollten die Geistlichen nicht herangezogen werden, STAW Abt. Löwenstein-Wertheim-Freudenberg Virneburger Akten C 58, Bl. 7r-14r (1502 II 16, Zell).
76 LHAK 1 A 9050 (1500 VI 30), GOERZ, S. 313. Von den 20000 Gulden sollten insgesamt nur 18000 Gulden zurückgezahlt werden, neben der Pfandschaft noch 4000 Gulden in je vier Jahresraten zu 1000 Gulden. Am 17. Januar 1501 entband Johann von Baden den Amtmann, seine Beamten und Untertanen der Herrschaft Schönberg von ihrer Treuepflicht, LHAK 1 C 16214, Bl. 177 (1501 I 17, Koblenz), GOERZ, S. 314. Tatsächlich erwiesen sich die Einkünfte aus dem Amt Schönberg als zu gering – sie betrugen weniger als 700 Gulden –, so daß Johann von Baden gemeinsam mit seinem Koadjutor dem Markgrafen Christoph vertragsgemäß die 100 Gulden aus der Kellerei anweisen mußte, LHAK 1 C 18, 1115 (1501 VI 21), GOERZ, S. 316.
77 Vor diesem Hintergrund erschien Johann von Baden vermutlich die Verpfändung an den Markgrafen von Baden als nicht sonderlich problematisch. Schönberg wurde erst unter Kurfürst Richard von Greiffenclau wieder eingelöst und blieb bis zum Ende des Kurstaates im Besitz des Erzstifts, H. REINERS, Die Kunstdenkmäler von Eupen-Malmedy, Düsseldorf [1935], S. 428f.
78 Hieran änderten auch verschiedene amts- und pfandweise Vergaben nichts. Die drei Burgen werden in dem Befehl Johanns von Baden zum Gehorsam gegen seinen Koadjutor und Nachfolger genannt, LHAK 1 A 9144 (1503 I 21, Ehrenbreitstein), GOERZ, S. 321. Die dortigen Einwohner huldigten Jakob von Baden: LHAK 701,4, Bl. 106r (1503 XI 1, Schönecken), LHAK 701, 4, Bl. 105r (1504 X 19, Daun); LHAK 701, 4, Bl. 104r (1505 V 24, Kempenich). Mögliche Bestrebungen der Virneburger zum Rückerwerb der Herrschaft Schönecken begegnete Erzbischof Johann mit der Ernennung des Grafen Philipp von Virneburg-Neuenahr zum dortigen Amtmann, LHAK 34, 326 (1501 X 27, Trier), GOERZ, S. 317. 1508 XII 9 verpfändete Jakob von Baden Kempenich für 8000 Gulden, STRAMBERG, Bd. III, 3, S. 108f. Im Falle von Schönecken scheiterten die späteren Versuche zum Rückkauf durch Habsburg namens des Herzogtums Luxemburg, vgl. P. NEU, Luxemburgs Bemühungen um den Rückkauf der Herrschaft Schönecken, in: VjbllTrierGesnützlForsch 7/9, 1961/63, S. 3–13.

Trotz des sicherlich als Erfolg der Politik Johanns von Baden zu wertenden Rückerwerbs der Herrschaften hatte es sich sehr deutlich gezeigt, daß Unternehmen einer solchen Größenordnung nicht mit herkömmlichen Mitteln allein langfristig bewältigt werden konnten. Weder durch Kredite noch mit Hilfe von Subsidien der Geistlichkeit allein konnten nachhaltig Erfolge erzielt werden. Dies gilt selbstverständlich in noch größerem Maße für die Konsolidierung der Finanzen überhaupt und die Abtragung der gesamten Schuldenlast. Auf lange Sicht konnte hier nur durch die Heranziehung auch der weltlichen Untertanen Abhilfe geschaffen werden. Schon aus den wenigen näher ausgeführten Beispielen ist deutlich geworden, daß Johann von Baden eine ausgeprägte Investitionspolitik betrieb, die auch langfristige Erfolge hatte. Dabei kam ihm zugute, daß das Erzstift – trotz erheblicher Schuldenlast – stets kreditwürdig blieb. Die Kooperation mit Domkapitel und Landständen, den Hauptgeldgebern, trug hierzu wesentlich bei. Auf diese Weise wurde z. B. auch die kostspielige Fehde um Beilstein beinahe unbeschadet überstanden.

Ebenso konnten notfalls auch kurzfristig sehr große Summen aufgebracht werden. Ein prägnantes Beispiel hierfür ist die Finanzierung der Bopparder Fehde von 1497[79]. Nach einer Aufstellung des kurtrierischen Sekretärs Peter Maier von Regensburg kostete die Belagerung der Stadt 11 286 Goldgulden, drei Pagamentsgulden, 20 Raderalbus und zwei Heller[80], dazu die Summen, die von Pfalz und Hessen sowie vermutlich deren Unterhändlern Trade[81], Schenk[82] und dem Amtmann von Lahneck geliehen worden waren. In der gleichen Quelle erfahren wir auch, woher das Geld stammte: 4000 Gulden hatte Hermann Boos von Waldeck vorgestreckt[83], 7000 Gulden wurden durch den erzbischöflichen Rentmeister von Johann von Baden selbst beigesteuert. Die angesprochenen Kredite setzten sich wie folgt zusammen: Von Pfalzgraf Philipp und Landgraf Wilhelm von Hessen erhielt der Badener je 6000 rheinische Gulden, wofür er beiden je 400 Gulden jährlich auf den Bopparder Zoll anwies[84]. Darüber hinaus erhielten die beiden Fürsten nach Abschluß der Aktion gegen Bop-

---

[79] Dank des Abdrucks der wesentlichen Urkunden zu dieser Auseinandersetzung bei HONTHEIM, Bd. 2, Nr. 892, S. 501–524, fand der äußere Ablauf der Ereignisse schon mehrfach Beachtung: M. HOLTZ, Der Konflikt zwischen dem Erzstift Trier und der Reichsstadt Boppard insbesondere im Jahre 1497, Diss. Greifswald 1883; DERS., Das Nachspiel der Bopparder Fehde, Darstellung der Streitigkeiten im Erzstift Trier bei Gelegenheit der Coadjutorwahl des Markgrafen Jacob (II.) von Baden, Stralsund 1893; H. GOLLWITZER, Capitaneus imperatorio nomine. Reichshauptleute in Städten und reichsstädtische Schicksale im Zeitalter Maximilians I., in: Aus Reichstagen des 15. und 16. Jahrhunderts, Göttingen 1958 (Schriftenreihe der Historischen Kommission bei der Bayerischen Akademie der Wissenschaften, 5), S. 248–282, hier: S. 260–265; G. F. BÖHN, Der Bopparder Handstreich vom Dreikönigstag 1501, in: LdkdlVjbll 20, 1974, H. 1, S. 10–19.
[80] LHAK 1 C 18, 1107, S. 880. HONTHEIM, Bd. 2, S. 524, liest irrtümlich 12 286 fl. auri, gibt die anderen Zahlen aber richtig an.
[81] Hans von Trade war Marschall des Pfalzgrafen Philipp, LHAK 1 A 8829 (1489 III 30); TOEPFER, Bd. 3, Nr. 16 (1489 V 22); LHAK 1 A 8997 (1497 IX 11).
[82] Zu Johann Schenk zu Schweinsberg d. J. siehe DEMANDT, Personenstaat, S. 745–747. Zur Familie vgl. K. A. ECKARDT, Die Schenken zu Schweinsberg, in: HessJbLdG 3, 1953, S. 96–149.
[83] Insgesamt hatte Hermann Boos von Waldeck dem Erzbischof eine Summe von 4600 Gulden geliehen, als Pfand erhielt er das Amt Manderscheid, LHAK 1 A 2409 (1497 V 25), GOERZ, S. 301.
[84] Von der Schuldverschreibung für den Pfalzgrafen ist nur der Revers vorhanden, LHAK 1 A 8981 (1497 VII 4, Boppard). Dagegen ist der Schuldbrief für den Landgrafen vom gleichen Datum im Origi-

pard für die zur Hilfe geschickten je 200 Mann zu Pferd und 300 zu Fuß[85] je 1000 Gulden Abschlagzahlung von einer Summe von 3200 Gulden[86]. Dem weiteren Schicksal dieser neuen Schulden soll nicht nachgegangen werden. Sie wurden ähnlich wie in den bereits besprochenen Fällen allmählich abgetragen und durch neue Kreditaufnahmen bezahlt. Festzuhalten bleibt, daß Johann von Baden beziehungsweise das Erzstift trotz der angespannten allgemeinen Finanzlage fähig war, jederzeit auch über größere Geldmittel zu verfügen. Voraussetzung war jedoch stets einvernehmliches Handeln, das sowohl Domkapitel als auch Landstände in die Planung miteinbezog. So konnte auch die auswärtige Schuldenaufnahme, die immer von der Gefahr einer Entfremdung des Stiftsguts begleitet war, in Grenzen gehalten werden.

Aus den besprochenen, einer gehobenen bis hohen Größenordnung zuzurechnenden finanziellen Transaktionen ist eine Absicht erkennbar geworden, die aus der gesamten Finanzpolitik des Erzbischofs hervorgeht: Der geglückte Versuch, zu hohe Kredite bei einzelnen Schuldnern zu vermeiden, um einer weitreichenden Abhängigkeit zu entgehen, wie sie in der ersten Jahrhunderthälfte durch die Häufung der Außenstände bei Graf Ruprecht von Virneburg entstanden war. Johann von Baden setzte alles daran, gerade diese hohe Belastung und damit verbundene Einflußmöglichkeiten der Virneburger zu beseitigen. Aufgrund der begrenzten Möglichkeiten ist ihm dies nicht in allen Fällen restlos gelungen. Einem Bemühen, das bereits mehrfach mit dem Begriff der Konsolidierung umschrieben wurde, war jedoch Erfolg beschieden: Kurfürst Johann konnte sämtliche längerfristig verpfändeten Güter des Erzstifts ganz oder teilweise einlösen. Auch wenn dieselben wenige Jahre später als Pfandschaften wieder in fremde Hände gelangten, bedeutete dies auf längere Sicht keine Beeinträchtigung des Erfolgs, da durch den zumindest zeitweisen Rückerwerb die Rechte des Erzstifts an dem betreffenden Gut klar demonstriert worden waren. Als allgemeine Tendenz kann festgestellt werden, daß der Badener bemüht war, Pfandschaften auch auf Amtsebene nicht zu perpetuieren und durch relativ kurze Fristen eventuellen Allodisierungstendenzen entgegenzuwirken.

Überblickt man die große Zahl der erzbischöflichen Schuldverschreibungen[87], so könnte der Eindruck entstehen, Johann von Baden habe seine gesamte Herrschaft auf Kredit finanziert. Tatsächlich waren die jährlichen Einkünfte des Erzstifts von etwa 40000 Gulden[88]

---

nal überliefert, LHAK 1 A 8979. Nach den Rückvermerken durfte Johann von Baden für die Ausfertigung dieser Urkunde über das Siegel des Domkapitels verfügen, das bei seiner nächsten Reise nach Trier wieder abgegeben werden mußte. 1509 wurde eine Rate von 2000 Gulden zurückgezahlt.
85 Dies war schon vor der Fehde vereinbart worden, LHAK 1 A 8987–8989 (1497 V 23), GOERZ, S. 301. Aus dem Rückvermerk der Urkunde des Pfalzgrafen geht hervor, daß die Summe von Erzbischof Richard abgelöst wurde.
86 LHAK 1 A 8992–8994 (1497 VIII 3).
87 Vgl. LHAK 1 C 19.
88 Zu Ende des 15. Jahrhunderts schätzte Marino Sanuto die jährlichen Einkünfte der Kurfürsten. Danach hatte Mainz mit 60000fl., Köln und Kurpfalz mit je 80000fl., Brandenburg mit 50000fl., Trier und Sachsen mit je 40000fl. zu rechnen, vgl. ZIEHEN, Bd. 1, S. 351 Anm. 188; SCHUBERT, König und Reich, S. 187, Anm. 119. Dies stimmt mit der Einschätzung der drei rheinischen Erzbistümer durch Peter Maier von Regensburg überein. Zu Anfang des 16. Jahrhunderts charakterisierte er deren Bedeutung so: Mainz sei das würdigste, Trier das älteste und Köln das reichste der Bistümer am Rhein, STBT Hs. 1774/1769 4°, fol. 6r. Die Liste der Bistümer am Rhein lautet vollständig: *Chur das obrist, Constans das wijtest an der jurisdiction, Basel das vermogelist an der mannschafft, Straisburg das vest an schlossen, Spijer das ordenlichst an gotsdienstem, Worms das armst, Ments das wirdigst, Trier das eltist, Collen das rychst, Utrichr das underst.*

kaum dazu geeignet, größere Vorhaben, wie die Einlösung der verpfändeten Ämter und Herrschaften, zu realisieren. Auch die expansive Bautätigkeit des Erzbischofs war kaum mit diesen Mitteln allein finanzierbar. Mit den regelmäßigen Stiftseinkünften dürften kaum alle Verbindlichkeiten bezahlt worden sein. Vielleicht wurde die genannte Summe – es ist nicht klar ersichtlich, ob es sich dabei nur um die Einkünfte aus dem erzstiftischen Grundbesitz handelt – lediglich für die persönlichen Bedürfnisse des Kurfürsten und die Versorgung des Hofstaates verwendet. Da dem Landesherrn kaum eine der lukrativen Einnahmequellen des Erzstifts unbeschränkt zur Verfügung stand, blieb nur die Kreditaufnahme als Mittel zur Realisierung größerer Ziele. Da als Sicherheit wiederum nur auf Stiftsgut zurückgegriffen werden konnte, schließt sich der Kreis wieder. Im Grunde hatte Johann von Baden nie eine Chance, aus eigener Kraft die bei seinem Amtsantritt vorgefundene Schuldenlast nachhaltig abzutragen[89]. Erst die reguläre Besteuerung aller Untertanen eröffnete eine neue und ergiebige Geldquelle, die Abhilfe schaffen konnte. Welcher Erfolg der Landsteuer von 1502 beschieden war, kann hier nicht mehr untersucht werden.

Die Finanznot des Erzstifts Trier wurde von Kaiser Friedrich III. durchaus gewürdigt und mehrfach versuchte dieser, seinen Verwandten zu unterstützen[90]. Augenfällig wird dies an einem Zollprivileg für Johann von Baden von 1471. Unter Hinweis auf die Gewährung einer entsprechenden Vergünstigung für Erzbischof Jakob von Sierck gestattete der Kaiser, von jedem Fuder Wein, das von der Mosel aus über Land transportiert wurde und für das an den Rhein- und Moselzöllen des Erzstifts kein Zoll gezahlt wurde, einen Gulden zu erheben; als Zollstellen wurden die Orte Wittlich, Hontheim, Ulmen und Faid bestimmt[91]. Gleichzeitig bewilligte Friedrich III. dem Trierer Erzbischof, von jedem Schwein, das durch das Erzstift transportiert oder getrieben wird, über den bisherigen Zoll hinaus an zwei oder drei Stellen noch einen Albus als Abgabe zu erheben[92]. Den Versuchen zur Umgehung der Zollstätten begegnete der Kaiser einige Monate später mit der Ausweitung der Erlaubnis zur Erhebung des Zolls auf alle *enden es im und seinen nachkomen am gelegensten sein wirdet*[93]. Bei der gleichen Gelegenheit schritt er gegen jegliche Bestimmungen ein, die dem Zollprivileg zuwiderliefen[94], und gewann den Mainzer Erzbischof Adolf zur Unterstützung für sei-

---

89 Wie ernst die finanzielle Situation war, verdeutlicht eine Bulle Papst Sixtus' IV., worin er Johann von Baden erlaubte, schon jetzt über 1000 Gulden der Güter und Einkommen der Trierer Kirche testamentarisch zu verfügen, LHAK 1 A 8607 (1477 VIII 19, Rom). Während Johanns Vorgänger die Genehmigung, testamentarisch über Stiftsgut verfügen zu dürfen, noch dem Domkapitel abringen mußte, vgl. MILLER, Jakob von Sierck, S. 178, Anm. 29, scheint der Badener hierbei keine Schwierigkeiten gehabt zu haben. Vielleicht diente die päpstliche Bulle von 1477 als Argument, daß 1502 in größerem Ausmaß Gelder für seine testamentarischen Verfügungen eingenommen wurden, LHAK 1 C 18, 1298/1299 (1502 XII 13, Ehrenbreitstein).
90 Ein Beispiel für die Unterstützung des Erzbischofs durch den Papst – und hier wird erneut das Zusammenspiel von Kurie und Reich in den 70er Jahren des 15. Jahrhunderts erkennbar – bietet die Erlaubnis Papst Sixtus' IV. für Johann von Baden, auch vom Klerus ohne alle Ausnahmen Zölle und Steuern zu erheben, LHAK 1 C 18, 1271 (1472 IV 12, Rom), HONTHEIM, Bd. 2, Nr. 862.
91 LHAK 1 A 8531 (1471 VII 15, Regensburg).
92 LHAK 1 A 8532 (1471 VII 16, Regensburg).
93 LHAK 1 A 8438 (1471 XI 3, Wien).
94 LHAK 1 A 8539 (1471 XI 13, Wien).

nen Trierer Amtskollegen[95], da sich im Erzstift Widerstände gegen die neue Abgabe regten[96]. Dennoch wurde der Landzoll letztlich akzeptiert[97] und stellte sich als eine zusätzliche Einnahmequelle des Erzstifts dar, die den latenten Geldmangel jedoch sicherlich nicht beheben konnte.

Eine eingehende Betrachtung des Zahlungsverkehrs innerhalb des Erzstifts Trier unter besonderer Berücksichtigung von Zahlungen an den Kurfürsten läßt die Finanzzentren des Territoriums erkennbar werden. Deutlich wird dies bei der Beantwortung der Frage, wo Geld für den Erzbischof abgeliefert werden mußte. Da für den gesamten, im Rahmen dieser Arbeit untersuchten Zeitraum keine Kellereirechnung[98] überliefert ist, die den Ort nennt, an dem die abschließende Abrechnung stattfand, ist man auf indirekte Hinweise angewiesen. In großer Zahl sind die erzbischöflichen Bestätigungen über die Richtigkeit der Rechnungslegung und die Nennung etwaiger Außenstände oder Guthaben – in den Quellen als *recessus finalis* bezeichnet – überliefert. Leider ist aus den erhaltenen Belegen für die stattgefundenen Abhörungen des Wittlicher[99] und des Manderscheider[100] Kellners kein unmittelbarer Bezug zu einem entsprechenden Rezeß erkennbar[101]. Allerdings liegt die Vermutung nahe, daß beide in unmittelbarem zeitlichem und räumlichem Zusammenhang standen. Demnach wäre aus dem Ausstellungsort der erzbischöflichen Entlastungsurkunde auf den Platz zu schließen, an dem die Abrechnung durchgeführt und Geld abgeliefert oder abgeholt wurde.

---

95 LHAK 1 C 471, S. 1f (1471 XI 25, Wien). Tatsächlich setzte sich der Mainzer Erzbischof für die Erhebung des Zolls ein, LHAK 1 C 16213, Bl. 38 (1472 VI 17, Wiener Neustadt); LHAK 1 C 471, S. 5f. (1472 VI 17, Wiener Neustadt).
96 Mehrmals verhandelte die Stadt Trier mit Johann von Baden wegen des Zolls, STAT RMR 1471/2, fo. 4r (1471 XI 3), fo. 8r (1471 XI 24), fo. 11v (1472 VIII Ende); STAT Ta 57/2 (1473 I 9, Köln). Wegen der Zollpflichtigkeit der Untertanen des Landes Luxemburg war es mit dem Herzog von Burgund zu Differenzen gekommen, LHAK 1 C 457, S. 21–36 (1471/2), S. 51f. (1472 I 16), S. 47f. (1472 vor I 22), S. 55f. (1472 III 31), S. 63f. (1473 II 1). Zu den Auseinandersetzungen mit den Gemeinden Cochem, Zell und den Pflegen im Hamm vgl. oben zu den Landständen. Am 28. April 1472 unterstützte Papst Sixtus IV. die Vergünstigung des Kaisers, indem er den Trierer Dompropst mit der Bestätigung und Bewahrung der dem Trierer Erzbischof verliehenen Zollprivilegien betraute, LHAK 1 A 8544 (1472 IV 28, Rom).
97 1474 war der Zoll so weit etabliert, daß bereits eine erste reguläre Befreiung für das Kloster Steinfeld ausgesprochen werden konnte, LHAK 1 C 17, 793 (1474 III 16, Köln), GOERZ, S. 238; ebenso später für die Klöster Malmedy und Stablo, LHAK 1 C 18, 556 (1478 XI 11), GOERZ, S. 248. Im gleichen Jahr einigte sich der Erzbischof mit der Stadt Trier wegen des Wein- und Schweinezolls, RUDOLF, Quellen, Nr. 163 (1478 XI 31); STAT X 23 (1478 XII 1, Pfalzel).
98 Zu der Quellengattung allgemein anhand hessischer Beispiele vgl. E. ORTH, Amtsrechnungen als Quelle spätmittelalterlicher Territorial- und Wirtschaftsgeschichte, in: HessJbLdG 29, 1979, S. 36–62.
99 LHAK 1 C 7577, S. 131 (1485 I 10); ebda., S. 242 (1486 VI 3).
100 LHAK 1 C 6124, S. 194 (1477 I 29), S. 251 (1478 II 21), S. 332 (1479 I 28), S. 394 (1480 II 23), S. 429 (1481 I 13), S. 491 (1494 I 2).
101 Am 10. Januar 1485 hielt sich Johann von Baden jedoch mit hoher Wahrscheinlichkeit in Ehrenbreitstein auf, gleiches gilt für den 3. Juni 1486, da er erst am 6. Juni in Trier eintraf. Bringt man die Rechnungslegung des Manderscheider Kellners mit dem Itinerar des Kurfürsten in Verbindung, so ergibt sich folgendes Bild: Am 20. Januar 1477, 21. Februar 1478 und 13. Januar 1481 war Johann von Baden auf Ehrenbreitstein, am 28. Januar 1479 und 2. Januar 1494 sicherlich in Koblenz sowie am 23. Februar 1480 im Raum Koblenz/Ehrenbreitstein. Als der Trierer Siegler am 2. März 1506 seine Rechnung vorlegte, LHAK 1 C 11080, S. 212, hielt sich Erzbischof Jakob in Koblenz auf.

Unter dieser Prämisse läßt sich die Zentrale der erzstiftischen Finanzverwaltung eindeutig räumlich zuordnen. Von wenigen Ausnahmen abgesehen[102], die wiederum ein Beleg für die fehlende Institutionalisierung insbesondere in der ersten Hälfte der Regierungszeit Johanns sind, fanden die Abrechnungen regelmäßig auf Ehrenbreitstein oder in Koblenz statt[103]. Daß hierbei die Ämter des Niedererzstifts überwiegen, mag auf einem Zufall der Überlieferung beruhen. Die Abrechnungen fanden jeweils vor dem Erzbischof selbst oder dem Rentmeister statt. Dieser hatte – wie noch zu zeigen sein wird – seine Diensträume auf Burg Ehrenbreitstein.

Um von einem Finanzzentrum sprechen zu können, müssen jedoch weitere Indikatoren gefunden werden, wonach der Zahlungsverkehr des Erzbischofs im Raum Koblenz/Ehrenbreitstein abgewickelt wurde. Besonders aussagekräftig ist in diesem Zusammenhang der umgekehrte Weg, die Frage nämlich, an welchen Orten der Kurfürst Gelder auszahlen ließ. Anhand der Schuldverschreibungen kann dies nachgewiesen werden. Bei Kreditaufnahmen des Erzbischofs wurden in den Ausfertigungen der entsprechenden Urkunden stets die Rückzahlungsmodalitäten festgelegt. Schuldsummen, deren Zinsen auf regelmäßige Einnahmen des Erzstifts angewiesen waren, konnten mit halb- oder vierteljährlicher Frist gekündigt werden, nach deren Ablauf das Geld fällig wurde. Häufig, wenn auch nicht in allen Fällen, ist bereits in der Schuldurkunde ein Ort genannt, wo das Geld ausgezahlt werden sollte. Es steht zu erwarten, daß die Summen wohl kaum dann erst an diesen Ort geschafft wurden, sondern dort zur Verfügung standen. Immer korreliert dieser Auszahlungsort mit dem für ein eventuelles Einlager bestimmten Ort. Häufig werden auch zwei oder drei Orte alternativ benannt. Bei diesen »Zahlungsorten«, an denen von erzbischöflicher Seite Gelder ausgezahlt werden sollten, dominieren eindeutig die beiden Städte Koblenz und Trier, wobei die Stadt an Rhein und Mosel gegenüber Trier einen geringen Vorsprung hat[104]. Daneben

---

102 Es konnte nicht geklärt werden, warum einige Rezesse keinen Ausstellungsort haben. Außerhalb des Raums Koblenz/Ehrenbreitstein wurden folgende Rezesse ausgestellt: Kellerei Wittlich, LHAK 1 C 18, 500 (1476 III 11, Wittlich), LAMPRECHT, Bd. 3, Nr. 257; Siegelamt Koblenz, LHAK 1 C 18, 670 (1483 VI 4, Trier), GOERZ, S. 256.
103 Folgende Rezesse, die einen Ausstellungsort tragen, sind überliefert: Zoll Engers, LHAK 1 D 1227 (1465 X 13, Ehrenbreitstein); Kellerei Wittlich, LHAK 1 C 18, 177 (1466 II 11 Ehrenbreitstein), LAMPRECHT, Bd. 3, Nr. 246; Kellerei Oberwesel, LHAK 1 A 2956 (1473 II 5, Ehrenbreitstein); Rentmeisterei sowie Kellerei und Landzoll Cochem, LHAK 1 C 18, 598 (1477 VII 25, Ehrenbreitstein); Siegelamt und Brückenmeisteramt Koblenz sowie Subsidienkollektor, LHAK 1 C 18, 774 (1487 VII 17, Koblenz); Kellerei Hamm, LHAK 1 C 18, 985 (1494 V 7, Koblenz), GOERZ, S. 289; Amt Salm, Anweisung zur Rechnungslegung, LHAK 1 C 16218, S. 85 (1496 I 8, Ehrenbreitstein), GOERZ, S. 297; Kellereien Manderscheid und Ehrenbreitstein, LHAK 1 C 18, 1143 (1498 II 14, Koblenz), GOERZ, S. 303; Kellerei Oberwesel, LHAK 1 C 18, 1136 (1496 III 17, Ehrenbreitstein), GOERZ, S. 297; Kellerei Münstermaifeld, LHAK 1 C 18, 1072 (1498 III 28, Koblenz), GOERZ, S. 304; Kellerei Cochem, LHAK 1 C 18, 1175 (1500 III 28, Ehrenbreitstein), GOERZ, S. 312; Amt Schönberg, Anweisung zur Rechnungslegung, LHAK 1 C 16214, S. 177 (1501 I 17, Koblenz), GOERZ, S. 314; Kellerei Ehrenbreitstein, LHAK 1 C 18, 1234 (1502 II 11, Koblenz), GOERZ, S. 317.
104 Folgende Summen, die im Zusammenhang mit der erzbischöflichen Finanzpolitik stehen, sollten in Koblenz ausgezahlt werden: Pfandsumme des Amtes Baldeneck, LHAK 1 A 292 (1465 III 24, Pfalzel), GOERZ, S. 220; Mitgift der Gräfin Zimburga von Nassau, GLAK Abt. 46, Nr. 904 (1468 X 15, Ehrenbreitstein); Kaufsumme von Schloß, Feste und Freiheit Herschbach, DEMANDT, Nr. 5601 (1470 XII 2); Schuld von 1000 Gulden bei Hans von Enzberg, LHAK 1 A 8560 (1473 VIII 14), GOERZ, S. 238;

erscheinen – wenn auch gegenüber Trier und Koblenz kaum von Bedeutung – die kleineren Städte des Erzstifts[105]. Außerhalb des Territoriums werden nur wenige Orte genannt, insbesondere jedoch die beiden großen Finanzzentren Köln und Frankfurt. Die Umkehr der Beobachtung, daß die Herrschaft des Erzstifts sich hauptsächlich in den stadtnahen Stützpunkten Pfalzel und Ehrenbreitstein konzentrierte, und die Annahme, daß die erzbischöfli-

---

Kaufsumme von 6000 Gulden für die Nürburg, LHAK 1 C 18, 495 (1476 X 20); Schuld von 3000 Gulden der Brüder Ruprecht und Philipp Grafen zu Virneburg, STAW Abt. Löwenstein-Wertheim-Freudenberg Virneburger Urkunden V/82 (1477 VI 23); Pfandsumme für Arenfels, Hönningen und Argendorf, LHAK 1 A 271 (1478 II 9, Ehrenbreitstein), GOERZ, S. 247; Schuld von 2000 Gulden bei Bernhard von Schauenburg, LHAK 1 A 8651 (1480 IV 11); Pfandsumme für Arenfels, Hönningen und Argendorf, LHAK 1 A 272 (1481 III 28, Ehrenbreitstein), GOERZ, S. 252; 400 Gulden an Friedrich von Fleckenstein für ausstehende Lehngelder, LHAK 1 A 8738 (1486 VII 21, Heidelberg); 300 Gulden ausstehendes Rats- und Dienstgeld für Reinhard Graf zu Leiningen-Westerburg, HHStAW Abt. 339, Nr. 310 (1491 II 1, Ehrenbreitstein), GOERZ, S. 278; Pfandsumme für das Amt Kobern, LHAK 1 A 740 (1493 X 2), GOERZ, S. 287; 1500 Gulden als Ablösesumme für eine Rente von 75 Gulden, LHAK 1 A 8956 (1495 XI 8), GOERZ, S. 296; Pfandsumme für das Amt Manderscheid, LHAK 1 A 2409 (1497 V 25), GOERZ, S. 301; Kaufsumme für die Grafschaft Salm, LHAK 1 A 9000 (1497 IX 11), GOERZ, S. 302; Ablösesumme von 500 Gulden für eine jährliche Rente von 50 Gulden, HHStAW Abt. 170 U 2394 (1500 VII 29, Ehrenbreitstein). In Koblenz wurde auch die Mitgift für die Tochter des Herzogs René von Lothringen von 32000 Gulden hinterlegt, LHAK 1 A 9006 (1497 XI 19, Kassel); LHAK 1 A 9007 (1497 XI 26, Koblenz). In Trier waren dementsprechend folgende Zahlungen vorgesehen worden: Pfandsumme für die Burg Bernkastel, LHAK 1 A 337 (1456 VI 25); Pfandsumme für Manderscheid, LHAK 1 A 2413 (1462 II 22, Trier), GOERZ, S. 214; Pfandsumme für das Amt Welschbillig, LHAK 1 A 3724 (1463 IV 24, Trier); Pfandsumme für das Amt Schwarzenberg, LHAK 1 A 8512 (1469 VII 29, Trier), GOERZ, S. 230; Pfandsumme für das Amt Kyllburg, LHAK 1 A 2210 (1470 III 22), GOERZ, S. 232; Schuldsumme von 1000 Gulden, LHAK 1 A 4274 (1480 IV 17), GOERZ, S. 250; Pfandsumme für das Amt Kasselburg, LHAK 1 A 8669 (1480 XII 29, Ehrenbreitstein), GOERZ, S. 252; Pfandsumme für das Amt Baldenau, LHAK 1 A 282 (1481 I 4, Ehrenbreitstein), GOERZ, S. 252; Pfandsumme für Schloß Liebenberg bei St. Wendel, LHAK 1 B 1998 (1483 IV 9, Pfalzel), GOERZ, S. 256; etliche Schulden der Herrschaft Hunolstein, LHAK 1 A 8882 (1491 IX 17, Ehrenbreitstein), GOERZ, S. 279; Pfandsumme für das Amt Kasselburg, LHAK 1 A 8888 (1491 XII 26, Ehrenbreitstein), GOERZ, S. 280; Schulden bei den Nattenheimer Erben, LHAK 1 A 8894 (1492 IV 8, Koblenz), GOERZ, S. 281; 3000 Gulden Ablösesumme für eine jährliche Rente von 200 Gulden, LHAK 1 C 17, 1401 (1493 III 16); Pfandsumme für das Amt Schwarzenberg, LHAK 1 A 9010 (1498 II 24, Koblenz), GOERZ, S. 303.
105 Die kleineren Orte erscheinen folgendermaßen als mögliche Zahlungsorte: Bernkastel alternativ zu Trier für die Pfandsumme des Amtes Baldenau, LHAK 1 A 282 (1481 I 4, Ehrenbreitstein), GOERZ, S. 252; Boppard alternativ zu Koblenz für die Schuldsumme von 1000 Gulden bei Hans von Enzberg, LHAK 1 A 8560 (1473 VIII 14), GOERZ, S. 238, und alternativ zu Andernach, Koblenz oder Eltz für die Pfandsumme von Kobern, LHAK 1 A 740 (1493 X 2), GOERZ, S. 287, sowie alternativ zu Koblenz oder Waldeck für die Pfandsumme von Manderscheid, LHAK 1 A 2409 (1497 V 25), GOERZ, S. 301; ebenfalls in Boppard sollte dem Pfalzgrafen Philipp ausstehender Proviant beglichen werden, LHAK 1 A 9100 (1501 VI 18); Cochem alternativ zu Koblenz für die Kaufsumme der Nürburg, LHAK 1 C 18, 495 (1476 X 20), und alternativ zu Münstermaifeld für die Ablösesumme von 200 Gulden für eine jährliche Rente von zwei Fuder Wein vom Cochemer Kellner, LHAK 1 A 9142 (1502 XI 24, Ehrenbreitstein), GOERZ, S. 320. Nach Ehrenbreitstein oder Mayen sollte eine Schuld von 2000 Gulden gezahlt werden, LHAK 1 C 17, 664 (1465 XI 2); Oberwesel alternativ zu Trier oder Bacharach für eine Summe von 3000 Gulden wegen des Lehens Wildenberg, LHAK 1 C 17, 1401 (1493 III 16); Wittlich alternativ zu Trier für die Pfandsumme der Burg Manderscheid, LHAK 1 A 2413 (1462 II 22, Trier), GOERZ, S. 214; dorthin sollte auch die Pfandsumme für das Amt Wittlich gezahlt werden, LHAK 1 A 3682 (1476 III 31, Ehrenbreitstein), GOERZ, S. 243.

che Zentrale nicht immer über genügend große Mengen Bargeld verfügte[106] – es handelte sich bei den Schuldverschreibungen häufig um Summen von mehreren tausend Gulden –, macht es wahrscheinlich, daß derartige Zahlungen über in unserem Zusammenhang nicht näher zu identifizierende Finanziers erfolgten[107]. Die Bedeutung von Koblenz und Trier als Finanzzentren des Erzstifts[108] unterstreicht die These von der Zweipoligkeit des Territoriums und läßt erneut die funktionalen Verbindungen in den beiden Räumen prägnant in Erscheinung treten. Ohne die Wirtschaftskraft der großen Städte konnten die Herrschaftszentren Pfalzel und Ehrenbreitstein den Ansprüchen des Landesherrn nicht genügen.

Ein anderes Phänomen aus dem Bereich der Vorbereitung und Abwicklung finanzieller Transaktionen zeigt besonders deutlich, wie weit die Ortsfestigkeit der Verwaltung des Territoriums bereits gediehen war. Die Kündigung regelmäßiger Zahlungen, deren Ablösung durch gewisse Geldsummen vereinbart worden war, fand nach einem spätestens seit Johann von Baden genau festgelegten Modus statt. Die Kündigungsbriefe sollten ein viertel oder ein halbes Jahr vor Ablauf der Frist der jeweils anderen Partei zugestellt werden. In fast allen Fällen ist auch der Ort für die Ablieferung der Schreiben genannt. An den Trierer Erzbischof waren diese während des Untersuchungszeitraums regelmäßig nach Ehrenbreitstein zu schicken[109], an den Ort also, von dem man mit Sicherheit annahm, daß von hier aus die notwendigen Schritte veranlaßt werden könnten.

Abschließend soll noch einmal die Frage nach dem tatsächlichen finanziellen Handlungsspielraum Erzbischof Johanns von Baden aufgeworfen werden. In vielerlei Hinsicht zeigte sich das Bemühen, die Schulden seines Vorgängers abzutragen oder zumindest die Belastungen erträglicher zu gestalten. Erfolgreich war der Versuch, die Virneburger Pfandschaften einzulösen und damit den Einfluß des Grafenhauses zurückzudrängen. Gerade an diesem Beispiel zeigte sich ein Grundzug der erzbischöflichen Finanzpolitik: Wenn schon Schulden gemacht werden mußten, dann keine zu hohen Summen bei einzelnen Schuldnern und keine

---

106 Ein prägnantes Beispiel für die Zahlungsschwierigkeiten des Erzbischofs, der nicht in der Lage war, sich anderweitig Geld zu besorgen, sind die Verhandlungen über die Auszahlung der Pfandsumme für das an Hilger von Langenau verpfändete Amt Stolzenfels, vgl. KERBER, Stolzenfels, S. 23 f.
107 Als solche kam z. B. die Koblenzer Borge- und Krämergesellschaft in Frage, vgl. Stak- 623- BMR 1658 (1464 III 17).
108 Vgl. MATHEUS, Trier, S. 125, Anm. 191.
109 Während die Kündigungsbriefe für eine Schuldverschreibung Erzbischof Rabans noch nach Ehrenbreitstein oder Cochem geschickt werden konnten, TOEPFER, Bd. 2, Nr. 248 (1436 XI 22), hat sich unter Johann von Baden das Bild geändert. Zu Anfang seiner Regierungszeit konnte eine Summe noch in Pfalzel gekündigt werden. LHAK 1 A 1895 (1457 I 18), GOERZ, S. 205; LHAK 1 A 1894 (1459 X 27, Ehrenbreitstein). Seit den 60er Jahren wird jedoch nur noch Ehrenbreitstein genannt: LHAK 1 A 1980 (1465 V 4); LHAK 1 C 17, 664 (1465 XI 2), GÜNTHER, Bd. 4, Nr. 308; LHAK 1 A 1982 (1466 III 24), GOERZ, S. 223; LHAK 1 C 18, 238 (1466 IV 14); LHAK 1 A 3412 (1468 VII 20, Ehrenbreitstein), GOERZ, S. 228; HHStAW Abt. 119, Nr. 19 (1468 VIII 29); DEMANDT, Nr. 5601 (1470 XII 2); LHAK 1 C 18, 495 (1476 X 20); LHAK 1 A 8651 (1480 IV 11), GOERZ, S. 250; LHAK 1 A 272 (1481 III 28, Ehrenbreitstein), GOERZ, S. 252; LHAK 1 A 8831 (1489 VIII 24); LHAK 1 A 740 (1493 X 2), GOERZ, S. 287; LHAK 1 A 8956 (1495 XI 8), GOERZ, S. 296. Ausnahmsweise konnten aufgrund spezieller Konstellationen die Kündigungsbriefe auch an andere Orte geschickt werden: Pfalzel oder Ehrenbreitstein, LHAK 1 A 2210 (1470 III 22), GOERZ, S. 232, Cochem oder Ehrenbreitstein, LHAK 1 A 8593 (1476 X 31, Ehrenbreitstein), GOERZ, S. 244; Boppard oder Ehrenbreitstein, LHAK 1 A 8930 (1494 II 20).

sehr langfristigen Verpfändungen. Häufig lassen sich reine Umschuldungen beobachten, die jedoch dazu dienten, die Besitzansprüche des Erzstifts zu demonstrieren. Aufgrund der beschränkten finanziellen Ressourcen des Territoriums war es dem Badener nicht möglich gewesen, die von der Manderscheider Fehde herrührenden Belastungen gänzlich abzutragen. Durch die den Landständen mit großen Zugeständnissen abgerungene Landsteuer des Jahres 1502 war jedoch eine neue Perspektive geschaffen, die durch die Heranziehung auch der weltlichen Untertanen nachhaltige Wirkung versprach. Rückschläge erlitt die vernünftige und vorausschauende Planung des Erzbischofs durch Anforderungen, die von außen an das Erzstift herangetragen wurden. Hier sind besonders die Beiträge zu den Reichskriegen zu nennen, aber auch territoriale Auseinandersetzungen, wie die Mainzer Stiftsfehde und die inneren Konflikte mit Winneburg und Boppard. Ein nur schwer abzuschätzender Prozentsatz der Einnahmen wurde für die sehr rege Bautätigkeit des Kurfürsten und dessen Hofleben verbraucht.

Ein Phänomen, das schon bei sämtlichen zuvor behandelten Themenkreisen zu beobachten war, macht sich auch in der Finanzpolitik des Badeners bemerkbar. Finanzielle Transaktionen, die mit dem Landesherrn in Verbindung standen, wurden weitgehend in den schon mehrfach lokalisierten Zentren abgewickelt. Dabei kam Koblenz/Ehrenbreitstein die eindeutig dominierende Rolle zu. Zahlungen an den Kurfürsten wurden sogar fast ausschließlich dort geleistet. Johann von Baden stellt sich auch auf diesem Gebiet als ein geschickt taktierender Fürst dar, der in realistischer Einschätzung der Lage das ihm Mögliche auch erreichte. In diesem Zusammenhang kommt Koblenz eine weitere zentrale Rolle zu, da die Stadt, die im 11. Jahrhundert trierische Münzstätte wurde, die Bedeutung der älteren Münze in Trier spätestens im 14. Jahrhundert übertraf und seit 1430 die Hauptmünzstätte der Trierer Erzbischöfe war[110]. Die in großem Maßstab aufgeführten repräsentativen Neubauten und die Erneuerung der wichtigsten Gebäude entsprachen dem Repräsentationsbedürfnis eines mächtigen Reichsfürsten, der, vielleicht durch seinen Aufenthalt in Italien und die Kontakte zu Burgund beeinflußt, seine Stellung auch auf diese Weise prachtvoll darzustellen verstand. Diese Arbeiten waren sicherlich auch notwendig, da in dieser Hinsicht während der Regierung Erzbischof Rabans nicht viel geschehen konnte und Jakob von Sierck andere Interessen verfolgt hatte. Es bleibt festzuhalten, daß Johann von Baden auch im Finanzwesen im Grunde nicht in der Lage war, aus eigener Kraft wirklich Neues zu schaffen. Ebenso wie in den politischen Außenbeziehungen und gegenüber den politischen Kräften innerhalb des Territoriums konnte er nur im Rahmen eines relativ begrenzten Handlungsspielraums agieren. Die Kooperation mit Domkapitel und Landständen ermöglichte es, daß er letztlich dennoch erfolgreich war. Wie dies im Zusammenhang mit den anderen angesprochenen Tätigkeitsfeldern auf die Ausbildung von Herrschaftszentren zurückwirkte, soll im folgenden näher beleuchtet werden.

---

110 K. PETRY, Die Koblenzer Münze im Mittelalter, in: Geschichte der Stadt Koblenz, Bd. 1, S. 346–369, insbes., S. 368f.

5. Handlungsspielräume kurfürstlicher Politik am Mittelrhein: Eine Zwischenbilanz

Die sich an die Untersuchungen der verschiedenen Rahmenbedingungen und Bestimmungsfaktoren der erzbischöflichen Politik in der zweiten Hälfte des 15. Jahrhunderts anschließenden Zusammenfassungen der Ergebnisse erübrigen die erneute Darlegung der Fakten. Daher sollen hier als Zwischenbilanz, die als Voraussetzung für die weitere Arbeit gelten kann, die Handlungsspielräume beleuchtet werden, die Erzbischof Johann II. während seiner Regierungszeit zur Verfügung standen. Das besondere Augenmerk liegt auf den hierbei zutage getretenen räumlichen Aspekten derartiger Beschränkungen und der Frage, inwieweit durch strukturelle sowie historisch gewachsene Bedingungen bereits ein Präjudiz hinsichtlich des Ortes der Herrschaftsausübung gegeben war.

Ein Beispiel für letzteres ist der Ort der Bischofswahl Johanns von Baden, der – trotz gegenläufiger Bemühungen einiger Domherren – in Trier verblieb. Der dort Gewählte nahm seinen Sitz allem Anschein nach zunächst jedoch auf der Burg Ehrenbreitstein, wo sein Bruder Georg ihm das aus Rom mitgebrachte Pallium überreichte. Nur dort läßt sich die Anwesenheit seines älteren Bruders Karl nachweisen, der bis 1458 als Verweser des Erzstifts tätig war. Wahrscheinlich hielt sich Johann auch während der zweiten Jahreshälfte 1456 dort auf, für die sich im Erzstift mangels päpstlicher Bestätigung des Erwählten keinerlei Regierungstätigkeit nachweisen läßt.

Das wohl drängendste Problem beim Regierungsantritt Johanns war die angespannte Finanzlage mit einer vom Vorgänger übernommenen Schuldenlast von mehr als 270000 Gulden, deren Abtragung die vereinten Anstrengungen aller Kräfte des Erzstifts beanspruchte. Dabei kam es dem Badener zugute, daß er sowohl dem Papst als auch dem Kaiser als genehmer Kandidat gelten und somit auf deren Unterstützung rechnen konnte. Diese Haltung zu Kurie und Reich behielt Johann konsequent bei und geriet dadurch mitunter in Widerspruch zu seinem Domkapitel, das führend gegen päpstliche und kaiserliche Geldforderungen tätig war und bis in die 80er Jahre des 15. Jahrhunderts eng mit den Domherren der beiden anderen rheinischen Erzbistümer kooperierte. Bevorzugter Treffpunkt dieser Vertreter der Geistlichkeit zur Abstimmung gemeinsamen Handelns war Koblenz.

Bei der Interaktion der vier rheinischen Kurfürsten untereinander trat der Rhein als wichtigste Verkehrslinie und Kommunikationsachse hervor – der Rheinhandel bzw. die Rheinschiffahrt und -zölle waren das Hauptthema von Verhandlungen und gemeinsames Interesse der Territorien. Immer wieder trat in diesem Zusammenhang die günstige geographische Lage der Stadt an Rhein und Mosel in Erscheinung, die sie geradezu als Kommunikationszentrum am Mittelrhein prädestinierte. Der im allgemeinen auf Ausgleich und Konsolidierung des Erzstifts bedachte Kurfürst Johann von Baden konzentrierte seine außenpolitischen Ambitionen weitgehend auf die Rheinlinie, so daß auch aus diesem Grunde hier ein Zentrum der Herrschaft ausgebildet werden mußte, um schnelles und effektives Handeln vor Ort zu ermöglichen.

Neben dem Landesherrn sind als kontinuierlich wirksame Kräfte innerhalb des Territoriums das Domkapitel und die Landstände zu identifizieren, deren konkurrierendes Zusammenspiel für die Politik und Herrschaft des Erzstifts Trier im hier untersuchten Zeitraum kennzeichnend ist. De jure besaß das Domkapitel größere Einflußmöglichkeiten, de facto konnten die Stände jedoch ein in der bisherigen Forschung kaum beachtetes erhebliches Mitspracherecht erstreiten, das sich vor allem auf die weltlichen Angelegenheiten des Erzstifts bezog. Somit traten dem Erzbischof das Domkapitel als Sprecher der Geistlichkeit und die Landstände als Vertreter der übrigen Untertanen entgegen. Das Zusammenwirken dieser drei Akteure kann als wichtigste Voraussetzung für die Herrschaftspraxis gelten. Räumlich läßt sich das Domkapitel eindeutig in Trier verorten, während der Schwerpunkt der Landstände sich im Raum Koblenz befand. Die Binnengliederung der landständischen Interessenvertretung nahm die ältere Einteilung des Territoriums in geistliche Gerichtsbezirke, oberes und niederes Offizialat mit den Hauptorten Trier und Koblenz, auf und führte somit zu einer Vereinheitlichung der Verwaltungsorganisation. Gerade die Aktivitäten der Landstände zeigen sehr deutlich die Bedeutung der beiden großen Städte des Erzstifts und die Funktion der Moselachse als Hauptkommunikationsstrang innerhalb des Kurfürstentums.

Das schon durch die Hinterlassenschaft Jakobs von Sierck vorgeprägte Hauptbetätigungsfeld Erzbischof Johanns, der Versuch, die finanzielle Situation zu verbessern, findet sich auch bei den Themen wieder, die Geistlichkeit und Landstände zu gemeinsamem Handeln veranlaßten. Die Sorge um den Erhalt des Territoriums und seiner wirtschaftlichen Ressourcen war den bestimmenden Kräften des Erzstifts gemeinsam. Die desolate Finanzlage bedeutete eine erhebliche Einschränkung der Handlungsspielräume. Von daher richtet sich der Blick auf die Frage, inwieweit die Finanzpolitik auf die Bildung von Herrschaftsmittelpunkten einwirkte oder auf bestehende Rücksicht nahm. Die Betrachtung der Zahlungsmodalitäten innerhalb des Erzstifts Trier läßt zwei Zentren hervortreten: Koblenz/Ehrenbreitstein und Trier/Pfalzel. Die dominierende Rolle kam eindeutig dem Herrschaftszentrum am Rhein zu, wo Zahlungen an den Kurfürsten fast ausschließlich geleistet wurden.

Demnach stellen sich die Handlungsspielräume der Politik Erzbischof Johanns II. von Baden folgendermaßen dar: Bedingt durch eine von seinen Vorgängern herrührende mißliche Gesamtsituation des Erzstifts, die zu einem erheblichen Machtzuwachs von Domkapitel und Landständen geführt hatte, waren die Möglichkeiten des Badeners, der auf eine Konsolidierung der Situation bedacht war, von vornherein beschränkt. Erfolge ergaben sich aus einem nach außen abgestimmten Zusammengehen mit den wichtigsten Kräften des Territoriums, die ihre Kooperation nie verweigerten. Johann von Baden erscheint immer wieder als geschickt taktierender Fürst, der in realistischer Einschätzung der Lage das ihm Mögliche zu erreichen verstand.

In sämtlichen bisher behandelten Themenbereichen hat sich die Stadt Koblenz – in vielfältiger Weise mit der gegenüberliegenden Burg Ehrenbreitstein funktional verbunden – als wichtigstes Kommunikationszentrum des Erzstifts erwiesen. Die auch von den Landständen angenommene Untergliederung des Territoriums in Ober- und Niedererzstift bedurfte der Ausbildung bzw. Beibehaltung eines weiteren Zentrums, das eindeutig im Raum Trier/Pfalzel identifiziert werden kann. Folglich haben sich die Suchstrategien zur Auffindung von

Herrschaftsmittelpunkten im Erzstift Trier am Ende des Mittelalters auf beide Räume zu konzentrieren. Um ein Bild hiervon zu bekommen, sollen zunächst die vom Kurfürsten dort vorgefundenen, historisch gewachsenen Voraussetzungen dargestellt werden, denn die topographischen Gegebenheiten und die architektonische Ausstattung wirkten in erheblichem Maße auf die Möglichkeiten zur Ausformung eines Herrschaftsmittelpunkts ein. Der Erhalt von Bestehendem und die Bildung von Neuem sind wichtige Indikatoren für die Bevorzugung bestimmter Orte durch den Landesherrn.

6. Die Entwicklung von Herrschaftszentren in Trier/Pfalzel und Koblenz/Ehrenbreitstein

Die Handlungsspielräume erzbischöflicher Politik wurden durch strukturelle und historisch gewachsene Rahmenbedingungen eingeengt, unter denen insbesondere verkehrsgeographische, topographische und herrschaftlich-institutionelle Voraussetzungen eine Reduzierung der Möglichkeiten zur Ausbildung von Herrschaftsmittelpunkten bedeuteten. Vorausgesetzt, die Residenz eines so bedeutenden Reichsfürsten wie die des Trierer Erzbischofs erfordert eine Minimalausstattung in Form eines repräsentativen Wohnsitzes zumindest in unmittelbarer Nähe einer Stadt[1], so kommen hierfür im Erzstift Trier nur sehr wenige Orte in Frage. Da man gleichfalls die unbestrittene Landesherrschaft voraussetzen darf, können Orte wie z. B. die Reichspfandschaften Boppard und Oberwesel nicht in Betracht kommen.

Im Erzstift Trier als »Moselterritorium« konnte ein Herrschaftszentrum nur an einem solchen Ort ausgebildet werden, der an diesem Hauptverkehrsweg oder in seiner unmittelbaren Nähe lag. Die Bedeutung der Stadt Trier ist in diesem Zusammenhang von vornherein unstrittig. Die umfangreichen Besitzungen der Erzbischöfe im Westerwald, in der östlichen Eifel, auf dem Maifeld und Vorder-Hunsrück machten jedoch die Ausbildung eines zweiten Zentrums notwendig[2]. Das Territorium konnte nicht von einem Platz, zumal nicht von der sich spätestens seit dem 15. Jahrhundert in westlicher Randlage befindlichen Moselmetropole Trier aus, allein regiert werden. Aufgrund von Entwicklungen, die bis in das hohe Mittelalter zurückreichen, entstand das zweite Herrschaftszentrum im Raum Koblenz. Im 14. Jahrhundert und in der ersten Hälfte des 15. Jahrhunderts war dieser Prozeß bereits so weit fortgeschritten, daß die Möglichkeit, aber auch die Notwendigkeit zur Ausbildung eines weiteren zentralen Herrschaftsmittelpunkts nicht mehr gegeben war.

Daher richtet sich der Blick im wesentlichen auf die beiden wichtigsten Städte im Erzstift, Trier und Koblenz, und auf die stadtnahen Stützpunkte Pfalzel und Ehrenbreitstein. Im folgenden sollen die Voraussetzungen untersucht werden, die diese beiden Pole des Erzstifts als Herrschaftsmittelpunkte prädestinierten. Da in der zweiten Hälfte des 15. Jahrhunderts bereits eine Verfestigung zu beobachten ist, wird es an dieser Stelle erforderlich, weiter zurückzugreifen und in einem kurzen Überblick die historische Entwicklung aufzuzeigen. Für beide Zentren sollen zunächst die wichtigsten Lagemerkmale aufgezeigt werden. Dies schließt notwendigerweise die Beschäftigung mit der jeweiligen Stadtanlage ein, um auf diese Weise eine Grundlage für den Vergleich der Bedeutung dieser Orte für die Ausbildung von Herrschaftsmittelpunkten zu erhalten. Der historischen Entwicklung Rechnung tragend, sollen hier zunächst Trier und Pfalzel dargestellt werden.

1 Vgl. PATZE, Bildung, S. 3, 21 f.
2 Vgl. BODSCH, S. 49–51.

a) Trier/Pfalzel

Die Geschichte der Stadt Trier kann als gut erforscht gelten[3]; Antike[4] und frühes Mittelalter[5] müssen hier ohnehin unberücksichtigt bleiben. Auch die mittelalterliche Geschichte der Stadt soll hier nicht nachgezeichnet werden, um unmittelbar zu den topographischen Voraussetzungen für die Ausbildung eines mittelalterlichen Herrschaftszentrums vorzudringen. Die Entwicklung der inneren Verfassung von Trier auch im Rahmen der politischen Außenbeziehungen in Mittelalter und beginnender Neuzeit ist bekannt[6]. Aufgrund dieser allgemein guten Forschungslage braucht dem skizzierten Problemhorizont in Trier nicht so intensiv nachgegangen zu werden, wie es für Koblenz und Ehrenbreitstein notwendig sein wird. Es bleibt festzuhalten, daß der Kurfürst in der hier interessierenden Zeit als weitgehend unbestrittener Stadtherr gelten kann. Auch wenn die Beziehungen Triers zu Burgund, Lothringen und Frankreich sowie der geschickt eingesetzte Hinweis auf kaiserliche Reichstagsladungen und damit beanspruchte Reichsunmittelbarkeit einen gewissen Handlungsspielraum zu eröffnen schienen, hatte der Erzbischof erhebliche Einwirkungsmöglichkeiten in der Stadt. Das Besetzungsrecht wichtiger städtischer Ämter sicherte ihm ein Mitspracherecht.

Was das konkrete Verhältnis zwischen Landesherr und Stadt in der Regierungszeit Johanns von Baden anbelangt, so sind neben der von M. Matheus erforschten städtischen Perspektive aus der Sicht des Erzbischofs nur wenige weiterführende Einblicke zu gewinnen. Noch zu Lebzeiten Erzbischof Jakobs von Sierck gehörte Trier zu den Städten der Ständeeinung vom 10. Mai 1456[7] und ist somit eindeutig als eine Stadt anzusehen, die dem Erzstift unmittelbar zuzuordnen ist[8]. In seiner Wahlkapitulation mußte Johann von Baden versprechen, ohne Einverständnis des Domkapitels nichts gegen die Stadt Trier zu unternehmen. Befürchtungen vor Ereignissen wie bei der Manderscheider Fehde sind unverkennbar. Für den Stellenwert der Stadt und deren selbstbewußtes Auftreten ist es bezeichnend, daß Trier erst am 12. Mai 1460 als letzte Stadt im Erzstift dem neuen Landesherrn huldigte[9]. Zuvor hatte der Kurfürst versichert, die Stadt bei ihren alten Freiheiten und Gewohnheiten zu schützen[10]. Spätestens von diesem Zeitpunkt an ist es gerechtfertigt, das Verhältnis zwi-

---

3 Zur Geschichte Triers vgl. KENTENICH, Trier.
4 E. EWIG, Von der Kaiserstadt zur Bischofsstadt. Beobachtungen zur Geschichte von Trier im 5. Jahrhundert, in: Die Stadt in der europäischen Geschichte. Fschr. Edith Ennen, Bonn 1972, S. 59–73; H. HEINEN, Trier und das Trevererland in römischer Zeit, Trier 1985 (2000 Jahre Trier 1).
5 E. EWIG, Trier im Merowingerreich. Civitas, Stadt, Bistum, Trier 1954; H. H. ANTON, Trier im frühen Mittelalter, 1987 (Quellen und Forschungen aus dem Gebiet der Geschichte, N. F. 9).
6 HAVERKAMP, Storia; MATHEUS, Trier, insbes. S. 84–133.
7 LHAK 1 A 8315–8317.
8 Auf die Rolle Triers im Rahmen der Frühgeschichte der kurtrierischen Landstände machte erstmals MATHEUS, Trier, S. 136–138, aufmerksam, vgl. oben. In der zweiten Ständeeinung von 1502, LHAK 1 A 9112 (1502 II 17), werden die Städte Boppard und Oberwesel im Gegensatz zu 1456 nicht genannt. Dies belegt, wie eine solche Beteiligung als enger Anschluß an das Erzstift empfunden wurde, da insbesondere Boppard damals versuchte, seine Reichsunmittelbarkeit wiederzuerlangen.
9 Vgl. LAGER, Einzug. 1460 IV 26 forderte Johann von Baden den Grafen Johann von Nassau-Saarbrücken auf, mit ihm in der Stadt Trier einzureiten, HHStAW Abt. 130 I, II B 5 Kur-Trier 2, Bl. 3 (1460 IV 26, Ehrenbreitstein).
10 LHAK 701,4, fo. 58r (1460 III 10).

schen Stadt und Landesherr als »vergleichsweise konfliktfrei«[11] zu bezeichnen. Auftretende Spannungen wurden stets gütlich beigelegt[12], das kurfürstliche Hofgericht wurde als übergeordnete Instanz anerkannt[13]. Die Stadtherrschaft des Erzbischofs stand während des gesamten Untersuchungszeitraums nie ernsthaft in Frage[14]. Wie wichtig ein gutes Verhältnis mit der Kathedralstadt für den Landesherrn war, belegt die Regierungszeit Jakobs von Baden, dem aus nicht näher zu erläuternden Gründen in Trier nicht gehuldigt worden ist. Dies sollte 1511 nachgeholt werden. Da der Kurfürst jedoch vorher verstarb, hat er während seiner gesamten Regierungszeit die Stadt nicht einmal betreten.

Da Trier schon seit der Antike sämtliche Voraussetzungen für einen repräsentativen Herrschersitz mitbrachte, braucht die Stadtentwicklung[15] hier nicht näher analysiert zu werden, zumal die gute Forschungslage eine erneute Aufarbeitung überflüssig macht. Die dominierende Stellung Triers unter den Städten des Erzstifts steht außer Frage. Unter Erzbischof Bruno (1002–1024) wurde die damals schon weitgehend unbewohnte Südhälfte der etwa 285 Hektar umfassenden römischen Stadt durch einen Wall ausgegrenzt, der unter Erzbischof Albero von Montreuil (1131–1152) durch eine Mauer um das Siedlungsareal verstärkt wurde. Damit verringerte sich die Grundfläche der Stadt auf ca. 139 Hektar[16].

Dank der Forschungen von M. Matheus und W. Laufer sind relativ konkrete Angaben zur Bevölkerungszahl von Trier im Mittelalter und in der frühen Neuzeit möglich. Genauere Angaben können nur für das 14. Jahrhundert und die zweite Hälfte des 16. Jahrhunderts gemacht werden. Doch scheint Trier in der hier besonders interessierenden Zeit, der zweiten Hälfte des 15. Jahrhunderts, noch immer eine Einwohnerschaft von ca. 10 000 Personen gehabt zu haben[17]. Damit war Trier nach wie vor allein schon von der Bevölkerungsgröße her innerhalb des Erzstifts Trier die bedeutendste Stadt, die ebenso in ihrer wirtschaftlichen Bedeutung von keiner anderen im Territorium auch nur annähernd erreicht wurde.

Auf die in jeder Hinsicht genügende repräsentative Ausstattung Triers mit Profanbauten wurde bereits hingewiesen. Daß die sakrale Ausstattung der Stadt den Bedürfnissen eines geistlichen Kurfürsten genügen mußte, versteht sich beinahe von selbst[18]. Dennoch versäumte es Johann von Baden nicht, am Trierer Domkreuzgang den sogenannten Badischen Bau, eine Kapelle mit einem Portal von »für die Spätgotik ungewöhnlicher Monumentalität und Klarheit«, um etwa 1470 errichten zu lassen[19]. Durch die Wahl seiner Grablege im Dom

---

11 MATHEUS, Trier, S. 124; RUDOLF, Quellen, S. 70–82.
12 Vgl. die Nachweise bei MATHEUS, Trier, S. 124 pass.
13 Ebd., S. 135.
14 Zu den späteren Bemühungen der Stadt um Reichsunmittelbarkeit vgl. LAUFNER, Ringen.
15 Städtebuch Rheinland-Pfalz, S. 422–423; DEHIO, S. 1027–1029; FLINK, Topographie; JUNGANDREAS, Trier im Mittelalter; HAVERKAMP, Streifzüge.
16 Dehio, S. 1027–1028.
17 MATHEUS, Trier, S. 14–31.
18 G. Streich hat eine Vielzahl von Faktoren zusammengestellt, die für eine spätmittelalterliche Residenz wichtig sind, vgl. PATZE/STREICH, S. 215–219. Was die Sakraltopographie anbelangt, so sind derartige Überlegungen für die alten »civitates« überflüssig. Zur sakralen Ausstattung Triers vgl. Die Kunstdenkmäler der Stadt Trier, Bd. 3. Die kirchlichen Denkmäler der Stadt Trier mit Ausnahme des Domes, bearb. v. H. BUNJES u. a., Düsseldorf 1938.
19 N. IRSCH, Der Dom zu Trier, Düsseldorf 1931, S. 177f., vgl. DEHIO, S. 1043.

setzte er auch in dieser Hinsicht ein deutliches Zeichen für den Rang der Kathedrale. Nach Ausweis des Wappens eines Schlußsteins am Kreuzrippengewölbe der Trierer Stadtpfarrkirche St. Gangolf[20] trug Erzbischof Johann auch zu diesem Bau bei. Ein prägnantes Zeugnis für den Stellenwert der Moselstadt im Herrschaftsverständnis und ihre Bedeutung als geistliches Zentrum während des gesamten Mittelalters ist die von der Mehrzahl der Trierer Erzbischöfe gewählte Grablege innerhalb von Trier[21]. Ausnahmen sind stets in einem besonderen Kontext zu sehen und als temporäre sakrale Bevorzugung anderer Orte zu interpretieren.

Die Rolle Triers als amtskirchliches und vor allem als liturgisch-sakrales Zentrum erwirkte der Kathedralstadt auch unter Johann von Baden eine wichtige Sonderstellung innerhalb des Territoriums. Unmittelbar nach seiner Wahl zum Erzbischof wurde er feierlich zum Hauptaltar des Doms geführt[22]. Die Bischofsweihe fand – wie bereits dargelegt – aufgrund äußerer Umstände nicht in Trier statt. Neben der dauernden Präsenz des Domkapitels als Institution, die mitunter die Anwesenheit des Erzbischofs erforderlich machte, wird die Bedeutung Triers als geistlicher Mittelpunkt während der Regierungszeit Johanns von Baden auch auf andere Weise deutlich. Unstrittig ist sein Engagement in der Reform von Klöstern und Stiften seiner Diözese[23]. Auch wenn der Badener nach seiner Wahl die Priesterweihe noch neun Jahre aufschob, hat er sicherlich dennoch liturgische Aufgaben wahrgenommen. Naturgemäß fand dies in den Quellen kaum Niederschlag. Konkreter wird das Bild bei einer Betrachtung der Reisegewohnheiten Johanns von Baden. Sein Aufenthaltsort an den hohen kirchlichen Festen selbst ist aufgrund des Mangels an geeigneten Quellen kaum einmal belegt. 1467 berichtet der Trierer Rentmeister, daß *myn hern gnaden zu Oistern nest vergangen zu Triere was*[24]. Im folgenden Jahr hielt sich ein Teil der markgräflichen Familie von Baden zu Ostern beim Erzbischof in Koblenz auf[25]. Pfingsten 1474 schrieb Johann, der sich in Ems aufhielt, an Friedrich von Runkel, Graf zu Wied, wegen der Schulden des Sohns eines getauften Koblenzer Juden[26]. Im Jahre 1487 erfahren wir Genaueres über den Tagesablauf am Weihnachtstag, den Johann von Baden in Trier verbrachte[27]. Als er dort *sine eirste mysse sanck* schenkte ihm die Stadt zwei silberne Kannen und mittags aß er gemeinsam mit den Ratsherren im Trierer Palast. Während der letzten Vorbereitungen des Kriegszugs in der Beilsteiner Fehde veranlaßte der Erzbischof, der sich schon in Cochem aufhielt, auch am Pfingsttag noch einige Maßnahmen[28]. Zweimal, Ostern 1491 und Weihnachten 1501, stellte Johann von Baden an einem hohen kirchlichen Fest Urkunden aus, die eher dem »Tagesge-

---

20 Die kirchlichen Denkmäler der Stadt Trier (wie Anm. 18), S. 70; DEHIO, S. 1052f.
21 HEYEN, Grabkirchen.
22 LHAK 701,4, Bl. 57r.
23 SCHMIDT, Trierer Erzbischöfe, S. 494–498.
24 STAT RMR 1466/67, fo. 13r. (1467 um III 29).
25 *Item uff den helgen oesterdach was myn gnediger here van Trier, myn here van Metz, myn here Marx prost etc. und dry junge marckgraven van Baden zu Covelentz in der burch, geschenkt van des ratz geheisch XXIIII kannen winß*, StaK- 623- BMR 4068, S. 19 (1468 IV 17).
26 LHAK 1 C 13206, S. 27 (1474 V 29), *Eumptz die penthecoste*.
27 STAT RMR 1487/88, fo. 16v-17r (1487 XII 25).
28 GOERZ, S. 268 (1488 V 25, Cochem).

schäft« zuzurechnen sind[29]. Da sich 1498 ein größeres Heer bei Kronberg und Falkenstein gesammelt hatte, unterrichtete der Erzbischof seinen Rat und Amtmann zu Montabaur, Reinhard Graf zu Leiningen-Westerburg, hiervon am Pfingstsonntag unverzüglich[30].

Schon aus diesen wenigen Nachrichten geht deutlich hervor, daß Johann von Baden die hohen kirchlichen Festtage keineswegs immer in seiner Kathedralstadt verbrachte, um im dortigen Dom, dem geistlichen Zentrum der Diözese, auch am Gottesdienst teilzunehmen. In den meisten Fällen kann der Aufenthaltsort des Erzbischofs an Ostern, Pfingsten und Weihnachten recht genau bestimmt werden, da jeweils kurz vorher oder nachher Aufenthaltsbelege existieren. Gegenüber der massiven Dominanz des Herrschaftszentrums am Rhein im Itinerar Johanns von Baden überhaupt ergibt sich in dieser Hinsicht ein differenziertes Bild: 81mal hielt er sich an den hohen Festtagen im Raum Koblenz/Ehrenbreitstein auf, 45mal im Raum Trier/Pfalzel; nur acht Belege zeigen Aufenthalte an anderen Orten, die regelmäßig durch äußere Notwendigkeiten bedingt waren. Ähnlich verhält es sich auch bei seinem Nachfolger Jakob von Baden, der zweimal so oft in Koblenz/Ehrenbreitstein war wie in Trier/Pfalzel und nur einmal, aufgrund reichspolitischer Vorgänge, außerhalb seines Territoriums einen der hohen kirchlichen Festtage verbrachte.

Während Johann von Baden in seiner Funktion als Landesfürst des Erzstifts Trier die Bedeutung der Bischofsstadt in seinem Herrschaftsverständnis wesentlich geringer ansiedelte als den Raum Koblenz/Ehrenbreitstein, behielt sie für das geistliche Oberhaupt der Diözese weiterhin ihre Bedeutung. Daß der Erzbischof sich an den hohen kirchlichen Festen dennoch häufiger am Rhein aufhielt, spricht für den auch in geistlich-liturgischer Hinsicht gehobenen Stellenwert von Koblenz/Ehrenbreitstein in der zweiten Hälfte des 15. Jahrhunderts[31].

Sitz des Erzbischofs in der Moselstadt und wiederholt aufgesuchter Aufenthaltsort war die ehemalige römische Palastaula, über deren spätmittelalterliche Verwendung wir kaum informiert sind[32]. In den Quellen wird das Gebäude vom Kurfürsten als *palatium nostrum Trevirense* bzw. *unser pallas zu Trier* bezeichnet. Von Johann von Baden wird berichtet: *Palatium Trevirense egregia structura decoravit*[33]. Diese Erweiterungs- und Ausschmückungsarbeiten gehören einerseits zu einer breit angelegten Bautätigkeit des Kurfürsten im gesamten Erzstift[34], andererseits belegen sie das Bedürfnis nach einem repräsentativen und den gehobenen Anforderungen genügenden Sitz des Erzbischofs in der Stadt.

29 Michael Waldecker von Kaimt ernannte er zum Amtmann im Hamm und zu Beilstein, *der geben ist zu Erembreytsteyn uff den heiligen Oistertag*, LHAK 1 A 3646 (1491 IV 3, Ehrenbreitstein). Friedrich Zant von Merl ernannte Johann zu seinem Rat, *der geben ist inn unser stat Trier uff den heiligen wyhenachttag*, LHAK 1 A 9105 (1501 XII 25, Trier).
30 HHStAW Abt. 339, Nr. 310 (1498 VI 3, Ehrenbreitstein), *am pinxtag*.
31 Die Trierer Erzbischöfe des Spätmittelalters hatten sich bis zu Jakob von Sierck an den hohen kirchlichen Festtagen noch vorwiegend in Trier aufgehalten. Eine signifikante Ausnahme bildet lediglich Werner von Falkenstein (1388–1418), vgl. KERBER, Itinerare.
32 In der Literatur wird die spätmittelalterliche Phase des Gebäudes weitgehend übergangen. Seit Erzbischof Johann I. (1190–1212) ist der Palast als Sitz des Erzbischofs in der Stadt anzusehen, vgl. H. KOETHE, Die Trierer Basilika, in: TrierZGKunst 12, 1937, S. 151–179; E. ZAHN, Trier. Kurfürstlicher Palast, Neuss (1961) (Rheinische Kunststätten 2), S. 2-3; DEHIO, S. 1069. Zum Palast allgemein vgl. das Manuskript »Die weltlichen Kunstdenkmäler der Stadt Trier« [1940] in der Stadtbibliothek Trier, S. 121–172.
33 Gesta Trevirorum, Bd. 2, S. 343f.
34 Vgl. LAGER, Johann von Baden, S. 97f.

DIE ENTWICKLUNG VON HERRSCHAFTSZENTREN

Das erzbischöfliche »Palatium« in Trier, Zeichnung von Alexander Wiltheim, um 1610

Tatsächlich lassen sich in den Quellen einige Hinweise auf die Bedeutung des Palastes in der Zeit Johanns von Baden gewinnen. Die Urkunden des Kurfürsten, die in Trier ausgestellt sind und darüber hinaus noch eine nähere Spezifizierung des Aufenthaltsortes innerhalb der Stadt beinhalten, sind sämtlich in diesem Palast ausgestellt[35]. Durch die vollkommene bauliche Umgestaltung der Anlage in der Neuzeit können vom derzeitigen archäologischen Befund her kaum Aussagen zur Baugestalt des mittelalterlichen Palastes gemacht werden. Da auch keine älteren Abbildungen existieren[36], ist es nicht möglich, sich ein Bild von der Gesamtanlage zu machen oder herauszufinden, welche Teile der römischen Palastaula weiter genutzt wurden. Der repräsentative und wehrhafte Charakter steht außer Zweifel. Vermutlich wurden innerhalb des römischen Mauerwerks Gebäude um einen Innenhof herum angelegt[37]. Mit Hilfe der schriftlichen Quellen können zwei Räume identifiziert werden. 1466 ist die Rede von dem *obersten sale*[38], der 1484 *aula superiori palatii* genannt wird[39]. Am 27. September 1501 wurde dem Erzbischof *in solita camera* des Palastes der Vertrag des Helenenklosters bei Welschbillig mit den Angehörigen der kurtrierischen Kanzlei vorgelegt[40]. Mit diesem Raum identisch dürfte die 1502 erwähnte *parva stubella eiusdem palatii*[41] sein. Damit treten uns genau die zwei für Burgen charakteristischen spätmittelalterlichen Repräsentationsräume, Saal und kleiner Repräsentationsraum[42], entgegen.

Wie die Trierer Rentmeistereirechnungen belegen, wurde der Erzbischof bei seinen Aufenthalten in der Stadt stets dort aufgesucht, gleichfalls erscheinen seine Räte häufig zu Verhandlungen und Gerichtssitzungen in dem Palast[43]. Die dort von Johann von Baden abge-

---

35 Angesichts der großen Zahl der im Palast ausgestellten Urkunden wird auf den Einzelnachweis verzichtet, vgl. aber z. B. WAMPACH, Bd. 9, Nr. 943, S. 386 (1463 VII 22, Trier).
36 Lediglich eine Zeichnung aus dem Anfang des 17. Jahrhunderts vermittelt einen Eindruck von der Anlage.
37 ZAHN (wie Anm. 32), S. 2. Die Nachricht von Erzbischof Johann I. in den Gesta Trevirorum, *honestas quoque domos episcopales Treveri iuxta Palacium [...] construxit*, MGH SS 24, S. 396, ist wohl nicht so zu deuten, daß neben der Basilika ein neuer Palast gebaut wurde, vgl. Die weltlichen Kunstdenkmäler (wie Anm. 32), S. 132, sondern eher dahingehend, daß neben dieser weitere Gebäude errichtet wurden, vgl. ebd., S. 135.
38 LHAK 1 A 3326 (1466 IV 14, Trier).
39 STAT Ta 32/3, Fasc. 1, Bl. 76r-77v (1484 VII 13, Trier).
40 RICHTER, Kanzlei, S. 120, Anm. 1.
41 HHStAW Abt. 170 I, U 2460 (1502 III 10, Trier).
42 Vgl. WIRTLER, Repräsentationsräume, S. 101–119.
43 Zu den Aufenthalten des Erzbischofs vgl. MATHEUS, Trier, S. 125, Anm. 191. Nach der Wahl eines neuen Dekans im Trierer Simeonsstift sollten 1463 etwaige Einsprüche *coram nobis aut commissario nostro in palatio nostro Treverensi* vorgebracht werden, STAT L 33 (1463 XII 27, Trier). Die Räte sind nach den Rentmeistereirechnungen folgendermaßen nachweisbar: STAT RMR 1471/2, fo. 8r (1471 XI 24); RMR 1473/4, fo. 21r (1474 IV 21); RMR 1477/8, fo. 12r-v (1477 XII 30); RMR 1477/8, fo. 12v (1478 I 5); RMR 1477/8, fo. 15r (1478 II 26); RMR 1479/80, fo. 31r; RMR 1480/1, fo. 13r (1480 vor XII 22); RMR 1482/3, fo. 23v (1483 VII 13–15); RMR 1485/6, fo. 24r (1486 VIII 16); 1489/90, fo. 21v (1490 VII 23). Darüber hinaus sind weitere Unterredungen überliefert: STAT Ta 32/3 Fasc. 1, Bl. 61v-63r (1484 IV 29); LHAK 1 C 736, S. 179–180 (1486 XI 6); LHAK 1 C 736, S. 183–184 (1487 I 27).

haltenen Gerichtstage unterstreichen die Funktion des Gebäudes als Sitz des Landesherrn in der Stadt Trier[44].

Das Itinerar Johanns von Baden zeigt, daß Trier bei weitem nicht der bevorzugteste Aufenthaltsort des Erzbischofs war. Neben Ehrenbreitstein und Koblenz spielte Pfalzel die wichtigere Rolle. Häufig wurden bei den Besuchen des Kurfürsten an der oberen Mosel beide Orte, Trier und Pfalzel, aufgesucht. Später wird noch davon zu handeln sein, daß sich die herrschaftlichen Funktionen nicht für einen dieser Orte allein beanspruchen lassen.

Zunächst sollen die Voraussetzungen untersucht werden, die der Erzbischof in Pfalzel vorfand und inwieweit der Ort weiter als Herrschaftsmittelpunkt ausgebildet wurde. Der etwa sechs Kilometer flußabwärts von Trier am linken Moselufer gelegene Ort Pfalzel (lat. *palatioloum*≈kleiner Palast) geht auf eine römische Villa und Festung des vierten Jahrhunderts nach Christus zurück[45]. Nachdem die Franken auch in den Mosellanden das römische Erbe angetreten hatten, wurde die eigentliche Palastanlage im Mittelalter einer neuen Bestimmung zugeführt. In Teilen des weitgehend erhaltenen spätrömischen Gebäudes wurde um 700 ein Benediktinerinnenkloster errichtet[46], das im 11. Jahrhundert unter Erzbischof Poppo in ein Kanonikerstift umgewandelt wurde[47]. Unmittelbar danach erhielt die Kirche ihre für die folgenden Jahrhunderte verbindliche Gestalt, die durch spätere Ein- und Umbauten nur unwesentlich verändert wurde[48].

---

44 Folgende Gerichtsverhandlungen konnten im Palast nachgewiesen werden: Weistum des Hofes Holzbach im Gericht Esch, LHAK 1 A 3326 (1466 IV 14, Trier), GOERZ, S. 223; Streitigkeiten zwischen einigen Einwohnern zu Köwerich, LHAK 1 A 7929 (1478 X 29); Verhandlungen zwischen der Stadt Trier und Johann von Winkel, STAT RMR 1482/3, fo. 19v (1483 IV Anf.); STAT RMR 1482/3, fo. 25v (1483 IX 19); ebenso mit Nikolaus von Zerf, STAT RMR 1485/6, fo. 24r; Kniefällige Abbitte des Nikolaus von Zerf vor dem Erzbischof, STAT Ta 32/3, Fasc. 1, Bl. 76r-77v (1484 VII 13, Trier); Gesandtschaft des Trierer Rates an die erzbischöflichen Räte, LHAK 1 C 736, S. 179f. (1486 vor XI 6); LHAK 1 C 736, S. 183f. (1487 vor I 27); Ladung an den von Winneburg wegen des Brohler Erbes für den 24. September, LHAK 1 C 16214, Bl. 23 (1490 VIII 12); Verhandlungen zwischen der Stadt Metz und dem Herzog von Lothringen vor dem Erzbischof, HUGUENIN, Chroniques de Metz, S. 577-581 (1492 VI 18); Ladung an die Brüder von Sayn wegen ihrer Ansprüche auf das Erbe Philipps von Sierck für den 1. März, LHAK 1 C 13211, S. 15 (1493 I 25), GOERZ, S. 284; Ladung an Adam von Sötern in seinem Streit mit Bernhard von Lontzen genannt Robin auf den 15. November, LHAK 1 C 17055, S. 2-4 (1501 IX 29, Trier), GOERZ, S. 362; Vergleichsverhandlungen im Streit des Herzogs von Kleve-Mark mit dem Landgrafen Wilhelm von Hessen wegen der Verträge des Kölner Erzbischofs Hermann, HHStAW Abt. 170 I, U 2460 (1502 III 10, Trier).
45 HEINEN (wie Anm. 4), S. 290. Zur römischen Geschichte Pfalzels vgl. auch G. KENTENICH, Das »castrum Caesaris« in Pfalzel, in: TrierZGKunst 5, 1930, S. 141-145; H. CÜPPERS, Pfalzel. Römischer Palast, Kloster und Stift, Burg und Stadt, in: Pfalzel. Geschichte und Gegenwart, S. 13-107, hier: S. 17-30.
46 F.-J. HEYEN, Untersuchungen zur Geschichte des Benediktinerinnenklosters Pfalzel bei Trier (ca. 700-1016), Göttingen 1966 (Veröffentlichungen des Max-Planck-Instituts für Geschichte 15; Studien zur Germania Sacra 5), S. 7-20; CÜPPERS (wie Anm. 45), S. 30-33.
47 HEYEN (wie Anm. 46), S. 20-27.
48 Zur Baugeschichte: F. KUTZBACH, Die Untersuchungen und Ausgrabungen an der Stiftskirche zu Pfalzel, in: TrierZGKunst 4, 1929, S. 1-8; K. NAGEL, Zur Baugeschichte der Stiftskirche in Pfalzel, in: TrierZGKunst 9, 1934, S. 88-99; WACKENRODER, Kunstdenkmäler Trier, S. 282-284; Dehio, S. 819-821; CÜPPERS (wie Anm. 45), S. 33-39.

Erzbischof Albero (1131–1152) mußte aufgrund seines Streits mit dem Trierer Burggrafen zeitweilig seine Residenz nach Pfalzel verlegen[49]. Dort errichtete er im westlichen Teil der ehemaligen römischen Palastanlage auf den Ruinen eine Burg[50]. Einmal ist sein Aufenthalt in Pfalzel nachweisbar[51]. Später wurde die Anlage nicht mehr aufgesucht und wohl auch vernachlässigt, so daß sich Erzbischof Arnold II. von Isenburg (1242–1259) gezwungen sah, das Gebäude zu erneuern[52]. Erst für seinen Nachfolger, Heinrich II. von Finstingen (1260–1286), von dem die Gesta Trevirorum ebenfalls berichten, er habe an der Burg in Pfalzel gebaut[53], ist wieder ein Aufenthalt in Pfalzel belegt[54]. Boemund I. von Warsberg (1289–1299) besuchte den Ort nicht. Dieter von Nassau (1300–1307) war während seiner kurzen Regierungszeit viermal in Pfalzel[55]. Die beiden folgenden Erzbischöfe haben Pfalzel nur selten aufgesucht[56]. Unter den Falkensteiner Erzbischöfen Kuno (1362–1388) und Werner (1388–1418) überflügelte Pfalzel sogar Trier bei weitem als bevorzugter Aufenthaltsort[57]. Erzbischof Jakob von Sierck (1439–1456) besuchte keinen Ort so häufig wie Pfalzel, der unter Johann und Jakob von Baden an dritter Stelle unter den meistbesuchten Orten, nach Ehrenbreitstein und Koblenz, rangierte.

Aus der Zeit der Erzbischöfe des 14. und der ersten Hälfte des 15. Jahrhunderts sind keine Nachrichten über Bauarbeiten an der Burg oder in der Stadt Pfalzel überliefert. Das gleiche gilt für die Stiftskirche[58]. Zur Komplettierung der sakralen Ausstattung des Ortes[59] trug die südlich an die Stiftskirche anschließende Pfarrkirche St. Nikolaus[60] bei, ebenso wie die Pfarrkirche St. Martin für den westlichen Teil der Siedlung außerhalb des Burgarreals[61]. Beide werden in der »Taxa generalis subsidiorum cleri Trevirensis« von ca. 1330 genannt. Der Kupferstich Franz Hogenbergs aus dem Ende des 16. Jahrhunderts vermittelt einen recht genauen Eindruck der kleinen Siedlung, die durch einen Graben unterteilt wurde[62].

---

49 Vgl. BODSCH, S. 63.
50 MGH SS 8, S. 251, vgl. HEYEN (wie Anm. 46), S. 35.
51 MRUB, Bd. 1, Nr. 514 (1140); MRR, Bd. 1, Nr. 1971.
52 *Domum apud Palcele pulcro et laudabili opere renovavit*, MGH SS 24, S. 410.
53 MGH SS 24, S. 455, 460.
54 SCHMIDT, Nr. 158 (1263 X 2, Pfalzel).
55 MÖTSCH, Balduineen, Nr. 296 (1300 XII 28); HENNES, Bd. 1, Nr. 361 (1302 VIII 31), GOERZ, S. 63 (1306 V 29 – 1306 X 8).
56 Balduin von Luxemburg (1307–1354) ist zehnmal in Pfalzel nachweisbar, Boemund II. von Saarbrücken (1354–1362) besuchte den Ort einmal.
57 Zu den Ursachen vgl. HAVERKAMP, 1377.
58 In den Jahren 1223 und 1229 wurden offenbar Bauarbeiten durchgeführt, da der Erzbischof dem Stift die Einkünfte des Gnadenjahrs *ad ecclesie* [...] *reparationem* übergab, MRUB, Bd. 3, Nr. 216 (1223); MRUB, Bd. 3, Nr. 377 (1229). 1430 wurde der Hochaltar in der Kirche geweiht, WACKENRODER, Kunstdenkmäler Trier, S. 284.
59 Vgl. PAULY, Siedlung, Bd. 6, S. 281–288.
60 WACKENRODER, Kunstdenkmäler Trier, S. 299.
61 Ebd., S. 275–282; T. VON ZANTEN, Die Martinskirche: Gotteshaus der Gemeinde bis 1962, in: Pfalzel. Geschichte und Gegenwart, S. 119.
62 Vgl. auch den Ortsplan bei WACKENRODER, Kunstdenkmäler Trier, nach S. 308.

Die Geschichte von Pfalzel weist wenig Besonderheiten auf[63]. Wichtig wurde Pfalzel in der Rolle der von L. Petry postulierten »nahen Trutz- und Kampfresidenz«[64], die seit der zweiten Hälfte des 14. Jahrhunderts erkennbar wurde. A. Haverkamp hat die Gründe dargelegt, weshalb Pfalzel unter Erzbischof Kuno von Falkenstein zum »wichtigsten Residenzort im Trierer Oberstift vor den Toren der Kathedralstadt«[65] wurde. Das Resultat ist am Itinerar des Kurfürsten deutlich ablesbar[66]. Die Errichtung einer Zollstelle in Pfalzel unter Kuno von Falkenstein trug erheblich zur Steigerung der Bedeutung des Ortes bei[67]. Aus hier nicht näher zu erläuternden Gründen bevorzugte der zweite Falkensteiner Erzbischof, Werner, in erheblichem Ausmaß den östlichen Teil des Erzstifts als Aufenthaltsort[68], so daß Pfalzel an Bedeutung verlor. Doch im Trierer Schisma nach dem Tod Ottos von Ziegenhain wurde die Rolle der »Trutz- und Kampfresidenz« nochmals deutlich erkennbar. Graf Ulrich von Manderscheid wählte Pfalzel als Kriegslager während seiner am 11. Januar 1433 begonnenen Belagerung der Stadt Trier[69]. Nach der endgültigen Niederlage Ulrichs ist auch sein Nachfolger, Raban von Helmstadt, mehrmals in Pfalzel nachweisbar. Die besondere Rolle von Pfalzel als Aufenthaltsort Erzbischof Jakobs von Sierck wurde bereits ausgeführt. In der Mitte des 15. Jahrhunderts hatte sich die aus langfristigen Tendenzen resultierende Entwicklung stabilisiert, daß die Trierer Erzbischöfe, durch ihre Schwierigkeiten mit der Stadt Trier bedingt, zunehmend Pfalzel als stadtnahen Aufenthaltsort bevorzugten. Trier behielt in vollem Umfang seine Bedeutung als Bischofsstadt und damit zumindest ideeller Mittelpunkt des Erzbistums.

Dem gesteigerten Stellenwert von Pfalzel wurde aber offenbar erst unter dem für seine Bautätigkeit gerühmten[70] Johann von Baden durch größere Neu- und Umbauten Rechnung getragen. Auch wenn die Gesta Trevirorum dies nicht eigens erwähnen, läßt sich eine ganze Reihe von Gebäuden in Pfalzel diesem Erzbischof zuschreiben. Die überlieferten Nachrichten erlauben den Schluß, daß der Badener einige seinen Bedürfnissen angemessene grundlegende Umbauten vornahm.

Die Pfarrkirche St. Martin im westlichen Teil des Ortes ließ Johann von Baden vermutlich an der Stelle der älteren Kirche vollständig neu erbauen[71]. Sichtbare Überreste sind allerdings wegen des Abbruchs dieses Gotteshauses im 18. Jahrhundert und des Wiederaufbaus an anderer Stelle nicht mehr erhalten. Doch wurden während dieser letzten großen Baumaßnahme verschiedene Hinweise auf die Kirche des 15. Jahrhunderts festgehalten. Inschriftlich konnte der Turm des Badener Baus in das Jahr 1498 datiert werden[72], so daß die Vollendung der neuen Kirche vermutlich auch erst am Ende von Johanns Regierungszeit erfolgte.

---

63 Vgl. SCHAUS, Trier, S. 75–79; Handbuch der historischen Städten, Bd. 5, S. 292f.
64 PETRY, Residenztypen, S. 72.
65 HAVERKAMP, 1377, S. 52; DERS., Storia, insbes. S. 292.
66 HAVERKAMP, 1377, S. 54; KERBER, Itinerare, S. 126f.
67 Zu diesem Zoll und dem Streit darüber mit Trier vgl. HAVERKAMP, 1377, S. 33, 38, 43.
68 Zu den Gründen vgl. KERBER, Stolzenfels, S. 22.
69 MEUTHEN, Schisma, S. 146f.
70 Gesta Trevirorum, Bd. 2, S. 343f.
71 WACKENRODER, Kunstdenkmäler Trier, S. 275f.; ZANTEN (wie Anm. 61), S. 119.
72 WACKENRODER, Kunstdenkmäler Trier, S. 275f.

Pfalzel, Ende des 16. Jahrhunderts, nach Braun und Hogenberg

Umbauten in geringerem Ausmaß am Liebfrauenstift, wie die neue Einwölbung der Chorkapellen, der um 1500 angelegte Kreuzgang und ein Choranbau an der am südlichen Querschiff anschließenden Marienkapelle, können auch Erzbischof Johann zugeschrieben werden[73].

Die erzbischöfliche Burg ist in diesem Zusammenhang von größerer Bedeutung, da sie in unmittelbarer Beziehung zum Kurfürsten stand. Nach Ausweis der erhaltenen Wappensteine wurde das heute im Verbund mit älteren Wohnhäusern stehende Burgtor von Johann von Baden erbaut[74]. Die Ansicht Pfalzels von Braun und Hogenberg vermittelt einen recht genauen Eindruck der langgezogenen wehrhaften Anlage, die von einem mächtigen Bergfried überragt wurde. Einige Nachrichten über die Innenräume der Burg belegen den repräsentativen Charakter des Wehrbaus. Die bereits 1443 genannte Schlafkammer des Erzbischofs[75] ist

---

73 K. NAGEL, Zur Baugeschichte der Stiftskirche in Pfalzel, in: TrierZGKunst 9, 1934, S. 88–99, S. 98f.; WACKENRODER, Kunstdenkmäler Trier, S. 288–295; DEHIO, S. 821f.; CÜPPERS (wie Anm. 45), S. 33–39.
74 WACKENRODER, Kunstdenkmäler Trier, S. 306; CÜPPERS (wie Anm. 35), S. 42.
75 *Zu Paltzell in der burg in unsers herrn von Trier schlaffcameren*, HONTHEIM, Bd. 2, Nr. 812 (1443 I 2); TOEPFER, Bd. 2, Nr. 295.

möglicherweise identisch mit der *solita stuba* Johanns von Baden[76] und wahrscheinlich als »kleiner Repräsentationsraum«[77] anzusprechen. Anläßlich der Huldigung der Einwohner von Pfalzel vor Jakob von Baden wird auch der große Saal der Burg genannt[78]. Die in diesem Bericht gegebene weitere Spezifizierung des Saalinneren läßt ihn als durchaus typischen Saal des späten Mittelalters erkennen. Denn die *groisse suyle im sale zurnest by dem schornsteyn* dürfte als einer von zwei hölzernen Pfeilern anzusehen sein, der dem Raum als mittlerer Deckenlängsunterzug einen zweischiffigen Charakter verlieh[79]. Verschiedene Gebäude in unmittelbarer Nähe der Burg unterstreichen deren hervorgehobene Bedeutung. Zweimal ist ein Marstallgebäude bei der Burg erwähnt[80], einige Diener des Kurfürsten wohnten in unmittelbarer Nähe der Burganlage[81], mehrere wurden dort vom Kellner eingekleidet[82]. Zur Burg gehörte eine sich unmittelbar südlich anschließende Mühle[83]. In der Burg dürften der Pfalzeler Amtmann sowie der Kellner ihren Sitz gehabt haben[84]. Das Amt Pfalzel umfaßte die Pflegen Schweich, Leiwen, Waldrach, Konz und Pfalzel[85].

Die vorausgegangene Darstellung hat ergeben, daß die Trierer Erzbischöfe spätestens in der zweiten Hälfte des 15. Jahrhunderts im westlichen Teil des Erzstifts in Pfalzel und Trier über zwei hervorragend ausgestattete Orte verfügten, die als Herrschaftsmittelpunkte geeignet waren. Das Itinerar Johanns von Baden belegt, daß auch andere Orte im Obererzstift zeitweilig eine gewisse Rolle als Aufenthaltsorte spielten. Dabei kam Wittlich eine gewisse Bedeutung zu. Dennoch erhielt diese Stadt keinesfalls den Rang eines überregionalen Zen-

---

76 LHAK 1 C 17, 1217 (1488 XII 26, Pfalzel), WAMPACH, Bd. 9, Nr. 1031.
77 WIRTLER, Repräsentationsräume, S. 101.
78 LHAK 701,4, fo. 80v (1503 V 18, Pfalzel).
79 Vgl. WIRTLER, Repräsentationsräume, S. 104.
80 LHAK 1 B 1049 (1484 VIII 7); LHAK 1 C 17, 1545, 1559 (1496 II 20, Ehrenbreitstein), GOERZ, S. 207.
81 Am 9. November 1478 gab Johann Beyer das *burghuyß zu Paltzel buyssen der burg uff dem graben gelegen* dem Erzbischof zurück, LHAK 1 C 17, 930. Dem Pfalzeler *armbruster* Hermann verlieh der Kurfürst *die kost in unßer burg zu Paltzel*, LHAK 1 C 18, 657 (1482 IV 10), GOERZ, S. 254. Der Bernkasteler Kellner Johann von Godesberg besaß ein Haus *gegenn der burge uber und stoysset hynden an den marstall und darzu ein stal hynder dem yztzgenannten huysse stoissende an die rijnckmure*, LHAK 1 B 1049 (1484 VIII 7). Dieser Besitz ging später mit Einverständnis des Erzbischofs an *Lienhart von Mettendorff, unser diener und metzler*, über, LHAK 1 C 17, 1545, 1559 (1496 II 20, Ehrenbreitstein), GOERZ, S. 297.
82 Vgl. LHAK 1 A 8686 (1482 VIII 5, Pfalzel): *uff maisse eyn kelner zur zijt zu Paltzel unsere dienere im sloß spulget zu kleiden*.
83 Diese Mühle *bynnen Paltzel buyssen an unsem slosse gelegen* verlieh Johann von Baden an Hengin Becker, LHAK 1 C 18, 823 (1489 II 2), GOERZ, S. 271, vgl. CÜPPERS (wie Anm. 45), S. 55.
84 Möglicherweise hatte der Amtmann auch Räume in dem von 1577 stammenden ehemaligen Amtshaus, vgl. K. FRECKMANN, Das Bürgerhaus in Trier und an der Mosel, Tübingen 1984 (Das deutsche Bürgerhaus 32), S. 106.
85 CÜPPERS (wie Anm. 45), S. 54. Die Zugehörigkeit von Schweich wird in der Regierungszeit Jakobs von Baden deutlich, LHAK 701,4, fo. 110r. Der Konzer Burggraf wurde vom Pfalzeler Kellner eingesetzt, LHAK 1 C 18, 1081 (1496 VII 10, Zell), LAMPRECHT, Bd. 3, Nr. 269. Zu Konz allgemein, J. B. KEUNE, Conz an der Saar, in: TrierZGKunst 8, 1933, S. 15–22. Die Angehörigen der Pfalzeler Pflegen wurden bei den Landständen des Erzstifts durch den Amtmann vertreten, vgl. LHAK 1 C 108, Bl. 113v (1491 X 18); LHAK 1 C 108, Bl. 61v (1493 IV 16, Koblenz); LHAK 1 C 108, Bl. 77r (1494 V 8, Ehrenbreitstein), GOERZ, S. 289; LHAK 1 C 108, Bl. 148v (1494 X 2, Ehrenbreitstein).

trums, sie ist vielmehr als Haltepunkt auf den Reisen des Kurfürsten anzusehen. Im Bereich des Obererzstifts können nur Pfalzel und Trier einen herausgehobenen Stellenwert für sich beanspruchen.

Die räumliche Nähe beider Orte legt die Vermutung nahe, daß gewisse Verbindungen bestanden, die über die bloße Zugehörigkeit zum gleichen Territorium hinausgehen. Bezeichnenderweise suchte Johann von Baden bei seinen Aufenthalten in diesem Raum häufig beide Orte auf. Eine Gesetzmäßigkeit ist jedoch nicht erkennbar. Sicherlich bot der kleinere Ort Pfalzel eine ganze Reihe von Vorteilen, die weitgehend mit der dort unbestrittenen Herrschaft des Kurfürsten zusammenhängen. Denn in Trier mußte, trotz des erwähnten relativ spannungsfreien Verhältnisses, immer mit der Stadtgemeinde als selbständig handelndem politischem Gegengewicht gerechnet werden[86]. Die bis 1460 verweigerte Huldigung ist hierfür ein sprechender Beweis. Von daher war der inmitten der Stadt gelegene erzbischöfliche Palast langfristig kaum als dauerhafter Sitz des Landesherrn geeignet. Demgegenüber konnte der Kurfürst sich in Pfalzel stets auf seine unbestrittenen Hoheitsrechte verlassen, und damit genügte der Ort seinen Sicherheitsbedürfnissen in vollem Umfang.

Darüber hinaus lassen sich einige Belege für Verbindungen zwischen Trier und Pfalzel finden, die auf die Tendenz in den Bemühungen der Erzbischöfe, zu einer Vereinheitlichung der institutionellen Ausstattung und der herrschaftlichen Instrumentarien in diesem Raum hinweisen. Kirchlich gehörte Pfalzel zum Burdekanat Trier im Archidiakonat St. Peter[87]. In der weltlichen Verwaltung zeigen sich die Verbindungslinien auf der Amtsebene.

Trier bildete selbst keinen Amtsbezirk. Stellvertreter des Erzbischofs in der Stadt war der Schultheiß, ein Amtmann ist nicht bekannt. G. Kentenich hat darauf hingewiesen, daß der Kurfürst bemüht war, den Einflußbereich des Amts Pfalzel bis an die Grenzen der Stadt Trier auszuweiten[88]. Einiges weist darauf hin, daß es der Stadt gelungen ist, die Funktion des Schulheißen in Trier weitgehend zu beschränken und damit ihre eigenen Befugnisse auszuweiten. Dem Trierer Schultheiß stand, anders als in Koblenz, kein erzbischöflicher Amtmann zur Seite. M. Matheus vermutet zu Recht, daß in den Trierer Rentmeistereirechnungen der Schultheiß in der Regel mit dem Vizeschultheiß gleichgesetzt wurde[89]. Tatsächlich trifft dies auch für urkundliche Belege zu[90]. Die Geschäfte in der Moselstadt führte höchstwahrscheinlich der Vizeschultheiß als Statthalter.

---

86 Vgl. MATHEUS, Trier, S. 93.
87 PAULY, Siedlung, Bd. 6, S. 281–288.
88 RUDOLF, Quellen, S. 79°.
89 MATHEUS, Trier, S. 247, Anm. 362.
90 Noch 1471 III 26 wird Heinrich Sauerborn ausdrücklich als Statthalter und Unterschultheiß des Schultheißen Ulrich von Metzenhausen bezeichnet, LHAK 1 A 4257, und im selben Jahr als *Heinrich Suyrborn scholteiß*, LHAK 1 A 4255 (1471 IX 24), später wieder als Statthalter und Unterschultheiß, LAGER, Pfarrarchive, Nr. 414 (1477 III 4), aber auch als *scultetus et scabinus Trevirensis*, WAMPACH, Bd. 9, Nr. 994 (1477 III 27, Trier), ebenso als Schultheiß, LHAK 1 A 8675 (1481 III 22). Sein Nachfolger Nikolaus Leyendecker von Selheim ist einmal als Vizeschultheiß belegt, LAGER, Pfarrarchive, Nr. 620 (1485 VIII 2), zur Person: MATHEUS, Trier, S. 258–262. 1491 stellte Georg vom See dem Trierer Erzbischof einen Revers über seine Bestellung *zu sijner gnaden und stiffts underscholtheissen zu Trier* aus, LHAK 1 A 4299 (1491 VIII 15). 1493 erscheint er als Schultheiß und Schöffe zu Trier, LHAK 1 C 18, 918 (1493 III 19). Danach wird er noch mehrfach als Statthalter des Schultheißen oder Vize- bzw. Unterschultheiß genannt, LAGER, Pfarrarchive, Nr. 440 (1495 IX 7); ebd., Nr. 445 (1497 IV 21); ebd., Nr. 457 (1503 IV 6). Zur Person: MATHEUS, Trier, S. 318–319. Nachfolger Georgs wurde Konrad von Schmidtburg, LAGER, Pfarrarchive, Nr. 457 (1503 V 29).

Sicherlich bedeutete dies mehr Mitspracherecht der Schöffen, da sie es unmittelbar nicht mit einem dem Ritteradel angehörenden, der Stadt kaum verbundenen Schultheiß zu tun hatten, sondern mit dessen Stellvertreter, der aus der Mitte des Schöffenkollegs stammte und diesem auch weiterhin angehörte. Leider ist aus dem Untersuchungszeitraum keine Ernennungsurkunde eines Trierer Schultheißen bekannt, nur der undatierte, in das Jahr 1471 gehörende Eid Ulrichs von Metzenhausen ist überliefert[91]. Im hier behandelten Zusammenhang ist der Revers Georgs vom See als Unterschultheiß interessanter. Neben dem Treueid und der Versicherung, die Interessen des Erzbischofs in der Stadt zu wahren, versprach er, *myme gnedigsten herrn und syner gnaden oberscholtheissen ader amptman zur zijt zu Paltzel gehorsam und gewertig syn in zimlichen dingen*[92]. Damit wird eine enge Verklammerung des zumindest formal obersten stadttrierischen Gerichtsbeamten und des Amts Pfalzel erkennbar. Somit ist auch die Diskrepanz zwischen der eigentlichen Bedeutung des Schultheißen und der sehr schmalen Überlieferung zur Besetzung des Amtes und vor allem zu seiner Tätigkeit erklärbar[93]. Das Hauptbetätigungsfeld des Schultheißen scheint das Amt Pfalzel gewesen zu sein, das während des gesamten hier untersuchten Zeitraums offenkundig in Personalunion verwaltet wurde[94]; vermutlich fand auch die Ernennung jeweils gleichzeitig statt. Die Dominanz des Pfalzeler Amtes wird besonders aus städtischer Sicht deutlich. Am 28. Juli 1459 stellte Reinhard von dem Burgtor dem Erwählten und Bestätigten[95], am 29. Juli dem Domkapitel[96], einen Revers über seine Ernennung zum Amtmann von Pfalzel aus. Am 30. Juli vermerkte der Trierer Rentmeister Ausgaben, *do der amptman van Paltz sinen eit uff dem gerichte dede*[97]. Höchstwahrscheinlich leistete Reinhard an diesem Tag seinen Eid als Trierer Schultheiß, doch erscheint dem Rentmeister dessen Funktion als Amtmann von

---

91 *Juramentum Ulrici de Meytzenhusen sculteti Trevirensis scabinis ibidem factum. Hude mit allem diesem tage von allem diesem tage vort, so wil ich getruwe und holt syn dem hochgeborn fursten und herrn, herrn Johann ertzbischoff zu Trier und synen nakomenne ertzbischoven zu Trier. Ich wil auch allezijt yre bestes werben, yre argstes warnen; ich will auch gerichts, recht helffen behalten myne gnedigen herrn, syne herlicheit und der stat ire frijheit helffen behalten; ich will auch den scheffen nit hoer manen, dan ich ine billich manen sal und uff der stat ich das billich doen sal und wil, das nit laissen umb lieb, umb leit, umb fruntschafft, umb mageschafft, umb gabe, die da geben sij ader geben mag werden, geloifft sij ader gelobt mocht werden ader umb keynerley sache willen, die diesen eydt krencken moge, ane argelist, so mir gott helffe und alle sijne heiligen,* LHAK 1 C 17, 768.
92 LHAK 1 A 4299 (1491 VIII 15).
93 Ausdrücklich als Schultheißen belegt sind für den Untersuchungszeitraum Johann Studigel von Bitsch, LAGER, Pfarrarchive, Nr. 358 (1444 VI 12), Reinhard von dem Burgtor, LHAK 215, 678 (1463 II 28), Ulrich von Metzenhausen, LHAK 1 C 17, 768 ([1471]); LHAK 1 A 4257 (1471 III 26); LAGER, Pfarrarchive, Nr. 414 (1477 III 4), Wirich von Daun-Falkenstein-Oberstein, LAGER, Pfarrarchive, Nr. 440 (1495 IX 7); ebd., Nr. 445 (1497 IV 21).
94 Die vier identifizierten Schultheißen sind sämtlich zur gleichen Zeit als Amtmann in Pfalzel belegt: Johann Studigel von Bitsch, LHAK 1 C 18, 336 (1458 X 4), Reinhard von dem Burgtor, LHAK 1 A 3023/3024 (1459 VII 28/29), Ulrich von Metzenhausen, LHAK 1 A 3018, 3019 (1471 I 21); LHAK 1 A 3682 (1476 III 31), Wirich von Daun, LHAK 1 A 3012 (1492 VII 26).
95 LHAK 1 A 3023 (1459 VII 28).
96 LHAK 1 A 3024 (1459 VII 29).
97 STAT RMR 1458/9, fo. 5r.

Pfalzel wichtiger[98]. Werner von Esch wurde am 28. März 1478 Amtmann in Pfalzel[99] und leistete am 13. Juni seinen Eid auf der Steipe in Trier[100]. Der am 26. Juli 1492 zum Amtmann ernannte Wirich von Daun[101] präsentierte sich dem Rat der Stadt Trier am 8. August als neuer Träger dieses Amtes[102]. Zahlreiche Einträge in den städtischen Rentmeistereirechnungen belegen die enge Kooperation der Moselstadt mit dem Pfalzeler Amtmann[103], der mit Recht als wichtiger Ansprechpartner und möglicher Fürsprecher städtischer Interessen beim Kurfürsten angesehen werden konnte[104]. Nicht umsonst wurde gerade der damalige Pfalzeler Amtmann Salentin von Isenburg-Neumagen nach dem Tode Johanns von Baden nach Trier

---

98 Dies wird am 29. Juni 1463 noch deutlicher, als in Olewig eine Inspektion vorgenommen wurde, die sicherlich in der Eigenschaft als Schultheiß erfolgte, von dem Rentmeister aber als Ausgabe für den Amtmann von Pfalzel verbucht wurde, STAT RMR 1462/3, fo. 9v.
99 LHAK 1 A 3016/3017 (1478 III 28).
100 STAT RMR 1477/8, fo. 31r.
101 LHAK 1 A 3012 (1492 VII 26, Koblenz), GOERZ, S. 282.
102 STAT RMR 1491/2, fo. 6v.
103 Folgende Ratsessen für den Amtmann sind in den Rentmeistereirechnungen für den Untersuchungszeitraum belegt: 1459 VII 30, STAT RMR 1458/9, fo. 5r; 1463 III 28, STAT RMR 1462/3, fo. 12r; 1472 VI 2, STAT RMR 1471/2, fo. 13v; 1474 VI 27, STAT RMR 1473/4, fo. 23r; 1475 (I), STAT RMR 1474/5, fo. 11v; 1475 VII 5, STAT RMR 1474/5, fo. 25r; 1475 XII 1, STAT RMR 1475/6, fo. 11r; 1476 III 4, STAT RMR 1475/6, fo. 14r; 1478 III 19, STAT RMR 147/8, fo. 27r; 1478 VI 13, STAT RMR 1477/8, fo. 31r; 1478 XI 14, STAT RMR 1478/9, fo. 11v; 1479 I 5, STAT RMR 1478/9, fo. 13v; 1479 VI 29, STAT RMR 1478/9, fo. 31v; 1479 VIII Anf., STAT RMR 1478/9, fo. 33v; 1480 I Ende, STAT RMR 1479/80, fo. 14r; 1480 VIII/IX, STAT RMR 1479/80, fo. 30v-31r; 1480 XII 13, STAT RMR 1480/1, fo. 12v; 1481 I Ende, STAT RMR 1480/1, fo. 14r; 1481 III 21, STAT RMR 1480/1, fo. 18v; 1481 VII 23, STAT RMR 1480/1, fo. 32r; 1483 X 17, STAT RMR 1483/4, fo. 16r; 1483 XI 8–15, STAT RMR 1483/4, fo. 17r; 1484 nVII 12, STAT RMR 1483/4, fo. 25r; 1484 (XII 24), STAT RMR 1484/5, fo. 8v; 1485 I, STAT RMR 1484/5, fo. 9v; 1485 II 9, STAT RMR 1484/5, fo. 18v; 1485 II 23, STAT RMR 1484/5, fo. 9v; 1485 VI 17, STAT RMR 1484/5, fo. 38v; 1489 XII 4, STAT RMR 1489/90, fo. 14v; 1490 VIII, STAT RMR 1489/90, fo. 22r; 1490 X 2, STAT RMR 1490/1, fo. 16r; 1490 XII 10, STAT RMR 1490/1, fo. 17v; 1491 I 2, STAT RMR 1490/1, fo. 18r; 1491 VII 2/6, STAT RMR 1490/1, fo. 21v; 1491 X 3, STAT RMR 1491/2, fo. 18r; 1491 XII 6, STAT RMR 1491/2, fo. 19v; 1501 VI 29, STAT RMR 1500/1, fo. 18v; 1501 IX 28, STAT RMR 1500/1, fo. 19v; 1502 IV 21, STAT RMR 1501/2, fo. 19r; 1502 VI, STAT RMR 1501/2, fo. 20r. Gleichfalls sind verschiedene Geschenke des Rats an den Amtmann belegt: 1459 (XII), STAT RMR 59/60, fo. 4v; 1481 IV, STAT RMR 1480/1 fo 19r; 1486 IV 17, STAT RMR 1485/6, fo. 20r; 1492 VIII 17, STAT RMR 1491/2, fo. 6v.
104 Mehrfach sind Unterredungen und Verhandlungen der Stadtverordneten mit dem Pfalzeler Amtmann belegt: 1469 XII 15 wurde dem Amtmann ein Brief von der Stadt übermittelt, STAT RMR 1469/70, fo. 4r; 1470 I 11 fanden Verhandlungen mit den erzbischöflichen Räten, dem Offizial, Siegler und Amtmann statt, STAT RMR 1469/70, fo. 8v; 1475 XII 1 setzte sich der Amtmann beim erzbischöflichen Siegler für die Stadt ein, STAT RMR 1475/6, fo. 11r; am 16. März 1476 verhandelte die Stadt mit dem Amtmann, dem Offizial und Berthold Kruss wegen eines Kredits für den Erzbischof, STAT RMR 1475/6, fo. 14r; im Juli 1478 verhandelte der Rat mit dem Amtmann wegen eines Totschlags, STAT RMR 1477/8, fo. 33v; 1478 VIII 23: *breif zu Paltzell dem amptmann*, STAT RMR 1477/8, fo. 24v; 1478 IX 20 Verhandlungen wegen der Waage in der Stadt mit dem Amtmann, STAT RMR 1477/8, fo. 35r; 1481 XI fuhren Abgesandte *zu Paltz bynnen naichts zu dem amtman, etliche sachen erfaren*, STAT RMR 1481/2, fo. 5v; 1485 II 9 Verhandlungen wegen der Fischer, STAT RMR 1484/5, fo. 18v; 1490 n IV 11 Brief *zu Paltzel dem amptman von des wisgerbers wegen*, STAT RMR 1489/90, fo. 7r.

geschickt, um die dortige Lage abzuschätzen[105]. Jedenfalls wurde durch die »Auslagerung« des erzbischöflichen Schultheißen einerseits der selbstbewußten und eigenständigen Stellung Triers und andererseits der allgemeinen Entwicklung Rechnung getragen, daß der Kurfürst sein Hauptbetätigungsfeld eben nicht in der Kathedralstadt, sondern im nahe gelegenen Pfalzel hatte.

Eine vergleichbare, wenn auch differenziertere Konstellation findet sich auf der Ebene der Kellereien. Zunächst soll das Augenmerk auf Verbindungen zwischen Trier und Pfalzel gerichtet sein. In Trier gab es keine eigene Kellerei für die Stadt, die Aufgaben wurden vom Palastschultheiß wahrgenommen. Dessen Aufgaben sind durch eine Reihe erhaltener Ernennungsurkunden bzw. -reverse gut bestimmbar. 1459 wurde Johann Wyß genannt zur Guntreben[106] als Nachfolger Arnolds von der Motten[107] zum *knechte und diener uffgenommen, [...] inn unsern pallas zu Trier gesatzt und ime denselben pallas bevolhen*. Für den Kellner von Pfalzel hat sich der Erzbischof die hintersten Häuser jenseits des Brunnens und den Baumgarten hinter dem Palast mit Ställen und Kellern vorbehalten. Nach seiner Amtszeit soll er vom Pfalzeler Kellner auf Lebenszeit ein halbes Fuder Wein und vier Malter Korn erhalten; jedes Jahr steht ihm eine Hofkleidung zu. Für den Erzbischof soll er das Sestergeld[108] in der Stadt Trier erheben und dafür jährlich 20 rheinische Gulden Lohn erhalten. Ebenfalls 20 rheinische Gulden soll er für die Erhebung der Zoll-, Waage- und anderer Einkünfte innerhalb der Stadt erhalten. Bezeichnenderweise ist der Revers Johann Wyß' vom Pfalzeler Kellner Heinrich Leimbach mitbesiegelt[109]. Das gleiche gilt für den inhaltlich übereinstimmenden Revers seines Nachfolgers Gerhard von Schonemberg[110], der ausdrücklich als Palastschultheiß genannt wird und dessen Urkunde vom Pfalzeler Kellner Walter von Franken mitbesiegelt ist[111]. Eine Änderung in der Besoldung und in den Aufgaben des Palastschultheißen trat erst 1477 bei Peter von Kunzig[112] ein. Diesem stand nun zusätzlich der

---

105 LHAK 1 C 16214, Bl. 199 (1503 II 14), vgl. oben.
106 Der Palastschultheiß Johann Wyß ist wahrscheinlich mit dem 1466 belegten Trierer Schöffen Johann von Wyß identisch, LHAK 1 A 4243/4244 (1466 IV 9, Trier), RUDOLF, Quellen, Nr. 156; LHAK 1 A 4245 (1466 XII 4). Spätestens 1472 ist er tot, LHAK 1 A 4265 (1472 VIII 7).
107 Dieser Arnold ist möglicherweise identisch mit dem erzbischöflichen Prokurator Arnold Motten, MICHEL, Gerichtsbarkeit, S. 174, vgl. MILLER, Jakob von Sierck, S. 226, Anm. 14.
108 Spätestens 1461 wurde das Sestergeld vom Pfalzeler Kellner eingezogen, STAT RMR 1461/2.
109 LHAK 1 A 4227 (1459 VII 29, Pfalzel), GOERZ, S. 209.
110 1460 verlieh Erzbischof Johann dem Pfalzeler Bürger Gerhard von Schonemburg und seiner Frau Agnes auf beider Lebenszeit drei Morgen Land in der Mark Pfalzel, LHAK 1 C 18, 126 (1460 V 15, Pfalzel), GOERZ, S. 210. 1472 erhielt derselbe Gerhard für sich und seine zweite Frau Angela von Waldrach das Baldewinshaus am Pulsberg gegenüber von Trier sowie zwei Ohm Wein, ein Sester Öl und zwei Hühner jährlicher Rente, LHAK 1 C 18, 406 (1472 I 9, Pfalzel), GOERZ, S. 235.
111 LHAK 1 A 4250 (1468 XII 6, Pfalzel), GOERZ, S. 228.
112 Die Identität Peters von Kunzig mit dem gleichnamigen Trierer Bäckermeister, der für das Jahr 1458/9 als Schützenmeister belegt ist, MATHEUS, Trier, S. 374, erscheint ebenso unsicher, wie die mit dem ebenfalls gleichnamigen 1464 belegten Trierer Stadtzender, MATHEUS, Trier, S. 302. Dieser ist bereits in einer vor 1457 ausgestellten Urkunde als Zeuge genannt, Wadgassen, Nr. 798 ([1430–1457]). Beide genannten, der Bäckermeister und der Zender, reisten am 7. Juni 1459 im Auftrag der Stadt Trier zu einer Landständeversammlung, STAT RMR 1458/9, fo. 4v.

genannte Baumgarten zu. Die Besoldung wurde vom Pfalzeler Kellner besorgt, und zwar jährlich vier Ohm Wein, sechs Malter Korn und die 20 Fuder Holz, die der Abt von St. Matthias und die Dörfer Euren und Zewen jährlich in den Palast liefern mußten. Für die Funktionen des Palastes ist besonders die letzte Bestimmung von Interesse: *Der vurgenannte Peter sal auch uns unsere bette und auch lynnen in dem gemelt unserm pallas verwaren und behalten*, worüber er dem erzbischöflichen Rentmeister Rechenschaft abzulegen hat. Der Revers Peters von Kunzig ist vom kurfürstlichen Sekretär Berthold Kruss von Regensburg mitbesiegelt[113].

In der Folgezeit scheint eine nicht mehr nachvollziehbare Änderung in der Bewertung des Amtes stattgefunden zu haben, da seit 1480 nur noch von einem Burggrafen im Palast die Rede ist[114]. 1491 wurde der Palast für die Lebenszeit des Erzbischofs Contze Faßbender anvertraut, der dort bis zu 50 trierische Pagamentsgulden verbauen durfte[115]. 1501 entschloß sich Faßbinder, *alters halben das burggraffenamt nit me [zu] verwesen*. Dessen Außenstände beim Kurfürsten von 60 Gulden und 7½ Albus hatte der Kellner von Pfalzel, Johann von Molenheim[116], vorgestreckt. Dafür wurde dieser von Erzbischof Johann zum Burggrafen des Palastes ernannt, die Besoldung betrug jährlich sechs Malter Korn, vier Ohm Wein und ein Hofgewand[117]. Zu Beginn des 16. Jahrhunderts war somit dank der Finanzkraft des Pfalzeler Kellners eine ähnliche Personalunion zustande gekommen, wie die von Amtmann und Trierer Oberschultheiß.

Darüber hinaus lassen sich noch einige andere Verbindungslinien zwischen dem Pfalzeler Kellner und der Stadt Trier nachweisen. Ebenso wie der Amtmann hatte auch der Kellner von Pfalzel häufige Kontakte mit der Moselstadt[118]. Eine direkte Verbindung des Kellners

---

113 LHAK 1 A 8601 (1477 IV 27, Ems), GOERZ, S. 245.
114 Am 12. April 1480 einigte sich *Peter von Kunzich, burggrave zur zijt im pailher zu Trier*, mit dem Trierer Bürger Hermann Schmitz von Immendorf und seiner Frau über einen Gang durch deren Haus in Trier, LHAK 1 A 4280.
115 LHAK 1 C 18, 1026 (1491 VIII 14, Pfalzel), GOERZ, S. 279.
116 Johann von Molenheim wird erstmals 1483 als Kellner von Pfalzel genannt, LHAK 1 C 18, 684 (1483 X 15, Pfalzel), GOERZ, S. 257, und scheint das Amt bis zum Tode Erzbischof Johanns behalten zu haben.
117 LHAK 1 C 18, 1195 (1501 II 26, Pfalzel), GOERZ, S. 315.
118 Folgende Ratsessen für den Pfalzeler Kellner ließen sich nach den Rentmeistereirechnungen feststellen: 1466 VII 15, STAT RMR 1465/6, fo. 29r; 1477 VI 29, STAT RMR 1476/7, fo. 30r; 1477 VII 15, STAT RMR 1476/7, fo. 31r; 1478 I, STAT RMR 1477/8, fo. 13v; 1479 I 5, STAT RMR 1478/9, fo. 13v; 1480 I, STAT RMR 1479/80, fo. 14r; 1480 VIII, STAT RMR 1479/80, fo. 30v; 1480 XI 13, STAT RMR 1480/1, fo. 12r; 1481 III 14, STAT RMR 1480/1, fo. 18r; 1481 III 21, STAT RMR 1480/1, fo. 18v; 1482 XII 24, STAT RMR 1482/3, fo. 16v; 1482 XII 25, STAT RMR 1482/3, fo. 16v; 1489 IV 21, STAT RMR 1488/9, fo. 19r; 1489 nVIII 31, STAT RMR 1488/9, fo. 20v; 1489 XII 31, STAT RMR 1489/90, fo. 16r; 1490 VIII, STAT RMR 1489/90, fo. 22r; 1491 VII 2/6, STAT RMR 1490/1, fo. 21v; 1491 X 3, STAT RMR 1491/2, fo. 18r; 1493 XI 29, STAT RMR 1493/4, fo. 17v; 1496 VIII 28, STAT RMR 1495/6, fo. 21v; 1499 VII/VIII, STAT RMR 1499/1500, fo 21v; 1499 X 17, STAT RMR 1499/1500, fo. 14r; 1500 V, STAT RMR 1499/1500, fo. 19v-20r; 1501 I, STAT RMR 1500/1, fo. 14r; 1501 II 20, STAT RMR 1500/1, fo. 15v. Seit 1490 wird häufiger mit dem Kellner korrespondiert, auch werden Handlungen abgesprochen, vgl. STAT RMR 1489/90, fo. 7v; STAT RMR 1491/2, fo. 10r; STAT RMR 1491/2, fo. 11v; STAT RMR 1494/5, fo. 6v; STAT RMR 1494/5, fo. 7r; STAT RMR 1495/6, fo. 7r; STAT RMR 1496/7, fo. 9v; STAT RMR 1496/7, fo. 9v; STAT RMR 1501/2, fo. 6v.

zum Trierer Palast wird nur in einem Weistum von 1463 deutlich, worin die *scheffen und huber des palast* ihre alljährlichen Verpflichtungen gegenüber dem Erzbischof aufzählten[119]. Dabei wird die Rolle des Kellners, der zumindest im Hinblick auf die Palastschöffen als Verbindungsmann zum Landesherrn angesehen wurde, als Vertreter des Kurfürsten deutlich.

Neben der recht naheliegenden Verbindung von Trier und Pfalzel ist aber auch noch eine in mancher Hinsicht interessante Verbindungslinie zwischen den beiden Orten und Saarburg erwähnenswert. Eine entsprechende Konstellation tritt uns bereits in der Person Heinrichs von Cochem entgegen, der unter Erzbischof Werner von Falkenstein (1388–1418) erzbischöflicher Siegler in Trier sowie Kellner in Pfalzel und Saarburg war[120]. In der Wahlkapitulation Johanns von Baden wurde dem Domkapitel das Öffnungsrecht in der Stadt Saarburg zugestanden[121]. In dem Vertrag des Erzbischofs mit der Stadt Trier von 1469 wird die Bedeutung von Pfalzel und Saarburg als Stützpunkte des Landesherrn in der Nähe von Trier erkennbar, beide standen auch in Beziehung zur Moselstadt[122]. Der Bündnisvertrag von 1480 sah für den Fall, daß Trier angegriffen würde, vor, daß dem Rat und den Bürgern die erzbischöflichen Schlösser und Festungen Pfalzel, Saarburg, Wittlich, Grimburg und Welschbillig geöffnet werden sollten. Umgekehrt war die Stadt zum Zuzug bei Angriffen auf die genannten Burgen verpflichtet[123]. Auch der Saarburger Amtmann hielt sich häufiger in Trier auf[124], und Kurfürst Johann versprach dem Saarburger Kellner Oswald von Eberstein 1501, den zweiten frei werdenen Schöffenstuhl in Trier zu verleihen[125].

Allerdings erreichten andere Beziehungen nie die Intensität wie die zwischen Trier und Pfalzel. Dort bestand folgende Situation: In beiden Orten besaß der Erzbischof reich ausgestattete Repräsentationsbauten, die eine seiner Bedeutung angemessene Hofhaltung ermöglichten und zumindest potentiell als Herrscher- und Verwaltungssitz dienen konnten. Aus historisch-politischen Gründen, die mit der Stellung der Stadt Trier in Zusammenhang stehen, wurde Pfalzel in dieser Hinsicht wichtiger. Die Personalunion von Pfalzeler Amtmann und Trierer Schultheiß ist hierfür ein deutlicher Hinweis. Daß in der Stadt selbst der dem Schöffenkolleg angehörende Vize- oder Unterschultheiß die Aufgaben anscheinend vollständig übernommen hatte, ist als Beleg für die selbstbewußte Haltung Triers gegenüber dem Landesherrn zu werten. Demgegenüber war Pfalzel in unmittelbarer Nähe der Kathedral-

---

119 GRIMM, Weisthümer, Bd. 2, S. 285–288.
120 Vgl. den Rezeß seiner Abrechnung, LHAK 1 C 9, 682 (1416 VI 20, Cochem), MICHEL, Gerichtsbarkeit, S. 101. Schon vor der Abrechnung war Johann von Remagen zum Kellner in Pfalzel ernannt worden, GOERZ, S. 140.
121 KREMER, Wahlkapitulationen, S. 16.
122 In der entsprechenden Bestimmung heißt es: *Item van den slegen buyssen Trier hain wir beredt, wanne unser gnediger herre ader eyn ertzbischoff zu Paltzel ader Sarburg ist, sollent die slege unbeslossen syn und queme sine gnade ader sine nakomene und yre frunde ungeverlich rijten ire straisse daeselbs hynzusoechen und fonden die slege zu, sluegen sie die dan uff, das sal sunder zorne und unwillen des raits syn und es sal auch alßdann ungeverlich damit gehalden werden*, LHAK 1 A 4285 (1469 IV 13, Trier), RUDOLF, Quellen, Nr. 159.
123 LHAK 1 A 4272 (1480 VII 22), HONTHEIM, Bd. 2, Nr. 870.
124 STAT RMR 1474/5, fo. 11v; STAT RMR 1474/5, fo. 25r; STAT RMR 1483/4, fo. 17r; STAT RMR 1484/5, fo. 9v.
125 LHAK 1 A 4288 (1501 X 15, Trier), GOERZ, S. 317.

stadt geradezu als Herrschaftsmittelpunkt und Residenz prädestiniert, so daß andere Orte – wie Saarburg oder Wittlich – langfristig keine vergleichbare Bedeutung erlangen konnten. Da Johann von Baden bei seinem Amtsantritt schon auf relativ festgefügte Strukturen und weitgehend ausgebildete Herrschaftszentren traf, war der Ort der Herrschaftsausübung bereits vorgeprägt.

b) Koblenz/Ehrenbreitstein

Am Schnittpunkt von Eifel, Hunsrück, Westerwald und Taunus liegt inmitten des Rheinischen Schiefergebirges, am Zusammenfluß von Rhein und Mosel, unterhalb der Lahnmündung am südlichen Ausgang des Neuwieder Beckens, die Stadt Koblenz[126]. Die bevorzugte Lage an den großen Wasserstraßen begünstigte stets eine Besiedlung dieses Ortes. Da Koblenz im Gegensatz zu Trier nicht als Keimzelle des Territoriums der Erzbischöfe angesehen werden kann, noch nicht einmal zu deren frühestem Besitz gehörte, sich aber zunehmend zu einem zweiten Herrschaftszentrum des Erzstifts entwickelte, soll dem Weg dahin ausführlicher nachgegangen werden. Hier fanden die Landesherren eben noch nicht die Voraussetzungen für einen Herrschaftsmittelpunkt vor – diese mußten erst geschaffen oder im Ansatz bereits bestehende verändert werden. Insofern ist die Entwicklung in diesem Bereich von besonderem Interesse. Die heutige Lage der Stadt gleichermaßen an Rhein und Mosel darf nicht darüber hinwegtäuschen, daß Koblenz nach Ursprung und Entwicklung als Moselstadt betrachtet werden muß. Es konnte bisher nicht geklärt werden, zu welchem Zeitpunkt genau eine Siedlung im Bereich des heutigen Koblenzer Stadtgebiets entstand. Erst systematische Grabungen könnten die Erkenntnis zutage fördern, seit wann der strategisch wichtige Punkt am Zusammenfluß von Rhein und Mosel einen Platz für menschliche Niederlassungen abgab. Bevor nicht neue Funde das Gegenteil beweisen, ist es gewiß erlaubt, die These aufzustellen, daß im Zusammenhang mit der im Jahr 12 vor Christus begonnenen römischen Offensive über den Rhein hier eine Militärsiedlung angelegt wurde. Spätestens mit dem Tod des ersten Befehlshabers über die Truppen, Drusus, im Jahre 9 vor Christus könnte dies erfolgt sein. Archäologisch gesichert ist ein Auxiliarlager aus der Spätzeit des Kaisers Tiberius (14–37 n.Chr.) im Bereich der heutigen Altstadt. Die zugehörige Siedlung wird man östlich davon in dem Areal zwischen der römischen Befestigung und dem Rhein annehmen dürfen. Der Bau einer Rhein- und einer Moselbrücke während des ersten Jahrhunderts trug der verkehrsgeographischen und strategischen Bedeutung des Ortes Rechnung[127]. Nach den Frankeneinfällen (259/260) wurde die bis dahin offene Siedlung mit einer festen Mauer umgeben, die eine Fläche von etwa 5,8 Hektar umschloß und an der Moselfront etwa 270 m lang war. Noch heute ist der äußere Umfang der spätrömischen Befestigung im Stadtbild am Straßenverlauf von Kornpfortstraße, Entenpfuhl, Plan und Altengraben erkennbar. Die starke Befestigung ermöglichte wohl die Siedlungskontinuität bis ins Mittelalter.

---

126 Zur geographischen Lage von Koblenz vgl. DORIS SCHÄFER, Koblenz. Geschichtliche Entwicklung und wirtschaftliche Struktur, 1965.
127 Vgl. H.-H. WEGNER, Von den Anfängen bis zum Ende der Römerzeit, in: Geschichte der Stadt Koblenz, Bd. 1, S. 25–86, insbes. S. 43ff. und die dort genannte Literatur.

Nachdem das römische Kastell im 5. Jahrhundert aufgegeben worden war, wurde dort ein merowingischer Königshof[128] ausgebaut. Die 836 geweihte St.-Kastor-Kirche wurde durch ihre Lage am Rhein richtungweisend für die weitere Stadtentwicklung von Koblenz. Wesentliche Veränderung erfuhr das Stadtbild erst infolge des zweiten Mauerbaus in den 70er und 80er Jahren des 13. Jahrhunderts, als dessen wesentliches Ergebnis festgehalten werden kann, daß nun der Erweiterung der Stadt zum Rhein hin Rechnung getragen wurde, auch wenn die Rheinfront, im Vergleich zur Moselseite der neuen Mauer, verhältnismäßig schmal war (ungefähr im Verhältnis 1:2). Bis in die Neuzeit ließ dieser ummauerte Bereich mit einer Fläche von ca. 42 Hektar reichlich Platz für die Besiedlung des Areals[129]. Selbst die Stadtdarstellung Merians um 1650 läßt noch deutliche Lücken in der Besiedlung, insbesondere im südlichen Teil der Stadt, erkennen.

Von großer Bedeutung für die wirtschaftliche Lage der Stadt Koblenz wurde der Bau der Moselbrücke[130] durch Erzbischof Balduin von Luxemburg nach 1343, die seit 1359 benutzbar war[131]. Die Brücke stellte nicht nur eine feste Verbindung der Stadt zur Gemeinde Lützel-Koblenz her, sondern wurde auch zu einem wichtigen Verkehrsweg für den Koblenzer Handel. Der Moselbrückenbau war das letzte große, stadtbildverändernde Bauwerk im Weichbild der Stadt Koblenz bis in die Neuzeit hinein.

Was die Zugehörigkeit zu weltlichen Herrschaftsgebieten anbetrifft, so gelangte das Kastell Koblenz als Teil der römischen Provinz Germania I im Laufe des fünften Jahrhunderts zum fränkischen Königsgut[132]. Danach erfahren wir genaueres erst wieder im Jahr 1018, als Kaiser Heinrich II. den damaligen Königshof *in Pago trechire in comitatu vero Berchtholdi comitis* dem Trierer Erzbischof Poppo schenkte[133]. Von nun an gehörte Koblenz bis 1794 zum Herrschaftsbereich der Erzbischöfe von Trier. Der letzte störende Faktor zur Erlangung der vollständigen Landeshoheit war die Vogtei der Grafen von Nassau[134]. Im Jahre 1253 verpfändeten die Brüder Walram und Otto von Nassau die Vogtei Koblenz zusammen mit dem Hof in Vallendar und der Vogtei in Pfaffendorf an den Trierer Erzbi-

---

128 PAULY, Fiskus. Auf die Bedeutung von Koblenz im Rahmen des früh- und hochmittelalterlichen Reichs wurde hingewiesen von INGRID VOSS, Herrschertreffen im frühen und hohen Mittelalter, Köln, Wien 1987 (Beihefte zum Archiv für Kulturgeschichte 26); D. FLACH, Herrscheraufenthalte bis zum hohen Mittelalter, in: Geschichte der Stadt Koblenz, S. 87–120.
129 Zur Stadtentwicklung vgl. D. KERBER, Die Anfänge einer Residenz der Trierer Erzbischöfe, in: Geschichte der Stadt Koblenz, Bd. 1, S. 121–136, hier: S. 127–129.
130 Bereits in römischer Zeit gab es in Koblenz eine Rhein- und eine Moselbrücke, die als hölzerne Pfahlbrücken ausgeführt waren, vgl. Koblenz und der Kreis Mayen-Koblenz, S. 162ff., 169ff. Zur Balduinbrücke allgemein: D. KERBER, Wirtschaft im Mittelalter, in: Geschichte der Stadt Koblenz, Bd. 1, S. 313–332, hier: S. 330–332.
131 GÜNTHER, Bd. 3,2, Nr. 293.
132 H. AMENT, Die Stadt im frühen Mittelalter, in: Geschichte der Stadt Koblenz, Bd. 1, S. 69–86; FLACH, Herrscheraufenthalte (wie Anm. 128).
133 MGH DD H II, Nr. 397.
134 Zur Vogteigewalt in Trier vgl. F. PAULY, Der königliche Fiskus Koblenz, in: JbGKunstMittelrh 12/13, 1960, S. 5–25, 17ff.; EILER, S. 43f.

Koblenz und Umgebung – aus der Cosmographia des Sebastian Münster, 1549

schof Arnold II.[135] – sie wurde auch später nicht mehr eingelöst[136]. Seitdem ist die Stadtherrschaft nicht mehr grundsätzlich in Frage gestellt worden[137].

Kirchlich gehörte Koblenz bereits seit fränkischer Zeit zum Erzbistum Trier[138]. Da die Stadt Trier der ideelle Sitz des Erzbischofs war, und weil das Domkapitel seinen Standort bei der Domkirche beibehielt, wäre der Blick auf »Unterorganisationen« zu lenken, zu denen Koblenz gehörte, und die dort möglicherweise ihren Sitz hatten. Der chronologischen Abfolge gemäß sind zunächst die von Erzbischof Ratbod (863–915) geschaffenen fünf Archidiakonate zu nennen, die bis in das 13. Jahrhundert einen hervorragenden Anteil an der Ver-

---

135 MRUB, Bd. 3, Nr. 1208 (1253 VII 25).
136 1292 mußte König Adolf von Nassau anläßlich seiner Wahl zum deutschen König versprechen, die Vogtei nicht mehr einzulösen, vgl. MRR, Bd. 4, Nr. 2017.
137 Vgl. EILER, Stadtfreiheit, S. 7.
138 PAULY, Siedlung, Piesport, S. 369. Was die geistliche Verwaltung anbelangt, so kann noch immer auf die grundlegende Studie von MICHEL, Gerichtsbarkeit, verwiesen werden.

waltung der Diözese erlangten[139]. Die Frage nach der Zugehörigkeit der Stadt zu diesen Bezirken stößt auf eine komplizierte Konstruktion der kirchlichen Verhältnisse in Koblenz.

Da bei den Archidiakonaten nicht mit räumlich geschlossenen Gebieten[140] gerechnet werden kann[141], bedarf die Lage in Koblenz sorgfältiger Prüfung. Der Forschungsstand[142] erlaubt allerdings die Konzentration auf wenige Punkte. Seit dem 12. Jahrhundert hatte das Koblenzer St.-Kastor-Stift eine dominierende Rolle in der Stadt inne. Wie F.-J. Heyen vermutet, waren Bemühungen, in Koblenz ein zweites geistliches Zentrum neben Karden zu errichten, schließlich gescheitert. Dies zeigt die Benennung des linksrheinischen Archidiakonats nach St. Kastor in Karden und nicht nach St. Kastor in Koblenz, wo die Gebeine des Heiligen seit 836 lagen[143]. In der Folgezeit konnte das Koblenzer Stift seine Stellung in der Stadt ausbauen. Der Propst von St. Kastor hatte das Besetzungsrecht für die älteste Koblenzer Pfarrkirche Liebfrauen[144]. In Koblenz, Pfaffendorf, Moselweiß, Lützel-Koblenz und Neuendorf besaß er die Rechte eines Archidiakons[145]. Damit war der Stadtbereich von der Jurisdiktionsgewalt des Kardener Archidiakons exemt. Unklar ist jedoch die Stellung des St.-Florin-Stifts in diesem Bezirk[146]. Nach dem Gesagten wäre eine Unterstellung unter die Gerichtsbarkeit von St. Kastor zu erwarten. Da St. Florin aber selbst – außerhalb von Koblenz[147] – archidiakonale Rechte besaß, erscheint eine Exemtion des Stifts in Koblenz wahrscheinlich. 1298 erscheint erstmals ein durch den Propst von St. Kastor eingesetzter Offizial, für den 1323 eine eigene Kurie bezeugt ist[148]. Die Inkorporation der Propstei in das Stift durch Erzbischof Balduin von Luxemburg[149] bedeutete einen erheblichen Autoritätsverlust des Archidiakonats von St. Kastor. Dekan und Kapitel des Stifts übten die Jurisdiktion in eingeschränktem Umfang trotz der Versuche Erzbischof Johanns II. zur endgültigen Eindämmung weiter aus; das Besetzungsrecht für die Liebfrauenkirche blieb bestehen[150].

---

139 MICHEL, Gerichtsbarkeit, S. 13ff.
140 Einen derartigen Eindruck gewinnt man aus der Karte »Die kirchliche Organisation im Bereich der heutigen Rheinprovinz am Ende des Mittelalters, um 1450«, in: Geschichtlicher Handatlas der Rheinprovinz, Nr. 12/13.
141 Darauf hat F. PAULY, Klein-Archidiakonate und exemte kirchliche Jurisdiktionsbezirke im Archidiakonat Karden bis zum Ende des Mittelalters, in: RheinVjbll 24, 1959, S. 157–194, nachdrücklich hingewiesen. Allein in diesem Archidiakonat identifizierte er die drei exemten Bezirke Münstermaifeld, Karden und Boppard. F. MICHEL, Der Archidiakonat und Offizialat von St. Castor zu Coblenz, in: TrierArch 19/20, 1912, S. 153–164, wies eine deratige Sonderstellung für das Koblenzer Stift nach.
142 Weiterhin heranzuziehen sind: H. BASTGEN, Die Entstehungsgeschichte der Trierer Archidiakonate, in: TrierArch 10, 1907, S. 1–56; PAULY, Siedlung, Piesport S. 369ff.; MICHEL, Gerichtsbarkeit, S. 49ff.; DIEDERICH, Florin, S. 199ff.
143 F.-J. HEYEN, 1150 Jahre Kirche und Kollegiatstift St. Kastor, in: 1150 Jahre Koblenz St. Kastor, Koblenz 1986, S. 15–26, hier: S. 16.
144 F. PAULY, Die Kirche in Koblenz, in: Geschichte der Stadt Koblenz, Bd. 1, S. 179–236, hier: S. 197f.
145 MICHEL, Koblenz, S. 155f.; PAULY, Kirche (wie Anm. 144).
146 DIEDERICH, Florin, S. 216, weist zwar darauf hin, daß das St.-Florin-Stift »keine Pfarrfunktion in Koblenz hatte«, auf die rechtliche Stellung zu St. Kastor geht er aber an keiner Stelle ein.
147 GENSICKE, Landesgeschichte, S. 101f.; DIEDERICH, Florin, S. 199ff. Es waren dies die Pfarreien Montabaur, Holzappel und Höhn.
148 MICHEL, Archidiakonat, S. 158.
149 SAUERLAND, Bd. 3, Nr. 674 (1347 IX 20).
150 MICHEL, Archidiakonat, S. 161–164.

Von überregionaler Bedeutung wurde die Errichtung einer erzbischöflichen Kurie in Koblenz, vermutlich durch Erzbischof Boemund I. (1289–1299)[151]. Deren Jurisdiktionsbereich ist spätestens seit 1338 erkennbar, die Grenze zu dem des Trierer Offizials bildete der Elzbach[152].

Auf der lokalen weltlichen Verwaltungsebene existierte seit dem 13. Jahrhundert ein Amt Koblenz[153]. Es umfaßte neben den Außenbürgergemeinden Lützel-Koblenz, Moselweiß und Neuendorf noch die Gemeinden Waldesch und Lay, seit 1528 war auch Stolzenfels mit dem Amt Koblenz verbunden[154]. Den Aufgabenbereich des Koblenzer Amtmanns und die Abgrenzung seines Tätigkeitsfeldes von dem des Schultheißen hat K. Eiler eingehend untersucht[155]; auf die Kellerei wird später eingegangen.

Bei der Stadt Koblenz lassen sich vielfältige Verknüpfungen mit den umliegenden Ortschaften konstatieren. Die Namen der Orte des Amts Koblenz, Moselweiß, Lützel-Koblenz und Neuendorf, waren bereits im Archidiakonatsbezirk des St.-Kastor-Stifts aufgetaucht. Dies legt die Vermutung nahe, daß eine relativ enge Bindung dieser Ortschaften zur Stadt Koblenz bestand. Auskunft hierüber gibt das sogenannte »Bürgerbuch von 1469«[156], das mit dem Ziel angelegt wurde, alle Koblenzer Bürger einzutragen. Unter Punkt 47 erscheinen dort *dye burger van Wyß, Lutzercovelentz und Nuwendorf, die aller gnaden und fryheyt als dye ingesessene burger bynnen Covelentz* besitzen. Weiterhin werden die Gemeinden Horchheim und Rübenach sowie die Städte Boppard, Oberwesel, Andernach, Bonn und Duisburg als Bürger der Stadt genannt[157]. Nach Ansicht der älteren Forschung konkretisierten sich diese engen Beziehungen in Form einer Markgenossenschaft[158]. Daß eine Verbindung zwischen den Gemeinden bestand, steht außer Zweifel, doch wird diese von K. Eiler[159] (ähnlich wie von F. Pauly[160]) eher als Gerichtsgemeinde gesehen, deren Verbund auf der Grundherrschaft des ehemaligen Königshofes Koblenz beruhte und in verschiedenen städtischen Gerichten

---

151 Ders., Gerichtsbarkeit, S. 51.
152 Blattau, Bd. 1, Nr. 33 (1338 VIII 31). Michel, Gerichtsbarkeit, S. 51f., hat nachgewiesen, daß Blattau bei dem Namen des Grenzbachs ein Lesefehler unterlaufen ist. Nicht die Alf, sondern die Elz habe die Grenze gebildet. Bereits das Privileg Erzbischof Dieters, das den Bewohnern von Münstermaifeld das Recht erteilte, nicht vor dem geistlichen Gericht in Trier erscheinen zu müssen, es sei denn in Ehe- und Familiensachen, weist in diese Richtung, MRR, Bd. 4, Nr. 3063 (1300 IX 16).
153 Eiler, S. 49.
154 Michel, Koblenz, S. 139. Eiler, S. 49, zieht die Angaben bei Michel mit einer nicht nachgewiesenen Aufzählung bei Schmidt, Heimatchronik, S. 78, zusammen und nennt die Gemeinden »Moselweiß, Lützelkoblenz und Neuendorf sowie Kapellen, Lay und Waldesch, seit 1528 Stolzenfels« als zum Amt Koblenz gehörig. Kapellen-Stolzenfels war jedoch bis 1528 ein eigenständiges Amt, nur Bernhard von Schauenburg scheint dieses um 1480 zusammen mit Koblenz für kurze Zeit in Personalunion verwaltet zu haben, vgl. Kerber, Stolzenfels, S. 21–23.
155 Eiler, S. 49–55.
156 Stak- 623- Nr. 1220, in Auszügen gedruckt bei Bär, Urkunden, S. 133–138.
157 Bär, Urkunden, S. 137.
158 Zuerst: M. Bär, Zur Entstehung der deutschen Stadtgemeinde (Koblenz), in: ZRG GA 12, 1891, S. 1–16, seiner Auffassung folgte u. a. H. Conrad, Stadtgemeinde und Stadtfrieden in Koblenz während des 13. und 14. Jahrhunderts, in: ZRG GA 58, 1938, S. 337–366.
159 Eiler, S. 57f.
160 Pauly, Fiskus Koblenz. Eiler nennt Paulys Arbeit in diesem Zusammenhang nicht.

zum Ausdruck kam[161]. Diese vielfältigen Verbindungen der Stadt Koblenz zu ihrem Umland finden keine Entsprechung in der Nutzung der Orte durch den Landesherrn. Wie noch zu zeigen sein wird, konzentrierte sich die Herrschaft vielmehr eindeutig im Stadtgebiet. Daneben spielten Orte eine Rolle, die in keinem eindeutigen Zusammenhang zur Stadt Koblenz standen. Von der bereits skizzierten Stadtentwicklung ausgehend, soll daher im folgenden versucht werden, einerseits die Bedingungen darzustellen, die vom Trierer Erzbischof in der Mitte des 15. Jahrhunderts vorgefunden wurden, andererseits sollen die Veränderungen aufgezeigt werden, die sich infolge der besonderen Bedeutung der Stadt für den Landesherrn dort ergaben. Ähnlich wie für Trier und Pfalzel sind die sakrale Ausstattung und die repräsentativen Wohnbauten vorzustellen, die dem Kurfürsten als Sitz in der Stadt dienen konnten.

Der chronologischen Abfolge gemäß soll bei der Sakraltopographie zunächst die Koblenzer Liebfrauenkirche[162] besprochen werden. Erstmals urkundlich erwähnt wird die Koblenzer Marienpfarrkirche 1182[163]; sicherlich existierte sie jedoch schon früher[164]. Die bestehende spätromanische Emporenbasilika gehört ebenso wie die ursprünglich viergeschossigen West-türme der Wende des 12. zum 13. Jahrhundert an. In der ersten Hälfte des 15. Jahrhunderts wurde an Stelle des ursprünglichen Chorabschlusses ein dreischiffiger gotischer Langchor errichtet. Weitere Umbauten am Westwerk und dem Mittelschiff komplettierten die Anlage[165].

Die Liebfrauenkirche kann als älteste Pfarrkirche von Koblenz gelten. Unter Erzbischof Poppo ging das Besetzungsrecht auf den Propst von St. Kastor über[166]. 1218 bestimmte Erzbischof Dietrich II. von Wied die Zehnt- und Pfarrgrenzen zwischen dem St.-Kastor-Stift und der Liebfrauenkirche[167]. Danach gehörten zum Sprengel von Liebfrauen die Orte Moselweiß und Lützel-Koblenz, innerhalb der Stadt bildete das in der Kastorgasse nahe der römischen Stadtmauer gelegene Haus Polch die Grenze zum Pfarrbezirk des Priesters des Heilig-Kreuzaltars in St. Kastor. Die Zehntrechte besaß der Pfarrer von Liebfrauen von nun an am Rhein entlang bis Andernach, in Lay und teilweise in Lützel-Koblenz. Der Zehnt von der Stadt Koblenz verblieb beim Propst von St. Kastor, dem auch weiterhin das Präsentationsrecht der Pfarrei, die meistens mit einem Stiftsherrn von St. Kastor besetzt war, zustand[168]. Zum Zehntbezirk des Stifts gehörten zudem die Orte Moselweiß und Kapellen.

---

161 EILER, S. 115ff.
162 Grundlegend: PAULY, Kirche (wie Anm. 144), S. 194ff.; MICHEL, Kirchliche Denkmäler, S. 157–199, der auch die schriftlichen Zeugnisse weitgehend mit einbezieht.
163 MRUB, Bd. 2, Nr. 53.
164 PAULY, Kirche (wie Anm. 144), S. 194–196.
165 KUBACH/VERBEEK, Bd. 1, S. 489f.; DEHIO, S. 485f. Für die Jahre 1466 bis 1544 sind die Baurechnungen der Pfarrkirche erhalten, Stak- 623- Nr. 1400.
166 PAULY, Kirche (wie Anm. 144), S. 196–200.
167 MRUB, Bd. 3, Nr. 87; SCHMIDT, Nr. 50. Bereits 1220 scheint es darüber zwischen beiden geistlichen Instituten zu Streitigkeiten gekommen zu sein, die bis vor die Kurie getragen wurden, MRUB, Bd. 3, Nr. 124 (1220 IV 16, Viterbo).
168 Vgl. SCHMIDT, Nr. 1046, 1048, 1094, 1107, 1589. Der bei MICHEL, Koblenz, S. 209, für 1364 als Pfarrer von Liebfrauen genannte angebliche Dekan von St. Florin ist als solcher nicht nachweisbar, vgl. DIEDERICH, Florin, S. 230.

Die kirchliche Situation in Koblenz stellte sich somit folgendermaßen dar: Die Hauptpfarrkirche der Stadt war die Liebfrauenkirche, die von St. Kastor aus besetzt wurde. Seelsorger für den bedeutend größeren Teil war der Pfarrer von Liebfrauen. Somit besitzt die älteste Pfarrei von Koblenz einen erheblichen Stellenwert innerhalb der Pfarrorganisation der Stadt. Die Aufbewahrung des städtischen Archivs und der Stadtkasse[169] belegt darüber hinaus die engen Beziehungen der Stadtgemeinde zu Liebfrauen. Die Koblenzer Liebfrauenkirche bildet somit den Teil der sakralen Ausstattung der Stadt, der zwar für die Gemeinde von großer Bedeutung war, im Kalkül der Trierer Erzbischöfe als Stadtherrn aber keine wichtige Rolle spielte. Für diese waren die beiden Koblenzer Stiftskirchen bedeutender und so war es nur konsequent, daß Erzbischof Kuno 1383 die Einwohner von Koblenz anwies, die Tage der Heiligen Kastor und Florin als Festtage zu begehen[170].

Nach der Translozierung der Gebeine des heiligen Kastor von Karden nach Koblenz wurde am 12. November 836 die außerhalb der Mauern des römischen Kastells am Rhein neu erbaute Kirche von Erzbischof Hetti (814–847) geweiht, am 19. November besuchte Kaiser Ludwig der Fromme mit seiner Familie die neue Gründung[171]. Es kann hier nicht der Platz sein, die Motivationen zu klären, die zur Errichtung einer bischöflichen Kirche auf Königsgut führten. Für die weitere Entwicklung ist es jedoch wichtig festzuhalten, daß Erzbischof Hetti anscheinend versuchte, hier am Rhein die Stellung des Erzstifts zu stärken und einen zweiten geistlichen Mittelpunkt der Diözese zu schaffen – ein Versuch, der 836 noch scheiterte[172].

Über das Aussehen des Gründungsbaus der St.-Kastor-Kirche sind keine genauen Aussagen möglich, vielleicht stammt das Querschiff aus dieser Zeit[173]. Ein Neubau, der möglicherweise durch eine Zerstörung der Kirche in der Schlacht zwischen Philipp von Schwaben und Otto IV., die 1198 im ausgetrockneten Moselbett bei Koblenz stattfand, notwendig geworden war, wurde zu Beginn des 13. Jahrhunderts aufgeführt[174]. Am 27. Juli 1208 weihte Erzbischof Johann die wiederhergestellte Kirche[175]. Diesen Umbauten entstammt im wesentlichen der heute bestehende Kirchenbau, der sich in ein dreischiffiges Langhaus, Querhaus, Chor, Apsis und zwei West- und zwei Osttürme gliedert[176].

Einige Hinweise sprechen für die starke Bevorzugung des St.-Kastor-Stifts durch die Falkensteiner Erzbischöfe Kuno und Werner. Im Jahr 1400 stiftete Kurfürst Werner für seinen Vorgänger und dessen Eltern sowie für sich selbst ein Jahrgedächtnis in der Kastorkirche[177].

---

169 BÄR, Urkunden, S. 165, Anm. 2.
170 SCHMIDT, Nr. 1412 (1383 X 20).
171 MGH SS 2, S. 603. Die Quellen zu St. Kastor bis 1500 hat SCHMIDT zusammengetragen, vgl. auch: DERS., Quellen zur Wirtschafts- und Sozialgeschichte des Stiftes St. Kastor in Koblenz, 2 Bde., Koblenz 1975/78.
172 PAULY, Kirche (wie Anm. 144), S. 186–189. Dort ist auch die Diskussion in der Literatur über den Gründungsakt behandelt.
173 KUBACH/VERBEEK, S. 483.
174 Ebd., S. 485; DEHIO, S. 381. PAULY, Kirche (wie Anm. 144), S. 188f., zeigt die Möglichkeit auf, daß die St.-Kastor-Kirche 882 von den Normannen zerstört wurde.
175 SCHMIDT, Nr. 32.
176 MICHEL, Kirchliche Denkmäler, S. 86ff.
177 SCHMIDT, Nr. 1577 (1400 VI 23, Koblenz).

Den bedeutsamsten Hinweis auf den Stellenwert der ältesten Koblenzer Stiftskirche im Verständnis der beiden Falkensteiner liefert deren Grablege in dieser Kirche[178]. Beide Grabmäler sind hervorragende Bildhauerarbeiten, die zu den Hauptwerken der mittelrheinischen Plastik gehören. Das Grabmal Kunos an der linken Chorwand stellt den Erzbischof »in der für die Zeit typischen Haltung liegend und stehend zugleich« dar[179] und kommt seinem tatsächlichen Aussehen wohl nahe[180]. Das auf der gegenüberliegenden rechten Chorwand stehende Hochgrab Erzbischof Werners ist weniger reich gegliedert, es entspricht im Aufbau jedoch dem seines Vorgängers. Im hier behandelten Zusammenhang ist die Tatsache wichtig, daß beide Erzbischöfe durch die Wahl ihrer Grablege ein deutliches Zeichen setzten, das die Absicht dokumentiert, in Koblenz ein gewichtiges geistliches Zentrum neben der Bischofsstadt zu errichten[181]. Wie die Grablege der Nachfolger Erzbischof Werners belegt, scheiterte dieser Versuch, und die überragende Stellung Triers als geistliches Zentrum blieb bestehen. Von Johann von Baden ist keine besondere Förderung von St. Kastor bekannt, das Verhältnis war eher durch latente Spannung gekennzeichnet[182].

Über das zweite Koblenzer Stift, St. Florin, sind wir dank der Forschungen von A. Diederich sehr gut informiert[183]. Im Vorgängerbau der bestehenden Kirche wird man wahrscheinlich die zum Königshof gehörende Pfalzkapelle erblicken dürfen, die ursprünglich ein Marienpatrozinium trug[184]. Wohl an der Stelle der alten Pfalzkapelle oder nahe dabei gründete Herzog Hermann I. von Schwaben um 940 das St.-Florin-Stift, wohin er die Gebeine des Heiligen überführen ließ[185]. 1018 kam das Stift durch die Schenkung Kaiser Heinrichs II. zusammen mit dem Königshof Koblenz an das Erzstift Trier[186]. Innerhalb der Stadt Koblenz beanspruchte das Stift keine Pfarreirechte[187].

Der heutige Kirchenbau entstammt im wesentlichen einem einheitlichen Neubau um 1100 durch den Propst des Stifts, den späteren Trierer Erzbischof Bruno von Bretten und Lauffen (1102–1124)[188]. Es ist eine dreischiffige Pfeilerbasilika mit einem östlichen Querschiff, woran sich der gotische Chor anschließt. Eine mächtige Doppelturmfassade beherrscht die

---

178 HEYEN, Grabkirchen, S. 595f.; F. J. RONIG, Die Bildnisse Kunos von Falkenstein. Typ oder Portrait?, in: Die Parler und der schöne Stil 1350–1400, 1978, Bd. 3, S. 211–214; DEHIO, S. 484f.; K. ERBEN, St. Kastor Begräbnisstätte von Kurfürsten und Erzbischöfen, in: 1150 Jahre Koblenz St. Kastor (wie Anm. 43), S. 29ff.
179 DEHIO, S. 484.
180 RONIG (wie Anm. 178), S. 211.
181 Die Bevorzugung ist in dieser Form erstmalig, da vorher kein Erzbischof in Koblenz begraben wurde.
182 Sehr deutlich wurden die Spannungen bei dem Streit des Stifts mit der Stadt Koblenz und dem Erzbischof wegen der erneut beanspruchten archidiakonalen Gerichtsbarkeit in den Jahren 1464 bis 1467, vgl. SCHMIDT, Nr. 2119, 1–77 (1464 I 30–1467 VII 9).
183 DIEDERICH, Florin.
184 Ebd., S. 31ff.; STREICH, Burg und Kirche, S. 26. Anders: PAULY, Kirche (wie Anm. 144), S. 189, der die Martinskapelle in dieser Funktion sieht.
185 DIEDERICH, Florin, S. 24ff.
186 Ebd., S. 39ff.
187 Zum Pfarrbezirk von St. Florin vgl. B. MÜLLER, Das Rechtsverhältnis zwischen dem Kollegiatstift St. Florin in Koblenz und der Pfarrei Montabaur, in: ArchmittelrhKG 6, 1954, S. 109–127; PAULY, Kirche (wie Anm. 144), S. 192f.
188 Gesta Trevirorum, Bd. 1, S. 198.

Westfront der Kirche[189]. Spätere Veränderungen bewahrten den »im Charakter noch frühromanischen Bau«[190].

Eine ähnliche sakrale Bedeutung für die Trierer Erzbischöfe wie das St.-Kastor-Stift erhielt St. Florin erst im 16. Jahrhundert. Drei Erzbischöfe lagen hier in einer Gruft unterhalb der Vierung begraben[191]: Jakob II. von Baden (†27. April 1511)[192], Johann V. von Isenburg (†18. Februar 1556)[193] und Johann VI. von der Leyen (†19. Februar 1567)[194]. Ebenso wie für St. Kastor kann auch für das jüngere Koblenzer Stift keine besondere Bevorzugung durch Erzbischof Johann von Baden ausgemacht werden. Bemerkenswert ist jedoch die Versorgung markgräflicher Söhne in St. Florin. Drei Generationen der Familie sind als Besitzer oder zumindest Anwärter auf die Propstei des Stifts vertreten[195]: der Bruder Johanns, Markus von Baden, 1460 bis 1478[196], sein Neffe Friedrich[197] und sein Großneffe und späterer Koadjutor Jakob[198].

Von großer Wichtigkeit für die Sakraltopographie und die Stadtentwicklung von Koblenz wurde die um 1216 erfolgte Niederlassung des Deutschen Ordens am Zusammenfluß von Rhein und Mosel, wodurch dieser Platz seinen noch heute gültigen Namen »Deutsches Eck« erhielt. Schon bald erlangte das Koblenzer Haus eine besondere Bedeutung als Ballei und spätere Kammerballei. Daneben standen die Ordensbrüder in intensivem Kontakt mit dem Landesherrn und mit der Stadt Koblenz. Ebenso wie die beiden Koblenzer Stifte waren auch sie als Mitbürger aufgenommen worden.[199]

Angesichts der Themenstellung dieser Arbeit können weitere geistliche Institutionen, die sich in und bei der Stadt Koblenz ansiedelten, nicht ausführlich behandelt werden. Sie sollen zur Vervollständigung dieser Skizze der sakralen Ausstattung der Stadt wenigstens erwähnt werden. Die Niederlassungen der Bettelorden entstanden beide in der ersten Hälfte des 13. Jahrhunderts. Das Dominikanerkloster[200] wird ebenso wie das Kloster der Franziskaner[201] erstmals in einem Testament von 1236 urkundlich erwähnt[202], um die Mitte des 13. Jahrhunderts führten beide Orden umfangreiche Bauvorhaben durch[203]. Nach 1143 war

---

189 MICHEL, Kirchliche Denkmäler, S. 22; U. LIESSEM, Die Florinskirche in Koblenz, München, Berlin 1975 (Große Baudenkmäler 291); KUBACH/VERBEEK, S. 480.
190 KUBACH/VERBEEK, S. 480.
191 Von Erzbischof Otto von Ziegenhain (†1430) wurden in St. Florin die Eingeweide bestattet, MICHEL, Kirchliche Denkmäler, S. 62.
192 Ebd., S. 60–62.
193 Ebd., S. 61–62.
194 Ebd., S. 61, 63.
195 Vgl. KRIMM, Baden und Habsburg, S. 197.
196 DIEDERICH, Florin, S. 228.
197 Ebd., S. 229.
198 Vgl. oben.
199 Zum Deutschen Orden in Koblenz vgl. KERBER/LIESSEM und die dort genannte Literatur.
200 Vgl. G. M. LÖHR, Der Dominikanerorden und seine Wirksamkeit im mittelrheinischen Raum, in: ArchmittelrhKG 4, 1952, S. 120–156, hier: S. 152. Speziell: MICHEL, Kirchliche Denkmäler, S. 228–245; F.-J. HEYEN, Gebet, Predigt, Lehre. Das Kloster der Dominikaner, in: Ein Stück Koblenz, Koblenz [1973], S. 8–12; PAULY, Kirche (wie Anm. 144), S. 224–228.
201 Vgl. MICHEL, Kirchliche Denkmäler, S. 246–253; PAULY, Kirche (wie Anm. 144), S. 223f.
202 MRUB, Bd. 3, Nr. 568, vgl. SCHULZ, Testamente, S. 54.
203 MICHEL, Koblenz, S. 64, 69.

auf dem südlich von Koblenz gelegenen Beatusberg ein Benediktinerkloster gegründet worden, das 1315 in ein Chorherrenstift umgewandelt wurde; Erzbischof Balduin übergab 1331 die Kirche und den gesamten Besitz dem Kartäuserorden[204]. Verschiedene andere Ordensniederlassungen[205], wie das 1143 gegründete Benediktinerinnenkloster auf dem Oberwerth[206], das Zisterzienserinnenkloster in der Lehr[207], das um 1242 gegründet wurde, und Beginenhäuser vervollständigen die Sakraltopographie von Koblenz. Daneben bestanden noch insgesamt zehn Höfe auswärtiger Klöster in der Stadt[208].

Neben der Sakralausstattung von Koblenz spielten für den Landesherrn naturgemäß die Gebäude in der Stadt, die ihm als repräsentativer Wohnsitz dienen konnten, eine zentral wichtige Rolle. Der chronologischen Abfolge entsprechend ist hier zunächst an den ehemaligen Königshof zu denken. Das heutige Pfarrhaus von Liebfrauen kann als ältester landesherrlicher Bau in der Stadt Koblenz gelten, denn 1018 schenkte Kaiser Heinrich II. *nostri iuris curtem nomine Confluentinam* mit allem Zubehör dem Trierer Erzbischof Poppo[209]. Der Kern dieser »curtis« ist vermutlich an der Stelle des Pfarrhauses zu suchen. Mit dem Königshof erhielten die Erzbischöfe von Trier einen ersten territorialen Stützpunkt am Rhein, der in der Folgezeit wesentlich ausgebaut wurde. Ob der in der Urkunde von 1018 genannte Königshof tatsächlich nur einen Teil des ummauerten Areals einnahm[210], erscheint zweifelhaft. Vielmehr wird wohl der gesamte Bereich des ehemaligen römischen Kastells einschließlich der St.-Florin-Kirche gemeint sein[211], da keine Urkunde bekannt ist, durch die der Rest der Siedlung übereignet worden wäre. Zudem kann eine derartige Unterteilung zu keinem Zeitpunkt nachgewiesen werden. Wie die Geschichte der Stadt zeigt, wurde der gesamte Bereich als eine Einheit gesehen, die wohl auch als solche der Trierer Kirche geschenkt wurde. Die Abgrenzung der Zehnt- und Pfarrbezirke innerhalb der Stadt Koblenz zwischen dem Stift St. Kastor und der Liebfrauenkirche begriff den ummauerten Bereich des römischen Kastells als Einheit, und der Trierer Erzbischof sprach diesen Teil bis zum Haus Polch vor dem Graben der spätrömischen Mauer dem Pfarrer von Liebfrauen zu[212]. Nach einer Zusammenstellung der Zinsen des Klosters Marienstatt in der Stadt Koblenz von 1430 war dies auch noch im 15. Jahrhundert der Fall: Die Aufzählung ordnet den Besitz nach abgrenzbaren Bereichen der Stadt, und als ein solcher werden die Besitzungen *in antiquo*

---

204 J. SIMMERT, Zur Geschichte des Benediktinerklosters St. Beatusberg vor Koblenz (1143/53–1315), in: ArchmittelrhKG 23, 1971, S. 23–36; PAULY, Kirche (wie Anm. 144), S. 221–223.
205 MICHEL, Kirchliche Denkmäler, S. 254ff.
206 Zur Gründungsgeschichte vgl. GÜNTHER, Bd. 1, Nr. 132 (1143). Allgemein: MICHEL, Kirchliche Denkmäler, S. 302–307.
207 Vgl. FRANZ NIC. KLEIN, Zur Geschichte des Marienklosters in der Leer binnen Coblenz (1242), in: Programm zur Herbst-Schulprüfung und zu den öffentlichen Rede- und Gesangübungen in dem königlichen Gymnasium zu Coblenz, 13. und 14. September 1838, S. 3–15; MICHEL, Kirchliche Denkmäler, S. 258–260; F. MICHEL, Das ehemalige Jesuitenkolleg und seine Bauten (Beitrag zur Baugeschichte der Stadt Coblenz.), in: TrierArch 28/29, 1919, S. 81–143; PAULY, Kirche (wie Anm. 144), S. 228–230.
208 MICHEL, Profane Denkmäler, S. 150ff.
209 MGH DD H II, Nr. 397.
210 MICHEL, Profane Denkmäler, S. 75.; STREICH, Burg und Kirche, S. 287.
211 DIEDERICH, Florin, S. 39ff.
212 MRUB, Bd. 3, Nr. 87 (1218).

oppido genannt[213]. Zu dem Königshof Koblenz gehörten zahlreiche Besitzungen in der näheren und weiteren Umgebung von Koblenz, die nun insgesamt an das Erzstift Trier übergingen[214]. Die königlichen Pfalzgebäude des ehemaligen Kastells wurden von den Trierer Erzbischöfen übernommen. Möglicherweise wurden diese Bauten im Sommer 1199 durch die Truppen Ottos IV., die große Teile von Koblenz und der umliegenden Ortschaften verbrannten[215], ebenfalls zerstört. Jedenfalls sah sich Erzbischof Johann I. (1189–1212) veranlaßt, in Koblenz die wohl an gleicher Stelle gelegene erzbischöfliche Wohnung zu erneuern[216].

Von Erzbischof Johann von Baden berichten die Gesta Trevirorum: *Curiam in Confluentia prope ecclesiam sancti Florini pene dirutam insigni opere ad valitudinem reduxit*[217]. Der Kurfürst ließ also den Wohnsitz in der Stadt seinen Bedürfnissen anpassen und veränderte die mittelalterliche Bausubstanz grundlegend. Auf ihn gehen wahrscheinlich der sogenannte Gartenbau sowie der Südturm und zumindest die Rückwand des Südflügels zurück[218]. Das heutige Pfarrhaus von Liebfrauen vermag noch einen zumindest annähernden Eindruck der Dreiflügelanlage des 15. Jahrhunderts zu vermitteln. Mit Hilfe der schriftlichen Quellen kann ein Raum des Gebäudes namhaft gemacht werden[219]: 1468 ist die Rede von *dem saille des hoyffs*[220], der gleiche Raum wird 1485 *in hoiff und sale*[221] lokalisiert. Mit diesem Saal dürfte auch der Raum identisch sein, in dem 1501 eine Sitzung des erzbischöflichen Hofgerichts stattfand[222]. Zwar ist der Saal in den Räumen des Gebäudes nicht näher zu identifizieren[223], doch zeichnet sich hier bereits die spätere Funktion als Hofgerichtsgebäude ab. Für die repräsentative Ausstattung des Hofs und seine Bedeutung als Sitz des Kurfürsten in der Stadt spricht, daß Johann von Baden *im hoiff by sandt Florinskirchen* König Maximilian die Ansprüche auf verschiedene Lehen der Trierer Kirche vorbringen ließ[224].

Eines der in seinem äußeren Erscheinungsbild besterhaltenen Denkmäler in Koblenz ist die sogenannte »Alte Burg«, die nach 1277 entstandene erzbischöfliche Stadtburg am Moselufer, deren Erbauung in engem Zusammenhang mit dem bereits angesprochenen Mauerbau

---

213 STRUCK, Marienstatt, Nr. 865.
214 PAULY, Fiskus, vgl. F.-J. HEYEN, Reichsgut im Rheinland. Die Geschichte des königlichen Fiskus Boppard, 1956.
215 MICHEL, Koblenz, S. 42.
216 Gesta Trevirorum, Bd. 1, S. 304, vgl. U. LIESSEM, Zur Geschichte der mittelalterlichen Bauwerke, in: Geschichte der Stadt Koblenz, Bd. 1, S. 383–408, hier: S. 383–389.
217 Gesta Trevirorum, Bd. 2, S. 344.
218 MICHEL, Profane Denkmäler, S. 75.
219 Bereits 1363 II 15 fand in der *aula inferior curie archiepiscopi Trevirensis ante fenestram prope ortum curie eiusdem* eine Sitzung des Koblenzer geistlichen Gerichts statt, MICHEL, Gerichtsbarkeit, S. 63.
220 HHStAW Abt. 340 U 11398 (1468 III 29, Koblenz).
221 STAW Abt. Löwenstein-Wertheim-Freudenberg Nachträge A/10 (1485 VIII 12, Koblenz).
222 Die Sitzung wurde im *hoiff bij sand Floryns gelegged inn der groissen stoben* abgehalten, LHAK 1 C 17055, S. 1–29 (1501 XII 10, Koblenz).
223 Der Erdgeschoßgrundriß des Königshofs von N. Lauxen aus dem Jahr 1782 nennt im Nordflügel des Gebäudes einen Saal, MICHEL, Profane Denkmäler, S. 77, doch ist die Zuordnung zu den Innenräumen des 15. Jahrhunderts unsicher.
224 LHAK 1 A 8903 (1492 IX 24, Koblenz); PSHIL, Bd. 35, S. 330–332.

steht. Da die Vorgänge um den Burgbau interessante Einblicke in das Verhältnis des Landesherrn zur Stadt vermitteln und daher die Relevanz der Errichtung einer erzbischöflichen Burg innerhalb des Stadtgebiets verdeutlichen, sollen die Vorgänge hier etwas ausführlicher besprochen werden. Das von Erzbischof Arnold II. von Isenburg (1242–1259) der Stadt bewilligte Ungeld für den Mauerbau überließ sein Nachfolger, Heinrich II. von Finstingen (1260–1286), der Bürgerschaft weiterhin nur unter der Bedingung, daß gleichzeitig eine Burg in der Stadt errichtet würde[225]. Zu diesem Zweck kaufte der Erzbischof 1275 den Hof des Ritters Wilhelm von der Arken, der an der Westseite der alten Stadtmauer unmittelbar an der Mosel lag[226]. Der Bau der Burg scheint jedoch von der Stadt eher nachlässig betrieben worden zu sein, so daß sich Heinrich veranlaßt sah, 1278 eine Teilung des Ungelds vorzunehmen und den Bau der Burg aus den Erträgen der einen Hälfte in die eigene Verwaltung zu übernehmen[227]. Daher wird der Burgbau in der Folgezeit in den städtischen Rechnungen nicht mehr erwähnt. Dennoch regte sich weiterhin Widerstand der Stadt gegen das Bauvorhaben des Erzbischofs, der zunächst darin gipfelte, daß die am Bau der Burg beschäftigten Arbeiter vertrieben und dem Erzbischof der Eintritt in die Stadt verweigert wurde[228]. Unter Vermittlung der Erzbischöfe Siegfried von Köln und Werner von Mainz sowie des Deutschordensmeisters Matthias wurde am 24. Mai 1283 ein Vergleich herbeigeführt, der besagte, daß die Stadt dem Erzbischof als ihrem geistlichen und weltlichen Herrn Gehorsam leisten und jegliche Bündnisse gegen ihn aufkündigen sollte; dem Erzbischof wurde der Weiterbau seiner Burg freigestellt, der Bürgerschaft die Befestigung der Stadt weiterhin bewilligt[229]. Wenig später kam es jedoch zu heftigen Auseinandersetzungen zwischen Stadt und Landesherr. Die Einwohner verschanzten sich in der Stadt und verschlossen ihrem Herrn die Tore. Nun holte Heinrich von Finstingen zu einem bewaffneten Gegenschlag aus und erzwang die völlige Unterwerfung der Stadt[230]. Auf Druck des Erzbischofs verbannten die Schöffen und die Gemeinde am 1. November 1283 die Hauptverantwortlichen für den Aufruhr aus der Stadt und verpflichteten sich, die Oberherrschaft des Landesherrn ohne Einschränkung anzuerkennen und dem Bau der Burg keine weiteren Hindernisse in den Weg zu stellen[231]. Nachdem die Stadt 1304 von Erzbischof Dieter von Nassau nochmals erobert und unterworfen wurde, war der Burgbau 1307 vollendet[232].

Versucht man sich nun ein Bild von der Baugestalt dieser Burg zu machen[233], so fällt auf, daß sie offenkundig in drei verschiedenen Bauperioden die heutige Form erhielt. Die gesamte

---

225 MICHEL, Burg, S. 3.
226 Ebd., S. 4.
227 M. BÄR, Der Koblenzer Mauerbau, 1888, S. 109f. belegt, daß die städtische Bauleitung vorher neben dem Stadtmauerbau auch an einem Bau für den Erzbischof beteiligt war.
228 MICHEL, Koblenz, S. 86.
229 ReggEbbK, Bd. 3, Nr. 288.
230 Gesta Treverorum, Bd. 2, S. 119.
231 LHAK 1 A 2242.
232 MICHEL, Burg, S. 5.
233 L. ARNTZ, Die Burg in Coblentz, 1896, fertigte im Jahre 1894 die erste systematische Bauaufnahme von der Burg an. Die ältere Literatur findet sich bei MICHEL, Profane Denkmäler, S. 85ff., ausgewertet, der auch die grundlegenden Ausführungen machte, vgl. DEHIO, S. 489; U. LIESSEM, Die »Alte Burg« in Koblenz. Eine bau- und kunsthistorische Studie, in: Burgen und Schlösser 1975/I, S. 1–13;

Anlage war ursprünglich von einer Ringmauer und einem breiten Graben umgeben. Die Ringmauer war an den Ecken auf der Stadtseite mit mächtigen Rundtürmen verstärkt. Das zwischen den beiden erhaltenen Türmen an der Moselseite stehende Burghaus, das durch den Ausbau des Besitzes der Herren von der Arken entstanden war, bildet den Kern der Anlage. Die Mauer der Moselfront ruht auf der römischen Stadtmauer. Den Zugang zur Burg vermittelten drei Zugbrücken über den heute nur noch an der Nordostseite teilweise erhaltenen Graben. Größere Umbauten erfolgten unter Erzbischof Otto von Ziegenhain (1418–1430), der dem Ostturm der Burg ein achteckiges Obergeschoß aufsetzte, das im folgenden als Kapelle diente. In Verbindung mit einem heute nicht mehr erhaltenen Brückentor auf der Balduinbrücke erbaute er den schmalen, ursprünglich freistehenden Westturm der Burg. Vermutlich war es auch Otto, der den Wohnbau um ein weiteres Stockwerk erhöhte. Von kleineren Umbauten unter Erzbischof Johann II. von Baden abgesehen[234], behielt die Burg ihre äußere Gestalt bis in die Neuzeit hinein. Über die Ausstattung der Burg im 16. Jahrhundert sind wir durch ein 1588 erstelltes Mobilienverzeichnis sehr gut informiert[235]. Allerdings lassen sich diese Angaben nicht ohne weiteres auf die Verhältnisse des 15. Jahrhunderts übertragen.

Ob die Burg den Trierer Erzbischöfen während ihrer Aufenthalte in Koblenz als Wohnsitz diente, läßt sich nicht immer mit Bestimmtheit sagen; Erzbischof Otto ist jedenfalls in der Burg verstorben[236]. Ihre Bedeutung lag vorwiegend darin, den Erzbischöfen als Stützpunkt innerhalb der Stadt zu dienen[237].

Auch für die »Alte Burg« lassen sich einige Repräsentationsräume benennen, wenn auch ebenfalls nicht genau verorten. 1455 belehnte Erzbischof Jakob den Grafen Wilhelm von Wied-Isenburg *in unser slaiffkammer bynnen unser burg zo Covelentz*[238], 1485 hielt Johann von Baden in seiner *stuben* in der Burg einen Gerichtstag ab[239] und 1501 bevollmächtigte er in der *cleyn stoben* Heinrich Dungin von Wittlich zu Verhandlungen mit Adam von Sötern[240]. Anders als für die erzbischöflichen Repräsentationsbauten in Trier und Pfalzel läßt sich in Koblenz weder im Bischofshof noch in der Stadtburg die bereits besprochene charakteristische Raumaufteilung für spätmittelalterliche Repräsentationsräume auf Burgen identifizieren. Beide Gebäude sind zudem im Vergleich zum Trierer Palast und der Pfalzeler Burg eher klein dimensioniert. Offenbar bestand für die Trierer Erzbischöfe kein drin-

---

ANITA WIEDENAU, Romanischer Wohnbau im Rheinland, Köln 1979 (16. Veröffentlichung der Abteilung Architektur des Kunsthistorischen Instituts der Universität Köln), S. 118–123; LIESSEM, Bauwerke (wie Anm. 216), S. 389f.
234 Gesta Trevirorum, Bd. 2, S. 344.
235 MICHEL, Burg, S. 17–19.
236 LÖHNERT, Personal- und Amtsdaten, S. 56.
237 Einen deutlichen Hinweis darauf enthalten die Ereignisse, die sich anläßlich der Huldigung für Erzbischof Raban 1436 in der Stadt abspielten. Während der Huldigung kam es zu Unruhen, durch die der Kurfürst gezwungen war, den Platz zu verlassen und sich in die Burg zu flüchten, von wo er sich eiligst auf den sicheren Ehrenbreitstein begab, vgl. Gesta Trevirorum, Bd. 2, S. 324; LHAK 701, 4, fo. 53.
238 HHStAW Abt. 340 U 10885c (1455 I 6, Ehrenbreitstein).
239 STAW Abt. Löwenstein-Wertheim-Freudenberg Virneburger Urkunden III/94 (1485 VIII 12, Koblenz).
240 LHAK 1 C 17055, S. 18–29 (1501 XII 9, Koblenz).

gender Bedarf für großangelegte Repräsentationsbauten innerhalb der Stadt. Der Raum hierfür hätte auf dem Gebiet der Stadterweiterung des 13. Jahrhunderts ohne weiteres gefunden werden können. Verschiedene Beobachtungen lenken in diesem Zusammenhang den Blick auf die Burg Ehrenbreitstein, gegenüber der Stadt Koblenz auf der rechten Rheinseite. Zuvor soll jedoch das Verhältnis der Stadt zum Landesherrn näher untersucht und deren Stellenwert innerhalb des Territoriums verdeutlicht werden.

Im 15. Jahrhundert kann Koblenz als die zweitwichtigste Stadt innerhalb des Erzstifts Trier bezeichnet werden. Eine vollständige Untersuchung der wirtschaftlichen und politischen Bedeutung von Koblenz kann hier selbstverständlich nicht erfolgen[241]. K. Eiler[242] hat ausführlich auf die besondere Bedeutung der klassischen Trias von Markt[243], Münze[244] und Zoll[245] für Koblenz hingewiesen.

Um festzustellen, wie groß das spätmittelalterliche Koblenz auch im Vergleich zu Trier war, soll versucht werden, die Einwohnerzahl der Stadt zu bestimmen. Sucht man in der Literatur nach Angaben über die Anzahl der Koblenzer Bevölkerung im Mittelalter, so findet man dort für das Jahr 1366 die Angabe, es habe 658 Familien gegeben; davon seien 23 Adels-, 6 Schöffen-, 247 Handwerker- und 382 Bürgerfamilien gewesen. Die Handwerker unterteilten sich wiederum in 56 Fleischhauer, 34 Weber, 24 Schmiede, 22 Schuster, 8 Bäcker, 6 Lohgerber und 97 Weingartsleute[246]. Forscht man jedoch nach der Quelle für diese Angabe, so verwundert zunächst die Tatsache, daß M. Bär[247] die Zahlen an keiner Stelle erwähnt – er zieht eine Aufzeichnung von 1440 als erste Angabe über die Einwohnerzahl der Stadt heran. Die angebliche Zusammenstellung von 1366 wird erstmals von W. A. Günther 1813 verwendet[248], der jedoch keine Quelle seiner Angaben nennt. Folglich sind nur Mutmaßungen

---

241 Eine derartige Untersuchung steht für Koblenz noch aus. Schon allein die Systematisierung des bei MICHEL, Koblenz, zusammengetragenen reichhaltigen Materials würde zu neuen Ergebnissen führen. Die Einbeziehung der städtischen Rechnungsüberlieferung verspricht ähnlich aufschlußreiche Erkenntnisse, wie sie für Trier möglich waren, vgl. MATHEUS, Trier. Die Beiträge in der Geschichte der Stadt Koblenz, Bd. 1, geben den derzeitigen Forschungsstand wieder.
242 EILER, S. 25–42.
243 Zur Bedeutung des Koblenzer Marktes vgl. KERBER, Wirtschaft (wie Anm. 130). Die der Stadt von Johann von Baden verliehenen Marktprivilegien reihen sich in eine breit angelegte Politik ein, wie ähnliche Bewilligungen – wenn auch in erheblich geringerem Umfang – für Cochem, LHAK 1 C 18, 354 (1470 III 10, Ehrenbreitstein), GOERZ, S. 232, und Zell, LHAK 1 C 17, 682 (1470 V 25, Trier), GOERZ, S. 232, beweisen.
244 Zur Koblenzer Münze vgl. K. PETRY, Die Koblenzer Münze im Mittelalter, in: Geschichte der Stadt Koblenz, Bd. 1, S. 348–369. Bemerkenswert ist, daß während des Untersuchungszeitraums Zahlungen im Bereich des Niedererzstifts fast ausschließlich in Koblenzer Währung erfolgten.
245 Zum Koblenzer Zoll vgl. KERBER, Wirtschaft (wie Anm. 130), S. 313–323.
246 Zur Interpretation dieser Angabe vgl. D. KERBER, Bürger und Einwohner im Mittelalter, in: Geschichte der Stadt Koblenz, Bd. 1, S. 271–285, hier: S. 271f.
247 BÄR, Urkunden.
248 GÜNTHER, Topographische Geschichte, S. 120f. MICHEL, Koblenz, S. 194 irrt, wenn er annimmt, die Zahl sei nur im Buch des Oberbürgermeisters MÄHLER, Die Stadt Koblenz und ihre Verwaltung in den Jahren 1818–1823. Seinen Mitbürgern gewidmet und zum Besten des Armen-Fonds hg. vom Oberbürgermeister der Stadt, Koblenz 1825, überliefert. Es ist wohl mit Bestimmtheit anzunehmen, daß er das Buch des damaligen Koblenzer Archivars Günther kannte und für seine Schrift benutzte. Die Parallele zu den Trierer Steuerlisten aus den Jahren 1363/4 und 1375, vgl. MATHEUS, Trier, S. 5–17, sollte

möglich, ob er aus einer heute verlorenen Quelle schöpfte, die M. Bär schon 1898 nicht mehr bekannt war und vielleicht im Zusammenhang mit der im Jahre 1366 erfolgten »Zweiten Ratsgründung« stand, oder ob es sich lediglich um eine spekulative Hochrechnung handelt. Einen Hinweis auf die Richtigkeit der Liste bietet die sich anschließende Aufzählung der damals in Koblenz wohnenden »Ritter und adlichen Familien«[249], die alle für diese Zeit in Koblenz nachgewiesen werden können. Somit kann die Angabe bei aller Vorsicht zumindest einen Hinweis auf die damalige Einwohnerzahl von Koblenz liefern, die wohl deutlich weniger als 3000 betragen haben dürfte[250]. Nimmt man die an der gleichen Stelle genannten Einwohner der zugehörigen Dörfer[251] hinzu, ergibt sich eine Zahl von über 3000. Ein Schutzgeldverzeichnis aus dem Jahr 1440[252] führt 580 schutzgeldpflichtige Einwohner auf. Das »Bürgerbuch von 1469« schließlich zählt 248 in Koblenz ansässige Bürger namentlich auf[253]. Die Werte sollen hier nicht näher analysiert werden[254]. Auch bei zurückhaltender Interpretation dieser Zahlen scheint, ähnlich wie in Trier, die Einwohnerzahl von Koblenz im 15. Jahrhundert zumindest stagniert zu haben, eher sogar noch rückläufig gewesen zu sein.

In diesem Zusammenhang verdient die Tatsache Beachtung, daß die erste Wiederansiedlung von Juden nach ihrer Vertreibung aus dem Erzstift (1418/19) von Erzbischof Johann im Raum Koblenz, im wenige Kilometer von Ehrenbreitstein entfernten Vallendar, vorgenommen wurde. A. Haverkamp hat nachdrücklich auf »die enge Verknüpfung der jüdischen Niederlassungen und der erzbischöflichen Hauptresidenz am Mittelrhein« hingewiesen, die vor allem in der ersten Hälfte des 16. Jahrhunderts deutlich wurde[255].

Die herausgehobene Bedeutung, die der Stadt Koblenz von Johann von Baden beigemessen wurde, verdeutlicht die dort 1469 abgehaltene Hochzeit des jungen Markgrafen Christoph von Baden mit Gräfin Ottilie von Katzenelnbogen[256]. Außerdem fand alljährlich zu Fastnacht ein großes Turnier in Koblenz statt[257], und im Herbst eines jeden Jahres wurde seit den 90er Jahren des 15. Jahrhunderts ein *schiessen* veranstaltet[258].

---

nicht überbewertet werden. Dennoch wird bei der Hochrechnung von den acht genannten Bäckern auf die Gesamtzahl der Einwohner, nach dem Vorbild von Matheus für Trier, eine Annäherung erreicht, vgl. U. DIRLMEIER, Untersuchungen zu Einkommensverhältnissen und Lebenshaltungskosten in oberdeutschen Städten des Spätmittelalters (Mitte 14. bis Anfang 16. Jahrhundert), Heidelberg 1978 (Abhandlungen der Heidelberger Akademie der Wissenschaften, Phil.-hist. Klasse 1978,1).
249 GÜNTHER, Topographische Geschichte, S. 121.
250 Diese Zahl ergibt sich bei einer durchschnittlichen Familiengröße von ca. vier Personen pro Einheit.
251 Moselweiß 63, Lützel-Koblenz 56 und Neuendorf 34 Einwohner.
252 BÄR, Urkunden, S. 120f.
253 StaK- 623- Nr. 1220.
254 Zur sozialen Zusammensetzung der Bürgerschaft vgl. EILER, S. 69–101.
255 A. HAVERKAMP, Die Juden im Erzstift Trier während des Mittelalters, in: A. EBENBAUER u. K. ZATLOUKAL (Hgg.), Die Juden in ihrer mittelalterlichen Umwelt, Wien, Köln, Weimar 1991, S. 67–89, hier: S. 67.
256 RMB IV 9747 (1469 I 17); RMB IV 9753 (1469 I 30, Koblenz); RMB IV 9834 (1469 IV 7).
257 H. KOEPPEN, Die Berichte der Generalprokuratoren des Deutschen Ordens an der Kurie, Bd. 2: Peter von Wormditt (1403–1419), Göttingen 1960 (Veröffentlichungen der Niedersächsischen Archivverwaltung 13), Nr. 10 ([1405] IV 8, Mainz); DEMANDT, Nr. 6125/1 (1458); HHStAW Abt. 333, Nr. 477 (1480 III 5); Stak- 623- BMR 1692 (1507 II 16).
258 Stak- 623- BMR 4101, S. 6 (1496 VIII 29-IX 1); STAT RMR 1499/1500, fo. 25r; Stak- 623- BMR 1682 (1500 IX 14); Stak- 623- Nr. 459 (1501 IX 2).

Koblenz spielte seit dem Hochmittelalter eine zunehmend wichtige Rolle im Erzstift, konnte jedoch die Bedeutung Triers, was die urbanen Qualitäten anbelangt, auch nicht annähernd erreichen. Lediglich als beliebter Aufenthaltsort des Kurfürsten hatte Koblenz die Moselmetropole im 15. Jahrhundert übertroffen. Gerade in dieser Hinsicht ist die Rolle von Koblenz – wie bereits an anderer Stelle bemerkt – nur im Zusammenhang mit der Burg Ehrenbreitstein zu verstehen.

Gegenüber dem Zusammenfluß von Rhein und Mosel erhebt sich auf einem 118m hohen Felsplateau die aus preußischer Zeit stammende Festung Ehrenbreitstein. Da die Zerstörung der kurtrierischen Festung im Jahre 1801 und die vollständige Überbauung durch die preußischen Festungswerke eine Rekonstruktion nach dem Baubestand unmöglich macht und systematische Grabungen niemals stattgefunden haben, ist man auf einige ältere, im Detail unzuverlässige Abbildungen[259] angewiesen, um eine Vorstellung von der mittelalterlichen Burganlage zu erhalten. Die Quellen geben nur vereinzelt und ungenau Auskunft über die Baugestalt der Burg.[260]

Ob die Befestigung des Bergrückens bereits römischen Ursprung hat,[261] sei dahingestellt. Verhältnismäßig sicher ist, daß der Name der Burg von einem gewissen Erembert hergeleitet werden kann,[262] der 1019 erstmals urkundlich erwähnt wird[263] und vermutlich dem salisch-konradinischen Hause angehörte[264]. Ein direkter Zusammenhang zu einer eventuell neu erbauten Burg ist an keiner Stelle erkennbar.[265] Ob es sich bei diesem Erembert um den Erbauer der Burg handelt und wann diese an das Erzstift Trier kam[266], läßt sich nicht mit Sicherheit sagen. Ein Übergang der Burg vom Reich an das Erzstift Trier erscheint jedoch kurz nach 1018, im ersten Viertel des 11. Jahrhunderts, im Zusammenhang mit der Übereignung des Königshofs Koblenz und der Herrschaft Humbach wahrscheinlich[267]. Der Name der Burg taucht in der Folgezeit als Beiname eines trierischen Ministerialgeschlechts, von Ehrenbreitstein, auf, das seit 1137 in verschiedenen Urkunden vorkommt.[268]

---

259 Die wichtigsten älteren Darstellungen finden sich bei: MICHEL, Ehrenbreitstein.
260 U. LIESSEM, Bemerkungen zur Burg Ehrenbreitstein im Mittelalter bei besonderer Berücksichtigung der Baugeschichte, in: Beiträge zur Rheinkunde. Mitteilungen des Vereins Rhein-Museum e. V., Koblenz 39, 1987, S. 68–83, gewinnt aus der Literatur und unter Hinzuziehung zahlreicher Referenzbeispiele interessante Einblicke in die mittelalterliche Baugestalt der Burg, weist jedoch darauf hin, daß »jede Behandlung der Baugestalt von Burg Ehrenbreitstein weitgehend hypothetisch« bleibe, ebd., S. 69. Wesentlich dichter als zur Architektur ist die Überlieferung zur Geschichte des Ehrenbreitstein, die zum Teil von F. MICHEL 1933 in einem Beitrag zur mittelalterlichen Burg dargestellt wurde.
261 Chr. von Stramberg, 2. Abt., 1. Bd.: Ehrenbreitstein, Feste und Thal, Koblenz 1845, S. 212, vgl. MICHEL, Ehrenbreitstein, S. 7f.
262 MICHEL, Ehrenbreitstein, S. 8.
263 MRR, Bd. 1, Nr. 340.
264 MICHEL, Ehrenbreitstein, S. 8.
265 Es ist lediglich die Rede von einem Gut *Molena*, womit die Talsiedlung unterhalb der Burg gemeint ist. Zu diesem Gut gehörten Äcker, Weinberge und die Rheinüberfahrt, die 1147 VI 17 im Besitz der Abtei Deutz war, vgl. MRR I, Nr. 2055.
266 Das von B. RESMINI, Zur Geschichte der Festung Ehrenbreitstein, in: Die Festung Ehrenbreitstein und das Landesmuseum Koblenz, Neuss 1978 (Rheinische Kunststätten 208), S. 3–10, S. 3, genannte Jahr 1020 läßt sich nirgends nachweisen.
267 Vgl. Handbuch der historischen Stätten, Bd. 5, S. 86; MICHEL, Ehrenbreitstein, S. 8.
268 Vgl. J. BAST, Die Ministerialität des Erzstifts Trier, Diss. Bonn, Trier 1918 (TrierArch, Erg.-H. 17), S. 13; MICHEL, Helfenstein, S. 3ff.

Erst unter Erzbischof Hillin (1152–1169) erfahren wir von umfangreichen Baumaßnahmen[269]. Damals war der Turm vollendet und mit großen Kosten eine Zisterne gebaut worden. Ebenso waren die verfallenen bischöflichen Wohnräume (*domus episcopales*) wiederhergestellt und ein tiefer Graben – der später sogenannte Hellengraben – in den Felsen gebrochen worden. Hillin hatte also eine ungenügend befestigte und teilweise verfallene Anlage vorgefunden, die nun zu einer für die damalige Kriegstechnik uneinnehmbaren Festung ausgebaut wurde. In ihrer Grundform blieb die Burg bis zu ihrer Zerstörung unverändert: Beherrschend für die mittelalterliche Befestigung wurde der mächtige fünfeckige Bergfried, der auf sämtlichen frühen Darstellungen deutlich zu erkennen ist. Der tiefe Hellengraben schloß die Burg zur nördlichen Landseite hin ab.

Auf einem südlich vorgelagerten Felsvorsprung wurde, wahrscheinlich um die gleiche Zeit, die Burg Helfenstein erbaut,[270] die jedoch seit dem 14. Jahrhundert kaum noch bewohnt wurde und verfiel.[271] Der ebenfalls unter Hillin neu angelegte Zugang wurde durch das später so benannte Fuderhaus zusätzlich gesichert[272].

Der Ausbau unter Erzbischof Hillin und einzelne, im 13. Jahrhundert vermehrte Aufenthalte der Trierer Erzbischöfe auf dem Ehrenbreitstein weisen auf die Bedeutung der Burg hin. Dies wird sehr eindrucksvoll durch eine 1257 in Trier vom Domkapitel und den Stiften St. Paulin und St. Simeon ausgefertigte Urkunde belegt, in der sie verschiedene Beschwerden gegen Erzbischof Arnold II. von Isenburg (1242–1259) erhoben. Sie schließt mit der Erklärung der Aussteller: *Has monitiones publice in ecclesia Treverensi facimus, quia metu legitimo nuncios idoneos ad vos apud castrum ecclesie Erenbreitstein, quod quasi pro domicilio inhabitatis, transmittere non audemus*[273]. Ist diese Aussage einerseits sprechendes Zeugnis für den Ausbau und die Stärke der Burg, so belegt sie andererseits den häufigen Aufenthalt dieses Erzbischofs auf dem Ehrenbreitstein. Sie ist ein deutlicher Hinweis auf die »Schwerpunktverlagerung erzbischöflichen Interesses an den Rhein«[274].

Unter Arnolds Nachfolger, Heinrich von Finstingen (1260–1286), wurde die Burg weiter ausgebaut.[275] Danach scheint der Ehrenbreitstein, von kleineren Bauarbeiten abgesehen[276], etwa drei Jahrhunderte lang die Gestalt der Hillinschen Anlage beibehalten zu haben. Die Kellereirechnung von 1432/33 berichtet von Umbauten und Erweiterungen.[277] Bemerkenswert sind die dort verzeichneten Ausgaben für die *coquina domini in Erenbreitstein*[278].

---

269 MGH SS 24, S. 380.
270 MICHEL, Helfenstein, S. 6, 115 ff.; DERS., Ehrenbreitstein, S. 9.
271 MICHEL, Helfenstein, S. 115 ff.
272 U. LIESSEM, Zur Baugestalt und Kunstgeschichte der mittelalterlichen Burg Ehrenbreitstein, in: Die Festung Ehrenbreitstein (wie Anm. 266), S. 14.
273 MRUB, Bd. 3, Nr. 1388.
274 R. HOLBACH, Die Regierungszeit des Trierer Erzbischofs Arnold (II.) von Isenburg, in: RheinVjbll 47, 1983, S. 1–66, hier: S. 31.
275 MGH SS 24, S. 460.
276 Die dauernde Beschäftigung eines Dachdeckers auf der Burg ist ein deutlicher Hinweis auf ständig anfallende Reparaturarbeiten, vgl. die entsprechenden Urkunden bei GOERZ, S. 68 (1316 X 15) und S. 116 (1381 IX 13).
277 LHAK 1 C 2089. MICHEL, Ehrenbreitstein, S. 12 und S. 14, bezeichnet diese irrtümlich als Ehrenbreitsteiner Rechnung. Dort ist die erste Rechnung jedoch erst aus dem Jahre 1574 überliefert, LHAK 1 C 5829.
278 LHAK 1 C 2089, S. 38.

Aufschlußreich für die Bedeutung des Ehrenbreitstein gerade in dieser bewegten Zeit der Trierer Geschichte sind die Ereignisse, die sich bei der Huldigung für Erzbischof Raban von Helmstadt auf dem Koblenzer Florinshof im Jahre 1436 abspielten[279]. Nachdem Raban im Gefolge der Manderscheider Fehde den Ehrenbreitstein eingenommen hatte, *als die von Covelentz gemelten ertzbischoff huldonge thun solten, ist eyn offlauffe worden under den burgen. Also ertzbischoff Raban mitt den synen sich in die burge getaen, von da [...] off Erenbreitstein.* Dort empfing Raban eine Gesandtschaft *ettlicher von Covelentz*, die ihm auseinandersetzten, *das sie von solichem ufflauffe nit wissen haben getaen, [...] der ertzbischoff hat die entschuldigong angenomen.* So interessant diese Vorgänge für das Verhältnis der Stadt, die auf der Seite Ulrichs gestanden hatte, zu Erzbischof Raban sind, dokumentieren sie in unserem Zusammenhang sehr deutlich den Stellenwert des Ehrenbreitstein als sichere Zuflucht der Trierer Erzbischöfe vor inneren wie äußeren Gefahren. Eine Aufgabe, die von der Koblenzer Stadtburg nicht erfüllt werden konnte.

Unter Erzbischof Johann II. von Baden (1456–1503) wurde die Bausubstanz der Burg wesentlich verändert. Die Gesta Trevirorum berichten[280], Johann habe auf der Burg, zur Behebung der mangelnden Wasserversorgung durch die Zisterne Hillins, in dreijähriger Arbeit einen 40 Ellen tiefen[281] Brunnen graben lassen. Nach einer nicht mehr erhaltenen Inschrift wurden diese Arbeiten am 8. März 1481 begonnen, am 10. Dezember 1483 sei man auf Wasser gestoßen und Ende September 1484 sei das Werk mit einem über dem Brunnen errichteten Turm vollendet worden.[282] Tatsächlich nahm Johann von Baden am 6. Dezember 1484 für zwölf Pagamentsgulden jährliches Dienstgeld, die Verpflegung auf der Burg und eine Hofkleidung *Noltgin Putzgreber* auf Lebenszeit zum Diener an, *um stedigs am putze zu Erembreitstein wasser* [zu] *putzen und den gezug, zu dem putz gehoerig,* [zu] *verwaren*[283]. Aus einer späteren Urkunde erfahren wir sogar einiges über das Verfahren des Brunnenbaus, denn beim Graben wurde ein Weinberg unterhalb der Burg beschädigt. Der Brunnen wurde also nicht allein von oben nach unten gegraben, sondern die Arbeiten wurden darüber hinaus durch seitliche Schächte unterstützt.[284]

Bedeutsamer erscheint in unserem Zusammenhang die Nachricht, Erzbischof Johann habe auf dem Ehrenbreitstein *das groiss gehuse mit der ritterstuben, Cancellien unden im*

---

279 Berichtet werden die Vorkommnisse in den Gesta Trevirorum , Bd. 2, S. 324. Eine ausführliche Schilderung gibt Peter Maier in seinem Huldigungsbuch, LHAK 701, 4, fo 53, der wir im weiteren folgen.
280 Gesta Trevirorum, Bd. 2, S. 344.
281 Im November 1816 durchgeführte Aufräumungsarbeiten ergaben eine Tiefe von rund 56 Metern, vgl. MICHEL, Ehrenbreitstein, S. 14.
282 Die früheste Überlieferung dieser Inschrift findet sich auf der zweiten Einbandseite einer Handschrift des 14. Jahrhunderts; der Vermerk dürfte, nach der Schrift zu urteilen, dem endenden 15. Jahrhundert angehören, STBT Hs. 1354/1693 2°. Den gleichen Text bietet BROWER, MASEN, S. 306.
283 LHAK 1 C 18, 725 (1484 XII 6, Ehrenbreitstein), GOERZ, S. 260. Wenig später wird bereits für den Fall vorgesorgt, daß Noltgin *uber kurtz ader lang nit mee wasser putzen* will; dann soll sein jährliches Dienstgeld auf vier Gulden, eine Hofkleidung und die Verpflegung auf der Burg herabgesetzt werden; auch soll er auf Befehl des Ehrenbreitsteiner Kellners andere Arbeiten verrichten, LHAK 1 C 18, 739 (1485 VI 24), GOERZ, S. 261.
284 Vgl. den Revers Antons von Waldeck über eine Entschädigungszahlung des Erzbischofs von insgesamt 40 Gulden, LHAK 1 A 1696 (1494 III 31).

grunde bis oben us mit vielen stuben und gemechen, und zum felde die kuchen mit Thurnen und gemechen sambt einem Putz errichtet. So weit ich sehe, ist diese Notiz jedoch nur von Stramberg[285] überliefert, dessen Quelle nicht nachweisbar ist. Dennoch findet sich die Mitteilung zumindest in ihrem Resultat nach Ausweis der alten Abbildungen bestätigt. Danach handelt es sich um einen dreistöckigen Wohn- und möglicherweise Verwaltungsbau auf der Rheinseite, der unmittelbar nördlich an die Kapelle anschloß, sowie einen Küchenbau auf der gegenüberliegenden östlichen Seite; darin befand sich der schon genannte Brunnen[286]. Doch auch diese umfangreichen Neubauten ordneten sich letztlich dem langgezogenen Vierecksschema der stauferzeitlichen Burg unter. Noch die grundlegenden Um- und Erweiterungsbauten unter Erzbischof Richard von Greiffenclau (1511–1531) hielten daran fest.

Aufgrund der günstigen Quellenlage können für den Ehrenbreitstein erheblich mehr Hinweise auf die repräsentative Ausgestaltung als Herrschersitz gewonnen werden, als für die übrigen behandelten Gebäude in Trier, Pfalzel und Koblenz. Besonders gut informiert sind wir über die sakrale Ausstattung der Burg. Daß sie von Anfang an eine Kapelle hatte,

Kurfürstliche Festung Ehrenbreitstein mit den mittelalterlichen Bauten; am Rheinufer das sogenannte Fuderhaus, ein Burghaus zur Sicherung des Aufganges; nach einer Zeichnung von Hoefnagel, 1577

285 VON STRAMBERG (wie Anm. 261), S. 224.
286 Vgl. LIESSEM (wie Anm. 260), S. 20.

wird man wohl unterstellen können. Bereits im Testament Erzbischof Johanns I. (†1212) wird ein Priester auf dem Ehrenbreitstein bedacht[287]. Erzbischof Kuno von Falkenstein (1362–1388) ließ um 1370 die dortige Kapelle erneuern – neben dem schon in der alten Kapelle vorhandenen St.-Peters-Altar wurde ein St.-Matthias-Altar errichtet[288]. 1376 beurkundete Kuno die Einweihung des Altars durch seinen Weihbischof Johann[289]. Spätestens zu diesem Zeitpunkt dürfte die wertvolle Kopf-Reliquie des Apostels Matthias aus der Matthiaskapelle bei Kobern auf die Burg gebracht worden sein[290], von dort wurde sie 1422 nach Trier überführt[291]. Die Translation der Matthias-Reliquie ist im Zusammenhang mit der Bevorzugung von Koblenz durch die Falkensteiner Erzbischöfe auch im sakralen Bereich zu sehen. Hier ist in besonderem Maße an die Grablege beider Erzbischöfe in der Koblenzer St.-Kastor-Kirche zu denken. Durch die Aufbewahrung des Apostelhauptes in der Kapelle der Residenzburg sollte deren herausgehobener Stellenwert gegenüber anderen Burgen deutlich gemacht werden. Ähnlich könnte die Überführung der Reliquie nach Trier als ein Zeugnis für den gescheiterten Versuch der Falkensteiner gewertet werden, in Koblenz ein zweites geistliches Zentrum zu bilden.

Erzbischof Kuno dotierte den Altar mit Besitzungen in Lehmen[292] und Koblenz[293]. 1476 gestattete Papst Sixtus IV. Erzbischof Johann von Baden aufgrund des hohen Stellenwerts von Ehrenbreitstein für die Trierer Erzbischöfe, die beiden Altäre in der Kapelle, die zur *mensa archiepiscopi* gehörten, auch in den reservierten Fällen zu verleihen, womit wiederum die besondere Bedeutung der Burgkapelle für die Trierer Erzbischöfe deutlich wird[294]. 1501 inkorporierte Johann den Matthiasaltar dem kurz zuvor begründeten Augustiner-Eremiten-

---

287 MRUB II, Nr. 297.
288 MICHEL, Ehrenbreitstein, S. 13, spricht von einem Altar »zu Ehren der Apostel Matthias und Thomas«. Demgegenüber DERS., Koblenz, S. 195, von einem »den hll. Matthias und Basilius geweihte(n) Altar«. In den Quellen der Zeit wird er St. Matthiasaltar genannt, vgl. SCHMIDT, Nr. 1597, 1700, 1707.
289 GOERZ, S. 111 (1376 XI 28, Ehrenbreitstein).
290 Wie das Haupt des Apostels Matthias in den Besitz der Herren von Kobern gelangte, die zu Anfang des 13. Jahrhunderts die Koberner Matthiaskapelle errichteten, ist unklar. Merkwürdig ist, daß in Trier das vollständige Grab des Apostels Matthias gezeigt wird, das im 4. Jahrhundert auf Veranlassung der hl. Helena dorthin gebracht worden sein soll, wo es 1127 wieder aufgefunden wurde. Gleichfalls bemerkenswert ist, daß in der Kirche S. Maria Maggiore in Rom gleichfalls das Haupt des Apostels Matthias, in S. Justina in Pavia der Leib des Apostels, allerdings ohne Haupt, aufbewahrt wird. Wie es dazu kommt, daß im Erzbistum Trier im Abstand von etwa 100 Jahren die gleiche Reliquie zweimal auftaucht, bleibt unklar, vgl. URSULA ZÄNKER-LEHFELDT, Die Matthiaskapelle auf der Altenburg über Kobern, Köln 1971 (Rheinische Kunststätten 3/1971), S. 3-4; DIES., Die Matthiaskapelle auf der Altenburg bei Kobern, Diss. Bonn 1970.
291 Gesta Trevirorum, Bd. 2, S. 316, vgl. MICHEL, Ehrenbreitstein, S. 13; DERS., Profane Denkmäler, S. 218. 1927 wurde die Reliquie auf Anregung des Nuntius Pacelli (des späteren Papstes Pius XII.) in die Abtei St. Matthias gebracht.
292 MICHEL, Koblenz, S. 195.
293 GOERZ, S. 113 (1378 VIII 7, Ehrenbreitstein); unter Erzbischof Werner erhielten die Erben der Kapläne der beiden Altäre gleiche Rechte wie die der Kanoniker und Vikare von St. Kastor in Koblenz, LHAK 1 C 9, Nr. 72 (1403 VI 7, Ehrenbreitstein), SCHMIDT, Nr. 1597.
294 LHAK 1 A 8580 (1476 I 21, Rom), STUCK I, Nr. 1173.

Konvent unterhalb der Burg[295]. Auf einem wohl neu errichteten Marien-Altar stiftete Erzbischof Jakob von Baden 1508 eine Messe[296].

Auf die übrigen Bauten der Burg wurde bereits kurz hingewiesen. Daß Johann von Baden wohl noch keine ausreichenden Verhältnisse vorfand, beweisen die von Stramberg berichteten Ausbauten, von denen der Brunnen mit dem Küchenbau und die Kanzlei anderweitig für die Zeit des Badeners nachgewiesen werden konnten. Die Kanzlei befand sich nach von Stramberg im neu erbauten *groiss gehuse*, wo auch die Ritterstube sowie andere Stuben und Gemächer lagen.

Aufgrund der großen Bedeutung von Ehrenbreitstein als Herrschaftsmittelpunkt fanden dort eine ganze Reihe von Regierungsgeschäften statt, die einen schriftlichen Niederschlag fanden und mitunter Rückschlüsse auf die Baugestalt der Burg zulassen. Die nach der von Stramberg überlieferten Nachricht in dem neuen Gebäude auf Ehrenbreitstein zu lokalisierende Kanzlei ist nach den überlieferten Quellen nicht eindeutig diesem Gebäude zuzuordnen[297]. 1484 wird in einem Notariatsinstrument der Saal in der Kanzlei genannt. Vermutlich wurde der neue Bau insgesamt als Kanzlei bezeichnet. Der gleiche Raum wie 1484 wird wahrscheinlich mit dem *sale da der borne steet*[298] und *der nuwen groissen stuben* auf Ehrenbreitstein gemeint sein, wo 1496 eine Belehnung stattfand[299]. Auch die *ritterstoben*[300] dürfte diesen Raum bezeichnen. Demnach hat man die Neubauten in den 80er Jahren des 15. Jahrhunderts anzusetzen. Vermutlich dienten diese vorwiegend als Räume für die Hofhaltung und die erzbischöfliche Verwaltung[301]. Eine ganze Reihe von Belegen aus der zweiten Hälfte des 15. Jahrhunderts weist darauf hin, daß der Kurfürst seine Wohnung weiterhin im älteren Teil der Burg, vermutlich dem zweigeschossigen romanischen Palas[302], dem später sogenannten »Kirchensaal«[303] beibehielt. Dort kann teilweise sogar die Raumaufteilung rekonstruiert werden. Demnach befanden sich im ersten Obergeschoß drei Räume: Der Saal, die erzbischöfliche Kammer bzw. Schlafstube und – vermutlich mit beiden in Verbindung ste-

---

295 LHAK 1 C 17, 1741 (1501); J. JACOB WAGNER, Das ehemalige Kloster der Augustiner-Eremiten in Ehrenbreitstein und seine Beziehungen zu Martin Luther, Erfurt und Wittenberg, Koblenz 1932, Urkunde V, S. 181–182.
296 LHAK 1 A 1709 (1508 IV 5, Ehrenbreitstein), vgl. MICHEL, Ehrenbreitstein, S. 13.
297 Es ist allgemein die Rede von der Kanzlei: *zu Erembreitstein in unsers gnedigen hern kantzlie*, LHAK 1 D 1206 (1461 IV 9); *ghen Erembreitstein in die cancellie*, LHAK 1 C 18, 981 (1473 I 3); *zu Erembreitsteyn in der cantzlie im saile*, HHStAW Abt. 340 U 11843 (1484 V 23, Ehrenbreitstein); *in syner furstlicher gnaden cantzlien*, HHStAW Abt. 121 U Ottenstein (1504 II 1, Ehrenbreitstein). Ein beizulegender Zettel zu einer auf Ehrenbreitstein ausgestellten Urkunde Johanns von Baden trägt den Absender *uss der trierschen canntzlien*, LHAK 1 C 609, S. 169–170 (1498 XI 24, Ehrenbreitstein), GOERZ, S. 307. Gleichfalls in dem Kanzleigebäude dürften die *kamer und gemache* Richard Gramanns von Nickenich gelegen haben, LHAK 1 A 8996 (1497 VIII 23, Boppard), LAMPRECHT, Bd. 3, Nr. 271.
298 LHAK 1 C 17, 1471 (1494 VI 26, Ehrenbreitstein).
299 GÜNTHER, Bd. 4, Nr. 399 (1496 VI 23, Ehrenbreitstein).
300 LHAK 1 A 8849 (1490 II 7, Ehrenbreitstein).
301 In diesen Räumen befand sich wohl auch *des kelners stube uff dem sloß Erembreitstein*, die 1486 erstmals erwähnt wird, LHAK 1 A 8745 (1486 XII 24, Ehrenbreitstein).
302 LIESSEM (wie Anm. 260), S. 74f.
303 Vgl. den Plan Pasqualinis von 1564 bei MICHEL, Ehrenbreitstein, S. 8.

hend – die kleine Stube, welche sich an die östliche Außenmauer anlehnte[304]. In den Quellen wird der gesteigerten Bedeutung des Ehrenbreitstein dadurch Rechnung getragen, daß in lateinischen Urkunden seit den 90er Jahren des 15. Jahrhunderts nicht mehr von *castrum* die Rede ist, sondern die Burg stets mit dem, einen höheren Stellenwert kennzeichnenden Begriff *arx*[305] belegt wird[306]. Erzbischof Johann von Baden hatte damit auf dem Ehrenbreitstein eine repräsentative und wehrhafte Residenzburg ausgebaut, die den Trierer Kurfürsten immerhin bis zum 17. Jahrhundert genügte[307].

304 Die Anordnung der Räume wird eindeutig in dem Vertrag zwischen Johann von Baden und seinem Koadjutor Jakob genannt, der *in stubella intra superiorem maiorem aulam et cameram seu cubile archiepiscopali eiusdem arcis ad orientem sitam* abgeschlossen wurde, LHAK 1 C 16222, Bl. 19v-20r (1499 XII 15, Ehrenbreitstein), GOERZ, S. 311. Weniger eindeutig, aber ebenso sicher wird die Raumkonzeption an anderen Stellen deutlich, wo es heißt: *in dem kleinen stüblein neben dem saale*, RMB IV 8066 (1457 I 7, Ehrenbreitstein); *in camera eiusdem reverendissimi domini*, LHAK 1 C 16212, Bl. 41v-43r (1457 IV 28, Ehrenbreitstein); *in camera reverendissimi domini*, LHAK 1 C 18, 693 (1484 III 23, Ehrenbreitstein), GOERZ, S. 258; *zu dem benannten mym gnedigen herrn in syne stube*, LHAK 1 A 8849 (1490 II 7, Ehrenbreitstein); *in unsers gnedigsten herrn stuben*, LHAK 1 C 18, 976 (1494 III 21, Ehrenbreitstein), GOERZ, S. 288; *in der stuben bij dem obersten sale*, LHAK 1 C 17, 1721 (1494 VI 28, Ehrenbreitstein), GOERZ, S. 290; *in syner gnaden kleynen stuben am obersten sale*, LHAK 1 C 18, 1310 (1500 I 21, Ehrenbreitstein); *in syner gnaden stube*, LHAK 1 C 16221 (1500 IX 29, Ehrenbreitstein).
305 Vgl. Mittellateinisches Wörterbuch, Bd. 1, Sp. 1010f.
306 LHAK 1 C 17, 1642 (1492 VII 24, Ehrenbreitstein), GOERZ, S. 282; LHAK 1 C 108, Bl. 58v-59r (1492 XI 11, Ehrenbreitstein), GOERZ, S. 283; LHAK 1 C 108, Bl. 102v (1493 I 17, Ehrenbreitstein), vgl. STRUCK, Bd. 2, Nr. 645; LHAK 1 D 1377 (1496 III 11, Ehrenbreitstein); LHAK 1 C 108, Bl. 224r-227v (1496 III 17, Ehrenbreitstein), GOERZ, S. 297; STRUCK, Bd. 1, Nr. 1337a (1496 VIII 16, Ehrenbreitstein); LHAK 1 A 8977 (1496 XII 21, Ehrenbreitstein), GOERZ, S. 300; LHAK 1 C 17, 1560 (1498 I 31, Ehrenbreitstein), GOERZ, S. 303; LHAK 1 C 18, 1069 (1498 X 15, Ehrenbreitstein), GOERZ, S. 307; LHAK 1 C 17, 1636 (1498 XII, Ehrenbreitstein), GOERZ, S. 307; LHAK 1 C 17, 1634 (1499 X 1, Ehrenbreitstein), GOERZ, S. 310; LHAK 1 C 17, 1635 (1499 X 30, Ehrenbreitstein), GOERZ, S. 311; LHAK 1 C 19222, Bl. 19v-20r (1499 XII 15, Ehrenbreitstein), GOERZ, S. 311; LHAK 1 A 9040 (1499 XII 26, Trier); LHAK 1 C 18, 1631 (1500 III 18, Ehrenbreitstein), GOERZ, S. 312; LHAK 1 C 17, 1622 (1500 IV 4, Ehrenbreitstein), GÜNTHER, Bd. 4, Nr. 407; LHAK 1 C 17, 1621 (1500 IV 12, Ehrenbreitstein), GOERZ, S. 312 (zu IV 15); LHAK 1 C 17, 1649 (1500 VIII 1, Ehrenbreitstein), GOERZ, S. 313; LHAK 1 C 18, 1290 (1502 XI 2, Ehrenbreitstein), GOERZ, S. 320; HHStAW Abt. 116, Nr. 106 (1502 XI 6, Ehrenbreitstein); LHAK 1 C 18, 1265 (1502 XI 13, Ehrenbreitstein), GOERZ, S. 320; LHAK 1 C 17, 1702 (1502 XI 21, Ehrenbreitstein), GOERZ, S. 320. 1507 ist einmal die Rede von *ex arce nostra Palacioli*, LHAK 1 D 1455 (1507 IX 27, Pfalzel).
307 Einen Eindruck von der Burg vermittelt ein Reisebericht des Bologneser Edelmannes Fulvio Ruggieri über eine Fahrt von Köln nach Koblenz im Jahre 1561: »Diese Stadt [Koblenz] hat ihren Senat und die Bürger genießen einige Privilegien, aber sie ist dem Erzbischof unterworfen; dennoch gab es gerade damals Streit um gewisse Rechte, und das Volk ist von solcher Beschaffenheit und auch so sehr aufgestachelt von einigen häretischen Fürsten, daß es die Herrschaft abschütteln würde, wenn nicht die Angst vor der Festung Ehrenbreitstein bestünde, die gegenüber von Koblenz auf dem anderen Ufer des Rheins auf der Spitze eines fast ganz aus Felsen bestehenden Berges liegt, wo sich der Erzbischof ständig aufhält, der dort viel Artillerie und Munition hat und auch einige Soldaten, die sie ständig sehr sorgfältig Tag und Nacht bewachen. Die Festung ist sehr stark, weil sie viele doppelte Mauern und Gräben hat, und außerhalb ist sie ganz von Felsen umgeben, außer von der Nordseite, wo der Berg sich weiter erstreckt; dort ist nur eine Mauer und ein Graben, und vielleicht könnte man ihr von dieser Seite beikommen. Von hier aus hat man einen wunderschönen Blick auf die beiden Flüsse, auf viele Berge und eine schöne Landschaft. In der Festung ist eine sehr ergiebige Quelle und in einer Kapelle des Erzbischofs ist das Haupt des Heiligen Basilius. Der Rest der Wohnung ist nicht sehr schön. Es gibt hier unter

Der Vergleich mit Pfalzel legt es nahe, auch für Ehrenbreitstein nach weiteren Ausstattungselementen zu suchen, welche die Burg als Teil einer Siedlung erkennen lassen. Seit 1211 wird die *uilla Mulne sub Herinbrechtstein* genannt[308], wo sich eine kleine dörfliche Siedlung entwickelte[309]. Dort wurde wohl zu Ende des 13. Jahrhunderts ein Beginenkonvent errichtet, der später mit Franziskanerinnen vom Dritten Orden besetzt wurde[310]. Diese nahmen 1460 die Augustinerregel an[311]. 1487 sah sich Johann von Baden veranlaßt, die Nonnen in das verfallene und verlassene Kloster Schönstatt bei Vallendar zu versetzen. Als Grund wird in der Urkunde angegeben, das Kloster sei *in loco tumultuoso nimis constructo ad quem ex castris et collibus imminentibus facile prospicitur aliasque incommodo consistant*[312]. Die Übersiedlung erfolgte wohl am 11. Juni 1489[313]. Wann der Entschluß gefaßt wurde, Augustiner-Eremiten nach Ehrenbreitstein zu berufen, läßt sich heute nicht mehr klären, aber 1493 bat Johann von Baden den Augustiner-Konvent in Erfurt, den Theologieprofessor Johann von Paltz[314] auf zwei bis drei Monate zu beurlauben, um einige Konvente des Ordens zu reformieren[315]. Im Tal südlich unterhalb der Burg Ehrenbreitstein wurde an der Stelle des alten Klosters ein völlig neues Gebäude errichtet[316]. Zu Verhandlungen bei der Kurie über die Einrichtung des neuen Konvents bevollmächtigte der Erzbischof 1495 seinen »familiaris« Bernhard Pfoet[317]. Im Oktober des Jahres erteilte er dem Kloster einen Kollektenbrief für den

einem großen Saal eine Zisterne, um eine große Menge von Wein aufzubewahren, gemacht in der Art, wie man sie in Rom macht, um das Wasser aufzubewahren; und in dieser Zisterne, wo schon viel Wein ist, war einmal soviel Wein darinnen, daß er am Fuß des Berges wieder herauskam, weshalb man eine Zeitlang glaubte, zum Staunen des Volkes, daß hier eine Quelle von Wein aufgesprungen sei. Am Fuße des Berges dieser Festung gibt es eine Quelle mit Wasser, das noch viel besser ist als jenes in Andernach, das, mit Wein gemischt, ein wenig aufschäumt und ihm einen sehr guten Geschmack gibt.« WANDRUSZKA, Kurtrier vor vier Jahrhunderten, S. 131.
308 MRUB, Bd. 2, Nr. 259 (1210 IX). MRR, Bd. 2, Nr. 1136, datiert die Urkunde in das Jahr 1211.
309 SCHAUS, S. 570f.; JUNGANDREAS, S. 705f.
310 WAGNER, Augustiner-Eremiten (wie Anm. 295), S. 21–30.
311 Ebd., S. 31–38.
312 LHAK 1 C 17, 1179 (1487 IV 1, Koblenz), GOERZ, S. 265. Bereits am 20. Februar 1487 hatten die Brüder Johann und Eberhard von Sayn-Wittgenstein-Homburg ihre Befürchtungen um den von ihren Vorfahren und ihnen gestifteten Kirchenschatz des Klosters in Vallendar mitgeteilt und baten, nach der Übersiedlung der *beggynen von Molnheym das heiligtum und ander des gedachten closters ornamente* der Pfarrkirche in Vallendar zu übereignen, LHAK 1 C 16213, Bl. 123. WAGNER, Augustiner-Eremiten (wie Anm. 295), S. 43f., schreibt zu den in der Urkunde genannten Gründen für die Verlegung des Klosters, »sie beruhen fast alle auf Unwahrheit«, und unterstellt den Patres vom Niederwerth, sie hätten den Erzbischof bewußt falsch informiert, um so »das schöne Kloster am Sitz des Erzbischofs selbst zu erlangen«.
313 Dieses Datum gibt GÜNTHER, Bd. 4, S. 684, Anm. 3, unter Hinweis auf eine »alte Handschrift« an.
314 Zu Johann von Paltz vgl. R. LAUFNER, Zur Abstammung von Luthers Lehrer Johann von Paltz, in: VjbllTrierGesnützlForsch 1/3, 1955/57, S. 59–62; B. HAMM, Frömmigkeitstheologie am Anfang des 16. Jahrhunderts. Studien zu Johannes von Paltz und seinem Umkreis, Tübingen 1982 (Beiträge zur historischen Theologie 65); U. BUBENHEIMER, Thomas Müntzer. Herkunft und Bildung, Leiden 1989 (Studies in medieval and Reformation thought 46), S. 97f.
315 LHAK 1 C 108, Bl. 152v (1493 IX 8, Montabaur), vgl. den teilweise fehlerhaften Abdruck bei WAGNER, Augustiner-Eremiten (wie Anm. 295), S. 178.
316 Ebd., S. 48f.
317 LHAK 1 C 108, Bl. 163v (1495 VI 29, Worms); WAGNER, Augustiner-Eremiten (wie Anm. 295), S. 178.

Bereich der Diözese Trier[318]. Nachdem Johann von Baden am 12. März 1496 noch schwebende Besitzstreitigkeiten zwischen den Augustinern und den nach Vallendar versetzten Nonnen beigelegt hatte[319], wurde der Augustiner-Konvent im gleichen Jahr errichtet[320]. Vier Jahre später konnte der Erzbischof das Kloster *in valle Molaria sub nostre solite archiepiscopalis residentie loco seu arce Erembreitsteyn* dem Orden der Augustiner-Eremiten endgültig übergeben[321]. Weitere Einzelheiten zu dem neu errichteten Kloster[322] brauchen hier nicht zu interessieren, es bleibt jedoch festzuhalten, daß Johann von Baden unterhalb der Burg Ehrenbreitstein zur Komplettierung der sakralen Ausstattung ein neues Kloster errichten ließ und dieses mit den gerade damals hoch angesehenen Augustiner-Eremiten[323] besetzte.

Was die Siedlung im Tal anbelangt, so können einige dort wohnende Personen mit ihren Häusern namhaft gemacht werden[324]. Diese machten ebenso wie verschiedene Bewohner der Burg Ehrenbreitstein oder der zugehörigen Vorburg[325] eine recht stattliche Bevölkerung aus, die teilweise in unmittelbarer Beziehung zum erzbischöflichen Hof stand.

---

318 LHAK 1 C 108, Bl. 241r (1495 X, Ehrenbreitstein), WAGNER, Augustiner-Eremiten (wie Anm. 295), S. 179–180.
319 LHAK 1 C 17, 1733 (1496 III 12, Ehrenbreitstein). Zu den Differenzen im einzelnen vgl. WAGNER, Augustiner-Eremiten (wie Anm. 295), S. 49–56.
320 Gesta Trevirorum, Bd. 2, S. 344: *monasterium conventus in Valle Molaria ordinis fratrum Eremitarum beati Augustini de observantia instituit: translatis antea beguttis ad moniales monasterii Valender, quas tunc pari modo reformationi subjecit.*
321 LHAK 1 C 17, 1611 (1500 III 7, Koblenz). Zum Dank für die Überlassung des Zehnten der Pfarrei Niederbrechen stifteten der Visitator Johann von Paltz und der Prior des Klosters Johann Bruheim von Gotha, beide Theologieprofessoren, für Johann von Baden eine tägliche Messe, LHAK 1 A 11774 (1500 III 7); WAGNER, Augustiner-Eremiten (wie Anm. 295), S. 180–181 (zu 1499).
322 Vgl. ebd., S. 58ff.
323 Vgl. SCHMIDT, Trierer Erzbischöfe, S. 498.
324 Während des Untersuchungszeitraums sind folgende im Tal Mühlheim wohnende Personen nachweisbar: Elisabeth Hermanns, LHAK 1 A 1191 (1456 IV 5); Friedrich Teufel, *Hertgyn Straele*, SCHMIDT, Nr. 2063 (1456); die Eheleute Friedrich Bäumchen und Magdalena, LHAK 1 A 2086 (1462 I 22), Johann Schoen und Katharina Sporen, SCHMIDT, Nr. 2116 (1462 IX 9); die dortige Fähre wurde dem wohl auch dort wohnhaften Fährmann *Clais* auf Lebenszeit verpachtet, LHAK 1 C 18, 30 (1464 I 29, Koblenz); Jakob Schmied, LHAK 1 C 17, 700 (1468/9, Ehrenbreitstein), DEMANDT, Nr. 6280/9 (1473); Johann Husen, LHAK 1 A 1239 (1469 VI 24); Johann *Lielmecher*, LHAK 1 A 1697 (1470 II 12), SCHMIDT, Nr. 2170 (1473 III 11); der erzbischöfliche Koch Hugo von Knuelingen, LHAK 1 C 18, 358 (1470 IV 1, Ehrenbreitstein); der erzbischöfliche Spender Johann von Berberg wohnte dort oder in der Ehrenbreitsteiner Vorburg, LHAK 1 C 18, 415 (1471 VIII 25, Ehrenbreitstein); Konrad *Zeckerlinck* und Frau Christine, SCHMIDT, Nr. 2192 (1477 VI 6); der erzbischöfliche Diener Nikolaus von Mayen, LHAK 1 C 18, 535 (1478 V 29), GOERZ, S. 247; der Fährmann *Ercken* und seine Frau *Gude*, SCHMIDT, Nr. 2206 (1478 VI 16); Heinz Blindfisch und Frau Anna, SCHMIDT, Nr. 2207 (1478 VI 23); der Priester Peter Frickhofen, sein Bruder Johann und dessen Sohn *Thielgyn* sowie Siegfried Selzer, LHAK 1 A 8744 (1486 XII 24); Arnold *Conmans* und seine Frau Elsa, SCHMIDT, Nr. 2309 (1491 V 1); Konrad Becker von Montabaur und seine Frau Katharina, HHStAW Abt. 11 U 589 (1491 V 23); Ludwig Klinkert und seine Frau Christine, LHAK 1 A 1314 (1491 XI 12); *Sperhanß und Sporewich und Wilhelm*, LHAK 1 C 18, 949 (1493 VII 4, Welschbillig).
325 In der Vorburg existierte anscheinend eine Gastwirtschaft, Stak- 623- BMR 1651 (1455 IX 29/30). Folgende Bewohner der Vorburg des Ehrenbreitstein konnten im Untersuchungszeitraum ermittelt werden: Johann von Berberg, LHAK 1 C 18, 68 (1457 V 11); Johann Sartorius, SCHMIDT, Nr. 2079/2080 (1459 I 23, Ehrenbreitstein); Peter genannt Tattler, der erzbischöfliche Diener im Waidwerk, LHAK 1

Dennoch ist Ehrenbreitstein allein nicht als vollständig ausgestatteter Herrschaftsmittelpunkt des Erzstifts Trier zu verstehen. Sicherlich bot die großzügig angelegte Burg – anders als die eher kleinräumigen Stützpunkte in der Stadt Koblenz – alle Voraussetzungen, um den Repräsentations- und Sicherheitsansprüchen des Kurfürsten zu genügen. Auch der Verwaltungssitz des Erzstifts konnte hier problemlos untergebracht werden. Ohne die Einbeziehung der Wirtschaftskraft des Handelsplatzes Koblenz ergibt das Herrschaftszentrum jedoch keinen Sinn. Da an dieser Stelle noch nicht die Zuordnung von herrschaftlichen Funktionen zu beiden Plätzen behandelt werden soll, ist zunächst nach anderen Verbindungen zu fragen, die es möglicherweise rechtfertigen, hier von einem räumlichen Zusammenhang zu sprechen.

Ähnlich wie in Trier/Pfalzel finden sich in Koblenz/Ehrenbreitstein Hinweise auf eine Verklammerung der Amtsebene, doch ist diese am Rhein intensiver und enger. Hier machte sich der geringere Einfluß der Stadtgemeinde bemerkbar. Die Ausbildung einer Amtsstruktur in Ehrenbreitstein erfolgte erst mit erheblicher Verzögerung gegenüber Koblenz und in engem Zusammenhang mit der Stadt. Bis ins 14. Jahrhundert sind keine Aussagen möglich. Erstmals im Jahr 1412 findet sich in der Person des Wilhelm von Helfenstein ein Träger des Amtes *in dem dale zů Můlen under Helffenstein*[326]. Nach Michel wurde dieses Amt später mit der Burghut verbunden[327], der Amtssitz in die Räume der Burg verlegt[328]. Diese Beobachtung bestätigt sich für den Untersuchungszeitraum insofern, daß während der ganzen Zeit nur von Burggrafen die Rede ist[329], auch wenn dies nicht unbedingt als Beweis gelten muß[330]. Da jedoch an keiner Stelle ein Amt Mühlheim Erwähnung findet, wird die Feststellung erhärtet. Im Amtsbezirk von Ehrenbreitstein, der ohnehin nicht genau bestimmbar ist, blieb die Funktion des Amtmanns hinter der des Kellners zurück. Wohl unter Erzbischof Kuno von Falkenstein wurde eine eigene Kellereiverwaltung geschaffen[331], die spätestens unter sei-

C 18, 8 (1461 VII 13, Ehrenbreitstein), GOERZ, S. 213; Johann Teufel und seine Frau Katharina, LHAK 1 A 1261 (1473 V 3); der erzbischöfliche Diener Konrad von Besicken, LHAK 1 C 18, 609 (1481 VII 20), GOERZ, S. 253, LHAK 1 A 9020 (1498 XI 13, Ehrenbreitstein); Nolden Pützgraber, LHAK 1 C 18, 725 (1484 XII 6, Ehrenbreitstein), GOERZ, S. 260, LHAK 1 C 18, 739 (1485 VI 24), GOERZ, S. 261; der Büchsenmeister Hans von Reifenberg, LHAK 1 A 8843 (1489 XI 1); Johann Nolden und seine Frau *Hylgen*, SCHMIDT, Nr. 2323 (1492); Sophie Lutzen, LHAK 1 B 1228 (1493 VII 17, Zell); der dortige Amtmann Wilhelm vom Stein, LHAK 1 A 1690 (1503 I 5, Ehrenbreitstein), GOERZ, S. 321; der kurfürstliche Sekretär Huprecht Flade von St. Vith, LHAK 1 B 472 (1504 V 25, Ehrenbreitstein).
326 MICHEL, Helfenstein, S. 51. Wilhelm von Helfenstein war zuvor schon Amtmann in Molsberg, LHAK 1 C 6, S. 30f (1388 IV 18), Burggraf zu Montabaur, LHAK 1 A 6752 (1402 VII 3), und Amtmann auf der Burg Kunenengers, LAMPRECHT, Bd. 3, Nr. 225 (1411 IV 14).
327 Ein *burggravius* [...] *in Erenbrechtstein* wird bereits 1299 erwähnt, HENNES, Bd. 2, Nr. 343 (1299 VIII 10).
328 MICHEL, Ehrenbreitstein, S. 12.
329 Daß Johann Schilling von Lahnstein 1464 in einer Urfehde-Urkunde einmal als *amptman zu Erembreitstein* bezeichnet wird, LHAK 1 C 18, 164 (1464 II 4), ist auf eine Ungenauigkeit der Kanzlei zurückzuführen. Allerdings wird auch Wilhelm Schilling von Lahnstein einmal als Amtmann genannt, LHAK 1 C 18, 1310 (1500 I 21, Ehrenbreitstein). Im gleichen Jahr quittierte er dem Erzbischof als *burggraff zu Erembreitstein* über alle ausstehenden Zahlungen, LHAK 1 A 9055 (1500 VIII 23, Ehrenbreitstein).
330 Vgl. KERBER, Stolzenfels, S. 22f.
331 Vgl. die Urkunde von 1367 I 23 bei GOERZ, S. 111, wo Johann, Pastor zu Noviand, als Kellner zu Ehrenbreitstein genannt wird.

nem Nachfolger ihre Tätigkeit voll aufnahm[332]. Da seit dieser Zeit kein Koblenzer Kellner mehr belegt ist[333], kann man F. Michel folgen und annehmen, daß die Kellerei aus dem Koblenzer Bischofshof tatsächlich nach Ehrenbreitstein verlegt wurde[334]. Die einzige mittelalterliche Kellereirechnung aus diesem Bereich von 1432/33 zeigt sehr deutlich die gemeinsame Verwaltung der Kellereien[335]. Eine Änderung trat hier offenbar erst zu Beginn des 16. Jahrhunderts ein[336], und am Anfang der Regierungszeit von Jakob von Baden wird mit Adam von Darmstadt[337] erstmals wieder ein Koblenzer Kellner genannt[338]. Die Kellereirechnungen von 1574 trennen strikt zwischen Koblenz[339] und Ehrenbreitstein[340]. Für den im Mittelpunkt dieser Arbeit stehenden Zeitraum dominieren jedoch eindeutig die Gemeinsamkeiten[341], auch wenn diese nicht die Intensität der Beziehungen zwischen Koblenz und Stolzenfels bzw. Kapellen erreichten[342]. Die Koblenzer Bürgermeisterrechnungen belegen die regen Kontakte, die auch über den Rhein hinweg zur Burg gepflegt wurden.

Johann von Baden weitete den Raum Koblenz/Ehrenbreitstein durch eine funktional bestimmte Baumaßnahme aus, die von den Gesta Trevirorum folgendermaßen beschrieben wird: *Castellum Kerlich, venationi aucupioque deditum, a fundo extruxit.*[343] Damit dürfte

---

332 Während der Regierungszeit Werners von Falkenstein sind mindestens drei Kellner belegt: Godard von Vallendar, MICHEL, Koblenz, S. 193 (1400 I 14), Johann von Mayen, LHAK 1 A 1068 (1406 IV 19), und Godard von Aichen, GOERZ, S. 139 (1414 VII 28).
333 Den bei MICHEL, Koblenz, S. 193, für das Jahr 1403 genannten Koblenzer Kellner Johann Meyener verwechselt er möglicherweise mit dem 1406 als Zeugen erwähnten Johann von Mayen, Kellner zu Ehrenbreitstein, LHAK 1 A 1068 (1406 IV 19), da der erzbischöfliche Rat Johann Meyener in keinen Zusammenhang mit dem Amt eines Kellners gebracht werden kann.
334 MICHEL, Koblenz, S. 195. Die dort gemachte Aussage, daß die Kellerei Ehrenbreitstein »fortan nicht nur die Einnahmen aus den Dörfern der Bergpflege, sondern auch aus Vallendar, Leutesdorf und Andernach« verwaltete, hält einer Überprüfung an den Quellen nicht stand.
335 LHAK 1 C 2089 (1432 VI 24–1433 VI 24). Dazu steht auch nicht im Widerspruch, daß während der zweiten Hälfte des 15. Jahrhunderts noch eine Zahlung aus der Kellerei Koblenz angewiesen war, HHStAW Abt. 116, Nr. 60 (1459 III 7); HHStAW Abt. 116, Nr. 73 (1465 IV 22).
336 Bei der Einnahme des Geldes, worüber Johann von Baden testamentarisch verfügen wollte, wird ausdrücklich zwischen den Kellereien Koblenz und Ehrenbreitstein differenziert, LHAK 1 C 18, 1298/1299 (1502 XII 13, Ehrenbreitstein), GOERZ, S. 320.
337 Adam von Darmstadt war von vor 1494 bis 1497/98 Kellner zu Münstermaifeld, LHAK 1 C 17, 1731 (1494 I 11, Ehrenbreitstein), GOERZ, S. 288; LHAK 1 C 18, 1072 (1498 III 28, Koblenz), GOERZ, S. 304. Seit 1498 erscheint er als Ehrenbreitsteiner Kellner: LHAK 1 A 9020 (1498 XI 13, Ehrenbreitstein); LHAK 1 C 18, 1307 (1499 I 8, Ehrenbreitstein).
338 LHAK 1 C 16225, S. 1 (1503 II 17, Ehrenbreitstein).
339 LHAK 1 C 5693.
340 LHAK 1 C 5829.
341 Schon 1381 war Heinemann Snabel erzbischöflicher Dachdecker in Koblenz und Ehrenbreitstein, GOERZ, S. 116 (1381 IX 13), 1457 wurde *das deckampt zu Covelentz und zu Erembreitstein* bereits erblich verliehen, LHAK 1 C 18, 73 (1457 VII 18). 1468 arbeiteten am Koblenzer Kaufhaus dieselben vier Maurer von der Mosel, die zuvor auf Ehrenbreitstein gearbeitet hatten, Stak- 623- Nr. 1059, S. 10. Bemerkenswert ist in diesem Zusammenhang die »Ämterhäufung« des Priesters Johann von Vallendar, der Kellner zu Ehrenbreitstein war und daneben noch die Stellen als Zollschreiber und Kellner zu Boppard, Küchenschreiber und Zollschreiber zu Koblenz und als Zollschreiber zu Engers versah, vgl. seine Entlastung durch Erzbischof Jakob von 1444 VIII 3, MICHEL, Gerichtsbarkeit, S. 102.
342 KERBER, Stolzenfels.
343 Gesta Trevirorum, Bd. 2, S. 344.

eine grundlegende Neuerrichtung der Kärlicher Burg an der Stelle des Gebäudes des 14. Jahrhunderts[344] zu Zwecken der Jagd und des Vogelfangs gemeint sein. Somit wäre der Neubau als ein erster Ansatz für neuzeitliche Schloßbauten in Kurtrier zu sehen, die nicht mehr vorwiegend der Wehrfunktion, sondern anderen Zwecken – hier dem ausgeprägten Jagdbedürfnis des Kurfürsten[345] – dienten[346]. Das im Jahr 1794 zerstörte Schloß[347] wurde vermutlich Ende der 70er oder Anfang der 80er Jahre des 15. Jahrhunderts erbaut. Erzbischof Johann hielt sich im Januar 1483 erstmals dort auf. Der Koblenzer Rat schickte einen Boten mit einem Brief nach Kärlich[348], und im Monat darauf ging Johann von Eltz im Auftrag des Rats dorthin[349]. Als sich der Kurfürst Ende November 1493 in Kärlich aufhielt, folgte ihm zumindest der Rentmeister, dem der Manderscheider Kellner dort eine Geldsumme auszahlte[350]. In der Anweisung Johanns von Baden an alle Amtleute, seinem Koadjutor Jakob Gehorsam zu leisten, wird Kärlich unter den kurtrierischen Burgen aufgezählt[351]. Die zumindest angestrebte eingeschränkte Nutzung des Gebäudes als Jagdschloß bedingt jedoch, daß längst nicht alle Aufenthalte des Erzbischofs in Kärlich auch schriftlichen Niederschlag gefunden haben. Für den Koblenzer Raum als Herrschaftsmittelpunkt und Residenz des Kurfürsten spielte das Schloß allerdings eine wichtige Rolle, da hier auch das »Freizeitbedürfnis« des Landesherrn befriedigt und vor allem die Repräsentationsaufgaben auf neue Art gelöst werden konnten.

344 Erzbischof Balduin hatte die Kärlicher Burg dem Andernacher Schöffen Johann Provis und seiner Frau Elisabeth verpachtet, LAMPRECHT, Bd. 3, Nr. 162 (1344 X 16), der unter anderem die Vergünstigung erhielt, den Zoll zu Kapellen mit Holz und Steinen für den Bau der Burg zollfrei zu passieren, MÖTSCH, Balduineen, Nr. 1770 (1344 X 31).
345 Einige Hinweise belegen die ausgeprägte Jagdleidenschaft des Kurfürsten: Peter genannt Tattler wurde auf Lebenszeit erlaubt, auf Ehrenbreitstein zu wohnen, von wo aus er dem Erzbischof im Waidwerk dienen sollte, LHAK 1 C 18, 8 (1461 VII 13, Ehrenbreitstein). Heine von Esch wurde für jährlich eine Hofkleidung und drei Malter Korn aus der Kellerei Saarburg zum Förster des Amtes Saarburg ernannt, LAMPRECHT, Bd. 3, Nr. 260 (1478 I 1, Pfalzel). Die Jäger des Kurfürsten sind in verschiedenen Rechnungen belegt: LHAK 1 C 7577, S. 92 (1484 III 28), S. 174 (1485 III 17, Wittlich), S. 176 (1485 III 19, Wittlich), S. 283 (1486 X 23, Wittlich), S. 364 (1486 XII 12), S. 292 (1487 IV 12/13, Wittlich), S. 450 (1488 IV 10/11, Wittlich); Stak- 623- BMR 1675a (1494 VIII 19). Mit Kuno von Winneburg-Beilstein einigte sich der Kurfürst, daß dem Erzstift im Hamm das alleinige Jagdrecht zustehe, LHAK 1 A 8717 (1485 X 3, Boppard), GOERZ, S. 261. Dort wurde Hans von Altley als Wildförster angestellt, LHAK 1 C 18, 936 (1491 XI 7, Koblenz). Gemeinsam mit Markgraf Christoph von Baden und Pfalzgraf Friedrich beabsichtigte Johann von Baden, in den Wäldern bei Trarbach zu jagen, LHAK 1 C 564, S. 27f. (1475 X 20, Ehrenbreitstein). Seinen Rat, Reinhard Graf zu Leiningen-Westerburg, bat der Erzbischof, sich zu ihm in den Hamm zu begeben, um dort gemeinsam zu jagen, HHStAW Abt. 339, Nr. 310 (1497 I 27, Koblenz).
346 Ein anderes erzbischöfliches Gebäude in Kärlich war der Turm, den Johann von Baden 1467 an *Doithenne und Else* aus Bassenheim für sieben kölnische Mark bzw. einen rheinischen Gulden und 18 Albus auf Lebenszeit verpachtete, LHAK 1 A 2115. Später erhielt Heinrich Färber von Kesselheim den Turm für jährlich zwei Gulden und zwei Albus, die an den Ehrenbreitsteiner Kellner zu zahlen waren, LHAK 1 A 2117 (1482 IX 14).
347 Kunstdenkmäler des Landkreises Koblenz, S. 154–157.
348 Stak- 623- BMR 1670 (1483 I 22).
349 Ebd. (1483 II 26).
350 LHAK 1 C 6124, S. 473 (1493 XI 39).
351 LHAK 1 A 9144 (1503 I 21, Ehrenbreitstein).

Demnach läßt sich die Situation am Zusammenfluß von Rhein und Mosel am Ende des Mittelalters folgendermaßen beschreiben: Die Stadt Koblenz verfügte über eine ausgeprägte Selbstverwaltung, doch standen ihr im erzbischöflichen Schultheiß und dem Amtmann zwei Repräsentanten der Landesherrschaft gegenüber, welche die Macht des Erzbischofs vertraten und als solche von der Stadt akzeptiert wurden. Insbesondere der Amtmann war auf vielfältige Weise in das »tägliche« Geschehen der Stadt eingebunden. Versuche, die Rechtstellung der Statthalter erzbischöflicher Macht wie in Trier zu unterlaufen, sind in Koblenz kaum zu beobachten. Der Koblenzer Amtmann fand auf Ehrenbreitstein seine Entsprechung im Burggrafen, dessen Tätigkeitsfeld jedoch nur schwer einzugrenzen ist. Um Verselbständigungstendenzen entgegenzuwirken, war dem Kurfürsten wohl kaum daran gelegen, diesem eine eigenständige Machtposition zu erlauben. Der Burggraf war weitgehend auf die Wahrnehmung der Aufgaben eines Burgverwalters beschränkt. Spätestens zu Beginn des 15. Jahrhunderts wurden die Kellereien Koblenz und Ehrenbreitstein gemeinsam verwaltet. Den wirtschaftlichen Bedürfnissen der Hofhaltung entsprechend, nahm der Kellner eine zunehmend wichtige Position ein, die auch über den eigentlichen Amtsbezirk hinauswies. Mit der fortschreitenden Differenzierung der Zentralverwaltung im 15. Jahrhundert war eine derartige Konzentration auf unterer Ebene überflüssig geworden, so daß seit dem 16. Jahrhundert wieder die Trennung beider Bezirke zu beobachten ist: ein eindeutiger Hinweis darauf, daß an der erzbischöflichen »Zentrale« rasch auf neue Bedürfnisse reagiert werden konnte. Hindernisse waren hier nicht zu erwarten, da die Landesherrschaft in diesem Raum während des Untersuchungszeitraums nicht ernsthaft in Frage gestellt wurde.

Seit dem 14. Jahrhundert machte sich die Unterteilung des Territoriums der Trierer Erzbischöfe in Ober- und Niedererzstift nachhaltig bemerkbar, deren Zentren im Schwerefeld der beiden Städte Trier und Koblenz lagen. Ein Vergleich der Situation im Raum Trier/Pfalzel mit der am Zusammenfluß von Rhein und Mosel läßt deutliche Unterschiede erkennen. An erster Stelle ist hier die herausragende Stellung der Stadt Trier zu nennen, die es dem Landesherrn zumindest erschwerte, die Kathedralstadt als Regierungssitz zu nutzen. Hierfür konnte das nahe gelegene Pfalzel Ausgleich bieten. Demgegenüber erwuchs dem Erzbischof in Koblenz kein ernsthafter Gegner, so daß sich die Stadt als Sitz des Landesherrn eher anbot. Doch auch hier wurde die nahegelegene Burg Ehrenbreitstein bevorzugt. Der Grund scheint jedoch wesentlich darin zu suchen sein, daß dem Kurfürsten in der Stadt keine Gebäude zur Verfügung standen, die den gehobenen Ansprüchen voll genügt hätten. Der Erzbischof sah sich also in beiden Zentren des Erzstifts aus jeweils unterschiedlichen Gründen veranlaßt, die stadtnahen Stützpunkte Ehrenbreitstein und Pfalzel zu Herrschaftsmittelpunkten auszubauen. Von dieser grundlegenden Erkenntnis ausgehend, soll im folgenden gefragt werden, ob und inwieweit die Herrschafts- und Verwaltungspraxis des Erzstifts in der Zeit Johanns von Baden ebenfalls diese These stützt. Damit einhergehend stellt sich die Frage nach der räumlichen Zuordnung und Ausprägung von Herrschaft. Es soll versucht werden, die bisher vornehmlich unter strukturellen Gesichtspunkten und hinsichtlich ihrer Genese beschriebenen Herrschaftsmittelpunkte auf ihre konkreten Funktionen während der Regierungszeit Johanns von Baden hin zu untersuchen.

C. Das Itinerar. Reichweite, Schwerpunkte, Konzentration

In einer Zeit noch immer stark personalisierter Herrschaft ist es zur Identifizierung herrschaftsintensiver Räume eines Territoriums sinnvoll, das Itinerar[1] des betreffenden Herrschers zu untersuchen. Die Analyse des Itinerars, das »als wichtigstes Hilfsmittel zur Bestimmung des Übergangs von der Reiseherrschaft zur Residenz« gilt[2], ist nämlich durchaus in der Lage, einen ersten Hinweis auf solche Orte zu geben, an denen sich infolge des konzentrierten Aufenthalts des Landesherrn ein Herrschaftsmittelpunkt ausbilden konnte. Dabei muß betont werden, daß ein Itinerar von sich aus nur einen beschränkten Erkenntniswert besitzt und diesen nennenswert erst durch die thematisierte Auswertung in einem fest umrissenen Bereich erhält. So haben sich Itinerare als ein hilfreiches Mittel erwiesen, Herrschaftsbereiche und Herrschaftsschwerpunkte insbesondere der deutschen Könige im Mittelalter aufzuzeigen.

Wesentlich unschärfer als bei dem deutschen Königtum[3] ist das Bild von der Regierungsausübung der Reichsfürsten. Denn die Praxis der Reiseherrschaft, die sich für die Könige zumindest bis ins 14. Jahrhundert nachweisen läßt[4], kann nicht ohne weiteres auf die Landesherren des Früh- und Hochmittelalters übertragen werden[5]. Zwar könnte man annehmen, daß sie aus ähnlichen Gründen wie die Könige umherreisten, beweisen kann man diese Annahme jedoch nur in Ausnahmefällen, da die Quellengrundlage nicht immer ausreichend ist. Finden sich die Reichsfürsten im Früh- und Hochmittelalter noch häufig beim König ein, so spalten sich ihre Itinerare seit dem 12. Jahrhundert, spätestens seit dem »Interregnum«, zunehmend von denen der Könige ab. Die regionalen Herrschaftsträger befanden sich zunehmend in Königsferne und bildeten eigene Territorien aus. Eine zunehmend komplexe-

---

1 Zum Itinerar allgemein vgl. den Artikel von A. HEIT, in: LexMA, Bd. 5, Sp. 772–775 und die dort genannte weiterführende Literatur.
2 HERRMANN, Residenzstädte, S. 273f., vgl. KOLLER, Residenz, S. 13; PATZE/STREICH, S. 211.
3 Noch immer grundlegend BRÜHL, Fodrum. Neuere Ansätze enthält die Untersuchung von E. MÜLLER-MERTENS, Die Reichsstruktur im Spiegel der Herrschaftspraxis Ottos des Großen, Berlin 1980 (Forschungen zur mittelalterlichen Geschichte 25).
4 Vgl. F. BURGARD, Das Itinerar König Karls IV. von 1346 bis zum Antritt des Italienzuges 1354, in: KurtrierJb 19, 1979, S. 68–110. In dieser sehr sorgfältig gearbeiteten Itinerarstudie wird die erhebliche Mobilität des Luxemburgers, die einen wesentlichen Festpunkt in Prag hatte, deutlich erkennbar. Ähnliches läßt sich noch für dessen Nachfolger sagen, auch wenn sich das Itinerar Wenzels, besonders in der zweiten Hälfte seiner Regierungszeit, fast ausschließlich auf Böhmen mit Prag beschränkte, vgl. I. HLAVÁČEK, Das Urkunden- und Kanzleiwesen des böhmischen und römischen Königs Wenzel (IV.) 1376–1419, 1970, S. 392–444. Daß diese Eingrenzung des Itinerars die schwache reichspolitische Stellung Wenzels verdeutlicht, kann hier nur erwähnt werden.
5 Hierzu und zum folgenden vgl. KERBER, Itinerare.

re Verwaltung dieser Herrschaftsbereiche machte eine Regierungstätigkeit im Umherreisen in vielen Bereichen überflüssig, wirkte oft geradezu störend: Die Itinerare der Landesherren begannen sich aufzulösen und auf bestimmte Punkte zu konzentrieren, was in der Ausbildung landesherrlicher Residenzen im Spätmittelalter resultierte.

Da es nicht Zweck der nachfolgenden Überlegungen ist, die Ausdehnung eines Territoriums oder den Herrschaftsbereich eines Fürsten darzustellen, sondern die Konzentration von Herrschaft zu zeigen, ist von der ursprünglichen Intention eines Itinerars, der Rekonstruktion eines Reisewegs, abzusehen und der Blick auf die Häufung von Aufenthalten an bestimmten Orten zu richten[6]. Es geht also nicht um die Erstellung eines Reise-/Weg-Itinerars, sondern um die Darstellung eines Aufenthalts-/Frequenz-Itinerars[7]. Das Ergebnis kann einen wichtigen Hinweis auf die Funktion eines Platzes als Herrschaftsmittelpunkt liefern. Diese Art der Itinerarstudie bietet zudem den Vorteil, ein Datengerüst zu liefern, das die Beobachtung von Langzeitperspektiven ermöglicht.

Die an anderer Stelle erfolgte Auswertung der Itinerare sämtlicher Trierer Erzbischöfe des Mittelalters von Hetti bis Jakob I.[8] lieferte folgendes Bild: Genaue Aussagen scheitern vielfach an der mangelnden Überlieferungsdichte. Besonders schwer wiegt dieses Problem bis in das 13. Jahrhundert. Für diese Zeit ist es nur möglich, gewisse Tendenzen anzudeuten, die jedoch durch die Kontinuität der Daten an Stichhaltigkeit gewinnen. Bis zu Boemund II. (1354–1362) läßt sich die Rolle Triers als bevorzugtestem Aufenthaltsort der Erzbischöfe verfolgen. Eine grundlegende Änderung tritt erst unter den Kurfürsten Kuno und Werner von Falkenstein ein, die sich zunehmend – Werner fast ausschließlich[9] – im Raum Koblenz aufhielten. Trier verlor seine Bedeutung als Aufenthaltsort fast vollständig, und nur teilweise wurde diese Funktion von Pfalzel übernommen. Unter den Nachfolgern dieser Erzbischöfe ist für Trier/Pfalzel ungefähr die gleiche Zahl an Aufenthalten überliefert wie für Koblenz/Ehrenbreitstein. Erst in der Zeit Erzbischof Johanns von Baden änderte sich dies wiederum zugunsten des Koblenzer Raumes. Eine zusammenfassende Bewertung des Itinerars der Erzbischöfe von Trier im Mittelalter ergibt, daß sich bereits aus einer quantitativen Untersuchung interessante Fragestellungen ableiten lassen, die im konkreten Zusammenhang verschiedenartige Aspekte der Herrschaftspraxis ansprechen. Diesen soll im folgenden vorrangig nachgegangen werden, da das Itinerar nur die Aussage über die Aufenthaltshäufigkeit – die Bevorzugung durch den Landesherrn – zuläßt, aber über alle weiteren Faktoren der Ausbildung von Herrschaftsmittelpunkten keine unmittelbaren Auskünfte enthält.

Was die Quellen anbelangt, die eine Rekonstruktion des Reisewegs innerhalb des Erzstifts zulassen, so ist für die Trierer Erzbischöfe nur ein Reise-/Wege-Itinerar überliefert:

---

6 Versuche in dieser Richtung: P. CSENDES, Die Aufenthaltsorte der Babenberger in Niederösterreich und Steiermark, in: JbVGWien 34, 1978, S. 24–32; H.-J. FEY, Reise und Herrschaft der Markgrafen von Brandenburg (1134–1319), 1981; B. STREICH, Die Itinerare der Markgrafen von Meißen – Tendenzen der Residenzbildung, in: BlldtLdG 125, 1989, S. 159–188.
7 Zur Unterscheidung beider Formen: HEIT (wie Anm. 1).
8 KERBER, Itinerare.
9 Zur Rolle des Stolzenfels und der Interpretation des Itinerars Erzbischof Werners vgl. KERBER, Stolzenfels, S. 21–23.

Das sogenannte Rechnungs- und Reisetagebuch von Erzbischof Boemund II.[10] aus dem Jahr 1354 macht es möglich, den genauen Verlauf der Huldigungsreise des Erzbischofs vom 9. bis zum 23. Juli zu verfolgen. Eine ähnliche Quelle ist das Itinerar der Reise Kurfürst Jakobs II. zu Kaiser Maximilian nach Österreich und die in dessen Auftrag ausgeführte Mission in Venedig in der zweiten Jahreshälfte 1506[11]. Im Sinne klassischer Itinerare werden in dieser Quelle sämtliche Haltepunkte der Reise und die Entfernungen zwischen den Orten angegeben, ohne eine zeitliche Zuordnung vorzunehmen. Bezeichnenderweise ist Koblenz Anfangs- und Endpunkt des Wegs. Für die Zeit Johanns von Baden ist keine derartige Quelle überliefert. Folglich hat sich die Identifizierung von Aufenthaltsorten des Kurfürsten im wesentlichen auf die Datierungszeilen der Urkunden und Briefe sowie auf Hinweise in erzählenden Quellen und auf die Auswertung von Rechnungen zu konzentrieren. Aufgrund der breiten Überlieferung, insbesondere der Zunahme erhaltener Briefe und Briefkonzepte, entsteht eine Dichte der Belege, die recht eindeutige Aussagen zuläßt, wie es ebenso für seinen Vorgänger, Jakob von Sierck, und seinen Nachfolger, Jakob von Baden, möglich ist. Die Itinerare dieser beiden Kurfürsten sollen gleichfalls in die Untersuchung miteinbezogen werden, um die Besonderheiten der Regierungszeit Erzbischof Johanns herauszuarbeiten und um längerfristige Tendenzen aufzeigen zu können.

Dank der Aufarbeitung des Itinerars von Jakob von Sierck durch I. Miller[12] kann sich die Darstellung auf die Auswertung beschränken. Für die Regierungszeit Jakobs lassen sich 783 Aufenthaltsbelege nachweisen, was einem Durchschnitt von ca. 43 Belegen pro Jahr entspricht. Sein Itinerar mit zahlreichen Aufenthalten außerhalb des Erzstifts Trier spiegelt die auch reichspolitisch bedeutsame Rolle des Sierckers, die häufige Reisen notwendig machte, wider. Die Analyse der Schwerpunkte des Itinerars innerhalb des Erzstifts ergibt ein recht klares und ausgeglichenes Bild, in dem die Räume Trier/Pfalzel und Koblenz/Ehrenbreitstein mit besonderem Gewicht auffallen. Zusammen machen die Aufenthalte in diesen Zentren 85% aller nachgewiesenen im Erzstift und ca. 65% der Gesamtzahl aus. Interessant ist die Schwerpunktverteilung innerhalb dieser Räume: in beiden Fällen wurden nicht die großen Städte schwerpunktmäßig aufgesucht, sondern ein erhebliches Übergewicht ist bei den stadtnahen Stützpunkten Pfalzel und Ehrenbreitstein zu verzeichnen – eine Situation, die

---

10 LHAK 701,4; Druck: R. SALOMON, Ein Rechnungs- und Reisetagebuch vom Hofe Erzbischof Boemunds II. von Trier 1354–1357, in: NA 33, 1908, S. 399–434, vgl. KERBER, Itinerare, mit Karte 9.
11 STBT Hs 1774/1760 4°, fo. 4r.
12 MILLER, Jakob von Sierck, weist schon in seinem Vorwort, S. 3, darauf hin, daß »sich wahrscheinlich in einigen Jahren Ergänzungen vornehmen lassen können«, so fehlt z. B. der Beleg: 1452 V 4 in Stolzenfels, vgl. SCHMIDT, Nr. 2001. Manche Angabe ist schwer einzuordnen: 1447 X 6 wähnt Miller den Erzbischof in Koblenz, während SCHMIDT, Nr. 1960, in der gleichen Urkunde, LHAK 109, 961, den Ausstellungsort Bitburg nennt. 1445 hielt sich Jakob am 28. Februar und nicht irgendwann zwischen dem 28. Februar und dem 13. März in Boppard auf, RTA AR, Bd. 17, Nr. 367. Weiterhin ist zu ergänzen: 1439 IX 16, Stolzenfels, HHStAW Abt. 339, Nr. 310; 1441 III 8, Mainz, HHStAW Abt. 339, Nr. 310; 1441 V 23, Boppard, LHAK 1 C 18, 399; 1449 I 31, Ehrenbreitstein, HHStAW Abt. 339, Nr. 310; 1449 II 9, Ehrenbreitstein, HHStAW Abt. 339, Nr. 310; 1451 V 8, Ehrenbreitstein, HHStAW Abt. 339, Nr. 310; 1452 VIII 7, Ehrenbreitstein, MENZEL, Regesten, S. 177; 1455 VI 23, Ehrenbreitstein, HHStAW Abt. 339, Nr. 310; 1455 IX 29, Ehrenbreitstein, Stak- 623- BMR 1651; 1455 X 15, Ehrenbreitstein, Stak- 623- BMR 1651; 1455 X 18, Ehrenbreitstein, Stak- 623- BMR 1651. Zur Interpretation des Itinerars vgl. KERBER, Itinerare, S. 130–132 und Karte 13, S. 147.

zumindest tendenziell schon seit der Zeit Erzbischof Kunos von Falkenstein zu beobachten ist[13]. Mit 160 gegenüber 150 Aufenthalten überwiegt hierbei Pfalzel gegenüber Ehrenbreitstein, während bei den Städten Koblenz mit 105 gegenüber 79 Aufenthalten in Trier dominiert. Insgesamt betrachtet hat der Raum Koblenz/Ehrenbreitstein/Stolzenfels einen geringen Vorsprung von 263 Besuchen des Erzbischofs gegenüber 239 in Pfalzel und Trier. Dennoch ist es gerechtfertigt, von einem ungefähren Gleichgewicht in der Gunst des Landesherrn zu sprechen. Folglich wird der Kurfürst in beiden Zentren die Voraussetzungen vorgefunden haben, um dort ein seiner Stellung und seinen Ansprüchen genügendes Leben führen und durch die persönliche Anwesenheit seine Herrschaft demonstrieren zu können.

Unter dieser Prämisse ist das Itinerar Erzbischof Johanns von Baden zu betrachten. Die anschließende Auswertung der Aufenthaltsbelege seines Nachfolgers soll vorsichtige Schlüsse auf die weitere Entwicklung ermöglichen. Es kann hier nicht auf die gesamte Bandbreite der Schwierigkeiten bei der Erstellung eines Itinerars, hauptsächlich aufgrund der Analyse der Datierungszeilen der vom Erzbischof ausgestellten Urkunden und Briefe, eingegangen werden. Einige wenige Beispiele müssen zur Verdeutlichung der Problematik genügen[14].

Der Vertrag Erzbischof Johanns mit der Stadt Trier vom 22. Juli 1480[15] wurde zumindest von der Stadt erst einige Tage nach Ausfertigung der Urkunde besiegelt[16]. Allerdings hat die Urkunde auch keinen Ausstellungsort und somit könnte der Tag der abschließenden Verhandlung und der Einigung über die Artikel als Datum festgelegt worden sein. Entsprechend wurden – mitunter nachweisbar – die Daten von Bestallungsurkunden für erzbischöfliche Diener erst ausgehandelt und dann teilweise zurück- oder vordatiert[17]. Gewisse Schwierigkeiten bereitet in diesem Zusammenhang die Rolle von Johanns Koadjutor[18], Jakob von Baden, der in dem Vertrag über die Koadjutorschaft[19] und auch in der Ernennungsurkunde[20] ausdrücklich als ein Stellvertreter erkennbar wird, dessen Befugnisse eigentlich keine eigenständige, unabhängige Machtstellung bedeuteten[21]. Dennoch scheint er zumindest in Einzelfällen mit erzbischöflicher Macht gehandelt zu haben. Da er außerdem zeitweise das erzbischöfliche Sekretsiegel führte[22], ist es nur schwer zu sagen, ob tatsächlich alle Urkunden, die Johann seit der Ernennung seines Großneffen zum Koadjutor ausfertigte, seine faktische Anwesenheit bei dem Rechtsgeschäft und der schließlichen Ausfertigung bedeuten. Vielleicht ist dies auch der Grund dafür, daß der Kurfürst die bereits erwähnte Anweisung an die Amt-

---

13 Zu den Ursachen vgl. HAVERKAMP, Zweyungen; KERBER, Stolzenfels, S. 22.
14 In der Zusammenstellung der Aufenthaltsbelege wird auf unklare und teils widersprüchliche Angaben hingewiesen.
15 LHAK 1 A 4272 (1480 VII 22), HONTHEIM, Bd. 2, Nr. 870, vgl. RUDOLF, Quellen, Nr. 166.
16 Der Trierer Rentmeister verbuchte im August Ausgaben von $1^1/_2$ Albus, *die brieve zu besiegelen mit der stede siegell.*
17 Vgl. LHAK 1 C 1175, insbes. Bl. 45'.
18 Zu den Aufgaben eines Koadjutors vgl. HRG, Bd. 2, Sp. 905f.; LThK Bd. 6, Sp. 362f.
19 LHAK 1 C 16222 (1499 XII 15, Ehrenbreitstein), GOERZ, S. 311.
20 LHAK 1 A 9042/9043 (1500 I 15, Ehrenbreitstein).
21 Als Johann von Baden kurz vor seinem Tod die Amtleute zum Gehorsam gegen Jakob von Baden anwies, betonte er nochmals, daß dieser – solange er selbst lebe – sein Koadjutor sei, allerdings nach seinem Tode als Nachfolger anzuerkennen wäre, LHAK 1 A 9144 (1503 I 21, Ehrenbreitstein), GOERZ, S. 321.
22 LHAK 1 C 19222 (ca. 1501).

leute des Erzstifts zum Gehorsam gegen Jakob von Baden eigenhändig unterschrieb, um den persönlichen Willen zu demonstrieren. Im allgemeinen wurde in den Urkunden ausdrücklich darauf hingewiesen, wenn das erzbischöfliche Siegel in Abwesenheit verwendet wurde[23].

Demgegenüber sind vor allem solche Belege von Bedeutung, die Rückschlüsse auf die Verfestigung von Reisegewohnheiten und – damit einhergehend – auf die Bildung von Schwerpunkten zulassen. In diesem Zusammenhang stellt sich die Frage, ob es stets allgemein bekannt war, wo sich der Erzbischof gerade aufhielt. Wohin wandte man sich, um dessen Aufenthaltsort zu erfahren? Dabei ist auch nach den Maßnahmen zu fragen, die für die Abwesenheit des Landesherrn getroffen wurden, ob und wie die Regierung dann aufrechterhalten wurde.

In einem Schreiben bezüglich der Streitigkeiten des Landgrafen von Hessen mit dem Grafen von Wied, das höchstwahrscheinlich von Koblenz aus abgesandt wurde, teilte Johann von Baden dem Statthalter des Landgrafen in Marburg[24] mit, daß er *hienijden am Ryne zuschen diß und Wyhnachten nit gesyn* und daher den angesetzten Vergleichstermin bis zum 5. Januar verschieben müsse[25]. Kurz vor seiner Abreise informierte er den Landgrafen noch persönlich hierüber[26]. Am 22. Dezember 1468 war der Kurfürst in Koblenz eingetroffen und verschob den Tag auf den 27. Februar, da sich, *als wir ytzt daoben in unserm stifft syn gewest*, Differenzen mit Burgund und Luxemburg ergeben hätten und er seine Räte zu entsprechenden Verhandlungen am 3. Januar benötige[27]. Auf Bitten des Landgrafen wurde der Termin erneut verschoben[28] und am 15. Juni setzte der Erzbischof die Entscheidung auf den 7. August fest, *dan wir ytzt von stunt uns hinuff in unsn stifft fugen um unser anliegender geschefft halb, die zyt da oben verhalten muessen*[29]. Obwohl hierzu neun Räte des Kurfürsten geladen wurden[30], scheint die endgültige Entscheidung in der Streitsache zwischen Hessen und Wied von Graf Philipp von Katzenelnbogen gefällt worden zu sein[31]. Dennoch mußte Erzbischof Johann unter anderem wegen dieser Sache eine Zusammenkunft mit den Pfalzgrafen Ludwig und Friedrich an der Mittelmosel verschieben[32]. Im Februar des gleichen

---

23 Folgende Urkunden sind mit dem erzbischöflichen Sekret besiegelt, aber nicht von Johann von Baden ausgestellt: LHAK 1 A 3120 (1459 XII 22); Stak- 623- Nr. 427 (1490 III 6, Koblenz); LHAK 1 A 8936 (1494 VIII 7, Pfalzel), GOERZ, S. 290. Ein anderes Siegel haben: LHAK 1 C 418, S. 95f. (1470 IX 7); ebd., S. 29 (1471 V 24), ebd., S. 31 (1471 V 30); LHAK 1 C 9598, S. 21 (1473 VII 24); LHAK 1 A 8825 (1488 VII 9, Koblenz), GOERZ, S. 272; LHAK 1 A 8846 (1490 I 10, Koblenz), GOERZ, S. 274; LHAK 1 C 1297 (1491 IV 13, Koblenz); LHAK 1 A 1790 (1493 II 4).
24 Vgl. LHAK 1 C 16213, Bl. 25 (1468 X 22). Statthalter war Friedrich von Reifenberg.
25 LHAK 1 C 13205, S. 23 (1468 X 27), GOERZ, S. 228.
26 LHAK 1 C 13205, S. 25 (1468 X 31, Koblenz), GOERZ, S. 228.
27 LHAK 1 C 13205, S. 27 (1468 XII 22, Koblenz), GOERZ, S. 228.
28 LHAK 1 C 13205, S. 9f. (1469 II 15, Koblenz), GOERZ, S. 229; ebd., S. 11f. (1469 IV 8); LHAK 1 C 16219, Bl. 29 (1469 IV 9, Marburg).
29 LHAK 1 C 13205, S. 29f. (1469 VI 15, Ehrenbreitstein), GOERZ, S. 230.
30 Eine undatierte Aufforderung ist überschrieben: *Zu dem rechttage mit dem lantgraven von Hessen etc. die rete zu beschreiben*. Abgegangen sind die Schreiben an den Weihbischof, Johann von Pyrmont, Eberhard von der Arken, Dietrich von Braunsberg, Wilhelm von Staffel, Philipp vom Stein, Johann von Eltz d. J., Wilhelm von Kleeberg und Georg von der Leyen; gestrichen sind die Namen der Grafen von Sayn und Virneburg sowie von Johann von Eltz d.Ä. und Hermann Boos von Waldeck, LHAK 1 C 13205, S. 33.
31 DEMANDT, Nr. 5585 (1470 VI 19), Nr. 5600 (1470 XI 26).
32 Dies begründete er damit, daß er *ettlicher tage und ander gescheffte halb hinydden am Ryne* sein müsse, LHAK 1 C 603, S. 91f. (1469 V 10, Ehrenbreitstein), GOERZ, S. 230.

Jahres vertröstete der Badener Nikolaus von Mirbach wegen eines Anliegens dahingehend, *das wir in kurtzem hinuff geen Paltzel komen werden*, wo über die Sache entschieden werden solle[33]. Ein Brief des Herzogs von Jülich wurde nach Pfalzel geschickt[34], da ihm der Erzbischof zuvor wahrscheinlich von hier aus geschrieben hatte[35]. Ende November 1474 wähnte ein Trierer Ratsbote den Kurfürsten noch in Koblenz. Dort fand er ihn jedoch nicht, da sich Johann von Baden bereits nach Mainz begeben hatte[36]. Ein Brief des Grafen Peter von Salm erreichte den Erzbischof *in unser affart von Trier*[37], also auf der Reise per Schiff nach Koblenz. Dem Abt von St. Maximin kündigte Johann an, er sei mit seinen Räten einig, demnächst *hinuff in unser stifft* zu kommen[38]. Da sich der Kurfürst zu diesem Zeitpunkt sicher in Ehrenbreitstein aufhielt, kann hiermit nur das Obererzstift gemeint sein. Als König Maximilian im Sommer 1489 einen Reichstag nach Frankfurt ausschrieb, forderte Erzbischof Johann am 29. Juni seinen Rat Reinhard Graf zu Leiningen-Westerburg auf, sich bereitzuhalten, um mit ihm dorthin zu ziehen[39], und am 2. Juli bat er den Grafen, am Abend des 14. Juli bei ihm in Koblenz zu sein, um am folgenden Morgen nach Frankfurt aufzubrechen[40]. Dem gleichen Grafen sicherte der Kurfürst im folgenden Jahr zu, ihm einen neuen Dienstbrief auszustellen, *sobalde wir an den Ryne kommen*[41]. Da Johann von Baden 1492 wegen *mirgklichen anligenden gescheften* das Erzstift bereisen mußte, lud er den Junggrafen Gerhard von Sayn zu sich nach Koblenz, um mit ihm *zu schiffe zu faren und sehß ader acht tage ußzubliben*[42]. Mitunter änderten sich die Pläne des Kurfürsten auch sehr kurzfristig, wie ein Schreiben an den Grafen Peter von Salm belegt. Wegen einer Streitigkeit mit den Brüdern von Bitsch ersuchte er den Grafen, sich zu ihm an den Rhein zu begeben. In dem Konzept des Schreibens ist die Passage gestrichen, Peter solle sich *affter diese halbfast zu Covelentz am Ryne* zum Erzbischof begeben[43]. Hatte Johann bei der ersten Abfassung des Schreibens also noch die Absicht gehabt, kurz nach dem 17. März in Koblenz zu sein, so hatte sich dies vermutlich infolge seiner Differenzen mit dem Domkapitel wegen der Abgaben von den Krämerständen bei zwei Jahrmärkten in Zell[44] und mit dem Herzog von Lothringen wegen des Siercker Erbes Montclair[45] auf unbestimmte Zeit verzögert, so daß er erst Anfang April wieder auf Ehrenbreitstein eintraf.

33 LHAK 1 C 16217, S. 11 (1469 II 22, Ehrenbreitstein); Druck: MIRBACH, Bd. 3, S. 148f.
34 Das Schreiben des Herzogs ist nicht überliefert, aber die Antwort der Statthalter des Erzbischofs, die schrieben, *das unser gnediger herre sich alhir zu Paltzel vur etlichen tagen zuvor und ee uns uwer gnaden schrifft furkomen ist, erhoben hait gehabt und buyßen landes gerieden ist*, LHAK 1 C 9598, S. 21 (1473 VII 24).
35 Vgl. LHAK 1 C 9598, S. 53 (1473 VII 8, Pfalzel).
36 STAT RMR 1474/5, fo. 5r.
37 LHAK 1 C 16217, S. 97f. (1486 VII 9, Koblenz), GOERZ, S. 263.
38 LHAK 1 C 16213, Bl. 114 (1487 II 6).
39 HHStAW Abt. 339, Nr. 310 (1489 VI 29, Ehrenbreitstein).
40 Ebd. (1489 VII 2, Ehrenbreitstein).
41 Ebd. (1490 XI 21, Pfalzel).
42 HHStAW Abt. 340 U 12124 (1492 III 4, Koblenz).
43 LHAK 1 C 16214, Bl. 97 (1493 III 10, Pfalzel), GOERZ, S. 285; PSHIL 35, S. 344.
44 LHAK 1 C 17, 1398 (1493 III 22, Trier), GOERZ, S. 285.
45 LHAK 1 A 8913 (1493 III 22, Trier), GOERZ, S. 285.

Demgegenüber sind allerdings auch langfristige Planungen erkennbar. Einwände gegen die vom Erzbischof proklamierte neue Äbtissin des Klosters St. Scholastika in Juvigny konnten *coram nobis aut nostro commissario, quem ad hoc deputaverimus, in castro nostro Monthabur vel alibi ubi tunc fuerimus constituti quinta die mensis octobris hora primarum de mane* vorgebracht werden[46]. Tatsächlich hielt er sich zu diesem Zeitpunkt dort auf. Seinen baldigen Ortswechsel kündigte Johann von Baden dem Amtmann von Salm an, der ihm unverzüglich einen Bevollmächtigten schicken sollte, um über die anstehende Belagerung von Montfort zu beraten[47]. Da der Zusatz, *ain den Ryne*, im Konzept nachgetragen wurde, scheint der Erzbischof zur Zeit der Abfassung des Schreibens noch in Trier oder Pfalzel gewesen zu sein, wo er auch noch am folgenden Tag nachweisbar ist; er erwartete die Antwort jedoch an den Rhein und daher ist wohl auch kein Ausstellungsort des Briefs genannt. Als Landgraf Wilhelm der Mittlere von Hessen bei Johann von Baden eine größere Summe Geld abholen lassen wollte, beschwerte er sich im nachhinein, daß der Kurfürst nicht in Koblenz angetroffen wurde und dort noch nicht einmal bevollmächtigte Räte zurückgelassen worden seien[48]. Einen anschaulichen Eindruck von den Reisegewohnheiten des Kurfürsten vermittelt ein Schreiben vom 13. Mai 1498 an seine Ehrenbreitsteiner Statthalter, die er anwies, unverzüglich einen der ihren nach Ems zu schicken, um zu erfahren, wohin der Kölner Erzbischof von dort aufbrechen wolle. Diesem sollte bei gleicher Gelegenheit mitgeteilt werden, daß Johann von Baden von Trier an den Rhein aufgebrochen sei, um mit dem Kölner zu verhandeln. Er wolle am morgigen Abend oder am folgenden Morgen in Koblenz sein, von wo er sich direkt zu Erzbischof Hermann begeben wolle. Datiert ist der Brief *im schiff by Trarbach*[49]. Der Inhalt des Schreibens läßt gleich mehrere Aspekte erkennbar werden: Wegen großer Eilbedürftigkeit – leider ist der Grund hierfür nicht zu ermitteln – wählte der Erzbischof sicherlich das schnellste Beförderungsmittel, um von Trier nach Koblenz zu gelangen. Dies garantierte für den Fürsten mit seinem Hof offenbar die Reise per Schiff. Der vorliegende Brief konnte jedoch von einem Boten schneller befördert werden, der von Trarbach aus vermutlich den kürzeren Landweg wählte, um vor dem Schiff seines Herrn in Koblenz eintreffen zu können. Der Kurfürst veranschlagte für die restliche Strecke noch ein bis zwei Tage und tatsächlich wurde er am 15. Mai von der Stadt Koblenz mit einem Weingeschenk willkommen geheißen[50]. Da bis Trarbach etwa zwei Drittel des Wegs zurückgelegt worden waren[51], können für die Strecke von Trier nach Koblenz zwei bis drei Tage veranschlagt werden. Der umgekehrte Weg muß nicht unbedingt längere Zeit beansprucht haben, da über Land eine kürzere Entfernung zurückgelegt werden konnte. Das große Gefolge Kaiser Friedrichs III. vom Trierer Reichstag bewegte sich verhältnismäßig langsam und benötigte für die Strecke bis Koblenz, die sogar auf fünf Tage veranschlagt worden war, immerhin vier volle Tage[52]. Für die Strecke von Köln nach Koblenz wurden – ebenso wie später für

---

46 LHAK 1 C 108, Bl. 234r-235v (1493 IX 11, Montabaur), GOERZ, S. 287.
47 LHAK 1 C 16214, Bl. 151 (1494 XI 16), GOERZ, S. 292.
48 LHAK 1 A 9006 (1497 XI 19, Kassel).
49 HHStAW Abt. 339, Nr. 310 (1498 V 13, Trarbach).
50 Stak- 623- BMR 4104, S. 4 (1498 V 15).
51 Am 11. Mai urkundete Johann von Baden noch in Pfalzel.
52 Vgl. den Bericht Ludwigs von Eyb d.Ä. an den Markgrafen Albrecht von Brandenburg bei BACHMANN, Urkundliche Nachträge, Nr. 220 (1473 XI 28, Koblenz).

das etwa 400 Pferde starke Gefolge Erzherzog Philipps von Burgund[53] – drei Tagesreisen kalkuliert[54].

Für den Erzbischof mit seinem zahlreichen Gefolge[55] war die Schiffsreise sicherlich bequemer als der Landweg zu Pferde. Eigens zu diesem Zweck hatte Johann von Baden prächtig hergerichtete Schiffe bauen lassen[56]. Deutlich wird die Mosel als wichtigste Verkehrsader des Erzstifts Trier erkennbar. Gegen Ende seiner Regierungszeit nahm die Mobilität des Kurfürsten allerdings zusehends ab, seine Reisen wurden seltener. Dem Domkapitel, zu dem er seine geistlichen Räte wegen der Verhandlungen über die Koadjutorschaft seines Großneffen Jakob geschickt hatte, mußte er gestehen, daß er *bloedickeit halben unsers libs und uß verhinderunge diß winterwetters personlich nit zu uch kommen moegen*[57].

Einen Hinweis auf die kaum eingehaltene Differenzierung von Koblenz und Ehrenbreitstein hinsichtlich des erzbischöflichen Aufenthalts bietet eine Vorladung an den Kellner und Unteramtmann von Montabaur: Die Gerichtsverhandlung mit denen von Helfenstein sollte am 22. Februar 1499 *inn unser statt Coblentz oder Erembreitstein, woe wir oder unser rete alßdan sin werden*, stattfinden. Beim Ausstellungsort des Ladungsschreibens unterlief dem Schreiber ein bezeichnender Fehler: Nach dem *Datum* hatte er bereits mit dem Anfangsbuchstaben *E* für Ehrenbreitstein begonnen, der jedoch gestrichen und durch *zu Coblentz* ersetzt wurde[58]. Möglicherweise erklärt dies auch, warum in den Trierer Rentmeistereirechnungen meistens von Botengängen zum Erzbischof nach Koblenz die Rede ist, obwohl dieser sich ungleich häufiger auf Ehrenbreitstein aufhielt.

Aus den erhaltenen Kellereirechnungen lassen sich in etwa die Reisegewohnheiten des Kurfürsten innerhalb seines Territoriums rekonstruieren. Von Ehrenbreitstein kommend blieb er 1480 die Nacht vom 7. auf den 8. März in Münstermaifeld, wohin er auf dem Landweg mit 96 Pferden gekommen war[59]. Im allgemeinen wurde der Weg von Koblenz nach Trier zumindest im letzten Drittel zu Pferde zurückgelegt, um die zahlreichen Windungen der Mosel zu umgehen[60]. Flußabwärts reiste der Erzbischof in der Regel per Schiff und die Pferde wurden auf dem Landweg wieder über Wittlich und Cochem zurückgeschafft[61]. Ein-

---

53 LHAK 1 C 16218, S. 123–125 (1496 V 5, Köln).
54 Ebd., Nr. 235 (1474 ca. I 19, Köln).
55 Vgl. unten zum erzbischöflichen Hof, Kapitel E.
56 Gesta Trevirorum, Bd. 2, S. 343, vgl. LHAK 1 E 1232.
57 LHAK 1 D 1397 (1499 XII 15, Ehrenbreitstein), GOERZ, S. 311.
58 HHStAW Abt. 339, Nr. 310 (1499 II 17, Koblenz).
59 LHAK 1 C 6254, S. 44.
60 Deutlich wird dies anhand einiger Einträge in den Rechnungen des Wittlicher Kellners, der mehrmals den Erzbischof beherbergte, wenn er von Koblenz/Ehrenbreitstein nach Trier oder Pfalzel reiste: LHAK 1 C 7577, S. 44 (1484 II 9/10, Wittlich), S. 50 (1484 IV 1/2, Wittlich). Im Juli reiste Johann über Springiersbach und Eberhardsklausen nach Pfalzel, ebd., S. 56 (1484 VII 8, Springiersbach), S. 58 (1484 VII 9, Eberhardsklausen). Weitere Belege für den Aufenthalt auf der Durchreise: Ebd., S. 172 (1485 III 11, Wittlich), S. 282 (1486 X 22/23, Eberhardsklausen), S. 416–418 (1487 VII 20/21, Wittlich), S. 432f. (1487 XI 24–26, Wittlich), S. 441 (1488 I 8/9, Wittlich), S. 444 (1488 III 19, Wittlich).
61 Dies wird ebenfalls in den Wittlicher Kellereirechnungen erkennbar, LHAK 1 C 7577, S. 54 (1484 IV 27, Wittlich), S. 62 (1484 VII 21, Wittlich), S. 181 (1485 IV 5/6, Wittlich), S. 199 (1485 VII 9/10, Wittlich), S. 279 (1486 VII 7, Eberhardsklausen), S. 287 (1486 XI 3/4, Wittlich), S. 449 (1488 IV 9, Wittlich). Selbst im 18. Jahrhundert verzichtete der Kurfürst flußaufwärts auf seine komfortablen Jachten, vgl. H. W. KUHN, Zwei kurfürstlich-trierische Rheinjachten nach Entwürfen von Johannes Seiz (1717–1779), in: JbwestdtLdG 8, 1982, S. 25–55, hier: S. 28f.

mal benutzte Johann von Baden nachweisbar, vielleicht aufgrund von Niedrigwasser der Mosel, den Landweg für diese Strecke[62]. Von großer Wichtigkeit waren folglich die Flußübergänge über den Rhein, um die Verbindung zu den rechtsrheinischen Gebieten zu sichern. Wie zahlreiche Einträge in den Koblenzer Bürgermeisterrechnungen belegen, war die Verbindung zwischen der Stadt und der gegenüberliegenden Burg Ehrenbreitstein jederzeit leicht möglich und wurde rege genutzt[63]. Für große Personengruppen, wie das Heer des Mainzer Erzbischofs, das zur Unterstützung der kaiserlichen Truppen nach Neuss geschickt werden sollte, war anscheinend der Übergang bei Engers günstiger[64].

Behindert wurden die Reisen insbesondere auf der Mosel als ansonsten günstigem Schiffsweg durch Witterungseinflüsse. Im Januar 1466 erwiesen sich Rhein und Mosel von Köln aus als nicht schiffbar[65] und im März und Oktober desselben Jahres war *die Mosel cleyn*[66], so daß der Fluß nur schwer befahren werden konnte. Im Februar 1474 war die Mosel zugefroren und die Trierer Ratsherren mußten zu Pferd nach Koblenz reisen[67]. Eine Verhandlung mit Pfalzgraf Alexander konnten die erzbischöflichen Räte *ungewitters und groißen snees halber* nicht besuchen[68]. Für Erzherzog Philipp wollte der Statthalter Johanns von Baden ein Schiff bereitstellen, *doch nach gestalt des Rynes ist ubel heruff zu faren*[69]. Während man von Boten erwartete, daß sie unter allen Bedingungen ihre Aufträge ausführten, wurde dem Amtmann von Saarburg, der ein Schreiben an den Herzog von Lothringen weiterleiten sollte, immerhin zugestanden, *also, wo es das wetter gebe, were besser, das du selbs zum kunig riddes*[70]. In erheblichem Ausmaß dürften grassierende Seuchen das Itinerar des Kurfürsten beeinflußt haben, der gefährdete Gegenden sicherlich mied[71].

Für die Reisen innerhalb des Erzstifts standen dem Kurfürsten und seinem Gefolge mehrere Stützpunkte zur Verfügung, wie etwa die Herberge Antons von Gemünden in Pfalzel[72] oder im Schloß Hunolstein, wo er *eynen keller, eynen stalle und spicher hynder dem bolwerk* für seine Bedürfnisse reservierte[73]. Der Trierer Palastschultheiß sollte *uns unser bette und*

---

62 LHAK 1 C 7577, S. 423 (1487 VIII 24/25, Wittlich).
63 Da Abgesandte des Koblenzer Rats jedes Jahr mehrmals auf die Burg fuhren, wird hier auf den Einzelnachweis verzichtet.
64 Erzbischof Adolf von Mainz dankte Johann von Baden für dessen Empfehlung, *die unsen uff Engers zu schigken, das sie da bequemlicher uberfaren mugen, dann zu Covelentz*, LHAK 1 C 359, S. 77f. (1474 XII 15, Frankfurt). Dorthin gelangte das Heer von Nassau aus über Ems und obwohl die Strecke durchaus bekannt gewesen sein dürfte und der Weg entlang der Lahn kaum zu verfehlen war, bat Adolf um einige Leute des Trierers, um das Heer von dort weiter durch das Erzstift zu führen, ebd., S. 79f. (1474 XII 28, Wiesbaden). Der Grund dürfte darin zu suchen sein, daß überhaupt fremdes Territorium betreten wurde.
65 LHAK 1 C 358, S. 103f. (1466 I 7, Köln).
66 Ebd., S. 107f. (1466 III 13, Köln), S. 119f. (1466 X 16, Köln).
67 STAT RMR 1473/4, fo. 2r (1474 II 15).
68 LHAK 1 C 608, S. 531 (1492 II 9, Koblenz), GOERZ, S. 281.
69 LHAK 1 C 16218, S. 119f. (1495 V 5).
70 LHAK 1 C 397, S. 22 (1498 XII 29, Ehrenbreitstein).
71 Nachweise zu Seuchen in den Trierer Landen bei MATHEUS, Trier, S. 23, 31, 282, 284ff.
72 LHAK 1 C 18, 928 (1491 I 6, Ehrenbreitstein), GOERZ, S. 277.
73 LHAK 1 A 2069 (1492 III 26, Koblenz), GOERZ, S. 281; LHAK 1 A 2070 (1498 V 1, Ehrenbreitstein), GOERZ, S. 304.

auch lynnen in dem gemelt unserm pallas verwaren und behalten[74]. Der Amtmann von Stolzenfels war bezüglich des dortigen Zollturms vom Erzbischof verpflichtet worden, *so wir ader unsere nakomene mit unserm hoiffgesinde zu Stoltzenfels ligen werden, den thorne mitsampt dem gehuyse mit betten und sleffunge bestalt hain und die unsern, die ine zugegeben werden, herbergen und halten*[75]. Deutlicher wird die Rolle der Burg Stolzenfels in einer – von Varianten abgesehen – seit 1468 stets wiederkehrenden Formulierung in den Bestallungsurkunden der dortigen Amtleute: *...und nachdem wir dan vurhain und in willen syn, zu zijten unsern hoiff und staet zu Stoltzenfels zu halten und da zu wonen, so sal der vurgenannte Hermann, wanne und sodicke wir daeselbs syn, mit siner huißfrauwen und gesinde uff der porten wonen, doe Wilhelm von Cleberg und andere amptlude vur ime gewonet haint*[76]. Die Burg zu Kaisersesch sollte der dortige Burggraf für die Räte, Diener und Ritter des Erzbischofs stets bereithalten[77]. Einmal ist die *camera reverendissimi domini Trevirensi in castro Bopardiense* erwähnt[78]. Stützpunkte des Kurfürsten außerhalb seines Territoriums sind im Frankfurter Münzhof[79], in Mainz[80] und in einem Hof des Kölner St. Andreasklosters[81] nachgewiesen. Während des Wormser Reichstages von 1495 hatte Johann von Baden seine Herberge *in meister Peter von Crutzenach licentiate huyß*[82].

Nach diesen allgemeinen Bemerkungen zum Itinerar und den Reisegewohnheiten Erzbischof Johanns sollen nun mittels einer quantitativen Auswertung die Hauptaufenthaltsorte identifiziert werden. Für das Itinerar des Badeners sind insgesamt 2436 Aufenthaltsbelege, also durchschnittlich 53 Belege pro Jahr, ermittelt worden, wodurch eine relativ hohe Wahrscheinlichkeit der Aussagen erwartet werden kann. Vergleicht man Johanns Itinerar mit denen seiner Vorgänger, so zeigt sich, daß auch er annähernd die gleichen Orte im Erzstift aufgesucht hat. Der grundlegende Unterschied liegt jedoch in der Anzahl der Aufenthalte in den Räumen Koblenz/Ehrenbreitstein/Stolzenfels und Trier/Pfalzel, denn das bei seinen Vorgängern beobachtete Gleichgewicht löst sich nun zugunsten des Koblenzer Raums auf. Genau wie bei Jakob von Sierck liegt das Schwergewicht im Raum Trier deutlich bei Pfalzel mit 318 gegenüber 209 Aufenthalten in der Stadt Trier[83]. Insgesamt machen diese 527 Belege jedoch nur noch 22% der Gesamtzahl aus[84]. Das Schwergewicht des Itinerars hat sich die Mosel hinab an den Rhein verlagert. Dort lassen sich mit insgesamt 1566 Belegen 64% aller Aufenthalte nachweisen, der Kurfürst hält sich im Raum Koblenz etwa dreimal so oft auf,

---

74 LHAK 1 A 8601 (1477 IV 27, Ems), GOERZ, S. 245, vgl. MATHEUS, Trier, S. 125.
75 LHAK 1 C 18, 10 (1461 VI 7, Ehrenbreitstein), GOERZ, S. 213. Zu weiteren Verleihungen des Turms vgl. KERBER, Stolzenfels, S. 28, Anm. 98.
76 Vgl. KERBER, Stolzenfels, S. 23.
77 LHAK 1 C 18, 1061 (1499 III 15, Koblenz), GOERZ, S. 308.
78 LHAK 1 C 18, 1103 (1498 VI 30, Boppard), HONTHEIM, Bd. 2, S. 521f.
79 Vgl. die Erörterungen über den Ausbau des Hofs im Zusammenhang mit der Finanzlage des Erzstifts.
80 Vgl. RMB IV, Nr. 10020 (1470 IV 15).
81 LHAK 1 C 18, 533 (1478 V 29, Ehrenbreitstein), GOERZ, S. 247.
82 BAT Abt. 6,1, Nr. 30 (1495 VI 14, Worms). Die Beherbergungen für das erzbischöfliche Gesinde beim Regensburger Reichstag 1471 hat WOLFF, Regensburger Häuserbestand, untersucht.
83 Zu den Aufenthalten des Erzbischofs in Trier vgl. auch MATHEUS, Trier, S. 125, Anm. 191.
84 Da für Johann von Baden nur 6% aller Belege außerhalb des Erzstifts liegen, kann auf eine Differenzierung verzichtet werden.

wie in Trier und Pfalzel. Eine weitere Aufgliederung ergibt, daß sich die Schwerpunkte innerhalb dieses Raumes in der Weise verfestigt haben, wie es sich bereits unter Jakob von Sierck abzeichnete. Die Burg Ehrenbreitstein bildet den bei weitem bevorzugten Aufenthaltsort Erzbischof Johanns. Aus der Zahl von 1049 Belegen ergibt sich, daß ca. 43% aller Aufenthalte allein auf diese Burg entfallen. Die Stadt Koblenz hat der Kurfürst nach dieser Zählung an 493 verschiedenen Tagen aufgesucht. Auch wenn hier weniger als ein Drittel der Besuche gegenüber dem Ehrenbreitstein zu verzeichnen sind, liegt diese Zahl noch deutlich über den Werten für Trier oder Pfalzel. 21 Aufenthalte in der Burg Stolzenfels, zwei in Kapellen und drei in Kärlich runden das Bild ab, können aber das Resultat nur unwesentlich beeinflussen.

Auch wenn für die Regierungszeit Johanns von Baden im Durchschnitt immerhin 53 Aufenthaltsbelege pro Jahr nachgewiesen werden können, so ist es dennoch nicht möglich, exakte Aussagen über die Dauer der Anwesenheit des Kurfürsten an einem Ort zu machen. Zu hoch ist die Wahrscheinlichkeit, daß in dem relativ kleinräumigen Territorium zwischen zwei nachweisbaren Aufenthalten kurzfristig Reisen unternommen wurden. Hierbei ist auch an solche Unternehmungen zu denken, die persönlichen Bedürfnissen des Landesherrn entsprachen, wie Jagden oder Badeaufenthalte, die naturgemäß kaum Niederschlag in den Quellen fanden, die für die Rekonstruktion des Itinerars herangezogen werden können. Unter Außerachtlassung derartiger »Vergnügungsreisen« sowie der Tatsache, daß sicherlich bei weitem nicht alle Quellen überliefert sind, die Rückschlüsse auf Aufenthalte zulassen, und es auch solche Tage gab, an denen keine »Regierungstätigkeit« ausgeübt wurde – hier ist vor allem an Feiertage zu denken –, lassen sich einige Tendenzen aufzeigen. Eine Differenzierung zwischen Trier/Pfalzel und Koblenz/Ehrenbreitstein ist für derartige Beobachtungen nicht sinnvoll, da die Entfernungen innerhalb der Räume so gering sind, daß an einem Tag bequem jeweils beide Orte aufgesucht werden konnten. Nimmt man die Aufenthalte in den Räumen über längere Zeit zusammen, so ergibt sich folgendes Bild: Johann von Baden hielt sich etwa 275 Monate in Koblenz/Ehrenbreitstein und etwa 76 Monate in Trier/Pfalzel auf, womit – wenn auch in größerer Intensität – das aus der Aufenthaltshäufigkeit gewonnene Ergebnis bestätigt wird. Deutlicher wird der Eindruck bei einer Betrachtung der durchschnittlichen Aufenthaltsdauer, die für Johann von Baden im Herrschaftszentrum am Rhein etwa sechs Monate, in Trier/Pfalzel etwa eineinhalb Monate betrug. Auch die längsten Aufenthalte in einem Raum pro Jahr fallen mit jeweils etwa acht Monaten in den Jahren 1500 und 1502 auf Koblenz und Ehrenbreitstein. In beiden Fällen hängt die große Verweildauer mit dem hohen Alter und der körperlichen Schwäche des Erbischofs zusammen[85], was durch einen mehr als fünfmonatigen Aufenthalt Johanns von Baden in Trier/Pfalzel im Jahre 1501 zusätzliche Plausibilität erhält. Es ist bezeichnend, daß der alte und kranke Kurfürst von Anfang Mai 1502 bis zu seinem Tode das Herrschaftszentrum am Rhein nicht mehr verlassen hat, da ihm dies anscheinend die bequemsten Lebensumstände garantierte. In die gleiche Richtung weist die Begründung für das Herauszögern einer Verhandlung zwischen dem Erzbischof und der Stadt Trier, die *umb des sterbens willen, der dan diß vergangen jare allenthalben mircklich gherscht hait*, erst am 6. April 1461 wieder aufgenommen werden

---

85 Vgl. LHAK 1 D 1397 (1499 XII 15, Ehrenbreitstein)

konnte[86]. Tatsächlich hatte Johann von Baden seit Juni 1460 – abgesehen von der Belagerung Isenheims – den Raum Koblenz/Ehrenbreitstein/Stolzenfels bis dahin nicht verlassen. Überschaut man die ganze Regierungszeit Erzbischof Johanns, so zeigt sich insbesondere seit den 90er Jahren eine erhebliche Präferenz für das Herrschaftszentrum am Rhein, wo er sich seit 1491 durchschnittlich knapp sieben Monate im Jahr aufhielt, während er in Trier und Pfalzel im Durchschnitt nur etwa eineinhalb Monate verweilte.

In der zweiten Hälfte des 15. Jahrhunderts hat ein Phänomen, das ansatzweise seit dem 13. Jahrhundert zu beobachten war, einen Höhepunkt erreicht: Die Trierer Erzbischöfe suchen bei ihren Reisen vermehrt Orte im Raum Koblenz auf. Es wäre sicherlich falsch, hierin eine Stringenz im Sinne einer teleologischen Ausrichtung des Itinerars auf einen Ort zu sehen. Zwar ist das Resultat erkennbar, daß sich der Raum Koblenz zum bevorzugten Aufenthaltsort entwickelte, die Untersuchung der einzelnen Itinerare der Trierer Erzbischöfe ergab jedoch, daß dies keineswegs ein konstanter Konzentrationsprozeß war. Vielmehr machten sich langanhaltende Gegenbewegungen bemerkbar, die auch unter Johann von Baden wirksam blieben. Ebenso falsch wäre es, an ein zielgerichtetes Handeln der Erzbischöfe zu denken, das die Ausbildung einer Residenz an einem Ort beabsichtigte. Daß Koblenz seit dem 14. Jahrhundert zunehmend Bedeutung als Aufenthaltsort erlangte, hängt von einer Vielzahl äußerer Bedingungen ab, auf die ein Landesherr nicht immer unmittelbar Einfluß nehmen konnte.

Deutlicher werden die für Johann von Baden gemachten Beobachtungen unter seinem Nachfolger. Für Jakob von Baden sind insgesamt 474 Aufenthaltsbelege vorhanden, was einem Durchschnitt von etwa 59 Belegen pro Jahr entspricht. Eindeutiger Schwerpunkt des Itinerars ist die Burg Ehrenbreitstein mit 212 Aufenthalten, die zusammen mit 73 für Koblenz und vier für Kärlich ca. 61% der nachgewiesenen Aufenthalte ausmachen. Demgegenüber hat Pfalzel mit 65 Aufenthalten, was etwa 14% der Gesamtzahl entspricht, nur eine verschwindend geringe Bedeutung. Die Stadt Trier, wo ihm – wie bereits oben ausgeführt – zu Lebzeiten nicht gehuldigt wurde, hat Jakob von Baden nicht ein einziges Mal aufgesucht. Gegenüber den aufgezeigten Hauptaufenthaltsorten sind alle anderen Punkte von verschwindend geringer Bedeutung. Diesem Befund entspricht auch eine Untersuchung der Aufenthaltsdauer. Jakob von Baden hielt sich etwa 45 Monate in Koblenz/Ehrenbreitstein und acht Monate in der Nähe der Moselmetropole auf. Am Rhein weilte der Kurfürst durchschnittlich fünfeinhalb Monate pro Jahr, in Pfalzel etwa einen Monat. Ehrenbreitstein wird deutlich als meist besuchter und vermutlich wichtigster Ort im Herrschaftsverständnis des Kurfürsten erkennbar. Es kann, bevor nicht entsprechende Untersuchungen für die Kurfürsten des 16. bis 18. Jahrhunderts vorliegen[87], nicht abschließend geklärt werden, ob hiermit bereits eine Entscheidung seiner Nachfolger präjudiziert wurde. Jedenfalls kann Ehrenbreitstein mit Recht als eindeutig bevorzugter Aufenthaltsort der Trierer Erzbischöfe am Ende des Mittelalters angesprochen werden.

---

86 LHAK 1 C 737, S. 109 (1461 IV 6, Trier).
87 Die Argumentation mit der spärlichen Ausbeute von insgesamt 114 Verordnungen für das gesamte 16. Jahrhundert bei V. D.DOLLEN, Verflechtungsraum, S. 26, vermag nicht zu befriedigen.

Neben einer rein statistischen Auswertung der überlieferten Aufenthaltsbelege läßt sich in den Quellen eine Vielzahl von Belegen für die Residenz des Kurfürsten ausmachen[88]. Dem Grafen Dietrich von Manderscheid-Schleiden teilte Johann von Baden das Anliegen des Mainzer Erzbischofs mit, etliche Grafen, Herren und andere als Diener in der Stiftsfehde zu gewinnen, und bat ihn, ebenfalls in den Dienst Adolfs von Nassau zu treten. Um darüber zu verhandeln, sollte sich der Graf *anstundt alher ghen Erenbreitstein* begeben[89]. Der Bündnisvertrag mit Philipp Graf zu Katzenelnbogen-Diez von 1463 beinhaltete eine Bestimmung, wonach dieser mit vierteljährlicher Frist gekündigt werden konnte; dies sollte dem Trierer Erzbischof gegebenenfalls *gein Erenbreitstein* verkündet werden[90]. In Koblenz leistete Graf Kuno von Solms seinen Lehnseid auf Kaiser Friedrich III.[91] Ein von Graf Dietrich von Manderscheid ausgehandelter vorläufiger Vergleich zwischen Johann von Baden und Pfalzgraf Friedrich besagte, daß die Parteien ihre Stellungnahmen austauschen sollten, wobei der Pfalzgraf seine Darstellung zum Erzbischof nach Ehrenbreitstein schicken sollte[92]. Wegen einer Erbauseinandersetzung mit Eberhard Hesse hatte Nikolaus von Mirbach eine Unterredung mit dem Kurfürsten auf Ehrenbreitstein[93]. Für die zehn Kanonikate der Stiftskirche Pfalzel und die Altäre in den Burgen Limburg und Ehrenbreitstein verlieh Papst Sixtus IV. dem Trierer Erzbischof das Recht, die Pfründen auch in den reservierten Fällen zu verleihen. Als Begründung nannte der Papst, daß die beiden Burgen, die zur *mensa archiepiscopi* gehörten, in besonderem Maße der Verteidigung des Erzstifts dienten. Im Falle Pfalzels tritt in besonderem Maße die Verbindung Residenz-Residenzstift zutage, da Sixtus IV. darauf hinwies, daß die Trierer Erzbischöfe in der Pfalzeler Burg häufig *residere consuerunt*[94]. Wegen einer nicht näher bezeichneten Sache wurde der Manderscheider Kellner 1480 nach Ehrenbreitstein vorgeladen[95]. Dort leistete der Koblenzer Apotheker Johann seinen Treueid[96]. Wegen eines Vertrags mit Graf Philipp von Virneburg richteten die Mayener eine Beschwerde an den Erzbischof, die sie ihm auf Ehrenbreitstein vorbrachten[97]. Als der Marschall Rudolf von Pappenheim von König Maximilian zum Trierer Kurfürsten gesandt wurde, suchte er diesen zunächst am Rhein, wo er ihn jedoch nicht fand und von dort weiter nach Trier reisen mußte[98]. Von der Reise zum Nürnberger Reichstag kehrte Johann von Baden zuerst nach

---

88 Diverse Hinweise, insbesondere in den städtischen Rechnungen von Trier und Koblenz, auf den jeweiligen Aufenthaltsort des Landesherrn wurden für die Zusammenstellung des Itinerars verwendet und brauchen hier nicht eigens aufgeführt zu werden. Dabei handelt es sich in der Regel um Unterredungen von Ratsbotschaften mit dem Kurfürsten.
89 Kopie aus dem Generalarchiv Brüssel, Best. Papiers de la famille d'Aremberg im HStAD Schleiden 78 (1461 XI 28, Ehrenbreitstein).
90 LHAK 1 A 8442 (1463 VIII 5), DEMANDT, Nr. 5261.
91 Solmser Urkunden, Bd. 2, Nr. 1507 (1464 IV 21, Koblenz). Ebenso verfuhr Graf Johann von Solms, ebd., Nr. 1752 (1478 VII 11, Ehrenbreitstein).
92 LHAK 1 C 607, S. 143 (1466 XI 16, Bruttig).
93 LHAK 1 C 16217, S. 3f. (1468 VI 9).
94 LHAK 1 A 8580 (1476 I 21, Rom), vgl. STRUCK, Bd. 1, Nr. 1173.
95 LHAK 1 C 6124, S. 416 (1480 I 1- VI 24).
96 LHAK 1 C 18, 693 (1484 III 13, Ehrenbreitstein), GOERZ, S. 258.
97 LHAK 34, 803, S. 15f. (1485 I 4, Ehrenbreitstein).
98 Der Erzbischof teilte Maximilian mit, der Marschall habe ihn *danydden am Ryne nit troffen*, LHAK 1 C 16217, S. 125f. (1486 XI 2, Trier), GOERZ, S. 264.

Koblenz zurück⁹⁹. In seinem Revers über die Bestallung zum erzbischöflichen Diener versprach Adam von Ottenstein, sich *zu Erembreitstein by synen gnaden zu hoiffe ader woe sunst syn gnade will* aufzuhalten¹⁰⁰. Der bereits 1488 zum Diener bestallte Ludwig von Tann¹⁰¹ erklärte im folgenden Jahr, so lange im erzbischöflichen Dienst bleiben zu wollen, wie es Johann von Baden gefalle. Allerdings konnte das Verhältnis von beiden Seiten nach vierteljährlicher Frist gekündigt werden und dies sollte Ludwig dem Kurfürsten gegebenenfalls auf Ehrenbreitstein verkünden¹⁰². Da sich der Erzbischof 1490 fast ausschließlich in Pfalzel aufhielt, suchte ihn Hans Hesse mehrmals dort auf¹⁰³. Ebenfalls in Pfalzel handelte der Kurfürst den Ehevertrag zwischen Sybille Markgräfin von Baden und Junggraf Ludwig von Nassau-Saarbrücken aus¹⁰⁴. Den gleichen Ausstellungsort trägt die Urkunde, worin Jakob von Baden zugunsten seines Vaters auf seine Ansprüche auf die Markgrafschaft verzichtete¹⁰⁵. Nachdem der Schwäbische Bund von Erzbischof Johann die Entsendung eines Rats zu einer Versammlung in Gemünden verlangt hatte, zitierte dieser den Trierer Offizial zu sich nach Koblenz, um ihn zu instruieren und zu bevollmächtigen¹⁰⁶. In den Grenzstreitigkeiten zwischen Kurtrier und Luxemburg sollte die luxemburgische Partei ihre Beschwerden nach Pfalzel schicken¹⁰⁷, die daraufhin von seiten des Erzbischofs zusammengestellte Anklageschrift wurde in Koblenz datiert¹⁰⁸. Der neue Gerichtsschreiber des Trierer Schöffenkollegs erhielt sein Amt von Johann von Baden auf der Burg Ehrenbreitstein, wo er auch seinen Treueid leistete¹⁰⁹. Bei seinem Onkel auf der Burg Ehrenbreitstein hatte Markgraf Christoph von Baden die Ausrüstung eines seiner Büchsenschützen deponieren lassen¹¹⁰. Dort machten auch die von Partenheim ihre Ansprüche auf ihren Besitz geltend¹¹¹. 1497 lud Johann von Baden den Grafen Reinhard von Leiningen-Westerburg nach Ehrenbreitstein, um *ettlicher unser anlygender sachen halben dyner und ander rait zu haben*¹¹². Auch der Emmericher Bürger Heinrich von Elverich suchte den Trierer Erzbischof in Koblenz auf¹¹³, wobei nicht ganz klar ist, ob dieser aufgrund mangelnder Ortskenntnisse hiermit die Stadt selbst oder die gegenüberliegende Burg meinte. Der auf drei Jahre zum Rat und Diener bestallte Dr. Richard Gramann von Nickenich sollte stets beim Erzbischof *zu hoiff* sein und zu diesem

---

99 Stak- 623- BMR 4092, S. 1 (1487 VI 28).
100 LHAK 1 A 8794 (1488 VIII 26).
101 LHAK 1 A 8792 (1488 VIII 24).
102 LHAK 1 A 8831 (1489 VIII 24). Dies war acht Jahre später offenbar noch nicht geschehen, da Ludwig von Tann im Gefolge des Erzbischofs vor Boppard erschien, LHAK 701,4, Bl. 66v (1497 VII 5, Boppard).
103 LHAK 1 A 1301 (1490 IX 10, Trier), GOERZ, S. 276. Die Sache wurde im folgenden Jahr auf Ehrenbreitstein weiter verhandelt, Stak- 623- BMR 1674a.
104 GLAK Abt. 46, Nr. 1293 (1490 X 31, Pfalzel).
105 GLAK Abt. 46, Nr. 1242 (1490 XII 1, Pfalzel).
106 LHAK 1 C 16214, Bl. 34 (1491 II 15, Koblenz), GOERZ, S. 278.
107 PSHIL, Bd. 35, S. 314f. (1491 X 8).
108 PSHIL, Bd. 35, S. 317-320 (1491 XI 10, Koblenz).
109 LHAK 1 C 18, 888 (1491 X 14, Ehrenbreitstein).
110 LHAK 1 A 8955 (1495 X 13).
111 LHAK 1 C 18, 1028 (1495 XII 20, Ehrenbreitstein).
112 HHStAW Abt. 339, Nr. 310 (1497 I 8, Ehrenbreitstein). Bereits im April des Jahres zitierte er den Grafen abermals nach Ehrenbreitstein, ebd. (1497 IV 17, Ehrenbreitstein).
113 Hanserecesse, Bd. 3, Nr. 640 ([1497 um VII 24, Emmerich]).

Zweck stellte ihm Johann *zu Erenbreitstein eyn kamer und gemache* zur Verfügung[114]. Bevor die Räte des Kurfürsten zu einer Verhandlung mit den Abgesandten der Sponheimer Grafen nach Oberwesel geschickt wurden, sollten sie sich am Abend zuvor in Koblenz versammeln, um ihre Instruktionen zu erhalten[115]. Das Ergebnis der Beratungen wurde dem Erzbischof wiederum in Ehrenbreitstein vorgebracht[116]. 1499 verhandelte Herzog Georg von Sachsen im Namen des Hochmeisters des Deutschen Ordens in Koblenz mit Erzbischof Johann wegen der ungehorsamen Ordensritter der Ballei Koblenz[117]. Die Brüder Philipp und Balthasar Boos von Waldeck waren für zwölf Gulden monatlich zu Hauptleuten des kurtrierischen Aufgebots für den Schwäbischen Bund bestellt worden. Falls das Unternehmen länger als einen Monat dauern sollte, war der Sold bis zu dem Tag täglich auszuzahlen, an dem sie sich in Pfalzel oder Koblenz zurückmeldeten[118]. Während der Beratung im Trierer Domkapitel über die Annahme Jakobs von Baden zum Koadjutor brachten die opponierenden Domherren[119] als Gegenargument unter anderem vor, die Meinung Erzbischof Johanns, der *apud Confluentiam in diocesi Trevirensi in arce residens ab ecclesia sua absens est*, sich also auf der Burg Ehrenbreitstein aufhielt, sei nicht gehört worden[120]. Die topographische Lage des ehemaligen Klosters der nach Schönstatt bei Vallendar versetzten Nonnen beschrieb der Kurfürst in einer Urkunde folgendermaßen: *in valle Molaria sub nostre solite archiepiscopalis residentie loco seu arce Erenbreitstein*[121]. In einer Instruktion, die vermutlich für Graf Reinhard von Leinigen-Westerburg bestimmt war,[122] der mit Graf Johann von Nassau verhandeln sollte, wurde Reinhard angewiesen, den Nassauer nach Ehrenbreitstein oder Engers zum Erzbischof vorzuladen[123]. Die Artikel bezüglich der Reformation des Klosters St. Thomas bei Andernach wurden dem Visitator Johann Print von Horchheim, Abt zu Springiersbach, auf Ehrenbreitstein persönlich übergeben[124]. Ein Schreiben der Ganerben von Reifenberg trägt den Rückvermerk *presentatum ad Erenbreitstein 2ª post Brictii 1502*[125], wurde also am 14. November in der Burg abgegeben. Bezeichnenderweise führten die Räte Johanns nach dessen Tod die Regierungsgeschäfte auf Ehrenbreitstein weiter[126]. Sein Nachfolger wies alle

---

114 LHAK 1 A 8996 (1497 VIII 23, Boppard); LAMPRECHT, Bd. 3, Nr. 271.
115 LHAK 1 C 609, S. 122 (1498 X 8, Ehrenbreitstein), GOERZ, S. 306; LHAK 1 C 609, S. 125 (1498 X 13, Ehrenbreitstein), GOERZ, S. 307.
116 LHAK 1 C 609, S. 168 (1498 X 31, Ehrenbreitstein), GOERZ, S. 307.
117 HUBATSCH, Bd. 1,2, Nr. 18102 (1499 II 23, Koblenz).
118 LHAK 1 A 9028 (1499 IV 14, Trier), GOERZ, S. 308.
119 Vgl. oben.
120 LHAK 1 A 9040 (1499 XII 26, Trier), vgl. LAGER, Johann von Baden, S. 100.
121 LHAK 1 C 17, 1611 (1500 II 7, Koblenz), GÜNTHER, Bd. 4, Nr. 406.
122 Dies legt die Provenienz des Stücks im Westerburger Archiv nahe, HHStAW Abt. 339, Nr. 311, Bl. 621 (um 1500).
123 Graf Johann von Nassau erschien am 20. Januar in der Koblenzer Burg vor Johann von Baden und erbat die Belehnung mit den trierischen Lehen der Grafschaft Katzenelnbogen, HHStAW Abt. 170 I U 2417 (1501 I 20, Koblenz).
124 LHAK 1 C 17, 1716 (1502 VIII 25, Ehrenbreitstein), GOERZ, S. 319.
125 LHAK 1 C 16221 (1502 XI 9).
126 Ein Schreiben von *unss obg. g. h. von Trier seligen rete* an Maria von Limburg, Gräfin zu Sayn, ist in Ehrenbreitstein ausgestellt, LHAK 1 C 13211, S. 9 (1503 III 11).

Lehnsträger des Erzstifts an, sich persönlich nach Koblenz oder Ehrenbreitstein zu begeben, um dort ihre Lehen zu empfangen[127].

Bei der Einsetzung geistlicher Würdenträger in ihr Amt durch den Erzbischof lassen sich vereinzelt Hinweise auf den bevorzugten Aufenthaltsort des Landesherrn gewinnen: Bei der Proklamation durch Johann von Baden wurde ein Ort angegeben, wo eventuelle Einwände vor dem Erzbischof oder seinen Kommissaren vorgebracht werden konnten. Neben Koblenz[128] erscheinen Trier[129] und Montabaur[130] als solche Orte. Die anschließenden Eidesleistungen gegenüber dem Kurfürsten fanden in den überlieferten Fällen fast ausschließlich auf Ehrenbreitstein[131] und in Koblenz[132] statt; demgegenüber sind andere Belege[133] bedeutungslos.

Neben dem vielleicht einseitig wirkenden Blick auf die Person des Landesherrn sind gerade die Regelungen für die Abwesenheit des Erzbischofs von Interesse. Was geschah, wenn der Kurfürst sein Territorium verließ? Wie wurde die Herrschaft aufrechterhalten? Für die Zeit Jakobs von Sierck stellte I. Miller fest, daß in der Zwischenzeit eigens dazu bestellte Räte naturgemäß(!) die Regentschaft über das Erzstift übernahmen[134]. In der Zeit Johanns von Baden gibt es hierüber genaue und umfassendere Informationen, die eine Konkretisierung dieser recht pauschalen Aussage zulassen und damit Rückschlüsse auf den Sitz einer sich ver-

---

127 STBT Hs. 1774/1760 4°, fo. 34 (1503 VIII 4, Pfalzel).
128 LHAK 1 C 108, Bl. 231r-232r (1460 VI 30, Ehrenbreitstein), GOERZ, S. 211.
129 STAT L 32 (1463 XII 27, Trier).
130 LHAK 1 C 108, Bl. 234r-235v (1493 IX 11, Montabaur), GOERZ, S. 287.
131 Adrian von Brielis, Abt von St. Florin in Schönau, LHAK 1 C 18, 137 (1458 VII 30); Jakob von Homberg, Abt des gleichen Klosters, LHAK 1 C 18, 261 (1467 II 13); Johann Sedeler für die Propstei Schiffenburg, LHAK 1 C 108, Bl. 52v-53r (1472 IV 6); Johann von Breda, Abt des Klosters Maria ad Martyres bei Trier, LHAK 1 C 18, 135 (1477 II 11); Johann von Lutzerath, Prokurator in Trier, LHAK 1 C 18, 89 (1477 X 13); Tilmann von Prüm, Abt zu Mettlach, LHAK 1 A 8639 (1479 IX 29); Vitus Johannes Viti, Fiskal zu Koblenz, LHAK 1 C 18, 90 (1488 X 24); Johann von Trier, Abt des Klosters Maria ad Martyres bei Trier, LHAK 1 A 11820 (1492 II 15); Bernhard von Loe, Vikar des St. Julianaltars in Andernach, LHAK 1 C 108, Bl. 101v-102r; LHAK 1 C 17, 1444 (1493 IV 8), GOERZ, S. 285; Johann von Kirburg, Dekan zu Idstein, LHAK 1 C 18, 995 (1494 V 22), STRUCK, Bd. 2, Nr. 1035; Markgraf Friedrich von Baden, Archidiakon in Trier, LHAK 1 D 1377 (1496 III 11), vgl. RTA MR, Bd. 5,1,2, Nr. 1106 (zu 1495 III 11).
132 Johann vom Stein, Archidiakon in Trier, LHAK 1 A 8358 (1457 IX 9); Eberhard von Ruppelskirch, Archidiakon in Longuyon, LHAK 1 D 1247 (1470 III 21); Johann von Miehlen, Abt des Klosters in Gronau, LHAK 1 C 18, 731 (1485 VII 13); Johann von Schwelm, Abt von St. Florin in Schönau, LHAK 1 C 18, 924 (1493 II 5), GOERZ, S. 284; Damian von Helmstadt, Archidiakon in Dietkirchen, LHAK 1 C 18, 1048 (1499 VII 6), vgl. STRUCK, Bd. 2, Nr. 317. Da die Ausfertigung der letztgenannten Urkunde einen Rückvermerk der Trierer Kanzlei trägt, befand sich die Urkunde mit Sicherheit ursprünglich im kurtrierischen Archiv.
133 Pfalzel: Jakob von Neueurburg, Abt zu Echternach, LHAK 1 C 17, 1217 (1488 XII 26), WAMPACH, Bd. 9, Nr. 1031. Trier: Philipp von Isenburg, Archidiakon von Longuyon, LHAK 1 D 1222 (1464 IV 16); Dietrich von Rollingen, ebenfalls Archidiakon in Longuyon, LHAK 1 C 18, 1209 (1502 II 25). Schönecken: Simon von der Leyen, Abt des Klosters Laach, LHAK 1 C 18, 892 (1491 VI 8).
134 MILLER, Jakob von Sierck, S. 69, 270. Leider führt er nur einen einzigen Beleg hierfür an. Darüber hinaus schickte die Stadt Trier, als der Kurfürst in Wiener Neustadt weilte, einen Boten *gein Cobelentz den statheldern uns gnedigen herren van Triere*, STAT RMR 1454/5 boten.

selbständigenden Verwaltung gestatten. Denn es mußte einen Platz geben, wohin sich die Untertanen in dringlichen Angelegenheiten wenden konnten, auch wenn der Kurfürst nicht persönlich anwesend war. Dort waren Entscheidungen zu treffen, die zumindest bis zur Rückkehr des Landesherrn Wirkung hatten, eingehende Korrespondenz mußte wenigstens vorläufig bearbeitet werden.

Die *stathelder und rete* Erzbischof Johanns sind erstmals im Jahre 1458 belegt. Johannes von Rode hatte sich in der strittigen Frage, wann sein Dienstjahr beendet sei, zunächst an diese gewandt und appelliert, nachdem er negativ beschieden worden war, an den Hofmeister und zwei erzbischöfliche Räte[135]. Da der Aufenthalt Johanns von Baden zwischen dem 25. April und dem 17. Juni des Jahres nicht zu ermitteln ist, hielt er sich vermutlich an einem Ort außerhalb des Erzstifts auf, zumindest war er nicht nachweisbar aktiv tätig. Während der Kurfürst im Mai 1465 in Boppard war, schickte die Stadt Koblenz eine Ratsbotschaft auf die Burg Ehrenbreitstein zu dem Hofmeister Wilhelm von Eltz und zu Bernhard von Palant, um mit diesen zu verhandeln[136]. Das erste überlieferte Schreiben, das direkt an die Statthalter des Erzbischofs gerichtet ist, stammt aus dem Anfang des Jahres 1467 und wurde von dem Saarburger Amtmann Wilhelm von Baden an Johann und Wilhelm von Eltz sowie Eberhard von der Arken, *stathelder mynß [gnedig]en herrn von Trier*, gesandt[137]. Der Absender nennt einige Dinge, die sich in letzter Zeit in seinem Amt ereignet haben,[138] und bittet um Mitteilung, wie er sich verhalten soll, wenn derartige Gewalttaten während der Abwesenheit des Erzbischofs geschehen. Die Antwort der Statthalter ist leider nicht überliefert.

Klar tritt hier die noch immer weitgehend personalisierte Herrschaft des Kurfürsten zutage, der offensichtlich in nicht genügender Weise Vorkehrungen für den Fall getroffen hatte, um gegen mögliche Gegner des Erzstifts einzugreifen, wenn er nicht selbst im Lande war. Auch wenn Johann von Baden längst nicht so oft außerhalb seines Territoriums weilte wie sein Vorgänger und vor allem längere Abwesenheit vermied, so ist an diesem konkreten Fall ein Handlungsbedarf hinsichtlich der Delegation von Herrschaft erkennbar geworden, da die eigens eingesetzten Statthalter anscheinend nicht über genügend klar umrissene Kompetenzen verfügten. Dabei ist stets zu berücksichtigen, daß außerdem eine zu breite Verteilung und langfristige Delegation der Macht sicher auch nicht im Interesse des Erzbischofs lag, da stets Verselbständigungstendenzen zu befürchten waren, die auf längere Sicht nur schwer kontrollierbar sein konnten.

Während der 70er Jahre des 15. Jahrhunderts entfaltete Johann von Baden reichspolitische Aktivitäten, die gelegentlich seine Anwesenheit bei den Reichstagen erforderlich machten. Für diese Zeit setzte er im Erzstift Statthalter an einem bestimmten Ort ein: Einen indirek-

---

135 LHAK 1 A 8381 (1458 VI 12).
136 Stak- 623- BMR 1654 (1465 V 23).
137 LHAK 1 C 16213, Bl. 14 (1467 I 14).
138 Obwohl zwischen Luxemburg und Trier vor gewisser Zeit ein Frieden ausgehandelt worden sei, habe Heinrich von Warsberg mit bewaffneter Hand im Amt Saarburg einen armen Mann überfallen und gefangen nach Wincheringen gebracht. Wilhelm von Schwarzenberg sei kurz vor Weihnachten bewaffnet gegen die Bürger von Machern vorgegangen, Arnold von der Fels und Ulrich von Püttlingen hätten das Dorf Nennig überfallen und zwei Mann gefangengenommen, Robin von Fischbach schließlich habe am 9. Januar in Heilfeld einen Mann des Klosters St. Matthias und des Hochgerichts Saarburg gefangen gesetzt.

ten Hinweis auf diesen Platz bietet ein Schreiben des Trierer Offizials und Sieglers an die Räte des Erzbischofs vom 21. August 1470 wegen der Beeinträchtigung der geistlichen Gerichtsbarkeit in Lothringen[139]. Da beide Funktionsträger ihren Sitz in Trier hatten, hätten sie sich nicht unbedingt schriftlich an die Räte gewandt, wenn diese sich in ihrer Nähe aufhielten, sondern hätten sie wohl eher direkt zum Handeln veranlaßt. Am 7. September des Jahres reagierten Statthalter und Räte des Erzbischofs auf die Beschwerde in einem Schreiben an die Statthalter des Herzogs von Lothringen, worin sie auf die Abwesenheit ihres Herrn, der sich gerade in Nürnberg aufhielt, hinwiesen[140]. Auch der relativ lange Zeitraum von mehr als zwei Wochen legt die Vermutung nahe, daß sich die trierischen Räte in einiger Entfernung von Trier, also wahrscheinlich im Raum Koblenz/Ehrenbreitstein aufhielten. Auf jeden Fall traten diese zur Beantwortung des Anliegens nicht erst an den Kurfürsten heran.

Über den Standort der Räte Johanns von Baden während des Regensburger Reichstags 1471 ist nichts bekannt, lediglich einige Briefe an die Statthalter des Herzogs von Lothringen in Nancy sind überliefert[141]. Interessant für die Schnelligkeit der Informationsübermittlung ist ein Brief vom 30. Mai, in dem sie von den Lothringern bereits die Antwort auf ein Schreiben vom 24. Mai anmahnten. Da letztere ihren Sitz in Nancy hatten[142], war es also möglich, über relativ weite Strecken auch in kurzer Zeit Korrespondenzen zu überbringen, so daß den trierischen Statthaltern schon sechs Tage als eine zu lange Zeit erschienen.

Im Juli des Jahres 1473 erfahren wir aus einem Schreiben der Statthalter des Trierer Erzbischofs an den Herzog von Jülich, *das unser gnediger herre sich alhir zu Paltzel vur etlichen tagen zuvor und ee uns uwer gnaden schrift furkomen ist erhoben hait gehabt und buyßen landes gerieden ist*[143]. Von dieser Reise, die ihn nach Baden-Baden und Straßburg führte, kehrte Johann von Baden am 31. August zurück und ist erstmals wieder in Pfalzel nachweisbar. Im gleichen Jahr berichteten die Hauptleute des Markgrafen von Brandenburg ihrem Herrn, sie seien nach Koblenz gekommen und hätten dort außer einigen trierischen Räten niemanden gefunden[144]. In diesem Fall scheint sich der Erzbischof nur relativ kurzfristig von Koblenz und Ehrenbreitstein weggebeben zu haben, und dennoch ließ er Räte als Statthalter zurück.

Als der Badener im April 1487 nach Nürnberg reiste, wurden erneut Maßregeln für seine Abwesenheit notwendig. Vier Schreiben konnten ermittelt werden, die von der Tätigkeit der Statthalter während dieser Zeit zeugen. Bei Gerhard von Palant beschwerten sich die Räte, daß dieser einige Untertanen des Amts Welschbillig gefangen genommen habe und diese nur gegen eine Geldzahlung freilassen wolle und forderten ihn auf, die Leute unverzüglich ohne Bedingungen freizulassen; die Antwort erbaten sie *by diesem boden*[145]. Bereits zwei Tage später überbrachte der Bote die Antwort, Gerhard wolle sich in dieser Sache vor Johann von

---

139 LHAK 1 C 418, S. 89f. (1470 VIII 21).
140 LHAK 1 C 418, S. 95f. 165 (1470 IX 7). Die Antwort der lothringischen Räte erfolgte zwei Wochen später, ebd., S. 109f. (1470 IX 28, Nancy).
141 LHAK 1 C 418, S. 29 (1471 V 24), S. 31 (1471 V 30), S. 39 (1471 VII 25).
142 Vgl. oben und FRAY, Nancy, S. 237f.
143 LHAK 1 C 9588, S. 21 (1473 VII 24).
144 BACHMANN, Nachträge, Nr. 282 (1474 X 11, Koblenz).
145 LHAK 1 C 16213, Bl. 130 (1487 IV 23).

Baden rechtfertigen[146]. Am 1. Mai des Jahres forderten die *stathelder unsers gnedigen hern von Trier ytzt zu Erembreitstein* die Grafen von Wittgenstein auf, die Reformation des Klosters Vallendar nicht weiter zu behindern[147]. Die ebenfalls mit gleichem Boten erbetene Antwort richteten die Grafen Johann und Eberhard zwei Tage später an die *vestenn N. und N. statdheldern unsers gnedigen herrn von Trier itzt zu Ermbreitstein, unsern guden frunden*, und baten um Aufschub bis zur Rückkehr des Erzbischofs[148].

Aufgrund der guten Sachkenntnis des Trierer Dompropsts Philipp von Sierck schickte dieser 1489 von Nancy aus ein Schreiben an Johann von Baden *oder siner gnaden retten ytzunt zu Treren sint*[149]. Da es sich um einen für den 21. Oktober nach Trier anberaumten Gerichtstag[150] handelte, sprach er in diesem Brief bewußt die hierzu entsandten Räte an, und somit bietet dieser Beleg keinen Hinweis auf den Sitz von Statthaltern. 1490 schrieb Graf Gerhard von Sayn einen Brief an den Erzbischof oder, *in syner gnaden abwesen, dem zolschriber zo Engers*[151].

Der etwa fünfmonatige Aufenthalt Erzbischof Johanns beim Wormser Reichstag des Jahres 1495 läßt weitere Schlüsse auf den Ort zu, wo die Regierung des Erzstifts vornehmlich aufrecht erhalten wurde. Am 28. März schrieb Pfalzgraf Johann an den Trierer Kurfürsten oder, *in siner liebden abwesenn, sinen statheltern oder were zu Covelentz bevelle hatt*, wegen der Verlegung eines nach Trarbach anberaumten Gerichtstages mit den Brüdern von Bitsch[152]. Im folgenden Monat lernen wir die Namen der Statthalter kennen: *Uwer f. gnaden undertenige diener Bartholomeus rent., Bertoldus*, also der Rentmeister Bartholomäus Glockner und der Sekretär Berthold Kruss von Regensburg, die dem Erzbischof über die Vorkommnisse der letzten Zeit berichteten und um weitere Veranlassung seitens des Landesherrn baten[153], der ihnen bereits drei Tage später antwortete und die entsprechenden Anweisungen erteilte[154]. Für die Herrschaftspraxis ist die Tatsache interessant, daß der Erzbischof einen Brief an den Herzog von Jülich mit der Bitte um Weiterleitung mitschickte, die Briefe an die Amtleute von Salm und Hammerstein aber selbst erledigte[155].

---

146 Ebd., Bl. 131 (1487 IV 25).
147 Ebd., Bl. 127 (1487 V 1).
148 Ebd., Bl. 125 (1487 V 3).
149 LHAK 1 C 19389, S. 87f. (1489 X 14, Nancy).
150 Am 4. Oktober hatte Johann von Baden den Markgrafen Christoph von Baden als Gouverneur des Landes Luxemburg gebeten, seine Räte zu dem genannten Termin nach Trier zu schicken, um in der Angelegenheit des Dompropsts vor ihm selbst oder seinen Räten zu verhandeln, LHAK 1 C 19389, S. 85 (1489 X 4, Ehrenbreitstein), GOERZ, S. 273.
151 HHStAW Abt. 340 U 12097 (1490 V 26).
152 LHAK 1 C 16218, S. 17f. (1495 III 28, Simmern). In Unkenntnis dieses Schreibens bat Johann von Baden von Worms aus den Pfalzgrafen in einem Brief vom gleichen Tag ebenfalls um die Verschiebung, ebd., S. 15 (1495 III 28, Worms).
153 LHAK 1 C 16218, S. 25f. (1495 IV 19).
154 Ebd., S. 33f. (1495 IV 22, Worms), GOERZ, S. 294.
155 Das Schreiben an den Amtmann von Salm ist im Konzept überliefert, LHAK 1 C 16218, S. 31f. (1495 IV 22, Worms), ebenso wie das an den von Hammerstein, ebd., S. 35 (1495 IV 22, Worms). Möglicherweise wurden die Konzepte bei gleicher Gelegenheit zur Archivierung an die Statthalter gesandt, jedenfalls konnte das Konzept des Schreibens an den Herzog von Jülich nicht ausfindig gemacht werden.

Der Sekretär Berthold Kruss nahm wohl auch im folgenden Jahr die Aufgaben eines Statthalters wahr. Dem in Bertrich weilenden Kurfürsten berichtete er über die weiteren Pläne Erzherzog Philipps von Burgund. Bertholds Aufenthalt in Koblenz[156] wird durch ein Schreiben Erzbischof Johanns bestätigt, das er unmittelbar nach seiner Rückkehr ausfertigte und worin er auf die Handlungen seiner Räte in Koblenz während seines Bertricher Aufenthalts hinwies[157]. Während der Belagerung Boppards hatte Johann von Baden ebenfalls Statthalter zurückgelassen[158].

Wie wichtig dem Kurfürsten die Besetzung des Herrschaftszentrums am Rhein während seiner Abwesenheit war, belegt ein Brief an seinen Montabaurer Amtmann und Rat, Graf Reinhard von Leiningen-Westerburg, der ihm mitgeteilt hatte, daß er *dissmails libsnoede halbn alhier nit kommen* könne. Johann von Baden fährt fort: *Da ist uns dyn bloedicheid nit lieb und haben den von Isemburg, Friedrichen vom Steyne ritter und Roprechten von Rile alhie gelaissen und ist unnser flyssig begirde, sobalde du dyns libs vermoeglich wirdes, du wulles dich ghen Ermbreitstein fuegen und mit ine daselbs das beste thun, als wir dir gentzlich vertruwen*[159]. Aus der Provenienz eines Briefs vom 13. Mai an die Ehrenbreitsteiner Statthalter kann man schließen, daß der Westerburger sich nach seiner Genesung tatsächlich dorthin begab[160]. Obwohl der Erzbischof nur für ein oder zwei Monate in das Obererzstift reiste, hielt er es demnach für notwendig, auf dem Ehrenbreitstein eine hochrangige Besetzung zurückzulassen, die – mit weitreichenden Kompetenzen ausgestattet – für die Aufrechterhaltung der Herrschaft zu sorgen hatte[161]. Gemeinsam mit Wilhelm von Kleeberg agierte Graf Reinhard während eines knapp halbjährigen Aufenthalts Johanns von Baden in Trier und Pfalzel im März 1501 als *stathelter zu Erenbreitstein*[162]. In einer ebenfalls in das Jahr 1501 gehörenden Instruktion für den erzbischöflichen Hofmeister ist wiederum die Rede von den Statthaltern zu Ehrenbreitstein[163]. Demgegenüber scheinen während der Regierungszeit Erzbischof Jakobs II. die Statthalter vorwiegend in Koblenz residiert zu haben[164]. Einmal wird Salentin von Isenburg-Neumagen als *oberster stathelter* genannt[165].

Da es gegen Ende des 15. Jahrhunderts nicht auszuschließen ist, daß der Ausstellungsort einer Urkunde den Sitz einer werdenden Behörde und nicht den augenblicklichen Aufent-

---

156 LHAK 1 C 16218, S. 119f. (1496 V 5). U. a. berichtete Berthold, der Erzbischof von Köln werde spätestens am Sonntag (V 7) *hye zu Covelentz* eintreffen.
157 Ebd., S. 145 (1496 V 18, Ehrenbreitstein), GOERZ, S. 298.
158 Ebd., S. 175 (1497 VI 30).
159 HHStAW Abt. 339, Nr. 310 (1498 III 28, Koblenz).
160 Ebd. (1498 V 13, Trarbach). Anders ist es kaum zu erklären, daß dieser Brief in das Westerburger Archiv gelangte.
161 Möglicherweise stellten die Statthalter während dieser Zeit Colin von der Neuerburg seine Bestallungsurkunde als Amtmann von Hunolstein aus, LHAK 1 A 2070 (1498 V 1, Ehrenbreitstein), GOERZ, S. 304.
162 HHStAW Abt. 339, Nr. 311, Bl. 150 (1501 III 8, Trier).
163 LHAK 1 C 19222.
164 PSHIL, Bd. 33,2, S. 420 (1506 I 28, Koblenz). Eine ganze Reihe von Belegen enthält der Aktenband LHAK 1 C 16221 bezüglich der Besetzung des Amtes Stolzenfels. Weiterhin sind die Koblenzer Statthalter genannt, wobei kein Anspruch auf Vollständigkeit erhoben wird: HHStAW Abt. 339, Nr. 311, Bl. 114 (1506 IX 20); STAT RMR 1505/6, fo. 9r (1506 IX 30); LHAK 1 C 444, S. 1f. (1506 X 27); LHAK 1 C 608, S. 423f. (1506 XII 21, Starkenburg); BAT Abt. 6,2, Nr. 6, S. 21f. (1507 VI 8).
165 LHAK 1 C 16221 (1506 IX 7).

haltsort des Ausstellers bezeichnet[166], soll kurz der Frage nachgegangen werden, ob auf diesem Wege die mitunter vom Reiseweg her kaum möglichen und differierenden Aufenthaltsbelege erklärbar sind. Somit wäre – gewissermaßen als Nebenprodukt – ein eindeutiger Hinweis auf den Standort der wesentlichen Verwaltungsorgane gewonnen. Verfolgt man derartige Unstimmigkeiten im Itinerar des Erzbischofs, so ergibt sich ein relativ klares Bild: Alle Urkunden von Johann von Baden, die einen Ausstellungsort nennen, an dem der Kurfürst sich zu diesem Zeitpunkt nachweislich nicht aufhielt, nennen Ehrenbreitstein, Koblenz oder Pfalzel in der Datierungszeile. Folglich wird man in diesen Fällen, denen hier nicht im einzelnen nachgegangen werden kann, annehmen dürfen, daß die entsprechenden Urkunden von Bevollmächtigten des Kurfürsten ausgefertigt wurden, die über das erzbischöfliche Siegel verfügten. Da regelmäßig, wenn die Statthalter des Erzbischofs ein Siegel ankündigen, das des Landesherrn genannt wird, dürften diese auch für die vom Itinerar her zweifelhaften Ausfertigungen verantwortlich sein. Anders als bei Briefen, wo durchaus die Abwesenheit des Kurfürsten zugestanden werden konnte, war dies bei Urkunden nicht möglich, da hierfür größere Rechtssicherheit beansprucht wurde. Man kann wohl unterstellen, daß stets mit dem Einverständnis des Landesherrn gehandelt wurde. Allerdings wirft diese Beobachtung ein bezeichnendes Licht auf die Zusammenstellung von Reise-/Weg-Itineraren unter alleiniger Berücksichtigung der Ausstellungsorte von Urkunden. Diese Methode ist lediglich für ein Aufenthalts-/Frequenz-Itinerar ausreichend und kann selbst hier – wie gezeigt – nicht ohne weiteres zu eindeutigen Ergebnissen führen. Es lassen sich allerdings recht genaue Aussagen zu den bevorzugten Aufenthaltsorten der Person treffen, deren Itinerar untersucht wurde.

Im Falle Johanns von Baden, der im Mittelpunkt der Analyse stand, ergab dies eindeutig zwei Schwerpunkte: Ehrenbreitstein und Koblenz sowie Pfalzel und Trier, jedoch mit klarer Präferenz für das rheinische Herrschaftszentrum, wo auch eine erheblich längere Aufenthaltsdauer festgestellt wurde. Die mit Abstand meisten Aufenthalte konnten auf der Burg Ehrenbreitstein verzeichnet werden, eine Beobachtung, die in noch größerem Ausmaß für den Nachfolger Johanns, Erzbischof Jakob, gilt. Für die Zeit des ersten Badener Markgrafen auf dem Trierer Stuhl konnten darüber hinaus weitere Indizien für die so bevorzugten Aufenthaltsorte des Kurfürsten gefunden werden. Als wichtigster Verkehrsweg innerhalb des Erzstifts konnte die Mosel identifiziert werden, die zumindest bei Reisen von Trier nach Koblenz regelmäßig genutzt wurde. Der umgekehrte Weg war demgegenüber anscheinend zumindest teilweise schneller zu Lande zurückzulegen; bequemer war sicherlich die Schiffsreise. Sämtliche Hinweise auf längerfristige Aufenthalte des Landesherrn beziehen sich auf Ehrenbreitstein, Koblenz und Pfalzel. Die dominierende Bedeutung der Burg Ehrenbreitstein innerhalb dieser Konstellation wird seit den 90er Jahren des 15. Jahrhunderts auch in den Urkunden des Erzbischofs erkennbar, da in lateinischen Quellen nicht mehr die neutralere, auch für andere Burgen gebrauchte Bezeichnung *castrum* verwendet wird, sondern der einen höheren Stellenwert kennzeichnende Begriff *arx* Anwendung findet. Besonders eindrucksvoll wird diese Feststellung auf anderer Ebene durch die Maßnahmen untermauert, die getroffen wurden, wenn der Landesherr sich nicht in seinem Territoriun oder in entlegeneren Teilen des Erzstifts aufhielt. Die Herrschaft wurde von eigens hierfür bestellten Statt-

---

166 PATZE/STREICH, S. 211.

haltern aufrechterhalten, die in Ehrenbreitstein und Pfalzel eingesetzt wurden. In diesem Zusammenhang wurde erneut die Rolle der Burg am Rhein als Herrschaftszentrum erkennbar, da der Kurfürst für die Besetzung des Ehrenbreitstein besondere Vorsorge traf und auch ausländische Gesandte und Boten den Trierer Erzbischof zunächst in diesem Raum suchten.

Demnach ergibt sich für die weitere Analyse der Herrschaftsmittelpunkte im Erzstift Trier am Ende des Mittelalters im Spiegel der untersuchten Itinerare folgendes Bild: Johann von Baden bevorzugte in hohem Maße Ehrenbreitstein und Koblenz als Aufenthaltsorte, demgegenüber erlangten Pfalzel und Trier nur sekundäre Bedeutung. Allerdings war es nicht möglich, das Territorium von einem Ort alleine aus zu regieren. Die Anwesenheit des Kurfürsten war auch am Ende des Mittelalters anscheinend noch unabdingbar, um die Herrschaft zu demonstrieren. Diese konnte noch nicht so weit delegiert werden, daß die Regierung an einem Ort allein ausgeübt werden konnte. Die spezifische Situation des Erzstifts als Moselterritorium, mit relativ langgestrecktem Besitz entlang und über diese Achse hinaus, machte es notwendig, die Herrschaft zumindest von zwei Polen aus zu praktizieren. Verschiedene Beobachtungen sprechen dafür, daß dem Raum Koblenz/Ehrenbreitstein hierbei eine besondere Rolle zukam, die im folgenden näher analysiert werden soll.

D. Regierungs-, Verwaltungs- und Behördenorganisation

1. Die geistliche Verwaltung

Für das Erzstift Trier als geistliche Landesherrschaft spielte die geistliche Verwaltung naturgemäß eine große Rolle bei der Ausbildung des Territoriums, auch wenn diese nicht unbedingt von der weltlichen Administration zu trennen ist. F. Burgard hat die herausragende Bedeutung des Offizialats für die Ausbildung der kurtrierischen Verwaltung nachgewiesen[1]. In unserem Zusammenhang ist die durch die Gründung der Offizialatskurie Koblenz verstärkte Zweiteilung des Territoriums von Wichtigkeit. Die Grenzziehung zwischen beiden Bezirken lehnte sich unter Außerachtlassung der Archidiakonatsgrenzen an die vermutlich älteren Grenzen der Landkapitel an[2]. Vermutlich nahm die Unterteilung auf bereits vorgegebene und weiterwirkende Unterschiede zwischen beiden Gebieten Rücksicht. In der Zollrolle des Trierer Stifts St. Simeon für den Koblenzer Zoll aus dem Jahre 1209 werden die Einwohner des Bistums Trier in solche zwischen dem Elzbach und Pfalzel, Pfalzel und Konzer Brücke sowie Konzer Brücke und Toul unterteilt und verschiedenen Tarifklassen in einem nach Entfernungen abgestuften Gebührensystem zugeordnet[3]. Bezeichnenderweise ordnete sich die spätere weltliche Unterteilung des Kurstaates in Ober- und Niedererzstift der Abgrenzung der geistlichen Verwaltungsorganisation unter. Zentren der somit entstandenen Binnengliederung des Territoriums waren die beiden großen Städte Trier und Koblenz[4]. Insbesondere in der geistlichen Verwaltung treffen wir in der Mitte des 15. Jahrhunderts auf festgefügte Institutionen, die im Grunde keinen Raum für Innovationen ließen, angesichts des reibungslosen Funktionierens auch keinen diesbezüglichen Handlungsbedarf erkennbar machten[5]. Folglich kann eine Analyse der Aufgaben und des Funktionsbereichs der Offizialatskurien in unserem Zusammenhang unterbleiben, da die unter Erzbischof Bal-

---

1 BURGARD, Familia, insbes., S. 379ff.
2 Vgl. MICHEL, Gerichtsbarkeit, S. 51. Der Elzbach, der in der Folgezeit die Grenze zwischen den Offizialatsbezirken Koblenz und Trier bildete, trennte ebenfalls die Landkapitel Ochtendung und Kaimt-Zell. Auf dem Hunsrück gehörte das Landkapitel Boppard noch zum Sprengel des Koblenzer Offizials, vgl. die Kartenbeilage zu PAULY, Siedlung, Piesport. Durch diese Untergliederung wurde der Archidiakonat Karden geteilt. Aufgrund der unterschiedlichen Funktionen und Kompetenzen von Offizialen und Archidiakonen stellte dies spätestens im 15. Jahrhundert kein grundlegendes Problem dar. Zum Offizialat allgemein vgl. BURGARD, Familia, S. 5f. und die dort genannte Literatur.
3 MRUB, Bd. 2, Nr. 242 (1209 VI 13), vgl. D. KERBER, Wirtschaft im Mittelalter, in: Geschichte der Stadt Koblenz, Bd. 1, S. 313–332, hier: S. 321.
4 Während des gesamten Untersuchungszeitraums übte der jeweilige Offizial Amtshandlungen nur in Trier beziehungsweise in Koblenz aus, vgl. unten.
5 Der Streit des Erzbischofs mit dem Koblenzer St.-Kastor-Stift um die Ausübung der archidiakonalen Gerichtsbarkeit der Propstei wurde schließlich für den Oberhirten und damit letztlich zugunsten des Offizialats entschieden, vgl. MICHEL, Gerichtsbarkeit, S. 59f.

duin von Luxemburg erfolgte Unterteilung stets beachtet wurde[6] und als eine Voraussetzung für die Ausbildung von Herrschaftsmittelpunkten gelten kann[7].

Ein nicht zu unterschätzendes Problem bei der Erforschung von Organisation und Funktionen der geistlichen Verwaltung des Erzstifts in der zweiten Hälfte des 15. Jahrhunderts stellt die vatikanische Überlieferung dar, die nur bis zum Pontifikat Pius' II. durch das Repertorium Germanicum erschlossen ist. Da es im Rahmen dieser Arbeit nicht möglich war, die Quellen der Kurie zu sichten, ist folglich eine Einengung auf die kurtrierische Provenienz bewußt in Kauf genommen worden, die lediglich durch die Einbeziehung der Archive verschiedener geistlicher Institutionen erweitert werden konnte. Die Grundzüge der räumlichen Zuordnung und Konzentration geistlicher Verwaltung sind anhand der vorliegenden Quellen erkennbar.

Lohnend ist ein Blick auf die Personengruppe der Offiziale beider Kurien, die als Funktionsträger des Erzbischofs durchweg eine höchst wichtige Rolle spielten, die partiell weit über ihre eigentlichen Aufgaben hinausging. Bemerkenswert ist bereits die Tatsache, daß Johann von Baden bei seinem Amtsantritt beide Offiziale auswechselte. Prägnant ist insbesondere die Anstellung des Magisters Dr. decretorum Johann Gemminger, der aus dem personellen Umfeld der Markgrafen stammte[8], als Offizial in Koblenz, womit der neue Kurfürst eindeutig ein Zeichen setzte, daß er wichtige Ämter mit Personen zu besetzen gedachte, die ihm wohlgesonnen waren. Dabei erschienen die Vorsteher so bedeutender Behörden wie der Offizialatskurien besonders vordringlich, um der Verselbständigung von »Amtsgewalten« zu begegnen.

Johann Gemminger trat bereits während der Koblenzer Huldigungsverhandlungen 1457 als einer von Erzbischof Johanns Räten, Freunden und Sprechern auf[9] und war 1460 neben

---

[6] Auf den ersten Blick scheint die Streitsache des Pfarrers Matthias Back wegen des Gottesdienstes in den Pfarrkirchen Thür und Niedermendig, also eindeutig im Offizialatsbezirk Koblenz, dieser Behauptung zu widersprechen, da die Sache zunächst vor dem Trierer Offizial Heymann Frank verhandelt wurde, LHAK 1 A 3432 (1468 XII 9, Trier); LHAK 1 A 3433 (1471 IX 4, Trier). In diesem Fall war jedoch der Sitz des Klägers – als solcher trat das Trierer Domkapitel auf – entscheidend und nicht das Streitobjekt. Darüber hinaus trat der Trierer Offizial hier als erzbischöflicher Kommissar in Aktion. Wie weit die Verfestigung bereits gediehen war, beweist die endgültige Entscheidung des Streits, die durch den Trierer Archidiakon Johann vom Stein gefällt wurde. Bezeichnenderweise fanden die Verhandlungen hierüber in Koblenz im Haus Spieß statt, das sich im Immunitätsbereich des St.-Kastor-Stifts befand, LHAK 1 A 3434 (1472 VI 18, Koblenz). 1499 einigte sich Johann von Baden durch seine Bevollmächtigten mit Pfalzgraf Johann und Markgraf Christoph von Baden, beide als Grafen zu Sponheim, unter anderem über die Zuständigkeit des erzbischöflichen geistlichen Gerichts in Winningen. Zwar sollte der Koblenzer Offizial fortan keine Ladungen mehr nach Winningen senden, ausdrücklich ausgenommen von dieser Exemtion waren jedoch Fälle, *die sich an geistlichen gerichten gepueret zu vertedigen*, LHAK 1 A 9032 (1499 VIII 30).

[7] Was die weitere Untergliederung des Erzbistums in geistliche Verwaltungsbereiche anbelangt, so kann auf die detaillierten Untersuchungen von PAULY, Siedlung, verwiesen werden.

[8] TEWES, Kreidweis, S. 36. Wahrscheinlich stand der Offizial in familiärer Beziehung zu der Kraichgauer Adelsfamilie von Gemmingen. Zu dieser Familie vgl. FOUQUET, Speyerer Domkapitel, S. 517–519. Dietrich von Gemmingen erscheint 1459 als Beisitzer der Gerichtsverhandlung zwischen der Stadt Koblenz und dem St.-Kastor-Stift vor Johann von Baden, SCHMIDT, Nr. 2074 (1459 III 7, Ehrenbreitstein). Unklar ist, ob Dietrich d.Ä. oder d. J. gemeint ist, ersterer war Rat Markgraf Karls von Baden, letzterer seit 1469 dessen Hofmeister, RMB IV 9861 (1469 V 3).

[9] LHAK 1 C 16212, Bl. 27r (1457 III 22, Koblenz).

dem Kanzler bei der Eidesleistung der Trierer Domherren vor dem Erwählten anwesend[10]. Allerdings war Gemminger nicht – wie von F. Michel behauptet – gleichzeitig Generalvikar des Erzbischofs[11]. Diese Funktion war in der Zeit Johanns von Baden regelmäßig mit dem Amt des Weihbischofs verbunden[12]. Der Prior von Eberhardsklausen, Johann von Eindhoven[13], wurde 1483 ausdrücklich zum *suffragannen und gemeynen vicarius in bischofsachen* ernannt[14]. Die Ernennung zum Generalvikar erfolgte durch den Erzbischof, die Verleihung des Bistums Asdod nahm der Papst vor. Daneben wurden einzelne Personen für bestimmte Aufgaben mit bischöflichen Vollmachten ausgestattet[15].

Die Offiziale folgten in der geistlichen Hierarchie unmittelbar auf den Generalvikar[16], anders als dieser verfügten sie jedoch über einen genau abgegrenzten Amtsbereich und die bereits mehrfach genannte weit entwickelte Behörde der Offizialatskurien. Die Übernahme des Offizialats implizierte für die Amtsinhaber eine weitgehende räumliche Zuordnung. Mitunter wurden solche Personen bevorzugt, die aus den jeweiligen Offizialatsbezirken stammten.

Der Nachfolger des besprochenen Johann Gemminger, Dr. iuris utriusque Johann von Erpel, leistete am 19. Oktober 1472 seinen Eid als Koblenzer Offizial[17]. 1475 begleitete er den Erzbischof bei der kaiserlichen Belagerung der Stadt Neuss[18]. Dort wechselte er offenbar in den Dienst des Kölner Administrators Landgraf Hermann von Hessen, dessen Rat

---

10 Ebd., Bl. 17 (1460 V 12).
11 MICHEL, Gerichtsbarkeit, S. 59.
12 Johann von Baden kam während seiner Regierungszeit mit zwei Weihbischöfen aus, dem Anfang 1483 verstorbenen Rommersdorfer Abt Hubert, LHAK 1 A 3500 (1483 V 1, Trier), und dem Abt Johann von Mariamünster in Luxemburg. Letzterer erhielt zu seinem Amtsantritt von der Stadt Trier vier Kannen Wein, STAT RMR 1482/3, fo. 5r (1483 VI 30). Am 27. Februar 1483 hatte der Badener den Papst gebeten, dem damaligen Prior von Eberhardsklausen das Bistum Asdod zu verleihen, LHAK 1 C 108, Bl. 154r-v (1483 I 27, Trier), GOERZ, S. 256. Am 3. Juli 1483 ernannte ihn Erzbischof Johann zum *vicarium nostrum in pontificalibus generalem*, LHAK 1 C 18, 672 (1483 VII 3, Pfalzel), GOERZ, S. 257, und wies ihm 100 Gulden aus Zoll und Kellerei Wittlich sowie 100 Gulden aus den Einkünften des Siegelamtes Trier als jährliche Einkünfte an, LHAK 1 C 18, 673 (1483 VII 3), GOERZ, S. 257. 1490 gestattete Johann von Baden seinem Generalvikar, die Verwaltung der Abtei Mariamünster zu übernehmen, LHAK 1 C 18, 858 (1490 IX 2, Pfalzel), GOERZ, S. 276, HONTHEIM, Bd. 2, Nr. 880. Sein Vorgänger Hubert besaß in der Koblenzer Burggasse ein Haus, LHAK 1 A 1226 (1465 VI 22, Koblenz), GOERZ, S. 221. Ebenso besaß der Weihbischof einen Hof in Trier, vgl. STAT RMR 1485/6, fo. 4v (1486 V 3); STAT RMR 1500/1, fo. 3r (1501 nach II 3).
13 Zur Person: DOHMS, Eberhardsklausen, S. 92, 180; KRINGS, Arnstein, Register, S. 699.
14 LHAK 1 C 18, 673 (1483 VII 3), GOERZ, S. 257.
15 Bernhard von Kyllburg war *vicarius in spiritualibus* und ist wohl als Stellvertreter des Weihbischofs anzusprechen, LHAK 1 A 422 (1477 III 26, Pfalzel), GOERZ, S. 245. Anton von Kultz und Martin von Attendorn wurden zu Generalvikaren bestellt, um verschiedene Kirchen in Trier zu visitieren, LAGER, Pfarrarchive, Nr. 620 (1485 VIII 2).
16 Deutlich geht der »Instanzenzug« aus einer Urkunde des päpstlichen Visitators Kardinal Raimund hervor, der die Erzbischof, seinen Generalvikar oder seinen in Koblenz residierenden Offizial bevollmächtigte, den Grafen Gerhard von Sayn und die Gräfin Johannette von Wied von einem verwandtschaftlichen Ehehindernis zu dispensieren, HHStAW Abt. 340 U 11986 (1488 V 8, Köln).
17 LHAK 1 C 18, 421.
18 Vgl. HEYEN, Andernach, Bd. 2, Nr. 1108 (1475 IV 6, Köln).

er von Kaiser Friedrich III. zugeordnet wurde[19]. Johann von Erpel begegnet zuletzt am 7. August 1476 als Koblenzer Offizial[20].

Sein Nachfolger, Dr. decretorum Servatius Goswin, stammte vermutlich aus Koblenz, er hatte sich durch diplomatische Missionen für diese Aufgabe empfohlen[21] und leistete am 25. Juli 1477 als Offizial den gleichen Eid wie sein Vorgänger[22]. In seinem Amt ist er bis 1482 nachweisbar[23].

Über die geistliche Karriere Dr. iuris utriusque Richard Gramanns von Nickenich sind wir sehr gut informiert[24]. Seit 1485 ist er als Offizial in Koblenz nachweisbar[25], wo er auch seinen Wohnsitz innerhalb der Immunität des St.-Florin-Stifts hatte[26]. Konsequenterweise heißt es von Richard Gramann – damals Dekan der Liebfrauenkirche in Oberwesel –, daß er in Koblenz *apud sanctum Florinum* residiere[27]. Wahrscheinlich hatte er bereits zu dieser Zeit den Offizialsposten abgegeben, da hiervon später keine Rede mehr ist[28]. Jedenfalls ernannte ihn Johann von Baden 1497 zum Rat und Diener, der sich auf der Burg Ehrenbreitstein aufhalten sollte[29], und tatsächlich erscheint Richard Gramann im folgenden mehrfach in der Funktion eines erzbischöflichen Rats oder Bevollmächtigten[30]. Seit 1499 hielt er Vorlesungen an der Trierer Universität[31], deren Rektor er von 1509 bis 1511 war. Sein Ortswechsel wird schließlich daraus deutlich, daß er 1508/9 sicher als Trierer Offizial belegt ist[32].

---

19 LACOMBLET, Bd. 4, Nr. 381 (1475 IX 8, Köln). Schon im 14. Jahrhundert hatte ein gleichnamiger Angehöriger der Familie von Erpel zum Kanzleipersonal des Kölner Erzbischofs gehört, vgl. JANSSEN, Kanzlei der Kölner Erzbischöfe, S. 166, 168.
20 LHAK 1 A 8396.
21 Am 13. April 1474 bevollmächtigte Markgraf Karl von Baden seinen Gesandten beim apostolischen Stuhl *Servatius de Confluentia* beim Herzog von Mailand, RMB IV 10565. In Mailand traf *Servatius Gosswin docotor de decretale* als Gesandter des Trierer Erzbischofs ein, von dort sollte er nach Rom gehen, um wegen des *studio generale de Treveri* und der zu inkorporierenden Pfründen zu verhandeln; ebenso hatte er einen Brief Markgraf Karls in dieser Angelegenheit bei sich, GLAK Abt. 46, Nr. 744 (1474 IV 30, Mailand), vgl. RMB IV 10571. Am 2. Mai richtete der Herzog eine Supplik an den Papst, um die Petition des Erzbischofs zu unterstützen, dabei wird Servatius als *consiliarius* und *orator* Johanns von Baden bezeichnet, GLAK Abt. 46 Nr 698 (1474 V 2, Pavia). Am 3. Dezember 1474 traf er in Trier ein, STAT RMR 1474/5, fo. 2v.
22 LHAK 1 C 18, 422.
23 LHAK 1 A 840 (1482 VI 11, Koblenz). 1480 reiste Servatius Goswin nochmals nach Rom, Stak- 623- BMR 4085/4086, S. 1 (1480 VI 18).
24 Vgl. DIEDERICH, Florin, S. 260; HEYEN, Paulin, S. 627, 710; PAULY, Liebfrauen Oberwesel, S. 373; MICHEL, Gerichtsbarkeit, S. 60–62, 136. Das Kanonikat der Trierer Universität im Stift St. Florin in Koblenz verlieh ihm der Erzbischof 1486, STAT DK 8497 (1486 IX 18, Koblenz).
25 TILLE/KRUDEWIG, Bd. 4, S. 271 (1485 I 18).
26 HHStAW Abt. 340 U 11992 (1488 VII 4, Koblenz).
27 LHAK 1 A 8947 (1495 VII 4, Worms), GOERZ, S. 294.
28 Im Gefolge des Erzbischofs beim Wormser Reichstag wird er noch als Offizial bezeichnet, RTA MR, Bd. 5,2, S. 1496f. (1495 VII 15, Worms).
29 LHAK 1 A 8996 (1497 VIII 23, Boppard), LAMPRECHT, Bd. 3, Nr. 271.
30 LHAK 1 C 609, S. 172–185 (1498 XII 4, Oberwesel); HHStAW Abt. 339, Nr. 310 (1499 II 28); LHAK 1 C 16222, Bl. 19v-20r (1499 XII 15, Ehrenbreitstein), GOERZ, S. 311; LHAK 1 C 16221 (1500 IX 29, Ehrenbreitstein).
31 LHAK 1 C 18, 1070 (1499 IV 22, Pfalzel), HONTHEIM, Bd. 2, Nr. 893.
32 STAT RMR 1508/9, fo. 39r.

Bereits 1495 wurde Dr. legum Johann Gutmann Gramanns Nachfolger als Offizial[33]; er besaß ein Kanonikat in der Koblenzer St.-Kastor-Kirche und wurde spätestens 1503 deren Kustos[34].
Ähnlich kann die regionale Zuordnung der Offiziale der Kurie Trier zum Obererzstift nachgewiesen werden. Hier hatte Johann von Baden mit Dr. decretorum Johann Herrgott ebenso wie in Koblenz zunächst einen Vertrauten der markgräflichen Familie eingesetzt, der immerhin Beichtvater seines Bruder Markgraf Bernhard war[35] und bis 1462 als Trierer Offizial nachweisbar ist[36]. Johann Herrgott besaß ein Kanonikat im Trierer St.-Simeon-Stift[37], mehrfach war er als Bevollmächtigter des Erzbischofs in verschiedenen Angelegenheiten tätig[38]. 1459 wurde er für den Erzbischof bei der römischen Kurie aktiv[39], wo er höchstwahrscheinlich die päpstliche Bulle erwirkte, daß geistliche Sachen der trierischen Untertanen nur vor den Offizialen verhandelt werden durften[40].

Anhand des Werdegangs von Dr. decretorum Heinemann Frank von Koblenz läßt sich sehr deutlich die Karrieremöglichkeit eines Geistlichen am erzbischöflichen Hof nachzeichnen. Er war 1460 Dekan des Stifts St. Martin und Severus in Münstermaifeld[41], eine Würde, die ihm offenbar streitig gemacht wurde[42]. Am 4. September 1464 urkundete er erstmals als Trierer Offizial[43] und vertauschte spätestens 1472 die Münstermaifelder Pfründe mit dem Dekanat des St.-Simeon-Stifts in Trier[44]. Mehrfach wurde er von nun an als Kommissar des Erzbischofs eingesetzt[45], 1474 vertrat er den Kurfürsten auf dem Augsburger Reichstag[46]. Am 27. März 1477 ist er letztmalig als Trierer Offizial bezeugt[47]. In der Folgezeit intensivierte sich jedoch sein Dienst für den Trierer Erzbischof, als dessen Rat er immer wieder in Erscheinung trat[48] und für den er von 1480 bis 1483 als Kanzler tätig war[49]. Zudem war Heinemann 1490 Richter und Konservator der Rechte der Trierer Universität[50] und im Jahr darauf sowie 1492 als vom Mainzer Erzbischof subdelegierter kaiserlicher Kommissar im Streit Johanns von Baden und der Stadt Trier mit Nikolaus von Zerf tätig[51]. Die Tatsache, daß er die Interessen des Erzbischofs bei den Koadjutorverhandlungen vor dem Trierer Domka-

---

33 Vgl. MICHEL, Gerichtsbarkeit, S. 82, wo er seiner eigenen Angabe, ebd., S. 62, widerspricht, Gutmann sei kurz vor dem 14. Dezember 1497 Offizial geworden. Als solcher ist er auch schon am 11. September 1497 bezeugt, LHAK 1 A 8998 (1497 IX 11, Koblenz).
34 FWA 65-1-17 (1503 V 5).
35 RMB IV 8248 (1458 VII 15).
36 MICHEL, Gerichtsbarkeit, S. 42.
37 STAT L 32 (1463 XII 27, Trier).
38 SCHMIDT, Nr. 2074 (1459 III 7); LHAK 1 A 4240 (1460 III 10, Pfalzel), RUDOLF, Quellen, Nr. 148.
39 LHAK 1 C 395, S. 3f. (1459 VI 30, Ehrenbreitstein), GOERZ, S. 208f.
40 LHAK 1 A 8394 (1459 VII 14, Mantua).
41 SCHMIDT, Nr. 2093 (1460 VI 16, Münstermaifeld).
42 LHAK 1 C 16213, Bl. 11 (1463 IV 30).
43 LHAK 1 D 1226, vgl. MICHEL, Gerichtsbarkeit, S. 42, Anm. 290.
44 LHAK 1 C 17, 774 (1472 VII 8, Trier).
45 Vgl. u. a. WAMPACH, Bd. 9, Nr. 993f (1477 III 26, Pfalzel).
46 HStAD Depositum Wahn I G 1 (1474 V 24), TILLE/KRUDEWIG, Bd. 1, S. 269.
47 WAMPACH, Bd. 9, Nr. 994.
48 Z. B. LHAK 1 A 1282 (1483 X 16).
49 Vgl. unten.
50 LHAK 1 A 427 (1490 IX 12).
51 STAT Ta 32/3 Fasc. 1.

pitel vertrat[52], belegt, welche Vertrauensstellung Heinemann Frank beim Kurfürsten genoß. Hier trat auch sein Nachfolger als Offizial, der Trierer Advokat Jakob von Lare, in gleicher Funktion auf.

Dr. utriusque iuris Jakob von Lare stand schon vor seinem Amtsantritt in der Gunst des Erzbischofs Johann[53]. Spätestens seit 1481 war er Offizial in Trier[54] und bekleidete das Amt mindestens bis 1499. Daneben wurde er vom Kurfürsten in diplomatischen Missionen eingesetzt, wie an der Kurie[55], bei König Maximilian[56] und beim Herzog von Luxemburg[57], darüber hinaus vertrat er seinen Landesherrn auf dem Wormser Reichstag von 1497[58]. Wie vielseitig und flexibel, aber auch selbständig der Offizial als Vorsteher einer festgefügten Behörde handeln konnte, beweist die Tätigkeit Jakobs von Lare als Richter und Kommissar des Propstes von St. Florin in Koblenz[59], einer Aufgabe also, die mit seiner eigentlichen Funktion in keinem Zusammenhang stand.

Der letzte Trierer Offizial des hier behandelten Zeitraums ist zugleich eine der interessantesten Persönlichkeiten, die dieses Amt bekleideten: Mit Magister Heinrich Dungin von Wittlich, Dr. utriusque iuris, war offenkundig erstmals ein Laie in den Offizialatsposten aufgestiegen[60]. Für die *causae spirituales et negotia ecclesiae*, die er als Laie nicht bearbeiten konnte, war ihm ein Geistlicher zur Seite gegeben worden[61]. Seine Karriere begann als Trierer Schöffe[62] und mit der Ernennung zum Advokaten der Trierer Kurie[63]. Daneben war er Dozent an der juristischen Fakultät der Trierer Universität und 1498 sowie 1501 deren Dekan[64]. Seine juristischen Kenntnisse machte sich Johann von Baden 1501 zu Nutzen, indem er Heinrich Dungin wegen verschiedener Differenzen um die Besetzung der Ballei Koblenz zum Hochmeister des Deutschen Ordens nach Preußen sandte[65]. In einer Verhandlung vor dem kurtrierischen Hofgericht zwischen dem Kurfürsten und Anton von Sötern vertrat Dungin die Interessen des Landesherrn[66]. Nachdem er sich somit in vielfältiger Weise bewährt hatte, ernannte ihn Erzbischof Johann am 2. November 1502 zum Offizi-

---

52 LHAK 1 D 1397 (1499 XII 15, Ehrenbreitstein), GOERZ, S. 311; LHAK 1 A 9040/9041 (1499 XII 26/27, Trier), GOERZ, S. 311.
53 Johann von Baden schenkte Jakob von Lare ein Buch der Dekretalen, LHAK 1 C 17, 656 (1475 IX 30), GOERZ, S. 241. Gemeinsam mit dem Kammermeister Ulrich von Metzenhausen besiegelte er eine Quittung über die letzte Rate für das Grabmal des Erzbischofs, beide werden in dieser Urkunde als Räte bezeichnet, LHAK 1 A 8623 (1478 VI 19).
54 MICHEL, Gerichtsbarkeit, S. 43.
55 LHAK 1 C 108, Bl. 59 (1485 II 16, Frankfurt), GOERZ, S. 260, vgl. MICHEL, Gerichtsbarkeit, S. 43; STAT RMR 1492/3, fo. 20v (1493 III 30).
56 LHAK 1 C 108, Bl. 181v-182r (1494 VII 29, Pfalzel), GOERZ, S. 290.
57 LHAK 1 C 19389, S. 37-39 (1483 VII 3, Pfalzel), GOERZ, S. 257.
58 RTA MR, Bd. 6, S. 484 (1497 VIII 23, Worms).
59 HHStAW Abt. 170 U 1986 (1487 III 15).
60 Zur Person: MATHEUS, Trier, S. 320f.
61 MICHEL, Gerichtsbarkeit, S. 43-45, wo auch auf die an der Trierer Kurie herrschenden Mißstände hingewiesen wird, die zu dieser ungewöhnlichen Maßnahme führten.
62 LHAK 1 A 4282 (1496 XI 3).
63 LHAK 1 A 8974 (1496 XI 7, Ehrenbreitstein), MICHEL, Gerichtsbarkeit, S. 132f., vgl. GOERZ, S. 300.
64 MATHEUS, Trier, S. 320.
65 HUBATSCH, Bd. 1,2, Nr. 18463 (1501 IV 25, Trier).
66 LHAK 1 C 17055, S. 18-29 (1501 XII 9, Koblenz), S. 1-29 (1501 XII 10, Koblenz).

al in Trier⁶⁷. Unter Johanns Nachfolger gehörte Heinrich Dungin zum engsten Kreis der Räte⁶⁸ und war 1506 während dessen Abwesenheit sogar Statthalter des Kurfürsten in Koblenz⁶⁹. Sämtliche Offiziale des Untersuchungszeitraums hatten ein Studium – häufig in Italien – absolviert und waren ausgebildete Juristen des geistlichen Rechts, die meisten sogar beider Rechte und mit dieser Kompetenz für die Tätigkeit als gelehrte Räte des Erzbischofs geradezu prädestiniert. Die Beispiele haben gezeigt, daß der Kurfürst für besondere Aufgaben gerne auf diese Fachleute zurückgriff, die mitunter in enge Verbindung mit der Trierer Universität traten. Nachdem Johann von Baden bei seinem Amtsantritt beide Kurien mit Vertrauenspersonen aus dem personellen Umfeld der Markgrafschaft besetzt hatte, wurde der Posten des Offizials zunehmend zum Sprungbrett für die weitere Karriere gelehrter Juristen, denen die Nähe zum Landesherrn offenbar mehr bedeutete als der Vorsitz einer geistlichen Verwaltungsinstitution. Durch ihre nichtadelige Herkunft bedingt, wurde ihnen durch das Universitätsstudium der einzig gangbare Weg zu höheren Ehren eröffnet. Eine ähnliche Entwicklung machte sich bei den erzischöflichen Sieglern der Kurien erst in der zweiten Hälfte der Regierungszeit Johanns von Baden bemerkbar⁷⁰. Aufgrund ihrer akademischen Ausbildung und ihrer Karrieren sind die Offiziale der beiden Kurien durchweg dem Typus der gelehrten Räte zuzurechnen. Das juristische Universitätsstudium qualifizierte sie in besonderem Maße für Aufgaben in der Gerichtsbarkeit. Die hierbei besonders Bewährten wurden vom Erzbischof zu weiterreichenden Aufgaben herangezogen und rückten in hervorragende Vertrauensstellungen auf. Das häufige Auftreten von Stellvertretern der Offiziale belegt deren Abwesenheit von ihrer »Behörde«. Das Erzstift Trier als geistliche Landesherrschaft griff für diesen Posten naturgemäß bevorzugt auf solche akademisch gebildeten Personen zurück, die

---

67 LHAK 1 C 18, 1290 (1502 XI 2, Ehrenbreitstein), GOERZ, S. 320.
68 LHAK 1 C 441, S. 5–13 (1503 VIII 14, Pfalzel); LHAK 701, 4, fo. 100r-101r (1503 VIII 18, Saarburg).
69 LHAK 1 C 16221 (1506 VIII 31). Zur Rolle Dungins unter Erzbischof Richard vgl. MATHEUS, Trier, S. 320.
70 Diesem Phänomen soll nicht im einzelnen nachgegangen werden. Die Zunahme akademischer Grade bei den Sieglern verdeutlicht allein die Zusammenstellung bei MICHEL, Gerichtsbarkeit, S. 103f. Ein prägnanter Vertreter dieser Gruppe ist Johann Haltfast: 21. August 1467 Wahl zum Landdekan von Mersch, LHAK 1 A 7082; 1469 Sekretär des päpstlichen Legaten Bischof Honofridus von Foicorio, STRUCK, Bd. 3, Nr. 652; 1479 Gesandter des Domkapitels bei der Kurie, LHAK 1 D 1284 (1479 III 11). Bei den Verhandlungen zwischen Erzherzog Philipp von Österreich und dem Trierer Dompropst Philipp von Sierck vertrat Johann Haltfast 1491 die Interessen des Trierer Erzbischofs, LHAK 1 C 19389, S. 89f. (1491 I 9, Ehrenbreitstein), GOERZ, S. 277. Am Ende desselben Jahres verhandelte er wiederum im Auftrag des Kurfürsten mit Herzog Reinhard von Lothringen über Getreidelieferungen, LHAK 1 C 397, S. 125f. (1491 XII 15). Hier wird er erstmals als Lizentiat bezeichnet. 1494 verhandelte *meister Johann Haltfast, in geistlichen rechten licentiaten, archidiacken, canonick zu Lutig*, bei König Maximilian, LHAK 1 C 108, fo. 181v-182r (1494 VII 29, Pfalzel), GOERZ, S. 290. 1496 ist er verstorben, vgl. MICHEL, Gerichtsbarkeit, S. 103. Nach MICHEL war Johann Haltfast Mitglied der Trierer Juristenfakultät und Dr. decret. Eine bemerkenswerte Karriere machte Magister Heinrich Pergener von Schwalbach, der seit 1481 als Notar, MICHEL, Gerichtsbarkeit, S. 170, und seit 1487 als Prokurator der Trierer Kurie begegnet, HHStAW Abt. 170 U 1986 (1487 III 15). Nachdem er sich dort bewährt hatte, ernannte ihn Johann von Baden zum Schreiber des Trierer Schöffengerichts, LHAK 1 C 18, 888 (1491 X 14, Ehrenbreitstein), GOERZ, S. 279. Unter Erzbischof Jakob gehörte er dann sogar zu den Räten, LHAK 1 C 441, S. 5 (1503 VIII 14, Pfalzel), und war später Fiskal der Trierer Kurie, LHAK 1 C 444, S. 1f. (1506 X 27, Koblenz).

dem geistlichen Stand angehörten. In der Person Heinrich Dungins von Wittlich, der Laie blieb, macht sich jedoch ein Umdenken bemerkbar, das auch hier die fachliche vor der geistlichen Qualifikation einordnete. Bereits seine Vorgänger waren überwiegend nicht mehr nur im Kirchenrecht ausgebildet, sondern besaßen den akademischen Grad des Doktors beider Rechte.

Die geistliche Verwaltung änderte in der Zeit Johanns von Baden nach Ausweis des derzeit greifbaren Quellenmaterials ihre Organisationsform nicht mehr wesentlich[71]. Auffällig ist die durchgängige Verbindung der Ämter des Weihbischofs und des Generalvikars, die in der Neuzeit beibehalten wurde. Allerdings ist es nicht möglich, deren Inhaber eindeutig örtlich zuzuordnen, vielmehr scheint der Weihbischof – in Anlehnung an die Zentren der Offizialatsbezirke – seine Tätigkeit auch im Schwerefeld der beiden Städte Trier und Koblenz ausgeübt zu haben, sein Amtsbereich umfaßte im Prinzip ohnehin die gesamte Diözese.

Die unter Erzbischof Balduin von Luxemburg vorgenommene, auf ältere Untergliederungen Rücksicht nehmende Aufteilung des Erzstifts in zwei Offizialatsbezirke mit dem Sitz der Kurien in Trier und Koblenz wurde grundlegend für die gesamte weitere Entwicklung der Verfassung und Verwaltungsorganisation des Territoriums. Für die hier zunächst primär interessierende geistliche Administration konnte nachgewiesen werden, daß die damals vorgenommene Grenzziehung strikt eingehalten und die traditionelle Organisation der Offizialatskurien beibehalten wurde. Allerdings war im 15. Jahrhundert die unter Balduin und seinen unmittelbaren Nachfolgern eng mit dem Offizialat verbundene Kanzlei zu einer weitgehend eigenständigen Institution ausgebildet worden[72]. Darüber hinaus spielten gerade die Offiziale in der allgemeinen erzstiftischen Verwaltung insofern eine sehr wichtige Rolle, als sie vom Kurfürsten häufig mit besonderen Missionen betraut wurden und als gelehrte Räte zum engen personellen Umfeld des Landesherrn gehörten. Im Erzstift Trier war die geistliche Verwaltung zumindest richtungsweisend für die Ausbildung und Organisation der weltlichen Administration auf territorialer Ebene.

---

71 MICHEL, Gerichtsbarkeit, S. 46f., 63f., hat die Gebäude identifiziert, wo das geistliche Gericht tagte. In der Zeit Johanns von Baden können die Räumlichkeiten näher eingegrenzt werden. Der Trierer Offizial hielt die meisten Gerichtssitzungen noch immer in der *aula consistorialis curie Treverensis* ab, vgl. LHAK 1 D 1188 (1458 II 8); WAMPACH, Bd. 9, Nr. 929 (1458 XII 23); WAMPACH, Bd. 10, Nr. 116 (1459 IX 15, Trier); LHAK 1 A 3708 (1469 IX 25); LHAK 1 C 18, 362 (1470 V 21), vgl. MICHEL, Gerichtsbarkeit, S. 46; WAMPACH, Bd. 10, Nr. 218 (1470 XII 12); LHAK 1 A 3433 (1471 IX 4); LHAK 1 C 17, 774 (1472 VII 8); STRUCK, Bd. 1, Nr. 1182 (1478). Einmal vollzog der Trierer Offizial eine Urkunde des Erzbischofs *in palatio Treverensi prope palatii valvas*, WAMPACH, Bd. 9, Nr. 994 (1477 III 27). Den Angehörigen der Offizialatskurie Trier verlieh Johann von Baden für ihre Bedürfnisse ein Haus beim dortigen Konsistorium, LHAK 1 C 17, 742 (1471 XII 13, Trier), MICHEL, Gerichtsbarkeit, S. 151f. Bevorzugter Tagungsort der Koblenzer Kurie war die *capella sancti Martini annexa ecclesie sancti Florini*, LHAK 1 A 340 (1459 IX 24, Koblenz); STRUCK, Bd. 1, Nr. 1118 (1461 XII 9); LHAK 1 D 1228 (1462 II 6); LHAK 1 A 1250 (1471 VI 25); STRUCK, Bd. 2, Nr. 1395 (1473 VI 2); STRUCK, Bd. 1, Nr. 1210 (1482 III 26); LHAK 1 A 840 (1482 VI 11); STAW Abt. Löwenstein-Wertheim-Freudenberg Nachträge A/26 (1485 VIII 30); STRUCK, Bd. 2, Nr. 297 (1491 V 19); SCHMIDT, Nr. 2354 (1499 I 26); LHAK 1 A 9064–9079 (1500 XII 7). Weiterhin sind Tagungen im *saille des hoyffs*, also im Bischofshof überliefert, HHStAW Abt. 340 U 11398 (1468 III 29), sowie in der *curia nostrae habitationis quam Confluentia in opposito ecclesie (sancti Florini) inhabitamus*, LHAK 1 A 1268 (1478 III 13); STRUCK, Bd. 2, Nr. 1408 (1481 IV 30); HHStAW Abt. 340 U 11992 (1488 VII 4). Eine Gerichtsverhandlung vor dem Koblenzer Offizial und dem Siegler fand *zu Covelentz ime crutzgange sent Castorskirchen daselbs* statt, LHAK 1 A 2265 (1502 X 1). *In aula publica domus ipsius Heymanni Stademanus* schwor vor einem Offizial dem Erzbischof Urfehde, LHAK 1 A 8666 (1480 XII 9).
72 Vgl. die Ausführungen im folgenden Kapitel.

2. Kanzlei und Archiv

Die folgenden Ausführungen sollen sich weniger mit den konkreten Organisationsformen und der personellen Zusammensetzung der kurtrierischen Kanzlei[1] beschäftigen oder den Organisationsprinzipien des erzstiftischen Archivs nachspüren. Vielmehr ist zu fragen, ob und wo Kanzlei und Archiv unter Erzbischof Johann von Baden ortsfest wurden.

Insbesondere für die ältere Forschung galt der Trierer Erzbischof Balduin von Luxemburg (1307–1354) als Schöpfer der modernen Verwaltung des Kurstaates, repräsentiert durch die schriftgutproduzierende Kanzlei[2]. F. Burgard hat jedoch herausgearbeitet, daß die Kanzlei unter dem Luxemburger zumindest als Institution »allem Anschein nach nicht existiert« hat. Balduin bediente sich vielmehr weiterhin der bewährten Institution in Form der Offizialatskurie Trier[3]. An diesem Zustand scheint sich während des 14. Jahrhunderts nichts grundlegend geändert zu haben[4], erst in der Regierungszeit Erzbischof Ottos von Ziegenhain (1418–1430) wird die Organisation der Kanzlei erkennbar[5]. In diesem historischen Zusammenhang wird man auch den Anfang einer festen Institution zu suchen haben. Der Erlaß einer Kanzleiordnung ist nicht zuletzt ein wichtiges Zeugnis für den Fortschritt dieser Entwicklung. P. Richter hat die Grundzüge der Kanzleiorganisation unter Erzbischof Johann von Baden anhand der Kanzleiordnung, die in der Ernennungsurkunde für den Kanzler Ludolf von Enschringen enthalten ist, rekonstruiert[6]. Um 1500 war die Kanzlei neben deren Vorsteher mit zwei Sekretären, fünf Schreibern und einem Knecht bestückt[7]. Wie weit die Institutionalisierung der kurtrierischen Kanzlei in der zweiten Hälfte des 15. Jahrhunderts fortgeschritten war, belegen die regelmäßigen Neujahrsgeschenke erzstiftischer Städte und Klöster, über deren Motivation oder zeitlichen Beginn wir nicht näher informiert sind. Nachweisbar sind diese zuerst für Trier 1452/53 und 1470 für Koblenz[8]. Derartige

---

1 Die neuere Literatur zu den landesherrlichen Kanzleien des Reichs ist zusammengestellt bei MORAW, Entfaltung, S. 83–85, Anm. 56. Für die königliche Kanzlei vgl. P.-J. HEINIG, Zur Kanzleipraxis unter Kaiser Friedrich III. (1440–1493), in: AfD 31, 1985, S. 383–442.
2 Vgl. RICHTER, Kanzlei, S. 6ff., aber auch PATZE, Herrschaftspraxis, S. 370.
3 BURGARD, Familia, S. 332.
4 Unter Erzbischof Werner von Falkenstein (1388–1418) ist nur einmal ein Kanzler als Vorsteher der Kanzlei überliefert, GOERZ, S. 133 (1409 III 25), vgl. RICHTER, Kanzlei, S. 33, Anm. 1. Nach wie vor bestanden zumindest personelle und sachliche Überschneidungen zwischen Kanzlei und Offizialat, unter den Falkensteinern jedoch bezeichnenderweise zur Kurie in Koblenz.
5 RICHTER, Kanzlei, S. 18–43.
6 Ebd., S. 43–53, Beilage D, S. 116f. Aufgrund der ausführlichen Darstellung Richters kann hier auf weitere Einzelheiten verzichtet werden.
7 Ebd., S. 45, Beil. E 1 und 2, S. 117–120.
8 Beginnend mit dem Rechnungsjahr 1452/3 erscheinen die Ausgaben des Trierer Rentmeisters für die erzbischöfliche Kanzlei regelmäßig in der Rubrik »mancherley«, seit 1464 sogar in einer eigenen Rubrik. In Koblenz ist 1470 erstmals ein Neujahrsgeschenk von 42 Mark für die erzbischöflichen Diener überliefert, Stak- 623- BMR 1662 (1470 I 5). RICHTER, Kanzlei, S. 37, spricht von »halb freiwilliger Art« dieser Neujahrsgeschenke an den Hofstaat, über deren Verteilung wir durch eine Aufzeichnung Peter Maiers von Regensburg aus dem Beginn des 16. Jahrhunderts informiert werden: STBT Hs. 1774/1760 4°, fo. 1v-2r. Dort werden die Geschenke aufgeschlüsselt: Der Kanzlei gibt die Stadt Trier jährlich vier Gulden, der Abt von St. Maximin zwei Gulden und der Abt von Springiersbach einen Goldgulden; die Städte Boppard und Montabaur je einen Gulden, Oberwesel zwei Gulden. Darüber hinaus gibt Ober-

regelmäßige Zahlungen setzen eine etablierte Institution voraus[9], die für die Bereithaltung ihrer Dienste, über Zahlungen im konkreten Einzelfall hinaus[10], eine feste Abgabe erhielt. Mehrfach wird während des hier untersuchten Zeitraums, insbesondere seit den 90er Jahren, die Kanzlei als Institution erkennbar, die mitunter selbständig handelnd (auch in anderen

wesel den Dienern sechs Albus, dem Torhüter zwei Gulden, je einen Gulden dem Kammerknecht, der Spenderei, der Bottelei und in die Küche, zwölf Albus für den Pförtner sowie einen Gulden für den reitenden Boten und zwölf Albus für den Boten zu Fuß. Ebenso sind die Geschenke der Stadt Koblenz aufgeschlüsselt: Je vier Gulden für Torhüter und Kanzlei, je zwei Gulden an die Kammer, Bottelei, Spenderei, Küche, die Boten und Pfeifer sowie einen Gulden dem Pförtner und vier Albus für den Kanzleiknecht. Diese eher normative Aufstellung läßt sich für die Städte Trier und Koblenz anhand der vorhandenen Rechnungen verifizieren. Für Koblenz kann eben diese Verteilung in der bereits erwähnten ersten differenzierten Aufstellung nachvollzogen werden und bleibt konstant erhalten. Die unabhängigere Stellung der Stadt Trier ließ dieser auch hier breiteren Spielraum für Verhandlungen, so daß die von der Moselstadt geschenkten Summen im Laufe der Jahre erheblich differieren. Im Rechnungsjahr 1452/3 wurde mit insgesamt zehn Gulden 18 Albus der niedrigste Betrag gezahlt, STAT RMR 1452/3. Im Jahr darauf hatte sich die Summe auf zwölf rheinische Gulden und 14 Albus erhöht, STAT RMR 141453/4, fo. 3r. 1457/8 zahlte Trier insgesamt zwölf rheinische Gulden und 22 Albus, STAT RMR 1457/8; 1460/1 hingegen zwölf Gulden 20 Albus, STAT RMR 1460/61, fo. 8r; im folgenden Jahr 13 Gulden zwei Albus, STAT RMR 1461/2, fo. 5r; 1465/6 erhöhte sich die Summe auf 14 Gulden 23 Albus, STAT RMR 1465/6, fo. 8v, und im Jahr darauf wurde wieder die alte Summe gezahlt, STAT RMR 1466/7, fo. 4v, um 1470/1 drastisch erhöht zu werden auf 18 Gulden vier Albus, STAT RMR 1470/1, fo. 4r. Auch in der Folgezeit schwankte die Höhe der zu zahlenden Summen, jedoch innerhalb dieses Rahmens, und blieb mitunter auch einige Jahre konstant. Hier werden nur die Schwankungen aufgeführt: 1473/4: 14 Gulden, acht Albus, fünf Pfennig; 1475/6: 13 Gulden, vier Albus, drei Pfennig; 1476/7: 15 Gulden, elf Albus; 1477/8: 15 Gulden, 19 Albus; 1478/9: 16 Gulden, acht Albus; 1480/1: 17 Gulden, 14 Albus; 1482/3: 16 Gulden, 20 Albus; 1485/6: 16 Gulden, 22 Albus; 1487/8: 16 Gulden, drei Albus; 1488/9: 18 Gulden, drei Albus; 1489/90: 16 Gulden, drei Albus; 1491/2: 16 Gulden, sechs Albus; 1496/7: 16 Gulden, vier Albus; 1497/8: 16 Gulden, acht Albus; 1498/9: 14 Gulden, 20 Albus. Diese Summe wurde auch noch 1510/1 gezahlt. Über den gesamten Zeitraum hinweg blieben die an die Kanzlei gezahlten vier Gulden konstant.
9 Von der Diplomatik-Forschung wird die Registerführung im allgemeinen als Kennzeichen ausgeprägter Verwaltung interpretiert, vgl. H. RALL, Die Kanzlei der Wittelsbacher im Spätmittelalter, in: Landesherrliche Kanzleien, Bd. 1, S. 109–126, hier: S. 116. Zur Registerführung allgemein vgl. O. REDLICH, Die Privaturkunden des Mittelalters, München, Berlin 1911, S. 162; I. HLAVÁCEK, Das Urkunden- und Kanzleiwesen des römischen und böhmischen Königs Wenzel, Stuttgart 1970 (SchrrMGH 23), S. 239–261; H. BANSA, Die Register der Kanzlei Ludwigs des Bayern. Darstellung und Edition, 2 Bde., München 1971–1974. Zur Registerführung in Kurtrier, vgl. RICHTER, Kanzlei, S. 53–100. Seit der Anlage der Balduineen war das Registerwesen in Kurtrier auf einem hohen Niveau etabliert. Für die Regierungszeit Johanns von Baden weisen die *Registrata*-Vermerke auf den Rückseiten die eingehenden Urkunden entweder den Temporalia oder den Perpetualia zu. Zur Unterscheidung vgl. MÖTSCH, Balduineen, S. 43, Anm. 148.
10 Nicht nur die erzstiftische Verwaltung ließ in der kurtrierischen Kanzlei Urkunden schreiben, sondern, gegen Bezahlung, auch andere Personen und Institutionen, wie die Stadt Trier, STAT RMR 1462/3, fo. 27v; STAT RMR 1468/9, fo. 13v; STAT RMR 1484/5, fo. 36r; STAT RMR 1489/90, fo. 18r, 19v; STAT RMR 1505/6 fo 21v, oder die Stadt Koblenz, Stak- 623- BMR 1663; Stak- 623- BMR 4093, S. 5; Stak- 623- BMR 1673; StaK- 623- BMR 4094, S. 3; Stak- 623- BMR 1674; Stak- 623- BMR 4095, S. 5; Stak- 623- BMR 4096, S. 11; Stak- 623- BMR 1679; einmal ließ die Abtei Brauweiler eine Urkunde dort schreiben, LHAK 1 C 18, 1129 (1500 II 14, Ehrenbreitstein), GOERZ, S. 312. Das Recht, Urkunden in der Kanzlei oder beim Domkapitel anfertigen zu lassen, erhielt der zum *magister questuum* ernannte Domdekan Philipp von Hunolstein, LHAK 1 C 18, 555 (1479 III 1, Pfalzel), GOERZ, S. 248.

Bereichen) in Erscheinung tritt – dies jedoch stets im Zusammenhang mit ihrer eigentlichen Aufgabe[11]. Einen indirekten Hinweis hierauf bieten verschiedene Schreiben an den Erzbischof, die den zusätzlichen Vermerk, *in syner gnaden hant* oder ähnliches tragen[12], da diese Spezifizierung voraussetzt, daß die Mehrzahl der an den Kurfürsten gerichteten Briefe von anderen Personen zuerst geöffnet und erst dann dem eigentlichen Empfänger vorgelegt wurde. Aus den vorhandenen Belegen wird eindeutig die Kanzlei als die Stelle erkennbar, bei der die Briefe einliefen und von der sie weitergeleitet wurden[13]. Bezeichnenderweise zählte zu den erzbischöflichen Statthaltern im Falle der Abwesenheit des Landesherrn regelmäßig ein Sekretär aus der Kanzlei.

Diese Beobachtungen dürfen jedoch nicht darüber hinwegtäuschen, daß die Kanzlei noch lange nicht den Anforderungen genügte, die man heute an eine moderne Behörde stellen würde, denn auch dem 15. Jahrhundert waren, trotz des zweifellos bestehenden Einflusses von Humanismus und zunehmender universitärer Bildung der Beamten[14], scharfe Trennungen der Ressorts und exakte Zuweisungen der Aufgabenbereiche noch ebenso fremd wie Formen moderner Registratur- und Archivverwaltung oder Aktenführung. Wenige Beispiele sollen dies illustrieren.

Wegen einer Schuld von 18 000 Gulden des Trierer Erzbischofs bei Graf Philipp von Katzenelnbogen war es im Jahr 1459 zu einer Vereinbarung gekommen, wonach die Bezahlung der Summe erneut gestundet wurde[15]. Voraussetzung des Grafen war anscheinend die Benennung neuer Bürgen anstelle der vier verstorbenen, noch von Erzbischof Jakob einge-

---

11 LHAK 1 C 16214, Bl. 26; LHAK 1 C 588, S. 55 (1497 II 21); LHAK 701,4, fo. 67v (1497 VII 5, Boppard); LHAK 1 C 16218, S. 197 (1498 V 9, Pfalzel); LHAK 1 C 609, S. 169f. ([1498 XI 24]); RICHTER, Kanzlei, S. 117–120 (1501 IX 7/9); LHAK 1 C 737, S. 11 (1502 IX 19).
12 Folgende Personen richteten Briefe direkt an den Erzbischof: Markgraf Karl von Baden, LHAK 1 C 16215, S. 5f. (1461 IX 27, Sprendlingen); Erzbischof Adolf von Mainz, LHAK 1 C 359, S. 69f. (1474 XI 23, Mainz); Irmgard von Hunolstein, LHAK 1 A 8661 (1480 VI 19); Gerhard Graf zu Sayn, HHStAW Abt. 340 U 12093 (1490 VII 25); Kuno von Winneburg-Beilstein, LHAK 1 C 16214, Bl. 112 (1493 VIII 16); Markgraf Christoph von Baden, LHAK 1 C 16218, S. 41f. (1495 IV 28, Luxemburg). Seinem Saarburger Amtmann übersandte Johann von Baden einen Brief an den König von Sizilien und den Deutschbellis mit der Bitte um Weiterleitung. Die Antwort dürfe er öffnen *und handel darinn zum besten, den armen zu troist, das du uns gefallen*, LHAK 1 C 397, S. 13 (1498 VIII 7, Ehrenbreitstein), GOERZ, S. 306. Wenig später sollte derselbe ein anderes Antwortschreiben vom selben Herrscher *uffbrechen, verlesen und die dan furter in unser cantzlie schicken*, LHAK 1 C 397, S. 22 (1498 XII 29, Ehrenbreitstein). Einmal schickte die Stadt Trier einen Brief an den Erzbischof *in syn hant*, STAT RMR 1489/90, fo. 7r (1490 nach IV 4). Der kurfürstliche Sekretär schickte dem in Bertrich weilenden Kurfürsten einen Bericht über die weiteren Reisepläne Erzherzog Philipps von Burgund *in sijner gnaden hant*, LHAK 1 C 16218, S. 119f. (1496 V 5).
13 In einem Fall sollten sämtliche Unterlagen in einer Streitsache *in unser cancellie* geschickt werden, LHAK 1 C 657, S. 25f. ([1493 II 12]). Während sich der Erzbischof in Worms aufhielt, berichteten ihm seine Ehrenbreitsteiner Statthalter, welche Briefe in der Zwischenzeit dort eingetroffen waren, LHAK 1 C 16218, S. 59f. (1495 V 21).
14 Zu diesem Themenkomplex vgl. allgemein den von R. SCHNUR herausgegebenen Sammelband, Die Rolle der Juristen bei der Entstehung des modernen Staates.
15 LHAK 1 C 18, 91 (1459 VI 1, St. Goar), DEMANDT, Nr. 5042.

setzten Grafen und Edelleute gewesen. Die geforderten neuen Versprechen[16] übersandte Johann von Baden am 2. Januar 1460 dem Katzenelnbogener mit dem Hinweis, daß die Urkunde Georgs von der Leyen schon zu Zeiten Erzbischof Jakobs ausgestellt worden sei. Als Entschuldigung für die erheblich verspätete Überstellung wurde vorgebracht, das Schriftstück sei erst jetzt in der Kanzlei gefunden worden[17]. Es ist aus heutiger Sicht nicht mehr zu klären, ob diese Darstellung lediglich aus einer Hinhaltetaktik des Trierers resultierte oder den tatsächlichen, dann freilich desolaten Zustand des Archivs widerspiegelt. Bemerkenswert ist auf jeden Fall die demnach nicht existierende Trennung zwischen Kanzlei und Archiv, wofür sich weitere Belege anführen lassen[18]. Ohnehin kann das kurtrierische Archiv im Mittelalter nicht so umfassend gedacht werden, wie es sich heute im Bestand 1 des Landeshauptarchivs Koblenz darstellt, da Schriftstücke der erzstiftischen Verwaltung häufig zunächst bei den betroffenen Funktionsträgern verblieben[19].

Eine bedeutende Inkonsequenz ist für die Archivierung des anfallenden Schriftguts zu konstatieren. Streng durchgehalten ist lediglich die Unterscheidung zwischen Perpetualia und Temporalia in den beiden großen Kopiaren aus der Zeit Johanns von Baden. Auf die Uneinheitlichkeit des Temporalia-Bandes hat bereits P. Richter aufmerksam gemacht[20], dabei jedoch nicht berücksichtigt, daß der Charakter einer Sammlung von Schriftstücken, die nicht auf Dauer von Bedeutung waren, erhalten geblieben ist. Nicht völlig geklärt ist die Frage, warum Urkunden, die abschriftlich in die Kopiare aufgenommen wurden, überhaupt noch aufbewahrt werden mußten, da die Kopiare seit 1442 die gleiche Gültigkeit beanspruchen durften wie die Originalurkunden[21]. Offenbar wurde deren Rechtswirksamkeit jedoch höher als die einer Abschrift eingeschätzt und die Kopiare nur dann zum Nachweis von Rechtstiteln benutzt, wenn die Originalurkunden nicht bei der Hand oder gar verloren waren. Große Bedeutung hatten die Kopiare natürlich für die Urkunden, welche die Trierer Kanzlei verließen und nur in dieser Form nachweisbar blieben. Geradezu moderne Tendenzen zeigen sich bei der Aufbewahrung von Konzepten zu ausgehenden Schreiben, die zusammen mit den Eingängen verwahrt wurden, teilweise auch durch umfangreiche, notariell beglaubigte Abschriften zusätzlich überliefert wurden. Derartige Aktenbände wurden regelmäßig für bestimmte Zwecke, in allen bekannten Fällen für Gerichtsverhandlungen angelegt.

16 Dem Grafen Wilhelm von Virneburg übersandte Erzbischof Johann eine Bürgschaftsurkunde, die dieser nur noch zu besiegeln hatte. Im Gegenzug versprach ihm der Badener, ihn hierfür schadlos halten zu wollen, STAW Abt. Löwenstein-Wertheim-Freudenberg Virneburger Akten A 82 (1459 XI 14, Ehrenbreitstein). Anstelle des verstorbenen Ruprecht Graf zu Virneburg verbürgte sich der Hofmeister Johann von Eltz, DEMANDT, Nr. 5072 (1459 XII 21).
17 DEMANDT, Nr. 5079 (1460 I 2, Ehrenbreitstein).
18 Johann Scharflützel von Kerpen erhielt *eyn kistgin mit brieven*, die sämtlich aus einem von ihm beanspruchten Erbe herrührten, von der erzbischöflichen Kanzlei ausgehändigt, LHAK 1 A 8710 (1485 III 24). Unter Erzbischof Jakob von Baden befanden sich die Gerichtsakten in seinem Streit mit Hilger von Langenau ebenfalls in der Kanzlei, LHAK 1 C 608, S. 411–418 (1506 X 28, Villach).
19 Eine Quittung wurde z. B. vom Rentmeister aufbewahrt, LHAK 1 C 18, 1180. Der Amtsrevers Peter Holzmongerists als Zollbeseher in Boppard wurde *by dem gebonde Rinstraum* aufbewahrt, LHAK 1 C 18, 1249 (1502 VII 25). Auch die Urkunden, die mit der Münze zu tun hatten, wurden offenbar getrennt archiviert, LHAK 1 C 18, 1255 (1502 IX 29); LHAK 1 C 18, 1256 (1502 IX 30).
20 RICHTER, Kanzlei, S. 95f., stützt seine Argumentation insbesondere auf einzelne beigebundene Aktenfaszikel.
21 Vgl. RICHTER, Kanzlei, S. 105f. (1442 VIII 27).

Neben diesen durchaus fortschrittlichen Entwicklungen läßt sich andererseits ein verhältnismäßig nachlässiger Umgang mit den Urkunden nachweisen, denn eine größere Anzahl, deren Höhe heute nicht mehr nachvollzogen werden kann, wurde als nicht wichtig genug erachtet, um sie aufzubewahren oder abschriftlich festzuhalten. Auf diese Weise scheint z. B. eine beträchtliche Menge der Amtsreverse aus der Zeit Johanns von Baden verlorengegangen zu sein, da es nicht möglich ist, allein anhand dieser Urkunden vollständige Reihen der Amtleute zu erstellen. Ein Beispiel hierfür ist der dem Domkapitel ausgestellte Revers Johann Prints von Horchheim als Amtmann zu Kasselburg von 1471[22]. Sein Nachfolger wurde 1480 Friedrich Zant von Merl[23]. Damit war der Revers Johann Prints für das Domkapitel und die Kanzlei nur noch von so geringer Bedeutung, daß die Urkunde 1482 als Konzept für den entsprechenden Revers Erhards von Helmstadt über das Amt Baldeneck benutzt wurde. Hierfür wurde lediglich der Name und der Amtsort gestrichen und überschrieben, um dann die gesamte Urkunde abschreiben zu können, die tatsächlich im gleichen Wortlaut mit geändertem Datum im Original überliefert ist[24]. In der Folgezeit wurde die Urkunde – sogar das Siegel Johann Prints ist erhalten – noch mehrmals als Konzept für verschiedene Reverse, die vermutlich alle im Mai oder Juni 1482 ausgestellt wurden, benutzt[25]. Da der bleibende Wert dieser Urkunden anscheinend nur gering veranschlagt wurde, ist an vielen Stellen mit einem reinen Zufall der Überlieferung zu rechnen. In gleicher Weise wurde in mindestens einem Fall mit der Abschrift einer Urkunde im Kopiar 1 C 18 verfahren. 1468 erlaubte Elisabeth von Brohl-Vlatten dem Erzbischof den Rückkauf einer ihr angewiesenen jährlichen Rente, 1484 wurde dieses Dokument durch Streichungen verändert und diente einer entsprechenden Versicherung Elisabeths von Pyrmont-Braunsberg als Konzept[26]. Dieses Verfahren beweist, daß Urkunden nur dann für die Kanzlei von Wert waren, wenn deren Rechtsinhalt noch Gültigkeit beanspruchen konnte. Deutlich wird dies anhand des Bestallungsrevers' Ottos von Diez, der zunächst auf ein oder mehrere Jahre zum Diener bestellt wurde; nach fünf Jahren wurde die Urkunde für dessen gleichnamigen Sohn verwendet[27]. In

---

22 LHAK 1 A 8526 (1471 IV 20). Der Revers für den Erzbischof vom gleichen Datum ist vom Aussteller und Wilhelm von Eltz besiegelt, LHAK 1 A 8525.
23 LHAK 1 A 8669 (1480 XII 29, Ehrenbreitstein), GOERZ, S. 252.
24 LHAK 1 D 1308 (1482 V 30).
25 Die Namen der Amtleute sind am Rand der Urkunde vermerkt. Als Zeichen, daß die entsprechenden Urkunden tatsächlich ausgefertigt wurden, sind die Namen mit einem + versehen, vgl. zu dieser Gewohnheit RTA MR, Bd. 3,1, Nr. 159, Anm. 580. Folgende Personen werden genannt: Dietrich von Winneburg zu Schönecken, dessen Originalrevers als Amtmann ebenfalls erhalten ist, LHAK 1 A 3332 (1482 VI 5); Johann Mont von Neuenstadt, Burggraf und Kellner zu Ehrenbreitstein, der 1471 zunächst Schöffe, LHAK 1 A 1241 (1471 I 30), und dann Schultheiß von Koblenz wurde, LHAK 1 C 18, 375 (1471 XII 2), welches Amt ihm Johann von Baden 1501 auf Lebenszeit verlängerte, LHAK 1 C 18, 1236 (1501 II 3, Koblenz), GOERZ, S. 315, als Ehrenbreitsteiner Kellner ist er nur einmal genannt, LHAK 1 A 8664 (1480 XII 4, Trier), als Burggraf ansonsten nicht; Walter von Franken, Amtmann zu St. Wendel, dessen Originalrevers erhalten ist, LHAK 1 A 3820 (1482 V 30); Johann von Wittlich, Kellner zu Daun; sein Originalrevers ist auch überliefert, LHAK 1 A 1586 (1482 V 30); Johann von Godesberg, Kellner zu Bernkastel, ist spätestens seit 1485 in diesem Amt nachweisbar, LHAK 1 A 338 (1485 III 26); Wilhelm von Polch, Amtmann zu Mayen, dessen Originalrevers ebenfalls erhalten ist, LHAK 1 A 2368 (1482 VI 7).
26 LHAK 1 C 18, 377 (1484 XII 31 bzw. 1468 II 9).
27 LHAK 1 A 8873 (1485 XII 28 bzw. 1490 XII 28).

einem anderen Fall wurde die gleiche Urkunde sogar dreimal gebraucht: Heinrich Holzapfel von Herxheim erklärte darin, daß Johann von Baden ihn zu seinem Marschall, Rat und Diener angenommen habe[28]. Ohnehin entsprach es den Rechtsgepflogenheiten, Urkunden zurückzugeben, sobald sie ihre Gültigkeit verloren hatten[29]. Schuldurkunden wurden nach der Ablösung der entsprechenden Summen ebenfalls dem Schuldner wieder überantwortet und in der kurtrierischen Kanzlei regelmäßig durch Einschnitte sowie häufig durch Abnehmen der Siegel ungültig gemacht. Ebenfalls wurden bei Verkäufen von Grundeigentum die zugehörigen Urkunden dem Käufer oder Rechtsnachfolger übereignet[30].

Die wenig ausgeprägte Archivorganisation und -ordnung zeigte sich immer wieder, wenn es um die Beibringung von Urkunden in bestimmten Rechtsstreitigkeiten ging und sich häufig erhebliche Schwierigkeiten hinsichtlich des schnellen Auffindens der betreffenden Schriftstücke zeigten. So mußte in einem vom Kanzler Johann Kreidweiß, dem Hofmeister Wilhelm von Eltz, Kammermeister Ulrich von Metzenhausen und dem Amtmann Dietrich von Lontzen genannt Robin ausgehandelten Vergleich zwischen Erzbischof Johann und den Manderscheider Grafen Dietrich, Kuno und Wilhelm die endgültige Entscheidung über ein Streitobjekt so lange vertagt werden, bis *man den kauffbrieff fynden kan, der dan mit flyß gesucht sal werden*[31]. Auch der Eintrag einer Urkunde in eines der Kopiare konnte noch zu erheblichen Fehlern führen, wie die Genehmigung des Erzbischofs für den Schultheiß von Eisenschmitt zum Verkauf mehrerer Wiesen beweist, die im Kopiar 1 C 17 einmal mit dem Ausstellungsort Ehrenbreitstein und einmal mit dem Ausstellungsort Trier an verschiedenen Stellen unter dem gleichen Datum aufgenommen wurde[32].

Analog zu dem in mancher Hinsicht nachlässigen Umgang der erzbischöflichen Kanzlei mit den dort liegenden Urkunden wurde ein ähnliches Verhalten auch bei den Urkundenempfängern toleriert, verlorengegangene Rechtstitel wurden wohl ohne weiteres erneuert[33]. Ein besonders auffälliges Beispiel für das sorglose Umgehen auch mit wichtigen Urkunden bietet ein Transsumpt, das Johann von Ottenstein d. J. von der Belehnung seines Vaters Arnold durch Erzbischof Johann anfertigen ließ. Dies war notwendig geworden, da letzte-

---

28 Der erste Revers stammt von 1487 und wurde durch Streichungen als Konzept für 1489 verwendet, LHAK 1 A 8845 (1487 XII 26 bzw. 1489 XII 26). Nach diesem Exemplar wurde die Urkunde von 1490 ausgefertigt, LHAK 1 A 8871 (1490 XII 26).
29 Nach der Verpfändung des Amtes Schönberg an Markgraf Christoph von Baden entband der Erzbischof seinen dortigen Amtmann Godard von Brandenburg-Clerf von seinen Pflichten und übersandte ihm gleichzeitig seinen Amtsrevers und bat ihn, um die Übersendung des *amptbrieff*, LHAK 1 C 16214, Bl. 177 (1501 I 17, Koblenz).
30 Arnold von Siersberg-Dullingen übergab Johann von Baden die Urkunden bezüglich der Dörfer Schönenberg und Bach, LHAK 1 A 8818 (1489 I 10). Nachdem Simon Boos von Waldeck auf alle Ansprüche an Schloß und Herrschaft Kempenich verzichtet hatte, übergab er dem Erzbischof alle diesbezüglichen *lehenbrieve, ander brieve, siegel, register, mannbuechere, verdrege und anders*, LHAK 1 A 8866 (1490 XI 21), Günther, Bd. 4, Nr. 383.
31 LHAK 1 A 8549 (1472 VIII 28).
32 LHAK 1 C 17, 1486, 1755 (1494 XI 6), GOERZ, S. 291, entscheidet sich, vermutlich aufgrund des Itinerars, für Trier als Ausstellungsort.
33 Die nach mehr als 20 Jahren verloren gegangene Pachturkunde über die Welschbilliger Mühle erneuerte Johann von Baden dem dortigen Meier anscheinend widerspruchslos, LHAK 1 C 18, 667 (1483 IV 14, Pfalzel), GOERZ, S. 256.

rer die betreffende Urkunde *in syner furstlicher gnaden cantzlien hait lygen laissen*. Erst neun Jahre später wurde das wichtige Dokument vermißt und vom Erben eingefordert[34]. In sämtlichen längerfristig gültigen Schuldurkunden, die vom Trierer Erzbischof ausgestellt wurden, ist eine Bestimmung enthalten, die dem Empfänger für den Fall, daß die Urkunde verloren geht, die Ausstellung einer genau gleichen zusicherte[35]. Nicht besser bestellt war es um das Archiv der beiden Städte Trier und Koblenz, da für das Aufsuchen von Urkunden stets ein längerer Zeitraum veranschlagt wurde, der sogar Kosten erwarten ließ[36].

Aus dem bisher Gesagten ist deutlich geworden, daß man sich die kurtrierische Kanzlei in der zweiten Hälfte des 15. Jahrhunderts und auch noch zu Beginn des 16. Jahrhunderts nicht zu modern vorstellen darf; einige uns heute als Unzulänglichkeiten erscheinende »mittelalterliche Zustände« blieben die Regel. Dennoch kann die Kanzlei im hier untersuchten Zeitraum getrost als ausgeprägte Institution angesprochen werden, die sich auch räumlich zunehmend verfestigte. Diesem Aspekt soll im folgenden eingehend nachgegangen werden, denn eine ganze Reihe von Hinweisen macht es möglich, den Ort zu bestimmen, an dem sich die Kanzlei und das – wie gezeigt – aufs engste mit ihr verbundene Archiv befanden. Dabei sollte man sich nochmals die schon mehrfach angesprochene Untergliederung des Erzstifts vor Augen führen, das aus den zwei festgefügten Offizialatsbezirken Trier und Koblenz, Ober- und Niedererzstift, mit den Zentren in und bei den beiden großen Städten bestand. Konsequenterweise wird man auch die schriftgutproduzierende erzbischöfliche Kanzlei in diesem Raum, in unmittelbarer Nähe der Herrschaftszentren zu suchen haben. Zur Lokalisierung von Kanzlei und Archiv können methodisch zwei Wege eingeschlagen werden: Am schnellsten wird das Ziel erreicht, wenn sich in den Quellen direkte Hinweise auf einen derartigen Ort finden lassen. Zur Ergänzung, und darüber hinaus, kann mit Hilfe prosopographischer Methoden versucht werden, die räumliche Orientierung und Zuordnung des Kanzleipersonals zu orten, um Rückschlüsse auf deren Tätigkeitsfeld zu ermöglichen.

Die in den Quellen vorkommenden ausdrücklichen Nennungen von Orten, an denen sich die Kanzlei befand, spiegeln exakt das bisher gewonnene Bild des Erzstifts Trier mit zwei Zentren in beiden Teilen des Territoriums wider, deren Schwerpunkt allerdings merklich am Rhein lag. Eben jene Orte verfügten über Räume für die Kanzlei, die auch sonstige herrschaftsrelevante Institutionen beherbergten. Dies ist jedoch erst das Resultat einer längerfristigen Entwicklung, der zunächst kurz nachgegangen werden soll.

Die Kanzlei der Trierer Erzbischöfe ist im 14. Jahrhundert nur schwer auf einen bestimmten Ort zu beziehen. Ähnliches gilt für das eng mit der Kanzlei verbundene Archiv. Als Erzbischof Balduin mit der Ordnung der Urkunden des Erzstifts begann, befanden sich diese im Besitz des Domkapitels,[37] also in Trier. Gleiches wird man für die urkundenschreibende

---

34 HHStAW Abt. 121 U Ottenstein. Die Belehnung war am 16. Januar 1495 in Montabaur erfolgt und die Bescheinigung Johanns von Ottenstein über den Empfang der Urkunde stammt vom 1. Februar 1504.
35 Auf den Einzelnachweis wird aufgrund der großen Anzahl von Schuldverschreibungen, die diese Bestimmung enthalten, verzichtet, vgl. aber SCHMIDT, Nr. 2172 (1473 VII 31).
36 STAT RMR 1470/1, fo. 7r (1471 II 4); STAT RMR 1482/3, fo. 18r; STAT RMR 1502/3, fo. 16r. Briefen wurde offenbar nur eine relativ geringe Bedeutung beigemessen. Daher konnte für die Koblenzer Bürgermeistereirechnung des Jahres 1476 ein kaum neun Jahre altes Schreiben der Stadt Trier an Koblenz als Einband verwendet werden, Stak- 623- BMR 1665.
37 BASTGEN, Archiv, S. 1, vgl. RICHTER Kanzlei, S. 61f.

Kanzlei vermuten dürfen.[38] Dies wird allein aus der großen Zahl der Urkunden Balduins deutlich, die in Trier ausgestellt sind. Entsprechend läßt die zunehmende Zahl der von den Erzbischöfen Kuno und Werner auf dem Ehrenbreitstein ausgestellten Urkunden auf eine mögliche Verlegung schließen.[39] Während die Angaben für das 14. Jahrhundert noch vergleichsweise vage sind, ändert sich dies im 15. merklich: Aus dem Anfang dieses Jahrhunderts existiert ein *Inventarium literarum in Cochme post obitum domini Wernheri ex originalibus rubricate per Theodericus de Guls ex commissione domini Ottonis*[40]. Erzbischof Otto von Ziegenhain ließ also, vermutlich kurz nach Werners Tod, die Urkundenbestände, die sich in Cochem befanden, durch Theoderich von Güls[41] inventarisieren und ordnen. Es kann also vermutet werden, daß sich schon zu Erzbischof Werners Zeit ein möglicherweise erheblicher Teil des erzstiftischen Archivs in Cochem – vermutlich auf der dortigen Burg – befunden hat. Dies schließt natürlich nicht aus, daß sich andere Teile noch in Trier oder schon auf dem Ehrenbreitstein befanden. Nach den Wirren der Manderscheider Fehde und der unglücklichen Regierungszeit Erzbischof Rabans (1430/36–1439) bescheinigte Jakob von Sierck (1439–1456) als Koadjutor 1439 auf dem Ehrenbreitstein den Empfang der Register, Briefe und Urkundenbücher.[42] Zur gleichen Zeit wurden in einem Gewölbe zu Ehrenbreitstein mehrere Meßbücher, ein *sanck buchelin* und, was in unserem Zusammenhang besonders interessiert, Handbücher für die Verwaltung und den Kanzleigebrauch aufgefunden.[43] Es machte sich eine Verlagerung des Schwergewichts von Trier die Mosel hinab über Cochem nach Ehrenbreitstein bemerkbar.

Unter Erzbischof Jakob wird 1448 erstmals die Kanzleistube zu Ehrenbreitstein genannt[44]. In der Regierungszeit Erzbischof Johanns verdichten sich die Belege für den Standort der Kanzlei des Erzstifts Trier auf dieser großen Burg: Die Entscheidung in einem Streit zwischen dem Trierer Domkapitel und den Burggrafen Dietrich und Peter von Rheineck-Bruch wegen des Dorfes Speicher wurde bis zu einer erneuten Verhandlung *zu Erembreitstein in unsers gnedigen hern kantzlie* vertagt[45]. Die Brüder Kuno und Johann von Reifenberg versprachen, nach erfolgter Ablösung der zugehörigen Schuldsumme, die Amtsbestallung und die Schuldurkunde über Limburg, Molsberg und Brechen dem Erzbischof *ghen Erembreitstein in die cancellie* zu schicken[46]. Dort hatte ja auch Arnold von Ottenstein die bereits erwähnte Lehnsurkunde liegengelassen. Ebenfalls auf die Ehrenbreitsteiner Räumlichkeiten beziehen sich zwei Anweisungen des Kurfürsten an seinen Saarburger Amtmann, Briefe des Herzogs von Lothringen zunächst zu öffnen und zu prüfen, um sie dann *herabe*

---

38 Vgl. RICHTER, Kanzlei, S. 107.
39 Eher unwahrscheinlich ist die Verlegung des gesamten Schreibgeräts auf den Stolzenfels während der häufigen Aufenthalte Erzbischof Werners. Ihm folgte wohl nur ein Teil der Kanzlei, was übrigens für »Dienstreisen« in gleicher Weise anzunehmen ist.
40 LHAK 1 C 111.
41 Zu seiner Person RICHTER, Kanzlei, S. 101. Daß unter *rubricate* ein Ordnen verstanden wurde, sei hier unterstellt, vgl. ebd., S. 101 ff.
42 Vgl. GOERZ, S., S. 171 (1439 IV 28). Zu den Schriftstücken vgl. RICHTER, Kanzlei, S. 104 f.
43 Ebd., S. 105.
44 LHAK 1 A 7623 (1448 VII 30), vgl. MILLER, Jakob von Sierck, S. 262, Anm. 46.
45 LHAK 1 D 1206 (1461 IV 9, Trier).
46 LHAK 1 C 18, 981 (1473 I 3).

in unsere cantzly zu schicken[47]. Einem auf Ehrenbreitstein ausgestellten Schreiben Erzbischof Johanns ist ein Zettel beigegeben, der *uss der trierschen cantzelien stammt*[48].

Aus nicht geklärten Ursachen erscheint seit den 80er Jahren des 15. Jahrhunderts in den Quellen darüber hinaus eine Kanzlei in Koblenz. Dorthin schickte der Manderscheider Kellner ein Vernehmungsprotokoll[49], ebenso richteten die Hunolsteiner Vögte Heinrich und Friedrich eine Supplik in ihrem Streit mit Rudolf Beyer nach Koblenz[50], und die Stadt Trier schickte 1485 ihren Boten Sonntag mit einem Brief *zu Covelentz in die cancellie*[51]. Wie aus einer notariell beglaubigten Zahlung des Rentmeisters Bartholomäus Glockner an Hans Lichtenstein von Bohel hervorgeht, befand sich diese in der Koblenzer Burg[52]. Ebenfalls in der dortigen Kanzlei einigten sich der Hofmeister Burckhard von Reischach, Meister Johann Dodenberg, der Rentmeister und Gregor Kebisch mit Junker Merbode wegen dessen Dienstgeld[53].

Die mehrfach genannte Zweipoligkeit des Territoriums setzt eine weitere Unterkunft für die Kanzlei im Obererzstift voraus, da auch die schriftliche Verwaltung kaum von einem Ort aus bewältigt werden konnte. Schon die Vielzahl der Urkunden, die in Pfalzel und Trier von Johann von Baden ausgestellt wurden, legt die Vermutung nahe, daß ihm die Kanzlei zumindest dorthin folgte, wahrscheinlich aber dort einen eigenen Standort hatte. Einen ersten Hinweis bietet eine Ausgabe des Rentmeisters der Stadt Trier für die erzbischöflichen Schreiber in der Kanzlei von 1485[54]. Da die berechneten Arbeiten höchstwahrscheinlich nicht in Ehrenbreitstein oder Koblenz ausgeführt wurden – dies hätte die Sache unnötig verteuert und verzögert –, werden die Arbeiten für immerhin zwölf rheinische Gulden wohl in Trier oder Pfalzel ausgeführt worden sein. Bringt man weitere derartige Nachrichten mit dem Itinerar des Kurfürsten in Zusammenhang, so fällt die Tatsache ins Auge, daß Aufträge an die Kanzlei nur dann vergeben wurden, wenn der Erzbischof sich in Trier oder Pfalzel aufhielt[55]. Folglich wird die Kanzlei oder zumindest ein Teil von ihr Johann von Baden stets auf seinen Reisen im Erzstift gefolgt sein, an den bevorzugten Aufenthaltsorten dürfte sie zudem eine feste Unterkunft gehabt haben[56].

Im Obererzstift können Kanzleiräume nur in Pfalzel lokalisiert werden. Der erste sichere Hinweis stammt aus dem Jahre 1490. In dem Konzept eines Schreibens des Erzbischofs an die widerstreitenden Parteien um das Vlattener Erbe wurde eine *cedula ex parte cancella-*

---

47 LHAK 1 C 397, S. 99f. (1498 I 29, Ehrenbreitstein), GOERZ, S. 303; LHAK 1 C 397, S. 3f. (1498 I 30, Ehrenbreitstein), GOERZ, S. 303.
48 LHAK 1 C 609, S. 169f. (1498 XI 24, Ehrenbreitstein), GOERZ, S. 307.
49 LHAK 1 C 6124, S. 219 (1477).
50 LHAK 1 C 16213, Bl. 88 (1481 XI 11), es heißt wörtlich: *in uwern gnaden kantzelige zu Cobelentz*.
51 STAT RMR 1485/6, fo. 7v (1485 nach XI 17).
52 Die Datierungszeile lautet: *Geschrieben zu Covelentz uff samßtag obgnt. in der burg in der cancellie*, LHAK 1 A 8892 (1492 III 7, Koblenz), erwähnt bei RICHTER, Kanzlei, S. 107, Anm. 3.
53 LHAK 1 C 18, 820 (1500 XI 24, Koblenz), es heißt: *zu Covelentz in der cancelie*.
54 STAT RMR 1484/5, fo. 36r. (1485 IV 6).
55 Vgl. die oben genannten Urkunden, die in der Kanzlei geschrieben wurden, und das Itinerar des Kurfürsten in diesen Zeiträumen.
56 Die beiden von P. Richter edierten, von der kurtrierischen Kanzlei ausgestellten Urkunden des Jahres 1501 sind in Trier datiert, da sich der Erzbischof zu dieser Zeit dort aufhielt und höchstwahrscheinlich sein Kanzleipersonal mitgenommen hatte.

ria angekündigt[57]. Da das Schreiben selbst in Pfalzel ausgestellt ist, wird sich die Kanzlei oder zumindest ein Teil von ihr ebenfalls dort befunden haben. Tatsächlich lud Johann von Baden die Beteiligten wenig später *alhie zu Paltzel in unß cancellien*, um über die Erbauseinandersetzungen zu verhandeln[58]. Im selben Monat bezahlte der Koblenzer Bürgermeister zwei Mark *in die kantzlije zu Paltz* für ein Ladungsschreiben an Hans Hesse[59], eine in Pfalzel ausgestellte Instruktion an den Rentmeister in Salm trägt die Unterschrift: *uss der trierschen cantzlien*[60], wurde also wohl auch dort geschrieben.

Auch wenn der Standort der Kanzlei nicht ausdrücklich genannt wurde, scheint es allgemein bekannt gewesen zu sein, wohin man sich in entsprechenden Angelegenheiten zu wenden hatte. Nur in diesem Sinne lassen sich Bestimmungen in Urkunden und Briefen interpretieren, die sich auf die Zusendung von Schriftstücken in die erzbischöfliche Kanzlei beziehen, aber keinen Ort nennen, wo diese zu finden ist[61]. Entweder war man also über den jeweiligen Standort der Kanzlei sehr gut unterrichtet – dies setzt ein ausgeprägtes Kommunikationssystem voraus – oder es hatte sich für die Kanzlei eine feste Anlaufstelle im Bewußtsein und im Geschäftsbetrieb der Zeitgenossen ausgebildet.

Zumindest während des hier untersuchten Zeitraums wurde weder ausdrücklich noch in der Sache zwischen Kanzlei und Archiv unterschieden, sondern beide Institutionen wurden als Einheit begriffen, die in den Quellen als Kanzlei bezeichnet wurde. Folglich erscheint es nicht unbedingt notwendig, in der schriftlichen Überlieferung nach Erwähnungen des Lagerorts der kurtrierischen Archivalien[62] zu suchen. Nur einmal erhalten wir einen eindeutigen Hinweis auf einen solchen Ort: Am 31. Mai 1503 begab sich der Erwählte Jakob von Baden nach Oberwesel, um die Huldigung der Einwohner entgegenzunehmen[63]. Diese weigerten sich jedoch zunächst mit dem Argument, sie hätten eine althergebrachte Gewohnheit, wonach sie von einem neuen Erzbischof, bevor sie ihm huldigten, eine schriftliche Bestätigung zu erhalten hätten, daß er vom Domkapitel einhellig gewählt sei. Darauf sicherte ihnen der Badener persönlich zu, für die Beibringung des entsprechenden Zeugnisses zu sorgen. Zu

---

57 LHAK 1 C 16214, Bl. 26 (1490 IX 28, Pfalzel), GOERZ, S. 276. Der Zettel hatte folgenden Inhalt: *auch wullent die mirgliche mühe und arbeydt, so bißher in dieser sache manigfeltig und lang zijt angekert synt, bedencken und uff den obgenannten tag gestalt syn, der cantzelien des belonunge zu tunde nach billicheit. Ex cancellaria Trevirense.*
58 LHAK 1 C 16214, Bl. 28, 30 (1490 X 27, Pfalzel), GOERZ, S. 276.
59 Stak- 623- BMR 4096, S. 11 (1490 X).
60 LHAK 1 C 16218, S. 197 (1498 V 9, Pfalzel).
61 In der Vergleichsurkunde im Streit zwischen den Grafen Philipp von Virneburg und Dietrich von Manderscheid wegen der Propsteien Bitburg und Dudeldorf wurden die Parteien angewiesen, die relevanten Urkunden binnen drei Wochen *in unsere cantzelie* zu schicken, STAW Abt. Löwenstein-Wertheim-Freudenberg Virneburger Urkunden III/84 (1472 VIII 6, Trier). Die gleiche Aufforderung findet sich als Konzept in einem Schreiben an den Koblenzer Offizial, LHAK 1 C 657, S. 25f. ([1493 II 12]), und an den Saarburger Amtmann, LHAK 1 C 397, S. 22 (1498 XII 29, Ehrenbreitstein). Bei letzterer legt der Ausstellungsort der Urkunde die Vermutung nahe, daß die Kanzlei sich in Ehrenbreitstein befand.
62 1539 lagerten die *alten registern der kelnerien im Hamm im gewelve zu Erembreitstein*, LHAK 1 C 16220, S. 1. In der Mitte des 16. Jahrhunderts befanden sich *von altersher* die Archivalien des Obererzstifts in der Burg zu Pfalzel, wo sie 1552 weitgehend verloren gingen, vgl. TrierArch 24/25, 1916, S. 233.
63 Ausführliche Schilderung der Ereignisse von Peter Maier siehe LHAK 701,4, fo. 92r-94v.

diesem Zweck schickte er sofort seinen Torhüter Thomas Kratz von Scharfenstein[64] nach Ehrenbreitstein, um die mit den vier opponierenden Domherren ausgehandelte Vergleichsurkunde[65] holen zu lassen. Demnach wurden jedenfalls wichtige Urkunden auf dieser Burg gelagert, über deren Verwahrung der Torhüter[66] als Vertrauter des Erzbischofs wachte. Dafür spricht auch, daß der Inhaber dieses Amtes bei den Neujahrsgeschenken für den kurtrierischen Hof stets mitbedacht wurde und in den stadttrierischen Rechnungen daneben noch ein Torhüter in der Kanzlei, also eine Art Stellvertreter, genannt wird[67]. Nimmt man diesen Beleg für den Standort des kurtrierischen Archivs zu den oben gemachten Beobachtungen hinzu, so wird man wohl mit großer Sicherheit davon ausgehen können, daß sich die Hauptkanzlei des Erzstifts, die für ihre ständigen Geschäfte häufig auf das Archiv zurückgreifen mußte, in der Zeit Johanns von Baden und seines Nachfolgers auf der Burg Ehrenbreitstein befunden hat.

Um dieser Feststellung weitere Plausibilität zu verleihen, soll im folgenden den personellen Verflechtungen und der räumlichen Orientierung des Kanzleipersonals nachgegangen werden. Schwierigkeiten bereiten in diesem Zusammenhang – vor allem in der ersten Hälfte des Pontifikats Johanns von Baden – die kurtrierischen Kanzler. P. Richter machte darauf aufmerksam, daß Bedeutung und Einfluß des Kanzlers im Erzstift nicht konstant gleichblieben, sondern auch von der Persönlichkeit des jeweiligen Amtsinhabers abhingen[68]. Aufgrund einer Besonderheit, der weitere Beachtung zu schenken ist, kommt Richter zu einer irrigen Anordnung der Amtszeiten der Kanzler Johann Jux von Sierck[69] und Johann Kreidweiß[70], in dem er letzteren zum Vorgänger des ersten macht, obwohl Richter selbst an anderer Stelle auf dessen Tätigkeit bei Erzbischof Jakob hinweist[71]. Auch wenn G.-R. Tewes dieses Problem erkannte[72], findet er aus dem ihm bekannten Quellenmaterial keine befriedigende Lösung. Allerdings setzt er die Amtszeiten beider Kanzler in die richtige Reihenfolge und nimmt das Spätjahr 1463 als Zeitpunkt des Amtswechsels an[73]. Die genaue Analyse der Quellen ergibt jedoch ein differenziertes Bild: Johann Jux von Sierck gehörte zu den Personen, die Erzbischof Jakob in seinem Testament mit Nachdruck seinem Nachfolger zur Übernah-

---

64 Thomas Kratz von Scharfenstein tritt in Kurtrier erstmals bei den Huldigungen für Jakob von Baden in der Umgebung des Landesherrn in Erscheinung, LHAK 701,4, fo. 80r, 92v, 101r, 102v, 105v. Später stieg er in das Amt des Kammermeisters auf, vgl. BROMMER, Inventar Stein, Nr. 836f. (1506 III 22, Ehrenbreitstein).
65 Vgl. oben.
66 Zum Torhüter vgl. RICHTER, Kanzlei, S. 50.
67 Da die Ausgabe mit wenigen Ausnahmen bei allen Neujahrsgeschenken bis zu Beginn der 80er Jahre auftaucht, wird hier auf den Einzelnachweis verzichtet. Zum letzten Mal erscheint *der cancellijen durwerter* zu Beginn des Jahres 1482, STAT RMR 1481/2, fo. 7v.
68 RICHTER, Kanzlei, S. 33. Gut informiert sind wir über das Leben eines Kanzlers der ersten Hälfte des 15. Jahrhunderts, Tilmann Joel von Linz, worauf ebenfalls Richter hingewiesen hat. Zu ihm vgl. die nicht umfassend befriedigende Studie von PODLECH, Tilmann Joel von Linz.
69 Zur Person: MILLER, Jakob von Sierck, S. 263; PAULY, Liebfrauen Oberwesel, S. 372.
70 Zur Person: TEWES, Kreidweiß; PAULY, Liebfrauen Oberwesel, S. 373; DIEDERICH, Florin, S. 260.
71 RICHTER, Kanzlei, S. 33f., Anm. 1, S. 45f.
72 TEWES, Kreidweiß, insbes. S. 36, Anm. 20.
73 Ebd., S. 44.

me empfahl; er war darüber hinaus zu einem der Testamentsvollstrecker ernannt worden[74]. Somit konnte Johann von Baden den engen Vertrauten seines Vorgängers kaum gänzlich übergehen und tatsächlich wird Jux noch über mehrere Jahre hinweg bis 1463 kontinuierlich als Kanzler des Erzbischofs erwähnt[75]. Parallel hierzu erscheint jedoch seit 1460 Johann Kreidweiß ebenfalls als Kanzler des Badeners[76]. Beide Amtsinhaber waren durch einen Universitätsabschluß, Jux als Lizentiat in weltlichem Recht und Kreidweiß als Doktor beider Rechte, für diesen Posten qualifiziert, doch können sie an keiner Stelle in direkte Verbindung zur Kanzlei gebracht werden. Auch unpersönliche Nennungen eines Kanzlers in dieser Zeit lassen in ihm eher einen gelehrten Rat[77] vermuten, als den Vorsteher der urkundenschreibenden Kanzlei. Dies stimmt genau mit der Beobachtung I. Millers überein, der im Hinblick auf die Mitte des 15. Jahrhunderts zu der Feststellung gelangt, der Begriff des Kanzlers sei »noch eine recht schwammige Angelegenheit« gewesen, diesem sei als gelehrtem Rat die Leitung der Kanzlei anvertraut worden[78]. Folglich haben wir im Kanzler zumindest bis in die 70er Jahre des 15. Jahrhunderts in Kurtrier einen engen Vertrauten des Landesherrn zu sehen, der höchstwahrscheinlich in einer allerdings nicht nachweisbaren engeren Verbindung zur Kanzlei stand. Sein Tätigkeitsfeld ist in dieser Hinsicht nicht klar einzugrenzen.

Die angesprochenen Überschneidungen in den Amtszeiten der beiden ersten unter Johann von Baden belegten Kanzler lassen sich ebenfalls aus dieser unklaren Zuordnung heraus erklären. 1468 ist einmal die Rede von *deme alden cantzeler*[79], und somit dürfte auch ein weiterer, aktuell tätiger Kanzler vorauszusetzen sein. Folglich behielt ein Kanzleivorsteher seinen Titel auch dann noch, wenn er das Amt bereits aufgegeben hatte. Vermutlich aufgrund seiner Fachkompetenz gehörte er weiterhin zum engen Kreis der Ratgeber des Landesherrn[80]. Besonders von der auswärtigen Perspektive her wird die Beibehaltung des Titels klar, da Philipp Graf zu Katzenelnbogen auch noch 1473 Johann Jux als Kanzler bezeichnete[81]. Demnach wäre Johann Kreidweiß eindeutig zu den Personen aus dem Umfeld der Mark-

---

74 LHAK 1 D 1171, vgl. MILLER, Jakob von Sierck, S. 254f., Anm. 7.
75 SCHMIDT, Nr. 2074 (1459 III 7, Ehrenbreitstein); LHAK 1 A 1830 (1459 VIII 13, Fankel); LHAK 1 C 16212, Bl. 17 (1460 V 12); LHAK 1 C 16213 (1463 IV 30); MATHEUS, in: KurtrierJb 1980, S. 102f. (1463 V 3).
76 Den Dienstrevers des Büchsenmeisters Heinrich Joser besiegelte Kreidweiß an erster Stelle gemeinsam mit dem Kammermeister Ulrich von Metzenhausen, LHAK 1 C 18, 142 (1460 II 25). Als Kanzler wird er in folgenden Quellen genannt: LHAK 1 C 17, 684 (1460 VII 3); LHAK 1 C 18, 182 (1465 XI 27, Koblenz), GOERZ, S. 222; RMB IV 9409 (1466 VI 10, Bernkastel); LHAK 1 A 8490/8491 (1468 II 9), LHAK 1 A 679/680 (1468 X 10, Bruttig), vgl. GRIMM, Bd. 2, S. 439f.; LHAK 1 C 9598, S. 13f. (1469 III 21, Blankenheim); RMB IV 9972 (1469 X 17); LHAK 1 C 18, 369 (1470 VIII 17); BÄR, Urkunden, S. 106f. (1471 XI 4); LHAK 1 A 8549 (1472 VIII 28). Spätestens 1489 ist er tot, LHAK 1 C 17, 1772 (1489 VIII 6, Ehrenbreitstein). Auf Präsentation Graf Gerhards von Sayn hatte er 1461 die Pfarrei Engers erhalten, LHAK 1 A 1781 (1461 I 27); LHAK 1 A 1782 (1461 II 26, Diez); LHAK 1 A 1783 (1461 III 1).
77 Zu den gelehrten Räten vgl. TEWES, Kreidweiß, S. 39, Anm. 45 und die dort genannte Literatur.
78 MILLER, Jakob von Sierck, S. 261.
79 STAT RMR 1468/9, fo. 2r (1468 XI 21).
80 Als Erzbischof Jakob von Baden 1503 in Pfalzel mit seinen Räten wegen der Streitigkeiten mit Lothringen beriet, war u. a. *doctor Ludolff von Enschringen, probst und altcantzler* anwesend, LHAK 1 C 441, S. 5–13 (1503 VIII 14, Pfalzel).
81 DEMANDT, Nr. 5713 (1473 III 26).

grafschaft zu zählen, die Johann von Baden bei seinem Amtsantritt im Erzstift Trier mit wichtigen Aufgaben betraute. G.-R. Tewes vermutet politische Gründe für die Ablösung des Johann Jux[82], doch ist diese aller Wahrscheinlichkeit nach gegenüber seinem Zeitansatz sechs Jahre vorzuverlegen. Dennoch war Jux zumindest bis 1463 in der Lage, maßgeblich auf die Politik des Kurfürsten einzuwirken, erst danach verblaßt seine Rolle merklich und Johann Kreidweiß tritt zunehmend in den Vordergrund des Geschehens. Sehr deutlich läßt sich hieran die von P. Richter getroffene Feststellung bestätigen, daß die tatsächliche Bedeutung des Kanzlers vordergründig von der Persönlichkeit und dem persönlichen Einfluß des Amtsinhabers beeinflußt war, da die reine Amtsbezeichnung offensichtlich nur sehr wenig über die eigentliche Rolle der Person aussagt.

Doch auch unter dieser Prämisse kann es nicht annähernd geklärt werden, warum zwischen 1473 und 1480 kein Kanzler des Erzbischofs namentlich faßbar ist. Zwar ist vereinzelt die Rede von einem Kanzler[83], doch kann der Titel keiner Person zugeordnet werden. Da Johann Kreidweiß am 29. August 1474 verstarb[84], Johann Jux aber noch bis 1488 lebte[85], könnte bei diesen Nennungen, die zudem weitgehend aus der stadttrierischen Überlieferung stammen, der Propst des dortigen St.-Simeon-Stifts und ehemalige Kanzler gemeint sein, und die Stelle des Kanzleivorstehers wäre demnach über mehrere Jahre hinweg vakant geblieben[86]. Die Leitung der Kanzlei könnten sich die Sekretäre geteilt haben.

Was die regionale Zuordnung der beiden besprochenen Kanzler anbelangt, so fällt die Antwort differenziert aus. Johann Kreidweiß scheint nach Ausweis seiner Pfründen nach dem östlichen Teil des Erzstifts hin orientiert gewesen zu sein. Aufschlußreicher ist in diesem Zusammenhang das Leben von Johann Jux von Sierck, der primär als gelehrter Rat charakterisiert wurde. Seiner Herkunft nach ist er eindeutig dem westlichen Randbereich des Erzstifts Trier zuzurechnen. 1456 war er Dekan des Oberweseler Liebfrauenstifts[87], 1470 wird er erstmals als Propst von St. Simeon in Trier genannt[88] und erscheint 1472 als Kanoniker von St. Kastor in Koblenz[89]. Ab 1479 begann Jux damit, im Raum Koblenz systematisch Eigentum zu erwerben[90]. Diese bewußte Konzentration des Besitzes, die in keinen Zusammenhang mit einer Rolle Johanns beim Kurfürsten zu bringen ist, resultierte in der Testamentsverfügung, seine Grablege in der Koblenzer St.-Kastor-Kirche zu wählen[91].

---

82 TEWES, Kreidweiß, S. 44, Anm. 83.
83 STAT RMR 1476/7, fo. 2v (1476 X 23); STAT RMR 1478/9, fo. 27v; STAT RMR 1479/80, fo. 22r.
84 DIEDERICH, Florin, S. 259.
85 Gestorben ist er kurz vor dem 28. Oktober 1488, vgl. SCHMIDT, Nr. 2290.
86 In Mainz war das Amt des Kanzlers einmal ein Jahr lang unbesetzt, RINGEL, Studien, S. 218.
87 PAULY, Liebfrauen Oberwesel, S. 372.
88 LHAK 1 C 86, S. 104–108 (1470 V 5, Simmern).
89 SCHMIDT, Nr. 2164 (1472 VI 26).
90 Ebd., Nr. 2214 (1479 XII 28), 2220 (1480 VI 15), 2229 (1481 VI 15), 2241 (1482 II 24), 2243 (1482 III 9), 2245 (1482 XII 13), 2249 (1483 IV 4), 2250 (1483 IV 8), 2251 (1483 IV 23), 2252 (1483 V 1), 2265 (1485 XI 29), 2278 (1487 III 26), 2285 (1488 IV 14), 2289 (1488 X 18). Unklar ist die Identität des 1486 genannten Johann Jux junior, der keinen akademischen Grad besaß, SCHMIDT, Nr. 2268 (1486 I 31, Köln), und später einer der Testamentsvollstrecker des ehemaligen Kanzlers war. Er dürfte jedoch der Kustos sein, dessen Grabplatte sich noch heute im Bereich der St.-Kastor-Kirche befindet, vgl. Grabplatten aus Koblenz St. Kastor. Ein Stück Kulturgeschichte aus drei Jahrhunderten, hg. v. Katholische Kirchengemeinde St. Kastor, Koblenz, Koblenz 1986, S. 36f.
91 Das Testament ist abgedruckt bei SCHMIDT, Nr. 2288 (1488 V 9, Koblenz).

Gründe, die heute nicht mehr nachvollziehbar sind, veranlaßten diesen ehemals hohen Funktionsträger Trierer Erzbischöfe, sein Vermögen und sein Tätigkeitsfeld in die Stadt Koblenz zu verlagern. Da dies jedoch zu einer Zeit geschah, als Johann Jux längst nicht mehr im Dienst des Erzbischofs stand, sind von daher keine Aussagen über den Standort der kurtrierischen Kanzlei in der ersten Hälfte der Regierungszeit Johanns von Baden möglich.

In den Jahren 1480 und 1483 wird Dr. decretorum Heinemann Frank als Kanzler des Erzbischofs genannt[92]. Sein unmittelbarer Nachfolger wurde Dr. utriusque iuris Ludolf von Enschringen[93]. Nachdem dieser sich bereits in anderen Diensten bewährt hatte[94], trat Ludolf 1483 erstmals als Kanzler in Erscheinung[95] und wurde in der Folgezeit zu einem der engsten Vertrauten des Erzbischofs. Immer wieder wurde er mit wichtigen Aufgaben betraut und erschien in der Hierarchie der Räte stets an erster Stelle, sofern nicht Standesunterschiede eine andere Reihenfolge bedingten[96]. Um die Bandbreite des Tätigkeitsfeldes von Ludolf von

---

92 LHAK 215, 715 (1480 IV 10); LHAK 215, 685 (1480 IV 18); LHAK 1 A 11638 (1483 I 18), vgl. die unpersönlichen Nennungen eines Kanzlers in dieser Zeit, STAT RMR 1480/1, fo. 34r.; LHAK 1 C 16213, Bl. 88 (1481 XI 11); STAT RMR 1481/2, fo. 4r (1482 II 19); LHAK 1 A 11638 (1483 I 18); STAT RMR 1482/3, fo. 26r.
93 Zur Person: KERBER, Dr. Ludolf von Enschringen. Da dort die gesamte Bandbreite von Ludolfs Tätigkeit dargestellt wird, können wir uns im folgenden auf seine Rolle als kurtrierischer Kanzler beschränken.
94 Er war tätig als Prokurator des kommissarischen Abts von Echternach, WAMPACH, Bd. 9, Nr. 994 (1477 III 29), für den Herzog Johann von Bayern, BAT Abt. 6,1, Nr. 21 (1477 XI 12, Simmern), und für das Trierer Domkapitel, LHAK 1 D 1284 (1479 III 11, Trier).
95 LHAK 1 A 1282 (1483 X 16).
96 Schon in der ersten Erwähnung als Kanzler wird Ludolf an erster Stelle genannt vor Heinemann Frank und dem Marschall Hermann Boos von Waldeck, LHAK 1 A 1282 (1483 X 16). Auch im Formelbuch der Trierer Kanzlei aus der Zeit Johanns von Baden wird diese Reihenfolge eingehalten, LHAK 1 C 108, Bl. 35v-36r (1485), und selbst die Übernahme des höher bewerteten Amts eines Hofmeisters durch Hermannn Boos änderte nichts an dieser Tatsache, LHAK 1 C 16217, S. 61f. (1486 I 8). Ebenso blieb es bei dem nächsten Hofmeister Heinrich Holzapfel von Herxheim, LHAK 1 C 18, 888 (1491 X 14, Ehrenbreitstein). Dennoch wurden Standesunterschiede peinlich genau beachtet, wie ein Brief des Kanzlers an Graf Reinhard von Leiningen-Westerburg beweist, in dem sich Ludolf selbst als *U. g. diener* bezeichnet, den Grafen allerdings als »Herr« anspricht; die standesmäßige Unterordnung wird nochmals im Schlußsatz des Briefs deutlich, der mit den Worten schließt: *U. g. gebiet myr alle zyt*, HHStAW Abt. 339, Nr. 310 (1497 I 13). Ähnlich wurden höherstehende geistliche Würdenträger, wie der Dompropst Graf Bernhard von Solms und der Dietkirchener Archidiakon Dietrich vom Stein, vor dem Kanzler genannt, LHAK 1 C 18, 1103 (1498 VI 30, Boppard), HONTHEIM, Bd. 2, S. 521f.; LHAK 1 C 609, S. 127-143 (1498 X 17, Oberwesel). Demgegenüber wurde Ludolf von Enschringen von der Stadt Trier mit dem Attribut *unsem besundern liebn hern* angeredet, LHAK 1 C 736, S. 223f. (1500 I 15). Wie sehr das Amt des Kanzlers und das hohe Ansehen seines Inhabers beim Erzbischof auf dessen Stellenwert einwirkten, macht die Anrede deutlich, die Johann Snedse von Grenzau, Amtmann zu Boppard, für den Enschringer wählt, der ihm, seiner Abstammung nach, durchaus ebenbürtig war: *myme besundern heren und gebietern*, LHAK 1 C 16221 (1501 X 29). In einer Koblenzer Gerichtsverhandlung wird die Hierarchie, die wesentlich durch Standesunterschiede und geistliche Würden geprägt war, erkennbar. Als Vertreter des Kurfürsten werden nacheinander folgende Personen genannt: Dompropst Bernhard Graf zu Solms, Reinhard Graf zu Leiningen-Westerburg, Archidiakon Dietrich vom Stein, Domkantor Damian von Helmstadt, Propst und Kanzler Dr. Ludolf von Enschringen, Dekan und Offizial Dr. Richard Gramann von Nickenich, Ritter Friedrich vom Stein, Simon Boos von Waldeck, Michael Waldecker von Kaimt, Amtmann im Hamm, und der Küchenmeister Kaspar von Miehlen genannt von Dieblich, LHAK 1 C 18962 (1493 IV 24, Koblenz).

Enschringen als Kanzler des Kurfürsten bestimmen zu können, sollen schlaglichtartig einige der wichtigsten von ihm ausgeführten Missionen vorgestellt werden. 1483 vertrat er die Interessen des Erzbischofs in dessen Differenzen mit der Stadt Koblenz[97], womit eine ganze Reihe von ähnlichen Aufträgen eröffnet wurde, die hier nicht im einzelnen behandelt werden können. 1485 trat Ludolf erstmals als Sprecher des erzbischöflichen Hofgerichts auf[98]. Zu den wichtigeren Aufgaben gehörten die Verhandlungen mit den Abgesandten des Pfalzgrafen Johann und des Markgrafen Christoph von Baden vor Wirich von Daun[99]. 1487 wurde der Enschringer gemeinsam mit dem Hofmeister Hermann Boos von Waldeck zum Vormund der zwölfjährigen Tochter des verstorbenen Heinrich Vogt von Hunolstein ernannt[100]. Seiner Ausbildung im geistlichen Recht verdankte es der Kanzler, daß Johann von Baden ihn mit der Überprüfung der Wahl des Dekans von St. Martin in Idstein betraute[101]. Seinen großartigsten Auftritt hatte der Vertraute des Kurfürsten im Jahr 1492, als er im Koblenzer Bischofshof im Namen seines Herrn den persönlich anwesenden König Maximilian aufforderte, dem Erzstift Trier die althergebrachten, an Luxemburg verliehenen Lehen zu bestätigen[102]. Als Kommissar des Erzbischofs proklamierte der Propst von St. Simeon, sein Titel als Kanzler wird offenbar bewußt nicht genannt, den neu gewählten Abt von Springiersbach[103]. Die Bandbreite seines Wirkens wird aus der Anwesenheit bei der Rechnungslegung des Manderscheider Kellners erkennbar[104]. Auch für die Trierer Universität machte sich der Erzbischof die Fachkompetenz seines Kanzlers zu Nutzen, indem er ihn zu deren Vizekanzler ernannte[105]. Auch während des Wormser Reichstages von 1495 verzichtete er nicht auf die Dienste Ludolfs[106]. Bei Vorverhandlungen wegen des Konflikts mit der Stadt Boppard trat Ludolf von Enschringen als Wortführer des Kurfürsten auf und war auch bei der schließlichen Huldigung der Einwohner anwesend[107]. Nachdem der Kanzler schon mehrfach sein Verhandlungsgeschick bewiesen hatte, beauftragte ihn Johann von Baden mit den höchst wichtigen Beratungen im Domkapitel wegen der Annahme seines Neffen Jakob zum Koadjutor[108], die Enschringen auch mit Erfolg zum Abschluß brachte[109]. Bei der Aushandlung des Koadjutorvertrags war er ebenso anwesend[110] wie bei der Eidesleistung Jakobs von Baden vor dem Trierer Domkapitel[111]. Dennoch oder gerade wegen seiner großen Vertrauensstel-

---

97 LHAK 1 A 1282 (1483 X 16).
98 STAW Abt. Löwenstein-Wertheim-Freudenberg Nachträge A/10 (1485 VIII 12, Koblenz).
99 LHAK 1 C 86, S. 3–38 (1486 V 12, Bernkastel). Später verhandelte er nochmals mit den Erben der Sponheimer Grafen, LHAK 1 C 609, S. 7–90 (1498 VII 10/11, Trarbach), S. 127–143 (1498 X 17, Oberwesel).
100 HHStAW Abt. 339, Nr. 310 (1487 VIII 5, Pfalzel).
101 LHAK 1 C 18, 934 (1491 XI 25, Oberwesel), STRUCK, Bd. 2, Nr. 1024.
102 LHAK 1 A 8903 (1492 IX 24, Koblenz), PSHIL 35, S. 330–332.
103 LHAK 1 C 108, Bl. 67r-68v (1493 VI 28).
104 LHAK 1 C 6124, S. 491 (1494 I 2).
105 LHAK 1 C 18, 1216; 1 C 108, Bl. 175r-176v (1494 VIII 31, Koblenz), GOERZ, S. 290.
106 RTA MR, Bd. 5,1,2, Nr. 1594.
107 LHAK 701,4, fo. 67v (1497 VII 5, Boppard).
108 LHAK 1 D 1397 (1499 XII 15, Ehrenbreitstein), GOERZ, S. 311.
109 Zu den Verhandlungen vgl. oben.
110 LHAK 1 C 16222, Bl. 19v-20r (1499 XII 15, Ehrenbreitstein), GOERZ, S. 311.
111 LHAK 1 A 9085–9088 (1500 XII 23, Trier).

lung bei Erzbischof Johann[112] wurde Ludolf von Enschringen nicht von dessen Nachfolger als Kanzler übernommen.

Abgesehen von den bei P. Richter publizierten Schriftstücken, ist aus den Quellen zur Tätigkeit dieses Kanzlers auch für den Enschringer kein direkter Zusammenhang zur Kanzlei erkennbar. Die Kanzleiordnung von 1489[113] läßt mit ihrer stereotypen Wiederholung der Aufzählung von Kanzler, Sekretären und Schreibern mit ihren Knechten auch eine Interpretation zu, wonach der Kanzleivorsteher nicht unbedingt dieser Institution direkt zuzuordnen wäre. Jedenfalls ist seine Anwesenheit keinesfalls zwingend notwendig, wie die Bestimmung über seine Vertretung durch den ältesten Sekretär beweist. Insofern wäre der Kanzler als ein Vorsteher der erzbischöflichen Kanzlei zu verstehen, der seine Aufsichtsfunktion nur sporadisch wahrnam und die eigentlichen Aufgaben an die Sekretäre delegierte. Demnach könnte die Position des Kanzlers als eine mit immerhin 100 rheinischen Gulden jährlich relativ hoch dotierte Pfründe angesehen werden, die an einen besonders befähigten gelehrten Rat verliehen wurde. Sicherlich besaß der Kanzler eine Mittlerstellung zwischen Schreibstube und Landesherr[114].

Unter dieser Prämisse ist die räumliche Orientierung des Kanzlers für die Frage nach dem Standort der Kanzlei nur von nachgeordneter Bedeutung. Dennoch soll auch diesem Aspekt im Leben Ludolfs von Enschringen kurz nachgegangen werden. Aus dem Nachlaß des Domdekans Edmund von Malberg erhielt er 1480 das Haus »Ihrlin« innerhalb der Domimmunität in Trier[115]. Dieses Haus dürfte auch mit dem Hof des Kanzlers gemeint sein, in dem 1486 Verhandlungen im Streit um das Eigentum des Nikolaus von Zerf stattfanden[116]. 1495 kaufte er Güter in Longkamp und Monzel[117], und 1497 wurde ihm in Auseinandersetzungen mit dem Koblenzer St.-Kastor-Stift das dortige Haus Vallendar zugesprochen[118]. Im gleichen Jahr kaufte er den Wintricher Hof des St.-Nikolaus-Hospitals in Kues[119]. Anhand dieser wenigen Nachrichten ist es also nicht möglich, genauer zu bestimmen, wo Ludolf von Enschringen das Zentrum seiner Betätigung sah, was ebenfalls nicht aus seinen Pfründen geschlossen werden kann. Lediglich das große Engagement an der Trierer Universität legt eine Orientierung zur Moselstadt hin nahe.

Aufschlußreicher sind Nachrichten, die Rückschlüsse auf die Orte zulassen, wo sich der Kanzler in seiner Eigenschaft als gelehrter Rat von besonderem Ansehen aufhielt, und die folglich in direkte Verbindung mit den Zentren der Herrschaft gebracht werden können. Gerade an seiner Person läßt sich ein Phänomen nachweisen, das andernorts im Zusammen-

---

112 Trotz der engen Anbindung an den Kurfürsten gehörte der Kanzler bezeichnenderweise nicht zu den *Personen so teglichs zu hoiff syn*, LHAK 1 C 1175, fo. 30r ([1500]).
113 RICHTER, Kanzlei, S. 116f. (1489 XII 29).
114 Vgl. ebd., S. 44.
115 LHAK 1 D 1297 (1480 IX 9).
116 STAT Ta 32/3 Fasc. 1, Bl. 93v-96v (1486 VIII 19, Trier); der Platz des Hofes wird wie folgt beschrieben: *inn dem hobe [...] bynnent der fryheit der thůmkirchen zu Trier gelegen*.
117 LHAK 1 C 18, 1017 (1495 I 7), GOERZ, S. 292.
118 SCHMIDT, Nr. 2347 (1497 VI 3).
119 LHAK 1 A 3701 (1497 IX 9), GOERZ, S. 302. Am 9. März 1498 verzichteten Johann Koch von Wintrich und seine Frau Elisabeth auf ihre Ansprüche an dieses Haus, LHAK 1 A 3704. Eine auf die Einnahmen des Hofs angewiesene Weinrente erhielt der Kanzler später noch zusätzlich vom Erzbischof, LHAK 1 C 17, 1754 (1500 VI 29).

hang mit dem Itinerar des Kurfürsten bereits erörtert wurde. Ein Teil der Mobilität, die der Landesherr durch die Ausbildung einer festen Residenz einbüßte, verlagerte sich auf dessen Funktionsträger, welche die Autorität des Fürsten stellvertretend vor Ort repräsentierten. Dies darf freilich nicht darüber hinwegtäuschen, daß der Kanzler als enger Vertrauter des Erzbischofs sich häufig oder sogar bevorzugt in dessen Nähe aufhielt. Dies geht allein daraus hervor, daß sich sein Itinerar immer wieder mit dem Johanns von Baden deckt. Allerdings kann dies nicht durchgängig nachgewiesen werden, da auch für Ludolf von Enschringen natürlich bei weitem nicht so viele Aufenthaltsbelege überliefert sind wie für den Landesherrn

Wie häufig Ludolf von Enschringen unterwegs war, belegen zahlreiche Einträge in der Wittlicher Kellereirechnung, die von häufigen Aufenthalten des Kanzlers auf der Durchreise zeugen[120]. Entsprechend der gewöhnlichen Reiseroute des Kurfürsten, dürfte auch er sich in diesen Fällen häufig auf der Reise zwischen den beiden Zentren des Erzstifts befunden haben; in der Tat ist Ludolf im Anschluß daran häufig in Trier bezeugt. Für seine dortigen Aufenthalte lassen sich darüber hinaus noch viele Nachweise finden[121], ebenso wie für seine Anwesenheit in Pfalzel[122]. Das gleiche gilt für den Raum Koblenz[123]/Ehrenbreitstein[124].

120 Nach den erhaltenen Rechnungen des Wittlicher Kellners, LHAK 1 C 7577, hielt der Kanzler sich an folgenden Tagen in Wittlich auf: 1484 I 15, S. 41; 1484 V 3, S. 55; 1484 IX 4, S. 66; 1484 IX 5, S. 71; 1484 X 13–15, S. 78; 1484 XII 2, S. 81; 1484 XII 11/12, S. 84; 1485 II 28, S. 171; 1485 III 18, S. 175; 1485 IV 18/19, S. 184, vgl. STAT RMR 1484/5, fo. 28v; 1485 VI 20–26, S. 190–195; 1486 VIII 23/24, S. 280; 1487 III 21, S. 418; 1487 VII 25/26, S. 420; 1487 IX 14, S. 424; 1487 X 6, S. 425; 1487 X 26/27, S. 428; 1487 XI 11, S. 429; 1487 XI 20, S. 431; 1488 II 6/7, S. 443; 1488 IV 10/11, S. 450.
121 Sein Aufenthalt in Trier läßt sich folgendermaßen nachweisen: STAT Ta 32/3 Fasc. 1, Bl. 53v-54r (1484 IV 21); ebd., Bl. 46r-47v, 54v-61v (1484 IV 27/29); STAT RMR 1484/4, fo. 23v (1484 VI 14); STAT RMR 1484/5, fo. 9v (1485 I 15); LHAK 1 C 18, 729 (1485 I 16); STAT Ta 32/3 Fasc. 1, Bl. 86r-90r (1486 VIII 18); ebd., Bl. 93v-96v (1486 VIII 19); LHAK 1 C 7577, S. 364 (1486 X 11); LHAK 1 C 736, S. 183f. (1487 vor I 27); LHAK 1 C 16213, Bl. 138 (1487 von XII 1); STAT RMR 1487/8, fo. 21v (1488 IV 8); STAT RMR 1488/9, fo. 16v (1489 I 20); STAT RMR 1490/1, fo. 5v (1491 vor VI 24); STAT RMR 1491/2, fo. 4v (1492 II 3); LHAK 1 C 16214, Bl. 81 (1492 um XI 26); LHAK 1 A 9040/9041 (1499 XII 26/27); LHAK 1 A 9085–9088 (1500 XII 23); LHAK 1 C 358, S. 165 (1501 III 8); RICHTER, Kanzlei, S. 117–120 (1501 IX 7/13); STAT RMR 1501/2, fo. 15r (1501 XI); STAT RMR 1501/2, fo. 3r (1501 XI 18). Einmal war der Kanzler uff Baldewinsberg bei Trier, STAT RMR 1498/9, fo. 20v (1499 IV). In der Nähe Triers wird sich der Kanzler befunden haben, wenn ihn Ratsbotschaften der Stadt aufsuchten, STAT RMR 1483/4, fo. 26v (1484 nach VIII 27); STAT RMR 1484/5, fo. 7r (1484 X 17); STAT RMR 1484/5, fo. 9v (1485 I 14); STAT RMR 1485/6, fo. 21v (1486 VI 19); STAT RMR 1487/8, fo. 7r (1488 III 6); STAT RMR 1489/90, fo. 15v (1489 XI/XII); STAT RMR 1491/2, fo. 19r (1491 um XI 1); STAT RMR 1491/2, fo. 4v (1492 I 26).
122 In Pfalzel kann Enschringen nach folgenden Belegen identifiziert werden: STAT RMR 1483/4, fo. 7v; WAMPACH, Bd. 9, Nr. 1031 (1488 XII 26); LHAK 1 C 441, S. 5–13 (1503 VIII 14).
123 Mehrmals trat Ludolf von Enschringen in Koblenz in Erscheinung: STAW Abt. Löwenstein-Wertheim-Freudenberg Nachträge A/10 (1485 VIII 12); LHAK 1 C 16213, Bl. 138 (1487 vor XII 1); STAT RMR 1489/90, fo. 6v (1490 II 19/24); STAT RMR 1490/1, fo. 9r (1491 VIII 31); STAT RMR 1491/2, fo. 8v (1491 XI 11); LHAK 1 A 8903 (1492 IX 24); LHAK 1 C 18, 1310 (1500 I 21); STAT RMR 1500/1, fo. 5r; HHStAW Abt. 339, Nr. 311, Bl. 147 (1501 I 30); Stak- 623- BMR 1684 (1502 VIII 18).
124 Auf der Burg Ehrenbreitstein hielt sich der Kanzler nachweisbar folgendermaßen auf: LHAK 34, 803, S. 17f. (1485 X 1); LHAK 1 C 18, 888 (1491 X 14); LHAK 1 C 17, 1471 (1494 VI 26); LHAK 1 C 17, 1721 (1494 VI 28); LHAK 1 C 609, S. 168 (1498 X 31); LHAK 1 C 16222, Bl. 19v-20r (1499 XII 15); LHAK 1 C 16221 (1500 IX 29); LHAK 1 C 18, 1278 (1502 XII 9).

Demgegenüber sind andere Aufenthaltsbelege[125] nur von geringer Bedeutung. Überblickt man die Reisetätigkeit Ludolfs von Enschringen, so werden die räumlichen Schwerpunkte seiner Tätigkeit als Kanzler erkennbar, die eindeutig den Zentren Trier/Pfalzel und Koblenz/ Ehrenbreitstein zuzuordnen sind und folglich genau der Herrschaftspraxis Johanns von Baden entsprechen. Da der erzbischöfliche Kanzler nicht unmittelbar an die Kanzlei gebunden war, sondern weitgehend unabhängig von ihr agierte, ist sein Itinerar nicht von so entscheidender Bedeutung für die Verfestigung und räumliche Ausrichtung dieser Behörde wie das der übrigen Kanzleimitglieder, die quellenmäßig allerdings erheblich schwerer zu greifen sind.

Der erste namentlich bekannte Sekretär Johanns von Baden ist Berthold Kruss von Regensburg[126], von dem wir nicht genau wissen, wann er in die Dienste des Erzbischofs getreten ist[127]. 1460 wird er erstmals ausdrücklich als Schreiber des Kurfürsten genannt[128] und wenig später als Sekretär, was nicht unbedingt mit einer Höherbewertung seiner Person oder Tätigkeit verbunden gewesen sein muß[129]. Berthold ist kontinuierlich bis 1502 als Sekretär belegt. Spätestens seit den 70er Jahren hatte der Regensburger bei Erzbischof Johann eine Vertrauensstellung inne, so daß er 1473 den Kurfürsten zum Kaiser nach Augsburg begleiten konnte[130]. Auch in der Folgezeit ist er häufig in der Umgebung des Landesherrn anzu-

---

125 An folgenden Orten, außer den bisher genannten, ist Enschringen nachweisbar: Frankfurt, STAT RMR 1485/6, fo. 8r (1480 II 11); LHAK 1 C 7413, S. 17 (1489 nach VI 1); RTA MR, Bd. 3,1, S. 93; Speyer, LHAK 1 C 7413, S. 25f. (1487 I 28); Worms, BAT Abt. 6,1, Nr. 30 (1495 VI 14); Bernkastel, LHAK 1 C 86, S. 3–38 (1486 V 12); Boppard, LHAK 701,4, Bl. 67v (1497 VII 5); LHAK 1 C 18, 110 (1498 VI 30); Kröv, STAT RMR 1491/2, fo. 8v (1491 X 18); Merzig, LHAK 1 C 397, S. 208 (1499 IX 13); Montabaur, LHAK 1 C 16214, Bl. 119f. (1493 X 1); Oberwesel, LHAK 1 C 609, S. 127–143 (1498 X 17); Trarbach, LHAK 1 C 609, S. 7–90 (1498 VII 10/11); Zell, LHAK 1 C 18, 1081 (1496 VII 10), LAMPRECHT, Bd. 3, Nr. 269.
126 Zur Person vgl. RICHTER, Kanzlei, S. 47; MICHEL, Gerichtsbarkeit, S. 183; DERS., Koblenz, S. 261. Die Angaben müssen jedoch an manchen Stellen verbessert werden.
127 Entgegen der von RICHTER, Kanzlei, S. 47, vertretenen Auffassung, Berthold Kruss sei seit 1452 in der Kanzlei tätig gewesen, betont MILLER, Jakob von Sierck, S. 264, Anm. 58, daß dieser in seinem Untersuchungszeitraum nicht weiter überliefert sei. Dennoch ist in einer Urkunde Johanns von Baden die Rede von *flissige und getruwe dienste*, die Berthold bei Erzbischof Jakob geleistet habe, LHAK 1 C 18, 289 (1467 IV 27, Ehrenbreitstein), GOERZ, S. 225. 1477 hören wir von seinem 30jährigen Dienst, STAT DK 8454 (1477 VI 30, Ehrenbreitstein), GOERZ, S. 246, 1494 heißt es demgegenüber, er sei seit etwa 42 Jahren für den Erzbischof und seinen Vorgänger tätig gewesen, LHAK 1 C 17, 1477 (1494 VII 3, Ehrenbreitstein), GOERZ, S. 290.
128 Stak- 623-, Nr. 1002, S. 84f. (1460 II 26): *Bertholdus von Regerßburg, schriber unß gnedigen hern von Trier*. Ebenfalls von ihm stammen zwei Notariatsinstrumente, worin er sich als *Bertoldus Cruß clericus Ratisponensis* bezeichnet, SCHMIDT, Nr. 2079/2080 (1459 I 23, Ehrenbreitstein).
129 Vgl. RINGEL, Studien, S. 220f.; MILLER, Jakob von Sierck, S. 264. Noch 1463 wird er in der Rechnung des Koblenzer Bürgermeisters als *myns herren gnaden schryber* bezeichnet, Stak- 623- BMR 1656.
130 In Augsburg verlieh Kaiser Friedrich III. Berthold Kruss und seinen rechtmäßigen Erben ein Wappen, CHMEL, Nr. 6728 (1473 V 26). 1477 besiegelte er neben dem Aussteller den Dienstrevers des Trierer Palastschultheißen, LHAK 1 A 8601 (1477 IV 27, Ems), GOERZ, S. 245. Weiterhin ist sein Siegel belegt: LHAK 1 C 18, 576 (1480 II 19), vgl. MICHEL, Gerichtsbarkeit, S. 150; RICHTER, Kanzlei, S. 117–120 (1501 IX 7/13, Trier).

treffen[131], der ihn mit einer ganzen Reihe wichtiger Missionen betraute[132]. Während des Aufenthalts Johanns von Baden beim Wormser Reichstag 1495 fungierte Berthold gemeinsam mit dem Rentmeister Bartholomäus Glockner als Statthalter des Erzbischofs auf Ehrenbreitstein[133], und ein Jahr später treffen wir den Sekretär in der gleichen Funktion an, als der Badener zu einem Kuraufenthalt in Bertrich weilte[134]. Als ältester der Sekretäre wird Berthold Kruss in der oben ausgeführten Weise den Kanzler während dessen Abwesenheit in der Kanzlei vertreten haben.

Über den Besitz von Berthold Kruss von Regensburg sind wir gut informiert, so daß vor diesem Hintergrund Aussagen zu seinem Hauptbetätigungsfeld möglich sind. 1461 verlieh ihm der Erzbischof das Rote Haus auf dem Koblenzer Fischmarkt und einen Weinberg in der Laubach, wenige Kilometer südlich von Koblenz[135]. Sechs Jahre später erhielt der Sekretär eine jährliche Rente von acht Malter Korn und einem halben Fuder Wein aus der Kellerei Ehrenbreitstein[136]. Sein Lehnsbesitz wurde nach dem Tode des Ehrenbreitsteiner Kellners, Heinrich Leimbachs, durch dessen Leutesdorfer Lehen aufgebessert[137] und wenig später durch ein Mannlehen in Höhe von 20 Gulden, die er vom Engerser Zollschreiber erhalten sollte und die, falls er ohne männliche Erben sterbe, ebenso an seine älteste Tochter verliehen werden konnten[138]. Mit Konrad von Caan genannt Reuber und seiner Frau Elisabeth Sack von Dieblich tauschte Erzbischof Johann 1477 gegen ein Engerser Burglehen das Haus in der Koblenzer Judengasse, zwischen dem Hof Reinhards von dem Burgtor und einem Haus des Klosters Rommersdorf gelegen, ein, das er nun an Berthold Kruss und dessen Ehefrau Demut sowie beider Erben verlieh. Als Grund für den Gnadenerweis nennt der Kurfürst in der Urkunde die etwa 30jährigen Dienste seines Sekretärs und dessen stets bekundete Bereitschaft, auf Lebenszeit in seinen Diensten zu verbleiben[139]. 1491 übergab Berthold die Engerser und Leutesdorfer Lehen sowie zwei Weinberge in Horchheim seiner

---

131 LHAK 1 C 17, 656 (1475 IX 30), GOERZ, S. 241; STAT Ta 32/3 Fasc. 1, Bl. 76r-77v (1484 VII 13, Trier); LHAK 1 A 8849 (1490 II 7, Ehrenbreitstein); LHAK 1 A 8903 (1492 IX 24, Koblenz); LHAK 1 C 17, 1471 (1494 VI 26, Ehrenbreitstein), GOERZ, S. 289f.
132 Im Namen des Erzbischofs verhandelte Berthold mit der Stadt Koblenz, Stak- 623- BMR 1656 (1463 nach XII 24), mit der Stadt Trier, STAT RMR 1468/9, fo. 13v (1469 nach IV 9); STAT RMR 1475/6, fo. 14r (1476 III 16), wegen des Weistums zu Bruttig mit dem Rentmeister, LHAK 1 C 608, S. 281f (1482 X 9), ebenso mit den dortigen Heimbürgen, LHAK 1 C 608, S. 361f. (1486 V 13, Cochem). Als einer der erzbischöflichen Räte verhandelte er mit der Stadt Trier wegen Nikolaus von Zerf, STAT Ta 32/3 Fasc. 1, Bl. 53v-54v (1484 IV 21, Trier); ebd., Bl. 76r-77v (1484 VII 13, Trier); ebd., Bl. 86r-90r (1486 VIII 18, Trier); einmal mit den Grafen von Virneburg, LHAK 34, 803, S. 17f. (1485 X 1, Ehrenbreitstein).
133 LHAK 1 C 16218, S. 25f. (1495 IV 19), S. 33f. (1495 IV 22, Worms), S. 59f. (1495 V 21).
134 LHAK 1 C 16218, S. 119f. (1496 V 5).
135 LHAK 1 C 18, 9 (1461 VI 25, Ehrenbreitstein), GOERZ, S. 213.
136 LHAK 1 C 18, 289 (1467 IV 27, Ehrenbreitstein), GOERZ, S. 225.
137 Im einzelnen waren dies vier Morgen Weinberge, ein Baumgarten und Garten, sechs oder sieben Morgen Busch und Hecken sowie das Kelterhaus Stadelhof mit Zubehör, LHAK 1 C 18, 424 (1472 VIII 23, Wittlich), GOERZ, S. 236.
138 LHAK 1 A 8578 (1476 I 8), GOERZ, S. 242. Die Rente konnte mit der Zahlung von 200 Gulden abgelöst werden. Dies geschah 1539, wie aus einem Rückvermerk der Urkunde hervorgeht.
139 STAT DK 8454 (1477 VI 30, Ehrenbreitstein), GOERZ, S. 246.

Frau Demut als Wittum, wozu Johann von Baden sein Einverständnis erklärte[140]. 1494 belehnte der Erzbischof seinen Sekretär und dessen Frau sowie Söhne und Töchter erneut mit einem Steinhaus samt Zubehör und drei Morgen Weinbergen zu Horchheim[141]. Nachdem sich Berthold Kruss zuvor mit der Stadt Koblenz wegen des Roten Hauses in nicht näher bekannter Weise geeinigt hatte[142], versprach der Kurfürst, daß die Koblenzer, Horchheimer und Leutesdorfer Lehen nach Bertholds Tod an seine älteste Tochter Katharina verliehen werden sollten[143]. Die Zusammenstellung zeigt den Besitz des ältesten Sekretärs Johanns von Baden eindeutig in Koblenz und der nächsten Umgebung konzentriert, wo er auch seinen Wohnsitz gehabt haben könnte, da Berthold in der Stadt immerhin zwei Häuser besaß.

Der zweite im hier untersuchten Zeitraum genannte Sekretär ist Gregor Kebisch von Speyer[144]. Nach einem später zu besprechenden Lehnsrevers zu urteilen, trat er um 1469 in die Kanzleidienste ein. 1477 ist er erstmals als Schreiber des Kurfürsten belegt[145], und im Jahr darauf verlieh Johann von Baden seinem Kanzleischreiber Gregor Kebisch eine lebenslange Rente von sechs Malter Korn und einem Fuder Wein jährlich, die ihm der Ehrenbreitsteiner Kellner auszahlen sollte[146]. Entgegen der Annahme P. Richters, die sich auf Angaben von G. Kentenich[147] stützt, der Speyerer könne erst nach 1484 Sekretär geworden sein[148], wird er bereits 1479 unter den Bevollmächtigten des Kurfürsten als solcher genannt[149]. Danach tritt Kebisch für etwa zehn Jahre nicht mehr in Verbindung mit der Kanzlei in Erscheinung, sondern nur als kaiserlicher Notar der Koblenzer Kurie[150]. Erst seit den 90er Jahren kann in den

---

140 LHAK 1 C 18, 937 (1491 X 31).
141 LHAK 1 C 17, 1477 (1494 VII 3, Ehrenbreitstein), GOERZ, S. 290.
142 Stak- 623- BMR (1496 IV/V).
143 Im einzelnen werden folgende Lehen genannt: das Rote Haus auf dem Koblenzer Fischmarkt, ein Morgen Weinberg bei der Laubach, zwei Weinberge im Horchheimer Gericht und ein Morgen Weinberg in Leutesdorf mit einem Kelterhaus, LHAK 1 C 17, 1637 (1500 IX 1, Ehrenbreitstein), GOERZ, S. 313.
144 Zur Person: MICHEL, Das rote Haus, S. 35f.; RICHTER, Kanzlei, S. 47; MICHEL, Gerichtsbarkeit, S. 176; DERS., Koblenz, S. 262; MATHEUS, Trier, S. 319.
145 LHAK 1 C 108, Bl. 78v-80r (1477 II 12, Koblenz), GOERZ, S. 244.
146 LHAK 1 C 18, 549 (1478 IX 29, Ehrenbreitstein), GOERZ, S. 248, nennt irrtümlich zehn Gulden Manngeld aus dem Zoll Koblenz.
147 G. KENTENICH, Aus dem Leben einer Trierer Patrizierin. Ein Beitrag zur Kunst- und Wirtschaftsgeschichte der Stadt Trier im 15. Jahrhundert, Trier 1909, S. 48.
148 RICHTER, Kanzlei, S. 47. Der Irrtum beruht auf einer Fehlinterpretation der Liste aller anwesenden kurtrierischen Räte bei einer Gerichtsverhandlung im Trierer Rathaus in der Streitsache zwischen Erzbischof und Stadt Trier mit Nikolaus von Zerf. Die Aufzählung nennt u. a. *Otth von Dietz und Bertoldus von Regenßburg secretarie*, STAT Ta 32/3, Fasc. 1, Bl. 53v-54v (1484 IV 21, Trier). Die Amtsbezeichnung Sekretär bezieht sich jedoch eindeutig nur auf Berthold Kruss und nicht gleichfalls auf den Ritter(!) Otto von Diez, der in keinen Zusammenhang zur Kanzlei gebracht werden kann, sondern eindeutig der Reihe der weltlichen Ritter adliger Abstammung zuzurechnen ist.
149 *Jorgen von Spier secretarii*, LHAK 1 A 8646; LHAK 34, 532 (1479 XII 30, Ulmen).
150 LHAK 1 C 18, 693 (1484 III 23, Ehrenbreitstein), GOERZ, S. 258; HHStAW Abt. 340 U 11843 (1484 V 23, Ehrenbreitstein); STAW Abt. Löwenstein-Wertheim-Freudenberg Virneburger Urkunden III/94 (1485 VIII 12, Koblenz); STAW Abt. Löwenstein-Wertheim-Freudenberg Nachträge A/10 (1485 VIII 12, Koblenz); STAW Abt. Löwenstein-Wertheim-Freudenberg Nachträge A/26 (1485 VIII 30, Koblenz); LHAK 1 A 8849 (1490 II 7, Ehrenbreitstein).

Quellen wieder seine Funktion als Sekretär beobachtet werden[151], auch wenn er, dessen ungeachtet, weiterhin mitunter als Notar in Aktion tritt[152]. Im Gegensatz zu Berthold Kruss ist der zweite, jüngere Sekretär Johanns von Baden anscheinend in keine besondere Vertrauensstellung aufgerückt, dennoch wurde er bei verschiedenen Gelegenheiten mit wichtigen Aufgaben betraut[153].

Nachdem Gregor Kebisch von Speyer 1499 gemeinsam mit seiner Frau Margarethe Jux[154] das Rote Haus in der Trierer Brückengasse gekauft hatte[155], wurde er 1501 von Erzbischof Johann sogar zum Schöffen der Stadt Trier ernannt[156]. Dennoch scheint er sich nicht sehr häufig in Trier aufgehalten zu haben[157]; so kaufte er wenig später von Graf Philipp von Virneburg dessen Haus in der Koblenzer Burggasse[158] und bezeichnenderweise wird noch Gregors Sohn, Ludolf Kebisch, der 1516 das Rote Haus in Trier erhielt, mit dem Zusatz *von*

---

151 Zweimal notierte der stadttrierische Rentmeister Ausgaben für *Jorghen in der cancelly* für die Herstellung von Schriftstücken, STAT RMR 1489/90, fo. 18r (1490 III); STAT RMR 1490/1, fo. 3r (1491 I 21), einmal entsprechende Ausgaben der Koblenzer Bürgermeister, Stak- 623- BMR 1679 (1498 XII 15). Mehrmals wird Kebisch noch ausdrücklich als Sekretär des Erzbischofs genannt: LHAK 1 C 16214, Bl. 103 (1493 IX 30, Montabaur); LHAK 1 C 18, 976 (1494 III 21, Ehrenbreitstein), GOERZ, S. 288; LHAK 1 C 108, Bl. 181v-182r (1494 VII 29, Pfalzel), GOERZ, S. 290; BAT Abt. 6,1, Nr. 30 (1495 VI 14, Worms), hier wird er gleichfalls als Notar bezeichnet; LHAK 1 C 609, S. 127-143 (1498 X 17, Oberwesel); LHAK 1 C 17, 1608 (1499 XI 12, Ehrenbreitstein), GOERZ, S. 311; LHAK 1 C 18, 1242 (1501 V 26), GOERZ, S. 316; RICHTER, Kanzlei, S. 117-120 (1501 IX 7/13, Trier); LHAK 1 A 9146 (1503 I 26). Wahrscheinlich auf einem Irrtum des landesfremden Schreibers der Urkunde beruht eine späte Nennung Gregor Kebischs als Kanzleischreiber, LHAK 1 A 8940 (1494 X 13, Kirberg).
152 Mehrfach wird Kebisch in seiner Eigenschaft als Notar tätig: LHAK 1 A 8892 (1492 III 7, Koblenz); LHAK 1 C 17, 1471 (1494 VI 26, Ehrenbreitstein), GOERZ, S. 289f.; LHAK 1 C 17, 1721 (1494 VI 28, Ehrenbreitstein), GOERZ, S. 290; LHAK 1 A 8998 (1497 IX 11, Koblenz), GOERZ, S. 302; LHAK 1 C 18, 1103 (1498 VI 30, Boppard), HONTHEIM, Bd. 2, S. 521f.; LHAK 1 C 16221 (1500 IX 29, Ehrenbreitstein).
153 Auf seiten des Erzbischofs verhandelte Gregor Kebisch neben dem Marschall Hermann Boos von Waldeck und Hermann von Nickenich mit dem Grafen Georg von Virneburg wegen der Ablösung der verpfändeten Herrschaft Schönecken, LHAK 1 A 8646 (1479 XII 30, Ulmen). Gemeinsam mit dem Offizial Jakob von Lare und dem Siegler Johann Haltfast wurde er von Johann von Baden zu Verhandlungen vor König Maximilian wegen des Siercker Turnosen am Bopparder Zoll bevollmächtigt, LHAK 1 C 108, Bl. 181v-182r (1494 VII 29, Pfalzel), GOERZ, S. 290. Kurz darauf verhandelte er gemeinsam mit dem Küchenmeister Kaspar von Miehlen genannt von Dieblich und dem Rottmeister Johann Snedse von Grenzau mit Philipp Hilchin von Lorch, LHAK 1 A 8940 (1494 X 13, Kirberg). 1498 verhandelte Kebisch auf trierischer Seite mit den Sponheimer Grafen, LHAK 1 C 609, S. 127-143 (1498 X 17, Oberwesel); ebd., S. 172-185 (1498 XII 4, Oberwesel). Als einer der Räte des Erzbischofs nahm er an der Sitzung des Domkapitels bezüglich der Annahme Jakobs von Baden zum Koadjutor teil, LHAK 1 A 9040 (1499 XII 26, Trier), GOERZ, S. 311. Nach dem Ableben Kurfürst Johanns berichtete Gregor dem Koadjutor über den Stand der Verhandlungen im Domkapitel, LHAK 1 C 16214, Bl. 200.
154 Ein mögliche Verwandtschaft mit dem Kanzler Johann Jux von Sierck konnte nicht geklärt werden.
155 Zu den entsprechenden Urkunden vgl. MICHEL, Das rote Haus, S. 61-63.
156 LHAK 1 C 18, 990 (1501 III 13).
157 Vgl. MATHEUS, Trier, S. 319.
158 LHAK 1 C 18, 1242 (1501 V 26), GOERZ, S. 316. Es handelte sich um zwei Häuser mit Zubehör, LHAK 34, 193 (1459 XII 15, Ehrenbreitstein), GOERZ, S. 210, die 1487 zwischen den Häusern von Georg vom See und Albrecht *in der kantzlien* lagen, LHAK 1 C 18, 763/930 (1487 II 18, Ehrenbreitstein), GOERZ, S. 264.

Coblentz genannt[159], so daß die Orientierung der Familie in den Koblenzer Raum erneut erkennbar wird.

Nicht näher zu identifizieren ist ein gewisser Jakob von St. Hilario, den Johann von Baden auf Fürsprache des Königs von Sizilien *in cancellariam nostram et secretariorum ordinem* aufnahm und sodann an den Hof des Königs entsandte[160].

Bestens informiert sind wir über das Leben, die Tätigkeit und das Werk des Sekretärs und späteren Koblenzer Schultheißen Peter Maier von Regensburg[161]. In einer soliden Untersuchung hat P. Richter die Nachrichten zu Maiers Wirksamkeit und Besitz zusammengetragen[162]. Peter Maier von Regensburg hat um 1480 seinen Dienst in der kurtrierischen Kanzlei begonnen[163] und tritt ebenso als Notar handelnd in Erscheinung[164]. Spätestens 1499 hatte Maier in der Kanzlei eine herausgehobene Stellung inne, wie der Lehnsrevers Huprecht Flades von St. Vith nahelegt, der von *Peter Mayer von Regenpburg collector und secretarii der obgenannten cantzlij, mynen lieben gevattern,* mitbesiegelt ist[165]. Der Kollektor, im allgemeinen einer der Schreiber, beaufsichtigte die finanziellen Transaktionen der Kanzlei[166] und wurde, wie die Anrede Huprecht Flades belegt, höher als die anderen Schreiber eingestuft. Im Falle Maiers war diese Position eine Vorstufe für den Aufstieg zum Sekretär und anscheinend durfte er bereits diesen Titel führen, obwohl er in anderen Quellen weiterhin lediglich als Schreiber des Erzbischofs erscheint, dem freilich eine herausragende Stellung zugeschrieben wurde[167]. Noch bevor Maier Sekretär wurde, hat er spätestens nach dem Tode Berthold Kruss' die Funktion eines solchen wahrgenommen[168]. Die Bestallung erfolgte am 26. Okto-

---

159 MICHEL, Das rote Haus, S. 63 (1516 III 6, Ehrenbreitstein).
160 Dies teilte der Erzbischof *dilecto nostro Andree de sancto Hilario iuris civilis licentiatus,* dem Vater Jakobs, mit, LHAK 1 C 108, Bl. 137v (1494 IX 3, Montabaur), GOERZ, S. 291.
161 Zur Person: NDB, Bd. 15, S. 705, sowie die dort genannte Literatur und darüber hinaus BEYER, Peter Maier von Regensburg.
162 RICHTER, Sekretär.
163 1485 ist er erstmals ausdrücklich als Kanzleischreiber belegt, STAW Abt. Löwenstein-Wertheim-Freudenberg Virneburger Urkunden III/94 (1485 VIII 12, Koblenz).
164 Vermutlich in seiner Eigenschaft als Notar unterschrieb er 1493 ein Verhandlungsprotokoll wegen des Patronats der Kirche in Engers, LHAK 1 A 1789 (1493 VI 8, Koblenz), und erscheint wenig später erstmals ausdrücklich als Notar, LHAK 1 A 8919 (1493 VII 17).
165 LHAK 1 C 18, 1304 (1499 VI 23, Cochem), GOERZ, S. 303.
166 Vgl. RICHTER, Kanzlei, S. 45.
167 Hilger von Langenau wandte sich an *den achtparn Petern in der cantzelyen,* um ihm auseinanderzusetzen, daß er nicht gedenke, einen Burggrafen auf Stolzenfels einzusetzen, bevor nicht derjenige des Erzbischofs abgezogen worden sei, LHAK 1 C 16221 (1501 VIII 28). Ein ähnliches Schreiben schickte Hilger an den Kurfürsten, LHAK 1 C 16221 (1501 VIII 28); zu den Hintergründen vgl. KERBER, Stolzenfels, S. 23f. Am 9. Dezember 1501 nannte sich Peter Maier selbst *syner gnaden cantzlien geschwornn schriber und notarii,* LHAK 1 C 17055, S. 18–29 (1501 XII 9, Koblenz), und im Jahr darauf nennt ihn Johann von Baden seinen Kanzleischreiber und lieben Getreuen, LHAK 1 B 1543 (1502 V 2, Koblenz), GOERZ, S. 318.
168 In einem Schreiben des Erzbischofs an Reinhard Graf zu Leiningen-Westerburg ist bereits die Rede von *Petern unserm secretarien,* HHStAW Abt. 339, Nr. 311, Bl. 126 (1502 V 9, Koblenz). Ein Eintrag in der Koblenzer Bürgermeistereirechnung aus dieser Zeit nennt ihn noch schlicht *Peter in der cantzlie,* Stak- 623- BMR 1684 (1502 VIII 18).

ber 1502[169] und während der folgenden 40 Jahre seiner Tätigkeit in der Kanzlei bezeichnet sich Maier selbst immer als Sekretär, was er auch beibehielt, als er in Koblenz höhere städtische Ämter bekleidete[170]. Da die Dienstbestallung Peter Maiers zum Sekretär die – wenn auch nur als Revers – einzig überlieferte des Untersuchungszeitraums ist, soll deren Inhalt kurz referiert werden. Der Revers weist formal keine Besonderheiten auf, erstaunlich ist jedoch die Siegelankündigung durch Friedrich Zant Vogt im Hamm neben Maier, der ansonsten weder mit dem Sekretär selbst noch mit der Kanzlei in Verbindung gebracht werden kann und ebenso beim Erzbischof keine herausgehobene Rolle spielte. Die inserierte Urkunde Johanns von Baden bringt nur wenig Konkretes: Danach wird der Kanzleischreiber Peter Maier auf Lebenszeit zum Sekretär und Diener bestallt, der stets beim Erzbischof in dessen Kanzlei und an seinem Hof *myt schryben und anderm, das wir im vertruwen werden*, dienen und gegenwärtig sein soll. Seine Besoldung erhält er vom Ehrenbreitsteiner Kellner. In besonderem Maße wird der Sekretär zur Geheimhaltung verpflichtet[171]. Die Formulierung *und anderm* macht deutlich, wie weit die Verwendung der Sekretäre für bestimmte Aufgaben, die nur wenig mit ihrer eigentlichen Tätigkeit zu tun haben mußten, im Einzelfall gehen konnte. Die bei der Ernennung Jakobs von St. Hilario gewählte Bezeichnung »ordo« für die Gemeinschaft der Sekretäre läßt hierin eine Art Substruktur unter den Familiaren des Erzbischofs vermuten.

Auf die enge Beziehung Maiers zur Stadt Koblenz, wo er 1495 den Bürgereid leistete[172], wurde bereits hingewiesen, dort lag sein gesamter Besitz[173], ebenso galt dieser Stadt das Hauptinteresse seiner Schriften[174].

Noch schwerer als die leicht überschaubare Zahl der Sekretäre, die sich in ihrer besonderen Funktion von den Schreibern unterschieden, sind die übrigen Kanzleimitglieder zu erfassen, von denen nicht alle namentlich identifiziert werden können, da die Urkunden der Zeit nur in den seltensten Fällen eindeutige Schreibervermerke aufweisen. Dies gilt in erheblich größerem Ausmaß für Kanzleiboten, -diener oder -knechte, die in aller Regel in der Anonymität verschwinden. Die Aufgaben der subalternen Bediensteten erklären sich ebenso wie die der Schreiber eindeutig aus ihren Berufsbezeichnungen und brauchen nicht weiter analysiert zu werden. Von vorwiegendem Interesse sollen wiederum die Hinweise in den Quellen sein, die Aussagen über die räumliche Orientierung dieser Personengruppe und damit den Standort der Kanzlei zulassen. Ansonsten sollen die weiteren Kanzleiangehörigen hier bewußt unbeachtet bleiben. Folglich kann auch die Untersuchung der Rückvermerke von Urkundeneingängen unterbleiben, die über die Analyse der »Registrata«-Vermerke und der häufig hinzugefügten Initialen des die Schriftstücke in die Kopiare eintragenden Schrei-

---

169 LHAK 1 A 9138 (1502 X 26, Ehrenbreitstein), LAMPRECHT, Bd. 3, Nr. 279. Zum Inhalt der Urkunde vgl. RICHTER, Sekretär, S. 55f.
170 1541 nennt sich Maier *trierischer secretarius und schulthiß zu Coblentz*, LHAK 1 B 1546–1548 (1541 IV 20, Ehrenbreitstein).
171 ... *und wes wir ime vertruwen und bevelhen werden, biß inn ende syns lebens zu verhelen*.
172 Stak- 623-, Nr. 1220, S. 25.
173 Die Besitzungen Maiers sind bei RICHTER, Sekretär, S. 59, vollständig aufgezählt.
174 Vgl. insbesondere sein »Buch der Stadt Koblenz«, LHAK 701, 20. Zur Quelle vgl. RICHTER, Sekretär, S. 81 und ebd., S. 79–82, wo noch andere Werke genannt werden, die sich auf Koblenz beziehen.

bers weitreichende Einblicke in die Zusammensetzung des Kanzleipersonals auf Schreiberebene ermöglichen.

Heinz von Weidenhan erhielt 1469 für seine langjährigen Dienste in der Kanzlei, die er nun aufgrund seines Alters und seines schlechten Gesundheitszustands nicht mehr wahrnehmen konnte, auf Lebenszeit die Beköstigung in der Burg Montabaur sowie vier rheinische Gulden jährlich vom dortigen Kellner und eine Hofkleidung in der Farbe, wie sie das erzbischöfliche Gesinde trug[175]. Sein Nachfolger als Kanzleiknecht wurde Albrecht von Doerstein, der seit 1473 als solcher belegt ist[176] und in dieser Funktion mindestens bis 1501 tätig war[177]. In der Koblenzer Burggasse besaß Albrecht ein Haus, das neben dem des Grafen Philipp von Virneburg und in der Nachbarschaft des Besitzes von Georg vom See lag[178]. Später kaufte er gemeinsam mit seiner Frau Hille Abgaben von zwei Grundstücken in der dortigen Aissengasse[179]; beide werden später als Koblenzer Bürger bezeichnet[180].

Seit 1475 ist Thomas von Hatzenport als Schreiber in der Kanzlei nachweisbar[181], der als Kanoniker von St. Kastor in Koblenz[182] wohl auch eher in diesen Raum tendierte. Der seit 1492 als Kanzleischreiber belegte Nikolaus Liemscheid von Hammerstein[183], der diese Funktion auch noch unter Erzbischof Jakob von Baden wahrnahm[184], ist räumlich nicht näher zuzuordnen. Ähnliches gilt für den 1501 erwähnten Matthias von Nittel[185], der jedoch möglicherweise mit dem gleichnamigen Kanoniker des Trierer Stifts St. Paulin[186] identisch ist. Schon seine Herkunftsbezeichnung läßt die Zuordnung Berthold Gutmanns von Koblenz relativ leicht erscheinen. Dieser war Kanoniker von St. Kastor in Karden[187] und St. Lubentius in Dietkirchen[188], weiter ist jedoch nichts von ihm bekannt.

175 LHAK 1 C 18, 345 (1469 VI 4, Ehrenbreitstein), GOERZ, S. 230. Dieser *Heintzgin* von Weidenhan dürfte mit dem in den Rechnungen der Städte Koblenz und Trier genannten *Heintzgin* identisch sein, der einmal als Kanzleiknecht, Stak- 623- BMR 4068, S. 16 (1468 nach I 1), ein anderes Mal als Torhüter vor der Kanzlei, STAT RMR 1468/9, fo. 4v, und dann schließlich einfach als *Heyntzgin in der cantzelien*, Stak- 623- BMR 1662 (1470 I 1), bezeichnet wird.
176 Stak- 623- BMR 4075, S. 1 (1473 I 1). Er wird hier lediglich als *der kantzlije knecht Ailbrijcht* genannt, der vier Albus zum neuen Jahr erhielt, genauso wie zu Beginn des Jahres 1491, Stak- 623- BMR 1674a.
177 RICHTER, Kanzlei, S. 119f. (1501 IX 13, Trier).
178 LHAK 1 C 18, 763/930 (1487 II 18, Ehrenbreitstein), GOERZ, S. 264. In der Urkunde ist die Rede von *Albrecht in der kantzlien*.
179 SCHMIDT, Nr. 2317 (1492 VII 15).
180 SCHMIDT, Nr. 2335 (1494 IV 18).
181 LHAK 1 C 17, 656 (1475 IX 30), GOERZ, S. 241; LHAK 1 C 6254, S. 24 (1480 I 29/30). Er ist nicht mit dem Bopparder Zollschreiber Thomas Dun von Hatzenport identisch, der zur gleichen Zeit mehrfach belegt ist, LHAK 1 A 3296 (1482 XI 11); LHAK 1 C 7577, S. 242 (1486 VI 3); LHAK 1 C 18, 799 (1488 VIII 2, Ehrenbreitstein), GOERZ, S. 269; LHAK 1 C 18, 841 (1490 VII 30, Pfalzel), GOERZ, S. 275.
182 LHAK 1 A 8892 (1492 III 17, Koblenz); SCHMIDT, Nr. 2318 (1492 VIII 27, Koblenz).
183 LHAK 1 A 8892 (1492 III 17, Koblenz).
184 LHAK 701,4, fo. 80r-81r (1503 V 18, Pfalzel/Ehrang).
185 RICHTER, Kanzlei, S. 117–120 (1501 IX 7/13, Trier); WAMPACH, Bd. 9, Nr. 1102 (1501 IX 22).
186 HEYEN, Paulin, S. 713.
187 PAULY, Karden spricht einmal, S. 491, von einer Ersten Bitte König Maximilians für eine nicht näher spezifizierte Pfründe an dieser Kirche, an anderer Stelle, S. 415, von einer Ersten Bitte für ein Kanonikat, über deren Erfolg »nichts bekannt« sei. 1502 wird Berthold als Kanoniker von St. Kastor in Karden genannt, HHStAW Abt. 170 I U 2460 (1502 III 10, Trier).
188 Ebd.; nicht bei STRUCK, Dietkirchen.

Besser informiert sind wir über Huprecht Flade von St. Vith, der seit spätestens 1494 in der Kanzlei tätig war[189] und in unserem Zusammenhang eine der interessantesten Personen ist. Lehnsbesitz hatte Flade in Ehrenbreitstein und an der Mittelmosel[190]. 1501 stellte er dem Erzbischof einen Revers über die Bestallung zum Schöffen von Koblenz aus[191], daneben blieb er als Notar tätig[192]. Im Unterschied zu Peter Maier von Regensburg nahm er sein städtisches Amt so ernst, daß er 1502 aus den erzbischöflichen Diensten ausschied[193] und zusätzlich die Aufgaben eines Koblenzer Stadtschreibers wahrnahm[194]. Folglich war das Schöffenamt auch im Falle Flades eben nicht Ausgangspunkt für eine Karriere in der erzstiftischen Verwaltung[195], sondern Ergänzung hierzu. Schon bald übte die in größerer Nähe zu seiner Heimatstadt gelegene Moselmetropole Trier eine intensivere Anziehungskraft auf Flade aus als die Stadt an Rhein und Mosel. 1505 bereits als Pfalzeler Kellner belegt[196], dürfte er spätestens 1511 das Amt des Trierer Stadtschreibers übernommen haben[197]. In Koblenz ist er zu dieser Zeit jedenfalls nicht mehr nachweisbar[198]. Möglicherweise hing der abermalige Wechsel seines Hauptbetätigungsfeldes mit dem Tod Erzbischof Jakobs zusammen, der ihn endgültig dazu veranlaßte, das Herrschaftszentrum am Rhein zu meiden und seine Aufgaben

189 Ein Mandat Johanns von Baden an die Geistlichkeit der Diözese Köln ist von Flade geschrieben und unterfertigt, HHStAW Abt. 170 U 2250 (1494 XII 13, Koblenz), GOERZ, S. 292. Eine Urkunde von 1486 trägt den Rückvermerk R[egistra]ta *Hupertus*, LHAK 1 A 8738 (1486 VII 21, Heidelberg). Dieser Hupertus, der die Urkunde in das Kopiar 1 C 18 unter der Nummer 874 eintrug, dürfte Flade gewesen sein, doch läßt das Datum der Urkunde keine Rückschlüsse auf die Entstehungszeit der für das Kopiar gefertigten Abschrift zu.
190 Vier Malter Korn und vier Ohm Wein jährlich aus der Kellerei Ehrenbreitstein, LHAK 1 C 18, 551 (1495 XII 31), GOERZ, S. 296. Für die Weinrente erhielt er später gemeinsam mit seiner Frau Margarethe Kellner von Ellenz einen Weinberg in Fankel, LHAK 1 C 18, 1304 (1499 VI 25, Cochem), GOERZ, S. 309, und darüber hinaus vier Weinberge in Ellenz, LHAK 1 C 17, 1593 (1499 VI 28, Cochem), GOERZ, S. 309. 1501 verlieh Johann von Baden Flade ein umfangreiches Ehrenbreitsteiner Burglehen, LHAK 1 C 17, 1670 (1501 VII 3, Pfalzel), GOERZ, S. 316.
191 LHAK 1 A 1321 (1501 IX 29). Bereits wenige Tage später tritt er mit dem gesamten Schöffenkolleg in Aktion, LHAK 1 A 9102 (1501 X 6), BÄR, Urkunden, S. 112f. 1502 besiegelte er gemeinsam mit dem Schultheiß Johann Mont den Schöffenrevers des Nikolaus Doen von Hatzenport, LHAK 1 A 1324 (1502 I 14).
192 HHStAW Abt. 170 I U 2460 (1502 III 10, Trier).
193 Flade quittierte dem Erzbischof über alle Hofkleidungen, die ihm aus der gesamten Zeit seines Dienstes zustanden, LHAK 1 C 18, 1266 (1502 XI 9).
194 1504 nennt er sich selbst *secretarius und scheffen zu Covelentz*, LHAK 1 B 472 (1504 V 25, Ehrenbreitstein). Zur Identifizierung des Sekretarius als Stadtschreiber vgl. W. STEIN, Deutsche Stadtschreiber im Mittelalter, in: Beiträge zur Geschichte, vornehmlich Kölns und der Rheinlande. Zum 80. Geburtstag Gustav von Mevissens, Köln 1895, S. 27–70, hier: S. 35. Wie weit die Karriere eines Stadtschreibers im Einzelfall führen konnte, verdeutlicht das Beispiel des Oberweselers Johann Emich von Schuppe, *statschriber zu Wesel*, der 1474 vom Erzbischof für seine treuen Dienste ein Drittel eines Weinbergs in der Oberweseler Mark, LHAK 1 C 18, 459 (1474 VIII 13, Ehrenbreitstein), GOERZ, S. 239, und 1488 weitere zwei Weinberge, LHAK 1 C 18, 810 (1488 VI 11, Koblenz), GOERZ, S. 269, erhielt. 1499 ist er Amtmann, Zollschreiber und Statthalter des Erzbischofs in Boppard, LHAK 1 A 9031 (1499 VIII 15).
195 So EILER, S. 171.
196 MATHEUS, Trier, S. 305.
197 Ebd., S. 304f.
198 EILER, S. 174.

eher in der großen Stadt an der Mosel zu suchen. Jedenfalls zeigt die Karriere Huprecht Flades, daß die Beschäftigung in der Kanzlei nicht unbedingt in eine lebenslange Dauerstellung münden mußte. Die dort erworbene Eignung qualifizierte die Schreiber auch für andere Aufgaben, die im Einzelfall, mit dem vollständigen Ausscheiden aus den erzbischöflichen Diensten, eine Abwendung von der räumlichen Orientierung zur Residenz des Landesherrn bedeuten konnte. Dennoch ist der von P. Richter behauptete starke Wechsel unter dem jüngeren Kanzleipersonal[199] aus dem vorliegenden Quellenmaterial nicht zu belegen.

Da alle mehrfach nachweisbaren Sekretäre und Schreiber gleichzeitig den Titel eines Notars einer der beiden erzbischöflichen Kurien in Koblenz oder Trier führten[200], scheint das Offizialat, wie bereits zur Zeit Erzbischof Balduins, das Rekrutierungsfeld der Kanzlei gewesen zu sein. Im Unterschied zum 14. Jahrhundert blieb sie jedoch nicht so eng mit diesem verbunden, sondern hatte eine gewisse Eigenständigkeit etabliert, auch wenn im Erzstift Trier nicht, wie in Kurköln, die Tendenz zu beobachten ist, »die Kanzlei aus dem unmittelbaren Zugriff des Fürsten zu lösen«[201]. Die direkte Einflußnahme auf Zusammensetzung und Arbeit der Kanzlei blieb dem Trierer Erzbischof im Mittelalter stets erhalten, er zog diese Behörde an den Ort der Herrschaftsausübung und nutzte das fachliche Wissen des Personals für seine Zwecke. Verselbständigungstendenzen sind weder beim Kanzler noch bei einfachen Schreibern zu beobachten. Anhand einiger Beispiele konnte die aus heutiger Sicht unmodern und unprofessionell wirkende Organisation dargelegt werden.

Die Untersuchung erbrachte für die Kanzlei eine eindeutige Ausrichtung nach Koblenz und Ehrenbreitstein. Hier lag der Besitz der Kanzleiangehörigen und hier sahen diese offenbar ihr Hauptbetätigungsfeld. Ebenso wie der Kurfürst im Bedarfsfall seine Residenz an die obere Mosel, nach Pfalzel oder Trier, verlegte, besaß die Kanzlei die Möglichkeit, ihrer Arbeit auch über längere Zeiträume hinweg dort nachzugehen. Für die Kanzlei ließ sich dies auf einem methodisch reizvollen Weg nachweisen, denn – über direkte Nennungen des Standorts in den Quellen hinaus – durch die Einbeziehung des Personals kann ein weiterer, ebenso wichtiger Indikator für die räumliche Orientierung dieser Behörde gefunden werden. Da beide Suchstrategien zu dem gleichen Ergebnis führten, darf für die getroffene Aussage eine große Wahrscheinlichkeit beansprucht werden.

199 RICHTER, Kanzlei, S. 48.
200 Vgl. ebd.
201 JANSSEN, Kanzlei der Erzbischöfe von Köln, S. 169.

3. Hofämter und erzbischöfliche Räte

Auf den ersten Blick mag die für dieses Kapitel gewählte kombinierte Untersuchung von Hofämtern und erzbschöflichen Räten verwundern, sie trägt jedoch dem auch noch in der zweiten Hälfte des 15. Jahrhunderts virulenten Phänomen Rechnung, daß »nicht das Amt die Person, sondern die Person das Amt entscheidend geprägt hat« und daß vorwiegend »durch persönliche Vertraute, erst sekundär durch Institutionen verwaltet worden ist«[1]. Daher kann die Funktion des erzbischöflichen Rats als ein relativ grobes Raster zur Identifizierung von Personen gelten, die in der landesherrlichen Verwaltung eine wichtige Rolle spielten[2]. Auffällig ist die immer wiederkehrende Verleihung von Hofämtern an besonders exponierte Mitglieder des Rats. Allerdings bedeutete es für den einzelnen nicht den Ausschluß von der nächsten Umgebung des Kurfürsten, wenn er nicht im Besitz eines Hofamts war. Bei den geistlichen Räten liegt dies in der Natur der Sache. Bezeichnenderweise hatten diese in der Regel hohe Ämter der geistlichen Administration oder Funktionen in der Kanzlei inne.

Die zunächst undifferenzierte Auflistung sämtlicher Räte unter Außerachtlassung einer möglichen funktionalen Verteilung der Aufgaben soll dem Präjudiz einer modernen Differenzierung nach Ressorts vorbeugen, die ohnehin der Einheitlichkeit des mittelalterlichen Herrschers widerspricht. Erst nach der Zusammenstellung aller in Frage kommenden Personen und einer Analyse ihrer Funktionen kann man zu einer weitergehenden Differenzierung hinsichtlich ihrer Tätigkeit vordringen. Die eindeutige Verortung der wichtigsten Funktionsträger nach Herkunft und Tätigkeitsbereich liefert einen wichtigen Hinweis auf den Platz der Herrschaftsausübung.

Das Kriterium zur Identifizierung des Personenkreises, der zu den Räten des Kurfürsten zu rechnen ist, ist die mindestens einmalige Nennung als Rat in den Quellen erzbischöflicher Provenienz (Anhang 2). In der Tat kann auf diese Weise das personelle Umfeld des Landesherrn namhaft gemacht werden. Dies bedeutet freilich nicht, daß es keine Personen gegeben hätte, die nicht als Räte genannt werden, aber dennoch in eine beträchtliche Vertrauensstellung aufrückten. Ein prägnantes Beispiel ist der noch näher zu behandelnde Hofmeister Johanns von Baden, Burckhard von Reischach. Ein anderes Beispiel hierfür ist Dr. med. Michael Foresi, den der Badener 1492 für ein jährliches Entgeld von 100 Gulden, einem Fuder Wein und acht Maltern Korn zu seinem Leibarzt ernannte[3]. In der Folgezeit erscheint Foresi häufig in der Umgebung des Kurfürsten[4], er begleitete ihn sogar zum Wormser Reichstag von 1495[5]. 1499 war der Mediziner auch beim Abschluß des Koadjutorvertrags mit Jakob von Baden anwesend[6], aber nie wird Foresi als Rat bezeichnet. Im allgemeinen wird jedoch durch die Nennung als Rat die Zugehörigkeit zum personellen Umfeld des Erzbischofs erkennbar.

Die hohe Zahl von 134 ausdrücklich in dieser Funktion genannten Räten muß nicht bedeuten, daß diese alle zum engeren Kreis der Ratgeber Johanns von Baden gehörten, die

---
1 MORAW, in: Deutsche Verwaltungsgeschichte, Bd. 1, S. 28.
2 Wie WILLOWEIT, in: Ebd., S. 109, betont, ist mit relativ hohen Zahlen zu rechnen.
3 LHAK 1 C 18, 963 (1492 XI 12).
4 LHAK 1 C 18, 976 (1494 III 21, Ehrenbreitstein), GOERZ, S. 288.
5 RTA MR, Bd. 5,1,2, Nr. 1594.
6 LHAK 1 C 16222, Bl. 19v-20r (1499 XII 15, Ehrenbreitstein), GOERZ, S. 311.

zudem ständig in seiner Umgebung zu erwarten wären. Die Analyse der Zusammenstellung ergibt vielmehr, daß erst die Bündelung verschiedener Funktionen den Kreis der Räte erkennbar macht, die tatsächlich in der Lage waren, durch persönliches Einwirken auf die Herrschaftsausübung im Erzstift Einfluß zu nehmen. Diesen relativ engen Kreis der Räte betraute der Kurfürst mit den wichtigeren Missionen und zog sie bei Entscheidungen ins Vertrauen. Da in den Ernennungsurkunden und -reversen auch kurzfristig bestallter Räte häufig eine Bestimmung über die Geheimhaltung der ihnen vom Erzbischof mitgeteilten Sachverhalte enthalten ist, scheint der Landesherr zumindest zeitweise und in bestimmten Zusammenhängen auch auf die Unterstützung weiterer Räte zurückgegriffen zu haben. Sicherlich kann während des 15. Jahrhunderts in Kurtrier von dem Rat nicht als kollegialer Körperschaft gesprochen werden, die nach festen Regulativen zusammentrat und eng umrissene Aufgaben erfüllte sowie einzelnen Mitgliedern feste Ressorts zuwies. Zu unterschiedlich ist der jeweilige Personenkreis und zu verschieden sind die von einzelnen ausgeführten Aufträge.

Tendenzen zu einer Verfestigung des weltlichen Rats als »Zentralbehörde« lassen sich erst am Ende der Regierungszeit Johanns von Baden unter dem massiven Einfluß der Landstände beobachten: Am 25. Dezember 1501 ernannte der Erzbischof insgesamt sechs Personen zu seinen Räten, die alle ständig bei Hofe dienen sollten. Zwei der Ernennungen fallen aus dem Rahmen: Philipp Graf zu Virneburg wurde für 100 Gulden jährlich aus den Einkünften des Zolls Engers zum *lanthoiffmeister, rade und diener* angenommen[7] und Paul Boos von Waldeck für ebenfalls 100 Gulden vom Trierer Siegler zum *hoyffmeister, rait und diener*[8]. Ruprecht von Reil, der keine Pferde aufzubieten hatte, sollte jährlich 20 rheinische Gulden aus den Koblenzer Siegeleinkünften erhalten[9], Friedrich Zant von Merl 40 Goldgulden vom Zoll Wittlich[10], Gerlach von Isenburg-Grenzau 100 rheinische Gulden aus der Kellerei Ehrenbreitstein[11] und Heinrich von Pyrmont-Ehrenburg auch 100 Gulden aus der Kellerei Cochem[12]. Die Anweisung der Dienstgelder auf verschiedene Einnahmequellen des Erzstifts belegt erneut die latenten Zahlungsschwierigkeiten der erzbischöflichen Zentrale, die stets genötigt war, eine möglichst breite Verteilung der Belastungen anzustreben. Zudem ist sie ein Hinweis darauf, daß der Ort, an dem Dienstgelder ausgezahlt wurden, nicht unbedingt mit dem Hauptbetätigungsfeld der betreffenden Person gleichzusetzen ist. Der einmalige Vorgang einer Ernennung von sechs Räten an einem Tag ist erklärungsbedürftig: Vier Tage zuvor waren eben diese mit Ausnahme Ruprechts von Reil, für den Salentin von Isenburg eintrat, von Johann von Baden als Bürgen für die Rückzahlung einer Schuld von 2000 Gulden an Markgraf Christoph von Baden benannt worden[13]. Die Aufnahme in Johanns Rat bedeutete für die sechs ein zusätzliches Treueverhältnis und die Sicherung des Vertrauens

---

7 LHAK 1 C 18, 1221 (1501 XII 25, Trier), GOERZ, S. 317.
8 LHAK 1 A 9106 (1501 XII 25, Trier), LAMPRECHT, Bd. 3, Nr. 277.
9 LHAK 1 C 18, 1224 (1501 XII 25, Trier), GOERZ, S. 317.
10 LHAK 1 A 9105 (1501 XII 25, Trier).
11 LHAK 1 A 9107 (1501 XII 25, Trier).
12 LHAK 1 A 9108 (1501 XII 25, Trier).
13 LHAK 1 A 9104 (1501 XII 21), GOERZ, S. 317; STAW Abt. Löwenstein-Wertheim-Freudenberg Virneburger Urkunden VI/162 (1501 XII 21). Als zusätzliche Sicherheit setzte Johann von Baden Burg und Kellerei Cochem ein.

ihres Landesherrn, den sie in der schwierigen Lage durch ihre Bereitschaft zur Bürgschaft unterstützten. Die Vorbereitungen für die Ernennung der sechs Adligen zu Räten des Erzbischofs dürften allerdings weiter zurückreichen.

Auf einer Versammlung der Stände des Erzstifts am 29. Oktober 1501 hatten diese beschlossen, *das die ernanten verordenten rete etc. myt unserm gnedigsten herrn dem ertzbischoven zu handeln als reten gezympt, und so der eyner ader meher abgyngen ader syne f. g. nyt willes inn yme hette, auch eyner getoin kunde, so magh syn f. g. eyn andern nemen uß denselbigen stiffts stenden und lantsessen in des ader der statt zu gefallen unsers gnedigsten herrn*[14]. Wahrscheinlich wurden in den folgenden Monaten von Johann von Baden in Abstimmung mit den Landständen Personen nach dem Indigenatsrecht ausgewählt, die er am 25. Dezember faktisch zu seinen Räten ernannte und die von nun an das engere Ratsgremium bildeten. Der Zustand wurde im »Ständeprivileg« des Kurfürsten vom 19. Februar 1502 fast wörtlich fortgeschrieben[15]. Die Qualifikation als ernannte und verordnete Räte hob die Angehörigen dieses engeren Kreises von der großen Zahl der übrigen Räte ab, die in der Regel »von Haus aus« dienten und nicht ständig bei Hofe waren[16], da an eine doppelte Legitimation zu denken ist: Wahrscheinlich wurden sie von den Landständen zum Rat abgeordnet und dann vom Kurfürsten ernannt.

Die Einzelheiten des Prozesses der Herausbildung einer sich verfestigenden Regierungszentrale zu untersuchen, würde den Rahmen der vorliegenden Arbeit bei weitem übersteigen[17]. Ziel und Aufgabe kann es nur sein, solche Orte zu identifizieren, die von den Räten des engeren und weiteren Kreises bei der Wahrnehmung ihrer Aufgaben vornehmlich genutzt wurden. Die Karte der Herkunftsorte erzbischöflicher Räte in der Zeit Johanns von Baden zeigt, daß diese vornehmlich aus dem östlichen Teil des Erzstifts und den angrenzenden Territorien sowie Gebieten der Markgrafschaft Baden stammten. Allerdings geben die Herkunftsorte nicht unbedingt genau den Platz an, wo sich eine Person hauptsächlich aufhielt. Ein Beispiel mag genügen: Salentin von Isenburg erscheint vordergründig klar dem Erzstift östlich des Rheins zugehörig zu sein. Wie seine Nominierung für den ständigen Ausschuß der Landstände des Obererzstifts zeigt, lag sein Hauptbetätigungsfeld aber eindeutig dort, wo er in Neumagen umfangreiche Besitzungen erworben hatte[18].

Doch auch unter Einbeziehung solcher Schwierigkeiten ist ein massives Schwergewicht im Niedererzstift, und hier besonders im Raum Koblenz, für die regionale Zuordnung der Räte zu konstatieren. Die Zusammenstellung der Räte ist über die reine Materialerfassung

---

14 STAW Abt. Löwenstein-Wertheim-Freudenberg Akten C 58, Bl. 3r (1501 X 29, Trier).
15 LOOZ-CORSWAREM, Entwurf, S. 234f. (1502 II 19).
16 Das Verzeichnis der *personen, so teglichs zu hoiff syn*, aus dieser Zeit nennt u. a. den Grafen Virneburg, Gerlach von Isenburg, Heinrich von Pyrmont, den Hofmeister, gemeint ist wohl Paul Boos von Waldeck, und Friedrich Zant, LHAK 1 C 1175, Bl. 30r.
17 Der Pfalzeler Kellner, *uwer liebden willig diener*, schrieb einmal an die *woilgeborne, strenge, eddelen und vesten lieben hern und junckern etc., werntlichen redden myns g. hern ertzbischoff zu Trier, itzont zu hoiffe*, LHAK 1 C 16214, Bl. 106 (1493 VI 2). 1496 schreiben *werntliche rete unnsers gnedigsten ertzbischoffs zu Trier etc. und churfursten* an den Rat der Stadt Frankfurt, STAF Reichssachen Nachträge, Nr. 1363.
18 Aus diesem Grunde scheint die pauschale Differenzierung der Räte nach solchen territorialer und außerterritorialer Herkunft nach dem Vorbild MORAWS, Beamtentum, S. 78ff., für unsere Zwecke zumindest problematisch.

hinaus als umfangreiche Legende zur Karte der Herkunftsorte zu verstehen, die im Einzelfall immer wieder heranzuziehen ist. Zur räumlichen Eingrenzung des Tätigkeitsfeldes dieser Personen als Räte müssen andere methodische Wege beschritten werden. Dafür ist die Personalliste ebenso unverzichtbare Grundlage wie für eine hier allerdings nicht zu leistende Funktionsanalyse.

Regelmäßig zählten die Inhaber der Hofämter zum Rat. Da es zu weit führen würde, jeden einzelnen der Räte in seinen für den Landesherrn ausgeführten Aufträgen über den gesamten Zeitraum hinweg zu verfolgen und die Zusammenstellung im Anhang hierfür bereits eine ganze Reihe von Anhaltspunkten liefert, sollen nur die Hofämter und einige weitere Ratgeber exemplarisch untersucht werden. Stets nahmen die bedeutenderen Räte auch andere Funktionen wahr, die zum Teil in anderen Zusammenhängen behandelt werden; darunter rangierte ein Hofamt sicherlich sehr weit oben. Auf diese Weise wird ohnehin ein Großteil der Räte hinsichtlich ihrer Aufgaben und räumlichen Orientierung analysiert.

Von den vier großen Hofämtern – im Spätmittelalter trat häufig der Hofmeister an die Stelle des Truchsessen[19] als Leiter der Hofverwaltung[20] – ist das des Schenken in der Zeit Johanns von Baden als Lehen vergeben worden[21]. Der Kämmerer[22] ist während des Untersuchungszeitraums mit dem Kammermeister gleichzusetzen, dem ein Küchenmeister für die Wahrnehmung seiner Aufgaben zur Seite stand[23].

Kontinuierlich und mit verschiedenen Personen besetzt waren die Ämter des Hofmeisters und des Marschalls. Für diese sollen im folgenden solche Handlungen näher betrachtet werden, die ausdrücklich in deren Funktionen vorgenommen wurden und die zudem Rückschlüsse auf einen möglichen Amtssitz der Personen zulassen.

Der erste namentlich bekannte Hofmeister Johanns von Baden ist der vorherige Amtmann von Trarbach, Ulrich von Metzenhausen[24], der das Amt nur kurz innehatte und dann Kammermeister wurde. Da seine Tätigkeit nur durch die Besiegelung von dem Erzbischof ausgestellten Reversen belegt ist, können keine Aussagen über sein Tätigkeitsfeld gemacht werden. Das gleiche gilt für seinen Nachfolger, Hans von Enzberg[25]. Mit Johann von Eltz

---

19 Erzbischof Jakob von Sierck hatte *das trochseßampt sines hoiffs mit dem hoiff uff Erenbreitstein und dem felde darzu gehorende* an Philipp von Helfenstein verliehen, vgl. das Transsumpt LHAK 1 B 1166 (1467 III 18). Um 1515 besaß das Amt Johann von Helfenstein, STBT Hs. 1774/1760 4°, fo. 8r.
20 HRG, Bd. 2, Sp. 197–200; LexMA, Bd. 5, Sp. 67f.
21 1478 erhielt die Frau des Nikolaus von Schmidtburg, Elisabeth Zant, die Besitzungen des *oberste schenckampt* als Wittum, LHAK 1 C 18, 532 (1478 IV 17, Ehrenbreitstein), GOERZ, S. 247. Auf die ursprüngliche Verleihung an die Familie Oeren durch Erzbischof Balduin wird in der Belehnung des Fritz von Schmidtburg mit dem erzstiftischen *schenckampt* hingewiesen, LHAK 1 B 1906 (1481 II 22). Dieser besaß es auch noch um 1515, STBT Hs. 1774/1760 4°, fo. 8r, vgl. BEYER, Peter Maier, S. 269. Während der Belagerung Boppards 1497 fungierten Hermann und Thomas vom Weiher zu Nickenich als Schenken, LHAK 701,4, fo. 71r.
22 Zu den Kämmerlingen vgl. unten die Darlegungen zum kurtrierischen Hof.
23 Vgl. unten zur Finanzverwaltung.
24 Am 31. Januar 1457 erscheint er erstmals als Hofmeister, LHAK 1 B 1218, am 22. Juni des Jahres zum letzten Mal, LHAK 1 B 128.
25 Erstmals belegt am 11. September 1457, HHStAW Abt. 121 U v. Birlenbach, letztmals am 7. März 1459, SCHMIDT, Nr. 2074.

stieg als nächstes ein Angehöriger des erzstiftischen Adels in das höchste Hofamt auf[26]. Im Auftrag des Erzbischofs hörte er im August 1459 an der Spitze einer Abordnung in Fankel das Weistum der Schöffen des dortigen Gerichts[27]. Ein Trierer Ratsbote brachte ihm wenig später einen Brief nach Koblenz[28], wo er sich auch im folgenden Jahr mindestens einmal aufhielt[29]. Wiederum an der Spitze einer kurtrierischen Abordnung hörte er das Weistum des Gallscheider Gerichts[30].

1462/63 ging das Hofmeisteramt auf seinen Verwandten, Wilhelm von Eltz-Rübenach, über[31], der Anfang 1464 mehrmals im Haus des Koblenzer Bürgermeisters und im Rathaus Monreal mit der Stadt verhandelte[32]. Während der Jahre 1465 und 1466 erscheint Gerlach von Braunsberg als Hofmeister[33]. Dieser hörte im Namen des ebenfalls anwesenden Kurfürsten das Weistum des Hochgerichts der Herrschaft Daun[34] und verhandelte zusammen mit anderen Räten in Bernkastel mit den Abgesandten der Sponheimer Grafen[35]. 1467 erscheint dann wiederum Wilhelm von Eltz[36]. Auf dem Nürnberger Reichstag des Jahres 1470 vertrat er seinen Herrn als Gesandter[37]. Im Namen des Erzbischofs verkündete Wilhelm von Eltz im Jahr darauf den Koblenzer Schöffen eine neue Gerichtsordnung[38]. Zusammen mit dem Kanzler sollte er einen Termin in Köln wahrnehmen[39]. Einmal hielt er sich in seiner Eigenschaft als Hofmeister im Haus des Koblenzer Sieglers auf[40]. Zum Augsburger Reichstag 1474 wurde Eltz wiederum als kurtrierischer Gesandter abgeordnet[41].

Ab 1485 begegnet Hermann Boos von Waldeck, der vorherige Marschall, als Hofmeister Erzbischof Johanns[42]. In der Folgezeit wurde er – bis zu seinem Übertritt in die Dienste des

---

26 LHAK 1 B 1243 (1459 VII 27). Da der Hofmeister stets als erster der weltlichen Räte genannt wird, scheint er auch das höchstbewertete Amt innegehabt zu haben.
27 LHAK 1 A 1830 (1459 VIII 13, Fankel). Neben ihm gehörten der Kanzler Dr. Johann Jux und die weltlichen Räte Johann von Pyrmont und Eberhard von der Arken zu der Delegation.
28 STAT RMR 1458/9, fo. 2r (1459 IX 9).
29 StaK- 623- BMR 1653, Bl. 8v (1460 XI 27).
30 LHAK 1 A 1867–1869 (1460 XII 13). Zu der Gesandtschaft gehörten Kammermeister Ulrich von Metzenhausen, der Bopparder Zollschreiber Jakob Klinge und Johann Durbaum, Unterschultheiß zu Gallscheid.
31 HStAD Depositum Wahn XI 7 A 1 (1463 IV 23, Trier).
32 StaK- 623- BMR 1658 (1464 I 14 – 1464 III).
33 LHAK 1 A 2033 (1465 XI 30).
34 LHAK 1 A 1608 (1466 IV 21, bei Daun), GRIMM, Bd. 2, S. 605–608.
35 RMB IV 9409 (1466 VI 10, Bernkastel). Wilhelm von Eltz war auch unter den Abgesandten des Trierer Kurfürsten, doch ist er mit keinem weiteren Titel belegt.
36 HHStAW Abt. 115, Nr. 207 (1467 VI 29).
37 BACHMANN, Nachträge, Nr. 101 (1470 IX 11); RTA AR, Bd. 22,1, Nr. 82 b 1.
38 BÄR, Urkunden, S. 106f. (1471 XI 4).
39 LHAK 1 C 9598, S. 7, 53 (1473 VII 8, Pfalzel).
40 StaK- 623- BMR 4077, S. 16 (1473 nach XII 6).
41 HStAD Depositum Wahn I G 1 (1474 V 24), TILLE/KRUDEWIG, Bd. 1, S. 269.
42 LHAK 1 A 338 (1485 III 26). Mehrmals ist er in Wittlich nachweisbar: LHAK 1 C 7577, S. 175 (1485 III 18), S. 182 (1485 IV 6/7), S. 188–195 (1485 VI 17–26), S. 200 (1485 VII 27–29), S. 205 (1485 VIII 29), S. 280 (1486 VIII 23/24), S. 285 (1486 X 29/30); S. 418 (1487 VII 21); S. 420 (1487 VII 25/26); S. 422 (1487 VIII 3/4); S. 425 (1487 X 6); S. 428 (1487 X 25–27); S. 429 (1487 XI 11); S. 431 (1487 XI 20); S. 437 (1487 XI 30-XII 2).

Pfalzgrafen[43] – zum wichtigsten Funktionsträger neben dem Kanzler. Auf der Burg Ehrenbreitstein verhandelte er in diesem Jahr mit den Bevollmächtigten der Erben von Kerpen[44]. In Koblenz führte Hermann eine Unterredung mit dem Rentmeister zu Salm, Heinrich von Bitburg, über die Lage in dessen Gebiet[45]. Auf der Cochemer Burg empfing er eine Abordnung der Gemeinde Bruttig[46]. In Heidelberg vertrat der Hofmeister die Interessen des Erzbischofs bei einem Gerichtstag des Pfalzgrafen Philipp[47]. In den Verhandlungen mit der Stadt Trier wegen Nikolaus von Zerf trat Hermann Boos als Wortführer der erzbischöflichen Abordnung auf[48]. Als Obmann eines Schiedsgerichts schlichtete er am 20. September 1486 in Koblenz die Streitigkeiten zwischen Johann von Baden und dem Abt Otto von St. Maximin[49]. Gemeinsam mit dem Kanzler wurde Hermann zum Vormund der zwölfjährigen Margarethe von Hunolstein ernannt[50]. 1487 hielt er sich in Trier auf, wo ihn Arnold von Siersberg aufsuchte, um ihm eine Petition an den Kurfürsten zu überbringen[51]. Gemeinsam mit dem Kanzler und dem Marschall war der Hofmeister anwesend, als Jakob von Neuerburg dem Erzbischof in Pfalzel den Treueid als Abt von Echternach leistete[52]. Dies ist gleichzeitig die letzte namentliche Nennung von Hermann Boos von Waldeck als Hofmeister[53]. Er blieb jedoch weiterhin im Umfeld Johanns von Baden tätig[54].

Erst am 14. Oktober 1491 ist mit Heinrich Holzapfel von Herxheim wieder ein Hofmeister nachweisbar; er bekleidete ebenfalls vorher das Amt des Marschalls. An diesem Tag leistete der Schreiber des Trierer Schöffengerichts auf der Burg Ehrenbreitstein vor Johann von Baden seinen Treueid[55]. Bereits im folgenden Jahr wurde Wirich von Daun-Falkenstein-Oberstein vom Erzbischof zum Hofmeister, Rat und Diener ernannt[56]. Der Revers weist keine Besonderheiten auf: Die Ernennung erfolgte unbefristet und enthielt eine Bestimmung über die Geheimhaltung. In seiner neuen Funktion gehörte Wirich zum Gefolge des Kurfürsten beim Wormser Reichstag von 1495[57]. Am 10. Juli 1496 leistete der Burggraf auf Konzerbrück seinen Eid vor dem Hofmeister, dem Kanzler, dem Rentmeister und einem von

---

43 Vgl. COHN, Government, S. 169.
44 LHAK 34, 803, S. 17f. (1485 X 1, Ehrenbreitstein).
45 LHAK 1 C 16217, S. 83f. (1486 V 8).
46 LHAK 1 C 688, S. 361f. (1486 V 13, Cochem).
47 LHAK 1 A 8737/8738 (1468 VII 21, Heidelberg).
48 STAT Ta 32/3, Fasc. 1, Bl. 93v-96v (1486 VIII 18/19, Trier).
49 LHAK 1 C 16213, Bl. 113.
50 HHStAW Abt. 339, Nr. 310 (1487 VIII 5, Pfalzel).
51 LHAK 1 C 16213, Bl. 138 (1487 XII 1).
52 LHAK 1 C 17, 1217 (1488 XII 26, Pfalzel), WAMPACH, Bd. 9, Nr. 1031.
53 Mehrfach wird in der folgenden Zeit noch ein Hofmeister genannt: LHAK 1 C 16217, S. 243f. (1489 IX 18); RICHTER, Kanzlei, S. 116f. (1489 XII 29); LHAK 1 A 1610 (1490 III 2, Daun), GRIMM, Bd. 2, S. 607-608; StaK- 623- BMR 1674a (1491 II 22); LHAK 1 C 16214, Bl. 35 (1491 III 4); LHAK 1 C 18273, S. 51 (1491 III 14, Koblenz); STAT RMR 1490/1, fo. 5v (1491 vor VI 24).
54 Gemeinsam mit dem Rentmeister Bartholomäus Glockner von Mayen wurde er vom Grafen Peter von Salm gebeten, sich bei Johann von Baden für ihn zu verwenden, LHAK 1 C 16218, S. 87f. (1496 I 10).
55 LHAK 1 C 18, 888 (1491 X 14, Ehrenbreitstein).
56 LHAK 1 A 8902 (1492 IX 20).
57 RTA MR, Bd. 5,1,2, Nr. 1594; RTA MR, Bd. 5,2, S. 1496f. (1495 VII 15).

Sötern⁵⁸. Ein Kerbzettel vom 25. Juli 1498 gibt interessante Aufschlüsse über die zunehmende Differenzierung im Bereich der Hofämter: Der Erzbischof kam demnach mit Wirich von Daun überein, daß dieser das Amt Pfalzel abtreten sollte. Im folgenden Jahr wollte Wirich jedoch *rait und ober- ader lanthoiffmeister* bleiben, der auf Kosten des Erzbischofs *zum besten beraden syn sulle*, wofür er weiterhin 100 rheinische Gulden vom Pfalzeler Kellner erhielt⁵⁹. Die Klassifizierung als Oberhofmeister setzt naturgemäß die Existenz eines weiteren Hofmeisteramts voraus. Hier wäre an einen Unter- oder aber Haushofmeister zu denken. Seit 1501 erscheint Burckhard von Reischach als Hofmeister⁶⁰, der höchstwahrscheinlich als Inhaber dieses Amts anzusprechen ist, zumal Wirich von Daun erst am 16. April 1501 endgültig das Amt des Hofmeisters aufgab⁶¹. Allerdings wird in den Quellen der folgenden Monate nicht zwischen Land- und Haushofmeister differenziert, so daß nicht mit Sicherheit zu sagen ist, welcher von beiden am 29. September 1500 auf Ehrenbreitstein bei den Verhandlungen über die Verpfändung des Amts Stolzenfels an Hilger von Langenau anwesend war⁶² bzw. wer am 30. Januar 1501 in Koblenz mit Reinhard Graf zu Leiningen-Westerburg über dessen Schuldforderungen verhandelte⁶³. Burckhard von Reischach sorgte in der Koblenzer Kanzlei dafür, daß die Forderungen Jakob Merbodes an das Erzstift beglichen wurden⁶⁴.

Am 28. Oktober 1501 wird mit Paul Boos von Waldeck erstmals ein Inhaber des Amts eines Haushofmeisters genannt⁶⁵, der, wie bereits erwähnt, am 25. Dezember seine Ernennungsurkunde hierüber erhielt. Dieser wird im folgenden häufig einfach als Hofmeister genannt. Er wurde immer wieder in dieser Funktion tätig, während der Landhofmeister mit dieser Bezeichnung nicht mehr vorkommt. Am 24. Februar 1502 verhandelte Paul Boos von Waldeck an der Spitze einer kurtrierischen Delegation mit den Abgesandten der Sponheimer Grafen⁶⁶. In der gleichen Funktion hörte er am 12. April in Beltheim das Weistum des dortigen Gerichts⁶⁷. Wenn Land- und Haushofmeister gemeinsam auftraten, wurde nur letzterer mit seinem Titel genannt: Im Jahre 1502 waren mit Pfalzgraf Johann Streitigkeiten wegen der Einwohner von Winningen und Dieblich entstanden. Nachdem hierüber beraten worden war, schickte der Erzbischof am 21. September eine Ladung an den Herzog und an die von Dieblich zu einem Schlichtungstermin in Zell im Hamm⁶⁸. Wie aus zwei Zusatzvermerken hervorgeht, besprach der Kurfürst die Sache zunächst mit einigen seiner Räte. Genannt werden unter anderen der Koadjutor, Graf Virneburg, der Kanzler und der Hofmeister. Dem Schreiber erschien in diesem Zusammenhang also der Name des Landhofmeisters wichtiger

---

58 LHAK 1 C 18, 1081 (1496 VII 10, Zell), LAMPRECHT, Bd. 3, Nr. 269.
59 LHAK 1 A 9018 (1498 VII 25, Koblenz).
60 LHAK 1 C 19440, S. 31f. (1500 V 21).
61 LHAK 1 A 9095 (1501 IV 16).
62 LHAK 1 C 16221 (1500 IX 29, Ehrenbreitstein).
63 HHStAW Abt. 339, Nr. 311, Bl. 147 (1501 I 30, Koblenz).
64 LHAK 1 C 18, 820 (1500 XI 24, Koblenz).
65 LHAK 1 A 9103 (1501 X 28, Trier), GOERZ, S. 317. Ebenso am 10. Dezember, LHAK 1 C 17055, S. 1 (1501 XII 10, Koblenz).
66 LHAK 1 C 588, S. 69 (1502 II 24, Grevenburg).
67 LHAK 1 A 9118 (1502 IV 12, Beltheim).
68 LHAK 1 C 657, S. 55, 57f. (1502 IX 21, Ehrenbreitstein), GOERZ, S. 319.

als dessen Amt. Eine ähnliche Konstellation begegnet uns bei den Schlichtungsverhandlungen zwischen Johann von Baden und Heinrich von Pyrmont-Ehrenburg wegen der Rechte am Gericht Kennfus. Verhandelt wurde die Sache auf seiten des Erzbischofs von Graf Philipp von Virneburg und dem Hofmeister Paul Boos von Waldeck[69]. Wiederum erscheint nur der Haushofmeister mit einem, freilich nicht näher spezifizierten Titel. Dieser hatte sein Amt auch noch am Anfang der Regierungszeit Jakobs von Baden inne[70], wurde aber bereits nach kurzer Zeit von dem Amtmann im Hamm, Michael Waldecker von Kaimt, abgelöst[71], der in den Quellen unterschiedlich, einmal als Haushofmeister und einmal einfach als Hofmeister, genannt wird und das Amt auch noch unter Erzbischof Richard innehatte[72].

Der Hofmeister kann als wichtigster und rangmäßig höchster der weltlichen Räte angesprochen werden. Seine Rolle wird allein daraus ersichtlich, daß er am häufigsten als Siegler bei dem Erzbischof ausgestellten Reversen, sowohl bei Belehnungen als auch bei Dienstbestallungen, erscheint. Das Amt wurde über den gesamten hier untersuchten Zeitraum hinweg von Angehörigen des Ritteradels bekleidet, die sich zuvor schon im Dienste des Erzbischofs bewährt hatten. Mit dem Auftreten eines Landhofmeisters am Ende der Regierungszeit Johanns von Baden ändert sich an den Aufgaben des Hofmeisters, korrekter Haushofmeisters, nichts. Der Landhofmeister hatte ein reines Ehrenamt inne, das geschaffen wurde, um dessen Inhaber, die dem Grafenstand zuzurechnenden Wirich von Daun und Philipp von Virneburg, intensiver in die Hofgesellschaft einbinden zu können. Die Vergabe eines derartigen Titels trug deren herkunftsmäßiger und auch tatsächlicher Bedeutung Rechnung. Offenbar war hiermit keine Aufteilung der Aufgaben verbunden. Der Landhofmeister besaß allerdings die größere Reputation und wurde deshalb stets vor dem Haushofmeister genannt, zumal das Amt nun eine höhere ständische Qualität besaß.

Schon allein die Tatsache, daß zwei Hofmeister vorher das Amt des Marschalls bekleideten, rechtfertigt es, die Inhaber dieses Hofamts näher zu betrachten. Dem Marschall kamen – vom Ursprung des Amts herrührend – vor allem Aufgaben im »militärischen« Bereich zu. Er war für das erzstiftische Aufgebot verantwortlich, das unter seinem Kommando stand, wenn nicht ein Hauptmann eigens bestellt wurde. Mitunter hatte er gemeinsam mit dem Rottmeister, der als ein Stellvertreter charakterisiert werden kann, eventuell auftretenden Schaden zu taxieren[73]. Als weltlicher Rat war sein Zuständigkeitsbereich im Grunde unbegrenzt, weshalb er mitunter auch als Siegler bei Lehnsreversen auftrat oder andere Funktionen im Dienst des Erzbischofs wahrnahm. Vermehrt trat der Marschall im Zusammenhang mit Urfehden in Erscheinung.

Der erste namentlich bekannte Marschall Johanns von Baden ist Ulrich von Eltz[74]. Sein Nachfolger wurde Dietrich von Braunsberg, dem Johann von Baden auf sechs Jahre für 130 oberländische Gulden vom Zoll Engers *das marschalck ampt unsers hoiffs* verlieh[75]. Bereits

---

69 LHAK 1 A 9141 (1502 XI 19), GÜNTHER, Bd. 5, Nr. 4.
70 LHAK 701,4, Bl. 80r. (1503 IV 28, Koblenz).
71 LHAK 701,4, Bl. 80v. (1503 V 18, Pfalzel).
72 Vgl. z. B. LHAK 1 B 1545 (1512 V 7).
73 Vgl. unten zum Gerichtswesen.
74 LHAK 1 A 8435 (1463 II 4).
75 LHAK 1 C 18, 352 (1469 VI 24), GOERZ, S. 230.

am 30. Juni 1472 begegnet Hermann Boos von Waldeck als Marschall[76]. Aufgrund seiner persönlichen Autorität und Leistung gewann das Amt in der Folgezeit merklich an Bedeutung. Dies wurde im Vorfeld der Neusser Fehde erkennbar, als Hermann Boos zweimal in Köln war, wo er im Namen des Erzbischofs einmal mit der Stadt[77] und einmal mit dem Kaiser[78] verhandelte. 1476 sollte er sogar die Rückzahlung der Schulden des Limburger Kellners in Koblenz in Empfang nehmen[79] und zahlte im Namen des Erzbischofs eine Rate für den Ankauf von Schloß und Amt Nürburg aus[80]. In Koblenz war er anwesend, als Johann von Baden Bernhard von Schauenburg und Clara von Langenau Ehedispens erteilte[81]. In Pfalzel übergab er 1477 dem Manderscheider Kellner einen Brief für den Grafen von Manderscheid[82]. Im Jahr darauf brachte ein Bote dem Marschall ein Schreiben nach Koblenz[83]. Mehrmals hielt er sich in Manderscheid auf[84]. Im Trierer Palast nahm er die Klage einiger Einwohner von Köwerich an[85], und in Bernkastel verhandelte er mit den Abgesandten Pfalzgraf Friedrichs und Markgraf Christophs von Baden[86]. Ein Trierer Ratsbote suchte den Marschall im April 1479 in Pfalzel auf[87]. An der Spitze einer kurtrierischen Delegation verhandelte er in Ulmen mit den Abgesandten der Virneburger Grafen wegen der Einlösung der Herrschaft Schönecken[88]. Im Januar und Mai 1480 hielt er sich in Münstermaifeld auf[89]. Im Namen des ebenfalls anwesenden Landesherrn erfragte Hermann Boos in Senheim das Weistum des dortigen Gerichts[90]. In der Talsiedlung unterhalb der Burg Ehrenbreitstein empfing dieser eine Gesandtschaft des Koblenzer Rats[91], der wenig später einen Boten zu ihm nach Pfalzel schickte[92]. Als Johann von Baden in der Koblenzer St.-Florin-Kirche die kniefällige Abbitte der Stadt Koblenz wegen der zerstörten Heiligenbilder bei dem Gotteshaus annahm, trat der Marschall als Sprecher seines Herrn auf[93]. Mehrmals war er in Wittlich[94]. Bei den ersten Verhandlungen in der Streitsache zwischen der Stadt Trier und Nikolaus von Zerf in Trier war

---

76 LHAK 1 C 18, 423 (1472 VI 30).
77 LHAK 1 C 359, S. 33f. (1474 IX 17).
78 Ebd., S. 41f. (1474 IX 30, Ehrenbreitstein), GOERZ, S. 240.
79 LHAK 1 A 8585 (1476 VI 29).
80 LHAK 1 A 8595 (1476 XI 28, Brühl); LHAK 1 A 8596 (1476 XI 29).
81 LHAK 1 C 108, Bl. 78v-80r (1477 II 12, Koblenz), GOERZ, S. 244.
82 LHAK 1 C 6124, S. 220.
83 STAW Abt. Löwenstein-Wertheim-Freudenberg Virneburger Akten F 75, Bl. 54r.
84 LHAK 1 C 6124, S. 295f. (1478 VIII 25-29), S. 284 (1478 VIII 26), S. 298 (1478 XI 19-21), S. 372f. (1479 III 27-30).
85 LHAK 1 A 7929 (1478 X 29).
86 LHAK 1 C 16246, S. 343 (1479 IV 21, Bernkastel).
87 STAT RMR 1478/9, fo. 6r.
88 LHAK 1 A 8646 (1479 XII 30, Ulmen).
89 LHAK 1 C 6254, S. 24 (1480 I 29/30), S. 25 (1480 V 30/31).
90 Grimm, Bd. 2, S. 431-433 (1482 VI 20, Senheim).
91 StaK- 623- BMR 1670 (1483 IV 5).
92 StaK- 623- BMR 1671 (1483 V 27).
93 LHAK 1 A 1282 (1483 XI 18, Koblenz), HONTHEIM, Bd. 2, Nr. 873.
94 LHAK 1 C 7577, S. 41 (1484 I 16), S. 52 (1484 IV 9), S. 55 (1484 V 3), S. 66 (1484 VIII 26-29), S. 78 (1484 X 13-15), S. 81 (1484 XII 2), S. 188-195 (1485 VI 17-26), S. 283 (1486 X 23), S. 289 (1486 XII 20/21), S. 295-359 (1487 IV 28-VI 22), S. 409 (1487 VI 24-28), S. 424 (1487 IX 14), S. 435-437 (1487 XI 30-XII 2), S. 449 (1488 IV 9).

er bereits Wortführer der erzbischöflichen Räte[95]. In der gleichen Funktion agierte er auf der Burg Ehrenbreitstein in den Verhandlungen mit Heinrich von Nassau[96].

Nach dem Tode Wilhelms von Eltz stieg Hermann Boos von Waldeck in das Amt des Hofmeisters auf und sein Nachfolger als Marschall wurde Heinrich Holzapfel von Herxheim[97]. Einen kaiserlichen Tag in Speyer besuchte Heinrich Anfang des Jahres 1487[98]; 1489 hielt er sich in Trier auf[99]. In seiner Gegenwart wurde Gerlach von Isenburg-Grenzau im Saal der Burg Ehrenbreitstein mit seinen Gütern belehnt[100]. Am 26. Dezember 1490 wird Heinrich Holzapfel letztmalig als Marschall erwähnt[101]. Möglicherweise übernahm Hermann Boos von Waldeck kurzzeitig nochmals das Amt des Marschalls[102]. Jedenfalls ist danach zumindest vorläufig kein Marschall mehr belegt. Vielleicht nahmen an seiner Stelle der Rottmeister[103] Johann Snedse von Grenzau oder auch der Erbmarschall Johann von Helfenstein, der einmal als *marschalck* bezeichnet wird[104] und häufig als Mitsiegler bei für den Erzbischof ausgestellten Reversen erscheint, diese Aufgabe wahr.

Zur Komplettierung des Bildes vom erzbischöflichen Rat und der regionalen Zuordnung der Räte sollen einige charakteristische Funktionsträger hinsichtlich der räumlichen Präferenzen in ihrer Tätigkeit exemplarisch vorgestellt werden. Graf Dietrich III. von Manderscheid, einer der abstammungsmäßig höchsten Räte des Erzbischofs, blieb von seinem Besitz und seinen weiteren Bindungen her eindeutig seiner Heimat verbunden. Dennoch versuchte Johann von Baden, ihn zunehmend in seinen Rat einzubinden. Weiterhin blieb der streitbare Graf häufig in Fehden verwickelt, die nicht nur mit Gegnern des Erzstifts geführt wurden, sondern auch andere Untertanen des Kurfürsten, wie die Virneburger Grafen oder die Stadt Trier, betrafen. Diese besondere »Eignung« machte sich der Badener zunutze, indem er Dietrich 1461 aufforderte, in der Mainzer Stiftsfehde für ihn als Helfer Adolfs von Nassau ein-

---

95 STAT Ta 32/3, Fasc. 1, Bl. 53v-54v (1484 IV 21, Trier), S. 46r-47v (1484 IV 27/29, Trier), Bl. 76r-77v (1484 VII 13, Trier).
96 HHStAW Abt. 340 U 11843 (1484 V 23, Ehrenbreitstein).
97 Gemeinsam besiegelten sie eine Quittung des Bernkasteler Kellners Johann von Godesberg, LHAK 1 A 338 (1485 III 26). Bereits einige Tage zuvor waren Hofmeister und Marschall in Wittlich, LHAK 1 C 7577, S. 175 (1485 III 18).
98 LHAK 1 C 7413, S. 25f. (1487 I 28).
99 STAT RMR 1488/9, fo. 18v (1489 nach IV 12), fo. 18r (1489 IV 13), fo. 19r (1489 IV 21 – V 30).
100 LHAK 1 A 8849 (1490 II 7, Ehrenbreitstein).
101 LHAK 1 A 8872 (1490 XII 26), GOERZ, S. 277.
102 In einer Vergleichsverhandlung zwischen Johann von Baden und den Erben des Nikolaus von Zerf wird neben dem Kanzler Dr. Ludolf von Enschringen *Herman Boiß von Waldeck, der zyt marschalck*, als Anwalt des Erzbischofs genannt.
103 Der erste namentlich bekannte Rottmeister Johanns von Baden ist Engelbrecht vom Stein, LHAK 1 C 6124, S. 225 (1477 IV 18-20, Manderscheid), S. 226 (1477 V 8-14, Manderscheid), S. 229 (1477 X 4-8, Manderscheid); LHAK 1 A 8626 (1478 VIII 7). Sein Nachfolger wurde Johann Wenz, LHAK 1 C 7577, S. 49 (1484 III 17, Wittlich), S. 55 (1484 V 3, Wittlich), S. 59 (1484 VII 9, Wittlich), S. 60f. (1484 VII 18-20, Wittlich), S. 64 (1484 VIII 3/4, Wittlich). Der nächste bekannte Rottmeister war Wilhelm vom Stein, LHAK 1 A 8777 (1488 VI 20). Seit dem 13. Oktober 1494 ist Johann Snedse von Grenzau als Rottmeister belegt, LHAK 1 A 8940; zur Person: KERBER, Stolzenfels, S. 28, Anm. 103. Der Rottmeister ist regelmäßig dem Marschall nachgeordnet.
104 LHAK 1 C 397, S. 208 (1499 IX 13, Merzig).

zutreten[105]. Das bedeutete freilich nicht, daß der Manderscheider es nicht verstanden hätte, seine eigenen Interessen auch weiterhin gegenüber dem Erzbischof zu behaupten, wie eine Auseinandersetzung über Besitzungen in der Eifel belegt[106]. Anfang März 1489 sollte der Graf seinen Landesherrn nach Köln begleiten[107], den er im Juli des Jahres auf dem Frankfurter Reichstag vertrat[108] und mit dem er im Jahr darauf zu Verhandlungen mit dem Herzog René von Lothringen nach Thionville reiste[109]. Graf Dietrich war auch anwesend, als Johann von Baden im Koblenzer Bischofshof König Maximilian durch seinen Kanzler um die Bestätigung der Luxemburger Lehen bat[110]. 1495 gehörte er zum Hofgesinde des Kurfürsten beim Wormser Reichstag[111]. Sein Stellenwert innerhalb des erzstiftischen Adels wird aus einem Reiteraufgebot des Jahres 1494 deutlich, worin er mit 20 Pferden aufgeführt ist – die gleiche Zahl sollten nur noch Philipp Graf zu Virneburg, Reinhard Graf zu Leiningen-Westerburg und Gerlach von Isenburg-Grenzau aufbieten[112].

Dank der Überlieferung des Westerburger Archivs gehört der reichsunmittelbare[113] Graf Reinhard von Leiningen-Westerburg zu den Räten, über deren Tätigkeit wir am besten informiert sind. Insbesondere zahlreiche erhaltene Briefe und Briefkonzepte vermitteln einen Eindruck von den »täglichen« Geschäften des Grafen, der eindeutig als Rat »von Haus aus« zu bezeichnen ist. Bereits vor seiner Bestallung als erzbischöflicher Rat hielt sich Reinhard 1470 zur Fastnacht auf Ehrenbreitstein beim Erzbischof auf[114]. Seit seiner Ernennung zum Rat wird er vom Kurfürsten regelmäßig als Rat angeredet[115]. Am 29. Juni 1489 forderte Johann von Baden den Grafen auf, sich bereitzuhalten, da er in Kürze zum römischen König nach Frankfurt reisen und Reinhard mitnehmen wolle[116]. Drei Tage später teilte der Erzbischof die Einzelheiten mit: Reinhard sollte am 14. Juli bei ihm in Koblenz sein, um am folgenden Tag gemeinsam nach Frankfurt fahren zu können[117]. Obwohl der Westerburger in der Folgezeit immer häufiger für den Kurfürsten tätig wurde, ist er nicht dauernd in dessen

---

105 HStAD Schleiden 78 (1461 XI 28, Ehrenbreitstein), nach einer Kopie aus dem Generalarchiv Brüssel, Best. Papiers de la famille d'Aremberg; STAW Abt. Löwenstein-Wertheim-Freudenberg Virneburger Urkunden I/34³/₄ (1461 XII 13, Ehrenbreitstein); ebd. unverzeichnet (1463 X 27).
106 LHAK 1 A 8549 (1472 VIII 28). Geschlichtet wurden die Differenzen, die auch Burg Wartenstein betrafen, vom Kanzler Dr. Ludolf von Enschringen, dem Hofmeister Wilhelm von Eltz, dem Kammermeister Ulrich von Metzenhausen und Dietrich von Lontzen genannt Robin.
107 RTA MR, Bd. 3,1, Nr. 224d (1489 II 21).
108 RTA MR, Bd. 3,2, Nr. 264b (1489 VII).
109 PSHIL, Bd. 35, S. 295 (1490 V 21, Pfalzel).
110 LHAK 1 A 8903 (1492 IX 24, Koblenz), PSHIL, Bd. 35, S. 330–332.
111 RTA MR, Bd. 5,1,2, Nr. 1594.
112 LHAK 1 C 108, Bl. 72. Das nächst kleinere Kontingent hatte Heinrich Graf zu Nassau-Beilstein mit 10 Pferden zu stellen. Das Formular der Schreiben an die Vasallen: Ebd., Bl. 72v (1494 IV 25, Ehrenbreitstein), GOERZ, S. 289.
113 König Maximilian betitelte ihn als *unsen und des reichs lieben getruwen*, LHAK 1 A 8879 (1491 V 31, Nürnberg). Dennoch erscheint er beim Wormser Reichstag im Gefolge Erzbischof Johanns, RTA MR, Bd. 5,1,2, Nr. 1594.
114 HHStAW Abt. 339, Nr. 310 (1470 III 11).
115 Ebd. (1484 VIII 11, Ehrenbreitstein).
116 Ebd. (1489 VI 29, Ehrenbreitstein).
117 Ebd. (1489 VII 2, Ehrenbreitstein).

Umgebung anzutreffen[118], sondern behielt seinen Wohnsitz in Westerburg[119]. 1492 forderte ihn Johann von Baden auf, sich gerüstet zu halten, da *es sich allenthalben inn den landen am anstoyß unsers furstenthums zu wilden leuffen schickt*[120]. Aus einer erneuten Bestallung im Jahr 1492 werden die Aufgaben des »von Haus aus« dienenden Rats klar, der verpflichtet war, *getruwelich und flyßlich zu dienen und zu raiden, so des an ine gesonnen wirdet, es sy uns zu hoiffe zu ryden, mit tege leisten und anders und das zu tun nach synen besten sinnen und vermoegen, sunderlich das er unsen rait und heimlicheid, die wir ime offenbaren, sall und will verheelen biss inn syne lebensende*[121]. Durch die am gleichen Tag erfolgte Ernennung zum Amtmann von Montabaur[122] intensivierten sich die Beziehungen des Grafen, der zu den kurtrierischen Landständen gerechnet wurde, zum Erzbischof, so daß ihn Kuno von Winneburg-Beilstein im Jahr darauf bitten konnte, dem Kurfürsten ein Schreiben *selbst in syner f. g. hant [zu] geben und mit dem munde selber in eigener personen mit syner f. g. [zu] reden*[123]. Allerdings blieb Reinhard auch jetzt mit seinem ständigen Wohnsitz dem Erzbischof fern, der ihn daher 1497 bitten mußte, *du wulles biß nehstkomenden dinstag zu mittage by uns alhir syn, ettlicher anlygender sachen halben dyner und ander rait zu haben*[124]. Folglich mußte eine Summe von immerhin 1170 rheinischen Gulden in bar, die im Namen Johanns von Baden an Hermann Boos von Waldeck zu zahlen waren, erst zu Reinhard gebracht werden, der das Geld dann dem pfälzischen Hofmeister auszahlen sollte[125]. Am 17. April 1497 schrieb Erzbischof Johann von Ehrenbreitstein aus an den Grafen, *du wulles dich anstont alher zu uns fuegen und des ye nit laissen*[126]. Gemeinsam mit anderen Räten sollte er sich im gleichen Jahr in Limburg treffen, um von dort nach Eppstein zu reisen[127]. Bei der Belagerung von Boppard war Reinhard Graf zu Leiningen-Westerburg 1497 Unterhauptmann des kurtrierischen Aufgebots[128], und im Oktober des Jahres sollte er zehn Bewaffnete zum Erzbischof nach Ehrenbreitstein schicken[129]. In einer Auseinandersetzung Johanns von Baden mit den Brüdern von Breitbach hatte der Kölner Erzbischof einen Verhandlungstermin anberaumt; daher bestellte der Badener seinen Rat Reinhard für den Morgen des 22. Januar 1498 nach Ehrenbreitstein, um mit anderen seiner Gesandten dorthin

---

118 1490 IX 16 schickte der in Pfalzel weilende Erzbischof seinen Küchenmeister zu Reinhard, um ihm verschiedene Anliegen vorzutragen, HHStAW Abt. 339, Nr. 310. Über sein Dienstgeld verhandelte der Graf mit den erzbischöflichen Räten in Kaub, HHStAW Abt. 339, Nr. 310 (1490 XI 21, Pfalzel).
119 HHStAW Abt. 339, Nr. 311, Bl. 134–139 (1503 II 23).
120 Ebd. (1492 III 28, Ehrenbreitstein).
121 Ebd. (1492 IV 4).
122 HHStAW Abt. 116, Nr. 97 (1492 IV 4). Der ausführliche Revers für den Erzbischof vom gleichen Tag, HHStAW Abt. 339, Nr. 310.
123 LHAK 1 C 16214, Bl. 112 (1493 VIII 16).
124 HHStAW Abt. 339, Nr. 310 (1497 I 8, Ehrenbreitstein).
125 Ebd. (1497 I 27, Koblenz). In einem beiliegenden Zettel fragte der Erzbischof *auch so es dir gelegen were, mags du dich zu uns inn den Ham uff die jagt fuegen, als wir mit dir geredt haben*.
126 Ebd. (1497 IV 17, Ehrenbreitstein).
127 Ebd. (1497 V 19, Ehrenbreitstein).
128 LHAK 701,4, Bl. 70v. Oberster Feldhauptmann war Markgraf Christoph von Baden, ein weiterer Unter-Hauptmann Gerlach von Isenburg.
129 HHStAW Abt. 339, Nr. 310 (1497 X 27, Ehrenbreitstein). 1502 sollte er Diener im *harnasch mit isenhueden und spiessen* schicken, HHStAW Abt. 339, Nr. 311, Bl. 130 (1502 VI 8, Koblenz).

zu fahren¹³⁰. Auf dieser Burg fungierte der Graf einige Male als Statthalter des Landesherrn¹³¹.

Von sechs weltlichen Räten heißt es zu Anfang des 16. Jahrhunderts, sie seien täglich am Hofe Erzbischof Johanns und des Koadjutors: Graf Philipp von Virneburg, Gerlach von Isenburg, Heinrich von Pyrmont, der Hofmeister Paul Boos von Waldeck, Friedrich Zant von Merl und Kaspar von Miehlen genannt von Dieblich¹³². Diese wären folglich im Gegensatz zu den eben besprochenen Grafen nicht als Räte »von Haus aus« anzusehen. Für Heinrich von Pyrmont d. J. und Friedrich Zant soll diese Annahme überprüft werden¹³³. Ersterer hielt sich 1491 gemeinsam mit einer Bopparder Ratsbotschaft und weiteren erzstiftischen Rittern in Koblenz auf¹³⁴, wo er am 24. September 1500 gemeinsam mit Graf Johann von Manderscheid einen Streit zwischen Johann von Baden und Graf Philipp von Virneburg schlichtete¹³⁵. Im Jahr darauf erhielt er ein Weingeschenk des Koblenzer Rats¹³⁶, während der Kurfürst gleichzeitig in Trier war. Im April des nächsten Jahres hielt Heinrich sich in Virneburg auf¹³⁷. Als eng mit dem Erzbischof verbundener Rat war Pyrmont mit der Einsammlung der Güter befaßt, über die dieser testamentarisch verfügen wollte¹³⁸, und gehörte zu den Räten, die nach dem Tode Johanns auf Ehrenbreitstein die Regierung des Erzstifts aufrecht erhielten¹³⁹. Auch unter Jakob von Baden gehörte er zum engeren Kreis der Räte¹⁴⁰.

Friedrich Zant von Merl erklärte 1480 in einem Revers, daß er auf zwei Jahre Diener Johanns von Baden geworden sei und daß er mit drei oder vier Pferden *in syner gnaden hoiffe syn sall*¹⁴¹. In Bernkastel verhandelte er im Auftrag des Erzbischofs mit Pfalzgraf Johann¹⁴² und war 1497 bei der Huldigung Boppards anwesend¹⁴³. Im Auftrag des erzstiftischen Lehngerichts war er nach Hohlenfels gereist, um dort eine Vorladung zu verkünden¹⁴⁴. Die relativ spärlichen Nachrichten zum Wirken der beiden Räte ermöglichen es nicht, die obige

---

130 HHStAW Abt. 339, Nr. 310 (1498 I 18, Ehrenbreitstein).
131 Vgl. oben zum Itinerar.
132 LHAK 1 C 1175, Bl. 30r.
133 Wie in den Ausführungen zur Finanzverwaltung gezeigt, bewegten sich die Aktivitäten des Küchenmeisters Kaspar von Miehlen genannt von Dieblich – von einzelnen besonderen Missionen abgesehen – stets im Rahmen des Itinerars Johanns von Baden. In seiner Ernennungsurkunde war er vom Erzbischof verpflichtet worden, *by uns stedigs zu hoiff mit dryen reisigen pferden uff unser selbs persone getruwelich zu warten*, LHAK 1 A 9103 (1501 X 28, Trier), GOERZ, S. 317.
134 StaK- 623- BMR 4097, S. 2 (1491 VI 1).
135 LHAK 1 A 9063 (1500 IX 24, Koblenz), GOERZ, S. 313. Ebendort bat er den Erzbischof am gleichen Tag, Goar von Mendig, Pfarrer in Monreal, die *primos fructus* dieser Kirche zu verleihen, LHAK 1 C 18, 1291 (1500 IX 24, Koblenz), GOERZ, S. 313.
136 StaK- 623- BMR 1683 (1501 IV 29).
137 StaK- 623- BMR 1685 (1502 IV).
138 LHAK 1 C 18, 1298 (1502 XII 13, Ehrenbreitstein), GOERZ, S. 320.
139 HHStAW Abt. 339, Nr. 311, Bl. 134–139 (1503 II 23).
140 LHAK 1 C 441, S. 5–13 (1503 VIII 14, Pfalzel).
141 LHAK 1 A 8657 (1480 VI 7). In dem Reiteraufgebot vom März 1494 wird er mit drei Pferden aufgeführt, LHAK 1 C 108, Bl. 72.
142 LHAK 1 C 16214, Bl. 141 (1494 XI 4, Bernkastel).
143 LHAK 701,4, Bl. 67r. (1497 VII 5, Boppard); LHAK 1 C 18, 1103 (1498 VI 30, Boppard), GOERZ, S. 305.
144 LHAK 1 B 1827 (1498 II 4).

Aussage eindeutig zu verifizieren, auch wenn sie sich – nach Ausweis der belegten Tätigkeit – vorwiegend in der Nähe des Erzbischofs aufhielten, wenn sie nicht eigens mit einer Mission betraut wurden. Dabei ist natürlich zu berücksichtigen, daß die »alltäglichen« Aufenthalte am Hof des Kurfürsten keinen Niederschlag in den Quellen fanden[145].

Ein gutes Beispiel für die Mobilität der weltlichen Räte und die häufig zu beobachtende Diskrepanz zwischen Wohnsitz und Hauptbetätigungsfeld ist Georg von der Leyen-Olbrück: Obwohl er intensive Kontakte mit der Stadt Koblenz unterhielt, wo er unter anderem Ritterbürgermeister war, und die Tätigkeit für den Kurfürsten auch seine häufige Anwesenheit am Zusammenfluß von Rhein und Mosel notwendig machte, hatte er seit etwa 1481 seinen ständigen Wohnsitz in Saffig, von wo seine Aktivitäten stets ihren Ausgang nahmen[146].

Demgegenüber waren die gelehrten Räte, die in der Regel über weniger bindenden Grundbesitz verfügten, stärker an den Platz der Herrschaftsausübung gebunden. Ihr Besitz ist in erheblich größerem Ausmaß auf die Räume Koblenz/Ehrenbreitstein und Trier/Pfalzel konzentriert, wie die Beispiele Dr. Ludwig Klinge, Bernhard Graf zu Solms und Dietrich vom Stein zeigen. Das gleiche gilt für die Offiziale und Sekretäre der Kanzlei.

Die zusammenfassende Betrachtung aller Personen, die während der Regierungszeit Johanns von Baden als Räte bezeichnet werden, ergab mehrere Charakteristika: Von den insgesamt 134 Räten besaß nur ein relativ begrenzter Teil realen Einfluß, der durch die Bündelung verschiedener Funktionen im Dienste des Landesherrn identifiziert werden kann. Einen derartigen Versuch erschöpfend zu unternehmen, entspricht jedoch nicht den Zielen der vorliegenden Arbeit und würde den vorgegebenen Rahmen bei weitem übersteigen. Zu einem späteren Zeitpunkt könnte dies aufgrund der bereits erfolgten Zusammenstellung der in Frage kommenden Personen mit Hilfe einer Funktionsanalyse geschehen.

Auch unter der Prämisse, daß eine genaue Zuordnung insbesondere der weltlichen Räte zu einem Ort kaum möglich ist, läßt sich bei der Besetzung des Rats durch Johann von Baden eine klare Präferenz für den landsässigen Adel konstatieren, die von den Landständen ebenso gefordert und um die Jahrhundertwende mit der Festschreibung des Indigenatsrechts auch durchgesetzt wurde. Ein engerer Kreis von etwa sechs bis zehn Räten führte die eigentlichen Geschäfte und setzte sich aus solchen Personen zusammen, die sich bereits in anderen Funktionen bewährt hatten.

Je nachdem, ob es sich um weltliche oder geistliche bzw. gelehrte Räte handelte, war das Rekrutierungsfeld unterschiedlich. Im ersteren Fall wurden häufig Amtleute an die Zentrale berufen, auch wenn ebenso der umgekehrte Weg des Wechsels vom Hofdienst zur Lokalverwaltung beschritten wurde, um den Räten eine zusätzliche finanzielle Versorgung zu verschaffen[147]. Im zweiten Fall wurde insbesondere auf die Offizialate und die erzbischöfliche Kanzlei zurückgegriffen. Darüber hinaus erscheinen immer wieder einige Personen im engeren Umfeld des Landesherrn, die sich in fremden Diensten bewährt hatten und die nun an den Erzbischof gebunden wurden. Bei standesmäßig hochstehenden Adligen wurde die

---

145 Vgl. MORAW, Beamtentum, S. 81: »Leider ist gewöhnlich nur derjenige greifbar, der mit der Außenwelt in Beziehung trat. Die Arbeit in der Zentrale wird zwangsläufig unterbewertet, da keine Ratsprotokolle vorhanden sind.«
146 Vgl. Anhang 2, Nr. 67.
147 Vgl. MORAW, Beamtentum, S. 74.

Ernennung zum Rat gerne als Mittel benutzt, um eventuell gegenläufigen oder zentrifugalen Tendenzen vorzubeugen. Diese können regelmäßig als Räte »von Haus aus« angesprochen werden, wie ohnehin der weitaus größere Teil der weltlichen Räte nicht ständig am Hof war, sondern nur im Bedarfsfall hinzugerufen wurde. Anders ist dies bei den Inhabern der Hofämter, die fast ausschließlich aus dem Kreis der Räte stammten und sich dort besonders hervorgetan hatten, so daß sie ein mit größerer Reputation verbundenes Hofamt erhielten. Um der ständischen Qualität der Inhaber gerecht zu werden, wurde am Ende des 15. Jahrunderts aus diesem Grunde das Amt des Landhofmeisters geschaffen.

Was die räumliche Zuordnung der Aktivitäten der Räte im Dienst des Erzbischofs anbelangt, so bewegten sich diese – soweit nachweisbar – im Umfeld des Erzbischofs. Auch wenn sie, mit Vollmachten des Landesherrn ausgerüstet, selbständig handelten, war der Kurfürst nur selten fern des Geschehens. Den Räten wurden darüber hinaus nur minderwichtige Missionen übertragen, die Entscheidungen von größerer Tragweite behielt sich Johann von Baden selbst vor. Hierin zeigt sich einmal mehr der noch immer geringe Grad delegierter Herrschaft gegenüber der vom Fürsten persönlich praktizierten Regierung seines Territoriums. »Der Rat konnte die Autorität des Herrschers nicht entbehren, so mächtig er in Wirklichkeit auch sein mochte«, wie P. Moraw feststellte[148]. Für unsere Fragestellung ist es von größter Bedeutung, daß die Räte schwerpunktmäßig aus dem östlichen Teil des Erzstifts stammten und dort auch ihren Besitz konzentrierten sowie ihr Hauptbetätigungsfeld hatten. Von Verhandlungen mit auswärtigen Territorialherren abgesehen, bewegten sich ihre Itinerare in den durch den Kurfürsten vorgezeichneten Bahnen, so daß erneut die Zentren Koblenz/Ehrenbreitstein und Trier/Pfalzel erkennbar werden. Das Schwergewicht liegt auch hier am Zusammenfluß von Rhein und Mosel.

---

148 Ebd., S. 79.

4. Gerichtsorganisation

Typisch für die mittelalterliche Rechtspflege weltlicher Sachen ist auch noch in der zweiten Hälfte des 15. Jahrhunderts das konkurrierende Nebeneinander von im Grunde zwei Arten von Gerichten: Zum einen die ordentliche Gerichtsbarkeit, auf der Reichsebene repräsentiert durch Reichshofgericht bzw. Reichskammergericht, dessen Funktionstüchtigkeit als Gradmesser der Zentralgewalt im Reich gelten kann[1]; zum anderen verschiedene Formen der freiwilligen Gerichtsbarkeit[2], die zu ersterer immer wieder in Konkurrenz traten. Die institutionelle Verfestigung der gerichtlichen Verfahren ist in hohem Maße als Indikator für die Ausprägung einer Zentralgewalt und -verwaltung zu werten. Damit können von der zunehmenden Ortsfestigkeit, insbesondere der ordentlichen Gerichte auf territorialer Ebene, Rückschlüsse auf den Platz der Herrschaftsausübung und damit – in unserem Zusammenhang – auf die Herrschaftsmittelpunkte des Erzstifts Trier gezogen werden. Es ist also danach zu fragen, ob und wo territoriale Gerichte ihren ständigen Sitz hatten. Darüber hinaus muß aber auch nach den Plätzen gefragt werden, an denen Akte der freiwilligen Gerichtsbarkeit stattfanden, und ob diese mit dem Standort der ordentlichen Gerichte korrelieren.

Im Erzstift Trier als geistlicher Landesherrschaft stellt sich zudem die Frage nach der Konkurrenz von geistlicher und weltlicher Gerichtsbarkeit. In unserem Zusammenhang können derartige Probleme weitgehend unberücksichtigt bleiben[3], zumal der Standort der Offizialate seit dem 14. Jahrhundert unverändert in den Städten Trier und Koblenz blieb[4].

Bereits seinen ersten Aufenthalt bei Kaiser Friedrich III. in Wien im Juni 1458 nutzte Johann von Baden, um von diesem verschiedene Mandate bezüglich der erzbischöflichen Gerichtsbarkeit zu erwirken. Sie nahmen sämtlich auf die in der Goldenen Bulle verbrieften Rechte des »privilegium de non evocando« und des »privilegium de non appellando«[5] Bezug und waren zur Stärkung der landesherrlichen Position geeignet. Unmittelbar gegen die

---

1 Vgl. PRESS, Reichskammergericht, S. 11; SEYBOTH, Kaiser, König, Stände und Städte im Ringen um das Reichskammergericht 1486–1495, in: DIESTELKAMP, Reichskammergericht, S. 5–23. Ebd., S. 6, Anm. 2–4, auch die neuere Literatur zum Reichskammergericht.
2 Hierzu immer noch grundlegend MOST, Schiedsgericht.
3 Der sich über Jahre hinziehende Fall der Irmgard von Hunolstein, Witwe Johanns von Winneburg-Beilstein, belegt die Konkurrenz zwischen geistlicher Gerichtsbarkeit und weltlichen Gerichten. Da Irmgard sich durch ihren Sohn Kuno von Winneburg-Beilstein um ihr Erbe betrogen fühlte, appellierte sie an den Erzbischof, in dieser Sache das geistliche Recht gebrauchen zu dürfen, das allen Witwen zustehe, die sich gegen Gewalt zu wehren hätten: LHAK 1 C 16213, Bl. 61 (1476 IX 2); ebd., Bl. 62 (1476 IX 28); LHAK 1 A 8661 (1480 VI 19); LHAK 1 C 16213, Bl. 89 (1481 VII 2); ebd., Bl. 90 (1481 XI 12). Die neu ernannten Schöffen der kurtrierischen Städte versprachen in ihren Reversen, in einer immer wiederkehrenden Formulierung, die geistlichen Gerichte des Erzbischofs zu achten. Der Koblenzer Offizial exkommunizierte einen Mann, weil er Stiftsherren von weltlichen Richtern verfolgen ließ, STRUCK, Bd. 1, Nr. 1098 (1456 [um XI 11]). Zur Konkurrenz von Trierer Schöffengericht und Offizialat vgl. LHAK 1 C 736, S. 207f. (1495 XII 14), RUDOLF, Quellen, Nr. 179.
4 Vgl. oben zur geistlichen Verwaltung. 1485 wurden *unsers geistlichen gerichts zu Covelentz ijtzt ghen Monstermeynfelt transferirt termyne und ladeampte von Limpurg und Montabuer* an Johann Salice verliehen, LHAK 1 C 18, 671 (1483 V 24, Pfalzel), GOERZ, S. 256.
5 Vgl. die entsprechenden Artikel in HRG, Bd, 3, Sp. 2011f.

Ladungen der westfälischen Freistühle⁶ richtete sich das Vorrecht, daß keine erzstiftischen Untertanen vor die westfälischen Gerichte geladen werden durften und deren Urteile im Erzstift Trier keine Wirkung haben sollten⁷. Trotz dieses kaiserlichen Verbots sah sich der Erzbischof noch 1489 gezwungen, einen eigenen Befehl an seine Untertanen zu erlassen, die westfälischen Gerichte nicht anzurufen oder deren Ladungen Folge zu leisten⁸. Ebenso protestierte Johann von Baden bei dem kaiserlichen Hofgericht – unter Hinweis auf die Privilegien der Goldenen Bulle – gegen Ladungen an seine Untertanen vor das Gericht⁹. In eine ähnliche Richtung zielte das dem Trierer Erzbischof vom Papst verliehene Recht, daß geistliche Sachen seiner Untertanen nur vor seinen Offizialaten verhandelt werden sollten und nicht vor Gerichte außerhalb der Diözese gezogen werden dürfen¹⁰. Zu größerer Rechtssicherheit für die Untertanen mußte das dem Badener verliehene Privileg führen, daß sämtliche Untertanen gegen Urteile der weltlichen Gerichte des Erzstifts in berechtigten Fällen an den Erzbischof appellieren durften. Die Entscheidung über die Annahme der Appellation lag jedoch beim Erzbischof selbst¹¹. Zur Bewältigung dieser Aufgabe errichtete Johann von Baden ein Hofgericht, bestehend aus ihm selbst und seinen Räten, dem zugleich die Kompetenz zukommen sollte, die erzbischöflichen Untertanen vorzuladen und in Streitfällen zu entscheiden. Hierzu erteilte der Kaiser seine Genehmigung¹².

6 A. K. HÖMBERG, Die Entstehung der westfälischen Freigrafschaften als Problem der mittelalterlichen deutschen Verfassungsgeschichte, Münster 1953, vgl. den Artikel »Feme« im LexMA, Bd. 4, Sp. 346–349.
7 LHAK 1 A 8376 (1458 VI 5), HONTHEIM, Bd. 2, Nr. 840. Zu Ladungen Koblenzer Bürger vor die westfälischen Gerichte vgl. MICHEL, Koblenz, S. 244 f.
8 LHAK 1 A 8821 (1489 II 3, Ehrenbreitstein), GOERZ, S. 271. Ein ähnliches Verbot war bereits 1472 an die Ämter des Erzstifts ergangen, LHAK 1 C 108, Bl. 92r-93r.
9 LHAK 1 C 108, Bl. 94r-95v (1472 V 5, Ehrenbreitstein), GOERZ, S. 235. Eine entsprechende Anweisung erging an die erzstiftischen Ämter, LHAK 1 C 108, Bl. 91. Dennoch lud Graf Alwig von Sulz 1489 die Stadt Koblenz vor das Rottweiler Gericht, StaK- 623- Nr. 422 (1489 I 8). Hiergegen suchte die Stadt Schutz bei Johann von Baden, wie die Einträge in der Bürgermeistereirechnung *von der abeheisung von Roitwil*, belegen, StaK- 623- BMR 4094, S. 3; StaK- 623- BMR 1674 (1489 X).
10 LHAK 1 A 8394 (1459 VII 14, Mantua); vgl. SCHMIDT, Nr. 2084 (1459 VII 14, Mantua).
11 [...], *das hinfur alle und yegliche des stifftes von Trier undertane, die da vermaynen, das sy an den werntlichen gerichten in demselben stiffte gelegen, es sey in stetten, merckten oder dorffern, die demselben stiffte von aigenschaft zugehorn oder in desselben stiffts hoegerichten gelegen sind, beswert sein oder werden, sich an denselben unsern neven und kurfursten als einen ertzbischove zu Trier ine mittel beruffen oder appellirn und sich da ires rechten erholn und bekomen mogen; doch auf das dadurch niemant ursache gegeben werde, die sache mit unredlichen beruffungen oder appelatien zu verzieben, so geben wir hiemit demselben unserm neven und kurfursten, seinen nachkomen und stiffte gewalt und macht, ein zymliche pene darauf zu setzen, nemlich mit irn aiden zu behalten, daz sy das nit umb geverlichs verzugs, sunder umb pessers rechtens willen tun*, LHAK 1 A 8375 (1458 VI 5), vgl. den leicht veränderten Abdruck bei HONTHEIM, Bd. 2, Nr. 841; SCOTTI, Bd. 1, Nr. 27.
12 In der entsprechenden Urkunde erklärte Friedrich III., daß Johann von Baden *yetzunt furgenomen hat, nach sein und seines stifftes alten privilegien und freiheitten sage und lautte, sein hoffgerichte auszerichten und damit seinen undertanen vor im und seinen reten rechte widerfarn und gedeyhen zu lassen; daz wir demselben unserm neven und kurfursten gnediclich gegunnet und verlihen haben, gunnen und verleihen wir romischer keyserlicher machtvolkomenheitt in crafft diß briefs, ob er, seine nachkomen und stiffte von Trier mit einichen irn undertanen, in was states, wirden oder wesen die weren, icht zu tun hetten oder zu tun gewonnen, das sy dann dieselben undertane fur sich und dasselbe sein hofgerichte heischen und fordern und dann die sachen nach erkenntnuß ires richters, den sy ye tzu tzeiten darumb setzen werden und irer rete, die darumb zu rechte sitzen, austragen mügen als recht ist*, LHAK 1 A 8373 (1458 VI 5), vgl. den leicht veränderten Abdruck bei HONTHEIM, Bd. 2, Nr. 842; SCOTTI, Bd. 1, Nr. 28.

Von daher richtet sich der Blick zunächst auf das Hofgericht als oberster Appellationsinstanz innerhalb des Erzstifts, das somit als wichtiger Indikator für die Identifizierung von Herrschaftsmittelpunkten gelten kann. Die eigenwillige, für mittelalterliche Territorien durchaus typische Konstruktion[13], daß der Landesherr in dem Gericht den Vorsitz führen, sich aber ebensogut davon zurückziehen und die Ausführung des Rechts seinen Räten überlassen konnte, ist ein hervorragendes Beispiel für das Nebeneinander personalisierter Herrschaft und beginnender Delegation von Herrschaft[14]. In leicht veränderter Form blieb das Hofgericht bis zum Ende des Kurstaates bestehen[15].

Um den bevorzugten Tagungsort dieses Gerichts zu identifizieren, ist es notwendig, solche Urteile – häufig werden wir nur durch diese abschließenden Dokumente über vorausgegangene Verhandlungen informiert – zu betrachten, die entweder vom Kurfürsten selbst unter Mitwirkung seiner Räte oder von diesen allein, im besten Fall in der explizit ausgedrückten Funktion von Hofrichtern, gefällt wurden. Da das althergebrachte Schiedsverfahren in einer Zeit schwach ausgeprägter Verfahrensnormen mitunter nur schwer von einer Hofgerichtsverhandlung zu unterscheiden ist, sollen zunächst nur ausdrücklich als solche bezeichnete Sitzungen des Hofgerichts untersucht werden.

Ein Beispiel zeigt die Schwierigkeiten bei der Abgrenzung von Schiedsgerichtsverfahren und ordentlichem Gericht: In hohem Maße formalisiert waren die Reverse, die bei Dienstbestallungen dem Erzbischof ausgestellt wurden. Eine immer wiederkehrende Bestimmung bezog sich auf den Fall, wenn dem Diener – und dies konnten durchaus auch hochgestellte Persönlichkeiten von Adel sein, die für einen begrenzten Zeitraum dem Kurfürsten ihre Dienste zur Verfügung stellten – in einer Fehde Pferde verlorengingen oder er sonstigen »reisigen« Schaden erleiden sollte. Das Ausmaß der Schädigung war regelmäßig von zwei[16] Räten

---

13 So etwa in Kurköln, vgl. Penning, Zentralbehörden, S. 19f.
14 Einen Hinweis hierauf bietet ein Schreiben Heinrichs Vogt zu Hunolstein an Johann von Baden, worin er den Erzbischof bat, eine näher bezeichnete Sache selbst zu prüfen oder, falls er sich am Rhein aufhalte, zu delegieren, LHAK 1 C 16213, Bl. 6 (1460 VIII 17).
15 HAXEL, Verfassung, S. 74–76.
16 Ausnahmen bildeten Bernhard Graf zu Solms, Trierer Domherr, dem für 1000 Gulden Schloß und Stadt Kyllburg verpfändet wurden, und der in Kriegen des Erzstifts auf eigene Kosten helfen und dienen sollte. Verlorene Hengste und Pferde sollten ihm und seinen Dienern ersetzt werden, *uff spraiche dryer uß unserm raide, der wir eynen und sie zwene darzu kiesen und benenen sullen*, die binnen drei Tagen und sechs Wochen, nachdem Solms den Schaden gemeldet hat, entscheiden sollten, LHAK 1 A 2210 (1470 III 22), GOERZ, S. 232. Als er Amtmann zu Limburg, Molsberg und Brechen wurde, ist die Rede von den üblichen zwei Räten, HHStAW Abt. 115, Nr. 220 (1484 VI 21, Ehrenbreitstein). Im Falle Graf Philipps von Virneburg sollten je zwei *unser beider gekorner frunde* entscheiden, LHAK 1 A 8543 (1472 IV 13), GOERZ, S. 235. In einer erneuten Bestallung des Grafen ist die Rede von vier Männern aus dem Rat des Erzbischofs, von denen jede Seite je zwei bestimmen sollte, LHAK 1 A 8569 (1474 XI 25), GOERZ, S. 240. Bei Graf Georg von Virneburg hingegen sollten die üblichen zwei Räte entscheiden, STAW Abt. Löwenstein-Wertheim-Freudenberg Virneburger Urkunden I/13 (1480 V 29, Ehrenbreitstein); ebd. I/14 (1484 II 17, Trier); LHAK 1 A 8844 (1489 XI 17, Ehrenbreitstein), GOERZ, S. 274. Bei Verlusten des zum Hauptmann des trierischen Kontingents für den kaiserlichen Zug in die Niederlande ernannten Simon Wecker, Graf zu Zweibrücken-Bitsch, sollten vier erzbischöfliche Räte nach dem bekannten Modus entscheiden, LHAK 1 A 8767 (1488 IV 28, Ehrenbreitstein), GOERZ, S. 267. Als Heinrich Graf zu Nassau-Beilstein zum obersten Hauptmann in der Beilsteiner Fehde ernannt wurde, sollte Schaden *nach spraiche dryer uß unserm raide und ritterschafft, der wir eynen und unser neve zwene darzu kiesen sullen*, ersetzt werden, HHStAW Abt. 170 U 2022 (1488 VIII 14, Koblenz). Die gleiche

des Erzbischofs zu taxieren. Einer der Räte sollte vom Landesherrn selbst, der andere von dem geschädigten Diener benannt werden[17]. Diese konnten offenbar völlig selbständig über die zu ersetzenden Summen entscheiden. Dennoch wird man dieses Verfahren wohl kaum als Gerichtsverhandlung bezeichnen – durch die Anwesenheit der Räte könnte sogar an das Hofgericht gedacht werden –, sondern als in hohem Grade formalisierte Form[18] des Schiedsgerichtsverfahrens. Über den Ort und den Ablauf derartiger Taxierungen sind wir kaum informiert.

Demgegenüber können einige überlieferte Prozesse eindeutig dem Hofgericht zugeordnet und auch lokalisiert werden. Die unscharfe Trennung zwischen vom Erzbischof ausgeübter und delegierter Gerichtsbarkeit zeigt die Mitteilung Johanns von Baden an das Schöffengericht Montabaur bezüglich eines Streites zwischen Friedrich von Runkel und Ludwig von Ottenstein, der *vur uns ader unsm hoiffgerychte* entschieden werden sollte[19].

Am 22. Dezember 1459 fällte *Johann herre zu Eltz, hoiffmeister etc. und hoiffrichter, von dem hochwirdigen fursten und herren, hern Johann erwelter und bestetigter zu Trier etc., in dieser nachgeschriebener sache in sunderheit gesatzt*, höchstwahrscheinlich in Koblenz[20], *mitsampt des obgenannten myn gnedigen herrn reten, die das hoffgericht uff hute besaesßen, das*

Konstellation war für den Hofmeister, Rat und Diener Wirich von Daun-Falkenstein-Oberstein vorgesehen, dem die Kosten einen Monat nach Abschluß der Taxierung ersetzt werden sollten, LHAK 1 A 8902 (1492 IX 20). Als sich Pfalzgraf Philipp 1497 zur Hilfe gegen die aufrührerische Stadt Boppard bereit fand, wurde u. a. bestimmt, reisiger Schaden sei ihm zu ersetzen *uff spraiche syner liebden und unsere rete, die wir beydersyts inn glicher zale darzu geben werden*, LHAK 1 A 8987f. (1497 V 23), GOERZ, S. 301. Bei den fünf von Johann von Baden am 25. Dezember 1501 neu ernannten Räten findet sich der Zusatz, *das solchs bynnen zweyn monadten ußgetragen werde*, LHAK 1 A 9105–9108 (1501 XII 25, Trier); LHAK 1 C 18, 1221, GOERZ, S. 317, vgl. LAMPRECHT, Bd. 3, Nr. 277. Eine bezeichnende Abweichung, die mitunter auftaucht und als Beleg für eventuelle Verhandlungen über den Inhalt der Reverse gelten kann, ist die Formulierung, die erstmals in der Urkunde Ludwigs von Glinde erscheint, dem Harnisch und Pferde ersetzt werden sollten, *zu bescheidenheyt, als dann siner gnaden marschalck und rottmeister ungeverlich bedunncken wirdet, das sie wert gewest sin*, LHAK 1 C 18, 110 (1457 XII 22).

17 Da die Bestimmung in sämtlichen Reversen enthalten ist, wird auf den Einzelnachweis verzichtet, vgl. aber die gedruckten Belege bei LAMPRECHT, Bd. 3, Nr. 244 (1464 III 26, Ehrenbreitstein), Nr. 268 (1495 I 3, Ehrenbreitstein). In dem Revers Damians von Lieder, der für zwei Jahre zum Diener bestellt wurde, wird das Verfahren genau beschrieben: *und ob eynich irrunge sich darumb begebe, so sal syn gnade eynen und ich eynen uß syner ruterschafft darzu kiesen und geben, dieselben zwene sollen den schaden achten und eynen vertrag darinn machen und iren spruche daruber ungeverlich anstunt tun*, LHAK 1 A 8795 (1488 VIII 29). Die gleiche Beschreibung des Verfahrens findet sich bei Philipp von Urf und Eitel von Liebenstein, LHAK 1 A 8796 (1488 VIII 29), sowie Philipp von Hune und Albrecht von Trarbach, LHAK 1 A 8807 (1488 VIII 29).
18 Wie weit die Formalisierung gediehen war, beweist ein bezeichnender Fehler in dem Revers Ulrichs von Metzenhausen als Amtmann zu Pfalzel. In der von ihm ausgestellten Urkunde ist die Rede von zweien *uß unserem raide*, obwohl sicher der Rat des Erzbischofs gemeint war. Folglich wurde beim Schreiben des Revers irrtümlich die Formulierung aus der Urkunde des Kurfürsten übernommen, LHAK 1 A 3018 (1471 I 21).
19 LHAK 1 C 13206, S. 7 (1459 II 9, Ehrenbreitstein), GOERZ, S. 208; LHAK 1 C 13206, S. 9 (1459 II 14, Koblenz), GOERZ, S. 208.
20 Am 15. Dezember besiegelte Eltz einen auf Ehrenbreitstein ausgestellten Lehnsrevers Jakobs von Kirn, LHAK 1 C 18, 2. Am 17. des Monats versicherte ihm Gerhard Graf zu Sayn, vor Johann von Baden zu einem Gerichtstag in Koblenz zu erscheinen, LHAK 1 C 13211, S. 83f. (1459 XII 17).

Urteil in einer Streitsache zwischen Johann von Straßbach und der Gemeinde Osann wegen ausstehender Schatzungszahlungen. Die Urkunde ist mit dem erzbischöflichen Sekret besiegelt[21]. Der Kurfürst hielt sich zur gleichen Zeit auf dem Ehrenbreitstein auf. Wilhelm Hombrecht von Schönburg berief sich 1460 auf ein Urteil, das *zu andern zyden vor uwern furstlichen gnaden hoeffgericht zu Covelentz* gefällt wurde, und appellierte in der gleichen Sache, da das Urteil von seinen Prozeßgegnern nicht befolgt wurde, an den Erzbischof[22]. Anfang des folgenden Jahres hielt sich eine Trierer Ratsbotschaft, die *hie waren vur dem hovegerecht*, in Koblenz auf[23]. Der Tagungsort des Hofgerichts unter Vorsitz des Marschalls und Hofrichters Hermann Boos von Waldeck, das 1480 zwischen den Bernkasteler Bürgern Nikolaus Klüppel und Johann von Hunolstein entschied,[24] ist nicht zu ermitteln. Nachdem Johann von Baden in einem Streit der Vögte und Herren zu Hunolstein, Heinrich und Friedrich, mit Rudolf Beyer bereits in Cochem und Koblenz Entscheidungen getroffen hatte[25], lud der Erzbischof die Parteien einige Monate später erneut vor sein Hofgericht in Koblenz[26]. Der Landdrost des Erzstifts Köln in Westfalen verfügte über genügend Sachkenntnis, um 1485 eine Streitsache Trierer Bürger an *uwer furstlicher gnadenn hoiffgericht zcu Covelentz* zu verweisen[27], was bereits auf einen relativ hohen Grad der Verfestigung dieser Institution in der Stadt an Rhein und Mosel schließen läßt. Der Trierer Rentmeister vermerkte im gleichen Jahr Ausgaben für Johann Sadeler, *als er zu Covelentz zum hovegericht getzogen ist, antreffen die corpers, vur tzerunge, vur loen, vur ortelsbrieve*[28]. In den Differenzen zwischen Nikolaus Vogt zu Hunolstein und dem Abt Otto von St. Maximin wurde von Johann von Baden ein *tag in unser stat Covelentz vur unsere hoffrichter und rete* anberaumt[29]. Allerdings konnten sich die Parteien schon vorher außergerichtlich einigen[30]. Eine Vollmacht der Stadt Trier für ihren Prokurator Johann Neumann nennt die möglicherweise offizielle, jedenfalls umfangreiche Titulatur, *den edeln, wirdigen und hochwisen hoiffrichter, rethen und hoiffgericht unsers gnedigsten hern von Trier etc.*[31] Wie weit der Ermessensspielraum des Kurfür-

---

21 LHAK 1 A 3120 (1459 XII 22).
22 LHAK 1 C 16213, Bl. 7 (1460 IX 14).
23 StaK- 623- BMR 1653, Bl. 11r (1461 III 4). Es dürfte sich hierbei um den *burgermeister und anderen der stede frunde* handeln, die im März *gein Cobelentz fueren zu dem perlament gegent Johan Kisten*, STAT RMR 1460/1, fo. 7r.
24 TOEPFER, Bd. 2, Nr. 471 (1480 VI 3).
25 LHAK 1 C 16213, Bl. 88 (1481 XI 11).
26 Ebd., Bl. 91 (1482 II 23).
27 LHAK 1 C 736, S. 165f. (1485 II 7).
28 STAT RMR 1484/5, fo. 42r (1485 IX 19). Einen Monat später war Sadeler erneut *zu Covelentz zu dem gerechte antreffen die corpers*, STAT RMR 1485/6, fo. 16v (1485 X 16).
29 LHAK 1 C 16213, Bl. 102 (1486 VIII 16, Daun), Bl. 103 (1486 VIII 29).
30 Der Gerichtstermin sollte am Mittwoch nach Exaltatio crucis (IX 20) stattfinden, doch bereits am 14. September wurde eine Einigung von beiden Parteien besiegelt und eine erneute Verhandlung terminiert, bei der der kurtrierische Hofmeister Hermann Boos von Waldeck eventuell als Obmann hinzugezogen werden sollte, LHAK 1 C 16213, Bl. 104 (1486 IX 14). Nach dem Heimfall der Herrschaft Hunolstein behielt sich Johann von Baden die endgültige Entscheidung in der Sache selbst vor, LHAK 1 C 16213, Bl. 114 (1487 II 6).
31 LHAK 1 C 736, S. 185 (1487 VI 15). In der gleichen Angelegenheit mit Melchior Mulner verhandelte im Jahr darauf Johann Sadeler *zu Covelentz [...] ym hoiffegericht*, STAT RMR 1487/8, fo. 23r (1488 VI 7). Einmal ging der Trierer Lauermeister nach Koblenz *zum hoiffgedinge beruren Johann Munster*, STAT RMR 1488/9, fo. 23r.

sten hinsichtlich der Zusammensetzung des Hofgerichts ging, belegt die Klage eines Mayener Bürgers wegen Gütern im Kottenheimer Gericht: In einem Schreiben an den Grafen Philipp von Virneburg bot er an, die Sache selbst zu verhandeln oder aber an *unser hoiffrichter und rethe* unter Beteiligung virneburgischer Leute zu verweisen[32]. Das Zusammenspiel von schiedsrichterlicher Schlichtung und erzbischöflichem Hofgericht zeigt eine Entscheidung Wirichs von Daun-Falkenstein-Oberstein zwischen Erzbischof Johann von Trier und Simon Boos von Waldeck sowie dessen Helfern. Für den Fall, daß sich weitere Unstimmigkeiten ergäben, sollten diese vor den erzbischöflichen Hofrichtern und Räten verhandelt werden[33].

Die von O. Brunner im Hinblick auf die Konkurrenz von kaiserlichem Hofgericht und Landgerichten getroffene Feststellung: »Nun präjudiziert aber die Wahl des Gerichts bereits die Sache«[34], ist ebenso im Bereich der landesherrlichen Gerichtsbarkeit anwendbar, wie der Fall der Erbberechtigten der Herrschaft Burgbrohl, Johann und Ulrich von Eltz, Paul Boos von Waldeck, Georg von der Leyen, Dietrich von Braunsberg und des Rentmeisters Bartholomäus Glockner, zeigt: Diese boten dem Erzbischof an, ihre Auseinandersetzungen mit Kuno von Winneburg-Beilstein *an uwer genaiden hobegerichte* entscheiden zu lassen[35]. Da alle genannten, außer Kuno, dem engeren Kreis der Räte zuzurechnen sind, die naturgemäß das Hofgericht besetzten, waren – wenn auch auszuschließen ist, daß in diesem Fall die Beteiligten selbst als Richter auftraten – dadurch die Chancen für eine Entscheidung in ihrem Sinne sicherlich günstig. Entschieden wurde die Sache einige Jahre später durch ein Gericht unter Vorsitz des Kurfürsten[36].

Die sich seit 1488 hinziehende Klage der Apollonia Windmacher von Ulmen gegen die Stadt Koblenz, die zunächst beim Rottweiler Hofgericht geführt wurde[37], wogegen sich die beklagte Stadt mit Hilfe des Erzbischofs erfolgreich zur Wehr setzte[38], wurde schließlich von Hofrichter und Räten des Kurfürsten abgewiesen; das Urteil ist in Koblenz ausgestellt und wiederum mit dem erzbischöflichen Sekret besiegelt[39].

Als sich Johann von Baden 1490 über längere Zeit hinweg in Trier beziehungsweise Pfalzel aufhielt, fällte er dort *eyns mit unsern hoiffrichter und reten*, nachdem er *die dinge mit flysse gehort und verstanden* hatte, ein Urteil in der Klage Hans Hesses gegen die Stadt Koblenz[40].

Der Instanzenzug innerhalb des Erzstifts wird aus einer Klage des Koblenzer Bürgers Johann von Weinheim gegen Bernhard von Schauenburg klar, der gegen ein Urteil des

---

32 LHAK 34, 803, S. 23f. (1488 VIII 4, Ehrenbreitstein), GOERZ, S. 269.
33 LHAK 1 C 18, 871 (1489 IX 25).
34 BRUNNER, Land und Herrschaft, S. 50, vgl. MOST, Schiedsgericht, S. 118.
35 LHAK 1 C 16213, Bl. 148 (1490 I 19).
36 Vgl. unten.
37 Vgl. die entsprechenden Ladungen des Rottweiler Hofgerichts, StaK- 623-, Nr. 420 (1488 X 9), 422 (1489 I 8), 424 (1489 VIII 20).
38 StaK- 623- BMR 4094, S. 3 (1489 I); StaK- 623- BMR 1674 (1489 IX).
39 StaK- 623-, Nr. 427 (1490 III 6, Koblenz). Für die Ausfertigung der Urkunde zahlte die Stadt vier Mark und zwei Pfennige in die erzbischöfliche Kanzlei, StaK- 623- BMR 4095, S. 5 (1490 III 10).
40 LHAK 1 A 1301 (1490 IX 10, Trier), GOERZ, S. 276. Diese Urkunde trägt ebenfalls das erzbischöfliche Sekretsiegel.

Koblenzer Schöffengerichts an den *hoiffrichter und die rete* des Erzbischofs appellierte. Nach Einholung zahlreicher Zeugenaussagen, die vor dem Koblenzer Offizial gemacht wurden, entschied das Hofgericht gegen den Kläger, der zudem die *gerichtskosten* des Beklagten tragen mußte. Die Urkunde trägt das Siegel Johanns von Baden und in der Datumszeile heißt es: *geben zu Covelentz*[41]. Über eine entsprechende Berufung gegen ein Urteil des Gerichts in Stremich an das Hofgericht unterrichtete Burkhard von Reischach, Amtmann zu Trarbach, den Erzbischof mit der Bitte, die Sache nach altem Herkommen zu behandeln[42]. Den Anspruch des Hofgerichts als Oberhof für das Erzstift formulierte Johann von Baden 1492 in einem Schreiben an den Limburger Amtmann Bernhard Graf zu Solms, nachdem einige Limburger Bürger gegen ein Urteil des dortigen Gerichts nach Frankfurt appelliert hatten: Wer vom Limburger Schöffengericht appellieren wolle, möge sich vor *unsern hoiffrichter und reten rechtfertigen laissen*[43]. Wegen Mißachtung des Hofgerichts wurde Marsilius von der Arken sogar inhaftiert[44].

Auch kleinere Differenzen, wie die zwischen Peter Jost von Kettig und dem Andernacher Bürger Sifard Fandis, konnten *vur dem obg. mynem gnedigsten herren ader syner gnaden hoiffrichter und rethen* verhandelt werden[45]. Dies zeigt auch ein in Koblenz gefälltes Urteil von Hofrichter und Räten in den Auseinandersetzungen zwischen Dietrich Wenz von Niederlahnstein und den Brüdern Marsilius und Eberhard von der Arken, das Besitzungen in Fachbach, Nievern und Miehlen[46], also größere Streitwerte betraf.

In den 80er Jahren des 15. Jahrhunderts läßt sich die Tendenz beobachten, daß außergerichtliche Schiedsverfahren für den Fall, daß sich die Parteien nicht einigen konnten, zur endgültigen Entscheidung vor das Hofgericht getragen wurden. Ein gutes Beispiel ist eine hier nicht in ihren Einzelheiten interessierende Auseinandersetzung zwischen Johannette von Miehlen genannt von Dieblich sowie Wilhelm und Philipp von der Leyen, die zunächst vor dem Koblenzer Offizial verhandelt wurde[47]. Die sich anschließenden Bemühungen um einen Vergleich schlugen offenbar fehl. Dank der aus der Hand Peter Maiers von Regensburg stammenden umfangreichen Prozeßakte[48] können wir den weiteren Verlauf sehr gut verfolgen: *Diss hernachgeschrieben ist der richtlich handel, der sich inn crafft eyns vertedingten anlaiss vur unserm gnedigsten herren von Trier begeben hait zuschen den vesten Wilhelm und Philipsen von der Leyen eyns und der ersamen frauwen Johannet von Mielen genant von Dievelich wittwen anderntails uff die vertagünge des mitwochs nach sand Georgentage zu tagzit anno etc. XCIII⁰ zcu Coblentz im duytschen huiss.* Allerdings wurde die Sache an diesem Tag (24. April 1493) nicht vom Erzbischof allein verhandelt, sondern zu seiner Seite hatte er

---

41 LHAK 1 A 1297 (1491 IV 13, Koblenz).
42 LHAK 1 C 588, S. 7f. (1491 XI 13).
43 LHAK 1 C 108, Bl. 112 (1492 VII 24, Ehrenbreitstein), GOERZ, S. 282.
44 LHAK 1 A 1291 (1492 VIII 11).
45 LHAK 1 A 8891 (1492 II 29).
46 LHAK 1 C 18, 980 (1492 VIII 20).
47 LHAK 1 C 18962 (1489 XI 6). Die Verhandlungen fanden statt *ad capellam sancti Martini annexam ecclesie sancti Florini Confluentini nostri tribunalis locum solite.*
48 Ebd., die Akte ist nicht paginiert.

zehn seiner wichtigsten Räte als Beisitzer⁴⁹. Auffällig ist die Parität geistlicher und weltlicher Beisitzer, die wohl darauf zurückzuführen ist, daß die Sache ursprünglich vor dem Offizialat verhandelt wurde und Witwen – wie im Falle Irmgards von Hunolstein – ihr Recht eher bei geistlichen Gerichten suchten. Die endgültige Entscheidung fällten jedoch neun Räte des Erzbischofs, von denen lediglich zwei den gelehrten Räten zuzurechnen sind⁵⁰, am 11. Juni des Jahres wiederum in Koblenz. Nachdem die höchste zur Verfügung stehende Autorität in Person des Erzbischofs, unterstützt von sehr hohen geistlichen Würdenträgern und wichtigen weltlichen Räten, über die grundsätzliche Annahme des Verfahrens beraten hatte und somit die Weichen für eine Entscheidung gestellt waren, konnte das abschließende Urteil allein von den Räten gesprochen werden, die nun über ausreichende, direkt vom Landesherrn abgeleitete Autorität verfügten⁵¹.

Kurz darauf wurde nochmals das Problem der Akzeptanz des Hofgerichts als oberster Appellationsinstanz für erzstiftische Untertanen erkennbar: *Maigheintze* von St. Aldegund hatte sich in einer Erbauseinandersetzung der Gerichtsbarkeit des Erzbischofs unterworfen. Nachdem er *die sache durch syner furstlicher gnaden hoiffrichters und der rete rechtsproche verloeren hait*, weigerte er sich, das Urteil anzuerkennen und wurde daraufhin inhaftiert. Zudem hatte er versucht, an kaiserliche Kommissare in Köln zu appellieren, weshalb er bei seiner Freilassung versichern mußte, in Zukunft sein Recht ausschließlich an den geistlichen und weltlichen Gerichten des Erzstifts zu suchen⁵². Eine Münz- und Gerichtsordnung für die Einwohner von Wellmich regelte den Instanzenzug vom dortigen Schöffengericht: Oberhof sollten die Schöffen von Niederlahnstein sein *und soe eynche parthy durch urtheill ader sunst beswert wurde, mag dieselb sich an unsern g. h. ader das hoiffgericht nach werntlicher recht ordnung und guter gewoinheit beroiffen und appellieren*⁵³. Über die Form einer solchen Appellation werden wir durch ein Notariatsinstrument des gleichen Jahres informiert. Dieses besagt, vor dem Notar sei Andreas von Saxler persönlich erschienen und habe gegen ein Urteil von Schultheiß und Schöffen zu Gillenfeld an Erzbischof Johann, seinen Hofrichter und seine Räte appelliert⁵⁴. Dort konnte sich eine Partei auch vertreten lassen, wie aus einer Vollmacht der Stadt Trier erkennbar wird, die diese naturgemäß zwei Ratsherren, Matthias

---

49 Genannt werden der Dompropst Bernhard Graf zu Solms, Reinhard Graf zu Leiningen-Westerburg, der Trierer Archidiakon Dietrich vom Stein, der Domkantor Damian von Helmstadt, Kanzler Dr. Ludolf von Enschringen, der Koblenzer Offizial Richard Gramann von Nickenich, Michael Waldecker von Kaimt, Amtmann im Hamm, und Kaspar von Miehlen genannt von Dieblich, Küchenmeister.
50 Hofrichter war Heinrich von Sötern d. J., Beisitzer waren der Kanzler, Dr. Otto von Breitbach, Nikolaus von Esch, Johann von Helfenstein d. J., Johann von Helfenstein-Sporkenburg, Dietrich von Staffel sowie die bereits genannten Michael Waldecker und der Küchenmeister.
51 Der umgekehrte Fall liegt im Streit zwischen Friedrich vom Hahn und den Gemeinden Buschfeld und Bardenbach vor, der zunächst vor dem Hofgericht verhandelt, dann aber von Johann von Baden selbst entschieden wurde, LHAK 1 C 17, 1738 (1497 VIII, Boppard), LAMPRECHT, Bd. 3, Nr. 270.
52 LHAK 1 A 8919 (1493 VII 17). Ein Rückvermerk der Urkunde von der Hand Peter Maiers besagt, daß deren Inhalt am gleichen Tag um vier Uhr nachmittags in St. Aldegund seinen Verwandten vorgelesen wurde und ebenso um sieben Uhr in Zell im Hamm.
53 LHAK 1 A 1217 (1493 IX 9, Montabaur), GOERZ, S. 287. Das Bruchstück einer Ausfertigung befindet sich im HHStAW Abt. 119, Nr. 21a.
54 LHAK 1 A 1885 (1493 XI 16, Mehren). Am 18. November wurde das Instrument in Gillenfeld verkündet.

Speicher und Johann Neumann, für Verhandlungen mit dem Büchsenmeister Melchior Mulner vor dem *hoiffgericht zu Coveleniß* ausstellte⁵⁵. Nicht immer bestand Gewißheit über den genauen Ort der Verhandlungen, wie eine in Koblenz ausgefertigte Ladung an die Parteien, Kloster Arnstein sowie Dietrich und Johann von Staffel, vor das *hoiffgericht, woe das gehalten wirdet*, belegt⁵⁶.

Anhand der Klage des Koblenzer Bürgers Jakob Nosgin⁵⁷ gegen den Trierer Bürger Johann Schletweiler läßt sich das Beharren auf althergebrachten Rechtsgewohnheiten erkennen. In einem Schreiben an Erzbischof Johann beschwerten sich Bürgermeister, Schöffen und Rat der Stadt Trier, daß ihrem Mitbürger als Beklagtem *rechtsdagh benant ist, vur uwern f. g. hoiffrichter und rethen zu Covelentz zu erschynen*, obwohl Jakob in Trier, wo Johann *seßhafftich ist*, nie Klage erhoben habe. Daher baten sie den Kurfürsten, die Sache vor seinem Gericht in Trier, gemeint ist das Schöffengericht, verhandeln zu lassen⁵⁸. Bereits drei Tage später antwortete Johann von Baden, Johann Schletweiler habe Jakob Nosgin in Koblenz an seiner Ehre gekränkt, weshalb ihn Jakob dort verklagt habe und Johann habe auch schon sein Erscheinen zugesagt⁵⁹. Daraufhin sah sich die Stadt Trier zum Einlenken veranlaßt und bat den Erzbischof nochmals sehr zurückhaltend, die Sache nach alter Gewohnheit vor dem Gericht Trier, dem Wohnort des Beklagten, verhandeln zu lassen, oder – falls er es wünsche – *vur uwen f. g. rethen an gelegen mailstat*⁶⁰. Verhandelt wurde die Sache am 11. Juni 1496 in Koblenz vor Hofrichter und Räten des Kurfürsten, die den Fall bis zum 19. September vertagten⁶¹. Geradezu vermessen mutet gegenüber dieser sachlich geführten Auseinandersetzung eine Vorladung an, die Erzbischof Johann 1496 an den Pfalzgrafen Johann wegen ihrer Streitigkeiten über Winningen und Beltheim vor seine *hoiffrichter und rethe* ergehen ließ⁶². Da der Badener jedoch gleichzeitig um Bestimmung von Ort und Zeit bat und das Schreiben nur im Konzept vorliegt, dürfte es sich um einen später berichtigten Irrtum der Kanzlei handeln, so daß ein Fall des Erbietens zu Recht vorliegt. Der weitere Verlauf der Sache ist nicht überliefert.

Der Fall des Anton von Sötern, der sich durch einige Maßnahmen des Schwarzenberger Amtmanns Bernhard von Lontzen genannt Robin ungerecht behandelt fühlte⁶³, zeigt, welch breiter Handlungsspielraum dem Erzbischof auch noch zu Beginn des 16. Jahrhunderts hinsichtlich der Wahl des Tagungsorts seines Hofgerichts gegeben war. Am 29. September 1501 lud Johann von Baden den Kläger zu einem Gerichtstag *vor nuyn unser rethe, die wir dir lute der ordennungen, uff dem groißgehalten tage zu Wormbs uffgericht, widdersetzen* auf

---

55 LHAK 1 C 736, S. 201f. (1493 XII 12). Unmittelbar darauf verzeichnete der stadttrierische Rentmeister Ausgaben für die beiden, als diese *gereden zu Covelentz, dach zu besehen mit Melchior Mulner vur dem hoiffgericht, und sint sieben dage usgeweest*, STAT RMR 1493/4, fo. 13v.
56 HHStAW Abt. 11 U 622 (1495 XII 17, Koblenz).
57 Jakob Nosgin gehörte zu den Koblenzern, die ein Kruzifix und ein Bild des heiligen Florin an der Kirche zerstört hatten, LHAK 1 A 1282 (1483 XI 18), HONTHEIM, Bd. 2, Nr. 873.
58 LHAK 1 C 736, S. 215f. (1496 VI 1).
59 Ebd., S. 209f. (1496 VI 4, Ehrenbreitstein), GOERZ, S. 298.
60 LHAK 1 C 736, S. 212 (1496 VI 7).
61 Ebd., S. 211 (1496 VI 11, Koblenz). Die Räte waren Friedrich vom Stein, Georg von der Leyen, Gutmann, Weilburg, Mohr vom Walde, Heinrich von Sötern und Ruprecht von Reil.
62 LHAK 1 C 657, S. 47f. (1496 XI 2), GOERZ, S. 299.
63 Die Prozeßakten befinden sich in dem Konvolut LHAK 1 C 17055.

den 15. November in seinen Trierer Palast⁶⁴. Nachdem der Kurfürst am 13. Oktober die Antwort Söterns angemahnt hatte⁶⁵, verlegte er den nach Trier anberaumten Tag in den Koblenzer Bischofshof auf den 9. Dezember, da er durch *sachen, darane uns und unnserm stiffte mirglichen geleggen ist*, verhindert sei und deshalb *hynabe inn unsern stiffte* gehen müsse⁶⁶. An diesem Tag bevollmächtigte der Erzbischof in der Koblenzer Burg Dr. utriusque iuris Heinrich Dungin von Wittlich in Anwesenheit der Räte Paul Boos von Waldeck, Michael Waldecker und Reinhard von dem Burgtor zu seinen *ungezwivelten procurator, mompar und anwalt* in dieser Sache⁶⁷. Am Tag darauf fand in der Großen Stube des Koblenzer Bischofshofs die Verhandlung zwischen Sötern und Johann von Baden nach Maßgabe der Ordnung des königlichen Kammergerichts vor neun Räten des Erzbischofs, denen der Haushofmeister Johanns, Paul Boos von Waldeck, *den stabe inn die handt* gab, statt⁶⁸. Zunächst wurde die Verhandlung vertagt, und in Trier holte der dortige Offizial weitere Zeugenaussagen ein⁶⁹. Eine erneute Verhandlung am 21. Februar 1502⁷⁰ wurde wiederum vertagt, und erst zwei Tage später sprach das Gericht in Koblenz das endgültige Urteil⁷¹, das einige sehr interessante Einzelheiten enthält, die hier kurz erwähnt werden sollen: Zunächst einigte man sich, daß die Kosten *an richter und rethe* geteilt werden und, da Wilhelm von Kleeberg wegen Krankheit nicht anwesend sein könne, die Sache von den übrigen acht Räten entschieden werden sollte. Diese wiesen Söterns Klage ab, der zudem die Kosten des Erzbischofs erstatten sollte. Sötern wurden seine Urkunden zurückgegeben, der Rotulus mit den Zeugenaussagen sollte allerdings *by den gerichtshanndel bliben*. Die Kosten beliefen sich für die Räte mit ihren Knechten und zwei Pferden zusammen auf 27 Gulden, die je einmal für jede der drei Verhandlungen zu rechnen seien. Den Anwälten Johanns von Baden waren vier Goldgulden und dem Gerichtsboten vier Albus zu zahlen, so daß Sötern insgesamt 64 Gulden, zwei Albus tragen mußte.

Wie weit die Ortsfestigkeit des Hofgerichts unter Erzbischof Jakob II. ging, beweist der Revers Dietrichs vom Stein über seine Ernennung zum Rat, Diener und Amtmann des Städtchens und der Freiheit Engers, worin er unter anderem versicherte, daß er auf Anweisung des Kurfürsten oder seiner Räte als Beisitzer des Hofgerichts nach Koblenz oder Ehrenbreitstein kommen werde⁷².

Die Analyse derjenigen Gerichtsverfahren, die ausdrücklich und namentlich dem Hofgericht zuzuordnen sind, ergab ein klares Bild, wonach mit zwei Ausnahmen sämtliche Sitzungen in Koblenz stattfanden. Daneben gab es jedoch eine ganze Reihe von Verhand-

---

64 Ebd., S. 2–4 (1501 IX 29, Trier), GOERZ, S. 362.
65 LHAK 1 C 17055, S. 6f. (1501 X 13, Trier), GOERZ, S. 362. Hierauf antwortete Sötern zustimmend, LHAK 1 C 17055, S. 8f.
66 Ebd., S. 10f. (1501 XI 9, Trier), GOERZ, S. 362. Am 16. November sagte Sötern zu, LHAK 1 C 17055, S. 11–13.
67 Ebd., S. 18 (1501 XII 9, Koblenz).
68 Ebd., S. 18–29. Die neun Räte waren Karl von Monreal als Richter, der Koblenzer Offizial Johann Gutmann, Dr. Ludwig Klinge, Friedrich Zant von Merl, Kaspar von Mielen genannt von Dieblich, Wilhelm von Kleeberg, Wilhelm Schilling von Lahnstein, Wirich von Langenau und Dietrich von Diez.
69 Ebd., S. 31 (1502 II 15).
70 Ebd., S. 136–144 (1502 II 21, Koblenz).
71 Ebd., S. 144–150 (1502 II 23, Koblenz).
72 BROMMER, Stein, Nr. 837 (1506 III 22).

lungen, die aufgrund der Zusammensetzung des Gerichts zumindest Parallelen zum Hofgericht vermuten lassen, wahrscheinlich sogar als Tagungen dieser Instanz anzusehen sind. Diesen soll im folgenden ebenfalls nachgegangen werden. Akte freiwilliger Gerichtsbarkeit innerhalb des Erzstifts oder solche unter Beteiligung Kurtriers sollen nur summarisch aufgezeigt werden. Zumindest auf diesem Wege müssen außergerichtliche Schlichtungsverfahren in die Betrachtung einbezogen werden, da es nicht auszuschließen ist, daß die ordentliche Gerichtsbarkeit, vor allem in Form des Hofgerichts, das zudem hauptsächlich in Koblenz tagte, vorwiegend im Niedererzstift akzeptiert wurde und im Bereich des Obererzstifts möglicherweise andere Formen der Austragung von Differenzen dominierten. Findet sich dennoch auch auf diesem Feld eine Bevorzugung des Koblenzer Raumes als Tagungsort, so ist ein weiterer wichtiger Indikator für die Verfestigung von Herrschaftsmittelpunkten in diesem Gebiet gefunden.

Auf der Burg Ehrenbreitstein fand am 7. März 1459 vor Johann von Baden ein Rechtstag statt, der vor allem aufgrund der Anzahl und der Qualität der Beisitzer aus dem Rahmen fällt[73]. Die große Anzahl geistlicher und weltlicher Personen, die weitgehend dem Kreis der Räte Erzbischof Johanns zuzurechnen sind, läßt an eine Hofgerichtssitzung denken. Vielleicht wurden aufgrund der Wichtigkeit der Sache – ein grundlegender Streit zwischen einigen Mitgliedern des Koblenzer St.-Kastor-Stifts und der Stadtgemeinde über deren Bürgerrecht – und der erst wenig ausgeprägten Strukturen des neuen Gerichts hierfür hervorragende Personen ausgewählt, die dem Erzbischof zur Seite stehen sollten. Sicherlich spielte hierbei auch die Tatsache eine Rolle, daß der Fall sowohl Geistliche als auch Weltliche betraf und in der Sache nur schwer eindeutig einem Gericht zuzuordnen war. Jedenfalls läßt sich eine derartige Konstellation später nicht mehr nachweisen.

In einem Streit zwischen einigen Wittlicher Schöffen entschied Erzbischof Johann *nach rate unser rete*[74]. Die *rete und frunde* des Kurfürsten entschieden selbständig eine Auseinandersetzung zwischen den Einwohnern von Bernkastel und zugehörigen Dörfern sowie den Moseldörfern des Wittlicher Amtes[75]. Interessant ist die Zusammensetzung des schlichtenden Gremiums, bestehend aus dem Kanzler Johann Kreidweiß, dem Hofmeister Wilhelm von Eltz und dem Kammermeister Ulrich von Metzenhausen sowie den beiden »zuständigen« Amtleuten, Nikolaus von Esch zu Bernkastel und Dietrich von Lontzen genannt Robin zu Wittlich, so daß die ranghöchsten Räte der erzbischöflichen Zentrale gemeinsam mit den lokalen Funktionsträgern entschieden und sich deren Sachkompetenz zunutze machten. Der Schiedsspruch ist vom Hofmeister besiegelt.

---

73 SCHMIDT, Nr. 2074 (1459 III 7, Ehrenbreitstein); die Beisitzer waren: der Weihbischof Huprecht von Asdod, Wilhelm Graf zu Wied, Dietrich Graf zu Manderscheid, der Archidiakon Johann vom Stein, Gerlach von Isenburg, Heinrich Vogt von Hunolstein, Johann von Winneburg-Beilstein, Dr. utr. iur. Meister Fastart, Meister Wilhelm von Leyde, Kanzler Johann Jux, Meister Bernhard, der Trierer Offizial Meister Johann Herrgott, Meister Johann von Dingenden lic., Meister Johann Lelcher, Dr. iur. can., Meister Nikolaus von Malsen, Dekan zu Oberwesel, Bernhard Grobe, Marschall des Erzbischofs von Köln, der Hofmeister Hans von Enzberg, Johann von Helfenstein, Godhard von Esch, Johann von Schöneck, Wilhelm von Eltz, Ulrich von Metzenhausen, Dietrich von Gemmingen, Heinrich von Morsheim, Johann von Langenau, Gerlach von Braunsberg, Dietrich von Bubenheim, Wilhelm von Kleeberg und Hans Adam Röder.
74 LHAK 1 C 18, 139 (1460 I 15, Wittlich), GOERZ, S. 210.
75 LHAK 1 C 17, 684 (1460 VII 3).

Als 1461 zwischen dem Trierer Domkapitel und den Burggrafen Dietrich und Peter von Rheineck wegen des Dorfs Speicher Mißhelligkeiten auftraten, wurde die Sache zunächst vor den Räten und Freunden des Erzbischofs verhandelt, die Entscheidung wurde jedoch dem Landesherrn selbst überlassen[76], die dieser gut zwei Wochen später auf Ehrenbreitstein zugunsten der Rheinecker fällte[77]. Einen deutlichen Hinweis auf das erzbischöfliche Hofgericht enthält ein Schreiben Heinrichs Vogt und Herr zu Hunolstein, worin er Johann von Baden bittet, ihm in seinem Streit mit dem Amtmann zu Bernkastel, dem Zender zu Baldenau sowie wegen Pfalzel und Grimburg einen Gerichtstag vor dem Kurfürsten oder seinen Räten anzuberaumen[78].

Ein Schreiben des Erzbischofs an das Trierer Domkapitel vermittelt einen Einblick in die Praxis der Verhandlung von Streitigkeiten, die eindeutig vor das Hofgericht gehörten: Johann von Baden teilte den Domherren mit, daß er einen nach Pfalzel zwischen dem Kapitel und den drei Pflegen Bernkastel, Cochem und Zell anberaumten Gerichtstermin nicht wahrnehmen könne, da er dem Kölner Erzbischof in dessen Differenzen mit Domkapitel und Landschaft beistehen müsse, wozu er auch seine Räte benötige. Aus diesem Grunde sei es ihm nicht möglich, *personlich hynuff zu kommen ader auch unsere treffliche rete, als wir uch zugeschrieben hatten, zu schicken*[79]. Eindeutig ist hier die für das Hofgericht typische Zusammensetzung, bestehend aus dem Landesherrn und/oder seinen Räten, gegeben. Der entsprechende Instanzenzug wird aus der Urfehde Kunos von Winneburg-Beilstein klar, der erklärte, in Zukunft Ansprüche gegen erzbischöfliche Untertanen nur *an myns gnedigen hern gerichten, geistlichen ader werntlichen, ader aber vur demselben myme gnedigen hern ader syner gnaden reten* geltend zu machen[80]. Demgegenüber durften Schuldner des Erzstifts im Falle, daß Zahlungsverpflichtungen nicht eingehalten wurden, ihr Recht an jedem beliebigen Gericht erstreiten[81].

In einem Urteil Johanns von Baden in der Streitsache zwischen dem Domkapitel und den Gemeinden Zell, Koray und Kaimt werden die Räte eigens erwähnt, so daß hier wiederum an eine Verhandlung des Hofgerichts zu denken ist, die in Pfalzel entschieden wurde[82]. Über das Erbe der Witwe von Vlatten entschied der Erzbischof in Pfalzel *mitsampt unsen reten, geistlich und werntlich*[83], die in der gleichen Sache später nochmal in der Pfalzeler Kanzlei verhandelten[84]. Ein erneuter Gerichtstermin wurde in Montabaur vom Erzbischof selbst, Gerlach von Isenburg, dem Kanzler, dem Koblenzer Offizial, Heinrich von Sötern, Johann

---

76 LHAK 1 D 1206 (1461 IV 9, Trier). Besiegelt war dieser vorläufige Vergleich von Edmund von Malberg und Johann von Greiffenclau für das Domkapitel sowie von Peter Burggraf zu Rheineck und Lorenz von Bitsch für Burggraf Dietrich.
77 LHAK 1 D 1209 (1461 IV 25, Ehrenbreitstein), GOERZ, S. 212.
78 LHAK 1 C 16781, S. 1f. (1463 I 12).
79 LHAK 1 D 1263 (1473 III 21, Ehrenbreitstein), GOERZ, S. 237.
80 LHAK 1 A 8564 (1474 II 4). Das Appellationsverbot wurde mitunter als Argument gegen Prozeßgegner vorgebracht, um deren Position zu verschlechtern, LHAK 1 C 16213, Bl. 109 (1486 XII 5).
81 Vgl. z. B. HHStAW Abt. 121 U v. Staffel (1481 V 28), GOERZ, S. 253.
82 LAMPRECHT, Bd. 3, Nr. 265 (1490 IX 7, Pfalzel).
83 LHAK 1 C 16214, Bl. 26 (1490 IX 28, Pfalzel), GOERZ, S. 276. Das Urteil wurde den Parteien mitgeteilt, die gleichzeitig zu einem neuen Termin vorgeladen wurden.
84 Die Verhandlung fand am 16. November 1490 statt, LHAK 1 C 16214, Bl. 29 (1490 X 30, Pfalzel).

Snedse von Grenzau und einem Zöllner als Richtern abgehalten[85]. Nicht immer wurde die Ladung vor das Hofgericht befolgt, wie der Fall zweier Einwohner des Beltheimer Gerichtsbezirks beweist, die einem *tagebrieff vur uwen f. g. retten hy zu Covelentz* nicht nachkamen[86].

Neben dem in zunehmendem Maße formalisierten Verfahrensweg des erzbischöflichen Hofgerichts existierten andere Formen der Gerichtsbarkeit, die sich in einigen Fällen mit der Zuständigkeit dieses obersten landesherrlichen Gerichts überschnitten. Ein besonders gut überlieferter Fall, der das durchaus harmonische Nebeneinander demonstriert, ist der Streit der Stadt Trier mit Nikolaus von Zerf, dessen inhaltliche Besonderheiten uns hier nicht zu interessieren brauchen[87]. Eine Prozeßakte[88] mit darin enthaltenen Abschriften sämtlicher relevanter Urkunden und Verhandlungen ermöglicht die genaue Rekonstruktion der Entscheidungsabläufe: Eine erste Verhandlung fand am 21. April 1484 im Trierer Rathaus statt, wo die erzbischöflichen Räte, Kanzler Dr. Ludolf von Enschringen, Marschall Hermann Boos von Waldeck, Otto von Diez und der Sekretär Berthold Kruss von Regensburg, als deren Wortführer der Marschall auftrat, ein erstes Verhör führten[89]. Am 27. und 29. April fanden vor Kanzler und Marschall erneut Verhandlungen statt[90]. Mit einem Fußfall Nikolaus' vor dem Erzbischof im Trierer Palast wurde die Sache vorerst beigelegt[91]. Zu erneuten Verhandlungen im Jahr 1486 sicherte der Erzbischof Nikolaus von Zerf freies Geleit nach Trier in das dortige Gerichtshaus für den 9. August zu[92]. Die Verhandlungen wurden von Johann von Hundelingen, dem Pfalzeler Amtmann und Trierer Schultheiß, geführt[93]. Wenig später erschienen die Parteien im Trierer Gewandhaus vor Kanzler, Hofmeister und Sekretär[94]. Dieselben versammelten sich am Tag darauf im Hof des Kanzlers innerhalb der Trierer Domfreiheit, um einen Notar zu bevollmächtigen, von dem Besitz Nikolaus' ein Inventar anzufertigen[95]. Nicht näher informiert sind wir über die Verhandlungen, die am 10. Januar 1489 in Pfalzel stattfanden[96]. Nikolaus von Zerf hielt sich offenbar noch immer in Metz auf[97]. Anfang November 1491 sandte die Stadt Trier vier Ratsherren und einen Boten zum Erzbischof an den Rhein[98]. Die Entscheidung war mittlerweile an den Mainzer Erzbischof Berthold von Henneberg als kaiserlichen Richter und Kommissar übergeben worden, der seinerseits den Dekan von St. Simeon in Trier, Dr. Heimann Frank, mit der Wahrnehmung dieser Aufgabe betraute[99]. Dieser verhörte am 7. Januar 1492 wohl in Trier den

---

85 LHAK 1 C 16214, Bl. 119f. (1493 X 1, Montabaur).
86 LHAK 1 C 588, S. 55 (1497 II 21).
87 Vgl. MATHEUS, Trier, S. 301.
88 STAT Ta 32/3 Fasc. 1.
89 Ebd., Bl. 53v-54v (1484 IV 21, Trier).
90 Ebd., Bl. 46r-47v, 54v-63r.
91 Ebd., Bl. 76r-77v; STAT RMR 1483/4, fo. 24r (1484 VII 13, Trier).
92 STAT Ta 32/3 Fasc. 1, Bl. 80v-81r (1486 VII 9). Das Schreiben wurde ihm am 11. Juli zusammen mit einem Geleitsbrief der Stadt Trier in Metz übergeben, ebd., Bl. 77v-79v (1486 VII 11, Metz).
93 Ebd., Bl. 82v-85v (1486 VIII 9, Trier).
94 Ebd., Bl. 86r-90r (1486 VIII 18, Trier).
95 Ebd., Bl. 93v-96v (1486 VIII 19, Trier).
96 STAT RMR 1488/9.
97 STAT RMR 1488/9, fo. 7r (1489 VIII).
98 STAT RMR 1491/2, fo. 19r (1491 XI 1), fo. 8v (1491 XI 12).
99 STAT Ta 32/3 Fasc. 1, Bl. 1r-2v (1491 XI 26, Trier).

Anwalt des Erzbischofs und der Stadt Trier[100]. Der Ausgang des Streits braucht uns nicht zu interessieren.

Eine traditionelle, aber noch gebräuchliche Form der Gerichtsbarkeit bestand in dem Lehnsgericht, das für alle Streitigkeiten der Lehnsmannen untereinander oder mit dem Lehnsherrn zuständig war[101]. Hierzu wurde eine möglichst große Anzahl von Vasallen bestellt, die in der Sache zu entscheiden hatten[102]. Wohl von diesem Ursprung wurde vom landsässigen Adel und den Städten der Anspruch auf ständische Gerichtsbarkeit hergeleitet. Das trierische Manngericht, bestehend aus weitgehend erzstiftischem Adel, entschied auch die Streitigkeiten zwischen Johann von Baden und Kuno von Winneburg-Beilstein wegen dessen Lehen[103]. Neben dem *lehennrichter* Wilhelm von Runkel-Isenburg setzte sich das in Koblenz tagende Gericht aus insgesamt 27 Grafen, Rittern und Herren zusammen, die alle die Urkunde besiegelten[104]. Das Lehnsgericht entschied auch über die Rechte des Erzstifts an den Burgen Isenburg und Grenzau, die daraufhin wieder als Lehen ausgegeben werden konnten[105]. Ein Ereignis im Zusammenhang mit der Lehnsstreitigkeit Johanns von Baden mit Raugraf Engelbrecht, Herrn zu Hohlenfels, wirft ein bezeichnendes Licht auf den Grad der Akzeptanz formal übergeordneter Gerichtsinstanzen: Johann von Kellenbach und Colin von der Neuerburg waren am 8. August 1498 als Abgesandte der in Koblenz tagenden *manrichter und mannen* des Trierer Erzbischofs nach Hohlenfels gereist, um dort die dritte Ladung vor das Lehnsgericht zu verkünden. Der Pförtner des Raugrafen weigerte sich jedoch, diese anzunehmen, da weder der Raugraf noch ein Bevollmächtigter von diesem anwesend wäre, und ließ die Tore verschlossen. Daher schlugen die Abgesandten des Gerichts die Ladung im Beisein von Zeugen an das Burgtor[106]. Als sie am anderen Morgen, nachdem sie ihren Wirt bereits bezahlt hatten, kurz vor Tagesanbruch aufbrechen wollten, wurden sie von Bernhard von Luxemburg und einer Anzahl von Schützen mit bewaffneter Hand überfallen und festgehalten. Dies teilten sie den beiden lehnbaren Mannen Friedrich Zant, Vogt im Hamm, und Michael Waldecker, die ebenfalls bei der Vorladung anwesend waren, mit, um die Nachricht dem Lehnsgericht zu überbringen. Dies sollte gleichzeitig als Entschuldigung dafür gelten, daß sie zu der Gerichtssitzung nicht erscheinen könnten[107]. Im Jahr darauf wurde die Sache zur Entscheidung an das erzbischöfliche Hofgericht übertragen[108].

Die auf der Bereitschaft zum privaten Kompromiß beruhende Schiedsgerichtsbarkeit[109] war vor allem zwischen gleichberechtigten Parteien eine ausgeprägte Form der Beilegung von

---

100 Ebd., Bl. 163r-146v (1492 I 7). In der gleichen Angelegenheit unterhielt die Stadt Trier intensive Kontakte mit Johann von Baden, STAT RMR 1491/2, fo. 21v (1492 II 11), fo. 9v (1492 II 18).
101 Vgl. den Artikel »Lehnsgericht« von K.-H. SPIEß in: HRG, Bd. 2, Sp. 1714–1717.
102 Vgl. die Verhandlung unter dem Mannrichter Johann von Eltz zwischen Gutmann von Sobernheim und Erzbischof Johann unter Beteiligung von 34 Lehnsmannen als Beisitzern, LHAK 1 A 8398 (1459 IX 1), SCHMIDT, Nr. 2085. Der gleiche entschied als *momper* des Erzbischofs über Lehen zu Senheim, LHAK 1 B 8 (1467 VII 20).
103 Zu den Hintergründen des Streits vgl. SCHMIDT, Beilsteiner Krieg.
104 LHAK 1 A 8797 (1488 VII 30, Koblenz), GÜNTHER, Bd. 4, Nr. 375.
105 LHAK 1 A 8849 (1490 II 7, Ehrenbreitstein).
106 ... *also haben wyr soliche citatie in die port gestochen und alda gelaißen*.
107 LHAK 1 B 1827 (1498 IX 4).
108 TOEPFER, Bd. 3, Nr. 53 (1499 IX 20), vgl. oben.
109 Vgl. den Artikel »Schiedsgericht« von W. SELLERT in HRG, Bd. 4, Sp. 1386–1393.

Streitigkeiten, die zudem den Vorteil bot, im Vergleich mit der ordentlichen Gerichtsbarkeit weniger verbindlich zu sein und schneller und problemloser zu Entscheidungen zu kommen. Da die Schiedsleute von den Parteien selbst bestimmt wurden, war auch von dieser Seite eher eine für beide Seiten befriedigende Lösung zu erwarten. Wie bereits ausgeführt[110], waren in den Bündnisverträgen Johanns von Baden mit benachbarten Territorien für den Fall von Differenzen die Modalitäten für etwaige Schiedsgerichtsverfahren stets genau festgelegt worden. Der »alltägliche« Fall einer Meinungsverschiedenheit über die Hoheitsrechte in Zeltingen und Rachtig zwischen Kurköln und Kurtrier[111], die nie zu eskalieren drohte, führt die Praxis des sich mitunter über Jahre hinziehenden Austrags kleinerer Konflikte anschaulich vor Augen.

Am 22. Mai 1465 bat Erzbischof Ruprecht seinen Trierer Kollegen wegen ihrer Streitigkeiten über *unser herlicheit zo Celting und Rachtig* einen gütlichen Tag zu beschicken und den Wittlicher Amtmann Dietrich von Lontzen genannt Robin hiervon zu unterrichten[112]. Daraufhin bestimmte Johann von Baden einen Termin im Kloster Machern bei Zeltingen[113], den er auf Bitten des Kölners jedoch kurz darauf verschob[114]. Nachdem die kurkölnischen Räte dort nicht erschienen waren, bat Erzbischof Ruprecht, der sich hierfür entschuldigte, erneut um eine Verschiebung des Tages[115]. Doch auch den neuen Termin ließ er verstreichen und warb noch zweimal um Aufschub[116]. Vielleicht noch im Jahr 1465 oder Anfang 1466 fand in Machern eine Verhandlung statt, die aber zu keinem Ergebnis führte. Hierüber werden wir in einem Schreiben des Propsts von St. Johann in Köln, Johann von Breck, vom 13. März 1466 an den kurtrierischen Hofmeister Gerlach von Braunsberg und den Kammermeister Ulrich von Metzenhausen informiert, worin er ihnen mitteilte, man habe sich auf Junker Dietrich von Manderscheid als Obmann geeinigt. Der Propst schlug nun vor, einen neuen Tag in Koblenz anzuberaumen, da die Dinge keinen Aufschub duldeten und derzeit *die Mosel cleyn* sei, weshalb die Fahrt nach Machern viel Zeit beanspruchen würde. Interessant ist das zweite Argument, das er für Koblenz als Tagungsort anführt, *so da doch mynß g. h. von Trier reeden ind frunde naby syn ind wyr auß Colne auch baß gelegen, umb zo*

---

110 Vgl. oben Kapitel B 3.
111 Vgl. den Aktenband LHAK 1 C 358, der die wesentliche Korrespondenz hierzu enthält. Ähnlich lange zogen sich Verhandlungen mit dem Pfalzgrafen wegen Bruttig hin, LHAK 1 C 564; LHAK 1 C 566; LHAK 1 C 603; LHAK 1 C 607.
112 LHAK 1 C 358, S. 81f. (1465 V 22, Bonn).
113 Ebd., S. 83 (1465 V 26, Koblenz), GOERZ, S. 221; PSHIL, Bd. 32, S. 28. Die Verhandlung sollte am 18. Juni stattfinden.
114 Erzbischof Ruprecht bat, den Tag auf den 4. Juli zu verlegen, LHAK 1 C 358, S. 85f. (1465 VI 15, Köln), womit sich Johann von Baden einverstanden erklärte, ebd., S. 87 (1465 VI 17, Koblenz), GOERZ, S. 221. Am gleichen Tag wies er seine Amtleute an, in der Angelegenheit nichts weiter zu unternehmen, LHAK 1 C 358, S. 89.
115 Ebd., S. 91f. (1465 VIII 15, Köln). Ruprecht schlug nun den 5. September vor. Undatierte, positive Antwort Erzbischof Johanns, worin er den Kölner für ihr Treffen in Linz um Geduld bittet, da er in Kürze an den Rhein kommen werde, ebd., S. 95, vgl. GOERZ, S. 222.
116 Am 18. Oktober setzte er den 15. November fest, LHAK 1 C 358, S. 97f. (1465 X 18, Bonn), und bat Johann auch um Geleit für seine Gesandten, ebd., S. 99f. (1465 XI 1, Bonn). Da Ruprecht jedoch auch zu diesem Tag seine Räte nicht entbehren konnte, bat er nochmals um Aufschub, ebd., S. 101f. (1465 XI 6, Köln).

beyden syden gode underwysungen zu don[117]. Hier sollte also die Praktikabilität dem Prinzip der Verhandlung am Ort des Streitobjekts vorgezogen werden. Am 19. April teilten *redde und frunde unsers gnedigen hern von Colle, die ytzunt gen Bacherach [...] foren* unter dem Siegel des Grafen Hesso von Leiningen mit, daß sie in der Annahme nach Koblenz gekommen seien, dort die Räte des Kölner Erzbischofs vorzufinden, die dieser zu einem Tag nach Machern wegen Zeltingen und Rachtig abgeordnet habe. Da ihr Herr noch in Frankfurt sei, ersuchten sie Johann von Baden um Verschiebung des Termins auf den 5. Juni[118]. Am 18. des Monats bat Ruprecht den Trierer Erzbischof um die Verlegung des Termins auf den 17. Juli in Machern, da derzeit u. a. sein Bruder, der Pfalzgraf, bei ihm sei[119]. Kurz bevor dieses Treffen stattfinden sollte, schlug er den 31. Juli als neuen Termin vor[120]. Johann akzeptierte dieses, forderte aber unter Hinweis auf die lange Verhandlungsdauer den Kölner in scharfer Form auf, diesen Tag endlich zu beschicken, *uff das die missel verhort und zum besten gestalt und hingelegt werden*[121]. Dieser fand wohl auch tatsächlich statt, wurde jedoch zur endgültigen Entscheidung erneut vertagt[122]. Daraufhin forderte Erzbischof Ruprecht den Trierer am 16. Oktober auf, einen neuen Termin zu benennen. Da die Tage bereits kurz seien und die Mosel wenig Wasser führe, schlug er Koblenz als Verhandlungsort vor, doch wolle er auch Machern akzeptieren[123]. Am 18. Oktober lud Johann von Baden den Kölner für den 8. November nach Koblenz[124]. Diesen Termin nahmen die Räte Johanns aus unbekannten Gründen nicht wahr, so daß ihn der Kölner am 3. März des folgenden Jahres erneut um die Ansetzung eines Termins bat[125], den dieser für den 22. April in Machern benannte[126]. Dorthin schickte Ruprecht den Kölner Domdekan und einen Notar, die laut des Koblenzer Abschieds Zeugen verhören wollten, was die Gesandten des Badeners nicht zuließen, da sie von einer derartigen Übereinkunft nichts wüßten. Dies sollte bis spätestens 25. Mai nachgeholt werden[127]. Johann von Baden rechtfertigte sich hierfür, indem er angab, von dem genannten Abschied nichts gewußt zu haben und deshalb auch eine Antwort verschieben müsse[128]. Die tatsächlich fehlenden Informationen gab Dietrich von Lontzen genannt Robin seinem Herrn am 4. Mai[129], und damit schweigen die Quellen über den weiteren Verlauf dieser Auseinandersetzung zwischen den beiden Kurfürsten[130].

---

117 Ebd., S. 107f. (1466 III 13, Köln).
118 Ebd., S. 109f. (1466 IV 19, Koblenz). Wenig später warb der Kölner Erzbischof um Verständnis, daß seine Räte nicht nach Machern kommen konnten, ebd., S. 111f. (1466 V 7, Bonn).
119 Ebd., S. 113f. (1466 VI 18, Köln).
120 Ebd., S. 123f. (1466 VII 11, Köln).
121 Ebd., S. 125, GOERZ, S. 224.
122 In einem Schreiben an den Kölner Erzbischof teilte Johann von Baden mit, daß er den *abscheit* zu Machern noch nicht prüfen konnte. Sobald er jedoch wieder im Erzstift sei, wolle er einen neuen Termin anberaumen, LHAK 1 C 358, S. 117f. (1466 IX).
123 Ebd., S. 119f. (1466 X 16, Köln).
124 Ebd., S. 121 (1466 X 18, Ehrenbreitstein), GOERZ, S. 225.
125 LHAK 1 C 358, S. 127f. (1467 III 3).
126 Ebd., S. 129, GOERZ, S. 225.
127 LHAK 1 C 358, S. 131f. (1467 IV 25, Poppelsdorf).
128 Ebd., S. 133, GOERZ, S. 226.
129 LHAK 1 C 358, S. 137f. (1467 V 4).
130 Gewisse Spannungen blieben weiterhin bestehen, wie Verhandlungen in den Jahren 1489, 1494 und 1500 zeigen.

Der Fall zeigt, daß es in der zweiten Hälfte des 15. Jahrhunderts nicht möglich war, die Verhandlungen über ein Streitobjekt allein an einem für die Parteien günstigen Ort auszutragen, sondern daß man offenbar Ortstermine bevorzugte. Diese boten zudem den Vorteil, Zeugen unmittelbar bei der Hand zu haben. Jedenfalls konnte zumindest die Schiedsgerichtsbarkeit nicht an einem beliebigen Ort stattfinden[131].

Ein bemerkenswerter Fall der Schiedsgerichtsbarkeit ist der Streit zwischen dem Erzbischof von Trier und Dietrich von Staffel sowie Philipp Hilchin von Lorch um den Patronat der Pfarrei Engers. Zum Ausgleich ihrer Streitigkeiten einigten sie sich auf *erbere prelaten und rittermanne*, die in Koblenz verhandeln und entscheiden sollten[132]. Die Schiedsgerichtsbarkeit war für diesen Grenzfall geistlicher und weltlicher Gerichtsbarkeit sicherlich das problemlosere, Kompetenzstreitigkeiten umgehende Verfahren. Das Gericht griff für die Einholung von Zeugenaussagen auf das Offizialat Koblenz zurück[133], um danach entscheiden zu können[134].

Eine Sonderform der Gerichtsbarkeit übte der Koblenzer Münzmeister Johann Kluckwiese von Würzburg aus, der mit erzbischöflicher Vollmacht im gesamten Erzstift Münzvergehen verfolgen durfte[135].

Die Analyse der räumlichen Zuordnung erzbischöflicher Gerichtsbarkeit ergibt ein relativ klares Bild: Tagungen des Hofgerichts lassen sich mit wenigen Ausnahmen auf die Räume Koblenz und Ehrenbreitstein sowie Trier und Pfalzel beziehen. Vorrangig erscheint hierbei Koblenz, das mit einiger Wahrscheinlichkeit als fester Bezugspunkt, vielleicht auch als Sitz des Hofgerichts angesprochen werden kann, das im Bedarfsfall seinen Standort verlegte. Eine Bevorzugung des Hofgerichts für die Entscheidung von Streitfällen erzbischöflicher Untertanen des Niedererzstifts läßt sich nicht erkennen, denn Koblenz wurde schwerpunktmäßig auch als Austragungsort von Schiedsgerichtsverfahren gewählt. In beiden Fällen kann bis zu einem gewissen Grad die Anpassung an das Itinerar des Kurfürsten beobachtet werden, der wichtige Entscheidungen regelmäßig selbst traf. Für alle Urteile kann die vorherige Beratung des Landesherrn mit seinen Räten über die Sache vorausgesetzt werden, schon allein, um sich deren juristischer Sachkompetenz zu bedienen. Das Hofgericht und auch die nach Bedarf zusammengerufenen Schiedsgerichte setzten sich fast ausschließlich aus den Räten des Erzbischofs zusammen, die ihrerseits wiederum weitestgehend dem erzstiftischen, landsässigen Adel zuzurechnen sind. Diese Form der Einflußnahme auf die erzbischöfliche Gerichtsbarkeit scheint den Landständen noch nicht weit genug gegangen zu sein, da die Kontrolle der Gerichte und die Einsetzung einer eigenen landständischen Gerichtsbarkeit zu den zentralen Forderungen der zweiten Landständeeinung von 1502 gehörten. Während der Amtszeit

---

131 Die mitunter große Unsicherheit hinsichtlich anberaumter Termine belegt ein Schreiben Karls von Monreal an den Kanzler Dr. Ludolf von Enschringen, worin er diesen um Mitteilung bat, wann und wie er nach Koblenz kommen sollte, um einen Tag in Oberwesel zu beschicken, LHAK 1 C 609, S. 123f. (1498 VIII 22).
132 LHAK 1 A 1790 (1493 II 4). Die Schiedsmänner waren: Dompropst Bernhard Graf zu Solms, der Archidiakon Dietrich vom Stein, die Ritter Johann von Breitbach und Emmerich von Lahnstein sowie Ruprecht von Reil.
133 LHAK 1 A 1789 (1493 VI 8, Koblenz).
134 LHAK 1 A 1791 (1493 VI 9).
135 LHAK 1 C 18, 679 (1483 VII 11, Pfalzel), GOERZ, S. 257.

Johanns von Baden ist eine zunehmende Bevorzugung des Hofgerichts als Entscheidungsinstanz erkennbar, auch wenn weiterhin Schiedsgerichte eingesetzt wurden. Nicht immer ist eindeutig zu klären, welches Gericht ein Urteil fällte, da das Hofgericht nicht in allen Fällen explizit genannt wird. Von seiten des Landesherrn wurde es jedenfalls bevorzugt eingesetzt. Für die Austragung von Streitigkeiten mit auswärtigen Herrschaftsträgern oder auch fremden Untertanen wurde weiterhin auf das bewährte Instrument des Schiedsgerichts zurückgegriffen. Hier ist eine Tendenz zur Ortsfestigkeit kaum erkennbar. Die Rezeption des römischen Rechts machte sich in diesem Bereich noch nicht auf diese Weise bemerkbar und die Reformen der Reichskammergerichtsordnung von 1495 konnten im Untersuchungszeitraum noch nicht in vollem Umfang Platz greifen. Den relativ geordneten Verhältnissen innerhalb des Territoriums stand nach wie vor ein Nebeneinander verschiedener Rechtsinstanzen auf der Reichsebene gegenüber. Ein durchaus symptomatischer Zustand für das »Zeitalter der Reichsreform«, in dem gerade die Territorien zunehmend an innerer Festigkeit gewannen, während die Reichsgewalt demgegenüber zurückgedrängt wurde.

TAGUNGSORTE DES ERZBISCHÖFLICHEN HOFGERICHTS 1456–1503*

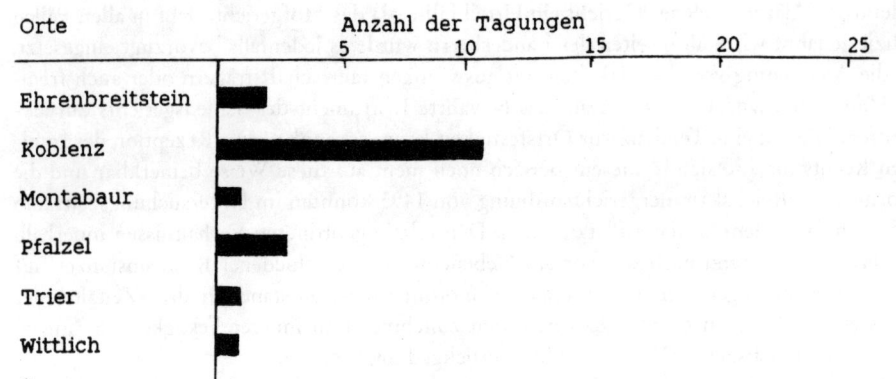

Orte	Anzahl der Tagungen
Ehrenbreitstein	2
Koblenz	11
Montabaur	1
Pfalzel	3
Trier	2
Wittlich	1

* Hierfür wurden die ausdrücklich als solche genannten und die inhaltlich erschlossenen Sitzungen zusammengefaßt.

TAGUNGSORTE ERZBISCHÖFLICHER SCHIEDSGERICHTSBARKEIT 1456–1503*

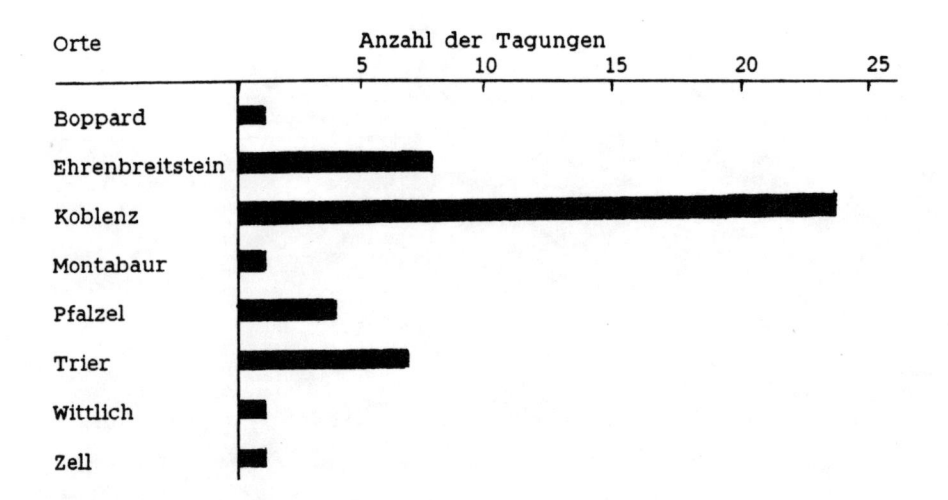

Orte	Anzahl der Tagungen
Boppard	1
Ehrenbreitstein	6
Koblenz	24
Montabaur	1
Pfalzel	4
Trier	5
Wittlich	1
Zell	1

* Sowohl der Erzbischof als auch bevollmächtigte Räte treten als Richter auf.

SCHLICHTUNGSVERHANDLUNGEN, AUCH DURCH AUSWÄRTIGE HERREN, UNTER BETEILIGUNG KENTRIERS 1456–1503

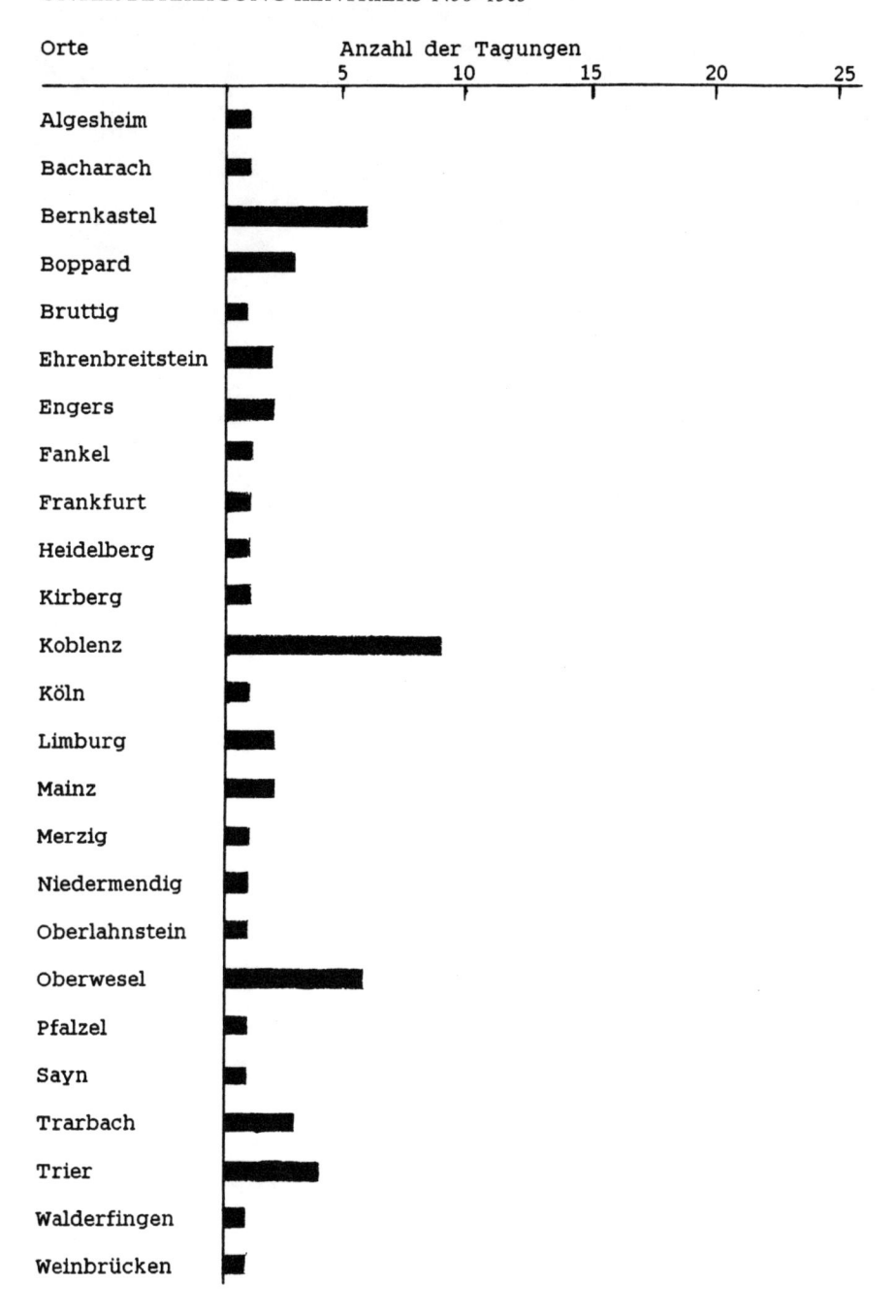

Orte	Anzahl der Tagungen
Algesheim	1
Bacharach	1
Bernkastel	6
Boppard	3
Bruttig	1
Ehrenbreitstein	2
Engers	2
Fankel	1
Frankfurt	2
Heidelberg	1
Kirberg	1
Koblenz	14
Köln	1
Limburg	2
Mainz	2
Merzig	1
Niedermendig	1
Oberlahnstein	1
Oberwesel	6
Pfalzel	1
Sayn	1
Trarbach	3
Trier	4
Walderfingen	1
Weinbrücken	1

5. Finanzverwaltung

Die allgemeine finanzielle Situation und die Zahlungsmodalitäten sowie die daraus erkennbar werdenden Finanzzentren des Erzstifts Trier wurden bereits in einem eigenen Kapitel behandelt. Dabei waren die latent angespannte Finanzlage und das Bemühen Erzbischof Johanns um Konsolidierung und Sanierung zutage getreten. Die Abwicklung finanzieller Transaktionen ließ sich weitgehend auf die Räume Koblenz/Ehrenbreitstein und Trier/Pfalzel beziehen.

Im folgenden soll untersucht werden, wie die erzbischöfliche Zentrale auf diese Situation reagierte und wo die Finanzverwaltung[1] ihren Sitz hatte. Die Zuständigkeit lag vordergründig beim Hofmeister oder Rentmeister[2], unterstützt von einigen Beamten der Lokalverwaltung. Die Analyse der Zustände unter Erzbischof Jakob von Sierck durch I. Miller ergab ein anderes Bild[3]: Die wenigen dort angeführten Beispiele vermögen jedoch nicht vollends davon zu überzeugen, daß der Hofmeister für die Finanzen und die Kasse zuständig war. Vielmehr wird eine Klassifizierung dieses Funktionsträgers als weltlicher Rat seiner tatsächlichen Rolle wohl eher gerecht; in dieser Funktion wurden auch die von Miller genannten Verhandlungen geführt. Überraschend ist die Feststellung, daß die Rentmeister des Erzbischofs »kaum in Erscheinung« traten und größere finanzielle Transaktionen dem Zollschreiber oder Zollaufseher von Engers vorbehalten blieben. Somit wäre den Verwaltern der Haupteinnahmequelle des Erzstifts auf diese Weise auch eine zentrale Rolle am Hof zugekommen.

Da Johann von Baden schon bald nach seinem Regierungsantritt den Engerser Zoll an das Domkapitel verpfändete, und somit der direkte Zugriff nicht mehr gegeben war[4], mußten wohl andere Personen und Ämter diese Aufgabe übernehmen. Die bloße Verhandlung über die Zahlung und Gewährleistung von Summen reicht nicht aus, um die Unterhändler als Zuständige für die finanziellen Angelegenheiten des Erzstifts zu bezeichnen[5], da hierfür primär Leute mit Verhandlungsgeschick eingesetzt wurden, die aufgrund bestimmter, im Einzelfall durchaus unterschiedlicher Konstellationen, für die Aufgabe geeignet erschienen und aus dem Kreis der Räte stammten. Die praktische Abwicklung des Zahlungsverkehrs ist auf einer anderen Ebene zu suchen, an der Stelle, wo lokale oder untergeordnete Funktionsträger und andere Personen Geld ablieferten und empfingen. Die hierfür Zuständigen werden aus den Abrechnungsvermerken der überlieferten Kellereirechnungen erkennbar[6]. Bei der Abhörung der Einnahmen und Ausgaben war der Rentmeister, von dessen Hand die Berechnung der Gesamtbilanz stammt, federführend. Daneben erscheinen höhere geistliche Würdenträger, die Zollschreiber von Engers[7] und Boppard sowie der Küchenschreiber des

---

1 Zur Entwicklung der Finanzverwaltung in den deutschen Territorien: DROEGE, Grundlagen; WILLOWEIT, in: Deutsche Verwaltungsgeschichte, Bd. 1, S. 102–104, 112–114, 128f.
2 Vgl. LAMPRECHT, Bd. I, 2, S. 1423, 1480.
3 MILLER, Jakob von Sierck, S. 265–267.
4 Dennoch konnten verschiedene Zahlungen weiterhin aus den regelmäßigen Einnahmen des Zolls geleistet werden; allerdings war hierfür die Zustimmung des Domkapitels erforderlich.
5 So etwa MILLER, Jakob von Sierck, S. 266.
6 Die Kellereiordnung Jakobs von Baden von 1510 bleibt hinsichtlich der Personen, die die Rechnungen prüfen sollten, unkonkret, LAMPRECHT, Bd. 3, S. 309f. Zur Rechnungslegung allgemein vgl. WILLOWEIT, in: Deutsche Verwaltungsgeschichte, Bd. 1, S. 137f.
7 Der Engerser Zollschreiber wohnte normalerweise in Koblenz, LHAK 1 C 6254, S. 26.

Erzbischofs[8]. Nur einmal kann der Hofmeister mit der Finanzverwaltung in Verbindung gebracht werden: Gemäß der Kanzleiordnung Johanns von Baden von 1489 sollte die Abrechnung über die Ausgaben der Kanzlei vor dem Hofmeister oder dem Rentmeister erfolgen[9]. Im allgemeinen ist jedoch der Rentmeister als Leiter der erzbischöflichen Finanzverwaltung anzusprechen[10].

Belegt sind als solche nacheinander Ludwig von Dudeldorf[11], Johann von Becheln[12], Johann von Siegen[13] und Bartholomäus Glockner von Mayen[14]. Gemeinsam war allen

---

8 Nachweisbar sind folgende Personen: Engelhard von Enzberg, Dekan und Kellner zu Münstermaifeld, Hermann Trarbach, Zollschreiber zu Engers, der Küchenschreiber Michael und der Rentmeister Johann von Becheln, LHAK 1 C 6124, S. 194 (1477 I 20); ein Jahr später dieselben und Johann von Eberstein, Zollschreiber zu Koblenz, ebd., S. 251 (1478 II 21); 1479 sind eben diese Personen anwesend, ebd., S. 332 (1479 I 28); im Jahr darauf sind es Engelhard von Enzberg, Hermann von Trarbach und Jakob von Klinge, Zollschreiber zu Engers bzw. Boppard, Michael Schuler, Johann von Eberstein und Johann von Becheln, ebd., S. 394 (1480 II 23); die Rechnung für das erste Halbjahr 1480 wurde vom Rentmeister Johann von Siegen abgehört, ebd., S. 429 (1481 I 13). 1485 erscheinen Engelhard von Enzberg, die Zollschreiber Jakob Klinge und Johann Oberstein, der Küchenschreiber Johann von St. Wendel und Rentmeister Johann von Becheln, LHAK 1 C 7577, S. 131 (1485 I 10); im Jahr darauf Hermann von Trarbach und Thomas Dun von Hatzenport, Zollschreiber zu Engers und Boppard, Michael Schuler, summus vicarius von St. Kastor in Koblenz, Johann von St. Wendel, Küchenschreiber, und Bartholomäus Glockner, Rentmeister, der die Rechnung eigenhändig unterschrieb, ebd., S. 242 (1486 VI 3). 1494 sind es der Kanzler Ludolf von Enschringen, Heinrich von Sötern, die genannten Michael Schuler, Johann von St. Wendel und der Rentmeister, LHAK 1 C 6124, S. 491 (1494 I 2).
9 RICHTER, Kanzlei, S. 116f. (1489 XII 29).
10 Interessant ist in diesem Zusammenhang ein Brief Gerlachs von Winneburg, der an den Rentmeister adressiert ist, *in synem aiffwesen uffzobrechen der hoeffmeister*, LHAK 1 C 16217, S. 71f. (1486 III 14), ebenso der Brief Heinrichs von Bitburg, ebd., S. 77f. (1486 III 14).
11 Ludwig von Dudeldorf wird nur 1463 einmal ausdrücklich als Rentmeister genannt, MATHEUS, Verhältnis, S. 102f. (1463 V 3). Vorher war er Siegler in Trier, LHAK 1 C 18, 58 (1457 I 26), GOERZ, S. 205, MICHEL, Gerichtsbarkeit, S. 98, und hatte dem Erzbischof immerhin eine Summe von 1000 Gulden geliehen, vgl. die Quittung des Sieglers Martin von Attendorn über die Rückzahlung, LHAK 1 D 1281 (1477 XI 10).
12 Johann Frobois genannt Becheln stammt aus der gleichnamigen Koblenzer Schöffenfamilie, EILER, S. 169f., und erscheint erstmals 1465 als Rentmeister, LHAK 1 C 18, 573 (1465 XI 23). Zu seinen Pfründen vgl. PAULY, Karden, S. 413. 1468 ist er Spitalmeister des Heilig-Geist-Hospitals in Koblenz, LHAK 1 A 1237 (1468 X 13). Vermutlich als Nachfolger von Matthias von Kisselbach wurde er Kellner zu Cochem, LHAK 1 C 17, 783 (1473 III 25). 1477 rechnete er mit dem Erzbischof über die Verwaltung der Rentmeisterei sowie der Kellerei und des Zolls Cochem ab und wird bei gleicher Gelegenheit als Pastor zu Stremich genannt, LHAK 1 C 18, 598 (1477 VII 25, Ehrenbreitstein), GOERZ, S. 246. 1480 gab ihm Johann von Baden *sijn finale recesse*, LHAK 1 C 18, 610 (1480 VI 4), vgl. die differierende Angabe bei JANSSEN, Kurtrier, S. 137. Obwohl Johann von Becheln nun nicht mehr als Rentmeister tätig war, ist seine Anwesenheit bei der Abrechnung des Wittlicher Kellners auch noch später bezeugt, LHAK 1 C 7577, S. 131 (1485 I 10).
13 Der Priester Johann von Siegen war Vikar am St.-Georg-Stift Limburg, STRUCK, Bd. 1, Nr. 1530 (1466 I 16); STRUCK, Bd. 2, Nr. 242 (1469 XII 9, Limburg), und folgte Johann von Becheln unmittelbar im Amt des Rentmeisters, LHAK 1 C 6124, S. 429 (1481 I 13), von dem er auch die Kellerei Cochem übernahm, LHAK 1 A 781 (1482 V 30), vgl. JANSSEN, Kurtrier, S. 138. Vielleicht ist er mit dem Johann von Siegen identisch, dem 1483 als Notar der Trierer Kurie und Kleriker der Diözese Mainz der Marienaltar in der Trierer St.-Laurentius-Kirche verliehen wurde, allerdings wird er hier als Pastor in *Vell* genannt, LAGER, Pfarrarchive, Nr. 53 (1483 VI 21). Möglicherweise wurde er später noch Kellner in Montabaur, HHStAW Abt. 116 Nr. 108 (1504 IX 18, Koblenz). Nachfolger als Kellner in Cochem wurde Wilhelm von Eltz, LHAK 1 A 782 (1486 X 25), vgl. JANSSEN, Kurtrier, S. 138.
14 Bartholomäus Glockner von Mayen, Pastor zu Königsfeld, wurde 1476 zum Testamentsvollstrecker Elisabeths von Brohl-Vlatten bestellt, ZIMMER, Landskron Nr. 1252 (1476 II 9). Zur Person vgl. die unvollständigen Angaben bei Pauly, Karden, S. 413f.: Bartholomäus war nicht erst 1484 im Besitz des

Amtsinhabern der geistliche Stand und die parallele Ausübung einer weiteren Funktion im erzbischöflichen Dienst, wobei insbesondere der Kellerei Cochem Bedeutung zukam[15]. Gegenüber der Aufsicht über die Finanzverwaltung des Erzstifts treten andere Aufgaben jedoch eindeutig in den Hintergrund[16], allein die von der Rolle des »Fachbeamten« nur schwer zu trennende Funktion des erzbischöflichen Rats wird immer wieder erkennbar[17]. Ohnehin sehr vielfältig war das Tätigkeitsfeld des Rentmeisters, der zumindest die bewegliche Habe des Kurfürsten verwaltete[18] und eine Vielzahl von Zahlungen leistete[19].

Kardener Kanonikats, sondern bereits 1480, LHAK 1 C 16213, Bl. 80 (1480 XI 21). Bald nach der letzten Erwähnung seines Vorgängers, LHAK 1 C 608, S. 319f. (1483 VIII 11), dürfte er das Amt des Rentmeisters übernommen haben, da er schon am 29. Juni 1484 mit dem ehemaligen Trierer Siegler Heinrich Kaseler über dessen Einnahmen und Ausgaben abrechnete, LHAK 1 C 18, 698 (1484 VI 29). Anfang des Jahres 1486 wird er ausdrücklich als Rentmeister genannt, LHAK 1 A 8726 (1486 I 21, Bonn). Dem Erzbischof übergab er 1491 ein Haus in Bertrich, LHAK 1 A 3531 (1492 II 27); für 162 Gulden kaufte er verschiedene Häuser in Andernach, HEYEN, Andernach, Bd. 2, Nr. 1237 (1493 IV 15). 1496 lieh er der Stadt Köln 600 Gulden, HEYEN, Andernach, Bd. 6, Nr. 2903 (1496 VII 31). Seit 1501 wird Glockner als Kellner zu Cochem genannt, STAW Abt. Löwenstein-Wertheim-Freudenberg Virneburger Urkunden VI/162 (1501 XII 21); LHAK 1 C 17, 1727 (1503 I 28, Ehrenbreitstein), GOERZ, S. 321. Während des Aufenthalts Erzbischof Johanns beim Regensburger Reichstag war Bartholomäus Glockner gemeinsam mit dem Sekretär Berthold Kruss Statthalter auf Ehrenbreitstein, LHAK 1 C 16218, S. 25f. (1495 IV 19), ebd., S. 59f. (1495 V 21). Unmittelbar nach dem Tode Johanns von Baden wurde er durch Jakob von Mertloch abgelöst, LHAK 701, 4, fo. 80r (1503 IV 28). Bei der Abrechnung des Trierer Sieglers waren *her Jacob Mertlach altrentmeister und Erharts von Horn nuwrentmeister* anwesend, LHAK 1 C 11080, S. 212 (1506 III 2).

15 Der Wittlicher Kellner schickte dem Rentmeister zweimal einen Boten nach Cochem, LHAK 1 C 7577, S. 92 (1484 I 20), ebd., S. 94 (1484 VII 30); ebenso einmal der Manderscheider Kellner, LHAK 1 C 6124, S. 465 (1493 III 29).

16 In Cochem war der Kellner ausschließlich mit der Wirtschafts- und Finanzverwaltung befaßt, JANSSEN, Kurtrier, S. 137. 1471 ist in einer Urkunde Johanns von Baden die Rede von *unser rentmeister, ytzt kelner zu Cochme*, LHAK 1 C 18, 379 (1471 III 8, Pfalzel), GOERZ, S. 233.

17 Häufig erscheint der Rentmeister, mitunter ohne namentliche Nennung des Amtsinhabers, unter den Räten des Kurfürsten, wobei öfter der Zusammenhang zu einem Weistum gegeben ist: MATHEUS, Verhältnis, S. 102f. (1463 V 3); LHAK 1 C 608, S. 231f. (1465 XI 22); LHAK 1 C 86, S. 98–103 (1468 X 10, Bruttig), GRIMM, Bd. 2, S. 439f.; LHAK 1 C 608, S. 361f. (1486 V 13, Cochem); LHAK 1 C 16213, Bl. 137 (1487 X 8); LHAK 1 A 8849 (1490 II 7, Ehrenbreitstein); LHAK 1 A 1610 (1490 III 2, Daun); vgl. GRIMM, Bd. 2, S. 607f.; LHAK 1 C 18, 1081 (1496 VII 10, Zell), LAMPRECHT, Bd. 3, Nr. 269; LHAK 1 C 18, 1103 (1498 VI 30, Boppard), HONTHEIM, Bd. 2, S. 521f.; LHAK 1 C 609, S. 7–90 (1498 VII 10/11); ebd., S. 127–143 (1498 X 17, Oberwesel); ebd., S. 172–185 (1498 XII 4, Oberwesel); LHAK 1 C 18, 820 (1500 XI 24, Koblenz); LHAK 1 C 657, S. 55 (1502 IX 21, Ehrenbreitstein), GOERZ, S. 319. Wie eine Vielzahl von Eintragungen in den erhaltenen Kellerei- und Stadtrechnungen ausweisen, war der Rentmeister in Begleitung wichtiger Funktionsträger mehrmals im Erzstift unterwegs, LHAK 1 C 6124, S. 297; STAT RMR 1478/9, fo. 3r; STAT RMR 1482/3, fo. 16v; STAT RMR 1482/3, fo. 25v; LHAK 1 C 7577, S. 49, 52, 177, 182, 185, 193, 205, 289, 294–359, 418, 420, 425, 437; StaK- 623- BMR 1675a (1494 VIII 7); LHAK 1 C 16214, Bl. 141 (1494 XI 4, Bernkastel).

18 Der Stadt Hillesheim lieh Johann von Becheln verschiedene Geschütze und Feuerwaffen, LHAK 1 C 18, 573 (1465 XI 23); auch über die genaue Lage der erzbischöflichen Besitzungen war der Rentmeister informiert, LHAK 1 C 18, 379 (1471 III 8, Pfalzel), GOERZ, S. 233, so daß er z. B. auch über die Gewohnheiten des winterlichen Fischens informiert werden mußte, LHAK 1 C 608, S. 367 (1475 X 24, Cochem). Über das Inventar der Ämter und Burgen des Erzstifts war der Rentmeister stets auf dem Laufenden zu halten, LHAK 1 A 8601 (1477 IV 27, Ems), GOERZ, S. 245; LHAK 1 A 8689 (1483 III 25, Pfalzel), GOERZ, S. 256; LHAK 1 B 1998 (1483 IV 9, Pfalzel), GOERZ, S. 256; LHAK 1 C 7577, S. 8 (1484 VI 13); LHAK 1 C 18, 1026 (1491 VIII 14, Pfalzel), GOERZ, S. 279; LHAK 1 C 18, 1027 (1495

Einige Hinweise in den Quellen machen es möglich, den Amtssitz des Rentmeisters zu lokalisieren: Der Manderscheider Kellner lieferte 100 Gulden *zu Erembreitstein zu der rentmeisterien*[20] an Johann von Becheln. Die gleichzeitige Verwaltung der Kellerei Cochem machte zeitweise dort seine Anwesenheit notwendig[21]. Am 30. November 1493 lieferte der Manderscheider Kellner dem Rentmeister Geld nach Kärlich und suchte ihn am folgenden Tag in Koblenz auf[22], wo der »Finanzbeamte« anscheinend im Haus des Schultheißen über Räume verfügte[23]. Sein eigentlicher Sitz war jedoch die Burg Ehrenbreitstein, wo Bartholomäus Glockner 1495 als Statthalter des Erzbischofs fungierte[24]. Im gleichen Jahr holten die Erben des Büchsenschützen Huwart, der im Dienste des Markgrafen Christoph von Baden ums Leben gekommen war, dessen auf der Burg zurückgelassene Habe ab. Dort trafen sie allerdings nur den Kellner und den Unterkellner an, die ihnen zwar das Eigentum ihres Verwandten aushändigten, aber nicht wußten, ob noch Dienstgelder rückständig waren. Hierüber konnte nur der Rentmeister Auskunft geben, der zur Zeit nicht *am hoiffe*, also auf der Burg anwesend war. Folglich waren sie genötigt, *unns an des rentmeisters zukunfft zu hoiff [zu] fuegen*, um etwaige Außenstände einzufordern[25]. Nach alledem scheint man das Tätigkeitsfeld des erzbischöflichen Rentmeisters mit hoher Wahrscheinlichkeit auf Ehrenbreitstein, zumindest jedoch im Raum Koblenz verorten zu können. Kein Zweifel besteht hinsichtlich des Standorts der ebenfalls in der Finanzverwaltung involvierten Zollschreiber oder -aufseher der rheinischen Zollstätten.

Der in anderen Territorien mit ähnlichen Aufgaben wie der Rentmeister befaßte Kammermeister[26] ist in Kurtrier nicht so eindeutig diesem Feld der erzbischöflichen Herrschaft zuzurechnen. Während der Regierungszeit Johanns von Baden ist nur Ulrich von Metzenhausen als Kammermeister belegt; dieser gehörte eindeutig zu den weltlichen Räten, die

---

X 5, Ehrenbreitstein), GOERZ, S. 296; LHAK 1 A 9000 (1497 IX 11); LHAK 1 C 18, 1061 (1499 III 15, Koblenz), GOERZ, S. 308; LHAK 1 A 3582 (1502 VII 19, Koblenz), GOERZ, S. 318. Der Streit über die Rückgabe der Burg Stolzenfels an den Erzbischof zeigt deutlich die Zuständigkeit des Rentmeisters, LHAK 1 C 16221, vgl. KERBER, Stolzenfels, S. 23f.
19 LHAK 1 A 8600 (1477 IV 11); LHAK 1 C 6124, S. 319 (1478 XII 12); ebd., S. 339 (1479); LHAK 1 C 6254, S. 26 (1480); LHAK 1 A 282 (1481 I 4; Ehrenbreitstein), GOERZ, S. 252; LHAK 1 C 18, 1254 (1484 VIII 9); LHAK 1 A 8726 (1486 I 21, Bonn); LHAK 1 A 8751 (1487 VII 4); HHStAW Abt. 339 Nr. 310 (1491 II 1, Ehrenbreitstein); LHAK 1 A 8892 (1492 III 17, Koblenz); LHAK 1 C 18, 983 (1494 IV 20); LHAK 1 C 16218, S. 91 (1496 I 2); LHAK 1 C 18, 1136 (1496 III 17, Ehrenbreitstein), GOERZ, S. 297; LHAK 1 A 9008 (1497 XII 13, Koblenz), GOERZ, S. 303; LHAK 1 A 8986 ([1497]); LHAK 1 A 9023 (1498 XII 18); LHAK 1 C 18, 1178 (1500 V 2, Koblenz), GOERZ, S. 312; LHAK 1 A 9048 (1500 VI 25, Ehrenbreitstein), GOERZ, S. 313; LHAK 1 A 1748 (1500 VII 16); LHAK 1 A 9089 (1501 II 5, Koblenz), GOERZ, S. 315; LHAK 1 C 18, 1180 (1501 XI 29). Johann von Baden bevollmächtigte den Rentmeister Bartholomäus Glockner, in seinem Namen Schuldverschreibungen bis zu einer Höhe von 1600 rheinischen Gulden auszustellen, LHAK 1 C 108, Bl. 87.
20 LHAK 1 C 6124, S. 416 (1480 II 24).
21 Vgl. oben.
22 LHAK 1 C 6124, S. 473 (1493 XI 30/XII 1).
23 StaK- 623- BMR 1676 (1495 VII 5).
24 LHAK 1 C 16218, S. 33f. (1495 IV 27, Worms), GOERZ, S. 294.
25 LHAK 1 A 8955 (1495 X 13).
26 MORAW, Beamtentum, S. 74f.; WILLOWEIT, in: Deutsche Verwaltungsgeschichte, Bd. 1, S. 113.

keine spezialisierte Funktion ausübten[27]. Dies scheint sich erst unter Jakob II. geändert zu haben[28].

Der Küchenmeister ist ein Funktionsträger, der recht eindeutig mit der Verwaltung der erzstiftischen Finanzen befaßt war. Der erste unter Johann von Baden nachweisbare Inhaber dieses Amts ist der Familiare der badischen Markgrafen, Engelhard von Enzberg[29]. Er wurde offenbar unmittelbar nach dem Amtsantritt des Kurfürsten mit der Wahrnehmung dieser Aufgabe betraut und kehrte spätestens 1466 in die Dienste des Markgrafen Karl zurück[30]. Erst nach mehr als zehnjähriger Pause ist danach mit Werner von Esch[31] 1476 wieder ein Küchenmeister belegt[32], der diese Funktion für etwa zwei Jahre ausübte[33], bis er anscheinend das Amt Pfalzel wichtiger nahm und in der Folgezeit nur noch als dortiger Amtmann nachweisbar ist[34]. Im Jahr darauf begegnet einmal Kaspar von Miehlen genannt von Dieblich als Küchenmeister[35], der die Funktion vielleicht gleichzeitig[36] mit dem in den Jahren 1486 und

---

27 Die Besiegelung der abschließenden Quittung des Limburger Kellners Hermann von Schweich genannt von Trier über sämtliche Außenstände bedeutet nicht, daß der Kammermeister eine besondere Bedeutung in der Finanzverwaltung besaß. Hier ist er wiederum als Rat anzusprechen, der wohl über die Abrechnung verhandelt hatte, LHAK 1 A 8585 (1476 VI 29).
28 Der Kammermeister Jakobs von Baden, Thomas Kratz von Scharfenstein, prüfte gemeinsam mit dem »Alt-Rentmeister« und dem »Neu-Rentmeister« die Abrechnung des Trierer Sieglers Matthias von Schönecken, LHAK 1 C 11080, S. 212 (1506 III 2). Der 1509 zum Amtmann von Limburg, Montabaur, Molsberg und Brechen ernannte Dietrich vom Stein sollte einen Teil seiner Besoldung vom Kammer- oder Rentmeister erhalten, BROMMER, Inventar Stein, Nr. 842 (1509 I 1, Pfalzel).
29 Bei der Immatrikulation der Markgrafenbrüder an den Universitäten Erfurt und Köln wird er jeweils unter den Familiaren genannt, RMB III 17388 (1452 VI 30); RMB IV 7945 (1455 XI 26). Im Auftrag des Markgrafen Karl von Baden überbrachte er eine Botschaft an den Trierer Erzbischof, RMB IV 8717 (1461 XI 18).
30 RMB IV 9430 (1466 VIII 19). Ein gleichnamiger Verwandter erscheint seit 1476 als Dekan und Kellner in Münstermaifeld, LHAK 1 C 17, 899 (1476 VI 26, Koblenz), GOERZ, S. 243. Zur Person: PAULY, Liebfrauen Oberwesel, S. 390f.; DERS., Martin Oberwesel, S. 486.
31 1468 besiegelte er gemeinsam mit dem Pastor von Klüsserath den Revers der Gemeinde über deren Inschutznahme durch Erzbischof Johann, LHAK 1 C 17, 468 (1468 XII 15).
32 LHAK 1 B 175 (1476 III 31).
33 In diesem Amt ist er folgendermaßen nachweisbar: LHAK 1 A 8583 (1476 IV 21); LHAK 1 A 8609 (1477 IX 15); LHAK 1 B 1073 (1477 XII 17); LHAK 1 A 8615 (1477 XII 22); LHAK 1 A 271 (1478 II 9); HHStAW Abt. 121 U von Schweich (1478 II 12); LHAK 1 C 17, 889 (1478 II 17). Ohne Amtsbezeichnung besiegelte er folgende Dienst- und Lehnsreverse: LHAK 1 B 1905 (1476 V 29); LHAK 1 A 8605 (1477 VII 3, Ehrenbreitstein); LHAK 1 A 8614 (1477 XI 14).
34 Erstmals als Pfalzeler Amtmann erwähnt ist er bereits 1477, LHAK 1 A 1571 (1477 XII 21). Im Jahr darauf stellte er dem Erzstift die üblichen Reverse über die Ernennung zum Amtmann aus, LHAK 1 A 3016/3017 (1478 III 28). Dieses Amt behielt er bis 1483: LHAK 1 A 3015 (1478 VI 6); LHAK 1 A 8627 (1478 XI 3); LHAK 1 A 1381 (1478 XI 4, Pfalzel); LHAK 1 A 8675 (1481 III 22); LHAK 1 C 18, 618 (1481 III 22); LHAK 1 A 3014 (1482 IV 10); LHAK 1 C 18, 674 (1483 VII 1).
35 Er besiegelte zusammen mit dem Marschall Hermann Boos von Waldeck den Lehnsrevers Martins von Udenheim, Meisterkoch des Erzbischofs, LHAK 1 A 8644 (1479 XI 26).
36 In Kurköln war das Amt des Rentmeisters mitunter doppelt besetzt, vgl. PENNING, Zentralbehörden, S. 21.

1487 tätigen[37] Dietrich Wenz von Niederlahnstein[38] ausübte. Dannach wird nur noch der bereits erwähnte Koblenzer Schöffe[39] Kaspar von Miehlen genannt von Dieblich[40], der von 1489[41] bis zum Ende der Regierungszeit Johanns von Baden kontinuierlich als Küchenmeister agierte[42], genannt. Seine Tätigkeit erstreckte sich von der Auszahlung von Geldern im Namen des Erzbischofs[43] über die Besiegelung von demselben ausgestellten Reversen[44] bis hin zu den für die weltlichen Räte typischen Aufgaben, wie der Wahrnehmung der Funktionen eines Richters oder Gesandtschaften bei auswärtigen Fürsten. Über die gesamte Amtszeit hinweg blieb er als Koblenzer Schöffe aktiv und in vielerlei Hinsicht mit der Stadt verbunden[45], die als sein Hauptbetätigungsfeld anzusprechen ist. Ein weiterer Beleg macht es möglich, den Ort ausfindig zu machen, an dem Kaspar von Miehlen genannt von Dieblich

---

37 Dietrich Wenz dürfte bereits der Küchenmeister gewesen sein, der sich am 29. und 30. Oktober 1486 in Wittlich aufhielt, LHAK 1 C 7577, S. 285. Mehrmals ist er ausdrücklich als solcher belegt, LHAK 1 A 8744 (1486 XII 24); LHAK 1 A 8746 (1486 XII 26); LHAK 1 C 16213, Bl. 118f. (1487 II 17); LHAK 1 C 16213, Bl. 120f. (1487 II 19, Ehrenbreitstein); HHStAW Abt. 339 Nr. 310 (1487 VII 14, Ehrenbreitstein).
38 1479 war er Amtmann des Grafen Gerhard von Sayn in Rheinbach, HHStAW Abt. 340 U 11719 (1479 VI 4). 1484 verpfändete ihm Johann von Baden für 300 Gulden das Amt Niederlahnstein, HHStAW Abt. 112 Nr. 30 (1484 X 31, Ehrenbreitstein). Von Eberhard von der Arken kaufte er gemeinsam mit seiner Frau Margarethe für 600 Gulden die Vogtei der Dörfer und Gerichte zu Fachbach, Miehlen und Nievern, BROMMER, Inventar Stein, Nr. 784 (1487 IX 16); HHStAW Abt. 121 U v. d. Arken (1488 II 18); LHAK 1 C 18, 980 (1492 VIII 20). 1493 verkaufte er die Güter für die gleiche Summe an den Trierer Erzbischof, LHAK 1 C 18, 1025 (1493 X 1); LHAK 1 C 18, 976 (1494 III 21, Ehrenbreitstein), GOERZ, S. 288.
39 Vgl. EILER, S. 370. Seinen Schöffenrevers stellte er Johann von Baden 1477 aus, LHAK 1 A 1267 (1477 XI 24).
40 Zur Person und seiner Rolle beim Erzbischof vgl. die Zusammenstellung der Räte, Nr. 79.
41 LHAK 1 A 8817 (1489 I 1, Trier).
42 Am 26. Januar 1503 wird er letztmalig als Küchenmeister genannt, LHAK 1 A 9146. Bei der Angabe P. Brommers, Kaspar sei Kirchenmeister und Rat gewesen, dürfte es sich um einen Irrtum handeln, BROMMER, Inventar Stein, Nr. 248 (1493 V 25, Ehrenbreitstein).
43 LHAK 1 A 8928 (1494 I 18); LHAK 1 A 9146 (1503 I 26).
44 Bereits vor dem Beginn seiner Tätigkeit als Küchenmeister besiegelte er im besonderen solche Reverse, die von Personen ausgestellt waren, die mit dem Erzbischof in unmittelbarer Verbindung standen, wie z. B. der Hofdiener Peter Wapenmeister vom Berge, LHAK 1 A 8643 (1479 XI 4, Ehrenbreitstein), GOERZ, S. 249, oder der Meisterkoch Martin von Udenheim, LHAK 1 C 18, 568 (1479 XI 26, Koblenz), GOERZ, S. 250. Der erste Beleg für das Küchenmeisteramt ist der Revers Johann Hurts von Schöneck über seine Ernennung zum Rat und Diener, LHAK 1 A 8817 (1489 I 1, Trier). Von diesem Zeitpunkt an besiegelte er Reverse unterschiedlicher Art. Bemerkenswert sind in unserem Zusammenhang eine Quittung Dietrich Wenz' von Niederlahnstein über 600 Gulden, LHAK 1 C 18, 1025 (1493 X 1), und die Endabrechnung des Dieners Hans Schmidt von Überlingen, LHAK 1 A 3010 (1500 IV 6, Ehrenbreitstein), GOERZ, S. 312.
45 Bevor Kaspar von Miehlen genannt von Dieblich Küchenmeister des Erzbischofs wurde, verhandelte er mit diesem im Namen der Stadt Koblenz, StaK- 623- BMR 1666 (1478 (V 21), Ehrenbreitstein). Auch nach der Übernahme dieses Amts begegnet er in ähnlichen Missionen, StaK- 623- BMR 1682 (1490 VII 17, Ehrenbreitstein); StaK- 623- BMR 1675a (1494 VIII 7 – IX 20). In einer Zusatzbestimmung zu der alten Einung der Stadt Koblenz mit Andernach von 1301 wurde er als einer der Anwälte von Koblenz im Fall von solchen Streitigkeiten benannt, die zwischen Bürgern beider Städte bestehen, HEYEN, Andernach, Bd. 2, Nr. 1257 (1495 I 13).

seine Amtsgeschäfte wahrnahm: 1493 ließ er sich vom Manderscheider Kellner 100 Gulden auszahlen, die er daraufhin nach Ehrenbreitstein brachte[46].

Verhältnismäßig schwer zu fassen sind die erzbischöflichen Küchenschreiber, die nach Ausweis der erhaltenen Abrechnungen kurtrierischer Kellner in der Finanzverwaltung eine zentrale Rolle spielten, da sie regelmäßig unter den Anwesenden bei den Rechnungslegungen genannt werden. Der erste namentlich bekannte Inhaber dieses Amtes unter Johann von Baden ist ein gewisser Michael[47], über dessen Identität weiter nichts zu ermitteln ist. Sein Nachfolger wurde der kaiserliche Notar und Prokurator an der Trierer Kurie, Magister Johann Wendelin von St. Wendel[48], der von 1485 bis 1495 in dieser Funktion nachweisbar ist und seinen Sitz vermutlich auf der Burg Ehrenbreitstein hatte[49].

Auch wenn die angeführten Belege für die Tätigkeit von Funktionsträgern an der erzbischöflichen Zentrale, die in unmittelbarem Zusammenhang mit der Verwaltung der Finanzen standen, den Eindruck einer relativ festgefügten und ausgeprägten Behördenstruktur vermitteln mögen, so dürfen diese nicht darüber hinwegtäuschen, daß die überwiegende Mehrzahl der finanziellen Transaktionen weiterhin auf der lokalen Ebene, in den Kellereien und vor allem an den Zollstellen, abgewickelt wurde[50]. Die regionale Zuordnung der dortigen Amtsinhaber erscheint von vornherein klar. Ein Bezug zur Zentrale ist nur bei Kumulationen mit bestimmten Ämtern am Hof erkennbar. Ansonsten bleiben die Kellner und Männer der Zollverwaltungen auf ihr lokales Tätigkeitsfeld beschränkt. Hinweise auf den Ort der Herrschaftsausübung vermag jedoch nur die Betrachtung von Personen der Zentralverwaltung zu geben. Hier weisen alle gefundenen Indizien auf Ehrenbreitstein[51] als Standort der Finanzverwaltung des Erzstifts Trier in der zweiten Hälfte des 15. Jahrhunderts hin.

---

46 *Item misericordia domini do schickt ich I^c g. ghein Erenbreitstein mit h. Jasper*, LHAK 1 C 6124, S. 473 (1493 IV 21).
47 LHAK 1 C 6124, S. 194 (1477 I 20); S. 251 (1478 II 21); S. 332 (1479 I 28); S. 429 (1481 I 13).
48 Zur Person: Michel, Gerichtsbarkeit, S. 175; allerdings ist er bereits vor 1473 als Notar nachweisbar, WAMPACH, Bd. 10, Nr. 218, 970bis (1470 XII 12, Trier). In dieser Funktion blieb er auch noch tätig, als er bereits Küchenschreiber war: STAT RMR 1475/6, fo. 22v (1476 VII); WAMPACH, Bd. 10, Nr. 441 (1476 IX 21); WAMPACH, Bd. 9, Nr. 994 (1477 III 27, Trier); LHAK 1 D 1289 (1478 VII 31, Trier); STRUCK, Bd. 1, Nr. 1182 (1478, Trier); PSHIL, Bd. 35, S. 123f. (1481 I 25); LAGER, Pfarrarchive, Nr. 620 (1485 VIII 2); HHStAW Abt. 170 U 1986 (1487 III 15); MICHEL, Gerichtsbarkeit, S. 47 (nach 1489 II 22); STRUCK, Bd. 2, Nr. 298 (1492 III 30, Trier); LHAK 1 C 18, 1019 (1495 IX 21).
49 Der Wittlicher Kellner vermerkte 1485 unter anderem folgende Ausgabe: *Item hain ich dem cuchenschrieben gekaufft und gesant zu Erembreitstein XXIIII brelnick, haint golden XXI fl. VIII alb.*, LHAK 1 C 7577, S. 219.
50 Vgl. WILLOWEIT, in: Deutsche Verwaltungsgeschichte, Bd. 1, S. 112.
51 Dort wurden dem Diener Ludwig von Tann 100 rheinische Gulden ausgezahlt, LHAK 1 A 8792 (1488 VIII 24).

E. Der erzbischöfliche Hof

Die spätmittelalterlichen Fürstenhöfe als institutionalisierte Herrschaftszentren, deren Einrichtung dazu diente, Herrschaft von Mittelpunkten aus neu zu organisieren[1], können als wichtige Indikatoren für die Residenzbildung gelten[2]. An den fürstlichen Höfen manifestierte sich das Streben der Landesherrn nach Repräsentation am deutlichsten[3]. Ein umfangreiches und facettenreiches Hofleben benötigte eine entsprechende Umgebung, um den Ansprüchen eines Reichsfürsten zu genügen, was die räumlichen Alternativen für die Entfaltung des Hofs wesentlich einengte. Neben den hochrangigen Hofämtern sind in unserem Zusammenhang die Personen von Interesse, die für die tägliche Abwicklung des Hoflebens unverzichtbar waren. Hierbei ist primär an untergeordnete Bedienstete zu denken, deren Anwesenheit notwendig war, um dem Kurfürsten ein standesgemäßes Auftreten zu ermöglichen. Sofern diese Personen ihre Wohnsitze mehrheitlich an einem Ort oder in einem Raum hatten, wäre damit ein wichtiger Hinweis auf den Platz des bevorzugten Aufenthalts des Landesherrn und damit der Herrschaftsausübung gegeben, da aller Wahrscheinlichkeit nach die Reisen von hier ihren Ausgang nahmen[4].

Die regelmäßigen Neujahrsgeschenke der kurtrierischen Städte und Klöster an den Hof des Erzbischofs zeigen, wie weit die Institutionalisierung in diesem Bereich im 15. Jahrhundert bereits gediehen war[5]. Die differenzierte Verteilung der Gelder[6] ist ein weiterer Beleg

---

1 W. RÖSENER, Hof, in: LexMA, Bd. 5, Sp. 67.
2 PATZE, Bildung, vgl. die Studie von STREICH, Zwischen Reiseherrschaft und Residenzbildung.
3 Vgl. den Tagungsbericht von W. PARAVICINI, 3. Symposion: »Alltag bei Hofe« Ansbach, 28. 2.-1. 3. 1992, in: Mitteilungen der Residenzen-Kommission der Akademie der Wissenschaften zu Göttingen 2, 1992, Nr. 1, S. 13–18.
4 STREICH, Zwischen Reiseherrschaft und Residenzbildung, hat für die Wettiner auch noch im 15. Jahrhundert eine erhebliche Mobilität nachgewiesen, die den gesamten Hof miteinbezog.
5 Für die Stadt Koblenz ist dies erstmals 1446 belegt, als der Bürgermeister vermerkte: *Item unßers herren hovegesinde zu nuwen jaire XLII mr.*, StaK- 623- BMR 1650 (1446 I 1). Von Schwankungen um einige Solidi abgesehen, blieb die Summe im hier untersuchten Zeitraum stets gleich. In Trier sind Neujahrsgeschenke an den erzbischöflichen Torhüter und Pförtner sowie an die Boten schon im 14. Jahrhundert üblich, STAT RMR 1373/4, fo. 1v (1374 I 10). Im Rechnungsjahr 1430/31 werden erstmals Neujahrsgeschenke eigens aufgeführt, und zwar an den Torhüter, den Schreiber, die Kammer und die Boten, STAT RMR 1430/1, fo. 11r. Ähnlich wie bei den Geschenken an die Kanzlei differierten die Summen während des Untersuchungszeitraums.
6 Der Trierer Rentmeister führt in jedem Jahr die genaue Verteilung des Geldes auf. In den Rechnungen der Koblenzer Bürgermeister geschieht dies nur sporadisch. Auskunft über die Distribution gibt eine *ordenunge geschenckten gelts zu hoiff* aus dem Anfang des 16. Jahrhunderts: *Item in der kůchen Spijerhans meisterkoch II teile, Crafft I teil. Item Bottlij und spendelij Henselin halb und Butschpach und der fassbender das ander halbteil. Item in der camern und silber camer III, was darinn geschenckt wirdet,*

für die weit entwickelte Organisation des Hofs. Näheren Aufschluß hierüber verspricht ein Verzeichnis »Unsers gnedigsten herren vonn Trier diener«, das nach einem späteren Archivvermerk als »Dienerbuch von 1487–1554« bezeichnet wird[7]. Bei näherem Hinsehen erweist sich dieses jedoch als eine Zusammenstellung des Reiteraufgebots, das für die Beilsteiner Fehde verpflichtet wurde. Die Liste beginnt mit dem obersten Hauptmann, Heinrich Graf zu Nassau-Beilstein, und führt dann insgesamt 152 Namen von überwiegend nur für ein Jahr verpflichteten Dienern auf, deren Ernennungsurkunden von 1487–1489 in Kurzregesten wiedergegeben werden. Am Ende jeder Seite ist die Anzahl der aufgebotenen Pferde zusammengezählt. Diese geschlossene Aufstellung[8], die den Anlaß für die Anlage des Konvoluts gab, wurde später fortgeführt, behielt aber den Charakter einer Zusammenstellung des Reiteraufgebots, das nun freilich nicht mehr nur für eine bestimmte Aktion diente[9].

Für unsere Zwecke ergiebig erweist sich ein Verzeichnis von *Personen, so teglichs zu hoiff syn uns g. h. von Trier, uns g. h. Coadiutor*, das insgesamt 111 Namen oder Dienstbezeichnungen aufführt. Die Liste beginnt mit dem Landhofmeister Philipp Graf zu Virneburg, der mit acht Personen und acht Pferden am Hofe weilte, gefolgt von Gerlach von Isenburg-Grenzau mit sechs Personen und Pferden, Heinrich von Pyrmont mit sechs Personen und fünf Pferden, dem Hofmeister Paul Boos von Waldeck mit vier Personen und Pferden sowie Friedrich Zant von Merl mit drei Personen und Pferden. Der Küchenmeister Kaspar von Miehlen genannt von Dieblich wird ohne weiteres Gefolge aufgeführt. Von den weiteren, hauptsächlich nur mit ihren Vornamen genannten Dienern sind hervorzuheben: *Myns g. h. arce zwoe personen, I pert*, Dobisch d. A., womit sicherlich der Torhüter gemeint ist, auch mit zwei Personen und einem Pferd. Der letzte mit Pferden genannte ist Philipp Boos von Waldeck, der mit zwei Personen und zwei Pferden bei Hofe sein sollte. Der Rentmeister wird ebenso wie ein Barbier, der Koch und ein Metzger mit einem Knecht genannt. Den Abschluß bilden sechs mit ihren Vornamen genannte Boten, ebensoviele Jäger und ein Wildschütze. Da großer Wert auf die mitgeführten Pferde gelegt wurde, scheinen außer den erwähnten Personen keine weiteren beritten gewesen zu sein. Somit hätten sich im Gefolge des Kurfürsten bei seinen Reisen stets 30 Reiter befunden, 81 Diener folgten ihm zu Fuß. Dies steht allerdings im Widerspruch zu anderweitig überlieferten Zahlenstärken des erzbischöflichen Hofgesindes[10].

Zum Regensburger Reichstag des Jahres 1471 bestellte der Trierer Erzbischof Quartier für 184 Pferde und 178 Männer, womit er unter den Reichsfürsten noch ein durchaus bescheidenes Gefolge mitführte[11]. Ein Teil des Hofs mit 17 Pferden hielt sich im Januar 1479

---

sullen sie glich teilen, ußgescheiden, was von den steten und epten vor nuwe jare geschenckt wirdet, soll der schnijder mit an haben, dargegen soll er vor sich alleyn halten, wes von der cleidong fellt, so das tuch wirtt ußgeben. Item in dem marstelle Peter halb und dem schmid das ander teil halb und das uberig den andern II knechten. STBT Hs. 1774/1760 4°, fo. 2r.

7 LHAK 1 C 1175 (Das Konvolut ist nicht paginiert, wurde aber zur leichteren Orientierung durchgezählt.) Der Zeitraum enthaltener Dienerbestallungen reicht allerdings bis 1569.

8 Ebd., Bl. 1–14.

9 Ebd., Bl. 24ff. Ausnahmen bilden die bereits erwähnte Auflistung der an Weihnachten 1502 ernannten Räte, ebd., Bl. 23, sowie Verzeichnisse der Burgmannen von Schöneck, ebd., Bl. 51', und Grimburg, ebd., Bl. 68.

10 Erzbischof Balduin von Luxemburg hatte 1344 einmal 60 Pferde in seinem Gefolge, vgl. BURGARD, Familia, S. 133 f.

11 Vgl. WOLFF, Regensburger Häuserbestand.

zweimal in Manderscheid auf[12]. Die von 1484 bis 1488 überlieferten Rechnungen des Wittlicher Kellners, die regelmäßig Ausgaben für die Versorgung des Hofgesindes enthalten, informieren uns genau über die Größe des Gefolges: Die Angaben schwanken zwischen 46 und 103 mitgeführten Pferden[13]. Bei diesen Zahlen ist zu berücksichtigen, daß die Anzahl der Pferde nicht unbedingt die genaue Größe des mitreisenden Hofgesindes bezeichnen muß. Wie die Präsenzliste des Hofs zeigt, waren höchstwahrscheinlich einige zu Fuß unterwegs, möglicherweise wurden zusätzlich Packpferde mitgeführt. Wenn die Pferde des Kurfürsten von Trier nach Koblenz gebracht wurden, während er selbst sich per Schiff dorthin begab, dürften erheblich weniger Personen als Pferde vorhanden gewesen sein. Legt man die hohe Zahl des Gefolges beim Regensburger Reichstag zugrunde, so verwundert auf den ersten Blick die geringe Anzahl von 38 namentlich Genannten[14] im Hofgesinde Johanns von Baden bei dem fast fünf Monate dauernden Reichstag in Worms. Allerdings sind hier nur adlige Begleiter und gelehrte Räte des Kurfürsten aufgeführt, so daß mit einem erheblich größeren Gefolge zu rechnen ist, das sicherlich die Größenverhältnisse von 1471 erreichte. Ungewöhnlich ist die aus der Hand des mit den Verhältnissen aufs Beste vertrauten Peter Maier stammende Auflistung des den Erzbischof bei der Belagerung Boppards begleitenden Hofgesindes. Er nennt insgesamt nur zwölf Personen[15], unter denen vor allem der Kanzler Dr. Ludolf von Enschringen und die Mitglieder der Kanzlei auffallen, die ansonsten nicht in Zusammenhang mit dem fast ausschließlich weltlich geprägten Hof zu bringen sind. Damit dringen wir zu einer Besonderheit der Präsenzliste des Hofs aus dem beginnenden 16. Jahrhundert vor. Abgesehen von dem wahrscheinlich geistlichen Kaplan Johann werden ausschließlich weltliche Personen genannt, so daß der Hof sich von der Familia des Erzbischofs[16] zumindest graduell unterscheidet und offenbar als eigenständige Organisationseinheit oder Organisations- bzw. Lebensform bertrachtet wurde, auch wenn die Quellen nicht immer eine scharfe Trennung erkennen lassen. Man wird kaum fehlgehen, für den Hof des Trierer Erzbischofs Johann von Baden eine durchschnittliche Größe von knapp 100 Per-

12 LHAK 1 C 6124, S. 368 (1479 I 10–12), S. 370 (1479 I 24–26).
13 Aus den Kellereirechnungen, LHAK 1 C 7577, sind folgende Zahlen der mitgeführten Pferde zu ermitteln; gemeinsam mit dem Erzbischof: 1484 II 9/10: 103, S. 44; 1484 IV 1/2: 77, S. 50; 1484 VII 8: 82, S. 56; 1485 III 11: 103, S. 172; 1486 X 22/23: 46, S. 282f.; 1487 VII 20: 71, S. 416; 1487 VIII 24/25: 80, S. 423; 1487 XI 24–26: 75, S. 432; 1488 I 8/9: 87, S. 441; 1488 III 19: 72, S. 444. Nur das Hofgesinde ohne den Kurfürsten: 1484 II 21/22: 90, S. 46; 1484 IV 27: 49, S. 54; 1484 VII 21: 87, S. 62; 1485 III 18: 40, S. 175; 1485 III 19–22: 24; 1485 IV 5–7: 70; 1485 VI 17–26: 59, S. 188–195; 1486 VII 7: 46, S. 279; 1486 XI 3/4: 85, S. 287; 1487 IV 27-VI 22: 21, S. 294–359; 1488 IV 9: 63, S. 449.
14 RTA MR, Bd. 5,1,2, Nr. 1594 (1495 III-VIII, Worms).
15 LHAK 701,4, fo. 67. Namentlich genannt sind der Erbmarschall Johann von Helfenstein, Friedrich von Sötern, Philipp und Balthasar Boos von Waldeck, Kaspar und Philipp von Miehlen genannt von Dieblich, Dietrich von Diez, der Rottmeister Johann Snedse von Grenzau, der Torhüter Melchior von Dobisch, Eberhard von Hirtze, der Kanzler Dr. Ludolf von Enschringen und die Kanzlei.
16 Da die »Familiares« primär in Quellen geistlicher und insbesondere päpstlicher Provenienz identifiziert werden können, die hier nur unvollständig einbezogen werden konnten, sind Aussagen über die »Familia« Johanns von Baden kaum möglich. 1476 erteilte Papst Sixtus IV. den *familiares continui, commensales* und anderen, die zeitweise an seinem Tisch zusammenkommen, einen Fastendispens, LHAK 1 A 8579 (1476 I 21, Rom), GOERZ, S. 242, den er vier Jahre später auf alle Personen ausdehnte, die sich in *domo tua* aufhielten und zu seinen *familiarii* zählten, LHAK 1 A 8650 (1480 II 19, Rom).

sonen anzunehmen, die sich aus »Hofbeamten«, gelehrten und weltlichen Räten sowie den Bediensteten zur Gewährleistung des täglichen Lebens zusammensetzten.

Da Johann von Baden selbst ein Universitätsstudium absolviert hatte und in Verbindung mit dem humanistischen Papst Pius II. stand, liegt die Vermutung nahe, daß dies Auswirkungen auf sein »alltägliches« Umfeld hatte. Betrachtet man daraufhin den Kreis seiner Ratgeber, so findet sich eine Anzahl von Personen, die ein juristisches Hochschulstudium absolviert hatten und die der Erzbischof mit wichtigen Aufgaben betraute. Die Kompetenz dieser gelehrten Räte machte sich Johann von Baden zudem für die 1473 gegründete Trierer Universität nutzbar, indem er z. B. seinen Rat Dr. Richard Gramann von Nickenich, der 1486 bereits das Kanonikat der Universität im Koblenzer St.-Florin-Stift erhalten hatte[17], verpflichtete, jährlich 25 Vorlesungen in beiden Rechten zu halten[18]. Es spricht für das Engagement des Badeners, daß gerade in der schwierigen Gründungsphase sein Neffe, Markgraf Friedrich, Rektor der Universität wurde[19]. Aber auch umgekehrt nutzte Johann von Baden die in seinem Territorium ansässige Hochschule. Ein hervorragendes Beispiel hierfür ist der von der Stadt Trier besoldete Professor, Dr. Ludolf von Enschringen,[20] der zum Kanzler berufen wurde und beim Erzbischof in eine außergewöhnliche Vertrauensstellung aufrückte. Von derartigen, eher vereinzelten Nachrichten abgesehen, lassen sich aus dem hier ausgewerteten Quellenmaterial kaum Informationen über die geistige oder auch kirchlich-religiöse Atmosphäre am erzbischöflichen Hof gewinnen.

Weitere Auskünfte über den Umfang des Hofs aus anderer Perspektive liefert eine aus landständischer Provenienz und wohl aus den beginnenden 90er Jahren des 15. Jahrhunderts stammende Denkschrift über Ausgaben Johanns in Reichs- und Landesangelegenheiten sowie die allgemeine Finanzlage des Erzstifts[21]. Unter den kostenintensiven Unternehmungen wird das Treffen Kaiser Friedrichs III. mit Karl dem Kühnen 1473 in Trier aufgeführt, wo der Kurfürst *erenhalb* mit 400 Pferden für zehn Wochen liegen mußte und welches ihn 2000 Gulden kostete. Zur Neusser Fehde habe der Erzbischof für insgesamt 14 Wochen 800 Pferde zu einem Preis von 60 000 Gulden unterhalten müssen. Auf der Brautfahrt Maximilians nach Flandern begleitete ihn Johann von Baden mit 220 Pferden, den dortigen Kriegszug des Jahres 1488 habe der Trierer mit 200 Pferden unterstützt. Mögen diese Zahlen mit Rücksicht auf ihren Zweck auch überhöht sein, so verleihen sie dennoch den festgestellten Größenverhältnissen des Hofs weitere Plausibilität. Angesichts dieses Umfangs des täglichen Gefolges setzt uns zumindest für heutige Verhältnisse die große Mobilität des Kurfürsten in Erstaunen, der es immerhin schaffte, zwei weit voneinander entfernte Herrschaftszentren regelmäßig aufzusuchen, auch wenn eine klare Präferenz für den Raum Koblenz/Ehrenbreitstein erkennbar ist.

Von daher stellt sich die Frage, wie das Hofgesinde versorgt wurde. Die Ausgaben des Manderscheider und Wittlicher Kellners für die freilich kurzfristigen Beherbergungen belegen diesbezügliche Möglichkeiten der Ämter aus ihren eigenen Mitteln heraus. Für die

---

17 STAT DK 8497 (1486 IX 18, Koblenz).
18 LHAK 1 C 18, 1070 (1499 IV 22, Pfalzel), HONTHEIM, Bd. 2, Nr. 893.
19 Vgl. SCHMIDT, Nr. 2191a (1477 V 26).
20 Vgl. MATHEUS, Verhältnis, S. 89.
21 LHAK 1 E 1232.

Unterbringung seines Gefolges auf Reisen außerhalb des Erzstifts hatte Johann von Baden selbst zu sorgen[22]. Von größerer Relevanz sind in unserem Zusammenhang Lieferungen an die erzbischöfliche Zentrale, die günstigenfalls auch noch den Ort der Ablieferung erkennen lassen. Frank von Kronberg d. Ä. hatte dem Kurfürsten 1000 Malter Korn geliefert[23]. Meister Konrad Koch war erlaubt worden, *lieberunge in die burg Erembreitsteyn laissen hoelen*[24]. Eine Reihe von Einträgen in der Manderscheider Kellereirechnung belegen Lieferungen von dort nach Ehrenbreitstein[25], in einem Fall auch nach Pfalzel[26]. Georg vom See zahlte 1484 dem Wittlicher Kellner 639 Gulden und sechs Albus, um Wein zu kaufen[27]. Der gleiche schickte im Juli des Jahres einen Boten mit fünf Ochsen nach Ehrenbreitstein[28]. Drei Jahre später wurde erneut ein Bote auf diese Burg geschickt, diesmal mit 100 Maltern Korn[29]. Der Manderscheider Kellner entlohnte einen Boten, der dem erzbischöflichen Metzger half, 100 Schafe von Oberkail nach Koblenz zu treiben[30]. Für *unsers hoiffs provisie* ließ Johann von Baden 220 Hammel holen, die Reinhard Graf zu Leiningen-Westerburg zollfrei passieren lassen sollte[31]. Die Hauptleute des Erzbischofs für ein Aufgebot des Schwäbischen Bundes, Philipp und Balthasar Boos von Waldeck, sollten, während sie bei ihm *zu hoiffe inn unser coste, futer und male lygen*, keinen Sold erhalten[32]. Offenbar standen an der erzbischöflichen Zentrale, die demnach auf der Burg Ehrenbreitstein zu vermuten wäre, genügend finanzielle Mittel zur Verfügung, um die Hofgesellschaft zu versorgen.

Wie sind die Angehörigen des Hofs zu identifizieren? Welche Gemeinsamkeiten lassen diese als Angehörige einer möglicherweise relativ homogenen Gruppe erkennen? Die überwiegende Mehrheit der erzbischöflichen Diener erhielt – auch wenn sie nur zum militärischen Aufgebot gehörten – jedes Jahr über ihre sonstige Besoldung hinaus ein Hofgewand[33] (lat. *tunica*[34]) im Wert von etwa vier Gulden[35], das eine einheitliche Farbe zur Unterschei-

22 HHStAW Abt. 130 I, II B 5 Kur-Trier 2, Bl. 4 (1461 V 7, Ems).
23 LHAK 1 A 8345 (1457 III 22, Ehrenbreitstein), GOERZ, S. 205.
24 LHAK 1 C 18, 558 (1479 VI 29), vgl. unten.
25 LHAK 1 C 6124. Der Kellner transportierte einen *ysen morelsteyn* mit einem neuen *ysenstoessel* nach Pfalzel, von wo der dortige Kellner beides dem Erzbischof nach Ehrenbreitstein schickte, ebd., S. 294 (1478 VII 25). Auf Befehl des Ehrenbreitsteiner Kellners lieferte er acht Zentner Eisen, die er *uff der Ysensmytten* gekauft hatte, auf die Burg am Rhein, ebd., S. 292 (1478), im Jahr darauf weitere 14 Zentner, ebd., S. 390 (1479 II 17), acht Zentner, ebd., S. 390 (1479 V 14), 16 Zentner, ebd., S. 391 (1479 VIII 2), und 14 Zentner, ebd., S. 391 (1479 XII 30). Im folgenden Jahr lieferte er 218 Malter Korn per Schiff an den Ehrenbreitsteiner Kellner, ebd., S. 382 (1480 I 15), ebd., S. 367 (1480 I 21).
26 Dem Pfalzeler Kellner lieferte er mit 14 Wagen 200 Malter Hafer, ebd., S. 284 (1478 X 14), und elf Wagen mit *synten*, ebd., S. 292 (1478).
27 LHAK 1 C 7577, S. 8 (1484 VII 30).
28 Ebd., S. 93 (1484 VII 30).
29 Ebd., S. 369 (1487 IV 23).
30 LHAK 1 C 6124, S. 465 (1493 VII 18).
31 HHStAW Abt. 339, Nr. 310 (1496 IV 14, Ehrenbreitstein).
32 LHAK 1 A 9028 (1499 IV 14, Trier), GOERZ, S. 308.
33 Für die Vielzahl der Belege vgl. LHAK 1 C 18, 534 (1478 I 1, Pfalzel); Druck: LAMPRECHT, Bd. 3, Nr. 260.
34 LHAK 1 C 18, 704 (1484 IX 21, Ehrenbreitstein), GOERZ, S. 259.
35 LHAK 1 A 3456 (1499 III 2, Koblenz), GOERZ, S. 308. Allerdings wurde die Kleidung in der Regel ausgegeben und nicht durch Geldzahlungen abgelöst, vgl. LHAK 1 C 16214, Bl. 148 (1494 XI 9, Pfalzel), PSHIL, Bd. 37, S. 8; LHAK 1 C 16218, S. 99 (1496 II 26, Koblenz), GOERZ, S. 297; LHAK 1 C 18, 1266 (1502 XI 9).

dung von Dienern anderer Herren hatte[36]. Eine genaue Beschreibung lieferte Johann von Baden dem Grafen Johann von Nassau-Saarbrücken, der beim Einritt des zum Metzer Bischof erwählten Markgrafen Georg von Baden in seinem Gefolge sein sollte: ...*da wirdet unser kleidunge gantz roit sin und in der naet, als der rechte arme an den rock gesatzt wirdet, sall die marcke gesatzt werden, nemlich brun, swartz und wyss und sall unden ußgaen biß an den slitze. Und das du die meynunge eygentlich verstees, so schicken wir dir die varbe, wie die zusamen horet und man die in die naet negen sall*[37]. Leider ist das Stoffmuster nicht erhalten, so daß keine weiteren Aussagen zur Kleidung des erzbischöflichen Gefolges bei derart festlichen Anlässen möglich sind. Ähnlich war wohl ein Bote des Kurfürsten, der *desselben unnsers gnedigen herrn von Trier buhsche vor ime fuerte und uff syme obersten kleide, als gewonlich ist, drug*, gekleidet[38]. Unterschieden wurde zwischen Sommer- und teurerer Winterkleidung.

Die in ihrer Mehrheit »von Haus aus« Dienenden erhielten dann mehr Geld – in der Regel das Doppelte ihrer normalen Bezüge –, wenn sie sich für längere Zeit, meist länger als ein viertel Jahr, am Hof aufhalten sollten[39]. Ein gutes Beispiel hierfür ist Meister Hartmann von Windeck, den Johann von Baden für fünf Jahre zum Rat und Diener ernannte und der sich bereithalten sollte, auf schriftlichen Befehl im Erzstift oder *daherumb* zur Verfügung zu stehen[40]. Peter Wapenmeister vom Berge, der sich verpflichtet hatte, sein Leben lang beim Kurfürsten am Hof zu sein, erhielt dafür zusätzlich zu seinem Dienstgeld weitere zwölf Gulden und zwei Hofgewänder[41]. Eine ganze Reihe von Personen ist eindeutig dem Sozialgefüge »Hof« zuzurechnen. Von dem Torhüter Hans von Enzberg sagte der Kurfürst 1473, er habe ihn von seiner Jugend an bei sich aufgezogen[42]. Der spätere Torhüter Melchior von Dobisch war ebenfalls ständig am Hof[43]. *Nach unsers hoiffs gewonheit* sollte der Hauptmann in der Beilsteiner Fehde, Heinrich Graf zu Nassau-Beilstein, 300 Gulden für Verpflegung, Nägel und Eisen erhalten[44]. Eine in diesem Zusammenhang interessante Formulierung ist einer Schuldurkunde Erzbischof Johanns für Markgraf Christoph von Baden, die sich auf die Verpflichtung zum Einlager bezog, zu entnehmen. Die Mahnung konnte den Bürgen – alle sechs gehörten zu den Räten, die ständig bei Hofe waren – *mit botten oder brieven zu huyße*,

---

36 *Aylff* von Marmagen sollte der Erzbischof *wie anernn hoiffgesinde kleyden*, LHAK 1 A 8371 (1458 IV 22). Heinz von Weidenhan erhielt *eyn hoiffkleit mit der farben als wir unser gesinde und gemeyne knechte werden kleider geben*, LHAK 1 C 18, 345 (1469 VI 4, Ehrenbreitstein), GOERZ, S. 230. Dem Ehrenbreitsteiner Burggraf Wilhelm vom Stein gab der dortige Kellner *so wie ander unser hoiffgesinde cleydung*, LHAK 1 A 1690 (1503 I 5, Ehrenbreitstein), GOERZ, S. 321. Im Falle des Matthias von den Schilden sind Ernennungsurkunde und Revers mit den entsprechenden Bestimmungen überliefert, LHAK 1 A 8854 (1490 IV 6, Pfalzel), GOERZ, S. 274; LHAK 1 A 8955. Die Räte erhielten zwei Hofgewänder, LHAK 1 C 18, 907 (1492 IV 23, Ehrenbreitstein), GOERZ, S. 281. Auch der Koblenzer Münzmeister sollte jährlich einen *hoiffrock* erhalten, LHAK 1 C 18, 214 (1461 X 21, Ehrenbreitstein), GOERZ, S. 213.
37 HHStAW Abt. 130 I, II B 5 Kur-Trier 2, Bl. 4 (1461 V 7, Ems).
38 LHAK 1 A 2957 (1468 VIII 4, Oberwesel).
39 Vgl. für andere LHAK 1 A 8832 (1489 VIII 29, Zell), GOERZ, S. 272; LHAK 1 A 8856 (1490 IV 19).
40 LHAK 1 C 18, 1053 (1493 III 1).
41 LHAK 1 A 8642 (1479 XI 4, Ehrenbreitstein), GOERZ, S. 249.
42 LHAK 1 B 426 (1473 IV 26, Koblenz), GOERZ, S. 237.
43 LHAK 1 A 8961 (1496 I 4, Ehrenbreitstein), GOERZ, S. 299.
44 HHStAW Abt. 170 U 2022 (1488 VIII 14, Koblenz).

zu hoiffe ader montlich under augen wie die manonge wissentlich geschicht überbracht werden[45]. Mißverhalten bei Hof wurde mit der dauernden Verbannung aus der Nähe des Kurfürsten geahndet[46]. Einen Hinweis auf die nicht voll ausgeprägte Ortsfestigkeit des Hofs bietet die Urfehde des Heubinders *Burghenne* von Ems, der wegen Pflichtvergessenheit in das Ehrenbreitsteiner Gefängnis gekommen war und nach seiner Entlassung sofort den Hof verlassen mußte, dem er sich sein Leben lang nicht näher als eine halbe Meile nähern durfte, *wo myn gnedigster herre syn furstlicher gnaden hoibstat halten* wird[47]. Für die Angehörigen des Hofs wurde Hans von Sprendlingen eigens als Wundarzt angestellt, die ihn für seine Dienste nicht zu entlohnen brauchten[48].

Nach diesen notwendigerweise knappen Ausführungen zur allgemeinen Organisation des kurtrierischen Hofs soll im folgenden vor allem den Tendenzen zu dessen Ortsfestigkeit nachgegangen werden. Anhand des Versuchs, einzelne Angehörige der Hofgesellschaft zu verorten, wird gleichzeitig die Vielfalt des höfischen Lebens erkennbar.

Der auf unbestimmte Zeit zum Rat und Diener ernannte Adam von Ottenstein versprach unter anderem, sich mit drei Pferden *zu Erembreitstein by synen gnaden zu hoiffe ader woe sunst syn gnade will* aufzuhalten[49]. 1495 war der Rentmeister *itzt nit am hoiffe* auf der Burg Ehrenbreitstein[50], wo sich der Erzbischof zu diesem Zeitpunkt aufhielt.

Die namentlich oder zumindest in ihren Funktionen greifbaren Angehörigen des Hofs, die nicht den höheren Chargen zuzuordnen sind, sondern auf unterer Ebene für die Abwicklung des täglichen Lebens zu sorgen hatten, lassen sich grob in fünf Kategorien unterteilen: 1. Hofhandwerker, 2. Diener zur Versorgung des Hofs mit Lebensmitteln, 3. persönlicher Fürstendienst, 4. Boten, 5. Diener, die bei Vergnügungen und Festen benötigt wurden. Über die einzelnen Gruppen sind wir unterschiedlich gut informiert. Die Personen sollen im folgenden dahingehend näher betrachtet werden, ob sich räumliche Präferenzen oder gar feste Wohnsitze nachweisen lassen.

Im Zusammenhang mit der besprochenen Einkleidung der erzbischöflichen Diener steht das Wirken der Hofschneider, von denen nur Peter Alblin namentlich faßbar ist, der gleichzeitig als Kämmerling erscheint[51].

Ebenfalls eng mit dem Hof verbunden war der Vorsteher des erzbischöflichen Marstalls, in den Quellen als *marsteller* bezeichnet. Den ersten namentlich bekannten Marsteller, Paul

---

45 LHAK 1 A 9104 (1501 XII 21), GOERZ, S. 317.
46 Ein Eintrag im Temporale Johanns von Baden trägt die Überschrift *Peter Zwerge von Butzbach abscheit usser dem trierschen hobe* und enthält die vor dem Rat Heinrich von Sötern in Gegenwart des Arztes Dr. med. Albrecht Munsing beschworene Urfehde wegen *alsolich Peters verhandelung, wie sich das die inn dem trierschen hobe begeben und er gedriben hait, die dan woil verdient mirgkliche lybsstraiffe*, LHAK 1 C 18, 1073 (1498 X 16).
47 LHAK 1 A 9025 (1498 XII 30).
48 LHAK 1 A 8615 (1477 XII 22, Pfalzel), GOERZ, S. 247.
49 LHAK 1 A 8794 (1488 VIII 26).
50 LHAK 1 A 8955 (1495 X 13).
51 LHAK 1 C 18, 816 (1489 III 21). Ansonsten ist nur unpersönlich vom Hofschneider die Rede, der Hofkleidungen liefern sollte, LHAK 1 C 18, 928 (1491 I 6, Ehrenbreitstein), GOERZ, S. 277; LHAK 1 A 8904 (1492 X 7, Koblenz), GOERZ, S. 283; LHAK 1 A 8995 (1497 VIII 6, Boppard), GOERZ, S. 302; LHAK 1 A 9009 (1498 II 16); LHAK 1 A 3456 (1499 III 2, Koblenz), GOERZ, S. 308. Die Präsenzliste des Hofs nennt *Eckart snyder*, LHAK 1 C 1175, Bl. 30.

von Eberstein, und dessen Frau Margarethe belehnte Johann von Baden mit den Gütern Gutmanns von Sobernheim auf der Insel Niederwerth, vorbehaltlich der Rückzahlung einer Schuldsumme von 500 rheinischen Gulden, die der Vater Margarethes, der Montabaurer Kellner Johann von Scheven, dem Kurfürsten geliehen hatte[52]. Gleichzeitig wird der möglicherweise mit dem Vorsteher des Marstalls verwandte Johann von Eberstein als Zollschreiber in Koblenz genannt[53]. Der Marsteller Paul von Eberstein besaß außer den Gütern auf dem Niederwerth noch den Zehnt zu Eschelbach, den seine Witwe 1473 an das Stift St. Florin in Koblenz verkaufte[54]. Sein Nachfolger im Marstall wurde Johann von Strubingen genannt Beyer[55]. Diesem verlieh der Erzbischof eine Wiese zu Montabaur *under dem furen born*, wofür der Marsteller eine Schuldurkunde über 52 rheinische Gulden und einen Garten in Pfalzel zurückgab[56]. Wenig später verzichtete Johann von Strubingen zugunsten eines Hauses in der Judengasse neben der erzbischöflichen Kellerei in Montabaur auf ein Burghaus außerhalb der Pfalzeler Burg, das bereits seinem Vater von Erzbischof Jakob verliehen worden war[57]. Später verlieh ihm Johann von Baden ein Montabaurer Burglehen in Höhe von fünf Gulden jährlich aus der dortigen Kellerei[58]. 1480 erhielt er für sein lebenslanges Dienstversprechen eine jährliche Lieferung von drei Maltern Korn und einem halben Fuder Wein vom Ehrenbreitsteiner Kellner[59]. Trotz dieser eindeutigen Interessenverlagerung des Amtsinhabers von Pfalzel weg zum östlichen Teil des Erzstifts bestand dort weiterhin ein Marstall[60]. In der Präsenzliste des Hofs wird ein *Heintz Smyt marsteller* genannt[61]. Im gleichen Umfeld dürfte der *wagenbrider uff Erembreitstein*, Hermann[62], anzusiedeln sein. Bei der Belagerung Boppards dienten allerdings Dietrich vom Stein und Friedrich von Sötern als Wagenmeister[63], die sich wohl um die Streitwagen zu kümmern hatten, welche nicht unbedingt zur »normalen« Ausrüstung des Marstalls gehörten.

Dem eigentlichen Handwerk sind einige Leute zuzurechnen, die für den Landesherrn unverzichtbar und dauernd notwendig waren. Beim Bau von Befestigungen und für Schanzarbeiten wurde insbesondere in unruhigen Zeiten eine größere Anzahl von Werkleuten gebraucht[64]. *Mymphennen dem zijmmermane, unserm werckmanne,* und dessen Frau *Etgen*

---

52 LHAK 1 C 18, 171 (1464 VII 12, Ehrenbreitstein), GOERZ, S. 219.
53 LHAK 1 C 18, 47 (1464 VI 7, Ehrenbreitstein), GOERZ, S. 218f. Dieser blieb zumindest bis 1491 in der Funktion tätig, LHAK 1 A 1293 (1491 VIII 29).
54 HHStAW Abt. 116, Nr. 79 (1473 IV 4).
55 LHAK 1 C 18, 346 (1474 V 1). In der Notiz im Kopiar ist die Rede von *Johann im marstalle*.
56 LHAK 1 C 17, 889 (1478 II 17, Ehrenbreitstein), GOERZ, S. 247.
57 LHAK 1 C 17, 930 (1478 XI 9).
58 HHStAW Abt. 121 U Beyer (1491 VII 15).
59 LHAK 1 A 8664 (1480 XII 4, Trier). Die Urkunde ist auch abschriftlich überliefert: LHAK 1 C 18, 595, daran anschließend findet sich der Eintrag: *In simili forma hait Michel von Ufen, marsteller, auch eynen brieff uber dru malter korns und eyn fuder wyns. Datum ut supra,* LHAK 1 C 18, 596. Bei der Datierungsangabe könnte ein Irrtum vorliegen, und Michael dürfte ein späterer Nachfolger sein, der die gleiche Bezahlung erhielt.
60 LHAK 1 C 17, 1545, 1559 (1496 II 20, Ehrenbreitstein), GOERZ, S. 297.
61 LHAK 1 C 1175, Bl. 30.
62 LHAK 1 A 8955 (1495 X 13).
63 LHAK 701,4, fo. 70v (1497 VII).
64 Für sein Aufgebot in der Mainzer Stiftsfehde erbat Johann von Baden bei seinem Bruder Karl *wercklute* zur Unterstützung, LHAK 1 C 16215, S. 67f. (1462 II 25, Baden), RMB IV 8799.

verlieh der Kurfürst ein Grundstück in der Koblenzer Burggasse, das nur mit einem Stall bebaut war, der nun abgerissen und durch ein Wohnhaus ersetzt werden sollte[65]. Der erzbischöfliche Werkmeister hatte offenbar die Aufsicht über fortifikatorische Baumaßnahmen im Erzstift[66]. Ein Meister Hermann kam einmal im Auftrag des Kurfürsten von Koblenz nach Trier, um den Zustand der dortigen Moselbrücke zu begutachten[67]. Über die Aufgaben eines Werkmanns werden wir in der Ernennungsurkunde für den Zimmermann Johann von Leutesdorf unterrichtet[68]. Dieser sollte für das Erzstift arbeiten und besonders in Feldzügen *mit unsern buhsenmeistern zehen und gehorsam syn, zu zymern an schirmen, buhssen zu laden und anders zu rusten*. Sein Dienstgeld von zwölf Pagamentsgulden sollte er am Zoll Engers erhalten und dazu ein Sommerhofgewand. Ludwig Diede, der sich in der Beilsteiner Fehde bewährt hatte, wurde für jährlich 20 Pagamentsgulden auf Lebenszeit bestallt, um *bollwerck (des er dan berumbt) machen und anstellen* [zu] *helffen*[69].

Eine herausgehobene Stellung nahmen die Büchsenmeister ein[70], die mit großer Wahrscheinlichkeit auf ihrer Spezialisierung und Qualifikation für das Kriegswesen beruht. Daher sind wir über diese auch recht gut informiert. Der Büchsenmeister Hans Eckard von Straßburg war wegen einer Messerstecherei im Burgfrieden des Ehrenbreitstein in das dortige Gefängnis gekommen[71]. Für jährlich 24 oberländische rheinische Gulden, ein Fuder Wein und fünf Malter Korn war Heinrich Joser von *Heylpenn*, Büchsenmeister, zum Diener bestallt worden, der seinen dauernden Wohnsitz in der *stat* Pfalzel nehmen sollte, von wo aus er dem Erzbischof zu dienen hatte[72]. In der Mainzer Stiftsfehde griff Johann von Baden zusätzlich auf die Hilfe auswärtiger Büchsenmeister zurück[73]. Der Büchsenmeister Tillmann

---

65 LHAK 1 C 18, 602 (1479 XI 15, Ehrenbreitstein), GOERZ, S. 250.
66 Ein namentlich nicht benannter Werkmeister Johanns sollte begutachten, was an der Burg Schönecken gebaut worden war und wieviel dies in etwa gekostet hatte, LHAK 1 A 8646 (1479 XII 30, Ulmen).
67 STAT RMR 1480/1, fo. 18r (1481 III 14). Der Trierer Rentmeister verzeichnete darunter: *noch vur den vurgenannten meister Herman von Covelentz und meister Friederich Cymmerman 2 gelaich uff der stipen in der selffen wochen*. Unter dem Befehl des Rottmeisters hielten sich erzbischöfliche Werkleute einmal in Wittlich auf, LHAK 1 C 7577, S. 59 (1484 VII 9, Wittlich).
68 Inseriert in den Revers des Zimmermanns, der vom Küchenmeister Kaspar von Miehlen genannt von Dieblich besiegelt ist, LHAK 1 A 8874 (1491 I 9, Ehrenbreitstein), GOERZ, S. 277.
69 LHAK 1 C 18, 802 (1488 IX 25, Ehrenbreitstein), GOERZ, S. 270. Ein entscheidender Anteil Diedes beim Ausbau des Ehrenbreitstein zu einer frühneuzeitlichen Festung oder Bau von Bollwerken auf der Burg geht aus dieser Urkunde und anderen Quellen nicht hervor, wie U. LIESSEM, Bemerkungen zur Burg Ehrenbreitstein im Mittelalter bei besonderer Berücksichtigung der Baugeschichte, in: Rhein-Museum Koblenz. Beiträge zur Rheinkunde 39, 1987, S. 68–83, hier: S. 70, 81, annimmt.
70 Bei den Wettinern wurden diese »zum Hofgesinde im engeren Sinne« gerechnet, STREICH, Zwischen Reiseherrschaft und Residenzbildung, S. 458f. Zu den Büchsenmeistern vgl. B. RATHGEN, Das Aufkommen der Pulverwaffe, München 1925, insbes., S. 48–50; O. JOHANNSEN, Deutsche Büchsenmeister als Lehrmeister im Ausland, in: Technik Geschichte, hg. v. C. MATSCHOSS, Berlin 1938 (Beiträge zur Geschichte der Technik und Industrie), S. 1–12; V. SCHMIDTCHEN, Bombarden, Befestigungen, Büchsenmeister, Düsseldorf 1977, insbes. S. 176–196.
71 LHAK 1 A 8390 (1459 IV 9).
72 LHAK 1 C 18, 142 (1460 II 25).
73 Durch Vermittlung seines Bruders, Markgraf Karl von Baden, hatte er bei der Stadt Esslingen um den Büchsenmeister Jakob gebeten, RMR IV 8720 (1461 XI 21, Ehrenbreitstein). Von der Stadt Trier lieh er Hans den Büchsenmeister aus, STAT RMR 1460/1, fo. 21r (1461). Von Graf Gerhard von Sayn erbat er zwei Feldschlangen und zwölf Hakenbüchsen, HHStAW Abt. 340 U 11158 (1462 IV 21, Ehren-

wurde 1471 auf Lebenszeit angestellt, um auf der Saarburg oder wo er sonst gebraucht würde, zu dienen, *es sij myt schiessen, buhssen giessen ader sunst unser geschutze in den slossen, wy des noit ist und wir ader unsere nakomen des begren, uffrichtig zu halten und das zu rusten.* Dafür erhielt er den gleichen Lohn wie andere Büchsenmeister und darüber hinaus das Saarburger Bürgerrecht[74]. Vater und Sohn *Zimmerhenne* von Herborn begaben sich 1477 auf beider Lebenszeit als Büchsenmeister in die Dienste Erzbischof Johanns, um die großen Geschütze, namentlich die *heubtbuhssen,* zu bedienen. Ihre Arbeit war umfassend konzipiert, da sie in den erzstiftischen Burgen auch für die zu ihrem Handwerk notwendigen Bauten sorgen sollten. Falls sie vom Kurfürsten nicht gebraucht wurden, durften sie ihre Dienste auch anderen anbieten. Vater *Zimmerhenne* erhielt jährlich 50 Gulden aus den Einkünften des Zolls Engers, zwei Fuder Wein und sechs Malter Korn aus der Kellerei Ehrenbreitstein sowie zwei Hofgewänder; seinem Sohn sollten zehn Gulden in Engers ausgezahlt werden, so lange der Vater am Leben ist. Ihren ständigen Wohnsitz und freie Kost erhielten sie in der Burg Engers[75]. Da hier von obersten Büchsenmeistern die Rede ist, unterstanden diesen wohl die übrigen[76]. 1489 war der Vater verstorben, so daß *Zimmerhenne* von Herborn erneut eine Bestallungsurkunde erhielt[77]. Die Funktion des obersten Büchsenmeisters übernahm Hans von Reifenberg, der im Zusammenhang mit der Beilsteiner Fehde zunächst auf ein Jahr als Büchsenmeister für einen Lohn von 30 Goldgulden und zwei Hofgewändern angestellt worden war[78], und nun die erzbischöflichen *geschutze, heubtbuhsen, carthunen, slangen und andere kleyne buhsen mit schirmen, uffzoegen, stainen, seddelen und was darzu gehoeret, nichtsußgescheiden, uffrusten auch nuwe schirme, was der bresande und noit were, furderlich machen und zum besten anstellen* sollte. Als Lohn erhielt Hans von Reifenberg 40 Gulden jährlich aus dem Zoll Engers, freie Kost in der Burg Ehrenbreitstein und zwei Gulden jährlich für den *slaefftronck* sowie zwei Hofgewänder. Um dem Erzbischof *destagewertiger zu dienen,* sollte dieser ihm eine Wohnung in der Vorburg des Ehrenbreitstein

---

breitstein); HHStAW Abt. 340 U 11118 (1462 IV 26, Ehrenbreitstein). Wohl zum gleichen Zweck lieh er von der Stadt Hillesheim verschiedene Geschütze, die der spätere Rentmeister zurückgab, LHAK 1 C 18, 573 (1465 XI 23).
74 LHAK 1 C 18, 404 (1471 XII 29, Pfalzel), GOERZ, S. 234. Ebenfalls in Saarburg wohnte der Armbrustmacher Hans, LHAK 1 C 18, 59 (1457 I 26, Pfalzel), GOERZ, S. 205.
75 LHAK 1 A 8614 (1477 XI 14).
76 Eine selbständige Position ist für den Koblenzer Büchsenmeister Daniel anzunehmen, BÄR, Urkunden, S. 246 (1473 III 2). Im Dienst des Erzbischofs als Büchsenmacher hatten sich die Brüder Großhans und Mittelhans genannt Appenzeller gemeinsam mit Peter Mayer von Norenberg genannt *der Rongiesser* pflichtvergessen gezeigt, weshalb sie in Gefangenschaft kamen, LHAK 1 A 8675; LHAK 1 C 18, 615, 618 (1481 III 22). Für die Beilsteiner Fehde entsandte die Stadt Trier dem Erzbischof einen Büchsenmeister und 25 Büchsenschützen, STAT RMR 1487/8, fo. 19r; LHAK 1 C 736, S. 187f. (1488 VI 11); STAT RMR 1488/9, fo. 16v. Hierfür machte Wilhelm auf der Eisenschmitt *etliche haeckenbuhssen und tumeler,* LHAK 1 A 8822 (1489 III 22); bezahlt wurde er vom Ehrenbreitsteiner Kellner. Wilhelm von Raeskopf war zum Diener angenommen worden, der stets in Manderscheid wohnen sollte und unter anderem Büchsen zu gießen hatte, LHAK 1 A 2410 (1493 VI 24).
77 LHAK 1 C 18, 882, 1057 (1489 VI 23), GOERZ, S. 272. Als Dienstgeld erhielt er jährlich zwölf Pagamentsgulden vom Zoll Engers und zwei Hofgewänder. In Engers sollte er *von der gemeynen scharwachen frij sitzen.*
78 LHAK 1 C 18, 793 (1488 VIII 5).

bereitstellen[79]. Markgraf Christoph von Baden bat Erzbischof Johann für die Unternehmungen Erzherzog Philipps von Burgund in der Arenberger Fehde um 40 bis 50 Gewappnete und einen Büchsenmeister[80]. Der Kurfürst gewährte die Bitte, wies aber darauf hin, daß er als Büchsenmeister derzeit nur einen gewissen *Huwart* bei der Hand habe, der mit großem Geschütz nicht vertraut sei, den er aber auf Wunsch dennoch gerne schicken wolle[81]. Dies ist dann auch geschehen und *Huwart* fand bei dem Unternehmen den Tod. Seine gesamte Ausrüstung hatte er auf der Burg Ehrenbreitstein gelagert[82]. Bei der Belagerung Boppards setzte Johann von Baden als Büchsenmeister den auswärtigen Spezialisten *Nurmigs* von Sizilien ein[83].

Der Schlosser Ulrich von Langingen hatte eine Mittelstellung zwischen reinem Kriegshandwerk und der Ausführung »normaler« Arbeiten im Dienste des Erzbischofs. Dem Koblenzer Bürger wurden hierfür, solange er in Koblenz oder an einem anderen Ort im Erzstift wohnte, jährlich zwei Ohm Wein, zwei Malter Korn und ein Sommerhofgewand vom Ehrenbreitsteiner Kellner geliefert[84]. Später wurde die Besoldung auf ein Fuder Wein und vier Malter Korn sowie zwei Hofgewänder erhöht und Ulrich zudem, solange er in Koblenz wohnt, von allen Abgaben befreit[85].

Die Ordnung der Neujahrsgeschenke an den kurtrierischen Hof aus dem Anfang des 16. Jahrhunderts gibt uns einen Einblick in die innere Struktur des Hofdienstes auf der Ebene unterhalb der eigentlichen Hofämter: Dort ist die Rede von den *vier ampt zu hoiff*, worunter neben dem Marstall ausschließlich solche Bedienstete erscheinen, die für das leibliche Wohl des Kurfürsten und seines Hofs zu sorgen hatten[86]. Bei der Versorgung des Hofs mit Lebensmitteln spielte der Kämmerling eine zentrale Rolle. In der Hierarchie ist er eindeutig in den inneren Hofdienst eingebunden, denn Kammermeister und Küchenmeister war er nachgeordnet und verrichtete wohl die eigentliche Aufgabe der persönlichen Versorgung und der Aufsicht über die Bedienung des Landesherrn. Der *kemerlynck* oder auch *kamerknecht* wird regelmäßig bei den Neujahrsgeschenken der kurtrierischen Städte an den Hof bedacht[87].

---

79 LHAK 1 A 8843 (1489 XI 1), GOERZ, S. 273.
80 RTA MR, Bd. 5,1,2, Nr. 1113 (1495 IV 28).
81 RTA MR, Bd. 5,1,2, Nr. 1114 (1495 V 4, Worms).
82 LHAK 1 A 8955 (1495 X 13).
83 LHAK 701, 4, fo. 71v (1497 VII). Zu der Belagerung begleiteten Schützen der Stadt Koblenz *die boisse* bis nach Rhens, StaK- 623- BMR 4103, S. 5 (1497 VI 23). Ebenfalls für die Belagerungsarbeit befehligte Hans von Ramburg 600 Fußknechte und etliche Zimmerleute, LHAK 1 C 18, 1052 (1497 VII 5). Für das kleine Geschütz war Hans von Alben zuständig, der seit 1500 ständig auf dem Turm *Suyrling* in Boppard wohnte, LHAK 1 C 18, 1164 (1498 IV 22), GOERZ, S. 304; LHAK 1 C 18, 1178 (1500 V 2, Koblenz), GOERZ, S. 312. Zur hohen Mobilität der Büchsenmeister vgl. das Kapitel »Technologischer Transfer und ›Internationalität‹ der Büchsenmeister«, in: SCHMIDTCHEN (wie Anm. 70), S. 180–183.
84 LHAK 1 C 18, 463 (1475 VIII 29, Ehrenbreitstein), GOERZ, S. 241.
85 LHAK 1 C 18, 755 (1485 XII 13, Ehrenbreitstein), GOERZ, S. 261.
86 STBT Hs. 1774/1760 4°, fo. 2r., vgl. oben.
87 In Trier werden erstmals 1453/54 zwei rheinische Gulden an den *kemerlyngh* verbucht, STAT RMR 1453/4, fo. 3r. Die gleiche Summe wurde von der Stadt Koblenz zuerst 1471 gezahlt, StaK- 623- BMR 4072, S. 1 (1471 I 5). Die Höhe der Zahlung blieb bei beiden Städten stets gleich. Oberwesel zahlte einen Gulden, STBT Hs. 1774/1760 4°, fo. 2r.

Der Kammerknecht Georg von Gruningen verpachtete 1467 den Hof *zur Schuren* bei Longkamp oberhalb von Bernkastel an das Heilig-Geist-Hospital in Bernkastel[88]. Seit dem Jahr 1469 sind parallel zwei Kämmerlinge namentlich nachweisbar: Peter Ablin von Leutkirchen und Georg vom See. Ersterer wurde 1468 mit einem Weingarten innerhalb der Stadt Koblenz in der Firmung und mit einem Kelterhaus in der Neugasse belehnt, die beide dem Erzstift nach dem Tode Thomas' von Buch heimgefallen waren[89]. Im Jahr darauf wurde die Belehnung erneuert und auf seine Frau Katharina sowie – nach beider Tod – den ältesten Sohn ausgedehnt[90]. Das Ehepaar pachtete für neun Mark brabantisch von der Stadt Koblenz ein Haus an der dortigen Kornpforte[91]. Der Koblenzer Bürger Peter Ablin, Kämmerer des Erzbischofs von Trier, verpachtete ein Haus in Mülheim bei Kärlich für jährlich 18 Albus[92]. Einen Hof zu Frücht kaufte er für 100 Gulden und wurde damit vom Kurfürsten belehnt[93]. Vor 1489 ist er verstorben, Vormund seiner Söhne wurde der Koblenzer Bürger und Apotheker Johannes von Lahnstein[94]. Georg vom See hatte sich bei der Mainzer Stiftsfehde in der Besatzung der Burg Lahneck bewährt[95] und wird am Ostermontag 1469 erstmals als Kämmerling erwähnt[96]. Schon zuvor hatte er gemeinsam mit seiner Frau Katharina zu Münstermaifeld eine Wiese im Rübenacher Gericht für $76^{1}/_{2}$ rheinische Gulden gekauft[97]. Johann von Baden verlieh seinem Kammerknecht *eyn licht fuder wynes* jährlich aus der Weingülte zu Vallendar[98], das Haus seines Schwiegervaters, des Barbiers Arnold von Andernach, in der Koblenzer Judengasse[99] und zwölf Gulden Manngeld aus der Kellerei Wittlich[100]. Im Auftrag des Erzbischofs stiftete Georg im Kölner Dom für 100 bescheidene oberländische rheinische Gulden eine Ewige Lampe[101]. Beim Wittlicher Kellner kaufte Georg vom See im Januar 1484 Wein für 639 Gulden und sechs Albus[102]. Kurz darauf schied er aus dem Hofdienst des Erzbischofs aus und nahm wichtige Ämter in der Stadt Trier an[103], wo von nun an sein Hauptbetätigungsfeld lag[104]. 1492 belehnte Johann von Baden den Kämmerling Johann Rich-

---

88 LHAK 1 C 18, 290 (1467 V 7, Ehrenbreitstein), GOERZ, S. 226.
89 LHAK 1 C 18, 297 (1468 II 16); vgl. SCHMIDT, Nr. 2320 (1492 IX 22). Im Sommer des Jahres besiegelte er den Dienstrevers des Lautenschlägers Jost von Weißenburg, LHAK 1 A 8495 (1468 VI 25).
90 LHAK 1 C 18, 327 (1469 III 14). Ein am gleichen Tag ausgestellter, im Original erhaltener Lehnsrevers Peters nennt diese Erweiterung nicht, LHAK 1 D 1476. Hier wird er auch nicht als Kammerknecht bezeichnet.
91 StaK- 623- Nr. 378 (1477 VIII 24).
92 PSHIL, Bd. 36, S. 283 (1478 XI 13).
93 GOERZ, S. 249 (1479 VI 11).
94 BROMMER, Stein, Nr. 240 (1489 III 21, Ehrenbreitstein).
95 LHAK 1 A 8447 (1464 VI 25).
96 STAT RMR 1468/9, fo. 4v (1469 IV 18).
97 SCHMIDT, Nr. 2142 (1469 II 25). Wohl in den gleichen Zusammenhang fällt die nur auf das Jahr 1469 datierte Belehnung Georgs mit zehn Maltern Korngülte zu Rübenach, LHAK 1 C 18, 328. Die genannte Wiese verkaufte er 1473 für 90 rheinische Gulden, SCHMIDT, Nr. 2171 (1473 IV 30, Koblenz).
98 LHAK 1 C 18, 432 (1473 III 17).
99 GOERZ, S. 249 (1479 VI 7).
100 LHAK 1 C 18, 606 (1481 VIII 11, Koblenz), GOERZ, S. 253.
101 LHAK 1 C 17, 987 (1479 II 5).
102 LHAK 1 C 7577, S. 8 (1484 I 23).
103 Vgl. MATHEUS, Trier, S. 318f. und oben.
104 Die erzstiftischen Lehen zu Rübenach und Vallendar erhielt 1493 Johann von Exweiler genannt von St. Wendel, LHAK 1 C 18, 918 (1493 III 19).

tenbach mit einer jährlichen Rente von zehn Mark aus den Koblenzer Zolleinkünften als Ehrenbreitsteiner Burglehen[105]. Derselbe erhielt 1499 eine Rente von 50 Ohm Wein und drei Maltern Korn aus der Kellerei Ehrenbreitstein[106].

Im Zusammenhang mit den Kämmerlingen ist auch die Verwaltung der erzbischöflichen Silberkammer zu sehen. Zu Anfang des 15. Jahrhunderts erhielt der Trierer Kurfürst aus dem Nachlaß Peters von Kane einen reichen Bestand an Silbergeschirr[107]. Nach dem Tode des Dompropsts Philipp von Sierck kaufte Johann von Baden für 800 rheinische Goldgulden und 1400 Trierische Pagamentsgulden dessen silbernes Geschirr[108]. Einen Teil seines Silbergeschirrs setzte der Erzbischof als Sicherheit für einen Kredit bei dem Kölner Bürger Johann Dorsten ein[109]. Über den gesamten Inhalt der Silberkammer, deren Standort leider nicht bekannt ist, gibt ein Inventar aus dem Jahr 1509 Auskunft, das der Silberknecht Hans Witzelmann anfertigte[110].

Der Spender des Erzbischofs war für die Darreichung der Speisen am Hofe zuständig[111]. Das Amt ist seit den 70er Jahren des 15. Jahrhunderts bei den Neujahrsgeschenken nachweisbar[112], 1471 erscheint der erste namentlich faßbare Inhaber des Amts: Aufgrund der treuen Dienste, die Johann von Berberg schon dem Vorgänger Erzbischof Johanns geleistet hatte, wurde der Spender, solange er in der Vorburg des Ehrenbreitstein oder in Mühlheim im Tal wohnt, von allen Abgaben der Untertanen und Bürger im Gericht Niederberg befreit[113]. Schon 1457 hatte er ein Haus in der Ehrenbreitsteiner Vorburg zu Lehen[114], das er auch noch 1504 besaß und bewohnte[115]. Vom dortigen Kellner erhielt er eine jährliche Rente von drei Maltern Korn[116]. Nachdem Johann von Berberg genannt Schütze aufgrund seines sicherlich in der Tat hohen Alters nicht mehr in der Lage war, aktiv für den Erzbischof tätig zu sein, gab ihm dieser *zu besserunge sijner libsnarunge* eine Pension von jährlich zwölf

---

105 GOERZ, S. 281 (1492 II 16, Ehrenbreitstein). Das Lehen erhielten nach Johanns Tod seine beiden Söhne, GOERZ, S. 321 (1503 II 3, Ehrenbreitstein).
106 LHAK 1 C 18, 1079 (1499 VII 4, Cochem), GOERZ, S. 309.
107 LHAK 1 C 1275.
108 LHAK 1 A 4287 (1499 VIII 7, Koblenz).
109 GLAK Abt. 46, Nr. 1169 (1500 V 10, Koblenz). Die Schuldsumme betrug 1200 rheinische Gulden.
110 LHAK 1 C 318. Ein Inventar des Schatzes der Markgrafen von Baden aus dem Jahr 1733 führt unter anderem ein Kristalltrinkgefäß und einen Krug aus Kristall auf, die aus dem Besitz Jakobs von Baden stammten, vgl. A. M. RENNER, Die Kunstinventare der Markgrafen von Baden-Baden, Bühl-Baden 1941 (Beiträge zur Geschichte des Oberrheins 1), S. 129, 250.
111 GRIMM, Deutsches Wörterbuch, Bd. 16, Sp. 2151. Das Speiseamt des Hofs trugen die Herren von Brandenburg zu Lehen, PSHIL, Bd. 36, S. 278 (1473 IX 21, Pfalzel); LHAK 1 B 175 (1476 III 31); STBT Hs 1774/1760 4°, fo. 8r (um 1515).
112 StaK- 623- BMR 4072, S. 1 (1471 I 5). Von Koblenz erhielt der Spender zwei Gulden. In Trier erscheint der Spender erst seit den 90er Jahren unter den Beschenkten, STAT RMR 1491/2, fo. 21v, und erhielt gemeinsam mit dem Bottelier und den Köchen zwei Gulden.
113 LHAK 1 C 18, 415 (1471 VIII 25, Ehrenbreitstein), GOERZ, S. 233. Schon am 29. Dezember 1456 hatte Johann von Berberg über den Ersatz für alle Verluste im Dienst Erzbischof Jakobs quittiert, LHAK 1 A 8338.
114 LHAK 1 C 18, 68 (1457 V 11).
115 LHAK 1 B 472 (1504 V 25, Ehrenbreitstein).
116 LHAK 1 C 18, 433 (1473 III 17, Ehrenbreitstein), GOERZ, S. 237.

Pagamentsgulden aus den Einkünften des Koblenzer Siegels und ein Sommerhofgewand[117]. Das Amt des Spenders wurde anscheinend nicht neu besetzt[118].

Die Ordnung der Neujahrsgeschenke an den kurtrierischen Hof lenkt den Blick auf ein weiteres Amt, das unmittelbar mit der Beköstigung des Hofs im Zusammenhang stand: Gemeinsam mit der *spendelij* wird die *bottelij* genannt[119]. Obwohl dieses seit 1471 bei den Neujahrsgeschenken der Stadt Koblenz[120] und seit 1481 der Stadt Trier[121] regelmäßig erscheint, sind keine Inhaber des Amts namentlich faßbar, auch wenn diese häufig im Gefolge des Erzbischofs erscheinen[122].

Die erzbischöflichen Köche[123], die seit 1471 als Begünstigte der Neujahrsgeschenke nachweisbar sind[124], dienten offenkundig dem leiblichen Wohl des Landesherrn und seines Gefolges. Ihre Kunst wurde so hoch eingeschätzt, daß sie häufig von den Gästen des Erzbischofs Trinkgelder erhielten[125]. Als Heinrich Koch nicht mehr in der Küche arbeiten konnte, verlieh ihm Johann von Baden das Pförtneramt der Burg Montabaur sowie eine jährliche Pension von drei Maltern Korn, einem Gulden und einem Gewand vom dortigen Kellner[126]. Seinem Meisterkoch Konrad von Udenheim und dessen Frau Gretchen verlieh der Erzbischof einen Garten vor der Pforte des Ehrenbreitstein, den sie abgabefrei nutzen durften[127]. Der Koch Hugo von *Knelingen* wurde von allen Abgaben befreit, wozu die Untertanen zu Mühlheim im Tal verpflichtet waren[128]. Später erhielt er jährlich vier Malter Korn, ein halbes

---

117 LHAK 1 C 18, 960 (1492 V 17, Ehrenbreitstein), GOERZ, S. 281. Daß er tatsächlich aus dem Dienst ausschied, belegt seine abschließende Quittung über die Begleichung aller Forderungen aus seiner Zeit als Diener der Erzbischöfe Jakob und Johann, LHAK 1 A 8899 (1492 VI 27).
118 Die beiden bei der Belagerung Boppards genannten Spender, Peter *Wyhe* und Colin von der Neuerburg, dienten nur für diesen Zeitraum, LHAK 701,4, fo. 71r.
119 STBT Hs 1774/1760 4°, fo. 2r (um 1515). Dieser gab die Stadt Koblenz nach der gleichen Ordnung jährlich zwei Gulden, ebd., fo. 1v, die Stadt Oberwesel einen Gulden, ebd., fo. 2r, und die Abtei St. Matthias bei Trier auch einen Gulden, ebd., fo. 2v.
120 StaK- 623- BMR 4072, S. 1 (1471 I 5).
121 STAT RMR 1480/1, fo. 5v.
122 Geschenke an die *botteler* außer den Neujahrsgeschenken finden sich nur in den Ausgaben des Trierer Rentmeisters: STAT RMR 1474/5, fo. 2v/3r (1475 III, Sinzig); STAT RMR 1477/7, fo. 34v (1478 VIII 2, Pfalzel); STAT RMR 1483/4, fo. 21v (1484 IV 25, Pfalzel); STAT RMR 1488/9, fo. 20 (1489 I 10, Pfalzel).
123 Vgl. J. M. VAN WINTER, Kochkultur und Speisegewohnheiten der spätmittelalterlichen Oberschichten, in: Adelige Sachkultur des Spätmittelalters, S. 327–342; T. EHLERT, Das Kochbuch des Mittelalters, 1990.
124 StaK- 623- BMR 4072, S. 1 (1471 I 5); STAT RMR 1470/1, fo. 4r (1471 II 25).
125 STAT RMR 1461/2, fo. 5v (1462 vor IV 18, Trier); STAT RMR 1470/71, fo. 4r (1471 II 25, Trier); STAT RMR 1474/5, fo. 2v/3r (1475 III, Sinzig); STAT RMR 1475/6, fo. 3v (1476 II, Trier); STAT RMR 1478/9, fo. 15r (1479 II 18, Trier); STAT RMR 1480/1, fo. 19v (1481 nach IV 15, Trier); STAT RMR 1482/3, fo. 14r (1482 X, Koblenz); STAT RMR 1482/3, fo. 17v (81483 II 9, Trier); STAT RMR 1483/4, fo. 19v (1484 II 9–18, Trier); STAT RMR 1483/4, fo. 21v (1484 IV 25, Pfalzel); STAT RMR 1484/5, fo. 34v (1485 III 16, Pfalzel); STAT RMR 1488/9, fo. 20r (1489 I 10, Pfalzel); STAT RMR 1500/1, fo. 16r (1501 III 3, Trier). In Trier gab es eine Bruderschaft der Köche, LAGER, Pfarrarchive, Nr. 425 (1485).
126 LHAK 1 C 18, 271 (1467 V 20, Ehrenbreitstein), GOERZ, S. 226.
127 LHAK 1 C 18, 348 (1470 Anf., Trier), GOERZ, S. 231. 1464 hatte Konrad bereits über die Begleichung von Ansprüchen an Johann von Baden quittiert, LHAK 1 A 8452 (1464 VII 14).
128 LHAK 1 C 18, 358 (1470 IV 1, Ehrenbreitstein), GOERZ, S. 232.

Fuder Wein, ein Schwein und ein Hofgewand. Darüber hinaus sollte er *syn lebtagelangk zu Erembreitsteyn bij uns ader unsern nakomen die koste haben und uns, unsern nakomen und stifft so lange er vermag und so getaen kann getruwen nach synen besten synnen mit cochen und anderm, als er bijßher getaen hait, dienen*[129]. Den 1479 genannten Koch, Meister Konrad[130], identifiziert F. Michel[131] mit dem erzbischöflichen Diener Konrad von Basel, dem Johann von Baden eine jährliche Rente von vier Maltern Korn und einem Fuder Wein aus der Kellerei Ehrenbreitstein[132] sowie, gemeinsam mit seiner Frau Christine, beide Koblenzer Bürger, das ehemalige Haus der Koblenzer Münze in der dortigen Hühnergasse verkaufte[133]. Weitere Häuser besaß Konrad gemeinsam mit seiner zweiten Frau Agnes in der Koblenzer Kastorgasse[134] und in der *Aissengasse*[135]. Sicher als Meisterkoch belegt ist Martin von Udenheim, der für ein jährliches Entgeld von fünf Maltern Korn, vier Ohm Wein und einem Schwein aus der Kellerei Ehrenbreitstein versprach, *besunder syne gnade mit hohem ernstem flysse verwaren in dem das mir als meisterkoch zu zyten von spisen vur syner gnaden mont zu bereiden gebueret, auch sunst in der kuchen helffen, zu sehen und die dinge zum nutzlichsten als eyme obersten gezymet zu verwesen*[136]. Diesem und seiner Frau verlieh der Erzbischof ein Wiesengrundstück bei Münstermaifeld[137] und, mit Einverständnis des Domkapitels, ein Haus in der Koblenzer Burggasse am Burggraben zusammen mit dem von den Eheleuten dort gegrabenen Brunnen[138].

Als Zuarbeiter der Köche können die Metzger des Kurfürsten gelten: Lienhard von Mettendorf, der ein Haus gegenüber der Pfalzeler Burg besaß[139], trieb einmal 100 Schweine nach Koblenz[140]. Ein Metzger Hermann besaß ein Haus in Mühlheim im Tal unterhalb der Burg Ehrenbreitstein[141].

Neben diesen fast ausschließlich auf die Versorgung des Hofs mit Lebensmitteln beschränkten Dienern gab es einige mit mehr oder minder spezialisierten anderen Aufgaben. Der Kurfürst hatte einen Pförtner, der ihn auf seinen Reisen begleitete[142] und regelmäßig bei

---

129 LHAK 1 C 18, 497 (1476 VI 24), GOERZ, S. 243.
130 LHAK 1 C 18, 558 (1479 VI 29), vgl. oben.
131 MICHEL, Koblenz, S. 266.
132 LHAK 1 C 18, 474 (1476 I 18, Ehrenbreitstein), GOERZ, S. 242.
133 LHAK 1 A 1264 (1476 IX 30, Ehrenbreitstein), GOERZ, S. 244. Von der Stadt Koblenz erhielt Konrad von Basel, Bürger zu Koblenz, eine jährliche Erbrente von zehn Gulden, StaK- 623-, Nr. 396 (1481).
134 LHAK 1 A 1312 (1485 VIII 31).
135 SCHMIDT, Nr. 2283 (1488 III 17).
136 LHAK 1 A 8644; LHAK 1 C 18, 568 (1479 XI 26, Koblenz), GOERZ, S. 250.
137 LHAK 1 A 2682 (1484 III 6, Ehrenbreitstein), GOERZ, S. 258.
138 LHAK 1 C 17, 1346, 1365 (1492 I 10, Ehrenbreitstein), GOERZ, S. 280.
139 LHAK 1 C 17, 1545, 1559 (1496 II 20, Ehrenbreitstein), GOERZ, S. 297.
140 LHAK 1 C 6124, S. 465 (1493 VII 18).
141 LHAK 1 C 17, 1733 (1496 III 12, Ehrenbreitstein), GOERZ, S. 297.
142 Häufig erhielt der Pförtner kleine Zahlungen, wenn der Erzbischof von Gesandtschaften aufgesucht wurde: STAT RMR 1468/9, fo. 2r (1468 XI 12, Pfalzel); STAT RMR 1470/1, fo. 4r (1471 II 25, Trier); STAT RMR 1480/1, fo. 19v (1481 nach IV 15, Trier); STAT RMR 1482/3, fo. 17v (1483 II 9/10, Trier); STAT RMR 1483/4, fo. 16v (1483 X 15, Pfalzel); STAT RMR 1483/4, fo. 19r (1484 II 9–18, Trier); STAT RMR 1483/4, fo. 21v (1484 IV 25, Pfalzel); STAT RMR 1484/4, fo. 24r (1484 um VI 29, Trier); STAT RMR 1484/5, fo. 34v (1485 III 16, Pfalzel); STAT RMR 1485/6, fo. 23v (1486 VI 30, Pfalzel); STAT RMR 1488/9, fo. 20 (1489 I 10, Pfalzel); STAT RMR 1491/2, fo. 20r (1491 XII 12, Trier); STAT RMR 1495/6, fo. 15v (1495 XI 17, Trier); STAT RMR 1495/6, fo. 16v (1495 XI 22, Trier); STAT RMR 1497/8, fo. 21v (1498 IV 14/16, Trier); STAT RMR 1498/9, fo. 21r (1498 XI 2, Pfalzel); 1500/1, fo. 16v (1501 III 3, Trier).

den Neujahrsgeschenken mitberücksichtigt wurde[143]. Namentlich bekannt sind nur ein gewisser Lorenz[144] und ein Karst[145], der möglicherweise mit Johann von Ehrenbreitstein genannt Karst identisch ist[146].

Der Torhüter des Kurfürsten besaß aufgrund der Bedeutung seiner Aufgabe eine Vertrauensstellung beim Landesherrn[147]. Die Bedeutung der Torhüter wird allein daraus erkennbar, daß für sie die ersten Neujahrsgeschenke überhaupt bekannt sind[148]. Mit vier Gulden erhielten sie die höchste Zahlung der Städte Trier und Koblenz, die nur von der Kanzlei erreicht wurde. Namentlich bekannt sind Hans von Enzberg und Melchior von Dobisch. Über die Verwandtschaft des ersteren mit dem gleichnamigen Hofmeister Johanns von Baden ist nichts bekannt, doch dürfte er aus dessen familiärem Umfeld stammen. Der Kurfürst sagte 1473 von Hans, er habe ihn von seiner Jugend an bei sich aufgezogen[149]. Erstmals als Torhüter erwähnt wird Enzberg zu Neujahr 1469, als er in Koblenz ansässig war[150]. Gemeinsam mit seiner Frau Anna von Nickenich erhielt er Lehen zu Senheim[151], die dieser später als Wittum übergeben wurden[152]. Dem Torhüter Melchior von Dobisch verlieh Johann von Baden zehn Gulden Manngeld aus den Einkünften des Zolls Engers sowie, nach dem Tode des Dompropsts Philipp von Sierck, ein Haus mit Garten und Zubehör in der Jüdemergasse in Trier, genannt *der Juddenkirchhoff*[153], welches ein Jahr später an Arnold von Sierck weitergegeben wurde[154]. Beim Wormser Reichstag erschien Melchior 1495 im Gefolge des Kurfürsten[155] und 1496 ernannte ihn Johann von Baden erneut zum Diener, der für jährlich ein Fuder Wein aus der Kellerei Boppard und vier Malter Korn aus der Kellerei Ehrenbreitstein verpflichtet wurde, *sich unser lebtag lanck by unns stettlichs zu hoiff* [zu] *halten*[156]. Bei der Huldigung Boppards gehörte der Torhüter wiederum zum Hofgesinde[157]. In der Folgezeit erscheint Melchior darüber hinaus mehrfach als Mitsiegler bei dem Kurfürsten

---

143 Zuerst: STAT RMR 1468/9, fo. 4v; StaK- 623- BMR 4072, S. 1 (1471 I 5).
144 STAT RMR 1491/2, fo. 12v; STAT RMR 1492/3, fo. 11v.
145 STAT RMR 1467/8, fo.; STAT RMR 1468/9, fo. 2r (1468 XI 2, Pfalzel); STAT RMR 1468/9, fo. 4v; STAT RMR 1469/70, fo. 5v; STAT RMR 1470/1, fo. 4r; STAT RMR 1473/4, fo.
146 HHStAW Abt. 340 U 11224b (1464 II 4 oder 5).
147 Vgl. die ähnliche Konstellation bei den Wettinern, STREICH, Zwischen Reiseherrschaft und Residenzbildung, S. 436ff.
148 STAT RMR 1373/4, fo. 1v (1374 I 10).
149 LHAK 1 B 426 (1473 IV 26, Koblenz), GOERZ, S. 237.
150 STAT RMR 1468/9, fo. 4v. Er ist wohl nicht identisch mit dem Hans von Enzberg, der dem Grafen Gerhard von Sayn diente, HHStAW Abt. 340 U 11542 (1471 IX 22), HHStAW Abt. 340 U 11556 (1472 IV 14). Er war wohl auch nicht so wohlhabend, daß er dem Erzbischof von Trier 1000 Gulden leihen konnte, LHAK 1 A 8561 (1473 VIII 14). Somit dürfte es sich in beiden Fällen um einen gleichnamigen Verwandten handeln.
151 LHAK 1 B 426.
152 LHAK 1 C 18, 516 (1476 IX 24, Ehrenbreitstein), GOERZ, S. 244. Zu dem Besitz vgl. LHAK 1 C 17, 988 (1478 VII 29, Pfalzel), GOERZ, S. 247.
153 LHAK 1 C 18, 950 (1493 III 1, Trier), GOERZ, S. 284.
154 LHAK 1 B 1993 (1494 VIII 3).
155 RTA MR, Bd. 5,1,2, Nr. 1594.
156 LHAK 1 A 8961 (1496 I 4, Ehrenbreitstein), GOERZ, S. 297.
157 LHAK 701,4, fo. 67v (1497 VII 5, Boppard).

ausgestellten Reversen[158]. An weiteren Besitzungen lassen sich noch eine Wiese bei Ehrang[159] und eine Wiese zu Pfalzel[160] nachweisen.

Gerade die Pförtner und Torhüter, die den Erzbischof auf seinen Reisen begleiteten, weisen auf einen wichtigen Grundzug des Sozialgebildes Hof hin, der trotz aller Schwerpunktbildungen noch immer unterwegs war und den Reisen des Landesherrn folgte. Somit ist die zunehmende institutionelle Verfestigung nicht primär als Indikator für damit einhergehende Ortsfestigkeit zu werten, sondern vielmehr als sichtbares Zeichen für das Repräsentationsbedürfnis des Landesherrn, der sein Territorium auch am Ende des Mittelalters nicht von einem Platz alleine aus regieren konnte.

Ein wiederholt bei den Neujahrsgeschenken bedachter Diener des Erzbischofs war ein gewisser Albig[161], der höchstwahrscheinlich mit jenem Hans von Albig identisch ist, den Johann von Baden 1486 für jährlich acht Gulden aus den Einnahmen des Koblenzer Zolls zum Diener bestallte[162].

Zum engsten Umkreis des Erzbischofs gehörte zweifellos sein Hofarzt[163], der – wie das Beispiel Dr. Michael Foresis zeigt[164] – zu beträchtlichem Einfluß am Hof gelangen konnte. Der Arzt Meister Heinrich von Birkental stellte 1476 seine *finale quitancie* aus[165]. 1477 bestellte der Kurfürst Hans von Sprendlingen zum Diener und Wundarzt, der ständig bei Hof sein sollte und *besonder auch unser hoiffgesinde und alle andere unsere diener, ruter und soldenere, die zu zyten in unsm dienste in fehden ader sunst verwondt und geschedigt wurden, mit syner artzedien und kunst verwaren und den getruwelich understeen zu helffen mit allem flysse, so dicke des noit geschiet*. Dafür erhielt Hans vom Ehrenbreitsteiner Kellner jährlich sechs Malter Korn, sechs Gulden und ein Fuder Wein sowie, solange er bei Hof ist, die Hofkleidung[166]. Später verlieh ihm Johann von Baden – vermutlich als Belohnung für treue Dienste – drei Morgen Weingarten in Koblenz *uff dem Buell* sowie 250 Heringe, 100 Bücklinge, fünf Albus und vier Heller jährliche Abgaben aus dem Haus *zum Einsiddel* in der Lehr[167]. Der Arzt Dr. Heinrich von Tiegeln, der 1474 in dem Stiftshof des Kanonikers Heinrich Gebuyr von St. Florin in Koblenz wohnte[168] und dem Johann von Baden 1478

---

158 LHAK 1 A 9025 (1498 XII 30); LHAK 1 A 9030 (1499 VI 19); LHAK 1 A 9039 (1499 XI 13, Ehrenbreitstein), GOERZ, S. 311; LHAK 1 B 1389 (1500 III 22).
159 LHAK 1 A 9046 (1500 III 30, Ehrenbreitstein), GOERZ, S. 312.
160 LHAK 1 C 18, 1233 (1501 VII 19, Pfalzel), GOERZ, S. 316.
161 StaK- 623- BMR 4086, S. 5 (1481 I 13); StaK- 623- BMR 1668 (1482 I 13); StaK- 623- BMR 4093, S. 2 (1488 I 7).
162 LHAK 1 A 8733 (1486 IV 25, Ehrenbreitstein), GOERZ, S. 263, vgl. LHAK 1 A 8860 (1490 V 16).
163 Zum Stand der medizinischen Versorgung in Koblenz vgl. R. CREUTZ, Pantaleon de Confluentia, ein Koblenzer Arzt des 15. Jahrhunderts, in: Die Medizinische Welt 1937, Nr. 48, S. 1–8.
164 Vgl. oben.
165 LHAK 1 C 18, 504 (1476 VI 25).
166 LHAK 1 A 8615 (1477 XII 22, Pfalzel), GOERZ, S. 247.
167 LHAK 1 C 18, 803 (1489 II 3). Nach seinem Tod erhielt die Lehen Peter Maier von Regensburg, LHAK 1 B 1543 (1502 V 2, Koblenz), GOERZ, S. 318. Während in der Urkunde für Hans von Sprendlingen davon die Rede ist, die Lehen seien dem Erzstift nach dem Tode Johanns von Bachem heimgefallen, heißt es in der Belehnung Peter Maiers, dies sei nach dem Tode Johanns vom Kirchhof geschehen. Richtig ist Johann von Bachem, vgl. GÜNTHER, Bd. 4, Nr. 363 (1484 VIII 12, Ehrenbreitstein).
168 MICHEL, Koblenz, S. 266.

den erzstiftischen Hof beim St.-Andreas-Kloster in Köln verlieh[169], scheint auch zur engeren Umgebung des Kurfürsten gehört zu haben, wie seine Anwesenheit bei der Eidesleistung des Koblenzer Apothekers Johann in der Stube des Erzbischofs auf Ehrenbreitstein[170] nahelegt. 1485 wurde Dr. med. Johann von Windeck[171] für drei Jahre zum erzbischöflichen Arzt und Diener ernannt, der dafür jährlich 20 Gulden vom Koblenzer Siegler sowie acht Malter Korn und ein Fuder Wein vom Kellner zu Ehrenbreitstein erhalten sollte[172]. Nach Ablauf dieser Zeit wurde seine Anstellung um weitere zwei Jahre für die gleiche Bezahlung verlängert[173]. Sein Nachfolger wurde der bereits mehrfach genannte Dr. med. Michael Foresi, der ausdrücklich als *liebarzt* angestellt wurde[174].

Die Rolle der Koblenzer Apotheker, die eindeutig dem Hof zuzuordnen sind, während die Apotheker in Trier dem städtischen Bereich angehörten, hat R. Schmitz eingehend dargestellt und dabei auf die Rolle von Koblenz als Residenz und Herrschaftsmittelpunkt hingewiesen[175]. Nach der Präsenzliste des Hofes befanden sich unter diesen auch ein Barbier und ein Knecht[176].

Zum ständigen Gefolge des Erzbischofs gehörten auch seine Boten, die für die täglichen Geschäfte unabdingbar waren und denen auch ein Anteil an den Neujahrsgeschenken zustand[177]. In der Regel verschwindet die Identität der Boten, die höchste Vertrauenswürdigkeit und Zuverlässigkeit mitbringen mußten, in der Anonymität. Naturgemäß hatten sie eine hohe Mobilität, und es ist kaum möglich, deren Stützpunkte zu identifizieren. Einige wenige können namentlich benannt werden; diejenigen, über deren Wohnsitz etwas ausgesagt werden kann, sollen näher betrachtet werden. Georg Ruckelheim, Bürger zu Koblenz, quittierte dem Erzbischof über die Begleichung von Botenlöhnen und anderen Forderungen[178]. Der 1474 genannte Bote Johanns, *Flemming*[179], ist möglicherweise identisch mit dem Koblenzer Bürger Dietrich Flemming[180], der in der dortigen Lehr ein Haus hatte[181]. Der *lauffende bode* Alban Schwabe[182] besaß ein Haus mit Stall im Tal unterhalb der Burg Ehrenbreitstein[183]. Von den sechs in der Präsenzliste des Hofs genannten Boten ist nur Adam, der 1496 im Auftrag des erzbischöflichen Statthalters einen Brief nach Köln brachte[184], anderweitig nachweisbar.

169 LHAK 1 C 18, 533 (1478 V 29, Ehrenbreitstein), GOERZ, S. 247. Dorthin begab sich der Domherr Rheingraf Gerhard 1488 in Behandlung, GOERZ, S. 268 (1488 V 19, Koblenz).
170 LHAK 1 C 18, 693 (1484 III 23, Ehrenbreitstein), GOERZ, S. 258.
171 Eine Verwandtschaft mit dem erzbischöflichen Rat Dr. Hartmann von Windeck ist nicht auszuschließen.
172 LHAK 1 C 18, 734 (1485 VI 15, Koblenz), GOERZ, S. 261.
173 LHAK 1 A 8775 (1488 VI 15). Hier ist die Rede von *syner gnaden phisico und diener*.
174 LHAK 1 C 18, 963 (1492 XI 12).
175 SCHMITZ, Apothekenwesen; SCHMITZ, SCHNITZLER, Hofapotheker vgl. MICHEL, Koblenz, S. 267.
176 LHAK 1 C 1175, Bl. 30'.
177 Trier gab 20 Albus, Koblenz zwei Gulden.
178 LHAK 1 A 8405 (1460 I 30).
179 LHAK 1 C 359, S. 61f. (1474 XI 27, Mainz).
180 LHAK 1 A 1301 (1490 IX 10, Trier), GOERZ, S. 276.
181 LHAK 1 A 1292 (1492 IV 25).
182 *...unserm lauffenden boden genant Swabe*, LHAK 1 C 19389, S. 37–39 (1483 VII 3, Pfalzel), GOERZ, S. 257.
183 *...das huis und hoiffgin, da Alban Swabs seligen, unsers botten, witwe in wanet mit dem stall an dem huiss*, LHAK 1 C 17, 1733 (1496 III 12, Ehrenbreitstein), GOERZ, S. 297.
184 LHAK 1 C 16218, S. 119f. (1496 V 5).

Neben den besprochenen, eher der praktischen Notwendigkeit des täglichen Hoflebens zuzurechnenden Bediensteten und einer Vielzahl in ihrem Tätigkeitsbereich nicht näher eingrenzbaren Angehörigen des Hofs gab es noch einige Personen, die für Zerstreuung, Vergnügungen und Feste zuständig waren. Einen Hinweis auf ein derartiges Hofleben bietet die Tatsache, daß Georg von Baden seinem Bruder aus Rom einen jungen Löwen und einen jungen Affen mitbrachte[185], die sicherlich für die kurfürstliche Menagerie bestimmt waren. Der Narr des Erzbischofs, der kleine *Reterchen*, erhielt vom Grafen Philipp von Katzenelnbogen einen Gulden, als dieser 1458 beim Fastnachtsturnier in Koblenz war[186].

Besonderer Wert wurde auf die Musikpflege[187] gelegt, so daß am Hof auch ein Organist Jakob nachweisbar ist[188]. Der Lautenschläger Jost von Weißenburg erhielt für seine Hofdienste jährlich 16 Gulden[189] und ist von 1463[190] bis 1482[191] im Dienste des Erzbischofs nachweisbar. Wohl primär unterhaltsam sollten die erzbischöflichen Pfeifer sein, die regelmäßig bei den Neujahrsgeschenken an den kurtrierischen Hof genannt werden und auch repräsentativen Zwecken dienen konnten[192]. Dem Pfeifer *Hengin* von St. Peterswald und seiner Frau *Nese* verlieh Johann von Baden ein Haus in der Koblenzer Hühnergasse, das beide für 30 Gulden gekauft hatten[193]. Jener dürfte auch gemeint sein, wenn in den Rechnungen des Trierer Rentmeisters von *Pijffers Hennen* die Rede ist[194]. Spätestens 1476 war er tot[195]. Ebenso standen die Trompeter zwischen Repräsentation und Beteiligung an der Hofkapelle zur Unterhaltung des Kurfürsten. Diese folgten dem Erzbischof auf seinen Reisen[196]. Ab 1485 werden Ritter *Gysen, myns hern trumper,* und *Foisgin, myns hern felttrumper,* namentlich genannt[197]. Letzterer erscheint noch 1508 als Trompeter[198] und gehörte zum ständigen Hofgesinde[199]. *Gyse* übernachtete einmal in Wittlich[200] und erhielt zweimal in Trier Ratsessen[201].

185 RMB IV 8065 (1456 XII 27).
186 DEMANDT, Nr. 6125/1. Zu Hofnarren vgl. J. HEERS, Vom Mummenschanz zum Machttheater. Europäische Festkultur im Mittelalter, Frankfurt 1986, S. 164-181; W. MEZGER, Narrenidee und Fastnachtsbrauch. Studien zum Fortleben des Mittelalters in der europäischen Festkultur, Konstanz 1991.
187 Vgl. F. IRSIGLER, A. LASSOTTA, Bettler und Gaukler. Dirnen und Henker. Randgruppen und Außenseiter in Köln 1300-1600, Köln 1984, S. 131-137.
188 LHAK 1 C 1175, Bl. 30.
189 LHAK 1 A 8495 (1468 VI 25).
190 STAT RMR 1462/3, fo. 8v (1463 I 2).
191 STAT RMR 1481/2, fo. 7v.
192 Die Stadt Koblenz besoldete die beiden Pfeifer *Thijs und Walrabe*, StaK- 623- BMR 1658 (1464 IV 9).
193 LHAK 1 C 18, 127 (1460 IV 4, Ehrenbreitstein), GOERZ, S. 210.
194 STAT RMR 1466/7, fo. 12v (1467 IV 2); STAT RMR 1468/9, fo. 4v (1469 I 13); STAT RMR 1470/1, fo. 11v (1471 um IV 14); STAT RMR 1471/2, fo. 5r.
195 Damals wurde das Haus von *wylant Hengin von sant Peterswalde, unserm pyffer, und Neßgin syner eelicher huyßfrauwen,* das Konrad von Basel gekauft hatte, erneut verliehen, LHAK 1 A 1264 (1476 IX 30, Ehrenbreitstein), GOERZ, S. 244.
196 1479 verzeichnete der hessische Kellner zu Limburg *i gulden an golde myns herrn von Trire trumpten,* HHStAW Abt. 115, R 2, 1479. Tatsächlich hielt sich Johann von Baden am 5. Juli in Limburg auf.
197 STAT RMR 1484/5, fo. 30r.
198 STAT RMR 1507/8, fo. 8r.
199 LHAK 1 C 1175, Bl. 31.
200 LHAK 1 C 7577, S. 422 (1487 VIII 3/4, Wittlich).
201 STAT RMR 1490/1, fo. 25r (1491 VIII 4); STAT RMR 1497/8, fo. 24v (1498 IX 24).

Der Trompeter Hans von Esslingen kaufte von Johann von Baden ein Haus bei dem Brunnen in der Wittlicher *Korlegasse* und einen Weingarten[202].

Ist es auf diese Weise zwar möglich, einen Teil der Hofgesellschaft namentlich zu fassen und vor allem auch räumlich zuzuordnen, so bleibt die Mehrzahl der Bediensteten doch anonym. Der Grund hierfür ist eindeutig im Fehlen von Quellen der inneren Hoforganisation zu sehen, denn abgesehen von der Präsenzliste des Hofs ist kein Schriftstück auf uns gekommen, das aus der Hofverwaltung selbst stammt[203]. Daher müssen Aussagen zur Hoforganisation auf die Außenperspektive beschränkt und damit notwendigerweise unvollständig und ausschnitthaft bleiben. Für die in unserem Zusammenhang vordringlich interessierenden Tendenzen zur Ortsfestigkeit des Hofs können folglich auch nur verhältnismäßig vage Angaben gemacht werden. Aussagen hierüber müssen stets unter der Prämisse betrachtet werden, daß der aus durchschnittlich etwa 100 Personen bestehende Hofstaat den Landesherrn auf seinen Reisen begleitete. Folglich war auch in der zweiten Hälfte des 15. Jahrhunderts die Mobilität des Hofs noch in vollem Umfang gegeben, auch wenn sich diese eindeutig zwischen den Räumen Koblenz/Ehrenbreitstein und Trier/Pfalzel bewegte. Nur dort waren offenbar die Voraussetzungen für dauerhafte Herrscherrepräsentation gegeben. Der eigentliche Stützpunkt des Hofs und Ausgangspunkt der Reisen lag jedoch am Rhein. Hierfür sind besonders die Lieferungen an den dortigen Hof ein wichtiges Indiz.

Die Analyse des erzbischöflichen Hofs mit Hilfe prosopographischer Methoden führt, selbst unter Berücksichtigung der Tatsache, daß nur ein vergleichsweise geringer Teil aller in Frage kommenden Personen in den Quellen greifbar ist, zu einem klaren Ergebnis. Der überwiegende Teil aller namentlich und hinsichtlich ihrer Funktionen identifizierbaren Angehörigen des Hofs hatte Wohnsitz und Eigentum im Raum Koblenz/Ehrenbreitstein. Diese Feststellung ist als gewichtiger Hinweis auf den Platz der dauernden Herrschaftsausübung zu werten, da den niederen Hofbediensteten im »privaten« Bereich nicht die gleiche Mobilität eigen war, wie adligen oder gelehrten Räten, die neben dem Hofdienst auch wichtige persönliche Interessen an anderen Orten zu vertreten hatten. Folglich werden sich erstere ihren Wohnsitz in möglichst geringer Entfernung vom ständigen oder zumindest bevorzugten Aufenthaltsort des Landesherrn gesucht haben. Darüber hinaus lag es auch im Interesse des Kurfürsten, sein Hofgesinde nahe bei sich zu haben, um ständig auf deren Dienste zurückgreifen zu können, um deren angemessene Versorgung er sich ebenfalls kümmerte. Im Hinblick auf den erzbischöflichen Hof stimmen die Ergebnisse der Itinerarentersuchungen und der Analyse des Hofs in hohem Grade überein, Ehrenbreitstein und Koblenz waren die mit Abstand bevorzugten Aufenthaltsorte Erzbischof Johanns von Baden und seines Hofs.

---

202 LHAK 1 A 3685 (1485 VI 27, Ehrenbreitstein), GOERZ, S. 261.
203 Die Aussagekraft von Rechnungen des Hofs führt die Studie von STREICH, Zwischen Reiseherrschaft und Residenzbildung, vor Augen, vgl. auch JANSSEN, Fürstenhof

F. Funktionsbereich und Ausstattung der Herrschaftsmittelpunkte: Eine Zusammenfassung

Ähnlich wie bei der als Zwischenbilanz charakterisierten Bewertung der Handlungsspielräume kurfürstlicher Politik am Mittelrhein braucht die Zusammenfassung keine abermalige Aufzählung der im Hinblick auf die Relevanz für den Gesamtzusammenhang bereits am Schluß eines jeden Kapitels eingeordneten Teilergebnisse zu bieten. Vielmehr soll die Leitfrage nach Funktionsbereich und Ausstattung der Herrschaftsmittelpunkte eine abschließende Aussage darüber ermöglichen, welche Herrschaftsmittelpunkte mit überregionaler Bedeutung in der zweiten Hälfte des 15. Jahrhunderts im Erzstift Trier existierten, und wo das eigentliche Zentrum der erzbischöflichen Herrschaft lag.

Aufgrund der besonderen Bedingungen einer geistlichen Landesherrschaft erscheint der Ort der Herrschaftsausübung der Trierer Kurfürsten durch den Standort der Bischofskirche vorgeprägt. Die »civitas« Trier als gewachsenes urbanes Zentrum besaß alle Voraussetzungen für die Ausbildung eines zentralen Herrschaftsmittelpunkts. In der Regierungszeit Johanns II. von Baden bedingten bereits länger zurückliegende Entwicklungen, insbesondere seit der zweiten Hälfte des 14. Jahrhunderts, die Notwendigkeit zum Ausbau eines weiteren Stützpunkts erzbischöflicher Herrschaft am Rhein, da nur auf diese Weise die Regierung des »Moselterritoriums« in einer Zeit relativ schwach ausgeprägter institutionalisierter Herrschaftsformen gewährleistet werden konnte. In den Zentren Trier/Pfalzel und Koblenz/Ehrenbreitstein fand Johann von Baden unterschiedliche Bedingungen vor:

In der Kathedralstadt war er mit einer selbstbewußt und eigenständig agierenden Stadtgemeinde konfrontiert, die ihm bis immerhin 1460 die Huldigung verweigerte. Sie wurde in den Reichsanschlägen des 15. Jahrhunderts als reichsunmittelbar geführt, was von seiten der Stadt immer wieder geschickt zur Durchsetzung eigener Interessen innerhalb des Territoriums genutzt wurde, auch wenn kein wirkliches Ausscheiden aus dem Untertanenverband des Erzstifts und damit Reichsunmittelbarkeit, die gewisse Belastungen mit sich gebracht hätte, angestrebt wurde.

Demgegenüber hatte der Kurfürst in Koblenz mit erheblich geringeren Widerständen zu rechnen. Hier war mit dem Amtmann ein erzbischöflicher Funktionsträger weitgehend in die Administration der Stadt einbezogen. Die Koblenzer Schöffen standen in engerem Kontakt zum Erzbischof als ihre Trierer Kollegen und bildeten ein qualifiziertes Rekrutierungsfeld für den kurfürstlichen Rat. Anders als Trier, das durch Bündnis- und Schirmverträge seine Autonomie zu vertreten wußte, wurde die Stadtherrschaft in Koblenz nie ernsthaft in Frage gestellt. Aufgrund der topographischen Gegebenheiten entwickelte sich dennoch nicht die Stadt Koblenz zum wichtigsten Herrschaftsmittelpunkt des Erzstifts am Rhein, sondern die Burg Ehrenbreitstein, die von ihrer architektonischen Ausstattung her den Bedürfnissen eines mächtigen Reichsfürsten in vollem Ausmaß genügte.

Im Vergleich hierzu konnte Pfalzel, das als stadtnahes Herrschaftszentrum neben Trier ausgebaut wurde, nur geringere Bedeutung erlangen, auch wenn in der dortigen Burg die Voraussetzungen für einen repräsentativen Wohnsitz des Landesherrn ebenfalls gegeben waren. Aus jeweils unterschiedlichen Gründen, die größtenteils historisch bedingt waren, sah sich der Erzbischof veranlaßt, die stadtnahen Stützpunkte Ehrenbreitstein und Pfalzel und nicht die großen Städte als Herrschaftsmittelpunkte auszubauen. Beide nahmen herrscherliche Instrumentarien in unterschiedlicher Anzahl und Qualität auf.

Der bevorzugte Aufenthaltsort des Landesherrn war die Burg Ehrenbreitstein, gefolgt von Koblenz und, mit einigem Abstand, Pfalzel und Trier. Damit hob sich Johanns Itinerar deutlich von dem seines Vorgängers ab, bei dem sich noch ein ungefähres Gleichgewicht beider Räume in der Aufenthaltsfrequenz des Erzbischofs beobachten ließ. Verstärkt wird der für den ersten Badener als Trierer Erzbischof gewonnene Eindruck vom bevorzugten Aufenthaltsort durch die Betrachtung der Reisegewohnheiten des Kurfürsten und insbesondere durch die Maßnahmen, die für die Abwesenheit des Landesherrn getroffen wurden. Beides läßt mit großer Deutlichkeit die Burg Ehrenbreitstein als festen Bezugspunkt erkennen; dort war die Herrschaft des Erzstifts dauernd präsent. Die nach wie vor personalisierte Herrschaft bedingte Aufenthalte des Landesherrn auch im Obererzstift; doch erlangten die dortigen Mittelpunkte nicht die Bedeutung von Ehrenbreitstein und Koblenz als Aufenthaltsorte. Diese Beobachtung trifft in noch größerem Ausmaß für Jakob von Baden zu, dessen Itinerar sich fast ausschließlich am Rhein konzentrierte.

Unter der Prämisse, daß der Befund des Itinerars zwar einen eindeutigen Hinweis auf den bevorzugten Platz der Herrschaftsausübung bietet, es in der zweiten Hälfte des 15. Jahrhunderts aber anscheinend noch nicht möglich war, das Territorium von einem Ort aus zu regieren und somit die Anwesenheit des Kurfürsten unabdingbar war, um die Herrschaft zu demonstrieren, war die Regierungs-, Verwaltungs- und Behördenorganisation näher zu beleuchten. Denn nur auf diesem Wege – indem auch vom Landesherrn abgesehen wird – können sämtliche Ausdrucksformen der Herrschaft im Hinblick auf ihre räumliche Orientierung dargestellt und der Eindruck von persönlichen Präferenzen des Kurfürsten durch eine Betrachtung der Institutionen und des personellen Beziehungsgeflechts erhärtet werden.

Die Offizialate bildeten mit ihrem reichen Personalbestand das Rekrutierungsfeld für die Kanzlei, die zunehmend eine eigenständige Rolle als Institution spielte. Als Sitz der Kanzlei und der namentlich faßbaren Kanzleiangehörigen kann der Raum Koblenz/Ehrenbreitstein bezeichnet werden. Das Personal war in der Lage, dem Kurfürsten auf seinen Reisen zu folgen und die Arbeit auch über längere Zeiträume hinweg an einem anderen Ort, insbesondere in Pfalzel, wo ebenfalls Räume für die Kanzlei vorhanden waren, zu erledigen. An dieser, dem Landesherrn besonders nahestehenden und für seine Tätigkeit unverzichtbaren Institution läßt sich ein zentraler Wesenszug der Herrschaftspraxis ablesen: Auch wenn die Herrschaft des Erzstifts Trier in der Zeit Johanns von Baden bereits einen festen Bezugspunkt hatte, war es dennoch möglich und wohl auch notwendig, die Herrschaft auch an anderen Orten zu demonstrieren. Spätmittelalterliche Herrschaft war nach wie vor durch Mobilität und nur bedingte Ortsfestigkeit gekennzeichnet. Diese Beobachtung bestätigt sich in sämtlichen anderen im Rahmen der vorliegenden Arbeit untersuchten Bereichen.

Der methodische Zugriff erfolgte stets auf zwei Ebenen: Im Anschluß an die Darstellung der Institutionen und deren Funktionen sowie daraus erkennbar werdender räumliche Präferenzen wurden mit Hilfe prosopographischer Analysen die einzelnen namentlich faßbaren Personen im Hinblick auf Tendenzen zur Ortfestigkeit hin untersucht. Regelmäßig war hierbei eine große Übereinstimmung in den Resultaten beider Suchstrategien zu beobachten. Die Institutionen der Hof- bzw. Zentralverwaltung lassen sich auf diese Weise mit ihrem bevorzugten Sitz sämtlich im Raum Koblenz/Ehrenbreitstein verorten. Neben diesem relativ festen Bezugspunkt waren sie – je nach Aufgabenstellung – in unterschiedlicher Intensität im Gebiet des Erzstifts Trier tätig und übernahmen hierbei einen Teil der Mobilität des Landesherrn, der im Einzelfall Herrschaft delegierte, wenngleich er sich die Entscheidungsgewalt letzlich immer vorbehielt.

Differenzierter Betrachtung bedarf in diesem Zusammenhang der erzbischöfliche Rat, da es sich hierbei noch nicht um ein festgefügtes Gremium im modernen Sinne handelte. Von der großen Zahl der Personen, die als Räte bezeichnet werden, kann nur ein geringer Teil unmittelbar dem Hof und damit dem engeren personellen Umfeld des Kurfürsten zugerechnet werden. Die weltlichen Räte unter ihnen, in der Regel Angehörige des Ritteradels, gaben ihren ständigen Wohnsitz an der Stelle ihres Familienbesitzes normalerweise nicht auf und sind in ihrer überwiegenden Mehrheit als Räte »von Haus aus« zu bezeichnen. Anders gelagert ist der Fall bei den geistlichen und gelehrten Räten, die nicht im gleichen Umfang über regional bindende Besitzungen verfügten. Freilich war beiden Gruppen, geistlichen bzw. gelehrten und weltlichen Räten, eine hohe Mobilität gemeinsam, bei letzteren waren jedoch die »Privatinteressen« mitunter von ebenso großer Bedeutung wie die Erfüllung ihrer Aufgaben für den Landesherrn; sie waren nicht allein auf den Dienst für den Fürsten als Karrieremöglichkeit angewiesen. Die Auswahl der Räte durch Johann von Baden, insbesondere des engeren Kreises, stützt dennoch zusätzlich die These der Ausbildung von Herrschaftsmittelpunkten in den beiden genannten Zentren mit deutlicher Präferenz für Koblenz/Ehrenbreitstein, da die Mehrzahl der Räte, nach Ausweis ihrer Herkunftsorte, aus der näheren und weiteren Umgebung des Herrschaftszentrums am Mittelrhein stammte und hier ihren Besitz und ihr Hauptbetätigungsfeld hatte. Anders als in Kurköln gab es im Erzstift Trier keinen ständigen Rat, der einen festen Sitz hatte; hier dominierte weiterhin die persönlich praktizierte Regierung des Kurfürsten über sein Territorium. Von Verhandlungen mit auswärtigen Territorialherren abgesehen, bewegten sich die Itinerare der wichtigsten Funktionsträger des Kurfürsten in den durch diesen vorgezeichneten Bahnen und hatten die gleichen Schwerpunkte, so daß auch von dieser Seite die Zentren Koblenz/Ehrenbreitstein und Trier/Pfalzel identifiziert werden konnten. Das Schwergewicht lag ebenfalls am Zusammenfluß von Rhein und Mosel.

Besonders deutlich wird dies auf der unteren Ebene des erzbischöflichen Hofs. Die Bediensteten, die für die Abwicklung des täglichen Hoflebens unverzichtbar waren, hatten – soweit namentlich nachweisbar – in ihrer überwiegenden Mehrheit feste Wohnsitze in unmittelbarer Nähe des Herrschaftszentrums am Rhein. Somit konnte der Kurfürst stets auf ihre Dienste zurückgreifen, und auch bei relativ spontanen Reisen war der Hofstaat auf diese Weise schnell verfügbar und konnte für den reibungslosen Fortgang des Lebens sorgen, selbst wenn man sich nicht am eigentlichen Sitz des Hofs aufhielt. Daß der Erzbischof stets mit einem Gefolge von etwa 100 Personen reiste, ist ein weiterer, gewichtiger Beleg für die hohe Mobilität der Hofgesellschaft, die auf solchen Reisen vom Landesherrn versorgt werden mußte, was sicherlich auch dazu beitrug, daß Reisen unterlassen wurden, wenn keine unbedingte Notwendigkeit bestand. Zunehmend läßt sich über den gesamten hier untersuchten Zeitraum hinweg vorausschauende Planung sowie gesteigerte Rationalität der Verwaltung und – damit einhergehend – eine größere Verfestigung der Herrschaft auch in räumlicher Hinsicht beobachten.

Die Untersuchung von Herrschaftsmittelpunkten im Erzstift Trier am Ende des Mittelalters hat ergeben, daß sich aufgrund längerfristiger Tendenzen zwei Zentren herausgebildet haben, die eine Zweipoligkeit des Territoriums bedingten. Die Räume Koblenz/Ehrenbreitstein und Trier/Pfalzel brachten jeder für sich die Voraussetzungen mit, als alleinige Orte der Herrschaftsausübung zu dienen. Die schon früh vorgeprägte und in vielen Bereichen erkennbar werdende Unterteilung des Territoriums in Ober- und Niedererzstift machte die Ausprägung von zwei Zentren notwendig. Eine funktionale Trennung ist, abgesehen von der dominierenden Rolle Triers als geistlichem Zentrum, nicht erkennbar. Vielmehr regierte der Erzbischof von dem Platz seines momentanen Aufenthalts aus den gesamten Herrschaftsbereich. Die massive Bevorzugung des Raums Koblenz/Ehrenbreitstein durch den Kurfürsten führte zur Ausbildung eines Herrschaftsmittelpunkts, an dem auch im Falle der Abwesenheit des Landesherrn seine Macht dauerhaft repräsentiert wurde; dies gilt für Trier/Pfalzel nur in sehr eingeschränktem Maße. Folglich wird man – auch im Hinblick auf die Regierungszeit Jakobs von Baden – nicht fehlgehen, die in vielfältigen funktionalen Beziehungen zur Stadt Koblenz stehende Burg Ehrenbreitstein als Herrschaftszentrum des Erzstifts Trier am Ende des Mittelalters zu bezeichnen. Auch wenn es zu dieser Zeit noch nicht möglich erschien, das »Moselterritorium« von einem festen Punkt aus zu regieren, so findet sich hier doch eine solch umfangreiche Bündelung herrscherlicher Instrumentarien und personeller Verflechtungen der wesentlichen erzbischöflichen Funktionsträger mit dem Umland, daß in der Zeit Johanns von Baden eine Entwicklung eingeleitet wurde, die weit in die Zukunft wies.

G. Anhang

Anhang 1: Die Itinerare der Trierer Erzbischöfe Johann II. und Jakob II. von Baden.

Die Zusammenstellung der Aufenthaltsbelege für die zwei Badener Markgrafen auf dem Trierer Bischofsstuhl verfolgt zwei Ziele: Zum einen soll ein Datengerüst geschaffen werden, das die Rekonstruktion des Itinerars Johanns von Baden, der im Mittelpunkt der Untersuchungen dieser Arbeit steht, zumindest annähernd ermöglicht und worauf im Laufe der Darstellung stets zurückgegriffen werden kann. Zum anderen wird auf diese Weise die Grundlage zur kartographischen und graphischen Darstellung sowie für die Analyse von Aufenthaltshäufungen geliefert. Die Angabe der Fundstellen soll die Nachprüfbarkeit ermöglichen. Soweit möglich, wurden Aufenthalte an einem Ort genau einem Datum zugeordnet, ansonsten zumindest eine ungefähre Eingrenzung des Zeitraums angestrebt. Pro Tag und Ort wurde, um die tabellarische Zusammenstellung nicht zu überfrachten, auch dann nur ein Beleg angeführt, wenn sich mehrere Hinweise auf einen Aufenthalt fanden. Ergaben sich für einen Tag jedoch Belege für mehrere Orte, so wurden diese selbstverständlich angegeben.

Um eine möglichst hohe Nachprüfbarkeit der Angaben zu gewährleisten, wurden Druckbelege dann angegeben, wenn die Editionen später als die Regesten von A. Goerz erschienen sind und größere Zuverlässigkeit beanspruchen können. Ansonsten wurden – soweit diese bei der Materialsammlung ermittelt werden konnten – die Archivsignaturen der betreffenden Quellen angegeben, auch um die teilweise unklaren Zuordnungen von Goerz klären zu können. Die Einbeziehung weiterer Quellen erbrachte gegenüber den Aufenthaltsbelegen bei Goerz immerhin eine Steigerung um über 700 weitere Belege.

Unsichere Aufenthaltsbelege wurden in Klammern gesetzt, der Vollständigkeit halber jedoch beibehalten, zumal sich für diese aus dem Itinerar vielfach eine Wahrscheinlichkeit ableiten läßt. Für die Auszählung der Summe aller Aufenthalte an einem Ort blieben sie dennoch unberücksichtigt. Insbesondere in den Rechnungen der Trierer Rentmeister und der Koblenzer Bürgermeister nachweisbare Ratsbotschaften oder Botengänge wurden als sichere Belege angenommen, der Tag jedoch in Klammern gesetzt, da die entsprechenden Kosten nicht unbedingt an dem Tag anfielen, an dem der Bote den Kurfürsten tatsächlich aufsuchte. Dies gilt freilich nicht für Gesandtschaften und Botengänge über sehr kurze Distanzen, wie von Koblenz nach Ehrenbreitstein oder von Trier nach Pfalzel, da die Personen am gleichen Tag zurückkehrten.

Die Datierung der Aufenthaltsbelege enthält auch ungefähre Angaben: v = terminus ante quem; n = terminus post quem. Wird nur ein Monat oder ein Jahr angegeben, so konnte der Aufenthalt nicht genau datiert werden. Um eine Lokalisierung zu erleichtern, wurde für Ortsangaben die heute gebräuchliche deutsche Schreibweise gewählt.

Itinerar Johanns II. von Baden (1456–1503)

1456 VI 21	Trier	LHAK 701,4, fo 57r
1456 VI 22	Trier	LHAK 1 D 1179
1457 I 2	Ehrenbreitstein	LHAK 1 D 1180
1457 I 5	Ehrenbreitstein	LHAK 53 C 13, 596
1457 I 7	Ehrenbreitstein	RMB IV 8066
1457 I 16	Pfalzel	GOERZ, S. 205
1457 I 24	Pfalzel	LHAK 1 D 1183/1184
1457 I 26	Pfalzel	LHAK 1 C 18, 59
1457 I 27	Pfalzel	STAW Abt. Löwenstein-Wertheim-Freudenberg, Virneburg-Manderscheid, Nachträge
1457 I 28	Pfalzel	LHAK 54 B 155
1457 I 31	Wittlich	LHAK 1 C 18, 57
1457 II 6	Pfalzel	GOERZ, S. 205
1457 II 8	Ehrenbreitstein	PSHIL, Bd. 36, S. 216f.
1457 III 20	Ehrenbreitstein	LHAK 1 A 8343/8344
1457 III 22	Ehrenbreitstein	LHAK 1 A 8345
1457 IV 19	Limburg	FWA 3-12-4 No. 26
1457 IV 22	(Ehrenbreitstein)[1]	LHAK 1 B 1611
1457 IV 25	Ehrenbreitstein	LHAK 1 C 18, 65
1457 IV 28	Ehrenbreitstein	LHAK 1 C 17, 36
1457 IV 30	Ehrenbreitstein	HHStAW Abt. 333, Nr. 242
1457 V 3	Koblenz	LHAK 1 C 16212, Bl. 47r-49v
1457 V 5	Ehrenbreitstein	ZIMMER, Landskron, Nr. 1075
1457 V 12	Ehrenbreitstein	LHAK 54 M 720
1457 V 20	Ehrenbreitstein	LHAK 54 H 337
1457 V 21	Ehrenbreitstein	HHStAW Abt. 340 U 10988
1457 V 22	Ehrenbreitstein	LHAK 54 U 108
1457 VI 4	Ehrenbreitstein	FWA III-2-8
1457 VI 6	Ehrenbreitstein	LHAK 53 C 5, 211 U
1457 VI 7	Ehrenbreitstein	HHStAW Abt. 121 U Schmidtburg[2]
1457 VI 15	Ehrenbreitstein	BROMMER, Stein, Nr. 205
1457 VI 18	Ehrenbreitstein	HHStAW Abt. 340 U 10990a
1457 VI 20	Ehrenbreitstein	HHStAW Abt. 121 U Bubenheim
1457 VI 23	Stolzenfels	Dalberger Urkunden, Nr. 347
1457 VII 17	Stolzenfels	HHStAW Abt. 339, Nr. 651, S. 36
1457 VII 18	Ehrenbreitstein	FWA III-1-26
1457 VII 23	Ehrenbreitstein	DEMANDT 4975
1457 VIII 3	Oberwesel	LHAK 1 C 17, 444
1457 VIII 7	Mayen	LHAK 1 C 18, 77
1457 VIII 15	Koblenz	LHAK 1 C 18, 81
1457 VIII 24	Münstermaifeld	STAT DK 8382
1457 VIII 26	Engers	LHAK 35, 340

1 Die Anwesenheit des Erzbischofs kann aus dem Ausstellungsort eines Lehnsrevers von Ulrich von Metzenhausen geschlossen werden.
2 Die Ausfertigung dieser Urkunde fehlt im HHStAW.

1457 IX 7	Pfalzel	STAT DK 7708
1457 IX 9	Koblenz[3]	LHAK 1 A 8358
1457 IX 26	Koblenz	GLAK Abt. 46, Nr. 835
1457 IX	Metz	RMB IV 8154
1457 IX 30	Pfalzel	PSHIL, Bd. 30, S. 158
1457 X 1	Pfalzel	TOEPFER, Bd. 2, Nr. 399
1457 X 7	Pfalzel	GOERZ, S. 206
1457 X 17	Pfalzel	LHAK 53 C 45, 17
1457 X 22	Baden	LHAK 54 B 174
1457 XI 14	Koblenz	RMB IV 8167
1457 XI 23	Stolzenfels	STAW Abt. Löwenstein-Wertheim-Freudenberg Virneburger Urkunden I/32
1457 XI 24	Stolzenfels	HHStAW Abt. 116, Nr. 57
1457 XI 25	Stolzenfels	LHAK 54 S 547
1457 XI 28	(Ober-)Lahnstein	LHAK 1 A 8363
1457 XII 1	Koblenz	HHStAW Abt. 150, Nr. 550
1457 XII 8	Cochem[4]	LHAK 1 C 17, 439
1457 XII 15	Koblenz	LHAK 1 A 5777
1457 XII 16	Koblenz	LHAK 53 C 10, 42
1457 XII 17	Koblenz	LHAK 1 D 1186
1457 XII 19	Diez	STRUCK, Bd. 2, Nr. 571
1457 XII 30	Pfalzel	LHAK 157, 81
1458 I 16	Koblenz	LHAK 1 C 17, 445
1458 I 22	Koblenz	LHAK 1 C 18, 71
1458 III 4	Stolzenfels	LHAK 1 C 18, 469
1458 III 17[5]	Stolzenfels	FWA 3–12–4 No. 20
1458 III 20	Stolzenfels	HHStAW Abt. 116, Nr. 58
1458 III 27	Stolzenfels	HHStAW Abt. 170 U 1453
1458 n IV 2[6]	Koblenz	STAT RMR 1457/58, fo 17r
1458 IV 5	Koblenz	LHAK 35, 341
1458 IV 13	Limburg	LHAK 1 C 18, 85
1458 IV 21	Koblenz	PSHIL 31, 518
1458 IV 25	Koblenz	GOERZ, S. 207
1458 VI 17	Ehrenbreitstein	LHAK 1 A 4228
1458 VII 30	Ehrenbreitstein[7]	LHAK 1 C 18, 137
1458 VIII 1	Ehrenbreitstein	LHAK 1 A 8383
1458 VIII 7	Koblenz	HHStAW Abt. 115, Nr. 196
1458 VIII 16	Stolzenfels	StaK- 623- Nr. 312
1458 VIII 29	Hillesheim	LHAK 1 C 18, 28
1458 IX 1	Pfalzel	LHAK 54 P 10
1458 IX 13	Pfalzel	PSHIL, Bd. 31, S. 22
1458 IX 20	Koblenz	PSHIL, Bd. 33,2, S. 302

3 Die Anwesenheit Johanns von Baden ergibt sich daraus, daß der Trierer Archidiakon Johann vom Stein an diesem Tag seinen Obödienzeid in Koblenz leistete.
4 Der an diesem Tag geschlossene Vertrag zwischen Johann von Baden und dem Abt von Brauweiler über das Gericht Klotten wurde von *frunde* beider Seiten ausgehandelt. Er ist jedoch von beiden Parteien besiegelt und die Datumszeile lautet: *geben und geschehen zu Cochme*.
5 STRUCK, Bd. 2, Nr. 787 datiert diese Urkunde auf 1458 III 7.
6 Nach Ostern 1458 schickte die Stadt Trier einen Boten nach Koblenz zu dem Erwählten.
7 An diesem Tag schwor der Abt von St. Florin in Schönau seinen Obödienzeid, *actum et datum Erembreitstein*.

1458 IX 23	Ehrenbreitstein	LHAK 1 C 2104
1458 IX 24	Ehrenbreitstein	LHAK 53 C 5, 214 U
1458 IX 29	Koblenz	LHAK 96, 1113f.
1458 (X)	Baden[8]	STAT RMR 1458/9, fo 1r
1458 X 24	Ehrenbreitstein	LHAK 1 A 8387
1458 X 27	Ehrenbreitstein	LHAK 53 C 5, 1714 U
1458 X 28	Ehrenbreitstein	LHAK 1 D 1190
1458 XI 11	Ehrenbreitstein	LHAK 1 C 18, 86
1458 XI 15	Ehrenbreitstein	LHAK 1 C 16828, S. 5–12
1458 XII 11	Ehrenbreitstein	STAW Abt. Löwenstein-Wertheim-Freudenberg, Virneburger Akten A 82
1458 (XII 21)	Koblenz	STAT RMR 1458/9, fo 1r
1458 XII 23	Koblenz	Solmser Urkunden, Bd. 2, Nr. 1400
1458 XII 26	Ehrenbreitstein	LHAK 1 C 17, 407
1458 XII 28	Ehrenbreitstein	Isenburger Urkunden, Bd. 2, Nr. 2161
1459 I 9	Ehrenbreitstein	MICHEL, Gerichtsbarkeit, S. 150
1459 I 10	Ehrenbreitstein	LHAK 1 A 8389
1459 II 1	Ehrenbreitstein	LHAK 36, 1892
1459 II 9	Ehrenbreitstein	LHAK 1 C 13206, S. 7
1459 II 14	Koblenz	LHAK 1 C 13206, S. 9
1459 II 16	Boppard	GOERZ, S. 360
1459 III 7	Ehrenbreitstein	SCHMIDT 2074
1459 IV 19	Pfalzel	GOERZ, S. 360
1459 IV 20	Saarburg	LHAK 1 C 18, 102
1459 V 6	Pfalzel	LHAK 1 C 18, 94
1459 VI 1	Sankt Goar	DEMANDT 5042
1459 VI 2	Oberwesel	LHAK 4, 220/723
1459 VI 30	Ehrenbreitstein	LHAK 1 C 395, S. 3–4
1459 VII 4	Ehrenbreitstein	LHAK 1 C 18, 103
1459 VII 25	Pfalzel	LHAK 1 A 4227
1459 VIII 9	Pfalzel	LHAK 1 C 17, 438
1459 [um VIII 24]	Feherbach	RMB IV 8353
1459 IX 5	(Ettlingen)[9]	RMB IV 8358
1459 IX 14	Ehrenbreitstein	LHAK 79, 403
1459 IX 16	Ehrenbreitstein	BAT 71,84, Nr. 574
1459 IX 21	Münstermaifeld	LHAK 1 C 18, 201
1459 IX 26	Ehrenbreitstein	LHAK 1 A 1840
1459 X 2	Ehrenbreitstein	LHAK 1 C 18, 111
1459 X 21	Ehrenbreitstein	LHAK 54 S 547
1459 X 27	Ehrenbreitstein	LHAK 1 A 1894
1459 X 28	Ehrenbreitstein	LHAK 1 A 8400
1459 X 31	Ehrenbreitstein	LHAK 54, 32, Nr. 1014
1459 XI 9	Koblenz	MIRBACH, Bd. 3, S. 130
1459 XI 10	Koblenz	LHAK 1 C 17, 415
1459 XI 14	Ehrenbreitstein	STAW Abt. Löwenstein-Wertheim-Freudenberg, Virneburger Akten A 82
1459 XII 3	Ehrenbreitstein	BayHStA Kasten blau 385/14
1459 XII 5	Ehrenbreitstein	LHAK 1 C 13205, S. 3

8 Im Monat Oktober ritt ein Bote der Stadt Trier *zu unsm herren von Trier* [...] *zu Baden*.
9 Johann von Baden besiegelte an diesem Tag den Verzicht seiner Brüder Georg und Markus auf den Anteil ihres verstorbenen Bruders, Markgraf Bernhard, an der Markgrafschaft zugunsten Karls von Baden.

1459 XII 7	Ehrenbreitstein	LHAK 1 C 18, 140
1459 XII 8	Ehrenbreitstein	LHAK 1 C 13205, S. 1
1459 XII 11	Ehrenbreitstein	LHAK 1 C 17, 324
1459 XII 13	Ehrenbreitstein	LHAK 1 C 13205
1459 XII 15	Ehrenbreitstein	LHAK 34, 193
1459 XII 29	Ehrenbreitstein	BayHStA Kasten blau 385/14
1459 XII 30	Ehrenbreitstein	BayHStA Kasten blau 385/14
1459	Ehrenbreitstein	LHAK 1 C 18, 141
1460 I 1	Ehrenbreitstein	LHAK 53 C 10, 43
1460 I 2	Ehrenbreitstein	DEMANDT 5079
1460 I 15	Wittlich	LHAK 1 C 18, 139
1460 I 27	Koblenz	LHAK 1 C 18, 122
1460 I 29	Ehrenbreitstein	LHAK 1 C 18, 123
1460 I 31	Ehrenbreitstein	LHAK 1 C 16213, Bl. 4
1460 II 25	Koblenz	HHStAW Abt. 333, Nr. 257
1460 III 10	Pfalzel	RUDOLF, Quellen, Nr. 148
1460 III 11	Pfalzel	RUDOLF, Quellen, Nr. 148
1460 III 29	Ehrenbreitstein	Urkunden aus 10 Jahrhunderten. Sayn'sche Chronik, Bd. 2, Nr. 52
1460 IV 4	Ehrenbreitstein	LHAK 1 C 18, 127
1460 IV 7	Ehrenbreitstein	BayHStA Kasten blau 385/14
1460 IV 21	Ehrenbreitstein	LHAK 1 A 3573
1460 IV 26	Ehrenbreitstein	HHStAW Abt. 130 I, II B 5 Kur-Trier 2, Bl. 3
1460 IV 29	Ehrenbreitstein	GOERZ, S. 210
1460 V 11	Pfalzel	LHAK 157, 82
1460 V 12	Trier	LHAK 1 D 120
1460 V 15	Pfalzel	LHAK 157, 82
1460 VI 3	Ehrenbreitstein	LHAK 54 S 1211
1460 VI 8	Ehrenbreitstein	StaK- 623- BMR 1653, Bl. 1v
1460 VI 24	Ehrenbreitstein	StaK- 623- BMR 1653, Bl. 2–3
1460 VI 25	Koblenz	LHAK 1 A 3447
1460 VI 27	Ehrenbreitstein	BayHStA Kasten blau 385/14
1460 VI 29	Ehrenbreitstein	LHAK 52,19, Nr. 243
1460 VI 30	Ehrenbreitstein	LHAK 1 C 108, Bl. 231r-232r
1460 VII 7	Ehrenbreitstein	HHStAW Abt. 170 U 1486
1460 VII 8	Ehrenbreitstein	HHStAW Abt. 170 U 1487
1460 VII 11	Münstermaifeld	LHAK 1 C 13207
1460 VII 30	Ehrenbreitstein[10]	BÄR, Urkunden, S. 189–191
1460 VII 31	Ehrenbreitstein	StaK- 623- BMR 1653, Bl. 4v
1460 VIII 3	Ehrenbreitstein	LHAK 1 A 8411
1460 VIII (8)	Isenheim[11]	Quellen zur Geschichte Friedrichs I. des Siegreichen. Chronik von Weißenburg, S. 184
1460 IX 1	Ehrenbreitstein	LHAK 1 C 17, 457
1460 IX 9	Ehrenbreitstein[12]	LHAK 1 C 17, 481
1460 IX 24	Ehrenbreitstein	WAMPACH, Bd. 10, Nr. 135

10 GOERZ, S. 211, nennt als Ausstellungsort Münstermaifeld.
11 Die für den 8. August belegte Belagerung von Isenheim erforderte sicherlich eine längere Anwesenheit des Kurfürsten. Am 10. August 1460 sandte die Stadt Trier – offenbar in Unkenntnis von Johanns Abwesenheit – einen Boten mit einem Brief wegen der Streitigkeiten mit dem Kurfürsten nach Koblenz, STAT, RMR 1459/60, fo. 2v.
12 GOERZ, S. 211, nimmt bei dieser Urkunde Ehrenbreitstein als Ausstellungsort an.

1460 X 5	Ehrenbreitstein	BayHStA Kasten blau 385/14
1460 X 24	Ehrenbreitstein	LHAK 53 C 13, 603
1460 X 25	Ehrenbreitstein	LHAK 35, 345f.
1460 X 31	Ehrenbreitstein	LHAK 112, 461
1460 XI 4	Ehrenbreitstein	StaK- 623- BMR 1653, Bl. 8r
1460 XI 13	Ehrenbreitstein	LHAK 1 C 17, 446
1460 XI 16	Ehrenbreitstein	StaK- 623- BMR 1653, Bl. 8r
1460 XI 19	Ehrenbreitstein	LHAK 113, 8
1460 XI 22	Ehrenbreitstein	LHAK 1 A 8416
1460 XII 11	Stolzenfels	GOERZ, S. 212
1460 XII 13	Stolzenfels	LHAK 54 H 344
1460 XII 18	Stolzenfels	LHAK 1 C 17, 358
1460 XII 28	Stolzenfels	LHAK 41, 1126
1461 I 3	Stolzenfels	LHAK 1 C 18, 209
1461 I 5	Stolzenfels	LHAK 1 C 17, 456
1461 I 8	Kapellen	StaK- 623- BMR 1653, Bl. 11v
1461 I 9	Kapellen	StaK- 623- BMR 1653, Bl. 11v
1461 I 22	Stolzenfels	GOERZ, S. 212
1461 II 27	Stolzenfels	STRUCK, Bd. 4, Nr. 1664
1461 IV 8	Trier	LHAK 1 C 18, 13
1461 IV 10	Ehrenbreitstein	PSHIL, Bd. 33,2, S. 310
1461 IV 25	Ehrenbreitstein	LHAK 1 D 1209
1461 IV 26	Ehrenbreitstein	LHAK 1 B 1677
1461 IV 27	Ehrenbreitstein	HHStAW Abt. 340 U 11119
1461 IV 28	Ehrenbreitstein	HHStAW Abt. 340 U 11120
1461 V 1	Ehrenbreitstein	GOERZ, S. 213
1461 V 7	Ems	HHStAW Abt. 130 I, II B 5 Kur-Trier 2, Bl. 4
1461 V 15	Ehrenbreitstein	LHAK 1 C 17, 428
1461 V 30	Ehrenbreitstein	StaK- 623- BMR 1655
1461 VI 3	Ehrenbreitstein	StaK- 623- BMR 1655
1461 VI 5	Ehrenbreitstein	LHAK 1 B 296
1461 VI 7	Ehrenbreitstein	LHAK 1 C 18, 10
1461 VI 8	Ehrenbreitstein	HHStAW Abt. 130 I, II B 5 Kur-Trier 2, Bl. 5
1461 VI 19	Ehrenbreitstein	HUBATSCH 1,2, Nr. 15645
1461 VI 20	Ehrenbreitstein	HUBATSCH 1,2, Nr. 15648
1461 VI 23	Ehrenbreitstein	StaK- 623- BMR 1655
1461 VI 24	Ehrenbreitstein	HHStAW Abt. 130 I, II B 5 Kur-Trier 2, Bl. 6
1461 VI 25	Ehrenbreitstein	LHAK 1 C 18, 9
1461 VII 3	Ehrenbreitstein	LHAK 54 H 345
1461 VII 13	Ehrenbreitstein	LHAK 1 C 18, 8
1461 VII 19	Pfalzel	HHStAW Abt. 130 I, II B 5 Kur-Trier 2, Bl.8-9
1461 VII Ende	Metz	Ebd.
1461 VII 27	Metz	GOERZ, S. 360
1461 IX 28	Wiesbaden	LHAK 1 C 16213, Bl. 9
1461 X 2	Wiesbaden	LHAK 1 C 16215, S. 11
1461 X 2	Mainz	RMB IV 8688
1461 v X 14	Baden[13]	LHAK 1 C 16215, S. 15-16

13 In einem Schreiben des Metzer Bischofs Georg von Baden nimmt dieser Bezug auf eine Unterredung in Baden, die kürzlich mit seinem Bruder Johann dort stattfand, LHAK 1 C 16215, S. 15-16.

1461 X 21	Ehrenbreitstein	LHAK 1 C 18, 214
1461 X 24	Ehrenbreitstein	LHAK 1 C 18, 14
1461 XI 2	Ehrenbreitstein	LAMPRECHT, Bd. 3, Nr. 241
1461 XI 4	Ehrenbreitstein	RMB IV 8699
1461 XI 8	Ehrenbreitstein	StaK- 623- BMR 1655
1461 XI 9	Ehrenbreitstein	RMB IV 8706
1461 XI 10	Ehrenbreitstein	StaK- 623- BMR 1655
1461 XI 14	Koblenz	LHAK 52,19, Nr. 250
1461 XI 21	Ehrenbreitstein	RMB IV 8720
1461 XI 26	Ehrenbreitstein	LHAK 1 C 18, 17
1461 XI 28	Ehrenbreitstein	HStAD Schleiden 78
1461 XII 1	Ehrenbreitstein	STAT DK 8383
1461 XII 12	Ehrenbreitstein	GOERZ, S. 213
1461 XII 13	Ehrenbreitstein	STAW Abt. Löwenstein-Wertheim-Freudenberg, Virneburger Urkunden I/34³/₄
1461 XII 15	Ehrenbreitstein	LHAK 29 C 25
1461 XII 17	Ehrenbreitstein	LHAK 1 D 1213
1461 XII 19	Ehrenbreitstein	StaK- 623- BMR 1654
1461 XII 24	Ehrenbreitstein	HHStAW Abt. 240 U 11145
1462 I 7	Ehrenbreitstein	TILLE/KRUDEWIG, Bd. 2, S. 93
1462 I 21	Münstermaifeld	LHAK 1 C 18, 20
1462 I 26	Ehrenbreitstein	StaK- 623- BMR 1654
1462 II 3[14]	Ehrenbreitstein	PSHIL, Bd. 33,2, S. 314
1462 II 10	Trier	LHAK 1 C 17, 524
1462 II 19	Trier	LHAK 1 C 18, 26
1462 II 22	Trier	LHAK 1 A 2413
1462 II 23	Trier	LHAK 1 C 18, 22
1462 II 24	Trier	LHAK 157, 195
1462 (II)	Trier	STAT RMR 1461/62, fo. 5v
1462 III 6	Ehrenbreitstein	LHAK 1 C 17, 510
1462 III 8	Ehrenbreitstein	LHAK 1 C 9196
1462 III 9	Ehrenbreitstein	LHAK 1 C 17, 523
1462 III 10	Ehrenbreitstein	HHStAW Abt. 340 U 11115
1462 III 15	Ehrenbreitstein	GOERZ, S. 214
1462 III 17	Ehrenbreitstein	StaK- 623- BMR 1654
1462 III 18	Ehrenbreitstein	StaK- 623- BMR 1654
1462 III 21	Ehrenbreitstein	LHAK 1 C 9196
1462 III 22	Ehrenbreitstein	LHAK 1 C 17, 670
1462 III 28	Ehrenbreitstein	StaK- 623- BMR 1654
1462 III 29	Ehrenbreitstein	StaK- 623- BMR 1654
1462 III 30	Ehrenbreitstein	StaK- 623- BMR 1654
1462 III 31	Ehrenbreitstein	LHAK 1 C 16216, Bl. 8
1462 IV 4	Ehrenbreitstein	StaK- 623- BMR 1655
1462 (IV 13)	Ehrenbreitstein	StaK- 623- BMR 1654
1462 IV 21	Ehrenbreitstein	HHStAW Abt. 340 U 11158
1462 IV 26	Ehrenbreitstein	HHStAW Abt. 340 U 11118
1462 V 4	Brüssel	LHAK 1 C 18, 234
1462 V 16	Ehrenbreitstein[15]	StaK- 623- BMR 1654

14 Die Abschrift der Urkunde, LHAK 1 A 3214, hat das Datum *uf unser lieber frauwen tags purificationis*, also den 2. Februar 1462.
15 Gesandtschaft des Koblenzer Rats *uf der boirgh* (Ehrenbreitstein).

1462 VI 5	Ehrenbreitstein	PSHIL, Bd. 33,2, S. 316
1462 VI 8	Ehrenbreitstein	HHStAW Abt. 340 U 11162
1462 VI 11	Ehrenbreitstein	LHAK 52,19, Nr. 255
1462 v VI 14	Bernkastel[16]	LHAK 1 C 16781, S. 5
1462 VI 19	Ehrenbreitstein	LHAK 1 C 16781, S. 5
1462 VII 26	Engers	LHAK 1 C 9196
1462 VIII 12	Ehrenbreitstein	LHAK 1 C 17, 521
1462 VIII 16	Ehrenbreitstein	LHAK 1 C 9196
1462 VIII 26	Ehrenbreitstein	LHAK 1 C 9196
1462 VIII 28	Ehrenbreitstein	BÄR, Urkunden, S. 191f.
1462 (X)	Brüssel[17]	BACHMANN, Nachträge, Nr. 5
1462 XI 17	Ehrenbreitstein	LHAK 1 C 9196
1462 XI 24	Ehrenbreitstein	GOERZ, S. 360
1462 XI 27	Ehrenbreitstein	LHAK 1 C 9196
1462 XII 29	Trier	LHAK 1 C 18, 41
1463 I 2	Trier	LHAK 1 C 9196
1463 I 11	Trier	LHAK 1 C 18, 273
1463 I 31	Worms	RMB IV 9009
1463 (II-IV)	Heidelberg	RMB IV 9016
1463 II 18	Ehrenbreitstein	TILLE/KRUDEWIG, Bd. 4, S. 110
1463 II 24	Ehrenbreitstein	LHAK 1 C 9196
1463 III 8	Ehrenbreitstein	LHAK 1 C 9196
1463 III 12[18]	Ehrenbreitstein	LHAK 1 A 8437
1463 III 17	Ehrenbreitstein	HHStAW Abt. 170 U 1526
1463 III 27	Ehrenbreitstein	HHStAW Abt. 340 U 11190a
1463 IV 2	Trier	LHAK 1 C 17, 501
1463 IV 4	Trier	BAT Abt. 91, Nr. 119, Bl. 3
1463 IV 7	Trier	WAMPACH, Bd. 10, Nr. 205/7
1463 IV 18	Pfalzel	LHAK 54 S 591
1463 IV 20	Pfalzel	LHAK 157, 99
1463 IV 22	Trier	LHAK 1 A 3724
1463 IV 23	Trier	HStD Depositum Wahn XI 7 A 1
1463 IV 25	Trier	PSHIL, Bd. 36, S. 241
1463 V 7	Bernkastel	TOEPFER, Bd. 2, Nr. 414
1463 V 12	Ehrenbreitstein	BAT Abt. 71,71, Nr. 2
1463 V 15	Ehrenbreitstein	LHAK 1 C 9196
1463 V 18	Ehrenbreitstein	KUSKE, Bd. 2, Nr. 322 Anm.
1463 VI 2	Ehrenbreitstein	KUSKE, Bd. 2, Nr. 322 Anm.
1463 VI 11	Ehrenbreitstein	LHAK 1 C 16216, Bl. 12
1463 VI 14	Ehrenbreitstein	LHAK 1 C 18, 35
1463 VI 15	Ehrenbreitstein	StaK- 623- BMR 1656
1463 VI 30	Pfalzel	LHAK 1 C 9196
1463 VII 8	Pfalzel	STAT RMR 1462/3, fo. 22v
1463 VII 19	Koblenz	HHStAW Abt. 121 U Zant
1463 VII 20	Trier	LHAK 1 C 9196
1463 VII 22	Trier	WAMPACH, Bd. 9, Nr. 943, S. 386

16 In einem Brief Heinrichs Vogt zu Hunolstein vom 14. Juni 1462 erwähnt dieser seine Zusammenkunft mit dem Kurfürsten in Bernkastel.
17 Bereits am 10. Oktober berichtete Markgraf Markus dem Grafen Sigmund von Hohenberg, daß sein Bruder von Trier nicht im Lande sei, RMB IV 8979. Die Anwesenheit Johanns am burgundischen Hof ergibt sich aus einem Bericht thüringischer Räte.
18 GOERZ, S. 216, datiert diese Urkunde irrtümlich auf III 11.

1463 VII 24	Pfalzel	GOERZ, S. 216
1463 VIII 2	Cochem	GOERZ, S. 360
1463 VIII 29	Trier	LHAK 1 C 16216, Bl. 15
1463 VIII 30	Trier	HHStAW Abt. 333, Nr. 298
1463 IX 15	Koblenz	Isenburger Urkunden, Bd. 2, Nr. 2425
1463 IX 20	Koblenz	LHAK 1 C 18, 33
1463 IX 21	Koblenz	StaK- 623- BMR 1656
1463 IX 23	Koblenz	LHAK 1 D 1219
1463 IX 24	Koblenz	LHAK 1 C 17, 492
1463 IX 26	Koblenz	LHAK 1 C 18, 246
1463 IX 28	Koblenz	LHAK 1 C 17, 506
1463 IX 30	Ehrenbreitstein	LHAK 1 C 18, 34
1463 X 12	Koblenz	LHAK 1 C 18, 37
1463 X 28	Trier	LHAK 1 C 18, 45
1463 X 29	Trier	LHAK 1 C 18, 40
1463 XI 6	Trier	LHAK 1 C 9196
1463 XI 9	Trier	LHAK 1 A 8441
1463 XI 13	Pfalzel	Isenburger Urkunden, Bd. 2, Nr. 2442
1463 XI 15	Koblenz	LHAK 1 C 18, 230
1463 XII 15	Bernkastel	StaK- 623- BMR 326
1463 XII 23	Pfalzel	GOERZ, S. 360
1463 XII 27	Trier	STAT L 32
1463 XII 30	Trier	LHAK 1 C 18, 42
1464 I 3	Trier	STAT L 33
1464 I 10	Koblenz	LHAK 1 C 17, 490
1464 I 28	Koblenz	GOERZ, S. 218
1464 I 29	Koblenz	LHAK 1 C 18, 30
1464 I 31	Koblenz	LHAK 1 C 17, 488
1464 II 2	Koblenz	LHAK 54 B 1252f.
1464 II 19	Pfalzel	LHAK 53 C 45, Nr. 154
1464 II 20	Pfalzel	PSHIL, Bd. 33,2, S. 322
1464 III 17	Koblenz	LHAK 1 C 18, 31
1464 III 26	Ehrenbreitstein	LAMPRECHT, Bd. 3, Nr. 244
(1464) IV 2	Trier	LHAK 1 C 17, 464
1464 IV 16	Trier[19]	LHAK 1 D 1222
1464 IV 17	Ehrenbreitstein	LHAK 1 C 17, 496
1464 IV 21	Koblenz	Solmser Urkunden, Bd. 2, Nr. 1507
1464 IV 23	Ehrenbreitstein	LHAK 1 C 18, 38
1464 v V 20	Ehrenbreitstein	StaK- 623- BMR 1656
1464 VI 1	Ehrenbreitstein	GOERZ, S. 218
1464 VI 2	Ehrenbreitstein	HHStAW Abt. 340 U 11232
1464 VI 7	Ehrenbreitstein	LHAK 1 C 18, 47
1464 VI 13	Ehrenbreitstein	HHStAW Abt. 150, Nr. 179
1464 VI 14	Ehrenbreitstein	SCHMIDT 2119,6
1464 VI 21	Koblenz	SCHMIDT 2119,10
1464 VI 25	Ehrenbreitstein	LHAK 1 A 8448
1464 VI 30	Ehrenbreitstein	SCHMIDT 2119,14
1464 VII 12	Ehrenbreitstein	LHAK 1 C 18, 171
1464 VII 12	Koblenz	SCHMIDT 2119,21/22
1464 VII 27	bei Saarburg	LHAK 1 A 2141
1464 VIII 7	Pfalzel	LHAK 1 A 8453

19 Obödienzeid des Archidiakons von Longuyon in Trier.

1464 VIII 16	Pfalzel	LHAK 1 A 8454
1464 VIII 26	Pfalzel	LHAK 1 C 17, 462
1464 VIII 27	Pfalzel	LHAK 1 C 18, 247
1464 VIII 28	Pfalzel	LHAK 1 C 18, 241
1464 IX	Pfalzel	MATHEUS, Verhältnis, S. 20
1464 IX 17	Pfalzel	LHAK 1 C 16828, S. 12
1464 IX 22	Ehrenbreitstein	LHAK 1 C 17, 574
1464 IX 28	Ehrenbreitstein	LHAK 1 C 16828, S. 14f.
1464 IX 29	Ehrenbreitstein	LHAK 1 C 9196
1464 X 8	Ehrenbreitstein	HHStAW Abt. 340 U 11240
1464 X 10	Ehrenbreitstein	LHAK 1 C 17, 665
1464 X 29	Boppard	LHAK 4, 225–227
(1464) XI 9	Ehrenbreitstein	LHAK 1 C 17, 463
1464 XI 15	Ehrenbreitstein	LHAK 1 C 18, 288
1464 XII 1	Ehrenbreitstein	LHAK 1 C 17, 562
1464 XII 5	Ehrenbreitstein	HHStAW Abt. 340 U 11249
1464 XII 24	Trier	LHAK 34, 211
1464 XII 29	Trier	STAT DK 7726
1465 I 9	Pfalzel	LHAK 1 C 9196
1465 I 10	Pfalzel	LHAK 1 C 9196
1465 I 31	Pfalzel	GOERZ, S. 220
1465 II 9	Pfalzel	LHAK 1 A 3020[20]
1465 II 24	Ehrenbreitstein	LHAK 36, 1919
1465 III 2	Ehrenbreitstein	LHAK 1 A 8463
1465 III 18	Ehrenbreitstein	LHAK 1 C 9196
1465 III 23	Ehrenbreitstein	LHAK 1 C 9196
1465 III 24	Ehrenbreitstein	LHAK 1 C 9196
1465 III 24	Pfalzel	LHAK 1 A 292
1465 III 31	(Koblenz)[21]	LHAK 1 C 17, 544
1465 IV 1	Koblenz	LHAK 53 C 48, 85
1465 v IV 11	Metz	RMB IV 9319
1465 (IV 14)	Saarburg	Gesta Trevirorum, Bd. 2, S. 340[22]
1457–1465	Ehrenbreitstein	LHAK 1 C 17, 459
1457–1465	Stolzenfels	LHAK 1 C 17, 460
1465 IV 22	Pfalzel	HHStAW Abt. 116, Nr. 73
1465 V 25	Boppard	DEMANDT 5341
1465 V 26	Koblenz	LHAK 1 C 358, S. 83
1465 VI 1	Koblenz	LHAK 34, 216
1465 VI 11	Koblenz	LHAK 1 C 9196
1465 VI 17	Koblenz	LHAK 1 C 358, S. 87
1465 VI 22	Koblenz	LHAK 1 A 1226
1465 VII 3	Koblenz	LHAK 1 C 17, 466
1465 VII 17	Koblenz	LHAK 1 C 17, 594
1465 VII 24	Trier	LHAK 54 D 185
1465 VII 29	Pfalzel	SCHMIDT 2119, 42
1465 VIII 3	Pfalzel	LHAK 1 C 18, 50
1465 VIII 3	Trier	GOERZ, S. 221
1465 VIII 7	Trier	LHAK 215, 703
1465 VIII 12	Trier	LHAK 1 C 18, 51

20 Diese Schuldverschreibung ist in der Quittung des Pfalzeler Kellners von 1471 II 13 erwähnt.
21 Der Lehnsrevers Dietrichs von Winneburg ist in Koblenz ausgestellt.
22 Zur Eingrenzung des Tages von Johanns Bischofsweihe vgl. die Ausführungen in Kapitel B 1.

1465 VIII 13	Trier	DEMANDT 5363
1465 IX 1	Pfalzel	GOERZ, S. 222
1465 IX 6	Pfalzel	LHAK 1 C 17, 660
1465 IX 6	Münstermaifeld	LHAK 29, 592
1465 n IX 6	Koblenz[23]	STAT RMR 1464/5, fo. 20v
1465 X 13	Ehrenbreitstein	LHAK 1 D 1227
1465 X 15	Ehrenbreitstein	LHAK 1 C 607, S. 221
1465 XI (5)	Koblenz	STAT RMR 1465/6, fo. 9r
1465 XI 12	Trier	LHAK 1 C 17, 554
1465 XI (24)	Koblenz	STAT RMR 1465/6, fo. 6r
1465 XI 27	Koblenz	LHAK 1 C 18, 182
1465 XII 15	Pfalzel	LHAK 1 C 18, 167
1465 XII 16	Pfalzel	LHAK 1 C 18, 226
1465 XII 16	Trier	LHAK 1 C 17, 555
1465 XII (17)	Trier	StaK- 623- BMR 4067, S. 8
1466 I 5	Trier	LHAK 1 C 603, S. 15
1466 I 6	Trier	LHAK 1 C 18, 227
1466 I 7	Pfalzel	LHAK 1 C 17, 487
1466 I 25	Ehrenbreitstein	LHAK 1 C 17, 486
1466 I 31	Ehrenbreitstein	GOERZ, S. 223
1466 II 2	Ehrenbreitstein	LHAK 1 C 17, 286
1466 II 11	Ehrenbreitstein	LAMPRECHT, Bd. 3, Nr. 246
1466 II 13	Koblenz	LHAK 1 C 18, 253
1466 II (14)	Koblenz	STAT RMR 1465/6, fo. 7r
1466 III 3	Ehrenbreitstein	SCHMIDT 2119, 65
1466 III (10)	Koblenz	STAT RMR 1465/6, fo. 7v
1466 III 10	Ehrenbreitstein	GOERZ, S. 360
1466 III 11	Ehrenbreitstein	LHAK 1 C 18, 244
1466 III 11	Ehrenbreitstein	GLAK Abt. 46, Nr. 699
1466 IV 9	Trier	RUDOLF, Quellen, Nr. 156
1466 IV 14	Trier	LHAK 1 A 3326
1466 IV 16	Trier	TOEPFER, Bd. 2, Nr. 424
1466 IV 18	Pfalzel	LHAK 1 C 17, 479
1466 IV 21	bei Daun	LHAK 1 A 1608
1466 IV 24	Ehrenbreitstein	LHAK 1 C 13211, S. 21–22
1466 V 5	Ehrenbreitstein	LHAK 1 C 17, 663
1466 V 7	Ehrenbreitstein	LHAK 34, 220/222
1466 V 10	Koblenz	LHAK 112, 472
1466 V 16	(Ehrenbreitstein)[24]	LHAK 1 C 17, 593
1466 V 19	Ehrenbreitstein	GOERZ, S. 224
1466 v V 25	Ehrenbreitstein	StaK- 623- BMR 4067, S. 9
1466 VI 5	Koblenz	PSHIL, Bd. 33,2, S. 330
1466 VI 20	Ehrenbreitstein	LHAK 1 C 603, S. 57–58
1466 v VI 24	Ehrenbreitstein	StaK- 623- BMR 1660
1466 VI 25	Ehrenbreitstein	LHAK 1 C 564, S. 3–4
1466 VII 6	Ehrenbreitstein	LHAK 1 C 18, 191
1466 VII 19	Ehrenbreitstein	LHAK 1 C 18, 251

---

23 Da die Trierer Schöffen am 6. September 1465 bereits einen Boten zum Erzbischof nach Koblenz schickten, ist er wohl an diesem Tag von Pfalzel abgereist. In einem undatierten Schreiben an den Kölner Erzbischof, worin auf einen Brief vom 15. August 1465 geantwortet wird, teilt Johann von Baden mit, er werde *in kurtzem hinabe an den Ryne komen*, LHAK 1 C 358, S. 95, vgl. GOERZ, S. 222.
24 Der Lehnsrevers Johanns von Heimersdorf ist auf Ehrenbreitstein ausgestellt.

1466 VII 21	Koblenz	LHAK 1 C 13211, S. 27
1466 VII 24	Ehrenbreitstein	LHAK 1 C 603, S. 49–50
1466 VIII 2	Koblenz	MENZEL, Regesten zur Geschichte Friedrichs I., S. 429, Nr. 262
1466 VIII 14	Koblenz	HHStAW Abt. 121 U von Dernbach
1466 VIII 18	Ehrenbreitstein	LHAK 1 C 18, 291
1466 VIII 25	Ehrenbreitstein	LHAK 1 C 108, Bl. 246v-247v
1466 VIII 27	Pfalzel	LHAK 1 C 603, S. 55–56
1466 VIII 29	Pfalzel	LHAK 1 C 18, 255
1466 VIII	Ehrenbreitstein	StaK- 623- BMR 1660
1466 IX 16	Ehrenbreitstein	StaK- 623- BMR 1660
1466 v IX 23	Koblenz	LHAK 1 C 603, S. 79–80
(1466 IX)	Trier Heidelberg[25]	LHAK 1 C 358, S. 117–118
1466 X 1	Ehrenbreitstein	HCAD Manderscheid-Blankenheim Abt. 3, Nr. 3, Bl. 48v
1466 X 9	Ehrenbreitstein	LHAK 1 C 18, 185
1466 X 18	Ehrenbreitstein	LHAK 1 C 358, S. 121
1466 XI 10	Ehrenbreitstein	StaK- 623- BMR 1660
1466 XI 22	Koblenz	LHAK 1 A 2367
1466 XI 24	Koblenz	LHAK 1 C 566, S. 69
1466 XI 25	Koblenz	LHAK 1 C 17, 599
1466 (XI/XII)	Ehrenbreitstein	STAT RMR 1466/7, fo. 3v
1466 XII 5	Pfalzel	STAT RMR 1466/7, fo. 7v
1467 I 26	Ehrenbreitstein	LHAK 1 C 17, 601
1467 II 5	Koblenz	LHAK 1 A 8478
1467 II 13	Ehrenbreitstein[26]	LHAK 1 C 18, 261
1467 II 19	Ehrenbreitstein	GOERZ, S. 225
1467 III 4	Koblenz	LHAK 53 C 5, 1844 U
1467 III 19	Cochem	SCHMIDT 2119, 76
1467 III 29	Trier	STAT RMR 1466/7, fo. 13r
1467 IV 5	Pfalzel	LHAK 1 C 17, 608
1467 IV 15	Pfalzel	STAT RMR 1466/7, fo. 12v
1467 IV 19	Pfalzel	LAMPRECHT, Bd. I,2, S. 1321 (zu IV 18)
1467 IV 27	Ehrenbreitstein	LHAK 1 C 18, 289
1467 IV 30	Ehrenbreitstein	HHStAW Abt. 340 U 11374
1467 V 7	Ehrenbreitstein	LHAK 1 C 18, 290
1467 V 9	Koblenz	LHAK 1 C 739[27]
1467 V 10	Ehrenbreitstein	LHAK 1 C 17, 677
1467 V 20	Ehrenbreitstein	LHAK 1 C 18, 271
1467 V 21	Limburg	STRUCK, Bd. 2, Nr. 584
1467 VI 11	Heidelberg	GLAK Abt. 46, Nr. 763
1467 VI 29	Ehrenbreitstein	HHStAW Abt. 340 U 11392
1467 VII 17	Münstermaifeld	LHAK 1 C 18, 252
1467 VII 23	Ehrenbreitstein	LHAK 1 C 18, 287

25 In einem undatierten, jedoch in den September des Jahres 1466 gehörenden Schreiben Johanns an den Kölner Erzbischof teilte er mit, daß er *uff schrifft und begerunge des hochg. fursten, unsers lieben ohmen des pfaltzgraven, daoben zu Trier kurtz uffgebrochen syn, in meynunge, uns anstund zu syner liebde hinuff ghen Heidelberg zu fuegen.*
26 Obödienzeid des Abtes von St. Florin in Schönau.
27 Die Urkunde dient als Einband des Aktenkonvoluts.

1467 VII 25	Ehrenbreitstein	GOERZ, S. 226
1467 VIII 4	Ehrenbreitstein	LHAK 1 C 18, 292f.
1467 VIII 21	Cochem	GOERZ, S. 226
1467 VIII 22	Cochem	LHAK 1 C 17, 623
1467 VIII 24	Cochem	LHAK 1 C 17, 703
1467 IX 1	Wittlich	LHAK 1 C 18, 289
1467 IX 10	Cochem	LHAK 1 A 2774
1467 XI 8	Wittlich	LHAK 1 A 8487
1467 XI 9	Wittlich	LHAK 1 D 1231f.
1467 XI 12	Wittlich	PSHIL, Bd. 34, S. 10
1467 (XI)	Wittlich	LHAK 1 C 18, 272
1467 XI 21	Cochem	LHAK 1 A 659
1467 XII 16	Saarburg	LHAK 1 C 418, S. 125–126
1468 I 8	Münstermaifeld	STAT DK 7737
1468 I 15	Münstermaifeld	GOERZ, S. 227
1468 I 16	Münstermaifeld	LHAK 1 C 418, S. 87–88
1468 I 18	Ehrenbreitstein	FWA III-2-2
1468 I 30	Ehrenbreitstein	LHAK 1 C 18, 294
1468 III 1	Koblenz[28]	StaK- 623- BMR 4068, S. 18
1468 III 13	Ehrenbreitstein	LHAK 1 C 17, 699
1468 III 17	Ehrenbreitstein	BAT Abt. 91, Nr. 119, Bl. 4
1468 III 31	Ehrenbreitstein	LHAK 1 C 18, 413
1468 IV 17	Koblenz	StaK- 623- BMR 4068, S. 19
1468 IV 27	Ehrenbreitstein	LHAK 1 C 17, 639
1468 V 16	Ehrenbreitstein	LAMPRECHT, Bd. 3, Nr. 248
1468 VI 6	Ehrenbreitstein	LHAK 1 C 18, 311
1468 v VI 9	Ehrenbreitstein	MIRBACH, Bd. 3, S. 144f.
1468 VI 19	Ehrenbreitstein	MIRBACH, Bd. 3, S. 146
1468 VI 28	Koblenz	GOERZ, S. 227f.
1468 VII 2	Ehrenbreitstein	HHStAW Abt. 170 U 1621
1468 VII 20	Ehrenbreitstein	LHAK 1 A 3412
1468 VIII 16	(Frankfurt)[29]	LHAK 1 C 13205, S. 13
1468 IX 28	Ehrenbreitstein	LHAK 1 C 607, S. 209
1468 IX 29	Ehrenbreitstein	LHAK 1 C 18, 312
1468 X 2	Ehrenbreitstein	LHAK 1 C 13205, S. 17
1468 X 15	Ehrenbreitstein	GLAK Abt. 46, Nr. 904
1468 X 17	Ehrenbreitstein	LHAK 1 C 566, S. 43–47
1468 X 21	Koblenz	LHAK 1 C 18, 314
1468 X 31	Koblenz	LHAK 1 C 13205, S. 25
1468 XI 2	Koblenz	LHAK 1 A 8496
1468 XI 12	Pfalzel	STAT RMR 1468/9, fo. 2r
1468 XI 14	Pfalzel	LHAK 1 C 609, S. 197–208
1468 XI 23	Pfalzel	MIRBACH, Bd. 3, S. 147
1468 XII 3	Pfalzel	LHAK 54 E 192
1468 XII 6	Pfalzel	LHAK 1 A 4250

28 *Item zu Vastnacht schenkt der rait unssem gnedigen heren von Trier zu Covelentz in de burch XX kannen winß, bezalt mit XX albus.*

29 GOERZ, S. 228, schließt aus der Angabe, *als wir yztz zu Franckfort mit uwer liebte geredt haben,* daß der Erzbischof sich an diesem Tag in Frankfurt befunden habe. In diesem Schreiben lud er den Landgrafen von Hessen gemeinsam mit Dietrich Graf zu Wied zu einem Termin zur Schlichtung von deren Streitigkeiten auf den 15. September nach Koblenz. Am 21. August des Jahres bat Landgraf Heinrich den Erzbischof um die Verschiebung dieses Termins, LHAK 1 C 16213, Bl. 24.

1468 XII 12	Pfalzel	LHAK 1 C 566, S. 53-59
1468 XII 15	Pfalzel	LHAK 1 C 17, 468
1468 XII 22	Koblenz	LHAK 1 C 13205, S. 27
1468 XII 29	Koblenz	LHAK 1 C 9598, S. 1f.
1468	Münstermaifeld	LHAK 1 C 18, 278
(1468/9)	Ehrenbreitstein	LHAK 1 C 17, 700
1469 I 9	Koblenz	LHAK 1 C 566, S. 26-37
1469 I 11	Koblenz	LHAK 1 C 9598, S. 3f.
1469 I 18	Koblenz	StaK- 623- Nr. 339
1469 I 30	Koblenz	RMB IV 9753
1469 II 1	Koblenz	GOERZ, S. 229
1469 II 15	Koblenz	LHAK 1 C 13205, S. 9-10
1469 II 22	Ehrenbreitstein	MIRBACH, Bd. 3, S. 148f.
1469 III 3	Ehrenbreitstein	LHAK 1 C 18, 321
1469 III 14	Ehrenbreitstein	BROMMER, Stein, Nr. 206
1469 III 20	Ehrenbreitstein	LHAK 1 A 8498
1469 III 23	Ehrenbreitstein	GOERZ, S. 229
1469 IV 6	Pfalzel	STAT U 27
1469 n IV 9	Trier	STAT RMR 1468/9, fo. 13v
1469 IV 13	Trier	RUDOLF, Quellen, Nr. 160
1469 IV 14	Trier	LHAK 1 D 1242
1469 IV 15	Pfalzel	LHAK 1 C 18, 331
1469 V 1	Ehrenbreitstein	HHStAW Abt. 339, Nr. 651, S. 35
1469 V 2	Ehrenbreitstein	LHAK 1 A 8500
1469 V 3	(Koblenz)[30]	LHAK 1 C 13205, S. 79-80
1469 V 8	Ehrenbreitstein	LAMPRECHT, Bd. 3, Nr. 249
1469 V 9	Ehrenbreitstein	LHAK 1 C 18, 258
1469 V 10	Ehrenbreitstein	LHAK 1 C 603, S. 91-92
1469 V 12	Ehrenbreitstein	LHAK 1 C 17, 704
1469 V 25	Koblenz	LHAK 29 A 614
1469 VI 4	Ehrenbreitstein	LHAK 1 C 18, 345
1469 VI 8	Ehrenbreitstein	HHStAW Abt. 339, Nr. 310
1469 VI 15	Ehrenbreitstein	LHAK 1 C 13205, S. 29-30
1469 n VI 15	Obererzstift[31]	LHAK 1 C 13205, S. 29-30
1469 VI 19	Bernkastel[32]	LHAK 1 C 17, 655
1469 VII 26	Trier	LHAK 1 C 17, 712
1469 VII 29	Trier	LHAK 1 A 8512
1469 VIII 1	Trier	LHAK 1 D 1244
1469 VIII 7	(Koblenz)[33]	LHAK 1 C 13205, S. 29-30
1469 VIII 25	Ehrenbreitstein	StaK- 623- BMR 4070, S. 6
1469 IX 29	Ehrenbreitstein	LHAK 1 C 17, 713
1469 n X 13	Ehrenbreitstein	LHAK 1 C 736, S. 101-102
1469 X 18	Maulbronn	RMB IV 9973
1469 XI 3	Koblenz	LHAK 1 C 18, 970
1469 XI 4	Koblenz	StaK- 623-, Nr. 350

30 Für diesen Tag lud Johann von Baden den Grafen Friedrich von Wied zu einem Termin in Koblenz.
31 Im Schreiben des Erzbischofs an den Landgrafen von Hessen und den Grafen von Wied teilte er diesen mit, *dan wir ytzt von stunt uns hinuff in unsn stifft fugen und unser anligender geschefft halb die zijt da oben verhalten muessen.*
32 Da Johann von Baden sich zu diesem Zeitpunkt im Obererzstift aufhielt, könnte er die Belehnung des Pfalzgrafen Ludwig hier persönlich vorgenommen haben.
33 Gerichtsladung nach Koblenz.

1469 XI 5	Koblenz	LHAK 1 C 418, S. 149–150
1469 XI 19	Ehrenbreitstein	LHAK 1 A 8515
1469 XI 24	Ehrenbreitstein	StaK- 623- BMR 4070, S. 8
1469 XI 27	Ehrenbreitstein	GOERZ, S. 231
1469 XII 4	Ehrenbreitstein	LHAK 1 C 17, 748
1469 XII 8	Pfalzel	LHAK 1 C 472, Bl. 5
1469 XII 9	Pfalzel	STAT RMR 1469/70, fo. 2r
1469 XII 21	Pfalzel	LHAK 1 C 418, S. 182–184
1469	Trier	LHAK 1 C 17, 744
1470 Anfang	Trier	LHAK 1 C 18, 348
1470 I 7	Trier	GOERZ, S. 231
1470 I 9	Pfalzel	GOERZ, S. 231
1470 I 17	Pfalzel	LHAK 1 C 18, 349[b]
1470 I 24	Trier	LHAK 1 C 418, S. 25
1470 I 26	Pfalzel	LHAK 1 C 18, 350
1470 I 27	Pfalzel	LHAK 1 A 3625
1470 II 12	Koblenz	GOERZ, S. 231
1470 II 18	Ehrenbreitstein	LAMPRECHT, Bd. 3, Nr. 250
1470 II 22	Koblenz	HHStAW Abt. 339, Nr. 310
1470 II 25	Ehrenbreitstein	LHAK 96, 1153[34]
1470 III 6	Ehrenbreitstein	HHStAW Abt. 339, Nr. 310
1470 III 7	Koblenz	LHAK 1 C 18, 355
1470 III 10	Ehrenbreitstein	LHAK 1 C 18, 353/354
1470 III 15	Ehrenbreitstein[35]	LHAK 1 C 18, 356
1470 III 21	Koblenz[36]	LHAK 1 D 1247
1470 III 29	Koblenz[37]	StaK- 623- BMR 1662
1470 IV 1	Ehrenbreitstein	LHAK 1 C 18, 358/359
1470 IV 12	Oberwesel	LHAK 1 A 2600
1470 (V 1)	Koblenz	STAT RMR 1469/70, fo. 12r
1470 V 2	Oberwesel	LHAK 52,19, Nr. 283
1470 V 10	Ehrenbreitstein	LHAK 1 C 18, 361
1470 V 21	Trier	LHAK 1 C 18, 362
1470 V 25	Trier	LHAK 1 C 17, 682
1470 V 31	Trier	LHAK 1 C 18, 363
1470 v VI 10	Ehrenbreitstein	STAT RMR 1469/70, fo. 12r
1470 VI 12	Ehrenbreitstein	LAMPRECHT, Bd. 3, Nr. 251
1470 VI 18	Ems	StaK- 623- BMR 4071, S. 1–2
1470 VII 4	Koblenz	GOERZ, S. 360
1470 VII 7	Koblenz	LHAK 1 C 18, 365
1470 VII 11	Koblenz	LHAK 1 C 17, 737
1470 VII 13	Koblenz	LHAK 1 C 18, 464
1470 VII 19	Ehrenbreitstein	FWA V-6–10, No 9b
1470 VII 28	Trier	LHAK 1 C 18, 367
1470 VIII	Koblenz	SCHMIDT 2150
1470 IX	Nürnberg	RTA AR 22,1, Nr. 81, S. 254
1470 XI 3	Oberwesel	LHAK 1 C 418, S. 169–170
1470 XII 3	Trier	STAT DK 8384

---

34 SCHNEIDER, Himmerod, S. 203f., datiert diese Urkunde irrtümlich auf 1470 II 27.
35 In der Ausfertigung dieser Urkunde ist kein Ausstellungsort genannt, FWA 53-1-3.
36 Obödienzeid des Archidiakons von Longuyon, *datum in opido Confluen*.
37 Die Verhandlungen des Bopparder Rats mit dem Erzbischof fanden wahrscheinlich in Koblenz und nicht auf der Burg Ehrenbreitstein statt.

1470 XII 9	Trier	LHAK 1 C 418, S. 107-108
1471 I 28	(Ehrenbreitstein)[38]	LHAK 1 B 1145
1471 I 31	Koblenz	GOERZ, S. 233
1471 n II 3	Koblenz	STAT RMR 1470/1, fo 3r
1471 II 11	Trier	LHAK 1 A 3281
1471 II 14	Pfalzel	LHAK 54 H 821
1471 II 25	Trier	STAT RMR 1470/1, fo. 4r
1471 III 7	Pfalzel	LHAK 1 C 18, 380
1471 III 8	Pfalzel	LHAK 1 C 18, 379
1471 III 20	Pfalzel	GOERZ, S. 233
1471 III 22	Pfalzel	LHAK 1 D 1254
1471 v III 23	Pfalzel	StaK- 623- BMR 4072, S. 4
1471 IV 15	Pfalzel	LHAK 1 C 18, 383
1471 IV 24	Koblenz	GOERZ, S. 233
1471 IV 29	Ehrenbreitstein	LHAK 1 C 18, 385
1471 IV 30	Ehrenbreitstein	DEMANDT 5620
1471 V 11	Ehrenbreitstein	PSHIL, Bd. 33,2, S. 341-344
1471 V 13	Ehrenbreitstein	LHAK 1 C 18, 384
1471 VI 14	(Koblenz)[39]	StaK- 623- BMR 4073, S. 2
1471 VI 16	Regensburg	RMB IV 10149
1471 VI	Regensburg	ARNPECK, Chroniken, S. 370
1471 VIII 8	Koblenz	StaK- 623- BMR 4073, S. 8
1471 VIII 25	Ehrenbreitstein	LHAK 1 C 18, 415
1471 IX 24	Pfalzel	LHAK 1 C 18, 182
1471 X 1	Ehrenbreitstein	HHStAW Abt. 121 U Bubenheim
1471 X 2	Ehrenbreitstein	LHAK 1 C 18, 294
1471 X 8	Ehrenbreitstein	LHAK 1 A 8536
1471 X 10	Koblenz	HHStAW Abt. 340 U 11544
1471 X 13	Ehrenbreitstein	LHAK 1 C 18, 396
1471 X 28	Ehrenbreitstein	StaK- 623- BMR 4073, S. 10
1471 X 31	Koblenz	LHAK 1 A 8537
1471 XI 2	Koblenz	LHAK 157, 104
1471 XI 3	Ehrenbreitstein	StaK- 623- BMR 4073, S. 10
1471 XI 14	Pfalzel	LAMPRECHT, Bd. 3, Nr. 253
1471 XI 20	Trier[40]	LHAK 1 C 18, 325
1471 XI 21	Trier	LHAK 1 C 457, S. 43
1471 XI 24	Trier	STAT RMR 1471/2, fo. 8r
1471 XI 25	Pfalzel	STAT RMR 1471/2, fo. 8r
1471 XI 26	Trier	LHAK 1 C 457, S. 69-70
1471 XI 27	Trier	LHAK 1 C 17, 731
1471 XII 5	Pfalzel	LHAK 1 C 457, S. 41-42
1471 XII 7	Pfalzel	LHAK 1 C 18, 766/767
1471 XII 13	Trier	MICHEL, Gerichtsbarkeit, S. 151f.
1471 XII 17	Trier	HHStAW Abt. 340 U 11548
1471 XII 21	Pfalzel	GOERZ, S. 234

38 Lehnsrevers Philipps von Hattstein, *geben zu Erembreitstein*.
39 Der Koblenzer Bürgermeister irrt, wenn er die Verhandlungen des Rats von Montabaur an diesem Tag vor dem Erzbischof annimmt, der sich zu dieser Zeit in Regensburg befand. Denn bereits am 24. Mai teilten die Statthalter und Räte des Erzbischofs den Statthaltern und Räten des Herzogs von Lothringen mit, daß Johann von Baden kürzlich nach Regensburg aufgebrochen sei, LHAK 1 C 418, S. 29. Die Montabaurer verhandelten sicherlich mit den Räten des Erzbischofs.
40 Obödienzeid des Archidiakons von Tholey.

1471 XII 22	Trier	STAT RMR 1471/2, fo. 8
1471 XII 29	Pfalzel	LHAK 1 C 18, 404
1472 I 4	Pfalzel	LAMPRECHT, Bd. 3, Nr. 254
1472 I 5	Pfalzel	LHAK 1 C 18, 407
1472 I 9	Pfalzel	LHAK 1 C 18, 406
1472 I 25	Ehrenbreitstein	GOERZ, S. 235
1472 I 31	Ehrenbreitstein	LHAK 1 C 18, 411
1472 II 8	Ehrenbreitstein	LHAK 71, 10
1472 II 14	Ehrenbreitstein	GOERZ, S. 235
1472 II 18	Ehrenbreitstein	LHAK 1 A 1254
1472 II 24	Ehrenbreitstein	HHStAW Abt. 340 U 11534
1472 III 19	Ehrenbreitstein	LHAK 54 S 1865
1472 III 31	Ehrenbreitstein	LHAK 1 C 457, S. 55–56
1472 IV 8	Koblenz	HHStAW Abt. 121 U von Dernbach
1472 IV 22	Ehrenbreitstein	LHAK 1 C 18, 414
1472 IV 27	(Ehrenbreitstein)[41]	LHAK 1 C 17, 757
1472 V 5	Ehrenbreitstein	LHAK 1 C 108, Bl. 94r-95v
1472 V 16	Koblenz	LHAK 30, 6377
1472 V/VI	Koblenz	STAT RMR 1471/2, fo. 11v
1472 VI 6	Koblenz	GOERZ, S. 235
1472 VI 23	Ehrenbreitstein	StaK- 623- BMR 1663
1472 VI 24	Koblenz	STAT RMR 1471/2, fo. 11r
1472 VII 7	(Wittlich)[42]	LHAK 1 C 18, 435
1472 VII 9	Trier	LHAK 1 C 18, 416
1472 VII 25	Wittlich	LHAK 1 C 17, 764ᵇ
1472 VIII 6	Trier	StAW Abt. Löwenstein-Wertheim-Freudenberg, Virneburger Urkunden III/84
1472 VIII 8	Trier	LHAK 1 C 418, S. 145–146
1472 VIII 10	Trier	LHAK 1 C 457, S. 65
1472 VIII 20	Wittlich	LHAK 1 C 18, 419/420
1472 VIII 22	Wittlich	GOERZ, S. 236
1472 VIII 23	Wittlich	LHAK 79, 42
1472 VIII 25	Wittlich	LHAK 1 C 418, S. 163–164
1472 VIII Ende	Wittlich	STAT RMR 1471/2, fo. 11v
1472 IX Anfang	Wittlich	StaK- 623- BMR 1663
1472 IX 2	Wittlich	LHAK 1 C 7415, S. 3–5
1472 X 5	Baden	RMB IV 10315
1472 X 21	Pforzheim	RMB IV 10321
1472 XI 28	Springiersbach	LHAK 1 C 7415, S. 7
1472 XII 11	Ehrenbreitstein	LHAK 1 D 1262
1472 XII 12	Ehrenbreitstein	LHAK 1 C 16213, Bl. 46
1472 XII 14	Ehrenbreitstein	LHAK 1 C 18, 425
1472 XII 21	Ehrenbreitstein	LHAK 1 C 18, 445
1473 I 2	Koblenz	LHAK 54 H 1085
1473 I 9	Köln	STAT Ta 57/2
1473 I 12	Koblenz	LAMPRECHT, Bd. 3, Nr. 255
1473 I 24	Koblenz	LHAK 1 C 18, 430
1473 II 1	Koblenz	LHAK 1 C 457, S. 63–64
1473 II 2	Koblenz	GOERZ, S. 236f.

41 Lehnsrevers Johanns von Gerenstein namens des unmündigen Reinhard von dem Burgtor.
42 Urfehde des Pastors Johann von Hontheim.

1473 II 5	Ehrenbreitstein	LHAK 1 A 2956
1473 II 12	Ehrenbreitstein	LHAK 1 C 16213, Bl. 49
1473 II 15	Ehrenbreitstein	SCHMIDT 2169
1473 III 5	Ehrenbreitstein	LHAK 54 H 1066
1473 III n7	Ehrenbreitstein	StaK- 623- BMR 4075, S. 3
1473 III 12	Ehrenbreitstein	LHAK 1 C 418, S. 93–94
1473 III 16	Ehrenbreitstein	LHAK 1 A 8552
1473 III 17	Ehrenbreitstein	LHAK 1 C 18, 433
1473 III 21	Ehrenbreitstein	LHAK 1 D 1263
1473 III 25	Köln	LACOMBLET, Bd. 4, Nr. 364
1473 IV 1	Köln	LHAK 1 C 418, S. 91–92
1473 IV 7	Köln	GOERZ, S. 237
1473 IV 22	Trier	GOERZ, S. 237
1473 IV 26	Koblenz	LHAK 1 B 426
1473 IV 28	Koblenz	DEMANDT 5723
1473 V 1	Koblenz	GOERZ, S. 238
1473 (V)	Esslingen	RMB IV 10422
1473 V 21	Augsburg	LHAK 1 C 17, 785
1473 V[43]	Augsburg	RMB IV 10420
1473 VI 10	Koblenz	StaK- 623- BMR 4077, S. 2
1473 VI 18	Koblenz	StaK- 623- BMR 4077, S. 3
1473 VI 23	Oberwesel	StaK- 623- Nr. 1002, S. 135
1473 VII 8	Pfalzel	LHAK 1 C 9598, S. 53
1473 VII 29	Baden	RMB IV 10466
1473 VIII 24	Straßburg	RMB IV 10486
1473 VIII 31	Pfalzel	STAT RMR 1473/4, fo. 6v
1473 IX 28	Trier	Gesta Trevirorum, Bd. 2, S. 340
1473 X 1	Trier	RMB IV 10496
1473 X 4	Trier	RMB IV 10497
1473 X 5	Trier	GOERZ, S. 238
1473 X 7	Trier	RMB IV 10499
1473 IX 21	Pfalzel	PSHIL, Bd. 36, S. 278
1473 X 22	Trier	GOERZ, S. 238
1473 X 31	Trier	RMB IV 10510
1473 XI 1	Trier	RMB IV 10512
1473 XI 6	Trier	GOERZ, S. 238
1473 XII 4	Ehrenbreitstein	SCHMIDT 2173
1473	Pfalzel	LHAK 1 C 17, 779
1474 I 9	Köln	LHAK 1 C 7415, S. 15f.
1474 II 5	Ehrenbreitstein	LHAK 1 C 18, 451
1474 (II 15)	Koblenz	STAT RMR 1473/4, fo. 2r
1474 III 8	Koblenz	LHAK 1 C 18, 431
1474 III 16	Köln	LHAK 1 C 17, 793
1474 III 19	Köln	LHAK 1 C 18, 456
1474 (III)	Köln	STAT RMR 1473/4, fo. 14r
1474 III 26	Ehrenbreitstein	BAT Abt. 32,1, Nr. 31
1474 IV 5	Pfalzel	LHAK 1 C 18, 453
1474 IV 12	Pfalzel	STAT RMR 1473/4, fo. 15r
1474 IV 20	Pfalzel	STAT RMR 1473/4, fo. 21r
1474 IV 21	Trier	STAT RMR 1473/4, fo. 21r
1474 IV 21	Pfalzel	LHAK 38, 413

---

43 KRIEGER setzt diese Zusammenkunft auf 1473 [nach IV 25].

1474 IV 26	Trier	LHAK 54 S 594f.
1474 V 1	Pfalzel	LHAK 1 C 18, 346
1474 V 5	Ehrenbreitstein	Bär, Urkunden, S. 246f.
1474 V 6	Ehrenbreitstein	LHAK 1 C 17, 800
(1474) V 29	Ems	LHAK 1 C 13206, S. 27
1474 V	Ehrenbreitstein	STAT RMR 1473/4, fo. 19r
1474 VI 6	Koblenz	LHAK 1 C 17, 803
1474 VI 9	Koblenz	Lamprecht, Bd. 3, Nr. 256
1474 VI 19	Ehrenbreitstein	LHAK 1 C 17, 895
1474 VII 8	Ehrenbreitstein	LHAK 1 C 18, 461
1474 VII 23	Ehrenbreitstein	LHAK 54 S 792
1474 VII 25	Ehrenbreitstein	RMB IV 10602
1474 (VII 27)	Koblenz	STAT RMR 1473/4, fo. 16r
1474 VII 30	Ehrenbreitstein	LHAK 1 C 18, 457
1474 VIII 1	Ehrenbreitstein	StaK- 623- BMR 4079, S. 5
1474 (VIII 3)	Koblenz	STAT RMR 1473/4, fo. 16r
1474 VIII 8	Ehrenbreitstein	StaK- 623- BMR 4097, S. 6–7
1474 VIII 13	Ehrenbreitstein	LHAK 1 C 18, 459
1474 VIII 14	Ehrenbreitstein	LHAK 1 C 18, 458
1474 VIII 19	Ehrenbreitstein	LHAK 1 C 359, S. 27
1474 VIII 29	Ehrenbreitstein	LHAK 1 D 1271
1474 IX 9	Ehrenbreitstein	LHAK 1 C 17, 900
1474 IX 12	Koblenz	LHAK 112, 482
1474 IX 21	Ehrenbreitstein	LHAK 1 C 359, S. 35
1474 IX 24	Ehrenbreitstein	LHAK 1 C 17, 812
1474 IX 30	Ehrenbreitstein	LHAK 1 C 359, S. 41–42
1474 (X 4)	Koblenz	STAT RMR 1474/5, fo. 2r
1474 (X)	Ehrenbreitstein	LHAK 1 C 359, S. 7
1474 XI 29	Ehrenbreitstein	LHAK 1 C 17, 815
1474 XI 30	Ehrenbreitstein	LHAK 1 A 8570
1474 (XI)	Mainz	STAT RMR 1474/5, fo. 5r
1474 XII 1	Frankfurt	Goerz, S. 360
1474 (XII 3)	Frankfurt	STAT RMR 1474/5, fo. 2v
1474 XII 4	Frankfurt	Goerz, S. 360
1474 XII 12	Ehrenbreitstein	LHAK 1 C 16213, Bl. 55
1474 XII 16	Frankfurt	Goerz, S. 360
1474 XII 21	Ehrenbreitstein	LHAK 1 D 1273
1474 XII 26	Koblenz	Bachmann, Nachträge, Nr. 317
1474 XII 31	Andernach	Goerz, S. 240
1475 I 1	Andernach	Goerz, S. 240
1475 I 4	Sinzig	LHAK 1 A 8572
1475 I 30	Sinzig	Goerz, S. 240
1475 II 6	Sinzig	Bachmann, Nachträge, Nr. 329
1475 II 8	Sinzig	Bachmann, Nachträge, Nr. 330
1475 II 10	Sinzig	Bachmann, Nachträge, Nr. 332
1475 II 12	Sinzig	Bachmann, Nachträge, Nr. 336
1475 II 20	Sinzig	Bachmann, Nachträge, Nr. 344
1475 II 23	Sinzig	LHAK 1 C 17, 814
1475 II 24	Sinzig	Bachmann, Nachträge, Nr. 348
1475 (III)	Sinzig	STAT RMR 1474/5, fo. 14v
1475 III 7	Ehrenbreitstein	Goerz, S. 240
1475 III 13	Koblenz	LHAK 1 C 108, Bl. 98v–99r
1475 III 16	Ehrenbreitstein	HHStAW Abt. 340 U 11590

1475 III 25	Köln	GOERZ, S. 240
1475 (IV 3)	Köln	STAT RMR 1474/5, fo. 20r
1475 IV 6	Köln	HEYEN, Andernach, Bd. 2, Nr. 1108
1475 IV 25	(Baden)[44]	GLAK Abt. 46, Nr. 919
1475 IV 27	Ehrenbreitstein	LHAK 1 C 17, 817
1475 V 6	Köln	GOERZ, S. 241
1475 VI 26	vor Neuss	WAMPACH, Bd. 9, Nr. 987
1475 (VII 4)	Koblenz	STAT RMR 1474/5, fo. 17r
1475 VIII 27	Ehrenbreitstein	LHAK 54 H 356
1475 VIII 28	Ehrenbreitstein	LHAK 1 C 19389, S. 5
1475 VIII 29	Ehrenbreitstein	LHAK 1 C 18, 463
1475 VIII 31	Ehrenbreitstein	HHStAW Abt. 116, Nr. 82
1475 IX 22	Koblenz	LHAK 1 C 19389, S. 7–8
1475 X 2	Ehrenbreitstein	LHAK 1 C 18, 611
1475 X 7	Ehrenbreitstein	HHStAW Abt. 170 U 1714
1475 X 9	Ehrenbreitstein	StAW Abt. Löwenstein-Wertheim-Freudenberg, Virneburger Urkunden VIII 12
1475 X 20	Ehrenbreitstein	LHAK 33, 16400/1
1475 X 22	Ehrenbreitstein	GOERZ, S. 241
1475 XI 2	Merl	LHAK 1 C 17, 894
1475 (XI 16)	Koblenz	STAT RMR 1475/6, fo. 2r
1475 (XII 6)	Koblenz	STAT RMR 1475/6, fo. 5r
1475 XII 17	Koblenz	HHStAW Abt. 340 U 11612
1475 XII 24	Ehrenbreitstein	GOERZ, S. 241
1475 XII 27	Ehrenbreitstein	DEMANDT 5860
1476 I 18	Ehrenbreitstein	LHAK 1 C 18, 474
1476 II 2	Koblenz	GOERZ, S. 242
1476 II 12	Münstermaifeld	LHAK 1 C 17, 833
1476 II 17	Pfalzel	LHAK 1 C 18, 487
1476 II 20	Trier	STAT RMR 1475/6, fo. 12r
1476 II 27	Trier	LHAK 1 C 108, Bl. 230v-231r
1476 (II)	Trier	STAT RMR 1475/6, fo. 3v
1476 III 4	Trier	LHAK 1 C 17, 830[b]
1476 III 7	Trier	GOERZ, S. 242
1476 III 11	Trier	LHAK 1 C 18, 483/484
1476 III 11	(Wittlich)[45]	LAMPRECHT, Bd. 3, Nr. 257
1476 III 13	Trier	LHAK 1 C 18, 491
1476 III 15	Pfalzel	LHAK 1 C 397, S. 227
1476 III 16	Pfalzel	LHAK 1 A 8582
1476 III 31	Ehrenbreitstein	LHAK 1 A 3682
1476 IV 6	Ehrenbreitstein	LHAK 1 C 17, 834
1476 IV 20	Ehrenbreitstein	LHAK 1 C 18, 527
1476 IV 23	Koblenz	LHAK 1 C 359, S. 109–110
1476 IV 26	Ehrenbreitstein	GOERZ, S. 243
1476 V 6	Ehrenbreitstein	LHAK 1 C 18, 519
1476 (V 8)	Koblenz	STAT RMR 1475/6, fo. 17v
1476 V 19	Ehrenbreitstein	StaK- 623- BMR 4080, S. 2

44 Ein badischer Familienvertrag von diesem Tag trägt das Siegel des Erzbischofs.
45 Da der Erzbischof sich aller Wahrscheinlichkeit nach in Trier aufhielt und er allein wegen der Abrechnung mit seinem Kellner nicht nach Wittlich gereist sein dürfte, fand die Rechnungslegung vermutlich vor dem Rentmeister statt.

1476 VI 26	Koblenz	LHAK 1 C 17, 899
1476 VI 30	Ehrenbreitstein	GOERZ, S. 243
1476 VII 1	Ehrenbreitstein	LHAK 1 C 18, 515
1476 VII 6	Ehrenbreitstein	LHAK 54 L 555
1476 VII 29	Ehrenbreitstein	LHAK 1 C 17, 858
1476 VIII 9	Ehrenbreitstein	LHAK 1 C 17, 845
1476 IX 1	Ehrenbreitstein	LHAK 1 C 9554, S. 1f.
1476 IX 2	Ehrenbreitstein	LHAK 1 C 18, 501
1476 IX 11	Stolzenfels	PSHIL, Bd. 34, S. 181
1476 IX 23	Bacharach[46]	MENZEL, Regesten, S. 498f.
1476 IX 24	Ehrenbreitstein	LHAK 1 C 18, 516
1476 IX 30	Ehrenbreitstein	HHStAW Abt. 340 U 11631
1476 X 3	Ehrenbreitstein	LHAK 1 C 17, 842
1476 X 8	Koblenz	LHAK 1 C 17, 847
1476 X 14	Ehrenbreitstein	LHAK 1 A 8589
1476 X 31	Ehrenbreitstein	LHAK 1 A 8593
1476 XI 2	Koblenz	LHAK 1 C 18, 498
1476 XI 30	Ehrenbreitstein	LHAK 1 C 18, 508
1476 XII 9	Ehrenbreitstein	LHAK 1 C 17, 852
1477 (I 13)	Ehrenbreitstein	StaK- 623- BMR 1665
1477 I 22	Ehrenbreitstein	LHAK 1 C 17, 903
1477 I 25	Ehrenbreitstein	LHAK 1 C 18, 513
1477 II 9	Ehrenbreitstein	DEMANDT 5915
1477 II 11	Ehrenbreitstein[47]	LHAK 1 C 18, 135
1477 II 12	Koblenz	LHAK 1 C 108, Bl. 78v-80r
1477 (II 18)	Koblenz	STAT RMR 1476/7, fo. 5v
1477 II 21	Ehrenbreitstein	LHAK 1 C 18, 437
1477 III 7	Trier	STAT RMR 1476/7, fo. 17r
1477 III 12	Trier	LAMPRECHT, Bd. 3, Nr. 258
1477 III 20	Pfalzel	LHAK 1 C 17, 846
1477 III 21	Pfalzel	LHAK 1 C 17, 902
1477 III 22	Pfalzel	LHAK 1 C 457, S. 85
1477 III 26	Pfalzel	WAMPACH, Bd. 9, Nr. 993
1477 IV 9	Ehrenbreitstein	LHAK 1 C 18, 517
1477 IV 10	Ehrenbreitstein	LHAK 1 C 18, 518
1477 IV 14	Ehrenbreitstein	STAT U 67
1477 IV 17	Ehrenbreitstein	StaK- 623- BMR 1665
1477 IV 19	Ehrenbreitstein	LHAK 1 C 18, 520
1477 IV 20	Ehrenbreitstein	StaK- 623- BMR 1665
1477 IV 27	Ems	LHAK 1 A 8601
1477 V 13	Koblenz	LHAK 1 A 3627
1477 V 17	Ehrenbreitstein	LHAK 1 C 17, 901
1477 V 23	Koblenz	HHStAW Abt. 340 U 11645
1477 V 30	Ehrenbreitstein	HHStAW Abt. 170 U 1764
1477 VI 3	Ehrenbreitstein	LHAK 1 C 18, 524
1477 VI 6	Ehrenbreitstein	LHAK 1 A 8602
1477 (VI 12)	Koblenz	STAT RMR 1476/7, fo. 23r
1477 VI 13	Ehrenbreitstein	LHAK 1 C 17, 864
1477 VI 18	Ehrenbreitstein	LHAK 1 A 2569/2570

46 Die gemeinsam von den Kurfürsten von Mainz, Trier und der Pfalz ausgestellte Urkunde setzt nicht unbedingt die Anwesenheit Johanns von Baden voraus.
47 Obödienzeid des Abtes Johann von Breda des Klosters Maria ad martyres bei Trier.

1477 VI 23	Koblenz	LHAK 30, 530
1477 VI 30	Ehrenbreitstein	STAT DK 8454
1477 VII 3	Ehrenbreitstein	LHAK 1 A 8605
1477 VII 7	Ehrenbreitstein	LHAK 1 C 17, 861f.
1477 VII 9	Ehrenbreitstein	HHStAW Abt. 121 U Schmidtburg
1477 VII 25	Ehrenbreitstein	LHAK 1 C 18, 598
1477 VII	Koblenz	
	Bonn	STAT RMR 1476/7, fo. 23v
1477 VII 31 – VIII 27	Köln	
	Gent[48]	LICHNOWSKY, Bd. 7, S. 497–501
1477 X 4	Ehrenbreitstein	LHAK 1 D 1280
1477 X 13	Ehrenbreitstein[49]	LHAK 1 C 18, 89
1477 X 31	Ehrenbreitstein	LHAK 1 A 8612
1477 XI 7	Stolzenfels	LHAK 4, 246/724
1477 XI 24	Koblenz	BROMMER, Stein, Nr. 207
1477 XII 22	Pfalzel	LHAK 1 A 8615
1477 XII 26	Pfalzel	LHAK 1 C 17, 893
1477 XII	Pfalzel	STAT RMR 1477/8, fo. 4r
1478 I 1	Pfalzel	LAMPRECHT, Bd. 3, Nr. 260
1478 I 5	Pfalzel	LHAK 1 C 17, 877
1478 I 21	Ehrenbreitstein	HHStAW Abt. 340 U 11639
1478 I 23	Ehrenbreitstein	HHStAW Abt. 170 U 1777
1478 II 9	Ehrenbreitstein	LHAK 1 A 271
1478 II 17	Ehrenbreitstein	LHAK 1 C 17, 889
1478 III 3	Koblenz	LHAK 1 A 1268
1478 III 13	Pfalzel	STAT RMR 1477/8, fo. 17r
1478 IV 4	Ehrenbreitstein	HHStAW Abt. 116, Nr. 87
1478 IV 11	Ehrenbreitstein	LHAK 1 A 8619
1478 IV 17	Ehrenbreitstein	LHAK 1 C 18, 532
1478 V 8	Koblenz	LHAK 54 N 40
1478 V 11	Koblenz	SCHMIDT 2203
1478 (V 13)	Koblenz	STAT RMR 1477/8, fo. 22v
1478 (V 21)	Ehrenbreitstein	StaK- 623- BMR 1666
1478 V 23	Ehrenbreitstein	LHAK 1 A 8621
1478 V 26	Ehrenbreitstein	DEMANDT 596
1478 V 27	Ehrenbreitstein	StaK- 623- BMR 1666
1478 V 28	Ehrenbreitstein	StaK- 623- BMR 1666
1478 V 29	Ehrenbreitstein	LHAK 1 C 18, 533
1478 VI 15	Ehrenbreitstein	LHAK 34, 531
1478 VI 19	Ehrenbreitstein	GOERZ, S. 247
1478 VII 11	Ehrenbreitstein	Solmser Urkunden, Bd. 2, Nr. 1752
1478 VII 12	Ehrenbreitstein	StaK- 623- BMR 1665
1478 VII 27	Bacharach	LHAK 1 A 8624
1478 VII 29	Pfalzel	LHAK 1 C 17, 988
1478 VII 30	Pfalzel	STAT RMR 1477/8, fo. 34r
1478 VIII 1	Pfalzel	STAT RMR 1477/8, fo. 34r
1478 VIII 2	Pfalzel	STAT RMR 1477/8, fo. 34r
1478 VIII 31	Ehrenbreitstein	BAT Abt. 6,2, Nr. 1, S. 20f.

48 Von Köln aus begleitete der Erzbischof König Maximilian auf dessen Reise nach Gent, wo er am 19. August an dessen Trauung teilnahm. Am 27. August kehrte er heim. Bei LICHNOWSKY findet sich ein vollständiges Itinerar dieser Reise.

49 Johann Lutzerath leistet seinen Eid als Prokurator in Trier.

DIE ITINERARE JOHANNS II. UND JAKOBS II. VON BADEN 323

1478 VIII/IX	Koblenz	STAT RMR 1477/8, fo. 35r
1478 IX 4	Ehrenbreitstein	LHAK 29 A 683
1478 IX 16	Ehrenbreitstein	GOERZ, S. 248
1478 IX 25	Ehrenbreitstein	LHAK 1 C 18, 554
1478 IX 29	Ehrenbreitstein	LHAK 1 C 18, 549
1478 X 11	Koblenz	BAT Abt. 4, Nr. 1, Bl. 10
1478 (X 17)	Koblenz	STAT RMR 1478/9, fo. 4r
1478 X 21	Wittlich	StAW Abt. Löwenstein-Wertheim-Freudenberg, Virneburger Akten F 75
1478 X 23	Pfalzel	STAT RMR 1478/9, fo. 10r
1478 X 24	Pfalzel	LHAK 41, 1136
1478 XI 4	Pfalzel	LHAK 1 C 736, S. 131–132
1478 XI 12	Pfalzel	LHAK 1 C 17, 918
1478 XI 14	Pfalzel	BROMMER, Stein, Nr. 208
1478 XI 27	Pfalzel	BAT Abt. 4, Nr. 1, Bl. 12
1478 XII 1	Pfalzel	STAT X 23
1478 XII 2	Pfalzel	STAT RMR 1478/9, fo. 2r
1478 XII 10	Ehrenbreitstein	LHAK 1 C 18, 570
1479 I 7	Ehrenbreitstein	GOERZ, S. 248
1479 I 18	Koblenz	LHAK 1 A 8628
1479 II 3	Koblenz	LHAK 54 B 205
1479 II 11	Pfalzel	LHAK 1 C 17, 934
1479 III 1	Pfalzel	LHAK 1 C 18, 555
1479 III 7	Pfalzel	LHAK 1 C 17, 978
1479 III 12	Pfalzel	LHAK 1 C 18, 553
1479 III 20	Pfalzel	LHAK 1 A 8630
1479 IV 17	Ehrenbreitstein	MIRBACH, Bd. 3, S. 172–177
1479 IV 19	Ehrenbreitstein	FWA 74-10-3
1479 IV 22	Ehrenbreitstein	LHAK 54 D 1130
1479 IV 30	Ehrenbreitstein	LHAK 38, 39
1479 V 20	Koblenz	LHAK 36, 1880
1479 V 31	Koblenz	LAMPRECHT, Bd. 3, Nr. 261
1479 VI 7	Ehrenbreitstein	LHAK 112, 490
1479 VI 9	Ehrenbreitstein	LHAK 1 A 8633
1479 VI 11	Ehrenbreitstein	LHAK 1 C 17, 932
1479 VI 12	Ehrenbreitstein	LHAK 1 A 1270
1479 VI 17	Kempenich	LHAK 1 A 8634
1479 VII 5	Limburg	DEMANDT 6026/6027
1479 VII 28	Oberwesel[50]	StaK- 623- BMR 4083, S. 4
1479 VIII 13	Ehrenbreitstein	HHStAW Abt. 121 U v. Reifenberg
1479 IX 1	Ehrenbreitstein	LHAK 54 U 56
1479 IX 2	Ehrenbreitstein[51]	LHAK 1 A 3486/3487
1479 IX 18	Ehrenbreitstein	LHAK 34, 803, S. 7–8
1479 IX 22	Ehrenbreitstein	LHAK 34, 803, S. 9–10
1479 IX 27	Andernach	LHAK 1 A 8637
1479 IX 29	Ehrenbreitstein[52]	LHAK 1 A 8639
1479 X 2	Ehrenbreitstein	LHAK 1 A 8640

50 Es ist nicht sicher, ob der Trierer Erzbischof bei der Versammlung der Kurfürsten in Oberwesel anwesend war.
51 Während die beiden angeführten beglaubigten Abschriften des 16. Jahrhunderts einen Ausstellungsort haben, wird in der Abschrift im Kopiar LHAK 1 C 17, 986 kein Ort genannt.
52 Obödienzeid des Abtes von Kloster Mettlach, *actum et datum Erembreitstein*.

1479 X 4	Ehrenbreitstein	LHAK 1 A 8641
1479 X 24	Ehrenbreitstein	LHAK 1 C 18, 566
1479 X	Ehrenbreitstein	LHAK 1 C 6124, S. 360
1479 XI 4	Ehrenbreitstein	LHAK 1 A 8642
1479 XI 10	Ehrenbreitstein	GOERZ, S. 250
1479 XI 12	Ehrenbreitstein	LHAK 1 C 18, 567
1479 XI 15	Ehrenbreitstein	LHAK 1 C 18, 602
1479 XI 26	Koblenz	LHAK 1 C 18, 568
1479 XI 30	Ehrenbreitstein	DEMANDT 6051
1479 XII 5	Ehrenbreitstein	LHAK 1 A 8645
1480 (I 8)	Koblenz	STAT RMR 1479/80, fo. 13v
1480 I 19	Ehrenbreitstein	LHAK 1 A 3321
1480 I 25	Ehrenbreitstein	BÄR, Urkunden, S. 198–202
1480 I 28	Ehrenbreitstein	HHStAW Abt. 11 U 519a
1480 II 5	Ehrenbreitstein	LHAK 1 C 17, 989
1480 II 19	Koblenz	LHAK 34, 254
1480 III 6	Ehrenbreitstein	LHAK 1 C 17, 1253
1480 III 7	Münstermaifeld	LHAK 1 C 6254, S. 24
1480 III 8	Münstermaifeld	LHAK 1 C 6254, S. 24
1480 III 14	Trier	BÄR, Urkunden, S. 203–204
1480 IV 19	Pfalzel	LHAK 1 A 8652
1480 V 12	Trier	GOERZ, S. 250
1480 V 15	Trier	STAT RMR 1479/80, fo. 17v
1480 V 18	Ehrenbreitstein	LHAK 54 P 114
1480 V 22	Koblenz	SCHMIDT 2217
1480 V 27	Ehrenbreitstein	LHAK 1 A 8655
1480 V 27	Ehrenbreitstein	StaK- 623- BMR 4085, S. 1
1480 V 29	Ehrenbreitstein	StAW Abt. Löwenstein-Wertheim-Freudenberg, Virneburger Urkunden I/13
1480 VI 1	Koblenz	GOERZ, S. 251
1480 VI 10	Ehrenbreitstein	LHAK 1 C 16219, S. 1–2
1480 VI 12	Köln	LHAK 34, 599
1480 VI 23	Ehrenbreitstein	LHAK 99, 252
1480 VI/VII	Schöneck	STAT RMR 1479/80, fo. 23r
	Kyllburg	STAT RMR 1479/80, fo. 29r
1480 VII 19	Trier	LHAK 54 B 428
1480 VII 20	Trier	
1480 VIII 15	Koblenz	LHAK 1 A 3330
1480 VIII 16	Ehrenbreitstein	StaK- 623- BMR 4085/6, S. 2
1480 VIII 30	Ehrenbreitstein	BAT Abt. 4, Nr. 1, Bl. 17
1480 IX 12	Ehrenbreitstein	HHStAW Abt. 170 U 1658
1480 IX 15	Ehrenbreitstein	LHAK 1 C 16219, S. 9–10
1480 IX 30	Ehrenbreitstein	LHAK 1 C 16219, S. 15–17
1480 X 16	Ehrenbreitstein	LHAK 1 D 1300
1480 X	Luxemburg	STAT RMR 1480/1, fo. 11r
1480 XII 4	Trier	LHAK 1 A 8664
1480 XII 10	Trier	BAT Abt. 4, Nr. 1, Bl. 21
1480 XII 13	Trier	GOERZ, S. 252
1480 XII 29	Ehrenbreitstein	LHAK 1 A 8669
1481 I 4	Ehrenbreitstein	MIRBACH, Bd. 3, S. 124
1481 I 15	Ehrenbreitstein	LHAK 1 C 9554, S. 3
1481 I 22	Ehrenbreitstein	LHAK 1 C 17, 973

1481 I 29	Ehrenbreitstein	LHAK 54 S 254
1481 II 7	Ehrenbreitstein	LHAK 4, 725f.
1481 (II 13)	Koblenz	STAT RMR 1480/1, fo. 15r
1481 II 18	Ehrenbreitstein	LHAK 1 C 17, 982
1481 III 4	Koblenz	BAT Abt. 4, Nr. 1, Bl. 27
1481 III 28	Ehrenbreitstein	LHAK 1 A 272
1481 III 31	Ehrenbreitstein	StaK- 623- BMR 4086, S. 5
1481 IV 2	Ehrenbreitstein	LHAK 34, 803, S. 11–12
1481 n IV 15	Trier	STAT RMR 1480/1, fo. 19v
1481 IV 17	Trier	Struck, Bd. 2, Nr. 1407
1481 IV 27	Pfalzel	LHAK 54 S 547
1481 V 14	Ems	LHAK 1 A 275
1481 V 25	Ehrenbreitstein	LHAK 96, 1219
1481 VII 1	bei Köln	Goerz, S. 253
1481 VII 3	Köln	LHAK 1 C 17, 950
1481 VII 5	Koblenz	BAT Abt. 4, Nr. 1, Bl. 29
1481 VIII 7	Koblenz	LHAK 29 A 706
1481 VIII 11	Koblenz	LHAK 1 C 18, 606
1481 VIII/IX	Ehrenbreitstein	STAT RMR 1480/1, fo. 25r
1481 IX 1	Ehrenbreitstein	LHAK 1 A 2695
1481 IX 9	Koblenz	Lager, Pfarrarchive, Nr. 49
1481 IX 14	Ehrenbreitstein	StaK- 623- BMR 4087, S. 12
1481 IX 15	Koblenz	LHAK 1 C 2145
1481 IX 21	Ehrenbreitstein	StaK- 623- BMR 4087, S. 13
1481 X 7	Ehrenbreitstein	Kuske, Bd. 2, Nr. 852
1481 (X 7)	Koblenz	STAT RMR 1481/2, fo. 5r
1481 (XI 2)	Koblenz	STAT RMR 1481/2, fo. 13v
1481 XI 4	Ehrenbreitstein	LHAK 1 C 18, 626
1481 XI 7	Ehrenbreitstein	LHAK 4, 249
1481 XI 17	Ehrenbreitstein	STAT DK 8385
1481 XI 18	Ehrenbreitstein	FWA IV-12-2 No. 33
1481 XI 21	Koblenz	LHAK 1 C 2145
1481 XI 27	Ehrenbreitstein	StAW Abt. Löwenstein-Wertheim-Freudenberg, Virneburger Akten A 80
1481 XII 11	Ehrenbreitstein	LHAK 1 C 19389, S. 15–16
1481 XII 24	Ehrenbreitstein	Goerz, S. 361
1482 I 2	Ehrenbreitstein	Zimmer, Landskron, Nr. 1291/8
1482 I 5	Koblenz	LHAK 1 C 19389, S. 25
1482 I 9	Ehrenbreitstein	StaK- 623- BMR 1669
1482 I 29	Ehrenbreitstein	LHAK 54 J 102
1482 I 30	Ehrenbreitstein	LHAK 1 C 18, 648
1482 II 1	Ehrenbreitstein	LHAK 1 C 19389, S. 29
1482 II 9	Ehrenbreitstein	Schmidt 2239
1482 II 11	Ehrenbreitstein	LHAK 1 C 2145
1482 II 20	Ehrenbreitstein	Goerz, S. 254
1482 II 24	Ehrenbreitstein	Schmidt 2240
1482 II 27	Koblenz	LHAK 1 C 18, 646
1482 II 28	Ehrenbreitstein	Goerz, S. 254
1482 III 9	Trier	LHAK 1 C 2145
1482 III 10	Pfalzel	LHAK 1 C 18, 651
1482 III 16	Ehrenbreitstein	StaK- 623- BMR 1668
1482 III 17	Ehrenbreitstein	LHAK 1 C 17, 1141
1482 IV 11	Trier	PSHIL, Bd. 33,2, S. 363–365

1482 IV 20	Koblenz	Lamprecht, Bd. 3, Nr. 262
1482 IV 20	Trier	LHAK 1 C 18, 636
1482 V 11	Ehrenbreitstein	Goerz, S. 254
1482 V 16	Koblenz	Struck, Bd. 1, Nr. 1219
1482 V 23	Koblenz	LHAK 54 H 366
1482 V 29	Ehrenbreitstein	LHAK 1 A 3725[53]
1482 VI 12	Ehrenbreitstein	LHAK 1 C 17, 996
1482 VI 20	Senheim	Grimm, Bd. 2, S. 431–433
1482 VII 2	Koblenz	LHAK 34, 803, S. 13–14
1482 VII 15	Koblenz	PSHIL, Bd. 35, S. 155
1482 VIII 2	Trier	LHAK 1 C 17, 1097
1482 VIII 5	Pfalzel	LHAK 1 A 8686
1482 VIII 16	Pfalzel	LHAK 1 D 1313
1482 VIII 18	Trier, St. Maximin	StAW Abt. Löwenstein-Wertheim-Freudenberg, Virneburger Urkunden III/89
1482 IX 8	Ehrenbreitstein	LHAK 1 C 19389, S. 31
1482 IX 20	Ehrenbreitstein	LHAK 29 D 195
1482 X 3	Ehrenbreitstein	Tille/Krudewig, Bd. 4, S. 271
1482 X	Koblenz	STAT RMR 1482/3, fo. 14r
1482 X 28	Münstermaifeld	Goerz, S. 255
1482 X 30	Cochem	LHAK 1 C 18, 691
1482 X/XI	Wittlich	STAT RMR 1482/3, fo. 6r
1482 XI 4	Ehrenbreitstein	LHAK 1 C 13211, S. 67
1482 XI 18	Pfalzel	LHAK 1 B 1074
1482 XI 24	Trier	LHAK 1 D 1312
1482 XI 27	Trier	Goerz, S. 255
1482 XII 7	Ehrenbreitstein	LHAK 53 C 48, Nr. 88
1483 I 22	Kärlich	StaK- 623- BMR 1670
1483 I 24	Pfalzel	Mirbach, Bd. 3, S. 124
1483 I 26	Ehrenbreitstein	LHAK 1 C 18, 933
1483 I 28	Pfalzel	HHStAW Abt. 121 U Hilbringen
1483 I 29	Pfalzel	LHAK 54 B 207
1483 II 1	Pfalzel	Goerz, S. 255
1483 II 7	Trier	BAT Abt. 71,139, Nr. 6
1483 II 9	Trier	STAT RMR 1482/3, fo. 17v
1483 II 21	Trier	LHAK 1 C 19389, S. 57–58
1483 II 27	Trier	LHAK 1 C 108, Bl. 154r-154v
1483 II 27	Trier	Goerz, S. 256
1483 III 21	Trier	LHAK 1 C 19389, S. 53–54
1483 III 25	Pfalzel	LHAK 1 B 486
1483 IV 9	Pfalzel	LHAK 1 B 1998
1483 IV 11	Pfalzel	HHStAW Abt. 121 U Hardert
1483 IV 14	Pfalzel	LHAK 1 C 18, 667
1483 IV 18	Pfalzel	LHAK 1 C 18, 505
1483 IV 20	Pfalzel	PSHIL, Bd. 33,2, S. 367
1483 V 2	Pfalzel	LHAK 1 C 18, 632
1483 V 3	Pfalzel	LHAK 1 C 17, 1012
1483 V 23	Pfalzel	Schmidt 2253
1483 V 24	Pfalzel	LHAK 1 C 18, 671
1483 VI 4	Trier	LHAK 1 C 18, 670

---

53 Goerz, S. 254, datiert die Urkunde irrtümlich auf 1482 V 27.

1483 VI 21	Pfalzel	LHAK 1 C 17, 1013
1483 VII 3	Pfalzel	LHAK 1 C 19389, S. 37–39
1483 VII 8	Pfalzel	LHAK 1 C 18, 700
1483 VII 11	Pfalzel	LHAK 1 C 18, 679
1483 VII 13	Pfalzel	LHAK 1 C 19389, S. 41
1483 VII 19	Pfalzel	LHAK 1 C 18, 676
1483 VII 20	Pfalzel	LHAK 1 C 19389, S. 50–51
1483 VII 23	Wittlich	ZIMMER, Landskron, Nr. 1291/6
1483 VII 24	Wittlich	LHAK 1 C 19389, S. 71–72
1483 VII 27	Pfalzel	LHAK 1 C 19389, S. 47
1483 VIII 6	Pfalzel	LHAK 1 C 19389, S. 73–74
1483 IX 1	Pfalzel	LHAK 1 C 18, 675
1483 (IX 4)	Trier/Pfalzel	StaK- 623- BMR 1671
1483 IX 13	Pfalzel	STRUCK, Bd. 2, Nr. 272
1483 IX 15	Pfalzel	GOERZ, S. 257
1483 X 15	Pfalzel	LHAK 1 C 18, 684
1483 X 16	Pfalzel	GOERZ, S. 257
1483 XI 1	Pfalzel	GOERZ, S. 257
1483 XI 11	Ehrenbreitstein	GOERZ, S. 257
1483 XI 18	Koblenz	LHAK 1 A 1282
1483 XII 6	Ehrenbreitstein	LHAK 1 C 18, 685
1483	Villach	GOERZ, S. 258
1484 I 10	Ehrenbreitstein	LHAK 34, 269
1484 I 16	Koblenz	LHAK 1 C 108, Bl. 32v
1484 II 9	Wittlich	LHAK 1 C 7577, S. 44
1484 II 10	Wittlich	LHAK 1 C 7577, S. 44
1484 II 17	Trier	STAW Abt. Löwenstein-Wertheim-Freudenberg, Virneburger Urkunden I/14
1484 II 20	Pfalzel	LHAK 1 C 19389, S. 81–82
1484 II 28	Koblenz	HHStAW Abt. 340 U 11818
1484 III 4	(Koblenz)[54]	LHAK 1 C 18, 1247
1484 III 6	Ehrenbreitstein	LHAK 1 A 2682
1484 III 13	Ehrenbreitstein	LHAK 1 C 17, 1056
1484 III 23	Ehrenbreitstein	LHAK 1 C 18, 693
1484 III 29	Koblenz	GOERZ, S. 258
1484 IV 1	Wittlich	LHAK 1 C 7577, S. 50
1484 IV 2	Wittlich	LHAK 1 C 7577, S. 50
1484 IV 12	Pfalzel	PSHIL, Bd. 35, S. 190
1484 IV 19	Pfalzel	STAT Ta 32/3 Fasc. 1, Bl. 53
1484 IV 23	Pfalzel	GOERZ, S. 259
1484 IV 25	Pfalzel	STAT RMR 1483/4, fo. 21v
1484 V 20	Ehrenbreitstein	LHAK 1 C 17, 1069
1484 (V 29)	Koblenz	STAT RMR 1483/4, fo. 7r
1484 V 31	Ehrenbreitstein	HHStAW Abt. 340 U 11850
1484 VI 7	Koblenz	LHAK 1 C 18, 884
1484 VI 13	Ehrenbreitstein	LHAK 1 C 18, 695
1484 VI 21	Ehrenbreitstein	HHStAW Abt. 115, Nr. 220

---

54 Der Vergleich zwischen dem Erzbischof und den Brüdern Johann und Ulrich von Eltz wurde von den Räten Johanns von Baden ausgehandelt. Dies geht aus der Anfangszeile des darüber ausgefertigten Kerbzettels hervor: *Uff hude ist von wegen unsers gnedigen herrn von Trier mit Johann und Ulrich herrn zu Eltz gebrudern vertragen...*

1484 VI 23	Koblenz	PSHIL, Bd. 33, S. 369
1484 VI 24	Koblenz	LHAK 1 C 18, 697
1484 VI 28	Ehrenbreitstein	Isenburger Urkunden, Bd. 3, Nr. 3692
1484 VI	Koblenz	STAT RMR 1483/4, fo. 24r
1484 VII 5	Rhens	HStAD Kurköln II 4672, Bl. 14r-16v
1484 VII 8	Springiersbach	LHAK 1 C 7577, S. 56
1484 VII 9	Eberhardsklausen	LHAK 1 C 7577, S. 58
1484 VII 10	Pfalzel	LHAK 54 H 543
1484 VII 13	Trier	LHAK 1 C 17, 1063
1484 VII	Trier	STAT RMR 1483/4, fo 24r
1484 VII 25	Ehrenbreitstein	LHAK 1 C 17, 1337
1484 VIII 5	Koblenz	HHStAW Abt. 131, Nr. 202
1484 VIII 6	Ehrenbreitstein	LHAK 1 A 8704
1484 VIII 11	Ehrenbreitstein	HHStAW Abt. 339, Nr. 310
1484 VIII 12	Ehrenbreitstein	LHAK 1 C 17, 1071
1484 VIII 16	Pfalzel	HUBATSCH 1,2, Nr. 17141
1484 VIII 30	Ehrenbreitstein	LHAK 1 C 17, 1629
1484 IX 2	Koblenz	GOERZ, S. 259
1484 IX 9	Koblenz	GOERZ, S. 259
1484 IX 16	Koblenz	LHAK 1 C 86, S. 167–168
1484 IX 19	Ehrenbreitstein	STRUCK, Bd. 2, Nr. 620
1484 IX 21	Ehrenbreitstein	LHAK 1 C 18, 704
1484 X	Koblenz	STAT RMR 1484/5, fo. 3r
1484 X 3	Koblenz	LHAK 1 B 1748
1484 X 13	Koblenz	LHAK 1 C 588, S. 5–6
1484 X 20	Ehrenbreitstein	LHAK 1 C 17, 1077
1484 X 30	Ehrenbreitstein	Isenburger Urkunden, Bd. 3, Nr. 3694
1484 X 31	Ehrenbreitstein	HHStAW Abt. 112, Nr. 30
1484 XI 2	Ehrenbreitstein	LHAK 1 A 3645
1484 XI 20	Ehrenbreitstein	StaK- 623- BMR 1672
1484 XII 6	Ehrenbreitstein	LHAK 1 C 18, 725
1484 XII 14	Ehrenbreitstein	LHAK 1 C 16217, S. 27
1484 XII 18	Ehrenbreitstein	PSHIL, Bd. 35, S. 203
1484 XII 24	Koblenz	LHAK 54 S 487
1484 XII 29	Koblenz	LHAK 1 C 18896, Fasc. 1
1484 XII 31	Ehrenbreitstein	LHAK 52,19, Nr. 322
1485 I 4	Ehrenbreitstein	LHAK 34, 803, S. 15–16
1485 I 21	Ehrenbreitstein	LHAK 1 C 18, 722
1485 II 1	Ehrenbreitstein	GOERZ, S. 260
1485 II 16	Frankfurt	LHAK 1 C 108, Bl. 59
1485 III 4	Ehrenbreitstein	LHAK 1 C 17, 1104
1485 III 11	Wittlich	LHAK 1 C 7577, S. 172
1485 III 15	Pfalzel	LHAK 1 C 7577, S. 218
1485 III 16	Pfalzel	STAT RMR 1484/5, fo. 34v
1485 III 26	Pfalzel	LHAK 1 C 17, 1094
1485 IV 4	Pfalzel	GOERZ, S. 260
1485 IV 5	Pfalzel	LHAK 1 C 17, 1118
1485 IV 27	Koblenz[55]	LHAK 1 A 2516
1485 V 14	Koblenz	GOERZ, S. 260
1485 (VI 9)	Koblenz	STAT RMR 1484/5, fo. 29r
1485 VI 11	Ehrenbreitstein	GOERZ, S. 260

---

[55] Obödienzeid des Abtes von Liebfrauen in Luxemburg.

DIE ITINERARE JOHANNS II. UND JAKOBS II. VON BADEN

1485 VI 12	Koblenz	STAT T 46	
1485 VI 15	Koblenz	LHAK 1 C 18, 734	
1485 VI 19	Ehrenbreitstein	HHStAW Abt. 119, Nr. 21	
1485 VI 27	Ehrenbreitstein	LHAK 1 A 3685	
1485 vVII 9	Pfalzel	LHAK 1 C 7577, S. 199	
1485 VII 9	Sayn[56]	LHAK 1 A 8715	
1485 VII 13	Koblenz[57]	LHAK 1 C 18, 731	
1485 (VIII 9)	Koblenz	STAT RMR 1484/5, fo. 29r	
1485 VIII 11	Koblenz	STAW Abt. Löwenstein-Wertheim-Freudenberg, Virneburger Urkunden III/95	
1485 VIII 12	Koblenz	STAW Abt. Löwenstein-Wertheim-Freudenberg, Nachträge A/10	
1485 (IX 7)	Koblenz	STAT RMR 1484/5, fo. 29r	
1485 X 3	Boppard	LHAK 1 A 8717	
1485 X 21	Koblenz	LHAK 1 A 8718	
1485 XI 30	Ehrenbreitstein	LHAK 1 C 16213, Bl. 99	
1485 XII 13	Ehrenbreitstein	LHAK 1 C 18, 755	
1485 (XII 21)	Koblenz	STAT RMR 1485/6, fo. 7v	
1485 XII 18[58]	Koblenz	LHAK 1 C 16217, S. 43–44	
1485 XII 24	Ehrenbreitstein	LHAK 1 C 17, 1137	
1485 XII 28	Ehrenbreitstein	LHAK 1 A 8724	
1485 XII 30	Ehrenbreitstein	LHAK 1 C 108, Bl. 49r[59]	
1486 I 11	Ehrenbreitstein	GOERZ, S. 262	
1486 I 20	Frankfurt	GOERZ, S. 262	
1486 II 1	Frankfurt	ARNPECK, Chroniken, S. 272	
1486 II 14	Frankfurt	GOERZ, S. 262	
1486 II 16	Frankfurt	LHAK 1 A 8727	
1486 II 19	Frankfurt	GOERZ, S. 262	
1486 III 12	Frankfurt	GOERZ, S. 262	
1486 III 20	Frankfurt	GOERZ, S. 262	
1486 III 20	Koblenz	LHAK 1 C 16217, S. 7–9	
1486 III 31	Köln	GOERZ, S. 262	
1486 IV 3	Köln	GOERZ, S. 262	
1486 IV 4	Aachen	GOERZ, S. 262	
1486 IV 9	Aachen	GOERZ, S. 263	
1486 IV 13	Köln	GOERZ, S. 263	
1486 IV 25	Ehrenbreitstein	LHAK 1 A 8733	
1486 V 6	Koblenz	Isenburger Urkunden, Bd. 3, Nr. 3701	
1486 V 10	Pfalzel	LHAK 1 A 1682	
1486 VI 6	Trier	STAT RMR 1485/6, fo. 5v	
1486 VI 8	Trier	LHAK 1 C 17, 1127	
1486 VI 14	Trier	LHAK 1 C 108, Bl. 49v	
1486 VI 22	Pfalzel	LHAK 54 H 804	
1486 VII 1	Pfalzel	LHAK 1 C 17, 1126	
1486 VII 6	Pfalzel	LHAK 1 C 17, 1131	
1486 vVII 9	Trier	LHAK 1 C 16217, S. 97–98	

---

56 Johann von Baden besiegelt den durch Bertram von Nesselröde-Ehrenstein ausgehandelten Vergleich mit Reinhard von der Lippe an erster Stelle.
57 Obödienzeid des Abtes von Liebfrauen in Gronau.
58 GOERZ, S. 262, datiert das Schreiben auf 1485 X 23, da er Luce statt Lucie liest.
59 GOERZ, S. 262, datiert die Schrift auf 1485 XII 31.

1486 VII 9	Koblenz[60]	LHAK 1 C 16217, S. 97–98
1486 VII 10	Koblenz	LHAK 1 C 108, Bl. 59v
1486 VII 31	Cochem	LHAK 1 A 3739
1486 VIII 16	Daun	LHAK 1 C 16213, Bl. 102
1486 IX 2	Koblenz	LHAK 1 C 16217, S. 99
1486 IX 13	Ehrenbreitstein	HHStAW Abt. 340 U 11945
1486 IX 14	Ehrenbreitstein	LHAK 1 C 17, 1136
1486 IX 18	Koblenz	SCHMIDT 2272
1486 IX 19	vor Linz	LHAK 1 C 16217, S. 121
1486 IX 21	Koblenz	LHAK 1 C 16217, S. 109–110
1486 X 1	Ehrenbreitstein	Goerz, S. 361
1486 X 7	Ehrenbreitstein	LHAK 54 H 370
1486 X 22	Eberhardsklausen	LHAK 1 C 7577, S. 282f.
1486 X 23	Eberhardsklausen	LHAK 1 C 7577, S. 282f.
1486 XI 2	Trier	LHAK 1 C 16217, S. 125–126
1486 XI 4	Pfalzel[61]	LHAK 1 C 736, S. 179–180
1486 XI 8	Ehrenbreitstein	LHAK 1 B 1172
1486 XI 9	Ehrenbreitstein	LHAK 1 C 7413, S. 23
1486 XI 14	Koblenz	TOEPFER, Bd. 3, Nr. 486
1486 XI 29	Koblenz	LHAK 53 C 14, Nr. 102
1486 XII 1	Ehrenbreitstein	LHAK 1 C 18, 758
1487 I 8	Koblenz	LHAK 1 C 16213, Bl. 111–112
1487 I 10	Ehrenbreitstein	LHAK 1 C 17, 1151
1487 um I 27	(Speyer)[62]	LHAK 1 C 736, S. 183–184
1487 II 12	Ehrenbreitstein	LHAK 1 C 16213, Bl. 116
1487 II 18	Ehrenbreitstein	LHAK 1 C 18, 930
1487 II 19	Ehrenbreitstein	LHAK 1 C 16213, Bl. 120
1487 II 20	Ehrenbreitstein	LHAK 1 C 18, 760
1487 II 23	Koblenz	LHAK 1 C 16213, Bl. 122
1487 III 9	Ehrenbreitstein	GOERZ, S. 265
1487 III 13	Ehrenbreitstein	StaK- 623- Nr. 1002, S. 40–42
1487 III 16	Koblenz	LHAK 1 C 13211, S. 13
1487 III 20	Ehrenbreitstein	LHAK 1 A 8748
1487 III 20	Boppard	GOERZ, S. 265
1487 IV 1	Koblenz	LHAK 1 C 17, 1179
1487 V 13	Nürnberg	LHAK 1 C 16213, Bl. 126
1487 VI 11	Nürnberg	LHAK 1 C 17, 1154
1487 VI 25	Ehrenbreitstein	STRUCK, Bd. 1, Nr. 1420
1487 VI 28	Koblenz	StaK- 623- BMR 4092, S. 1
1487 VII 14	Ehrenbreitstein	HHStAW Abt. 339, Nr. 310
1487 VII 17	Koblenz	LHAK 1 C 18, 774
1487 VII 20	Wittlich	LHAK 1 C 7577, S. 416
1487 VII 21	Wittlich	LHAK 1 C 7577, S. 418
1487 VIII 1	Trier	TOEPFER, Bd. 3, Nr. 3
1487 VIII 2	(Trier)[63]	LHAK 1 C 17, 1163

60 Am Sonntag nach Kilian befand sich der Erzbischof *in unser affart von Trier*, wo er einen Brief des Grafen Peter von Salm erhielt und den er erst bei seiner Ankunft in Koblenz beantwortete.
61 In dem Schreiben der Stadt Trier an den Erzbischof erwähnen sie dessen Abreise von Pfalzel am 4. November.
62 In einem Schreiben vom 27. Januar 1487 wähnte die Stadt Trier den Erzbischof beim Kaiser in Speyer, doch ließ dieser sich dort von seinen Räten vertreten, LHAK 1 C 7413, S. 25–26 (1487 I 28).
63 Lehnsrevers des Raugrafen Engelbert.

1487 VIII 5	Pfalzel	HHStAW Abt. 339, Nr. 310
1487 VIII 19	Pfalzel	STAT X 26
1487 VIII 21	Pfalzel	LHAK 1 C 17, 1186
1487 VIII 23	Pfalzel	LHAK 1 A 3220
1487 VIII 24	Wittlich	LHAK 1 C 7577, S. 423
1487 VIII 25	Wittlich	LHAK 1 C 7577, S. 423
1487 IX 1	Koblenz	LHAK 1 C 17, 1168
1487 IX 9	Ehrenbreitstein	LHAK 1 C 16213, Bl. 139
1487 IX 13	Ehrenbreitstein	HHStAW Abt. Urk. Reifenberg
1487 IX 13	Koblenz	HHStAW Abt. 115, Nr. 431, fo. 33
1487 IX 14	Koblenz	HHStAW Abt. 115, Nr. 431, fo. 33r
1487 IX 23	Ehrenbreitstein	LHAK 1 C 17, 1171
1487 IX 24	Koblenz	LHAK 1 C 18, 771
1487 IX 29	Kaub	GOERZ, S. 361
1487 X 1	Koblenz	GOERZ, S. 266
1487 X 3	Ehrenbreitstein	HHStAW Abt. 116 Nr. 93
1487 X 28	Ehrenbreitstein	LHAK 1 A 3282
1487 X 29	Ehrenbreitstein	LHAK 1 A 1984
1487 X 31	Koblenz	LHAK 1 C 17, 1185
1487 (XI 3)	Koblenz	STAT RMR 1487/8, fo. 6r
1487 XI 20	Zell	STAT DK 7800
1487 (XI 23)	Zell	STAT RMR 1487/8, fo. 6v
1487 XI 24	Wittlich	LHAK 1 C 7577, S. 432f.
1487 XI 25	Wittlich	LHAK 1 C 7577, S. 432f.
1487 XI 26	Pfalzel	LHAK 1 C 7577, S. 433
1487 XII 25	Trier	STAT RMR 1487/8, fo. 17v
1487 XII 27	Trier	HHStAW Abt. 339, Nr. 310
1487 XII 31	Ehrenbreitstein	LHAK 1 C 108, Bl.49
1488 I 8	Wittlich	LHAK 1 C 7577, S. 441
1488 I 9	Wittlich	LHAK 1 C 7577, S. 441
1488 I 16	Koblenz	LHAK 1 C 17, 1249
1488 I 18	Koblenz	LHAK 1 C 17, 1172
1488 I 22	Koblenz	StaK- 623- BMR 4093, S. 2
1488 I 24	Ehrenbreitstein	LHAK 1 C 884, S. 1f.
1488 II 4	Koblenz	LHAK 1 C 18, 811
1488 (II 11)	Koblenz	STAT RMR 1487/8, fo. 7r
1488 III 9	Ehrenbreitstein	LHAK 1 C 18, 784
1488 III 10	Ehrenbreitstein	LHAK 1 C 16220, S. 12
1488 III 11	Ehrenbreitstein	HHStAW Abt. 115, Nr. 224
1488 III 19	Wittlich	LHAK 1 C 7577, S. 444
1488 (III 24)	Koblenz	STAT RMR 1487/8, fo. 7v
1488 III 26	Pfalzel	LHAK 1 C 16217, S. 17
1488 III 31	Pfalzel	LHAK 1 A 3701
1488 IV 2	Pfalzel	LHAK 1 C 16217, S. 177
1488 IV 7	Trier	PSHIL, Bd. 33,2, S. 380
1488 IV 9	Koblenz	StaK- 623- BMR 4093, S. 6
1488 IV 18	Ehrenbreitstein	PSHIL, Bd. 33,2, S. 380f.
1488 IV 23	Koblenz	LHAK 1 C 16220, S. 15f.
1488 IV 24	Ehrenbreitstein	StaK- 623- BMR 4093, S. 7
1488 IV 27	Ehrenbreitstein	LHAK 1 C 884, S. 9–11
1488 IV 28	Ehrenbreitstein	LHAK 1 A 8767
1488 (V 1)	Koblenz	STAT RMR 1487/8, fo. 7v
1488 V 9	Ehrenbreitstein	GOERZ, S. 268

1488 V 12	Ehrenbreitstein	LHAK 1 A 8770
1488 V 19	Koblenz	GOERZ, S. 268
1488 V 19	Ehrenbreitstein	GOERZ, S. 268
1488 V 20	Ehrenbreitstein	LHAK 1 C 16213, Bl. 142
1488 V 21	Koblenz	LHAK 1 C 16213, Bl. 143
1488 V 23	Cochem	GOERZ, S. 268
1488 V 25	Cochem	GOERZ, S. 268
1488 V 26	Cochem	GOERZ, S. 268
1488 V 28	Cochem	LHAK 1 C 18, 859
1488 VI 3	Ehrenbreitstein	GOERZ, S. 268f.
1488 VI 11	Koblenz	LHAK 1 C 18, 810
1488 (VI 13)	Koblenz	STAT RMR 1487/8, fo. 8r
1488 VI 16	Ehrenbreitstein	LHAK 1 A 8776
1488 VI 17	Ehrenbreitstein	TOEPFER, Bd. 3, Nr. 10
1488 VI 22	Ehrenbreitstein	LHAK 1 A 8778
1488 (VI 22)	Koblenz	STAT RMR 1487/8, fo. 8r
1488 VI 26	Koblenz	LHAK 1 C 16217, S. 195–196
1488 VI 27	Ehrenbreitstein	LHAK 1 A 3570
1488 VII 2	Koblenz	LHAK 1 A 8781
1488 (VII 6)	Koblenz	STAT RMR 1487/8, fo. 27r
1488 VII 12	Koblenz	STRUCK, Bd. 2, Nr. 285
1488 VII 15	Koblenz	LAMPRECHT, Bd. 3, Nr. 264
1488 VII 17	Cochem	LHAK 1 C 358, S. 143–144
1488 VII 21	Trier	LHAK 1 A 8784
1488 VII 23	Trier	GOERZ, S. 269
1488 VII 23	Pfalzel	GOERZ, S. 269
1488 VII 24	Koblenz	LHAK 1 A 8785
1488 VII 29	Trier	STAT V 19
1488 VII 31	Koblenz	LHAK 1 A 8788
1488 VII 31	Ehrenbreitstein	LHAK 1 C 18, 826
1488 VIII 2	Ehrenbreitstein	LHAK 1 C 18, 799
1488 VIII 4	Ehrenbreitstein	LHAK 34, 803, S. 23–24
1488 VIII 6	Koblenz	LHAK 1 C 18, 787
1488 VIII 14	Koblenz	HHStAW Abt. 170 U 2022
1488 VIII 16	Koblenz	LHAK 1 C 17, 1204
1488 VIII 18	Koblenz	LHAK 1 C 17, 1291
1488 VIII 23	Ehrenbreitstein	GOERZ, S. 270
1488 VIII 25	Ehrenbreitstein	LHAK 1 A 8793
1488 VIII 27	Ehrenbreitstein	HHStAW Abt. 340 U 11996
1488 VIII 28	Ehrenbreitstein	LHAK 1 C 17, 1315
1488 IX 3	Koblenz	LHAK 54 S 377
1488 IX 5	Ehrenbreitstein	GOERZ, S. 270
1488 IX 8	Cochem	LHAK 1 C 16217, S. 203–204
1488 (IX 9)	Cochem	STAT RMR 1487/8, fo. 27v
1488 IX 19	Oberwesel	LHAK 1 A 8808/8809
1488 IX 24	Koblenz	StaK- 623- BMR 1673
1488 IX 25	Ehrenbreitstein	LHAK 1 C 18, 802
1488 X 6	Ehrenbreitstein	LHAK 1 C 17, 1368
1488 X 21	Ehrenbreitstein	PSHIL, Bd. 35, S. 270
1488 X 24	Ehrenbreitstein[64]	LHAK 1 C 18, 90
1488 X 27	Ehrenbreitstein	LHAK 1 A 551

64 Eidesleistung des Vitus Johannes Viti als Fiskal zu Koblenz.

1488 XI	Koblenz	STAT RMR 1488/9
1488 XI 10	Koblenz	StaK- 623- BMR 1673
1488 XI 25	Mainz	LHAK 1 A 8812/8813
1488 XII 9	Mainz	LHAK 1 A 8812/8813
1488 XII 22	Koblenz	LHAK 201, 230
1488 XII 24	Pfalzel	LHAK 1 A 8816
1488 XII 26	Pfalzel	WAMPACH, Bd. 9, Nr. 1031
1489 I 1	Trier	LHAK 1 A 8817
1489 I 3	Trier	LHAK 1 C 16217, S. 209
1489 I 10	Pfalzel	STAT RMR 1488/9
1489 I 20	Trier	STAT RMR 1488/9, fo. 16v
1489 I 21	Pfalzel	LHAK 54 W 438
1489 I 25	Koblenz	RTA MR 3,2, Nr. 32c
1489 II 1	Ehrenbreitstein	StaK- 623- BMR 4094, S. 3
1489 II 3	Ehrenbreitstein	LHAK 1 A 8821
1489 II 4	Ehrenbreitstein	StaK- 623- BMR 4094, S. 3
1489 II 22	Ehrenbreitstein	LHAK 1 C 8186, S. 1
1489 II 24	Koblenz	GOERZ, S. 271
1489 II 25	Koblenz	GOERZ, S. 271
1489 (II 28)	Koblenz	HHStAW Abt. 339, Nr. 310
1489 III 7	Ehrenbreitstein	GLAK Abt. 46, Nr. 970
1489 III 11	Koblenz	LHAK 1 C 108, Bl. 217r
1489 III 17	Oberwesel	RTA MR 3,1, Nr. 226c
1489 III 21	Ehrenbreitstein	BROMMER, Stein, Nr. 240
1489 III 26	Oberwesel	LHAK 1 C 17, 1285
1489 IV 7	Köln	RTA MR 3,1, Nr. 45h
(1489) IV 9	Ehrenbreitstein	LHAK 1 C 358, S. 149
1489 IV 15	Ehrenbreitstein	LHAK 1 C 17, 1241
1489 IV 23	Ehrenbreitstein	LHAK 1 C 18, 808
1489 IV 24	Ehrenbreitstein	GLAK Abt. 46, Nr. 976
1489 V 3	Koblenz	RTA MR 3,1, Nr. 238a
1489 V 6	Pfalzel	LHAK 1 C 16213, Bl. 146
1489 V 8	Bertrich	ZIMMER, Landskron, Nr. 1312/10
1489 V 11	Koblenz	LHAK 54 G 277
1489 VI 1	Ehrenbreitstein	RTA MR 3,1, Nr. 249b
1489 VI 3	Ehrenbreitstein	HHStAW Abt. 340 U 12036
1489 VI 23	Koblenz	PSHIL, Bd. 35, S. 281
1489 VI 24	Koblenz	RTA MR 3,1, Nr. 238g
1489 VI 29	Ehrenbreitstein	HHStAW Abt. 339, Nr. 310
1489 VII 2	Ehrenbreitstein	HHStAW Abt. 339, Nr. 310
1489 VII 4	Ehrenbreitstein	LHAK 1 B 1956
1489 VII 6	Ehrenbreitstein	LHAK 1 C 18, 819
1489 VII 9	(Koblenz)[65]	LHAK 1 A 8825
1489 n VII 15	Frankfurt	STAT RMR 1488/9, fo. 7r
1489 VII 23	Frankfurt	LHAK 1 A 8826
1489 VII 25	Frankfurt	HHStAW Abt. 333, Nr. 468
1489 VII 26	Frankfurt	LHAK 1 C 108, Bl. 107r
1489 VII 28	Frankfurt	RTA MR 3,2, Nr. 329a
1489 VII 29	Frankfurt	LHAK 1 C 17, 1370
1489 VIII 5	Ehrenbreitstein	GOERZ, S. 272

---

65 Der Vergleich zwischen Johann von Baden und Johann Boos von Waldeck ist zwar vom Erzbischof besiegelt, jedoch nicht von ihm ausgestellt, wie GOERZ, S. 272, annimmt.

1489 VIII 6	Ehrenbreitstein	LHAK 1 C 17, 1772
1489 VIII 13	Koblenz	StaK- 623- BMR 1674
1489 VIII 14	Ehrenbreitstein	Goerz, S. 272
1489 VIII 29	Zell	LHAK 1 A 8832
1489 IX 12	Ehrenbreitstein	LHAK 1 A 8834
1489 IX 28	Ehrenbreitstein	LHAK 1 A 552
1489 IX	Ehrenbreitstein	StaK- 623- BMR 1674
1489 X 4	Ehrenbreitstein	LHAK 1 C 19389, S. 85
1489 X 7	Ehrenbreitstein	Kuske, Bd. 2, Nr. 852
1489 X 10	Ehrenbreitstein	Goerz, S. 273
1489 X 15	Engers	Goerz, S. 273
1489 X 17	Ehrenbreitstein	Goerz, S. 273
1489 X 27	Ehrenbreitstein	Goerz, S. 273
1489 X 30	Mainz	LHAK 1 A 8828
1489 XI 17	Ehrenbreitstein	STAW Abt. Löwenstein-Wertheim-Freudenberg, Virneburger Urkunden I/16
1489 XII 7	Ehrenbreitstein	Goerz, S. 274
1489 XII 13	Ehrenbreitstein	LHAK 1 A 3683
1489 XII 16	Ehrenbreitstein	LHAK 29 A 803
1490 I 10	Koblenz	LHAK 34, 550
1490 I 17	Ehrenbreitstein	Goerz, S. 274
1490 I 18	Koblenz	LHAK 1 A 8847
1490 I 20	Koblenz	HHStAW Abt. 340 U 12015
1490 II 1	Ehrenbreitstein	StaK- 623- BMR 4095, S. 3
1490 II 2	Ehrenbreitstein	HHStAW Abt. 339, Nr. 310
1490 II 7	Ehrenbreitstein	LHAK 1 A 8849
1490 II 28	Ehrenbreitstein	Goerz, S. 274
1490 III 8	Koblenz	FWA III-1-26
1490 III 12	Ehrenbreitstein	LHAK 112, 1275
1490 III 22	Pfalzel	LHAK 1 A 2067
1490 III 23	Pfalzel	Goerz, S. 274
1490 III 28	Pfalzel	LHAK 1 A 298
1490 n IV 4	Pfalzel	STAT RMR 1489/90, fo. 7r
1490 IV 6	Pfalzel	LHAK 1 A 8854
1490 IV 15	Pfalzel	LHAK 1 C 18, 835
1490 IV 22	Pfalzel	LHAK 1 C 17, 1317
1490 IV 23	Pfalzel	Goerz, S. 274
1490 IV 27	Pfalzel	Goerz, S. 274f.
1490 IV	Trier	StaK- 623- BMR 4095, S. 6
1490 V 3	Pfalzel	LHAK 1 A 785
1490 V 5	Pfalzel	LHAK 1 B 1940
1490 V 8	Pfalzel	HHStAW Abt. 339, Nr. 310
1490 V 9	Pfalzel	Goerz, S. 275
1490 V 13	Engers[66]	LHAK 1 A 8859
1490 V 19	Pfalzel	Goerz, S. 275
1490 V 21	Pfalzel	Goerz, S. 275
1490 V 24	Trier	LHAK 1 C 18, 852
1490 VI 2	Metz	Huguenin, S. 514
1490 VI 15	Metz	LHAK 1 C 19440, S. 41
1490 VI 18	Metz	Calmet, Bd. 3, S. 299

66 Der erneute Vergleich mit Philipp Graf zu Virneburg ist von Johann von Baden nur besiegelt.

1490 VI 22	Metz	HUGUENIN, S. 524
1490 VII 5	Kaub	LACOMBLET, Bd. 4, Nr. 449
1490 VII 17	Ehrenbreitstein	StaK- 623- BMR 1682
1490 VII 18	Pfalzel	HHStAW Abt. 340 U 12104
1490 (VII 20)	Pfalzel	StaK- 623- BMR 4096, S. 4
1490 VII 25	Pfalzel	LHAK 1 A 1299
1490 VII 26	Pfalzel	LHAK 1 C 608, S. 493
1490 VII 30	Pfalzel	LHAK 1 C 18, 841
1490 VIII 2	Pfalzel	LHAK 1 C 17, 1279
1490 VIII 3	Pfalzel	LHAK 1 C 18, 838
1490 VIII 5	Pfalzel	LHAK 1 A 3308
1490 VIII 6	Pfalzel	LHAK 1 C 17, 1322
1490 VIII 11	Pfalzel	LHAK 1 C 18, 845
1490 VIII 12	Pfalzel	LHAK 1 C 16214, Bl. 23
1490 IX 2	Pfalzel	LHAK 1 C 18, 858
1490 IX 5	Pfalzel	LHAK 1 A 3215
1490 IX 7	Pfalzel	LAMPRECHT, Bd. 3, Nr. 265
1490 IX 10	Pfalzel	HHStAW Abt. 170 U 2095
1490 IX 10	Trier	LHAK 1 A 1301
1490 IX 16	Pfalzel	HHStAW Abt. 339, Nr. 310
1490 IX 19	Pfalzel	LHAK 1 C 608, S. 499
1490 IX 28	Pfalzel	LHAK 1 C 16214, Bl. 26
1490 IX 29	Pfalzel	LHAK 1 C 17, 1278
1490 IX 30	Pfalzel	PSHIL, Bd. 33,2, S. 384
1490 X 1	Pfalzel	LHAK 1 C 17, 1276
1490 X 3	Pfalzel	LHAK 1 C 608, S. 507
1490 X 8	Pfalzel	HHStAW Abt. 339, Nr. 310
1490 X 17	Pfalzel	LHAK 1 C 16214, Bl. 27
1490 X 24	Pfalzel	LHAK 1 C 18, 847
1490 X 27	Pfalzel	LHAK 1 C 16214, Bl. 28
1490 X 28	Pfalzel	LHAK 54 H 376
1490 X 30	Pfalzel	LHAK 1 C 16214, Bl. 29
1490 X 31	Pfalzel	GLAK Abt. 46, Nr. 1293
1490 XI 6	Pfalzel	GOERZ, S. 276
1490 XI 15	(Kaub)[67]	LHAK 1 A 8865
1490 XI 19	Pfalzel	STAT RMR 1490/1, fo. 7r
1490 XI 20	Pfalzel	PSHIL, Bd. 55, S. 96
1490 XI 21	Pfalzel	HHStAW Abt. 339, Nr. 310
1490 XI 22	Pfalzel	LAMPRECHT, Bd. 3, Nr. 266
1490 XII 1	Pfalzel[68]	GLAK Abt. 46, Nr. 1242
1490 XII 7	Pfalzel	LHAK 1 C 19440, S. 23
1490 XII 17	Cochem	LHAK 1 C 608, S. 513
1490 XII 20	Ehrenbreitstein	LHAK 1 C 19440, S. 25–26
1490 XII 24	Ehrenbreitstein	LHAK 1 A 8870
1490 XII 28	Ehrenbreitstein	GOERZ, S. 277
1491 I 6	Ehrenbreitstein	LHAK 1 C 18, 928

[67] Dieser Münzvertrag der vier rheinischen Kurfürsten wurde zumindest von der Trierer Seite von Räten ausgehandelt. Einer von ihnen war Reinhard Graf zu Leiningen-Westerburg, wie aus einem späteren Schreiben des Erzbischofs an ihn hervorgeht, HHStAW Abt. 339, Nr. 310 (1490 XI 21, Pfalzel).
[68] Wie aus einer am gleichen Tag ausgestellten, nur im Kopiar LHAK 1 C 18, 964, überlieferten Urkunde hervorgeht, befand sich Johann von Baden an diesem Tag tatsächlich in Pfalzel. Die hier angeführte Urkunde des Markgrafen Jakob von Baden hat er nur mitbesiegelt.

1491 I 8	Ehrenbreitstein	StaK- 623- BMR 1674a
1491 I 9	Ehrenbreitstein	LHAK 1 C 19389, S. 89–90
1491 I 11	Koblenz	StaK- 623- BMR 1674a
1491 I 14	Ehrenbreitstein	HHStAW Abt. 340 U 12076
1491 I 15	Ehrenbreitstein	LHAK 1 C 18, 860
1490 I 17	Ehrenbreitstein	GOERZ, S. 278
1491 I 31	Ehrenbreitstein	FWA III-2-5
1491 II 1	Ehrenbreitstein	HHStAW Abt. 339, Nr. 310
1491 II 9	Koblenz	LHAK 1 C 17, 1310
1491 II 15	Koblenz	LHAK 1 C 16214, Bl. 34
1491 II 16	Koblenz	GOERZ, S. 278
1491 II 22	Koblenz	StaK- 623- BMR 1674a
1491 II 24	Ehrenbreitstein	HStAD Dep. Wahn XI 40 A 1
1491 II 28	Ehrenbreitstein	LHAK 1 C 18273, S. 49
1491 III 2	Koblenz	LHAK 1 C 18, 872
1491 III 7	Koblenz	HHStAW Abt. 339, Nr. 310
1491 III 11	Ehrenbreitstein	PSHIL, Bd. 33,2, S. 386
1491 III 12	Koblenz	LHAK 1 A 1787
1491 III 14	Koblenz	LHAK 1 C 18273, S. 51
1491 III 26	Ehrenbreitstein	LHAK 1 C 17, 1312
1491 III 27	Ehrenbreitstein	HHStAW Abt. 339, Nr. 310
1491 III 28	Koblenz	WAMPACH, Bd. 9, Nr. 1943[b]
1491 IV 3	Ehrenbreitstein	LHAK 1 A 3646
1491 IV 12	Ehrenbreitstein	GOERZ, S. 278
1491 IV 14	Ehrenbreitstein	StaK- 623- BMR 1674a
1491 IV 23	Koblenz	LHAK 1 C 608, S. 519
1491 IV 25	Ehrenbreitstein	LHAK 1 C 17, 1387
1491 (IV 25)	Koblenz	STAT RMR 1490/1, fo. 8r
1491 V 9	Koblenz	GOERZ, S. 279
1491 V 12	Ehrenbreitstein	LHAK 1 A 1985
1491 (V 27)	Koblenz	STAT RMR 1490/1, fo. 8v
1491 (VI 7)	Schönecken	STAT RMR 1490/1, fo. 8v
1491 VI 8	Schönecken[69]	LHAK 1 C 18, 892
1491 VI 10	Schönecken	LHAK 1 C 608, S. 525
1491 VI 15	Ehrenbreitstein	GOERZ, S. 279
1491 VII 5	Ehrenbreitstein	LHAK 1 C 18, 1329
1491 VII 21	Koblenz	LHAK 1 C 17, 1335
1491 VII 22	Koblenz	LHAK 1 C 18, 887
1491 VIII 4	Pfalzel	LHAK 1 C 18, 1117
1491 VIII 14	Pfalzel	LHAK 54 S 1240
1491 VIII 14	Trier	STAT RMR 1490/1, fo. 26v
1491 VIII 17	Zell	LHAK 1 C 16214, Bl. 37
1491 IX 1	Koblenz	LHAK 1 C 18, 890
1491 IX 5	Ehrenbreitstein	LHAK 1 C 17, 1332
1491 IX 17	Ehrenbreitstein	LHAK 1 A 8882
1491 IX 30	Koblenz	LHAK 1 C 17, 1498
1491 X 3	Ehrenbreitstein	TILLE/KRUDEWIG, Bd. 4, S. 272f.
1491 X 8	Ehrenbreitstein	LHAK 1 C 19389, S. 101
1491 X 14	Ehrenbreitstein	LHAK 1 C 18, 889
1491 XI 7	Koblenz	LHAK 1 C 18, 936
1491 (XI 11)	Koblenz	STAT RMR 1491/2, fo. 2r

69 Obödienzeid des Abts von Laach *in castro Schoneck Eyfflie.*

1491 (XI 12)	Koblenz	STAT RMR 1491/2, fo. 8v
1491 XI 16	Oberwesel	GOERZ, S. 280
1491 XI 18	Ehrenbreitstein	LHAK 1 C 17, 1336
1491 XI 20	Koblenz	LHAK 1 C 18273, S. 53
1491 XI 25	Oberwesel	STRUCK, Bd. 2, Nr. 1024
1491 XII 4	Trier	LHAK 1 C 19389, S. 107–109
1491 XII 6	Trier	GOERZ, S. 281
1491 XII 7	Trier	LHAK 1 A 3706
1491 XII 9	Pfalzel	STAT RMR 1491/2, fo. 2r
1491 XII 12	Trier	STAT RMR 1491/2, fo. 20r
1491 XII 15	Trier	LHAK 1 C 397, S. 125–126
1491 XII 18	Pfalzel	STAT RMR 1491/2, fo. 2v
1491 XII 26	Ehrenbreitstein	LHAK 1 A 8888
1492 I 2	Oberwesel	LACOMBLET, Bd. 4, Nr. 454
1492 I 10	Ehrenbreitstein	HHStAW Abt. 121 U Schenk von Schweinsberg
1492 I 11	Ehrenbreitstein	HHStAW Abt. 340 U 12118
1492 I 15	Koblenz	LHAK 1 B 417
1492 I 19	Ehrenbreitstein	LHAK 1 C 19389, S. 113
1492 I 20	Ehrenbreitstein	LHAK 1 C 17, 1342
1492 I 21	Ehrenbreitstein	LHAK 1 C 17, 1379
1492 II 1	Koblenz	STRUCK, Bd. 1, Nr. 1455
1492 II 4	Ehrenbreitstein	LHAK 1 C 18, 925
1492 II 9	Koblenz	LHAK 1 C 16214, Bl. 44
1492 II 14	Ehrenbreitstein	LHAK 1 A 1315
1492 II 15	Ehrenbreitstein[70]	LHAK 1 A 11820
1492 II 16	Ehrenbreitstein	LHAK 1 C 17, 1358
1491 (II 18)	Koblenz	STAT RMR 1491/2, fo. 9v
1492 II 25	Ehrenbreitstein	LHAK 1 A 2954
1492 II 28	Koblenz	HHStAW Abt. 339, Nr. 310
1492 III 4	Koblenz	HHStAW Abt. 340 U 12124
1492 III 5	Ehrenbreitstein	LHAK 1 C 17, 1356
1492 III 14	Ehrenbreitstein	HHStAW Abt. 339, Nr. 310
1492 III 17	Ehrenbreitstein	HHStAW Abt. 111, Nr. 30
1492 III 17	Koblenz[71]	HHStAW Abt. 340 U 12124
1492 III 26	Koblenz	LHAK 1 A 2069
1492 III 28	Ehrenbreitstein	HHStAW Abt. 333, Nr. 491
1492 IV 4	Koblenz	LHAK 1 C 17, 1432
1492 IV 8	Koblenz	LHAK 1 A 8894
1492 IV 9	Ehrenbreitstein	LHAK 1 C 16214, Bl. 49
1492 IV 23	Ehrenbreitstein	LHAK 1 C 18, 907
1492 IV 29	Ehrenbreitstein	GOERZ, S. 281
1492 V 13	Ehrenbreitstein	LHAK 1 C 17, 1651
1492 (V 14)	Koblenz	STAT RMR 1491/2, fo. 10v
1492 V 17	Ehrenbreitstein	LHAK 54 B 79
1492 (V 19)	Koblenz	STAT RMR 1491/2, fo. 10v
1492 V 22	Ehrenbreitstein	GOERZ, S. 281
1492 V 30	Koblenz	GOERZ, S. 281
1492 VI 4	Ehrenbreitstein	GOERZ, S. 282

---

70 Obödienzeid des Abtes von St. Maria zu den Märtyrern in Trier *prestitum et factum Erembreitstein*.
71 Auf diesen Tag lud der Erzbischof den Junggrafen Gerhard von Sayn nach Koblenz, um mit ihm gemeinsam sechs bis acht Tage *ußzubliben*.

1492 VI 18	Trier	HUGUENIN, S. 577–581
1492 VI 22	Pfalzel	LHAK 1 C 16214, Bl. 52
1492 VI 30	Trier	LHAK 1 C 17, 1385
1492 VI 30	Koblenz	LHAK 1 C 108, Bl. 106
1492 (VII 11)	Koblenz	STAT RMR 1491/2, fo. 11r
1492 VII 13	Ehrenbreitstein	LHAK 1 C 7413, S. 27
1492 VII 15	Ehrenbreitstein	LHAK 1 A 3533
1492 VII 20	Koblenz	HHStAW Abt. 340 U 12163
1492 VII 22	Ehrenbreitstein	LHAK 1 C 16214, Bl. 58
1492 VII 24	Ehrenbreitstein	LHAK 1 C 108, Bl. 112
1492 VII 26	Koblenz	LHAK 1 A 3012
1492 VIII 4	Zell	LHAK 1 C 16214, Bl. 61
1492 VIII 9	Koblenz	HHStAW Abt. 339, Nr. 310
1492 VIII 15	(Metz)[72]	HHStAW Abt. 340 U 12163
1492 VIII 16	Koblenz	LHAK 1 C 16214, Bl. 66
1492 VIII 25	Ehrenbreitstein	STRUCK, Bd. 1, Nr. 1304
1492 (IX 3)	Koblenz	STAT RMR 1491/2, fo. 11v
1492 (IX 14)	Koblenz	STAT RMR 1491/2, fo. 11v
1492 IX 22	Ehrenbreitstein	HHStAW Abt. 339, Nr. 310
1492 IX 24	Koblenz	PSHIL, Bd. 35, S. 330–332
1492 X 7	Koblenz	LHAK 1 A 8904
1492 X 27	Ehrenbreitstein	LHAK 1 C 108, Bl. 89
1492 X	Koblenz	STAT RMR 1492/3, fo. 7r
1492 (XI 1)	Metz	STAT RMR 1492/3, fo. 7r
1492 XI 6	Ehrenbreitstein	LHAK 1 D 1355
1492 XI 6	Ehrenbreitstein	LHAK 1 C 108, Bl. 109v-110r
1492 XI 11	Ehrenbreitstein	LHAK 1 C 108, Bl. 58v-59r
1492 XI 16	Ehrenbreitstein	LHAK 1 C 18, 929
1492 XI 17	Pfalzel[73]	STAT RMR 1492/3, fo. 2r
1492 XI 26	Koblenz	LHAK 1 C 16214, Bl. 81
1492 XI 27	Koblenz	LHAK 1 C 16214, Bl. 82
1492 XI 30	Cochem	LHAK 1 C 16214, Bl. 85
1492 XII 1	Zell	LHAK 1 C 17, 1376
1492 XII 7	Ehrenbreitstein	LHAK 1 C 16214, Bl. 89
1492 XII 19	Ehrenbreitstein	LHAK 1 B 2111
1492 XII 20	Koblenz	LHAK 1 C 108, Bl. 98r
1492 XII 29	Ehrenbreitstein	LHAK 1 C 108, Bl. 112r
1492	Ehrenbreitstein	LHAK 1 C 17, 1688
1493 I 12	Ehrenbreitstein	LHAK 1 C 16214, Bl. 90
1493 I 17	Ehrenbreitstein	STRUCK, Bd. 2, Nr. 645
1493 I 24	Ehrenbreitstein	LHAK 54 N 226
1493 (I 24)	Koblenz	STAT RMR 1492/3, fo. 7v
1493 I 25	Ehrenbreitstein	LHAK 1 C 13211, S. 15
1493 II 3	Ehrenbreitstein	LHAK 1 A 299
1493 II 5	Koblenz[74]	LHAK 1 C 18, 924
1493 II 8	Koblenz	LHAK 1 C 13211, S. 16
1493 II 9	Ehrenbreitstein	LHAK 1 B 2067

72 Für diesen Tag kündigte der Erzbischof Graf Gerhard von Sayn seinen Aufenthalt beim König in Metz an.
73 Möglicherweise fand der Gerichtstag *vur unserm gnedigen heren* zwischen der Stadt Trier und dem von Bitsch vor den Räten des Erzbischofs statt.
74 Obödienzeid des Abtes von St. Florin in Schönau.

1493 II 13	Ehrenbreitstein	LHAK 53 C 14, Nr. 10
1493 II 18	Koblenz	LHAK 1 C 13211, S. 18
1493 II 20	Koblenz	LHAK 1 C 108, Bl. 136r
1493 II 28	Pfalzel	LHAK 1 C 108, Bl. 106
1493 III 1	Trier	LHAK 1 C 18, 950
1493 III 2	Trier	LHAK 1 C 13211, S. 17
1493 III 3	Pfalzel	LHAK 1 C 16214, Bl. 96
1493 III 10	Pfalzel[75]	LHAK 1 C 16214, Bl. 97
1493 III 12	Trier	LHAK 1 C 657, S. 37
1493 III 15	Trier	LHAK 1 C 18, 1077
1493 III 16	Trier	LHAK 1 C 108, Bl. 99v-100r
1493 III 20	Trier	LHAK 54 S 547
1493 III 22	Trier	LHAK 1 A 8913
1493 III 26	Trier	LHAK 1 C 17, 1580
1493 IV 8	Ehrenbreitstein	LHAK 1 C 108, Bl. 101v-102r
1493 IV 14	Ehrenbreitstein	LHAK 54 S 834
1493 IV 15	Koblenz	LHAK 1 C 108, Bl. 60r
1493 IV 16	Koblenz	LHAK 1 C 108, Bl. 60v
1493 IV 18	Koblenz	LHAK 1 C 108, Bl. 107v
1493 IV 18	Ehrenbreitstein	LHAK 1 C 108, Bl. 107v-108r
1493 IV 21	Ehrenbreitstein	LHAK 1 C 17, 1423
1493 IV 24	Koblenz	LHAK 1 C 18962
1493 IV 29	Ehrenbreitstein	LHAK 1 C 17, 1435
1493 V 5	Pfalzel	LHAK 1 C 16214, Bl. 102
1493 V 6	Pfalzel	LHAK 1 C 17, 1400
1493 V 7	Pfalzel	LHAK 1 C 17, 1445
1493 V 8	Pfalzel	BROMMER, Stein, Nr. 209
1493 V 15	Pfalzel	HHStAW Abt. 115, Nr. 230
1493 V 25	Ehrenbreitstein	BROMMER, Stein, Nr. 248
1493 VI 8	Ehrenbreitstein	LHAK 1 C 18, 968
1493 VI 15	Koblenz	FWA III-2-5
1493 VI 16	Ehrenbreitstein	LHAK 1 C 108, Bl. 90v
1493 VI 20	Ehrenbreitstein	LHAK 1 C 16214, Bl. 111
1493 VII 9	Cochem	HHStAW Abt. 339, Nr. 310
1493 VII 12	Ehrenbreitstein	LHAK 1 A 8918
1493 (VII 16)	Zell	STAT RMR 1492/3, fo. 8v
1493 VII 17	Zell	LHAK 1 C 17, 1495
1493 (VII 25)	Koblenz	STAT RMR 1492/3, fo. 9r
1493 VIII 2	Montabaur	PSHIL, Bd. 33,2, S. 394
1493 VIII 6	Montabaur	BAT Abt. 71, 129, Nr. 23
1493 (VIII 29)	Montabaur	STAT RMR 1492/3, fo. 9v
1493 IX 3	Montabaur	LHAK 1 C 17, 1419
1493 IX 6	Montabaur	LHAK 1 C 16217, Bl. 118
1493 IX 7	Montabaur	GOERZ, S. 287
1493 IX 8	Montabaur	LHAK 1 C 108, Bl. 152v
1493 IX 9	Montabaur	LHAK 1 C 18, 1217
1493 IX 11	Montabaur	LHAK 1 C 108, Bl. 234r-235v
1493 IX 12	Montabaur	LHAK 1 C 17, 1446
1493 IX 13	Montabaur	HHStAW Abt. 150, Nr. 551

---

75 Anscheinend hatte der Erzbischof beabsichtigt, nach dem 17. März wieder in Koblenz zu sein, denn eine Passage in diesem Schreiben, wonach Reifferscheid für diese Zeit nach Koblenz vorgeladen werden sollte, ist zugunsten einer unpräzisen Zeitangabe gestrichen.

1493 IX 19	Münstermaifeld	LHAK 1 C 17, 1430
1493 IX 23	Limburg	LHAK 1 C 108, Bl. 70v
1493 IX 24	Montabaur	LHAK 1 C 108, Bl. 70v
1493 IX 30	Montabaur	LHAK 1 C 16214, Bl. 103
1493 X 1	Montabaur	LHAK 1 A 7945
1493 X 21	Montabaur	LHAK 1 C 18, 917
1493 X 23	Montabaur	LHAK 54 G 65
1493 X 31	Montabaur	LHAK 1 C 108, Bl. 62
1493 XI 2	Montabaur	LHAK 1 C 108, Bl. 137
1493 (XI 8)	Montabaur	STAT RMR 1493/4, fo. 1v
1493 XI 14	Montabaur	HHStAW Abt. 340 U 12201
1493 XI 27	Kärlich	HHStAW Abt. 340 U 12203
1493 XI 30	Kärlich	HHStAW Abt. 340 U 12204
1493 (XII 6)	Koblenz	STAT RMR 1493/4, fo. 1v
1493 XII 9	Koblenz	LHAK 1 C 17, 1428
1493 XII 11	Koblenz	LHAK 1 C 18, 1016
1493 XII 16	Koblenz	LHAK 1 C 397, S. 77
1493 XII 20	Koblenz	LHAK 1 C 108, Bl. 62r
1493	Koblenz	LHAK 1 D 1356
1494 I 2	Koblenz	GOERZ, S. 288
1494 I 3	Ehrenbreitstein	GOERZ, S. 288
1494 I 6	Limburg	MECHTEL, Limburger Chronik, S. 108[76]
1494 I 7	Ehrenbreitstein	BAT Abt. 71,71, Nr. 2
1494 I 9	Ehrenbreitstein	LAMPRECHT, Bd. 3, Nr. 267
1494 I 11	Ehrenbreitstein	LHAK 34, 803, S. 25–26
1494 I 12	Ehrenbreitstein	LHAK 1 C 108, Bl.1 39r
1494 I 30	Koblenz	LHAK 1 C 17, 1418
1494 n II 8	Koblenz	STAT RMR 1493/4, fo. 2r
1494 II 12	Ehrenbreitstein	LHAK 1 C 17, 1434
1494 II 20	Ehrenbreitstein	LHAK 1 C 108, Bl. 68v
1494 II 20	Koblenz	GOERZ, S. 288
1494 III 1	Ehrenbreitstein	LHAK 1 C 16214, Bl. 126
1494 III 7	Ehrenbreitstein	PSHIL, Bd. 33,2, S. 395
1494 III 12	Ehrenbreitstein	LHAK 1 C 18, 992
1494 III 16	Ehrenbreitstein	HHStAW Abt. 340 U 14511
1494 III 21	Ehrenbreitstein	LHAK 1 C 18, 976
1494 IV 4	Ehrenbreitstein	GOERZ, S. 289
1494 IV 11	Ehrenbreitstein	LHAK 1 C 18, 1001
1494 IV 15	Ehrenbreitstein	LHAK 1 C 18, 986
1494 IV 19	Ehrenbreitstein	LHAK 53 C 51, Nr. 49f.
1494 IV 20	Ehrenbreitstein	GOERZ, S. 289
1494 IV 25	Ehrenbreitstein	LHAK 1 C 108, Bl. 72v
1494 IV 29	Ehrenbreitstein	LHAK 1 C 108, Bl. 75
1494 V 1	Ehrenbreitstein	LHAK 1 C 18, 991a
1494 V 4	Koblenz	LHAK 1 C 108, Bl. 75v–76r
1494 V 7	Koblenz	LHAK 1 C 108, Bl.77v–78r
1494 V 8	Ehrenbreitstein	LHAK 1 C 108, Bl. 76v–77r
1494 V 15	Koblenz	HHStAW Abt. 339, Nr. 310
1494 (V 19)	Koblenz	STAT RMR 1493/4, fo. 2r
1494 V 21	Ehrenbreitstein	LHAK 1 C 108, Bl. 81

---

76 GOERZ, S. 292, datiert das Zusammentreffen des Erzbischofs mit dem Landgrafen von Hessen nach der fehlerhaften Edition HONTHEIMS auf 1495 I 6.

1494 V 22	Ehrenbreitstein	Struck, Bd. 2, Nr. 1034
1494 VI 9	Ehrenbreitstein	LHAK 1 A 273
1494 VI 19	Ehrenbreitstein	LHAK 1 A 4297
1494 VI 22	Ehrenbreitstein	LHAK 1 C 17, 1463
1494 VI 24	Koblenz	LHAK 1 A 8932/8933
1494 VI 26	Ehrenbreitstein	LHAK 1 C 17, 1471
1494 VI 28	Ehrenbreitstein	LHAK 1 A 8934
1494 VII 1	Ehrenbreitstein	LHAK 1 C 108, Bl. 158
1494 VII 3	Ehrenbreitstein	LHAK 1 C 17, 1477
1494 VII 6	Ehrenbreitstein	LHAK 1 C 16214, Bl. 130
1494 VII 22	Pfalzel	LHAK 36, 65
1494 VII 24	Trier	LHAK 1 C 108, Bl. 142
1494 VII 29	Pfalzel	LHAK 1 C 108, Bl. 181v-182r
1494 VII 30	Pfalzel	STAT RMR 1493/4, fo. 3r
1494 VIII 7	Pfalzel	LHAK 1 A 8936
1494 VIII 14	Ehrenbreitstein	Goerz, S. 290
1494 VIII 16	Ehrenbreitstein	LHAK 1 C 108, Bl. 80v
1494 VIII 21	Ehrenbreitstein	Goerz, S. 290
1494 VIII 22	Ehrenbreitstein	LHAK 1 A 8937
1494 VIII 23	Ehrenbreitstein	StaK- 623- Nr. 445
1494 VIII 23	Pfalzel	LHAK 1 A 3222
1494 VIII 30	Koblenz	LHAK 1 C 17, 1641
1494 VIII 31	Koblenz	LHAK 1 C 108, Bl. 175r-176r
1494 IX 3	Ehrenbreitstein	LHAK 1 A 8938
1494 IX 3	Montabaur	LHAK 1 C 108, Bl. 137v
1494 IX 6	Montabaur	LHAK 1 C 108, Bl. 90r
1494 IX 13	Montabaur	LHAK 1 C 17, 1577
1494 IX 23	Ehrenbreitstein	LHAK 1 C 397, S. 73
1494 IX 30	Ehrenbreitstein	LHAK 1 C 16214, Bl. 136
1494 X 2	Ehrenbreitstein	LHAK 1 C 108, Bl. 146r
1494 X 29	Pfalzel	LHAK 1 C 17, 1476
1494 X 31	Pfalzel	LHAK 1 C 108, Bl. 195r
1494 XI 4	Pfalzel	LHAK 1 A 2602
1494 XI 6	Trier	LHAK 1 C 17, 1755
1494 XI 6	(Ehrenbreitstein)[77]	LHAK 1 C 17, 1486
1494 XI 8	Pfalzel	LHAK 1 C 18, 1000
1494 XI 9	Pfalzel	LHAK 1 C 16214, Bl. 148
1494 XI 16	Pfalzel[78]	LHAK 1 C 16214, Bl. 151
1494 XI 17	Pfalzel	LHAK 1 C 19, 1014
1494 XI 26	Koblenz	LHAK 1 C 108, Bl. 201v
1494 XII 1	Ehrenbreitstein	LHAK 1 C 16214, Bl. 155-156
1494 XII 2	Ehrenbreitstein	StaK- 623- BMR 1675a
1494 XII 6	Koblenz	LHAK 1 C 16214, Bl. 159
1494 XII 10	Ehrenbreitstein	HHStAW Abt. 130 II Akten Nr. 1628
1494 XII 13	Koblenz	HHStAW Abt. 170 U 2250
1494 XII 14	Ehrenbreitstein	LHAK 1 B 1388
1494 XII 24	Ehrenbreitstein	LHAK 1 A 8942

77 Die gleiche Urkunde ist im Kopiar LHAK 1 C 17 einmal mit Ausstellungsort Ehrenbreitstein und einmal mit Ausstellungsort Trier aufgenommen worden. Da die zweite Version vermutlich später eingetragen wurde, handelt es sich bei der ersten Eintragung wohl um ein Versehen der Kanzlei.
78 In diesem Schreiben an den Amtmann von Salm kündigt der Erzbischof bereits seine baldige Ankunft am Rhein an.

1494 XII 30	Ehrenbreitstein	LHAK 1 C 397, S. 225
1494 XII 30	Koblenz	LHAK 1 C 108, Bl. 196v
1494 XII 31	Koblenz	LHAK 1 C 108, Bl. 195v
1495 I 3	Ehrenbreitstein	LAMPRECHT, Bd. 3, Nr. 268
1495 I 15	Limburg	STRUCK, Bd. 2, Nr. 841
1495 I 16	Montabaur	HHStAW Abt. 121 U Ottenstein
1495 I 21	Ehrenbreitstein	LHAK 1 C 18, 1011
1495 I 29	Ehrenbreitstein	LHAK 1 C 16218, S. 1
1495 II 12	Ehrenbreitstein	LHAK 1 C 588, S. 17
1495 II 13	Ehrenbreitstein	LHAK 1 C 108, Bl. 86r
1495 II 16	Ehrenbreitstein	STRUCK, Bd. 2, Nr. 304
1495 II 17	Koblenz	GOERZ, S. 293
1495 II 23	Ehrenbreitstein	LHAK 1 C 588, S. 21
1495 II 27	Koblenz	LHAK 1 C 13208, S. 7
1495 III 6	Cochem	LHAK 1 C 16218, S. 9
1495 III 14	Koblenz	LHAK 1 C 17, 1490^b
1495 III 19	Ehrenbreitstein	LHAK 1 A 11821
1495 III 20	Koblenz	LHAK 1 C 17, 1499
1495 III 24	Worms	RTA MR 5,2, Nr. 1851
1495 III 28	Worms	LHAK 1 C 16218, S. 15
1495 IV 4	Worms	RTA MR 5,1,2, Nr. 1031
1495 IV 18	Kirschgarten	RTA MR 5,2, S. 1679
1495 IV 20	Worms	RTA MR 5,1,2, Nr. 1112
1495 IV 22	Worms	LHAK 1 C 16218, S. 31–32
1495 V 4	Worms	RTA MR 5,1,2, Nr. 1114f.
1495 V 12	Worms	LHAK 1 C 108, Bl. 164v-165r
1495 V 14	Worms	LHAK 43, 22
1495 V 19	Worms	RTA MR 5,1,2, Nr. 1026
1495 V 26	Worms	LHAK 1 C 18, 994
1495 VI 6	Worms	LHAK 1 C 108, Bl. 161v-162r
1495 VI 8	Worms	LHAK 1 C 18, 1018
1495 VI 14	Worms	BAT Abt. 6,1, Nr. 30
1495 VI 29	Worms	LHAK 1 C 108, Bl. 163v
1495 VII 3	Worms	LHAK 1 C 108, Bl. 170r
1495 VII 4	Worms	LHAK 1 A 8947
1495 VII 8	Worms	RTA MR 5,1,2, Nr. 955/3
1495 VII 14	Worms	GOERZ, S. 362
1495 VII 15	Worms	LHAK 1 C 17, 1653
1495 VII 16	Worms	LHAK 1 C 17, 1771
1495 VII 21	Worms	RTA MR 5,1,2, Nr. 1168
1495 VII 27	Worms	LHAK 54 W 441
1495 VII 30	Worms	RTA MR 5,1,1, Nr. 273
1495 VII 31	Worms	RTA MR 5,1,2, S. 771, Anm. 1
1495 VIII 4	Worms	LHAK 1 A 8953
1495 VIII 5	Worms	LHAK 1 C 16218, S. 71
1495 VIII 6	Worms	RTA MR 5,1,2, Nr. 763
1495 VIII 11	Worms	LHAK 1 C 16218, S. 75
1495 VIII 16	Koblenz	HHStAW Abt. 340 U 12237b
1495 VIII 27	Ehrenbreitstein	RTA MR 5,1,2, Nr. 1121
1495 (VIII 31)	Zell	STAT RMR 1494/5, fo. 7v
1495 IX 9	(Worms)	RTA MR 5,1,2, Nr. 564
1495 IX 25	Koblenz	HHStAW Abt. U Reifenberg

1495 X 1	Ehrenbreitstein	LHAK 1 C 108, Bl. 255
1495 X 4	Ehrenbreitstein	LHAK 1 C 108, Bl. 239
1495 X 5	Ehrenbreitstein	LHAK 1 C 18, 1027
1495 (X 15)	Koblenz	STAT RMR 1495/6, fo. 5v
1495 X 19	Ehrenbreitstein	LHAK 1 D 1373
1495 X 27	Ehrenbreitstein	STRUCK, Bd. 1, Nr. 1323
1495 X 30	Ehrenbreitstein	STRUCK, Bd. 1, Nr. 1324
1495 X	Ehrenbreitstein	LHAK 1 C 108, Bl. 241r
1495 (XI 1)	Koblenz	STAT RMR 1495/6, fo. 5v
1495 XI 17	Trier	STAT RMR 1495/6, fo. 15v
1495 XI 18	Trier	LHAK 1 C 17, 1550
1495 XI 22	Trier	STAT RMR 1495/6, fo. 16r
1495 XI 23	Trier	STAT RMR 1495/6, fo. 15v
1495 XI 26	Pfalzel	GOERZ, S. 296
1495 XI 30	Pfalzel	LHAK 1 C 17, 1500
1495 XII 4	Pfalzel	LHAK 1 A 8957
1495 XII 9	Pfalzel	WAMPACH, Bd. 9, Nr. 1071
1495 XII 14	Koblenz	RTA MR 5,1,2, Nr. 1476
1495 (XII 16)	Koblenz	STAT RMR 1495/6, fo. 6r
1495 XII 20	Ehrenbreitstein	LHAK 1 C 18, 1028
1495 XII 21[79]	Ehrenbreitstein	LHAK 1 C 588, S. 25
1495 XII 31	Ehrenbreitstein	LHAK 1 C 18, 551
1496 I 3	Ehrenbreitstein	LHAK 1 C 18, 1042
1496 I 4	Ehrenbreitstein	LHAK 1 A 8961
1496 I 6	Ehrenbreitstein	GOERZ, S. 297
1496 I 8	Ehrenbreitstein	LHAK 1 C 16218, S. 85
1496 II 5	Ehrenbreitstein	LHAK 1 B 2024
1496 II 7	Ehrenbreitstein	GOERZ, S. 297
1496 II 9	Koblenz	LHAK 1 A 2369
1496 II 17	Koblenz	GOERZ, S. 297
1496 II 20	Ehrenbreitstein	LHAK 1 C 17, 1545
1496 II 22	Ehrenbreitstein	LHAK 1 C 18, 1137
1496 II 23	Ehrenbreitstein	HHStAW Abt. 115, Nr. 236
1496 II 26	Koblenz	LHAK 1 C 16218, S. 99
1496 III 3	Ehrenbreitstein	LHAK 1 C 108, Bl. 224
1496 III 4	Ehrenbreitstein	LHAK 174, 38
1496 III 11	Ehrenbreitstein[80]	LHAK 1 D 1377
1496 (III 11)	Koblenz	STAT RMR 1495/6, fo. 6v
1496 III 12	Ehrenbreitstein	LHAK 1 C 17, 1733
1496 III 14	Ehrenbreitstein	StaK- 623- BMR 1677
1496 III 17	Ehrenbreitstein	LHAK 1 C 18, 1136
1496 III 22	Ehrenbreitstein	GOERZ, S. 297
1496 III 29	Ehrenbreitstein	LHAK 1 C 17, 1521
1496 IV 14	Ehrenbreitstein	HHStAW Abt. 339, Nr. 310
1496 IV 24	Bertrich	LHAK 1 C 16218, S. 105
1496 V 1	Bertrich	LHAK 1 C 16218, S. 106
1496 V 1	(Ehrenbreitstein)[81]	LHAK 1 B 1999
1496 V 6	Bertrich	LHAK 1 C 16218, S. 129

79 GOERZ, S. 288, datiert die Urkunde irrtümlich auf 1493 XII 21.
80 Obödienzeid des Trierer Archidiakons.
81 Die Belehnung Adams von Sötern erfolgte vermutlich durch die Räte des Erzbischofs, vgl. auch LHAK 54 S 1352f.

1496 V 8	Bertrich	LHAK 1 C 16218, S. 131
1496 V 12	Bertrich	LHAK 1 C 16218, S. 135–136
1496 V 18	Ehrenbreitstein	LHAK 1 C 16218, S. 145
1496 V 20	Ehrenbreitstein	LHAK 1 C 588, S. 47
1496 V 26	Ehrenbreitstein	LHAK 1 C 17, 1522
1496 V 27	Ehrenbreitstein	LHAK 1 C 588, S. 35
1496 V 28	Ehrenbreitstein	LHAK 54 K 205
1496 (VI 1)	Koblenz	STAT RMR 1495/6, fo. 7r
1496 VI 4	Ehrenbreitstein	LHAK 1 C 736, S. 209–210
1496 (VI 8)	Koblenz	STAT RMR 1495/6, fo. 7r
1496 VI 12	Ehrenbreitstein	LHAK 1 C 17, 1508
1496 VI 17	Ehrenbreitstein	LHAK 1 C 17, 1518
1496 VII 9	Zell	GOERZ, S. 298
1496 VII 10	Zell	LAMPRECHT, Bd. 3, Nr. 269
1496 VII 13	Zell	LHAK 1 C 17, 1520
1496 VII 15	Zell	LHAK 1 C 17, 1509
1496 VII 17	Zell	GOERZ, S. 299
1496 VII 19	Zell	LHAK 1 C 17, 1729
1496 VII 31	Ehrenbreitstein	GOERZ, S. 299
1496 VIII 3	Ehrenbreitstein	LHAK 1 C 18, 1220
1496 VIII 6	Ehrenbreitstein	LHAK 1 C 17, 1529
1496 VIII 11	bei Hönningen	GOERZ, S. 299
1496 VIII 1	Ehrenbreitstein	STRUCK, Bd. 1, Nr. 1337a
1496 VIII 20	Ehrenbreitstein	LHAK 54 S 609
1496 n VIII 24	Koblenz	STAT RMR 1495/6, fo. 7r
1496 IX 9	Ehrenbreitstein	LHAK 1 C 588, S. 39
1496 n IX 9	Niederlande	LHAK 1 C 588, S. 39
1496 IX 26	Utrecht	LHAK 1 D 1385
1496 X 2	Koblenz	LHAK 63, 21
1496 X 6	Koblenz	StaK- 623- BMR 4101, S. 7
1496 X 9	Ehrenbreitstein	HStAD Depositum Wahn V A 4
1496 XI 4	Ehrenbreitstein	LHAK 1 C 418, S. 58–59
1496 XI 7	Ehrenbreitstein	MICHEL, Gerichtsbarkeit, S. 132–133
1496 XI 12	Ehrenbreitstein	LHAK 54 S 1833
1496 n XI 14	Koblenz	STAT RMR 1496/7, fo. 7r
1496 XI 27	Koblenz	LHAK 1 C 17, 1539
1496 XII 21	Ehrenbreitstein	LHAK 1 A 8977
1496 (XII 30)	Koblenz	STAT RMR 1496/7, fo. 2r
1497 I 8	Ehrenbreitstein	HHStAW Abt. 339, Nr. 310
1497 I 19	Ehrenbreitstein	LHAK 1 A 8983
1497 I 27	Koblenz	HHStAW Abt. 339, Nr. 310
1497 n I 27	im Hamm	HHStAW Abt. 339, Nr. 310
1497 II 13	Koblenz	PSHIL, Bd. 37, S. 48
1497 II 14	Ehrenbreitstein	GOERZ, S. 300
1497 II 21	Koblenz	LHAK 117, 35
1497 (II 24)	Koblenz	STAT RMR 1496/7, fo. 8r
1497 II 28	Ehrenbreitstein	HHStAW Abt. 130 I, II B 5 Kur-Trier 3, Stück 2
1497 III 11	Ehrenbreitstein	HHStAW Abt. 339, Nr. 310
1497 III 19	Ehrenbreitstein	LHAK 1 C 16218, S. 159–160
1497 III 25	Ehrenbreitstein	LHAK 1 B 1717
1497 IV 1	Zell	LHAK 1 C 418, S. 61–63
1497 IV 17	Ehrenbreitstein	HHStAW Abt. 339, Nr. 310

1497 IV 18	Ehrenbreitstein	LHAK 1 C 16218, S. 173
1497 IV 30	Ehrenbreitstein	LHAK 1 B 2167
1497 V 2	Ehrenbreitstein	RTA MR 6, S. 380
1497 V 19	Ehrenbreitstein	HHStAW Abt. 339, Nr. 310
1497 V 20	Ehrenbreitstein	Mirbach, Bd. 3, S. 248–250
1497 VI 1	Ehrenbreitstein	StaK- 623- BMR 4103, S. 3
1497 (VI 3)	Koblenz	STAT RMR 1496/7, fo. 9r
1497 VI 6	Ehrenbreitstein	StaK- 623- BMR 4103, S. 4
1497 VI 7	Koblenz	LHAK 1 C 18, 1086
1497 (VI 10)	Koblenz	STAT RMR 1496/7, fo. 9v
1497 VI 11	Ehrenbreitstein	HHStAW Abt. 340 Akten, 4715, Bl. 5
1497 VI 15	Ehrenbreitstein	RTA MR 6, S. 421
1497 VI 17	Ehrenbreitstein	LHAK 1 C 17, 1538
1497 VI 19	Ehrenbreitstein	StaK- 623- BMR 4103, S. 5
1497 VI 20	Ehrenbreitstein	RTA MR 6, S. 62/65
1497 VI 22	Koblenz	LHAK 1 C 18, 1090
1497 VI 23	vor Boppard	LHAK 1 C 18, 1090
1497 VI 24	Ehrenbreitstein	LHAK 1 C 16214, Bl. 128
1497 VI 26	Ehrenbreitstein	LHAK 1 A 3283
1497 VII 2	vor Boppard	LHAK 1 B 1966
1497 VII 3	Boppard	LHAK 1 A 8982
1497 VII 4	Boppard	LHAK 1 A 8979
1497 VII 5	Boppard	LHAK 1 A 8991
1497 VII 11	Boppard	LHAK 701, 4, fo. 68r
1497 VII 15	Ehrenbreitstein	StaK- 623- BMR 4103, S. 6
1497 VII 17	Ehrenbreitstein	LHAK 1 A 8992
1497 VII 19	Ehrenbreitstein	Goerz, S. 301
1497 VII 25	Ehrenbreitstein	Goerz, S. 302
1497 VIII	Boppard	Lamprecht, Bd. 3, Nr. 270
1497 VIII 5	Boppard	Goerz, S. 302
1497 VIII 6	Boppard	LHAK 1 A 8995
1497 VIII 10	Ehrenbreitstein	LHAK 35, 455
1497 VIII 19	Boppard	LHAK 1 C 17, 1648
1497 VIII 23	Boppard	Lamprecht, Bd. 3, Nr. 271
1497 IX 1	Koblenz	LHAK 1 C 609, S. 5–6
1497 IX 5	Ehrenbreitstein	Goerz, S. 302
1497 IX 11	Koblenz	LHAK 1 A 8998
1497 IX 18	Ehrenbreitstein	LHAK 1 C 17, 1558
1497 IX 27	Koblenz	Goerz, S. 302
1497 IX 29	Boppard	Brommer, Stein, Nr. 810
1497 X 1	Ehrenbreitstein	Goerz, S. 302f.
1497 X 2	Boppard	HHStAW Abt. 339, Nr. 310
1497 X 3	Boppard	LHAK 1 C 17, 1627
1497 X 14	Ehrenbreitstein	HHStAW Abt. 339, Nr. 310
1497 X 20	Ehrenbreitstein	LHAK 1 C 17, 1541
1497 X 23	Ehrenbreitstein	HHStAW Abt. 339, Nr. 290, Bl. 14
1497 X 27	Ehrenbreitstein	HHStAW Abt. 339, Nr. 310
1497 X 29	Koblenz	LHAK 1 A 9003/9004
1497 XI 3	Ehrenbreitstein	StaK- 623- BMR 4103, S. 10
1497 XI 11	Ehrenbreitstein	LHAK 35, 460
1497 XI 12	Koblenz	Lamprecht, Bd. 3, Nr. 272
1497 XI 16	(Trier)[82]	HHStAW Abt. 339, Nr. 290, Bl. 14

---

[82] Für diesen Tag kündigte der Erzbischof Graf Reinhard von Leiningen-Westerburg an, daß er in Trier mit seinem Domkapitel über die Bopparder Angelegenheit verhandeln wolle.

1497 XI 20	Koblenz	LHAK 1 C 18, 1157
1497 XII 13	Koblenz	LHAK 1 A 9008
1497 XII 19	Ehrenbreitstein	LHAK 1 C 16218, S. 179
1498 (I 5)	Koblenz	STAT RMR 1497/8, fo. 8r
1498 I 18	Ehrenbreitstein	HHStAW Abt. 339, Nr. 310
1498 um I 25	Koblenz	STAT RMR 1497/8, fo. 8r
1498 I 26	Ehrenbreitstein	LHAK 1 C 17, 1568
1498 I 29	Ehrenbreitstein	LHAK 1 C 397, S. 5
1498 I 30	Ehrenbreitstein	LHAK 1 C 397, S. 3–4
1498 I 31	Ehrenbreitstein	LHAK 1 C 17, 1560
1498 II 14	Koblenz	LHAK 1 C 18, 1143
1498 II 20	Ehrenbreitstein	GOERZ, S. 303
1498 II 24	Koblenz	LHAK 1 A 9010
1498 II 25	Koblenz	LHAK 1 C 18, 1149
1498 III 10	Koblenz	LHAK 1 A 9011
1498 III 12	Ehrenbreitstein	LHAK 1 A 9012
1498 III 15	Ehrenbreitstein	LHAK 1 C 18, 1147
1498 III 16	Ehrenbreitstein	LHAK 1 C 18, 1150
1498 III 18	Koblenz	LHAK 1 C 17, 1562
1498 III 22	Ehrenbreitstein	LHAK 1 C 16218, S. 189–190
1498 III 28	Koblenz	HHStAW Abt. 339, Nr. 310
1498 IV 6	Pfalzel	LHAK 1 A 9016
1498 IV 10	Pfalzel	LHAK 1 C 16218, S. 199f.
1498 IV 11	Pfalzel	LHAK 1 C 609, S. 8
1498 IV 13	Pfalzel	LHAK 1 C 609, S. 9
1498 IV 14	Trier	STAT RMR 1497/8, fo. 21v
1498 IV 19	Trier	LHAK 1 C 17, 1564
1498 IV 23	Trier	LHAK 1 A 9017
1498 V 1	Ehrenbreitstein	LHAK 1 A 2070
1498 V 6	Pfalzel	GOERZ, S. 304
1498 V 9	Pfalzel	TOEPFER, Bd. 3, Nr. 50
1498 V 11	Pfalzel	GOERZ, S. 305
1498 V 13	bei Trarbach	HHStAW Abt. 339, Nr. 310
1498 V 15	Koblenz	StaK- 623- BMR 4104, S. 4
1498 V 18	Ehrenbreitstein	LHAK 1 A 339
1498 V 19	Ehrenbreitstein	LHAK 1 C 16214, Bl. 169
1498 V 21	Ehrenbreitstein	GOERZ, S. 362
1498 V 25	Ehrenbreitstein	GOERZ, S. 305
1498 V 30	Koblenz	LHAK 1 C 16218, S. 207
1498 V 31	Ehrenbreitstein	HHStAW Abt. 339, Nr. 310
1498 VI 3	Ehrenbreitstein	HHStAW Abt. 339, Nr. 310
1498 VI 8	Ehrenbreitstein	LHAK 1 C 17, 1579
1498 VI 10	Ehrenbreitstein	LHAK 1 C 17, 1714
1498 VI 17	Ehrenbreitstein	LHAK 1 C 609, S. 9f.
1498 VI 24	Ehrenbreitstein	HHStAW Abt. 339, Nr. 310
1498 VI 28	Boppard	LHAK 1 C 18, 1102
1498 VI 30	Boppard	LHAK 1 C 18, 1103
1498 VII 2	Ehrenbreitstein	GOERZ, S. 305
1498 VII 6	(Freiburg)	GOERZ, S. 305
1498 VII 8	Zell	LHAK 701,4, fo. 278
1498 VII 25	Koblenz	LHAK 1 A 9018
1498 VII 30	Ehrenbreitstein	LHAK 1 B 1613
1498 VII 31	Ehrenbreitstein	GOERZ, S. 305

1498 VIII 1	Ehrenbreitstein	HHStAW Abt. 339, Nr. 475, S. 3
1498 (VIII 1)	Koblenz	STAT RMR 1497/8, fo. 9r
1498 VIII 3	Ehrenbreitstein	LHAK 1 C 17, 1565
1498 VIII 4	Ehrenbreitstein	LHAK 1 C 16218, S. 215–216
1498 VIII 7	Ehrenbreitstein	LHAK 1 C 609, S. 118
1498 VIII 10	Ehrenbreitstein	LHAK 1 C 16218, S. 217
1498 VIII 24	Ehrenbreitstein	LHAK 1 C 609, S. 119
1498 VIII 26	Ehrenbreitstein	LHAK 1 C 609, S. 121–122
1498 VIII 30	(Freiburg)	GOERZ, S. 306
1498 IX 1	Ehrenbreitstein	StaK- 623- BMR 1679
1498 IX 3	(Freiburg)	GOERZ, S. 306
1498 IX 17	Koblenz	LHAK 1 C 18, 1066
1498 IX 22	Koblenz	LHAK 1 B 1490
1498 IX 24	Ehrenbreitstein	LHAK 1 C 17, 1574
1498 X 8	Ehrenbreitstein	LHAK 1 C 609, S. 122
1498 X 13	Ehrenbreitstein	LHAK 1 C 609, S. 125
1498 X 15	Ehrenbreitstein	LHAK 1 C 18, 1069
1498 X 23	Ehrenbreitstein	LHAK 1 C 17, 1610
1498 X 31	Ehrenbreitstein	LHAK 1 C 18, 1159
1498 XI 2	Pfalzel	STAT RMR 1498/9, fo. 21r
1498 XI 9	Ehrenbreitstein	HHStAW Abt. 339, Nr. 310
1498 XI 13	Ehrenbreitstein	LHAK 1 A 9020
1498 XI 19	Oberlahnstein	LHAK 1 A 9021
1498 (XI 19)	Koblenz	STAT RMR 1498/9, fo. 6r
1498 XI 24	Ehrenbreitstein	LHAK 1 C 609, S. 169–170
1498 XI 25	Ehrenbreitstein	LHAK 1 C 609, S. 171
1498 XII 3	Ehrenbreitstein	LHAK 1 A 9022
1498 XII 21	Ehrenbreitstein	GOERZ, S. 307
1498 XII 27	Ehrenbreitstein	GOERZ, S. 307
1498 XII 29	Ehrenbreitstein	LHAK 1 C 397, S. 22
1498 XII	Ehrenbreitstein	LHAK 1 C 17, 1636
1499 I 7	Ehrenbreitstein	LHAK 54 K 98
1499 I 8	Ehrenbreitstein	LHAK 1 C 18, 1307–1309
1499 I 9	Ehrenbreitstein	LHAK 1 C 18, 1168
1499 I 27	Ehrenbreitstein	LHAK 1 C 397, S. 31
1499 II 7	Boppard	LHAK 1 C 17, 1626
1499 II 16	Koblenz	LHAK 1 C 18, 1215
1499 II 17	Koblenz	HHStAW Abt. 339, Nr. 310
1499 II 20	Koblenz	MIRBACH, Bd. 3, S. 124
1499 II 21	Koblenz	LHAK 1 C 397, S. 35
1499 II 23	Koblenz	HUBATSCH, Bd. 1,2, Nr. 18102
1499 III 2	Koblenz	LHAK 1 A 3456
1499 III 2	Ehrenbreitstein	StaK- 623- BMR 1680
1499 III 4	Koblenz	LAMPRECHT, Bd. 3, Nr. 273
1499 III 8	Koblenz	LHAK 1 C 17, 1581
1499 III 9	Ehrenbreitstein	LHAK 1 C 18, 1055
1499 III 10	Koblenz	LHAK 1 A 9027
1499 III 11	Ehrenbreitstein	HHStAW Abt. 339, Nr. 310
1499 III 15	Koblenz	LHAK 1 A 517
1499 III 26	Pfalzel	LHAK 1 C 17, 1604
1499 IV 1	Trier	PSHIL, Bd. 55, S. 103
1499 IV 9	Trier	LHAK 1 C 18, 1046
1499 IV 14	Trier	LHAK 1 A 9028

1499 IV 20	Pfalzel	HHStAW Abt. 339, Nr. 310
1499 IV 22	Pfalzel	LHAK 1 C 18, 1062
1499 IV 28	Pfalzel	LHAK 1 C 397, S. 37–39
1499 V 8	Pfalzel	LHAK 1 C 397, S. 127–128
1499 V 11	Pfalzel	GOERZ, S. 309
1499 V 10	Trier	GLAK Abt. 46, Nr. 1059
1499 V 10	Pfalzel	LHAK 1 A 1346
1499 V 16	Pfalzel	LHAK 1 C 18, 1085
1499 V 20	Koblenz	LHAK 54 L 154
1499 VI 1	Pfalzel	LHAK 1 C 397, S. 113–115
1499 VI 2	Trier	GOERZ, S. 309
1499 VI 7	Koblenz	TILLE/KRUDEWIG, Bd. 4, S. 273f.
1499 VI 13	Koblenz	LHAK 1 C 397, S. 117–119
1499 VI 18	Cochem	GOERZ, S. 309
1499 VI 19	Koblenz	GOERZ, S. 309
1499 VI 22	Koblenz	LHAK 1 C 9195
1499 VI 25	Cochem	LHAK 1 C 18, 1304
1499 (VI 27)	Koblenz	STAT RMR 1498/9, fo. 7r
1499 VI 28	Cochem	LHAK 1 C 17, 1593
1499 VII 1	Cochem	LHAK 1 C 418, S. 73–74
1499 VII 4	Cochem	LHAK 1 C 18, 1079
1499 (VII 4)	Koblenz	STAT RMR 1498/9, fo. 7r
1499 VII 6	Koblenz	STRUCK, Bd. 2, Nr. 317
1499 VII 8	Koblenz	GOERZ, S. 309f.
1499 VII 16	Koblenz	HHStAW Abt. 170 U 2360
1499 VII 19	Koblenz	LHAK 1 C 18, 1060
1499 VII 24	Koblenz	LHAK 1 C 17, 1722
1499 VIII 7	Koblenz	LHAK 1 A 4587
1499 VIII 25	Ehrenbreitstein	LHAK 1 C 397, S. 202–204
1499 VIII 28	Ehrenbreitstein	LHAK 1 C 17, 1602
1499 VIII 30	Ehrenbreitstein	LHAK 1 C 397, S. 105
1499 IX 18	Ehrenbreitstein	LHAK 1 C 397, S. 107–109
1499 X 1	Ehrenbreitstein	LHAK 1 C 17, 1634
1499 X 7	Ehrenbreitstein	LHAK 1 C 18, 1059
1499 X 9	Ehrenbreitstein	LHAK 1 C 397, S. 217
1499 X 12	Ehrenbreitstein	LAGER, Pfarrarchive, Nr. 452
1499 X 20	Ehrenbreitstein	LHAK 1 A 9037
1499 X 21	Ehrenbreitstein	MICHEL, Rotes Haus, S. 61f.
1499 X 28	Ehrenbreitstein	LHAK 1 C 18, 1120
1499 X 30	Ehrenbreitstein	LHAK 1 C 17, 1635
1499 XI 7	Ehrenbreitstein	LHAK 1 C 13208, S. 11
1499 XI 12	Ehrenbreitstein	MICHEL, Rotes Haus, S. 62
1499 XI 13	Ehrenbreitstein	LHAK 1 A 9039
1499 XI 14	Ehrenbreitstein	LHAK 1 C 18, 1188
1499 XI 25	Ehrenbreitstein	LHAK 1 C 397, S. 74
1499 XII 5	Ehrenbreitstein	GOERZ, S. 311
1499 XII 15	Ehrenbreitstein	LHAK 1 D 1397
1500 I 16	Ehrenbreitstein	LHAK 1 A 9042/9043
1500 I 21[83]	Ehrenbreitstein	LHAK 1 C 18, 1310
1500 I 25	Ehrenbreitstein[84]	LHAK 1 C 397, S. 181–182

83 GOERZ, S. 311, datiert die Urkunde auf 1500 I 27.
84 In diesem Konzept war zunächst Koblenz als Ausstellungsort genannt, was dann durch Ehrenbreitstein ersetzt wurde.

1500 I 29	Ehrenbreitstein	LHAK 1 B 1229
1500 I 30	Ehrenbreitstein	LHAK 1 C 17, 1749
1500 II 4	Koblenz	GOERZ, S. 312
1500 II 4	Ehrenbreitstein	LHAK 1 C 16222, Bl. 17
1500 II 14	Ehrenbreitstein	LHAK 1 C 18, 1129
1500 II 15	Ehrenbreitstein	STAW Abt. Löwenstein-Wertheim-Freudenberg, Virneburger Urkunden VIII 14
1500 II 22	Ehrenbreitstein	LHAK 1 C 397, S. 191–192
1500 II 27	Ehrenbreitstein	HHStAW Abt. 339, Nr. 310
1500 II 29	Ehrenbreitstein	HHStAW Abt. 339, Nr. 310
1500 III 6	Ehrenbreitstein	LHAK 1 A 3176
1500 III 7	Koblenz	LHAK 81, 1
1500 III 17	Ehrenbreitstein	PSHIL, Bd. 33,2, S. 406f.
1500 III 18	Ehrenbreitstein	LHAK 1 C 18, 1301
1500 III 24[85]	Ehrenbreitstein	Solmser Urkunden, Bd. 3, Nr. 2304
1500 III 26	Ehrenbreitstein	LHAK 1 C 397, S. 221
1500 III 27	Ehrenbreitstein	GOERZ, S. 312
1500 III 28	Ehrenbreitstein	LHAK 1 C 18, 1175
1500 III 30	Ehrenbreitstein	LHAK 1 A 9046
1500 IV 2	Ehrenbreitstein	LHAK 1 B 88
1500 IV 4	Ehrenbreitstein	LHAK 1 C 17, 1622
1500 IV 6	Ehrenbreitstein	LHAK 1 A 3010
1500 IV 25	Ehrenbreitstein	LHAK 1 C 17, 1621
1500 V 2	Koblenz	LHAK 1 C 18, 1178
1500 V 10	Koblenz	GLAK Abt. 46, Nr. 1169
1500 V 13	Ehrenbreitstein	LHAK 38, 54
1500 V 15	Koblenz	HHStAW Abt. 119, Nr. 22
1500 V 24	Koblenz	LHAK 1 C 19444, S. 37
1500 VI 3	Koblenz	HUBATSCH, Bd. 1,2, Nr. 18285
1500 VI 9	Ehrenbreitstein	LHAK 1 D 1400
1500 VI 15	Ehrenbreitstein	HHStAW Abt. 339, Nr. 310
1500 VI 25	Ehrenbreitstein	LHAK 1 A 9048
1500 VII 10	Ehrenbreitstein	GOERZ, S. 313
1500 VII 11	Ehrenbreitstein	LHAK 2, 54
1500 VII 29	Ehrenbreitstein	HHStAW Abt. 170 U 2394
1500 VIII 1	Ehrenbreitstein	LHAK 1 C 17, 1649
1500 VIII 23	Ehrenbreitstein	LHAK 1 A 9055
1500 VIII 25	Ehrenbreitstein	LHAK 1 C 737, S. 5
1500 VIII 26	Ehrenbreitstein	LHAK 1 C 17, 1728
1500 IX 1	Ehrenbreitstein	LHAK 1 C 17, 1637
1500 IX 7	Pfalzel	HHStAW Abt. 339, Nr. 311, Bl. 149
1500 IX 23	Koblenz	HHStAW Abt. 339, Nr. 311, Bl. 148
1500 IX 24	Koblenz	LHAK 1 A 9063
1500 IX 26	Ehrenbreitstein	LHAK 1 A 3415
1500 IX 29	Ehrenbreitstein	LHAK 1 C 16221
1500 IX 30	Ehrenbreitstein	LHAK 1 C 16221
1500 X 4	Ehrenbreitstein	LHAK 1 C 18, 1193

85 Da in der Datumszeile der Urkunde Dienstag nach Oculi, 24. März 1500 nach Trierer Stil, angegeben ist, scheint ein Irrtum vorzuliegen, da der Dienstag nach Oculi im Jahre 1501 auf den 16. März fiel und Johann von Baden sich zu dieser Zeit nachweislich in Pfalzel aufhielt; folglich wird man das Jahr 1500 annehmen müssen.

1500 X 5	Ehrenbreitstein	LHAK 1 A 6451
1500 X 7	Ehrenbreitstein	LHAK 1 C 17, 1719
1500 X 13	Koblenz	LHAK 71, 199
1500 X 24	Koblenz	LHAK 1 C 18, 1262
1500 X 27	Koblenz	GOERZ, S. 314
1500 X 30	Koblenz	StaK- 623- BMR 1682
1500 XI 12	Cochem	HHStAW Abt. 339, Nr. 311, Bl. 151
1500 XI 14	Koblenz	LHAK 1 C 358, S. 161–162
1500 XI 30	Koblenz	PSHIL, Bd. 33,2, S. 409
1500 XII 3	Koblenz	LHAK 1 C 17, 1743
1500 XII 4	Koblenz	LHAK 1 C 18, 1111
1500 XII 7	Koblenz	GOERZ, S. 314
1500 XII 10	Koblenz	LHAK 1 C 17, 1654
1501 I 17	Koblenz	LHAK 1 C 16214, Bl. 177
1501 I 19	Koblenz	LHAK 1 C 17, 1643
1501 I 20	Koblenz	HHStAW Abt. 170 I, U 2417
1501 I 21	Koblenz	LHAK 112, 1289
1501 I 26	Koblenz	GOERZ, S. 314
1501 II 3	Koblenz	LHAK 1 C 18, 1236
1501 II 5	Koblenz	LHAK 1 A 9089
1501 II 26	Pfalzel	LHAK 1 B 1718
1501 III 1	Pfalzel	LHAK 1 C 18, 1252
1501 III 3	Trier	STAT RMR 1500/1, fo. 16r
1501 III 8	Trier	HHStAW Abt. 339, Nr. 311, Bl. 150
1501 III 13	Pfalzel	GOERZ, S. 315
1501 III 24	Pfalzel	HHStAW Abt. 170 U 2432
1501 IV 2	Pfalzel	LHAK 1 C 18, 1226
1501 IV 5	Pfalzel	LHAK 1 A 9094
1501 IV 14	Pfalzel	GOERZ, S. 315
1501 IV 16	Pfalzel	LHAK 1 C 17, 1726
1501 IV 21	Trier	LHAK 1 A 1679
1501 IV 25	Trier	HUBATSCH, Bd. 1,2, Nr. 18463
1501 V 24	Pfalzel	LHAK 1 C 17, 1664
1501 V 25	Pfalzel	LHAK 1 C 17, 1675
1501 VII 1	Pfalzel	LAMPRECHT, Bd. 3, Nr. 276
1501 VII 3	Pfalzel	LHAK 1 C 17, 1670
1501 VII 7	Pfalzel	LHAK 1 C 17, 1663
1501 VII 8	Pfalzel	LHAK 1 C 588, S. 9–10
1501 VII 15	Pfalzel	GOERZ, S. 316
1501 VII 17	Pfalzel	LHAK 1 C 16214, Bl. 184
1501 VII 19	Pfalzel	LHAK 1 C 18, 1233
1501 VII 20	Pfalzel	LHAK 1 C 20, 338
1501 VII	Pfalzel	GOERZ, S. 316
1501 VIII 3	Trier	STAT RMR 1500/1, fo. 19r
1501 VIII 10	Koblenz	LHAK 1 C 18, 1198
1501 VIII 27	Koblenz	GOERZ, S. 316
1501 VIII 28	Trier	LHAK 1 C 17, 1700[d]
1501 VIII 29	Trier	LHAK 1 C 17, 1700
1501 VIII 30	Trier	LHAK 1 A 348
1501 IX 1	Trier	LHAK 1 C 17, 1666
1501 IX 4	Trier	LHAK 54 S 613
1501 IX 7	Trier	RICHTER, Kanzlei, S. 117–119
1501 IX 10	Trier	LHAK 1 A 414

1501 IX 13	Trier	RICHTER, Kanzlei, S. 119–120
1501 IX 14	Trier	LHAK 54 M 131
1501 IX 17	Trier	LHAK 1 C 18, 1250
1501 IX 29	Trier	LHAK 1 C 17055, S. 2–4
1501 X 1	Trier	LHAK 1 C 13211, S. 29–30
1501 X 13	Trier	LHAK 1 C 17055, S. 6–7
1501 X 15	Trier	LHAK 1 A 4288
1501 X 27	Trier	LHAK 34, 326
1501 X 28	Trier	LHAK 1 A 9103
1501 X 29	Trier	STAW Abt. Löwenstein-Wertheim-Freudenberg, Virneburger Akten C 58, Bl. 2v-3r
1501 XI 5	Trier	GOERZ, S. 362
1501 XI 9	Trier	LHAK 1 C 17055, S. 10–11
1501 XI 10	Trier	LHAK 1 C 17, 1732
1501 XI 12	Trier	LHAK 1 C 18, 1231
1501 XI 30	Ehrenbreitstein	LHAK 1 C 16214, Bl. 191
1501 XII 9	Koblenz	LHAK 1 C 17055, S. 18–29
1501 XII 11	Koblenz	STAW Abt. Löwenstein-Wertheim-Freudenberg, Virneburger Akten C 58, Bl. 3v-5v
1501 XII 25	Trier	LAMPRECHT, Bd. 3, Nr. 277
1501	Pfalzel	LHAK 1 C 17, 1741
1502 I 1	Koblenz	GOERZ, S. 317
1502 II 11	Koblenz	LHAK 1 C 18, 1234
1502 II 16	Zell	STAW Abt. Löwenstein-Wertheim-Freudenberg, Virneburger Akten C 58, Bl. 7r-14r
1502 II 25	Trier[86]	LHAK 1 C 18, 1209
1502 III 10	Trier	HHStAW Abt. 170 I, U 2460
1502 IV 2	Pfalzel	GOERZ, S. 317
1502 V 2	Koblenz	LHAK 1 B 1543
1502 V 9	Koblenz	HHStAW Abt. 339, Nr. 311, Bl. 126
1502 V 11	Koblenz	HHStAW Abt. 339, Nr. 311, Bl. 128
1502 V 12	Koblenz	MICHEL, Gerichtsbarkeit, S. 85–86
1502 V 13	Koblenz	LHAK 1 C 17, 1684
1502 V 16	Koblenz	LHAK 1 C 16221
1502 VI 4	Koblenz	LHAK 35, 483
1502 VI 7	(Mainz)	GOERZ, S. 318
1502 VI 8	Koblenz	HHStAW Abt. 339, Nr. 311, Bl. 130
1502 VI 10	Koblenz	LHAK 1 C 16221
1502 VI 14	Koblenz	StaK- 623- BMR 1684
1502 VI 15	Koblenz	LHAK 1 C 16221
1502 VI 24	Koblenz	LHAK 54 K 206
1502 VI 30	Koblenz	LHAK 1 C 18, 1259
1502 VII 5	(Gelnhausen)	LHAK 1 A 9134
1502 VII 8	Koblenz	LHAK 1 C 18, 1229
1502 VII 11	Koblenz	GOERZ, S. 318
1502 VII 19	Koblenz	LHAK 1 A 3582
1502 VIII 3	Ehrenbreitstein	LHAK 1 C 18, 1230
1502 VIII 4	Ehrenbreitstein	LHAK 1 C 16221

---

[86] Obödienzeid des Archidiakons von Longuyon.

1502 VIII 8	Ehrenbreitstein	STAT 51/1 Fasc. 29
1502 VIII 17	Ehrenbreitstein	LHAK 1 C 397, S. 133
1502 VIII 21	Ehrenbreitstein	HHStAW Abt. 339, Nr. 311, Bl. 131
1502 VIII 23	Ehrenbreitstein	HHStAW Abt. 40 U 1046
1502 VIII 24	Ehrenbreitstein	LAMPRECHT, Bd. 3, Nr. 278
1502 VIII 25	Ehrenbreitstein	LHAK 1 C 17, 1716
1502 IX 19	Koblenz	LHAK 1 A 2037
1502 IX 19	Ehrenbreitstein	LHAK 1 C 17, 1701
1502 IX 21	Ehrenbreitstein	LHAK 1 C 657, S. 55
1502 IX 26	Ehrenbreitstein	LHAK 1 C 657, S. 59
1502 X 12	Ehrenbreitstein	StaK- 623- BMR 1684
1502 X 14	Ehrenbreitstein	HHStAW Abt. 339, Nr. 311, Bl. 133
1502 X 26	Ehrenbreitstein	LAMPRECHT, Bd. 3, Nr. 279
1502 X 27	Ehrenbreitstein	LHAK 1 C 397, S. 75–76
1502 X 28	Ehrenbreitstein	LHAK 1 A 671
1502 X 31	Ehrenbreitstein	GOERZ, S. 319f.
1502 XI 2	Ehrenbreitstein	LHAK 1 C 18, 1290
1502 XI 3	Koblenz	LHAK 1 A 9139
1502 n XI 3	Ehrenbreitstein	LHAK 1 C 18, 1277
1502 XI 5	Ehrenbreitstein	LHAK 1 C 18, 1257
1502 XI 6	Ehrenbreitstein	HHStAW Abt. 116, Nr. 106
1502 XI 7	Ehrenbreitstein	LHAK 1 C 397, S. 135
1502 XI 13	Ehrenbreitstein	LHAK 1 C 18, 1265
1502 XI 16	Ehrenbreitstein	LHAK 1 C 16221
1502 XI 17	Ehrenbreitstein	GOERZ, S. 320
1502 XI 21	Ehrenbreitstein	LHAK 1 C 16221
1502 XI 24	Ehrenbreitstein	LHAK 1 A 9142
1502 XI 29	Ehrenbreitstein	LHAK 1 C 17, 1708
1502 XI 30	Ehrenbreitstein	LHAK 1 C 17, 1275
1502 XII 1	Ehrenbreitstein	GOERZ, S. 320
1502 XII 6	Ehrenbreitstein	LAGER, Jakobshospital, Nr. 394
1502 XII 7	Ehrenbreitstein	LHAK 1 A 2403
1502 XII 9	Ehrenbreitstein	LHAK 1 C 18, 1278
1502 XII 13	Ehrenbreitstein	LHAK 1 C 18, 1299
1502 XII 15	Ehrenbreitstein	LHAK 1 C 18, 1283
1502 XII 17	Ehrenbreitstein	HHStAW Abt. 339, Nr. 311, Bl. 122
1502 XII 26	Ehrenbreitstein	LHAK 1 C 18, 1286
1502 XII 28	Ehrenbreitstein	LHAK 1 C 18, 1285
1503 I 4	Ehrenbreitstein	HHStAW Abt. 339, Nr. 311, Bl. 124
1503 I 5	Ehrenbreitstein	HHStAW Abt. 339, Nr. 311, Bl. 127
1503 I 11	Ehrenbreitstein	LHAK 1 C 18, 1281
1503 I 16	Ehrenbreitstein	LHAK 1 C 18, 1292
1503 I 19	Ehrenbreitstein	LHAK 1 C 18, 1295
1503 I 20	Ehrenbreitstein	LHAK 1 C 18, 1297
1503 I 21	Ehrenbreitstein	LHAK 1 A 9144
1503 I 24	Ehrenbreitstein	LHAK 1 C 18, 1296
1503 I 28	Ehrenbreitstein	TILLE/KRUDEWIG, Bd. 3, S. 114
1503 II 1	Ehrenbreitstein	LHAK 1 C 16221
1503 II 3	Ehrenbreitstein	LHAK 1 C 17, 1712
1457–1503	Ehrenbreitstein	LHAK 1 C 18, 245
1457–1503	Ehrenbreitstein	LHAK 1 C 17, 463
1457–1503	Ehrenbreitstein	LHAK 1 C 17, 700
1457–1503	Ehrenbreitstein	LHAK 1 C 17, 1736

1457–1503	Koblenz	LHAK 1 C 17, 673
1457–1503	Trier	LHAK 1 C 17, 464
1457–1503	Trier	LHAK 1 C 17, 465
1457–1503	Trier	LHAK 1 C 18, 1585
1503 II 9	Ehrenbreitstein	Tod Erzbischof Johanns II.

Itinerar Jakobs II. von Baden (1503–1511)

1503 II 17	Ehrenbreitstein	LHAK 1 C 16225, S. 1
1503 II 21	Ehrenbreitstein	LHAK 1 A 9148
1503 III 11	Ehrenbreitstein	LHAK 1 C 588, S. 101–102
1503 III 20	Ehrenbreitstein	LHAK 1 A 9155
1503 III 23	Ehrenbreitstein	StaK- 623- 1686
1503 III 25	Ehrenbreitstein	LHAK 1 C 13205, S. 53f.
1503 III 27	Ehrenbreitstein	LHAK 1 C 13205, S. 61
1503 III 28	Braubach	LHAK 1 C 21, 6
1503 III 30	Braubach	LHAK 1 C 21, 47
1503 IV 2	Koblenz	LHAK 1 C 2155, S. 97–99
1503 IV 11	Ehrenbreitstein	LHAK 1 C 21, 48
1503 IV 17	Ehrenbreitstein	LHAK 1 C 16225, Bl. 5
1503 IV 21	Ehrenbreitstein	LHAK 1 C 588, S. 129
1503 IV 25	Ehrenbreitstein	HHStAW Abt. 115, Nr. 242
1503 IV 26	Ehrenbreitstein	HHStAW Abt. 130 I, II B 5 Kur-Trier 2, Bl. 11
1503 IV 28	Ehrenbreitstein	LHAK 701, 4, fo. 78
	Koblenz	LHAK 701, 4, fo. 78–80.
	Ehrenbreitstein	LHAK 701, 4, fo. 80.
1503 IV 29	Ehrenbreitstein	LHAK 1 C 588, S. 131
1503 V 1	Pfalzel	LHAK 1 C 394, S. 267
1503 V 18	Pfalzel	LHAK 701, 4, fo 80v
	Ehrang	LHAK 701, 4, fo. 81r
1503 V 23	Münstermaifeld	LHAK 701, 4, fo. 86v-87v
1503 V 24	Ehrenbreitstein	LHAK 1 C 394, S. 231
1503 V 26	Ehrenbreitstein	LHAK 1 C 394, S. 233
1503 V 26	Ehrenbreitstein	LHAK 1 C 394, S. 247
1503 V 28	Ehrenbreitstein	LHAK 701, 4, fo. 87v
	Montabaur	LHAK 701, 4, fo. 87v
1503 V 29	Montabuar	LHAK 701, 4, fo. 87v-88v
	Elz	LHAK 701, 4, fo. 89r
	Brechen	LHAK 701, 4, fo. 89r
1503 V 30	Brechen	LHAK 701, 4, fo. 89
	Limburg	LHAK 701, 4, fo. 89v-91v
	Schönau	LHAK 701, 4, fo. 91v
1503 V 31	Ehrenbreitstein	LHAK 1 C 16225, Bl. 9–10
1503 V 31	Schönau	
	Kaub	LHAK 701, 4, fo. 92r
1503 V 31- VI 2	Oberwesel	LHAK 701, 4, fo. 92r-94v
1503 VI 2	Ehrenbreitstein	LHAK 1 C 21, 7
1503 VI 11	Ehrenbreitstein	LHAK 1 C 394, S. 252–254
1503 VI 14	Ehrenbreitstein	LHAK 1 A 2096
1503 VI 26	Pfalzel	LHAK 1 C 394, S. 235f.
1503 VII 5	Ehrenbreitstein	LHAK 701, 4, fo. 94v
1503 VII 15	Ehrenbreitstein	LHAK 1 C 16328, S. 19f.

1503 VII 22	Ehrenbreitstein[87]	LHAK 1 C 16225, Bl. 12
1503 VII 24	Ehrenbreitstein	LHAK 1 C 21, 9
1503 VII 31	Ehrenbreitstein Boppard Ehrenbreitstein	LHAK 701,4, fo. 95r-97v.
1503 VIII 2	Ehrenbreitstein	LHAK 1 C 21, 3
1503 VIII 3	Pfalzel	LHAK 1 C 394, S. 257
1503 VIII 4	Pfalzel	LHAK 1 C 16225, Bl. 13
1503 VIII 11	Longuich	LHAK 701, 4, fo. 100r
1503 VIII 14	Pfalzel	LHAK 1 C 441, S. 5-13
1503 VIII 18	Saarburg Esch Grimburg	LHAK 701, 4, fo. 100r-101r. LHAK 701, 4, fo. 101r. LHAK 701, 4, fo. 101r-102v.
1503 VIII 19	(Ehrenbreitstein)	LHAK 1 C 21, 11
1503 VIII 19	St. Wendel	LHAK 701, 4, fo. 102v-103v
1503 VIII 20	St. Wendel	LHAK 701, 4, fo. 103v
1503 VIII 23	Pfalzel	LHAK 1 B 1994
1503 VIII 24	Pfalzel	LHAK 1 C 21, 67
1503 IX 1	Ehrenbreitstein	LHAK 53 C 5, Nr. 285 U
1503 IX 2	Ehrenbreitstein	LHAK 1 B 67
1503 IX 4	Ehrenbreitstein	LHAK 1 C 657, S. 79
1503 IV 6	Ehrenbreitstein	PSHIL, Bd. 36, S. 319
1503 IX 7	Ehrenbreitstein	LHAK 1 C 21, 13/14
1503 IX 8	Ehrenbreitstein	LHAK 53 C 51, Nr. 8
1503 IX 9	Ehrenbreitstein	HStAD Dep.Wahn XI 40 A 2
1503 IX 10	Ehrenbreitstein	LHAK 117, 38
1503 IX 14	Ehrenbreitstein	LHAK 54 B 208
1503 IX 24	Ehrenbreitstein	LHAK 1 B 1614
1503 X 8	Ehrenbreitstein	PSHIL, Bd. 55, S. 106
1503 X 9	Ehrenbreitstein	LHAK 54 H 385
1503 X 10	Ehrenbreitstein	LHAK 53 C 5
1503 X 11	Hammerstein	LHAK 1 A 1986
1503 X 14	Koblenz	HHStAW Abt. 121 U Scharfenstein
1503 X 15	Ehrenbreitstein	LHAK 1 C 657, S. 81
1503 X 19	Koblenz	LHAK 1 C 20, 32
1503 X 21	Kasselburg	LHAK 701, 4, fo. 105v
1503 X 22	Hillesheim	LHAK 701, 4, fo. 105v-106r
1503 X 24	Mainz	HHStAW Abt. 333, Nr. 542/543
1503 X 25	Mainz	HHStAW Abt. 131, Nr. 232
1503 X 30	Frankfurt	LHAK 1 C 21, 61
1503 XI 2	Frankfurt	LHAK 1 C 394, S. 263-265
1503 XI 2	Frankfurt	LHAK 1 B 1809
1503 XI 10	Frankfurt	LHAK 4, 261
1503 XI 11	Frankfurt	LHAK 1 A 9169-9175
1503 XI 14	Frankfurt Koblenz[88]	StaK- 623- Nr. 1687

---

87 Der an diesem Tag zwischen dem Erzbischof und Bernhard von Schauenburg ausgehandelte Vergleich über dessen Schuldforderung von 4000fl. ist in der Form eines Kerbzettels ausgefertigt und trägt keinen Aussteller. Dennoch liegt die Anwesenheit Jakobs von Baden nahe, zumal die Datumszeile mit *Geben zu Eremhreitsteyn ...* beginnt.

88 Zur Rückkehr des Kurfürsten von Frankfurt schenkte ihm der Rat der Stadt Koblenz 24 Kannen Wein.

1503 XI 15	Ehrenbreitstein	LHAK 54 H 118
1503 XI 16	Ehrenbreitstein	LHAK 1 C 21, 227
1503 XI 17	Ehrenbreitstein	LHAK 1 C 16225, Bl. 15–16
1503 XI 18	Welschbillig	LHAK 701, 4, fo.
1503 XI 21	Ehrenbreitstein	LHAK 1 C 588, S. 105–106
1504 XI 24	Baldenau	LHAK 701, 4, fo.
1503 XI 28	Koblenz	LHAK 54 G 70
1503 XII 12	Ehrenbreitstein	MICHEL, Gerichtsbarkeit, S. 151
1503 XII 20	Koblenz	TOEPFER, Bd. 3, Nr. 65
1503 XII 21	Koblenz	FWA III-1-26
1503 XII 26	Ehrenbreitstein	HHStAW Abt. 121 U Breder von Hohenstein
1503 XII 29	Ehrenbreitstein	MICHEL, Rotes Haus, S. 63
1504 I 9	Ehrenbreitstein	LHAK 1 C 21, 5
1504 I 5	Ehrenbreitstein	LHAK 1 A 3417
1504 I 6	Ehrenbreitstein	HHStAW Abt. 121 U Reifenberg
1504 I 11	Ehrenbreitstein	LHAK 1 C 588, S. 115
1504 I 15	Ehrenbreitstein	LHAK 54 L
1504 I 22	Ehrenbreitstein	LHAK 1 A 3223
1504 I 23	Ehrenbreitstein	HHStAW Abt. 340 U 12355
1504 I 24	Ehrenbreitstein	PSHIL, Bd. 37, S. 166
1504 I 27	Ehrenbreitstein	LHAK 54 H 855
1504 II 3	Ehrenbreitstein	LHAK 1 B 206, 29 A 915
1504 II 4	Ehrenbreitstein	LHAK 34, 327, 329, 330
1504 II 7	Ehrenbreitstein	HHStAW Abt. 170 I, U 2520
1504 II 8	Ehrenbreitstein	LHAK 1 A 3033
1504 II 27	Baden	GLAK Abt. 67, Nr. 36, Bl. 56r-58v
1504 II 28	Baden	LHAK 33, 16457/8
1504 III 4	Koblenz	LHAK 1 D 1441
1504 III 8	Ehrenbreitstein	LHAK 1 C 588, S. 117–118
1504 III 12	Ehrenbreitstein	LHAK 1 B 1012
1504 III 12	Ehrenbreitstein	LHAK 53 C 5, Nr. 284 U
1504 III 14	Ehrenbreitstein	LHAK 1 B 1425
1504 III 17	Ehrenbreitstein	LHAK 4, 262
1504 III 21	Ehrenbreitstein	LHAK 1 A 2704
1504 III 27	Bernkastel	LHAK 33, Nr. 16459/60
1504 IV 2	Pfalzel	PSHIL, Bd. 36, S. 320
1504 IV 3	Pfalzel	PSHIL, Bd. 33,2, S. 415
1504 IV 8	Pfalzel	LHAK 1 C 21, 380
1504 IV 10	Pfalzel	LHAK 1 B 1455/1710
1504 IV 11	Pfalzel	LHAK 1 B 1022
1504 IV 12	Pfalzel	LHAK 1 C 608, S. 551
1504 IV 13	Pfalzel	LHAK 54 H 550
1504 IV 15	Pfalzel	LHAK 1 C 21, 18
1504 IV 23	Pfalzel	LHAK 1 B 1749
1504 IV 24	Pfalzel	LHAK 1 C 608, S. 549
1504 IV 27	Pfalzel	LHAK 54 S 614
1504 IV 29	Pfalzel	LHAK 1 C 21, 383
1504 IV 30	Pfalzel	LHAK 1 A 4289
1504 V	Pfalzel	STAT RMR 1503/4, fo. 17v
1504 V 11	Ehrenbreitstein	FWA III-2-8
1504 V 14	Ehrenbreitstein	LHAK 1 C 21, 340
1504 V 21	Ehrenbreitstein	LHAK 1 C 16244, Bl. 13

1504 V 25	Ehrenbreitstein	LHAK 1 B 472
1504 VI 7	Ehrenbreitstein	LHAK 1 C 16244, Bl. 15
1504 VI 8	Ehrenbreitstein	LHAK 99, 553
1504 VI 15	Koblenz	LHAK 1 C 13205, S. 47
1504 VI 17	Ehrenbreitstein	LHAK 1 C 21, 207
1504 VI 24	Ehrenbreitstein	LHAK 1 C 13205, S. 45
1504 VI 25	Ehrenbreitstein	LHAK 1 C 855, Bl. 13
1504 VI 29	Ehrenbreitstein	HHStAW Abt. 170 I, U 2531
1504 VII 1	Ehrenbreitstein	HHStAW Abt. 121 U v. Windeck
1504 VII 5	Ehrenbreitstein	LHAK 1 B 1747
1504 VII 14	Koblenz	LHAK 1 C 394, S. 273–275
1504 VII 25	Ehrenbreitstein	LHAK 1 C 21, 24
1504 VIII 10	Ehrenbreitstein	LHAK 1 C 21, 25
1504 VIII 21	Ehrenbreitstein	LHAK 1 C 21, 382
1504 VIII 27	Koblenz	LHAK 1 C 21, 213/214
1504 VIII 28	Koblenz	LHAK 53 C 13, Nr. 666
1504 VIII 29	Ehrenbreitstein	LHAK 1 C 21, 26
1504 VIII Ende	Koblenz	
	Mayen	
	Laach	LHAK 701,4, fo. 106v-108v
1504 VIII 31	Mayen	LHAK 701,4, fo. 108r-108v
1504 IX 18	Koblenz	HHStAW Abt. 116, Nr. 108
1504 X 8	Montabaur	HHStAW Abt. 170 I, U 2535/2536
1504 X 14	Koblenz	LHAK 1 A 9182
1504 X 19	Daun	LHAK 701,4, fo. 105
1504 X 27	Hillesheim	LHAK 1 A 2044
1504 XI 2	Kyllburg	LHAK 1 C 21, 30
1504 XI 6	Wittlich	LHAK 1 C 21, 362/363
1504 XI 19	Pfalzel	LHAK 1 C 20, 561
1504 XII 7	Ehrenbreitstein	PSHIL, Bd. 33,2, S. 417
1504 XII 27	Ehrenbreitstein	LHAK 1 C 21, 130
1505 I 6	Pfalzel	LHAK 1 C 626, S. 145
1505 I 6	Ehrenbreitstein	HHStAW Abt. 121 U v. Dernbach
1505 I 19	Ehrenbreitstein	LHAK 1 C 21, 386
1505 I 20	Ehrenbreitstein	BROMMER, Stein, Nr. 211
1505 I 21	Ehrenbreitstein	LHAK 1 C 21, 32
1505 I 26	Pfalzel	LHAK 1 C 626, S. 149
1505 I 29	Ehrenbreitstein	LHAK 43, 24
1505 II 1	Ehrenbreitstein	LHAK 1 A 280
1505 II 14	Koblenz	LHAK 54 L 228
1505 II 23	Niederlahnstein	LHAK 1 C 21, 202
1505 III 1	Ehrenbreitstein	LHAK 53 D 1, Nr. 72
1505 III 10	Bernkastel	LHAK 1 C 21, 33
1505 III 14	Bernkastel	LHAK 1 C 21, 183
1505 IV 4	Hagenau	LHAK 1 C 21, 87
1505 IV 9	Hagenau	LHAK 1 C 20, 615
1505 IV 21	Trier/St. Maximin	STAT RMR 1504/5, fo. 19v
1505 IV 22	Trier/St. Paulin	LHAK 1 D 1448/1449
1505 IV 25	Wittlich	LHAK 701, 4, fo. 81v
1505 V 19	Bubenheim[89]	LHAK 701, 4, fo. 104v
1505 V 23	Lonnig	LHAK 701, 4, fo. 104r

---

[89] Die Huldigung der *dorffer uff Bubenheimer berge gehorig* fand vermutlich in Bubenheim statt.

1505 V 24	Kempenich	LHAK 701, 4, fo. 104r
1505 V 24	Ochtendung	LHAK 701, 4, fo. 104r
1505 VI 27	Köln	LHAK 1 C 21, 64
1505 VII 7	Köln	LHAK 1 C 21, 69
1505 VII 17	Ehrenbreitstein	LHAK 1 C 21, 209
1505 VII 25	Köln	LHAK 1 C 21, 153
1505 VII 26	Köln	LHAK 1 C 21, 123
1505 VII 27	Köln	LHAK 1 C 21, 121
1505 VII 31	Köln	LHAK 1 C 21, 95
1505 VIII 2	Ehrenbreitstein	LHAK 1 C 16244, Bl. 56
1505 VIII 20	Koblenz	LHAK 1 C 21, 100
1505 VIII 27	Koblenz	LHAK 1 A 1628
1505 VIII 29	Ehrenbreitstein	LHAK 1 C 21, 57
1505 X 4	Ehrenbreitstein	LHAK 1 C 21, 387
1505 X 19	Ehrenbreitstein	STAT Ta 57/2
1505 X 26	Ehrenbreitstein	HHStAW Abt. 121 U Kratz von Scharfenstein
1505 XI 5	Ehrenbreitstein	HHStAW Abt. 170 I, U 2575–2577
1505 XI 6	Ehrenbreitstein	LHAK 1 C 394, S. 419–422
1505 XI 7	Ehrenbreitstein	LHAK 1 C 21, 150
1505 XI 11	Koblenz	LHAK 1 C 21, 140
1505 XI 13	Koblenz	HHStaW Abt. 115 I^b 31b
1505 (XI 14)	Koblenz	STAT RMR 1505/6, fo. 2r
1505 XI 18	Koblenz	LHAK 1 C 21, 44
1505 XI 19	Koblenz	LHAK 1 C 394, S. 425
1505 XI 27	Ehrenbreitstein	LHAK 111, 90
1505 XII 1	Koblenz	HHStAW Abt. 150, Nr. 553
1505 (XII 3)	Koblenz	STAT RMR 1505/6, fo. 2v
1505 XII 9	Koblenz	LHAK 1 C 21, 104
1505 XII 12	Ehrenbreitstein	LHAK 1 C 21, 142
1505 XII 13	Ehrenbreitstein	LHAK 38, 56
1505 XII 15	Ehrenbreitstein	LHAK 1 C 21, 135
1506 (I 24)	Ehrenbreitstein	STAT RMR 1505/6, fo. 7v
1506 vII 13	Niederlande	StaK- 623- BMR 1691
1506 II 13	Koblenz	StaK- 623- BMR 1691
1506 II 28	Koblenz	HHStAW Abt. 339, Nr. 311, Bl. 118
1506 III 3	Koblenz	LHAK 1 C 21, 384
1506 III 5	Koblenz	BROMMER, Stein, Nr. 212
1506 III 16	Koblenz	STAT RMR 1505/6, fo 8r
1506 III 22	Ehrenbreitstein	BROMMER, Stein, Nr. 836f.
1506 IV 13	Ehrenbreitstein	LHAK 1 C 19443, S. 3f., 9f.
1506 IV 25	Ehrenbreitstein	LHAK 1 C 19443, S. 11–12
1506 IV 29	Trarbach	LHAK 1 C 16246, S. 121–123
1506 V 1	Ehrenbreitstein	LHAK 1 C 21, 90/91
1506 V 7	Koblenz	LHAK 1 C 21, 102
1506 V 12	Koblenz	LHAK 1 C 21, 212
1506 V 15	Oberwesel	LHAK 1 C 21, 78
1506 V 16	Oberwesel	HHStAW Abt. 333, Nr. 584
1506 V 16	Kues Bernkastel Starkenburg Zell	LHAK 701, 4, fo. 82

DIE ITINERARE JOHANNS II. UND JAKOBS II. VON BADEN

1506 V 17	Zell	LHAK 701, 4, fo. 82v
1506 V 18	Zell	
	Kaimt	
	Cochem	
	Münstermaifeld	LHAK 701, 4, fo. 83r-86r
1506 V 19	Trarbach	LHAK 54 S 1263
1506 (V 23)	Koblenz	STAT RMR 1505/6, fo. 3v
1506 V 30	Koblenz	LHAK 1 C 21, 99
1506 VI 8	Ehrenbreitstein	LHAK 1 C 21, 96/97
1506 VI 9	Ehrenbreitstein	HHStAW Abt. 170 I, U 2593
1506 VI 12	Ehrenbreitstein	LHAK 1 C 21, 129
1506 VI 13	Ehrenbreitstein[90]	LHAK 1 C 19443, S. 5
1506 VI 14	Ehrenbreitstein	
	Cochem	LHAK 701, 4, fo. 86r
1506 VI 15	Cochem	LHAK 701, 4, fo. 86
1506 VI 20	Koblenz	LHAK 1 C 16244, Bl. 41
1506 VI 21	Ehrenbreitstein	LHAK 1 C 21, 106
1506 VI 23	Ehrenbreitstein	LHAK 1 C 21, 159
1506 VI 24	Ehrenbreitstein	LHAK 1 C 21, 128
1506 VII 4	Baden	LHAK 1 A 3034
1506 VIII 12	Koblenz	LHAK 33, 16462
1506 VIII 21	Koblenz	LHAK 1 C 21, 216
1506 IX 26	Ehrenbreitstein	LHAK 1 C 21, 151
1506 X/XI[91]	Innsbruck	
	Villach	
	Trient	
	Venedig	
	Innsbruck	LHAK 1 C 16218, S. 221
1506 X 31	(Koblenz)[92]	HHStAW Abt. 339, Nr. 311, Bl. 113
1506 XI 30	Ehrenbreitstein	LHAK 1 C 855, Bl. 7
1507 I 4	Koblenz	LHAK 1 C 21, 236
1507 I 28	Koblenz	LHAK 1 C 16221
1507 II 10	Ehrenbreitstein	LHAK 1 C 21, 229
1507 II 21	Ehrenbreitstein	LHAK 1 C 9197
1507 II 24	Ehrenbreitstein	LHAK 36, 1863
1507 II 26	Ehrenbreitstein	HHStAW Abt. 339, Nr. 311, Bl. 111
1507 II 27	Ehrenbreitstein	LHAK 1 C 21, 177
1507 III 3	Ehrenbreitstein	HHStAW Abt. 339, Nr. 311, Bl. 110
1507 n III 7	Schönecken[93]	LHAK 1 C 6422, S. 23
1507 III 10	Ehrenbreitstein	StaK- 623- Nr. 1692
1507 III 15	Koblenz	LHAK 1 A 3418
1507 III 24	Pfalzel	LHAK 1 C 21, 133

90 1506 VII 1 teilen die Räte Jakobs von Baden, Heinrich Dungin, Offizial in Trier, Michael Waldecker, Haushofmeister, Gregor, Sekretär, Johann von Sötern, Hofmeister Alexanders von Pfalz-Veldenz, mit, daß der Erzbischof am vergangenen Donnerstag nachmittags vom Ehrenbreitstein zum König gereist sei, LHAK 1 C 19443, S. 5-6.
91 In zwei Schreiben berichtet der Erzbischof über seine Reisepläne im Auftrag Maximilians, das erste, LHAK 1 C 16218, S. 221, ist nicht datiert, das zweite, LHAK 1 C 608, S. 411-418, ist am 28. Oktober in Villach ausgestellt, von wo aus er die Reise nach Venedig antreten wollte.
92 Aufgrund der Unternehmungen des Erzbischofs in Österreich und Italien erscheint die Anwesenheit eher unwahrscheinlich.
93 Am 7. März erwartete der Kellner von Schönecken in der Eifel das Kommen des Erzbischofs.

1507 III 26	Pfalzel	LHAK 1 C 21, 333
1507 III 30	Pfalzel	WAMPACH, Bd. 9, Nr. 1135
1507 III	Pfalzel	STAT RMR 1506/7, fo. 6r
1507 um IV 4	Pfalzel	STAT RMR 1505/7, fo. 6r
1507 IV	Pfalzel	STAT RMR 1506/7, fo. 6v.
1507 V 4	Ehrenbreitstein	PSHIL, Bd. 33,2, S. 422
1507 VI 8	Koblenz	BAT Abt. 6,2, Nr. 6, S. 21f.
1507 VI 18	Koblenz	LHAK 34, 341
(1507)[94] VII 9	Ehrenbreitstein	LHAK 1 C 608, S. 561–562
1507 VII 25	(Konstanz)	LHAK 1 C 21, 115/116
1507 VII 28	Konstanz	LHAK 1 C 21, 117–120
1507 VII/VIII	Konstanz	STAT RMR 1506/7, fo. 6v
1507 VIII 7	Konstanz	LHAK 1 C 21, 187
1507 IX 4	Koblenz	LHAK 1 C 21, 560
1507 IX 5	Ehrenbreitstein	LHAK 1 C 21, 175
1507 IX 6	Ehrenbreitstein	LHAK 1 C 21, 134
1507 IX 7	Ehrenbreitstein	Dalberger Urkunden, Nr. 660
1507 IX 10	Ehrenbreitstein	LHAK 1 C 21, 379
1507 IX 14	Ehrenbreitstein	LHAK 1 C 608, S. 435
1507 IX 15	Ehrenbreitstein	GLAK Abt. 46, Nr. 1115
1507 IX 16	Ehrenbreitstein	LHAK 1 C 21, 342
1507 IX 20	Ehrenbreitstein	LHAK 1 C 394, S. 297
1507 IX 23	Pfalzel	LHAK 1 C 21, 152
1507 IX 25	Pfalzel	LHAK 54 S 187
1507 IX 27	Pfalzel	LHAK 1 D 1455
1507 X 1	Bernkastel	LHAK 1 C 394, S. 301–303
1507 X 6	Ehrenbreitstein	LHAK 1 C 16221
1507 X 9	Ehrenbreitstein	LHAK 1 C 16225, Bl. 17–20
1507 X 13	Ehrenbreitstein	LHAK 1 C 21, 146
1507 X 22	Ehrenbreitstein	LHAK 1 C 21, 161
1507 X 31	Ehrenbreitstein	LHAK 1 C 608, S. 559
1507 XI 1	Ehrenbreitstein	LHAK 1 C 21, 197
1507 XI 11	Ehrenbreitstein	LHAK 54 S 1868
1507 XI 12	Oberwesel	LHAK 1 C 21, 162
1507 XI 22	Ehrenbreitstein	LHAK 1 C 21, 189
1507 XI 25	Ehrenbreitstein	LHAK 1 C 21, 196
1507 XII 2	Ehrenbreitstein	LHAK 1 C 394, S. 319
1507 XII 4	Ehrenbreitstein	LHAK 1 C 394, S. 321–326
1507 XII 11	Ehrenbreitstein	LHAK 1 C 394, S. 327
1507 XII 14	Ehrenbreitstein	LHAK 1 C 394, S. 331–332
1507 XII 17	Ehrenbreitstein	LHAK 1 C 16225, Bl. 21–23
1507 XII 19	Ehrenbreitstein	LHAK 1 C 588, S. 71–72
1507 XII 27	Pfalzel	LHAK 1 C 588, S. 75–76
1507 XII 29	Ehrenbreitstein	LHAK 1 A 2395
1507 XII 30	Ehrenbreitstein	LHAK 1 C 608, S. 571
1508 I 1	Ehrenbreitstein	LHAK 1 C 21, 270
1508 I 3	Ehrenbreitstein	LHAK 1 C 21, 199
1508 I 8	Ehrenbreitstein	LHAK 1 C 21, 241
1508 I 10	Ehrenbreitstein	LHAK 1 C 394, S. 337–339
1508 I 12	Ehrenbreitstein	LHAK 1 C 394, S. 343
1508 I 16	Kaisersesch	LHAK 701, 4, fo. 109r.

94 Ohne Jahresangabe, doch inhaltlich hier einzuordnen.

1508 I 21	Pfalzel	HHStAW Abt. 121 U v. Homburg
1508 I 22	Ehrenbreitstein	LHAK 1 C 608, S. 577–578
1508 I 26	Wittlich	LHAK 1 C 21, 238
1508 I 27	Pfalzel	LHAK 1 C 21, 228
1508 I 29	Cochem	LHAK 1 C 608, S. 579
1508 II 2	Ehrenbreitstein	LHAK 1 C 16225, Bl. 67
1508 II 10	Ehrenbreitstein	HHStAW Abt. 170 I, U 2658/2659
1508 II 13	Ehrenbreitstein	LHAK 1 C 16225, Bl. 69–72
1508 II 20	Ehrenbreitstein	LHAK 1 C 21, 241
1508 II 21	Ehrenbreitstein	LHAK 1 C 21, 239
1508 II 24	Ehrenbreitstein	LHAK 1 C 21, 237
1508 II 29	Ehrenbreitstein	LHAK 1 A 9223
1508 III 3	Ehrenbreitstein	LHAK 33, 16467
1508 III 16	Pfalzel	STAT RMR, fo. 17r
1508 III 29	Ehrenbreitstein	LHAK 30, 6350
1508 IV 1	Ehrenbreitstein	LHAK 1 C 21, 242
1508 IV 3	Ehrenbreitstein	LHAK 1 B 531
1508 IV 5	Ehrenbreitstein	LHAK 1 C 394, S. 447
1508 V 5	Mainz	LHAK 1 C 737, S. 25–27
1508 V 7	Mainz	LHAK 1 C 21, 271
1508 V 23	Mainz	LHAK 1 A 4332
1508 V 30	Ehrenbreitstein	LHAK 1 B 1041
1508 VI 7	Rodemachern	GLAK Abt. 46, Nr. 1035
1508 VI 12	Pfalzel	LHAK 1 C 21, 320
1508 VI 17	Pfalzel	LHAK 1 C 8375
1508 VI 21	Pfalzel	LHAK 1 C 21, 385
1508 VI 24	Pfalzel	LHAK 1 C 16244, Bl. 63
1508 VI 25	Pfalzel	LHAK 1 A 279
1508 VI 26	Pfalzel	LHAK 1 C 394, S. 451
1508 VII 13	Boppard	HHStAW Abt. 115, Nr. 247
1508 VII 20	Pfalzel	LHAK 1 C 394, S. 383
1508 VIII 14	Pfalzel	LHAK 1 C 8375
1508 VIII 17	Pfalzel	LHAK 1 C 21, 248
1508 IX 10	Hunolstein	LHAK 701, 4, fo. 109
1508 IX 14	Schmidtburg	LHAK 701, 4, fo. 109v
1508 IX 21	Manderscheid Neunkirchen	LHAK 701, 4, fo. 109v
1508 X 1	Pfalzel	LHAK 1 C 21, 251
1508 X 3	Pfalzel	LHAK 1 C 21, 250
1508 X 15	Pfalzel	LHAK 1 C 21, 252
1508 X 26	Cochem	LHAK 1 C 21, 254
1508 XI 5	Pfalzel	LHAK 1 D 1461
1508 XI 11	Pfalzel	Toepfer, Bd. 3, Nr. 77
1508 XI 29	Pfalzel	LHAK 1 C 21, 278
1508 XII 9	Andernach	LHAK 54 S 494
1508 (XII 8)	Kärlich	STAT RMR 1508/9, fo. 6r
1508 XII 11	Kärlich	LHAK 1 C 21, 273
1508 XII 12	Kärlich	LHAK 1 C 21, 275
1508 (XII 13)	Kärlich	STAT RMR 1508/9, fo. 6r
1509 I 1	Pfalzel	Brommer, Stein, Nr. 842
1509 I 17	Pfalzel	LHAK 1 C 21, 355
1509 I 19	Pfalzel	LHAK 1 A 8911
1509 I 20	Pfalzel	HHStAW Abt. 335 U 35

1509 I 28	Pfalzel	TILLE/KRUDEWIG, Bd. 4, S. 274
1509 I 30	Zell	LHAK 1 C 21, 290
1509 I 31	Zell	LHAK 1 C 21, 291
1509 II 7	Ehrenbreitstein	LHAK 1 C 588, S. 84
1509 III 5	Ehrenbreitstein	StaK- 623- BMR 1696
1509 III 8	Ehrenbreitstein	LHAK 96, 1300
1509 III 12	Trarbach	LHAK 1 C 588, S. 93–94
1509 III 15	Trarbach	LHAK 1 C 588, S. 91–92[95]
1509 III 16	Trarbach	LHAK 1 C 608, S. 269
1509 III 17	Ehrenbreitstein	LHAK 1 A 3444
1509 III 23	Pfalzel	LHAK 1 C 21, 297
1509 IV 5	Pfalzel	STAT RMR 1508/9, fo. 7r
1509 IV 15	Ehrenbreitstein	LHAK 1 C 394, S. 361
1509 IV 18	Ehrenbreitstein	LHAK 1 C 21, 301
1509 V 19	Worms	LHAK 4, 267
1509 n V 27	Worms	STAT RMR 1508/9, fo. 7r
1509 VI 7	Worms	LHAK 1 C 21, 292–295
1509 VI 29	Ehrenbreitstein	STAT Ta 57/2
1509 n VI 29	Koblenz	STAT RMR 1508/9, fo. 7r
1509 VII 4	Ehrenbreitstein	LHAK 1 C 588, S. 145
1509 VII 12	Ehrenbreitstein	LHAK 1 C 13205, S. 99
1509 (VII 14)	Koblenz	STAT RMR 1508/9, fo. 7v
1509 VII 17	Koblenz	LHAK 1 C 588, S. 153–156
1509 VII 19	Koblenz	LHAK 1 C 588, S. 151
1509 VII 21	Ehrenbreitstein	LHAK 1 B 1204
1509 VIII 20	Koblenz	LHAK 53 C 5, Nr. 3182 U
1509 VIII 23	Koblenz	LHAK 1 C 21, 322
1509 IX 3	Schöneck	LHAK 1 C 739, Bl. 3
1509 (IX 5)	Koblenz	STAT RMR 1508/9, fo. 7v
1509 IX 6	Ehrenbreitstein	LHAK 1 C 588, S. 141
1509 IX 7	Ehrenbreitstein	LHAK 1 C 737, S. 29
1509 IX 10	Ehrenbreitstein	LHAK 1 C 739, Bl. 6
1509 IX 26	Koblenz	LHAK 1 C 21, 359
1509 X 3	Koblenz	LHAK 1 C 21, 319
1509 X 15	Koblenz	LHAK 1 C 739, Bl. 13
1509 X 17	Koblenz	LHAK 1 C 21, 318
1509 X 18	Ehrenbreitstein	LHAK 54 U 117
1509 X 20	Ehrenbreitstein	LHAK 1 C 21, 346
1509 X 24	Ehrenbreitstein	LHAK 1 C 739, Bl. 14
1509 X 28	Ehrenbreitstein	StaK- 623- BMR 1697
1509 XI 1	Ehrenbreitstein	LHAK 1 B 1544
1509 XI 11	Koblenz	LHAK 1 C 21, 307
1509 XI 14	Koblenz	LHAK 1 C 21, 309
1509 XII 12	Pfalzel	LHAK 1 C 21, 304
1509 XII 22	Pfalzel	LHAK 1 C 21, 310
1509 XII 23	Pfalzel	LHAK 1 C 21, 312
1509 XII 28	Pfalzel	LHAK 1 C 21,
1509 XII 30	Pfalzel	STAT RMR 1509/10, fo. 5r

95 Die beiden Trarbacher Konzepte einer Ladung an Kuno von Winneburg zu einem Gerichtstag sind gemeinsam von Jakob von Baden, Pfalzgraf Johann bei Rhein und Markgraf Christoph von Baden ausgestellt.

1510 I 4	Koblenz	HStAD Depositum Wahn XI 10 C 1
1510 I 5	Koblenz	HHStAW Abt. 116, Nr. 124
1510 I 11	Ehrenbreitstein	LHAK 1 C 21, 314
1510 I 16	Ehrenbreitstein	LHAK 1 C 739, Bl. 28
1510 (I 20)	Koblenz	STAT RMR 1509/10, fo. 5v
1510 I 27	Ehrenbreitstein	LHAK 1 C 21, 366
1510 I 28	Ehrenbreitstein	LHAK 1 C 21, 349
1510 II 3	Ehrenbreitstein	StaK- 623- Nr. 480
1510 II 10	Augsburg	LHAK 1 C 739, Bl. 29
1510 (III 7)	Augsburg	STAT RMR 1509/10, fo. 5v.
1510 III 17	Augsburg	LHAK 1 C 739, Bl. 30
1510 III 27	Augsburg	LHAK 1 C 739, Bl. 33–36
1510 VI 11	Koblenz	LHAK 1 C 739, Bl. 38
1510 VI 14	Ehrenbreitstein	HHStAW Abt. 121 U vom Stein
1510 VI 24	Koblenz	LHAK 1 C 739, Bl. 40
1510 (VI 28)	Koblenz	STAT RMR 1509/10, fo. 7r
1510 VII 2	Ehrenbreitstein	LHAK 1 C 739, Bl. 41
1510 VII 6	Ehrenbreitstein	BAT Abt. 71,71, Nr. 2
1510 VII 24	Ehrenbreitstein	PSHIL, Bd. 36, S. 328
1510 VII 27	Ehrenbreitstein	LHAK 1 C 739, Bl. 43
1510 VIII 9	Ehrenbreitstein	LHAK 1 C 21, 332
1510 VIII 21	Koblenz	LHAK 627, 105
1510 IX 11	Zell	GLAK Abt. 46, Nr. 1117
1510 IX 18	Koblenz	LHAK 1 C 739, Bl. 44
1510 IX 29	Worms	LHAK 1 C 739, Bl. 45
1510 X 2	Koblenz	LHAK 1 C 21, 371
1510 X 25	Koblenz	LHAK 1 C 21, 370
1510 X	Koblenz	STAT RMR 1510/1, fo. 4r
1510 XI 11	Ehrenbreitstein	LHAK 1 C 21, 372
1510 XI 13	Ehrenbreitstein	LHAK 1 A 3689
1510 XI 19	Koblenz	LHAK 79, 198
1510 XII 3	Ehrenbreitstein	LHAK 1 C 739, Bl. 48
1510 XII 17	Koblenz	LHAK 54 H 395
1511 I 6	Koblenz	STAT Ta 57/2
1511 I 15	Ehrenbreitstein	STAT Ta 1/6
1511 I 15	Ehrenbreitstein	LHAK 1 C 739, Bl. 58
1511 I 29	Ehrenbreitstein	SCOTTI I, 218
1511 II 18	Ehrenbreitstein	LHAK 1 B 1810
1511 (n III 9)	Koblenz	STAT RMR 1510/1, fo. 4v
1511 (IV 4)	Koblenz	STAT RMR 1510/1, fo. 4v
1511 IV 27	Köln	GLAK Abt. 46, Nr. 1236

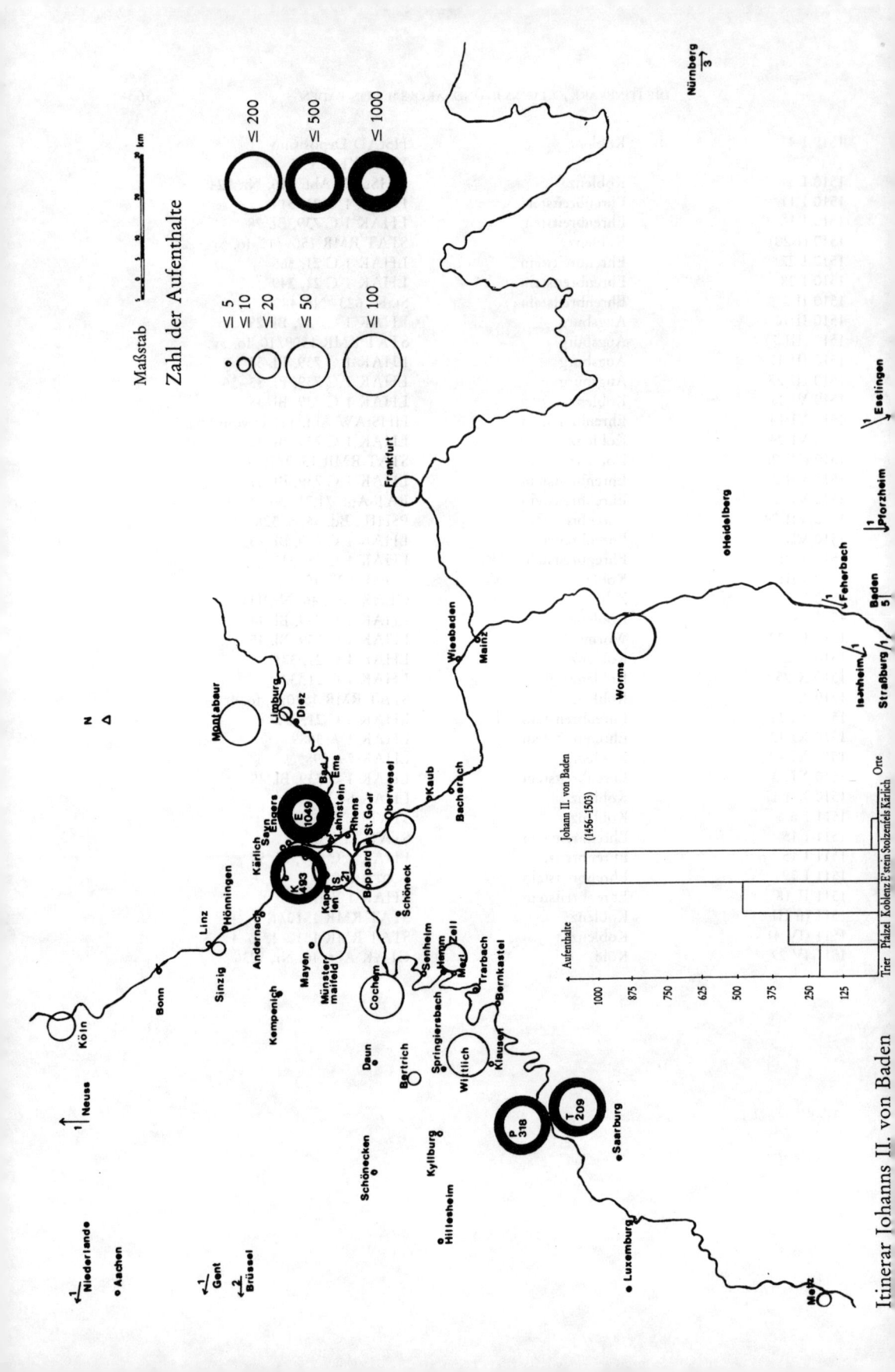

Itinerar Johanns II. von Baden

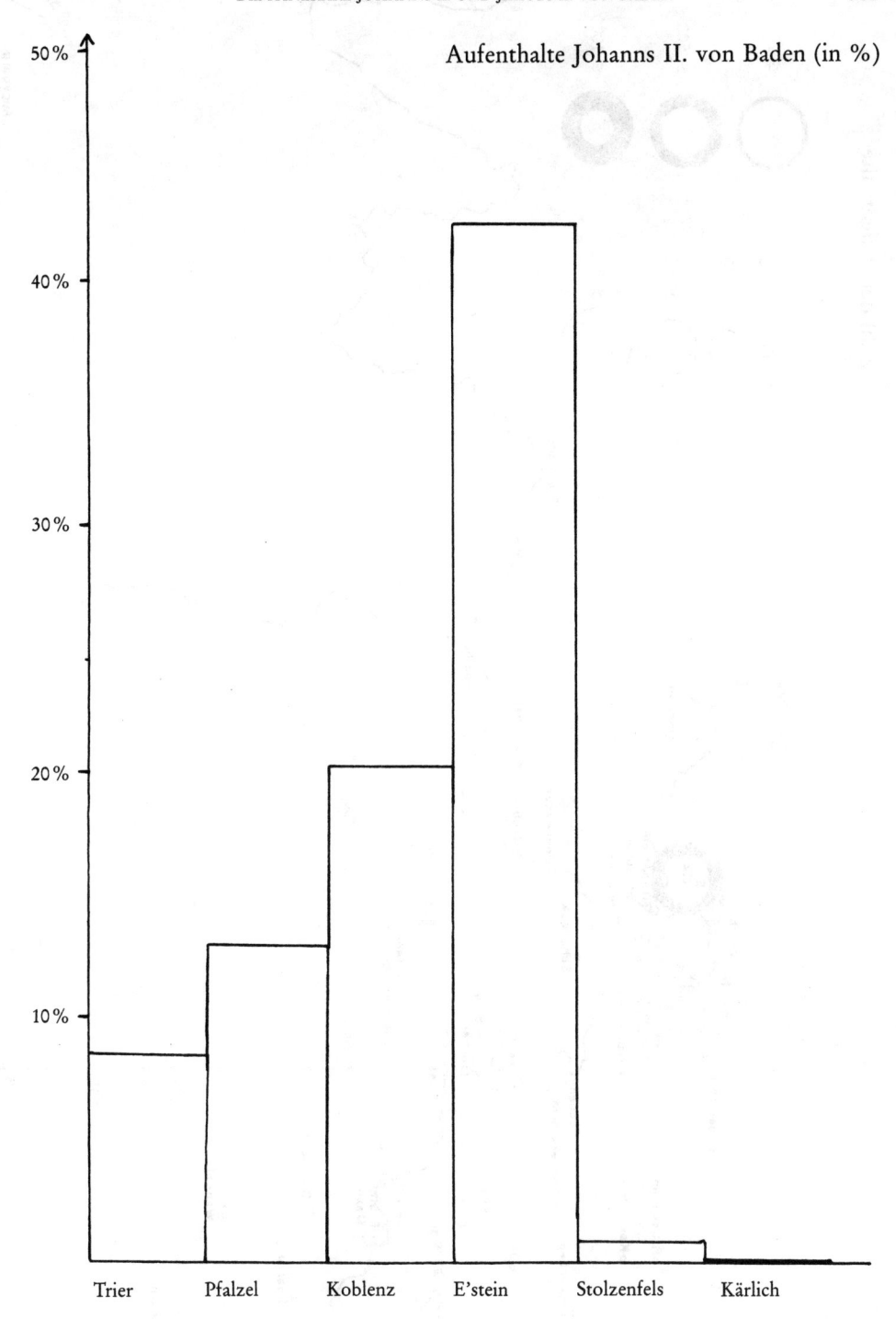

Aufenthalte Johanns II. von Baden (in %)

Trier   Pfalzel   Koblenz   E'stein   Stolzenfels   Kärlich

Maßstab

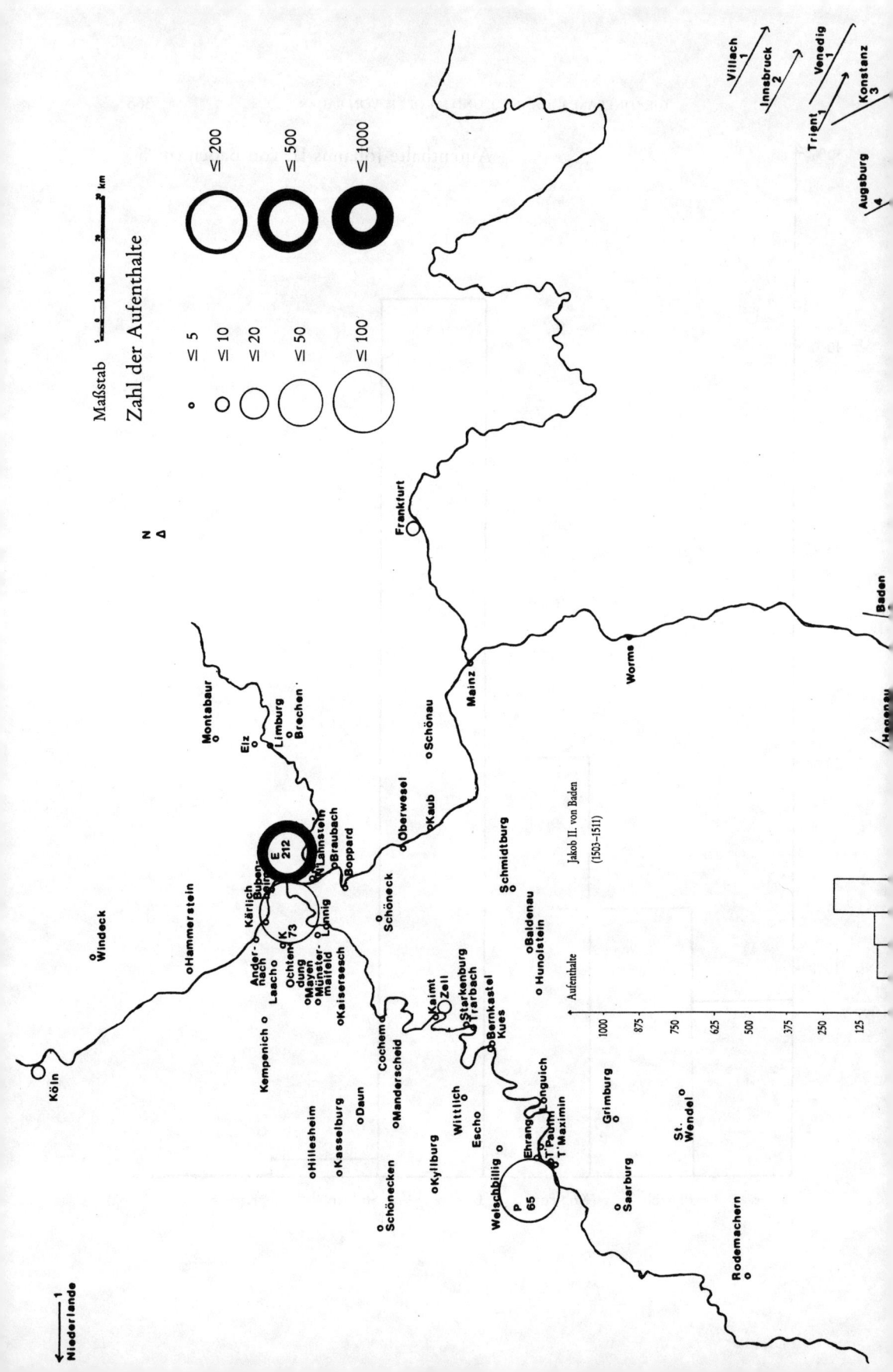

0 10 20 30 km

Zahl der Aufenthalte

· ≤ 5
○ ≤ 10
○ ≤ 20
○ ≤ 50
○ ≤ 100
◉ ≤ 200
◉ ≤ 500
◉ ≤ 1000

Villach 1
Innsbruck 2
Venedig 1
Trient 1
Konstanz 3
Augsburg 4

Niederlande 1

Köln
Windeck
Hammerstein
Montabaur
Elz
Limburg
Brechen
Kempenich
Andernach
Lascho
Kärlich
Buben-
Ochten-
dung
Mayen
Münster-
maifeld
Kaisersesch
Lahnstein
E 212
Braubach
Boppard
Schöneck
Oberwesel
Kaub
Schönau
Frankfurt
Mainz
Worms
Baden
Hagenau

Hillesheim
Kasselburg
Daun
Manderscheid
Cochem
Kaimt
Zell
Starkenburg
Trarbach
Bernkastel
Kues
Schmidtburg
Baldenau
Hunolstein

Schönecken
Kyllburg
Wittlich
Echo
Welschbillig
Ehrang
Longuich
P 65
T Paulin
T Maximin
Grimburg
St. Wendel
Saarburg
Rodemachern

K 73

Jakob II. von Baden
(1503–1511)

Aufenthalte
1000
875
750
625
500
375
250
125

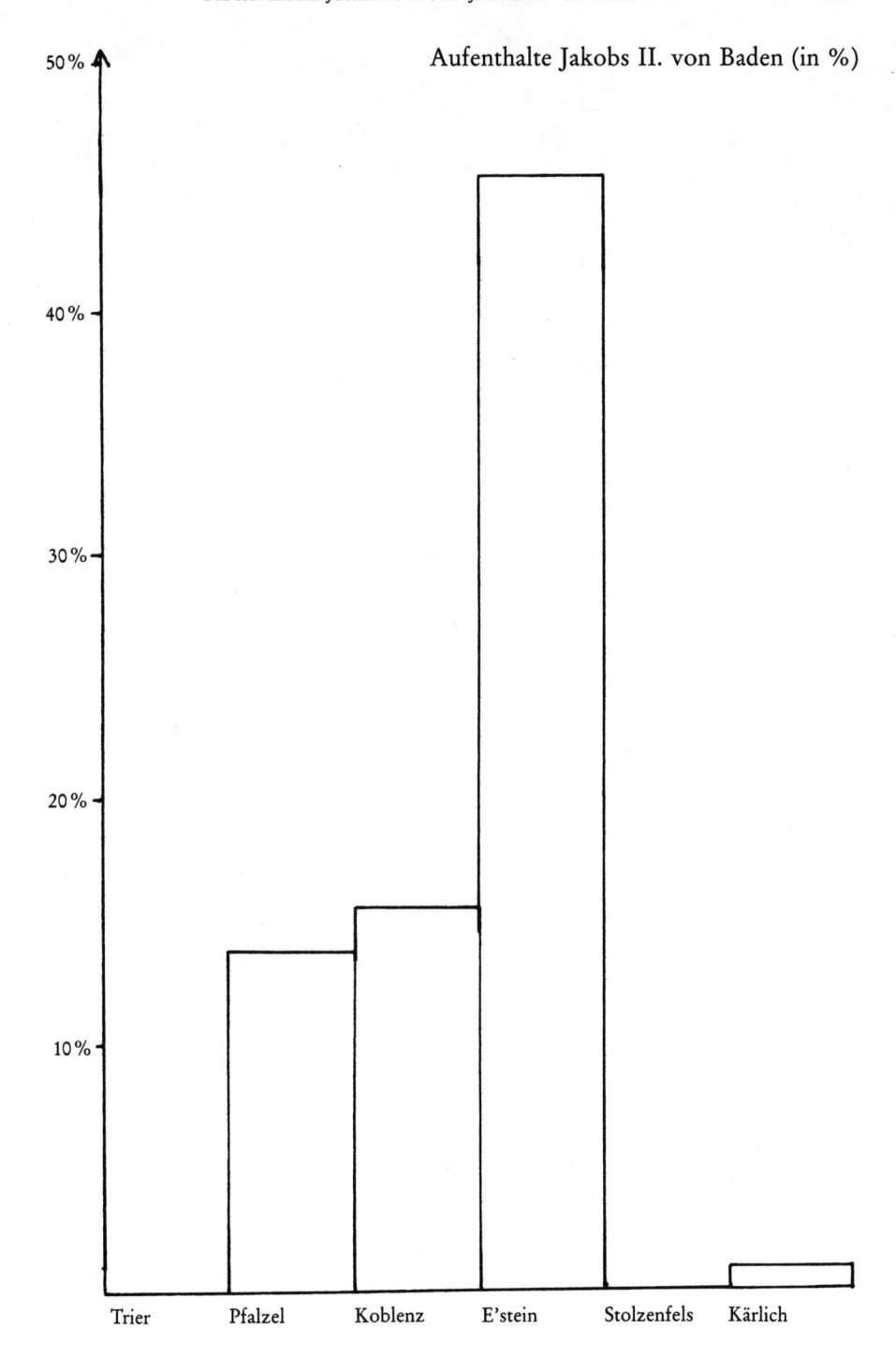

Aufenthalte Jakobs II. von Baden (in %)

Trier   Pfalzel   Koblenz   E'stein   Stolzenfels   Kärlich

Anhang 2: Räte Erzbischof Johanns II. von Baden.

Die folgende Zusammenstellung der mindestens einmal in einer Quelle erzstiftischer Provenienz ausdrücklich als Rat des Kurfürsten genannten Personen soll einen Überblick über die weiten Verflechtungen persönlicher Beziehungen geben und anhand der belegten Tätigkeit für Johann von Baden zur Identifizierung der wichtigsten Räte führen.
Die Auflistung der einzelnen Räte folgt stets dem gleichen Schema:

1. Name des Rats
a) Tätigkeitszeitraum (=erste und letzte Erwähnung als Rat)
b) Inhalt der Bestallungsurkunde
c) weitere Funktionen im Dienst des Erzbischofs
d) Besitz/Pfründen
e) Sonstiges

Durch im Einzelfall besonders gute Quellenlagen bedingte Ungleichgewichtigkeiten in der Belegdichte werden bewußt in Kauf genommen. Die Auflistung der verschiedenen im Dienst des Erzbischofs wahrgenommenen Funktionen soll die gesamte Bandbreite der Tätigkeit aufzeigen. Den Besitzungen der Räte wurde konzentriert nur im Zusammenhang mit solchen im Erzstift nachgegangen. Bereits in anderen Zusammenhängen besprochene Funktionen einzelner Personen wurden nicht nochmals nachgewiesen, sondern nur durch den Tätigkeitszeitraum belegt.

1. Arken, Eberhard von der

a) 1459 VIII 13 – 1469
b) –
c) **Amtmann:** Koblenz: StaK- 623- BMR 1660 (1466 vor VI 24); StaK- 623- Nr. 353 (1471 I 21). Mayen: LHAK 1 A 2367 (1466 XI 22, Koblenz). **Bürge:** LHAK 1 C 13207, S. 1–3 (1460 VII 11, Münstermaifeld); LHAK 1 A 8416 (1460 XI 22, Ehrenbreitstein); LHAK 1 A 8458 (1464 XI 11); LHAK 1 A 3412 (1468 VII 20, Ehrenbreitstein); LHAK 1 A 271 (1478 II 9, Ehrenbreitstein); LHAK 1 A 272 (1481 III 28, Ehrenbreitstein). **Landstandschaft:** LHAK 1 A 8315 (1456 V 10). **Richter:** HStAD Depositum Wahn I A 9 (1457 I 27); SCHMIDT, Nr. 2085 (1459 IX 1); LHAK 1 A 8412 (1460 VIII 11); SCHMIDT, Nr. 2095 (1460 VIII 29); RMB IV 10199 (1471 XI 4); BAT Abt. 6,2, Nr. 1, S. 24 (1481 XI 6). **Statthalter:** LHAK 1 C 16213, Bl. 14 (1467 I 14).
d) Weinberg am Kartäuserberg in Koblenz: LHAK 1 C 18, 73 (1457 VII 18); 15 Malter Korn aus zwei Höfen in Nievern: BROMMER, Nr. 753 (1479 XI 19); die Vogtei der Dörfer Fachbach, Miehlen und Nievern verkaufte er 1487: BROMMER, Nr. 784 (1487 IX 16); HHStAW Abt. 121 U v. d. Arken (1488 II 18); Hof und Haus »Hammerstein« in Koblenz bei der Moselbrücke: StaK- 623- Nr. 1002, S. 16 (1489 X 9).
e) 1463 VI 4 schickte ihm die Stadt Koblenz drei Briefe nach Kamp, StaK- 623- BMR 1656. Der gleichnamige Sohn des vor 1491 verstorbenen Rats ist in keiner besonderen Funktion beim Erzbischof nachweisbar und war auch nicht an der zweiten Landständeeinung von 1502 beteiligt.

2. Baden, Markgraf Jakob von

a) 1496 V 8 – 1502 VIII 12
b) –
c) **Gesandter** des Erzbischofs bei der Kurie: LHAK 1 C 108, Bl. 70v (1493 IX 23, Limburg – 1493 IX 24, Limburg). Gesandter des Erzbischofs bei Erzherzog Philipp von Burgund, LHAK 1 C 16218, S. 131 (1496 V 8). Koadjutor des Erzbischofs 1499–1503 und dessen Nachfolger.
d) Zu den Pfründen des Markgrafen vgl. HEYEN, Paulin, S. 605f., sowie die Darstellung oben zu seiner Rolle als Koadjutor des Erzstifts Trier. Dort war er Domizellar des Domstifts, die Propstei des Koblenzer St.-Florin-Stifts konnte er nicht erlangen, Propst von St. Paulin bei Trier.
e) Seit der Ernennung zum Koadjutor ist der Markgraf stets in der Umgebung des Kurfürsten anzutreffen und gehörte sicherlich zu dessen engsten Ratgebern.

3. Baden, Markgraf Markus von

a) 1457 III 22 – 1460 III 31
b) –
c) 1471 begleitete er den Erzbischof zum Regensburger Reichstag, RMB IV 10151 (1471 VI 25).
d) Zu den Pfründen des Markgrafen vgl. FOUQUET, Speyerer Domkapitel, S. 329f. Im Erzstift Trier besaß er von 1460 bis zu seinem Tode 1478 die Propstei des Stifts St. Florin in Koblenz, ein Domkanonikat in Trier ist fraglich.
e) Auf Ehrenbreitstein stellte er eine Urkunde aus, RMB IV 8415 (1460 III 26), ebenso mehrere in Koblenz, HHStAW Abt. 121 U Süß v. Montabaur (1465 IV 16); HHStAW Abt. 121 U v. Caan (1466 IX 24); RMB IV 10246 (1472 VI 5); HHStAW Abt. 116, Nr. 85 (1477 XI 22), wo er sich nachweislich noch mehrmals aufhielt, StaK- 623- BMR 4068, S. 19 (1468 IV 17); StaK- 623- BMR 4075, S. 2 (1473 I 24).

4. Becheln, Johann von

a) 1468 X 10
b) –
c) **Rentmeister:** 1466 VIII 29 – 1480 VI 4. **Kellner:** Cochem: LHAK 1 C 17, 783 (1473 III 25, Senheim); LHAK 1 A 8564 (1474 II 4); LHAK 1 C 608, S. 251 (1475 III 20); LHAK 1 C 18, 554 (1478 IX 25, Ehrenbreitstein); LHAK 1 C 18, 610 (1480 VI 4). Auch nach der Aufgabe des Rentmeisteramts war er bei der Abrechnung des Wittlicher Kellners anwesend, LHAK 1 C 7577, S. 131 (1485 I 10).
d) Pastor zu Mittelstrimmig auf dem Hunsrück: LHAK 1 C 18, 598 (1477 VII 25, Ehrenbreitstein); BAT Abt. 63, 51, Nr. 43 (1503 V 19). Kanoniker in St. Kastor in Karden: PAULY, Karden, S. 413. Er ist wohl nicht mit dem seit 1500 genannten gleichnamigen Kantor der Koblenzer St.-Florin-Kirche identisch, vgl. LHAK 1 C 18, 1301 (1500 III 18, Ehrenbreitstein); DIEDERICH, Florin, S. 261, führt diesen erst ab 1508 als Kantor.
e) –

5. Beyer von Boppard, Rudolf

a) 1481 VIII 10
b) In seinem Dienstrevers erklärte Rudolf Beyer, daß ihn Johann von Baden auf zwei Jahre zum Rat und Diener angenommen habe und versprach dafür, seine Amtspflichten treu zu erfüllen sowie Geheimhaltung zu wahren: LHAK 1 A 8680 (1481 VIII 10).
c) –

d) Am Bopparder Zoll besaß er die zwei Turnosen seiner Vorfahren, LHAK 1 C 17, 366 (1461 IV 26). Als trierische Lehen hatte er Besitz in Boppard, Oberwesel, ein Haus im Tal unterhalb der Burg Ehrenbreitstein/Helfenstein, Burglehen zu Montabaur und Welschbillig, LHAK 1 C 17, 365 (1461 IV 26), vgl. LHAK 1 C 108, Bl. 99r (1475 III 13).
e) –

6. Bicken, Philipp von

a) 1460 XII 13 – 1462 VI 8
b) In seinem Dienstrevers erklärte er, daß ihn der Erzbischof auf Lebenszeit zum Rat und Diener angenommen habe, wofür er jährlich 20 gute oberländische rheinische Gulden vom Kellner zu Montabaur erhalten sollte, LHAK 1 A 8418 (1460 XII 13).
c) **Geldgeber:** 4000 oberländische rheinische Gulden auf ein Jahr: HHStAW Abt. 340 U 11162 (1462 VI 8, Ehrenbreitstein).
d) Vom Zoll Engers erhielt er jährlich 200 Gulden: LHAK 1 C 18, 639 (1481 IV 24); LHAK 1 A 8682 (1481 XI 19).
e) Philipp von Bicken gehörte sicherlich nicht zu den wichtigsten Räten des Erzbischofs, dennoch wurde er durch sein lebenslanges Dienstverhältnis in erheblichem Maß an den Landesherrn gebunden, dem er auch als Bürge zur Verfügung stand. Sein gleichnamiger Sohn lieh 1463 dem Erzbischof 2000 rheinische Gulden auf ein halbes Jahr, HHStAW Abt. 340 U 11156 (1463 I 24), im Jahr darauf 3000 rheinische Gulden, HHStAW Abt. 340 U 11249 (1464 XII 5, Ehrenbreitstein), vor 1471: 1450 Gulden, LHAK 1 A 8529 (1471 V 10). Demselben wurde 1465 für 3400 rheinische Gulden das Amt Montabaur verpfändet, HHStAW Abt. 116, Nr. 73 (1465 IV 22, Pfalzel). Für eine Schuld von 946 Gulden, wofür das Amt Hartenfels verpfändet worden war, stellte der Erzbischof ihn u. a. als Bürgen, HHStAW Abt. 116, Nr. 82 (1475 VIII 31, Ehrenbreitstein). Als Beauftragter des Grafen Johann von Nassau verhandelten Vater und Sohn mit dem Katzenelnbogener Grafen, DEMANDT, Nr. 5240 (1463 IV 21/22).

7. Boos von Waldeck, Hermann

a) 1469 – 1499 X 12
b) –
c) **Amtmann:** Gemeinsam mit seinen Brüdern Johann und Philipp besaß er das Amt Baldeneck in Pfandschaft: LHAK 1 A 289 (1458 X 26); dieses löste der Erzbischof 1461 ein: LHAK 1 A 290, 8422 (1461 V 4). Cochem und Ulmen als Sicherheit für geliehene 1500 rheinische Gulden: LHAK 1 A 778 (1464 III 26, Ehrenbreitstein); LHAK 1 C 608, S. 319f. (1483 VIII 11); LHAK 1 A 785 (1490 V 3, Pfalzel). Stolzenfels: LHAK 1 A 3412 (1468 VII 20, Ehrenbreitstein). Kobern für eine Pfandsumme von 1500 rheinischen Gulden: LHAK 1 C 18, 359 (1470 IV 1, Ehrenbreitstein); LHAK 1 C 18, 756 (1486 XI 7), 1489 quittierte er über ausstehende Zahlungen: LHAK 1 C 18, 814 (1489 III 30). Manderscheid als Pfandherr: LHAK 1 A 2411 (1483 VIII 21); erneute Verpfändung des Amtes Manderscheid für 4600 Gulden: LHAK 53 C 48, Nr. 24 (1497 V 25); LHAK 53 C 48, Nr. 25 (1499 III 4, Koblenz). Hammerstein für eine Pfandsumme von 2600 rheinischen Gulden: LHAK 53 C 48, Nr. 21 (1485 XII 18). **Bürge:** LHAK 1 A 8656 (1480 V 30); LHAK 1 A 275 (1481 V 14, Ems). **Geldgeber:** 1500 Gulden, LHAK 53 C 45, Nr. 154 (1464 II 19, Pfalzel), vgl. PSHIL, Bd. 33,2, S. 322 (1464 II 20, Pfalzel); LHAK 1 A 8858 (1490 V 10). 1200 Gulden, LHAK 53 C 45, Nr. 85 (1465 IV 1, Koblenz). 500 Gulden, LHAK 53 C 48, Nr. 88 (1482 VIII 17, Ehrenbreitstein). 1466 gute oberländische rheinische Gulden und 8 Albus, HHStAW Abt. 339, Nr. 310 (1491 III 7, Koblenz). 6140 Gulden, PSHIL, Bd. 36, S. 306 (1492 IX 29). 1000 Gulden, HHStAW Abt. 339, Nr. 310 (1497 I 27, Koblenz). **Gesandter:** Bei Kaiser Friedrich III., LHAK 1 C 359, S. 41f. (1474 IX 30, Ehrenbreitstein). **Hofmeister:** 1485 III 26 – 1488 XII 26. **Landstandschaft:** LHAK 1 C 108, Bl. 148r (1494 X 2, Ehrenbreitstein). **Marschall:** 1472 VI 30 – 1484 XI 11. **Richter:** LHAK 1 B 8 (1467 VII 20); LHAK 1 A 8549 (1472 VIII

28); LHAK 1 C 16246, S. 341 (1478 II 9); LHAK 1 A 7929 ([1479] II 8, Trier); LHAK 1 C 16246, S. 343 (1479 IV 21, Bernkastel); LHAK 1 A 8646 (1479 XII 30, Ulmen); TOEPFER, Bd. 2, Nr. 471 (1480 VI 3, Bernkastel); LHAK 1 C 16213, Bl. 80 ([1480] XI 21, Trarbach); PSHIL, Bd. 35, S. 124–126 (1481); LHAK 1 A 1282 (1483 X 16); HHStAW Abt. 340 U 11843 (1484 V 23, Ehrenbreitstein); STAT Ta 32/3, Fasc. 1, Bl. 76r-77v (1484 VII 13, Trier); ebd., Bl. 86r-90r (1486 VIII 18, Trier); ebd., Bl. 93v-96v (1486 VIII 19, Trier); LHAK 1 C 16213, Bl. 104 (1486 IX 14); LHAK 1 C 16213, Bl. 113 (1487 II 3); LHAK 1 A 8797 (1488 VII 30, Koblenz).

d) In sein Koblenzer Haus lieferte der Koblenzer Bürgermeister vier Kannen Wein, StaK- 623- BMR 4085, S. 2 (1480 VIII 16). In Mayen erhielt er eine Rente von 25 Gulden: LHAK 1 A 8412 (1460 VIII 11), Inhaber der Vogtei zu Kinheim, der Leute, Zehnten und des Patronats zu *Sulm* und Reil, LHAK 1 C 17, 858 (1476 VII 29, Ehrenbreitstein); vor 1488 besaß er Einkünfte von einem Fuder Wein jährlich zu Graach an der Mosel, LHAK 1 B 2380 (1488 I 14), und eine Hälfte der Vogtei zu Kinheim, LHAK 1 C 18, 794 (1488 V 28). Am Engerser Zoll besaß er eine Hälfte des Romlian-Turnosen, LHAK 1 C 18, 824 (1489 IV 2).

e) Verheiratet war er mit Katharina, der Tochter Wilhelms von Eltz: TILLE/KRUDEWIG, Bd. 1, S. 268 (1463 IV 15). Für den Bruder des Erzbischofs, Markgraf Karl von Baden, trat er als Bürge auf, RMB IV 9711 (1468 XII 19). Vom Erzbischof wurde er zum Vormund der Margarethe von Hunolstein ernannt, HHStAW Abt. 339, Nr. 310 (1487 VIII 5, Pfalzel). Wohl im Zusammenhang mit der Beilsteiner Fehde trat er in die Dienste des Pfalzgrafen Philipp, als dessen Hofmeister er erstmals 1494 genannt wird, STAW Abt. Löwenstein-Wertheim-Freudenberg Virneburger Urkunden V/39 (1494 XI 11), vgl. COHN, S. 169, was er bis zu seinem Tode 1501 blieb. Schon 1493 war er pfalzgräflicher Amtmann in Stromberg, PSHIL, Bd. 55, S. 97f. (1493 III 5), dennoch blieb er weiterhin als Rat des Trierer Erzbischofs tätig. Hermann Boos von Waldeck gehörte etwa 20 Jahre lang zu den wichtigsten Ratgebern des Erzbischofs, der ihm die höchstbewerteten Hofämter des Erzstifts überließ; er war zudem in vielfältiger anderer Weise dem Kurfürsten verbunden. Aus ungeklärten Ursachen hat er jedoch im Gefolge der Beilsteiner Fehde von 1488 die Seiten gewechselt und orientierte sich zunehmend an der Pfalzgrafschaft. Daß er dort ebenfalls das Amt des Hofmeisters erhielt, spricht für seine starke Persönlichkeit und seine Kompetenz, die sich auch Pfalzgraf Philipp zunutze machte. Somit haben wir in dem Hofmeister zweier Kurfürsten eine der prägnantesten Persönlichkeiten des ausgehenden 15. Jahrhunderts am Mittelrhein zu erblicken.

8. Boos von Waldeck d. Ä., Johann

a) 1458 X 24 – 1460 X 7
b) –
c) **Amtmann:** Baldeneck für eine Pfandsumme von 2000 Gulden: LHAK 1 D 1191 (1458 XI 10), vgl. LHAK 1 A 289 (1458 X 26); LHAK 1 A 291 (1460 XI 19); LHAK 1 A 290, 8422 (1461 V 4). **Bürge:** LHAK 1 A 8345 (1457 III 22, Ehrenbreitstein); LHAK 1 A 8387 (1458 X 24, Ehrenbreitstein). **Landstandschaft:** LHAK 1 A 8315 (1456 V 10). **Richter:** LHAK 1 A 8412 (1460 VIII 11).
d) Am Engerser Zoll besaß er den Romlian-Turnosen: LHAK 1 A 8660 (1480 VI 13, Wien); LHAK 1 C 18, 824 (1489 IV 2).
e) 1463 hielt er sich in Koblenz auf, StaK- 623- BMR 1656.

9. Boos von Waldeck d. J., Johann

a) 1467 II 5
b) –
c) **Diener:** Für 36 rheinische Goldgulden und eine Hofkleidung jährlich nahm ihn Johann von Baden zum Diener an, der von seinem Haus aus dienen sollte, LHAK 1 A 9048 (1500 VI 25, Ehrenbreitstein). **Geldgeber:** 2000 gute schwere oberländische rheinische Gulden, LHAK 1 A 8416 (1460 XI 22, Ehrenbreitstein); LHAK 1 A 8478 (1467 II 5, Koblenz). 500 Gulden, LHAK 1 C 18, 1044 (1498 V 26).

d) Ganerbe des Schlosses Hohlenfels: HHStAW Abt. 121 U von Mudersbach (1464 VIII 11). Er hatte Besitz in den kurtrierischen Ämtern Koblenz, Münstermaifeld, Baldeneck und Hamm: LHAK 1 A 8867 (1490 XI 22, Pfalzel). In Pommern erhielt er jährlich 8 Ohm Wein: LHAK 1 C 18, 872 (1491 III 2, Koblenz).
e) Verheiratet mit Anna von Schöneck, mit der er gemeinsam bei Philipp und Hermann Boos von Waldeck 3000 Gulden lieh: HStAD Depositum Wahn I A 10 (1457 V 11). Ähnlich wie der Marschall und Hofmeister Hermann Boos von Waldeck tritt Johann Boos d. J. zunehmend in die Dienste des Pfalzgrafen über, vgl. LHAK 1 C 588, S. 53 (1497 I 12).

10. Boos von Waldeck, Paul

a) 1459 X 28 – 1502 VIII 12
b) Gegen ein Entgeld von 100 Gulden jährlich aus den Einkünften des Trierer Siegels ernannte ihn der Erzbischof zum Hofmeister, Rat und Diener, LHAK 1 A 9106 (1501 XII 25, Trier).
c) **Amtmann:** Welschbillig, LHAK 1 A 3722 (1458 XI 10). **Bürge:** LHAK 1 A 8400 (1459 X 28, Ehrenbreitstein); DEMANDT, Nr. 5259 (1463 VII 25); STAW Abt. Löwenstein-Wertheim-Freudenberg, Virneburger Urkunden VI/162 (1502 XII 21). **Haushofmeister:** 1501 X 28 – 1503 IV 28. **Landstandschaft:** LHAK 1 A 8315 (1456 V 10); LHAK 1 C 108, Bl. 61v (1493 IV 16, Koblenz); LHAK 1 C 108, Bl. 148r (1494 X 2, Ehrenbreitstein); LHAK 1 A 9112 (1502 II 17). **Richter:** Solmser Urkunden, Bd. 2, Nr. 1623 (1472 V 12); BAT Abt. 6,2, Nr. 1, S. 24 (1481 XI 6); PSHIL, Bd. 35, S. 124–126 (1481); LHAK 1 A 9141 (1502 XI 19).
d) Mit dem Kloster Eberhardsklausen einigte er sich wegen Zinsen zu Esch und Sehlem, PSHIL, Bd. 35, S. 250 (1487 IV 23). Einer der Erben der Herrschaft Brohl, vgl. LHAK 1 C 16213, Bl. 149 (1489 XII 21). Herr zu Linster, PSHIL, Bd. 37, S. 16 (1495 V 5).
e) Verheiratet mit Agnes von Püttlingen, PSHIL, Bd. 35, S. 348 (1493 IV 4). 1491 aß er in Koblenz im Haus des Bürgermeisters, StaK- 623- BMR 4097, S. 12 (1491 XII 15); 1500 zahlte ihm der Trierer Rentmeister ein Ratsessen, STAT RMR 1499/1500, fo. 20r. Mit dem Ausscheiden des Hermann Boos von Waldeck intensivierte sich die Anbindung von Paul Boos an das Erzstift Trier. Auch wenn seine Besitzungen weitgehend im luxemburgischen Gebiet lagen, ist er seit dieser Zeit vorwiegend nach dem Erzstift hin orientiert.

11. Braunsberg d. Ä., Dietrich von

a) 1469 VI 24
b) Für ein Entgeld von 130 oberländischen Gulden aus den Einkünften des Zolls Engers ernannte ihn der Erzbischof auf sechs Jahre zum Marschall, Rat und Diener, LHAK 1 C 18, 352 (1469 VI 24).
c) **Bürge:** gemeinsam mit Erzbischof Johann verbürgte er sich für Markgraf Karl von Baden, RMB IV 9711 (1468 XII 19). **Geldgeber:** 4950 Gulden, LHAK 54 B 387 (1464 VI 2, Ehrenbreitstein), vgl. HHStAW Abt. 340 U 11639 (1478 I 21, Ehrenbreitstein). **Landstandschaft:** LHAK 1 A 8315 (1456 V 10). **Marschall:** 1469 VI 24.
d) –
e) Eine enge Anlehnung an die Grafschaft Virneburg zeigte sich darin, daß er Amtmann zu Monreal, STAW Abt. Löwenstine-Wertheim-Freudenberg Nachträge A/34 (1460 VI 18), und Saffenburg war, STAW Abt. Löwenstein-Wertheim-Freudenberg Virneburger Urkunden VI/139 (1464 XII 26). Möglicherweise im Zusammenhang mit der Gewährung des Darlehns von 4950 Gulden stieg er am erzbischöflichen Hof zu höherem Ansehen auf, was schließlich zu seiner Ernennung zum Marschall führte. Aufgrund der Verbindlichkeiten blieb auch sein gleichnamiger Sohn in enger Verbindung zum Erzstift. Mehrere Angehörige der Familie von Braunsberg tauchen im Zusammenhang mit dem Erzbischof auf: Johann von Braunsberg, Kellner zu Saarburg, LHAK 1 C 18, 349[a] (1469 XI 14); LHAK 1 A 8630 (1479 III 20, Pfalzel); LHAK 1 A 403 (1479 XII 12); LHAK 1 A 3218 (1486 X 25); Wilhelm von Braunsberg als Geldgeber, LHAK 1 A 8567 (1474 II 27); LHAK 1 A 8613 (1477 XI 3), Bürge, LHAK 1 A 8641 (1479 X 4, Ehrenbreitstein); LHAK 1 A 8651 (1480 IV 11); BROMMER, Stein Nr. 768 (1484 III 18), und Amtmann zu Hammerstein, LHAK 1 A 270.

12. Braunsberg d. J., Dietrich von

a) 1490 VIII 12 – 1490 X 27
b) –
c) **Geldgeber:** 2950 Gulden: LHAK 1 A 8915/8916 (1493 VI 15); LHAK 54 B 390 (1495 VI 24). **Landstandschaft:** LHAK 1 A 9112 (1502 II 17). **Richter:** HEYEN, Andernach, Bd. 2, Nr. 1257 (1495 I 13)
d) Als Burglehen zu Montabaur fünf Mark Pfennige jährlich und neun Mark und acht Pfennige jährlich aus den Einkünften des Zolls Koblenz: HHStAW Abt. 121 U v. Braunsberg (1485 VIII 2). Als einer der Erbberechtigten war er in den Streit um die Herrschaft Brohl verwickelt: LHAK 54 B 389 (1484 VII 25); LHAK 1 C 16213, Bl. 149 (1489 XII 21); ebd., Bl. 148 (1490 I 19); LHAK 1 C 16214, Bl. 23 (1490 VIII 12, Pfalzel); ebd., Bl. 24 (1490 IX 14); ebd., Bl. 28 (1490 X 27, Pfalzel).
e) Die immer noch enge Bindung zur Grafschaft Virneburg zeigte sich in einer Bürgschaft, die er für Graf Philipp übernahm: STAW Abt. Löwenstein-Wertheim-Feundenberg Virneburger Urkunden V/52 (1488 IX 14). Demgegenüber bestanden Verbindungen zum Erzstift Trier vorwiegend über bereits von seinem Vater herrührende Darlehen und durch die Anwartschaft auf das Brohler Erbe.

13. Braunsberg-Heddesdorf, Gerlach von

a) 1463 III 24 – 1466 IV 21
b) Die Ernennungsurkunde zum Rat und Diener auf unbestimmte Zeit nennt folgende jährliche Besoldung: ein Fuder Wein vom Weinzehnt zu Leutesdorf auszahlbar durch den Ehrenbreitsteiner Kellner, 25 Gulden vom Zollschreiber zu Koblenz, LHAK 1 C 18, 37 (1463 X 12, Koblenz).
c) **Amtmann:** Hammerstein für 3000 Gulden: LHAK 1 A 1982 (1466 III 24), vgl. LHAK 1 A 1981 (1465 XII 13). **Hofmeister:** 1465 XI 30 – 1466 VI 10. **Richter:** SCHMIDT, Nr. 2074 (1459 III 7, Ehrenbreitstein); ebd., Nr. 2085 (1459 IX 1); RMB IV 9409 (1466 VI 10, Bernkastel).
d) Ein Teil des Niederhofs in Lehmen: LHAK 1 B 181 (1458 IV 2). Für 60 oberländische rheinische Gulden kaufte er eine Rente von sechs rheinischen Gulden zu Kärlich: STRUCK, Bd. 1, Nr. 1119 (1462 XII 25). Für 1000 Gulden kaufte er vom Erzbischof den erzstiftischen Anteil des Dorfes Irlich: LHAK 1 A 1982 (1466 III 24).
e) Vor seinem Eintritt in kurtrierische Dienste war Gerlach Amtmann des Grafen Wilhelm von Wied-Isenburg zu Wied: SCHMIDT, Nr. 2105 (1461 VII 13). Die Wahrnehmung wichtiger Aufgaben für den Trierer Erzbischof wurde durch den Tod Gerlachs vorzeitig beendet.

14. Breitbach-Olbrück, Johann von

a) 1495 XI 8
b) –
c) **Bürge:** LHAK 1 A 8641 (1479 X 4, Ehrenbreitstein); LHAK 1 A 8956 (1495 XI 8). **Geldgeber:** STAW Abt. Löwenstein-Wertheim-Freudenberg Virneburger Akten A 82 (1492/8 IX 14, Koblenz). **Richter:** LHAK 1 A 1790 (1493 II 4), 1789 (1493 VI 8, Koblenz), 1791 (1493 VI 9). **Landstandschaft:** LHAK 1 C 108, Bl. 148r (1494 X 2, Ehrenbreitstein).
d) Als einer der Ritterschaft gehörte er zu den Bürgern der Stadt Boppard: LHAK 1 A 532 (1501 I 28, Heidelberg), LHAK 1 A 9093 (1501 III 26, Bacharach). Namens seiner Frau besaß er eine Rente von 25 Gulden jährlich aus der Kellerei Mayen, die diese als Wittum erhielt: LHAK 1 B 2418 (1502 IV 13).
e) Verheiratet mit Katharina von Eltz: HStAD Depositum Wahn I B 5 (1502 I 26). Er hatte eine verhältnismäßig enge Bindung an das Erzstift Mainz, wie seine Funktion als Vitztum im Rheingau belegt: LHAK 1 C 16213, Bl. 96 (1485 II 2), Bl. 106 (nach 1485 II 2).

15. Breitbach, Otto von

a) 1493 VI 11
b) –
c) **Kommissar** Johanns von Baden in einem Prozeß Erzbischof Bertholds von Mainz gegen Graf Philipp von Hanau: LHAK 1 A 8947 (1495 VII 4, Worms). **Richter:** LHAK 1 C 18962 (1493 VI 11, Koblenz); StaK- 623- BMR 1679 (1498 VIII 25).
d) Propst von St. Martin in Worms: STAW Abt. Löwenstein-Wertheim-Freudenberg Nachträge A/26 (1485 VIII 30); STRUCK, Bd. 1, Nr. 1309 (1493 IX 24, Mainz). Prozeß über die Aufnahme ins Trierer Domkapitel an der Kurie: LHAK 1 C 108, Bl. 75v-76r (1494 V 4, Koblenz); BAT Abt. 6,1, Nr. 30 (1495 VI 14, Worms). Am 4. Juli 1495 ist er erstmals als Domkanoniker nachweisbar: LHAK 1 A 8947 (1495 VII 4, Worms). Archidiakon in Tholey: LHAK 1 A 9139 (1502 XI 3, Koblenz).
e) Bei den Bemühungen Erzbischof Johanns um die Ernennung seines Großneffen Jakob von Baden zum Koadjutor gehörte er zu den vier opponierenden Domherren: LHAK 1 A 9040 (1499 XII 26, Trier) und öfter. Infolge dieser Auseinandersetzungen geriet er zunehmend in Distanz zum Erzbischof.

16. Bubenheim, Dietrich von

a) 1464 XI 11
b) –
c) **Amtmann:** Limburg, Molsberg und Brechen: HHStAW Abt. 115, Nr. 196 (1458 VIII 7, Koblenz), Nr. 197 (1458 XI 10) HHStAW Abt. 116 U 67 (1461 V 25); HHStAW Abt. 116 U 68 (1461 XI 25); HHStAW Abt. 116 U 70 (1463 X 18); STRUCK, Bd. 1, Nr. 1123f. (1464 II 22); STRUCK, Bd. 1, Nr. 1470 (1464 XI 26); HHStAW Abt. 340 U 11292 (1465 X 8). Diez: STRUCK, Bd. 3, Nr. 644 (1465 VI 25). **Bürge:** LHAK 1 C 13207, S. 1–3 (1460 VII 11, Münstermaifeld); DEMANDT, Nr. 5259 (1463 VII 25); LHAK 1 A 8458 (1464 XI 11); LHAK 1 A 8529 (1471 V 10). **Geldgeber:** PSHIL, Bd. 33,2, S. 330 (1466 VI 5, Koblenz). **Richter:** SCHMIDT, Nr. 2074 (1459 III 7, Ehrenbreitstein); LHAK 1 A 8398 (1459 IX 1).
d) Eine Hufe Land in und bei Niederbrechen, eine Gülte von 20 Maltern Korn auf ein Drittel des Hofes Blumenrod bei Limburg und ein Drittel des zugehörigen Landes, als Limburger Burglehen den dortigen ungeldfreien Weinschank für eigenes Gewächs: HHStAW Abt. 121 U v. Bubenheim (1457 VI 20). Er besaß ein Haus in Limburg an der Steinbrücke und Grundstücke zu Elz: STRUCK, Bd. 1, Nr. 1529 (1463 VIII 12). Im Kloster des St. Wilhelmsordens vor der Stadt Limburg stiftete er eine Messe: STRUCK, Bd. 1, Nr. 1470 (1464 XI 26). Bei Limburg besaß er ein Werth, das nach seinem Tod sein Erbe Johann Brendel von Homburg erhielt: LHAK 1 C 18, 294 (1471 X 2, Ehrenbreitstein).
e) Im Namen des Grafen Johann von Nassau verhandelte er einmal mit dem Grafen von Katzenelnbogen: DEMANDT, Nr. 5240 (1463 IV 21/22). Für den Katzenelnbogener trat er als Bürge auf: DEMANDT, Nr. 5370 (1465 IX 6, Frankfurt).

17. Burgtor, Reinhard von dem

a) 1459 X 28
b) –
c) **Amtmann:** Pfalzel: LHAK 1 A 3023 (1459 VII 28); LHAK 1 A 3024 (1459 VII 29); LHAK 1 C 18, 255 (1466 VIII 29, Pfalzel). **Bürge:** LHAK 1 A 8400 (1459 X 28); DEMANDT, Nr. 5311 (1464 VII 24). **Landstandschaft:** LHAK 1 A 8315 (1456 V 10). **Richter:** STAW Abt. Löwenstein-Wertheim-Freudenberg Virneburger Urkunden III/81 (1459 IV 8); SCHMIDT, Nr. 2085 (1459 IX 1); LHAK 1 C 358, S. 89 (1465 VI 17). **Schöffe der Stadt Koblenz:** StaK- 623- Nr. 310 (1458 IV 10).
d) In Koblenz besaß er den Hof Ems: MICHEL, Koblenz, S. 274. Weinbergsbesitz in Horchheim bei Koblenz: LHAK 1 A 2086 (1462 I 22) und in Koblenz in der Firmung: LHAK 1 C 18, 297 (1468 II

16); LHAK 1 B 1476 (1469 III 14). Von Philipp von Miehlen genannt von Dieblich kaufte er für 100 rheinische Gulden das Schloß Wildenburg: LHAK 1 C 17, 431 (1464 X 27).
e) Obwohl an keiner Stelle ausdrücklich als Rat genannt, ist sein gleichnamiger Sohn mehrfach im erzbischöflichen Dienst nachweisbar: 1495 begleitete er den Kurfürsten zum Wormser Reichstag, RTA MR, Bd. 5,1,2, Nr. 1594; für den Ankauf der Grafschaft Salm hatte er dem Erzbischof 1500 Gulden geliehen, LHAK 1 A 8956 (1495 XI 8); später wurde er Amtmann zu Mayen, LHAK 1 A 2369 (1496 II 9, Koblenz). Zu seinen Besitzungen vgl. MICHEL, Koblenz, S. 276f.

18. Daun-Falkenstein-Oberstein, Wirich von

a) 1461 IV 26 – 1501 IV 16
b) Der Erzbischof ernannte ihn auf ein Jahr zum Rat, Diener und Amtmann zu Pfalzel, der mit sechs reisigen Pferden dienen sollte; die übrigen Bestimmungen beziehen sich allein auf das Amt Pfalzel, LHAK 1 A 3012 (1492 VII 26, Koblenz). In einem Revers über seine Ernennung zum Hofmeister, Rat und Diener wurde eindeutig festgelegt, daß der Erzbischof außer dem Amtsgeld für Pfalzel zu keinen weiteren Zahlungen verpflichtet sei: LHAK 1 A 8902 (1492 IX 20).
c) **Amtmann:** Pfalzel: LHAK 1 A 3012 (1492 VII 26, Koblenz); LHAK 1 A 9018 (1498 VII 25, Koblenz). **Hofmeister:** 1492 IX 20 – 1501 IV 16. **Landstandschaft:** LHAK 1 C 108, Bl. 147v (1494 X 2, Ehrenbreitstein). **Richter:** LHAK 1 C 108, Bl. 89 (1492 X 27, Ehrenbreitstein). **Schultheiß** in Trier: LAGER, Pfarrarchive, Nr. 440 (1495 IX 7), vgl. oben. Aufgrund seiner reichsritterlichen Stellung und als Inhaber der Grafschaften Falkenstein und Oberstein – im Reichsanschlag von 1489 wird er mit Oberstein unter den Grafen genannt, RTA MR, Bd. 3,2, Nr. 296, 300a – erscheint Wirich mehrfach als Schlichter in Streitigkeiten auch standesgemäß höherstehender Parteien: Erben der Grafen von Sponheim: RMB IV 8212 (1458 IV 23); RMB IV 9353 (1465 XI 12); LHAK 1 C 603, S. 15 (1466 I 5, Trier); LHAK 1 C 603, S. 57f. (1466 VI 20, Ehrenbreitstein). Ebenso entschied er Streitigkeiten des Erzbischofs mit anderen Herren, was von diesen anscheinend nicht als Nachteil gewertet wurde: LHAK 1 A 8482 (1467 V 27); LHAK 1 C 16246, S. 39f. (1482 IV 19, Oberwesel); ebd., S. 335 (1486 II 25, Frankfurt); LHAK 1 C 608, S. 359–363 (1486 V 10); LHAK 1 C 86, S. 3–38 (1486 V 12, Bernkastel); LHAK 1 C 86, S. 38–41 (1486 VII 12, Bruttig); ebd., S. 41–87 (1486 IX 6, Oberwesel); RTA MR, Bd. 3,2, Nr. 301a (1489 VII 23, Frankfurt); LHAK 1 C 18, 871 (1489 IX 25); LHAK 1 C 18, 852 (1490 V 24, Trier); LHAK 1 A 9092 (1501 II 27).
d) Von Inrias von Oberstein kaufte er dessen Teil an der gleichnamigen Burg: LHAK 1 C 17, 340 (1459 XII 28). Gemeinsam mit dem Trierer Erzbischof und Graf Johann von Nassau-Saarbrücken besaß er einen Teil der Burg Wartenstein: PSHIL, Bd. 33,2, S. 310 (1461 IV 10, Ehrenbreitstein); LHAK 1 A 8421 (1461 IV 26); LHAK 1 B 1677 (1461 IV 26, Ehrenbreitstein); LHAK 1 C 17, 426 (1461 IV 27, Ehrenbreitstein); LHAK 1 C 17, 428 (1461 V 15, Ehrenbreitstein); LHAK 1 C 16213, Bl. 20 (1467 IV 21); ebd., Bl. 22 (1468 I 22); LHAK 1 C 18, 1005 (1494 IV 18).
e) Mit der Ernennung zum Hofmeister und Amtmann von Pfalzel war es Johann von Baden gelungen, den Grafen enger an sich zu binden, was sich auch in der Ladung zu einem kurtrierischen Landtag zeigte. Daraufhin intensivierte sich die Tätigkeit für den Erzbischof, in dessen Gefolge er auch am Wormser Reichstag von 1495 teilnahm: RTA MR, Bd. 5,1,2, Nr. 1594. Bezeichnenderweise erscheint sein Sohn Melchior nie in exponierter Stellung bei dem Kurfürsten, was die rein persönliche Art solcher Bindungen zeigt.

19. Diez, Dietrich von

a) 1498 VI 30 – 1501 XII 10
b) –
c) **Bürge:** HHStAW Abt. 121 U v. Staffel (1494 IV 25). **Richter:** LHAK 1 C 18, 1103 (1498 VI 30, Boppard); LHAK 1 C 17055, S. 1–29 (1501 XII 10, Koblenz).
d) –
e) Sein gleichnamiger Vater war bereits kurtrierischer Amtmann in Limburg, Molsberg und Brechen: HHStAW Abt. 115, Nr. 210 (1472 XII 17). Daher rührten traditionell enge Bindungen an das Erzstift, wie sie sich auch bei seinem Bruder Otto zeigten. Dietrich war 1495 im Gefolge des Erzbischofs beim Wormser Reichstag: RTA MR, Bd. 5,1,2, Nr. 1594, und im Hofgesinde bei der Huldigung Boppards: LHAK 701,4, Bl. 67r. (1497 VII 5).

20. Diez, Otto von

a) 1481 V 14 – 1484 V 23
b) –
c) **Bürge:** LHAK 1 A 275 (1481 V 14, Ems). **Richter:** LHAK 1 C 16213, Bl. 89 (1481 VII 2); PSHIL, Bd. 35, S. 124–126 (1481); STAT Ta 32/3, Fasc. 1, Bl. 53v–54v (1484 IV 21, Trier); HHStAW Abt. 340 U 11843 (1484 V 23, Ehrenbreitstein); LHAK 1 C 108, Bl. 35v–36r (1485). Einmal nahm er für den Kurfürsten eine Auszahlung von 200 Gulden vor: LHAK 1 A 8682 (1481 XI 19).
d) –
e) Seit 1469 erscheint er mehrfach als Siegler von Erzbischof Johann ausgestellten Reversen und ist gerade in dieser Funktion über den gesamten Zeitraum hinweg nachweisbar. Sein gleichnamiger Sohn wurde vom Erzbischof zum Diener bestallt: LHAK 1 A 8873 (1485 XII 28), und erscheint als Bürge: LHAK 1 A 8930 (1494 II 20); LHAK 1 C 16221 (1500 X 9). Derselbe erhielt von Gottfried Herr zu Eppstein und Münzenberg, Graf zu Diez, das Erbmarschallamt der Grafschaft Diez: HHStAW Abt. 121 U v. Diez (1489 V 27).

21. Dudeldorf, Ludwig von

a) 1463 V 3
b) –
c) **Rentmeister:** MATHEUS, Verhältnis, S. 102f. (1463 V 3). **Siegler** in Trier: LHAK 1 C 18, 56.
d) –
e) –

22. Eltz d. Ä., Johann (II.) von

a) 1458 X 24 – 1469
b) –
c) **Bürge:** LHAK 1 A 8387 (1458 X 24, Ehrenbreitstein); LHAK 1 A 8400 (1459 X 28, Ehrenbreitstein); DEMANDT, Nr. 5072 (1459 XII 21); ebd., Nr. 5079 (1460 I 2, Ehrenbreitstein); LHAK 1 A 8458 (1464 XI 11). **Gesandter** bei Pfalzgraf Friedrich: LHAK 1 C 603, S. 79f. (1466 IX 23). **Hofmeister:** 1459 VII 27 – 1462 II 22. **Landstandschaft:** LHAK 1 A 8315 (1456 V 10). **Richter:** HStAD Depositum Wahn I A 9 (1457 I 27, Koblenz); LHAK 1 A 8391 (1459 IV 18); LHAK 1 A 1830 (1459 VIII 13, Fankel); SCHMIDT, Nr. 2085 (1459 IX 1); LHAK 1 C 13211, S. 83f. (1459 XII 17); LHAK 1 A 3120 (1459 XII 22); RUDOLF, Quellen, Nr. 148 (1460 III 10); HHStAW Abt. 340 U 11125a (1461 VI 22); LHAK 1 A 482 (1462 VIII 14); ZIMMER, Landskron, Nr. 1157 (1464 VI 3); HHStAW Abt. 121 U v.

Langenau (1464 XI 3, Ehrenbreitstein); LHAK 1 C 607, S. 141 (1466 X 14, Bernkastel); STAT RMR 1466/7, fo. 10r; LHAK 1 B 8 (1467 VII 20); LHAK 1 C 16217, S. 9f. (1469 II 19); LHAK 1 C 13205, S. 33 (1469). **Statthalter:** LHAK 1 C 16213, Bl. 14 (1467 I 14).

d) Als Koblenzer Bürger erhielt er für sich, seine Frau Agnes von Kobern und seine Söhne Johann und Ulrich den Francishof in Koblenz: LHAK 1 A 1210 (1460 XI 26). 1467 schenkte die Stadt Koblenz ihm und seiner Familie zum neuen Jahr zwei Kannen Wein: StaK- 623- BMR 1659 (1467 I 1). Folgende Besitzungen übergab er dem Erzbischof in Schutz und Schirm: Dorf Wierschem, den Neuen Hof, den Hof zu Löfer Berg, die Burg zu Polch, den Hof zu Kürrenberg, den Hof zu Bassenheim, den Hof zu Eulgem, den Hof zu Wolken, Häuser und Höfe zu Rübenach: LHAK 1 C 18, 209 (1461 I 3, Stolzenfels), vgl. SCHMIDT, Nr. 2142 (1469 II 25). In Karden besaß er verschiedene Güter: LHAK 1 D 1207 (1461 IV 11).

e) Er war schon 1432 Amtmann in Koblenz, BÄR, Urkunden, S. 234–236, und wurde unter Ulrich von Manderscheid Marschall: LAMPRECHT, Bd. 3, Nr. 233 (1434 XII 20, Ehrenbreitstein). Bei Erzbischof Jakob gehörte er stets zu den Räten, zunächst behielt er sogar noch das Amt des Hofmeisters: Miller, Jakob von Sierck, S. 267, 269f., 272.

23. Eltz d. J., Johann (III.) von

a) 1469 – 1497 I 12

b) –

c) **Amtmann:** Hammerstein als Pfandschaft: LHAK 1 A 1978, 1979 (1459 V 12); LHAK 1 A 2306 (1459 IX 3); LHAK 1 A 1980 (1465 V 4). Münstermaifeld: LHAK 1 A 2696 (1481 V 28); LHAK 1 A 2695 (1481 IX 1, Ehrenbreitstein); LHAK 1 C 588, S. 37 (1496 V 27, Ehrenbreitstein). Baldeneck für eine Pfandsumme von 2400 Gulden: GOERZ, S. 254 (1482 II 28, Ehrenbreitstein); LHAK 1 C 18, 1263 (1482 VII 6). **Anwalt** des Erzbischofs: LHAK 1 A 8829 (1489 III 30); TOEPFER, Bd. 3, Nr. 16 (1489 V 22); LHAK 1 C 588, S. 53 (1497 I 12). **Bürge:** LHAK 1 A 8651 (1480 IV 11); LHAK 1 A 8656 (1480 V 30). **Geldgeber:** LHAK 1 C 18, 1247 (1484 III 4, Koblenz). **Landstandschaft:** LHAK 1 C 108, Bl. 61v (1493 IV 16, Koblenz); ebd., Bl. 148r (1494 X 2). **Richter:** LHAK 1 C 13205, S. 33 (1469); StaK- 623- BMR 1670 (1483 II 24/26); LHAK 1 A 1282 (1483 X 16); STRUCK, Bd. 2, Nr. 272, Anm. (1484 VI 12); LHAK 1 C 86, S. 3–38 (1486 V 12, Bernkastel); LHAK 1 A 8797 (1488 VII 30, Koblenz). **Ritterbürgermeister** der Stadt Koblenz: StaK- 623- BMR 1674 (1489 VIII 12); BMR 1677 (1496 III 14).

d) Zu seinen Koblenzer und Kardener Besitzungen vgl. die Angaben bei seinem Vater. Bürgerrecht in Koblenz: LHAK 1 A 1210 (1460 XI 26). Ganerbe der Burg Hohlenfels: HHStAW Abt. 121 U v. Mudersbach (1464 VIII 11). Sein Anteil an Besitzungen in Seelbach und Wallmenach verkaufte er an Philipp vom Stein: BROMMER, Nr. 728 (1470 XII 13). In der Koblenzer Rittergasse besaß er einen Hof, in dessen Saal über die Weiderechte des Hofs Korbent in der Polcher Mark verhandelt wurde: LHAK 1 A 3046 (1474 XI 22, Koblenz). Er gehörte zu den Erbberechtigten des Nachlasses von Elisabeth von Brohl-Vlatten: ZIMMER, Landskron, Nr. 1290 (1486 XI 7); LHAK 1 C 16213, Bl. 149 (1489 XII 21), Bl. 148 (1490 I 19); LHAK 1 C 16214, Bl. 23 (1490 VIII 12, Pfalzel), Bl. 24 (1490 IX 14), Bl. 28 (1490 X 27, Pfalzel); TOEPFER, Bd. 3, Nr. 36 (1493 VIII 19). Gemeinsam mit seinem Bruder Ulrich besaß er ein Haus in Kesseling: ZIMMER, Landskron, Nr. 1340 (1499 XI 30).

e) Für 1000 Gulden hatte ihm Ruprecht Graf zu Virneburg eine Hälfte der Virneburg verpfändet: STAW Abt. Löwenstein-Wertheim-Freudenberg Virneburger Urkunden III/81 (1459 IV 8). Dem Metzer Bischof Georg von Baden lieh er 700 Gulden: PSHIL, Bd. 33,2, S. 312 (1461 VIII 10). Für den Grafen Gerhard von Sayn war er zum Dienst mit dem Herzog von Kleve im Lande Geldern gezogen: HHStAW Abt. 340 U 11467 (1470 III 1). Bei Pfalzgraf Friedrich war er Amtmann von Kastellaun: LHAK 1 C 608, S. 309 (1471 IX 9). Seit 1483 stand er mehrfach mit der Stadt Koblenz in Verbindung: StaK- 623- BMR 1671 (1483 V 27; VI 1; VI; XI 17); BMR 4095, S. 4 (1490 (II); BMR 1674a (1491 II 22; 1491 III 25; 1491 IV 12; 1491 IV 21); BMR 4097, S. 2 (1491 V 28; 1491 VI 1), S. 4 (1491 VII 13), S. 10 (1491 X), S. 11 (1491 XII 12), S. 12 (1491 XII 15); BMR 1675a (1494 V 22; 1494 IX 16), BMR 4100, S. 4 (1495 II); BMR 1676 (1495 VII 21); BMR 4102, S. 6 (1497 III 7); BMR 1679 (1498 VIII 24; 1498 VIII 25).

24. Eltz, Johann (IV.) Sohn zu

a) 1497 I 12

b) –

c) **Amtmann:** Baldeneck: LHAK 1 A 299 (1493 II 3); LHAK 1 A 3445 (1501 IV 26, Treis); LHAK 1 A 9118 (1502 IV 12, Beltheim). Kobern: HHStAW Abt. 339, Nr. 310 (1496 V 25). **Geldgeber:** Von seinem Bruder Peter übernahm er eine Schuldverschreibung des Erzbischofs über 2000 Gulden: LHAK 1 A 9081/9082; LHAK 53 C 14, 113 (1498 XI 19); LHAK 1 A 9023 (1498 XII 18); LHAK 1 C 18, 1187 (1499 II 16); LHAK 1 C 16221 (1500 IX 29, Ehrenbreitstein; 1500 IX 30, Ehrenbreitstein); LHAK 1 A 9081/9082 (1500 X 9). Eine ungenannte Summe: LHAK 1 C 16214, Bl. 186 (1501 VIII 20); ebd., Bl. 192 (1501 XII 4); LHAK 1 C 13209, S. 3 (1502 IX 14); LHAK 1 A 9140 (1502 XI 11).

d) In Metternich besaß er gemeinsam mit seinem Bruder Peter eine Rente von 22$^{1}/_{2}$ Gulden: LHAK 1 A 2488 (1482 VIII 11). Vom Trierer Domkapitel besaß er ein Burglehen zu Treis: LHAK 1 D 1326 (1486 II 18).

e) Dem Grafen Philipp von Virneburg lieh er 2400 Gulden: PSHIL, Bd. 33,2, S. 361 (1481 I 25); später nochmals 2000 rheinische Gulden: STAW Abt. Löwenstein-Wertheim-Freudenberg Virneburg-Manderscheid Nachträge (1496 XI 11). Bürgschaft für Vinzenz Graf zu Mörs-Saarwerden: PSHIL, Bd. 35, S. 143 (1482 I 8). Im Jahr 1484 war er gemeinsam mit seinem Bruder Peter in Streitigkeiten mit Pfalzgraf Johann und Markgraf Christoph von Baden verwickelt: LHAK 1 C 86, S. 167f. (1484 IX 16, Koblenz). Pfalzgräflicher Amtmann zu Kaub: StaK- 623- Nr. 448 (1495 II 14). Gemeinsam mit der Stadt Boppard geriet er in heftige Auseinandersetzungen mit Erzbischof Johann: LHAK 1 A 8990 (1497 VII 1); HHStAW Abt. 339, Nr. 310 (1498 VIII 1, Ehrenbreitstein); LHAK 1 C 18, 1191 (1498 X 30); LHAK 1 A 9021 (1498 XI 19, Oberlahnstein); LHAK 1 A 532 (1501 I 28, Heidelberg); LHAK 1 A 9093 (1501 III 26); LHAK 1 A 9099 (1501 VI 17, Boppard); LHAK 1 A 9137 (1502 X 6); LHAK 1 A 531 (1502 XI 2); LHAK 1 A 9139 (1502 XI 3, Koblenz); LHAK 53 C 14, 118.

25. Eltz, Kuno von

a) 1495 XI 8

b) –

c) **Bürge:** DEMANDT, Nr. 5862 (1476 I 12); LHAK 1 A 8669 (1480 XII 29); LHAK 1 A 8888 (1491 XII 26, Ehrenbreitstein); LHAK 1 A 8956 (1495 XI 8). **Landstandschaft:** LHAK 1 C 108, Bl. 61v (1493 IV 16, Koblenz); LHAK 1 C 108, Bl. 148r (1494 X 2, Ehrenbreitstein).

d) Burg Eltz: HStAD Depositum Wahn XI 10 A 9 (1490 XI 11). Mit seiner Mutter Katharina Blankard von Ahrweiler tauschte er für die Besitzungen seines Vaters zu Mayen Einkünfte aus Kottenheim, Thür, Obermendig, Welling, Hausen, Betzing, Kehrig, *Wynischer* Hof, Berresheim, *Geisserßdal*, Monreal, den Hof *Waeffer*, Besitzungen in der Herrschaft Kempenich, Ettringen, Bell, Berresheim und Allenz, ein Haus und Garten zu Münstermaifeld, den dortigen Hof mit diversen Einkünften zu Gierschnach, *Kauwen* und Küttig: HStAD Depositum Wahn I D 1 (1481 VIII 19). In Karden erhielt er jährlich ein Fuder Weingülte und als Burglehen zu Kempenich den Hof zu Weibern: HStAD Depositum Wahn XI 40 A 1 (1491 II 24, Ehrenbreitstein).

e) Verheiratet mit Eva, Tochter Johanns von Esch: HStAD Depositum Wahn I B 3 (1481 XI 11).

26. Eltz, Ulrich von

a) 1490 VIII 12 – 1497 IV 30
b) –
c) **Amtmann:** Arenfels für eine Pfandsumme von 1500 oberländischen rheinischen Gulden: LHAK 1 A 269 (1465 XI 21); HStAD Nesselrode-Ehreshoven 369 (1472 VIII 13). Kobern für eine Pfandsumme von 1500 Gulden: LHAK 1 A 8883 (1491 X 5); LHAK 1 A 740 (1493 X 2). Koblenz: LHAK 1 A 1315 (1492 II 14, Ehrenbreitstein). **Bürge:** LHAK 1 A 8560 (1473 VIII 14). **Geldgeber:** 1500 rheinische Gulden, HHStAW Abt. 340 U 11190a (1463 III 27, Ehrenbreitstein). Gemeinsam mit seinem Bruder Johann 627 rheinische Gulden: LHAK 1 C 18, 1247 (1484 III 4, Koblenz). 4500 rheinische Gulden: LHAK 1 C 18, 764 (1485 XI 13), vgl. LHAK 53 C 14, 98. 1500 Gulden für den Rückkauf der Grafschaft Salm: LHAK 1 A 8956 (1495 XI 8). 500 Gulden: HHStAW Abt. 339, Nr. 310 (1498 XI 9, Ehrenbreitstein). **Landstandschaft:** LHAK 1 A 8315 (1456 V 10); LHAK 1 C 108, Bl. 61v (1493 IV 16, Koblenz); ebd., Bl. 148r (1494 X 2, Ehrenbreitstein). **Marschall:** 1463 II 4 – 1463 VIII 30.
d) Bürgerrecht in Koblenz: LHAK 1 A 1210. Seiner Frau übergab er als Wittum folgende Güter: Grundstücke zu Kobern, die Vogtei zu Gondorf, den Hof zu Wolken: HHStAW Abt. 333, Nr. 298 (1463 VIII 30, Trier). Ganerbe der Burg Hohlenfels: HHStAW Abt. 121 U v. Mudersbach (1464 VIII 11). Erbberechtigter am Nachlaß der Elisabeth von Brohl-Vlatten, vgl. oben bei Johann v. Eltz d. J. Von Philipp Boos von Waldeck erwarb er für 200 Gulden die erzstiftischen Höfe *Fuylemborn* und *Kerpenstal*: LHAK 1 B 2167 (1497 IV 30). Gemeinsam mit seinem Bruder Johann besaß er ein Haus in Kesseling: ZIMMER, Landskron, Nr. 1340 (1499 XI 30).
e) Verheiratet mit Maria, Tochter Walters von Reifenberg: HHStAW Abt. 333, Nr. 286 (1461 IX 28). Für 4000 Gulden verpfändete ihm Graf Philipp von Virneburg die Virneburg: HHStAW Abt. 170 U 1918 (1484 I 2). Später lieh er dem gleichen Grafen 1500 Gulden: STAW Abt. Löwenstein-Wertheim-Freudenberg Virneburger Urkunden V/52 (1488 IX 14). Bürge für Graf Philipp: STAW Abt. Löwenstein-Wertheim-Freudenberg Virneburger Urkunden V/39 (1494 XI 11); ebd. Virneburger Urkunden V/66 (1495 X 5). Landgraf Wilhelm von Hessen lieh er 3700 Gulden: Ebd. Virneburger Akten A 82 (1492 X 1).

27. Eltz, Wilhelm (VI.) von

a) 1460 VII 3 – 1474 XI 20
b) –
c) **Amtmann:** Münstermaifeld und Alken in Pfandschaft: LHAK 1 A 2694 (1459 V 7). **Anwalt:** RMB IV 9409 (1466 VI 10, Bernkastel); RMB IV 9972 (1469 X 17). **Bürge:** DEMANDT, Nr. 5259 (1463 VII 25). **Gesandter** zum Reichstag nach Augsburg für den Erzbischof: HStAD Depositum Wahn I G 1 (1474 V 24). **Hofmeister:** 1460 VII 3 – 1474 XI 20. **Landstandschaft:** LHAK 1 A 8315 (1456 V 10). **Richter:** HStAD Depositum Wahn I A 9 (1457 I 27, Koblenz); SCHMIDT, Nr. 2074 (1459 III 7, Ehrenbreitstein); LHAK 1 A 8391 (1459 IV 18); LHAK 1 A 482 (1462 VIII 14); WAMPACH, Bd. 10, Nr. 174 ([1463 vor VII 22]); LHAK 1 C 608, S. 231f. (1465 XI 22); LHAK 1 C 9598, S. 7 ([nach 1469 I 11]); LHAK 1 C 16217, S. 9f. (1469 II 19); BÄR, Urkunden, S. 106f. (1471 XI 4); LHAK 1 A 8549 (1472 VIII 28); LHAK 1 C 9598, S. 53 (1473 VII 8, Pfalzel). **Statthalter:** LHAK 1 C 16213, Bl. 14 (1467 I 14)
d) Burg Eltz: HStAD Depositum Wahn XI 10 A 7 (1457 VI 19) [Urkunde ist verloren]. Fünf Ohm Wein aus dem Zehnt zu Müden: LHAK 1 D 1212 (1461 VIII 10); LHAK 1 D 1243 (1469 VII 4). Ein Fuder Weingülte zu Karden: HStAD Depositum Wahn XI 7 A 1 (1463 IV 23, Trier); dieses übergab er seiner Frau Katharina Blankard von Ahrweiler als Wittum: HStAD Depositum Wahn XI 7 A 2 (1474 XI 20).
e) Von 1446/1447 bis zum Tode Jakobs von Sierck war er dessen Hofmeister: Miller, Jakob von Sierck, S. 267. Auch ohne ein besonderes Amt zu besitzen, taucht er bei Johann von Baden seit 1457 regelmäßig als Mitsiegler bei dem Erzbischof ausgestellten Reversen auf. Für Johann Boos von Waldeck trat er als Bürge ein: TILLE/KRUDEWIG, Bd. 1, S. 268 (1457 V 11); HStAD Depositum Wahn I A 10 (1457 VIII 31).

28. Enschringen, Dr. utriusque iuris Ludolf von

a) 1483 X 16 – 1502 VIII 12
b) Am 29. Dezember 1489 wurde er zum Kanzler ernannt, doch gibt die Urkunde keine näheren Auskünfte über seine Tätigkeit, Richter, Kanzlei, S. 116f.
c) **Kanzler:** 1483 X 16 – 1501 X 29. Rektor der Trierer Universität 1476. Dekan der juristischen Fakultät 1479, 1491, 1499. Vizekanzler der Universität 1494, LHAK 1 C 18, 1216 (1494 VIII 31, Koblenz).
d) Dekan von St. Paulin in Trier; Propst von St. Simeon in Trier und Heiligkreuz in Mainz.
e) Aufgrund seiner Stellung als erzbischöflicher Kanzler und seiner unstrittigen Fachkompetenz war er der herausragende Vertreter der gelehrten Räte, und auch unter den weltlichen Räten wurde seine führende Rolle anerkannt.

29. Enzberg, Hans von

a) 1457 III 22
b) –
c) **Hofmeister:** 1457 IX 11 – 1459 III 7. **Richter:** SCHMIDT, Nr. 2074 (1459 III 7, Ehrenbreitstein).
d) –
e) Der aus der Markgrafschaft Baden stammende Enzberg war während der Verwaltung des Erzstifts durch den Bruder Johanns von Baden aktiv und kehrte 1459 in den badischen Dienst zurück, wo er Hofmeister Markgraf Karls wurde. Einige Mitglieder der Familie blieben weiterhin im Erzstift Trier tätig: Engelhard von Enzberg ist 1464 als Küchenmeister, Kellner zu Münstermaifeld und Dekan des dortigen Stifts belegt. Hans von Enzberg war Torhüter des Erzbischofs.

30. Erlenbach, Johann von

a) 1457 III 22
b) –
c) Er ist nur bei den Verhandlungen um die Huldigung der Stände des Erzstifts Trier für Johann von Baden als Rat nachweisbar und kann ansonsten in keiner Verbindung zum Erzstift nachgewiesen werden.
d) –
e) 1455 erscheint ein gleichnamiger hessischer Zentgraf in Hüttenberg, DEMANDT, Personenstaat, Bd. 1, S. 192, zwischen 1452 und 1457 ein Domizellar in Mainz, HOLLMANN, Mainzer Domkapitel, S. 362.

31. Esch, Godard von

a) 1459 X 28
b) –
c) **Amtmann:** Bernkastel in Pfandschaft: LHAK 1 A 334 (1458 XI 10). **Bürge:** LHAK 1 A 8400 (1459 X 28, Ehrenbreitstein). **Richter:** SCHMIDT, Nr. 2074 (1459 III 7, Ehrenbreitstein); SCHMIDT, Nr. 2085 (1459 IX 1).
d) –
e) 1437/1438 Amtmann zu Bernkastel und Esch: Strasser, Grabsteine der Herren v. Esch in Sehlem und Clausen, in: TrierZGKunst 2, 1927, S. 99–102, hier: S. 99; E. Müller, Aus der Geschichte der Herren v. Esch/Salm, in: LdkdlVjbll 27, 1981, S. 3–8, hier: S. 5. Rat Erzbischof Jakobs: MILLER, Jakob von Sierck, S. 272.

32. Esch, Johann von

a) 1468 VII 20 – 1479 IV 17
b) –
c) **Amtmann:** Kyllburg: LHAK 1 A 2206 (1458 XI 10). **Bürge:** LHAK 1 A 3412 (1468 VII 20, Ehrenbreitstein); LHAK 1 A 2036 (1479 IV 17, Ehrenbreitstein); LHAK 1 A 4274 (1480 IV 17). **Landstandschaft:** LHAK 1 C 108, Bl. 61v (1493 IV 16, Koblenz); ebd., Bl. 148r (1494 X 2, Ehrenbreitstein). **Richter:** LHAK 1 A 8797 (1488 VII 30, Koblenz).
d) Zweimal heißt es von ihm, er sei *woenhefftig zu Punderich*: LHAK 1 B 191 (1457 XII 9); TILLE/KRUDEWIG, Bd. 3, S. 105f. (1459 IX 16, Ehrenbreitstein). Aus der Kellerei im Hamm erhielt er jährlich ein halbes Fuder Weingülte: LHAK 1 C 18, 69 (1457 VI 16). Gemeinsam mit Bernhard von Palant und Hans von Heringen besaß er drei Viertel des Zehnten zu St. Ingebrecht und St. *Welffrit*: PSHIL, Bd. 34, S. 23. Seine Tochter Eva erhielt als Wittum sein Teil des Hauses *zu der Schuren*: LHAK 1 C 18, 925 (1492 II 4, Ehrenbreitstein).
e) Sohn von Godard von Esch. Seit Januar 1457 erscheint er regelmäßig als Mitsiegler bei dem Erzbischof ausgestellten Reversen, insbesondere bei Belehnungen, vgl. z. B. LHAK 1 A 8339–8341 (1457 I 23). Unter Erzbischof Jakob Amtmann zu Ehrenbreitstein: LHAK 1 A 1687 (1456 II 21). Seine Tochter Eva war mit Kuno von Eltz verheiratet: HStAD Depositum Wahn I B 3 (1481 XI 11).

33. Esch, Nikolaus von

a) 1460 VII 3 – 1493 VI 11
b) –
c) **Amtmann:** Bernkastel: LHAK 1 C 17, 684 (1460 VII 3); LHAK 1 C 16213, Bl. 56 (1474 XII 17); LHAK 1 A 335 (1488 VI 21); LHAK 1 C 358, S. 143f. (1488 VII 17, Cochem). Esch in Pfandschaft zur Sicherheit für ein Darlehen von 1000 Gulden: LHAK 1 A 1803 (1483 VII 31). **Geldgeber:** 400 landgräfliche Gulden, LHAK 1 A 8684 (1482 V 16). 1000 Gulden gemeinsam mit seiner Frau: LHAK 1 A 8691 (1483 IV 20, Pfalzel). **Landstandschaft:** LHAK 1 C 108, Bl. 148r (1494 X 2, Ehrenbreitstein). **Richter:** LHAK 1 C 17, 684 (1460 VII 3); LHAK 1 C 358, S. 89 (1465 VI 17); LHAK 1 C 18962 (1493 VI 11, Koblenz).
d) Seiner dritten Frau, Margarethe von Raesfeld, übergab er als Wittum eine Hälfte der Burg Esch a. d. Salm, sein Teil von Kleinich und der Weingülte zu Piesport: LHAK 54 E 192 (1468 XII 3, Pfalzel). Dem Hospital bei Kues verkaufte er für 225 Gulden eine Fruchtrente von zwölf Maltern, halb Korn, halb Hafer, aus seinem Teil des Zehnten zu Kleinich: LHAK 1 B 431 (1476 I 20). Für ein Darlehen von 1000 Gulden erhielt er vom Erzbischof zwei Fuder Wein zu Platten, 14 Gulden Schatzung, zwei Malter Korn von der dortigen Mühle, den erzbischöflichen Anteil vom Zoll zu Esch, das Heu, das früher in die Kellerei Pfalzel geliefert wurde, die Bestheäupter zu Wengerohr und Sehlem, die Fastnachtshühner zu Platten.
e) –

34. Frank von Koblenz, Dr. decretorum Heimann

a) 1474 V 24 – 1499 XII 27
b) –
c) **Anwalt:** LHAK 1 A 8829 (1489 III 30); TOEPFER, Bd. 3, Nr. 16 (1489 V 22). **Gesandter** beim Augsburger Reichstag: HStAD Depositum Wahn I B 1 (1474 V 24); bei den Koadjutorverhandlungen: LHAK 1 C 1397 (1499 XII 15, Ehrenbreitstein). **Kommissar** des Erzbischofs: WAMPACH, Bd. 9, Nr. 993f. (1477 III 26, Pfalzel); LHAK 1 C 8186, S. 1 (1489 II 22, Ehrenbreitstein). **Offizial** der Kurie Trier: 1464 – 1477 III 27. **Richter:** LHAK 1 A 1282 (1483 X 16); LHAK 1 C 16213, Bl. 104 (1486 IX 14); STAT Ta 32/3, Fasc. 1 (1491/1492); LHAK 1 C 18, 991 (1494 II 24, Ehrenbreitstein); LHAK 1 C 108, Bl. 171r-172r (1494 III 2, Ehrenbreitstein). Richter und Konservator der Rechte der Universität Trier: LHAK 1 A 427 (1490 IX 12).
d) Dekan des Stifts St. Martin und Severus in Münstermaifeld 1460 VI 16 – ca. 1472. Dekan von St. Simeon in Trier 1472 VII 8 – 1499 XII 27.
e) –

35. Fronhof, Nikolaus im

a) 1460 II 4
b) –
c) **Kellner:** Hamm: TILLE/KRUDEWIG, Bd. 4, S. 375 (1459 IV 21); BAT Abt. 71,84, Nr. 574 (1459 IX 2); TILLE/KRUDEWIG, Bd. 3, S. 105f. (1459 IX 16, Ehrenbreitstein). **Richter:** LHAK 1 A 1827 (1460 II 4, Fankel).
d) –
e) –

36. Gemminger, Magister Dr. decretorum Johann

a) 1457 III 22
b) –
c) **Offizial** in Koblenz 1459 XI 24 – 1469 IX 9
d) –
e) Bei den Verhandlungen mit den Landständen über die Huldigung war er ebenso anwesend wie bei der Eidesleistung der Trierer Domherren: LHAK 1 C 16212, Bl. 27 (1457 III 22, Koblenz), Bl. 17 (1460 V 12). Wie andere Funktionsträger, die Johann von Baden in den ersten Jahren seiner Amtszeit einsetzte, stammte auch er aus dem personellen Umfeld der Markgrafschaft Baden.

37. Goswin, Dr. decretorum Servatius

a) 1474 V 2
b) –
c) **Gesandter** bei der Stadt Trier: STAT RMR 1474/5, fo. 2v (1474 XII 3). **Offizial** in Koblenz: 1477 VII 25 – 1482 VI 11.
d) –
e) Gesandter des Markgrafen Karl von Baden an der römischen Kurie: GLAK Abt. 46, Nr. 743 (1474 IV 13, Baden); hier wird er einmal *Servatius de Confluentia* genannt, später mit seinem Familiennamen: GLAK Abt. 46, Nr. 744 (1474 IV 30, Mailand).

38. Gramann von Nickenich, Dr. utriusque iuris Richard

a) 1497 VIII 23 – 1498 XII 4
b) Der Erzbischof ernannte ihn für drei Jahre zum Rat und Diener, der *by uns stediges zu hoiff syn und gewarten sall, zu raden, zu dienen, zu ryden, tage zu leisten und anders zu tunde nach unserm bevelhe*; mit zwei Pferden sollte er in der Kost des Kurfürsten stehen, der ihm *zu Erenbreitstein eyn kamer und gemache tun betirnnen, syn bucher und arbeit darinn zu haben*, und ihm einen Schreiber bezahlen wollte. Als Entgeld erhielt er jährlich zwei Hofkleidungen, zwölf Malter Korn, zwei Fuder Wein, ablösbar mit 24 Albus bzw. zwölf Gulden, und 30 Gulden Geld vom Zoll Engers sowie 34 Gulden Pagament aus den Einkünften des Siegels in Koblenz: LHAK 1 A 8996 (1497 VIII 23, Boppard).
c) **Anwalt:** LHAK 1 C 609, S. 172–185 (1498 XII 4, Oberwesel). **Offizial** in Koblenz: 1485 I 18 – 1495 VII 15; in Trier: 1508/9, STAT RMR 1508/9, fo. 39r. **Rektor** der Trierer Universität: 1509–1511: HEYEN, Paulin, S. 627. **Richter:** HHStAW Abt. 339, Nr. 310 (1499 II 28).
d) 1479 Kanoniker von Liebfrauen in Trier: HEYEN, Paulin, S. 627; 1484–1508 Kanoniker von St. Florin in Koblenz, 1508 zum Dekan gewählt, DIEDERICH, Florin, S. 260; 1490–1494 Dekan von St. Paulin bei Trier: HEYEN, Paulin, S. 627; 1495–1513 Dekan von Liebfrauen in Oberwesel: PAULY, Oberwesel, S. 373; Pfarrer in Niedermendig: TILLE/KRUDEWIG, Bd. 2, S. 90 (1488 VII 20). Erste Bitte Maximilians an das Koblenzer St.-Kastor-Stift: SCHMIDT, Nr. 2296 (1489 VII 24, Frankfurt), vgl. Nr. 2365 (1500 VII 23).
e) –

39. Gutmann, Dr. legum Johann

a) 1501 XII 10
b) –
c) **Offizial** in Koblenz: 1497 IX 11 – 1514 VIII 4. **Richter:** LHAK 1 C 17055, S. 1–29 (1501 XII 10, Koblenz).
d) 1487 XI 29 Kanoniker, seit 1503 V 5 Kustos von St. Kastor in Koblenz: SCHMIDT, Nr. 2280 (1487 XI 29).
e) –

40. Hausmann von Namedy, Gerlach

a) 1499 III 10
b) Auf unbestimmte Zeit ernannte ihn der Erzbischof zum Rat und Diener mit der Verpflichtung zur Geheimhaltung für jährlich ein Fuder Wein aus der Kellerei Ehrenbreistein und eine Sommerhofkleidung.: LHAK 1 A 9027 (1499 III 10, Koblenz).
c) **Landstandschaft:** LHAK 1 C 108, Bl. 148r (1494 X 2, Ehrenbreitstein).
d) Nach dem Tode Johanns von Bachem erhielt er dessen Lehen in Wolken, Wallersheim und Kesselheim: LHAK 1 C 17, 1071 (1484 VIII 12, Ehrenbreitstein).
e) Unter Erzbischof Jakob II. wurde er Amtmann in Mayen: LHAK 54 N 19 (1507 XII 21).

41. Helfenstein, Johann (IX.) von

a) 1458 X 24
b) –
c) **Bürge:** LHAK 1 A 8387 (1458 X 24, Ehrenbreitstein). **Landstandschaft:** LHAK 1 A 8315 (1456 V 10). **Richter:** SCHMIDT, Nr. 2074 (1459 III 7, Ehrenbreitstein); SCHMIDT, Nr. 2085 (1459 IX 1).
d) Er besaß folgende Lehen des Erzstifts: Ein Teil der Burg Helfenstein, die Vogtei zu Niederberg, Weinberge in der Rheinhell unterhalb Ehrenbreitstein, die Sporkenburg mit Zubehör, außer einer Wiese in der *autz* bei Arzbach, ein Burglehen zu Montabaur und das Mutteramt zu Koblenz: LHAK 54 H 337 (1457 V 20, Ehrenbreitstein). Das Haus Mühlheim unter Helfenstein sollte nach seinem Tod an seine Vettern Johann, Heinrich und Rudolf Beyer von Boppard fallen: PSHIL, Bd. 33,2, S. 303 (1459 I 12). Hof zu Wittlich mit Turm und Wohnhaus: LHAK 54 H 342 (1459 IV 25). Eine Hälfte des Hofs und Gerichts zu Arenberg: MICHEL, Helfenstein, S. 57. Als Lehen des St.-Lubentius-Stifts in Dietkirchen den Zehnt zu Eschhofen und 1/2 Zehnt zu Holzhausen, von der Gemeinde Ems eine Rente von 15 Gulden, in Dietkirchen besaß er einen Hof: MICHEL, Helfenstein, S. 58. Seiner Schwiegertochter Katharina von Gymnich gab er folgendes Wittum: eine Hälfte der Sporkenburg und einen Hof zu Niederlahnstein.
e) Er war Rat der Erzbischöfe Raban und Jakob I. sowie seit 16. Juli 1438 Amtmann zu Koblenz: MICHEL, Helfenstein, S. 59.

42. Helfenstein, Johann (XII.) von

a) 1465 III 24
b) –
c) **Bürge:** DEMANDT, Nr. 5079 (1460 I 2, Ehrenbreitstein); LHAK 1 A 292 (1465 III 24, Pfalzel). **Landstandschaft:** LHAK 1 A 8315 (1456 V 10).
d) Er besaß vom Erzstift die gleichen Lehen wie sein Vater: LHAK 54 H 344 (1460 XII 13, Stolzenfels). Als Lehen der Propstei von St. Florin in Koblenz besaß er je ein Sechstel des Zehnten zu Montabaur und Dernbach: HHStAW Abt. 121 U v. Helfenstein (1460 III 21); HHStAW Abt. 121 U v. Helfenstein (1464 II 2); dieses verkaufte er für 300 Gulden: HHStAW Abt. 116, Nr. 64 (1460 IV 7); HHStAW Abt. 121 U v. Helfenstein (1466 II 22). Für drei rheinische Gulden verkaufte er einen

Weinberg in Urbar: LHAK 1 A 1231 (1464 III 5). Die ihm gemeinsam mit Johann (VI.) gehörenden Dörfer Immendorf und Arenberg nahm der Erzbischof in Schutz und Schirm: LHAK 1 C 18, 231 (1465). Für 40 rheinische Gulden verkaufte er ein Stück Land in der Niederlahnsteiner Mark: LHAK 1 A 2778 (1466 VI 2). Für 165 Gulden verpfändete er alle Rechte in den Dörfern Badem Scharpillig und Gondorf in der Vogtei Bitburg sowie den Backofen zu Dudeldorf: LHAK 54 H 350 (1466 IX 29). Der Liebfrauenkirche in Diez verkaufte er seinen Teil des Zehnten zu Lindenholzhausen und Eschhofen: STRUCK, Bd. 2, Nr. 586. Im Kloster Besselich stiftete er gemeinsam mit Johann (VIII.) von Helfenstein zwei Altäre: LHAK 1 C 17, 749 (1472 II 8, Ehrenbreitstein). Vom Abt zu Echternach besaß er folgende Lehen: Die Mühle vor der Neuerburg, den Hof zu Dreis und 1/2 Malter von der dortigen Mühle, den Hof zu Gladbach, die Wiese in der *Hadersbach*, WAMPACH, Bd. 9, Nr. 985 (1474 IX 12). Zu den Besitzungen in Horchheim und Niederlahnstein: MICHEL, Helfenstein, S. 63f. Folgende Lehen vergab er: Patronat und Gericht Rosbach, 1/4 Zehnt zu Longuich, den Wald *Auwel*: MICHEL, Helfenstein, S. 64f. Aus dem Nachlaß seines Schwiegervaters erhielt er Güter in Bernkastel, Mayen, *Polembach*, Flußbach, Neuerburg, Wengerohr, Lüxem, Hupperath, Wehlen, Wittlich, Dodenburg, Schloß Weinsberg und ein Burglehen zu Altenahr: MICHEL, Helfenstein, S. 65–67.
e) Gemeinsam mit anderen Adligen des Erzstifts bürgte er für die Bezahlung der Mitgift der Tochter Markgraf Karls von Baden: RMB IV 9711 (1468 XII 19). Sein Verwandter Johann (VIII.) von Helfenstein-Müllenbach bürgte zweimal für den Erzbischof: LHAK 1 A 8560 (1473 VIII 14); LHAK 1 A 8651 (1490 IV 11). Im Laufe seines Lebens sah er sich zu einer ganzen Reihe von Veräußerungen des Allodialguts der Familie gezwungen: MICHEL, Helfenstein, S. 67–69.

43. Helfenstein, Johann (XIII.) von

a) 1493 VI 11 – 1500 XI 14
b) –
c) **Amtmann:** Wittlich: LHAK 54 H 374 (1489 XII 13, Ehrenbreitstein); LHAK 1 C 18, 1103 (1498 VI 30, Boppard); LHAK 1 C 358, S. 157f. (1500 XI 5, Poppelsdorf), S. 161f. (1500 XI 14, Koblenz). **Anwalt:** LHAK 1 C 609, S. 7–90 (1498 VII 10/11, Trarbach); LHAK 1 C 397, S. 208 (1499 IX 13, Merzig). **Bürge:** HHStAW Abt. 116, Nr. 82 (1475 VIII 31, Ehrenbreitstein); DEMANDT, Nr. 5962 (1476 I 12); LHAK 1 A 8669 (1480 XII 29, Ehrenbreitstein); HHStAW Abt. 121 U v. Staffel (1481 V 28); BROMMER, Nr. 770 (1484 VIII 3); LHAK 1 A 8888 (1491 XII 26, Ehrenbreitstein); LHAK 1 A 740 (1493 X 2); LHAK 1 A 8956 (1495 XI 8); LHAK 1 A 9140 (1502 XI 11). Weitere Bürgschaften: MICHEL, Helfenstein, S. 88f., Anm. 4. **Landstandschaft:** LHAK 1 C 108, Bl. 61v. (1493 IV 16, Koblenz); LHAK 1 A 9112 (1502 II 17). **Richter:** LHAK 1 C 18962 (1493 VI 11, Koblenz); LHAK 1 C 358, S. 155f. (1494 IX 21); LHAK 1 A 3697 (1495 II 24).
d) Vom Erzstift Trier besaß er die Lehen seiner Vorfahren: LHAK 54 H 356 (1475 VIII 27, Ehrenbreitstein). Ebenso vom Propst des Stifts St. Florin: HHStAW Abt. 121 U v. Helfenstein (1475 IX 5). Als luxemburgisches Lehen erhielt er die Erbmarschallwürde des Erzstifts Trier mit Zubehör: der Hälfte der Herrschaft *Scharpillich* sowie die Hälfte der Orte *Rode, Sletwyler, Ornhoven* und *Brist*: PSHIL, Bd. 35, S. 112f. (1480 X 14). Seine Frau Veronika von Rheineck erhielt folgendes Wittum: den Zehnt und ein halbes Fuder Wein zu Hupperath, den Zehnt zu Lüxem, Weingärten zu Wittlich, die Weinakzise zu Flußbach, den Hof zu Neuerburg und die *stocke wiesse*: LHAK 1 C 18, 847 (1490 IX 19, Pfalzel). Für 731 gute rheinische Gulden verkaufte er sein Drittel des Zehnten zu Montabaur und Dernbach, Lehen des Propstes von St. Florin in Koblenz: BROMMER, Nr. 800 (1491 XII 21). »Seinen Wohnsitz hatte Johann zuerst auf der Sporkenburg, nach deren Verkauf in seinem Hause in Ehrenbreitstein und zuletzt im »Turme« zu Wittlich«, MICHEL, Helfenstein, S. 88.
e) Bei der Belehnung Erzbischof Johanns mit den Regalien durch König Maximilian trug der Erbmarschall das Banner des Erzstifts: RTA MR, Bd. 5,2, S. 1496f. (1495 VII 15, Worms). In noch größerem Maße als Johann (XII.) verkaufte er die Besitzungen seiner Familie, insbesondere als sich herausstellte, daß er ohne männliche Nachkommen sterben würde: MICHEL, Helfenstein, insbes. S. 71–73, 85f.

44. Helmstadt, Erhard von

a) 1485 III 14
b) –
c) **Amtmann:** Baldeneck: LHAK 1 D 1308 (1482 V 30); LHAK 1 B 1171 (1482 VI 2); LHAK 54 H 451 (1484 I 1); LHAK 1 C 86, S. 28 (1486 V 12, Bernkastel). **Anwalt:** LHAK 1 C 17, 1324 (1485 III 14, Degenbach).
d) Seiner Frau Gisela von Ratsamshausen übergab er als Wittum 20 rheinische Gulden Manngeld vom Bopparder Zoll und die 40 Gulden, die sein Vater dort hatte: LHAK 1 C 18, 468 (1476 IX 11, Stolzenfels), damit wurde er später vom Erzbischof belehnt: LHAK 1 B 1172 (1486 XI 8, Ehrenbreitstein), vgl. LHAK 1 C 18, 757 (1486 XI 9, Ehrenbreitstein).
e) –

45. Holzapfel von Herxheim, Heinrich

a) 1486 V 12 – 1490 XII 26
b) Der Erzbischof ernannte ihn dreimal in getrennten Urkunden zum Marschall, Rat und Diener, der für jährlich 110 Gulden mit vier reisigen Pferden dienen sollte: LHAK 1 A 8845 (1487 XII 26/1489 XII 26); LHAK 1 A 8871 (1490 XII 26).
c) **Anwalt:** LHAK 1 C 86, S. 3–38 (1486 V 12, Bernkastel); FWA 102-9-2 (1486 XI 16). **Amtmann:** Pfalzel für zwei Jahre: LHAK 1 A 8872 (1490 XII 26). **Hofmeister:** Bereits der Rückvermerk des Revers Heinrichs zu seiner Ernennung zum Marschall, Rat und Diener vom 26. Dezember 1490 besagt: *hoiffmeisters dienstbrieff.* Knapp ein Jahr später wird er ausdrücklich als *magister curie* genannt: LHAK 1 C 18, 888 (1491 X 14); LHAK 1 C 19389, S. 123f. (1492 I 29). **Marschall:** 1485 III 26 – 1490 XII 26
d) –
e) Die Identität mit dem Heinrich Holzapfel von Herxheim d.Ä., der verschiedene Lehen vom Grafen zu Nassau-Saarbrücken besaß, ist nicht gesichert, vgl. HHStAW Abt. 121 U Holzapfel von Herxheim (1450 I 2; 1458 V 26; 1477 IX 24); HHStAW Abt. 130 I 241 (1461 IV 19). In der Mainzer Stiftsfehde verhandelte dieser einmal für den Pfalzgrafen Ludwig: RMB IV 8861 (1462 IV 13).

46. Hombrecht von Schönberg, Wilhelm

a) 1499 I 27 – 1501 III 8
b) –
c) **Amtmann:** Saarburg: LHAK 1 A 3222 (1494 VIII 23, Pfalzel); LHAK 1 A 3221 (1494 XI 5, Pfalzel); LHAK 1 C 16214, Bl. 162 (1496 III 11); LHAK 1 C 397, S. 7 (1498 II 17); ebd., S. 3f. (1498 I 30, Ehrenbreitstein); ebd., S. 23f. (1498 XII 29, Ehrenbreitstein); ebd., S. 31 (1499 I 27, Ehrenbreitstein); ebd., S. 35 (1499 II 21, Koblenz); ebd., S. 208 (1499 IX 13, Merzig); ebd., S. 153–156 (1500 III 19). **Anwalt:** LHAK 1 C 397, S. 208 (1499 IX 13, Merzig). **Geldgeber:** 2000 Gulden, LHAK 54 S 609 (1496 VIII 20). **Landstandschaft:** LHAK 1 C 108, Bl. 61v. (1493 IV 16, Koblenz); ebd., Bl. 148r (1494 X 2, Ehrenbreitstein).
d) Der bereits länger umstrittene (vgl. PSHIL, Bd. 33,2, S. 299 (1458 I 18), S. 302 (1458 IX 20, Koblenz)) Zehnt zu Lotzbeuren gehörte ihm zu vier Fünfteln: PSHIL, Bd. 55, S. 97f. (1493 III 5, Bacharach). Der Erzbischof belehnte ihn mit einem Hof zu Monzingen im Amt Saarburg: LHAK 54 S 613 (1501 IX 4, Trier). Burglehen der Schönburg bei Oberwesel: LHAK 54 S 596 (1475 V 18).
e) –

47. Hunolstein, Heinrich Vogt von

a) 1465 III 24
b) –
c) **Bürge:** LHAK 1 A 292 (1465 III 24, Pfalzel). **Richter:** SCHMIDT, Nr. 2074 (1459 III 7, Ehrenbreitstein). In der Mainzer Stiftsfehde verzichtete der Erzbischof auf seine Hilfe: LHAK 1 C 16781, S. 1f. (1463 I 12). Als ihn der Kurfürst zum Dienst, vermutlich in der Neusser Fehde, aufgefordert hatte, bat er um genaue Angabe der Zeit, da er gleichfalls vom Herzog von Burgund zum Dienst aufgefordert sei: LHAK 1 C 16213, Bl. 52 (1474 IV 30).
d) Burg und Vogtei Hunolstein: TOEPFER, Bd. 2, Nr. 399 (1457 X 1, Pfalzel). Seiner Frau übergab er ein Viertel der Burg Hunolstein, eine Hälfte der Burg Neumagen und 1000 Gulden von den Einkünften der Burgen als Wittum: LHAK 1 C 18, 178 (1466 IV 16, Trier). Mit seinem Tod fiel die Herrschaft Hunolstein als erledigtes Lehen an das Erzstift Trier zurück.
e) Herzog Ludwig von Pfalz-Veldenz ernannte ihn *dietzyt mit libe vnd gude* zu seinem Rat und Diener: TOEPFER, Bd. 2, Nr. 401 (1458 VII 24, Zweibrücken).

48. Hurt von Schöneck, Johann

a) 1488 IX 3 – 1489 I 1
b) Der Erzbischof ernannte ihn zum Rat und Diener für jährlich 100 Gulden Pagament und zwei Fuder Wein aus der Kellerei Wittlich. Dafür solle er *sich gegen unsern gnedigen herrn halten als sijn rait und diener, gewonliche glubdde und eide tun, wie andere unsers gnedigsten herrn rete von ritterschafft, deßglich sijne obgenannten soene nach entfengkniß irer lehenschafft obgenannt auch tun sullent als ritterschafft uß dem stiffte geborn und darzu gewant*: LHAK 1 C 17, 1208 (1488 IX 3, Koblenz). In einer erneuten Ernennungsurkunde ist die Rede davon, daß er *sich furbaß als eyn rittermeister, unsers stiffts undertane, rait und diener zu uns halten solle*: LHAK 1 A 8817 (1489 I 1, Trier).
c) –
d) Ein durch den Kölner Erzbischof Dietrich ausgehandelter Vergleich mit dem Erzbischof von Trier regelte die Eigentumsverhältnisse, nachdem es zu bewaffneten Auseinandersetzungen gekommen war. Demnach erhielt er: eine jährlich Rente von 275 oberländischen rheinischen Gulden, ablösbar mit 5500 Gulden, den Hof Poltersdorf, das Gut zu Wildenborn, ein Gut zu Dudelfeld im Wert von 10 oder 11 Gulden, einen Hof, Äcker, Wiesen und Weingärten zu Ochtendung, den Hof Müden, einen Hof zu *Birgelen* sowie Güter zu Mertloch, Kell, *Dome*, Waldorf, *Ripsdorff* und *Boldelsborn*. Dafür sollte er die Pfandurkunden bezüglich Manderscheid und Hillesheim zurückgeben: LHAK 1 A 8361 (1457 XI 8, Köln), vgl. LHAK 1 C 18, 78 (1458 II 9). Die Rente sollte von den Einkünften des Zolls Engers gezahlt werden: LHAK 1 A 8387 (1458 X 24, Ehrenbreitstein). Später übergab er die Schuldurkunde seiner Tochter Lise als Mitgift: LHAK 1 A 8433 (1462 X 1); LHAK 54 S 369 (1462 X 13). Johanns Sohn Richard verlieh der Erzbischof das Burghaus in der Vorburg von Schöneck sowie für die verpfändeten Höfe Schalkenmehren und Scheidweiler zehn Jahre lang jährlich 60 Gulden aus der Kellerei Wittlich; LHAK 1 C 17, 1208 (1488 IX 3, Koblenz). Über beide Höfe stellte er wenig später einen Lehnsrevers aus: LHAK 1 C 17, 1210 (1489 I 1).
e) –

49. Isenburg-Grenzau d. Ä., Gerlach (II.) von

a) 1458 X 24
b) –
c) **Bürge:** LHAK 1 A 8387 (1458 X 24, Ehrenbreitstein); LHAK 1 A 8458 (1464 XI 11). **Diener:** Er quittierte über den Ersatz von zwei Pferden, die er im Dienst des Erzbischofs verloren hattte: LHAK 1 C 18, 753 (1481 VI 19). **Richter:** SCHMIDT, Nr. 2074 (1459 III 7).
d) Gemeinsam mit seinem Sohn Gerlach d. M. verkaufte er an Erzbischof Johann von Trier und Graf Philipp von Katzenelnbogen für 3000 Gulden Schloß, Feste und Freiheit Herrschbach: DEMANDT, Nr. 5601 (1470 XII 2), vgl. ebd., Nr. 5620 (1471 IV 30, Ehrenbreitstein). Nach einigen Jahren verkauften die beiden die Herrschaft weiter an den Dompropst Philipp von Sierck: Ebd., Nr. 5930 (1477 VI 11), 5932 (1477 VI 18).
e) –

50. Isenburg-Grenzau d. M., Gerlach (III.) von

a) 1464 XI 11
b) –
c) **Bürge:** LHAK 1 A 8915 (1493 VI 15). **Landstandschaft:** LHAK 1 C 108, Bl. 147v (1494 X 2, Ehrenbreitstein). **Richter:** LHAK 1 C 16214, Bl. 119–120 (1493 X 1, Montabaur).
d) Kurtrierische Lehen: Eine Hälfte der Burg Grenzau und eine Hälfte des Besitzes von Philipp von Isenburg-Grenzau mit den Dörfern Rachdorf, Breitenau, Meuth und Alsbach: LHAK 35, 341 (1457 VIII 26). Später erhielt er die Burg Grenzau ganz: LHAK 35, 345 (1460 X 25). Den Meuther Hof verkaufte er gemeinsam mit seinem Vater für 2000 Gulden an Graf Philipp von Katzenelnbogen: DEMANDT, Nr. 5581 (1470 III 23). In Metternich besaß er eine Rente von $22^{1}/_{2}$ Gulden: LHAK 1 A 2488 (1482 VIII 11); LHAK 1 A 9034 (1499 X 4). Vom Kaiser erhielt er einen Turnosen am Zoll Lahnstein: CHMEL, Nr. 7811 (1486 II 24, Frankfurt). 1490 nahm er seinen gleichnamigen Sohn in alle Besitzungen seiner Familie, Isenburg, Grenzau u. a., auf: LHAK 1 A 8849/8850 (1490 II 6); LHAK 1 A 8849 R (1490 II 7, Ehrenbreitstein). Patronat der Kirche in Meuth: STRUCK, Bd. 2, Nr. 298 (1492 III 30, Trier). Nach dem Tod des Dompropsts Philipp meldete er Ansprüche auf das Siercker Erbe an: LHAK 1 C 16214, Bl. 76 (1492 X 5). Vom St.-Lubentius-Stift in Dietkirchen erwarb er auf zunächst drei Jahre den Zehnt in Breitenau: STRUCK, Bd. 2, Nr. 302 (1494 I 13).
e) Einmal ist er im Dienst des Kölner Erzbischofs nachweisbar: LHAK 35, 384 (1476 IX 18).

51. Isenburg-Grenzau d. J., Gerlach (IV.) von

a) 1501 XII 21 – 1501 XII 25
b) Erzbischof Johann ernannte ihn zu seinem Rat und Diener, der *by uns zu hoiff myt sehsß pferden sall syn, raeden, helffen und dienen zum besten als eynem raide und diener woil gezimbt und geburt* für jährlich 100 rheinische Gulden aus der Kellerei Ehrenbreitstein: LHAK 1 A 9107 (1501 XII 25, Trier).
c) **Anwalt:** LHAK 1 C 609, S. 7–90 (1498 VII 10/11, Trarbach). **Bürge:** LHAK 1 A 8930 (1494 II 20); STAW Abt. Löwenstein-Wertheim-Freudenberg Virneburger Urkunden VI/162 (1501 XII 21); LHAK 1 A 9104 (1501 XII 21). **Hauptmann:** LHAK 701,4, fo. 70v (1497 VII). **Landstandschaft:** LHAK 1 A 9112 (1502 II 17). **Richter:** LHAK 1 A 9038 (1499 XI 12, Koblenz); LHAK 1 A 9141 (1502 XI 19). **Statthalter:** HHStAW Abt. 339, Nr. 310 (1498 III 28, Koblenz). Bei der Belehnung Erzbischof Johanns durch Maximilian mit den Regalien des Erzstifts trug er das *rot banner, beteut die regalia*: RTA MR, Bd. 5,2, S. 1496f. (1495 VII 15).
d) Koblenzer Bürger: StaK- 623- BMR 1683 (1501 I 24). Bei der Teilung des väterlichen Erbes erhielt er am 25. Mai 1502 folgende Güter: die Herrschaft Isenburg, im Schloß Isenburg das »Frauenhaus« mit Teil am Tal Isenburg und den Dörfern, Schloß und Tal Herschbach mit Dörfern und Zubehör. Nach dem Tod seines Bruders Wilhelm sollte die Herrschaft Grenzau ebenfalls ihm zufallen, GENSICKE, Westerwald, S. 305.
e) –

52 Isenburg-Neumagen, Salentin (VII.) von

a) 1501 XII 21
b) –
c) **Amtmann:** Pfalzel: LHAK 1 A 3009/3032 (1501 III 9). **Bürge:** STAW Abt. Löwenstein-Wertheim-Freudenberg Virneburger Urkunden VI/162 (1501 XII 21); LHAK 1 A 9104 (1501 XII 21). **Landstandschaft:** LHAK 1 A 9112 (1502 II 17). Unter Erzbischof Jakob II. nennt er sich einmal *oberster stathelter myns gnedigsten hern von Trier*: LHAK 1 C 16221 (1506 VIII 13).
d) Von Graf Gerhard von Sayn kaufte er für 3000 gute rheinische Gulden das Dorf und den Hof zu Merzig: LHAK 1 C 17, 1589 (1497 V 1), welche er wenig später an Johann von Baden weiterverkaufte: LHAK 1 C 17, 1590 (1497 IX 11). Erzbischof Johann verpfändete ihm und seiner Frau Elisabeth von Hunolstein für 8000 Gulden die Grafschaft Salm: LHAK 1 A 9000 (1497 IX 11). Gemeinsam verzichteten sie zugunsten des Erzstifts auf die Herrschaft Hunolstein: LHAK 1 A 8997 (1497 IX 11). Dennoch erhielt er die Hunolsteiner Lehen: LHAK 1 C 17, 1603 (1498 V 9). Bei der Teilung des väterlichen Erbes erhielt er am 25. Mai 1502 folgende Güter: das Kobernhaus zu Isenburg, die Kirchspiele Horhausen, Niederlahr und das Haus Bruch, den Patronat zu Peterslahr, Futterhafer in den Kirchspielen Urbach und Anhausen und den Hof Meinborn, zwei Wiesen zu Isenburg und den Teil am Kirchspiel Meuth, der für 10000 Gulden verpfändet war und den die Brüder Gerlach und Wilhelm von ihm einlösen durften: Gensicke, Westerwald, S. 305.
e) –

53. Jux von Sierck, Johann, Licentiatus in decretis

a) 1459 VIII 13 – 1473 VII 8
b) –
c) **Kanzler:** 1459 III 7 – 1463 V 3. **Richter:** SCHMIDT, Nr. 2074 (1459 III 7, Ehrenbreitstein); LHAK 1 A 1830 (1459 VIII 13, Fankel); LHAK 1 C 86, S. 104–108 (1470 V 5, Simmern); LHAK 1 C 9598, S. 53 (1473 VII 8, Pfalzel).
d) 1456 Dekan des Liebfrauenstifts in Oberwesel: PAULY, Liebfrauen, S. 372. Seit 1470 Propst des Stifts St. Simeon in Trier: LHAK 1 C 86, S. 104–108 (1470 V 5, Simmern). Seit 1472 Kanoniker, 1481 Kustos von St. Kastor in Koblenz: SCHMIDT, Nr. 2164 (1472 VI 26); dort wählte er auch seine Grablege: SCHMIDT, Nr. 2288 (1488 V 9). In Koblenz kaufte er verschiedene Geldrenten: SCHMIDT, Nr. 2214 (1479 XII 28), Nr. 2220 (1480 VI 15), Nr. 2229 (1481 VI 15), Nr. 2241 (1482 II 24), Nr. 2245 (1482 XII 13), Nr. 2249 (1483 IV 4), Nr. 2250 (1483 IV 8), Nr. 2251 (1483 IV 239, Nr. 2252 (1483 V 1), Nr. 2265 (1485 XI 29), Nr. 2278 (1487 III 26), Nr. 2285 (1488 IV 14), Nr. 2289 (1488 X 18); dort besaß er ein Haus in der Spießgasse: ebd., Nr. 2243 (1482 III 9).
e) Er gehörte zu den Personen, die Erzbischof Jakob I. in seinem Testament mit Nachdruck seinem Nachfolger zur Übernahme empfahl: LHAK 1 D 1171.

54. Katzenelnbogen-Diez, Graf Philipp zu

a) 1465 VI 4 – 1479 VII 5
b) –
c) **Geldgeber:** Eine alte Schuld von 17.000 Gulden, DEMANDT, Nr. 4974 (1457 VII 4). 500 Gulden, DEMANDT, Nr. 5723 (1473 IV 28, Koblenz). **Landstandschaft:** LHAK 1 A 8315 (1456 V 10).
d) Folgende Lehen besaß er vom Erzstift: das Schloß Reichenberg mit Zubehör, Bornich, St. Goarshausen, Patersberg, Offenthal, ein Viertel des Schlosses Stadecken bei Nieder-Olm, ein Viertel des Hofes Lollschied, seinen Teil des Schlosses Hadamar, den Hof zum *Roetgin*, den Hof zu Schneppenhausen und sein Teil an der Grafschaft Diez: DEMANDT, Nr. 4978 (1457 IX 9). Ein Viertel der Herrschaften, Städte und Schlösser Limburg, Molsberg und Brechen kaufte er von den Landgrafen Ludwig und Heinrich von Hessen: DEMANDT, Nr. 5049 (1459 VI 14), ein Jahr später ein weiteres Viertel: DEMANDT, Nr. 5086 (1460 II 7).
e) 1465 schloß er mit dem Trierer Erzbischof ein lebenslängliches Bündnis: DEMANDT, Nr. 5341 (1465 V 25, Boppard).

55. Kebisch von Speyer, Gregor

a) 1479 XII 30 – 1499 XII 26
b) –
c) **Anwalt:** LHAK 1 A 8646 (1479 XII 30, Ulmen); LHAK 1 C 108, Bl. 181v-182r.; LHAK 1 A 9040 (1499 XII 26, Trier). **Richter:** LHAK 1 A 8940 (1494 X 13, Kirberg); LHAK 1 C 609, S. 127–143 (1498 X 17, Oberwesel), S. 172–185 (1498 XII 4, Oberwesel). **Schöffe** in Trier: LHAK 1 C 18, 990 (1501 III 13). **Schreiber:** 1469 – 1478 IX 29. **Sekretär:** 1448 IX 29 – 1512 VII 17.
d) In Trier kaufte er das Rote Haus: MICHEL, Das rote Haus, S. 61–63, in Koblenz ein Haus in der Burggasse: LHAK 1 C 18, 1242 (1501 V 26).
e) –

56. Kellenbach, Johann von

a) 1497 VII 17
b) Der Erzbischof ernannte ihn zu seinem Rat und Diener auf unbestimmte Zeit für ein Entgeld von jährlich 30 Gulden aus der Kellerei Saarburg und eine Sommerhofkleidung: LHAK 1 A 8992 (1497 VII 17, Ehrenbreitstein).
c) **Amtmann:** Saarburg: LHAK 1 A 403 (1479 XII 12); LHAK 1 A 3219/3220 (1487 VIII 23); LHAK 186, 488f. (1492 I 13); LHAK 1 C 108, Bl. 80v (1494 VIII 16, Ehrenbreitstein). Grimburg als Pfandschaft für eine Summe von 1000 Gulden: LHAK 1 A 8927 (1493 I 9, Ehrenbreitstein); LHAK 1 A 1892 (1493 XII 31); LHAK 1 A 8926 (1494 I 9, Ehrenbreitstein); LHAK 1 C 108, Bl. 80v (1494 VIII 16, Ehrenbreitstein). **Bürge:** LHAK 1 A 8834 (1489 IX 12, Ehrenbreitstein). **Landstandschaft:** LHAK 1 C 108, Bl. 61v (1493 IV 16, Koblenz).
d) Burglehen zu Saarburg: LHAK 1 C 108, Bl. 98v (1475 III 13, Koblenz); LHAK 54 K 98 (1499 I 7, Ehrenbreitstein). Für 600 Gulden kaufte er gemeinsam mit seiner Frau Elisabeth von Sierck ein Haus in der Trierer Dietrichsgasse: PSHIL, Bd. 33,2, S. 400 (1496 VI 23).
e) Die Abgrenzung der Amtszeit in Grimburg ist verhältnismäßig unsicher, da nicht klar ist, wann sein Vater Nikolaus (Nr. 57) ihm das Amt tatsächlich übergab.

57. Kellenbach, Nikolaus von

a) 1479 IV 17
b) –
c) **Amtmann:** Grimburg für eine Pfandsumme von 1300 oberländischen rheinischen Gulden: LHAK 1 A 1893 (1458 XI 10); LHAK 1 A 1894 (1459 X 27, Ehrenbreitstein); LHAK 1 A 8927 (1493 I 9, Ehrenbreitstein); LHAK 1 A 1892 (1493 XII 31). **Bürge:** LHAK 1 A 2036 (1479 IV 17, Ehrenbreitstein). **Geldgeber:** 2000 Gulden, LHAK 1 A 8400 (1459 X 28, Ehrenbreitstein). **Landstandschaft:** LHAK 1 A 8315 (1456 V 10); LHAK 1 C 108, Bl. 61v (1493 IV 16, Koblenz); LHAK 1 C 108, Bl. 148r (1494 X 2, Ehrenbreitstein); LHAK 1 A 9112 (1502 II 17).
d) –
e) Sein gleichnamiger Sohn gehört ebenfalls zu den Ausstellern der zweiten Landständeeinung.

58. Kisselbach, Matthias von

a) 1459 X 14 – 1468 X 10
b) –
c) **Anwalt:** LHAK 1 A 1831 (1459 X 14, Fankel). **Kellner:** Cochem: LHAK 1 A 1830 (1459 VIII 13, Fankel); LHAK 1 A 1827 (1460 II 4, Fankel); LHAK 1 A 8414 (1460 X 7); LHAK 1 A 3287 (1461 I 18/19); LHAK 1 A 679 (1468 X 10, Bruttig); LHAK 1 C 86, S. 115–117 (1469 X 17, Bruttig). **Richter:** LHAK 1 A 8549 (1472 VIII 28).
d) Vom Erzbischof erhielt er für sich und seinen Sohn Johann auf Lebenszeit das Vogtamt zu Treis: LHAK 1 C 18, 19 (1461 XI 2, Ehrenbreitstein).
e) –

59. Kleeberg d. Ä., Wilhelm von

a) 1469 – 1473 VII 8
b) –
c) **Amtmann:** Stolzenfels als Pfandschaft: LHAK 1 A 3410 (1461 X 22). **Geldgeber:** 1100 Gulden, PSHIL, Bd. 33,2, S. 341 (1471 V 11, Ehrenbreitstein). 1000 Gulden, LHAK 1 A 3413 (1477 V 31). **Gesandter:** Bei Pfalzgraf Friedrich: LHAK 1 C 603, S. 49f. (1466 VII 24, Ehrenbreitstein). **Landstandschaft:** LHAK 1 A 8315 (1456 V 10). **Richter:** SCHMIDT, Nr. 2074 (1459 III 7, Ehrenbreitstein); SCHMIDT, Nr. 2085 (1459 IX 1); LHAK 1 C 13205, S. 33 ([1469]); LHAK 1 C 9598, S. 53 (1473 VII 8, Pfalzel).
d) Gemeinsam mit Konrad von Caan genannt Reuber besaß er in Koblenz einen Weinberg in der Goldgrube: LHAK 1 A 1187 (1457 XI 11).
e) Zusammen mit seinem Sohn (Nr. 60) erhielt er ein Ratsessen in Koblenz: StaK- 623- BMR 1660 (1466 vor VI 24).

60. Kleeberg d. J., Wilhelm von

a) 1501 III 8 – 1501 XII 10
b) –
c) Seit 1480 erscheint er regelmäßig als Mitsiegler bei dem Erzbischof ausgestellten Reversen. Bei der Belagerung Boppards war er *an der anrichten* tätig: LHAK 701,4, fo. 71r (1497 VII). **Richter:** LHAK 1 A 9038 (1499 XI 12, Koblenz); LHAK 1 C 17055, S. 1–29 (1501 XII 10, Koblenz). **Statthalter:** HHStAW Abt. 339, Nr. 311, Bl. 150 (1501 III 8, Trier).
d) –
e) In einer Auseinandersetzung zwischen dem Abt von St. Matthias bei Trier und der Gemeinde Villmar verhandelte er im Namen des Isenburgers: FWA 87–11–2 (1486 XI 1). Auf die Klage Johanns von Eltz wurde er vom Hofgericht in Rottweil in die Acht erklärt, das daraufhin der Stadt Koblenz verbot, ihn dort zu beherbergen: StaK- 623- Nr. 448 (1495 II 14).

61. Klinge, Dr. Ludwig von

a) 1501 III 24 – 1501 XII 10
b) Der Erzbischof ernannte ihn auf unbestimmte Zeit zum Rat und Diener für ein jährliches Entgeld von acht Maltern Korn und einem Fuder Wein aus der Kellerei Ehrenbreitstein und 24 Gulden Pagament aus den Einkünften des Koblenzer Siegels: LHAK 1 C 18, 1198 (1501 VIII 10, Koblenz).
c) **Richter:** Solmser Urkunden, Bd. 3, Nr. 2304 (1501 III 24, Ehrenbreitstein); LHAK 1 C 17055, S. 1–29 (1501 XII 10, Koblenz).
d) Kanoniker von St. Kastor in Koblenz: Solmser Urkunden, Bd. 3, Nr. 2304 (1501 III 24, Ehrenbreitstein).
e) Er gehörte einer gerade am Ende des 15. und in der ersten Hälfte des 16. Jahrhunderts in Koblenz bedeutsamen Schöffenfamilie an, vgl. EILER, insbes. S. 175f., 364. 1498 ist er bereits in intensivem Kontakt mit der Stadt Koblenz zu beobachten: StaK- 623- BMR 1679.

62. Kreidweiß, Dr. utriusque iuris Johann

a) 1460 VII 3 – 1471 XI 4
b) –
c) **Anwalt:** RMB IV 9409 (1466 VI 10, Bernkastel). **Kanzler** 1460 VII 3 – 1472 VIII 28. **Richter:** LHAK 1 C 17, 684 (1460 VII 3); SCHMIDT, Nr. 2095 (1460 VIII 29); LHAK 1 C 86, S. 98–103 (1468 X 10, Bruttig); LHAK 1 C 9598, S. 7 (nach 1469 I 11); RMB IV 9972 (1469 X 17); BÄR, Urkunden, S. 106f. (1471 XI 4); LHAK 1 A 8549 (1472 VIII 28).
d) Kanoniker von St. Florin in Koblenz: DIEDERICH, Florin, S. 260. Dekan von Liebfrauen in Oberwesel: PAULY, Liebfrauen, S. 373. Pfarrer in Engers: LHAK 1 A 1781 (1461 I 27); LHAK 1 A 1782 (1461 II 26, Diez); LHAK 1 A 1783 (1461 III 1).
e) Im Auftrag der Stadt Esslingen sollte er den Markgrafen Christoph von Baden und dessen Braut beschenken: RMB IV 9747 (1469 I 17).

63. Kruss von Regensburg, Berthold

a) 1484 IV 21 – 1486 V 13
b) –
c) **Richter:** STAT TA 32/3, Fasc. 1, Bl. 53v-54v (1484 IV 21, Trier); LHAK 34, 803, S. 17f. (1485 X 1, Ehrenbreitstein); LHAK 1 C 608, S. 361f. (1486 V 13, Cochem); STAT TA 32/3, Fasc. 1, Bl. 86r-90r (1486 VIII 18). **Sekretär:** 1460 – 1502. **Statthalter:** LHAK 1 C 16218, S. 25f. (1495 IV 19), S. 33f. (1495 IV 22, Worms), S. 59f. (1495 V 21), S. 119f. (1496 V 5).
d) Als trierisches Lehen besaß er in Koblenz das rote Haus auf dem Fischmarkt, einen Weingarten in der Laubach und zwölf Albus jährlichen Zins: LHAK 1 C 18, 9 (1461 VI 25, Ehrenbreitstein); aus der Kellerei Ehrenbreitstein erhielt er jährlich acht Malter Korn und ein halbes Fuder roten Wein: LHAK 1 C 18, 289 (1467 IV 27, Ehrenbreitstein); in Leutesdorf erhielt er die Güter des verstorbenen Heinrich Leimbach: vier Morgen Weingarten, einen Baumgarten und Garten, sechs oder sieben Morgen Busch und Hecken und ein Kelterhaus: LHAK 1 C 18, 424 (1472 VIII 23, Wittlich); aus den Einkünften des Zolls zu Engers bezog er jährlich 20 Gulden: LHAK 1 A 8578 (1476 I 8); in der Koblenzer Judengasse besaß er ein weiteres Haus: STAT DK 8454 (1477 VI 30, Ehrenbreitstein). Seine Trierer Lehen übergab er seiner Frau als Wittum: LHAK 1 C 18, 937 (1491 X 31).
e)

64. Langenau, Wirich von

a) 1501 XII 10
b) –
c) **Bürge:** LHAK 1 A 740 (1493 X 2). **Richter:** LHAK 1 C 17055, S. 1–29 (1501 XII 10, Koblenz).
d) Gemeinsam mit seinem Bruder Hilger tauschte er einen Hof im Limburger Burgfrieden gegen einen Hof des St.-Georg-Stifts in Oberbach: STRUCK, Bd. 1, Nr. 1303f. (1492 VIII 25)
e) –

65. Lare, Dr. utriusque iuris Jakob von

a) 1478 VI 19 – 1499 XII 27
b) –
c) **Anwalt:** LHAK 1 C 1397 (1499 XII 15, Ehrenbreitstein). **Gesandter:** LHAK 1 C 19389, S. 37–39 (1483 VII 3, Pfalzel); LHAK 1 C 108, Bl. 59 (1485 II 16, Frankfurt); ebd., Bl. 60r (1493 IV 15, Koblenz); ebd., Bl. 181v-182r (1494 VII 29, Pfalzel); RTA MR, Bd. 6, S. 484 (1497 VIII 23, Worms). **Offizial** in Trier: 1486–1499. **Richter:** LHAK 1 C 18, 729 (1485 I 16, Trier).
d) –
e) –

66. Leiningen-Westerburg, Reinhard Graf zu

a) 1483 I 21 – 1503 II 9

b) Bestallungen des Grafen sind mehrfach überliefert: Ein Revers über die Ernennung zum Rat und Diener für 100 Gulden auf unbestimmte Zeit: HHStAW Abt. 339, Nr. 310 (1483 I 21). Diese Ernennung wurde 1491 wiederholt: In der Urkunde des Erzbischofs wird zunächst über ausstehende 300 Gulden befunden, daß diese vom erzbischöflichen Rentmeister ausgezahlt werden sollen; erneut ernannte Johann von Baden ihn mit sechs reisigen Pferden zu seinem Rat und Diener, dem jährlich 200 Gulden vom Rentmeister zustanden, ansonsten könne er sich am Zehnt zu Brechen schadlos halten. Der Dienst endete, wenn eine der beiden Seiten die Schuldverschreibung des Erzbischofs über 4000 Gulden kündigt: HHStAW Abt. 339, Nr. 310 (1491 II 1, Ehrenbreitstein). Ein Jahr später ernannte ihn der Erzbischof nochmals zum Rat und Diener für 100 Gulden jährlich: HHStAW Abt. 339, Nr. 310 (1492 IV 4). Die Schuldverschreibung über 4000 Gulden wurde durch seine Ernennung zum Amtmann von Montabaur versichert.

c) **Amtmann:** Montabaur in Pfandschaft: 1492 IV 4: HHStAW Abt. 116, 97; 1504 IX 18: HHStAW Abt. 116, Nr. 108. **Anwalt:** HHStAW Abt. 339, Nr. 310 (1498 I 18, Ehrenbreitstein). **Bürge:** HHStAW Abt. 345 U 7 (1484 IV 27); HHStAW Abt. 339, Nr. 310 (1484 VIII 11, Ehrenbreitstein); ebd. (1491 III 7, Koblenz); ebd. (1492 VIII 9, Koblenz); ebd. (1492 IX 22, Ehrenbreitstein); LHAK 1 A 8956 (1495 XI 8); HHStAW Abt. 339, Nr. 310 (1497 VIII 19); LHAK 1 A 9002 (1497 X 27); HHStAW Abt. 339, Nr. 310 (1498 XI 9, Ehrenbreitstein); HHStAW Abt. 339, Nr. 311, Bl. 148 (1500 IX 23, Koblenz). **Geldgeber:** HHStAW Abt. 339, Nr. 310 (1489 IV 22). 4000 Gulden, LHAK 1 A 8848 (1490 I 25); HHStAW Abt. 339, Nr. 310 (1490 II 19); ebd. (1490 IX 15); ebd. (1499 II 28); ebd. (1499 IV 20, Pfalzel); HHStAW Abt. 339, Nr. 311, Bl. 149 (1500 IX 7, Pfalzel); ebd., Bl. 147 (1501 I 30, Koblenz); ebd., Bl. 133 (1502 X 14, Ehrenbreitstein). **Gesandter:** HHStAW Abt. 339, Nr. 311, Bl. 126 (1502 V 9, Koblenz). **Landstandschaft:** HHStAW Abt. 339, Nr. 310 (1487 XII 27, Trier); LHAK 1 C 108, Bl. 61v (1493 IV 16, Koblenz); ebd., Bl. 147v (1494 X 2, Ehrenbreitstein); HHStAW Abt. 339, Nr. 310 (1498 VI 24, Ehrenbreitstein); LHAK 1 A 9112 (1502 II 17). **Richter:** HHStAW Abt. 339, Nr. 310 (1490 II 2, Ehrenbreitstein); ebd. (1490 X 8, Pfalzel); ebd. (1492 II 28, Koblenz); ebd. (1492 III 14, Ehrenbreitstein); LHAK 1 C 18962 (1493 IV 24, Koblenz); HHStAW Abt. 339, Nr. 310 (1497 III 11, Ehrenbreitstein); LHAK 1 A 9141 (1502 XI 19). In der Bopparder Fehde war er einer der Hauptleute: LHAK 701,4, fo. 70v (1497 VII).

d) Als Reichslehen besaß er das Hochgericht zu Habscheid, zwei Turnosen am Zoll Boppard, je einen Turnosen am Zoll St. Goar und Mainz: CHMEL, Nr. 6422 (1471 VIII 17, Regensburg). Das trierische Lehen Schloß Schadeck erhielt seine Frau Zimburga von Sayn als Wittum: LHAK 1 C 18, 769 (1487 X 28; Ehrenbreitstein).

e) Aufgrund seiner Stellung als Reichsgraf trat er auch als Schlichter in Fällen auf, bei denen Reichsfürsten involviert waren: LHAK 1 A 8829 (1489 V 18); TOEPFER, Bd. 3, Nr. 16 (1489 V 22); LHAK 1 A 8830 (1489 XI 3). Es sind auch Fälle überliefert, in denen der Trierer Erzbischof eine Partei darstellte: LHAK 1 A 8859 (1490 V 13, Engers); LHAK 1 A 8880 (1491 VII 21); HHStAW Abt. 339, Nr. 310 (1496 V 25). Gemeinsam mit Graf Kuno von Leiningen-Westerburg gründete er die Bruderschaft zu Ehren der heiligen Sebastian und Maria Magdalena, der auch Erzbischof Johann angehörte: STRUCK, Bd. 2, Nr. 849 (1499 I 18). Unter Erzbischof Jakob von Baden gehörte er nur noch im Jahr 1504 zu den Räten.

67. Leyen-Olbrück, Georg von der

a) 1459 X 28 – 1501 III 24

b) Der Erzbischof ernannte ihn auf vier Jahre zum Rat und Diener, der *zu hoiff* dienen sollte. Dafür sollte er vom Koblenzer Siegler jährlich 60 Gulden erhalten: LHAK 1 A 8724 (1485 XII 28, Ehrenbreitstein).

c) **Amtmann:** Das Amt Kobern hatte er bereits von seinem Vater Johann in Pfandschaft übernommen: LHAK 1 A 728 (1458 XI 10); LHAK 1 C 18, 47 (1464 VI 7, Ehrenbreitstein); LHAK 1 C 18, 359 (1470 IV 1; Ehrenbreitstein). Mayen für eine Pfandsumme von 3000 Gulden: LHAK 1 A 2367 (1466 XI 22, Koblenz); STAW Abt. Löwenstein-Wertheim-Freudenberg Nachträge A/83 (1468 XI 11); LHAK 1 C 18, 683 (1479 V 1). **Bürge:** LHAK 1 A 8345 (1457 III 22, Ehrenbreitstein); LHAK 1 A 8400 (1459 X 28, Ehrenbreitstein); DEMANDT, Nr. 5079 (1460 I 2, Ehrenbreitstein); LHAK 1 A 8458 (1464 XI 11); DEMANDT, Nr. 5862 (1476 I 12); LHAK 1 A 2036 (1479 IV 17, Ehrenbreitstein). **Landstandschaft:** LHAK 1 A 8315 (1456 V 10); LHAK 1 C 108, Bl. 61v (1493 IV 16, Koblenz); ebd., Bl. 148r (1494 X 2, Ehrenbreitstein); LHAK 1 A 9112 (1502 II 17). **Richter:** SCHMIDT, Nr. 2085 (1459 IX 1); LHAK 1 C 13205, S. 33 ([1469]); BAT Abt. 6,2, Nr. 1, S. 24 (1481 XI 6); LHAK 1 A 1282 (1483 X 16); BROMMER, Nr. 769 (1484 VI 12); LHAK 1 C 608, S. 361f. (1486 V 13, Cochem); LHAK 1 C 736, S. 211 (1496 VI 11, Koblenz); LHAK 1 C 609, S. 127–143 (1498 X 17, Oberwesel). Zu seinen Funktionen als Koblenzer Bürgermeister, Schützenmeister, Baumeister und Urlaubgeber siehe EILER, S. 369. 1495 hat der Koblenzer *rait syn frunde von dem adel beschreben*, unter ihnen Georg von der Leyen: StaK- 623- BMR 1676 (1495 VII 21).

d) Nachdem der Ort Saffig 1481 als kurkölnisches Lehen in den Besitz der Herren von der Leyen gekommen war, hatte Georg dort seinen ständigen Wohnsitz, wie man aus einer ganzen Reihe von Eintragungen in den Koblenzer Bürgermeisterrechnungen erkennen kann: StaK- 623- BMR 4087, S. 16 (1481 X), BMR 1671 (1483 VI 28), BMR 1674a (1491 IV 12), BMR 1677 (1496 III 8). Als Vormund der Kinder seines Bruders Johann gestand er dem Erzbischof das Öffnungsrecht auf Burg Hartelstein zu: LHAK 1 C 18, 580 (1480 I 29). Im Streit um das Brohler Erbe gehörte er zu den Erbberechtigten: LHAK 1 C 16213, Bl. 149 (1489 XII 21), u.ö.

e) Einmal bürgte er für den Markgrafen Karl von Baden: RMB IV 9711 (1468 XII 19). Im Auftrag der Stadt Koblenz führte er Verhandlungen: StaK- 623- BMR 1670 (1483 II 24/26); StaK- 623- BMR 1671 (1483 VI 1).

68. Leyen, Johann von der

a) 1465 III 24

b) –

c) **Bürge:** LHAK 1 A 8416 (1460 XI 22, Ehrenbreitstein); LHAK 1 A 292 (1465 III 24, Pfalzel); LHAK 1 A 8470 (1465 X 27); LHAK 1 A 8560 (1473 VIII 14). **Landstandschaft:** LHAK 1 A 8315 (1456 V 10). Seit 1464 erscheint er regelmäßig als Mitsiegler bei dem Erzbischof ausgestellten Reversen.

d) Als Kyllburger Burglehen erhielt er jährlich sechs Malter Korn: LHAK 1 A 2210 (1470 III 22), vgl. LHAK 1 C 108, Bl. 98v-99r (1475 III 13).

e) Einmal bürgte er für den Markgrafen Karl von Baden: RMB IV 9711 (1468 XII 19).

69. Leyen, Wilhelm von der

a) 1490 VIII 12 – 1490 X 27

b) –

c) **Landstandschaft:** LHAK 1 C 108, Bl. 148r (1494 X 2, Ehrenbreitstein).

d) Ebenso wie sein Bruder Georg gehörte er zu den Erbberechtigten der Herrschaft Brohl.

e) –

70. Lontzen genannt Robin, Dietrich von

a) 1459 X 28 – 1469
b) –
c) **Amtmann:** Wittlich in Pfandschaft: LHAK 1 A 3679 (1458 XI 10); LHAK 1 C 17, 684 (1460 VII 3); LHAK 1 C 358, S. 81f. (1465 V 22); LHAK 1 A 8548 (1472 VII 7); LHAK 1 C 18, 453 (1474 IV 5, Pfalzel); LHAK 1 C 18, 487 (1476 II 17, Pfalzel); LHAK 1 C 18, 488 (1476 III 13). Manderscheid für eine Pfandsumme von 2200 oberländischen rheinischen Gulden: LHAK 1 A 2413 (1462 II 22); LHAK 1 A 2414 (1462 III 8); LHAK 1 A 2412 (1475 X 2); LHAK 1 C 18, 490 (1476 III 24). **Anwalt:** LHAK 1 C 358, S. 137f. (1467 V 4). **Bürge:** LHAK 1 A 8400 (1459 X 28, Ehrenbreitstein); LHAK 1 A 8416 (1460 XI 22, Ehrenbreitstein); LHAK 1 A 292 (1465 III 24, Pfalzel); LHAK 1 A 8470 (1465 X 27). **Richter:** STAW Abt. Löwenstein-Wertheim-Freudenberg Virneburger Urkunden I/32 (1457 XI 23, Stolzenfels); RUDOLF, Quellen, Nr. 148 (1460 III 10/11, Pfalzel); LHAK 1 C 607, S. 141 (1466 X 14, Bernkastel); LHAK 1 C 13205, S. 33 (1469); LHAK 1 A 8549 (1472 VIII 28).
d) Erzbischof Johann übergab ihm das Bassenheimer Burglehen der Burg Neuerburg: PSHIL, Bd. 31, S. 18 (1458 IV 21, Koblenz). Zinsen vom Forellenhof bei Manderscheid: PSHIL, Bd. 31, S. 96 (1462 III 6, Ehrenbreitstein). Der Erzbischof verpfändete ihm für 2116 Gulden die Dörfer Noviand und Maring sowie den *Molehoiff* bei Wittlich: LHAK 54 L 553 (1463 V 1). Für 1100 Gulden erwarb er von Markgraf Karl von Baden dessen Anteile der Einkünfte des Kröver Reichs zu Reil, Kröv, Bengel, Kinheimerbeuren, Kinheim und Erden sowie an den Höfen Reil, Kröv und Erden: RMB IV 9086 (1463 VI 14). Solange er Amtmann zu Manderscheid war, sollte er zusätzlich 28 Malter Korn jährlich aus der Kellerei Wittlich erhalten: LHAK 1 C 18, 167 (1465 XII 15, Pfalzel). Für 300 rheinische Gulden verpfändete ihm der Kurfürst die Dörfer Stadtfeld und Weidenbach: LHAK 1 C 18, 237 (1466 VII 6, Ehrenbreitstein). Seine Frau Irmgard erhielt folgende Güter als Wittum: Hof, Haus und Garten in Wittlich, vier Malter Korngülte aus der Kellerei Wittlich, Güter zu Wengerohr: LHAK 1 C 18, 491 (1476 III 13, Trier).
e) Da Johann von Baden Dietrichs Wittlicher Güter von allen Abgaben befreite, dürfte er dort gewohnt haben.

71. Lontzen genannt Robin, Johann von

a) 1468 VII 20
b) –
c) **Bürge:** LHAK 1 A 3412 (1468 VII 20, Ehrenbreitstein); LHAK 1 A 8515 (1469 XI 19, Ehrenbreitstein); LHAK 1 A 8560 (1473 VIII 14). **Diener:** LHAK 1 A 8597 (1476 XII 30).
d) Über den Nachlaß seines Vaters Dietrich einigte er sich mit dem Erzbischof folgendermaßen: Behalten sollte er eine Rente von 110 Gulden, das Lehnsgut zu Hontheim, das den Hausten von Ulmen gehörte; abgeben sollte er das neue Haus zu Manderscheid mit dem Forellenhof. Dafür nahm ihn der Erzbischof auf ein Jahr zum Diener an: LHAK 1 A 8597 (1476 XII 30). Von der Pfandsumme von 2200 Gulden für das Amt Manderscheid sollte der Erzbischof ihm 1200 Gulden zurückzahlen, die restlichen 1000 Gulden seiner Schwester Adelheid und deren Mann Peter von Daun genannt von dem Markt: LHAK 1 C 18, 604 (1478 XI 12). Ein Dauner Burglehen von einem halben Fuder Wein zu Üdersdorf übergab er Richard von Daun genannt von Zolver: LHAK 1 B 291 (1494 VI 27). Seit 1494 nannte er sich auch Herr zu Sinsfeld, vgl. ebd.
e) Als er bei Gerhard von Palant gefangen war, bat er den Trierer Erzbischof dreimal, ihn auszulösen: LHAK 1 C 16213, Bl. 132 (1487 VIII 11), Bl. 134 (1487 VIII 22), Bl. 136 (1487 IX 9).

72. Manderscheid, Dietrich (II.) Graf zu

a) 1461 IV 27 – 1469 III 21
b) –
c) **Richter:** SCHMIDT, Nr. 2074 (1459 III 7, Ehrenbreitstein); LHAK 1 C 607, S. 141 (1466 X 14, Bernkastel), S. 143 (1466 XI 16, Bruttig); LHAK 1 A 8487 (1467 XI 8, Wittlich).
d) Das Dorf Osann besaß er von Johann Graf zu Nassau-Saarbrücken als Afterlehen des Erzstifts Trier: LHAK 1 B 1676 (1458 XII 26). Gemeinsam mit seinem Sohn verkaufte er ihren Anteil an Wartenstein: LHAK 1 A 8421 (1461 IV 26); LHAK 29, 567 (1461 IV 27, Ehrenbreitstein). Für 1240 Gulden löste er vom Erzbischof ein Drittel des Waldes *Hoescheyt* mit Zubehör, ein Teil am Wald *Huist* und der Eisenschmelze ein, das sein Vater an Erzbischof Werner verpfändet hatte: LHAK 1 A 8471 (1465 XII 14).
e) –

73. Manderscheid, Dietrich (III.) Graf zu

a) 1461 IV 27 – 1496 VI 17
b) Gemeinsam mit seinen Söhnen Kuno und Johann wurde er für fünf Jahre unter folgenden Bedingungen zum Rat und Diener ernannt: Falls die Grafen wieder in Besitz von Manderscheid kommen sollten, dürfen sie daraus nichts gegen das Erzstift unternehmen; sie verpflichten sich zur Geheimhaltung; sie wollen gegen jedermann dienen, außer den Herzog von Jülich; während des Dienstes sollen sie in Kost gehalten werden: LHAK 29 A 674 (1477 X 31, Ehrenbreitstein).
c) **Amtmann:** Daun: LHAK 1 A 1590 (1459 V 7). **Diener:** HStAD Schleiden 78 (1461 XI 28, Ehrenbreitstein); STAW Abt. Löwenstein-Wertheim-Freudenberg Virneburger Urkunden I/34³/₄ (1461 XII 13, Ehrenbreitstein); ebd., unverzeichnet (1463 X 27). **Geldgeber:** 1000 Gulden, HHStAW Abt. 340 U 11120 (1461 IV 28, Ehrenbreitstein). **Gesandter** des Erzbischofs beim Frankfurter Reichstag: RTA MR, Bd. 3,2, Nr. 264b (1489 VII). **Landstandschaft:** LHAK 1 C 108, Bl. 61v (1493 IV 16, Koblenz); ebd., Bl. 147v (1494 X 2, Ehrenbreitstein). **Richter:** STAW Abt. Löwenstein-Freudenberg Virneburger Urkunden I/32 (1457 XI 23, Stolzenfels); RUDOLF, Quellen, Nr. 148 (1460 III 10); LHAK 1 C 358, S. 107f. (1466 III 13, Köln); BAT Abt. 6,2, Nr. 1, S. 24 (1481 XI 6); LHAK 1 A 8797 (1488 VII 30, Koblenz).
d) Kurtrierische Lehen der Herrschaft Schleiden: drei Fuder Weingülte zu Kobern, die Dörfer und Güter zu Holzheim bei Münstereifel, die Dörfer Wisheim und Eberheim, das Dorf Neuendorf bei Neuenstein, den Hof zu Kobern, LHAK 1 B 1486 (1457 IX 18). Kurtrierische Lehen der Herrschaft Daun: der Hof *zu der Hegen*, das Dorf Weiler bei Minderlittgen, den Hof zu *Geppenrait*, Güter zu Hillscheid und den Hof *Thormebach* in der Herrschaft Schönberg: LHAK 1 A 7080 (1471 I 26). Von Graf Philipp von Virneburg löste er die Propsteien Bitburg und Dudeldorf ein: STAW Abt. Löwenstein-Wertheim-Freudenberg Virneburger Urkunden III/84 (1472 VIII 6, Trier). Ein Vergleich mit Johann von Baden regelte auch verschiedene Besitzverhältnisse: Der Graf mußte auf folgende Güter verzichten: einen Teil von Wartenstein, einen Teil der alten Burg (vermutlich Manderscheid), den St. Lambrechtshof in Kobern, den *Senckwyher*, die Hofstadt *under unsers junchern huyß*: LHAK 1 A 8549 (1472 VIII 28). Den Hof *die Hege* verkaufte er für 1000 oberländische rheinische Gulden gemeinsam mit seinem Sohn Kuno an das Kloster Himmerod : STAW Abt. Löwenstein-Wertheim-Freudenberg Virneburger Akten F 6; LHAK 1 B 1488 (1488 I 28). Den Patronat der Dauner Kirche übte er wechselweise mit dem Trierer Erzbischof aus: LHAK 1 C 17, 1519 (1496 V 23), 1518 (1496 VI 17, Ehrenbreitstein).
e) Dem Lande Luxemburg war er ebenfalls zur Hilfe verpflichtet: HStAD Schleiden 51 (1472 V 22, Luxemburg). In der Fehde Herzog Gerhards von Jülich-Berg mit Friedrich von Sombreff-Kerpen war er einer der Hauptleute des Herzogs: LHAK 1 C 9598, S. 49f. (1473 VII 3). Eine Fehde mit der Stadt Trier, die er gemeinsam mit seinen Söhnen führte, schlichtete Erzbischof Johann: LHAK 1 C 736, S. 131f. (1478 XI 4, Pfalzel), vgl. NEU, Manderscheid, S. 80. Ähnlich verhielt es sich mit einer Fehde gegen Kuno von Winneburg-Beilstein: LHAK 29 A 683 (1478 IX 4, Ehrenbreitstein). In seiner Fehde mit Virneburg sicherte ihm Wirich von Daun seine Mithilfe zu: STAW Abt. Löwenstein-Wertheim-Freudenberg Virneburger Akten A 80 (1481 XI 24); die Schlichtung übernahm wiederum der Trierer Erzbischof, ebd. (1481 XI 27, Ehrenbreitstein). Seine Mettlacher Güter verkaufte er an die Kartause St. Alban bei Trier: PSHIL, Bd. 35, S. 267 (1488 VI 24).

74. Manderscheid, Johann (I.) Graf zu

a) 1477 X 31 – 1501 II 27
b) Gemeinsam mit seinem Vater Dietrich (III.) und seinem Bruder Kuno wurde er zum Rat und Diener ernannt.
c) **Bürge:** LHAK 1 A 8956 (1495 XI 8); LHAK 1 A 9092 (1501 II 27). **Landstandschaft:** LHAK 1 C 108, Bl. 147v (1494 X 2, Ehrenbreitstein). **Richter:** LHAK 1 A 9063 (1500 IX 24, Koblenz).
d) Als Vormund der minderjährigen Kinder seines verstorbenen Bruders Kuno erhielt er Schloß und Herrschaft Kronenburg und 100 Gulden jährlich vom Siegler zu Trier, zwei Fuder Wein jährlich aus der Kellerei Cochem, Güter und Renten zu Lieser, Wintrich und Piesport; als Burglehen zu Schönecken das Virneburger Haus, die sogenannten Reifferscheider Güter im Hochgericht Schönecken und den Hof Pronsfeld: STAW Abt. Löwenstein-Wertheim-Freudenberg Virneburger Urkunden VIII 13 (1489 XII 16). Ebenso die Güter Wilhelms von Loon nach dem Tode seines Bruders Kuno.
e) –

75. Manderscheid, Kuno (I.) Graf zu

a) 1477 X 31
b) Gemeinsam mit seinem Vater Dietrich (III.) und seinem Bruder Johann wurde er zum Rat und Diener ernannt.
c) –
d) Nach dem Tode Wilhelms von Loon erhielt er dessen Güter: 10 Malter Korn Münstereifeler Maß, die Dörfer *Budenart und Rodenrode*, Hof und Dorf Monzel, Hof, Weingärten und Weingülten zu Pommern und den Hof zu Kehrig bei Mayen: LHAK 1 B 1487 (1469 v 25). Als Vormund seiner Frau Mechthild Gräfin zu Virneburg belehnte ihn Erzbischof Johann mit den Lehen der Herrschaften Neuerburg und Kronenburg: 100 Gulden jährlich vom Siegler zu Trier, zwei Fuder Wein aus der Kellerei Cochem, als Burglehen zu Schönecken das dortige Virneburger Haus und den Hof Pronsfeld: LHAK 1 B 830 (1487 VII 31).
e) Bürgschaft für den Markgrafen Karl von Baden: RMB IV 9711 (1468 XII 19).

76. Mark-Aremberg, Eberhard von der

a) 1487 IX 1 – 1492 XI 27
b) Für jährlich 100 rheinische Gulden hatte ihn der Erzbischof *zu rait und diener uffgenomen mit zwolff reisigen perden und sall synen gnaden in kriegen dienen widder allermallich ane dieihenen, den er mit eiden und lehenplicht verbunden ist etc.*: LHAK 1 C 18, 777 (1487 IX 1). 1493 quittierte er vorab über das Dienstgeld für das kommende Jahr, in dem er mit zehn Pferden dienen wollte: LHAK 1 C 18, 947 (1493 IV 23).
c) **Geldgeber:** Gemeinsam mit seinem Vater Johann 2000 Gulden, LHAK 1 A 8470 (1465 X 27); LHAK 1 C 17, 664 (1465 XI 2).
d) Johann von Baden belehnte ihn mit zehn Fudern Wein jährlich aus der Kellerei Cochem: GOERZ, S. 266 (1487 IX 1, Koblenz); ein Fuder davon verkaufte er später an Christian von Monreal: LHAK 1 C 18, 1173 (1489 XII 13, Ehrenbreitstein).
e) Zu seiner Fehde mit Erzbischof Johann in den Jahren 1462–1464 vgl. den Aktenband LHAK 1 C 9196. Geschlichtet wurden die Streitigkeiten durch Eberhard Blisser genannt Hesse und Hermann von Haiger: LHAK 1 A 8469 (1465 XI 2). Ende 1474 war er Hauptmann der Truppen des Erzbischofs von Köln, der in der Neusser Fehde auf der Seite des Herzogs von Burgund stand: LHAK 1 A 8571 (1474 XII 5); BACHMANN, Nachträge, Nr. 348 (1475 II 24, Sinzig). Seinen Bruder Adolf ernannte Johann von Baden zum Diener, der mit acht reisigen Pferden dienen sollte: LHAK 1 A 8589 (1476 X 14, Ehrenbreitstein); LHAK 1 A 8610 (1477 X 13). Nachdem es dem Erzbischof gelungen war, den gefährlichen Gegner durch die Dienstbestallung einzubinden, kam es in den 90er Jahren mit Ruprecht von der Mark erneut zu heftigen Auseinandersetzungen.

77. Meisenburg, Dr. utriusque iuris Heinrich von

a) 1499 XII 26
b) –
c) **Gesandter** des Erzbischofs auf dem Reichstag in Freiburg: RTA MR, Bd. 6, S. 511 (1497 XI 30).
d) Kanoniker von St. Simeon in Trier: LHAK 1 A 9040 (1499 XII 26, Trier).
e) –

78. Metzenhausen, Ulrich von

a) 1457 III 22 – 1486 IX 6
b) –
c) **Amtmann:** Pfalzel mit der besonderen Bestimmung: *Vurt so sal ich Ulrich von Meitzenhusen myne wonunge stetlichs zu Paltzel haben und auch solange ich daselbs eyn amptman byn selbdritte gewapenden und mit vier reisigen pferden gerieden halten*, LHAK 1 A 3018/3019 (1471 I 21); LHAK 1 A 3682 (1476 III 31, Ehrenbreitstein). **Anwalt:** MATHEUS, Verhältnis, S. 102f. (1463 V 3); LHAK 1 C 358, S. 107f. (1466 III 13, Köln); RMB IV 9409 (1466 VI 10, Bernkastel). **Bürge:** LHAK 1 A 4274 (1480 IV 17). **Hofmeister:** 1457 I 31 – 1457 VI 22. **Kammermeister:** 1458 IV 29 – 1482 VII 6. **Richter:** SCHMIDT, Nr. 2074 (1459 III 7, Ehrenbreitstein); SCHMIDT, Nr. 2085 (1459 IX 1); RUDOLF, Quellen, Nr. 148 (1460 III 10); LHAK 1 C 17, 684 (1460 VII 3); LOERSCH, Weistümer, S. 40–44 (1460 XII 13); HHStAW Abt. 340 U 11125a (1461 VI 22); Solmser Urkunden, Bd. 2, Nr. 1470 (1463 IV 19); LHAK 1 B 1166 (1467 III 18); LHAK 1 C 16217, S. 3f. (1468 VI 9); Solmser Urkunden, Bd. 2, Nr. 1623 (1472 V 12); LHAK 1 A 8549 (1472 VIII 28); LHAK 1 C 16246, S. 341 (1478 II 9); ebd., S. 343 (1479 IV 21, Bernkastel); ebd., S. 39f. (1482 IV 19, Oberwesel); ebd., S. 337 (1485 I 29). **Schultheiß** zu Trier: LHAK 1 A 4257 (1471 III 26, Trier); LAGER, Pfarrarchive, Nr. 414 (1477 III 4).
d) Gemeinsam mit seinem Bruder Heinrich erhielt er die trierischen Lehen Johanns von Schmidtburg: neun Gulden jährlich, zwei Burgsitze auf Schmidtburg, die Vogtei Rhaunen und die Hälfte der zugehörigen Dörfer, den Hof zu Bollenbach, die Güter zu Cassel und das Gericht zu Sulzbach, LHAK 1 B 1611 (1457 IV 22, Ehrenbreitstein). Ebenso die Lehen ihrer Vorfahren: Patronat und ein Drittel des Zehnten zu Morsdorf, ein Teil der Burg Arras, den Anteil des Nikolaus Vogt zu Senheim am Zehnt zu Morsdorf und zehn Gulden jährlich aus der Kellerei Bernkastel, LHAK 1 B 1612 (1457 XII 23). Seine Frau Maria von Waldeck erhielt folgende Güter als Wittum: zwei Fuder Wein jährlich aus der Weinbede zu Karden, als Baldenecker Burglehen sechs Gulden jährlich aus dem Zoll Cochem, sechs Gulden jährlich vom Schultheiß im Hamm, ein Haus, einen Stall und einen Garten zu Baldeneck, eine Wiese zu Morsdorf, vier Ohm Wein und vier Malter Korn vom Cochemer Amtmann, LHAK 1 C 18, 251 (1466 VII 19, Ehrenbreitstein). Er war Burgmann auf der Neuerburg: LHAK 1 C 108, Bl. 99r (1475 III 13, Koblenz). An der ihm gehörenden Burg Neef durfte er in der Mosel einen *Zwengel* anlegen: LHAK 1 C 17, 978 (1479 III 7, Pfalzel).
e) Bevor er in den erzstiftischen Dienst trat, war er Amtmann des pfälzisch-badischen Kondominiums Trarbach: LHAK 1 C 657, S. 11f (1449 VIII 3). Bürgschaft für Markgraf Karl von Baden: RMB IV 9085 (1463 VI 14); RMB IV 9711 (1468 XII 19). 1467 erhielt er ein Neujahrsgeschenk der Stadt Koblenz: StaK- 623- BMR 1659 (1467 I 1).

79. Miehlen genannt von Dieblich, Kaspar

a) 1490 IX 16 – 1502 XII 13

b) Der Erzbischof ernannte ihn auf unbestimmte Zeit zum Rat und Diener, der stets mit drei reisigen Pferden bei Hof sein sollte; als Entgeld erhielt er jährlich folgende Güter: 21 Malter Korn jährlich nach Mehren; 20 Gulden vom Siegler in Trier, ein Fuder Wein aus der Kellerei Cochem; diese sollte er auch dann erhalten, wenn er *kranckheit oder unrustigkeit halber syner personen* nicht beim Erzbischof sein kann: LHAK 1 A 9103 (1501 X 28, Trier).

c) **Bürge:** LHAK 1 A 8669 (1480 XII 29); LHAK 1 A 8888 (1491 XII 26, Ehrenbreitstein). **Bürgermeister** in Koblenz: 1480, 1483, 1486, 1488, 1499, 1503, 1505, 1508, 1511, 1515, EILER, S. 370. **Gesandter** bei Graf Reinhard von Leiningen-Westerburg: HHStAW Abt. 339, Nr. 310 (1490 IX 16, Pfalzel); bei Gerhard Graf zu Sayn: HHStAW Abt. 340 U 12149 (1492); HHStAW Abt. 340 U 12118 (1492 I 11, Ehrenbreitstein); HHStAW Abt. 340 U 12150 (1492 I 21); für den Erzbischof beim Freiburger Reichstag: RTA MR, Bd. 6, S. 511 (1497 XI 30, Freiburg); bei Hilger von Langenau: LHAK 1 C 16221 (1502 VIII 21, Ehrenbreitstein). **Küchenmeister:** 1479 XI 26 – 1503 I 26. **Landstandschaft:** LHAK 1 A 9112 (1502 II 17). **Richter:** LHAK 1 A 8797 (1488 VII 30, Koblenz); LHAK 1 A 1610 (1490 III 2, Trier); LHAK 1 C 18962 (1493 IV 24, Koblenz); ebd. (1493 VI 11, Koblenz); LHAK 1 A 8940 (1494 X 13, Kirberg); LHAK 1 C 17055, S. 1–29 (1501 XII 10, Koblenz). **Schöffe** in Koblenz: 1477–1518, EILER, S. 370. Zu seinen weiteren Ämtern in Koblenz siehe EILER, S. 370.

d) Seiner Schwester *Gutgin*, die mit Johann von Kettig verheiratet werden sollte, gab er den erzstiftischen Lehnshof zu Wolken als Mitgift: LHAK 1 C 18, 417 (1472 VIII 6, Trier). Seine Frau *Lurgin* von Gerolstein erhielt den halben Zehnt zu Mittelhofen, den er von Johann von Liebenstein-Ulmen zu Lehen trug, als Wittum: BROMMER, Nr. 738 (1473 VIII 20). Die Wildenburg bei Treis trug er dem Erzbischof als Lehen auf: LHAK 1 A 3570 (1488 VI 27, Ehrenbreitstein). Nach dem Tod Philipps von Miehlen genannt von Dieblich und seines Sohns Richwin erhielt er vom Erzbischof folgende Güter: Das Dorf Niederwallmenach mit Zubehör, den Hof zu Frücht mit Zubehör, eine Mühle in Niederwolfersheim mit $2^{1}/_{2}$ Morgen Wiese und insgesamt sieben Morgen Acker, acht Malter Korn und sieben Pfund Geld jährlich vom Dorf Niederhilbersheim, einen Weingarten bei Bacharach; die davon an Katzenelnbogen verpfändeten Güter durften eingelöst werden: BROMMER, Nr. 248 (1493 V 25, Ehrenbreitstein). Von Dr. Ludwig Sauerborn kaufte er den Hof von dessen Bruder Heinrich in Lützelkoblenz: LHAK 1 B 530 (1493 IX 20). Ludwig Graf zu Nassau-Saarbrücken belehnte ihn mit den Gütern Richwins von Miehlen: ein Teil der Burg Miehlen, der Vogteien zu Schönau, Rettert und Buch: HHStAW Abt. 121 U von Miehlen (1493 V 5), vgl. HHStAW Abt. 121 U von Miehlen (1497 IX 19). Der Abtei Himmerod verpfändete er für 300 Gulden Pagament *des Bucke lehen* zu Pommern: LHAK 1 C 18, 1183 (1501 IX 29). Anstelle von zehn Ohm Wein zu Vallendar verlieh ihm Erzbischof Johann ein Fuder Wein jährlich zu Niederlahnstein: LHAK 1 C 18, 1230 (1502 VIII 3, Ehrenbreitstein).

e) Dem Grafen Gerhard von Sayn lieh er 200 gute schwere rheinische Gulden: HHStAW Abt. 340 U 11749 (1480 VI 28), vgl. HHStAW Abt. 340 U 11951 (1486 XI 14); HHStAW Abt. 340 U 11970 (1487 VIII 1). Er war Vormund Reinhards von dem Burgtor: LHAK 1 C 18, 631 (1481 VIII 12).

80. Mörs-Saarwerden, Nikolaus Graf zu

a) 1486 XI 16
b) –
c) **Richter:** FWA 102-9-2 (1486 XI 16).
d) Als Lehen der Grafschaft Saarwerden erhielt er von Erzbischof Johann Schloß und Festung St. Laurentius bei Diemeringen im Metzer Bistum sowie die Dörfer St. Laurentius, *Wacher und Lijmpach*, darüber hinaus 50 rheinische Gulden jährlich aus den Einkünften des Trierer Siegels: LHAK 1 C 17, 1166 (1487 X 4).
e) –

81. Monreal, Karl von

a) 1498 VIII 24 – 1501 XII 10
b) –
c) **Anwalt:** LHAK 1 C 609, S. 7–90 (1498 VII 10/11, Trarbach); ebd., S. 123f. (1498 VIII 22); ebd., S. 120 (1498 VIII 24, Ehrenbreitstein); ebd., S. 122 (1498 X 8, Ehrenbreitstein); ebd., S. 127–143 (1498 X 17, Oberwesel); ebd., S. 171 (1498 XI 25, Ehrenbreitstein); ebd., S. 172–185 (1498 XII 4, Oberwesel). **Bürge:** LHAK 1 A 740 (1493 X 2). **Geldgeber:** gemeinsam mit Dietrich von Daun genannt Dungin 900 Gulden, LHAK 1 C 18, 443 (1461 VII 9). **Landstandschaft:** LHAK 1 C 108, Bl. 148r (1494 X 2, Ehrenbreitstein); LHAK 1 A 9112 (1502 II 17). **Richter:** SCHMIDT, Nr. 2085 (1459 IX 1); LHAK 1 B 8 (1467 VII 20); BROMMER, Nr. 769 (1484 VI 12); LHAK 1 C 17055, S. 1–29 (1501 XII 10, Koblenz).
d) Lehen des Erzstifts Trier: Haus und Hof zu Naunheim mit Zubehör, einen Hof zu Poltersdorf, einen Teil des Zehnten und Patronats zu Gappenach sowie als Mayener Burglehen elf Mark und acht Heller Mayener Währung, LHAK 1 B 1656 (1457 XII 27); vgl. LHAK 1 A 8425 (1461 VI 24). In Flacht wird er als Anlieger genannt: STRUCK, Bd. 2, Nr. 574 (1459 V 25). Seine zweite Frau Maria von Malberg brachte als Mitgift die Herrschaft Malberg mit in die Ehe: PSHIL, Bd. 55, S. 88f. (1471 VI 8). Das Öffnungsrecht in Malberg hatte schon der Graf von Virneburg beansprucht. Daraufhin rief er den Trierer Erzbischof um Beistand an: LHAK 1 A 8648 (1480 II 1). Wenig später erhielt Johann von Baden das Öffnungsrecht von Schloß und Haus Malberg: LHAK 1 C 18, 612 (1480 VI 21). Im Namen seiner Frau wurde er mit den kurtrierischen Burgen Ober- und Niedermalberg belehnt: PSHIL, Bd. 35, S. 202 (1484 XI 9). Patronat der Kirche in Hoscheid: WAMPACH, Bd. 9, Nr. 983 (1473 XI 6, Trier). 1485 einigte er sich mit den Brüdern seiner ersten Frau Eva vom Stein über deren Mitgift: BROMMER, Nr. 775f. (1485 VI 11/12), vgl. ebd., Nr. 812 (1498 VIII 28).
e) Für den Grafen Philipp von Virneburg bürgte er für eine Schuld bei Hermann Boos von Waldeck: STAW Abt. Löwenstein-Wertheim-Freudenberg Virneburger Urkunden V/39 (1494 XI 11); V/66 (1495 X 5). Als sein Sohn Bernhard in das Kloster Echternach eintrat, wurde er gemeinsam mit diesem Lehnsmann des Abtes: WAMPACH, Bd. 9, Nr. 1067 (1495 IV 9).

82. Morsheim, Heinrich von

a) 1470 V 5
b) –
c) **Geldgeber:** Eine Schuldverschreibung über 800 Gulden setzte der Erzbischof nach Heinrichs Tod als Sicherheit bei Jakob Steinhauser ein, LHAK 1 C 18, 641 (1478 V 15). **Richter:** SCHMIDT, Nr. 2074 (1459 III 7, Ehrenbreitstein); ebd., Nr. 2085 (1459 IX 1); LHAK 1 C 86, S. 104–108 (1470 V 5, Simmern).
d) –
e) –

83. Nassau-Beilstein, Heinrich Graf zu

a) 1475 XII 27 – 1500 VII 29
b) Erzbischof Johann ernannte ihn zum *diener, raide und obirsten haubtmanne uber alle unser volck, reysigen und zu fueße*, in der Beilsteiner Fehde mit dem Pfalzgrafen für 100 rheinische Gulden jährlich vom Engerser Zoll, 300 Gulden für *coste, futer, maile, nagel und isen* sowie 50 weitere Gulden, falls es zur offenen Fehde kommt: HHStAW Abt. 170 U 2022 (1488 VIII 14, Koblenz), vgl. LHAK 1 C 1175; HHStAW Abt. 170 U 2023. Die 50 Gulden erhielt er am 28. September des gleichen Jahres: HHStAW Abt. 170 U 2027, vgl. LHAK 1 A 8875 (1491 II 1), vgl. HHStAW Abt. 170 U 2394 (1500 VII 29, Ehrenbreitstein).
c) **Bürge:** HHStAW Abt. 170 U 1621 (1468 VII 2, Ehrenbreitstein). **Landstandschaft:** LHAK 1 C 108, Bl. 147v (1494 X 2, Ehrenbreitstein).

d) Seine Frau Eva Gräfin zu Sayn erhielt eine Mitgift von 4000 rheinischen Gulden, wofür 300 Gulden vom Engerser Zoll gezahlt werden sollten: HHStAW Abt. 340 U 11240 (1464 X 8, Ehrenbreitstein); HHStAW Abt. 340 U 11392 (1467 VI 29, Ehrenbreitstein). Als Wittum erhielt sie die trierische Lehnsburg Mengerskirchen: LHAK 1 C 18, 248 (1464 X 8). Vom Erzstift Trier erhielt er folgende Lehen: einen Teil der Burg Nassau mit Zubehör, die Burg Liebenscheid mit Zubehör, die Burg Beilstein und die Burg Mengerskirchen mit Zubehör: HHStAW Abt. 170 U 1723 (1475 XII 27, Ehrenbreitstein). Seiner Schwiegertochter Maria Gräfin zu Solms übergab er die kurtrierische Lehnsburg Liebenscheid als Wittum: LHAK 1 C 18, 890 (1491 IX 1, Koblenz).

e) Er gehörte zu den Grafen des großen Rats des Administrators des Erzstifts Köln, Landgraf Hermann von Hessen: LACOMBLET, Bd. 4, Nr. 381 (1475 IX 8, Köln). Damit dürfte jedoch nicht der gleichnamige Mainzer Dompropst gemeint sein, der zur gleichen Zeit die Propstei resignierte und als Rat des Kölner Erzbischofs erscheint, vgl. HOLLMANN, Mainzer Domkapitel, S. 417f. Derselbe Landgraf ernannte ihn fünf Jahre später zum Rat und Diener für 60 Gulden aus seiner Kammer: HHStAW Abt. 170 U 1830 (1480 V 17). Einmal bürgte er für den Grafen Johann von Solms: Solmser Urkunden, Bd. 2, Nr. 1826 (1481 XI 17); mehrmals für Graf Philipp von Virneburg-Neuenahr: HHStAW Abt. 170 U 1918 (1484 I 2); HHStAW Abt. 170 U 2028 (1488 XI 3); HHStAW Abt. 170 U 2188 (1493 IV 10); STAW Abt. Löwenstein-Wertheim-Freudenberg Virneburger Urkunden V/64 (1494 VI 22). Im Reichsanschlag von 1489 ist er mit zwei Pferden und zwei Mann zu Fuß verzeichnet: RTA MR, Bd. 3,2, Nr. 300a.

84. Nassau-Saarbrücken, Johann Graf zu

a) 1461 IV 26
b) –
c) Obwohl der Erzbischof ihn eigens gebeten hatte, mit ihm in seine Bischofsstadt einzureiten, HHStAW Abt. 130 I, II B 5 Kur-Trier 2, Bl. 3 (1460 IV 26, Ehrenbreitstein), war er in Trier nicht bei dessen Gefolge. Ebenso sollte er im Gefolge des Erzbischofs mit dessen Bruder Georg in Metz einreiten: HHStAW Abt. 130 I, II B 5 Kur-Trier 2, Bl. 4 (1461 V 7, Ems); ebd., Bl. 5 (1461 VI 8, Ehrenbreitstein); ebd., Bl. 6 (1461 VI 24, Ehrenbreitstein); ebd., Bl. 8f. (1461 VII 19, Pfalzel). In der Mainzer Stiftsfehde kämpfte er auf der Seite des Trierer Erzbischofs für seinen Bruder Adolf von Nassau: LHAK 1 C 16215, S. 5f. (1461 IX 27, Sprendlingen); RMB IV 8685 (1461 IX 29); RMB IV 8692 (1461 X 9); MENZEL, in: NassAnn 12, 1873, Nr. 144 (1461 X 22); RMB IV 8696 (1461 X 26); RMB IV 8837 (1462 III 30).
d) Vom Erzstift Trier erhielt er seinen Anteil zu Nassau: HHStAW Abt. 131 U 181 (1457 XI 23, Stolzenfels); die Lehen der Grafschaft Saarbrücken: den Berg *Speyemont*, die Vogtei im Hamm, die Dörfer Mettlach, *Urssells*, *Uder*, Osann: LHAK 1 B 1676 (1458 XII 26). Gemeinsam mit Wirich von Daun kaufte er ein Drittel der Burg Wartenstein: PSHIL, Bd. 33,2, S. 310 (1461 IV 10, Ehrenbreitstein); LHAK 1 B 1677 (1461 IV 26, Ehrenbreitstein); LHAK 1 C 17, 426 (1461 IV 27, Ehrenbreitstein). Dieses Drittel verkauften sie wenig später an Johann von Kriechingen: LHAK 1 C 17, 428 (1461 V 15, Ehrenbreitstein).
e) –

85. Nassau-Saarbrücken, Johann Ludwig Graf zu

a) 1501 II 27
b) –
c) **Bürge:** LHAK 1 A 9092 (1501 II 27).
d) Als erzstiftisches Lehen erhielt er ein Drittel der Burg Wartenstein, LHAK 1 B 1679 (1492 X 22), und die gleichen Lehen der Grafschaft Saarbrücken wie Graf Johann von Nassau-Saarbrücken, LHAK 1 B 1678 (1492 X 22).
e) Im Reichsanschlag von 1489 ist er mit einem Aufgebot von drei Pferden und sechs Mann zu Fuß verzeichnet: RTA MR, Bd. 3,2, Nr. 300a. Der Trierer Erzbischof forderte ihn zur Zahlung des Gemeinen Pfennigs auf: HHStAW Abt. 130 I, II B 5 Kur-Trier 3, Stück 2 (1497 II 28, Ehrenbreitstein).

86. Nassau-Saarbrücken, Ludwig Graf zu

a) 1494 XII 10
b) Der Erzbischof ernannte ihn zu seinem Rat und Diener, der ihm *zum besten raiden und sunst zu dinst syn sall als andere unsers stiffts graven und herren* für 100 Gulden jährlich vom Zoll Engers: HHStAW Abt. 130 II, Akten 1628 (1494 XII 10, Ehrenbreitstein).
c) **Geldgeber:** 6000 Gulden, FWA IV-12-2, No. 34 (1492 X 1).
d) Kurtrierische Lehen: ein Teil der Burg Nassau, ein Viertel der Burg Wellstein, sein Anteil am Zehnt zu Dausenau und an sechs Morgen Weingärten in der Mark Dausenau: HHStAW Abt. 150 U 551 (1493 IX 13, Montabaur).
e) Verheiratet war er mit Sybille, der Tochter Markgraf Christophs von Baden. Der Ehevertrag wurde von Erzbischof Johann ausgehandelt: GLAK Abt. 46, Nr. 1293 (1490 X 31, Pfalzel).

87. Nassau-Saarbrücken, Philipp Graf zu

a) 1457 III 22 – 1491 VII 22
b)
c) **Bürge:** Erzbischof Johann hatte ihn um eine Bürgschaft bei Graf Philipp von Katzenelnbogen gebeten, doch da er zuvor gelobt hatte, keine Bürgschaften mehr zu übernehmen, lehnte er ab: DEMANDT, Nr. 5079 (1460 I 2, Ehrenbreitstein). **Geldgeber:** 6000 Gulden und weitere 1000 Gulden, HHStAW Abt. 150 U 179 (1464 VI 13, Ehrenbreitstein); LHAK 1 C 18, 469 (1475 XII 18); FWA IV-12-2, No. 33 (1481 XI 18, Ehrenbreitstein). Anwesend bei der Huldigung der Stände des Erzstifts vor Johann von Baden: LHAK 1 C 16212, Bl. 27r (1457 III 22, Koblenz).
d) Von Georg Graf zu Sayn-Wittgenstein-Homburg erhielt er *uffenunge, legger und folge* in Vallendar sowie eine Rente von 30 Gulden aus den dortigen Einkünften: LHAK 1 C 18, 65 (1457 IV 25, Ehrenbreitstein). Für 400 rheinische Gulden kaufte er eine weitere Rente von 24 rheinischen Gulden: LHAK 1 C 17, 445 (1458 I 16, Koblenz). Kurtrierische Lehen: ein Viertel der Burg Wellstein, sein Teil am Zehnt zu Dausenau und an sechs Morgen Weingärten in der Mark Dausenau: HHStAW Abt. 150 U 550 (1457 XII 1, Koblenz). Seiner Frau Veronika von Wittgenstein übergab er eine Rente von 300 Gulden jährlich aus dem Zoll Engers als Wittum: LHAK 1 C 18, 517 (1477 IV 9, Ehrenbreitstein); LHAK 1 C 18, 887 (1491 VII 22, Koblenz). Von Gutmann von Sobernheim erwarb er einen Hof auf dem Niederwerth bei Vallendar: LHAK 1 C 18, 520 (1477 IV 19, Ehrenbreitstein).
e) Erzbischof Dieter von Mainz ernannte ihn zu seinem Rat für 100 rheinische Gulden jährlich aus dem Zoll Oberlahnstein: HHStAW Abt. 130 II U 218 (1479 IV 24, Mainz).

88. Nassau, Heinrich von

a) 1485 VI 19
b) Gleichzeitig mit der Ernennung zum Amtmann von Wellmich ernannte ihn der Erzbischof auf zehn Jahre zum Rat und Diener: HHStAW Abt. 119, Nr. 21 (1485 VI 19, Ehrenbreitstein).
c) **Amtmann:** Arenfels für eine Pfandsumme von 1500 oberländischen rheinischen Gulden: LHAK 1 A 271 (1478 II 9, Ehrenbreitstein); HHStAW Abt. 116, Nr. 86/87 (1478 IV 4, Ehrenbreitstein); LHAK 1 A 272 (1481 III 28, Ehrenbreitstein); LHAK 1 C 18, 603 (1481 VIII 5). Hartenfels für eine Pfandsumme von 946 Gulden: HHStAW Abt. 339, Nr. 310 (1470 II 22, Koblenz); ebd. (1470 III 11); HHStAW Abt. 116, Nr. 82 (1475 VIII 31, Ehrenbreitstein); HHStAW Abt. 340 U 11612 (1475 XII 17, Koblenz); HHStAW Abt. 340 U 11631 (1476 IX 30, Ehrenbreitstein); HHStAW Abt. 116, Nr. 86/87 (1478 IV 4, Ehrenbreitstein). Schöneck für ein halbes Jahr: LHAK 1 A 3330 (1480 VIII 15, Koblenz). Wellmich: HHStAW Abt. 119, Nr. 21 (1485 VI 19, Ehrenbreitstein). **Bürge:** LHAK 1 A 4274 (1480 IV 17).
d) Vom Archidiakon von Dietkirchen erhielt er den Zehnt zu Niederselters und einen Teil des Zehnten zu Eisenbach: STRUCK, Bd. 2, Nr. 269 (1480 XII 5). Vom Erzstift Trier kaufte er den Zehnt zu Brechen: HHStAW Abt. 340 U 11843 (1484 V 23, Ehrenbreitstein).
e) –

89. Neuerburg, Jakob von

a) 1488 XII 26
b) Nur einmal ist von ihm als Rat des Erzbischofs die Rede. Als er seinen Obödienzeid als Abt zu Echternach leistetet *in suum consiliarium acceptavit, super quo idem dominus Jacobus solitum consiliariorum juramentum corporaliter eciam prestitit*: LHAK 1 C 17, 1217 (1488 XII 26, Pfalzel).
c) –
d) Abt zu Echternach.
e) –

90. Ottenstein, Adam von

a) 1488 VIII 26
b) Erzbischof Johann ernannte ihn zum Rat und Diener, der versprach, *das ich mich mit dryen reisigen perden gerustet zu Erembreitstein by synen gnaden zu hoiffe ader woe sunst syn gnade will, sall halten, synen gnaden daselbs getruwelich zu dienen und zu raden, ire bestes furzukeren und zu werben, iren schaden warnen und zu wenden*. Für den Dienst sollte er jährlich 40 Gulden erhalten: LHAK 1 A 8794 (1488 VIII 26).
c) –
d) Aus der Kellerei Montabaur erhielt er jährlich zehn Gulden: HHStAW Abt. 121 U von Ottenstein (1471 X 13). Gemeinsam mit seinen Brüdern stiftete er am St.-Georg-Altar in Limburg eine Messe: STRUCK, Bd. 1, Nr. 1209 (1482 III 4).
e) Er war Sayner Amtmann: HHStAW Abt. 340 U 11292 (1465 X 8); FWA 11-2-3 (1478 I 7); HHStAW Abt. 340 U 11750 (1481 I 26). Für den Grafen Gerhard übernahm er eine Bürgschaft: DEMANDT, Nr. 5663 (1472 VII 14).

91. Palant, Bernhard von

a) 1470 IX 11 – 1473 II 15
b) –
c) **Gesandter** beim Reichstag in Nürnberg: BACHMANN, Nachträge, Nr. 101 (1470 IX 11); beim Herzog von Lothringen: LHAK 1 C 418, S. 33–35 (1473 II 15, Ehrenbreitstein). **Richter:** BÄR, Urkunden, S. 106f. (1471 XI 4). Seit 1471 erscheint er häufig als Mitsiegler von dem Erzbischof ausgestellten Reversen.
d) Erzbischof Johann verlieh ihm eine Hälfte des Dorfs Polembach und andere Lehen der Vorfahren seiner Frau Anna von Felsberg: LHAK 1 B 1743 (1458 IX 1). Später erhielt er zusätzlich ein Gut zu *Tavern* und die Burg Dagstuhl: LHAK 1 B 1744/1745 (1464 VIII 16). Burgmann auf der Neuerburg: LHAK 1 C 108, Bl. 98v-99r (1475 III 13, Koblenz).
e) –

92. Print von Horchheim, Johann

a) 1468 VII 20
b) –
c) **Amtmann:** Kasselburg: LHAK 1 A 8525 (1471 IV 20). Daun und Kasselburg: LHAK 1 A 8593 (1476 X 31, Ehrenbreitstein). **Bürge:** LHAK 1 A 3412 (1468 VII 20, Ehrenbreitstein). Von 1468 bis 1479 erscheint er häufig als Mitsiegler bei dem Erzbischof ausgestellten Reversen.
d) Vom Erzstift trug er den Zehnt von Korn und Hafer zu Horchheim als Lehen: LHAK 1 B 1227 (1468 II 15).
e) Sein gleichnamiger Sohn wurde Abt des Klosters Springiersbach: LHAK 1 C 108, Bl. 67r-68v (1493 VI 28); LHAK 1 C 18, 923 (1493 VII 8).

93. Pyrmont-Ehrenburg d. Ä., Heinrich von

a) 1465 III 24 – 1478 XII 10
b) –
c) **Bürge:** LHAK 1 A 8416 (1460 XI 22, Ehrenbreitstein); DEMANDT, Nr. 5259 (1463 VII 25); vgl. LHAK 53 C 13, 606 (1463 IX 24); LHAK 1 A 292 (1465 III 24, Pfalzel). **Landstandschaft:** LHAK 1 A 8315 (1456 V 10). **Richter:** LHAK 1 C 16217, S. 9f. (1469 II 19).
d) Gemeinsam mit seinen Brüdern Johann und Friedrich erhielt er vom Erzbischof 23 Ohm Wein aus der Bede zu Ediger und Eller, ein Burglehen zu Manderscheid, eine Hälfte des Zehnten zu Manderscheid, das dortige Haus Pyrmont, zwei Wiesen unterhalb von Manderscheid, für die Herrschaft Schöneck die Dörfer Stadtfeld, Weidenbach und eine Hälfte von Dorf und Gericht Densborn sowie Güter zu Kempenich: LHAK 41, 1123 (1457 IX 10). Auf seine Bitte nahm Erzbischof Johann die Güter im *Nassen kirspel*, die Mühle unterhalb von Pyrmont, den Hof bei Pyrmont und die Dörfer Stadtfeld und Weidenbach bei Manderscheid in Schutz und Schirm: LHAK 1 C 18, 208 (1460 XII 28, Stolzenfels). Die Brüder verkauften dem Erzbischof ihre Hälfte der Dörfer Stadtfeld und Weidenbach: LHAK 1 C 18, 238 (1466 IV 14), die dieser für die Kaufsumme an Dietrich von Lontzen genannt Robin verpfändete: LHAK 1 C 18, 237 (1466 VII 6, Ehrenbreitstein). Die ihm vom Erzstift verpfändete Hälfte der Herrschaft Daun wurde 1461 eingelöst: LHAK 1 C 18, 443 (1461 VII 9). Von Johann Graf zu Nassau-Diez erhielt er die Lehen Johanns von Schönburg: drei Teile am Zehnt und Patronat zu Rübenach und Bubenheim sowie eine Mühle bei Rübenach: HHStAW Abt. 170 U 1749 (1476 VI 9, Ems). Patronat der Kirche in Nörtershausen: LHAK 1 A 2988 (1482 III 24, Koblenz).
e) Bürge für Graf Ruprecht von Virneburg: FRICK, Bad Neuenahr, Nr. 970a (1456 I 29).

94. Pyrmont-Ehrenburg d. J., Heinrich von

a) 1479 IV 17 – 1502 XI 24
b) Der Erzbischof ernannte ihn für 100 Gulden jährlich aus der Kellerei Cochem auf unbestimmte Zeit zum Rat und Diener, der *by uns zu hoiffe mit seeß pferden sall syn, raiden, helffen und dienen zum besten als eym rade und diener woil gezimbt und gebuert*: LHAK 1 A 9108 (1501 XII 25, Ehrenbreitstein).
c) **Amtmann:** Kobern für eine Pfandsumme von 1500 rheinischen Gulden: LAMPRECHT, Bd. 3, Nr. 263 (1486 XI 7). **Bürge:** LHAK 1 A 2036 (1479 IV 17, Ehrenbreitstein); LHAK 1 A 8641 (1479 X 4, Ehrenbreitstein); LHAK 1 A 8656 (1480 V 30); LHAK 1 A 9104 (1501 XII 21). **Landstandschaft:** LHAK 1 A 9112 (1502 II 17). **Richter:** LHAK 1 A 9063 (1500 IX 24, Koblenz). Im Namen Erzbischof Johanns sammelte er das Geld ein, worüber dieser testamentarisch verfügen wollte: LHAK 1 C 18, 1298f. (1502 XII 13, Ehrenbreitstein).
d) Mit Einverständnis seines Vaters Heinrich verkaufte er gemeinsam mit seiner Frau Metze von Bassenheim ihre Rechte zu Bertrich, Kennfus und Ediger: LHAK 1 C 17, 1150 (1487 I 28), vgl. LHAK 1 A 8747 (1487 I 28). Nach dem Tod seines Vaters erhielt er vom Grafen zu Nassau-Diez die Rübenacher und Bubenheimer Güter: HHStAW Abt. 170 U 2031 (1488 XI 17, Limburg). Als Entschädigung für seine Verluste in der Fehde gegen Heinrich Plick von Lichtenberg erhielt er vom Erzbischof jährlich zwei Fuder Wein aus dem Hof zu Eller: LHAK 1 C 16214, Bl. 191 (1501 XI 30, Ehrenbreitstein); LHAK 1 A 9142 (1502 XI 24, Ehrenbreitstein). Ein Bote der Stadt Koblenz suchte ihn zu Virneburg auf: StaK- 623- BMR 1685 (1502 IV).
e) Bürge für Graf Philipp von Virneburg: STAW Abt. Löwenstein-Wertheim-Freudenberg Virneburger Urkunden V/39 (1494 XI 11); ebd. Virneburger Urkunden V/66 (1495 X 5). König Maximilian erhob ihn in den Reichsfreiherrnstand: LHAK 53 C 13, 663 (1495 V 24).

95. Pyrmont, Johann von

a) 1458 X 24 – 1469
b) –
c) **Bürge:** LHAK 1 A 8387 (1458 X 24, Ehrenbreitstein); LHAK 1 A 8400 (1459 X 28, Ehrenbreitstein); DEMANDT, Nr. 5259 (1463 VII 25); LHAK 1 A 8458 (1464 XI 11). **Landstandschaft:** LHAK 1 A 8315 (1456 V 10). **Richter:** HStAD Depositum Wahn I A 9 (1457 I 27, Koblenz); LHAK 1 A 1830 (1459 VIII 13, Fankel); HHStAW Abt. 340 U 11125a (1461 VI 22); LHAK 1 C 16217, S. 9f. (1469 II 19); LHAK 1 C 13205, S. 33 (1469); RMB IV 10199 (1471 XI 4); BAT Abt. 6,2, Nr. 1, S. 24 (1481 XI 6).
d) Gemeinsam mit seinem Bruder Friedrich übergab er ihre gesamten Besitzungen auf dem Vorderhunsrück in Schutz und Schirm des Erzbischofs: LHAK 1 C 18, 207 (1460 X 24, Ehrenbreitstein). Dieselben verkauften für 350 Gulden ihre Besitzungen in der Eifel und an der Mosel: LHAK 1 A 8591 (1476 X 24). Zum gemeinsamen Besitz der drei Brüder von Pyrmont siehe bei Heinrich d.Ä.
e) Bürgschaft für Vinzenz Graf zu Mörs-Saarwerden: PSHIL, Bd. 35, S. 143 (1482 I 8).

96. Reil, Ruprecht von

a) 1492 IV 23 – 1502 VIII 12
b) Erzbischof Johann ernannte ihn für acht Jahre zum Rat und Diener, der dafür jährlich zwölf Gulden vom Koblenzer Siegler und zwei Hofkleidungen wie andere Räte erhalten sollte: LHAK 1 C 18, 907 (1492 IV 23, Ehrenbreitstein). Bei einer erneuten Bestallung wurde die Besoldung auf 20 rheinische Gulden erhöht: LHAK 1 C 18, 1224 (1501 XII 25, Trier).
c) **Amtmann:** Koblenz: LHAK 1 A 9038 (1499 XI 12, Koblenz); LHAK 1 C 18, 1310 (1500 I 21, Ehrenbreitstein); StaK- 623- Nr. 456 (1500 VIII 6); HUBATSCH, Bd. 1,2, Nr. 18466 (1501 IV 28, Koblenz); StaK- 623- Nr. 459 (1501 IX 2), vgl. die differierenden Angaben bei EILER, S. 371. **Gesandter** bei der Stadt Köln: LHAK 1 C 359, S. 1–3 (1474). **Landstandschaft:** LHAK 1 C 108, Bl. 148r (1494 X 2, Ehrenbreitstein); LHAK 1 A 9112 (1502 II 17). **Richter:** LHAK 1 A 8797 (1488 VII 30, Koblenz); LHAK 1 A 1790 (1493 II 4); LHAK 1 A 1789 (1493 VI 8, Koblenz); LHAK 1 A 1791 (1493 VI 9); LHAK 1 C 736, S. 211 (1496 VI 11, Koblenz). **Statthalter:** HHStAW Abt. 339, Nr. 310 (1498 III 28, Koblenz). Im Namen des Erzbischofs zahlte er einmal 400 Gulden aus: LHAK 1 A 8928 (1494 I 18). Bei den Verhandlungen wegen des Heimfalls der Herrschaft Hunolstein und der Versorgung Elisabeths von Hunolstein trat er als Sprecher des Kurfürsten auf: LHAK 1 A 8998 (1497 IX 11, Koblenz).
d) Seiner ersten Frau Sophie Waldecker übergab er zehn Ohm Wein zu Karden, ein Drittel des Hofs zu Breitscheid und einen Weinberg zu *Ers* als Wittum: LHAK 1 C 18, 272 (1467, Wittlich). Die gleichen Güter erhielt seine zweite Frau Johannette, die Tochter Godhards Hase von Dieblich: LHAK 1 C 18, 498 (1476 XI 2, Koblenz). Seit 1481 stand er in intensivem Kontakt mit der Stadt Koblenz: StaK- 623- BMR 4087, S. 14 (1481 IX 29). Zu seinen dortigen Ämtern als Bürgermeister (1490, 1495, 1497), Schützenmeister (1482, 1492, 1497), Baumeister (1491) und Urlaubgeber (1491, 1494, 1496) siehe EILER, S. 371.
e) Im Namen Dietrichs von Runkel hörte er das Weistum wegen des Wolfenhauser Waldes: FWA 42-4-2 (1483 VII 29). Als einer der Richter der Grafschaft Diez urteilte er in einem Streit zwischen den Nonnen von Besselich und den Einwohnern von Niedertiefenbach: STRUCK, Bd. 3, Nr. 409 (1486 X 3). Aufschlußreich für seine räumliche Orientierung sind Einträge in den Koblenzer Bürgermeisterrechnungen, wonach er immer wieder dorthin gerufen wurde: Als er 1490 seinen Eid als Bürgermeister ablegen sollte, mußte er vorgeladen werden: StaK- 623- BMR 4096, S. 2 (1490 VI 26). Im gleichen Jahr wurde er von einem Boten in Trier aufgesucht: Ebd., S. 6. Einmal kam er binnen einem Tag: Ebd., S. 10 (1490 X 12). Gegen die Zahlung einer jährlichen Rente von zwölf Gulden von der Stadt Koblenz verpflichtete er sich, *yren dag getruwelich zu leisten, myt redden und raden, wae sy deß zu doin noit hetten*; wenn Ruprecht *eynichs herren amptmans an andern eder syn degelichs huißgesynde wurde*, braucht die Stadt die Rente nicht mehr zu zahlen: LHAK 1 A 1295 (1491 VI 25). Auch unter Erzbischof Jakob von Baden spielte er noch eine wichtige Rolle, wie seine häufige Anwesenheit bei Belehnungen nahelegt. Zudem fungierte er später als Statthalter des Kurfürsten: LHAK 1 C 16221 (1506 VIII 13).

97. Runkel-Isenburg, Wilhelm von

a) 1482 XII 24

b) Erzbischof Johann ernannte ihn auf zwei Jahre zum Rat und Diener, *als das er uns mit sehß reisigen pferden wanne und welchezyt wir syner bedorffen und zu dienst gesynen werden sall getruwelich raiden auch dienen und helffen*, für jährlich 60 Gulden: LHAK 1 A 8688 (1482 XII 24).

c) **Bürge:** DEMANDT, Nr. 5862 (1476 I 12). **Richter:** LHAK 1 A 8797 (1488 VII 30, Koblenz).

d) Kurtrierische Lehen: eine Hälfte von Burg Arenfels, Vogtei, Gericht und Güter zu Hönningen; die Hälfte eines Gerichtsbezirks bei Montabaur, je die Hälfte der folgenden Güter: Patronat und Zehnt zu Heimbach, Vogtei zu Rommersdorf, Patronat und Zehnt zu Alnsbach, Patronat, Zehnt und Gericht zu Müden, Patronat und Zehnt zu Wambach, Dorf und Gericht Horhausen, Patronat und Zehnt zu Niederlahr, Patronat und Zehnt zu Marienrachdorf, den Hof *uff der Seyne* bei Isenburg und andere Güter der Herrschaft Isenburg: LHAK 1 B 1848 (1466 V 22). Eine Rente von 100 Gulden am Bopparder Zoll übergab ihm sein Bruder Graf Friedrich von Wied: LHAK 1 C 17, 613 (1467 VII 14); LHAK 1 B 2510 (1467 VII 21). Mit Erlaubnis des Erzbischofs verkaufte er dem Kloster Eberhardsklausen seinen Anteil am Zehnt zu Pünderich, ein Sechstel zu Reil für 700 oberländische rheinische Gulden: LHAK 1 B 1849 (1472 VI 7). Seiner Frau Irmgard von Rollingen übergab er seine Besitzungen in der Herrschaft Daun als Wittum: LHAK 1 C 18, 448 (1473 XII 17). In seinem Teil von Isenburg gestand er dem Trierer Erzbischof das Öffnungsrecht zu: LHAK 1 A 8700 (1484 V 10); drei Jahre später überließ er dieses dem Kurfürsten zur Nutzung: LHAK 1 A 8752 (1487 VII 14). Dem Kloster Himmerod verkaufte er zehn Malter Korngülte zu Minderlittgen: LHAK 1 C 18, 770 (1487 XI 2). Bürgschaft für Graf Philipp von Virneburg: STAW Abt. Löwenstein-Wertheim-Freudenberg Virneburger Urkunden V/52 (1488 IX 14).

e) Siehe auch Wied-Isenburg.

98. Sayn, Gerhard Graf zu

a) 1459 X 31 – 1492 VII 20

b) –

c) **Bürge:** HHStAW Abt. 340 U 10988 (1457 V 21, Ehrenbreitstein); HHStAW Abt. 340 U 11078a (1459 X 31); HHStAW Abt. 340 U 11120 (1461 IV 28, Ehrenbreitstein); HHStAW Abt. 340 U 11145 (1461 XII 24, Ehrenbreitstein); HHStAW Abt. 340 U 11115 (1462 III 10, Ehrenbreitstein); HHStAW Abt. 340 U 11162 (1462 VI 8, Ehrenbreitstein); HHStAW Abt. 340 U 11156 (1463 I 24, Ehrenbreitstein); HHStAW Abt. 340 U 11190a (1463 III 27, Ehrenbreitstein); HHStAW Abt. 340 U 11232 (1464 VI 2, Ehrenbreitstein); HHStAW Abt. 340 U 11249 (1464 XII 5, Ehrenbreitstein); HHStAW Abt. 340 U 11639 (1478 I 21, Ehrenbreitstein); HHStAW Abt. 340 U 11685 (1478 VI 1); HHStAW Abt. 340 U 12104 (1490 VII 18, Pfalzel); HHStAW Abt. 340 U 12105 (1490 VII 18, Pfalzel). **Landstandschaft:** LHAK 1 A 8315 (1456 V 10). **Richter:** LHAK 1 A 3540 (1464 XII 13). 1462 lieh er dem Trierer Erzbischof zwölf Feldschlangen und zwölf Hakenbüchsen: HHStAW Abt. 340 U 11158 (1462 IV 21, Ehrenbreitstein). Für die Beilsteiner Fehde des Erzbischofs sollte er zwölf *reisige im harnasch woilgerust zu dienst schicken*: HHStAW Abt. 340 U 11996 (1488 VIII 27, Ehrenbreitstein). Die Aufforderung lehnte er mit dem Hinweis darauf ab, daß er ein *alter krangk man* sei: HHStAW Abt. 340 U 11997 (1488 VIII 30).

d) Zusätzlich zu seinen trierischen Lehen erhielt er 100 Gulden vom Zoll Engers: HHStAW Abt. 340 U 10990a (1457 VI 18, Ehrenbreitstein). Das Schloß Sayn mit Tal sowie die Dörfer Bendorf, Brohl, Selters und Maxein nahm Johann von Baden in Schutz und Schirm: Urkunden aus 10 Jahrhunderten, Nr. 52 (1460 III 29, Ehrenbreitstein); LHAK 1 C 18, 413 (1468 III 31, Ehrenbreitstein). Patronat der Kirche in Engers: LHAK 1 A 1781 (1461 I 27); LHAK 1 A 1782 (1461 II 26, Diez); LHAK 1 C 17, 1772 (1489 VIII 6, Ehrenbreitstein). In Rheinbach besaß er den Zoll: HHStAW Abt. 340 U 11719 (1479 VI 4).

e) Er gehörte zum engsten Kreis der Räte Erzbischof Jakobs I.: MILLER, Jakob von Sierck, S. 177. Herzog Philipp von Burgund nahm ihn in seinen Rat auf: HHStAW Abt. 340 U 11078 (1459 X 3, Brüssel). In der Mainzer Stiftsfehde kämpfte er auf der Seite Adolfs von Nassau; für einen zweijährigen Dienst sollte er 3000 Gulden erhalten: HHStAW Abt. 340 U 11135 (1461 X 27). Kaiser Friedrich III. ernannte ihn zum Statthalter über die westfälischen Freistühle: HHStAW Abt. 340 U 11398 (1467 XI 16, Wiener Neustadt), vgl. C. D. VOGEL, Graf Gerhard II. von Sayn wird vom Kaiser Friedrich III. zum Statthalter über die heimlichen Westphälischen Gerichte ernannt, in: VNassAG 3, 1842, H. 2, S. 36–70. Gegen die am kaiserlichen Hofgericht in Rottweil verhängte Acht gegen ihn argumentierte er damit, daß er nach der Goldenen Bulle als Untertan des Trierer Erzbischofs vor keine auswärtigen Gerichte geladen werden dürfe: CHMEL, Nr. 6902 (1474 VII 13). In diesem Zusammenhang ist es bemerkenswert, daß er zu den Grafen gehörte, die Kaiser Friedrich III. dem Administrator des Erzstifts Köln, Landgrafen Hermann von Hessen, als großen Rat zuordnete; dort wird er *unser und des reichs lieber getruwer* genannt: LACOMBLET, Bd. 4, Nr. 381 (1475 IX 8, Köln).

99. Schenkel, Ulrich

a) 1464 XI 26
b) Von Papst Paul II. erhielt Erzbischof Johann die Erlaubnis, Ulrich Schenkel, Mönch der Kartause Memmingen, nach Belieben zu sich zu rufen, damit er der Trierer Kirche durch sein *consilium* diene: LHAK 1 A 8459 (1464 XI 26, Rom).
c) –
d) –
e) –

100. Schilling von Lahnstein, Wilhelm

a) 1500 VIII 23 – 1501 XII 10
b) Erzbischof Johann ernannte ihn auf zwei Jahre zum Rat und Diener mit der Verpflichtung zur Geheimhaltung für jährlich ein Fuder Wein oder ersatzweise zwölf Gulden: LHAK 1 A 9055 (1500 VIII 23, Ehrenbreitstein).
c) **Amtmann:** Ehrenbreitstein: LHAK 1 C 18, 1310 (1500 I 21, Ehrenbreitstein); LHAK 1 A 9055 (1500 VIII 23). **Richter:** LHAK 1 A 8797 (1488 VII 30); LHAK 1 C 17055, S. 1–29 (1501 XII 10, Koblenz).
d) Von Eberhard von der Arken besaß er jährlich 15 Malter Korn zu Nievern: BROMMER, Nr. 753 (1479 XI 19). Vom Erzstift Trier erhielt er Korn- und Weinrenten zu Andernach: PSHIL, Bd. 33,2, S. 369 (1484 VI 23, Koblenz).
e) Bürgschaft für Graf Philipp von Virneburg: STAW Abt. Löwenstein-Wertheim-Freudenberg Virneburger Urkunden V/52 (1488 IX 14).

101. Schönberg, Philipp von

a) 1499 X 12 – 1501 III 24
b) –
c) **Amtmann:** Cochem und Ulmen für eine Pfandsumme von 1500 rheinischen Gulden: LHAK 1 A 784 (1499 X 12, Ehrenbreitstein). **Geldgeber:** LHAK 1 A 9036 (1499 X 12, Ehrenbreitstein). **Landstandschaft:** LHAK 1 A 9112 (1502 II 17).
d) Als Vormund der Kinder seines Schwagers Johann von der Leyen bewilligte er gemeinsam mit Georg von der Leyen dem Trierer Erzbischof das Öffnungsrecht zu Hartelstein: LHAK 1 C 18, 580 (1480 I 29). Aus dem Vlattenschen Erbe erhielt er von Georg von der Leyen die Güter und Renten zu Fankel, Güls, Bendorf, Löf und Ochtendung sowie weitere 200 Gulden: Solmser Urkunden, Bd. 3, Nr. 2304 (1501 III 24, Ehrenbreitstein).
e) –

102. Schöneck-Olbrück, Kuno von

a) 1465 III 24
b) –
c) **Amtmann:** Mayen als Pfandschaft: LHAK 1 A 2366 (1458 XI 11); STAW Abt. Löwenstein-Wertheim-Freudenberg Nachträge A/34 (1460 VI 18). Boppard und Oberwesel: LHAK 1 A 489 (1462 VI 12); LHAK 1 C 18, 386 (1471 V 10). **Bürge:** DEMANDT, Nr. 5259 (1463 VII 25); LHAK 1 A 292 (1465 III 24, Pfalzel); LHAK 1 A 8656 (1480 V 30). **Landstandschaft:** LHAK 1 A 8315 (1456 V 10).
d) Nach dem Tod seines Vaters Johann erhielt er vom Erzbischof dessen Teil der Burg Schöneck auf dem Hunsrück: LHAK 1 B 1939 (1457 VI 29). Vom Erzstift erhielt er die Hälfte folgender Güter zu Lehen: Burg Schöneck, eine Wiese *in der Brysig*, den Wald Schönscheid, die Hofgerichte Halsenbach und Bickenbach, ein halbes Fuder Weingülte aus dem erzbischöflichen Kelterhaus in Boppard, die Weinberge *zum Proffen* in der Bopparder Mark; Wälder bei Hatzenport und Löf, ein Haus in Oberwesel, einen Hof bei Treis, als Sterrenberger Burglehen $7^{1}/_{2}$ Mark vom Bopparder Zoll, einen Weinberg bei Kestert, einen Hof mit Garten zu Sterrenberg bei der Tränke, einen Weinberg *an dem Hule* und einen unterhalb der alten Burg gelegen: LHAK 1 B 847 (1462 VI 11). Erzbischof Johann nahm alle seine Besitzungen auf dem Hunsrück in Schutz und Schirm: LHAK 1 A 8496 (1468 XI 2, Koblenz). Für 400 Gulden erhielt der Erzbischof das Öffnungsrecht auf Schöneck: LHAK 1 A 8517 (1470 V 2).
e) Bürgschaft für Pfalzgraf Friedrich: RMB IV 9406 (1466 VI 3). Bürgschaft für Markgraf Karl von Baden: RMB IV 9711 (1468 XII 19).

103. Schönecken, Matthias von, Licentiatus in decretis

a) 1499 XII 26
b) –
c) **Anwalt** des Erzbischofs bei den Verhandlungen im Domkapitel wegen der Koadjutorschaft: LHAK 1 A 9040 (1499 XII 26, Trier). **Richter:** PSHIL, Bd. 37, S. 82 (1499 I 15). **Siegler** der Kurie Trier: PSHIL, Bd. 37, S. 82 (1499 I 15); LHAK 1 A 9040 (1499 XII 26, Trier).
d) Dekan des Stifts St. Paulin bei Trier 1495–1503, Propst von St. Simeon seit September 1504: HEYEN, Paulin, S. 628, 710. Kanoniker von St. Paulin war er allerdings schon 1494: WAMPACH, Bd. 9, Nr. 1061 (1494 XII 28).
e) Er dürfte mit dem 1493 genannten Prokurator der Stadt Trier an der römischen Kurie, *meister Matheus*, identisch sein: STAT RMR 1492/3, fo. 20v.

104. Sierck, Philipp von

a) 1475 IX 22
b) –
c) **Geldgeber:** LHAK 1 A 8477 (1467 II 3); LHAK 1 A 8483 (1467 VI 24). **Richter:** HHStAW Abt. 340 U 11645 (1477 V 23, Koblenz); RUDOLF, Quellen, Nr. 168 (1481 VIII 10); LHAK 1 A 1280 (1482 IV 3, Trier); LHAK 1 A 8881 (1491 VII 29). Als Schiedsrichter schlichtete er die Streitigkeiten zwischen dem Erzbischof und der Stadt Trier: RUDOLF, Quellen, Nr. 159 (1469 IV 13, Trier).
d) Zu den Pfründen des Trierer Dompropsts: HOLBACH, Stiftsgeistlichkeit, S. 591.
e) Bruder des Erzbischofs Jakob von Sierck, der ihn in seinem Testament als Nachfolger empfahl. In seinem Streit mit dem Herzogtum Luxemburg wurde er von Erzbischof Johann, der auch einen Vergleich aushandelte, tatkräftig unterstützt: PSHIL, Bd. 35, S. 170f. (1483 III 21, Trier). Verschiedene Schriftstücke in dieser Angelegenheit: LHAK 1 C 19389. Als letztem männlichen Sproß der Familie fiel ihm deren Besitz zu. Er war Herr zu Montclair, Meinsberg, Freudenberg und Forbach. Rat Kaiser Friedrichs III.: CHMEL, Nr. 4092 (1461 VII 6, Wiener Neustadt), und des Herzogs von Lothringen: LHAK 54 S 1214 (1462 VIII 5). Kriegerische Unternehmungen überließ er seinem Sohn Arnold: LHAK 1 C 16213, Bl. 71 (1480 VI 10, Ehrenbreitstein), Bl. 72 (1480 VI 15, Sierck); LHAK 1 C 16219, S. 5f. (1480 VI 19); ebd., S. 15f. (1480 IX 30, Ehrenbreitstein); LHAK 1 C 16213, Bl. 77 (1480 IX 30, Ehrenbreitstein); LHAK 1 C 16219, S. 31f. (1481 V 8). Diesem übertrug er auch eine Rente von 400 Gulden vom Herzog von Lothringen: Inventar Bübingen, Nr. 37 (1486 XII 27). Zudem sorgte er bei dessen Verheiratung mit *Gude von Raley* für eine angemessene Versorgung: LHAK 54 S 1234 (1487 VI 20). Vom Herzog von Lothringen besaß er die Dörfer Wellingen und Heßbach: HHStAW Abt. 121 U von Sierck (1459 VIII 28). Kaiser Friedrich III. erlaubte ihm, seinen Turnosen am Zoll Boppard zu veräußern und den Romlian-Turnosen am Zoll Engers zu erwerben: CHMEL, Nr. 4092f. (1461 VII 6, Wiener Neustadt). Für 3000 Gulden kaufte er Schloß und Freiheit Herschbach: DEMANDT, Nr. 5930 (1477 VI 11), Nr. 5932 (1477 VI 18). Nach seinem Tode führte der Streit um sein Erbe zu heftigen Auseinandersetzungen zwischen den Erbberechtigten, dem Herzog von Lothringen und den Grafen von Sayn und Leiningen. Nur einmal wird der Dompropst als Rat des Erzbischofs genannt, LHAK 1 C 19389, S. 7f. (1475 IX 22, Koblenz), ansonsten betrieb er unter dem Schutz des Kurfürsten eine weitgehend eigenständige Politik.

105. Snedse von Grenzau, Johann

a) 1494 X 13
b) –
c) **Amtmann:** Stolzenfels: LHAK 1 A 3414 (1491 IV 26); LHAK 1 C 18, 1220 (1496 VIII 3, Ehrenbreitstein); LHAK 1 A 9011 (1498 III 10, Koblenz). Boppard: LHAK 1 A 517 (1499 III 15, Koblenz); LHAK 1 A 9031 (1499 VIII 15). **Bürge:** LHAK 1 A 9002 (1497 X 27); LHAK 1 C 16221 (1501 X 29). **Diener:** Er sollte *inn unserm stiffte syne stedige huyßwonunge halten* und 20 Gulden jährlich aus der Kellerei Limburg erhalten: LHAK 1 A 8938 (1494 IX 3, Ehrenbreitstein). **Gesandter:** bei Johann von Runkel: LHAK 1 C 13208, S. 39f. (1495 III 17). **Richter:** LHAK 1 C 16214, Bl. 119f. (1493 X 1, Montabaur); LHAK 1 A 9031 (1499 VIII 15). **Rottmeister:** 1494 IX 3 – 1499 XI 12.
d) Zusammen mit seiner Frau *Guedtghin* von Kaldenborn verkaufte er dem Nonnenkloster Bärbach für 100 Gulden eine ewige Gülte von vier Gulden: STRUCK, Bd. 3, Nr. 236 (1484 XII 20).
e) –

106. Sötern, Adam von

a) 1496 V 1
b) –
c) **Amtmann:** Blieskastel: LHAK 1 C 17, 1328 (1483 VIII 30, Blieskastel). **Bürge:** LHAK 1 A 8834 (1489 IX 12, Ehrenbreitstein). **Landstandschaft:** LHAK 1 C 108, Bl. 148r (1494 X 2, Ehrenbreitstein). Gemeinsam mit Heinrich Kratz von Scharfenstein und Heinrich von Sötern schlichtete er die Differenzen Kurtriers mit Pfalzgraf Johann und Markgraf Christoph von Baden: LHAK 1 C 608, S. 365 (1489 XII 4); LHAK 1 C 608, S. 533–535 (1492 I 18, Bernkastel).
d) Eine Rente von 2½ Gulden auf sein Wohnhaus im Burgfrieden von St. Wendel verkaufte er an die Präsens der Kirche zu St. Wendel: LHAK 1 A 3631 (1493 IX 28). Dieses Haus befreite der Erzbischof *wie andere edel lude solche friheit mit yren huysern gebruycht und herbracht haben*: LHAK 1 B 1999 (1496 V 1, Ehrenbreitstein). Seiner Frau Franziska von Orley übergab er seinen Anteil an den Burglehen Heinrichs von Sötern d. Ä. zu Grimburg und Schmidtburg: LHAK 1 C 18, ohne Nummer hinter 991 (1494 V 1, Ehrenbreitstein).
e) –

107. Sötern d. J., Heinrich von

a) 1488 VIII 15 – 1498 X 16
b) In einem Revers erklärte er, daß ihn Erzbischof Johann für 60 Gulden jährlich auf zwei Jahre zum Rat und Diener ernannt habe, um *tegelich by synen gnaden zu hoiff zu syn mit vier reysigen pferden*: LHAK 1 A 8801 (1488 VIII 15). Einmal nennt er sich selbst *werntlicher rait*: LHAK 1 C 18, 1073 (1498 X 16).
c) **Anwalt:** LHAK 1 C 16214, Bl. 141 (1494 XI 4, Bernkastel); HHStAW Abt. 339, Nr. 310 (1499 II 28). **Gesandter** beim Pfalzgrafen: LHAK 1 C 608, S. 499 (1490 IX 19, Pfalzel). **Landstandschaft:** LHAK 1 C 108, Bl. 148r (1494 X 2, Ehrenbreitstein). **Richter:** LHAK 1 C 108, Bl. 89 (1492 X 27, Ehrenbreitstein); LHAK 1 C 18962 (1493 VI 11, Koblenz); TOEPFER, Bd. 3, Nr. 36 (1493 VIII 19); LHAK 1 C 16214, Bl. 119f. (1493 X 1, Montabaur); LHAK 1 C 736, S. 211 (1496 VI 11, Koblenz); LHAK 1 C 609, S. 3f. (1497 VIII 7); LHAK 1 A 2243 (1498 IV 7); HHStAW Abt. 339, Nr. 311, Bl. 147 (1501 I 30, Koblenz). Seit 1488 erscheint er regelmäßig als Mitsiegler von dem Erzbischof ausgestellten Reversen. Im Namen des Erzbischofs und seiner Räte befahl er dem Propst zu Salm, Heinrich von Bitburg, am Gericht zu Salm mit Martin von Buschdorf und Lamprecht von Engelsdorf zu verhandeln: LHAK 1 C 16217, S. 243f. (1489 IX 18). Gemeinsam mit Heinrich Kratz von Scharfenstein und seinem Vetter Adam von Sötern schlichtete er die Differenzen Kurtriers mit Pfalzgraf Johann und Markgraf Christoph von Baden: LHAK 1 C 608, S. 365 (1489 XII 4); ebd., S. 533–535 (1492 I 18, Bernkastel).
d) Heinrich Vogt und Herr zu Hunolstein belehnte ihn im Namen seiner Frau Elisabeth mit den Burglehen Philipps von Sötern: PSHIL; Bd. 30, S. 149 (1457 IV 21). Seine Leute zu Obersötern, Oberdorf, Schwarzenbach, Otzenhausen, Nonnweiler, Gersweiler und Rosberg nahm er für zwölf Jahre für jährlich acht Malter Hafer in Schutz und Schirm: LHAK 1 A 8633 (1479 VI 9, Ehrenbreitstein). Erzbischof Johann belehnte ihn für sich, seinen Bruder Anton und seinen Vetter Adam: als Grimburger Burglehen zehn Malter Korn und 40 Solidi aus dem Amt Birkenfeld, den Wald Königsfeld, die von der Herrschaft Kempenich lehnrührigen Fruchtzehnten zu Niederberg, Urbar, Wiebelsheim, Buch und Birken: LHAK 1 B 2024 (1496 II 5, Ehrenbreitstein). Gemeinsam mit seinem Bruder Anton besaß er einen Teil des Zehnten zu Emmeldingen: PSHIL, Bd. 33,2, S. 401 (1497 II 24, Trier). Seiner Frau Adelheid Meinfelder übergab er den Anteil Heinrich Meinfelders an der Burg Arras als Wittum: LHAK 1 C 18, 1281 (1503 I 11, Ehrenbreitstein).
e) Pfalzgraf Johann bezeichnet ihn einmal als seinen Hofmeister: GLAK Abt. 46, Nr. 1330 (1501 VI 8, Simmern). Es ist allerdings nicht sicher, ob er tatsächlich in die pfalzgräflichen Dienste überwechselte. Sein gleichnamiger Vater war Amtmann der Grafschaft Sponheim zu Trarbach: LHAK 1 C 86, S. 112–114 (1460 X 7, Morsdorf); RMB IV 9085 (1463 VI 14); RMB IV 9086 (1463 VI 14). Später kurtrierischer Amtmann zu St. Wendel: LHAK 1 A 3621 (1469 IV 24), zu Schwarzenberg für eine Pfandsumme von 900 Gulden: LHAK 1 A 8512 (1469 VII 29, Trier); LAMPRECHT, Bd. 3, Nr. 261 (1479 V 31, Koblenz); LHAK 1 A 8689 (1483 III 25, Pfalzel), und danach zu Lichtenberg für 800 rheinische Gulden: LHAK 1 B 1998 (1483 IV 9, Pfalzel).

108. Solms, Bernhard Graf zu

a) 1465 I 4 – 1499 II 17

b) In einem Revers erklärte er, daß ihn Erzbischof Johann für 100 rheinische Gulden jährlich aus dem Zoll Engers zum Rat und Diener mit der Verpflichtung zur Geheimhaltung ernannt habe: LHAK 1 A 8460 (1465 I 4).

c) **Amtmann:** Kyllburg als Pfandschaft für ein Darlehen von 1000 Gulden: LHAK 1 A 2209/2210 (1470 III 22). Limburg, Molsberg und Brechen: HHStAW Abt. 115, Nr. 220 (1484 VI 21, Ehrenbreitstein); HHStAW Abt. 170 U 1956 (1486 I 20); HHStAW Abt. 170 U 2049 (1489 II 24); LHAK 1 C 108, Bl. 112 (1492 VII 24, Ehrenbreitstein); HHStAW Abt. 340 U 12205 (1493 XII 11); HHStAW Abt. 170 U 2295 (1496 X 2); HHStAW Abt. 116 U 105 (1502 IV 17); HHStAW Abt. 170 I U 2472 (1502 V 24). Erneute Ernennung: HHStAW Abt. 115, Nr. 242 (1503 IV 25, Ehrenbreitstein). **Gesandter** beim Frankfurter Reichstag: RTA MR, Bd. 3,2, Nr. 264b (1489 VII). **Richter:** LHAK 1 A 8846 (1490 I 10, Koblenz); LHAK 1 A 8859 (1490 V 13, Engers); LHAK 1 A 8880 (1491 VII 21); LHAK 1 A 1790 (1493 II 4); LHAK 1 C 18962 (1493 IV 24, Koblenz); LHAK 1 A 1789 (1493 VI 8, Koblenz); LHAK 1 A 1791 (1493 VI 9); LHAK 1 A 9139 (1502 XI 3, Koblenz).

d) Zu den Pfründen des Trierer Dompropsts: HOLBACH, Stiftsgeistlichkeit, S. 596. Im Dorf Waldrach besaß er die erzstiftischen Renten: LHAK 1 D 1394 (1499 II 17).

e) –

109. Solms, Otto Graf zu

a) 1491 IX 1 – 1501 II 27

b) –

c) **Richter:** LHAK 1 A 9092 (1501 II 27). Bei der Huldigung der Stadt Boppard trat er als Wortführer des Trierer Erzbischofs auf: LHAK 701, 4, fo. 63r (1497 VII 5, Boppard). Als Schiedsrichter schlichtete er die Streitigkeiten zwischen Kurtrier und Hessen wegen der Herrschaften Limburg, Molsberg und Brechen und des Amts Montabaur: HHStAW Abt. 170 U 1858 (1481 VIII 2, Limburg).

d) –

e) Im Frankfurter Reichsanschlag von 1489 war er mit zwei Pferden und vier Mann zu Fuß angegeben: RTA MR, Bd. 3,2, Nr. 300a (1489 VII 16); in einer anderen Liste mit vier zu Pferd und zwölf zu Fuß: RTA MR, Bd. 3,2, Nr. 296 (1489 VII 21). Seine Tochter Maria heiratete den Junggrafen Johann von Nassau-Beilstein: LHAK 1 C 18, 890 (1491 IX 1, Koblenz).

110. Staffel, Dietrich von

a) 1493 VI 11 – 1495 III 19

b) –

c) **Amtmann:** Wellmich: er sollte das Amt so lange behalten, bis die Schuldsumme von 1500 Gulden, die mit einer Rente von 75 guten schweren rheinischen Gulden jährlich aus der Kellerei Limburg versichert war, bezahlt wurde: HHStAW Abt. 119, Nr. 20 (1481 V 29). Balduinstein: Nachdem Johann von Baden das bereits von Erzbischof Balduin verpfändete Amt für kurze Zeit eingelöst hatte, wurde es erneut an die Vettern Dietrich und Johann von Staffel verpfändet: HStAD Depositum Wahn V A 3 (1495 III 19); ebd. V A 4 (1496 X 9, Ehrenbreitstein). Niederlahnstein: LHAK 1 C 18, 1103 (1498 VI 30, Boppard). **Anwalt:** MENZEL, in: NassAnn 15, 1879, Nr. 103 (1486 VIII 16). **Bürge:** LHAK 1 A 271 (1478 II 9, Ehrenbreitstein); LHAK 1 A 272 (1481 III 28, Ehrenbreitstein); HHStAW Abt. 345 U 7 (1484 IV 27). **Geldgeber:** HHStAW Abt. 121 U von Staffel (1481 V 28); HHStAW Abt. 121 U v. Staffel (1494 IV 25). **Landstandschaft:** LHAK 1 C 108, Bl. 148r (1494 X 2, Ehrenbreitstein). **Richter:** LHAK 1 A 8797 (1488 VII 30, Koblenz); LHAK 1 C 18962 (1493 VI 11, Koblenz).

d) Backhaus in Niederlahnstein: SCHMIDT, Nr. 2166 (1474 X 5). Mit Erzbischof Johann geriet er über die Rechte am Patronat zu Engers in Streit: LHAK 1 A 1790 (1493 II 4); LHAK 1 A 1791 (1493 VI 9). Für 800 rheinische Gulden kaufte er gemeinsam mit seinem Vetter Johann vom Trierer Erzbischof die Vogtei der Dörfer und Gerichte zu Fachbach, Nievern und Miehlen sowie den Hof Hungerberg mit Zubehör: BROMMER, Stein, Nr. 810 (1497 IX 29, Boppard).

e) –

111. Staffel, Johann von

a) 1495 III 19
b) –
c) **Amtmann:** Balduinstein gemeinsam mit seinem Vetter Dietrich: siehe dort. **Bürge:** LHAK 1 A 8930 (1494 II 20); LHAK 1 A 8976 (1496 XI 17); LHAK 1 A 9002 (1497 X 27). **Diener:** Nachdem sich Erzbischof Johann mit ihm über 200 Gulden geeinigt hatte, ernannte er ihn zu seinem Diener, der jährlich eine Sommerhofkleidung erhalten sollte: LHAK 1 C 18, 976 (1494 III 21, Ehrenbreitstein); LHAK 1 A 8973 (1496 X 12). **Geldgeber:** 1000 Gulden, LHAK 1 A 9001 (1497 X 1).
d) Erzbischof Johann stellte er einen Lehnsrevers über folgende Güter aus: als Limburger Burglehen drei Wiesen zu Langendernbach, 4¹/₂ und zwei Gulden Rente zu Hasselbach, sechs Gulden Rente aus der Kellerei Limburg, einen Garten und einen Hof zu Limburg, 13¹/₂ Gulden Rente zu Oberbrechen; als Mannlehen Weingärten zu Urbar; als Molsberger Burglehen eine Mühle und einen Garten sowie Acker und Wiesenland bei Molsberg; als Balduinsteiner Burglehen das Judenhaus im Tal Balduinstein; als Mannlehen einen Hof zu Mensfelden, Einkünfte aus einer Mühle, den Zehnt zu Bicherfelde, einen Hof zu Girod, einen Teil am Zehnt zu Langwiesen; als Molsberger Burglehen den halben Hof Griesborn, einen Hof zu Wallmerod, zehn Gulden Rente aus der Kellerei Montabaur und fünf Gulden Rente zu Elz: HHStAW Abt. 121 U von Staffel (1496 II 23). Für 800 rheinische Gulden kaufte er gemeinsam mit seinem Vetter Dietrich von Erzbischof Johann die Vogtei der Dörfer und Gerichte zu Fachbach, Nievern und Miehlen sowie den Hof Hungerberg mit Zubehör: BROMMER, Stein, Nr. 810 (1497 IX 29, Boppard).
e) Als Mitgift seiner Schwiegertochter, der Schwester Hilgers von Langenau, erhielt er eine Schuldverschreibung Erzbischof Johanns über 1000 Gulden: LHAK 1 A 8890 (1492 I 13).

112. Staffel d. J., Wilhelm von

a) 1465 III 24 – 1469
b) –
c) **Bürge:** LHAK 1 A 8345 (1457 III 22, Ehrenbreitstein); DEMANDT, Nr. 5259 (1463 VII 25); LHAK 1 A 292 (1465 III 24, Pfalzel). **Richter:** LHAK 1 C 13205, S. 33 (1469).
d)
e) Sein gleichnamiger Vater war Marschall Erzbischof Jakobs I.: MILLER, Jakob von Sierck, S. 272, Anm. 133, und Amtmann zu Limburg, Molsberg und Brechen: HHStAW Abt. 115, Nr. 195 (1452 X 9). Dieser war auch einer der Aussteller der Landständeeinung: LHAK 1 A 8315 (1456 V 10).

113. Stein, Dietrich vom

a) 1491 IX 28 – 1498 VI 30
b) In seinem Revers der Ernennung zum Amtmann von Kunenengers versprach er unter anderem, *synen gnaden zu dienen und raden alles getruwelich nach mynen besten synnen und vermoegen, woe und wie des noit ist und so dick es durch mynen gnedigen herrn, eynen zolschriber ader scholtessen zu Engers an mich gesonnen wirdet:* LHAK 1 A 1747 (1491 IX 28).
c) **Amtmann:** Städtchen und Freiheit Kunenengers: LHAK 1 A 1747 (1491 IX 28). Nach seinem Tod erhielt ein gleichnamiger Verwandter das Amt: LHAK 1 A 1748 (1500 VII 16). **Geldgeber:** Gemeinsam mit seinem Bruder Engelbrecht 2000 Gulden, LHAK 1 A 8641 (1479 X 4, Ehrenbreitstein). **Richter:** LHAK 1 A 1790 (1493 II 4); LHAK 1 C 18962 (1493 IV 24, Koblenz); LHAK 1 A 1789 (1493 VI 8, Koblenz); LHAK 1 A 1791 (1493 VI 9); LHAK 1 C 18, 1103 (1498 VI 30, Boppard); LHAK 1 C 609, S. 127–143 (1498 X 17, Oberwesel).
d) Zu den Pfründen des Dietkirchener Archidiakons vgl. STRUCK, Dietkirchen, S. 305f.; PAULY, Severus, S. 141. Sein Vormund erhielt für ihn eine Rente von zehn rheinischen Gulden vom Zoll Koblenz: PSHIL, Bd. 36, S. 241 (1463 IV 25, Trier). Eine Wiese zu Sinzig an der Ahrbrücke: LHAK 1 C 18,

635 (1481 XI 6). In Trier besaß er ein Haus: STAT RMR 1482/3, fo. 3r., fo. 3v.; STAT RMR 1490/1, fo. 5v.; STAT RMR 1495/6, fo. 16v (1495 XII 17). Erzbischof Johann verlieh ihm auf Lebenszeit die Burg Rumstein, um diese wiederherzustellen; darüber hinaus sollte er aus der Kellerei Pfalzel jährlich zehn Malter Korn, 20 Malter Hafer und zwei Fuder Wein erhalten: LHAK 1 C 18, 859 (1488 V 28, Cochem). Im Jahr darauf gestatte ihm der Kurfürst, 600 Gulden Baugeld von dem Subsidium im oberen Offizialat zu erheben: LHAK 1 C 18, 844 (1489 IX 4). Ein weiteres Jahr später kam er mit dem Erzbischof überein, auf die Einkünfte aus Pfalzel mit Ausnahme von einem Fuder Wein zu verzichten, dafür erhielt er alle Einkünfte zu Kordel: LHAK 1 C 18, 964 (1490 XII 1, Pfalzel).
e) Für den Abt von St. Maximin führte er Verhandlungen mit Nikolaus Vogt und Herr zu Hunolstein: LHAK 1 C 16213, Bl. 104 (1486 IX 14).

114. Stein, Friedrich vom

a) 1496 VI 11 – 1498 III 28
b) –
c) **Geldgeber:** Von seinem Vater erbte er ein Drittel einer Schuldverschreibung des Erzbischofs über 3000 Gulden: LHAK 1 A 8389 (1459 I 10, Ehrenbreitstein). **Landstandschaft:** LHAK 1 C 108, Bl. 148r (1494 X 2, Ehrenbreitstein). **Richter:** SCHMIDT, Nr. 2085 (1459 IX 1); LHAK 1 B 8 (1467 VII 20); LHAK 1 A 8797 (1488 VII 30, Koblenz); LHAK 1 C 18962 (1493 IV 24, Koblenz); LHAK 1 C 736, S. 211 (1496 VI 11, Koblenz); STRUCK, Bd. 3, Nr. 428 (1497 XII 20, Koblenz); LHAK 1 C 609, S. 127–143 (1498 X 17, Oberwesel); LHAK 1 A 9038 (1499 XI 12, Koblenz). **Statthalter:** HHStAW Abt. 339, Nr. 310 (1498 III 28, Koblenz).
d) Erzbischof Johann belehnte ihn für sich und seine Vettern Philipp und Engelbrecht: BROMMER, Stein Nr. 207 (1477 XI 24, Koblenz); ebd., Nr. 208 (1478 XI 14, Pfalzel).
e) –

115. Stein, Philipp vom

a) 1469
b) –
c) **Landstandschaft:** LHAK 1 A 8315 (1456 V 10). **Richter:** SCHMIDT, Nr. 2085 (1459 IX 1); LHAK 1 C 13205, S. 33 (1469). Streitigkeiten des Erzbischofs mit Graf Johann von Nassau-Vianden-Diez sollten in seiner Gegenwart geschlichtet werden: LHAK 1 A 8383 (1458 VIII 1, Ehrenbreitstein).
d) Mit seinem Bruder Friedrich d.Ä. teilte er die Burg Stein und den Besitz der Familie: BROMMER, Stein Nr. 685 (1456 VI 24).
e) Bürgschaft für Graf Philipp von Katzenelnbogen: DEMANDT, Nr. 5370 (1465 IX 6, Frankfurt); DEMANDT, Nr. 5753 (1473 XI 30).

116. Veningen, Jodokus von

a) 1457 III 20
b) –
c) Er ist nur bei den Verhandlungen wegen der Huldigung der Stände des Erzstifts vor Johann von Baden unter den *consiliarii, amici et oratores* des Kurfürsten nachweisbar: LHAK 1 C 16212, Bl. 27r (1457 III 22, Koblenz).
d) –
e) –

117. Virneburg-Kronenburg, Georg Graf zu

a) 1479 XII 5 – 1486 VI 8

b) In einem Revers erklärte er, daß ihn Erzbischof Johann auf drei Jahre zum Rat und Diener ernannt habe, der für 100 oberländische rheinische Gulden mit zehn guten reisigen Pferden dienen sollte: LHAK 1 C 18, 688 (1484 II 16); STAW Abt. Löwenstein-Wertheim-Freudenberg Virneburger Urkunden I/14 (1484 II 17, Trier).

c) **Diener:** Erzbischof Johann ernannte ihn auf ein Jahr zum Diener, der nun über eine Rate von 100 Gulden quittierte: LHAK 1 A 8573 (1475 II 17, Sinzig). Eine Aufforderung zum Dienst zögerte er mit dem Argument um eine Woche heraus, daß er beim Kölner Erzbischof sein müsse: LHAK 1 C 16213, Bl. 58 (1475 IV 29). Für Verluste im Dienst des Erzbischofs quittierte er über 500 Gulden: LHAK 1 A 8636 (1479 VII 13). 1480 ernannte ihn der Kurfürst erneut auf ein Jahr zu seinem Diener, der mit zwölf Pferden dienen sollte: STAW Abt. Löwenstein-Wertheim-Freudenberg Virneburger Urkunden I/13 (1480 V 29, Ehrenbreitstein).

d) Seiner Frau Maria von Croy übergab er ein Wittum von 15000 Gulden, die er auf die Schlösser Schönecken und Schönberg versicherte: LHAK 1 C 18, 526 (1472). In der Kapelle im Tal Schönecken stiftete er gemeinsam mit seiner Frau eine tägliche Frühmesse: LHAK 1 A 3341 (1478 III 15). Die von Erzbischof Jakob I. verpfändete Herrschaft Schnönecken löste Johann von Baden von ihm und seinem Bruder Philipp wieder ein: LHAK 1 A 8645 (1479 XII 5, Ehrenbreitstein); LHAK 1 A 8646 (1479 XII 30, Ulmen); LHAK 1 A 8649 (1480 II 17).

e) Nach seinen Auseinandersetzungen mit Erzherzog Maximilian von Österreich wurde er von diesem zum Diener ernannt: STAW Abt. Löwenstein-Wertheim-Freudenberg Virneburger Urkunden III/89 (1482 VIII 18), vgl. PSHIL, Bd. 35, S. 123f. (1481 I 25). Ebenso ernannte ihn Pfalzgraf Philipp zu seinem Diener: STAW Abt. Löwenstein-Wertheim-Freudenberg Virneburger Urkunden I/15 (1485 IX 25, Heidelberg).

118. Virneburg-Neuenahr-Saffenburg, Philipp Graf zu

a) 1465 III 24 – 1501 XII 25

b) Die Ernennungsurkunde Erzbischof Johanns für den Grafen zum Rat und Diener auf unbestimmte Zeit beinhaltet auch eine Bestimmung über die Beilegung etwaiger Differenzen in der Pellenz: LHAK 1 A 8543 (1472 IV 13). Eine erneute Ernennung zum Rat und Diener auf drei Jahre sollte mit 100 rheinischen Gulden jährlich vergolten werden; außerdem öffnete er dem Erzbischof alle seine Schlösser und Häuser: LHAK 1 C 18, 690 (1484 II 1). Als er nochmals auf ein Jahr zum Rat und Diener ernannt wurde, sollte er 100 rheinische Gulden erhalten: STAW Abt. Löwenstein-Wertheim-Freudenberg Virneburger Urkunden I/16 (1489 XI 17, Ehrenbreitstein).

c) **Amtmann:** Schönecken, wo er jedoch nicht ständig wohnen mußte, und deshalb einen Unteramtmann einsetzen sollte: LHAK 1 A 3334 (1501 X 27). **Bürge:** LHAK 1 A 292 (1465 III 24, Pfalzel); STAW Abt. Löwenstein-Wertheim-Freudenberg Virneburger Akten A 82 (149? IX 14, Koblenz); LHAK 1 A 8956 (1495 XI 8); LHAK 1 A 9104 (1501 XII 21). **Diener:** Der Erzbischof ernannte ihn für die Neusser Fehde auf ein Jahr zum Diener, der mit 40 reisigen Pferden für eine Summe von 500 Gulden dienen sollte: LHAK 1 A 8569 (1474 XI 25); LHAK 1 C 18, 630 (1477 VI 18). **Geldgeber:** Gemeinsam mit seinem Bruder Ruprecht 3000 oberländische rheinische Gulden: STAW Abt. Löwenstein-Wertheim-Freudenberg Virneburger Urkunden V/82 (1477 VI 23). **Landhofmeister:** Erzbischof Johann ernannte ihn auf unbestimmte Zeit zum *lanthoiffmeister, rade und diener*, der mit sieben oder acht Pferden bei Hofe sein sollte und dafür jährlich 100 Gulden vom Zoll Engers erhielt: LHAK 1 C 18, 1221 (1501 XII 25). **Landstandschaft:** LHAK 1 C 108, Bl. 147v (1494 X 2, Ehrenbreitstein); LHAK 1 A 9112 (1502 II 17). **Richter:** LHAK 1 C 108, Bl. 89 (1492 X 27, Ehrenbreitstein); LHAK 1 C 17, 1402 (1493 III 13); LHAK 1 C 17, 1401 (1493 III 16); LHAK 1 B 2291 (1493 III 28). **Statthalter:** LHAK 1 C 16214, Bl. 105 (1493 V 25). Unter den Anwesenden, als Erzbischof Johann von König Maximilian die Belehnung mit den Luxemburger Lehen des Erzstifts verlangte: PSHIL, Bd. 35, S. 330–332 (1492 IX 24, Koblenz).

d) Die von Erzbischof Jakob I. verpfändete Herrschaft Kempenich löste Johann von Baden von ihm wieder ein: LHAK 34, 532 (1480 II 19, Koblenz). Ein Haus in der Koblenzer Burggasse verpfändete er an Johann Kastellaun und dessen Frau Gertrud: LHAK 1 C 18, 763, 930 (1487 II 18, Ehrenbreitstein)

e) Er gehörte zu den Grafen, die Kaiser Friedrich dem Administrator des Erzstifts Köln, Landgraf Hermann von Hessen, als großen Rat zur Seite stellte: LACOMBLET, Bd. 4, Nr. 381 (1475 IX 8, Köln). Im Jahr darauf warb ihn derselbe für 200 Gulden als Rat und Diener in einer Fehde: LACOMBLET, Bd. 4, Nr. 387 (14876 VII 8). Im 16. Jahrhundert wurde er auch zu den kurkölnischen Landständen gerechnet: LACOMBLET, Bd. 4, Nr. 496 (1508 IV 29). Der Reichsanschlag von 1489 führte ihn mit zwei Mann zu Fuß auf: RTA MR, Bd. 3,2, Nr. 300a (1489 VII 16). Bürgschaft für Landgraf Wilhelm von Hessen: STAW Abt. Löwenstein-Wertheim-Freudenberg Virneburger Akten A 82 (1492 X 1). Trotz der deutlich erkennbaren Bemühungen des Erzbischofs, den Virneburger vermehrt in das Erzstift einzubinden, führten territoriale Interessen des Grafen, insbesondere in der Pellenz, immer wieder zu Differenzen.

119. Virneburg, Wilhelm Graf zu

a) 1459 XI 14 – 1459 XII 15
b) –
c) **Bürge:** STAW Abt. Löwenstein-Wertheim-Freudenberg Virneburg-Manderscheid Nachträge (1457 I 27, Pfalzel); ebd. Virneburger Akten A 82 (1458 XII 11, Ehrenbreitstein); ebd. Virneburger Akten A 82 (1459 XI 14, Ehrenbreitstein); DEMANDT, Nr. 5072, Anm. (1459 XII 21).
d) Erzbischof Johann belehnte ihn als Vormund der Grafen Philipp und Ruprecht mit dem Schloß Monreal, dem Turm in der Virneburg, Vogtei und Gericht zu Nachtsheim, dem Haus *zu Bosse*, dem Hof Spurzenheim bei Monreal, 28 Morgen Ackerland und einer Schäferei in Kehrig sowie zwei Häusern in der Koblenzer Burggasse: LHAK 34, 193 (1459 XII 15, Ehrenbreitstein).
e) –

120. Waldbott von Bassenheim, Otto

a) 1458 X 24 – 1465 III 24
b) –
c) **Amtmann:** Koblenz als Pfandschaft seit 1448: MICHEL, Koblenz, S. 259; LHAK 1 C 16212, Bl. 41v-43r (1457 IV 28, Ehrenbreitstein); LHAK 1 A 1184 (1458 XI 10). Baldeneck als Pfandschaft für 4000 oberländische rheinische Gulden: LHAK 1 A 292 (1465 III 24, Pfalzel). **Bürge:** LHAK 1 A 8387 (1458 X 24, Ehrenbreitstein); DEMANDT, Nr. 5259 (1463 VII 25). **Geldgeber:** LHAK 1 A 8415 (1460 X 2). **Landstandschaft:** LHAK 1 A 8315 (1456 V 10). **Richter:** LHAK 1 A 8412 (1460 VIII 11).
d) Erzbischof Johann belehnte ihn mit zwei Teilen der Bede seiner Güter zu Ochtendung, einem Drittel der Bede von seinen Gütern in der Vogtei Ochtendung, 20 Gulden vom Zoll Koblenz, ablösbar mit 200 Gulden, einem Haus im Tal Baldeneck, einem Hof in Mayen, zehn Mark jährlich in Mayen, einem Haus zu Andernach und dem Zehnt zu Langenwiese: LHAK 53 C 5, 211 U (1457 VI 6, Ehrenbreitstein). Für 700 rheinische Gulden erwarb er von Dietrich und Friedrich von Runkel die Dörfer Miesenheim und Namedy: FWA 57-4-2, No. 29 (1457 XII 21). An Erzbischof Johann verkaufte er für 600 Gulden ein Viertel von Burg, Dorf und Zubehör zu Bassenheim: LHAK 1 A 8385 (1458 IX 23). Die restlichen drei Viertel nahm der Kurfürst in Schutz und Schirm: LHAK 1 A 8386 (1458 X 27). Für zwei Gulden jährlich stiftete er gemeinsam mit seiner Frau Sophia von Heddesheim eine Messe im Koblenzer Dominikanerkloster: SCHULZ, Bassenheimer Archivalien, Nr. 16 (1462 XII 23). Ebenso stifteten sie eine Messe im Koblenzer Hospital in der Lehr: StaK- 623- Nr. 1002, S. 20 (1463 I 31).
e) –

121. Waldecker von Kaimt, Michael

a) 1493 VI 11 – 1502 II 24
b) –
c) **Amtmann:** im Hamm: LHAK 1 A 3645 (1484 XI 2, Ehrenbreitstein); LHAK 1 A 3220 (1487 VIII 23, Pfalzel). Hamm und Beilstein: LHAK 1 A 3646 (1491 IV 3, Ehrenbreitstein); BAT Abt. 63,51, Nr. 40 (1492 II 29); LHAK 1 C 18962 (1493 IV 24, Koblenz); LHAK 1 A 644 (1501 II 2); LHAK 1 C 588, S. 69 (1502 II 24, Grevenburg); LHAK 1 A 9118 (1502 IV 12, Beltheim); LHAK 1 A 1732 (1503 I 28, Ehrenbreitstein). Baldeneck: LHAK 1 D 1328 (1486 X 25); LHAK 1 A 298 (1490 III 28, Pfalzel). **Anwalt:** LHAK 1 C 609, S. 7–90 (1498 VII 10/11, Trarbach); Ebd., S. 120 (1498 VIII 24, Ehrenbreitstein); ebd., S. 127–143 (1498 X 17, Oberwesel); ebd., S. 171 (1498 XI 25, Ehrenbreitstein); ebd., S. 172–185 (1498 XII 4, Oberwesel); LHAK 1 C 588, S. 69 (1502 II 24, Grevenburg); LHAK 1 A 298 (1490 III 28, Pfalzel). **Bürge:** LHAK 1 C 18, 1187 (1499 II 16); LHAK 1 C 16221 (1500 X 9). **Grabenmeister:** LHAK 701,4, fo. 70v (1497 VII). **Landstandschaft:** LHAK 1 C 108, Bl. 148r (1494 X 2, Ehrenbreitstein); LHAK 1 A 9112 (1502 II 17). **Richter:** LHAK 1 C 18962 (1493 IV 24, Koblenz; 1493 VI 11, Koblenz); LHAK 1 B 1827 (1498 IX 4).
d) Gemeinsam mit seiner Mutter Richarda verkaufte er der St.-Nikolaus-Kapelle *in Wollegass* zu Trier für 100 Gulden eine Rente von vier Gulden: PSHIL, Bd. 36, S. 276 (1471 IX 13). Dieser Verkauf wurde gemeinsam mit seiner Frau Katharina Dune von Leiningen erneut bestätigt: Ebd., S. 277 (1472 IX 17). Zusammen mit seiner Frau verkaufte er für 120 Gulden den Trierer Karmelitern eine Rente von vier rheinischen Gulden: Ebd., S. 284f. (1479 X 13). Gemeinsam mit seiner Mutter Richarda, seinem Bruder Johann und beider Frauen verkaufte er dem Konvent in Merl eine Rente von vier Maltern Korn: PSHIL, Bd. 35, S. 172 (1483 IV 5).
e) Unter den Erzbischöfen Jakob II. von Baden und Richard von Greiffenclau war er Hofmeister bzw. Haushofmeister.

122. Wecker Graf zu Zweibrücken-Bitsch, Simon

a) 1485 IV 11 – 1488 IV 28
b) Erzbischof Johann ernannte ihn auf vier Jahre zum Rat und Diener für jährlich 100 Gulden zu Engers: LHAK 1 C 18, 735 (1485 IV 11).
c) **Hauptmann:** Erzbischof Johann ernannte ihn für ein Jahr zum obersten Hauptmann, der mit 34 Pferden für 300 Gulden und einen Hengst dienen sollte: LHAK 1 A 8767 (1488 IV 28, Ehrenbreitstein); LHAK 1 A 8885 (1491 XI 16).
d) Einen Streit mit dem Trierer Erzbischof wegen Forderungen an die Grafschaft Salm schlichteten die Räte Pfalzgraf Johanns: LHAK 1 C 16218, S. 195f. (1498 III 23, Bernkastel).
e) –

123. Weiher zu Nickenich d. Ä., Hermann vom

a) 1459 X 14
b) –
c) **Amtmann:** Kaisersesch: LHAK 1 A 2148 (1458 XI 10). Kasselburg: LHAK 1 A 8472 (1466 II 27); die Zuordnung des Belegs zu Vater oder Sohn ist aufgrund fehlender Spezifizierung nicht möglich. **Anwalt:** LHAK 1 A 1831 (1459 X 14, Fankel). **Bürge:** LHAK 1 A 8470 (1465 X 27); die Zuordnung des Belegs zu Vater oder Sohn ist aufgrund fehlender Spezifizierung nicht möglich.
d) Für erwiesene Dienste verlieh ihm Erzbischof Johann auf Lebenszeit jährlich zwölf Malter Korn und zwei Fuder Wein vom Cochemer Kellner sowie 25 Malter Heu zu Ulmen, außerdem einige Felder zu Ulmen: LHAK 1 C 18, 379 (1471 III 8, Pfalzel).
e) –

124. Weiher zu Nickenich d. J., Hermann vom

a) 1479 XII 30
b) –
c) **Amtmann:** Daun: LHAK 1 A 1610 (1490 III 2, Daun). Cochem und Ulmen als Pfandschaft für 1500 rheinische Gulden: LHAK 1 A 785 (1490 V 3, Pfalzel); LHAK 1 A 784, 9036 (1499 X 12, Ehrenbreitstein). **Anwalt:** LHAK 1 A 8646 (1479 XII 30, Ulmen). **Bürge:** LHAK 1 A 8669 (1480 XII 29); HHStAW Abt. 121 U v. Staffel (1481 V 28); LHAK 1 A 8888 (1491 XII 26, Ehrenbreitstein). **Geldgeber:** 1500 Gulden, LHAK 1 A 8858 (1490 V 10). **Landstandschaft:** LHAK 1 C 108, Bl. 61v (1493 IV 16, Koblenz); ebd., Bl. 148r (1494 X 2, Ehrenbreitstein); LHAK 1 A 9112 (1502 II 17). **Richter:** SCHMIDT, Nr. 2085 (1459 IX 1). **Schenk** bei der Belagerung von Boppard: LHAK 701,4, fo. 71r (1497 VII). Seit 1459 erscheint er regelmäßig als Mitsiegler bei dem Erzbischof ausgestellten Reversen.
d) Johann Graf zu Nassau-Diez belehnte ihn mit der Walpodie der Grafschaft Diez: HHStAW Abt. 170 U 1752 (1476 IX 11). Philipp Graf zu Virneburg belehnte ihn mit einem Teil der Vogtei und des Gerichts zu Moselkern sowie seinem Anteil am Zehnt zu Dockweiler und Dreis: STAW Abt. Löwenstein-Wertheim-Freudenberg Nachträge A/68 (1484 VII 13). Den Testamentsvollstreckern Philipps von Sierck verkaufte er für 1000 Gulden eine Rente von 40 Gulden, wofür er seine erzstiftischen Lehen zu Pommern als Unterpfand setzte: LHAK 1 C 18, 1021 (1495 VII 24); LHAK 1 B 1718 (1501 II 26, Pfalzel). Erzbischof Johann verlieh ihm und seinen Erben auf 20 Jahre einen Hof zu Ulmen: LHAK 1 B 1717 (1497 III 25, Ehrenbreitstein).
e) Bürgschaft für den Grafen Philipp von Virneburg: STAW Abt. Löwenstein-Wertheim-Freudenberg Virneburger Urkunden V/50 (1485 IV 15); ebd. Virneburger Urkunden V/64 (1494 VI 22); ebd. Virneburger Urkunden V/39 (1494 XI 11); ebd. Virneburger Urkunden V/66 (1495 X 5); ebd. Virneburg-Manderscheid Nachträge (1495 XII 24); ebd. Virneburg-Manderscheid Nachträge (1496 XI 11); ebd. Virneburg-Manderscheid Nachträge (1497 IX 22).

125. Widderstein, Arnold von

a) 1471 II 1
b) In seinem Revers erklärte er, daß ihn der Erzbischof auf unbestimmte Zeit zum Rat und Diener ernannt habe, und daß er dafür jährlich ein Fuder Wein zu Hammerstein und Leutesdorf sowie zwölf Malter Korn vom Ehrenbreitsteiner Kellner erhalten sollte; er wurde zur Geheimhaltung verpflichtet: LHAK 1 A 8521 (1471 II 1).
c) –
d) Vom Zoll Engers erhielt er jährlich zehn Gulden als Mannlehen: LHAK 1 A 9145 (1503 I 25).
e) Bürgschaft für Graf Gerhard von Sayn: DEMANDT, Nr. 5663 (1472 VII 14).

126. Wied-Isenburg, Friedrich Graf zu

a) 1458 X 24 – 1481 XI 18
b) –
c) **Bürge:** LHAK 1 A 8387 (Ehrenbreitstein): DEMANDT, Nr. 5311 (1464 VII 24); LHAK 1 A 2036 (1479 IV 17, Ehrenbreitstein); FWA 74–10–3 (1479 IV 19, Ehrenbreitstein); HHStAW Abt. 345 U 7 (1484 IV 27). **Richter:** BAT Abt. 6,2, Nr. 1, S. 24 (1481 XI 6).
d) Eine Rente von 100 Gulden am Zoll Boppard, die er vom Erzstift Trier zu Lehen trug, übergab er seinem Bruder Wilhelm von Runkel: LHAK 1 C 17, 613 (1467 VII 14); LHAK 1 B 2510 (1467 VII 21). Nach dem Tode Graf Wilhelms von Wied-Isenburg erhielt er von Erzbischof Johann folgende Lehen: drei Viertel von Schloß und Freiheit Dierdorf, die Burg *Rurburg*, Patronat und zwei Teile des Zehnten zu Dierdorf, Puderbach und Bievern, die Höfe *Ruckenrode, Muscheid und Rode*, die Mühle zu Dierdorf, 40 Malter Hafergülte im Dorf *Winden*, eine Wiese bei der Brücke zu Dierdorf, drei Fuder Heu vom kleinen Zehnten und seinen Besitz in den Dörfern Dierdorf, Gilbrechtshofen,

Brucken, Marienrachdorf und *Rode*, ein Drittel des kleinen Zehnten zu *Winden*, acht Malter Hafer und zwei Gänse zu *Uffhusen*, den Wildbann im Wald Sporkenburg: FWA III-2-2 (1468 I 18, Ehrenbreitstein). Das zuvor gekaufte Dorf Dierdorf übergab ihm der Erzbischof wieder: FWA V-6-10, No. 9b (1470 VII 19, Ehrenbreitstein). Daraufhin verkaufte er Dierdorf für 7700 oberländische rheinische Gulden an Wilhelm Graf zu Limburg: LHAK 1 C 18, 398 (1471 X 10). Die dortigen Besitzungen nahm der Trierer Kurfürst vier Jahre lang in Schutz und Schirm: LHAK 1 A 8621 (1478 V 23, Ehrenbreitstein).

e) Er gehörte zu den Grafen, die Kaiser Friedrich dem Administrator des Erzstifts Köln, Landgraf Hermann von Hessen, als großen Rat zur Seite stellte: LACOMBLET, Bd. 4, Nr. 381 (1475 IX 8, Köln).

127. Wied-Isenburg d. Ä., Wilhelm Graf zu

a) 1457 XII 17 – 1460 III 31

b) –

c) **Bürge:** LHAK 1 A 8345 (1457 III 22, Ehrenbreitstein); LHAK 1 A 8387 (1458 X 24, Ehrenbreitstein). **Landstandschaft:** LHAK 1 A 8315 (1456 V 10). **Richter:** SCHMIDT, Nr. 2074 (1459 III 7, Ehrenbreitstein).

d) Von Erzbischof Johann erhielt er folgende Güter: Patronat und zwei Teile des Zehnten zu Dierdorf, Puderbach und Bievern, Schloß Dierdorf, die Höfe *Ruckeroide, Meyscheit und Roden*, die Mühle zu Dierdorf mit 40 Malter Korn jährlich aus dem Dorf *Wynden*, eine Wiese bei der Brücke zu Dierdorf, drei Fuder Heu und zwei Teile des kleinen Zehnten in den Dörfern Dierdorf, Giselbrechtshofen und *Rode*, ein Drittel des kleinen Zehnten zu *Wynden*, acht Malter Hafer und zwei Gänse vom Hof zu Uffhusen, 40 *marckhunre*, der Wildbann im Wald Sporkenburg: FWA III-1-26 (1457 VII 18, Ehrenbreitstein). Von der Stadt Andernach besaß er eine jährliche Rente von 100 oberländischen rheinischen Gulden: HEYEN, Andernach, Bd. 2, Nr. 1029 (1460 VIII 31).

e) –

128. Wied-Isenburg d. J., Wilhelm Graf zu

a) 1502 VI 4

b) Erzbischof Johann ernannte ihn bis zur Rückzahlung von 4000 Gulden zu seinem Rat und Diener: LHAK 35, 483 (1502 VI 4, Koblenz).

c) **Bürge:** FWA IV-12-2, No. 34 (1492 X 1); LHAK 1 A 740 (1493 X 2); LHAK 1 A 8930 (1494 II 20); LHAK 1 C 16214, Bl. 186 (1501 VIII 20); ebd., Bl. 192 (1501 XII 4); ebd., Bl. 193 (1501 XII 13). **Landstandschaft:** LHAK 1 C 108, Bl. 147v (1494 X 2, Ehrenbreitstein).

d) Erzbischof Johann belehnte ihn mit den gleichen Lehen wie Graf Friedrich von Wied-Isenburg: FWA III-1-26 (1490 III 8, Koblenz).

e) Bürgschaft für Graf Philipp von Virneburg: STAW Abt. Löwenstein-Wertheim-Freudenberg Virneburger Urkunden V/64 (1494 VI 22).

129. Windeck, Dr. iuris Hartmann von

a) 1493 III 1 – 1498 XI 24

b) Erzbischof Johann ernannte ihn auf fünf Jahre zum Rat und Diener, der jährlich 20 rheinische Gulden und ein Fuder Wein vom Zoll Boppard erhalten sollte: LHAK 1 C 18, 1053 (1493 III 1). Diese Ernennung wurde vier Jahre später verlängert, zusätzlich sollte er jährlich eine Hofkleidung erhalten: LHAK 1 A 8984 (1497 III 6).

c) **Anwalt:** LHAK 1 C 16218, S. 191–194 (1498 III 23, Bernkastel); LHAK 1 C 609, S. 7–90 (1498 VII 10/11); ebd., S. 120 (1498 VIII 24, Ehrenbreitstein); ebd., S. 127–143 (1498 X 17, Oberwesel); LHAK 1 C 609, S. 172–185 (1498 XII 4, Oberwesel).

d) Ein Bote des Erzbischofs suchte ihn in Mainz auf: LHAK 1 C 609, S. 169f. (1498 XI 24, Ehrenbreitstein).

e) –

130. Winneburg, Dietrich von

a) 1465 III 24 – 1479 IV 17
b) –
c) **Amtmann:** Schönecken in der Eifel: LHAK 1 A 3331 (1480 XI 19); LHAK 1 A 3332 (1482 VI 5); LHAK 1 A 8934 (1494 VI 28, Ehrenbreitstein); LHAK 1 C 16218, S. 137f. (1496 V 12). **Bürge:** LHAK 1 A 292 (1465 III 24, Pfalzel); LHAK 1 A 2036 (1479 IV 17, Ehrenbreitstein). **Landstandschaft:** LHAK 1 C 108, Bl. 148r (1494 X 2, Ehrenbreitstein).
d) Erzbischof Johann verlieh ihm eine Hälfte des Zehnten im Dieblicher Gericht, ein Hofgut zu Winningen und als Klottener Burglehen einen Teil des Dorfs *Niddernrode*: LHAK 1 B 2351 (1465 III 31); fünf Ohm Weingülte zu Ediger, drei Ohm Wein zu Pommern und eine Hälfte des Zehnten zu *Rengen*: LHAK 1 B 2352 (1465 III 31, Koblenz).
e) –

131. Winneburg-Beilstein, Johann von

a) 1459 X 14 – 1465 III 24
b) –
c) **Bürge:** LHAK 1 A 292 (1465 III 24, Pfalzel). **Landstandschaft:** LHAK 1 A 8315 (1456 V 10). **Richter:** SCHMIDT, Nr. 2074 (1459 III 7); LHAK 1 A 1831 (1459 X 14, Fankel); LHAK 1 A 1827 (1460 II 4, Fankel).
d) Von Erzbischof Johann erhielt er folgende Lehen: Winneburg, als Cochemer Burglehen einen Hof auf der Burg, das Samstagsgericht zu Cochem, einen Teil des Weinzolls zu Cochem, den Wildbann und die Fischerei zwischen Endert und Ellerbach, die Burg Beilstein, die Waldnutzung im Ellenzer Gericht, als Treiser Burglehen eine Hofstatt auf der Burg mit dem zugehörigen Wildbann: LHAK 1 B 2342 (1457 XII 4).
e) –

132. Winneburg-Beilstein, Kuno von

a) 1479 IV 17
b) –
c) **Bürge:** LHAK 1 A 2036 (1479 IV 17, Ehrenbreitstein); LHAK 1 A 8651 (1480 IV 11). **Diener:** In seinem Revers erklärte er, daß ihn Erzbischof Johann auf sechs Jahre zum Diener mit vier reisigen Pferden angenommen habe: LHAK 1 A 8565 (1474 II 4); LHAK 1 C 16213, Bl. 57 (1475 IV 3). **Landstandschaft:** LHAK 1 C 108, Bl. 147v (1494 X 2, Ehrenbreitstein); LHAK 1 A 9112 (1502 II 17).
d) Für 250 Gulden verkaufte er dem Trierer Erzbischof ein Viertel des Zubehörs des Wildenberger Hofs in Zell, zwei *burden* Wein und den Hof zu *Telschen*: LHAK 1 C 18, 483 (1476 III 11, Trier); desgleichen seine Einkünfte im Senheimer Gericht: LHAK 1 C 17, 891 (1477 XII 13). Er gehörte zu den Erbberechtigten des Nachlasses der Witwe Elisabeth von Brohl-Vlatten, vgl. LHAK 1 C 16213, Bl. 110 (1487 I 3). Die bereits an Erzbischof Kuno von Falkenstein verpfändete Hälfte der Herrschaft Beilstein, der Vogtei im Hamm, vier Fuder Weingülte zu Senheim und das Samstagsgericht zu Cochem beabsichtigte er für 10367 Gulden wiedereinzulösen: LHAK 1 A 8759 (1488 II 25); LHAK 1 A 8762 (1488 III 18); LHAK 1 A 8764 (1488 IV 19); LHAK 1 A 8769 (1488 V 8).
e) Bürgschaft für Graf Philipp von Virneburg: STAW Abt. Löwenstein-Wertheim-Freudenberg Virneburger Urkunden V/49 (1482 X 30). Die Streitigkeiten der Beilsteiner Fehde mit Erzbischof Johann entschied das trierische Manngericht: LHAK 1 A 8797 (1488 VIII 30, Koblenz); die Fehde schlichtete Graf Eberhard von Württemberg: LHAK 1 A 8812 (1488 XI 25, Mainz).

133. Zant von Merl, Friedrich

a) 1501 XII 10 – 1502 VIII 12
b) Erzbischof Johann ernannte ihn auf unbestimmte Zeit zum Rat und Diener für 40 Gulden jährlich aus den Einkünften des Zolls zu Wittlich: LHAK 1 A 9105 (1501 XII 25, Trier).
c) **Amtmann:** Kasselburg in Pfandschaft für 1500 Gulden: LHAK 1 A 8669 (1480 XII 29); GRIMM, Weistümer (1483 IX 4); LHAK 1 A 8805 (1488 VIII 12). Hunolstein auf zwei Jahre: LHAK 1 A 2069 (1492 III 26, Koblenz). **Anwalt:** LHAK 1 C 16214, Bl. 141 (1494 XI 4, Bernkastel). **Bürge:** LHAK 1 A 8560 (1473 VIII 14); LHAK 1 A 2036 (1479 IV 17, Ehrenbreitstein); LHAK 1 A 8641 (1479 X 4, Ehrenbreitstein); LHAK 1 A 8651 (1480 IV 11); LHAK 1 A 9104 (1501 XII 21). **Diener:** Auf zwei Jahre sollte er mit zwei oder drei reisigen Pferden *in syner gnaden hoiffe syn* und nichts dafür erhalten: LHAK 1 A 8657 (1480 VI 7). **Geldgeber:** 400 rheinische Gulden, LHAK 1 C 18, 1232 (1501 IX 14, Trier). **Grabenmeister** bei der Belagerung von Boppard: LHAK 701, 4, fo. 70v (1497 VII). **Landstandschaft:** LHAK 1 C 108, Bl. 61v (1493 IV 16, Koblenz); ebd., Bl. 148r (1494 X 2, Ehrenbreitstein); LHAK 9112 (1502 II 17). **Richter:** LHAK 1 B 1827 (1498 IX 4); LHAK 1 C 17055, S. 1–29 (1501 XII 10, Koblenz); LHAK 1 A 1732 (1503 I 28, Ehrenbreitstein). Seit 1473 erscheint er regelmäßig als Mitsiegler bei dem Erzbischof ausgestellten Reversen.
d) Für 230 Gulden verkaufte er gemeinsam mit seiner Frau Katharina von Monreal ihre Teile des Hauses *zur Scheune* in Wittlich, sie verpflichteten sich zur Zahlung einer jährlichen Rente von zehn Gulden: BROMMER, Stein, Nr. 786 (1487 XI 11).
e) Im Auftrag der Stadt Esslingen verhandelte er mit Graf Ulrich von Württemberg: RMB IV 10316 (1472 X 8). Bürgschaft für Graf Philipp von Virneburg: STAW Abt. Löwenstein-Wertheim-Freudenberg Virneburger Urkunden V/52 (1488 IX 14).

134. Zant von Merl, Ludwig

a) 1459 X 28 – 1468 VII 20
b) –
c) **Amtmann:** Zell im Hamm als Pfandschaft für 2000 Gulden: LHAK 1 A 3644 (1458 XI 10); TILLE/KRUDEWIG, Bd. 4, S. 375 (1459 IV 21); LHAK 1 A 8466 (1465 VIII 26); LHAK 1 C 603, S. 27f. (1466 IV 20); ebd., S. 37f. (1466 VI 23); ebd., S. 79f. (1466 IX 23); LHAK 1 A 685 (1468 X 17, Briedel). **Anwalt:** LHAK 1 C 603, S. 79f. (1466 IX 23). **Bürge:** LHAK 1 A 8400 (1459 X 28, Ehrenbreitstein); LHAK 1 A 8416 (1460 XI 22, Ehrenbreitstein); LHAK 1 A 3412 (1468 VII 20, Ehrenbreitstein). **Landstandschaft:** LHAK 1 A 8315 (1456 V 10). **Richter:** LHAK 1 C 16213, Bl. 6 (1460 VIII 7); LHAK 1 B 8 (1467 VII 20).
d) –
e) –

Herkunftsorte der Räte Erzbischof Johanns II. von Baden

H. Quellen und Literatur

Die Einzelnachweise der Quellen finden sich in den Anmerkungen. Das Verzeichnis der gedruckten Quellen und der Literatur nennt Werke, die in den Anmerkungen im Kurztitel aufgeführt sind.

1. Archive

Herzog von Croysches Archiv Dülmen (HCD)

Abt. 3 Nr. 3 Protokollbuch 14./15. Jahrhundert

Hauptstaatsarchiv Düsseldorf (HStAD)

Abt. Kurköln
Abt. Schleiden
Depositum Wahn
Depositum von Nesselrode-Ehreshoven

Gräflich Eltzsches Archiv zu Eltville (GEA)

Urkunden

Stadtarchiv Frankfurt (STAF)

Reichssachen
Reichssachen-Urkunden
Reichssachen-Nachträge
Rachtungen
Kaiserschreiben
Reichstagsakten

Generallandesarchiv Karlsruhe (GLAK)

Abt. 36 Baden-Generalia
Abt. 44 Lehns- und Adelsarchiv
Abt. 46 Haus- und Staatsarchiv I Personalia
Abt. 47 Haus- und Staatsarchiv II Haus- und Hofsachen
Abt. 48 Haus- und Staatsarchiv III Staatssachen
Abt. 67 Kopialbücher

Landeshauptarchiv Koblenz (LHAK)

Best. 1 Erzstift und Kurfürstentum Trier
   A Urkunden der geistlichen und staatlichen Verwaltung
   B Urkunden des Trierischen Lehnhofes
   C Akten der geistlichen und staatlichen Verwaltung

D Domkapitel
 E Landstände
Best. 2 Erzstift und Kurfürstentum Köln
Best. 4 Kurfürstentum Pfalz (und Fürstentum Simmern)
Best. 5 Bistum und gefürstete Abtei Fulda
Best. 15 Herzogtum Luxemburg und Grafschaft Vianden
Best. 18 Gefürstete Abtei und Fürstentum Prüm
Best. 21 Fürstentum Nassau-Usingen und Nassau-Weilburg
Best. 25 Reichsgrafschaft Falkenstein am Donnersberg
Best. 29 Reichsgrafschaft Manderscheid-Blankenheim und Gerolstein
 C Bettingen an der Prüm und Bettingen an der Kyll
 D Reichsgrafschaft Daun
 G Herrschaft Kronenburg im Herzogtum Luxemburg
Best. 30 Reichsgrafschaft Sayn
Best. 33 Reichsgrafschaft Sponheim
Best. 34 Reichsgrafschaft Virneburg
Best. 35 Reichsgrafschaften Isenburg und Wied
Best. 36 Wild- und Rheingrafschaft und Fürsten zu Salm
Best. 41 Reichsherrschaft Pyrmont
Best. 43 Reichsherrschaft und Burggrafschaft Rheineck
Best. 45 Reichsherrschaft Winneburg und Beilstein
Best. 51 Archive der reichsunmittelbaren Gemeinschaften und Kondominien
Best. 51,12 Kröver Reich
Best. 52 Gebiete von loser, bestrittener, zweifelhafter oder verlorener Reichsunmittelbarkeit.
Best. 52,19 Herrschaft Schöneck (Hunsrück)
Best. 53 Reichsritterschaft
 C 5 Herrschaft Bassenheim
 C 10 Reichsherrschaft Burgbrohl
 C 13 Reichsherrschaft Ehrenburg an der Mosel
 C 14 Reichsherrschaft Eltz
 C 45 Reichsherrschaft Soetern oder Eberswald
 C 48 Reichsherrschaft Waldeck/Hunsrück
 C 51 Reichsherrschaft Wartenstein oder Weiden
 D 1 Reichsherrschaft Müllenbach bei Ehrenbreitstein
Best. 54 Adel und andere Geschlechter
Best. 55 A Deutscher Orden
Best. 79 Eberhardsklausen
Best. 81 Ehrenbreitstein, Augustiner-Mönchsklsoter
Best. 83 Ehrenbreitstein, Franziskaner-Nonnenkloster bis 1460, dann Augustiner-Nonnenkloster
Best. 96 Himmerod
Best. 99 Karden, Kollegiatstift St. Kastor
Best. 108 Koblenz, Kartäuser-Mönchskloster
Best. 109 Koblenz, Kollegiatstift St. Kastor
Best. 111 Koblenz, Dominikaner-Mönchskloster
Best. 112 Koblenz, Kollegiatstift St. Florin
Best. 113 Koblenz, Franziskaner-Mönchskloster
Best. 114 Koblenz, Franziskaner-Nonnenkloster
Best. 117 Jesuitenkolleg
Best. 128 Laach
Best. 131 Lonnig
Best. 140 Mayen
Best. 144 Münstermaifeld
Best. 149 Niederwerth

Best. 150 Oberwerth
Best. 153 Oberwesel, Kollegiatstift BMV
Best. 154 Oberwesel, Kollegiatstift St. Martin
Best. 157 Pfalzel
Best. 158 Prüm
Best. 162 Rommersdorf
Best. 174 Schönstadt bei Vallendar
Best. 180 Springiersbach
Best. 206 Trier, Liebfrauen
Best. 210 Trier, Matthias
Best. 211 Trier, Maximin
Best. 213 Trier, Paulin
Best. 215 Trier, Simeon
Best. 612 Stadt Andernach
Best. 618 Stadt Boppard
Best. 627 Stadt Mayen
Best 701 e Handschriften des Peter Maier von Regensburg, Nr. 4–22

Stadtarchiv Koblenz (STAK)

Best. 623 Urkunden und Akten der Stadt Koblenz

Bayerisches Hauptstaatsarchiv München (BayHStA)

Kasten blau

Fürstlich Wiedisches Archiv zu Neuwied (FWA)

Urkunden

Stadtarchiv Trier (STAT)/Stadtbibliothek Trier (STBT)

I: Urk – Urkunden
II: Ta – Akten und Amtsbücher aus der kurfürstlichen Zeit
III: L – Amtsbücher und Akten der obererzstiftischen Landstände
IX: DK – Das Depositum der Reichsgrafen von Kesselstadt
Handschriften der Stadtbibliothek

Bistumsarchiv Trier (BAT)

Abt. 40 Erzbischöfe
Abt. 50 Erzstift. Weltliche Verwaltung
Abt. 95 Handschriften

Staatsarchiv Wertheim (STAW)

Abt. Löwenstein-Wertheim-Freudenberg

Hessisches Hauptstaatsarchiv Wiesbaden (HHStAW)

Abt. 110 Kurtrier, Erzstift
Abt. 111 Amt Boppard
Abt. 112 Amt Ehrenbreitstein
Abt. 113 Amt Grenzau
Abt. 114 Amt Herrschbach
Abt. 115 Amt Limburg
Abt. 116 Amt Montabaur

Abt. 117 Amt Vallendar
Abt. 118 Amt Sayn
Abt. 119 Amt Wellmich
Abt. 121 Adels- und Lehnsarchive
Abt. 130 I Walramisches Hausarchiv
Abt. 130 II Herzoglich-Nassauisches Hausarchiv
Abt. 131 Nassau-Usingen
Abt. 150 Nassau-Weilburg
Abt. 170 Altes Dillenburger Archiv
Abt. 300 Niedergrafschaft Katzenelnbogen
Abt. 330 Herrschaft Königstein
Abt. 331 Herrschaft Eppstein
Abt. 332 Herrschaft Kronberg
Abt. 333 Herrschaft Reifenberg
Abt. 335 Grafschaft Wied-Runkel
Abt. 337 Herrschaft Schaumburg
Abt. 338 Grafschaft Wied-Neuwied
Abt. 339 Grafschaft Leiningen-Westerburg
Abt. 340 Grafschaft Sayn-Hachenburg
Abt. 345 Grafschaft Solms

2. Gedruckte Quellen

ALBRECHT, K. (Hg.): Rappolsteinisches Urkundenbuch 759–1500. Quellen zur Geschichte der ehemaligen Herrschaft Rappoltstein im Elsaß, 5. Bd. enthaltend 1602 Urkunden und Nachrichten (bis auf 29) aus den Jahren 1473–1500, Colmar 1898.
Archiv für rheinische Geschichte, hg. v. K. A. GRAF VON REISCHACH und P. A. LINDE, T 1–2, Koblenz 1833–1835.
BACHMANN, A. (Hg.): Urkundliche Nachträge zur österreichisch-deutschen Geschichte im Zeitalter Kaiser Friedrich III., Wien 1892 (Fontes rerum Austriacum. Oesterreichische Geschichts-Quellen, 2. Abt.: Diplomata et acta 46).
BÄR, M.: Der Koblenzer Mauerbau. Rechnungen 1276–1289, Leipzig 1888 (Publikationen der Gesellschaft für Rheinische Geschichtskunde 5).
DERS.: Urkunden und Akten zur Geschichte und Verwaltung der Stadt Koblenz bis zum Jahre 1500, Bonn 1898 (Publikationen der Gesellschaft für Rheinische Geschichtskunde 17).
BATTENBERG, F. (Hg.): Das Achtbuch der Könige Sigmund und Friedrich III. Einführung, Edition und Register, Köln, Wien 1986 (Quellen und Forschungen zur höchsten Gerichtsbarkeit im Alten Reich 19).
BAUR, L. (Hg.): Hessische Urkunden, Bd. 1–6, 1860–1873, Ndr., Aaalen 1979.
BERTHOLET, J.: Histoire ecclésiastique et civile du duché de Luxembourg et comté de Chiny, Bd. 1–8, Luxemburg 1741–1743.
BIRK, E.: Urkundenauszüge zur Geschichte Kaiser Friedrichs III. in den Jahren 1452–1467, in: AÖG 10, 1853, S. 175ff.; 369ff.
BLATTAU, J. J. (Hg.): Statuta synodalia, ordinationes et mandata archidiocesis Trevirensis, Bd. 1–2, Trier 1844.
BOOS, H.: Quellen zur Geschichte der Stadt Worms, Urkundenbuch, Bd. 1, Berlin 1890.
BRINCKEN, A. D. VAN DEN (Bearb.): Das Stift St. Mariengraden zu Köln (Urkunden und Akten 1059–1817), T. 1–2, Köln 1969 (Mitteilungen aus dem Stadtarchiv Köln 57, 58).
DIES.: Das Stift St. Georg zu Köln (Urkunden und Akten 1059–1802), Köln 1966 (Mitteilungen aus dem Stadtarchiv Köln 51).
BROMMER, P. (Bearb.): Regesten der Pergamenturkunden im Archiv der Freiherren vom und zum Stein zu Nassau, Koblenz 1982 (Veröffentlichungen der Landesarchivverwaltung Rheinland-Pfalz 35).

BROWER, C. – MASEN, J.: Antiquitatum et annalium Trevirensium libri XXV, Leodii 1670.
DIESS.: Epitome annalium Trevirensium, Trier 1676.
DIESS.: Metropolis ecclesie Trevericae quae ... originem, iura decus, officia etc... complecitur, hg. v. C. VON STRAMBERG, Bd. 1–2, Koblenz 1855, 1856.
BURG, J.: Regesten der Prämonsratenserabtei Wadgassen bis zum Jahre 1571, Saarbrücken 1980.
CALMET, A.: Histoire de Lorraine..., Bd. 1–7. 2. erw. Aufl., 1745–1757, Ndr., Paris 1973.
CHMEL, J. (Bearb.): Regesta chronologico-diplomatica Friderici IV. romanorum regis (imperatoris III.). Auszug aus den im k. k. geheimen Haus-, Hof- und Staats-Archive zu Wien sich befindenden Reichsregistraturbüchern vom Jahre 1440–1493. Nebst Auszügen aus Original-Urkunden, Manuskripten und Büchern, 1859, Ndr. Hildesheim 1962.
Codex Juris Municipalis Germaniae Medii Aevi. Regesten und Urkunden zur Verfassungs- und Rechtsgeschichte der deutschen Städte im Mittelalter. Gesammelt und hg. v. H. G. GENGLER, Bd. 1, 1863, Ndr. Amsterdam 1968.
Dalberger Urkunden. Regesten zu den Urkunden der Kämmerer von Worms gen. von Dalberg und der Freiherren von Dalberg 1165–1843, bearb. v. F. BATTENBERG Bd. 1: Urkunden und Kopiare des Staatsarchivs Darmstadt (Abt. B 15 und O 1 B), des Pfarrarchivs Herrnsheim und des freiherrlich-Frankensteinschen Archivs in Ullstadt; Bd. 2: Urkunden des Stadtarchivs Worms, der Bayerischen Staatsbibliothek München und des Kunsthauses Heylshof in Worms; Nachträge und verlorene Dalberger Urkunden im Staatsarchiv Darmstadt (Regesten Nr. 1666–3385), Darmstadt, 1981, 1986 (Repertorien des Hessischen Staatsarchivs Darmstadt 14,1–2).
DECKER, F. (Bearb): Regesten des Archivs der Herren von Bourscheid, Bd. 1: 1224–1558 (Regesten Nr. 1–494), Bourscheid, Koblenz 1989.
DEMANDT, K. E. (Bearb.): Regesten der Grafen von Katzenelnbogen 1060–1486, Bd. 1–4, Wiesbaden 1953–1957 (Veröffentlichungen der Historischen Kommission für Nassau 11).
DERS.: Das Katzenelnbogener Rheinzollerbe 1479–1584, Bd. 1–3, Wiesbaden 1978–1981.
Deutsche Reichstagsakten unter Maximilian I. Bd. 3: 1488–1490, bearb. v. E. BOCK, Göttingen 1972, (Deutsche Reichstagsakten, Mittlere Reihe 3); Bd. 5: Reichstag von Worms 1495, bearb. von H. ANGERMEIER, Bd. 1–2 in 3 Tn., Göttingen 1981 (Deutsche Reichstagsakten, Mittlere Reihe 5); Bd. 6: Reichstage von Lindau, Worms und Freiburg 1496–1498, bearb. v. H. GOLLWITZER, Göttingen 1979 (Deutsche Reichstagsakten, Mittlere Reihe 6).
DÜN, J.: Urkundenbuch der Familien von Dune (Daun), Köln 1909.
Eppsteiner Urkunden. Regesten zu den Urkunden der Herren von Eppstein und der Grafen von Eppstein-Königstein (Abt. B 10) 1226–1632, bearb. v. F. BATTENBERG Darmstadt 1980 (Repertorien des Hessischen Staatsarchivs Darmstadt 11).
FAHNE, A. F. (Hg.): Codex diplomaticus Salmo-Reifferscheidensis, Köln 1858.
FRICK, H.: Quellen zur Geschichte von Bad Neuenahr, Bad Neuenahr 1933.
Fürstlich-Wiedisches Archiv zu Neuwied. Urkundenregesten und Akteninventar, hg. v. d. Fürstlich Wiedischen Rentkammer zu Neuwied, Neuwied 1911.
Gesta Trevirorum integra lectionis varietate et animadversionibus illustrata, Bd. 1–2, hg. v. J. H. WYTTENBACH u. M. F. J. MÜLLER, Trier 1838.
GOERZ, A.: Regesten der Erzbischöfe zu Trier von Hetti bis Johann II. 814–1503, 1861, Ndr. Aalen 1969.
DERS. (Bearb.): Mittelrheinische Regesten oder chronolgische Zusammenstellung des Quellen-Materials für die Geschichte der Territorien der beiden Regierungsbezirke Koblenz und Trier in kurzen Auszügen, 4 Bde, 1876–1886, Ndr. Aalen 1974.
GRIMM, J.: Weisthümer, Bd. 1–6, Göttingen 1840–1869.
GUDENUS, V. F. VON: Codex diplomaticus anecdotorum res Moguntinas, Francicas, Trevirenses, Hassicas, finitimarumque regionum, necnon ius Germanicum, et S. R. I. Historiam vel maxime illustratum, Bd. 1–5, Frankfurt, Leipzig 1743–1768.
GÜNTHER, W.: Codex diplomaticus Rheno-Mosellanus. Urkundensammlung zur Geschichte der Rhein- und Mosellande, der Nahe- und Ahrgegend, und des Hundsrückens, des Meinfeldes und der Eifel, T. 1–5, Koblenz 1822–1826.
HAMMERSTEIN-GESMOLD, E. VON: Urkunden und Regesten zur Geschichte der Burggrafen und Freiherren von Hammerstein, Hannover 1891.

HANSEN, J.: Westfalen und Rheinland im 15. Jahrhundert, Bd. 1–2, 1890, Ndr. Osnabrück 1965 (Publicationen aus den k. Preußischen Staatsarchiven 42).
Hanserecesse von 1431–1476, bearb. v. G. FRHR. VON DER ROPP (Hanserecesse, Zweite Abteilung), Bd. 5, Leipzig 1888; Bd. 7, Leipzig 1892. Hanserecesse von 1477–1530, bearb. v. D. SCHÄFER (Hanserecesse, Dritte Abteilung), Bd. 3, Leipzig 1888.
Hansisches Urkundenbuch, bearb. v. W. STEIN, Bd. 8–10, Leipzig 1899–1907.
HENNES, J. H. (Hg.): Codex Diplomaticus Ordinis Sanctae Mariae Theutonicorum, Bd. 1–2, Mainz 1845, 1861.
HERQUET, K.: Regesten des Gräflich Solms-Rüdelheim'schen Archivs zu Assenheim, in: AnnVNass-Altkde 13, 1874, S. 49–98.
HERRMANN, F. – KNIES, H.: Die Protokolle des Mainzer Domkapitels, Bd. 1, Darmstadt 1976.
HERRMANN, H.-W.: Geschichte der Grafschaft Saarwerden bis zum Jahre 1527, Bd. 1: Quellen, Saarbrücken 1957 (Veröffentlichungen der Kommission für saarländische Geschichte und Volksforschung 1).
HONTHEIM, J. N. VON: Historia Trevirensis diplomatica et pragmatica, Bd. 1–3, Augsburg 1750.
DERS.: Prodromus Historiae Trevirenses diplomaticae et pragmaticae, Bd. 1–2, Augsburg 1757.
Inventar des Archivs der Stadt Andernach, bearb. v. F.-J. HEYEN u. a., Bd. 1–7, Koblenz 1965–1986 (Veröffentlichungen der Landesarchivverwaltung Rheinland-Pfalz 4,7,8,10,32,38).
Inventar des Archivs des Friedrich-Wilhelm-Gymnasiums (mit großen Teilen der Archive der Klöster St. Barbara und Wüstenbrühl, des Kolleges und Noviziats der Jesuiten, der Universität, des Seminars St. Lambert, der Studienstiftungen und der Übergangsinstitutionen) (1168-ca. 1920), bearb. von F.-J. HEYEN, und T. ZIMMER, in: 400 Jahre Friedrich-Wilhelm-Gymnasium Trier. Festschrift, hg. v. Oberstudiendirektor J. SCHWALL, Trier 1961, S. 131–311.
Isenburger Urkunden. Regesten zu Urkundenbeständen und Kopiaren der fürstlichen Archive in Birstein und Büdingen 947–1500, Bd. 1–3, bearb. v. F. BATTENBERG, Darmstadt, Marburg 1976 (Repertorien des Hessischen Staatsarchivs Darmstadt).
JANSSEN, J.: Frankfurts Reichskorrespondenz 1376–1519, Bd. 1–2, Freiburg 1863/1872.
JOESTER, I.: Urkundenbuch der Abtei Steinfeld, Köln, Bonn 1976 (Publikationen der Gesellschaft für Rheinische Geschichtskunde 60).
KEIL (Bearb.): Akten und Urkunden zur Geschichte der Trierer Universität. 1. Heft: Das Promotionsbuch der Artisten-Fakultät, Trier 1917 (Trierisches Archiv, Erg.-H. 16).
KEUFFLER, M. – KENTENICH, G.: Beschreibendes Verzeichnis der Handschriften der Stadtbibliothek zu Trier, Trier 1914.
KEUSSEN, H.: Urkunden des Pfarr-Archivs S. Antonius, in: TrierZGKunst 3, 1928, S. 135–137.
KLEIN, F.-N.: Urkundliches zur Geschichte des Marienklosters in der Leere binnen Coblenz von seiner Erhebung im Leerhofe bis zur Übersiedlung nach der Insel (1242–1580), in: Programm der Herbst-Schulprüfung und zu den öffentlichen Rede- und Gesangsübungen in dem königlichen Gymnasium zu Coblenz 30. und 31. Augustmonathes, Coblenz 1847, S. 1–67.
KOEPPEN, H. (Bearb.): Die Berichte der Generalprokuratoren des Deutschen Ordens an der Kurie, Bd. 1–2: Peter von Wormditt (1403–1419), Göttingen 1960 (Veröffentlichungen der Niedersächsischen Archivverwaltung 13).
KREMER, C. J.: Urkunden zur Geschichte des Kurfürsten Friedrichs des Ersten von der Pfalz, Mannheim 1766.
KUSKE, B.: Quellen zur Geschichte des Kölner Handels und Verkehrs im Mittelalter, Bd. 1–4, Bonn 1917–1934 (Publikationen der Gesellschaft für Rheinische Geschichtskunde 33).
LACOMBLET, T. J. (Bearb.): Urkundenbuch für die Geschichte des Niederrheins oder des Erzstifts Köln, der Fürstentümer Jülich und Berg, Geldern, Moers, Kleve und Mark und der Reichsstifte Elten, Essen und Werden, Bd. 4: 1401 bis zum Erlöschen des Jülich-Cleveschen Hauses im Mannesstamme 1609, 1858, Ndr. Aalen 1966.
LAGER (Bearb.): Regesten der in den Pfarrarchiven der Stadt Trier aufbewahrten Urkunden, Trier 1910 (Veröffentlichungen der Gesellschaft für Trierischen Geschichte und Denkmalpflege 3; TrierArch, Erg.-H. 11).
DERS. (Bearb.): Regesten der Urkunden des ehemaligen St. Jakobshospitals in Trier bis zum Jahre 1769, Trier 1914 (TrierArch, Erg.-H. 14).

LEIDINGER, G. (Hg.): Veit Arnpeck, Sämtliche Chroniken, 1915, Ndr. Aalen 1969 (Quellen und Erörterungen zur bayerischen und deutschen Geschichte, N. F. 3).
LOERSCH, H. (Hg.): Die Weistümer der Rheinprovinz. 1. Abt.: Die Weistümer des Kurfürstentums Trier, 1. Bd.: Oberamt Boppard, Hauptstadt und Amt Koblenz, Amt Bergpflege, Bonn 1900 (Publikationen der Gesellschaft für Rheinische Geschichte 18).
Lünig, J. C.: Das Teutsche Reichs-Archiv, Bd. 1–23, Leipzig 1713–1722.
MENZEL, K.: Regesten der in dem Archive des Vereins für Nassauische Alterthumskunde und Geschichtsforschung aufbewahrten Urkunden aus den Jahren 1145–1807, in: NassAnn 15, 1879, S. 143–265.
DERS. : Regesten zur Geschichte Friedrichs I., in: K. HOFMANN (Hg.), Quellen zur Geschichte Friedrichs I. des Siegreichen Kurfürsten von der Pfalz, Bd. 1, 1862, Ndr., Aalen 1969 (Quellen und Erörterungen zur bayerischen und deutschen Geschichte A. F. 2).
DERS.: Urkundliche Mittheilungen zur Geschichte des Erzstifts Mainz während der ersten Regierung Diethers von Isenburg (1459–1463), in: NassAnn 12, 1873, S. 142–210,
MIRBACH, E. FREIHERR VON: Geschichte des Geschlechtes Mirbach. III. Theil der Familiengeschichte: Die Urkunden und Nachrichten über das Geschlecht Mirbach, Berlin 1914.
MÖTSCH, J.: Die Balduineen. Aufbau, Entstehung und Inhalt der Urkundensammlung des Erzbischofs Balduin von Trier, Koblenz 1980.
Monumenta Wittelbacensia, Urkundenbuch zur Geschichte des Hauses Wittelsbach, hg. v. F. M. WITTMANN, München 1857/61 (Quellen und Erörterungen zur bayerischen und deutschen Geschichte 5–6).
MÜLLER, J. J.: Des Heil. Römischen Reichs Teutscher Nation Reichs-Tags-Theatrum, wie selbiges unter Keyser Friedrich V. allerhöchster Regierung von ann 1440 bis 1493 gestanden, Jena 1713.
DERS.: Des Heil. Römischen Reichs Teutscher Nation Reichs-Tags-Theatrum, wie selbiges unter Keyser Maximilian I. allerhöchsten Regierung gestanden, Jena 1718/1719.
DERS.: Des Heil. Römischen Reichs Teutscher Nation Reichs-Tags-Staat, Jena 1709.
PETTENEGG, E. G. GRAF VON (Hg.): Die Urkunden des Deutsch-Ordens-Centralarchivs zu Wien, Bd. 1: 1170–1809, Prag, Leipzig 1887.
PÖHLMANN, C. – DOLL, A.: Regesten der Grafen von Zweibrücken, Speyer 1962 (Veröffentlichungen der Pfälzischen Gesellschaft zur Förderung der Wissenschaften 42).
REDLICH, O. R.: Jülich-Bergische Kirchenpolitik am Ausgange des Mittelalters und in der Reformationszeit, Bd. 1: Urkunden und Akten 1400–1553, 1907, Ndr., Düsseldorf 1986 (Publikationen der Gesellschaft für Rheinische Geschichtskunde 28).
Die Regesten der Erzbischöfe von Köln im Mittelalter, bearb. v. F. W. OEDIGER u. a., Bd. 1–9, Bonn, Düsseldorf 1901–1983.
Regesten der Erzbischöfe von Mainz von 1289–1396, Abt. 1–2, bearb. v. E. VOGT u. a., Leipzig , Darmstadt 1913–1932.
Regesten Kaiser Friedrichs III. (1440–1493), nach Archiven und Bibliotheken geordnet, hg. v. H. KOLLER, Heft 5: Die Urkunden und Briefe aus dem Hessischen Hauptstaatsarchiv Wiesbaden, bearb. v. R. NEUMANN, Wien, Köln, Graz 1988.
Regesten der Markgrafen von Baden und Hachberg 1050–1515, hg. v. d. Badischen Historischen Commission; Bd. 3: Regesten der Markgrafen von Baden von 1431(1420)–1453, bearb. v. H. WITTE, Innsbruck 1907; Bd. 4: Regesten der Markgrafen von Baden von 1453–1475, bearb. v. A. KRIEGER, Innsbruck 1915.
Regesten der Pfalzgrafen am Rhein 1214–1508, hg. v. d. Badischen Commission unter Leitung von E. WINKELMANN berab. v. J. KOCH und J. WILLE, Bd. 1–2. Innsbruck 1894–1939.
REIFFENBERG, J. P. VON: Antiquitates Seynenses, Aachen, Leipzig 1830.
ROTH, F. W. E.: Fontes rerum Nassicarum. Die Geschichtsquellen des Niederrheingaus, Bd. 1–3, 1880–1884.
RUDOLPH, F.: Quellen zur Rechts- und Wirtschaftsgeschichte der rheinischen Städte. Kurtrierische Städte I.: Trier, Bonn 1915 (Publikationen der Gesellschaft für Rheinische Geschichtskunde 29).
Neue und vollständige Sammlung der Reichs-Abschiede, welche von den Zeiten Kaiser Konrads II. bis jetzo auf den Teutschen Reichs-Tägen abgefasset worden, samment den wichtigsten Reichs-Schlüssen,

so auf dem noch während den Reichs-Tage zur Richtigkeit gekommen sind, hg. v. H. C. SENCKEN-BERG und J. J. SCHMAUSS, T. 1–4, Frankfurt am Main 1747.
SAUER, W. (Bearb.): Codex diplomaticus Nassoicus, hg. v. K. MENZEL und W. SAUER. Nassauisches Urkundenbuch, Bd. 1–3, 1886–1887.
SCHLEIDGEN, W.-R.: Urkundenbuch des Stifts St. Lambertus/St. Marien in Düsseldorf, Bd. 1: Urkunden 1288–1500, Düsseldorf 1988.
SCHMIDT, A. (Bearb.): Quellen zur Geschichte des St. Kastorstifts in Koblenz, Bd. 1–2, Bonn, Köln-Bonn 1955, 1974 (Publikationen der Gesellschaft für Rheinische Geschichtskunde 53).
DERS.: Quellen zur Wirtschafts- und Sozialgeschichte des Stiftes St. Kastor in Koblenz, Bd. 1–2, Koblenz 1975–1987 (Veröffentlichungen der Landesarchivverwaltung Rheinland-Pfalz 23, 24).
SCHULZ, G. (Bearb.): Verzeichnis der Bassenheimer Archivalien (1343–20. Jahrh.) auf Schloß Pyrmont/Eifel, 2. Aufl., Koblenz 1985 (Veröffentlichungen aus rheinland-pfälzischen und saarländischen Archiven, Kleine Reihe, 11).
SCOTTI, J. J. (Hg.): Sammlung der Gesetze und Verordnungen, welche in dem vormaligen Churfürstenthum Trier über Gegenstände der Landeshoheit, Verfassung, Verwaltung und Rechtspflege ergangen sind, vom Jahre 1310 bis zur Reichs-Deputations-Schluß-mäßigen Auflösung des Churstaates Trier am Ende des Jahres 1802, Bd. 1, Düsseldorf 1832.
SIMMERT, J.: Inventar des Archivs der Kartause St. Beatusberg vor Koblenz, Koblenz 1987 (Veröffentlichungen der Landesarchivverwaltung Rheinland-Pfalz 46).
Solmser Urkunden. Regesten zu den Urkundenbeständen und Kopiaren der Grafen und Fürsten von Solms im Staatsarchiv Darmstadt (Abteilung B 9 und F 24 B), im gräflichen Archiv zu Laubach und im fürstlichen Archiv zu Lich, Bd. 1–5, bearb. v. F. BATTENBERG, Darmstadt 1981–1986 (Repertorien des Hessischen Staatsarchivs Darmstadt 15,1–5).
Stolberger Urkunden. Regesten zu den Urkundenbeständen und Kopiaren der Fürsten und Grafen zu Stolberg in Ortenberg, im Hess. Staatsarchiv Darmstadt und Staatsarchiv Magdeburg 1191–1840, bearb. v. F. BATTENBERG, Darmstadt 1985 (Repertorien des Hessischen Staatsarchivs Darmstadt 21).
STOTZINGEN, O. FRHR.: Cronberg'sches Diplomatarium, in: AnnVNassAltkde 37, 1907, S. 180–227.
STRUCK, W.-H. (Bearb.): Quellen zur Geschichte der Klöster und Stifte im Gebiet der mittleren Lahn bis zum Ausgang des Mittelalters, Bd. 1: Das St. Georgenstift, die Klöster, das Hospital und die Kapellen in Limburg an der Lahn. Regesten 910–1500, Wiesbaden 1956; Bd. 2: Die Kollegiatstifte Dietkirchen, Diez, Gemünden, Idstein und Weilburg. Regesten <vor 841>-1500, Wiesbaden 1959; Bd. 3: Die Klöster Bärbach, Beselich, Dirstein und Gnadenthal, das Johanniterhaus Eschenau und die Klause Fachingen. Regesten <vor 1153>-1634, Wiesbaden 1961; Bd. 4: Das Johanniterhaus Pfannstiel und die Klöster Seligenstatt und Walsdorf. Regesten 1156–1634, Wiesbaden 1962. (Reg. Bd. 3/4); Bd. 5: Rechnungen und Register, T. 1: Das Johanniterhaus Pfannstiel. Baumeisterrechnungen 1472 bis 1521 und Bruderschaftsverzeichnis 1471 bis nach 1485. Das St. Walpurgisstift zu Weilburg. Zehntverpachtungsprotokolle 144 bis 1494 und Gülteregister 1507, Wiesbaden 1983; T. 2: Das Stift St. Georg zu Limburg. Rechnungen und Register 1367 bis 1500, Seelbuch von 1470, Wiesbaden 1984 (Veröffentlichungen der Historischen Kommission für Nassau 12).
DERS. (Bearb.): Das Cistercienserkloster Marienstatt im Mittelalter. Urkundenregesten, Güterverzeichnisse und Nekrologe, Wiesbaden 1965 (Veröffentlichungen der Historischen Kommission für Nassau 18).
TOEPFER, F. (Hg.): Urkundenbuch für die Geschichte des graeflichen und freiherrlichen Hauses der Voegte von Hunolstein, Bd. 1–3, Nürnberg 1866–1872.
Übersicht über den Inhalt der kleineren Archive der Rheinprovinz, Bd. 1–4, bearb. v. A. TILLE und J. KRUDEWIG, Bonn 1899–1915 (Publikationen der Gesellschaft für Rheinische Geschichtskunde 19).
Urkunden aus 10 Jahrhunderten. Ende des 11. Jahrhunderts bis 1936. Sayn'sche Chronik, Bd. 2, hg. v. A. GRAF V. HACHENBURG PRINZ ZU SAYN UND WITTGENSTEIN, Bremen, Hannover (1936).
Urkundenbuch der Abtei Altenberg, bearb. v. H. MOSLER, Bd. 1: 1138–1400, Bonn 1912; Bd. 2: 1400–1803, Düsseldorf 1955 (Urkundenbücher der geistlichen Stiftungen des Niederrheins 3).
Urkundenbuch zur Geschichte der mittelrheinischen Territorien, bearb. v. H. BEYER, L. ELTESTER und A. GOERZ, Bd. 1–3, 1860–1874, Ndr., Aalen 1974.
VERKOOREN, A.: Inventaires des chartes et chartulaires du Luxembourg (Comté puis Duché), Bd. 1–5, Bruxelles 1914–1921.

VOLK, O.: Die Rechnungen der mainzischen Verwaltung in Oberlahnstein im Spätmittelalter, Wiesbaden 1990 (Veröffentlichungen der Historischen Kommission für Nassau 47).
WAMPACH, C. (Bearb.): Urkunden- und Quellenbuch zur Geschichte der altluxemburgischen Territorien bis zur burgundischen Zeit, Bd. 1–10, Luxemburg 1935–1955.
WAUTERS, A. G. G.: Table chronologique des chartes et diplomes imprimés concernant l'histoire de la Belgique, Bd. 1–11,4, Bruxelles 1866–1965.
WEGELER, J.: Das Kloster Laach. Geschichte und Urkunden-Buch. Ein Beitrag zur Special-Geschichte der Rheinlande, Bonn 1854.
WERVEKE, N. VAN (Hg.): Archives de Betzdorf et de Schuttbourg analysées et publiées, Luxemburg 1908 (PSHIL 40).
DERS. (Hg.): Cartulaire du prieure de Marienthal, Bd. 2: 1317–1783, Luxemburg 1891 (PSHIL 39).
DERS.: Inventaire analytique des archives du chateau d'Ansembourg, Bd. 1: 12–1600, Luxemburg (PSHIL 47).
WIESE, E. (Bearb.), Urkundenbuch der Stadt Wetzlar, Bd. 1: 1141–1350, Marburg 1911 (Veröffentlichungen der Historischen Kommission für Hessen und Waldeck).
WILKES, C. (Bearb.): Inventar des Archivs Schloß Bübingen (Kr. Saarburg), in: TrierZGKunst 16/17, 1941/42, S. 105–176.
Wittelsbacher Hausverträge des späten Mittelalters, bearb. v. R. HEINRICH u. a., München 1987.
WÜRDTWEIN, S. A.: Nova subsidia diplomatica ad selecta juris ecclesiastici Germaniae et Lustariarum capita elucidanda, Bd. 1–14, 1781–1789, Ndr. Frankfurt/Main 1969.
WÜRTH-PAQUET, M. F. X. (Bearb.): Table chronologique des Chartes et diplômes relatifs à l'Histoire de l'ancien pays de Luxembourg, in: PSHIL 30–37, 1875–1884.
DERS. – WERVEKE, N. VAN (Bearbb.): Archives de Clervaux. Analysées et publiées, Luxemburg 1883 (PSHIL 36).
ZENZ, E. (Hg.): Die Taten der Trierer. Gesta Treverorum, Bd. 1–6, Trier 1955–1962.
ZIMMER, T. (Hg.): Quellen zur Geschichte der Herrschaft Landskron a. d. Ahr, Bd. 1: Regesten 1206–1499 (Nr. 1–1340), gesammelt von H. FRICK, überarb. und aus dem Nachlaß hg. v. T. ZIMMER, Bonn 1966 (Publikationen der Gesellschaft für Rheinische Geschichtskunde 56).

3. Literatur

AHRENS, K.-H.: Residenz und Herrschaft. Studien zu Herrschaftsorganisation, Herrschaftspraxis und Residenzbildung der Markgrafen von Brandenburg im späten Mittelalter, Frankfurt a. M., Bern, New York 1990 (Europäische Hochschulschriften III, 427).
AIMOND, CH.: Les relations de la France et du Verdunois de 1270 à 1552 avec de nombreuses pièces justicatives et une carte du Verdunois, Paris 1910.
ALBERS, J.: Mittelalterliche Stadtrechnungen als Geschichtsquellen, in: RheinVjbll 23, 1958, S. 75–96.
Allgemeine Deutsche Biographie, hg. durch die Historische Commission bei der Königlichen Akademie der Wissenschaften, Bd. 1–55 u. 1 Reg., Leipzig 1875–1912.
Alt-Koblenz. Eine Sammlung geschichtlicher Abhandlungen, hg. v. H. BELLINGHAUSEN, Bd. 1., Koblenz [1923].
ALTHOFF, G.: Verwandte, Freunde und Getreue. Zum politischen Stellenwert der Gruppenbindungen im frühen Mittelalter, Darmstadt 1990.
AMMANN, H.- MEYNEN, E. (Hgg.): Geschichtlicher Atlas für das Land an der Saar, Saarbrücken 1965ff.
ANGERMEIER, H.: Die Reichsreform 1410–1555. Die Staatsproblematik in Deutschland zwischen Mittelalter und Gegenwart, München 1984.
DERS.: Königtum und Landfriede im deutschen Spätmittelalter, München 1966.
DERS. – MEUTHEN, E.: Fortschritte in der Geschichtswissenschaft durch Reichstagsaktenforschung. Vier Beiträge aus der Arbeit an den Reichstagsakten des 15. und 16. Jahrhunderts, Göttingen 1988 (Schriftenreihe der Historischen Kommission bei der Bayerischen Akademie der Wissenschaften 35).
ARNOLD, K.: Johannes Trithemius (1462–1516), Würzburg 1971 (Quellen und Forschungen zur Geschichte des Bistums und Hochstifts Würzburg 23).

DERS.: Reichsherold und Reichsreform. Georg Rixner und die sogenannte »Reformation Kaiser Friedrichs III.«, in: Historischer Verein für die Pflege der Geschichte des ehemaligen Fürstbistums Bamberg, 120. Bericht, Fschr. G. Zimmermann, Bamberg 1984, S. 91–109.

ARNTZ, L.: Die Burg in Coblenz, Berlin 1896.

AUBIN, H.- NIESSEN, J.: Geschichtlicher Handatlas der Rheinprovinz, Köln, Bonn 1926.

AUBIN, H. – ZORN, W. (Hgg.): Handbuch der deutschen Wirtschafts- und Sozialgeschichte, Bd. 1, Stuttgart 1971.

AULINGER, R.: Das Bild des Reichstages im 16. Jahrhundert. Beiträge zu einer typologischen Analyse schriftlicher und bildlicher Quellen, Göttingen 1980 (Schriftenreihe der Historischen Kommission bei der Bayerischen Akademie der Wissenschaften 18).

BADER, K. S.: Der deutsche Südwesten in seiner territorialstaatlichen Entwicklung, 2. Aufl., Stuttgart 1978.

DERS.: Die Rechtsprechung des Reichshofrates und die Anfänge des territorialen Beamtenrechts, in: ZRG GA 65, 1947, S. 363 ff.

DERS.: Territorialbildung und Landeshoheit, in: BlldtLdG 90, 1953, S. 109 ff.

Balduin von Luxemburg. Erzbischof von Trier – Kurfürst des Reiches 1285–1354. Fschr. aus Anlaß des 700. Geburtsjahres, hg. unter Mitwirkung von J. MÖTSCH v. F.-J. HEYEN, Mainz 1985.

BARRACLOUGH, G.: Papal Provisions. Aspects of Church History. Constitutional, Legal and Administrative in the Later Middle Ages, Oxford 1935.

Bast, J.: Die Ministerialität des Erzstifts Trier, Diss. phil. Bonn, Trier 1918.

BASTGEN, H.: Das Archiv des Erzstifts und des Domkapitels zu Trier im 14. Jahrhundert, in: TrierArch 11, 1909, S. 1–10.

DERS.: Die Entstehungsgeschichte der Trierer Archidiakonate, in: TrierArch 10, 1907, S. 1–56.

DERS.: Die Geschichte des Trierer Domkapitels im Mittelalter, Paderborn 1910.

BÁTORI, I.: Das Patriziat der deutschen Stadt. Zu den Forschungsergebnissen über das Patriziat besonders der süddeutschen Städte, in: ZSSD 2, 1975, S. 1–30.

DIES. – WEYRAUCH, E.: Die bürgerliche Elite der Stadt Kitzingen. Studien zur Sozial- und Wirtschaftsgeschichte einer landesherrlichen Stadt im 16. Jahrhundert. Mit zwei Beiträgen von E. KEMMERER und R. METZ, Stuttgart 1982 (Spätmittelalter und Frühe Neuzeit. Tübinger Beiträge zur Geschichtsforschung 11).

BATTENBERG, F.: Reichsacht und Anleite im Spätmittelalter. Ein Beitrag zur Geschichte der höchsten königlichen Gerichtsbarkeit im Alten Reich, besonders im 14. und 15. Jahrhundert, Köln, Wien 1986 (Quellen und Forschungen zur höchsten Gerichtsbarkeit im Alten Reich 18).

BAUCH, K.: Das mittelalterliche Grabbild. Figürliche Grabmäler des 11.-15. Jahrhunderts in Europa, Berlin, New York 1976.

BECKER, P.: Dokumente zur Klosterreform des Trierer Erzbischofs Otto von Ziegenhain (1418–1430). Übereinstimmung und Gegensatz von päpstlicher und bischöflicher Reform, in: RevBénéd 84, 1974, S. 126–166.

BECKER, W.M.: Das Archiv der Stadt Limburg a. d. Lahn, in: AnnVNassAltkde 14, 1877, S. 308–316.

BÉGIN, E. A.: Biographie de la Moselle ou Histoire par ordre alphabetique de toutes les personnes nées dans ce departement, qui se sont fait remarquer par leurs acteurs, leurs talents, leurs écrits, leur virtus, ou leurs crimes, Bd. 1–4, Metz 1829–1832.

BELLINGHAUSEN, H.: 2000 Jahre Koblenz. Geschichte der Stadt an Rhein und Mosel, neu hg. v. H. Bellinghausen jr., Boppard 1971.

DERS.: Die Geschichte des Koblenzer Rathauses, Koblenz 1952.

BELOW, G. VON: Die städtische Verwaltung des Mittelalters als Vorbild der späteren Territorialverfassung, in: HZ 75, 1895, S. 396–463.

DERS.: Die Ursachen der Rezeption des römischen Rechts in Deutschland, 1905, Ndr. Aalen 1964.

DERS.: Territorium und Stadt. Aufsätze zur deutschen Verfassungs-, Verwaltungs- und Wirtschaftsgeschichte, 2. Aufl. München, Berlin 1923.

BERGES, W.: Das Reich ohne Hauptstadt, in: Das Hauptstadtproblem in der Geschichte. Festgabe zum 90. Geburtstag Friedrich Meineckes, Tübingen 1952, S. 1–29.

BERNS, W.-R.: Burgenpolitik und Herrschaft des Erzbischofs Balduin von Trier (1307–1354), Sigmaringen 1980 (Vorträge und Forschungen, Sonderbd. 27).

BERTALOT, L.: Ein neuer Bericht über die Zusammenkunft Friedrichs III. und Karls des Kühnen zu Trier 1473, in: Westdeutsche Zeitschrift 30, 1911, S. 419ff.
BEYER, H.: Burg Stolzenfels, Koblenz 1842.
DERS.: Peter Maier von Regensburg und seine Schriften, in: ZVaterländGMünster 1, 1838, S. 95–108, 265–300; 2, 1839, S. 161–233.
BLICKLE, P. (Hg.): Deutsche ländliche Rechtsquellen. Probleme und Wege der Weistumsforschung, Stuttgart 1977.
BODSCH, I.: Burg und Herrschaft. Zur Territorial- und Burgenpolitik der Erzbischöfe von Trier im Hochmittelalter bis zum Tod Dieters von Nassau (†1307), Boppard 1989 (Veröffentlichungen der Landeskundlichen Arbeitsgemeinschaft im Regierungsbezirk Koblenz e. V. 13).
BÖHN, G. F.: Der Bopparder Handstreich vom Dreikönigstag 1501, in: LdkdlVjbll 1974, S. 10–19.
DERS.: Pfalz-Veldenz und die Trierer Bischofswahl des Jahres 1456, in: ArchmittelrhKG 21, 1969, S. 89–103.
BOOCKMANN, H.: Geschäfte und Geschäftigkeit auf dem Reichstag im späten Mittelalter, in: HZ 246, 1988, S. 297–325.
DERS.: Zur Mentalität gelehrter Räte, in: HZ 233, 1981, S. 295–316.
DERS. – MOELLER, B. – STACKMANN, K. (Hgg.): Lebenslehren und Weltentwürfe im Übergang vom Mittelalter zur Neuzeit. Politik – Bildung – Naturkunde – Theologie. Bericht über Kolloquien der Kommission zur Erforschung der Kultur des Spätmittelalters 1983 bis 1987, Göttingen 1989 (Abhandlungen der Akademie der Wissenschaften in Göttingen. Philologisch-Historische Klasse, 3. Folge, 179).
BORNHEIM GEN. SCHILLING, W.: Rheinische Höhenburgen, Bd. 1–3, Neuss 1964.
BOSL, K.: Die Reichsministerialität der Salier und Staufer, Bd. 1–2, Stuttgart 1951–52 (Schriften der Monumenta Germaniae Historica 10).
BRANDENSTEIN, CHR. FREIHERR VON: Urkundenwesen und Kanzlei, Rat und Regierungssystem des Pfälzer Kurfürsten Ludwig III. (1410–1436), Göttingen 1983 (Veröffentlichungen des Max-Planck-Instituts für Geschichte 71).
BRANDTS, R.: Die Trierer Domimmunität im Wandel der Baukunst vom 11. bis 18. Jahrhundert, in: RheinVjbll 12, 1942, S. 89–104.
DERS.: Notizen zum Enschringen-Türsturz im Hof Ruland und zur Geschichte des Wißkirchener Hofes, in: TrierZGKunst 16/17, 1941/42, S. 177–184.
BRAUNFELS, W.: Die Kunst im Heiligen Römischen Reich Deutscher Nation, Bd. 2: Die geistlichen Fürstentümer, München 1980.
BRESSLAU, H.: Handbuch der Urkundenlehre für Deutschland und Italien, Bd. 1–2, 1889–1969.
BRINCKMEIER, E.: Genealogische Geschichte des uradeligen, reichsgräflichen und reichsfürstlichen, standesherrlichen erlauchten Hauses Leiningen und Leiningen-Westerburg, Bd. 1–2, Braunschweig 1890–1891.
BROHL, E.: Die wirtschaftliche Lage der Deutschordensballei Koblenz im Jahre 1472, in: JbGKunstMittelrh 17, 1965, S. 5–18.
BROMMER, P.: Das Augustiner-Nonnenkloster ULF in Schönstatt bei Vallendar (1143–1567), in: ArchmittelrhKG 28, 1976, S. 45–60.
BROSIUS, D.: Päpstlicher Einfluß auf die Besetzung von Bistümern um die Mitte des 15. Jahrhunderts, in: QForschItalArchBibl 55/56, 1956, S. 200–228.
DERS.: Papst Pius II. und Markgraf Karl I. von Baden, in: FreibDiözArch 92, 1972, S. 161–176.
BROß, S.: Untersuchungen zu den Appellationsbestimmungen der Reichskammergerichtsordnung von 1495, Berlin 1973.
BRÜHL, C.: Foedum, gistum, servitium regis. Studien zu den wirtschaftlichen Grundlagen des Königtums im Frankenreich und Italien vom 6. bis zur Mitte des 14. Jahrhunderts, Bd. 1–2, Köln 1968 (Kölner Historische Abhandlungen 14, 1–2).
DERS.: Zum Hauptstadtproblem im frühen Mittelalter, in: Fschr. Harald Keller, Darmstadt 1963, S. 45–69.
BRUNNER, O.: Land und Herrschaft, 5. Aufl. 1965, Ndr. Darmstadt 1990.
DERS.: Neue Wege der Verfassungs- und Sozialgeschichte. Vorträge und Aufsätze, 2. Aufl. Göttingen 1968.

BUNJES, H.: Romanische und gotische Baukunst im Trierer Raum, in: RheinVjbll 8, 1938, S. 1–62.
BURGARD, F.: Beamte und Verwaltung Balduins von Luxemburg, in: Balduin von Luxemburg, S. 223–250.
DERS.: Familia Archiepiscopi. Studien zu den geistlichen Funktionsträgern Erzbischof Balduins von Luxemburg (1307–1354), Trier 1991 (Trierer Historische Forschungen 19).
DERS.: Das Itinerar König Karls IV. von 1346 bis zum Antritt des Italienzuges 1354, in: KurtrierJb 19, 1979, S. 68–110.
Die Burgen im deutschen Sprachraum. Ihre rechts- und verfassungsgeschichtliche Bedeutung, Bd. 1–2, hg. v. H. PATZE, Sigmaringen 1976 (Vorträge und Forschungen 19).
CARON, M.-TH.: La Noblesse dans le Duché de Bourgogne 1315–1477, Lille 1987.
CARSTEN, F. L.: Princes and parliaments in Germany. From the fifteenth to the eighteenth century, 1959, Ndr. Oxford 1963.
The Court at the Beginning of the Modern Age c. 1450–1650, hg. v. R. G. ASCH u. A. BIRKE, Oxford 1991.
CASPAR, B.: Das Erzbistum Trier im Zeitalter der Glaubensspaltung bis zur Verkündung des Tridentinums in Trier im Jahre 1569, Münster 1966 (Reformationsgeschichtliche Studien und Texte 90).
CASPERS, J.: Beiträge zur Geschichte der Grafen von Virneburg, in: Zeitschrift für Heimatkunde des Regierungsbezirkes Coblenz und der angrenzenden Gebiete von Hessen-Nassau 2, 1921, S. 10–18, 41–45.
CAYON, J.: Ancienne Chevalerie de Lorraine ou Armorial historique et généalogique des maisons, qui ont formés ce corps souverain, en droit de siéger aux assises, Nancy 1850.
Cinq-Centième Anniversaire de la Bataille de Nancy (1477). Actes du colloque organisé par l'Institut de recherche régionale en sciences sociales, humaines et économiques de l'Université de Nancy II (Nancy, 22–24 septembre 1977), Nancy 1979.
COHN, H. J.: The Government of the Rhine Palatinate in the fifteenth Century, Oxford 1965.
Collectanea Franz Steinbach. Aufsätze und Abhandlungen zur Verfassungs-, Sozial- und Wirtschaftsgeschichte, geschichtlichen Landeskunde und Kulturraumforschung, hg. v. F. PETRI u. G. DROEGE, Bonn 1967.
CONRAD, H.: Leiningen. Vom Stammhaus und den Stammlanden, Bd. 1–2, Frankenthal, Bad Dürkheim 1967–1971.
CONRAD, H.: Deutsche Rechtsgeschichte Bd. 1, 2. Aufl., Karlsruhe 1962.
CONRAD, J. – FLESCH, S.: Burgen und Schlösser an der Saar, 2. Aufl., Saarbrücken 1989.
CONRADY, L.: Die Geschichte des Hauses Nassau. Von den ältesten Zeiten bis zu den ersten Trägern des Namens Nassau, in: AnnVNassAltkde 26, 1894, S. 1–130.
CREMER, M.: Staatstheoretische Grundlagen der Verfassungsreformen im 14. und 15. Jahrhundert, Kiel 1939.
DAHLHOFF, M.: Geschichte der Grafschaft Sayn und der Bestandteile derselben: der Grafschaften Sayn-Altenkirchen und Hachenburg, der Herrschaft Freusburg und des Freien- und Hickengrundes, besonders in kirchlicher Beziehung, Dillenburg 1874.
DANKOWSKI, W.: Die Entstehung des Verwaltungsbegriffs, Köln, Berlin, Bonn, München 1969.
DEETERS, W.: Über das Repertorium Germanicum als Geschichtsquelle. Versuch einer methodischen Anleitung, in: BlldtLdG 105, 1969, S. 27–43.
DEHIO, G.: Handbuch der Deutschen Kunstdenkmäler, Hessen, bearb. v. M. Backes, 2. Aufl., München, Berlin 1982.
DERS.: Handbuch der Deutschen Kunstdenkmäler. Rheinland-Pfalz, Saarland, bearb. v. H. Caspary u. a., 2. bearb. u. erw. Aufl., München, Berlin 1984.
DEMANDT, D.: Stadtherrschaft und Stadtfreiheit im Spannungsfeld von Geistlichkeit und Bürgerschaft in Mainz (11.-15. Jahrhundert), Wiesbaden 1977 (Geschichtliche Landeskunde 15).
DEMANDT, K. E.: Amt und Familie. Eine soziologisch-genealogische Studie zur hessischen Verwaltungsgeschichte des 16. Jahrhunderts, in: HessJbLdG 2, 1952, S. 79–133.
Ders.: Geschichte des Landes Hessen, 2. Aufl., Kassel, Basel 1972.
DERS.: Die Grafen von Katzenelnbogen und ihr Erbe, in: HessJbLdG 29, 1979, S. 1–35.
DERS.: Die Grafschaft Katzenelnbogen und ihre Bedeutung für die Landgrafschaft Hessen, in: RheinVjbll 229, 1964, S. 73–105.

DERS.: Die hessischen Landstände im Zeitalter des Frühabsolutismus, in: HessJbLdG 15, 1965, S. 38–108.
DERS.: Der Personenstaat der Landgrafschaft Hessen im Mittelalter: Ein »Staatshandbuch« Hessens vom Ende des 12. bis zum Anfang des 16. Jahrhunderts, Marburg 1981.
DERS.: Rheinfels und andere Katzenelnbogener Burgen als Residenzen, Verwaltungszentren und Festungen 1350–1650, Darmstadt 1990 (Arbeiten der Hessischen Historischen Kommission N. F. 5).
DERS.: Schrifttum zur Geschichte und geschichtlichen Landeskunde von Hessen, 3 Bde., Wiesbaden 1965–1968 (Veröffentlichungen der Historischen Kommission für Nassau 17).
Der Deutsche Territorialstaat im 14. Jahrhundert, Bd. 1–2, hg. v. H. PATZE, Sigmaringen 1970/71 (Vorträge und Forschungen 13/14).
Deutsche Verwaltungsgeschichte Bd. 1: Vom Spätmittelalter bis zum Ende des Reiches, hg. v. K. G. A. JESERICH, H. POHL, G.-C. UNRUH, Stuttgart 1983.
DICK, B.: Die Entwicklung des Kameralprozesses nach den Ordnungen von 1495 bis 1555, Köln, Wien 1981 (Quellen und Forschungen zur höchsten Gerichtsbarkeit im Alten Reich 10).
DIEDERICH, A.: Das Stift St. Florin zu Koblenz, Göttingen 1967 (Studien zur Germania Sacra 6).
DERS.: Rheinische Städtesiegel, Neuss 1984.
DIEL, W.: Die Geschichte des Medizinalwesens in Koblenz bis zum Beginn des 19. Jahrhunderts, Düsseldorf 1940 (Düsseldorfer Arbeiten zur Geschichte der Medizin 24).
DIEPENBACH, W.: Der Rheinische Münzverein, in: Kultur und Wirtschaft im Rheinischen Raum, Fschr. Christian Eckert, Mainz [1949].
DIESTELKAMP, B.: Das Lehnrecht der Grafschaft Katzenelnbogen (13. Jahrhundert bis 1479), 1969 (Untersuchungen zur deutschen Staats- und Rechtsgeschichte, N. F. 11).
DERS.: Das Reichskammergericht in der Deutschen Geschichte. Stand der Forschung, Forschungsperspektiven, Köln, Wien 1990 (Quellen und Forschungen zur höchsten Gerichtsbarkeit im Alten Reich 21).
DERS.: Das Reichskammergericht im Rechtsleben des 16. Jahrhunderts, in: Rechtsgeschichte als Kulturgeschichte. Fschr. für Adalbert Erler, Aalen 1976, S. 435–480.
DIRKS, M.: Das Landrecht des Kurfürstentums Trier. Seine Geschichte und seine Stellung in der Rechtsgeschichte, Köln, Berlin, Bonn, München 1965 (AnnUnivSaraviensis, rechts- und wirtschaftswiss. Abt. 18).
DIRLMEIER, U.: Obrigkeit und Untertan in den oberdeutschen Städten des Spätmittelalters. Zum Problem der Interpretation städtischer Verordnungen und Erlasse, in: Histoire Comparée de l'Administration (IVᵉ-XVIIIᵉ Siècles), hg. v. W. PARAVICINI und K. F. WERNER, München 1980 (Beihefte der Francia 9), S. 437–449.
DOHMS, P.: Die Geschichte des Klosters und Wallfahrtsortes Eberhardsklausen an der Mosel. Von den Anfängen bis zur Auflösung des Klosters im Jahre 1802, Bonn 1968 (Rheinisches Archiv 64).
DOHNA, S. M. GRÄFIN ZU: Die ständischen Verhältnisse am Domkapitel von Trier vom 16. bis 18. Jahrhundert, Trier 1960 (Schriftenreihe zur trierischen Landesgeschichte und Volkskunde 6).
DOLLEN, B. VON DER: Der haupt- und residenzstädtische Verflechtungsraum Koblenz/Ehrenbreitstein in der frühen Neuzeit, Köln 1979 (Schriften zur Rheinischen Geschichte 3).
DOTZAUER, W.: Das sog. Chronicon Moguntinum. Eine Quelle zwischen Mittelalter und Neuzeit (Bemerkungen zur Autorenfrage), in: ArchMittelrhKG 25, 1973, S. 9–31.
DERS.: Die Vordere Grafschaft Sponheim als pfälzisch-badisches Kondominium 1437–1707/8, Bad Kreuznach 1962.
DERS.: Die deutschen Reichskreise in der Verfassung des Alten Reiches und ihr Eigenleben (1500–1806), Darmstadt 1989.
DERS.: Deutsche Studenten an der Universität Bourges. Album et liber amicorum, Meisenheim am Glan 1971.
DERS.: Deutsches Studium in Italien unter besonderer Berücksichtigung der Universität Bologna, in: Geschichtliche Landeskunde 14, 1976, S. 84–130.
DRABECK, A. M.: Reisen und Reisezeremoniell der römisch-deutschen Herrscher im Spätmittelalter, Wien 1964.
DROEGE, G.: Die finanziellen Grundlagen des Territorialstaates in West- und Ostdeutschland an der Wende vom Mittelalter zur Neuzeit, in: VSWG 53, 1966, S. 149–161.

DERS.: Über die Rechtsstellung der Burgen und festen Häuser im späteren Mittelalter, in: Niederrhein-Jb 4, 1959, S. 22–27.
DERS.: Die kurkölnischen Rheinzölle im Mittelalter, in: AnnHistVerNiederrhein 168/169, 1967, S. 21–47.
DERS.: Verfassung und Wirtschaft in Kurköln unter Dietrich von Moers (1414–1463), Bonn 1957 (Rheinisches Archiv 50).
DERS.: Deutsche Wirtschafts- und Sozialgeschichte, Frankfurt 1972.
EBEL, W.: Geschichte der Gesetzgebung in Deutschland, Göttingen 1958 (Göttinger Rechtswissenschaftliche Studien 24).
EDER, I.: Die saarländischen Weistümer. Dokumente der Territorialpolitik, Saarbrücken 1977 (Veröffentlichungen der Kommission für saarländische Landesgeschichte und Volksforschung 8).
EGLI, E.: Der Städtebau des Mittelalters, in: Studium Universale 16, 1963, H. 6, S. 351–378.
EICHHORN, E.: Zur Topographie der mittelalterlichen Fern- und Landstraßen zum und im Limburger Becken. Eine Beschreibung ihres Verlaufs in den Feld- u. Waldmarken auf Grund urkundlicher Überlieferung, alter Karten, Flurnamen, Befragungen u. Geländeerkundung, in: NassAnn 76, 1965, S. 63–152.
Eiflia Illustrata oder geographische Beschreibung der Eifel, von J. F. SCHANNAT. Aus dem lateinischen Manuscripte übersetzt und mit Anmerkungen und Zusätzen bereichert von G. BÄRSCH, Ndr. Osnabrück 1966.
EILER, K.: Stadtfreiheit und Landesherrschaft in Koblenz. Untersuchungen zur Verfassungsentwicklung im 15. und 16. Jahrhundert, Wiesbaden 1980 (Geschichtliche Landeskunde 20).
ELTESTER, L. VON: Chronik der Burg Cochem. Geschichte und Beschreibung der uralten pfälzischen, kaiserlichen und trierischen, durch die Franzosen zerstörten und von Louis Ravené … wiederhergestellten Burg Cochem nach den Quellen dargestellt, Berlin 1878.
ENGELS, H.: Die Ortsnamen an Mosel, Sauer und Saar und ihre Bedeutung für die Besiedlungsgeschichte, Trier 1961 (Schriftenreihe zur Trierischen Landesgeschichte und Volkskunde 7).
ENNEN, E.: Burg, Stadt und Territorialstaat in ihren wechselseitigen Beziehungen, in: RheinVjbll 12, 1942, S. 48–88.
DIES.: Die europäische Stadt des Mittelalters, 3. überarb. u. erw. Aufl., Göttingen 1979.
DIES.: Zur Typologie des Stadt-Land-Verhältnisses im Mittelalter, in: Studium Generale 16, 1963, S. 445–456.
DIES. – JANSSEN W.: Deutsche Agrargeschichte. Vom Neolithikum bis zur Schwelle des Industriezeitalters, Bonn 1979.
DIES. – REY, M. VAN (Hgg.): Probleme der frühneuzeitlichen Stadt, vorzüglich der Haupt- und Residenzstädte. Referate und Aussprachen auf der 30. Arbeitstagung des Instituts für geschichtliche Landeskunde der Rheinlande an der Universität Bonn in Verbindung mit der 9. Arbeitstagung des Arbeitskreises für landschaftliche deutsche Städteforschung vom 27.-29. 3. 1972 in Bonn, in: Westfälische Forschungen 25, 1973, S. 168–212.
ERIKSEN, W.: Trier, die Stadt und ihr Umland, Entwicklung, Gestalt und zentralörtliche Beziehungen der Moselstadt, in: Rheinische Heimatpflege 1968, H. 3, S. 194–207.
ERKENS, F.-R.: Der Erzbischof von Köln und die deutsche Königswahl. Studien zur Kölner Kirchengeschichte, zum Krönungsrecht und zur Verfassung des Reiches (Mitte 12. Jahrhundert bis 1806), Siegburg 1987 (Studien zur Kölner Kirchengeschichte 21).
ERLER, A.: Die Mainzer Stiftsfehde 1459–1463 im Spiegel mittelalterlicher Rechtsgutachten, Wiesbaden 1963.
DERS.: Mittelalterliche Rechtsgutachten zur Mainzer Stiftsfehde 1459–1463, Wiesbaden 1964.
ESCH, A.: Überlieferungs-Chance und Überlieferungs-Zufall als methodisches Problem des Historikers, in: HZ 240, 1985, S. 529–570.
EUBEL, C.: Hierarchia Catholica Medii Aevii sive Summorum Pontificum S. R. E. Cardinalium, Ecclesiarum Antistitum Series, Bd. 1–2, Münster 1913/14.
EWALD, W.: Rheinische Siegel, Bd. 1–4, Köln 1906–1975 (Publikationen der Gesellschaft für Rheinische Geschichtskunde 27).

EYMELT, F.: Die Rheinische Einung des Jahres 1532 in der Reichs- und Landesgeschichte, Bonn 1967 (Rheinisches Archiv 62).
FABRICIUS, W.: Die Grafschaft Veldenz. Ein Beitrag zur geschichtlichen Landeskunde des ehemaligen Nahegaues, Speier 1913 (Mitteilungen des Historischen Vereins der Pfalz 33).
DERS.: Die beiden Karten der kirchlichen Organisation, 1450 und 1610, Erste Hälfte: Die Kölnische Kirchenprovinz, Bonn 1909; Zweite Hälfte: Die Trierer und Mainzer Kirchenprovinz. Die Entwicklung der kirchlichen Verbände seit der Reformationszeit, Bonn 1913 (Publikationen der Gesellschaft für Rheinische Geschichtskunde 12; Erläuterungen zum Geschichtlichen Atlas der Rheinprovinz 5).
DERS.: Registrum visitationis sinodo sancte illustris et venerabilis domini Johannis de Fynstinga, archidiaconi sancte ecclesie Treverensis tituli sancti Castoris in Cardono 1475, in: TrierArch 9, 1906, S. 1–35.
DERS.: Taxa generalis subsidiorum cleri Trevirensis, in: TrierArch 8, 1905, S. 1–52.
FAHNE, A. F.: Geschichte der Grafen, jetzigen Fürsten zu Salm-Reifferscheid, sowie ihrer Länder und Sitze nebst Genealogie derjenigen Familien aus denen sie ihre Frauen genommen, 2 Bde. in 3 Abt., Köln 1858–1866.
DERS.: Geschichte der kölnischen, jülischen und bergischen Geschlechter einschließlich der neben ihnen ansässig gewesenen clevischen, geldrischen und moersischen in Stammtafeln, Wappen, Siegeln und Urkunden, Bd. 1–2, 1848–1853, Ndr. Osnabrück 1965.
FAVIER, J.: Frankreich im Zeitalter der Lehnsherrschaft 1000–1515. Aus dem Französischen übertragen von Siglinde Summerer und Gerda Kurz, Stuttgart 1989 (Geschichte Frankreichs 2).
FEINE, H. E.: Kirchliche Rechtsgeschichte. Die katholische Kirche, 5. Aufl., Köln, Wien 1972.
FELD, R.: Das Städtewesen des Hunsrück-Nahe-Raumes im Spätmittelalter und in der Frühneuzeit, Trier 1972.
FICKER, J.: Beiträge zur Urkundenlehre, Bd. 1–2, Innsbruck 1877/78.
FLORANGE, J.: Histoire des seigneurs et comtes de Sierck en Lorraine, Paris 1895.
DERS.: La seigneurie et les seigneurs de Meinsberg, Paris 1896.
FORST, H.: Die territoriale Entwicklung des Fürstentums Prüm, in: WestdtZGKunst 20, 1901, S. 251–288.
DERS.: Geschichte der Abtei Prüm von der Gründung im Jahre 721 bis zur Aufhebung im Jahre 1802, in: BonnJbb 122, 1912, S. 98–110.
FOUQUET, G.: Das Speyerer Domkapitel im späten Mittelalter (ca. 1350–1540). Adlige Freundschaft, fürstliche Patronage und päpstliche Klientel, T 1–2, Mainz 1987 (Quellen und Abhandlungen zur Mittelrheinischen Kirchengeschichte 57).
FRANÇOIS, E.: Koblenz im 18. Jahrhundert. Zur Sozial- und Bevölkerungsstruktur einer deutschen Residenzstadt, Göttingen 1982 (Veröffentlichungen des Max-Planck-Instituts für Geschichte 71).
FRAY, J.-L.: Nancy-le-duc. Essor d'une résidence princière dans les deux dernieres siècles du Moyen Age, Nancy 1986.
FREDY, G.: Zur Entstehung der landesherrlichen Huldigung, Marburg 1899.
FRENZ, T.: Die Kanzlei der Päpste der Hochrenaissance (1471–1527), Tübingen 1986 (Bibliothek des Deutschen Historischen Instituts in Rom 63).
FRIED, P. (Hg.): Probleme und Methoden der Landesgeschichte, Darmstadt 1978 (Wege der Forschung 492).
FRÖHLICH, H.: Spuren der reformatorischen Bewegung in Kurtrier, in: Monatshefte für evangelische Kirchengeschichte des Rheinlandes 8, 1959, S. 209–255.
GELDER, F. W. VON: Die Standesverhältnisse der kölnischen und trierischen Archidiakone in der Zeit von etwa 1000–1500, Diss. masch. Bonn 1925.
GENSICKE, H.: Landesgeschichte des Westerwaldes, 2. erg. Ndr. Wiesbaden 1987 (Veröffentlichungen der Historischen Kommission für Nassau 13).
DERS.: Die Stadt Montabaur im Spätmittelalter, in: NassAnn 73, 1962, S. 91–115.
GERLICH, A.: Habsburg – Luxemburg – Wittelsbach im Kampf um die deutsche Königskrone. Studien zur Vorgeschichte des Königtums Ruprechts von der Pfalz, Wiesbaden 1960.
DERS.: Geschichtliche Landeskunde des Mittelalters. Genese und Probleme, Darmstadt 1986.

GERTEIS, K.: Die deutschen Städte in der frühen Neuzeit. Zur Vorgeschichte der »bürgerlichen Welt«, Darmstadt 1986.
Geschichte der Stadt Koblenz, Bd. 1: Von den Anfängen bis zum Ende der kurfürstlichen Zeit. Gesamtredaktion I. BÁTORI in Verbindung mit D. KERBER und H. J. SCHMIDT, Stuttgart 1992.
GOERZ, A.: Rückblicke auf die ältere Geschichte der Stadt Coblenz, Koblenz o. J.
GONDORF, B.: Die Burgen der Eifel und ihrer Randgebiete. Ein Lexikon der »festen Häuser«, Köln 1984.
GRAUS, F.: Verfassungsgeschichte des Mittelalters, in: HZ 243, 1986, S. 529–589.
GRIMM, J.: Deutsche Rechtsaltertümer, Bd. 1–2, 4. Aufl. 1899.
GROH, G.: Die Limburger Chronik des Tilemann Elhen von Wolfhagen, Diss. München 1951.
GRUBER, O.: Wappen des mittelrheinisch-moselländischen Adels, in: LandeskdlVjbll 8, 1962 – 13, 1967.
GRÜNEISEN, H.: Die westlichen Reichsstände in der Auseinandersetzung zwischen dem Reich, Burgund und Frankreich bis 1473, in: RheinVjbll 26, 1961, S. 22–77.
GÜNTHER, A. – MICHEL, F.: Die Stadtbefestigung von Koblenz von der Römerzeit bis ins XX. Jahrhundert, in: Der Burgwart. Zeitschrift für Wehrbau, Wohnbau und Städtebau 29, 1928, Nr. 5/6, S. 81–92.
GÜNTHER, W.: Die Grabmale der trierer Bischöfe, insbesondere in der Domkirche zu Trier, und hier des Erzbischofs und Kurfürsten Balduin im Nikolaus-Chor, Trier 1833.
GÜNTHER, W. A.: Topographische Geschichte der Stadt Coblenz von ihrem Entstehen bis zum Schlusse des 18ten Jahrhunderts, Coblenz 1813.
GUNDLACH, F.: Die hessischen Zentralbehörden von 1247 bis 1604, Bd. 1–3, Marburg 1931.
GUTIÈREZ, D.: Die Augustiner im Spätmittelalter 1357–1517, Würzburg 1981.
HALLER, J.: Papsttum und Kirchenreform. Vier Kapitel zur Geschichte des ausgehenden Mittelalters I, Berlin 1903.
Handbuch der Historischen Stätten Deutschlands, Bd. 4: Hessen, hg. v. G. W. SANTE, Stuttgart 1960.
Handbuch der Historischen Stätten Deutschlands, Bd. 5: Rheinland-Pfalz und Saarland, hg. v. L. PETRY, 3. Aufl., Stuttgart 1976.
Handwörterbuch zur deutschen Rechtsgeschichte, hg. v. A. ERLER u. E. KAUFMANN, Bd. 1–4, Berlin 1971–1990.
HARTUNG, F.: Deutsche Verfassungsgeschichte vom 15. Jahrhundert bis zur Gegenwart, 8. Aufl., Stuttgart 1950.
HASHAGEN, J.: Hauptrichtungen des rheinischen Humanismus, in: AnnHistVNdRh 106, 1922, S. 1–56.
Hauptstadt. Zentren, Residenzen, Metropolen in der deutschen Geschichte. Ausstellung Bonn, Kunsthalle am August-Macke-Platz. Hg. im Auftrag des Oberstadtdirektors der Stadt Bonn von B.-M. BAUMUNK und G. BRUNN, Köln 1989.
Hauptstädte. Entstehung, Struktur und Funktion, hg. v. A. WENDEHORST u. J. SCHNEIDER, Neustadt/Aisch 1979.
HAUSTEIN, P.: Wirtschaftliche Lage und soziale Bewegung im Kurfürstentum Trier während des Jahres 1525, in: TrierArch 12, 1908, S. 46–54; 13, 1908, S. 35–49.
HAVERKAMP, A.: Die Juden im mittelalterlichen Trier, in: KurtrierJb 19, 1979, S. 5–57.
DERS.: Die Juden in der spätmittelalterlichen Stadt Trier, in: Verführung zur Geschichte. Festschrift zum 500. Jahrestag der Eröffnung einer Universität in Trier 1473/1973, Trier 1973, S. 90–130.
DERS.: Die Städte Trier, Metz, Toul und Verdun: Religiöse Gemeinschaften im Zentralitätsgefüge einer Städtelandschaft zur Zeit der Salier, in: S. WEINFURTER (Hg.), Die Salier und das Reich, Bd. 3: Gesellschaftlicher und ideengeschichtlicher Wandel im Reich der Salier, Sigmaringen 1991, S. 165–190.
DERS.: Storia sociale della città di Treviri nel basso Medioevo, in: R. ELZE, G. FASOLI (Hgg.), La città in Italia e in Germania nel Medievo: cultura, istituzioni, vita religiosa, Bologna 1981 (Annali dell' Istituto storico italo-germanico 8), S. 259–333.
DERS.: Studien zu den Beziehungen zwischen Erzbischof Balduin von Trier und König Karl IV., in: H. PATZE (Hg.), Kaiser Karl IV. 1316–1378. Forschungen über Kaiser und Reich, Neustadt 1978, S. 463–503.
DERS.: Die »frühbürgerliche« Welt im hohen und späteren Mittelalter. Landesgeschichte und Geschichte der städtischen Gesellschaft, in: HZ 221, 1975, S. 571–602.

DERS.: »Zweyungen, Zwist und Misseheit« zwischen Erzbischof und Stadtgemeinde Trier im Jahre 1377, in: KurtrierJb 21, 1981, S. 22-54.
HAXEL, E.: Verfassung und Verwaltung des Kurfürstentums Trier im 18. Jahrhundert, in: TrierZsGKunst 5, 1930, S. 47-88.
HEIMANN, H.-D.: Zwischen Böhmen und Burgund. Zum Ost-West-Verhältnis innerhalb des Territorialsystems des Deutschen Reiches im 15. Jahrhundert, Köln, Wien 1982 (Dissertationen zur mittelalterlichen Geschichte 2).
Heimatchronik der Stadt und des Landkreises Koblenz, bearb. v. A. SCHMIDT, Köln 1955 (Heimatchroniken der deutschen Städte und Kreise des Bundesgebietes 7,15).
HEINIG, P.-J.: Kaiser Friedrich III. und Hessen, in: HessJbLdG 32, 1982, S. 63-101.
HEIT, A.: Eine Urkunde zur Geschichte der Benediktinerabtei St. Maximin bei Trier im Spätmittelalter, in: Verführung zur Geschichte. Festschrift zum 500. Jahrestag der Eröffnung einer Universität in Trier 1473-1973, Trier 1973, S. 131-149.
HELBIG, H.: Fürsten und Landstände im Westen des Reiches im Übergang vom Mittelalter zur Neuzeit, in: RheinVjbll 29, 1964, S. 32-72.
HELLWIG, H.: Zur Geschichte des Coblenzer Moselzolls, in: TrierArch 26/27, 1916, S. 66-144.
HENN, V.: Das ligische Lehnswesen im Westen und Nordwesten des mittelalterlichen deutschen Reiches, München 1971.
HERRMANN, H.-W.: Geschichte der Grafschaft Saarwerden bis zum Jahre 1527, Bd. 1-2, Saarbrücken 1957-1959 (Veröffentlichungen der Kommission für saarländische Landesgeschichte und Volksforschung 1).
DERS.: Residenzstädte zwischen Oberrhein und Mosel, in: RheinVjbll 38, 1974, S. 273-300.
Herrschaft und Staat im Mittelalter, hg. v. H. KÄMPF, Darmstadt 1956 (Wege der Forschung 2).
HEWER, J. J.: Geschichte der Burg und der Stadt Saarburg, Trier 1862.
DERS.: Geschichte von Montclair, nach Urkunden zusammengestellt, in: Jahresbericht der Gesellschaft für nützliche Forschungen zu Trier für das Jahr 1859/60, S. 7-27.
HEYEN, F.-J.(Hg.): Andernach. Geschichte einer rheinischen Stadt, Andernach 1988.
DERS.: Die Grabkirchen der Bischöfe von Trier, in: Fschr. f. Hermann Heimpel zum 70. Geburtstag am 19. September 1971, Bd. 3, Göttingen 1972 (Veröffentlichungen des Max-Planck-Instituts für Geschichte 36/III), S. 594-605.
DERS.: Das Stift St. Paulin vor Trier, Berlin, New York 1972 (Germania Sacra N. F. VI, 1).
DERS. (Hg.): Zwischen Rhein und Mosel. Der Kreis St. Goar, Boppard 1966.
HOERSCH, W.: Beschreibung des Pfarrbezirks Daun insbesondere Geschichte der Grafen von Daun zu Daun, Daun 1877.
HOFMEISTER, A.: Puer, iuvenis, senex. Zum Verständnis der mittelalterlichen Altersbezeichnungen, in: Papsttum und Kaisertum. Forschungen zur politischen Geschichte und Geisteskultur des Mittelalters. Paul Kehr zum 65. Geburtstag, hg. v. A. BRACKMANN, München 1926, S. 287-316.
HOLBACH, R.: Beiträge zur Geschichte und Topographie von Trierer Domkurien und Domfreiheit im Mittelalter, in: KurtrierJb 20, 1980, S. 5-59.
DERS.: Die Besetzung des Trierer Erzbischofstuhls im späten Mittelalter, in: ArchmittelrhKG 35, 1983, S. 11-48.
DERS.: »Disz ist dy ansprache dy wir dun wydder unssern heren...«. Bemerkungen zur Regierungszeit des Erzbischofs Otto von Ziegenhain (1418-1430), in: KurtrierJb 23, 1983, S. 17-35.
DERS: Stiftsgeistlichkeit im Spannungsfeld von Kirche und Welt. Studien zur Geschichte des Trierer Domkapitels und Domklerus im Spätmittelalter, T. 1-2, Trier 1982 (Trierer Historische Forschungen 2).
HOLLMANN, M.: Das Mainzer Domkapitel im späten Mittelalter (1306-1476), Mainz 1990 (Quellen und Abhandlungen zur Mittelrheinischen Kirchengeschichte 64).
HOLTZ, M.: Der Konflikt zwischen dem Erzstift Trier und der Reichsstadt Boppard insbesondere im Jahre 1497, Diss. phil., Greifswald 1883.
DERS.: Das Nachspiel der Bopparder Fehde. Darstellung der Streitigkeiten im Erzstift Trier bei Gelegenheit der Coadjutorwahl des Markgrafen Jacob (II.) von Baden, Stralsund 1893 (Beilage zu dem Jahresbericht des Realgymnasiums zu Stralsund, Ostern 1893).

HOLZER, K. J.: De proepiscopis Trevirensibus, sive archiepiscoporum Trevirensium in pontificali munere sociis atque collegiis, Koblenz 1845.
HOMMER, J.: Historische Notizen von dem Tal Ehrenbreitstein, o. O. 1807.
Hoppstädter, K. – Herrmann, H.-W. (Hgg.): Geschichtliche Landeskunde des Saarlandes, Bd. 1–2, Saarbrücken 1960–1977.
HORSTMANN, H.: Fahnen und Flaggen der Trierer Erzbischöfe im Mittelalter, in: KurtrierJb 8, 1968, S. 108–111.
Humanismus im Bildungswesen des 15. und 16. Jahrhunderts, hg. v. W. REINHARD, Weinheim 1984 (Mitteilungen der Kommission für Humanismusforschung 12).
Humanismus und höfisch-städtische Eliten im 16. Jahrhundert. Humanisme et élites des cours et des villes au XVIe siècle, hg. v. K. MALETTKE und J. VOSS in Zusammenarbeit mit R. BABEL und U. MÜLLER, Bonn 1989 (Pariser Historische Studien 27).
HUMBRACHT, J. M.: Die höchste Zierde Teutsch-Landes und Vortrefflichkeit des Teutschen Adels, Frankfurt/Main 1707.
IRSIGLER, F.: Möglichkeiten und Grenzen quantifizierender Methoden, in: RheinVjbll 43, 1979, S. 236–260.
DERS.: Stadt und Umland in der historischen Forschung. Theorien und Konzepte, in: Bevölkerung, Wirtschaft und Gesellschaft. Stadt-Land-Beziehungen in Deutschland und Frankreich 14. bis 19. Jahrhundert, hg. v. N. BULST, J. HOOCK, F. IRSIGLER, Trier 1983.
DERS.: Kölner Wirtschaftsbeziehungen zum Oberrhein vom 14. bis 16. Jahrhundert, in: ZGO 122, 1974, S. 1–21.
DERS.: Die Wirtschaftsführung der Burggrafen von Drachenfels im Spätmittelalter, in: BonnerGeschbll 34, 1982, S. 87–116.
ISENBURG, W. K. u.a.: Europäische Stammtafeln. Stammtafeln zur Geschichte der europäischen Staaten, Bd. 1–12, 2. Aufl., Marburg 1965ff.
ISENMANN, E.: Die deutsche Stadt im Spätmittelalter 1250–1500. Stadtgestalt, Recht, Stadtregiment, Kirche, Gesellschaft, Wirtschaft, Stuttgart 1988.
JÄGER, B.: Das geistliche Fürstentum Fulda in der Frühen Neuzeit: Landesherrschaft, Landstände und fürstliche Verwaltung. Ein Beitrag zur Verfassungs- und Verwaltungsgeschichte kleiner Territorien des Alten Reiches, Marburg 1986 (Schriften des Hessischen Landesamtes für geschichtliche Landeskunde 39).
JÄSCHKE, K.-U.: Nichtkönigliche Residenzen im spätmittelalterlichen England, Sigmaringen 1990 (Residenzenforschung 2).
JANK, D.: Das Erzbistum Trier während des Großen Abendländischen Schismas (1378–1417/1418), Mainz 1983 (Quellen und Abhandlungen zur Mittelrheinischen Kirchengeschichte 47).
JANSSEN, F. R.: Kurtrier in seinen Ämtern vornehmlich im 16. Jahrhundert. Studien zur Entwicklung frühmoderner Staatlichkeit, Bonn 1985 (Rheinisches Archiv 117).
JANSSEN, W.: Eine landständische Einung kurkölnischer Städte aus den Jahren 1363/63, in: Die Stadt in der europäischen Geschichte. Fschr. Edith Ennen, Bonn 1972, S. 391–403.
DERS.: Ein niederrheinischer Fürstenhof um die Mitte des 14. Jahrhunderts, in: RheinVjbll 34, 1970, S. 219–251.
JOHANEK, P.: Elhen (Ehlen) Tilemann von Wolfhagen, in: K. RUH (Hg.), Die deutsche Literatur des Mittelalters, Verfasserlexikon 2, 2. Aufl., Berlin-New York 1980, Sp. 474–478.
DERS.: Historiograph und Stadtchronist, in: Autorentypen, hg. v. W. HAUG u. B. WACHINGER, Tübingen 1991, S. 50–68.
DERS.: Methodisches zur Verbreitung und Bekanntmachung von Gesetzen im Spätmittelalter, in: Histoire Comparée de l'Administration (IVe–XVIIIe Siècles), hg. v. W. PARAVICINI und K. F. WERNER, München 1980 (Beihefte der Francia 9), S. 88–101.
DERS. (Hg.): Vorträge und Forschungen zur Residenzenfrage, Sigmaringen 1990 (Residenzenforschung 1).
JUNGANDREAS, W.: Historisches Lexikon der Siedlungs- und Flurnamen des Mosellandes, Trier 1962 (Schriftenreihe zur Trierischen Landesgeschichte und Volkskunde 2, 8).
DERS.: Zum mittelalterlichen Stadtplan von Trier, in: KurtrierJb 12, 1972, S. 13–22.
KEIL, L.: Humanisten in den Trierer Landen im Anfang des 16. Jahrhunderts, in: TrierChron N. F. 16, 1920, S. 146–151, 186–189; 17, 1921, S. 41–43, 82–89.

KEIM, A. M.: Kleine Residenzen, in: Lebendiges Rheinland-Pfalz 8, 1971, H. 4, S. 85–86.
KENTENICH, G.: Das alte kurtrierische Amt Wittlich, in: TrierChron 9, 1913, S. 179 ff; 10, 1914, S. 21 ff.
DERS.: Beschreibung des Amtes Welschbillig, in: TrierChron 8, 1912, S. 133 ff.
DERS.: Der Eintritt der Stadt Saarburg in die kurtrierische Landständeeinung im Jahre 1456, in: TrierChron 9, 1912, S. 28 pass.
DERS.: Geschichte der Moselschiffart, in: TrierChron 1912, S. 1-8; 1913, S. 65–79; 1915, S. 27–28.
DERS.: Geschichte der Stadt Trier von ihrer Gründung bis zur Gegenwart. Denkschrift zum hundertjährigen Jubliäum der Zugehörigkeit der Stadt zum Preußischen Staat, 1915, Ndr. Trier 1979.
KERBER, D.: Die Itinerare der Trierer Erzbischöfe – Ansätze zur Residenzbildung, in: RheinVjbll 56, 1992, S. 112–147.
DERS.: Dr. Ludolf von Enschringen. Ein Rittersdorfer als kurtrierischer Kanzler, in: Beiträge zur Geschichte des Bitburger Landes 2, 1991, H. 2, S. 33–40.
DERS.: Stolzenfels bei Koblenz. Ein Beitrag zur Geschichte des Erzstifts Trier im Spätmittelalter, in: Burgen und Schlösser 31, 1990/I, S. 19–28.
DERS. – LIESSEM, U.: Der Deutsche Orden in Koblenz. Studien zur Geschichte und Bauentwicklung im Mittelalter, Koblenz 1990.
KISKY, W.: Die Domkapitel der geistlichen Kurfürsten in ihrer persönlichen Zusammensetzung im 14. und 15. Jahrhundert, Weimar 1906 (Quellen und Studien zur Verfassungsgeschichte des Deutschen Reiches in Mittelalter und Neuzeit 1,3).
KLAPPERICH, K.: Die Geschichte des Grafengeschlechts der Virneburger (Vom Jahre 1383 bis zum Erlöschen), Auszug aus der Diss. phil. Bonn 1920, Bonn 1921.
KLEIN, F. N.: Zur Geschichte des Marienklosters in der Leere binnen Coblenz (1242), in: Programm der Herbst-Schulprüfung und zu den öffentlichen Rede- und Gesangsübungen in dem königlichen Gymnasium zu Coblenz 13. und 14. September 1838, Coblenz 1838, S. 2–15.
KLEIN, J.: Geschichte der Stadt Boppard, Boppard 1909.
KLEIN, J. A.: Koblenz, historisch-topographisch, mit Benutzung urkundlicher Nachrichten dargestellt, Koblenz 1829.
KLEWITZ, H.-W.: Kanzleischule und Hofkapelle, in: DA 4, 1941, S. 224–228.
KNETSCH, G.: Die landständische Verfassung und reichsritterschaftliche Bewegung im Kurstaate Trier, vornehmlich im XVI. Jahrhundert, 1909, Ndr. Vaduz 1965.
Koblenz – Aspekte zur Stadtgeschichte. Von der Antike bis zur Französischen Revolution, hg. v. der Stadt Koblenz, Stadtbibliothek/Stadtarchiv, Koblenz 1986.
Koblenz und der Kreis Mayen-Koblenz, bearb. v. H.-H. WEGNER, Stuttgart 1986 (Führer zu archäologischen Denkmälern in Deutschland 12).
KÖBLER, G.: Historisches Lexikon der deutschen Länder. Die deutschen Territorien vom Mittelalter bis zur Gegenwart, 2. verb. Aufl., München 1989.
KOETHE, H.: Die Trierer Basilika, in: TrierZGKunst 12, 1937, S. 151–179.
KOLLER, H.: Die Residenz im Mittelalter, in: JbGeschOberdtReichsstädte 12/13, 1966/67, S. 9–39.
KRÄMER, C. – SPIESS, K.-H.: Ländliche Rechtsquellen aus dem kurtrierischen Amt Cochem, Wiesbaden, Stuttgart 1986 (Geschichtliche Landeskunde 23).
KRÄMER, W.: Beiträge zur Geschichte des mediatisierten Hauses von der Leyen und zu Hohengeroldseck vornehmlich im 16. Jahrhundert mit bes. Berücksichtigung Michaels von der Leyen zu Adendorf, München 1964.
KREMER, J.: Studien zur Geschichte der Trierer Wahlkapitulationen (ein Beitrag zur Geschichte des Erzstifts Trier), Trier 1911 (WestdtZGKunst Erg.-H. 16).
KRIMM, K.: Baden und Habsburg um die Mitte des 15. Jahrhunderts. Fürstlicher Dienst und Reichsgewalt im späten Mittelalter, Stuttgart 1976 (Veröffentlichungen der Kommission für geschichtliche Landeskunde in Baden-Württemberg, Reihe B, Forschungen 89).
KRÜGER, H.-J.: Zu den Anfängen des Offizialats in Trier, in: ArchmittelrhKG 29, 1977, S. 39–74.
KUBACH, H. E. – MICHEL, F. – SCHNITZLER, H.: Die Kunstdenkmäler des Landkreises Koblenz, 1944, Ndr., Düsseldorf 1981 (Die Kunstdenkmäler der Rheinprovinz 16,3).
KUBACH, H. E. – VERBEEK, A.: Romanische Baukunst an Rhein und Maas. Katalog der vorromanischen und romanischen Denkmäler, Bd. 1–4, Berlin 1976, 1989.

KUTZBACH, F.: Die Untersuchungen und Ausgrabungen an der Stiftskirche zu Pfalzel, in: TrierZGKunst 4, 1929, S. 1-8.
LAGER, J. CHR.: Die Belagerung und Unterwerfung der Stadt Boppard durch den trierischen Kurfürsten Johann II. von Baden im Jahre 1497, in: TrierChron 1, 1905, S. 113-126.
DERS.: Der Einzug des Kurfürsten und Erzbischofs Johannes II. von Baden in Trier, in: TrierChron 3, 1906, S. 53-62, 75-78.
DERS.: Johann II. von Baden, Erzbischof und Kurfürst von Trier, Trier 1905 (Trierisches Archiv, Erg.-H. 4).
LAMPRECHT, K.: Deutsches Wirtschaftsleben im Mittelalter. Untersuchungen über die Entwicklung der materiellen Kultur des platten Landes auf Grund der Quellen zunächst des Mosellandes, Bd. 1-3, 1885/86, Ndr. Aalen 1969.
Landesherrliche Kanzleien im Spätmittelalter, München 1984 (Münchener Beiträge zur Mediävistik und Renaissance-Forschung 35).
LANDWEHR, G.: Die Verpfändung der deutschen Reichsstädte im Mittelalter, Köln, Graz 1967 (Forschungen zur deutschen Rechtsgeschichte 5).
LANGE, U.: Der ständestaatliche Dualismus - Bemerkungen zu einem Problem der deutschen Verfassungsgeschichte, in: BlldtLdG 117, 1981, S. 311-334.
LANZINNER, M.: Fürst, Räte und Landstände im frühmodernen Staat. Die Entstehung der Zentralbehörden in Bayern (1511-1498), Göttingen 1980 (Veröffentlichungen des Max-Planck-Instituts für Geschichte 61).
LAUFER, W., Die Sozialstruktur der Stadt Trier in der frühen Neuzeit, Bonn 1973 (Rheinisches Archiv 86).
LAUFNER, R.: Die Ausbildung des Territorialstaates der Kurfürsten von Trier, in: Der deutsche Territorialstaat im 14. Jahrhundert, hg. v. H. PATZE, Bd. 2, Sigmaringen 1971 (Vorträge und Forschungen 14), S. 127-147.
DERS, Die »Elenden-Bruderschaft« zu Trier im 15. und 16. Jahrhundert. Ein Beitrag zur Sozialgeschichte der untersten Unterschichten im ausgehenden Mittelalter und der frühen Neuzeit, in: JbwestdtLdG 4, 1978, S. 221-237.
DERS.: Die Landstände von Kurtrier im 17. und 18. Jahrhundert, in: RheinVjbll 32, 1968, S. 290-317.
DERS.: Hinter den Kulissen des Trierer Fürstentages 1473 - Was nur in den stadttrierischen Rechnungen stand, in: KurtrierJb 13, 1973, S. 29-39.
DERS.: Die Manderscheider Fehde, eine Wende in der Geschichte Triers, in: TrierJb 1953, S. 46ff.
DERS.: Triers Bündnis- und Schirmverträge mit den Fürsten von Luxemburg und Lothringen vom 13. bis zum ausgehenden 16. Jahrhundert, in: RheinVjbll 19, 1954, S. 104-118.
DERS.: Triers Ringen um die Stadtherrschaft vom Anfang des 12. bis zum ausgehenden 16. Jahrhundert, in: Trier. Ein Zentrum abendländischer Kultur. Fschr. des Rheinischen Vereins für Denkmalpflege und Heimatschutz, Neuss 1952, S. 151-174.
LEHMANN, J. G.: Geschichte und Genealogie der Dynasten von Westerburg, Wiesbaden 1866.
LEHMANN, P.: Nachrichten von der alten Trierer Dombibliothek, in: TrierArch 24/25, 1916, S. 203-228.
LEISER: Markgraf Christof I. von Baden, seine Beamten, seine Gesetze, in: ZGO 108, 1960, H. 1, S. 244-255.
LEONARDY, J.: Geschichte des Trierischen Landes und Volkes, 2. Aufl., Trier 1877.
Lexikon des Mittelalters, Bd. 1ff., München, Zürich 1980ff.
Lexikon für Theologie und Kirche, 1957-1968, Ndr., Bd. 1-14, Freiburg 1986.
LICHNOWSKY, E. M.: Geschichte des Hauses Habsburg, Tl. 6-8, 1842-1844, Ndr., Osnabrück 1973.
LICHTER, E.: Welschbillig und Umgebung. Ein Beitrag zur Geschichte der Südeifel, Geschichte des Ortes, der Pfarrei und des Amtes Welschbillig, Trier 1977 (Ortschroniken des Trierer Landes 4).
LIEBERICH, H.: Die gelehrten Räte. Staat und Juristen in Bayern in der Frühzeit der Rezeption, in: ZBayer LdG 27, 1964, S. 120-189.
LIESSEM, U.: Die Florinskirche in Koblenz, München, Berlin 1975 (Große Baudenkmäler 291).
LIMBURG, H.: Die Hochmeister des Deutschen Ordens und die Ballei Koblenz, Bad Godesberg 1969 (Quellen und Studien zur Geschichte des Deutschen Ordens 8).

LÖHNERT, K.: Personal- und Amtsdaten der Trierer Erzbischöfe des 10. bis 15. Jahrhunderts, Diss. phil. Greifswald 1908.
LÖHR, G. M.: Der Dominikanerorden und seine Wirksamkeit im mittelrheinischen Raum, in: ArchmittelrhKG 4, 1952, S. 120–156.
LOOZ-CORSWAREM, O. GRAF VON (Bearb.): Heimatchronik des Landkreises Mayen, Köln 1954 (Heimatchroniken der Städte und Kreise des Bundesgebietes 7).
DERS.: Ein Entwurf zu einer kurtrierischen Landesvereinigung von 1547 und seine Vorlagen, in: Rhein-Vjbll 38, 1974, S. 225–247.
DERS.: Zur Geschichte der Verwaltung der Koblenzer Moselbrücke, in: JbGeschKunstMittelrh 1, 1949, S. 15–28.
LORENZI, P. DE: Beiträge zur Geschichte sämtlicher Pfarreien der (jetzigen) Diöcese Trier, Bd. 1–2, Trier 1887.
LOUTSCH, J.-C.: Armorial du pays de Luxembourg. Contenant la description des armes de princes de la maison de Luxembourg, de tous de souverains d'autres maisons ayant régné sur ce pays, des gouverneurs ayant exercé le pouvoir en leur nom, ainsi que celles des familles nobles, bourgeoises ou paysannes, pour autant qu'elles on pu etre retrouvées, Luxemburg 1974 (Publications nationales du Ministère des arts et des sciences).
LUGGE, M.: »Gallia« und »Francia« im Mittelalter. Untersuchungen über den Zusammenhang zwischen geographisch-historischer Terminologie und politischem Denken vom 6.-15. Jahrhundert, Bonn 1960 (Bonner Historische Forschungen 15).
LUTZ, H.: Das Ringen um deutsche Einheit und kirchliche Erneuerung. Von Maximilian I. bis zum Westfälischen Frieden 1490 bis 1648, Frankfurt, Berlin 1987.
MALETTKE, K.: Das Heilige Römische Reich und seine Verfassung in der Sicht französischer Juristen und Historiker des 17. Jahrhunderts, in: BlldtLdG 124, 1988, S. 455–476.
MARKGRAF, B.: Das Güteverfahren in den Weistümern der Moselgegend, in: TrierArch 12, 1908, S. 1–45.
MARX, J.: Geschichte des Erzstifts Trier d. i. der Stadt Trier und des Trierischen Landes, als Churfürstenthum und Erzdiözese von den ältesten Zeiten bis zum Jahre 1816, Bd. 1–5, 1858–1864, Ndr. Aalen 1969.
DERS.: Trevirensia. Literaturkunde zur Geschichte der Trierer Lande, Trier 1909 (Trierisches Archiv, Erg.-H. 10).
MASCHKE, E.: Verfassung und soziale Kräfte in der deutschen Stadt des späteren Mittelalters, vornehmlich in Oberdeutschland, in: VSWG 46, 1959, S. 289–349, 433–476.
MATHEUS, M.: Zum Einzugsgebiet der »alten« Trierer Universität (1473–1477), in: KurtrierJb 21, 1981, S. 55–69.
DERS.: Hafenkrane. Zur Geschichte einer mittelalterlichen Maschine am Rhein und seinen Nebenflüssen von Straßburg bis Düsseldorf, Trier 1985 (Trierer Historische Forschungen 9).
DERS.: Trier am Ende des Mittelalters. Studien zur Wirtschafts-, Sozial- und Verfassungsgeschichte Triers von der zweiten Hälfte des 14. bis zum beginnenden 16. Jahrhundert, Trier 1981 (Trierer Historische Forschungen 5).
DERS.: Das Verhältnis der Stadt Trier zur Universität in der zweiten Hälfte des 15. Jahrhunderts, in: KurtrierJb 20, 1980, S. 60–139.
MATHIES, C.: Kurfürstenbund und Königtum in der Zeit der Hussitenkriege. Die kurfürstliche Reichspolitik gegen Sigmund im Kraftzentrum Mittelrhein, Mainz 1978 (Quellen und Abhandlungen zur mittelrheinischen Kirchengeschichte 32).
MAURER, H.-M.: Die landesherrliche Burg in Wirtemberg im 15. und 16. Jahrhundert, Stuttgart 1958 (Veröffentlichungen der Kommission für Geschichtliche Landeskunde in Baden-Württemberg B 1).
MENZEL, K.: Die Verträge zwischen den Grafen Adolf von Nassau und Diether von Isenburg-Büdingen zur Beilegung des Streites um das Erzstift Mainz, in: AnnVNassAltkde 10, 1870, S. 1–41.
MEUTHEN, E.: Nikolaus von Kues 1401–1464. Skizze einer Biographie, 6. durchges. Aufl., Münster 1982.
DERS.: Nikolaus von Kues und der Laie in der Kirche. Biographische Ausgangspunkte, in: HJB 81, 1962, S. 101–122.

DERS.: Obödienz- und Absolutionslisten aus dem Trierer Bistumsstreit (1430-1435), in: QForschItal-ArchBibl 40, 1960, S. 43-64.
DERS.: Das Trierer Schisma von 1430 auf dem Basler Konzil. Zur Lebensgeschichte des Nikolaus von Kues, Münster 1964.
MICHEL, F.: Der Archidiakonat und Offizialat von St. Castor zu Coblenz, in: TrierArch 19/20, 1912, S. 153-164.
DERS.: Zur Baugeschichte des Trierer Palastes und der Philippsburg zu Ehrenbreitstein, in: TrierZG-Kunst 4, 1929, S. 17-25.
DERS.: Die kurfürstliche Burg zu Koblenz, Koblenz 1928 (Rheinische Kunstbücher 8).
DERS.: Der Ehrenbreitstein, Koblenz (1933).
DERS.: Die Flurnamen von Coblenz, Moselweis, Lützel-Coblenz und Neuendorf, in: TrierArch 22/23, 1914, S. 1-51.
DERS.: Forst und Jagd im alten Erzstift Trier, Trier 1958 (Schriftenreihe zur Trierer Landesgeschichte und Volkskunde 4).
DERS.: Zur Geschichte der geistlichen Gerichtsbarkeit und Verwaltung der Trierer Erzbischöfe im Mittelalter, Trier 1953 (Veröffentlichungen des Bistumsarchivs Trier 3).
DERS.: Die Geschichte der Stadt Koblenz im Mittelalter, Trautheim 1963.
DERS.: Die Herren von Helfenstein, Trier 1906 (Trierisches Archiv, Erg.-H. 6).
DERS.: Koblenzer Humanisten des Mittelalters, in: MittWestdtGesFamilienkde 18, 1957, S. 65-72.
DERS.: Koblenz, St. Kastor, 1938 (Rheinische Kunststätten 6,25).
DERS.: Die kirchlichen Denkmäler der Stadt Koblenz, 1937, Ndr., Düsseldorf 1981 (Die Kunstdenkmäler der Rheinprovinz 20,1).
DERS.: Die Kunstdenkmäler der Stadt Koblenz. Die profanen Denkmäler und die Vororte, 1954, Ndr., München, Berlin 1986 (Die Kunstdenkmäler von Rheinland-Pfalz 1).
DERS.: Die Koblenzer Münze und ihre Tätigkeit, in: JbGKunstMittelrh 6/7, 1954/55, S. 94-124.
DERS.: Vom Coblenzer Rhein- und Moselzoll sowie von der Entstehung der Stadtgemeinde, in: Zschr. Heimatkde d. Reg.-Bez. Koblenz 2, 1921, S. 122-126.
DERS.: Das Schicksal der ehemaligen Koblenzer Adelshöfe, in: Mitteilungsblatt der Vereinigung zur Erhaltung deutscher Burgen 49, 1954, Nr. 1, S. 4-5.
DERS.: Der Koblenzer Stadtadel im Mittelalter, in: MittWestdtGesFamilienkde 16, 1952/54, Sp. 1-20.
DERS.: Die Waldboten am Mittelrhein, in: JbGKunstMittelrh 8/9, 1956/57, S. 40-64; 10, 1958, S. 33-41; 11, 1959, S. 5-33.
MIECK, I. (Hg.): Ämterhandel im Spätmittelalter und im 16. Jahrhundert, Berlin 1984 (Einzelveröffentlichungen der Historischen Kommission zu Berlin 45).
MILITZER, K.: Die Entstehung der Deutschordensballeien im Deutschen Reich, Bonn-Godesberg 1970.
MILLER, I.: Jakob von Sierck 1398/99-1456, Mainz 1983 (Quellen und Abhandlungen zur Mittelrheinischen Kirchengeschichte 45).
DERS.: Kurtrier und die Übernahme des Herzogtums Luxemburg durch Herzog Philipp den Guten von Burgund im Jahre 1443, in: Hémecht 36, 1984, S. 489-515.
MILZ, H.; Der kurtrierische Kanzler Duyngen von Wittlich und sein Geschlecht, in: Trierische Heimat 8, 1931/32, S. 135-139.
MITTEIS, H.: Lehnsrecht und Staatsgewalt, 1933, Ndr. 1958.
MÖLLER, W.: Stamm-Tafeln westdeutscher Adelsgeschlechter im Mittelalter, Bd. 1-3 und N. F. Bd. 1-2, Darmstadt 1922-1951.
MOLITOR, E.: Die Reichsreformbestrebungen des 15. Jahrhunderts bis zum Tode Kaiser Friedrichs III., 1921, Ndr., Aalen 1969 (Untersuchungen zur deutschen Staats- und Rechtsgeschichte A. F. 132).
MONE, F.-J.: Bürgeraufnahmen vom 13.-18. Jahrhundert in Rheinpreußen, Hessen, Baiern, Elsaß, Schweiz, Wirtenberg und Baden, in: ZGO 8, 1857, S. 1-71.
MORAW, P.: Beamtentum und Rat König Ruprechts, in: ZGO 116, 1968, S. 59-126.
DERS.: Die Entfaltung der deutschen Territorien im 14. und 15. Jahrhundert, in: Landesherrliche Kanzleien im Spätmittelalter, S. 61-108.
DERS.: Franken als königsnahe Landschaft im Mittelalter, in: BlldtLdG 112, 1976, S. 123-138.
DERS.: Landesgeschichte und Reichsgeschichte im 14. Jahrhundert, in: JbWestdtLdG 3 1977, S. 175-191.

DERS.: Was war eine Residenz im Deutschen Spätmittelalter?, in: ZHF 18, 1991, S. 461-468.
DERS.: Über Typologie, Chronologie und Geographie der Stiftskirche im deutschen Mittelalter, in: Untersuchungen zu Kloster und Stift, hg. v. Max-Planck-Institut für Geschichte, Göttingen 1980 (Veröffentlichungen des Max-Planck-Instituts für Geschichte 68; Studien zur Germania Sacra 14), S. 9-37.
DERS.: Von offener Verfassung zu gestalteter Verdichtung. Das Reich im späten Mittelalter 1250 bis 1490, Frankfurt, Berlin 1989.
DERS.: Wesenszüge der ›Regierung‹ und ›Verwaltung‹ des Deutschen Königs im Reich (ca. 1350-1450), in: Histoire Comparée de l'Administration (IVe-XVIIIe Siècles), hg. v. W. PARAVICINI und K. F. WERNER, München 1980 (Beihefte der Francia 9), S. 149-167.
DERS. – PRESS, V.: Probleme der Verfassungs- und Sozialgeschichte des Heiligen Römischen Reiches im späten Mittelalter und in der frühen Neuzeit, in: ZHF 2, 1975, S. 95-108.
MOSER, J. J.: Staatsrecht des churfürstlichen Erzstifts Trier, wie auch der gefürsteten Abbtey Prümm und der Abbtey St. Maximin, Leipzig, Frankfurt 1740.
MÜLLER, B.: Das Rechtsverhältnis zwischen dem Kollegiatstift St. Florin in Koblenz und der Pfarrei Montabaur, in: ArchmittelrhKG 6, 1954, S. 109-127.
DERS.: Stadtgemeinde und Pfarrkirche Montabaur. Die Kirchenpflegschaft in einer kurtrierischen Landstadt, in: ArchmittelrhKG 8, 1956, S. 351-361.
MÜLLER, H.: Formen und Rechtsgehalt der Huldigung, Diss. masch., Mainz 1954.
DERS.: Oberhof und neuzeitlicher Territorialstaat, Aalen 1978 (Untersuchungen zur deutschen Staats- und Rechtsgeschichte 20).
MÜLLER, H.: Die wallonischen Dekanate des Erzbistums Trier, Diss. Marburg 1966.
MÜLLER, M.: Die Ortsnamen im Regierungsbezirk Trier, in: Jahres-Bericht der Gesellschaft für nützliche Forschungen zu Trier 1900-1905, S. 40-75; 2, 1909, S. 25-86.
MÜLLER, M. F. J.: Beiträge zu einer Personal-Kronik im Erzstift Trier, in: TrierKronik 7/8, 1822/23 passim.
MÜLLER, U.: Die ständische Vertretung in den fränkischen Markgrafentümern in der ersten Hälfte des 16. Jahrhunderts, Neustadt a. d. Aisch 1984 (Schriften des Zentralinstituts für fränkische Landeskunde und Allgemeine Religionsforschung an der Universität Erlangen-Nürnberg 24).
MÜLLER, W.: Zu den romanischen Ortsnamen des Mosellandes, in: RheinVjbll 50, 1986, S. 1-15.
MÜLLER-HILLEBRAND, M.: Cronberg, Geschichte eines Rittergeschlechts und seiner Burg, Frankfurt/Main 1950.
Müllers großes deutsches Ortsbuch, Bundesrepublik Deutschland, bearb. v. J. MÜLLER, 23. überarb. u. erw. Aufl., Wuppertal 1988.
MÜNDNICH, J.: Das Hospital zu Koblenz. Fschr. zur Jahrhundertfeier, Koblenz 1905.
NEU, H.: Das Herzogtum Aremberg, 2. Aufl., Euskirchen 1940.
NEU, P.: Die Abtei Prüm im Kräftespiel zwischen Rhein, Mosel und Maas vom 13. Jahrhundert bis 1576, in: RheinVjbll 26, 1961, S. 255-285.
DERS.: Die Amagnaken im Trierer Land, in: Neues Trier Jahrbuch 1962, S. 12-15.
DERS.: Die Arenberger und das Arenberger Land, Bd. 1: Von den Anfängen bis 1616, Koblenz 1989 (Veröffentlichungen der Landesarchivverwaltung Rheinland-Pfalz 52).
DERS.: Luxemburgs Bemühungen um den Rückkauf der Herrschaft Schönecken, in: LkdlkVjbll 9, 1963, S. 5ff.
DERS.: Geschichte und Struktur der Eifelterritorien des Hauses Manderscheid vornehmlich in 15. und 16. Jahrhundert, Bonn 1972 (Rheinisches Archiv 80).
DERS.: Manderscheid und das Reich, in: RheinVjbll 36, 1972, S. 53-70.
DERS.: Stadt und Herrschaft Neuerburg. Beiträge zur Geschichte eines Eifelstädtchens, in: RheinVjbll 29, 1964, S. 315-330.
Neue Deutsche Biographie, hg. v. d. Historischen Kommission bei der Bayerischen Akademie der Wissenschaften, Berlin 1953ff.
NEUHAUS, H.: Die Rheinischen Kurfürsten, der kurrheinische Kreis und das Reich im 16. Jahrhundert, in: RheinVjbll 48, 1984, S. 138-160.

Noss, A.: Die Münzen von Trier, Bd. 1–2, 1916, Ndr. Osnabrück 1978 (Publikationen der Gesellschaft für Rheinische Geschichtskunde 30).
Oediger, F. W.: Über die Bildung der Geistlichen im späten Mittelalter, 1953 (Studien und Texte zur Geistesgeschichte des Mittelalters 2).
Oesterley, H.: Historisch-geographisches Wörterbuch des deutschen Mittelalters, 1883, Ndr. Aalen 1962.
Ohler, N.: Reisen im Mittelalter, München 1986.
Ohnsorge, W.: Zum Problem: Fürst und Verwaltung um die Wende zum 16. Jahrhundert, in: BlldtLdG 88, 1951, S. 150–174.
Orth, E.: Amtsrechnungen als Quelle spätmittelalterlicher Territorial- und Wirtschaftsgeschichte, in: HessJbLdG 29, 1979, S. 36–62.
Otto, F.: Nassauische Studenten auf Universitäten des Mittelalters, in: NassAnn 28, 1896, S. 97–154.
Patze, H.: Die Bildung der landesherrlichen Residenzen im Reich während des 14. Jahrhunderts, in: Stadt und Stadtherr im 14. Jahrhundert. Entwicklungen und Funktionen, hg. v. W. Rausch im Auftrag des Österreichischen Arbeitskreises für Stadtgeschichtsforschung, Linz/Donau 1972 (Beiträge zur Geschichte der Städte Mitteleuropas 2), S. 1–54.
Ders.: Die Herrschaftspraxis der deutschen Landesherren während des späten Mittelalters, in: Histoire Comparée de l'Administration (IVe-XVIIIe Siècles), hg. v. W. Paravicini und K. F. Werner, München 1980 (Beihefte der Francia 9), S. 363–391.
Ders.: Neue Typen des Geschäftsschriftgutes im 14. Jahrhundert, in: Der deutsche Territorialstaat im 14. Jahrhundert, Bd. 1, hg. v. H. Patze, Sigmaringen 1970 (Vorträge und Forschungen 13), S. 9–64.
Ders. – Paravicini, W. (Hgg.): Fürstliche Residenzen im spätmittelalterlichen Europa, Sigmaringen 1991 (Forträge und Forschungen 36).
Ders. – Streich, G.: Die landesherrlichen Residenzen im spätmittelalterlichen Reich, in: BlldtLdG 118, 1982, S. 205–220.
Paulus, W. E.: Die Erzbischöfe und Kurfürsten von Trier (791–1801), o. O. o. J.
Pauly, F.: Der königliche Fiskus Koblenz, in: JbGKunstMittelrh 12/13, 1960/61, S. 5–25.
Ders.: Aus der Geschichte des Bistums Trier, Bd. 1–3, Trier 1969–1974 (Veröffentlichungen des Bistumsarchivs Trier 14, 18, 24).
Ders.: Klein-Archidiakonate und exemte kirchliche Jurisdiktionsbezirke im Archidiakonat Karden bis zum Ende des Mittelalters, in: RheinVjbll 24, 1959, S. 157–194.
Ders.: Das Stift St. Kastor in Karden an der Mosel, Berlin, New York 1986 (Germania Sacra, N. F. 19, 3).
Ders.: Die Stifte St. Severus in Boppard, St. Goar in St. Goar, Liebfrauen in Oberwesel, St. Martin in Oberwesel, Berlin, New York 1980 (Germania Sacra, N. F. 14, 2).
Ders.: Siedlung und Pfarrorganisation im alten Erzbistum Trier. Zusammenfassung und Ergebnisse, Koblenz 1976 (Veröffentlichungen der Landesarchivverwaltung Rheinland-Pfalz 25).
Ders.: Siedlung und Pfarrorganisation im alten Erzbistum Trier. Bd. 1: Das Landkapitel Kaimt-Zell, Bonn 1957; Bd. 2: Die Landkapitel Piesport, Boppard und Ochtendung, Trier 1961; Bd. 3: Das Landkapitel Kyllburg-Bitburg, Trier 1963; Bd. 4: Das Landkapitel Wadrill, Trier 1965; Bd. 5: Das Landkapitel Merzig, Trier 1967; Bd. 6: Das Landkapitel Perl und die rechts der Mosel gelegenen Pfarreien des Landkapitels Remich. Das Burdekanat Trier, Trier 1968; Bd. 7: Das Landkapitel Engers und das Klein-Archidiakonat Montabaur, Trier 1970; Bd. 8: Das Landkapitel Mersch, Trier 1970; Bd. 9: Die Landkapitel Remich und Luxemburg, Trier 1972.
Ders.: Springiersbach. Geschichte des Kanonikerstifts und seiner Tochtergründungen bis zum Ende des 18. Jahrhunderts, Trier 1962 (Trierer theologische Studien 13).
Ders.: Zur Topographie der Kollegiatstifte in Boppard, St. Goar und Oberwesel, in: ArchmittelrhKG 30, 1978, S. 59–84.
Penning, W.-D.: Die weltlichen Zentralbehörden im Erzstift Köln von der ersten Hälfte des 15. bis zum Beginn des 17. Jahrhunderts, Bonn 1977 (Veröffentlichungen des Historischen Vereins für den Niederrhein 14).
Peters, I.-M.: Das mittelalterliche Zahlungssystem als Problem der Landesgeschichte, in: BlldtLdG 112, 1976, S. 139ff.; 113, 1977, S. 141ff.
Petri, F.: Die Rheinische Einigung des Jahres 1532 und ihr Verhältnis zu Habsburg, in: Fschr. Ludwig Petry, Wiesbaden 1968 (Geschichtliche Landeskunde V,1).

Petry, L.: Das politische Kräftespiel im pfälzischen Raum vom Interregnum bis zur französischen Revolution, in: RheinVjbll 20, 1955, S. 80–111.
Ders.: Residenztypen im Moselland, in: Festgabe für Wolfgang Jungandreas 1964, Trier 1964 (Schriftenreihe zur Trierischen Landesgeschichte und Volkskunde 13), S. 70–77.
Ders.: Schwerpunktbildung am Mittelrhein im 16. Jahrhundert. Ausschnitt aus einer Forschungsbilanz, in: ArchHessG N. F. 25, 1956/57, S. 3–26.
Peyer, H. C.: Das Reisekönigtum des Mittelalters, in: VSWG 51, 1964, S. 1–21.
Pfalzel. Geschichte und Gegenwart, hg. v. Arbeitsgemeinschaft Pfalzeler Chronik, Trier 1989.
Philippi, H.: Das Haus Hessen. Ein europäisches Fürstengeschlecht, Kassel 1983.
Piccolomini, E. S. (Pius II.): Germania, Straßburg 1615/16.
Ders.: Opera omnia, Basel 1551.
Picot, S.: Kurkölnische Territorialpolitik am Rhein unter Friedrich von Saarwerden (1370–1414), Bonn 1977 (Rheinisches Archiv 99).
Pitz, E.: Neue Methoden und Betrachtungsweisen in der landesgeschichtlichen Forschung nach 1918, in: BlldtLdG 124, 1988, S. 483–506.
Podlech, W.: Tilmann Joel von Linz †1461. Kanzler, Rat und Gesandter rheinischer Kurfürsten, Neustadt/Weinstraße 1988.
Press, V.: Herrschaft, Landschaft und »Gemeiner Mann« in Oberdeutschland vom 15. bis zum frühen 19. Jahrhundert, in: ZGO 123, 1975, S. 169–214.
Ders.: Das Reichskammergericht in der deutschen Geschichte, Wetzlar 1987 (Schriftenreihe der deutschen Gesellschaft für Reichskammergerichtsforschung 3).
Ders., u. a.: Südwestdeutscher Adel zwischen Reich und Territorium, in: ZGO 137, 1989, S. 198–259.
Prößler, H.: Die Ritter von Mielen in Dieblich, in: Heimatkalender für den Landkreis Koblenz 13, 1959, S. 45–47.
Rabe, H.: Reich und Glaubensspaltung. Deutschland 1500–1600, München 1989 (Neue Deutsche Geschichte 4).
Reichert, F. R. – Krämer, H. (Bearbb.): Unbekannte Arbeiten zur mittelrheinischen Kirchengeschichte. Ein bibliographisches Verzeichnis meist ungedruckter Arbeiten aus den Beständen der Bibliothek des Bischöflichen Priesterseminars in Trier, in: ArchmittelrhKG 22, 1970, S. 261–278.
Reichert, W.: Finanzpolitik und Landesherrschaft. Zur Entwicklung der Grafschaft Katzenelnbogen vom 12. bis zum 14. Jahrhundert, Trier 1985.
Reimer, H.: Zur Geschichte der Coblenzer Stadtbefestigung, in: TrierArch 14, 1909, S. 92–95.
Ders.: Verfall der Deutschordensballei Koblenz im 15. Jahrhundert, in: TrierArch 11, 1907, S. 1–42.
Ders.: Zur Geschichte des kurtrierischen Kanzlers Johann Wimpheling, in: TrierArch 17/18, 1911, S. 55–64.
Reinhard, W. (Hg.): Humanismus im Bildungswesen des 15. und 16. Jahrhunderts, Weinheim 1984 (Mitteilung XII der Kommission für Humanismusforschung).
Ders.: Staatsmacht als Kreditproblem. Zur Struktur und Funktion des frühneuzeitlichen Ämterhandels, in: VSWG 61, 1974, S. 290ff.
Reitz, G.: Die Größe des geistlichen und ritterschaftlichen Grundbesitzes im ehemaligen Kur-Trier, Koblenz 1919.
Ders.: Die ehemaligen Koblenzer Hospitäler. 3. Das Hospital im Deutschherrenhaus, in: MittelrheinGeschbll 7, 1927, Nr. 6.
Ders.: St. Kastor zu Koblenz. Kirche, Stift, Pfarreien und ihre Geschichte, Koblenz 1936.
Ders.: Das kurtrierische Steuerwesen, in: MittelrheinGeschbll 2, 1921, S. 1–12.
Resch, A.: Die Edelfreien des Erzbistums Trier im linksrheinischen deutschen Sprachgebiet, Trier 1911.
Residenzstadt in Südwestdeutschland. Protokoll über die IV. Arbeitstagung des Arbeitskreises für südwestdeutsche Stadtgeschichtsforschung, in: Zeitschrift für Württembergische Landesgeschichte 25, 1966, Anh. S. 1–48.
Rettberg, P.: Studien zum Verständnis der Politik des Kurfürsten Richard von Trier in den Jahren 1519–1526, Diss. phil. Greifswald 1901.
Rettinger, E.: Historisches Ortslexikon Rheinland-Pfalz, Bd. 1: Ehemaliger Landkreis Cochem, Stuttgart 1985 (Geschichtliche Landeskunde 27).

Rheinische Geschichte, hg. v. F. PETRI und G. DROEGE, Bd. 1–3, Düsseldorf 1976–1983.
RICHTER, P.: Der kurtrierische Sekretär Peter Maier von Regensburg (1481–1542). Sein Leben und seine Schriften, in: TrierArch 8, 1905, S. 53–82.
DERS.: Die kurtrierische Kanzlei im späteren Mittelalter, Leipzig 1911 (Mitteilungen der Preußischen Archivverwaltung 17).
RINGEL, I. H.: Studien zum Personal der Kanzlei des Mainzer Erzbischofs Dietrich von Erbach (1434–1459), Mainz 1980 (Quellen und Abhandlungen zur Mittelrheinischen Kirchengeschichte 34).
RÖDEL, V.: Reichslehenswesen, Ministerialität, Burgmannschaft und Niederadel. Studien zur Rechts- und Sozialgeschichte des Adels in den Mittel- und Oberrheinlanden während des 13. und 14. Jahrhunderts, Darmstadt 1979 (Quellen und Forschungen zur Hessischen Geschichte 38).
RÖSSLER, H. (Hg.): Deutscher Adel 1430–1555. Büdinger Vorträge 1963, Darmstadt 1965 (Schriften zur Problematik der deutschen Führungsschichten in der Neuzeit 1).
ROLF, B.: Kurpfalz, Südwestdeutschland und das Reich 1449–1476. Die Politik des Pfalzgrafen und Kurfürsten Friedrich des Siegreichen, Heidelberg 1981.
ROSLANOWSKY, T.: Recherches sur la vie urbaine et en particulier sur le patriciat dans les villes de la moyenne Rhénanie septentrionale (Fin du XIe – Debut du XIVe Siècles), Warschau 1964.
ROTH, F. W. E.: Geschichte der Herren und Grafen zu Eltz unter besonderer Berücksichtigung der Linie zum goldenen Löwen zu Eltz, Bd. 1–2, Mainz 1889/1890.
ROTSCHEIDT, W.: Rheinländer in der Matrikel der Universität Wittenberg, in: Monatshefte für rheinische Kirchengeschichte 24, 1930, S. 24–28, 59–62, 89–93, 121–124.
DERS.: Studenten aus dem Erzbistum Trier an den Universitäten Marburg und Wittenberg im Reformationsjahrhundert, in: TrierZGKunst 8, 1933, S. 110–114.
RÜTIMEYER, E.: Stadtherr und Stadtbürgerschaft in den rheinischen Bischofsstädten. Ihr Kampf um die Hoheitsrechte im Mittelalter, Diss. phil, Basel 1928 (VSWG, Beih. 13).
Adelige Sachkultur des Spätmittelalters, hg. v. M. H. APPELT, Wien 1982 (Österreichiche Akademie der Wissenschaften. Philosophisch-Historische Klasse, Sitzungsberichte 400; Veröffentlichungen des Instituts für mittelalterliche Realienkunde Österreichs 5).
SALOMON, R.: Ein Rechnungs- und Reisetagebuch vom Hofe Erzbischof Boemunds II. von Trier 1354–1357, in: NA 33, 1908, S. 399–434.
SAPPER, N.: Die schwäbisch-österreichischen Landstände und Landtage im 16. Jahrhundert, Stuttgart 1965 (Schriften zur südwestdeutschen Landeskunde 6).
SAUER, W.: Kleine Beiträge zur Genealogie des Hauses Nassau, in: AnnVNassAltkde 28, 1896, S. 53–60.
DERS.: Regesten zur Geschichte des Geschlechts Hilchen von Lorch, vom Jahre 1400 ab, in: AnnVNassAltkde 20, 1888, S. 64–83.
DERS.: Seelbuch des Geschlechts von Langenau, in: AnnVNassAltkde 20, 1888, S. 57–63.
SAUERLAND, H. V.: Trierische Taxen an der päpstlichen Kurie während des späteren Mittelalters mit zwei urkundlichen Beilagen, in: WestdtZGKunst 16, 1897, S. 78–108.
SCHAAB, M.: Geschichte der Kurpfalz, Bd. 1: Mittelalter, Stuttgart, Berlin, Köln, Mainz 1988.
SCHAEFGEN, H.: Die Strafrechtspflege im Niedererzstift des Kurfürstentums Trier, Diss. masch., Mainz 1957.
SCHAUS, E.: Der Beatusberg bei Koblenz, in: RheinHeimatbll 1924.
DERS.: Stadtrechtsorte und Flecken im Regierungsbezirk Koblenz, in: Rheinische Heimatpflege 7, 1935passim.
DERS.: Stadtrechtsorte und Flecken im Regierungsbezirk Trier und im Kreis Birkenfeld, Trier 1958 (Schriftenreihe zur Trierischen Landesgeschichte und Volkskunde 3).
SCHINDLING, A.: Reichstagsakten und Ständeforschung, in: GWU 24, 1973, S. 427–434.
SCHLESINGER, W.: Burg und Stadt, in: Verfassungs- und Landesgeschichte. Fschr. Theodor Mayer, Bd. 1: Zur allgemeinen Verfassungsgeschichte 1954, Ndr. 1973, S. 97–150.
DERS.: Die Entstehung der Landesherrschaft. Untersuchungen vorwiegend nach mitteldeutschen Quellen, 1941, Ndr. Darmstadt 1983.
DERS.: Die Landesherrschaft der Herren von Schönburg. Eine Studie zur Geschichte des Staates in Deutschland, 1954.
SCHLIEPHAKE, F. W. T. – MENZEL, K.: Geschichte von Nassau, Bd. 1–7, 1866–1889.

SCHMIDT, A.: Der Beilsteiner Krieg (1488), in: TrierZGKunst 10, 1935, S. 19–34.
DERS.: Zur Geschichte des niederen und mittleren Schulwesens im Mittelalter im Moselland und am Mittelrhein, in: RheinVjbll 22, 1957, S. 73–81.
DERS.: Der spätgotische Hochaltar des Trierer Domes, in: TrierZGKunst 18, 1949, S. 135–137.
DERS.: Die St. Annabruderschaft zu Koblenz, Bruderschaft der geistigen Arbeiter, in: Veröffentlichungen des Kölnischen Geschichtsvereins 215, 1960, S. 285–342.
SCHMIDT, H.-J.: Bettelorden in Trier. Wirksamkeit und Umfeld im hohen und späten Mittelalter, Trier 1986 (Trierer Historische Forschungen 10).
DERS.: Die Trierer Erzbischöfe und die Reform von Kloster und Stift im 15. Jahrhundert, in: K. ELM (Hg.), Reformbemühungen und Observanzbestrebungen im spätmittelalterlichen Ordenswesen, Berlin 1989 (Berliner Historische Studien 14; Ordensstudien VI).
SCHMIDT, R.: Die Deutschordenskommenden Trier und Beckingen 1242–1794, Marburg 1979 (Quellen und Studien zur Geschichte des Deutschen Ordens 9).
SCHMITT, L. E.: Untersuchungen zu Entstehung und Struktur der »Neuhochdeutschen Schriftsprache«, 1. Bd.: Sprachgeschichte des Thüringisch-Obersächsischen im Spätmittelalter. Die Geschäftssprache von 1300 bis 1500, Köln 1966 (Mitteldeutsche Forschungen 36/I).
SCHMITZ, R.: Das Apothekenwesen von Stadt- und Kurtrier. Von den Anfängen bis zum Ende des Kurstaates (1794), Frankfurt/Main 1960 (Quellen und Studien zur Geschichte der Pharmazie 1).
DERS. – SCHNITZLER, H.: Der Hofapotheker Cornelius Rasener (1474–1543) und der Humanistenkreis der Residenzstadt Koblenz, in: Höfischer Humanismus, hg. v. A. BUCK, Weinheim 1989 (Mitteilung XVI der Kommission für Humanismusforschung), S. 119–132.
SCHNEIDER, A.: Die Cistercienserabtei Himmerod im Spätmittelalter, Himmerod, Speyer 1954 (Quellen und Abhandlungen zur Mittelrheinischen Kirchengeschichte 1).
SCHNEIDER, B. (Hg.): Das spätmittelalterliche Königtum im europäischen Vergleich, Sigmaringen 1987 (Vorträge und Forschungen 32).
SCHNUR, R.: Die Rolle der Juristen bei der Entstehung des modernen Staates, Berlin 1986.
SCHÖTTER, J.: Geschichte des Luxemburger Landes, hg. u. fortgesetzt von K. A. HERDEN und N. VAN WERVEKE, Luxemburg 1882.
SCHORN, C.: Eiflia sacra oder Geschichte der Klöster und geistlichen Stiftungen der Eifel, Bd. 1–2, Bonn 1888/1889.
SCHRÖCKER, A.: Unio atque concordia. Reichspolitk Bertholds von Henneberg 1484–1504, Diss. phil., Würzburg 1970.
SCHUBERT, E.: König und Reich. Studien zur spätmittelalterlichen deutschen Verfassungsgeschichte, Göttingen 1979 (Veröffentlichungen des Max-Planck-Instituts für Geschichte 63).
DERS.: Königswahl und Königtum im spätmittelalterlichen Reich, in: ZHF 4, 1977, S. 257–338.
DERS.: Die Landstände des Hochstifts Würzburg, Würzburg 1967 (Veröffentlichungen der Gesellschaft für fränkische Geschichte, Reihe IX: Darstellungen aus der fränkischen Geschichte 22).
DERS.: Die Stellung der Kurfürsten in der spätmittelalterlichen Reichsverfassung, in: JbwestdtLdG 1, 1975, S. 97–128.
SCHUG, P.: Geschichte der Dekanate Bassenheim, Kaisersesch, Koblenz und Münstermaifeld, Trier 1966 (Veröffentlichungen des Bistumsarchivs Trier 11; Geschichte der Pfarreien der Diözese Trier 8).
DERS.: Geschichte der Dekanate Mayen und Burgbrohl und einzelner Pfarreien der Dekanate Daun, Gerolstein, Kelberg und Remagen, Trier 1961 (Geschichte der Pfarreien der Diözese Trier 7).
DERS.: Geschichte der zum ehemaligen kölnischen Ahrgaudekanat gehörenden Pfarreien der Dekanate Adenau, Ahrweiler und Remagen, Trier 1952 (Geschichte der Pfarreien der Diözese Trier 4).
SCHUHN, W.: Der Stadtteil Pfalzel – eine frühere »Großgemeinde«. Grenzen, Rechte und Gerechtigkeiten nach Weistümern des 15. bis 17. Jahrhunderts, in: KurtrierJb 23, 1983, S. 56–70.
SCHULER, P.-J.: Geschichte des südwestdeutschen Notariats. Von seinen Anfängen bis zur Reichsnotariatsordnung von 1512, Bühl 1976 (Veröffentlichungen des Alemannischen Instituts Freiburg/Br. 39).
SCHULTE, A.: Anläufe zu einer festen Residenz der deutschen Könige im Hochmittelalter, in: HJB 55, 1935, S. 131–142.
SCHULTE, E.: Die Mitgliederliste der Andernacher Schmiedezunft. Etwa 800 Namen aus dem 15. Jahrhundert, in: Vierteljahresschrift für Wappen-, Siegel- und Familienkunde 40, 1912, S. 129–157.

SCHULTZ, B.: Zur öffentlichen Gesundheitspflege in Coblenz, Coblenz 1877.
SCHULTZE, J.: Die Walpoden von der Neuerburg und Herren von Reichenstein, in: AnnVNassAltkde 38, 1908, S. 104–197.
SCHULZ, G.: Testamente des späten Mittelalters aus dem Mittelrheingebiet. Eine Untersuchung in rechts- und kulturgeschichtlicher Hinsicht, Mainz 1976 (Quellen und Abhandlungen zur Mittelrheinischen Kirchengeschichte 27).
SCHULZ, K.: Ministerialität und Bürgertum in Trier, 1968 (Rheinisches Archiv 66).
SCHWARZ, P.: Die Landstände des Erzstifts Trier unter Lothar von Metternich von 1599–1623, in: TrierArch 26/27, 1916, S. 1–65.
SCHWARZMEIER, H.: »Von der fürsten tailung«. Die Entstehung der Unteilbarkeit fürstlicher Territorien und die badischen Teilungen des 15. und 16. Jahrhunderts, in: BlldtLdG 126, 1990, S. 161–183.
SCHWINGES, R. C.: Deutsche Universitätsbesucher im 14. und 15. Jahrhundert. Studien zur Sozialgeschichte des Alten Reiches, Stuttgart 1986 (Veröffentlichungen des Instituts für Europäische Geschichte Mainz, Abteilung Universalgeschichte 123; Beiträge zur Sozial- und Verfassungsgeschichte des Alten Reiches 6).
SEIDEL, M.: Der Kampf um die Immunitätsrechte der Geistlichkeit in Trier von seinem Beginn im Mittelalter bis zum Untergang der bürgerlichen Selbständigkeit gegen das Ende des 16. Jahrhunderts, in: TrierChron N. F. 17, 1921, S. 66–73passim
SOMMERLAD, TH.: Die Rheinzölle im Mittelalter, Halle 1894.
SPIEß, K.-H.: Reichsministerialität und Lehnswesen im späten Mittelalter. Studien zur Geschichte der Reichsministerialen von Bolanden, Hohenfels, Scharfeneck, Eltz, Schöneck und Waldeck, in: Geschichtliche Landeskunde 17, 1978, S. 56–78.
SPONHEIMER, M.: Burg und Amt Wernerseck, in: RheinVjbll 7, 1937, S. 63–72.
DERS.: Landesgeschichte der Niedergrafschaft Katzenelnbogen und der angrenzenden Ämter auf dem Einrich, Marburg 1932 (Schriften des Instituts für geschichtliche Landeskunde von Hessen und Nassau 11).
SPROEMBERG, H.: Residenz und Territorium im niederländischen Raum, in: RheinVjbll 6, 1936, S. 113–139.
STAERK, D.: Die Wüstungen des Saarlandes. Beiträge zur Siedlungsgeschichte des Saarraumes vom Frühmittelalter bis zur Französischen Revolution, Saarbrücken 1976 (Veröffentlichungen der Kommission für saarländische Landesgeschichte und Volksforschung 7).
Städtebuch Rheinland-Pfalz und Saarland, hg. v. E. KEYSER, Stuttgart 1964 (Deutsches Städtebuch IV, 3).
STEIN, W.: Deutsche Stadtschreiber im Mittelalter, in: Beiträge zur Geschichte vornehmlich Kölns und der Rheinlande. Zum 80. Geburtstag Gustav von Mevissens, Köln 1895, S. 27–70.
STEINBACH, F.: Geschichtliche Räume und Raumbeziehungen der deutschen Nieder- und Mittelrheinlande im Mittelalter, in: AHVN 155/156, 1954; danach in: Collectanea Franz Steinbach, S. 36–55.
STEINER, P.: Montclair, seine Geschichte und seine Burgen, in: TrierZGKunst 1, 1926.
STENZ, C. (Hg.): Die Trierer Kurfürsten, Mainz 1937.
STOLLENWERK, A.: Kurzbiographien vom Mittelrhein und Moselland, in: LdkdlVjbll, Beilagen 1967–1968, Sonderhefte 1968–1974.
STRAMBERG, CHR. VON: Denkwürdiger und nützlicher Rheinischer Antiquarius..., Koblenz 1851–1871.
STRANGE, J.: Beiträge zur Geschichte der adligen Geschlechter, H. 1–12, Köln 1864–1877.
STRASSER, G.: Die früheren Besitzer der Burg Brücken und des Schlosses Föhren bei Trier, in: MittwestdtGesFamilienkde 1, 1913–1917.
DERS.: Die Familie Bonifacius in Trier und die Herren von Schönecken in der Eifel, in: MittwestdtGesFamilienkde 1, 1913–1917, S. 114–125.
DERS.: Grabsteine der Herren von Esch in Sehlem und Clausen, in: TrierZGKunst 2, 1927, S. 99–102.
DERS.: Wappengruppen in Luxemburg und der Eifel, in: PSHIL 59, 1919, S. 339–367.
STREICH, B.: Zwischen Reiseherrschaft und Residenzbildung. Der wettinische Hof im späten Mittelalter, Köln, Wien 1989 (Mitteldeutsche Forschungen 101).
STREICH, G.: Burg und Kirche während des deutschen Mittelalters, Bd. 1–2, Sigmaringen 1984 (Vorträge und Forschungen, Sonderbd. 29).

STRUCK, W.-H.: Die Landkapitel im Archidiakonat Dietkirchen während des Mittelalters, in: NassAnn 83, 1972, S. 45–77.
DERS.: Das Stift St. Georg zu Limburg an der Lahn. Ein historiographischer Überblick, in: HessJbLdG 35, 1985, S. 1–36.
DERS.: Das Stift St. Lubentius in Dietkirchen, Berlin, New York 1986 (Germania Sacra, N. F. 22,4).
DERS.: Die Stifte St. Severus in Gemünden, St. Martin in Diez mit ihren Vorläufern St. Petrus in Kettenbach, St. Adelphus in Salz, Berlin, New York 1988 (Germania Sacra, N. F. 25,5).
SYDOW, J.: Die Residenzstadt in Südwestdeutschland. Ergebnisse einer Tagung des Arbeitskreises für südwestdeutsche Stadtgeschichtsforschung, in: Die Stadt in der Europäischen Geschichte. Fschr. Edith Ennen, Bonn 1972, S. 771–783.
TEWES, G.-R.: Die Esslinger Kreidweiß an den Höfen der Markgrafen von Baden und der Kurfürsten von Trier und Köln in der zweiten Hälfte des 15. Jahrhunderts, in: Esslinger Studien 27, 1988, S. 33–66.
TEWES, L.: Die Amts- und Pfandpolitik der Erzbischöfe von Köln im Spätmittelalter, Köln, Wien 1987 (Dissertationen zur mittelalterlichen Geschichte 4).
THEUERKAUF, G.: Land und Lehnswesen vom 14. bis zum 16. Jahrhundert, Köln, Graz 1961.
TILLE, A.: Die Benediktinerabtei St. Martin bei Trier. Ein Beitrag zur Trierer Klostergeschichte, in: TrierArch 4, 1900.
UHLHORN, F.: Geschichte der Grafen von Solms im Mittelalter, Marburg, Leipzig 1931 (Beiträge zur deutschen Familiengeschichte 12).
VEHSE, E.: Geschichte der deutschen Höfe, 6. Abt., 12. Teil: Die geistlichen Höfe, 2. Teil, Hamburg 1859.
VOGEL, C. D.: Beiträge zu der älteren Genealogie und Geschichte der Grafen von Schönborn, in: AnnVNassAltkde 3, 1844, H.3, S. 11–36.
DERS.: Historische Nachrichten von den Burgen Driedorf, Eigenberg und Holenfels und ihren Besitzern, den von Mudersbach, in: AnnVNassAltkde 1, 1830, H. 2/3, S. 212–224.
VOGT, P.: Die Ortsnamen im Engersgau, Neuwied 1890.
VOLK, P.: Abt Johannes Trithemius, in: RheinVjbll 27, 1962, S. 37–49.
WACKENRODER, E.: Die Kunstdenkmäler des Landkreises Trier, Düsseldorf 1936 (Die Kunstdenkmäler der Rheinprovinz 15, II).
WAGNER, J. J.: Coblenz-Ehrenbreitstein. Biographische Nachrichten über einige ältere Coblenzer und Ehrenbreitsteiner Familien, Coblenz 1923.
DERS.: Ehrenbreitstein. Kurzer Abriß der Befestigungs- und Entwicklungsgeschichte der Stadt, in: Der Burgwart 18, 1917, S. 82–90.
DERS.: Rheinüberfahrt und Rheinbrücken bei Koblenz, in: Mittelrheinische Geschichtsblätter 8, 1928, Nr. 6–11.
WALTER, F.: Das alte Erzstift und die Reichsstadt Cöln. Entwicklung ihrer Verfassung vom fünfzehnten Jahrhundert bis zu ihrem Untergang, 1. Buch, Bonn 1866.
WALZ, R.: Stände und frühmoderner Staat. Die Landstände von Jülich-Berg im 16. und 17. Jahrhundert, Neustadt a. d. Aisch 1982 (Bergische Forschungen 17).
WANDRUSZKA, A.: Kurtrier vor vier Jahrhunderten. Ein italienischer Reisebericht aus den Jahren 1561/62, in: KurtrierJb 9, 1969, S. 129–138.
WEBER, D.: Studien zur Abtei Echternach in ihren Beziehungen zum Adel des rheinisch-luxemburgischen Raumes im 14. und 15. Jahrhundert, in: PSHIL 88, 1974, S. 1–245.
WEGELER, J.: Beiträge zur Geschichte der Stadt Coblenz, Coblenz 1881.
DERS.: Beiträge zur Specialgeschichte der Rheinlande, Bd. 1: Die Schlösser Rheineck und Olbrück, die Burgen zu Burgbrohl, Namedy und Wassenach, die Schweppenburg und Haus Kray, 2. Aufl., Koblenz 1878.
DERS.: Beiträge zur Specialgeschichte der Rheinlande, Bd. 2: Das hohe Domstift zu Trier. Die Bürgermeisterei Burgbrohl, Koblenz 1880.
DERS.: Die Burg Rheineck, ihre Grafen und Burggrafen. Ein Beitrag zur Special-Geschichte der Rheinlande, Coblenz 1852.

DERS.: Diarium des trierischen Secretärs Peter Maier von Regensburg über seine Einnahmen und Ausgaben, gehaltene Scheffenmessen etc. als Scheffe und Scheffenmeister zu Koblenz. Beginnend im Jahre 1508, in: AHVN 8, 1860, S. 1–16.
DERS.: Richard von Greifenklau zu Vollraths, Erzbischof und Kurfürst von Trier, 1511–1531. Ein Beitrag zur Specialgeschichte der Rheinlande, Trier 1881.
WEIGEL, H.: Kaiser, Kurfürst und Jurist. Friedrich III., Erzbischof Jakob von Trier und Dr. Johannes von Lysura im Vorspiel zum Regensburger Reichstag vom April 1454, in: Aus Reichstagen des 15. und 16. Jahrhunderts, Göttingen 1958.
WEINMANN, A.: Braunschweig als landesherrliche Residenz im Mittelalter, Braunschweig 1991 (Beihefte zum Braunschweigischen Jahrbuch 7).
WEIS, H.: Die ordentlichen direkten Staatssteuern von Kurtrier im Mittelalter, Diss. phil., Münster 1893.
WERKMÜLLER, D.: Über Aufkommen und Verbreitung der Weistümer, nach der Sammlung von Jacob Grimm, Berlin 1972.
WIESFLECKER, H.: Kaiser Maximilian I. Das Reich, Österreich und Europa an der Wende zur Neuzeit, Bd. 1–4, München 1971–1981.
WILD, W.: Steuern und Reichsherrschaft. Studie zu den finanziellen Ressourcen der Königsherrschaft im spätmittelalterlichen deutschen Reich, Bremen 1984.
WILKES, C.: Dr. jur. utr. Richard Gramann von Nickenich, Rektor der Universität Trier, in: Trierer Heimat 3, 1926.
WILLOWEIT, D: Dominium und Proprietas. Zur Entwicklung des Eigentumsbegriffes in der mittelalterlichen und neuzeitlichen Rechtswissenschaft, in: HJB 94, 1974, S. 131 ff.
DERS.: Rechtsgrundlagen der Territorialgewalt: Landesobrigkeit, Herrschaftsrechte und Territorium in der Rechtswissenschaft der Neuzeit, Köln 1975 (Forschungen zur deutschen Rechtsgeschichte 11).
WIRTLER, U.: Spätmittelalterliche Repräsentationsräume auf Burgen im Rhein-Lahn-Mosel-Gebiet, Köln 1987 (33. Veröffentlichung der Abteilung Architektur des Kunsthistorischen Instituts der Universität zu Köln).
WOLFF, H.: Regensburger Häuserbestand im späten Mittelalter. Eine topographische Beschreibung der alten Reichsstadt aufgrund der Beherbergungskapazitäten für den Reichstag 1471, in: Studien und Quellen zur Geschichte Regensburgs 3, Regensburg 1985, S. 91–198.
ZENZ, E.: Die Trierer Universität 1473–1798. Ein Beitrag zur abendländischen Universitätsgeschichte, Trier 1949 (Trierer Geistesgeschichtliche Studien 1).
ZIEHEN, E.: Kurrheinische Reichsgeschichte 1356–1504. Ein Kampf um wirtschaftliche und staatliche Einheit der deutschen Rheinlande, in: ArchHessG 21, 1940, S. 145 ff.
DERS.: Mittelrhein und Reich im Zeitalter der Reichsreform (1356–1504), Bd. 1–2, Frankfurt 1934/37.
ZIMMER, T.: Die Kellereien in Kurtrier, in: LdkdlVjbll 15, 1969, S. 152–155.
ZIMMERMANN, K.: Zur Bauentwicklung von Coblenz, in: Coblenzer Heimatbl 2, 1925, Nr. 47, S. 2 ff.
DERS.: Mittelalterliche Städte, Burgen und feste Plätze in Kurtrier, in: Jahrbuch der Arbeitsgemeinschaft Rheinischer Geschichtsvereine 2, 1936, S. 40–47.
DERS.: Einige kunstgeschichtliche Bemerkungen zum Trierer Raum, in: RheinVjbll 9, 1939, S. 81–88.
DERS.: Zur Trierer Bildnerei der Gotik, in: TrierZGKunst 12, 1937, S. 121–136.
ZÜSCHER, J.: Zur Topographie des mittelalterlichen Trier, in: TrierArch 2, 1899, S. 86–87.
Zur Geschichte des kurtrierischen Staatsarchivs, in: TrierArch 24/25, 1916, S. 233.
ZWIEBELBERG, W.: Die Amtleute des Hunsrücks, Gemünden 1973 (Schriftenreihe des Hunsrücker Geschichtsvereins 7).
DERS.: Die Burgmannen und Amtsleute der Schmidtburg, in: JbGKunstMittelrheins 18/19, 1966/67, S. 11–59.
DERS.: Die Freiherrn von Wiltberg, in: MittWestdtGesFamilienkde 23, 1968, S. 287 ff.
Zwischen Gallia und Germania, Frankreich und Deutschland. Konstanz und Wandel raumbestimmender Kräfte. Vorträge auf dem 36. Deutschen Historikertag, Trier 8.-12. Oktober, hg. v. A. HEIT, Trier 1987 (Trierer Historische Forschungen 12).

Abkürzungsverzeichnis

Außer allgemein gebräuchlichen sowie Abkürzungen von Zeitschriftentiteln, wurden folgende Abkürzungen verwendet.

Abt.	Abteilung
ADB	Allgemeine Deutsche Biographie
alb.	Albus
Anm.	Anmerkung
Aufl.	Auflage
Bd.	Band
Bearb.	Bearbeiter, bearbeitet
Best.	Bestand
Bl.	Blatt
BMR	Bürgermeisterrechnung
Bs.	Bischof
d.	Denar
d. Ä.	der Ältere
d. J.	der Jüngere
Ders.	Derselbe
Eb.	Erzbischof, erzbischöflich
Ebd.	Ebenda
f., ff.	folgende
fl.	Gulden
Fo.	Folio
Fschr.	Festschrift
gen.	genannt
H.	Heft
Hg., Hgg.	Herausgeber
HRG	Handwörterbuch zur Deutschen Rechtsgeschichte
insbes.	insbesondere
Kg.	König
Ks.	Kaiser
LexMA	Lexikon des Mittelalters
MRR	Mittelrheinische Regesten
MRUB	Mittelrheinisches Urkundenbuch
N. F.	Neue Folge
NDB	Neue Deutsche Biographie
Ndr.	Nachdruck, Neudruck
Nr.	Nummer
pass.	passim
PSHIL	Publications des la Section Historique de l'Institut Grand-Ducal de Luxembourg
RMB	Regesten der Markgrafen von Baden
RMR	Rentmeistereirechnungen
RTA AR, MR	Reichstagstagsakten, Ältere Reihe, Mittlere Reihe
S.	Seite
Sp.	Spalte
T.	Teil
TrierArch	Trierisches Archiv
überarb.	überarbeitet
v.	von
Vgl.	Vergleiche

Orts- und Personenregister

Das Register enthält die im Text, dem Anhang und den Anmerkungen vorkommenden Orts- und Personennamen. Es erhebt keinen Anspruch auf Vollständigkeit. Bei Ortsnamen wurde möglichst die heute gebräuchliche Schreibweise verwendet, bei nicht eindeutig identifizierten Orten der Quellenterminus übernommen. Der Übersichtlichkeit halber erfolgte nur bei Koblenz, Trier und Pfalzel eine weitere Untergliederung. Personen sind in der Regel unter ihren Familien-, Geschlechts- bzw. Herkunftsnamen aufzufinden. Ausnahmen bilden Päpste, Kaiser und Könige sowie Erzbischöfe und Bischöfe, die mit ihren Vornamen geführt werden. Das gleiche gilt für nicht eindeutig einer Familie zugeordnete Personen. Die Einträge beziehen sich auf Seitenzahlen und differenzieren nicht zwischen Text und Anmerkungen.

Aachen 329
Ablin v. Leutkirchen, Katharina 288
–, Peter 288
Adam, eb. Bote 294
Adolf v. Nassau, Kg. 151
Adolf v. Nassau, Eb. v. Mainz 50, 120f., 185, 189, 209, 242, 401, 407
Ahrweiler s. Blankard v. A.
Aichen, Godard v. 174
Airsberg, Johann v. 85
Alben, Hans v. 287
Albero v. Montreuil, Eb. v. Trier 133, 139
Albig, Hans v. 293
Alblin, Peter 283
Alexander VI., Papst 55, 69, 71, 73f.
Alken 91, 380
Allenz 379
Alsbach 388, 406
Altenahr 385
Altley, Hans v. 175
Amboise 55
Andernach 49, 52, 89, 91, 101, 114, 123, 153f., 174f., 191f., 254, 271, 274, 319, 323, 361, 407, 415, 418
–, Arnold v. 288
Anhausen 389
Anna, Ehefrau des Heinz Blindfisch 172
Appenzeller s. Großhans, Kleinhans
Aremberg 109
Arenberg, Koblenz 384f.
Arenfels 123, 380, 402, 406
Argendorf 123

Arken, Herren v. der 161
–, Eberhard v. der 85, 181, 193, 237, 254, 274, 369, 407
–, Eberhard d. J. v. der 369
–, Marsilius v. der 254
–, Wilhelm v. der 160
Arnold II. v. Isenburg, Eb. v. Trier 32, 139, 151, 160, 165
Arnstein 91, 256
Arras 398, 410
Arzbach 384
Attendorn, Martin v. 115, 201, 270
Augsburg 69, 203, 224, 237, 318, 363, 380, 382

Bach 212
Bacharach 46, 52, 123, 263, 321f., 374, 386, 399
Bachem, Johann v. 293, 384
Back, Matthias 200
Badem 385
Baden-Baden 35, 37, 69, 194, 284, 303f., 306, 317f., 320, 356, 359, 383
Baden, Markgrafen v. 27, 48, 55, 58, 72, 76, 134, 200, 203, 205, 218, 235, 273, 320, 383
–, Albrecht 58
–, Bernhard 39, 203, 304
–, Christoph 58f., 69–71, 73, 75, 117, 163, 175, 190, 195, 200, 209, 212, 221, 234, 241, 244, 272, 282, 287, 362, 379, 392, 402, 410
–, Christoph d. J. 69
–, Friedrich s. Friedrich v. B.
–, Georg s. Georg v. B.
–, Jakob d. Ä. 20

–, Jakob d. J. 69
–, Jakob s. Jakob II. v. B.
–, Johann s. Johann II. v. B.
–, Karl 20, 26, 28, 32f., 35–39, 49–51, 58, 64, 82, 127, 200, 202, 209, 273, 284f., 304, 372f., 381, 383, 385, 394f., 397f., 408
–, Markus 20f., 32f., 36f., 57, 134, 157, 304, 308, 370
–, Philipp 69
–, Sybille 58, 190, 402
–, Zimburga 58
Baden, Wilhelm v. 193
Bärbach 409
Bäumchen, Friedrich 172
–, Magdalena 172
Baldenau 91, 123, 259, 356
Baldeneck 91, 122, 211, 371–373, 378f., 386, 398, 415f.
Balduin v. Luxemburg, Eb. v. Trier 30, 32, 75, 139, 150, 152, 158, 175, 199f., 206f., 213f., 232, 236, 278, 411
Balduinstein 411f.
Bamberg 20
Bardenbach 255
Basel 51, 78
–, Christine v. 291
–, Konrad v. 291, 295
Bassenheim 87, 175, 378, 415
–, Metze v. 404
– s. Waldbott v. B.
Bayern, Friedrich Herzog v. 71
Becheln, Johann v. 270–272, 370
Becker, Hengin 142
Becker v. Montabaur, Katharina 172
–, Konrad 172
Beilstein 401
Beilstein, Mosel 61, 107, 118, 134f., 250, 278, 282, 285f., 372, 400, 406, 416, 419
Bell 379
Beltheim 239, 256, 260, 379, 416
Bendorf 407f.
Bengel 395
Bensheim, Konrad Propst v. 115
Berchthold, Graf 150
Bergberg, Johann v. 28, 37, 172, 289
Bernhard, Meister 258
Bernkastel 86, 88–91, 93–95, 102, 107, 116, 123, 142, 211, 218, 221, 224, 237, 241f., 245, 252, 258f., 271, 288, 308f., 314, 356–358, 360, 372, 374, 376, 378, 380–382, 385f., 392, 395f., 398, 410, 416, 418
Berresheim 379
Berthold v. Henneberg, Eb. v. Mainz 52f., 260, 375

Bertrich, Bad 69, 107, 196, 209, 225, 271, 333, 343f., 404
Beselich, Adelheid v. 115
Besicken, Konrad v. 173
Besselich 385, 405
Betzing 379
Beyer s. Strubingen gen. B.
Beyer v. Boppard, Heinrich 384
–, Johann 23f., 26–28, 384
–, Konrad s. Konrad B.
–, Rudolf 215, 252, 370f., 384
Bibra, Wilhelm v. 109
Bicken, Philipp d. Ä. v. 371
–, Philipp d. J. v. 371
Bickenbach 408
Bievern 417f.
Birken 410
Birkenfeld 410
Birkental, Heinrich 293
Bitburg 179, 216, 385, 396
–, Heinrich v. 110, 237, 270, 410
Bitsch, Herren v. 182, 195, 338
–, Lorenz 259
– s. Studigel v. B.
Blankard v. Ahrweiler, Gutte 110f.
–, Katharina 379f.
Blankenheim 218
Blieskastel 410
Blindfisch, Heinz 172
Blisser gen. Hesse, Eberhard 397
Blumenberg, Agnes v. 38
Boemund I. v. Warsberg, Eb. v. Trier 32, 139, 153
Boemund II. v. Saarbrücken, Eb. v. Trier 32, 139, 178f.
Bohel s. Lichtenstein v. B.
Bollenbach 398
Bologna 69
Bonn 49, 53, 101, 109f., 153, 262f., 271f., 322
Boos v. Waldeck, Herren 80f.
–, Balthasar 191, 279, 281
–, Hermann 91, 109, 114, 118, 181, 220f., 227, 237f., 241f., 244, 252, 260, 273, 371–373, 400
–, Johann d. Ä. 85, 371f., 380
–, Johann d. J. 333, 372f.
–, Paul 70, 75, 85, 90f., 93, 234f., 239f., 245, 253, 257, 278, 373
–, Philipp 191, 278f., 281, 371, 373, 380
–, Simon 91, 212, 220, 253
Boppard 23, 38, 43f., 50f., 55, 58–61, 68, 73, 82–84, 86–92, 94f., 99, 101, 107, 111, 116, 118f., 123–125, 131f., 152f., 169, 174f., 179, 186, 190f., 193, 196, 199, 202, 207, 209f., 220f., 224, 227, 230f., 236f., 244f., 251, 255,

269–271, 279, 283 f., 287, 290, 292, 304, 310, 315, 329 f., 345–347, 355, 361, 371, 374, 377, 379, 383, 385 f., 389, 391, 393, 406, 408 f., 411 f., 417 f., 420
– s. Beyer v. B.
– s. Kolbe v. B.
Bornich 389
Brandenburg, Markgrafen v. 49, 56, 71, 119
–, Albrecht 49, 183
Brandenburg, Herren v. 289
– – Clerf-Meisenburg, Godard v. 116, 212
Braubach 59, 354
Braunsberg, Dietrich d. Ä. v. 85, 181, 240, 373 f.
–, Dietrich d. J. v. 93, 253, 373 f.
–, Johann v. 373
–, Wilhelm v. 373
– – Heddesdorf, Gerlach v. 237, 258, 262, 374
Brauweiler 208, 303
Brechen 38, 42, 60, 83, 214, 250, 273, 354, 375, 377, 389, 393, 402, 411 f.
Breck, Johann v. 262
Breda, Johann v. 192, 321
Breder v. Hohenstein, Dietrich 85
– gen. Buckeler, Nikolaus 38
Breitbach, Herren v. 244
–, Dr. Otto v. 70, 73, 76, 255, 375
– – Olbrück, Johann v. 91, 264, 374
Breitenau 388
Breitscheid 405
Brendel v. Homburg, Johann 375
Briedel 420
Brielis, Adrian v. 31, 192
Brixen 83
Brohl 407
– s. Burgbrohl
– – Vlatten, Elisabeth v. 211, 259, 270, 378, 380, 419
Brucken 418
–, Walter v. 23–25
Brühl 70, 109, 241
Brüssel 32, 55, 307 f., 407
Bruheim s. Gotha, Johann 172
Bruno v. Bretten und Lauffen, Eb. v. Trier 133, 156
Bruttig 189, 218, 225, 238, 262, 271, 376, 391 f., 396
Bubenheim 357, 404
–, Dietrich v. 38, 258, 375
Buch 399, 410
–, Thomas v. 288
Buckeler s. Breder gen. B.
Burgbrohl 138, 253, 373 f., 394
Burghenne s. Ems

Burgtor, Reinhard v. dem 85, 110, 144, 225, 257, 375 f.
–, Reinhard d. J. v. dem 317, 376, 399
Burgund, Herzöge v. 24 f., 43, 52, 56, 61, 99, 121, 125, 132, 181, 308, 387, 397
–, Karl der Kühne 48, 51, 54, 280
–, Philipp der Gute 24, 26, 32, 48, 55, 407
–, Philipp, Erzherzog v. 48, 70 f., 184 f., 196, 205, 209, 287, 370
Buschdorf, Martin v. 410
Buschfeld 255
Butschpach 277
Butzbach s. Zwerg v. B.

Caan gen. Reuber, Konrad 225, 391
Calcaterra, Jakob 27
Carpentras, Bischöfe v. 69
Cassel 398
Cilly 83
Clais, Fährmann 172
Clarenthal 112
Clerveaux, Herren v. 91
–, Friedrich v. 70
Cochem 23, 25, 82, 86–91, 93–98, 102, 116, 121–124, 134, 148, 162, 184, 214, 225, 228, 231, 234, 238, 252, 259, 270–272, 289, 303, 309, 312 f., 326, 330, 332, 335, 338 f., 342, 348, 350, 359, 361, 370 f., 382, 391 f., 394, 397–399, 404, 408, 413, 416 f., 419
–, Heinrich v. 148
Conmans, Arnold 172
–, Elsa 172
Crafft 277
Croy, Maria v. 414

Dagstuhl 403
Daniel, Büchsenmeister der Stadt Koblenz 286
Darmstadt, Adam v. 174
Daun 90 f., 107, 113, 116 f., 211, 237 f., 271, 311, 330, 357, 395 f., 403 f., 406, 417
– – Falkenstein-Oberstein, Melchior v. 376
– – –, Wirich v. 91, 144 f., 221, 238–240, 251, 253, 376, 396, 401
–, Wilhelm v. 93
– gen. Dungin, Dietrich v. 400
– gen. v. dem Markt, Peter v. 395
– gen. v. Zolver, Richard v. 395
Dausenau 402
Degenbach 386
Dehrn s. Frei v. D.
Densborn 404
Dernbach 384 f.
Deutz 164
Dieblich 239, 419

– s. Hase v. D.
– s. Miehlen gen v. D.
– s. Sack v. D.
Diede, Ludwig 285
Dierdorf 417f.
Dieter v. Isenburg-Büdingen, Eb. v. Mainz 24–26, 50, 402
Dieter v. Nassau, Eb. v. Trier 139, 153, 160
Dietkirchen 26, 91f., 192, 230, 384, 388, 402, 412
Dietrich v. Erbach, Eb. v. Mainz 29f., 84
Dietrich v. Mörs, Eb. v. Köln 49, 84, 387
Dietrich II. v. Wied, Eb. v. Trier 154
Diez 91f., 303, 375, 377, 385, 392, 407
–, Dietrich d. Ä. v. 377
–, Dietrich v. 257, 279, 377
–, Otto v. 211, 226, 260, 377
Dingenden, Johann v. 258
Dischinger, Melchior 26f.
Dobisch d. Ä., Melchior v. 278f., 282, 292
Dockweiler 417
Dodenberg, Meister Johann 215
Dodenburg 385
Doen v. Hatzenport, Nikolaus 231
Doen s. Dun
Doerstein, Albrecht v. 227, 230
–, Hille v. 230
Doithenne 175
Dorsten, Johann 289
Drachenfels-Olbrück, Godard v. 85
Dreis 385, 417
Dresden 49
Drusus 149
Dudeldorf 216, 385, 396
–, Ludwig v. 270, 377
Dudelfeld 387
Duisburg 153
Dun v. Hatzenport, Thomas 230, 270
Dune v. Leiningen, Katharina 416
Dungin v. Wittlich, Dr. utr. iur. Heinrich 161, 204–206, 257, 359
– s. Daun gen. D.
Durbaum, Johann 237

Eberhardsklausen 47, 90f., 115, 184, 201, 328, 330, 373, 406
Eberheim 396
Eberstein, Johann v. 270, 284
–, Margarethe v. 284
–, Oswald v. 148
–, Paul v. 283f.
Echternach 90, 192, 220, 238, 385, 400, 403
Eckard, Schneider 283
Ediger 90–92, 404, 419

Ehrang 230, 293, 354
Ehrenbreitstein 12, 15, 25, 28, 31, 37, 43, 45–48, 50, 52, 55, 57f., 60, 67, 69–72, 74–76, 82, 86, 88, 90–92, 101–103, 105, 107–110, 113f., 116f., 120–125, 127f., 131f., 135, 138f., 142, 149, 161–176, 178–198, 202–205, 208–212, 214–218, 220–234, 236, 238f., 241–247, 249–253, 256–259, 261, 263f., 269–275, 280–363, 369–420
–, Herren v. 164
– gen. Karst, Johann v. 292
– s. Mühlheim im Tal
Ehrenburg 87
Eichstätt, Bischöfe v. 54
Eindhoven, Johann v. 201
Eisenbach 402
Eisenschmitt 212
–, Wilhelm auf der 286
Ellenz 419
– s. Kellner v. E.
Eller 404
Ellerbach 419
Ellwangen 69
Else, Einwohner zu Bassenheim 175
Eltz 39, 104, 123, 379f.
–, Herren v. 81
–, Johann (II.) v. 39, 83, 85, 181, 236, 251, 261, 377, 378
–, Johann (III.) v. 85, 175, 181, 193, 253, 327, 378, 380, 391
–, Johann (IV.) v. 73f., 90f., 111, 379
–, Katharina v. 372
–, Katharina d. J. v. 374
–, Kuno v. 90f., 379, 382
–, Peter (V.) v. 379
–, Ulrich v. 85, 90f., 109, 111, 240, 253, 327, 378, 380
–, Wilhelm (VI.) v. 39, 57, 85, 193, 211f., 237, 242f., 258, 372, 380
Elverich, Heinrich v. 190
Elz 354, 375, 412
Emich v. Schuppe, Johann 231
Emmeldingen 410
Emmerich 190
Ems, Bad 134, 147, 183, 185f., 224, 271, 281f., 306, 315, 319, 321, 325, 371, 377, 384, 401, 404
–, Burghenne v. 283
Engelport 91
Engelsdorf, Lamprecht v. 410
Engers 23, 25, 53, 67f., 76, 82, 91, 94, 107, 111, 122, 174, 185, 191, 195, 218, 225, 228, 234, 257, 264, 269f., 286, 292, 302, 308, 334, 371–373, 383, 387, 392f., 400–402, 407, 409, 411, 414, 416f.

– s. Kunenengers
Enschringen, Dr. utr. iur. Ludolf v.   46, 69f.,
   109, 114, 207, 218, 220–224, 242f., 255, 260,
   264, 270, 279f., 381
Enzberg, Engelhard v.   39
–, Engelhard v., Küchenmeister   270, 273,
   381
–, Hans d. Ä. v.   39
–, Hans d. J. v.   38f., 236, 258, 292, 381
–, Hans v.   122f., 282, 292, 381
–, Johann v.   82
Eppstein   244
– – Münzenberg, Gottfried v.   30, 52, 377
Erckel, Engelbert   69
Ercken, Fährmann   172
Erden   395
Erembert   164
Erfurt   21, 171, 273
Erkelenz, Peter v.   115
Erlenbach, Johann v.   381
Ernst, Johann   26f.
Erpel, Herren v.   202
–, Dr. utr. iur. Johann v.   201f.
Esch   138, 355, 373, 381f.
–, Eva v.   379, 382
–, Godard v.   258, 381f.
–, Johann v.   90f., 379, 382
–, Nikolaus v.   91, 255, 258, 382
–, Werner v.   145, 273
–, Heine v., Förster   175
Eschelbach   284
Eschhofen   384f.
Esslingen   285, 318, 392, 420
–, Hans v.   296
Etgen   284f.
Ettlingen   304
Ettringen   379
Eulgem   378
Euren   147
Exweiler gen. v. St. Wendel, Johann v.   288
Eyb d. Ä., Ludwig v.   183
Fachbach   254, 274, 369, 411f.
Färber v. Kesselheim, Heinrich   175
Faid   120
Falkenstein, Taunus   135
Fandis, Sifard   254
Fankel   218, 231, 237, 377, 383, 389, 391, 405,
   408, 416, 419
– s. Kune v. F.
Faßbender, Contze   147
Fastard, Meister, Dr. utr. iur.   258
Feherbach   304
Fell, Johann v.   38
Fels, Arnold v. der   193

Felsberg, Anna v.   403
Ferdinand, Kg. v. Spanien   14
Ferrici, Dr. Petrus   48
Finstingen, Johann v.   56
Fischbach, Robin v.   193
Flacht   400
Flade v. St. Vith, Huprecht   173, 228, 231f.
Fleckenstein, Friedrich v.   123
Flemming, Dietrich   294
Flußbach   385
Foisgin, eb. Feldtrompeter   295
Forbach   409
Foresi, Dr. med. Michael   70, 233, 293f.
Franciscus, Magister   48
Frank v. Koblenz, Dr. decr. Heinemann   70,
   200, 203f., 220, 260, 382
Franken, Walter v.   146, 211
Frankfurt   37, 44, 47, 49, 51–53, 103, 107f, 123,
   182, 185f., 204, 224, 235, 243, 254, 263, 313,
   319, 328f., 333, 355, 375f., 383, 388, 392, 396,
   411, 413
– s. Kale v. F.
Frankreich, Kg.e v.   25, 43, 45, 56, 132
Frei v. Dehrn, Johann   85
Freiburg   346f., 398f.
Freudenberg   409
Frickofen, Johann   172
–, Peter   172
–, Thielgyn   172
Friedrich III., Ks.   25f., 28–30, 33, 43, 45–48,
   50–52, 54, 69, 83, 103, 114, 120f., 183, 189,
   202, 224, 241, 248, 280, 371, 388, 407, 409,
   415, 418
Friedrich v. Baden, Bf. v. Utrecht   69–71, 92,
   157, 192, 280
Frobois s. Becheln
Fronhof, Nikolaus im   383
Frücht   288, 399

Gallscheid   237
Gappenach   400
Gebuyr, Heinrich   293
Gelnhausen   351
Gemmingen, Herren v.   200
–, Dietrich v.   200, 258
Gemminger, Dr. decr. Johann   65, 200f., 383
Gemünden   91
–, Anton v.   185
Gent   322
Genua   51
Georg v. Baden, Bf. v. Metz   20f., 26f., 28, 31,
   33, 36–38, 45, 65, 127, 134, 282, 295, 304, 306,
   378, 401
Gerenstein, Johann v.   317

Gerolstein, Lurgin v. 399
Gersweiler 410
Gierschnach 379
Gilbrechtshofen 417f.
Gillenfeld 57, 255
Girod 412
Giselbrechtshofen s. Gilbrechtshofen
Gladbach 385
Glinde, Ludwig v. 251
Glocken, Peter v. der 115
Glockner v. Mayen, Bartholomäus 110, 112, 195, 215, 225, 238, 253, 270–272
Godesberg, Johann v. 142, 211, 242
Gondorf, Eifel 385
–, Mosel 87, 380
Goswin, Dr. decr. Servatius 202, 383
Gotha s. Bruheim v. G.
Graach 372
Gramann v. Nickenich, Dr. utr. iur. Richard 46, 69, 114, 169, 190, 202f., 220, 255, 280, 383
Greiffenclau zu Vollrads, Heinrich 23–25
–, Johann 23f., 44, 259
–, Richard s. Richard G.
Grenzau 261, 388
– s. Snedse v. G.
Grevenburg 239, 416
Griesborn 412
Grimburg 23, 29, 90f., 148, 259, 278, 355, 390, 410
Grobe, Bernhard 258
Gronau 90, 192, 329
Großhans gen. Appenzeller 286
Gruningen, Georg v. 288
Gude 172
Güls, Koblenz 408
–, Theoderich v. 214
Gumelshausen 110
Guntreben s. Wyß gen. zur G.
Gutmann, Dr. legum Johann 111, 203, 256f., 384
– v. Koblenz, Berthold 230
Gymnich, Katharina v. 384
Gyse, eb. Feldtrompeter 295

Habsburg, Grafen v., Herzöge v. Österreich 43, 61, 72, 76, 117
Habscheid 393
Hadamar 389
Hagenau 357
Hahn, Friedrich vom 255
Haiger, Hermann v. 397
Halsenbach 408
Haltfast, Dr. Johann 46, 114, 205, 227

Hamm 88–91, 93–95, 102, 121f., 135, 175, 216, 220, 229, 240, 255, 261, 344, 373, 382f., 398, 401, 416, 419
Hammerstein 91, 195, 355, 371, 373f., 378, 417
–, Konrad 57
– s. Liemscheid v. H.
Hanau, Philipp Graf v. 375
Hans, Armbrustmacher 286
–, Büchsenmeister der Stadt Trier 285
Haracourt, Wilhelm v. 25
Hartelstein 394, 408
Hartenfels 371, 402
Hase v. Dieblich, Godard 405
–, Johannette 405
Hasselbach 412
Hattstein, Philipp v. 316
Hatzenport 408
–, Thomas v. 230
– s. Doen v. H.
Hausen, Mayen 379
Hausmann v. Namedy, Gerlach 91, 383
Haust v. Ulmen 395
–, Dietrich 85
–, Philipp 90, 93
Hayne, Friedrich v. 91
–, Tilmann v. 91
Heddesheim, Sophia v. 415
Heidelberg 52, 72f., 123, 231, 238, 308, 312, 374, 379, 414
Heilfeld 193
Heimbach 406
Heimersdorf, Johann v. 311
Heinrich II. Ks. u. Kg. 150, 156, 158
Heinrich VII. Ks. u. Kg. 30
Heinrich II. v. Finstingen, Eb. v. Trier 139, 160, 165
Heinrich, Postbote 48
Helfenstein 165, 371, 384
–, Herren v. 91, 184
–, Johann (VI.) v. 85, 385
–, Johann (VIII.) v. 85, 385
–, Johann (IX.) v. 85, 258, 384
–, Johann (XIII.) v. 70, 90, 93, 236, 242, 255, 279, 385
–, Johann (XII.) v. 85, 384f.
–, Philipp v. 85, 236
–, Wilhelm v. 173
Helle, Dr. Georg v. 108
–, Margarethe 108
Helmstadt, Damian v. 70, 89, 92, 192, 220, 255
–, Erhard v. 211, 385
Henchingen, Hans v. 22
Henselin 277
Herborn, Zimmerhenne v. 286

Heringen, Hans v. 382
Hermann v. Hessen, Eb. v. Köln 49, 52, 54f., 58, 109, 138, 183, 201, 401, 407, 415, 418
Hermann, eb. Armbruster 142
–, eb. Metzger 291
–, eb. Wagenmeister 284
Hermanns, Elisabeth 172
Herrgott, Dr. decr. Johann 203, 258
Herschbach 122, 388, 409
Herxheim s. Holzapfel v. H.
Heßbach 409
Hesse, Eberhard 189
–, Hans 190, 216, 253
– s. Blisser gen. H.
Hessen, Landgrafen v. 60f., 71, 118, 181, 313f., 340, 411
–, Heinrich (III.) 59, 109, 313, 389
–, Hermann s. Hermann v. H.
–, Ludwig 389
–, Wilhelm (II.) 56, 59f., 138, 183
–, Wilhelm (III.) 48, 52–54, 56, 59f., 118, 380, 415
Heylpenn s. Joser v. H.
Hetti, Eb. v. Trier 155, 178
Hilchin v. Lorch, Friedrich 85
–, Philipp 91, 227, 264
Hillesheim 90f., 94, 271, 286, 303, 355, 357, 387
Hillin, Eb. v. Trier 165f.
Hillscheid 396
Himmerod 43, 47, 90, 115, 396, 399, 406
Hirtze, Eberhard v. 279
Höhn 152
Hönningen 91, 123, 344, 406
Hohenberg, Sigmund Graf v. 308
Hohenfels, Eberhard v. 70, 73, 112
Hohenstein, Philipp v. 45
– s. Breder v. H.
Hohlenfels 245, 261, 373, 378, 380
Holzapfel v. Herxheim, Heinrich 212, 220, 238, 242, 386
Holzappel 152
Holzbach, Esch 138
Holzhausen 384
Holzheim 396
Holzmongerist, Peter 210
Homberg, Jakob v. 192
Hombrecht v. Schönberg, Wilhelm d. Ä. 85, 252
–, Wilhelm d. J. 90f., 386
Homburg s. Brendel v. H.
Honofridus, Bischof v. Foicorio 12, 205
Hontheim 120, 395
–, Johann v. 317
Horchheim, Koblenz 153, 225f., 375, 385, 403

– s. Print v. H.
Horhausen 389, 406
Horn, Erhard zum 271
–, Peter zum 83
Hoscheid 400
Hubert, Abt zu Rommersdorf 201, 258
Hüttenberg 381
Hundelingen, Johann v. 260
Hune, Philipp v. 251
Hunolstein 112f., 123, 185, 196, 252, 361, 387, 389, 405, 420
–, Vögte und Herren zu 41, 107
–, –, Elisabeth 112f., 389, 405
–, –, Friedrich 215, 252
–, –, Heinrich 215, 250, 252, 258f., 308, 387, 410
–, –, Irmgard 209, 248, 255
–, –, Johann 91, 93
–, –, Margarethe 238, 372
–, –, Nikolaus 79, 112, 252, 413
–, –, Philipp 66, 208
–, –, Sophie 112
–, Johann v. 252
Hupperath 385
Hurt v. Schöneck, Johann 274, 387
–, Lise 387
–, Richard 387
Husen, Johann 172

Idstein 91, 192, 221
Immendorf, Koblenz 385
– s. Schmitz v. I.
Ingenheim gen. Wenzel, Johann v. 110
Innozenz VIII., Papst 69
Innsbruck 48, 103, 359
Irlich 374
Isenburg 261, 388, 389, 406
–, Grafen zu 23, 41, 70, 80, 90, 196, 391
–, Salentin Graf zu 24
– – Büdingen, Philipp Graf zu 25, 192
– – Grenzau, Gerlach (I.) Graf zu 258, 388
– – –, Gerlach (II.) Graf zu 91, 112, 242f., 259, 388
– – –, Gerlach (III.) Graf zu 93, 112, 234f., 244f., 278, 388f.
– – – Philipp Graf zu 388
– – –, Wilhelm Graf zu 388f.
– – Neumagen, Salentin Graf zu 74f., 93, 96, 112f., 145, 196, 234f., 389
Isenheim 188, 305

Jakob I. v. Sierck, Eb. v. Trier 18, 22f., 29f., 32, 35, 39, 42, 46, 67, 79–81, 83, 120, 125, 128, 132, 135, 139f., 161, 174, 178f., 186f., 192,

209f., 214, 217, 224, 236, 269, 284, 289f., 378, 380, 382, 384, 407f., 412, 414f.
Jakob II v. Baden, Eb. v. Trier 18f., 30, 60, 66, 69–75, 85, 92, 95, 97, 101, 105, 111, 116f., 121, 133, 135, 142, 157, 169f., 174f., 179–181, 184, 188, 190f., 196f., 216–218, 221, 227, 230f., 233, 239f., 245, 257, 269, 273, 278, 289, 298, 301, 335, 354–363, 366f., 370, 375, 384, 389, 393, 405, 416
Jakob, Büchsenmeister der Stadt Esslingen 285
–, eb. Organist 295
Joel v. Linz, Tilmann 217
Johann I., Eb. v. Trier 135, 137, 155, 159, 168
Johann II. v. Baden, Eb. v. Trier passim
Johann V. v. Isenburg, Eb. v. Trier 157
Johann VI. v. der Leyen, Eb. v. Trier 157
Johann, Abt. v. Mariamünster in Luxemburg 201
–, Weihbischof Eb. Kunos II. v. Trier 168
–, Apotheker zu Koblenz 189, 294
–, Kaplan 279
–, Pastor zu Noviand 173
Joser v. Heylpenn, Heinrich 218, 285
Jost v. Kettig, Peter 254
Jülich-Berg, Herzöge v. 58, 182, 194f., 396
–, Adolf 57
–, Gerhard 30, 49, 57, 396
–, Sophia 57
–, Wilhelm 52, 55, 57
Jung, Johann 71, 73
Juvigny 183
Jux v. Sierck, Johann 57, 65, 217–220, 227, 237, 258, 389
Jux junior, Johann 219
Jux, Margarethe 227

Kärlich 107, 174f., 187f., 272, 326, 340, 361, 374
Kaimt 199, 259, 359
– s. Waldecker v. K.
Kaisersesch 93, 186, 360, 416
Kaldenborn, Guedtghin v. 409
Kale v. Frankfurt, Peter 108
Kalixt III., Papst 21, 27f., 83f.
Kamp 369
Kane, Peter v. 289
Kapellen 153f., 174f., 187, 306
– s. Stolzenfels
Karden 90, 152, 155, 199, 230, 271, 370, 378–380, 398, 405
Karl IV., Ks. u. Kg. 177
Karl VII., französischer Kg. 55
Karst, eb. Pförtner 292
– s. Ehrenbreitstein gen. K.

Kaseler, Heinrich 271
Kassel 123, 183
Kasselburg 109, 123, 211, 355, 403, 416, 420
Kastellaun 378
–, Gertrud 415
–, Johann 415
Katzenelnbogen-Diez, Grafen zu 78, 80, 399
–, Ottilie 59, 163
–, Philipp 58–60, 80, 85, 181, 189, 209f., 218, 295, 371, 375, 388f., 402, 413
Kaub 52–54, 244, 331, 335, 354, 379
Kebisch, Ludolf 227f.
– v. Speyer, Gregor 70, 74, 112, 114, 215, 226f., 359, 390
Kehrig 379, 397, 415
Kell 387
Kellenbach, Dietrich v. 25
–, Johann v. 90, 261, 390
–, Nikolaus d. Ä. v. 85, 90f., 93, 390
–, Nikolaus d. J. v. 93, 390
Kellner von Ellenz, Margarethe 231
Kempenich 47, 91, 107, 110, 113f., 116f., 212, 323, 358, 379, 404, 410, 415
Kennfus 240, 404
Kerpen, Herren v. 238
–, Egid v. 23
– s. Scharflützel v. K.
Kesselheim, Koblenz 384
– s. Färber v. K.
Kesseling 378, 380
Kestert 408
Kettig, Johann v. 399
– s. Jost v. K.
Kinheim 372, 395
Kinheimerbeuren 395
Kirberg 227, 390, 399
Kirburg, Johann v. 192
Kirchhof, Johann vom 293
Kirn, Jakob v. 251
Kirschgarten 342
Kisselbach, Johann v. 391
–, Matthias v. 270, 391
Kisten, Johann 252
Kleeberg, Wilhelm d. Ä. v. 57, 85, 181, 186, 258, 391
–, Wilhelm d. J. v. 196, 257, 391
Kleinhans gen. Appenzeller 286
Kleinich 382
Kleve-Mark, Herzöge v. 138, 378
Kleve, Arnold v. 26f.
Klinge, Dr. Ludwig 246, 257, 391
–, Jakob 237, 270
Klinkert, Christine 172
–, Ludwig 172

Klotten 303, 419
Kluckwiese v. Würzburg, Johann 264
Klüppel, Nikolaus 252
Klüsserath 273
Kn(u)elingen, Hugo v. 172, 290
Kobern 90f., 111, 123, 168, 371, 379f., 394, 396, 404
–, Herren v. 168
–, Agnes v. 378
Koblenz 15, 17, 24, 31, 37f., 43–46, 48–50, 52f., 56–61, 67, 71–73, 76, 79–85, 87–95, 97f., 101–105, 108, 110–112, 114–117, 121–125, 127f., 131f., 134, 138f., 142f., 145, 149–164, 167f., 170–174, 176, 178–208, 211–213, 215f., 218–221, 223–232, 234f., 237–241, 243f., 246–264, 269–274, 277, 279–305, 307–334, 336–360, 362f., 369f., 372–390, 392–408, 410–420
–, Aissengasse 230, 291
–, Alte Burg 111, 134, 159–161, 166, 191, 215, 257, 313
–, Altengraben 149
–, Beatusberg 158
–, Bischofshof 107, 158f., 161, 174, 206, 221, 243, 257
–, Buell 293
–, Burggasse 201, 227, 230, 285, 291, 390, 415
–, Deutschordensniederlassung 82, 91, 100, 157, 191, 204, 254
–, Dominikanerkloster 157, 415
–, Einsiedel, Haus 293
–, Ems, Hof 375
–, Entenpfuhl 149
–, Firmung 288, 375
–, Fischmarkt 225f., 392
–, Florinshof 166
–, Francishof 378
–, Franziskanerkloster 157
–, Goldgrube 391
–, Hammerstein, Haus 369
–, Hospital 270, 415
–, Hühnergasse 291, 295
–, Judengasse 225, 288, 392
–, Kartause 91
–, Kartäuserberg 369
–, Kastorgasse 154, 291
–, Kastorhof 83
–, Kaufhaus 174
–, Kornpforte 288
–, Kornpfortstraße 149
–, Laubach 225f., 392
–, Lehr 293f., 415
–, Liebfrauen 75, 78, 152, 154f., 159
–, Martinskapelle 156, 206, 254

–, Moselbrücke 150, 161, 369
–, Neugasse 288
–, Oberwerth 158
–, Plan 149
–, Polch, Haus 154, 158
–, Rathaus Monreal 105, 237
–, Rittergasse 378
–, Rotes Haus 225f., 392
–, Spieß, Haus 200
–, Spießgasse 389
–, St. Florin 44f., 57, 69, 78, 90–92, 152, 154, 156–158, 202, 204, 206, 241, 254, 256, 280, 284, 293, 370, 383–385, 392
–, St. Kastor 25, 38, 44f., 75, 78f., 90–92, 102, 150, 152–158, 168, 199f., 203, 206, 219, 222, 230, 258, 270, 383f., 389, 391
–, Vallendar, Haus 222
–, Zisterzienserinnenkloster 158
–, Hermann v. 285
– s. Frank v. K.
– s. Gutmann v. K.
Koch, Heinrich 290
Koch v. Wintrich, Elisabeth 222
–, Johann 222
Köln 20f., 25, 28, 37, 43, 45, 49–54, 57, 69, 114, 121, 123, 183–186, 201f., 219, 237, 241, 243, 255, 262f., 273, 288f., 294, 317f., 320, 322, 324f., 329, 333, 358, 363, 387, 396, 398, 401, 405, 407, 415, 418
–, Erzbischöfe v. 49f., 52, 57, 61, 70f., 83, 88, 110, 119, 196, 244, 258f., 311f., 388, 397, 414
Königsfeld 270
Köwerich 138, 241
Kolbe v. Boppard, Konrad 85
Konrad Beyer v. Boppard, Bs. v. Metz 24
Konstanz 360
Konz 142, 199
Konzerbrücke 238
Koray 259
Kordel 413
Kottenheim 253, 379
Kratz v. Scharfenstein, Heinrich 410
–, Thomas 217, 273
Kreidweiß, Dr. utr. iur. Johann 212, 217–219, 258, 392
Kreuznach, Peter v. 186
Kriechingen, Johann v. 401
–, Philipp v. 70, 73, 76
Kröv 224, 395
Kronberg, Taunus 135
–, Frank d. Ä. v. 37, 49, 60, 281
–, Frank d. J. v. 91
Kronenburg 397

Kruss v. Regensburg, Berthold 145, 147, 196, 224–228, 260, 271, 392
–, Demut 225 f.
–, Katharina 226
Kürrenberg 378
Kues 222, 358, 382
–, Nikolaus v. 83 f.
Küttig 379
Kultz, Anton v. 201
Kune v. Fankel, Heinrich 38
Kunenengers 173, 412
Kuno II. v. Falkenstein, Eb. v. Trier 32, 108, 112, 139 f., 155 f., 168, 173, 178, 180, 214, 419
Kunzig, Peter v. 146 f.
Kuppenheim 71
Kyllburg 82, 90 f., 107, 123, 250, 324, 357, 382, 394, 411
–, Bernhard v. 201

Laach 90, 192, 336, 357
Lahneck 87, 118, 288
Lahnstein, Emmerich v. 264
–, Johannes v. 288
– s. Schilling v. L.
Langenau 87
–, Clara v. 241
–, Hilger v. 85, 124, 210, 228, 239, 392, 399, 412
–, Johann v. 29, 38, 85, 258
–, Wirich v. 257, 392
Langendernbach 412
Langingen, Ulrich v. 287
Langwiesen 412, 415
Lare, Dr. utr. iur. Jakob v. 70, 204, 227, 392
Lay 153 f.
Lehmen 168, 374
Leimbach, Heinrich 146, 225, 392
Leiningen, Grafen zu 409
–, Hesso 263
– – Westerburg, Grafen zu 78, 104
– – –, Kuno 393
– – –, Reinhard 73, 90–94, 103, 105, 123, 135, 175, 182, 190 f., 196, 220, 228, 239, 243 f., 255, 281, 335, 345, 393, 399
Leiningen s. Dune v. L.
Leiwen 142
Lelcher, Dr. iur. can. Johann 258
Leutesdorf 91, 94, 174, 225 f., 374, 392, 417
–, Johann v. 285
Leutkirchen s. Ablin v. L.
Leyde, Wilhelm v. 258
Leyen, Johann d. Ä. v. der 394
–, Johann v. der 85, 394, 408
–, Philipp v. der 91, 254
–, Simon v. der 192
–, Wilhelm v. der 91, 254, 394
– – Olbrück, Georg v. der 85, 89–91, 93, 96, 181, 210, 246, 253, 256, 394, 408
Leyendecker v. Selheim, Nikolaus 143
Lichtenberg 57, 410
– s. Plick v. L.
Lichtenstein v. Bohel, Hans 215
Liebenberg, St. Wendel 123
Liebenscheid 401
Liebenstein, Eitel v. 251
–, Johann v. 86
–, Johann d. J. v. 91, 399
Lieder, Damian v. 251
Lielmecher, Johann 172
Liemscheid v. Hammerstein, Nikolaus 230
Lieser 397
Limburg 12, 38, 59 f., 69, 71 f., 82 f., 86, 88–95, 107, 189, 214, 241, 244, 248, 250, 254, 270, 273, 295, 302 f., 312, 323, 340, 342, 354, 370, 375, 377, 389, 392, 403 f., 409, 411 f.
–, Maria v., Gräfin zu Sayn 191
Lindenholzhausen 385
Linster 373
Linz, Donau 69
–, Rhein 51–54, 109, 262, 330
– s. Joel v. L.
Lippe, Reinhard v. der 329
Loe, Bernhard v. 192
Löf 378, 408
Loen, Wilhelm v. 49, 397
Lollschied 389
Londorf, Gerlach v. 108
Longkamp 222, 288
Longuich 355
Longuyon 192, 309, 315, 351
Lonnig 357
Lontzen gen. Robin, Adelheid v. 395
–, Bernhard v. 93, 138, 256 f.
–, Dietrich v. 212, 243, 258, 262 f., 395, 404
–, Irmgard v. 395
–, Johann v. 395
Loon s. Loen
Lorch s. Hilchin v. L.
Lorenz, eb. Pförtner 292
Lothringen, Herzöge v. 45, 58, 132, 138, 182, 185, 194, 214, 218, 316, 403, 409
–, Iolanthe 56
–, Katharina 20, 56
–, Nikolaus 56
–, René 56, 123, 205, 243
Lotzbeuren 386
Ludwig der Fromme, Ks. 155
Ludwig XI., französischer Kg. 55
Lüttich 32, 205

Lützel-Koblenz 150, 152–154, 163, 399
Lüxem 385
Lutzen, Sophie 173
Lutzerath, Johann v. 75, 192, 322
Luxemburg 70, 75, 90, 201, 209, 324, 328, 396
–, Herzöge v. 181, 190, 204, 396
–, Bernhard v. 261

Machern 193, 262f.
Maier v. Regensburg, Peter 17, 25, 82, 101, 104, 118f., 166, 207, 216, 228f., 231, 254f., 279, 293
Maigheintze v. St. Aldegund 255
Mailand 51, 202, 383
–, Franz Sforza Herzog v. 27
–, Galeazzo Herzog v. 202
Mainz 20, 45, 47, 49f., 53, 65, 75, 114f., 163, 179, 182, 186, 209, 294, 306, 319, 333f., 351, 355, 361, 375, 381, 393, 402, 418f.
–, Erzbischöfe v. 24, 42, 45, 49–51, 53, 56, 70f., 83, 119, 203, 321
Malberg 400
–, Edmund v. 25, 44f., 222, 259
–, Maria v. 400
Malmedy 121
Malsen, Nikolaus v. 258
Manderscheid 82, 118, 121–123, 175, 189, 215, 221, 241f., 271f., 275, 279–281, 286, 361, 371, 387, 395f., 404
–, Grafen zu 41, 57, 89, 115, 241
–, Dietrich (II.) Graf zu 396
–, Dietrich (III.) Graf zu 90f., 189, 212, 216, 242f., 258, 262, 396f.
–, Johann (I.) Graf zu 91, 245, 396f.
–, Kuno (I.) Graf zu 212, 396f.
–, Wilhelm Graf zu 212
Mantua 84, 203, 249
Marburg 181
Marienburg 91
Marienrachdorf 406, 418
Marienstatt 158
Maring 395
Mark-Aremberg, Adolf v. der 397
–, Eberhard v. der 25, 397
–, Johann v. der 25, 397
–, Ruprecht v. der 397
Marmagen, Aylff v. 282
Markt s. Daun gen. v. dem M.
Matthias, Deutschordensmeister 160
Maugenheimer, Simon 116
Maulbronn 314
Maxein 407
Maximilian I., Kg. u. Ks. 30, 41, 48, 50, 53f., 69–71, 99, 111, 116, 159, 179, 182, 189, 204f., 221, 227, 230, 243, 280, 322, 338, 359, 383, 385, 388, 404, 414
Mayen 78, 82, 84, 86, 88–95, 104, 123, 189, 211, 253, 302, 357, 369, 372, 374, 376, 379, 384f., 394, 400, 408, 415
–, Johann v. 174
–, Nikolaus v. 172
– s. Glockner v. M.
Mayer v. Norenberg, Peter 286
Mecheln 48
Mehren 255, 399
Meinborn 389
Meinfelder, Adelheid 410
–, Friedrich 23, 25
–, Heinrich 410
Meinsberg 32, 409
Meisenburg, Dr. utr. iur. Heinrich v. 70, 398
Meisenheim 82
Melwald, Johann v. 85f.
Memmingen 407
Mendig, Goar v. 245
Mengerskirchen 401
Mensfelden 412
Merbode, Jakob 215, 239
Merl 92, 103, 320, 416
– s. Zant v. M.
Mersch 90, 205
Mertloch 387
–, Jakob v. 271
Merzig 107, 112, 224, 242, 385f., 389
Mettendorf, Lienhart v. 142, 291
Metternich, Koblenz 379, 388
Mettlach 26, 89f., 192, 323, 396, 401
Metz 26, 32, 56, 138, 260, 303, 306, 310, 334f., 338, 401
–, Bischöfe v. 28, 31
Metzenhausen, Heinrich v. 70, 91, 93, 398
–, Ulrich v. 38f., 143f., 204, 212, 218, 236f., 243, 251, 258, 262, 272, 302, 398
–, Ulrich d. J. v. 93
Meuth 388f.
Meyener, Johann 174
Meyscheit 418
Michael, eb. Küchenschreiber 275
Miehlen 254, 274, 369, 399, 411f.
Miehlen gen. v. Dieblich, Giselbrecht v. 86
–, Gutgin v. 399
–, Johann v. 192
–, Johannette v. 254
–, Kaspar v. 70, 89, 93, 220, 227, 245, 255, 257, 273–275, 278f., 285, 399
–, Kuno v. 86
–, Philipp v. 86, 279, 376, 399
–, Richwin v. 399

Miesenheim 415
Minderlittgen 406
Mirbach, Nikolaus v. 182, 189
Mittelhofen 399
Mittelstrimmig 370
Mörs-Saarwerden, Grafen zu 89
–, Nikolaus 399
–, Vinzenz 379, 405
Mohr vom Walde, Heinrich 93, 256
Molenheim, Johann v. 147
Molsberg 38, 60, 83, 173, 214, 250, 273, 375, 377, 389, 411f.
Monreal 245, 373, 379, 415
–, Bernhard v. 400
–, Christian v. 397
–, Karl v. 91, 93, 257, 264, 400
–, Katharina v. 420
Mont v. Neuenstadt, Johann 211, 231
Montabaur 23, 29, 38, 69, 71, 75, 82, 86–89, 91–95, 105, 107, 135, 152, 171, 173, 183f., 192, 196, 207, 213, 224, 227f., 230, 244, 248, 251, 255, 259f., 270, 273, 284, 290, 316, 339–342, 354, 357, 371, 374, 384f., 388, 393, 402f., 406, 409–412
– s. Becker v. M.
Montclair 23, 182, 409
Montfort 183
Monzel 222, 397
Monzingen 386
Morsdorf 398, 410
Morsheim, Heinrich v. 258, 400
Moselkern 417
Moselweiß, Koblenz 152–154, 163
Motten, Arnold v. der 146
Mudersbach, Johann v. 70
Müden 380, 387, 406
Mühlheim im Tal (Ehrenbreitstein) 12, 164, 168f., 171–173, 191, 241, 289–291, 294, 371, 384
Mülheim, Kärlich 288
Münstereifel 396
Münstermaifeld 45, 57, 84, 86–95, 116, 122f., 152, 174, 184, 203, 241, 248, 270, 273, 288, 291, 302, 304f., 307, 311–314, 320, 324, 326, 340, 354, 359, 369, 373, 375, 378f., 380–382, 397
Mulner, Melchior 252, 256
Munsing, Dr. med. Albrecht 283
Munster, Johann 252
Muscheid 417
Muschmann, Peter 80
Myert, Clais v. 75
Mymphenne, Zimmermann 284f.

Nachtsheim 415
Namedy 415

– s. Hausmann v. N.
Nancy 56, 76, 194f.
Nassau 25, 185, 401f.
–, Grafen zu 150
–, Otto Graf zu 150
–, Walram Graf zu 150
–, Zimburga Gräfin zu 122
– – Beilstein, Heinrich (IV.) Graf zu 91, 243, 250, 278, 282, 400f.
– – –, Johann Graf zu 411
– – Dillenburg, Engelbert Graf zu 70
– – –, Johann (V.) Graf zu 91, 191
– – Saarbrücken, Johann Graf zu 58, 132, 282, 376, 396, 401
– – –, Johann Ludwig Graf zu 401
– – –, Johann Graf zu 58
– – –, Ludwig (I.) Graf zu 58, 190, 399, 402
– – –, Philipp (II.) Graf zu 58, 82, 102, 386, 402
– – Sporkenburg, Wiegand v. 25
– – Vianden-Diez-Breda, Engelbert Graf zu 58
– – –, Johann Graf zu 25, 58, 371, 375, 404, 413, 417
–, Heinrich v. 242, 402
Nattenheim, Herren v. 123
Naunheim 400
Neef 398
Nennig 193
Nesselröde-Ehrenstein, Bertram v. 329
Neuendorf, Koblenz 152f., 163
–, Neuenstein 396
Neuenstadt s. Mont v. N.
Neuerburg 385, 395, 397f., 403
–, Colin v. der 93, 196, 261, 290
–, Jakob v. der 192, 238, 403
Neumagen 235, 387
Neumann, Johann 252, 256
Neunkirchen 361
Neuss 43, 51, 54, 89, 185, 201, 241, 280, 320, 387, 397, 414
Nickenich, Anna v. 292
– s. Gramann v. N.
– s. Weiher zu N.
Niederberg, Koblenz 289, 384, 410
Niederbrechen 172, 375
Niederhilbersheim 399
Niederlahnstein 91, 255, 274, 357, 384f., 399, 411
– s. Wenz v. N.
Niederlahr 389, 406
Niedermendig 200, 383
Niederselters 402
Niedertiefenbach 405
Niederwallmenach 399
Niederwerth 284, 402

Niederwolfersheim 399
Nievern 254, 274, 369, 407, 411f.
Nikolaus V., Papst 20, 23, 43, 46
Nittel, Matthias v. 230
Nörtershausen 404
Norenberg s. Mayer v. N.
Nolden, Hylgen 173
–, Johann 173
Nonnweiler 410
Nosgin, Jakob 256
Noviand 173, 395
Nürburg 123, 241
Nürnberg 46f., 51, 53f., 84, 89, 103, 189, 194, 237, 243, 315, 330, 403
– s. Norenberg
Nurmigs s. Sizilien

Oberbach 392
Oberbrechen 412
Oberdorf 410
Oberkail 281
Oberlahnstein 49, 303, 347, 379, 388, 402
Obermendig 379
Obersötern 410
Oberstein 376
–, Grafen zu 70
–, Inrias Graf zu 376
Oberwesel 30, 44, 52, 55, 76, 82–84, 86–92, 94f., 99, 101, 116, 122f., 131f., 153, 191, 202, 207f., 216, 219–221, 224, 227, 231, 258, 271, 282, 287, 290, 302, 304, 315, 318, 323, 332f., 337, 354, 358, 360, 371, 376, 383, 386, 389f., 392, 394, 398, 400, 408, 412f., 416, 418
Ochtendung 90, 199, 358, 387, 408, 415
Offenthal 389
Olewig 145
Orley, Franziska v. 410
Orval 90
Osann 252, 396, 401
Ottenstein, Adam v. 190, 283, 403
–, Arnold v. 212, 214
–, Johann d. J. v. 212f.
–, Ludwig v. 251
Otto IV., Ks. u. Kg. 155, 159
Otto v. Ziegenhain, Eb. v. Trier 30, 32, 78, 140, 157, 161, 207, 214
Otto, Abt v. St. Maximin 238, 252
Otzenhausen 410

Palant, Bernhard v. 193, 382, 403
–, Gerhard v. 194, 395
Paltz, Johann v. 171f.
Pappenheim, Rudolf v. 189
Paris 669

Partenheim, Herren v. 190
Patersberg 389
Paul II., Papst 407
Pavia 21, 168, 202
Paziis, Jacobus de 21
–, Petrus de 21
Pergener v. Schwalbach, Heinrich 205
Perl 90
Peter gen. Tattler 172, 175
Peter, Diener im Marstall 278
Peterslahr 389
Pfaffendorf, Koblenz 150, 152
Pfalzel 15, 23, 25, 28, 32f., 37, 57f., 64–66, 74, 82, 90f., 102, 108, 115f., 121–124, 128, 131f., 135, 138–148, 154, 161, 167, 170f., 173, 175f., 178–188, 190–192, 194, 196–199, 201–205, 208f., 212, 215f., 218, 221, 223f., 227, 230–232, 235, 237–241, 243–248, 251, 253, 259f., 264, 269, 271, 273, 280–286, 289f., 292–306, 308–312, 314–339, 341, 343, 346–351, 354–357, 359–362, 371–376, 378, 380, 382, 384–386, 389, 391–396, 398f., 401–404, 406, 408, 410, 412–417, 419
–, Burg 139, 141f., 216, 284, 291
–, Liebfrauen 75, 90f., 138f., 141, 189
–, St. Martin 139f.
–, St. Nikolaus 139
Pfalzgrafen bei Rhein, Kurfürsten 50f., 53, 61, 69, 102, 118f., 238, 262, 312, 321, 400, 410
–, Friedrich 23, 38, 49–52, 57, 175, 181, 241, 263, 377f., 391, 408
–, Georg, Bf. v. Speyer 72
–, Philipp 52f., 72–76, 118f., 123, 238, 251, 372f., 414
–, Philipp, Bf. v. Freising 72
Pfalz-Simmern, Johann I. v. 195, 200, 220f., 239, 245, 256, 362, 379, 410, 416
– – Zweibrücken, Stephan v. 20
– – Veldenz, Alexander v. 48, 57, 185, 359
– – –, Johann v. 23, 25, 80
– – –, Ludwig v. 23f., 35, 48f., 57, 72, 81f., 102, 181, 314, 386f.
Pfoet, Bernhard 171
Pforzheim 317
Philipp v. Schwaben, Kg. 155
Piccolomini, Enea Silvio s. Pius II.
Piesport 90, 382, 397
Pius II., Papst 27, 31, 42, 50, 84, 101, 200, 280
Platten 382
Plick v. Lichtenberg, Heinrich 404
Polch 378
–, Wilhelm v. 211
Polembach 385, 403

Poltersdorf 387, 400
Pommern 373, 397, 399, 417, 419
Poppelsdorf 263, 385
Poppo v. Babenberg, Eb. v. Trier 138, 150, 154, 158
Print v. Horchheim, Johann 211, 403
–, Johann d. J. 191
Pronsfeld 397
Provis, Elisabeth 175
–, Johann 175
Prüm 79, 90f.
–, Tilmann v. 192
Puderbach 417f.
Pünderich 382, 406
Püttlingen, Agnes v. 373
–, Ulrich v. 193
Pützgreber, Nolden 166, 173
Pyrmont 404
– – Branusberg, Elisabeth v. 211
– – Ehrenburg, Herren v. 81, 91
– – –, Friedrich v. 80, 85, 404f.
– – –, Heinrich d. Ä. v. 85, 113, 404f.
– – –, Heinrich d. J. v. 93, 234f., 240, 245f., 278, 404
– – –, Johann v. 85, 181, 237, 404
– – –, Johann d. J. v. 88f.

Raban v. Helmstadt, Eb. v. Trier 22, 66, 79, 124f., 140, 161, 166, 214, 384
Rachdorf 388
Rachtig 50, 262f.
Raesfeld, Margarethe v. 382
Raeskopf, Wilhelm v. 286
Raimund, Kardinal 201
Raley, Gude v. 409
Ramburg, Hans v. 287
Ratbod, Eb. v. Trier 151
Ratsamshausen, Gisela v. 386
Raugraf Engelbrecht, Herr zu Hohlenfels 261, 330
Regensburg 45f., 102, 120, 194, 224, 271, 278f., 316, 370, 393
– s. Kruss v. R.
– s. Maier v. R.
Reichenberg 389
Reichenstein, Heinrich v. 91
–, Rorich v. 23, 25
Reifenberg 191
–, Friedrich v. 181
–, Hans v. 173, 286
–, Johann v. 214
–, Kuno v. 80, 214
–, Maria v. 111, 380
–, Walter v. 380

– s. Rödel v. R.
Reifferscheid, Grafen v. 41, 339
Reil 372, 395, 406
–, Johann v. 86
–, Ruprecht v. 91, 93, 112, 196, 234, 256, 264, 405
Reinhard v. Sickingen, Bf. v. Worms 31
Reischach, Burkhard v. 70, 215, 233, 239, 254
Remagen 30, 51
–, Johann v. 148
Rengsdorf, Barbara v. 108
–, Johann v. 108
Reterchen, eb. Narr 295
Reuber s. Caan gen. R.
Rhaunen 398
Rheinbach 274, 407
Rheineck, Burggrafen v. 81, 89
–, Dietrich 93
–, Heinrich 23
–, Jakob 90f.
–, Philipp 90f., 93
–, Veronika 385
– – Bruch, Dietrich 85, 214, 259
– – –, Johann 85
– – –, Peter 85, 214, 259
Rheingrafen 110
– Gerhard 294
– Johann 91
Rhens 52, 287, 328
Richard Greiffenclau zu Vollraths, Eb. v. Trier 32, 70, 73, 76, 117, 119, 167, 205, 240, 416
Richtenbach, Johann 288f.
Rittel 91
Robin s. Lontzen gen. R.
Rode, Johann v. 31, 193
Rodemachern 361
Rodenrode 397
Rödel v. Reifenberg, Friedrich 39
Röder v. Rodeck, Dietrich 38
–, Hans-Adam 38f., 258
Rollingen, Dietrich v. 70, 192
–, Irmgard v. 406
–, Philipp v. 70
Rom 26, 46f., 65, 69–71, 73, 76, 83f., 115f., 120f., 127, 168, 189, 202, 279, 295, 407
Rommersdorf 91, 201, 225, 406
Rosbach 385
Rosberg 410
Rottweil 249, 253, 407
Ruckelheim, Georg 294
Ruckenrode 417f.
Rübenach 153, 288, 378, 404
Ruggieri, Fulvio 170

Rumstein 413
Runkel, Herren v. 41
–, Dietrich v. 60, 313, 405, 415
–, Johann v. 409
– – Isenburg, Wilhelm v. 261, 406, 417
Ruppelskirch, Eberhard v. 192
Ruppertseck 101
Ruprecht, Eb. v. Köln 24f., 48f., 106, 262f.
Rurburg 417

Saarburg 31–33, 82, 89–91, 95, 107, 149, 175, 185, 193, 209, 214, 216, 286, 304, 309f., 313, 355, 373, 386, 390
Sachsen, Kurfürsten v. 49, 71, 119
–, Albrecht 48
–, Georg 191
Sachsenhausen, Rudolf v. 108
Sack v. Dieblich, Elisabeth 225
Sadeler, Johann 252
Saffenburg 373
Saffig 104, 246, 394
Salice, Johann 248
Salm 107–110, 113, 122f., 183, 195, 216, 238, 341, 380, 389, 410
–, Arnold Graf zu 70
– – Reifferscheid, Peter Graf zu 108–110, 113, 182, 238, 330
St. Aldegund 255
 – s. Maigheintze v. St. Aldegund
St. Goar 59, 91f., 209, 304, 393
St. Goarshausen 389
St. Hilario, Andreas v. 228
–, Jakob v. 228f.
St. Ingebrecht 382
St. Laurentius 399
St. Peterswald, Hengin v. 295
–, Nese v. 295
St. Thomas an der Kyll 91
St. Vith s. Flade v. St. V.
St. Wellfrit 382
St. Wendel 42, 90f., 211, 355, 410
 – s. Exweiler gen. v. St. W.
 – s. Wendelin v. St. W.
Sanuto, Marino 119
Sartorius, Johann 172
Sauerborn, Dr. Ludwig 399
–, Heinrich 399
–, –, Unterschultheiß zu Trier 143
Savigny, Philipp v. 25, 70
Saxler, Andreas v. 255
Sayn 91, 329, 403, 407
–, Grafen zu 41, 70, 78, 89, 138, 181, 409
–, Eva Gräfin zu 401
–, Gerhard (II.) Graf zu 26, 50, 81, 85, 88, 91, 195, 209, 218, 251, 274, 285, 292, 338, 378, 399, 403, 406f., 417
–, Gerhard (III.) Graf zu 93, 96, 112, 182, 201, 337, 389, 399
–, Regina Gräfin zu 109
–, Zimburga Gräfin zu 393
– – Wittgenstein-Homburg, Eberhard Graf zu 171, 195
– – –, Georg Graf zu 112, 402
– – –, Johann Graf zu 171, 195
Schadeck 393
Schalkenmehren 387
Scharfenstein s. Kratz v. S.
Scharflützel v. Kerpen, Johann 210
Schauenburg, Bernhard v. 123, 153, 241, 253f., 355
Scheidweiler 387
Schenck zu Schweinsberg d. J., Johann 118
Schenkel, Ulrich 407
Scheven, Johann v. 29, 284
Schiffenburg 192
Schilden, Matthias v. den 282
Schilling v. Lahnstein, Johann 85, 173
–, Wilhelm 173, 257, 407
Schletweiler, Johann 256
Schmidt, Hermann 75
Schmidt v. Überlingen, Hans 274
Schmidtburg 361, 398, 410
–, Fritz v. 93, 236
–, Hans v. 93
–, Johann v. 398
–, Konrad v. 143
–, Nikolaus v. 236
Schmitz v. Immendorf, Hermann 147
Schoen, Johann 172
Schönau 31, 90, 192, 303, 312, 338, 354, 399
Schönberg, Eifel 73, 91, 107, 110, 113, 116f., 122, 212, 396, 414
–, Philipp v. 93, 408
 – s. Hombrecht v. S.
Schönburg, Johann v. 404
Schöneck 90f., 278, 324, 362, 387, 402, 404, 408
–, Anna v. 373
–, Johann v. 258
–, Peter v. 22
 – s. Hurt v. S.
– – Olbrück, Johann v. 85, 408
– – –, Kuno v. 85, 408
Schönecken 47, 73, 103, 107, 110, 113–117, 192, 211, 227, 241, 285, 336, 359, 397, 414, 419
–, Matthias v., Lic. in decr. 70, 75, 273, 408
Schönenberg 212
Schönstatt 171, 191

Schonemberg, Gerhard v. 146
–, Agnes v. 146
Schuler, Michael 270
Schuppe s. Emich v. S.
Schwabe, Alban 294
Schwaben, Hermann I. Herzog v. 156
Schwalbach s. Pergener v. S.
Schwarzenbach 410
Schwarzenberg 123, 256, 410
–, Peter v. 23
–, Wilhelm v. 193
Schweich 142
– gen. v. Trier, Hermann 273
Schweinsberg s. Schenk zu S.
Schwelm, Johann v. 192
Sedeler, Johann 192
– s. Sadeler
See, Georg vom 143f., 227, 230, 281, 288
Seelbach 378
Seheim, Nikolaus Vogt zu 398
Sehlem 373, 382
Selheim s. Leyendecker v. S.
Selters 407
Seltz 49
Selzer, Siegfried 172
Senheim 38, 241, 261, 292, 326, 370, 419
Siegen, Johann v. 270
Siegfried v. Westerburg, Eb. v. Köln 160
Siena, Kardinal v. 71
Sierck 93, 227, 409
–, Herren v. 23, 32, 182
–, Arnold v., Bruder Eb. Jakobs I. 30
–, Arnold v., Sohn Philipps 292, 409
–, Elisabeth v. 390
–, Philipp v. 23f., 111, 138, 195, 205, 289, 292, 388, 417
– s. Jux v. S.
Siersberg-Dullingen, Arnold v. 212, 238
Simmern 195, 219f., 389, 400, 410
Sinsfeld 395
Sinzig 30, 51, 290, 319, 397, 412, 414
Sixtus IV., Papst 46f., 65, 114–116, 120f., 168, 189, 279
Sizilien, Kg. v. 209, 228
–, Nurmigs v. 287
Smyt, Heinz 284
Snabel, Heinemann 174
Snedse v. Grenzau, Johann 112, 220, 227, 242, 259f., 279, 409
Sobernheim, Gutmann v. 261, 284, 402
Sötern, Herren v. 239
–, Adam v. 91, 138, 161, 343, 410
–, Anton v. 204, 256f., 410
–, Elisabeth v. 410

–, Friedrich v. 279, 284
–, Friedrich v., Domherr 23
–, Heinrich d. Ä. v. 410
–, Heinrich d. J. v. 91, 112, 255f., 259, 270, 283, 410
–, Johann v. 359
–, Philipp v. 410
–, Thomas v. 29
Solms, Grafen zu 60
–, Bernhard 68, 70, 92, 95, 112, 220, 246, 250, 254f., 264, 411
–, Johann 189, 401
–, Kuno 189
–, Maria 401, 411
–, Otto 59, 411
Sombreff, Herren v. 23, 41, 57
– – Kerpen, Friedrich v. 57, 91, 396
Sonntag, Bote der Stadt Trier 215
Speicher 214, 259
–, Matthias 255f.
Sperhanß 172
– s. Spijerhans
Speyer 20, 28, 224, 242, 330
–, Bischöfe v. 28
– s. Kebisch v. S.
Spijerhans, Meisterkoch 277
Sponheim, Grafen v. 26, 48, 191, 200, 221, 227, 237, 239, 376, 410
Sporen, Katharina 172
Sporewich 172
Sporkenburg 384f.
Sprendlingen 209, 401
–, Hans v. 283, 293
Springiersbach 90f., 184, 191, 207, 221, 317, 328, 403
Spurzenheim 415
Stablo 121
Stadecken 389
Stademann, Heinemann 206
Stadtfeld 395, 404
Staffel, Dietrich v. 91, 255f., 264, 411f.
–, Johann v. 256, 411f.
–, Wilhelm d. Ä. v. 85
–, Wilhelm d. J. v. 181, 412
Starkenburg 196, 358
Stein zu Nassau, Dietrich vom 45, 220, 246, 255, 257, 264, 273, 284, 412f.
–, Engelbrecht vom 242, 412f.
–, Eva vom 400
–, Friedrich d. Ä. vom 413
–, Friedrich vom 91, 196, 220, 256, 413
–, Johann vom 25, 44, 192, 200, 258, 303
–, Philipp vom 85, 181, 378, 413
–, Wilhelm vom 93, 173, 242, 282

–, Wirich vom 90
Steinfeld 121
Steinhauser, Jakob 400
Sternenfels, Heinrich v. 38
Sterrenberg 408
Stolzenfels 29f., 113, 124, 153, 174, 178f., 180, 186–188, 196, 214, 228, 239, 272, 302f., 306, 310, 321f., 371, 378, 384, 386, 391, 395f., 401, 404, 409
Stolzenfels s. Kapellen
Straele, Hertgyn 172
Straßbach, Johann v. 252
–, Reinhard v. 38
Straßberg, Nikolaus v. 38
–, Tewalt v. 38
Straßburg 20, 37, 51, 72, 194, 318
–, Hans Eckard v. 285
Stremich 254, 270
Stromberg 372
Strubingen gen. Beyer, Johann v. 142, 284
Stuben 91
Studigel v. Bitsch, Johann 144
Sulz, Alwig Graf zu 249
Sulzbach 398

Tann, Ludwig v. 190, 275
Tavern 403
Teufel, Friedrich 172
–, Johann 173
–, Katharina 173
Teurlinger, Erhard 70
Thijs, Pfeifer der Stadt Koblenz 295
Thionville 243
Tholey 90, 316, 375
Thür 200, 379
Tiberius 149
Tiegeln, Dr. Heinrich 293f.
Tillmann, Büchsenmeister 285f.
Tirol, Sigmund Erzherzog v. 51
Toledo 14, 48
Tomburg 57
Toul 199
Trade, Hans v. 118
Trarbach 38, 75f., 175, 183, 195f., 221, 224, 236, 254, 346, 358f., 362, 372, 385, 388, 398, 400, 410, 416
–, Albrecht v. 251
–, Hermann 270
Treis 59, 88f., 91, 102, 379, 391, 408, 419
Trient 69, 359
Trier 15, 20, 24, 27, 31–33, 35, 37, 46–50, 55f., 58, 61, 64f., 68–71, 73–75, 80–82, 84, 86, 88–99, 101–104, 106, 114, 116f., 119, 121–124, 127f., 131–133, 135, 137–140, 142–148, 151, 153f., 156, 161–165, 167f., 170, 173, 176, 178–180, 182–192, 194–209, 211–216, 220–227, 230–232, 234f., 237–239, 241f., 245–248, 250–253, 255–261, 264, 269–271, 273–275, 277, 279–281, 284–292, 294–302, 304–312, 314–322, 324–339, 341, 343, 345–348, 350–351, 353, 359, 370, 372f., 375f., 380–383, 386–388, 390–393, 395–401, 405, 408, 410, 413f., 419f.
–, Baldewinsberg 223
–, Baldewinshaus am Pulsberg 146
–, Brückengasse 227
–, Deutschordensniederlassung 91
–, Dietrichgasse 390
–, Dom 25, 65, 68, 75, 90, 133–135
–, Franziskanerkloster 12
–, Gewandhaus 260
–, Ihrlin, Haus 222
–, Jüdemergasse 292
–, Karmeliterkloster 416
–, Kartause 91, 396
–, Liebfrauen 383
–, Moselbrücke 285
–, Palast 56, 107, 134–138, 143, 146–148, 185f., 206, 224, 241, 257, 260
–, Rathaus 226, 260
–, Rotes Haus 227, 390
–, St. Gangolf 134
–, St. Irminen 91
–, St. Laurentius 270
–, St. Maria zu den Märtyrern 89f., 192, 321, 337
–, St. Martin 90
–, St. Matthias 45, 89f., 115, 147, 168, 193, 290, 391
–, St. Maximin 79, 89f., 182, 207, 238, 252, 326, 357, 413
–, St.-Nikolaus-Kapelle 416
–, St. Paulin 45, 69f., 75, 90f., 165, 230, 357, 370, 381, 383, 408
–, St. Simeon 70, 75, 90f., 114f., 137, 165, 199, 203, 219, 221, 260, 381f., 389, 398, 408
–, Steipe 145
–, Wollgasse 416
–, Johann v., Abt 192
– s. Schweich gen. v. T.
Trithemius 31, 33

Udenheim, Gretchen v. 290
–, Konrad v. 290
–, Martin v. 273f., 291
Überlingen s. Schmidt v. Ü.
Üdersdorf 395
Ufen, Michel v. 284
Ulm 51

Ulmen 120, 226f., 241, 285, 371f., 390, 408, 414, 416f.,
– s. Haust v. U.
– s. Windmacher v. U.
Ulrich Graf zu Manderscheid, Eb. v. Trier 22, 30, 66, 78f., 83, 140, 166, 378
Unkel, Peter v. 109
Urbach 389
Urbar 385, 410, 412
Urf, Philipp v. 251
Utrecht 75, 344

Vallendar 91, 150, 163, 172, 174, 195, 288, 399, 402
–, Godard v. 174
–, Johann v. 174
Veldenz 23
Venedig 51, 179, 359
Veningen, Jodokus v. 413
Verdun, Bischöfe v. 28
Villach 210, 327, 359
Villmar 391
Virneburg 378, 380, 404, 415
–, Grafen zu 23, 41, 89, 104, 107, 113f., 117, 124, 181, 225, 241f., 245, 400
–, Mechthild Gräfin zu 397
–, Ruprecht (VI.) Graf zu 30, 81, 113, 117, 119, 123, 210, 378, 404
–, Ruprecht (VII.) Graf zu 414f.
–, Wilhelm Graf zu 210, 415
– – Kronenburg, Georg Graf zu 110, 114, 116, 227, 250, 414
– – –, Wilhelm Graf zu 116
– – Neuenahr, Georg Graf zu 116
– – – – Saffenburg, Philipp (II.) Graf zu 47, 75, 90f., 93, 109, 114–117, 123, 189, 216, 227, 230, 234f., 239f., 243, 245, 250, 253, 278, 334, 374, 379, 380, 396, 400f., 404, 406f., 414f., 417–420
Viterbo 154
Viti, Vitus Johannes 192, 332
Vollrads s. Greiffenclau zu V.
Wacher 399
Wadgassen 91
Wadrill 90
Waldbott v. Bassenheim, Johann 30
–, Otto 85, 415
–, Otto d. J. 91
Walde s. Mohr vom Walde
Waldeck, Hunsrück 87, 123
–, Anton v. 166
–, Maria v. 398
– s. Boos v. W.
Waldecker, Sophie 405
Waldecker v. Kaimt, Johann 93, 416

–, Michael 91, 93, 135, 220, 240, 255, 257, 261, 359, 416
–, Richarda 416
Waldesch 153
Waldkirch, Balthasar v. 75
Waldorf 387
Waldrach 142, 411
–, Angela v. 146
Wallersheim 384
Wallmenach 378
Wallmerod 412
Walrabe, Pfeifer der Stadt Koblenz 295
Wambach 406
Wapenmeister vom Berge, Peter 274, 282
Warsberg, Heinrich v. 193
Wartenstein 243, 376, 396, 401
Wecker Graf zu Zweibrücken-Bitsch, Simon 250, 416
Wehlen 385
Weibern 379
Weidenbach 395, 404
Weidenhan, Heinz v. 230, 282
Weiher zu Nickenich, Hermann d. Ä. vom 416
–, Hermann d. J. vom 90f., 93, 114, 227, 236, 417
–, Thomas vom 236
Weilburg 91f.
Weiler, Minderlittgen 396
Weinheim, Johann v. 253f.
Weinsberg 385
Weißenburg, Jost v. 288, 295
Welling 379
Wellingen 409
Wellmich 32, 89, 91, 255, 402, 411
Wellstein 402
Welschbillig 90, 123, 137, 148, 172, 194, 212, 356, 371, 373
Wendelin v. St. Wendel, Johann 270, 275
Wengerohr 382, 385, 395
Wenz v. Niederlahnstein, Dietrich 254, 274
–, Margarethe 274
Wenz, Johann 242
Wenzel, Kg. 177
Wenzel s. Ingenheim gen. W.
Werner v. Eppstein, Eb. v. Mainz 160
Werner v. Falkenstein, Eb. v. Trier 64, 135, 139f., 148, 155f., 168, 174, 178, 207, 214, 396
Westerburg 244
–, Grafen zu 23, 41, 89
–, Kuno Graf zu 49
–, Reinhard Graf zu 37
Wetzlar 91f.
Widderstein, Arnold v. 417
Wiebelsheim 410

Wied 374
–, Grafen zu 70, 181, 314
–, Johannette Gräfin zu 201
– – Isenburg, Friedrich Graf zu 102, 134, 251, 314, 406, 415, 417f.
– – –, Wilhelm d. Ä. Graf zu 85, 161, 258, 374, 417f.
– – –, Wilhelm d. J. Graf zu 91, 418
Wien 28f., 31, 114, 120f., 248
Wiener Neustadt 121, 192, 409
Wierschem 378
Wiesbaden 50f., 185, 306
Wildburg, Heinrich v. 91
–, Hugo v. 91
Wildenberg 123
Wildenborn 387
Wildenburg 376, 399
Wilhelm, Einwohner zu Mühlheim im Tal 172
Wiltz, Johann v. 70
Wincheringen 193
Windeck, Dr. iur. Hartmann v. 282, 294, 418
–, Dr. med. Johann v. 294
Winden 417f.
Windmacher v. Ulmen, Apollonia 253
Winkel, Johann v. 138
Winneburg 419
–, Herren v. 41, 125, 138
–, Dietrich v. 91, 115, 211, 310, 419
–, Gerlach v. 91, 109f., 270
–, Johann v. 85
– – Beilstein, Johann v. 85, 248, 258, 419
– – –, Kuno v. 91, 93, 175, 209, 244, 248, 253, 259, 261, 362, 396, 419
Winningen 200, 239, 256, 419
Wintrich 222, 397
– s. Koch v. W.
Wisheim 396
Wittgenstein, Veronika v. 402
Wittlich 23, 25, 82, 84, 86, 89–91, 93–95, 115f., 120–122, 142, 148f., 175, 184f., 201, 223, 225, 234, 241f., 258, 262, 270f., 274f., 279–281,
285, 288, 295f., 302, 305, 313, 317, 320, 323, 326–328, 330f., 357, 361, 370, 384f., 387, 392, 395f., 405, 420
–, Johann v. 211
– s. Dungin v. W.
Witzelmann, Hans 289
Wolfenhausen 405
Wolken 378, 380, 384, 399
Worms 32, 111, 116, 171, 186, 195, 202, 204, 209, 221, 224f., 227, 233, 238, 243, 256, 272, 279, 287, 292, 308, 342, 362f., 375–377, 392
Württemberg, Eberhard Graf v. 419
–, Ulrich Graf v. 420
Würzburg s. Kluckwiese v. W.
Wyhe, Peter 290
Wyß gen. zur Guntreben, Johann 146

Ytzig, Matthias 75

Zant v. Merl, Elisabeth 236
–, Friedrich 90f., 93, 96, 135, 211, 229, 234f., 245f., 257, 261, 278, 420
–, Johann 23
–, Ludwig 85, 420
–, Wilhelm 93
Zeckerlinck, Christine 172
–, Konrad 172
Zell 56, 86–90, 92–95, 97f., 104f., 109, 116f., 121, 142, 162, 173, 182, 199, 224, 239, 255, 259, 271, 282, 331, 334, 336, 338f., 342, 344, 346, 351, 358f., 362f., 419f.
Zeltingen 50, 262f.
Zerf, Nikolaus v. 115, 138, 203, 222, 225f., 238, 241f., 260
Zewen 147
Zimmerhenne s. Herborn
Zimmermann, Friedrich 285
Zolver s. Daun gen v. Z.
Zons 53, 58
Zweibrücken 387
– – Bitsch s. Wecker
Zwerg v. Butzbach, Peter 283